Alfred Kölz
Neuere schweizerische Verfassungsgeschichte

NEUERE SCHWEIZERISCHE VERFASSUNGSGESCHICHTE

Ihre Grundlinien vom Ende
der Alten Eidgenossenschaft bis 1848

Von **Alfred Kölz**
Professor an der Universität Zürich

 Verlag Stämpfli+Cie AG Bern · 1992

©
Verlag Stämpfli+Cie AG Bern · 1992
Gesamtherstellung:
Stämpfli+Cie AG, Graphisches Unternehmen, Bern
Printed in Switzerland
ISBN 3-7272-9380-2

VORWORT

Meinen Interessen folgend und immer wieder von Kollegen dazu ermuntert, habe ich vor nunmehr acht Jahren diese Arbeit begonnen, die ich jetzt der Öffentlichkeit übergebe. Das Buch soll Historikern, Juristen, Ökonomen, Politikern, Journalisten, Lehrern und anderen Interessierten, vor allem aber den Studierenden einen Einblick in jene Zeit bieten. Die Arbeit ist unabhängig von meinen Lehrveranstaltungen an der Universität entstanden, und zwar bewusst: Gerade an der überlasteten und von vielen kurzfristigen Aktivitäten geprägten heutigen Universität ist die lehrunabhängige, quellenorientierte Forschung nötig, dies auch im ureigensten Interesse der Studierenden.

Zwei Umständen ist es zu verdanken, dass das Buch trotz mannigfacher anderer Belastungen zu Ende geführt werden konnte, nämlich einerseits dem überaus interessanten, immer neu faszinierenden Gegenstand dieser Darstellung und andererseits der Unterstützung vieler Personen und Institutionen. Was das erste betrifft, so hat sich bewahrheitet, was der französische Historiker Charles Seignobos in seiner «Politischen Geschichte des modernen Europa» über den Erkenntniswert der schweizerischen Verfassungsgeschichte schrieb: «Es wäre falsch, wollte man das Interesse für die schweizerische Geschichte nach der Grösse des Landes bemessen. Dieses kleine Land nimmt in der Geschichte des modernen europäischen Verfassungslebens eine sehr bedeutende Stellung ein. Jeder Kanton hat ein Feld für politische Versuche abgegeben, und da jeder die verschiedenen Bedingungen der Sprache, der Religion, der Gebietsausdehnung, des Wirtschaftslebens auf besondere Weise vereinigt, so erfolgten die Versuche unter mannigfaltig variierten Bedingungen. Jedem, der die Entwicklung der modernen demokratischen Gesellschaft verstehen will, ist diese Geschichte zu empfehlen als die instruktivste Sammlung von praktischen Beispielen für die Anwendung des Prinzipes der Volkssouveränität.»

Dank schulde ich in erster Linie meiner Frau Monika. Sie hat nicht nur meine häufige Ortsabwesenheit akzeptiert, sondern sich am Schluss trotz familiärer Aufgaben und Berufstätigkeit noch der Mühe unterzogen, den ganzen Text sprachlich durchzusehen. Dank gebührt ferner den Herren Hans Ulrich Ziswiler und Franz Kessler für die Hilfe bei der Materialbeschaffung, der Erarbeitung der Kurzbiographien und anderem sowie Frau Helen Keller und Herrn Adrian Ramsauer für die aktive Unterstützung bei der Fertigstellung des Buches. Mein väterlicher Freund, Dr. h. c. Hans Peter Moser, hat mir ständige literatische und moralische Unterstützung zukommen lassen. Frau Susanne Nötzli hat das handschriftlich verfasste Buch in geradezu perfekter Weise ins Reine geschrieben und mir auf diese Weise die wiederholten Überarbeitungen der Texte ausserordentlich erleichtert. Die folgenden Institutionen waren mir in verdankenswerter Weise bei der Beschaffung von Literatur und Quellenmaterial behilflich: die Bibliothèque Nationale in Paris, die Zentralbibliothek Zürich, die Bibliothèque Publique et Universitaire in Neuenburg, die Schweizer Landesbibliothek, das Bundesarchiv sowie die Staatsarchive der Kantone Zürich, Bern, Luzern, Schwyz, Glarus, Freiburg, Solothurn, Basel-Stadt, Basel-Landschaft, Schaffhausen, St. Gallen, Aargau, Thurgau, Waadt und Genf.

Für die Bewilligung von Unkostenbeiträgen danke ich der Stiftung für wissenschaftliche Forschung sowie der Richard-Büchner-Stiftung der Universität Zürich. Der Staat Zürich hat dieses Buch mit der Bewilligung von zwei Forschungssemestern entscheidend gefördert. Grosser Dank gebührt auch dem Verlag, insbesondere den Herren Dr. Jakob Stämpfli und Dr. Rudolf Stämpfli für das rege Interesse an diesem Projekt und für die sorgfältige Drucklegung.

Zürich, 15. Januar 1992   Alfred Kölz

INHALTSVERZEICHNIS

VORBEMERKUNGEN

Quellen und Literatur zu der im vorliegenden Buch behandelten Thematik haben ein fast unüberschaubares Ausmass. Dies betrifft sowohl das schweizerische als auch das französische Material. Der Verfasser war daher zu einer wertenden Auswahl gezwungen, die ihm oft grosse Mühe bereitet hat. Die Auswahl erfolgte nach zwei Kriterien, nämlich einerseits im Bemühen um die Erfassung des objektiv Wichtigen bei den einzelnen geschichtlichen Perioden und den einzelnen Gegenständen. Anderseits war der Verfasser bestrebt, besonders interessante Entwicklungen von Ideen und Institutionen herauszugreifen.

Grundlage dieser Arbeit sind die literarischen und amtlichen Quellen im entsprechenden Zeitraum. Der Verfasser gibt gleichzeitig mit dem vorliegenden Buch und im selben Verlag einen Quellenband[1] heraus, der als dessen Dokumentation dient und die wichtigsten Texte enthält. Er wird im folgenden mit *Quellenbuch,* zitiert. Weil darin nicht alle wünschbaren Dokumente abgedruckt werden konnten, behalten die bereits existierenden Quellenbücher[2], die offiziellen gedruckten Sammlungen sowie die in den Archiven liegenden Originaltexte erhebliche Bedeutung. Was die im Buch verarbeiteten Protokolle der verfassungsgebenden Räte betrifft, so ist folgendes zu bemerken: Weil in ihnen oft durchnumerierte Seitenzahlen fehlen, wird in den Anmerkungen jeweils auf das Datum der Verhandlungen des betreffenden Rates verwiesen. Auf diese Weise finden die interessierten Leser die verwendeten Dokumente in den Archiven ohne weiteres; diese vereinfachte Zitierweise bewahrt sie ausserdem vor komplizierten Signaturen. Zeitgenössische Bücher, Broschüren, Memoriale und Flugschriften mit Quellencharakter sind mit dem genauen Titel im Haupttext angeführt. Um dem Leser das Staatsdenken jener Zeit

---

[1] *Quellenbuch* zur schweizerischen Verfassungsgeschichte, ausgewählt und herausgegeben von ALFRED KÖLZ, Bern 1992.

[2] BORNHAUSER THOMAS, Verfassungen der Kantone der Schweizerischen Eidgenossenschaft, Trogen 1833; DUVERGER MAURICE, Constitutions et documents politiques, Paris 1981; KAISER SIMON/STRICKLER JOHANNES, Geschichte und Texte der Bundesverfassungen der Schweizerischen Eidgenossenschaft, Bern 1901; NABHOLZ HANS/KLÄUI PAUL, Quellenbuch zur Verfassungsgeschichte der Schweizerischen Eidgenossenschaft und der Kantone, Aarau 1940; OECHSLI WILHELM, Quellenbuch zur Schweizergeschichte, Zürich 1918; SNELL LUDWIG, Handbuch des Schweizerischen Staatsrechts, 2 Bände, Zürich 1837 und 1844; USTERI PAUL, Handbuch des Schweizerischen Staatsrechts, Aarau 1821.

authentisch zu übermitteln, ihm sozusagen ein «Fenster» in jene Zeit zu öffnen, sind oft Originalpassagen in Anführungszeichen in den Buchtext eingearbeitet worden.

Was die Literatur betrifft, so hat der Verfasser den Grundsatz befolgt, nur die effektiv benutzten Werke in die Literaturzusammenstellungen aufzunehmen; er hat sich dabei auch hier bemüht, eine möglichst repräsentative Auswahl zu treffen. Hinweise auf die Literatur finden sich jeweils in den Fussnoten am Anfang der einzelnen Teile beziehungsweise Kapitel, mit Ausnahme der *periodenübergreifenden Literatur*[3], die sich auf das ganze Buch bezieht.

Zu den im Text erwähnten historischen Persönlichkeiten finden sich jeweils *Kurzbiographien.* Dies deshalb, weil die Biographien über das Wirken der erwähnten Personen sehr viel aussagen, besonders über die gegenseitigen geistigen Verbindungen der einzelnen biographierten Persönlichkeiten untereinander. Nach Möglichkeit hat der Verfasser die soziale Herkunft der biographierten Personen zu eruieren versucht. Dies erforderte manchmal mühsame Recherchen über die einschlägigen Biographiensammlungen hinaus. Die soziale Herkunft der biographierten Personen schien im Hinblick auf die von ihnen vertretenen Ideen sowie auf die Entstehung und Ziele von politischen Gruppierungen wesentlich. Die Kurzbiographien finden sich in den Anmerkungen, normalerweise bei der Ersterwähnung. Das Register am Schluss des Buches gibt in kursiv gesetzten Seitenzahlen den Standort der Kurzbiographien an.

Der Verfasser war schliesslich bemüht, den Stoff möglichst leicht verständlich darzustellen. Auf die Verwendung einschlägiger Fachausdrücke konnte jedoch nicht verzichtet werden. Auch sind besonders prägnante französische Originalausdrücke im Text belassen worden. Um dem «unverschulten» Leser den Zugang zu den Quellen und zur Literatur nicht zu erschweren, ist im ganzen Buch auf die Verwendung von Abkürzungen weitgehend verzichtet worden.

---

[3] *Schweizerische Literatur:* ANDREY GEORGES, Auf der Suche nach dem neuen Staat 1798–1848, Geschichte der Schweiz und der Schweizer, Band II, Basel 1983; AUBERT JEAN-FRANÇOIS, Geschichtliche Einführung, Kommentar zur Bundesverfassung der Schweizerischen Eidgenossenschaft, Basel/Bern/Zürich 1987; AUBERT JEAN-FRANÇOIS, Petite histoire constitutionnelle de la Suisse, Bern 1974; AUER ANDREAS, Le référendum et l'initiative populaires aux Etats-Unis, Bâle 1989; BERGIER JEAN-FRANÇOIS, Die Wirtschaftsgeschichte der Schweiz, Zürich 1983; BONJOUR EDGAR, Geschichte der schweizerischen Neutralität, 9 Bände, Basel 1970 ff.; BRAUN RUDOLF, Sozialer und kultureller Wandel in einem ländlichen Industriegebiet im 19. und 20. Jahrhundert, Erlenbach 1965; BÜHLER FRANZ, Verfassungsrevision und Generationenproblem, Freiburg

1949; CURTI THEODOR, Geschichte der Schweiz im 19. Jahrhundert, Neuenburg (undatiert); DÄNDLIKER KARL, Geschichte der Schweiz, Band III, Zürich 1887; DIERAUER JOHANNES, Geschichte der Schweizerischen Eidgenossenschaft, Band V, Gotha 1917; DIETHELM ERNST, Der Einfluss der Theorie der Volkssouveränität auf die eidgenössischen und kantonalen Verfassungen nach 1798, Zürich 1939; DÜNKI ROBERT, Verfassungsgeschichte und politische Entwicklung Zürichs 1814–1893, Zürich 1990; ERB MARTIN RUDOLF, Der Verfassungsrat im schweizerischen Staatsrecht, Aarau 1961; FELLER RICHARD / BONJOUR EDGAR, Geschichtsschreibung in der Schweiz, Band II, Basel 1979; FRICK SIMON, Die Gleichheit aller Schweizer vor dem Gesetz, Aarau 1945; FUETER EDUARD, Geschichte der neueren Historiographie, München 1936; GAGLIARDI ERNST, Geschichte der Schweiz, Band III, Zürich 1938; GARZONI FERNANDO, Die Rechtsstaatsidee im schweizerischen Staatsdenken des 19. Jahrhunderts, Zürich 1952; *Geschichte des Kantons Freiburg*, Band II, Freiburg 1981; GISIGER WALTER, Das Petitionsrecht in der Schweiz, Zürich 1935; GITERMANN VALENTIN, Geschichte der Schweiz, Thayngen 1941; GREYERZ HANS VON, Nation und Geschichte im bernischen Denken, Bern 1953; GREYERZ HANS VON, Der Bundesstaat seit 1848, *Handbuch der Schweizer Geschichte*, Band II, Zürich 1977, S. 1019 ff.; GRIMM ROBERT, Geschichte der Schweiz in ihren Klassenkämpfen, Bern 1920; GRUNER ERICH, Die Arbeiter in der Schweiz, Bern 1968; GRUNER ERICH, Die Schweizerische Eidgenossenschaft von der Französischen Revolution bis zur Reform der Verfassung, Handbuch der europäischen Geschichte, Band V, Stuttgart 1981, S. 968 ff.; GUERDAN RENE, Histoire de Genève, Paris 1981; GUYOT CHARLY, Neuchâtel, Histoire d'une Cité, Neuchâtel 1946; *Handbuch der Schweizer Geschichte*, Band II, Zürich 1977, mit Beiträgen von ULRICH IM HOF (Ancien Régime), ANDREAS STAEHELIN (Helvetik), DANIEL FREI (Mediation), JEAN-CHARLES BIAUDET (Restauration und Regeneration), ERWIN BUCHER (Bundesverfassung von 1848); HEUSLER ANDREAS, Schweizerische Verfassungsgeschichte, Basel 1920; HILTY CARL, Das Referendum im schweizerischen Staatsrecht, Archiv für öffentliches Recht 1887 S. 167 ff.; HIS EDUARD, Geschichte des neuern Schweizerischen Staatsrechts, 3 Bände, Basel 1920, 1929, 1938; *Historisch-biographisches Lexikon der Schweiz*, 7 Bände und Supplement, Neuenburg 1921–1934; HOERNI KONRAD, Das Versammlungsrecht in der Schweiz, Zürich 1938; IM HOF ULRICH, Geschichte der Schweiz, Stuttgart 1974; KÄGI OSKAR WERNER, Zur Entstehung, Wandlung und Problematik des Gewaltenteilungsprinzipes, Zürich 1937; KELLER ALBERT, Das Volksinitiativrecht nach den schweizerischen Kantonsverfassungen, Zürich 1889; KÖLZ ALFRED, Die Bedeutung der Französischen Revolution für das schweizerische öffentliche Recht und politische System, Zeitschrift für schweizerisches Recht 1989 S. 497 ff.; LARGIADER ANTON, Geschichte von Stadt und Landschaft Zürich, 2 Bände, Erlenbach 1945; MARTIN WILLIAM, Histoire de la Suisse, Lausanne 1980; METZ PETER, Geschichte des Kantons Graubünden 1798–1848, Chur 1989; MEYER PAUL, Das Prinzip der Rechtsgleichheit in historischer und dogmatischer Sicht, Zürich 1923; MÖCKLI SILVANO, Politische Ideen in der Schweiz, Entlebuch 1985; OECHSLI WILHELM, Geschichte der Schweiz im 19. Jahrhundert, 2 Bände, Leipzig 1903–1913; RAPPARD WILLIAM, L'avènement de la démocratie moderne à Genève, Genève 1942; RAPPARD WILLIAM, L'individu et l'état, Zürich 1936; RENNER FELIX, Der Verfassungsbegriff im staatsrechtlichen Denken der Schweiz im 19. Jahrhundert, Zürich 1968; RIKLIN ALOIS, Die schweizerische Staatsidee, Zeitschrift für Schweizerisches Recht 1982 I S. 217 ff.; RIKLIN ALOIS / MÖCKLI SILVANO, Werden und Wandel der schweizerischen Staatsidee, *Handbuch Politisches System der Schweiz*, Band I, Bern 1983, S. 9 ff.; ROTHENBERGER CHRISTIAN, Geschichte und Kritik des Schwurgerichts-Verfahrens, Bern 1903; RUFFIEUX ROLAND, Les données de l'histoire constitutionnelle, *Handbuch Politisches System der Schweiz*, Band I, Bern 1983, S. 119 ff.; SCHOOP ALBERT, Geschichte des Kantons Thurgau, Band I, Frauenfeld 1987; SIGRIST HANS, Solothurnische Geschichte, Band III, Solothurn 1981; STADLER PETER, Der Kulturkampf in der Schweiz, Frauenfeld 1984; STADLER PETER, Geschichtsschreibung und historisches Denken in Frankreich 1789–1871, Zürich 1958; STEINER PAUL, Die religiöse Freiheit und die Gründung des schweizerischen Bundesstaates, Bern 1976; WEISS RICHARD, Volkskunde der Schweiz, Erlenbach 1978; *Das Werden der Schweiz*, Band I, herausgegeben von J. HARDEGGER und anderen, Basel 1986; WINTELER JAKOB, Geschichte des Landes Glarus, Band II, Glarus 1954.

Französische Literatur: BORGEAUD CHARLES, Etablissement et Révision des Constitutions en Amérique et en Europe, Paris 1893; CHEVALLIER J.-J., Histoire des Institutions Politiques de la France, Paris 1952; DESLANDRES MAURICE, Histoire constitutionnelle de la France, 2 Bände, Paris 1932/1933; DENQUIN JEAN-MARIE, Référendum et plébiscite, Paris 1976; DUVERGER MAURICE, Les constitutions de la France, Paris 1983; ELLUL JACQUES, Histoire des Institutions, le XIXe siècle, Paris 1982; GUCHET YVES, Histoire constitutionnelle Française, Paris 1990; HAURIOU ANDRE/GICQUEL JEAN, Droit constitutionnel et institutions politiques, Paris 1980; LEPOINTE GABRIEL, Histoire des Institutions et des Faits sociaux, Paris 1956; SEIGNOBOS CHARLES, Histoire politique de l'Europe contemporaine 1814–1914, Paris 1924; TOCQUEVILLE ALEXIS DE, L'ancien Régime et la Révolution, Paris 1856; TOUCHARD JEAN, Histoire des idées politiques, Band II, Paris 1985.

Weitere Literatur: BOLDT HANS, Deutsche Verfassungsgeschichte, 2 Bände, München 1984–90; BRAUNEDER WILHELM/LACHMAYER FRIEDRICH, Österreichische Verfassungsgeschichte, Wien 1989; FEHR HANS, Deutsche Rechtsgeschichte, Berlin 1921; GRIMM DIETER, Deutsche Verfassungsgeschichte 1776–1866, Frankfurt am Main 1988; HARTUNG FRITZ, Deutsche Verfassungsgeschichte, Stuttgart 1950; HUBER ERNST RUDOLF, Deutsche Verfassungsgeschichte seit 1789, Bände I und II, Stuttgart 1960; KRÖGER KLAUS, Einführung in die jüngere deutsche Verfassungsgeschichte 1806–1933, München 1988; MENGER CHRISTIAN FRIEDRICH, Deutsche Verfassungsgeschichte der Neuzeit, Karlsruhe 1990; WILLOWEIT DIETMAR, Deutsche Verfassungsgeschichte, Vom Frankenreich bis zur Teilung Deutschlands, München 1990.

Lexika: Brockhaus Enzyklopädie, 25 Bände, Wiesbaden 1966–1976; *Brockhaus Enzyklopädie*, Mannheim 1986 ff. (noch nicht vollständig); *La grande encyclopédie*, 31 Bände, Paris 1885–1902; *Grand dictionnaire encyclopédique Larousse*, 10 Bände, Paris 1982–1985; *Dictionnaire de la pensée politique*, hommes et idées, Collection J. Brémond, Paris 1989.

Biographiensammlungen: Allgemeine deutsche Biographie, 56 Bände, Berlin 1875–1912, 1967–1971; *Basler Biographien*, 2 Bände, Basel 1900/1904; *Biographisches Lexikon des Aargaus*, 1803–1957, Aarau 1958; *Neue deutsche Biographie*, Berlin 1953 ff. (noch nicht vollständig); *Biographie universelle ancienne et moderne*, Paris 1843 ff. *Dictionnaire de biographie française*, Paris 1932 ff.; *Dictionnaire biographique du mouvement ouvrier français 1789–1864*, Paris 1964 f f.; *Historisch-biographisches Lexikon der Schweiz*, herausgegeben von HEINRICH TÜRLER, MARCEL GODET und VICTOR ATTINGER, 7 Bände und Supplement, Neuenburg 1921–1934; GRUNER ERICH, Die Schweizerische Bundesversammlung 1848–1920, Band I, Biographien, Bern 1966; HOFER FRITZ/HÄGELI SONJA, Zürcher Personenlexikon, Zürich 1986; JEANNERET FREDERIC ALEXANDRE, Biographie neuchâtelaise, 2 Bände, Le Locle 1863; MONTET ALBERT DE, Dictionnaire biographique des Genevois et des Vaudois, 2 Bände, Genève 1877/1878; *Sammlung Bernischer Biographien*, herausgegeben vom Historischen Verein des Kantons Bern, 5 Bände, Bern 1884–1902.

4

I. TEIL

DIE ZEIT VOR DER UMWÄLZUNG

1. KAPITEL:

DIE SCHWEIZ AM ENDE DER ALTEN EIDGENOSSENSCHAFT [1]

Mit dem Einmarsch der französischen Truppen in die Schweiz im Frühjahr 1798 ging eine jahrhundertealte politische Ordnung unter. Die seit dem Jahre 1513 bestehende dreizehnörtige Alte Eidgenossenschaft war ein politisches Gebilde, das Wurzeln und Legitimation in mittelalterlichen Vorstellungen hatte. Die Alte Eidgenossenschaft hatte ihre fast endgültige äussere Gestalt in einer Zeit gefunden, da weder Individualismus noch Rationalismus bestimmend für das Rechtsbewusstsein waren. Auch wurde kaum, wie uns das heute geläufig ist, in normativen Kategorien gedacht. Vielmehr war die politische Ordnung, nach heutigem Sprachgebrauch die Verfassung der Eidgenossenschaft, gelebte Ordnung. Ein Staatsdenken in normativen Prinzipien oder gar eine Staatstheorie existierte in dieser Ordnung nicht. Man dachte viel eher in personalen Beziehungsformen

---

[1] *Literatur:* BLOCH MARC, La société féodale, Paris 1939; BLUMER JOHANN JAKOB, Staats- und Rechtsgeschichte der schweizerischen Demokratien, 3 Bände, St. Gallen 1850–1859; BLUNTSCHLI JOHANN CASPAR, Staats- und Rechtsgeschichte der Stadt und Landschaft Zürich, 2. Teil, Zürich 1839; BRAUN RUDOLF, Das ausgehende Ancien Régime in der Schweiz, Göttingen 1984; CAPITANI FRANÇOIS DE, Beharren und Umsturz, Geschichte der Schweiz und der Schweizer, Band II, Basel 1983, S. 97 ff.; DESCHWANDEN CARL, Die Entwicklung der Landsgemeinde in Nidwalden als gesetzgebende Gewalt, Zeitschrift für schweizerisches Recht 1857, S. 99 ff.; DOMEISEN NORBERT, Schweizerische Verfassungsgeschichte, Geschichtsphilosophie im 15.–18. Jahrhundert, Bern 1978; FELDER PIERRE, Ansätze zu einer Typologie der politischen Unruhen im Schweizerischen Ancien Régime, Schweizerische Zeitschrift für Geschichte, 1976, S. 324 ff.; FELLER RICHARD, Geschichte Berns, Band III, Bern 1974; GANZONI RUDOLF A., Beiträge zur Kenntnis des bündnerischen Referendums, Zürich 1890; GASSER ADOLF, Entstehung und Ausbildung der Landeshoheit im Gebiete der Schweizerischen Eidgenossenschaft, Aarau

und beurteilte die Institutionen nach ihrer althergebrachten Legitimität. Es gab eigentlich nur vier Prinzipien, die anerkannt und deshalb bestimmend für die «Verfassung» der Alten Eidgenossenschaft waren: die Vertragstreue, die Loyalität, also Treue in der Hierarchie, die alte Übung und Gewohnheit und schliesslich das durch mannigfache Umstände, vor allem das Anciennitätsprinzip, relativierte Mehrheitsprinzip. Das konkrete und personale, das von den tatsächlichen Machtverhältnissen bestimmte Denken war im übrigen vorherrschend. Es gab aus diesem Grunde – und mangels individualistischen Staatsdenkens – auch keine prinzipielle individuelle Freiheit. Freiheit existierte nur in der Form der realen genossenschaftlichen Freiheit, also der kollektiven, körperschaftlich oder sippengebundenen Freiheit, die man heute eher als Autonomie der Gruppe denn als Freiheit bezeichnen würde. Ebensowenig existierte eine Gleichheit der Individuen im Sinne der modernen, prinzipiellen «Egalité». Familienzugehörigkeit, Geschlecht, wirtschaftliche Stellung und politischer Status des betreffenden Territoriums bewirkten mannigfache Ungleichheiten, ja es gab am Ende des Ancien Régime noch Reste von mittelalterlicher Leibeigenschaft.

Die «Verfassung» der Alten Eidgenossenschaft als gelebte Ordnung hatte daher auch wenig Steuerungskraft für das staatliche und gesellschaftliche Ganze. Sie war für die Politik ein lediglich statischer, in der Regel reaktiver Faktor. Bewegung brachte sie nicht; solche wurde ausschliesslich durch konkrete Ereignisse in das Gefüge hineingebracht.

1930; HILTY CARL, Das altbernische Referendum, Politisches Jahrbuch der schweizerischen Eidgenossenschaft 1906, S. 213 ff.; HILTY CARL, Das Referendum im schweizerischen Staatsrecht, Archiv für öffentliches Recht 1887, S. 167 ff.; IM HOF ULRICH, Ancien Régime, *Handbuch der Schweizer Geschichte*, Band II, Zürich 1977, S. 673 ff.; KOPP MAX, Die Geltung des Mehrheitsprinzips in eidgenössischen Angelegenheiten vom 13. Jahrhundert bis 1848, Winterthur 1959; LIEBESKIND WOLFGANG A., Das Referendum der Landschaft Wallis, Leipzig 1928; MÖCKLI SILVANO, Die schweizerischen Landsgemeindedemokratien, Bern 1987; PEYER HANS CONRAD, Verfassungsgeschichte der alten Schweiz, Zürich 1978; RYFFEL HEINRICH, Die schweizerischen Landsgemeinden, Zürich 1903; STADLER PETER, Pestalozzi, Von der alten Ordnung zur Revolution (1746–1797), Zürich 1988; STOLLEIS MICHAEL, Geschichte des öffentlichen Rechts in Deutschland, 1. Band 1600–1800, München 1988; STÜRLER MORITZ VON, Die Volksanfragen im alten Bern, Bern 1869; WÜRTENBERGER THOMAS, An der Schwelle zum Verfassungsstaat, Aufklärung 1988, S. 53 ff.; ZIMMERMANN WERNER G., Verfassung und politische Bewegungen, Zürich im 18. Jahrhundert, herausgegeben von H.WYSLING, Zürich 1983, S. 9 ff.; ZINSLI AUGUST EMIL, Studien über das Schweizerische Referendum, Chur 1908. – Siehe auch die am Anfang des 2. Kapitels angeführte Literatur.

Die *Gesamtverfassung der Alten Eidgenossenschaft* kann in einer ersten Annäherung als Staatenbund der dreizehn Orte angesehen werden. Man kann sich zwar fragen, ob der Staatenbund Alte Eidgenossenschaft als Ganzes überhaupt ein «Staat» nach heutigen Begriffen war. Doch die Beantwortung dieser Frage ist nicht nur kaum möglich, sondern führt in unfruchtbare Begrifflichkeit. Als wesentlich erscheint, dass ein gemeineidgenössisches Denken und Fühlen unzweifelhaft vorhanden war, dass man sich irgendwie als «Schweizer» fühlte, auch wenn die Zugehörigkeit zu einem bestimmten Ort im Vordergrund stand und es noch kein Schweizerbürgerrecht gab.

Der Staatenbund Alte Eidgenossenschaft beruhte rechtlich auf dem Vertrag. Der Vertrag, die Übereinkunft oder das «Verkommnis», war das eigentliche rechtliche Gestaltungsmittel. Daneben bestanden vielfältige Übungen und Gebräuche, welche auf meist stillschweigender Übereinstimmung der Bundesglieder beruhten. Die dreizehnörtige Eidgenossenschaft war nun aber keineswegs auf einem alle Orte umfassenden vertraglichen Gesamtakt aufgebaut. Vielmehr waren die Orte durch zahlreiche Verträge einzeln oder in Gruppen miteinander verbunden. Es hatte sich im Laufe der Jahrhunderte eine Vielzahl von Bündnissen und Verträgen, ein eigentliches «Bundesgeflecht» (Hans Conrad Peyer) gebildet, welches man nach heutiger Ausdrucksweise als Verfassung des Eidgenössischen Bundes bezeichnen würde. Dieses Bundesgeflecht war indessen inhaltlich lediglich eine Wehr- und Friedensverfassung. Sie hatte auf der einen Seite militärische Schutz- und Hilfsversprechen für den Fall einer Bedrohung der Orte von aussen oder von innen zum Inhalt. Auf der andern Seite sah die «Verfassung» die Verpflichtung der Orte vor, Konflikte untereinander friedlich auf dem Verhandlungsweg auszutragen. Weiter ging sie inhaltlich nicht, und das einzige gesamteidgenössische Organ, die Tagsatzung, hatte in Kriegs- und Konfliktzeiten lediglich die Einhaltung der Hilfeleistungs- und Friedensverpflichtungen zu überwachen. Die Tagsatzung hatte überdies die gemeinen Herrschaften zu verwalten – eine konfliktreiche Angelegenheit vor allem wegen der Glaubensspaltung. Nach dem Zweiten Villmergerkrieg erliess die Tagsatzung eine Friedensordnung, eine Art Muster einer «Verfassung» für das Zusammenleben der Konfessionen in den gemeinen Herrschaften[2].

[2] *Quellenbuch* S. 12 ff.

Die inhaltliche Ausweitung dieser gesamteidgenössischen Verfassung zugunsten einer tiefgreifenden Reform des Heerwesens oder eines Abbaus der Verkehrs- und Handelsschranken gelang trotz mehrerer Anläufe nicht. Die einzelnen Orte waren also im wesentlichen «souveräne» Staaten geblieben; sie konnten im Rahmen der Wehr- und Friedensverfassung ihre «Aussenpolitik» selbständig ausüben. Wegen der prinzipiellen Souveränität der Kantone galt an der Tagsatzung nicht das Mehrheits-, sondern das Einstimmigkeitsprinzip. Nur in Fragen der Verwaltung der gemeinen Herrschaften konnten Mehrheitsentscheide gefällt werden. Bei Problemen, zu deren Lösung nicht vorhersehbare Kompromisse notwendig waren, mussten die Tagsatzungsabgeordneten wegen des Einstimmigkeitsprinzips jeweils die Zustimmung der Obrigkeiten der Orte einholen, was bei den damaligen Verkehrs- und Übermittlungsverhältnissen zu längeren Unterbrüchen der Tagsatzung führte.

Die dreizehn Orte waren einander rechtlich nicht vollständig gleichgestellt. Es bestanden zwischen ihnen hierarchiemässige Unterschiede, wobei neben der machtmässigen Stärke das Ancienitätsprinzip massgebend war. Die acht alten Orte waren höheren Ranges als die fünf später in den Bund eingetretenen, wobei wiederum die Städte Zürich, Bern und Luzern gegenüber den alten Länderorten einen gewissen Vorrang hatten. Die Abgesandten der acht alten Orte hatten denn auch, äusserlich sichtbar, an der Tagsatzung etwas erhöhte Sitze. Die fünf später in den Bund eintretenden Orte hatten eine mindere Rechtsstellung. So waren sie einmal nicht an den gemeinen Herrschaften beteiligt und durften ohne Zustimmung der acht alten Orte keine Bündnisse abschliessen. Ferner waren die Orte Basel, Schaffhausen und Appenzell im Fall von Streitigkeiten zwischen den acht alten Orten zu Neutralität und Vermittlungstätigkeit verpflichtet.

Zürich war seit Ende des 15. Jahrhunderts ständiger Vorort der Alten Eidgenossenschaft geworden. Demgemäss übte der Bürgermeister von Zürich den Vorsitz an der Tagsatzung aus, die in Baden, von 1715 an in Frauenfeld stattfand. Der Vorort hatte daneben mehr repräsentative als reale Befugnisse; im Verkehr mit ausländischen Mächten spielte er immerhin eine wichtige Rolle.

Was den territorialen Bestand der dreizehnörtigen Eidgenossenschaft vor der Umwälzung betrifft, so ist zwischen den Landsgemeindeorten und den Städteorten mit den entsprechenden Untertanengebieten sowie den zugewandten (verbündeten) Orten, ebenfalls mit entsprechenden Untertanengebieten, zu unterscheiden. Landsgemeindeorte waren Uri, Schwyz, Obwalden, Nidwalden, Glarus, Zug und die beiden Appenzell. Städteorte waren Zürich, Bern, Luzern, Freiburg, Solothurn, Basel und Schaffhausen. Als Untertanengebiete gehörten zur dreizehnörtigen Eidgenossenschaft zunächst die gemeinen Herrschaften Baden, Freiamt, Thurgau, Tessin (ohne Livinental), Uznach, Gaster, Gams, Sargans, Rheintal, Schwarzenburg, Murten, Grandson, Orbe und Echallens. An diesen gemeinen Herrschaften waren die dreizehn Orte in ungleicher Zahl beteiligt. Untertanengebiete einzelner Orte waren die Waadt und der westliche Aargau (beide zu Bern), das Livinental (zu Uri) sowie Werdenberg (zu Glarus). Zu den zugewandten Orten gehörten Graubünden (mit Untertanengebieten Veltlin, Bormio, Chiavenna und Maienfeld), Wallis (davon das Welschwallis als Untertanengebiet), St. Gallen (Fürstabtei und Stadt), das Fürstentum Neuenburg, Genf, das Fürstbistum Basel, die Städte Biel und Mülhausen. Die «Republik» Gersau und die Abtei Engelberg waren an sich unabhängig, standen jedoch unter der Schirmherrschaft der Vierwaldstättersee-Orte, wie es im übrigen noch weitere Schirmherrschaften der Orte gab, so Toggenburg, Rapperswil, Haldenstein und der südliche Teil des Fürstbistums Basel. Das Fricktal und Tarasp waren österreichische Herrschaften, Versoix (Pays de Gex) gehörte zu Frankreich.

Die *politische Struktur der einzelnen Orte* war unterschiedlich. Es lassen sich im wesentlichen drei Gruppen von Orten unterscheiden, nämlich die Städteorte mit Zunftverfassung, die Städteorte mit aristokratischer Verfassung und die Landsgemeindeorte. Zu den Städteorten mit Zunftverfassung gehörten Zürich[3], Basel und Schaffhausen. In diesen drei Städtekantonen wurde die Regierung, bestehend aus Kleinem und Grossem Rat, von den verschiedenen Handwerkszünften gewählt. Der Grosse Rat verfügte über die Souveränität; er war Gesetzgeber, wählte den Kleinen Rat, war für den Abschluss von Staats- und Bündnisverträgen sowie für Kriegserklärungen zuständig. Dem Grossen Rat kam auch das aktive und passive Gesandtschaftsrecht zu, ebenso besetzte er die wichtigsten Stellen, namentlich die Vogteistellen. Den Kleinen Räten, an deren Spitze ein oder zwei Bürgermeister standen, oblag die ständige und damit auch tatsächliche Regierungstätigkeit. Beim Kleinen Rat lag im wesentlichen auch die Gerichtsbarkeit, soweit diese nicht unteren Gerichten, Korporationen oder Privaten zustand. Die Zuständigkeiten von Kleinem und Grossem Rat waren nicht klar abgegrenzt, und im Laufe der Zeit

---

[3] Der Geschworene Brief von Zürich, Fassung vom 16. Dezember 1713; *Quellenbuch* S. 5 ff.

vermochten sich die Kleinen Räte überall gegenüber den Grossen ein machtmässiges Übergewicht zu sichern; den Vorsitz im Grossen Rat führte denn in der Regel der Bürgermeister, und auch die übrigen Mitglieder des Kleinen Rates waren zugleich Mitglieder des Grossen. Meistenorts bestand neben dem Kleinen Rat noch ein Ausschuss desselben, der Geheime Rat. Dieser war sozusagen die «Seele» der Staatsführung; er bereitete die Geschäfte des Kleinen Rates vor, hatte jedoch auch eigene Befugnisse. Die politische Leitung der Zunftorte hatte also, wie das meistens in konservativ-reaktiven Geschichtsperioden der Fall ist, ausgesprochen exekutiv-staatlichen und nicht parlamentarischen Charakter.

Die wirtschaftliche Basis der politischen Herrschaft bildeten in den Zunftstädten das Handwerk, der Handel und im 18. Jahrhundert die Anfänge der Industrie (Zürich und Basel). Die Zunftorte hatten also keine politische, sondern eine korporativ-wirtschaftsständische Verfassung. Eine ähnliche zunftständische Regierung besassen auch die zugewandten Städte St. Gallen, Biel und Mülhausen.

Aristokratische Verfassungen hatten die Städteorte Bern, Luzern, Freiburg und Solothurn sowie der zugewandte Ort Genf[4]. Die Organisation der obersten Gewalten unterschied sich wenig von derjenigen der Städteorte mit Zunftverfassung. Die Mitglieder des Kleinen, Grossen und Geheimen Rates wurden durch eine begrenzte Zahl von patrizischen Familien gestellt. Das herrschende Patriziat der aristokratischen Orte stützte sich wirtschaftlich in unterschiedlichem Masse auf den Ertrag aus Grundbesitz, die Einnahmen aus dem Solddienst und solchen aus Beamtungen, namentlich Vogteistellen.

Die Länderorte Uri, Schwyz[5], Obwalden, Nidwalden, Zug, Glarus und die beiden Appenzell waren durchwegs Landsgemeindedemokratien. Die oberste Gewalt wurde von den versammelten bürgerberechtigten Männern an der Landsgemeinde, welche historisch aus den mittelalterlichen Gerichtsversammlungen und den Allmendgenossenschaften hervorgegangen waren, ausgeübt. Die Teilnahmeberechtigung an der Landsgemeinde hing daher meistenorts von der Zugehörigkeit zu einer privatrechtlichen «Genossame» ab; die Beisässen oder Ansässen ohne Grundbesitz hatten daher keine

---

[4] Règlement de l'Illustre Médiation pour la pacification des troubles de la République de Genève du 7 avril 1738; *Quellenbuch* S. 18 ff.
[5] Landespunkte von Schwyz; *Quellenbuch* S. 1 ff.

politischen Rechte. Die Landsgemeinde war zuständig für die Wahl der obersten Organe der Orte (Landammann, Landesstatthalter, Säckelmeister, Zeugherr, Fähndrich, Richter usw.). Ferner kam der Landsgemeinde der Entscheid über die Änderung der «Verfassung» und der Gesetze, über wichtige Finanzbeschlüsse sowie über Bündnisse, Kriegseintritte und Friedensschlüsse zu; schliesslich war sie Trägerin gewisser richterlicher Befugnisse. Im Normalfall folgten die im «Ring» versammelten Männer den Anträgen ihrer Repräsentanten; es herrschte eine gewisse Tendenz zur Zustimmung und zum Einstimmigkeitsprinzip, wobei manchmal entscheidend war, wer zuerst das Wort ergriff und bei der Stimmabgabe durch Handerheben die Führung ergriff. Kleinere Minderheiten waren wegen der offenen Stimmabgabe, der Versammlungsatmosphäre und wegen der real präsenten gesellschaftlichen Machtstruktur bei der Geltendmachung ihres Willens behindert. Andererseits gab es aber an den Landsgemeinden von Zeit zu Zeit erregte Volksstürme, die zur Ablehnung von offiziellen Anträgen und zur Abwahl von Repräsentanten, ja in Einzelfällen sogar zur Bestrafung von Amtsträgern führten, welche ihre Kompetenzen überschritten hatten. Die erwähnte Tendenz der Landsgemeinden zum Einstimmigkeitsprinzip hin kann auch als Ausfluss des vorherrschenden vertraglichen Staatsdenkens interpretiert werden: Einstimmig gefasste Landsgemeindebeschlüsse bildeten, soweit es um wichtige Fragen ging, sozusagen die Symbole von periodisch erneuerten staatslegitimierenden «Gesellschaftsverträgen» zwischen den Sippenverbänden. Denn es waren in der genossenschaftlichen Demokratie die Familien, die «Geschlechter», und weniger die Einzelnen die bestimmenden politischen Faktoren. Streitigkeiten um Wahlen waren in der Regel Rivalenkämpfe von Geschlechtern, und auch Sachfragen wurden in mehr oder weniger enger Verbindung mit Machtansprüchen der führenden Geschlechter ausgetragen. Die Landsgemeindeorte waren also kollektiv-genossenschaftliche Demokratien, geprägt durch die Konkurrenz von realen, geschlechtergebundenen Machthierarchien. Sie ermöglichten, oder anders gesagt, verhinderten nicht die Bildung von eigentlichen Landaristokratien, wie das Beispiel von Schwyz am deutlichsten zeigt. So unterschieden sich die Landsgemeindedemokratien ganz entscheidend von der individualistischen Demokratievorstellung der Aufklärung.

Eine Sonderstellung unter den Landsgemeindeorten nahm das aus Stadt und Gemeinden zusammengesetzte Zug ein: Die Landsgemeinde hatte nur Wahlkompetenzen; vom «Stadt- und Amtsrat» beratene Gesetze und Beschlüsse unterlagen der Zustimmung durch

Stadt- und Gemeindeversammlungen. Eine Sonderstellung nahmen auch die zugewandten Orte Graubünden und Wallis, die Fürstabtei St. Gallen sowie das Fürstbistum Basel und das Fürstentum Neuenburg ein. Graubünden war eine auf der Gemeindefreiheit basierende föderative direkte Demokratie, Wallis eine auf den Gemeinden und Zehnden beruhende, ebenfalls föderative Demokratie, wobei das Volk in den Zehnden seine Mitwirkungsrechte im Laufe der Zeit zugunsten der Zehndenräte einbüsste. Der Bischof von Sitten war von Amtes wegen Ehrenpräsident des Landrates. Die Fürstabtei St. Gallen war unter dem Abt monarchisch konzipiert; dieselbe Stellung hatte der in Pruntrut residierende Fürstbischof von Basel, während im protestantischen Neuenburg seit 1707 der König von Preussen die Funktion eines monarchischen Souveräns innehatte, diese aber mittels eines von ihm ernannten Gouverneurs, dem ein Staatsrat beratend zur Seite stand, tatsächlich ausübte.

In keinem der eidgenössischen Orte gab es im 18. Jahrhundert eine eigentliche Feudalverfassung, beruhend auf dem Treueverhältnis zwischen Lehensherr und Vasall unter gleichzeitigem Austausch von Leistungen (Dargabe des Lehens, Kriegsfolge- und Abgabepflicht). Das genossenschaftlich-demokratische Bewusstsein in den eidgenössischen Orten war dem Feudalismus generell nicht günstig, und die lehensrechtlichen Strukturen, die im Mittelalter gleichwohl da und dort Fuss gefasst hatten, wurden grösstenteils schon im 14. und 15. Jahrhundert beseitigt. Die ständische Feudalverfassung, wie sie in den grossen europäischen Flächenstaaten vorkam, darf nicht mit den aristokratischen Verfassungen verwechselt werden, wie sie in einzelnen eidgenössischen Orten faktisch bestanden. Die besondere Stellung der Patrizier in den einzelnen Orten beruhte nicht auf dem Lehensverhältnis, sondern auf ererbter wirtschaftlicher Macht, Bildung und Zugehörigkeit zu einer im Laufe der Zeit privilegierten Familie. Gleichwohl hat sich in den meisten eidgenössischen Orten, vor allem in den flachen Gebieten des Mittellandes sowie bei kirchlichen Herrschaften, ein Abgaben- und Leistungssystem bilden und halten können, das in Terminologie und Leistungsformen den eigentlichen Feudalsystemen etwa Frankreichs oder Deutschlands ähnlich war, am stärksten in den flachen Gebieten, am schwächsten im Gebirge. Die wichtigste Feudalabgabe war der grosse Zehnten, welcher den Landwirt verpflichtete, den zehnten Teil – manchmal etwas mehr oder weniger – des geernteten Getreides, und dann auch der Kartoffeln, dem Grundherrn abzuliefern. Der kleine Zehnte war im Quantitativ gleich, bezog sich aber auf Baum- und Gartenfrüchte. Die Grundzinsen waren feste, nicht vom Ertrag abhängige Leistungen in Naturalien oder Geld, die – in der Regel an Martini – an den Gerichts- oder Gutsherrn zu entrichten waren. Die «Ehrschätze», wie sie in der deutschen Schweiz genannt wurden, oder die «Laudemien» der Westschweiz, waren erhebliche Abgaben, die beim Handwechsel von Grundstücken durch Kauf, Tausch oder Erbfall an den Lehensherrn zu entrichten waren. Es bestanden ferner in unterschiedlichem Umfang auch in der Eidgenossenschaft noch persönliche Reallasten, die «Fronen», sowie milde Formen von Leibeigenschaften. Doch alle diese Leistungen waren nicht Ausdruck eines die Staatsorganisation konstituierenden Lehenssystems. Es existierte also kein Lehensrecht, das *imperium* begründete, und es gab auch keinen eigentlichen Adel. Vielmehr wurden in der Schweiz die «Feudal»-Rechte vor der Revolution als Ausfluss des Privateigentums, des *dominium*, aufgefasst.

Im Laufe des 17. und 18. Jahrhunderts vollzog sich in ganz Europa ein Aristokratisierungsprozess. Auch die Eidgenossenschaft wurde davon betroffen, allerdings je nach Ort in unterschiedlichem Masse. Am anfälligsten für diese Strömungen waren die Städteorte ohne Zunftverfassung, vor allem Bern, Freiburg, Solothurn und auch Luzern. Hier vollzog sich ein politischer Prozess, der zum fast völligen Ausschluss eines grossen Teils der Bevölkerung von der politischen Macht führte. Mannigfache Methoden rein faktischer oder aber rechtlicher Natur gelangten zur Anwendung, um die wichtigen Ämter auf einen immer enger werdenden Kreis bestimmter begüterter Familien zu beschränken. So erschwerte man einerseits den Zugang zum Land- oder Bürgerrecht, von dem die Wahlberechtigung abhing, immer stärker; anderseits beschränkte man faktisch das Vorschlagsrecht für die zu Wählenden. Auch Wahlbestechung und Ämterkauf kamen – vor allem bei einträglichen Vogteistellen – zur Anwendung. Die aristokratischen Familien betrachteten das Staatswesen und vor allem die massgebenden Ämter immer stärker sozusagen als «dingliche» und damit vererbbare Gebilde. Es ist für diesen Aristokratisierungsprozess auch symptomatisch, dass die im 15. und 16. Jahrhundert von der Obrigkeit bei wichtigen Problemen wie Steuererhöhungen, Kriegsbeteiligungen und Friedensschlüssen durchgeführten sogenannten «Volksanfragen», so namentlich in Zürich, Bern und Luzern, im Zuge der Aristokratisierung verschwanden. Faktisch gefördert wurde dieser Trend durch Einflüsse aus den umliegenden Monarchien, was sich rein äusserlich in der Vergabe von Adelsprivilegien und Titeln an regimentsfähige Familien durch ausländische Könige und Fürsten zeigte. Auch von den prunkvollen Äusserlichkeiten, die an den europäischen Höfen gepflegt wurden –

zum Teil gewiss, um die geringer gewordene Legitimität der politischen Herrschaft zu überdecken –, drang ein Abglanz bis in die Oberschichten der eidgenössischen Orte. Ferner umgaben sich auch in der Eidgenossenschaft die Regierenden mit einer Aura barocker Christlichkeit, die dazu beitrug, ihre Herrschaft zu stabilisieren. Eine geschlossene und konsequente Theorie des «Gottesgnadentums», wonach der Regent Stellvertreter Gottes auf Erden mit umfassenden Befugnissen ist, hat sich in der Eidgenossenschaft nicht gebildet, wohl aber Annäherungen an eine solche gedankliche und liturgische Verbindung von Thron und Altar.

Hand in Hand mit der Konzentration der politischen Macht ging die Konzentration der wirtschaftlichen Macht bei den gleichen Kreisen. Auch in den Landsgemeindeorten bekam eine Art «Patriziat» das Soldwesen, den Viehhandel und den Passverkehr in seine Hände. In den städtisch-aristokratischen Orten gelang es mittels Monopolisierung der wichtigsten bäuerlich-gewerblichen Schlüsselfunktionen sowie der Boden- und Naturschätze, die wirtschaftliche Macht zu konzentrieren. In den meisten protestantischen Orten hatte sich im Laufe des 18. Jahrhunderts ein wirtschaftlich bedeutsamer Vorgang angebahnt, indem es neuen Kreisen gelang, sich eine unabhängige Position zu schaffen. Das waren auf der einen Seite kleine Unternehmer, welche meist mittels Vergabe von Heimarbeit die Textilverarbeitung betrieben. Die städtischen Obrigkeiten versuchten, mit Hilfe von Vertriebsmonopolen für Rohstoffe und Endprodukte die Dynamik diesem neu sich bildenden Unternehmertum im kleinen Hindernisse in den Weg zu legen. Anderseits hatten sich mit dem allmählichen Aufkommen wissenschaftlicher Methoden und Erkenntnisse Anfänge eines wissenschaftlichen Berufsstandes gebildet. Diese Advokaten, Landärzte («Chirurgen»), Literaten und Pädagogen, vom Geist der Aufklärung erfüllt und finanziell meist unabhängig, stellten eine immer wichtiger werdende soziale Gruppierung dar. Die akademisch geschulten von ihnen hatten zumeist an ausländischen Universitäten ihre wissenschaftliche Ausbildung genossen und von dort freiheitliche Auffassungen mitgebracht.

Etwas weniger deutlich als in den aristokratischen Orten vollzog sich die Aristokratisierung in den Städteorten mit Zunftverfassung, also in Zürich, Basel und Schaffhausen. Die teilweise demokratisch gebliebenen Strukturen der Zünfte verhinderten eine völlige Aufhebung der «vertikalen wirtschaftlichen und politischen Mobilität». Doch auch in diesen Orten gelang es einer wirtschaftlich führenden städtischen Schicht, die politische Macht weitgehend an sich zu reissen.

14

Immerhin hatte am Vorabend der Umwälzung keine völlige, das ganze Gebiet der Orte umfassende Aristokratisierung stattgefunden, auch nicht in den von diesem Geist am stärksten erfassten Orten Bern, Freiburg oder Solothurn. Einmal gab es, vor allem in den grösseren Orten, nirgends eine völlig vereinheitlichte Staatsgewalt; der geschlossene moderne Territorialstaat war noch nicht voll durchgebildet. Vielmehr setzten die vielfältigen lokalen und regionalen, meist verbrieften Selbstverwaltungsbefugnisse der Orte und Korporationen sowohl der Vereinheitlichung der Staatsgewalt als auch der Aristokratisierung gewisse Schranken. Die vielerorts bestehenden ländlichen Ortsprivilegien, welche die Besetzung mittlerer Stellen durch die Bürgerschaft selber und oft auch die Garantie eines eigenen Zivilrechts umfassten, wurden von der regierenden städtischen Schicht in der Regel geachtet und periodisch bestätigt. Sie vermittelten den Landleuten die «kleine Freiheit» in der Form von kommunaler und regionaler Autonomie, von Teilhabe an der Gerichtsbarkeit und von Selbstverwaltung. Von Bedeutung war auch, dass die örtlichen Selbstverwaltungsbefugnisse die Städte daran hinderten, die Steuer- und Militärlasten allzu stark zu erhöhen. Auch feudale mittelalterliche Herrschaftstitel und Herrschaftsbündel, auf die sich vor allem deren Inhaber, aber bisweilen auch Abhängige beriefen, standen der zentralen, einheitlichen politischen Machtentfaltung entgegen. Gleichwohl kam es im Laufe der Aristokratisierung manchmal zur Missachtung lokaler Freiheitsverbürgungen durch eine sich immer deutlicher ausbildende Obrigkeit.

Stärkeren Widerstand als die Städteorte setzten die demokratischen Landsgemeindeorte der allgemeinen Aristokratisierung entgegen. Das überkommene Prinzip der bäuerlich-genossenschaftlichen Gleichheit und die personalistisch-reale Institution der Landsgemeinde liessen sich nicht so leicht überspielen wie etwa die Wahlsatzungen in den Städteorten. Dennoch verstärkten sich entsprechend den wirtschaftlichen Machtverhältnissen und dem europäischen «Zeitgeist» auch dort die aristokratischen Elemente in der Staatsführung, zum Teil mit Hilfe des Klerus. Überall wurde subtil eine allmähliche Entdemokratisierung vorgenommen und das genossenschaftlich-freiheitliche Prinzip immer stärker vom dynastisch-herrschaftlichen durchsetzt. So wurde etwa im Wallis das frühere Gemeinde-Volksreferendum sukzessive in ein Zehnden-Behördenreferendum umgebildet. Auch die Rekrutierungsbasis für die Behördenmitglieder veränderte sich in derselben Tendenz. Im Laufe des 17. und 18. Jahrhunderts wurden in den Landsgemeindeorten mehr und mehr fast nur noch Angehörige von führenden Familien, die ihre wirtschaftliche Position vor allem im Soldunternehmertum, beim Transportgewerbe (Passverkehr) und im Viehhandel hatten, in die höchsten Ämter gewählt. Und gleichzeitig bildete sich sogar in diesen Bergdemokratien eine politisch weitgehend rechtlose Schicht von «Hintersässen». Mit ein Grund für die Konzentration der Macht bei wenigen Geschlechtern war natürlich der bildungsmässige Vorsprung, den die Angehörigen der wirtschaftlich gut situierten Familien gegenüber den breiten Massen hatten. Das sich allmählich bildende Landpatriziat konnte also trotz der Institution der Landsgemeinde, deren Macht im Laufe der Zeit etwas beschnitten wurde, eine wirtschaftliche und politische Führungsposition erringen und mehr oder weniger erfolgreich behaupten, so besonders deutlich in Schwyz.

Neben dem europäischen «Zeitgeist», wirtschaftlichen und rein machtpolitischen Gründen trug die weitverbreitete Rechtsunsicherheit und Rechtsunkenntnis dazu bei, dass es einer Minderheit gelingen konnte, die Hauptmacht bei sich zu vereinigen. Grosse Räte, Kleine Räte und Gerichte tagten hinter verschlossenen Türen, die Verwaltung war ebenfalls geheim und informierte die Öffentlichkeit nach Gutdünken. Die Erlasse, Beschlüsse und Verträge wurden nicht oder nicht systematisch veröffentlicht, und es war oft schwierig oder unmöglich, von den Machtträgern behauptetes Gewohnheitsrecht, Gebräuche und dergleichen zu widerlegen oder solches nachzuweisen. Eine nennenswerte Presse und vor allem eine freie Presse zur Bekanntmachung und Rüge allfälliger Missstände fehlten; die obrigkeitliche Zensur erstreckte sich überdies nicht nur auf Zeitungen, sondern auf alles Gedruckte. Und nicht einmal in ehrfurchtsvollem Tone gehaltene Bittschriften konnten ohne begründete Furcht vor Sanktionen eingereicht werden. So wurde allmählich auch die Landbevölkerung der dreizehn regierenden Orte, ebenso ein Teil der nichtprivilegierten Bevölkerung der Städteorte, zu «Untertanen» einer patriarchalischen Obrigkeit, allerdings nicht durchwegs und in sehr unterschiedlichem Masse. Jedenfalls war die eigene Bevölkerung vieler eidgenössischer Orte rechtlich, wirtschaftlich und politisch kaum bessergestellt als jene der durch Landvögte verwalteten eigentlichen Untertanengebiete. Dies äusserte sich etwa in den verschiedenen Unruhen und Aufständen auch innerhalb des eigenen Gebietes der dreizehn Orte.

Insgesamt ist die Eidgenossenschaft am Vorabend der Umwälzung treffend als «Aristodemokratie» (Hans Conrad Peyer) bezeichnet worden. Die je nach Ort und Zeit verschieden starke Durchmischung von demokratischen und aristokratischen Regierungs-

16

merkmalen entspricht dem pragmatischen Geist jener Zeit. Wie meistens am Ende von geschichtlichen Epochen, wurde in der Alten Eidgenossenschaft des 18. Jahrhunderts kaum mehr gestalterische Politik ausgeübt, sondern es wurde in erster Linie verwaltet. Die Verwaltungstätigkeit erlaubte die subtile, aber doch reale Ausübung einer nicht mehr voll legitimen Herrschaft. Die Regierungen der Orte verwalteten im Bewusstsein ihrer Macht freundlich und äusserlich wohlwollend, neigten allerdings im Sinne des väterlichen Polizeistaates zu weitgehender Reglementiererei. Weil die Regierenden freundlich waren und ihre Macht subtil verwalteten, war es für die nichtprivilegierten Kreise schwierig, sie zu kritisieren oder gar Widerstand zu leisten. Die Regierungen verwalteten überdies meistenorts recht sorgfältig und sparsam ihre Gemeinwesen und – soweit vorhanden – die Untertanengebiete. Dasselbe tat die Tagsatzung in bezug auf die gemeineidgenössischen Angelegenheiten. Vorsichtig und zurückhaltend wurde auch die Aussenpolitik gehandhabt. Hauptprobleme waren und blieben jedoch die Kompliziertheit und Starrheit des ganzen Gebildes, das einer einheitlichen Verfassung ermangelte, welche eine gewisse Integration ermöglicht hätte. Es war eine Ordnung, die von geradezu endzeitlichem Charakter war. Die Immobilität des politischen Gebildes «Alte Eidgenossenschaft» wurde zwar von aufgeklärten Zeitgenossen erkannt und bedauert; sie haben die Reformbedürftigkeit der Eidgenossenschaft aber wohl auch «verdrängt», um mit einem modernen Ausdruck zu sprechen. Wesentliche, im gesamtstaatlichen Interesse liegende Reformen kamen also nicht zustande. Weder die Reform des Heerwesens noch jene der Tagsatzung oder der Abbau von Verkehrs- und Handelsschranken konnten verwirklicht werden. Sie scheiterten am alles dominierenden partikularen und neuerungsfeindlichen Geist. Dieser hatte seine teils legitimen Ursachen: Die einigermassen erfolgreiche Behauptung der Unabhängigkeit des kleinen Staatsgebildes gegen aussen, das mühsam erreichte, doch mehr oder weniger ruhige Zusammenleben der beiden Konfessionen, ebenso das erkämpfte labile Gleichgewicht zwischen Länder- und Städtekantonen im Innern legten nahe, an den teils Jahrhunderte zurückreichenden heiklen Kompromissen nicht zu rühren. Auch fehlte bis weit ins 18. Jahrhundert hinein eine politisch tragfähige nationale Idee, welche die bestehenden vielfältigen historischen Integrationstitel hätte ersetzen können. Ein schweizerisches Nationalbewusstsein, wie es in Ansätzen bereits etwa im Schosse der im Jahre 1761 gegründeten Helvetischen Gesellschaft gepflegt wurde, war mehr philosophischer oder ästhetischer Natur, insgesamt zuwenig politisch, und es beschränkte sich überdies auf einen kleinen Kreis von Intellektuellen. Immerhin hat ein führendes Mitglied dieser Gesellschaft, der Basler Philanthrop und Physiokrat Isaak Iselin[6] 1776 einen vom römischen Staatsrecht und wohl auch von Montesquieu inspirierten gewaltenteiligen Verfassungsentwurf auf der Basis des rationalen Staatsdenkens veröffentlicht.

Sowohl in den Landsgemeindeorten wie in den Städteorten reagierte das Volk in unterschiedlicher Weise auf die immer deutlicher werdende oligarchische Staatsführung. Hand in Hand damit gingen Reaktionen des Volkes auf wirtschaftliche Krisen- oder Mangelerscheinungen. Politische und wirtschaftliche Gründe sind als Ursachen von einzelnen Unruhen nur schwer voneinander zu trennen. Bisweilen sind beide so eng untereinander verwoben, dass eine Wechselwirkung stattfand. Dazu kam vom Beginn des 18. Jahrhunderts an noch eine dritte Kraft, welche weit mehr als nur eine Reaktion auf Missstände war: Die immer stärker eindringenden Ideen von Aufklärung und Naturrecht stellten die geltende politische und wirtschaftliche Ordnung ganz grundsätzlich in Frage. Bei den einzelnen Unruhen und Aufständen ist diese dritte Kraft in unterschiedlicher Weise wirksam; monokausale Erklärungen sind auch hier fehl am Platze.

In den Landsgemeindeorten wehrte sich das Volk zuweilen gegen eine zu starke Konzentration der wirtschaftlichen und politischen Macht bei einzelnen Familien. Das wichtigste Mittel dazu war die Nichtwahl oder Abwahl bestimmter Repräsentanten an der Landsgemeinde. Mit solchen, allerdings seltenen Akten konnte zugleich die souveräne Stellung der Landsgemeinde gegenüber Machtansprüchen von bestimmten Familien des Landpatriziates behauptet werden. In den Landgebieten der Städteorte kam es im 18. Jahrhundert zu verschiedenen Bauernaufständen, so im Bistum Basel 1726–1740, und in Freiburg beim Chenaux-Handel 1781[7]. Auch in den

---

[6] ISELIN ISAAK, 1728–1782. Geboren in Basel als Sohn eines Kaufmanns. Juristische und philosophische Studien in Basel und Göttingen. Daneben erste dichterische Tätigkeit. 1755 Dr. iur. Ab 1755 Mitglied des Basler Grossen Rats. Ab 1756 Ratsschreiber der Republik Basel, das heisst oberster Sekretär und Chef der Staatskanzlei der Republik. Vergebliche Bemühungen um Schultheissenwürde. 1760 Gründung der Helvetischen Gesellschaft mit Salomon Gessner und Salomon Hirzel. In seiner Freizeit fruchtbare schriftstellerische Tätigkeit im aufklärerischen Geiste. Als Herausgeber der Zeitschrift «Ephemeriden» Förderer verschiedener anderer Schriftsteller, so auch von Pestalozzi. Hauptwerke: «Philosophische und patriotische Träume eines Menschenfreunds» 1755, «Geschichte der Menschheit» 1764.

[7] Als dessen Ergebnis wurde das «Règlement du Conseil souverain de la Ville et République de Fribourg relatif à l'introduction de l'égalité des familles patriciennes» vom 17. Juli 1782 erlassen; *Quellenbuch* S. 28 f.

eigentlichen Untertanengebieten kam es zu Revolten; zu nennen sind hier der Werdenberger Landhandel 1719–1722 und der Aufstand in der Leventina 1755. Diese Aufstände hatten teils wirtschaftliche, teils politische Ursachen; zuweilen waren beide Elemente in komplexer Verbindung mit im Spiel.

Die mehr *durch aufklärerische Ideen geprägten Unruhen* gingen von einzelnen oder von kleinen Gruppen von Gebildeten aus, die freiheitliches Gedankengut vertraten. Als einsamer Vorläufer politisch-aufklärerischer Regung kann vielleicht der Waadtländer Major Davel[8] bezeichnet werden, welcher schon 1723 in Lausanne einen allerdings erfolglosen Aufstand gegen die bernische Obrigkeit durchführte. In den Hauptstädten fühlten sich die gemeinen Bürger gegenüber den bevorrechteten regimentsfähigen Familien wegen ihres fehlenden Zugangs zu besoldeten Staatsstellen politisch und wirtschaftlich benachteiligt. Typischer Ausfluss dieser Situation ist die Henzi[9]-Verschwörung in Bern von 1749. Henzi, der bei der Besetzung öffentlicher Ämter übergangen wurde, stand aber überdies unter dem Bann demokratisch-aufklärerischer Ideen; er hat in einer Denkschrift Ansätze für einen gewaltenteilig-demokratischen Staat Bern skizziert. In Genf erhoben sich 1765, drei Jahre nach der Publikation des «Con-

---

[8] DAVEL JEAN ABRAHAM DANIEL, genannt Major DAVEL, 1670–1723. Geboren in Merrens. 1688–1692 Notar in Cully. Trat ins englische Regiment im Piemont ein, dann in ein anderes im Dienste Hollands, machte den flandrischen Feldzug mit und kehrte 1711 ins Waadtland zurück. Nahm 1712 als Regimentsmajor am Villmergerkrieg teil. Zur Zeit des Consensushandels glaubte er sich von Gott berufen, das Waadtländer Volk von der seiner Meinung nach antichristlichen Berner Obrigkeit zu befreien und einen Kanton Waadt zu gründen. Das Unternehmen scheiterte jedoch, und er wurde 1723 in Vidy hingerichtet. Dieser Heldentod erregte allgemeine Bewunderung im Waadtland, hatte jedoch keine grundsätzlichen Reformen durch die bernische Obrigkeit zur Folge.

[9] HENZI SAMUEL, 1701–1749. Sohn eines Pfarrers in Aarberg, der starb, als Samuel acht Jahre alt war. 1715 Kopist in der Salzkammer. 1741–1743 Hauptmann in den Diensten des Herzogs von Modena. Nach seiner Heimkehr in die Vaterstadt eine Zeit lang Privatlehrer und Erzieher. Henzi wurde 1744 wegen seiner Beteiligung am sogenannten Memorial, worin eine Anzahl angesehener Männer von der Regierung den Zutritt aller Bürger zu staatlichen Ämtern und Einkommen verlangten, auf fünf Jahre verbannt und ging nach Neuenburg. Dort widmete er sich historischen und literarischen Arbeiten, welche teilweise gedruckt wurden. Er wurde Redaktor am «Mercure Suisse» und Mitarbeiter am «Journal Helvétique». 1748 begnadigt, kehrte er nach Bern zurück und wurde zum Unterbibliothekar ernannt, in der Hoffnung auf eine Ernennung zum Oberbibliothekar aber enttäuscht und zugunsten eines jungen Patriziers übergangen. 1749 wurde er in die Verschwörung gegen die Obrigkeit verwickelt, die seinen Namen trägt, verhaftet und als einer der Hauptanstifter hingerichtet.

trat social» von Rousseau[10], die politisch rechtlosen Nachkommen von Zugezogenen («natifs») gegen die besser gestellten Bürger («représentants») und gegen die privilegierten Patrizier. Sie erreichten nicht mehr als eine geringe Erleichterung des Zuganges zum Bürgerrecht. Später, 1782, erhoben sie sich, nun zusammen mit den Bürgern, gegen das Patriziat. Dieser neuerliche, nun auch von egalitären politischen Ideen aus Nordamerika beeinflusste Genfer Aufstand wurde vom Patriziat mit Hilfe von französischen, sardinischen sowie von Berner und Zürcher Truppen niedergeschlagen.

Dieser zweite Genfer Aufstand von 1782 trägt von den Beteiligten und der Thematik her gewisse Züge der nachfolgenden Französischen Revolution. Mehr aufklärerisch-ästhetisch motiviert war die vom Zürcher Literaten und Pädagogen Johann Jakob Bodmer[11] ge-

---

[10] ROUSSEAU JEAN-JACQUES, 1712–1778. Geboren in Genf als Sohn eines Uhrmachers und Tanzlehrers. Seine Mutter starb bei der Geburt. Er wurde zunächst allein von seinem Vater erzogen, der 1722 Genf verliess und sich danach kaum mehr um seinen Sohn kümmerte. Rousseau begann eine Lehre als Graveur, verwahrloste dann aber zusehends, ging schliesslich 1728 nach Savoyen, wo er eine junge emigrierte Waadtländerin, Madame de Warens, kennenlernte. Sie bewegte Rousseau zu einem Aufenthalt in Turin, wo er dann zum Katholizismus übertrat. Später machte er dies rückgängig. Bis er sich 1742 in Paris niederliess, führte er ein sehr bewegtes Leben: Er studierte Musik, machte Reisen, gab Stunden und trieb als Autodidakt humanistische Studien. Erste literarische Versuche, wiederholte Aufenthalte in Les Charmettes bei Madame de Warens. In Paris knüpfte er Beziehungen mit wissenschaftlichen und literarischen Kreisen an, war einige Zeit Sekretär des Gesandten Frankreichs in Venedig, verfasste verschiedene Vers- und Prosadichtungen, schrieb Artikel über Musik für die Encyclopédie Diderots. Verschiedene Publikationen, unter anderen 1750 eine Preisarbeit zuhanden der Académie de Dijon mit dem Titel «Si le progrès des sciences et des arts a contribué à corrompre ou à épurer les mœurs», sowie 1762 «Contrat social» und «Emile», welcher letzterer grosse Erregung hervorrief und verboten wurde; gegen den Verfasser erging ein Haftbefehl. Flucht nach Môtiers, dann bald Flucht auf die St.-Peters-Insel, von wo er nach sechs Wochen aber von der bernischen Obrigkeit des Landes verwiesen wurde. Es folgte ein unstetes Wanderleben: 1766 in England, betreut von Hume, mit dem er sich aber ein Jahr später überwarf. Rückkehr nach Frankreich, wo er in grosser Armut als Musikkopist lebte.

[11] BODMER JOHANN JAKOB, 1698–1783. Geboren 1698 in Greifensee als Sohn eines Pfarrers. Abgebrochenes Theologiestudium in Zürich. 1725–1775 Professor für vaterländische Geschichte ebenda. 1727 gründete er die Helvetische Gesellschaft, die 1735 den Thesaurus Historiae Helveticae und 1735–1741 die Helvetische Bibliothek herausgab. Ab 1737 Mitglied des Zürcher Grossen Rats. Zurückgezogenes Leben als Literat und Quellenforscher. Zusammen mit Breitinger vertrat er die Idee, dass das «Wunderbare», das heisst die Phantasie, Quelle der Poesie sei, und setzte sich damit in Widerspruch zur rationalistisch-aufklärerischen Literaturtheorie Deutschlands. Einer der ersten bedeutenden Wiederentdecker mittelalterlicher deutscher Dichtung. Seine eigenen Epen und politischen Schauspiele blieben erfolglos.

nährte politische Jugendbewegung in Zürich, welche in den sechziger Jahren politische Aktivität entfaltete. Dieses freiheitliche Denken kam insbesondere in der von Johann Caspar Lavater[12] und Johann Heinrich Füssli[13] verfassten Klageschrift gegen den korrupten Landvogt Grebel[14] zum Ausdruck[15].

Ein markantes Ereignis der aufklärerisch-frühliberalen Bestrebungen bildete der bereits direkt von den Ideen der Französischen Revolution beeinflusste Stäfner Handel im Jahr 1794: Im Zür-

---

[12] LAVATER JOHANN CASPAR, 1741–1801. Geboren als Sohn eines Arztes in Zürich. Studium der Theologie daselbst. Nach Abschluss der Studien ausgedehnte Reisen ins Ausland. 1769 Wahl zum Diakon, 1775 zum Pfarrer an der Waisenhauskirche in Zürich, von 1786 an am St. Peter. Weil er es gewagt hatte, Kritik an der militärischen Besetzung der Schweiz durch Frankreich zu üben, wurde Lavater von der helvetischen Regierung in Basel zwangsinterniert, dann aber nach einigen Monaten wieder freigelassen. 1799 wurde er von einem französischen Soldaten durch einen Schuss verletzt; an den Folgen dieser Verletzung starb er Anfang 1801. Internationale Berühmtheit erlangte Lavater vor allem mit seinen 1775–1778 erschienenen «Physiognomischen Fragmenten zur Beförderung der Menschenkenntnis und Menschenliebe». Die Fragwürdigkeit dieser Physiognomielehre entging kritischen Zeitgenossen allerdings nicht, und Madame Roland, die mit Lavater befreundet war, hat geschrieben, sie vermisse an dieser Lehre ein rationales Prinzip: die von Lavater gesammelten Gesichter seien darum lediglich eine Anhäufung von Kuriositäten.

[13] FÜSSLI JOHANN HEINRICH, 1745–1832. Stammte aus einer alten Zürcher Glockengiesser- und Künstlerfamilie. Studium der Geschichte. Freimaurer (?). 1762 Studienaufenthalt in Genf, wo er Verehrer Rousseaus wurde. 1763 Studien beim Kunsthistoriker Winckelmann in Rom. Zurück in Zürich wurde er 1765 Mitglied der Helvetischen Gesellschaft in Schinznach, ab 1775 Nachfolger Bodmers in der Professur für Vaterländische Geschichte. 1777 Mitglied des Zürcher Grossen, 1785 des Kleinen, 1793 des Geheimen Rats, 1794 des Rechenrats, Obervogt von Erlenbach 1785–1790, von Horgen 1790–1796. Er war die Seele der Untersuchungskommission des Geheimen Rats im Stäfner Handel und gegen eine Verurteilung Bodmers zum Tode im Jahre 1795. Beim Übergang 1798 Mitglied der Landeskommission und der Landes- beziehungsweise Kantonsversammlung. In der Helvetik unter anderem Mitglied des Gesetzgebenden Rates. Er gehörte zu den Urhebern des unitarischen Staatsstreichs 1802, wurde dann Zweiter Landesstatthalter im Vollziehungsrat. Das Ende der Helvetik beendete auch seine politische Laufbahn.

[14] GREBEL JOHANN FELIX, genannt Landvogt GREBEL, 1714–1787. Geboren in Zürich. Stammte aus einer alten Zürcher Landvögtefamilie. Ab 1752 Mitglied des Zürcher Grossen Rats. 1755–1761 Landvogt in Grüningen. Auf Betreiben Lavaters und Füsslis 1762 der ungerechten und korrupten Führung seines Landvogtamtes angeklagt. Flucht nach Chur, dann nach Konstanz und Schaffhausen. 1763 in Abwesenheit verurteilt, aus dem Grossen Rat ausgeschlossen und unter Konfiskation seines Besitzes auf Lebenszeit aus Zürich verbannt. 1781 bekam Grebel wieder die Erlaubnis, Zürcher Boden zu betreten. Er liess sich in Frauenfeld nieder.

[15] Dazu BRAUN RUDOLF, Das ausgehende Ancien Régime in der Schweiz, (1984) S. 292 ff.

cher Seeort Stäfa hatte sich, wie in anderen Seegemeinden auch, eine literarisch-aufklärerische Lesegesellschaft gebildet, welche freiheitliches Gedankengut diskutierte. Daraus erwuchsen allmählich politische Forderungen, welche in dem von einigen wohlhabenden und autodidaktisch gebildeten Stäfnern verfassten «Stäfner Memorial» festgehalten wurden[16]. Zu den Hauptforderungen des Memorials gehörten die Handels- und Erwerbsfreiheit auch für die Bürger der Landschaft, die «Studierfreiheit», womit der Zugang der Landbürger zur Lehrer- und Pfarrerausbildung gemeint war, die Loskäuflichkeit der Grundlasten, die «Gleichheit vor dem Gesetz» und die Zugänglichkeit auch der Landleute zu den Offiziersstellen sowie die Beseitigung der noch bestehenden Reste von Leibeigenschaft. Einflüsse der Französischen Revolution sind im Stäfner Memorial auch insofern zu erkennen, als hier von einer «republikanischen Verfassung» und den «unveräusserlichen» und «allgemeinen Menschenrechten» die Rede ist. Der Einfluss Rousseaus wird sichtbar, wenn im Memorial vom «gesellschaftlichen Vertrag» die Rede ist und es heisst: «Ein jeder Mensch ist frei geboren ...» Es findet sich im Memorial von Stäfa aber auch die Forderung nach Wiederherstellung von «altersher» bestehenden, durch Urkunden überlieferten «schönen Freiheiten und Gerechtsamen», die «in keinem Zeitalter ... mehr beschränkt» worden seien als im 17. und 18. Jahrhundert. Auch diese Regung freiheitlichen Geistes wurde von der Stadtzürcher Obrigkeit mit Truppen und harten Strafen niedergeschlagen und das inkriminierte «Stäfner Memorial» feierlich verbrannt.

Im St. Galler Fürstenland kam es von 1793 an, von Gossau ausgehend, zu Unruhen, die sich gegen die monarchische Herrschaft des Abtes richteten. Äusserer Anlass der Bewegung waren die von der Bevölkerung als drückend empfundenen Abgaben, deren Erhebung ihren Grund in der misslichen Finanzlage der Abtei hatten. Doch die erhobenen zahlreichen politischen Forderungen zeigten bald, dass die Untertanen unter der Leitung des rührigen Postboten Johannes Künzle[17] auch politische Selbstbestimmung erstrebten. Nach zwei-

---

[16] Text bei HUNZIKER OTTO, Unruhen in der Landschaft Zürich 1794–1798, (1897) S. 233 ff.

[17] KÜNZLE JOHANNES, 1749–1820. Geboren in Gossau, Kanton St. Gallen. Stammte aus einfachsten ländlichen Verhältnissen. Metzger und Postbote. Gemeindevogt von Gossau. Ab 1793 Anführer der unzufriedenen Bevölkerung von Gossau, schliesslich der Bevölkerung der ganzen Alten St. Galler Landschaft. 1795 Leiter der in Gossau abgehaltenen Landsgemeinde, die in Anwesenheit des Fürstabts grundlegende Reformen verlangte. 1797 Obmann des St. Galler Landrats. Nach Erhebung gegen Abt

22

jährigem Seilziehen und der Durchführung von drei «Landsgemeinden» im Untertanengebiet kam es am 23. November 1795 zum «Güt-
lichen Vertrag» mit dem Fürstabt Beda Angehrn[18], einer Art «Verfassung», welche die Bildung eines Landrates als Volksvertretung vorsah,
die Leibeigenschaft sowie einige Abgaben abschaffte und den Gemeinden mehr Selbstverwaltungsbefugnisse sowie Wahlrechte zugestand. Im Vorjahr der Helvetischen Umwälzung 1797 kam es im Fürstenland zu weiteren Unruhen, die ebenfalls mit Zugeständnissen des
(neuen) Fürstabtes an die Untertanen endeten.

    Mit Ausnahme der geschilderten Bewegung im St. Galler Für-
stenland hatten die Unruhen in der alternden Eidgenossenschaft wenig unmittelbare Wirkungen. Den aristokratischen Regierungen gelang es, sie zu unterdrücken, wobei die Verantwortlichen jeweils mehr
oder weniger hart bestraft wurden. Immerhin hat die Zürcher politische Jugendbewegung trotz ihres Versandens eine Reihe frühliberaler
Politiker und Denker hervorgebracht, deren Einfluss sich dann in der
Helvetik und mittelbar sogar noch in der Regeneration geltend machte. Zeitlich und örtlich weniger deutlich bestimmbar als die eigentlichen Unruhen ist das diffuse Eindringen der aufklärerischen Staats-
und Gesellschaftsphilosophie in die Eidgenossenschaft des 18. Jahrhunderts, welches sich einerseits über wissenschaftliche Schriften
der französischen, englischen und holländischen Philosophen vollzog. Die neuen wirtschaftlichen und sozialen Ideen gelangten über
die vielerorts gegründeten Ökonomischen und Gemeinnützigen Gesellschaften zu weiterer Verbreitung. Gewichtigen Einfluss dürften

Pankraz erster Landammann der Republik St. Gallen. Von der helvetischen Regierung
zum Präsidenten der Verwaltungskammer des Kantons Säntis ernannt. 1799 der Ver-
schleuderung von Nationalgut angeklagt und festgenommen, dann wieder freigelassen. 1800 und 1802 Wahl in den helvetischen Senat. 1803 Rückzug ins Privatleben.

   [18] ANGEHRN JOHANN KONRAD (Abt BEDA von St. Gallen), 1725–1796. Geboren in
Hagenwil als Sohn eines Ammanns. 1743 Eintritt in das Kloster St. Gallen und 1744
Aufnahme in den Benediktinerorden als Mönch Beda. 1749 Priesterweihe. Darauf als
Lehrer für Philosophie, Theologie und kanonisches Recht an der Klosterschule tätig.
1761–1767 Prior und Statthalter des zum Kloster St. Gallen gehörenden Klosters Neu
Sankt Johann im Toggenburg. 1767 Wahl zum Fürstabt von St. Gallen. Seine Bautätig-
keit und seine wiederholten Kornverteilungen in Hungersnöten verschuldeten die
Staatskasse schwer. Deswegen 1788 zur Abdankung gedrängt, welche vom Papst jedoch nicht akzeptiert wurde. Ab 1793 in die von Gossau und dem dortigen Vogt Künzle
ausgehenden Unabhängigkeitskämpfe der St. Galler Landschaft verwickelt. Die den
Forderungen der Bevölkerung nachkommende Verfassung von 1795 beruhigte jedoch
die angespannte Lage nicht. Der Tod erlöste Beda aus immer grösser werdender politischer Bedrängnis.

schliesslich die aufklärerisch-freiheitlichen Ideen ausgeübt haben, welche Schweizer Studierende an ausländischen Universitäten empfangen haben. Dabei sind vor allem die unter englischer Oberherrschaft stehende hannoveranische Universität Göttingen sowie die Universität Jena zu nennen.

Die in der zweiten Hälfte des 18. Jahrhunderts im Gebiet der Eidgenossenschaft aufgetretenen freiheitlichen Regungen müssen im Zusammenhang mit ähnlichen Bewegungen in Westeuropa gesehen werden, vor allem jener in den wirtschaftlich prosperierenden frühindustriellen Gebieten Hollands von 1783–1787 und Belgiens, so die Brabanter Erhebung von 1787 und der Aufstand in Lüttich 1789. Auch die Aufstände in Irland 1778–1782 und die Emanzipationsbewegungen in Nordamerika von 1770 an laufen mit den Auswirkungen von wirtschaftlicher Selbständigkeit, Naturrecht und Aufklärungsphilosophie auf die Schweizerische Eidgenossenschaft parallel.

Die Starrheit der politischen Ordnung der Eidgenossenschaft hängt natürlich eng mit der Tatsache zusammen, dass die im Laufe des Aristokratisierungsprozesses im 17. und 18. Jahrhundert zu Besitz, Titel und Ansehen gekommenen Oberschichten ihre wirtschaftliche und politische Position nicht preisgaben, solange die grösstenteils ungebildeten und besitzlosen Massen für die Postulate der politischen und wirtschaftlichen Gleichheit nicht sensibilisiert waren. Der Rationalismus und dessen Anwendungsmöglichkeiten auf die Staatsgestaltung war gegen Ende des 18. Jahrhunderts nur Angehörigen einer kleinen intellektuellen Schicht geläufig, und diese Schicht rekrutierte sich im wesentlichen aus den herrschenden Familien. Die Legitimation der Herrschaft blieb traditional und dort, wo besondere Persönlichkeiten diese ausübten, zusätzlich charismatisch – um hier die Herrschaftslehre von Max Weber anzuwenden.

2. KAPITEL:
DIE NEUEN STAATS-
UND GESELLSCHAFTSIDEEN DES
18. JAHRHUNDERTS[1]

1. Naturrechtlicher Individualismus, Rationalismus, Prinzipien- und Systemdenken

Fühlten sich die Machtträger der Anciens Régimes in ganz Europa noch bis gegen die Mitte des 18. Jahrhunderts im legitimen Besitz einer überkommenen Herrschaft, so änderte sich dies nun langsam. Die Sensibleren unter den Herrschern fühlten mehr und mehr, dass der Legitimationsboden, auf dem sie standen, irgendwie unsicherer wurde. Sie konnten zwar die Gründe dafür nicht präzis formulieren, hatten aber doch das Gefühl, dass das Wirken einerseits der Philosophen, andererseits der Literaten, so unpolitisch diese zunächst auftraten, für die neue Entwicklung mitverantwortlich war, wie etwa kritische Reaktionen des Zürcher Rates auf das Wirken des

---

[1] *Literatur:* BÖNING HOLGER, Revolutionen in der Schweiz, Frankfurt 1985; CHAUNU PIERRE, La civilisation de l'Europe des Lumières, Paris 1971; *Constitutions des treize Etats-Unis de l'Amérique,* Paris 1792; DELVAILLE JULES, Essai sur l'histoire de l'idée de progrès, Paris 1910; DERATHE ROBERT., J. J. Rousseau et la science politique de son temps, Paris 1950; DERATHE ROBERT, Le rationalisme de Rousseau, Paris 1948; ERNE EMIL, Die schweizerischen Sozietäten, Bern 1988; FELDER PIERRE, Ansätze zu einer Typologie der Politischen Unruhen im Schweizerischen Ancien Régime 1712–1789, Schweizerische Zeitschrift für Geschichte, 1976 S. 324 ff.; GODECHOT JACQUES, Les révolutions 1770–1799, Paris 1963; GUICHONNET PAUL/WAEBER PAUL, Révolutions et Restauration, Histoire de Genève, Lausanne 1974, S. 255 ff.; HUNZIKER OTTO, Unruhen in der Landschaft Zürich 1794–1798, Basel 1897; IM HOF ULRICH, Aufklärung in der Schweiz, Bern 1970; IM HOF ULRICH, Das gesellige Jahrhundert, München 1982; IM HOF ULRICH, Isaak Iselin und die Spätaufklärung, Bern 1967; MEINECKE FRIEDRICH, Die deutschen Gesellschaften und der Hoffmannsche Bund, Stuttgart 1891; MORNET DANIEL, Les origines intellectuelles de la Révolution française 1715–1787, Paris 1933; SOBOUL ALBERT, La Crise de l'Ancien Régime, La Civilisation et la Révolution Française, Band I, Paris 1970; SOBOUL ALBERT/LEMARCHAND GUY/FOGEL MICHELE, Le Siècle des Lumières, Band I, Paris 1977; STRUB BETTINA, Der Einfluss der Aufklärung auf die Todesstrafe, Zürich 1973; THEIMER WALTER, Geschichte der Politischen Ideen, Bern 1955; WEULERSSE GEORGES, Le Mouvement physiocratique en France de 1756 à 1770, Paris 1910; WILSON ARTHUR M., Diderot, sa vie et son œuvre, Paris 1985. – Siehe auch die am Anfang des 1. Kapitels angeführten Literaturangaben.

aufklärerischen Literaten Johann Jakob Bodmer zeigte[2]. Gewisse Herrscher, so etwa der Preussenkönig Friedrich der Grosse[3], reagierten auf das Wirken der Aufklärer, indem sie ihren Rat für Reformen «von oben» suchten und sie daher – wie Voltaire[4] und Albrecht von Haller[5] – an ihren Hof zu ziehen trachteten. Vor allem wegen der Abstraktheit und Allgemeinheit der Gedanken der Literaten und der

[2] BRAUN RUDOLF, Das ausgehende Ancien Régime in der Schweiz (1984), S. 288 f.

[3] FRIEDRICH II. VON PREUSSEN (der Grosse), 1712–1786. In seiner Jugend durch seinen Hang zum Künstlertum Konflikte mit seinem Vater, Friedrich Wilhelm I. von Preussen, dem Soldatenkönig. Ab 1740 selbst preussischer König. Freimaurer und aufgeklärter Denker. Trotz dieser aufgeklärten Haltung Nachahmung der absolutistischen Prestigepolitik von Ludwig XIV.: Erbauung des Schlosses Sanssouci 1745–1747; Ringen mit Österreich um die Vorrangstellung im Deutschen Reich durch endlose Kriege wie 1740–1748 den Österreichischen Erbfolgekrieg mit Eroberung von Schlesien, den Siebenjährigen Krieg 1757–1763, die polnischen Teilungen 1772/1775 und den bayerischen Erbfolgekrieg 1779.

[4] VOLTAIRE, Pseudonym für AROUET FRANÇOIS MARIE, 1694–1778. Stammte aus einer Pariser Magistratenfamilie. Abgebrochene Notariatslehre. Dichter und Schriftsteller. Freimaurer. Musste 1726 wegen eines Duells nach England fliehen, wo er John Locke (1632–1704) kennenlernte und ein Bewunderer des englischen politischen Systems wurde. Voltaire begann, philosophisch-historische Werke zu schreiben, wurde 1743 in die Académie française aufgenommen und 1744 begnadigt. Rückkehr nach Paris und Mitarbeit an der Encyclopédie, 1750–1753 in Potsdam am Hof Friedrich II. als Hofphilosoph. Nach der Publikation von «Le siècle de Louis XIV» im Jahr 1756 musste er in die Schweiz fliehen. 1758 Kauf und Wohnsitznahme von Ferney-Voltaire bei Genf, das Voltaire als Musterdorf organisierte. Von dort aus beobachtete Voltaire das politische Geschehen in Frankreich, in das er mit mehreren Kampfschriften eingriff. Nach seiner Wahl zum Direktor der Académie française 1778 Übersiedlung nach Paris, wo Voltaire starb. Hauptwerke: «Lettres sur les Anglais» 1726, «Lettres philosophiques» 1734, «L'essai sur les mœurs», «Le traité de la tolérance» 1763, «Le dictionnaire philosophique» 1764.

[5] HALLER ALBRECHT VON, 1708–1777. Geboren in Bern, aus alter Bernburger Familie. 1723–1727 Studium der Medizin in Tübingen und Leiden, Dr. med. Weitere private Studien in Mathematik bei Bernoulli in Basel und in Literatur. 1728 Wanderung mit Johann Gessner durch die Alpen, dann Niederlassung in Bern und Tätigkeit als Arzt ab 1729. Vergebliche Bemühung um Berner Staatsstelle, 1736–1753 Professor für Medizin und Botanik in Göttingen mit vielbeachteten Publikationen, vor allem über Anatomie und Physiologie. Dafür 1743 von Kaiser Franz I. in den erblichen Adelsstand erhoben. 1753 Ausschlagung der Berufungen nach Oxford, Berlin und Utrecht; Rückkehr nach Bern. Mitgliedschaft im Rat der 200 und Rathausammann. Leitete nach einer Tätigkeit als Direktor der Salinen von Aigle das bernische Sanitätswesen. Ab den siebziger Jahren philosophisch-schriftstellerische Tätigkeit und heftiger Kampf gegen Voltaire und andere Aufklärungsphilosophen. Galt zur damaligen Zeit als «Grösster Gelehrter seiner Zeit». Verfasste 1732 das Gedicht «Die Alpen», welches viele Ausländer zu Reisen in die Schweiz bewog.

Philosophen, aber auch wegen ihrer fundamentalen Betrachtungsweise, war der Zusammenhang ihres Denkens mit der tatsächlichen, konkreten Herrschaftsordnung in ihren mannigfachen Verästelungen vorerst nur schwer herzustellen. Konkretheit und Personenbezogenheit, aber auch die rein faktische Betrachtungsweise der Macht herrschte vor.

Exponierter als die Literaten und Philosophen waren die politischen Denker jener Zeit. Der Gegenstand ihrer Untersuchungen, der Staat, stand in unmittelbarer Beziehung zum Phänomen der Macht. Staatsdenker, die ihre Überlegungen hinreichend konkretisierten, mussten daher die Zensur fürchten oder waren gar gezwungen, die Stätten ihres Wirkens zu wechseln. Zuweilen konnten sie solchen Angriffen von seiten der Regierenden durch geschicktes Ausnützen von Spannungen zwischen diesen begegnen. So waren beispielsweise die französischen Staatsdenker ohne Gefahr in der Lage, etwa die Steuerprivilegien des Grundadels scharf zu kritisieren, weil der König diese in seinem eigenen Interesse ebenfalls abzuschaffen suchte.

Die politischen Denker der Aufklärungszeit gingen durchwegs davon aus, dass die konkret gegebenen politischen und gesellschaftlichen Institutionen reformbedürftig waren. Die Sensibleren unter ihnen, namentlich Rousseau, litten an Resignation ob der Rechtlosigkeit der Völker; andererseits waren sie von einer glückerfüllenden Vision einer gerechten Gesellschafts- und Staatsordnung beseelt. Aus dieser seelischen Spannung und dem Schwanken zwischen Resignation und Vision schöpften die Staatsdenker ihre innovative Kraft. Ja man kann sagen, dass fast alle wirklich bedeutenden und dauerhaften neuen Staatsideen aus solchen realen Spannungslagen bei den Denkern entstanden sind.

Die innovative Kraft der Staatstheoretiker ermöglichte die vorerst geistige Überwindung des Bestehenden; sie führte zu neuen Staatsideen auf der Basis abstrakter Grundsätze. Das faktisch Gegebene war nurmehr Motivation für ihr Handeln, nicht aber Ausgangspunkt für ihr Denken. So hat Jean-Jacques Rousseau am Anfang seines «Discours sur l'origine de l'inégalité parmi les hommes» (1753) geschrieben: «Commençons donc par écarter tous les faits ...», «beginnen wir denn mit der Ausschaltung alles tatsächlich Gegebenen» – ein Satz, der den Stellenwert zeigt, den man in der Aufklärungszeit der Idee, dem Seinsollenden, Normativen beimass und wie wenig das geschichtlich gewordene, konkrete Sein den führenden Köpfen noch galt. Geradezu sinnbildlich wirken daher die vielerorts – auch in Bern – von den Regierenden der Anciens Régimes vorgenommenen offiziellen Verbrennungen der Bücher der Staatsphilosophen, namentlich derjenigen von Rousseau: Mit der tatsächlichen Vernichtung der konkreten Ausprägung der Schriften der politischen Denker glaubte man, auch die bedrohlichen Ideen vernichten zu können.

Das Denken der aufklärerischen Staatsphilosophen des 18. Jahrhunderts wird im wesentlichen durch drei Elemente bestimmt, nämlich durch das individualistisch-naturrechtliche Weltbild, durch den Rationalismus in Verbindung mit dem abstrakten objektivierenden Denken und schliesslich durch das prinzipielle und systematische Denken, das vor allem von den Naturwissenschaftern entwickelt wurde. Was Individualismus und Naturrecht betrifft, so konnten die Staatsphilosophen auf eine bereits bestehende Naturrechtslehre aufbauen. Vor allem in Holland und dann in England hatten sich gegen Ende des 16. Jahrhunderts Naturrechtsschulen gebildet, welche, zunächst auf christlicher Basis, die Anerkennung und die Entwicklung der Individualrechte förderten, vorerst ohne daraus Folgerungen für die Gestaltung des Staates zu ziehen. Sie gingen von natürlicher Vernunftbegabtheit, Selbstwert und Selbstbestimmungsrecht jedes einzelnen Individuums aus. Der Mensch ist nach ihrer Lehre anderseits ausgesprochen hilfebedürftig und hat zugleich einen angeborenen Trieb zur Vergesellschaftung. Im 17. Jahrhundert gewannen dann verschiedene naturrechtliche Theoretiker aus Selbstwert und Selbstberechtigung des Einzelmenschen erste Grundsätze für die Ausgestaltung von Staat und Rechtsordnung. Zu nennen sind hier vor allem Hugo Grotius[6], Samuel Pufendorf[7] und Johannes Alt-

[6] GROTIUS HUGO, 1583–1643. Geboren in Delft als Sohn einer Patrizierfamilie. Nach Studium in Leiden und Orléans 1594–1599 als Anwalt in Den Haag zugelassen. Er arbeitete für die Vereinigte ostindische Kompanie, amtierte ab 1607 als Generalfiskal der Provinz Holland und veröffentlichte 1609 seine Abhandlung «Mare liberum», Über die Freiheit der Meere, das 12. Kapitel seines 1604–1605 geschriebenen, erst 1868 vollständig erschienenen Werkes «De iure paedae commentarius», Über das Kriegsbeuterecht, welche in den niederländisch-spanischen Waffenstillstandsverhandlungen gegen den spanischen Monopolanspruch auf die aussereuropäische Schiffahrt verwendet wurde. Seit 1613 Ratspensionär von Rotterdam, wurde er 1619 nach einem Regierungsumsturz zu lebenslangem Gefängnis samt Vermögenskonfiskation verurteilt. Während der Haft schrieb er unter anderem sein epochemachendes Werk über die niederländische Rechtsgeschichte, konnte 1621 mit seiner Familie nach Frankreich fliehen und liess sich bis 1631 in Paris nieder, wo 1625 sein Hauptwerk «De iure belli ac pacis libri tres», Über das Recht des Krieges und des Friedens, erschien. Nach dem missglückten Versuch einer Rückkehr in die Niederlande 1631 wurde er 1635 im Dienste Schwedens Gesandter in Paris.
[7] PUFENDORF SAMUEL, FREIHERR VON, 1632–1694. Geboren in Dorf-Chemnitz in Sachsen. 1661 Professor für Natur- und Völkerrecht in Heidelberg am ersten deutschen Lehrstuhl für Naturrecht, ab 1668 in Lund. 1677 Reichshistoriograph und Staatssekre-

husius[8]. Alle drei gingen, wenn auch im einzelnen in sehr unterschiedlicher Weise, von einem oder mehreren Verträgen aus, den die im Urzustand lebenden Menschen schliessen. Diese tun das wegen ihres Hanges zur Vergesellschaftung. Mit diesem Vertrag legen die Beteiligten gewisse Funktionen, die zu ihrem Wohl und zum Gedeihen der Gemeinschaft nötig sind, in die Hände von dazu besonders Geeigneten. Damit begründen die vertragsschliessenden Individuen recht eigentlich den Staat und die vertragliche Delegation von Macht an Einzelne der Gemeinschaft. Die Art und Weise der Bildung des Staates und der damit verbundenen Machtdelegation, der seinem Wesen nach kündbare Vertrag, war der entscheidende Ansatz der genannten naturrechtlichen Staatstheoretiker. Aus ihm leiteten sie jedoch noch nicht einen konsequent naturrechtlich gestalteten Staat – die Demokratie – ab. Vielmehr diente die Vertragskonstruktion in dieser frühen Phase in erster Linie dazu, das Widerstandsrecht der Bürger gegen Fürsten zu begründen, welche ihre natürlichen Individualrechte missachteten, vor allem im Rahmen von Strafverfahren. Sehr weit ging indessen bereits Johannes Althusius, der als Konsequenz seiner Vertragslehre die Volkssouveränität als unverzichtbares Recht des Volkes und zugleich als Grundprinzip für die Gestaltung des Staates ansah, obwohl er im übrigen noch gleichzeitig in der Vorstellung des Staates als göttlicher Heilsanstalt verhaftet war. Althusius darf aber infolge seiner Begründung der Volkssouveränität als mittelbarer Vorgänger Rousseaus angesehen werden.

tär Karls XII. in Schweden, 1688 Historiograph und Geheimer Rat in Berlin, wo er 1694 starb. Hauptwerke: «De iure naturae et gentium libri octo» 1672, «De statu imperii germanici» 1667.

[8] ALTHUSIUS JOHANNES, 1557–1638. Geboren in Diedenshausen, Kreis Wittgenstein. Studium in Köln, Genf und bis 1586 in Basel. Anhänger der Munizipalselbstverwaltung und des Calvinismus. Professor in Herborn, wo 1603 sein Hauptwerk «Politica methodice digesta et exemplis sacris et profanis illustrata» erschien. Seit 1604 Stadtsyndikus in Emden, dessen Freiheiten er gegen die Grafen von Ostfriesland verteidigte. 1638 Tod in Emden. Rezeptionsgeschichtlich bedeutsam ist Otto von Gierkes Werk über Althusius: «Johannes Althusius und die Entwicklung der naturrechtlichen Staatstheorien».

2. Rationalismus

Der die Aufklärungsphilosophie wesentlich bestimmende cartesianische Rationalismus[9] zeigte, ausgehend vom Satz von der Identität des menschlichen Seins und Denkens («Je pense, donc je suis») und der scharfen Unterscheidung zwischen denkendem Subjekt und objektiver Substanz, dass es eine objektive Erkenntnis überhaupt gibt. Die Wissenschaft ist unter Verwendung richtiger Methoden, insbesondere des Vorgehens nach dem fortschreitenden «methodischen Zweifeln», in der Lage, diese objektive Erkenntnis zu gewinnen und zu formulieren. Der Gegenstand der objektiven Erkenntnis ist prinzipiell unbegrenzt; das ganze Universum kann in sukzessiven Schritten von der wissenschaftlich-objektiven Erkenntnis erfasst werden. Es gibt nach dem die Aufklärungsphilosophie bestimmenden cartesianischen Denken keine Bereiche, die der Erkenntnis nicht zugänglich wären. Dem Menschen dauernd verstandesmässig verschlossene Erscheinungen, Mysterien, Offenbarungen oder metaphysische höhere Wesen, kann es nicht geben. Das wissenschaftlich-objektivierende Denken hat expansive Kraft; ihm wohnt eine Dynamik inne, die zu immer neuer Erkenntnis führt, ohne dass dieser Vorgang je abgeschlossen wäre, wie Condorcet[10] in seiner «Es-

---

[9] DESCARTES RENÉ (RENATUS CARTESIUS), 1596–1650. Geboren in der Nähe von Tours, stammte aus dem Lokaladel. Jurastudium, 1616 Lizentiat, darauf militärische Ausbildung in Holland, als Söldner in bayerischen Diensten. Ab 1619 verschiedene grosse Reisen durch Europa. 1625–1629 Aufenthalt in Paris mit mondänem Lebenswandel. 1629 Rückzug nach Holland, wo Descartes philosophische, mathematisch-physikalische und metaphysische Schriften verfasste. 1649 Übersiedlung an den Hof der Königin Christine von Schweden als Hofphilosoph. Seine Weltanschauung basiert auf dem Prinzip des steten und kritischen Zweifels, «le doute méthodique». Nur was logisch erklärbar ist, soll gelten: Cartesianismus. Hauptwerke: «Discours de la méthode pour bien conduire sa raison et chercher la vérité» 1637, «Principa philosophiae» 1644.

[10] CONDORCET MARIE JEAN, 1743–1793. Geboren in Ribemont, Frankreich, als Sohn eines begüterten Kavallerieoffiziers. Er verlor den Vater mit vier Jahren und wurde von seiner frommen Mutter erzogen. Nach dem Besuch eines Jesuitenkollegs studierte er in Paris Mathematik, wurde für eine Arbeit über die Integralrechnung ausgezeichnet und gewann die Freundschaft von d'Alembert, Helvétius, Voltaire und Turgot. Er wurde zuerst Sekretär der Académie des sciences, dann von Turgot zum Generalinspektor der Währung ernannt. 1782 wurde er in die Académie française aufgenommen. Condorcet trat unter anderem für die progressive Einkommenssteuer ein, entwickelte die Idee von sozialen Ausgleichskassen und setzte sich, weil er um die Ernährungsmöglichkeiten der Menschheit bangte, für die Geburtenkontrolle ein. Ferner bekämpfte er die Sklaverei und trat für das Frauenstimmrecht ein. Condorcet unterstützte in der Revolutionszeit gemässigte liberale Bestrebungen, oft zusammen mit Sieyès. 1791 wurde er in die Nationalversammlung gewählt. Er trat keiner «Partei»

quisse d'un tableau historique des progrès de l'esprit humain» (1793) aufzeigt. Die neugewonnenen Erkenntnisse sollen dazu verwendet werden, die Natur zu disziplinieren, und ihre Kräfte sollen zum Wohl des Menschen eingesetzt werden. Als Endziel dieses kontinuierlich fortschreitenden Bestrebens («progrès») leuchtet dem vervollkommnungsfähigen Menschen («perfectibilité») das Glück auf Erden («bonheur»). Das cartesianische Denken, insbesondere dessen Ausmünden in einen auf positiver Anthropologie beruhenden unbedingten Fortschrittsglauben, bestimmte in mehr oder weniger starkem Masse alle Denker im 18. Jahrhundert. Es war in seinen Konsequenzen eine rationale und zugleich individualistische weltliche Heilslehre, die in schärfstem Gegensatz zu den kirchlichen Dogmen stand.

Das cartesianische Denken wirkte sich zunächst vor allem in Holland aus und beeinflusste stark die dortige Naturrechtsschule; erst später wurde es in Frankreich richtig bekannt. Die für die Staatsphilosophie des 18. Jahrhunderts wichtigen Konsequenzen des cartesianischen Rationalismus drangen vor allem über die Werke des Engländers John Locke[11] in Frankreich und dann ins westliche Europa ein. Locke hatte lange Zeit in Holland gelebt, und er wurde auf der Basis der holländischen Naturrechtsschule zum Theoretiker der englischen Revolution von 1688. Weil dann etwa vom Jahr 1700 an die Werke von John Locke in französischer Übersetzung erschienen,

bei, stimmte aber oft mit den Girondisten. 1792 stimmt er mit der Minderheit gegen die Verurteilung des Königs Ludwig XVI. zum Tod. 1793 wurde er von den Montagnards zusammen mit den Girondisten aus dem Nationalkonvent ausgestossen und dann wegen «Verrats» zur Verhaftung ausgeschrieben. Er entzog sich dieser in seinem Versteck, musste dann fliehen und wurde unter einem Decknamen auf der Flucht von der Polizei verhaftet. Vermutlich nahm sich Condorcet, um der Guillotine zu entgehen, im Gefängnis mittels Gifteinnahme das Leben.

[11] LOCKE JOHN, 1632–1704. Nach einer humanistischen Ausbildung an der Westminster School Studium der traditionellen scholastischen Philosophie, später der Medizin, in Oxford. Beschäftigte sich, finanziell unabhängig, mit der neuen experimentellen Naturwissenschaft. Bei mehreren adeligen Gönnern Sekretär und Hausarzt. Bekleidete verschiedene politische Ämter. Ab 1667 Sekretär von Lord Ashley, Earl of Shaftesbury, der in zahlreiche politische Intrigen der Stuartzeit verwickelt war. So geriet auch Locke in Gefahr und wich 1672–1675 nach Paris und Montpellier, 1683–1689 nach den Niederlanden aus. Dann Rückkehr nach England. Seine wichtigsten Schriften erschienen, mit Ausnahme des Hauptwerks, anonym. Lockes Staatstheorie hat das Bild des bürgerlich-liberalen Verfassungsstaats entscheidend mitgeprägt. Sowohl die amerikanische Unabhängigkeitserklärung von 1776 als auch die französische Verfassung von 1791 lehnen sich stark an Locke an. Hauptwerke: «An essay concerning hume understanding» 1689, «Two treaties of governement» 1690.

hatte dieser Theoretiker entscheidenden Einfluss auf die gesamte französische Staatstheorie des 18. Jahrhunderts, namentlich aber auf Montesquieu[12], Rousseau und schliesslich Condorcet. In England nahm dann neben anderen Jeremy Bentham[13] das Gedankengut Lockes auf.

Die objektivierende rationale Denkweise hatte eine ungeahnte Zahl grundlegender Erkenntnisse im Bereich der Mathematik und der Naturwissenschaften zur Folge. Es waren Naturgesetze, wie sie von den Mathematikern, Physikern, Astronomen, Anatomen formuliert und dann experimentell erhärtet wurden. Objektive, unumstössliche *Prinzipien* also, so erkannte man, bestimmen den Gang der Natur, wie sich vor allem in der Physik gezeigt hatte. Dazu kam das Denken in vernünftig geordneten Zusammenhängen, in *Systemen:* Vor allem in der Zoologie und der Botanik waren erste Systeme der natürlichen Entwicklung und Ausdifferenzierung entworfen worden. Dieses naturwissenschaftliche Denken in Prinzipien und Systemen fasste zunehmend auch im Bereiche der Staatslehre Fuss. Es begann, das überkommene Denken in konkreten, personalen Beziehungsformen und Machtkonstellationen, in irrationalen, metaphysischen Herleitungen der Staats- und Machtlegitimation zunehmend zu ver-

---

[12] MONTESQUIEU CHARLES DE SECONDAT, BARON VON, 1689–1755. Geboren auf Schloss La Brède bei Bordeaux. Nach dem Studium der Rechtswissenschaften ab 1714 Mitglied und ab 1726 Präsident des «Parlement» in Bordeaux. Freimaurer. Starkes Interesse für die Naturwissenschaften. Nach dem Erfolg seiner «Lettres persanes» 1721 in die Académie française gewählt. Mitarbeit an der Encyclopédie Diderots. Reise durch Kontinentaleuropa, schliesslich nach Grossbritannien, wo er zwei Jahre blieb. Danach zog er sich auf sein Schloss La Brède zurück, um das während der Reisen gesammelte Material in seinem 1748 erschienenen Hauptwerk «De l'esprit des lois» zu verarbeiten. Von dieser enormen Anstrengung erschöpft, verbrachte er seine letzten Lebensjahre krank und halb erblindet auf seinem Schloss.

[13] BENTHAM JEREMY, 1748–1832. Geboren in London als Sohn eines Rechtsanwalts. Ausbildung an der Westminster School, dann Studium der Rechte in Oxford. 1776 Publikation des ersten Buches «A Fragment on Government». 1785 Reise nach Russland. 1789 «An Introduction to the Principles of Morals and Legislation», in der er seine utilitaristische Philosophie darlegte. Diese Publikation hatte überwältigenden Erfolg in Europa. Bentham erhielt die französische Staasbürgerschaft, war als Berater in Europa und Amerika sehr gefragt und unterhielt mit vielen führenden Männern aus diesen Ländern eine rege Korrespondenz. Zu seinen Hauptanliegen zählten die Kodifikation des englischen Rechts sowie ein Gefängnisreform. Seine Erfahrungen mit der Regierung, welche nicht auf seine Reformpläne eintreten wollte, machten ihn, der in einer Tory-Familie aufgewachsen war, zum Demokraten: 1809 schrieb er das erst 1817 publizierte Werk «A Catechism of Parliamentary Reform», worin er verschiedene Reformpostulate propagierte: jährliche Wahlen, Reform der Wahlkreiseinteilung, Wahlrecht für weite Bevölkerungskreise, geheime Abstimmungen.

drängen. Man suchte nach objektiven, rational begründbaren Prinzipien und Systemen auch für das Zusammenleben der Menschen und für die Gestaltung der staatlichen Einrichtungen. Weil die Staatstheoretiker ihre Erkenntnisse nicht wie die Naturwissenschafter durch ständige experimentelle «Rückkoppelung» zu verifizieren vermochten, diese mithin spekulativen Charakter hatten, weshalb sehr häufig reale geschichtliche Vorbilder, so besonders die griechischen Demokratien, zur Begründung der neuen Grundsätze herangezogen wurden. Und ihre Erörterungen über die «Natur des Menschen» beruhten ebenfalls auf nicht direkt beweisbaren Fiktionen. Nichtsdestoweniger gewannen ihre Forderungen nach rationaler Legitimierung der Herrschaft bahnbrechende Kraft.

Hatte man zunächst im Bereich der Naturwissenschaft gelernt, überkommene Tabus auch gegen den Widerstand der Herrschenden zu brechen und Vorurteile zu widerlegen, ging man nun zunehmend auch im Bereich des Rechts und des Staates ähnlich vor. Die Staatsdenker formulierten je nach persönlichem Mut oder machtpolitischer Brisanz der Sache ihre Prinzipien offen oder vorsichtig umschreibend, manchmal wählten sie für die Publikation einen besonders geeigneten Ort oder günstigen Zeitpunkt. Es ist klar, dass sowohl die vom Fortschrittsdenken beseelten Naturwissenschafter als auch die Literaten und Staatsphilosophen ein eminentes Interesse an der Sicherung der individuellen Freiheit hatten, vor allem in bezug auf persönliche Sicherheit, Meinungsäusserungs- und Pressefreiheit. «Aimant la liberté, parce qu'elle est nécessaire au bonheur et à la perfectibilité de l'éspèce humaine ...», schrieb Madame Roland[14] an Lavater in Zürich. Die Frei-

---

[14] ROLAND MANON-JEANNE, 1754–1793. Madame Roland wurde in Paris als Tochter eines Graveurs geboren. Sie genoss eine sorgfältige Ausbildung und begeisterte sich anlässlich der Lektüre der Biographien von Plutarch sehr früh für republikanische Ideen. Sie heiratete einen verarmten Adligen und half diesem bei schriftstellerischen Arbeiten, unter anderem bei der Abfassung von Artikeln für die Encyclopédie. Madame Roland bereiste 1787 die Schweiz und war empört darüber, in Genf keine Statue von Rousseau zu finden. Sie hatte einen sehr umfangreichen Briefwechsel, unter anderem mit Lavater in Zürich. Weil sie sich an den Ideen der Revolution begeisterte, zog sie mit ihrem Mann von Lyon nach Paris und gewann engen Kontakt mit führenden Girondisten. Ihr Gatte wurde in der Folge Innenminister, wobei sie offenbar bestimmenden Einfluss auf seine Entscheidungen hatte. Mit dem sich anbahnenden Sturz der Girondisten im Frühjahr 1793 nahm ihr Mann die Entlassung als Minister, floh und wurde zur Verhaftung ausgeschrieben. Madame Roland wurde ihrerseits etwas später verhaftet, vom Revolutionstribunal ohne sachliche Gründe zum Tod verurteilt und im Herbst 1793 guillotiniert, nachdem sie den berühmt gewordenen Satz ausgesprochen hatte: «O liberté, que de crimes on commet en ton nom.»

heit als Voraussetzung des Fortschrittes sollte also zum vollkommenen Menschen führen, dem das Glück auf Erden leuchtet: «liberté», «progrès», «perfectibilité», «bonheur», das ist die Stufenfolge, in der sich nach dem aufklärerischen Entwicklungsprinzip die Welt verändern soll. Die Fähigkeit des Menschen, sich in ständiger historischer Entwicklung zu vervollkommnen, ist nach diesem Weltbild unbegrenzt, und keine Macht kann ihn dauernd von seinem Weg zur Vervollkommnung abbringen, sagte seinerseits Condorcet in seiner «Esquisse d'un tableau historique des progrès de l'ésprit humain» (1793), die als Quintessenz des aufklärerischen Entwicklungs- und Fortschrittsdenkens gelten darf. Es gibt nach ihm allerdings drei Kategorien von Menschen, die den der Wahrheit zustrebenden Philosophen daran hindern wollen: Das sind einmal die Ungebildeten und Unaufgeklärten; sie unterliegen der Propaganda, halten an Aberglaube («superstition») und an bestehenden Einsichten fest und verschliessen sich neuen. Dann gibt es die in einem bestimmten Berufe Etablierten; sie verschliessen sich der neuen, wahren Erkenntnis aus Furcht vor Verlust ihrer Stellung. Schliesslich gibt es die eigentlichen politischen Machtträger, die aus dem gleichen Grund die neuen Erkenntnisse ablehnen. Der Aufgeklärte aber ist im Namen der Vernunft verpflichtet, diese drei Kategorien von Gegnern unablässig zu bekämpfen. Dieser Kampf ist zwar oft lang und mühsam, doch die Geschichte ist die Geschichte der Entstehung der besseren Erkenntnis, des Kampfes um sie und schliesslich ihres Triumphes über die Vorurteile.

3. Parlamentarismus, Gewaltenteilung, Gesellschaftsvertrag

Die Staatstheoretiker des Naturrechts und Rationalismus sahen sich indessen im Europa des ausgehenden 17. und des 18. Jahrhunderts in fast allen Staaten historisch gewachsenen, festgefügten und teils despotischen Monarchien gegenüber. Die Monarchen regierten aus der Stärke eines zivilisatorischen Gebildes heraus, dessen Hauptstützen der Feudaladel, die Berufsbeamtenschaft, das Heer und die Kirche waren. Die Entwicklung der europäischen Monarchien zu derartigen Machtpotenzen veranlasste wohl Montesquieu zur Aussage, es sei eine ewige Erfahrung, dass jeder Mensch, der Macht habe, zu deren Missbrauch neige; er gehe dabei so weit, bis er Grenzen finde. Ja selbst die Tugend hat nach Montesquieu Grenzen nötig[15]. Die Staatsphilosophen versuchten nun, diese bedrückende zivilisatorische Potenz gedanklich zu zertrümmern oder zumindest zu relativieren. Es boten sich dabei im wesentlichen drei Methoden an.

Die erste, von John Locke in England verfolgte, trachtete danach, die staatsrechtliche Legitimität des Unterhauses, der bereits existierenden Vertretung und damit deren Macht zu verstärken, sodass daraus eine machtmässige *Überordnung* der Kammern über den Monarchen resultierte. Dazu sollten jene zum alleinigen Gesetzgeber werden, und dem Monarchen waren nur mehr der Vollzug der Gesetze und die Handhabung der Aussenpolitik zugedacht. Gleichzeitig hat Locke auch bereits die Notwendigkeit der Teilung der Gewalt erkannt. Indessen ist seine Gewaltenteilungskonzeption nicht über blosse Ansätze hinaus entwickelt; sie ist eigentlich mehr eine blosse Folge der von ihm angestrebten Überordnung der Legislative über die Exekutive.

Der zweite, von Montesquieu beschrittene Weg bestand darin, die Macht des absoluten Staates mittels strenger Teilung in die drei Teilgewalten Legislative, Exekutive und Judikative zu relativieren: «Il faut ... que le pouvoir arrête le pouvoir»[16]. Dies führte staatstheoretisch und – wie sich dann in den Vereinigten Staaten zeigen sollte – auch praktisch zu einer machtmässig ungefähren *Gleichordnung* der drei Gewalten. Sowohl Locke als auch Montesquieu bestritten die Legitimität der erblichen Monarchie nicht grundsätzlich, banden jedoch den Monarchen in ein parlamentarisch-gewaltenteiliges System ein.

Eine dritte Methode schliesslich verfolgte Rousseau: Er ging nicht von einer bestehenden staatlichen Machtordnung aus («commençons donc par écarter tous les faits ...»), sondern ausschliesslich von den Individuen einer Gesellschaft. Die Individuen bilden die alleinige Grundlage aller staatlichen Macht. Mit diesem fundamentaldemokratischen Ansatz hat Rousseau einerseits jeder nicht vom Volk abgeleiteten Staatsmacht die Legitimation abgesprochen; anderseits stellt er das souveräne Volk *über* alle staatlichen Instanzen, womit die Idee der Gewaltenteilung stark in den Hintergrund tritt. Weil Rousseau aber die Meinung vertrat, die Gesetzgebung unmittelbar durch das Volk selber sei nur in kleinen Gemeinwesen, nicht aber

---

[15] Montesquieu, De l'esprit des lois XI/4: «... mais c'est une expérience éternelle, que tout homme qui a du pouvoir est porté a en abuser; il va jusque'à ce qu'il trouve des limites ... la vertu même a besoin de limites.»
[16] Montesquieu, De l'esprit des lois XI/4.

in den grösseren Flächenstaaten durchführbar, ergab sich in der späteren praktischen Konsequenz seiner Lehre das Prinzip der Parlamentsherrschaft bei schwacher Exekutive und Judikative, und zwar der Herrschaft durch ein einkammeriges, vom Volk auf kurze Amtsdauer unmittelbar gewähltes Parlament.

Alle drei hier genannten Theoretiker verfolgten mit ihren Lehren den allgemeinen Zweck, die Stellung des Individuums mittels Aufteilung und Kontrolle der Macht zu verbessern. Indessen beschränkten sie sich nicht mehr – wie die meisten früheren Naturrechtler – darauf, einfach die individuellen Freiheitsrechte noch besser zu begründen. Vielmehr erkannten sie die Wechselwirkungen zwischen individueller Freiheit und Gestaltung der staatlichen Institutionen. Vor allem weil sie das Phänomen Macht stärker in ihr Denken einbezogen, waren sie mehr und mehr von der Notwendigkeit überzeugt, den Staat neu und anders zu legitimieren und dementsprechend zu organisieren. Montesquieu ging dabei pragmatisch vor, wenn er die Teilung der Macht auf verschiedene, getrennte Organe zugunsten der Freiheit des einzelnen forderte; er löste ferner die Gesellschaft nicht in Einzelindividuen auf, sondern bejahte die Existenz und Legitimität von Ständen und Korporationen, welche die Funktion von intermediären gesellschaftlichen Gewalten zwischen den einzelnen und dem Staat wahrnehmen sollten. John Locke und Jean-Jacques Rousseau verfolgten demgegenüber einen dogmatischeren Weg. Sie drehten, wie bereits ihre Vorläufer Althusius, Grotius und Pufendorf, das Rad der Menschheitsgeschichte sozusagen gedanklich zurück: Indem sie die ersten Anfänge des Sozialverhaltens des Menschen in das Zentrum ihrer Überlegungen stellten, glaubten sie, seine Natur besser ergründen zu können. So verfuhr in England John Locke, wenn er dem im Naturzustand lebenden Menschen den Genuss einer Reihe «natürlicher Rechte» wie das Eigentum, die Familie und die Religion zusprach – eine gedankliche Fiktion, die von den Machtträgern wegen ihrer geschichtlichen Distanz und damit verbundenen Realitätsferne und wegen ihrer gleichzeitigen Evidenz zunächst nicht bekämpft werden konnte. Dann aber folgt der entscheidende nächste Schritt: Die Gemeinschaft wird durch ausdrückliche oder stillschweigende Übereinkunft ihrer Glieder gebildet. Letztere bestimmen oder anerkennen einen Beauftragten, der die Interessen der Gemeinschaft verfolgen, insbesondere deren Gesetze vollziehen soll. Dieser kann jedoch durch die Gemeinschaft seiner Funktionen enthoben werden, sofern er die natürlichen Rechte ihrer Glieder verletzt. Der Beauftragte, der die Gesetze der Gemeinschaft zu vollziehen hat, ist dieser daher letztlich untergeordnet; darum ist er ihr direkt oder ihrem einzig legitimen

Vertretungsorgan, dem Parlament, verantwortlich. John Locke wollte in der englischen Revolution von 1688 die Absetzung von König Jakob II.[17] begründen; zu diesem Zweck hatte er mit seiner Theorie die Überordnung des Parlamentes über die königliche Exekutivgewalt begründet. An der Fähigkeit und Legitimität des Parlamentes, das Volk zu vertreten, zweifelte indessen Locke nicht – ebensowenig wie Montesquieu –, und beide sprechen auch dem Monarchen staatsrechtliche Legitimität zu, sofern dessen Macht beschränkt ist. Das repräsentative Prinzip ist für Locke trotz seiner individualisierenden Methode noch selbstverständlich; er hebt aber hervor, das Volk müsse in der Lage sein, genügend oft den «Vertrag» erneuern zu können, das heisst genügend oft wählen zu können. Mit dieser Konstruktion hat Locke jene ältere des «Herrschaftsvertrages», wie sie von vielen Theoretikern vertreten worden war, aus den Angeln gehoben. Der Herrschaftsvertrag, ein Vertrag zwischen Volk und Fürst, in welchem das Volk Macht an diesen delegiert, welcher im Gegenzug gewisse ständische oder individuelle Rechte anerkennen muss, war in seiner Funktion viel obrigkeitsfreundlicher als der Gesellschaftsvertrag. Der Herrschaftsvertrag begründete eine zweiseitige Bindung zwischen Machtträger und Volk, konnte also nicht so leicht gelöst werden, während die Theorie des Gesellschaftsvertrages in der letzten Konsequenz zu einem Auftragsverhältnis (mandatum) führte, das durch den Auftraggeber, das Volk, anlässlich der Wahlen einseitig gelöst werden kann.

Zwei Generationen später hat Jean-Jacques Rousseau auf der Basis natürlicher, unveräusserlicher Rechte der Menschen einen unter ihnen abgeschlossenen Gesellschaftsvertrag ebenfalls mit entstehungsgeschichtlichen Gedankengängen begründet. Die Tendenz des Menschen zur Vergesellschaftung begründet Rousseau mit ähnlichen anthropologischen Überlegungen, wie dies früher schon Althusius getan hatte.

Rousseau hatte politisch ein weit schwieriger zu erreichendes Ziel anzustreben als Locke, was in der damaligen staatsrechtlichen und machtpolitischen Situation in Frankreich begründet lag: Anders

---

[17] JAKOB II., König von England, 1633–1701. Sohn des englischen Königs Karl I. Unter der Herrschaft seines Bruders Karl II. Admiral der britischen Flotte. Eroberung von Neuamsterdam und Umbenennung in New York. Sein Übertritt zum Katholizismus machte ihn beim Parlament unbeliebt, das ihn erfolglos von der Thronfolge ausschliessen wollte. König ab 1685 mit absolutistisch-repressiver Innenpolitik. Die Geburt seines Sohnes 1688 löste die Glorious Revolution aus. Jakob II. musste nach Frankreich ins Exil fliehen. Der Versuch, 1690 Irland zurückzuerobern, scheiterte.

als in England im Lauf der Jahrhunderte war es in Frankreich nicht
gelungen, den König durch ein starkes Parlament zu kontrollieren und
auf diese Weise dessen Machtstellung zu relativieren. Im Gegenteil
hatten es die französischen Könige verstanden, ihre Macht zu verab-
solutieren. «L'Etat, c'est moi», stellte Ludwig XIV.[18] bekanntlich fest.
In Frankreich hatte sich daher der Absolutismus stärker als in England
herausgebildet. Die sozialen Ungerechtigkeiten waren in Frankreich
ebenfalls grösser, indem etwa in England Steuerprivilegien für die Armen, in Frankreich aber solche für die Reichen bestanden, wie Tocqueville in seinem Werk «L'ancien régime et la Révolution» (1856) festgehalten hat. Den französischen Staatstheoretikern ging es also darum, gegenüber dem nicht durch eine Volksvertretung relativierten absolutistischen Königtum die Legitimität des Volkes als oberstem
Herrschaftsträger zu begründen. Daraus lässt sich im Sinne einer po-
laren Entgegensetzung die ebenso absolut gefasste staatstheoretische
Konzeption der Volkssouveränität durch Rousseau erklären.

Rousseau hat das Individuum und die bereits von Locke beschriebene «Übereinkunft» der Individuen hinsichtlich der Delegation von Macht an einen oder mehrere Führer in einem kühnen und
entscheidenden Schritt praktisch verabsolutiert: Allein durch diese
Übereinkunft, durch den Gesellschaftsvertrag, den «contrat social»,
wird der Staat legitimiert. Es gibt keine staatliche Macht und damit
kein Staatsorgan ohne Legitimation durch den Gesellschaftsvertrag.
Weil jedoch die Individuen den Gesellschaftsvertrag abschliessen,
genauer: jeder einzelne mit einem Vertrag der Gesamtheit beitritt,
werden auf diese Weise auch die Individuen zum alleinigen legitimen
Fundament des Staates, und zwar im Gegensatz zu Locke alle Individuen, also auch diejenigen, welche nicht über Eigentum verfügen.
Rousseau hat mit dieser Begründung staatstheoretisch mit einem
Schlag den Erbmonarchen ihre Stellung als «Souverän» und zugleich
die Legitimation zur Ausübung staatlicher Macht entzogen. Souverän
ist nach Rousseau die Gesamtheit der Individuen, das Volk. Diese

---

[18] LUDWIG XIV. (der Grosse), 1638–1715. Sohn von Ludwig XIII. und Anna von
Österreich. Nach dem Tod seines Vaters 1643 Regentschaft der Mutter zusammen mit
Kardinal Mazarin. Nach dem Aufstand der Fronde 1648–1653 enormes Macht- und
Sicherheitsbedürfnis von Ludwig XIV., der 1661 selbst zu regieren begann. Zur Legiti-
mation seiner absolutistischen Politik Aufbau des Mythos vom Sonnenkönigtum, phi-
losophisch abgestützt durch den Hofphilosoph Jacques Bossuet; finanziell ruinöse
Prestige- und Eroberungspolitik wie der Bau des Schlosses von Versailles 1661–1672.
Im Kampf für Zentralisation 1685 Aufhebung des Edict de Nantes, was das Exil von
200 000 französischen Protestanten auslöste.

Souveränität ist unveräusserlich und unteilbar. Sie ist auch nicht repräsentierbar, etwa durch vom Volk gewählte Abgeordnete; diese können nichts definitiv entscheiden. Denn jedes Gesetz, welches nicht vom Volk selber («personnellement») ratifiziert worden ist, ist nichtig, sagt Rousseau unmissverständlich[19]. Und weiter: Das englische Volk glaubt, frei zu sein; allein, es täuscht sich schwer, indem es nur während der kurzen Momente der Wahl der Parlamentsabgeordneten frei ist; «sobald diese gewählt sind, ist es wieder Sklave, ist es nichts ...» Mit dieser Überlegung sprach Rousseau dem Parlament die Fähigkeit ab, das Volk repräsentieren zu können – «La souveraineté ne peut être représentée ...» –, wie er überhaupt die Idee der Repräsentation, die aus dem Feudalstaat zu uns gekommen sei, ablehnt[20]. Anderseits war er, wie gesagt, der Auffassung, dass die unmittelbare Volksherrschaft nur in kleineren Verhältnissen, so etwa im Stadtstaat Genf, funktionieren könne – ein Gegensatz, den er nicht zu überbrükken vermochte und der auch heute noch im Zentrum der Demokratietheorie steht. Rousseau konnte sich natürlich damals die heute mittels Urnenabstimmung auch in einem grösseren Staat ohne Durchführung einer Versammlung mögliche Erfassung des Willens der einzelnen Bürger nicht vorstellen.

Jeder einzelne, unabhängig von Stand, Geschlecht, Besitz und Bildung, ist nach Rousseau konstitutiv für den Staat. Die Individuen sind vernunftbegabte Subjekte, der Staat ist Willens- und Wirkungseinheit und wird durch den Allgemeinwillen, die «volonté générale», bestimmt. Das Individuum hat das unbedingte Recht, sich an der Bildung des Allgemeinwillens zu beteiligen. Das staatliche Gesetz ist, immer nach Rousseau, der Ausdruck des Allgemeinwillens. Es ist darauf zu achten, dass dieser Allgemeinwille sich richtig bildet; das ist der Fall, wenn das Individuum genügend informiert, aber unbeeinflusst seinen eigenen Willen bilden und in den Allgemeinwillen einbringen kann. Rousseau kannte zwar die Bürgerversammlung von Genf (Conseil général), er kannte auch die alpenländischen Landsgemeinden. Aus der an solchen grossen Versammlungen faktisch erfolgenden kollektiven Willensbildung darf jedoch nicht auf die Rousseausche Konzeption der Demokratie geschlossen werden. Rousseau hat seine Lehre rein und streng individualistisch und rational begründet. Es kann daher nicht, wie das versucht worden ist, eine direkte Linie von den alpenländischen, genossenschaftlich konzipierten

---

[19] ROUSSEAU, Contrat social III/15.
[20] ROUSSEAU, Contrat social III/15.

Versammlungsdemokratien zur modernen Demokratiekonzeption Rousseaus gezogen werden.

Die *einzelnen* Bürger haben sich nach Rousseau, indem er ihnen bei der Bildung der volonté générale eine konstitutive Stellung verschafft, dann auch der volonté générale zu unterwerfen: «Dans le pacte social, chacun a consenti d'avance à s'abandonner à la volonté générale; en obéissant, chacun n'obéit donc qu'à soi-même»[21].

Es ist nach Rousseau für den richtigen Ausdruck des Allgemeinwillens wichtig, dass es im Staat keine Teilgesellschaften («sociétés partielles») gibt: «Il importe donc, pour avoir bien l'énoncé de la volonté générale, qu'il n'y ait pas de société partielle dans l'état, et que chaque citoyen n'opine que d'après lui ...», schreibt er im Contrat social[22]. Die Bedeutung dieses Satzes kann kaum genügend betont werden: Das Zustandekommen richtiger Gesetze im Sinne des Allgemeinwillens ist nur möglich, wenn zwischen dem urteilsfähigen und freien Individuum und dem Staat eine unmittelbare, direkte Beziehung besteht und diese nicht durch intermediäre Gruppierungen gestört wird. Jede solche Störung muss als Beeinträchtigung der Volkssouveränität angesehen werden. Die von Rousseau im Gegensatz zu Montesquieu vorgenommene Negation der Teilgesellschaften bezog sich praktisch insbesondere auf die aus dem Mittelalter stammenden feudalen kirchlichen, handwerklichen und Handelskorporationen, die für den Staat konstitutiv waren. Rousseau hat damit den ständischen Verfassungen insgesamt die staatstheoretische Legitimation entzogen, und später stand seine Lehre der Bildung politischer Parteien entgegen. Condorcet seinerseits hat dann in den «sociétés partielles» eine derart grosse Gefahr für die Volkssouveränität gesehen, dass er diese in der von ihm verfassten Menschenrechtsdeklaration des girondistischen Entwurfes ausdrücklich zurückgebunden hat[23].

Die Theorie der Volkssouveränität nach dem «Contrat social» Rousseaus führt in der Konsequenz gleich wie der Lockesche Vertrag zu einem Auftragsverhältnis zwischen Volk und Regierung, das vom Volk einseitig widerrufen werden kann. Rousseau geht aber weiter als Locke und will dem Volk das Recht auf jederzeitigen Widerruf des Auftrages geben: «... les dépositaires de la puissance exécutive ne sont

---

[21] ROUSSEAU, Contrat social IV/2.
[22] ROUSSEAU, Contrat social II/3.
[23] Art. 28 Gironde-Entwurf; *Quellenbuch* S. 35.

point les maîtres du peuple, mais ses officiers; qu'il peut les établir et les destituer quand il lui plaît ...»[24].

Der Rationalismus und Individualismus hatte die aufkläreri-schen Staatstheoretiker zur kritischen Betrachtung der Begründung und Verteilung der staatlichen Macht und dann zur Formulierung allgemeingültiger Staatstheorien, Prinzipien und Kategorien geführt. Daraus waren das Prinzip der Volkssouveränität, der Gewaltentei-lungsgrundsatz, das Prinzip der Bindung aller Machtträger an Verfas-sung und Gesetz, die Grundsätze des gesetzlich geregelten Gerichts-verfahrens und die richterliche Unabhängigkeit abgeleitet worden. Aufgrund rationaler Überlegungen machten sich die Staatstheoreti-ker zunehmend Gedanken über den Staatszweck. Dies bedeutete für die Fürsten eine Beschränkung ihrer manchmal für Willküraktemiss-brauchten Handlungsfreiheit: «Le souverain est uniquement établi pour le salut et l'avantage de la Société», schrieb der Neuenburger Völkerrechtler Emer de Vattel[25] in seinem 1758 veröffentlichten Werk «Le droit des gens, ou principes de la loi naturelle».

Im Sinne eines mittelbaren Ausflusses individueller Selbst-bestimmung entwickelten die Staatstheoretiker dann das Prinzip des Selbstbestimmungsrechts der Völker einerseits, das Recht der Nation auf Souveränität anderseits. Damit legitimierten die Staats-philosophen und Völkerrechtler beispielsweise die Unabhängig-keitsbestrebungen der dreizehn nordamerikanischen englischen Ko-lonien. Wesentlichen Anteil daran hatten neben dem bereits ge-nannten de Vattel der Genfer Naturrechtslehrer Jean-Jacques Burla-maqui[26] mit seinen «Principes du droit naturel» (1747). Das

---

[24] ROUSSEAU, Contrat social III/18.

[25] VATTEL EMER DE, 1714–1767. Geboren in Couvet, Neuenburg, als Sohn des dortigen Pfarrers. Theologische, philosophische und juristische Studien in Basel und Genf. Ab 1742 Reisen an die Höfe von Potsdam und Dresden. Ab 1746 diplomatischer Vertreter Sachsens und Polens in der Republik Bern. Neben der Wahrnehmung der diplomatischen Aufgaben Wohnsitz in Neuenburg und fruchtbare schriftstellerische Tätigkeit im Bereich des Völkerrechts. Hauptwerk: «Le droit des gens ou principes de la loi naturelle appliqués à la conduite et aux affaires des nations et des souverains» 1758.

[26] BURLAMAQUI JEAN-JACQUES, 1694–1748. Sohn eines Genfer Patriziers. Juristi-sche Studien an der Genfer Akademie. Nach ausgedehnten Studienreisen in Frank-reich, Holland und Grossbritannien ab 1721 Mitglied des Rats der Zweihundert. 1722–1740 Rechtsprofessor an der Genfer Akademie. Zu seiner Zeit berühmter Natur- und Völkerrechtler mit grosser Ausstrahlung im englischsprachigen Raum. Ab 1740 Mit-glied des Kleinen Rats, daneben juristische schriftstellerische Tätigkeit. Hauptwerke: «Principes du droit naturel» 1747, «Principes du droit politique» postum 1751.

nordamerikanische Beispiel wirkte in Verbindung mit diesen Lehren auf die Befreiungsbestrebungen in Holland, Belgien, Italien, Griechenland und Irland.

4. Individualrechte

Deutlich weniger stark als bei den organisatorischen Staatstheorien war der Einfluss einzelner Denker auf die Entwicklung der Individualrechte. Es waren in der Regel nicht dieselben Theoretiker mit starker Neigung zur Abstraktion, welche sich mit gleicher Hingabe auch um die Entwicklung der Rechte des einzelnen gekümmert hätten, wie das Beispiel von Rousseau am besten zeigt. Die Entwicklung der Freiheits- oder Grundrechte verlief aus diesem Grund auch anders als jene der staatlichen Organisationsprinzipien. Sie war konkreter und stärker durch unmittelbare Bedrohungen bestimmt als die erst gegen Ende des 17. Jahrhunderts einsetzende Infragestellung der gegebenen Machtverhältnisse durch rationales Denken und durch Denken in Prinzipien und Systemen. Die Entwicklung der Individualrechte konnte deshalb zeitlich schon früher einsetzen. So liegt denn eine wichtige Wurzel der Entstehung von Individualrechten in der christlichen Scholastik des 13. und 14. Jahrhunderts, eine zweite im mittelalterlichen englischen Recht. War die erste geschriebene englische Rechteerklärung, die berühmte «Magna Charta» von 1215, zwar noch eine ständische Garantie, so ist sie wegen des ausdrücklichen Schutzes der physischen Einzelperson doch auch für die Entwicklung der Individualrechte im angelsächsischen Bereich bedeutsam. Der Calvinismus[27] hat dann erste Ansätze zugunsten der religiösen Freiheit des einzelnen entwickelt und seinerseits die holländische, englische und französische Naturrechtslehre individualrechtlich beeinflusst. Die englische Bill of Rights von 1689, ebenfalls mit noch ständischem Charakter, führte, allerdings nun mit naturrechtlichen Ge-

---

[27] CALVIN JEAN, 1509–1564. Stammte aus der lokalen Oberschicht des Bischofssitzes Noyon, Nordfrankreich. Nach humanistischen Studien, Philosophie, Recht, Alte Sprachen und Theologie 1533 Bekehrung zum Protestantismus. 1534 Flucht nach Basel, wo Calvin sein reformatorisches Hauptwerk, die «Institution de la réligion chrétienne», verfasste. 1541 von Genf als Prediger und Staatsmann berufen, um eine drohende Annexion Genfs durch Savoyen oder Bern zu verhindern, was Calvin mittels einer repressiven Innenpolitik und einer geschickten Aussenpolitik erreichte. Unter ihm wurde Genf zur protestantischen Musterstadt.

danken angereichert, die altenglische Tradition weiter und beeinflusste dann, zusammen mit der Theorie John Lockes und calvinistischen Lehren die nordamerikanischen Rechteerklärungen der Einzelstaaten (Virginia und Pennsylvania 1776, dann folgend Maryland, Nordcarolina, Vermont) sowie die «amendments» zur Unionsverfassung 1787. Diese nordamerikanischen Rechteerklärungen waren die ersten einigermassen umfassenden Erklärungen von Individualrechten, wenn sie auch noch stark pragmatisch und konkretisierend abgefasst sind und es daher doch noch eines ganz wesentlichen Schrittes bedurfte bis zur französischen Erklärung der Menschen- und Bürgerrechte von 1789.

Man kann, stark vereinfachend, bei der Entwicklung der Individualrechte vier Phasen unterscheiden: In der ersten, mittelalterlich-englischen, wurde ein Schutz der physischen Einzelperson vor willkürlichen Akten der Staatsgewalt, insbesondere der Strafjustiz, verankert. Der Schutzbereich umfasste Ansätze zu dem, was wir heute unter der persönlichen Freiheit verstehen. Von der Reformation an entwickelte sich dann in der zweiten Phase, entsprechend den konkret vorherrschenden Bedrohungen, die religiöse Freiheit. In der dritten Phase, im Laufe des 18. Jahrhunderts, setzte unter dem Einfluss der französischen Schule der Physiokraten und Ökonomisten die Entwicklung der wirtschaftlichen Individualrechte ein, wie der römischrechtlichen abstrakten und absoluten Eigentumsfreiheit sowie der Handels-, Verkehrs- und Gewerbefreiheit, alle im Sinne von vorstaatlichen, natürlichen Rechten. Wenn auch die Eigentumsfreiheit bereits in den nordamerikanischen Rechteerklärungen angeführt ist, so doch dort nur in einem mehr praktischen und weniger dogmatischen Sinn als in Frankreich. Ebenfalls erst im 18. Jahrhundert, und zwar vor allem in Nordamerika und dann in Frankreich, entwickelte sich dann schliesslich in der vierten Phase das Bewusstsein für die «demokratie-nahen» ideellen Freiheitsrechte wie die umfassende Gedankenfreiheit, die Meinungsäusserungsfreiheit, die Pressefreiheit, die Versammlungsfreiheit und das Recht auf Widerstand. Diese beiden letzten Phasen in der Entwicklung der Freiheitsrechte im 18. Jahrhundert waren besonders fruchtbar: Hatten sich bis dahin die Individualrechte mehr punktuell und in der Regel nur im Gefolge von konkreten Bedrohungen entwickelt, so wurden sie nun vom abstrahierenden und systematisierenden Denken erfasst, wie man es bereits in den Naturwissenschaften pflegte. Dies führte zu einem umfassenden System der natürlichen Freiheit des Menschen, das Schutz gegen jede gegenwärtige und künftige Bedrohung durch die Staatsmacht bieten sollte. Die Freiheitsrechte erhielten damit in der Form der «Déclaration des Droits de l'Homme et du Citoyen» vom 26. August 1789 den Charakter einer vollständigen, eigentlichen «Kodifikation der Freiheit».

In einer letzten Phase vollzog sich dann in der Theorie, vor allem unter dem Einfluss von Rousseau, die gedankliche Verbindung zwischen den Freiheiten der einzelnen mit der Rechtsgleichheit, in der Konsequenz sozusagen die «Vergesellschaftung der Freiheit»: Ausgehend von der prinzipiellen Gleichheit der Menschen, von deren Bedürftigkeit und dem Gedanken des Mitleides, forderte Rousseau nicht nur rechtliche Gleichheit («égalité en droits»), sondern auch die reale Gleichheit («égalité en jouissances»). Das bedeutete, dass dem Staat neu die Aufgabe zukam, für Freiheit und Glück aller zu sorgen und insbesondere in der Form der staatlichen Sozialhilfe eine gewisse Umverteilung der Güter vorzunehmen. Dieser Ansatz war zwar nicht ganz neu, hatte doch schon Montesquieu geschrieben: «Quelques aûmones que l'on fait à un homme nud, dans les rues, ne remplissent point les obligations de l'Etat, qui doit à tous les citoyens une subsistance assurée, la nourriture, un vêtement convenable et un genre de vie qui ne soit point contraire à la santé.»[28] Doch gewann diese Lehre erst in der zweiten Hälfte des 18. Jahrhunderts – vor allem unter dem Einfluss Rousseaus – weitere Verbreitung. Sie sollte dann in der Französischen Revolution virulent werden.

Der rationalistisch-individualistisch aufgebaute, säkularisierte und immediatisierte Staat bedarf infolge des Wegfalls seiner geschichtlichen Stützen – Religion, Kirche, Stände, Korporationen – einer neuen Fundierung. Er kann nicht einfach nur den Individuen Rechte gewähren; die Individuen müssen ihrerseits den Staat tragen. Diesen Gedanken hat Rousseau, die Gefahr einer Atomisierung der Gemeinschaft erkennend, im Kapitel «De la religion civile» des Contrat social zum Ausdruck gebracht: Es ist sehr wichtig für den Staat, dass jeder Bürger eine «Religion hat, die ihn seine *Pflichten* lieben lässt; ...». Rousseau meint mit dieser religion civile die Bürgertugend, die nicht religiösen Charakter im herkömmlichen Sinn hat. Sie soll den Bürger in die Lage versetzen, die «Gesetze und die Gerechtigkeit zu lieben und sein Leben dem Bedürftigen zu opfern»[29].

---

[28] MONTESQUIEU, De l'esprit des lois XXIII/29.
[29] ROUSSEAU, Contrat social IV/8.

44

5. Wirtschaftstheorien: Physiokraten und Ökonomisten

Neben den Staatsphilosophen haben auf der Grundlage des Rationalismus und des objektivierenden Denkens die *Wirtschaftstheoretiker* neue Prinzipien entwickelt. Ihr Denken und Wirken war weniger abstrakt als jenes der Staatsphilosophen und stärker auf faktische Gegebenheiten bezogen. Das ist auch der Grund, weshalb die Resultate der Wirtschaftstheoretiker in breiten Kreisen des emporstrebenden Bürgertums sehr rasch bekannt und in der Folge bei den politischen Reformern des Dritten Standes rasch und unbeirrbar verwirklicht wurden, wie vor allem die kompromisslose Abschaffung der Feudallasten zeigte. Die Wirtschaftstheoretiker entwickelten grundlegende Reformprojekte, welche die gesamte damalige Volkswirtschaft betrafen. Aufgrund neuerer Forschungen darf man gewiss die Aussage wagen, dass die wirtschaftlichen Reformpostulate den nachfolgenden europäischen Verfassungsbewegungen zumindest ebenso starke Impulse gaben wie die Forderungen nach Freiheit und Gleichheit.

Bedeutsam war im 18. Jahrhundert, in welchem die Landwirtschaft die Hauptsäule der Volkswirtschaft war, das Wirken der *Physiokraten*. Diese in Frankreich vom Arzt François Quesnay[30] begründete und dann bald auch vom Sozialökonomen Turgot[31] und anderen übernommene Lehre geht davon aus, dass der Boden und damit die

---

[30] QUESNAY FRANÇOIS, 1694–1774. Geboren als Sohn eines Advokaten bei Paris. Er studierte Medizin und Chirurgie, Philosophie und Mathematik in Paris, wurde Professor der Medizin und Leibarzt von König Louis XV. Vielseitig gebildet und von glänzender Beredsamkeit, widmete er sich neben seinem Stammberuf vielen aktuellen Problemen seiner Zeit. Er glaubte sogar, die Quadratur des Zirkels gefunden zu haben, und publizierte trotz Abraten seiner Freunde eine Arbeit darüber. Seine Hauptbedeutung gewann Quesnay aber wegen seiner volkswirtschaftlichen Arbeiten. Mit ihnen schuf er die physiokratische Lehre, die Turgot, Adam Smith und viele andere führende Geister beeinflusste. Quesnay starb in Versailles.

[31] TURGOT ANNE ROBERT JACQUES, 1690–1781. Geboren in Paris als Sohn eines wohlhabenden Kaufmannsvorstehers. War für die Geistlichkeit bestimmt, studierte aber neben Theologie auch Chemie, Ökonomie und alte Sprachen und schlug die weltliche Laufbahn ein. Neben der Ausübung von Beraterstellen unter anderem Bekanntschaft mit dem führenden Physiokraten Quesnay, dessen berühmtester Schüler er dann wurde. 1774 wurde Turgot von Louis XVI zum Finanzminister ernannt. Übte in dieser Funktion gewaltigen Einfluss aus und verbesserte die Finanzsituation, wobei ihm aber die Beschränkung der grossen Ausgaben des Hofes Louis' XVI nicht gelang. Turgot setzte den freien Getreidehandel durch, wie er überhaupt den freien Handel förderte, unter anderem durch Abschaffung der Handwerker- und Handelskorporationen. Wurde 1776 vom König aufgrund einer Intrige entlassen und starb 1781.

Landwirtschaft die Quelle des Reichtums einer Volkswirtschaft ist, weil nur sie ein Nettoprodukt erwirtschaften kann; die Industrie bewirkt nur Verbindungen bereits vorhandener Stoffe. Die Landwirtschaft und insbesondere der Ackerbau – weil dieser den unmittelbarsten Ertrag hervorbringt – ist daher, so immer die Lehre der Physiokraten, vom Staat nach Kräften zu fördern. Der Boden muss zu diesem Zweck zunächst von hemmenden Belastungen wie allen Feudallasten, dem freien Weidegang und der Jagd befreit werden. Die brachliegenden Flächen sind urbar zu machen, die im Allgemeinbesitz befindlichen, wenig produktiven Weiden (Allmenden) sind aufzuteilen und einzuzäunen, der Boden ist vom Staat zu entsumpfen, und es sollen Versuche zu produktiveren und fortschrittlicheren Anbaumethoden unternommen werden. Der Staat soll die Landwirtschaft auch deshalb fördern, weil die Tätigkeit in diesem Bereich der Volkswirtschaft die Sitten der Bevölkerung verbessert und weil die landwirtschaftliche Bevölkerung die militärische Landesverteidigung am wirksamsten unterstützt. Anderseits darf der Staat den Boden mit Steuern belegen; am geeignetsten und gerechtesten ist eine Grundsteuer, unabhängig vom Ertrag, als einzige Steuer. Sie soll die produktions- und handelshemmenden indirekten Steuern ersetzen. Schliesslich soll nach physiokratischer Auffassung im Bereich der gesamten Agrikultur absolut freie Konkurrenz herrschen; Monopole und Privilegien, aber auch Zölle, die sich auf den Handel mit Agrarprodukten beziehen, sowie die Salzabgaben, sind aufzuheben. Die Physiokraten traten konsequenterweise auch für die absolute rechtliche Sicherung des Privateigentums ein. Die Lehren der Physiokraten erhielten vor allem auch deshalb grosse politische Bedeutung, weil sie den in seiner Grundhaltung eher konservativen Bauernstand mit der bürgerlichen Emanzipationsbewegung eng verknüpften. Aus den physiokratischen Lehren ging anderseits eine Staatsauffassung hervor, nach welcher die Grundeigentümer Basis und Träger des Staates sind. Daraus wurde dann der liberale Staat abgeleitet, nach der Formel «Freiheit und Eigentum» und unter Beschränkung des Wahlrechts durch einen Grundeigentums-Zensus.

Waren die Physiokraten noch insofern etwas einseitig ausgerichtet, als sie ihre Ideen auf den Boden und vor allem auf die Landwirtschaft beschränkten, so entwickelte sich daneben und teilweise im Zusammengehen mit den Physiokraten eine verwandte Schule, diejenige der *Ökonomisten*. Sie richteten ihr Hauptaugenmerk auf Handel und Industrie und verlangten Massnahmen, damit sich diese Zweige der Wirtschaft, insbesondere die maschinelle Industrie, rasch entwickeln könnten. Hiefür müssten die Handelskorporationen und

Privilegien, die staatlichen Monopole, die Zünfte und natürlich auch die korporative Handels- und Gewerbegerichtsbarkeit abgeschafft werden. Auch die neu entstandenen wissenschaftlichen Berufe mussten von staatlichen Einschränkungen befreit werden. Ferner verlangten die Ökonomisten die Verringerung der Steuern und die Abschaffung aller Binnen- und Aussenzölle. Gefördert werden sollten vor allem Industrien, welche landeseigene Produkte verarbeiteten, also etwa die Woll- und Leinenindustrie statt der importabhängigen Baumwoll- und Seidenindustrie. Die maschinell in grossen Mengen produzierten Industriegüter sollten dann über das ganze Land verteilt und in grossen Magazinen verkauft werden. Dazu bedürfe es der garantierten Freiheit des Handels, der Industrie und des Verkehrs und überhaupt des «laisser faire, laisser passer», wie es der Ökonomist und Physiokrat Gournay[32] ausgedrückt hat. Gleich wie die Physiokraten, aber noch pointierter, forderten auch die Ökonomisten die unbedingte Garantie des Privateigentums und beriefen sich auf die absolute römischrechtliche Eigentumskonzeption. Das Kapital für Industrie und Handel soll, anders als etwa die Grundschulung, nicht gratis oder möglichst günstig, sondern nur entsprechend der Marktlage gegen Zinsen erhältlich sein. Dafür hat der Unternehmer dann das Recht, den mittels risikobehafteten Kapitaleinsatzes erwirtschafteten Gewinn als legitime Frucht an sich zu nehmen, und es darf nicht, auch bei sehr hohen Gewinnen, von Wucher gesprochen werden. Die Ökonomisten trachteten danach, den Einfluss des Staates im Bereich der Wirtschaft möglichst zu verringern; anderseits forderten sie einen starken Staat insoweit, als dieser das Privateigentum sichern sollte. Dies führte dann zur Formel «Freiheit und Eigentum» des europäischen Liberalismus, welcher einen tendenziell schwachen Staat, aber mit speziellen Rechtsschutzeinrichtungen zugunsten des Eigentums, anstrebte.

[32] GOURNAY JEAN-CLAUDE MARIE VINCENT DE, 1712–1759. Geboren in Saint-Malo als Sohn eines reichen Kaufmanns. Kaufmännische Ausbildung, darauf lange Auslandaufenthalte in Spanien, Grossbritannien, Holland und Hamburg. Durch seinen Reichtum Kauf einer staatlichen Handelsintendanzcharge in Paris. Aus den Erfahrungen seiner eigenen internationalen Handelstätigkeit heraus entwickelte er liberalökonomische Theorien, deren Credo das «Laissez faire, laisser passer» war. Dadurch grosser Einfluss auf die französischen Physiokraten Turgot und Quesnay. Wegen seiner eigenen Handelstätigkeit jedoch Ablehnung der physiokratischen Idee, wonach aller Reichtum auf dem Boden beruhe. Werk: «Considération sur le commerce, les compagnies, sociétés et maîtrises» 1758.

Der englische Nationalökonom Adam Smith[33] ist von der französischen Schule der Physiokraten und Ökonomisten beeinflusst worden. Er korrigierte in seinem Werk «An Inquiry into the nature and causes of the Wealth of Nations» (1776) die etwas einseitige Sicht der Physiokraten in bezug auf den Boden und stellte diesem die *Arbeit* als Quelle des volkswirtschaftlichen Reichtums zur Seite. Jede nützliche Arbeit ist nach Smith produktiv. Der auf dem Eigennutz des Menschen beruhende, nicht durch Staatseingriffe behinderte freie Wettbewerb bewirkt nach ihm eine richtige Arbeitsteilung und eine grösstmögliche Produktion. Der nationale und internationale freie Handel garantiert nicht nur eine zweckmässige örtliche und zeitliche Verteilung der Produktion und einen Ausgleich von Preisen und Gewinnen, sondern dient auch dem Gemeinwohl. Anknüpfend an das Gemeinwohl, hat Smith seine ökonomischen Lehren zu einer politischen Ökonomie ausgeweitet und dabei, stärker als die französischen Ökonomen, auch anthropologische Erkenntnisse in seine Theorie eingebracht. Das Werk von Smith war für die Französische Revolution und für die Helvetik weniger bestimmend als jenes der Physiokraten und Ökonomisten. Die Verbindung der beiden Lehrgebäude hat aber dann später im 19. Jahrhundert die ideologische Grundlage des Wirtschaftsliberalismus abgegeben; die Betonung der Arbeit als Produktivkraft durch Smith hat anderseits auch sozialistische Theoretiker beeinflusst.

Die utilitaristisch-materialistischen Lehren der Physiokraten, vor allem aber jene der Ökonomisten – beide Strömungen waren sachlich und personell eng miteinander verwoben – standen in scharfem Gegensatz sowohl zu christlichen Auffassungen als auch zur Ideologie des politisch noch herrschenden Feudalsystems. Sie standen in ihren praktischen Konsequenzen aber auch in Gegensatz zu jenen Staatstheoretikern, welche – wie vor allem Rousseau und Condorcet – die demokratische Gleichheit der Menschen stark betonten.

---

[33] SMITH ADAM, 1723–1790. Geboren in Kirkaldy, England, als Sohn eines Zollangestellten. Studium der Naturwissenschaften, Theologie und Philosophie in Glasgow und Oxford. Von 1751 an Professor der Logik und der Moralphilosophie in Glasgow. 1764 und 1765 unternahm er, nachdem er seine erfolgreiche Professorentätigkeit aufgegeben hatte, eine Reise auf den Kontinent, in deren Verlauf er in Beziehung mit den französischen Physiokraten und Ökonomisten, vor allem mit Quesnay und Turgot, kam. Anschliessend lange Jahre Privatstudien in Kirkaldy, in deren Verlauf er 1776 sein berühmt gewordenes Werk «Inquiry into the nature and causes of the wealth of nations» schrieb. 1778 wurde Smith königlicher Kommissar der Zölle in Edinburgh. Er starb dort 1790.

Sie begründeten die Theorie des modernen Kapitalismus, zu dessen politischem Träger später eine Richtung des Liberalismus, der Wirtschaftsliberalismus, werden sollte. Die zweite wichtige Problematik der Lehren der Ökonomisten und Physiokraten zeigte sich ebenfalls erst in den politischen Konsequenzen: Weil diese Lehre die Aufhebung aller Feudallasten verlangte und zugleich dem Staat die notwendigen Mittel versagte, konnte dann die Aufhebung der Feudallasten in keiner Weise, auch nicht teilweise, entschädigt werden, obwohl gewisse davon legitime Erwerbsgründe hatten. Durch die entschädigungslose Aufhebung der Feudalrechte wurden dann wichtigen öffentlichen Funktionen im Bereich der Krankenversorgung, der Armenfürsorge, der Erziehung und anderen die finanziellen Grundlagen entzogen, ohne dass dem Staat die Mittel zu deren Weiterführung zuerkannt worden wären.

6. Enzyklopädisten

Schwieriger als die Ideen der Physiokraten und Ökonomisten sind jene der Enzyklopädisten zu beschreiben. Vorweggenommen sei, dass auch letztere in enger geistiger und persönlicher Beziehung zueinander standen, und dass auch viele Staatstheoretiker und Physiokraten Mitarbeiter bei der Enzyklopödie von Diderot[34] und d'Alembert[35] waren. Zu deren bedeutendsten zählten Voltaire, Rousseau,

---

[34] DIDEROT DENIS, 1713–1784. Geboren in Langres, Champagne. Stammte aus einer Handwerkersfamilie. Ab 1728/1729 in Paris. Philosophische, theologische und juristische Studien. Dann als Übersetzer und Privatlehrer tätig. Vermutlich Freimaurer. Ab 1746 damit beschäftigt, die 1728 von Chambers herausgegebene «Encyclopedia, or an universal dictionary of the arts and sciences» für einen französischen Leserkreis umzuarbeiten und neu zu schreiben. In der Folge Herausgeber der «Encyclopédie, ou dictionnaire raisonné des sciences, des arts et des métiers» 1751–1758 zusammen mit d'Alembert, ab 1758 allein. Mit der vor allem vom Klerus bekämpften «Encyclopédie», an der alle damals namhaften französischen Denker mitarbeiteten, wurde Diderot berühmt. Gefördert von Zarin Katharina II. von Russland, 1773 Reise nach St. Petersburg an ihren Hof. Hauptwerke: «Pensées philosophiques» 1746, «De l'interprétation de la nature» 1753, «La Religieuse» 1760/1796, «Le rêve de d'Alembert» 1769.

[35] D'ALEMBERT JEAN (LE ROND), 1717–1783. Uneheliches Kind zweier Adliger. Als Findelkind in Paris vor der Kapelle St.-Jean-Le-Rond ausgesetzt. Von einer ärmlichen Glaserwitwe aufgezogen. Studien in Medizin, Recht und Mathematik. Anstellung als Physiker an der Akademie der Wissenschaften. Er wurde berühmt durch den «Traité de dynamique» 1743, in dem er seine physikalischen Erkenntnisse richtungweisend darlegte. War mit Diderot zusammen bis 1758 Herausgeber der «Encyclopédie». In deren Einleitung, die er verfasste, waren die grundlegenden Ansichten der Aufklärung zum

Montesquieu und Turgot. Die Enzyklopädisten waren alle vom Entwicklungsprinzip und vom Fortschrittsdenken geprägt; sie hatten aber insgesamt gemässigte politische Reformideen. Ausgehend ebenfalls vom cartesianischen Rationalismus, trachteten sie mit ihrem Werk danach, die neugewonnenen objektiven Erkenntnisse zu sammeln, darzustellen und in den gebildeten und aufgeklärten Kreisen zu verbreiten. Auf diese Weise sollte sich in Bereichen, die bis dahin von Aberglaube, autoritativer Überlieferung, metaphysischen und religiösen Erklärungen beherrscht waren, objektiv gesichertes Wissen verbreiten. Das in der Enzyklopädie mit dem Anspruch auf Vollständigkeit dargelegte Wissen sollte zur Systembildung und zur Gewinnung neuer Erkenntnisse, also ganz allgemein zur Darlegung und Weiterentwicklung des universellen aufklärerischen Weltbildes beitragen, «damit unsere Nachkommen tugendhafter und glücklicher werden», schreibt d'Alembert in der Einführung zur Enzyklopädie (1751). Die Enzyklopädisten verfolgten aber nicht nur dieses wissenschaftliche und philantropische Ziel. Sie verkörperten auch eine philosophische und politische Richtung, die allerdings, im Gegensatz zur Haltung der Aufklärungsphilosophen, mehr utilitaristisch orientiert war. Die Enzyklopädisten forderten daher nicht die Abschaffung der Monarchie, jedoch im Sinne des aufgeklärten Absolutismus eine stärkere Beteiligung der Wissenden und Weisen an der Staatsleitung. Sie forderten weiter besseren Unterricht, die Abschaffung letzter Reste von Leibeigenschaft, soziale Aufstiegsmöglichkeiten für alle Bevölkerungskreise, die Abschaffung eigentlicher Privilegien, sodann nicht die generelle Abschaffung, wohl aber das Rückkaufsrecht der Feudalrechte durch die Lehensnehmer, eine Reihe von Reformen innerhalb der Kirche, nicht aber die Trennung von Staat und Kirche, die Neuorganisation der Justiz, eine rationalere und einfachere Organisation von Polizei und Verwaltung und insbesondere ein einfacheres Steuersystem auf der Basis der Besteuerungsgleichheit. Die Enzyklopädisten befürworteten, gleich wie Physiokraten und Ökonomisten, die Garantie von Eigentums-, Handels- und Gewerbefreiheit. Durch ihr

erstenmal zusammengefasst dargestellt. Wegen seines Artikels in der «Encyclopédie» über Genf verfeindete er sich mit Rousseau. 1754 Aufnahme in die Académie française, deren ständiger Sekretär er 1772 wurde. Vermutlich Freimaurer. D'Alembert lehnte es ab, seinen Freundeskreis in Paris zu verlassen und Hofphilosoph von Friedrich II. oder Katharina II. zu werden. Neben kurzen philosophischen Aufsätzen ist vor allem sein Briefwechsel mit Voltaire bekannt, der von Condorcet publiziert wurde.

Streben nach Vollständigkeit förderten sie mittelbar die Entstehung von Kodifikationen ganzer Rechtsgebiete, so zunächst die Erklärung der Menschen- und Bürgerrechte von 1789, die Verfassung als solche und dann den Code civil, dessen Schaffung die französische Konstituante bereits 1791 beschloss.

7. Umfassendes Reformdenken im Sinn des aufklärerischen Humanismus

Neben den genannten wissenschaftlichen, philosophischen und wirtschaftlichen Strömungen entwickelten sich auf der Basis des naturrechtlich-aufklärerischen Weltbildes zahlreiche weitere Reformpostulate in allen Bereichen von Staat und Gesellschaft, die teils von wissenschaftlichen und philosophischen Vereinigungen, teils von Einzelpersönlichkeiten begründet wurden. Fast alle diese Postulate wurden dann in den französischen Revolutionsparlamenten, dann in den Helvetischen Räten, den Regenerationsparlamenten, den Parlamenten der demokratischen Bewegung und im Bundesparlament diskutiert und teilweise oder ganz verwirklicht. Sie können vereinfachend unter drei Leitmotive gestellt werden.

Erstens ging es um die institutionelle Konkretisierung der individuellen Freiheit und des neuen Gleichheitsverständnisses in der Art einer weltlichen und systematisch zu gestaltenden Humanität. Zu dieser Gruppe gehörten insbesondere die folgenden Postulate: die Verbesserung der Rechtsstellung der Frau, die Gleichstellung der unehelichen mit den ehelichen Kindern, die Abschaffung erbrechtlicher Bevorteilung des Erstgeborenen, die Abschaffung von Leibeigenschaft und Sklaverei, die Verbesserung der Rechtsstellung religiöser Minderheiten – Juden, Protestanten – und damit einhergehend die Trennung von Staat und Kirche sowie die Einführung der Zivilehe und der weltlichen Zivilstandsregister sowie der Ehescheidung. Unter dem Eindruck des 1762 erschienenen Werkes «Dei delitti e delle pene» des Italieners Cesare Beccaria[36] ergingen die Forderungen nach Ab-

---

[36] BECCARIA CESARE BONESANA, MARCHESE VON, 1738–1794. Geboren in Mailand. Stammte aus lombardischem Adel. Ausbildung in Paris, dort erste Bekanntschaft mit den Aufklärungsphilosophen. Rückkehr nach Mailand und erste philosophische Schriften. Förderung durch den aufgeklärten österreichischen Gouverneur in Mailand. Unter dessen Protektion 1764 Publikation des «Trattato dei delitti e delle pene», das Beccaria schwere Anfeindungen in der Lombardei, im Ausland aber höchstes Lob und

schaffung von Folter und grausamen Strafen, einschliesslich der Todesstrafe, Milderung der Strafen für Konkursiten und Schuldner, Verbesserung der Armenfürsorge und des Spitalwesens.

Zweitens ging es um die Förderung des rationalen Denkens,
der Wissenschaften und ihrer praktischen Anwendung sowie der frei-
en, nicht religiös gebundenen Kunst. Daraus erwuchsen Reformpostulate für die Neugestaltung des gesamten Unterrichtswesens nach
den Idealen der Aufklärung. Nach dem am 21. April 1792 von Condorcet in der Nationalversammlung vorgetragenen Plan sind folgende Grundsätze für den Unterricht zu befolgen: «L'éducation doit être
gratuite, égale, générale, physique, intellectuelle, industrielle, morale, politique, et dirigée vers l'égalité réelle entre tous les citoyens.»
Nach dem Plan Condorcets ist daher die Schaffung von unentgeltlichen Volksschulen (écoles primaires), von Sekundarschulen (écoles
primaires supérieures), von Instituten (collèges), von Lyzeen (facultés) und von Seminarien für die Ausbildung guter Lehrer (écoles
normales) vorzusehen. Ferner sind höhere Schulen für die technische
Anwendung naturwissenschaftlicher Erkenntnisse (écoles polytech-
niques) zu schaffen; es sind die Universitäten, Akademien, Museen
und Bibliotheken auszubauen und Konservatorien für Musik, Kunst
und Handwerk zu schaffen. Die Förderung der Statistik und die Einführung des metrischen Masssystems sollen die Rationalität garantieren. Künstler, Wissenschafter und Erfinder sollen durch die Etablie-
rung des geistigen Eigentums geschützt werden.

Drittens ging es um die Durchdringung der gesamten staatlichen Organisation mit rationalen und demokratischen Prinzipien.
Neben den bereits genannten grossen staatstheoretischen Grundsätzen trachtete man danach, das materielle Recht und das Prozessrecht
zu kodifizieren und durch die Drucklegung zu verbreiten, eine
begrifflich präzise Gesetzessprache zu schaffen, die Justiz zu vereinheitlichen und sachlich und hierarchisch klar zu gliedern; die wichtigsten Vorgänge in der Justiz sollten der Öffentlichkeit zugänglich
werden, Ausnahmegerichte abgeschafft werden; es sollten für die
Beurteilung von Strafdelikten aus Laien zusammengesetzte Geschworenengerichte gebildet werden, das Erbrichtertum sei abzuschaffen, die Volksvertretung solle zugunsten der Presseberichter-

Anerkennung eintrug. Ab 1768 Professor für Volkswirtschaftslehre in Mailand. Nach
dem Erfolg seines zukunftsweisenden Strafrechtswerks wollte Beccaria keine Bücher
mehr verfassen und lebte zurückgezogen als Professor.

stattung und der Kontrolle durch interessierte Bürger öffentlich tagen und ihre Verhandlungen seien zu drucken und zu veröffentlichen, die Verwaltung solle vereinheitlicht und rationalisiert werden, und auch sie sei der öffentlichen Kontrolle zuzuführen. Die für Staat und Wirtschaft wichtigen Tatsachen sollten schliesslich mittels zahlenmässiger Erhebungen rational erfasst und zugunsten von politischen Reformen ausgewertet werden; daraus erwuchs eine neue aufklärerische Wissenschaft, die Statistik. Alle Kreise sollten Zugang zu den Beamten-, Richter- und Offiziersstellen haben, Steuerprivilegien sollten abgeschafft werden, der Luxus sollte mit besonderen Steuern erfasst und die indirekten Steuern sollten durch direkte ersetzt werden – Condorcet setzte sich sogar bereits für die progressive Steuer ein.

Diese umfassenden Reformpostulate der politisch gewordenen Aufklärungsphilosophie, ganz auf der Basis von Rousseaus Satz «Commençons par écarter tous les faits», gingen Hand in Hand mit der Entwicklung des modernen normativen Verfassungs- und Gesetzesverständnisses. Emmanuel Sieyès[37] hatte geschrieben, die richtige Politik sei nicht die Wissenschaft dessen, «was ist» sondern dessen, «was sein soll» («La saine politique n'est pas la science de ce qui est mais de ce qui doit être.»)[38]. Verfassung und Gesetz erhalten nun als Sollenssätze staats- und gesellschaftsgestaltende Funktion. Sie sollen das Faktische im Sinne des aufklärerischen Gedankengebäudes verändern, neu, anders und besser gestalten. Durch die Entwicklung des normativen Rechtssatzbegriffes auf dem Boden der im Europa des 18. Jahrhunderts bestehenden Kluft zwischen faktischer Ordnung und neuem Gerechtigkeitsempfinden ist die Entstehung des moder-

[37] SIEYES EMMANUEL JOSEPH, ABBE, 1748–1836. Geboren in Fréjus. Kleinbürgerliche Herkunft. 1780 Generalvikar und 1788 Kanzler der Diözese Chartres. Vermutlich Freimaurer. 1788/1789 Veröffentlichung mehrerer Kampfschriften, von denen «Qu'est-ce que le tiers état?» weiteste Verbreitung und grössten Einfluss gewann. Er forderte darin eine Nation gleichberechtigter Bürger und verwarf jedes Standesprivileg. Auf seinen Antrag hin erklärten sich die Vertreter des dritten Standes am 17. Juni 1789 zur Nationalversammlung. Als Verfechter eines Repräsentativsystems war Sieyès führend an der Ausarbeitung der Verfassung von 1791 beteiligt. Im Nationalkonvent stimmte er für die Hinrichtung des Königs, verlor danach jedoch an Einfluss. 1798 Botschafter in Berlin, 1799 Mitglied des Direktoriums und nach dem von ihm unterstützten Staatsstreich Napoleon Bonapartes Konsul. Die von ihm entworfene, die Macht der Exekutive beschränkende, komplizierte Konsulatsverfassung scheiterte. Nach 1800 bekleidete Sieyès nur noch Ehrenämter. 1815–1830 in Brüssel im Exil. Sechs Jahre später Tod in Paris.

[38] BREDIN JEAN-DENIS, Sieyès, La clé de la Révolution française, (1988) S. 206.

nen «dynamischen» Verfassungs- und Verwaltungsrechts zu erklären. Die Neugestaltung sollte, basierend auf den beiden neuen normativen Leitprinzipien Freiheit und Gleichheit, im wesentlichen mittels zweier Methoden erreicht werden: Die Verwirklichung der individuellen Freiheit sollte mittels einer gedanklichen und institutionellen Trennung von Staat und Gesellschaft und der gleichzeitigen Zuerkennung von staatsfreien Sphären an die Individuen mittels Schaffung von konkretisierten Freiheitsrechten erfolgen. Organisierte staatliche Eingriffe in diese Sphären sollten mit Hilfe des Gewaltenteilungsprinzips sowie des im Dienste der formellen Gleichbehandlung stehenden Gesetzmässigkeitsprinzips verhindert werden.

Die Herstellung von materieller Gleichheit im Sinne der «égalité en jouissances» von Rousseau hingegen soll mittels organisierter Einwirkung staatlicher Institutionen auf die Gesellschaft erfolgen – die Gegensätzlichkeit von Freiheit und materieller Gleichheit wird bereits im theoretischen Ansatz offenkundig; sie sollte dann in der Revolutionszeit politisch virulent aufbrechen.

8. Forderungen nach geschriebener Verfassung, Verfassungsänderung und Verfassungsrat

Die Idee einer geschriebenen Verfassung hat sich ebenfalls erst in der zweiten Hälfte des 18. Jahrhunderts zu einer allgemeinen Forderung verdichtet. Sie steht in enger Beziehung zum Vordringen des Rationalismus und des System- und Prinzipiendenkens. Die Idee der geschriebenen Verfassung wurde von allen bedeutenden Staatstheoretikern des ausgehenden 18. Jahrhunderts befürwortet, während noch John Locke nur andeutungsweise von der Verfassung spricht – wohl aus der besonderen Situation in England heraus, welches bis heute keine Verfassung in diesem Sinne besitzt. Die Verfassung soll nach den Vorstellungen der Staatstheoretiker folgende Funktionen haben: Sie soll die staatliche Macht nach rationalen und geschriebenen Grundsätzen, nach der «ratio scripta», konstituieren. Sie soll die in den Rechteerklärungen genannten Rechte sichern; die Bürger sollen Widerstand leisten dürfen, wenn ihre Rechte verletzt werden. Die Verfassung soll Ausdruck des Willens des Volkes sein, den Staat in einer bestimmten Weise zu organisieren. Insbesondere soll sie die Art und Weise der Bestellung und die Funktionen der obersten Staatsorgane sowie den Gewaltenteilungsgrundsatz festschreiben. Schliesslich soll sie die Art und Weise ihres Zustandekommens und ihrer Änderung festlegen. Die Festschreibung materieller Grundsätze in der Verfassung hatten die Staatstheoretiker nicht postuliert, sondern sich auf organisatorische und verfahrensmässige Fragen beschränkt.

Politisch kam die Idee der geschriebenen Verfassung zuerst in Nordamerika, zunächst in den dreizehn Einzelstaaten, zum Tragen, so bereits 1776 in New Hampshire, North Carolina, Virginia, Pennsylvania; 1780 in Massachusetts und 1787 in der Union. Die amerikanische Unionsverfassung hatte neben den genannten Funktionen die Aufgabe, die Einzelstaaten zu verbinden und die erkämpfte Unabhängigkeit von England festzuschreiben, währenddem die erste französische Verfassung vom 3. September 1791 die erkämpfte Rechtsstellung des bürgerlichen Dritten Standes gegenüber dem Feudalismus festschreiben sollte. Von da an setzte sich der Gedanke der geschriebenen Verfassung auch auf dem europäischen Kontinent immer mehr durch, wobei als interessante Besonderheit zu erwähnen ist, dass unter dem offensichtlichen Einfluss der Vorbereitungsarbeiten zur ersten französischen Verfassung und noch vor deren Verabschiedung in zwei anderen Staaten, nämlich in der kleinen Republik Genf (22. März 1791) und in Polen (3. Mai 1791), geschriebene Verfassungen nach dem Muster der französischen Verfassung von 1791 erlassen worden sind. Auch im Stäfner Memorial von 1794 wird bereits der Erlass einer «Konstitution» verlangt, «die den Bedürfnissen des Landes angemessen ist». Nach dem Erlass der ersten Verfassung Frankreichs verbreitete sich der Gedanke der geschriebenen Verfassung über ganz Europa.

Ein anderer nordamerikanischer Staat, Georgia, kannte bereits einen rudimentären Vorläufer der dann von Condorcet entwickelten Verfassungsinitiative des Volkes[39]. Ebenfalls zuerst in den nordamerikanischen Einzelstaaten entstand das Bedürfnis, die Schaffung einer Verfassung einem besonders gewählten Organ, einem Verfassungsrat oder «Konvent» («Convention») zu übertragen. Dies geschah aus der Überlegung heraus, die Verfassungsgebung sei ein so wichtiger Akt, dass er von der gewöhnlichen Gesetzgebungstätigkeit der ordentlichen Legislative zu unterscheiden sei. Politisch setzte sich dieser Gedanke zuerst in Pennsylvania (1776) und dann in Massachusetts (1777) durch, wo erstmals verfassungsgebende Versammlungen bestellt wurden. Condorcet hat dann, diesen Vorbildern folgend, in seinem «Lettre à M. le comte Mathieu de Montmorency» vom 30. August 1789 geschrieben, die Revision der Verfassung müsse

---

[39] Art. LXIII der Verfassung vom 5. Februar 1777.

deshalb einer besonders gewählten nationalen Versammlung übetragen werden, weil eine bereits vorhandene andere Behörde dazu tendiere, die ihr gesetzten Schranken zurückzudrängen.

Unter dem Einfluss der Theorie Rousseaus entwickelte sich in den amerikanischen Einzelstaaten ferner das Prinzip, dass das Volk das Recht haben muss, selber über die Verfassung zu beschliessen. So wurde erstmals 1776 in New Hampshire über die Verfassung abgestimmt und diese vom Volk angenommen (5. Januar 1776). 1778 wurde in Massachusetts vom Volk in Versammlungen über die vom Konvent ausgearbeitete Verfassung abgestimmt, wobei diese erste Verfassung abgelehnt wurde. Um dem Volk zu differenzierterer Willenskundgabe zu verhelfen, beschloss der Konvent in der Folge, dass die Versammlungen über die zweite Verfassung 1780 artikelweise beraten und abstimmen sollten – was zur Zustimmung führte! Condorcet seinerseits hat in der erwähnten Schrift ausgeführt, die von der verfassungsgebenden Versammlung ausgearbeitete Verfassung müsse durch die Nation selber gebilligt werden. Es wäre «absurd», dieses Recht etwa der Exekutive oder der Legislative zu übertragen, damit diese die Vorschläge einer Versammlung zurückweisen könnten, deren Aufgabe es gerade sei, ihre Macht zu beschränken.

Der Gedanke einer geschriebenen Verfassung allerdings steht in gewissem Sinne mit dem von den Staatsphilosophen vertretenen Fortschritts- und Entwicklungsdenken in Konflikt, denn was geschrieben ist, trägt die Gefahr der Erstarrung in sich und kann deshalb wertvollen Entwicklungen hemmend im Wege stehen. Diese Gefahr hat, wohl auf Rousseau gestützt, zuerst Thomas Jefferson[40] und dann, ihm folgend, Condorcet erkannt, weshalb in der Menschenrechtserklärung des Gironde-Verfassungsentwurfes zunächst festgelegt

---

[40] JEFFERSON THOMAS, 1743–1826. Geboren in Shadwell/Virginia, USA. Sohn eines Grossgrundbesitzers. Freimaurer. Ab 1767 Tätigkeit als erfolgreicher Rechtsanwalt in Virginia. Führender Politiker im Kampf gegen die britische Fremdherrschaft. Beeinflusst von der Naturrechtslehre des Genfers Jean-Jacques Burlamaqui. 1774 Publikation von «Summary View of the rights of British America». 1775 Wahl in den amerikanischen Kontinentalkongress. Verfasser der Unabhängigkeitserklärung von 1776, die auf seinem Werk von 1774 aufbaute. 1779–1781 Gouverneur von Virginia, danach wieder Kongressabgeordneter. 1785–1789 amerikanischer Gesandter in Paris als Nachfolger von Benjamin Franklin. Bekanntschaft mit Condorcet und d'Alembert. 1789–1793 Secretary of State von Präsident George Washington. Als Gegner von Hamilton und Adams, die für einen amerikanischen Einheitsstaat kämpften, verteidigte er heftig die Autonomie der Bundesstaaten. 1797–1801 Vizepräsident, 1801–1809 Präsident der USA. Sein bedeutendster aussenpolitischer Entscheid war der Ankauf des Gebiets westlich des Mississippi von Frankreich, «Louisiana Purchase», 1803.

wurde, das Volk habe das Recht, «jederzeit» die Verfassung zu überprüfen, zu ändern oder zu wechseln. Eine Generation habe nicht das
Recht, kommende Generationen ihren Gesetzen zu unterwerfen ...[41].
Ausserdem hat Condorcet vorgesehen, dass alle zwanzig Jahre ein
Verfassungsrat einzusetzen sei, der die Verfassung zu überprüfen und
zu vervollkommnen habe[42]. Die noch heute in Kraft stehende Genfer
Verfassung vom 24. Mai 1847 enthält eine ähnliche Bestimmung, indem das Volk alle 15 Jahre über die Frage der Vornahme einer Totalrevision der Verfassung abzustimmem hat; bejaht es diese Frage, so
ist ein Verfassungsrat zu wählen[43].

[41] Art. 33 Gironde-Menschenrechtserklärung; *Quellenbuch* S. 35.
[42] Art. 253 Gironde-Entwurf; *Quellenbuch* S. 58.
[43] Art. 153; *Quellenbuch* S. 445.

II. TEIL

HELVETIK
UND FRANZÖSISCHE
REVOLUTION [1]

3. KAPITEL:
HELVETIK IM ALLGEMEINEN

Die Helvetik ist die wohl schillerndste, aber auch eine der interessantesten Perioden der neueren Schweizergeschichte. In dieser kurzen Zeit von nur fünf Jahren war die Schweiz ein von ständigen Verfassungskämpfen erschüttertes Experimentierfeld der neuen rationalistisch-aufklärerischen Staats- und Gesellschaftstheorien. Die Helvetik war die Zeit der Doktrinäre, der politischen Phantasten und Agitatoren, aber auch jene der phantasielosen Reaktionäre, welche den neuen Lehren und Institutionen nichts anderes als das blosse Festhalten an antiquierten politischen Vorstellungen entgegenzusetzen hatten. Die Helvetik war auch die Zeit des fortschrittsgläubigen Intellekts, des ungestümen Rationalismus und Individualismus, aber letztlich auch der unerfüllten Hoffnungen des sich befreit glaubenden Individuums. Die Helvetik war schliesslich die Zeit der politischen Abhängigkeit des Landes von Frankreich, die Zeit der Reisen der Schweizer Politiker nach Paris und deren Rückkehr mit mehr oder weniger tauglichen Instruktionen. In der Helvetik ergoss sich eine wahre Flut von politischen Schriften, Zeitungen, amtlichen Publikationen, wissenschaftlichen Schriften und literarischen Erzeugnissen jeder Art über das Land – eine Art Explosion von jahrzehntelang aufgestautem intellektuellem und politischem Gedankengut. Die politische Dynamik der Helvetik scheint sich auch auf wirtschaftlichem Gebiet ausgewirkt zu haben, indem etwa im Bereich der Mechanisierung der Textilherstellung gerade in dieser Periode zukunftsträchtige

---

[1] Siehe die Quellen- und Literaturhinweise am Anfang des 5. Kapitels.

Methoden neu eingeführt wurden. Ein politisches Reformklima scheint also auch wirtschaftliche Erneuerungen zu begünstigen, und es ist bedauerlich, dass über diese Zusammenhänge in der Literatur noch so wenig Klarheit herrscht[2].

Keine Periode der neueren Schweizergeschichte hat in der Beurteilung durch spätere Generationen so starke Schwankungen erlebt wie die Helvetik. Diese Zeit wurde zunächst während langer Jahrzehnte nicht nur negativ bewertet, sondern auch weitgehend ignoriert, «gewissermassen ausgestossen aus dem anerkannten Kreis der Eidgenössischen Lebensgeschichte, wie eine Zeit der Verirrung, ein fremder Tropfen Blut im Eidgenössischen Blute, an den keine Erinnerung gestattet ist», wie Carl Hilty bedauernd schrieb. Nicht einmal in der Regenerationszeit, in welcher sehr viele bereits in der Helvetik versuchte Reformen wiederaufgenommen wurden, gelangte man zu einer gerechteren Würdigung jener Reformversuche und einer stärkeren Beachtung jener Periode. Erst mit und nach dem Erscheinen des auf reicher Quellenkenntnis beruhenden Werkes über die Helvetik von Carl Hilty (1878) kam man nach und nach zu einer differenzierteren Beurteilung. «Fast alle politischen Ideen und Probleme, die noch unsere heutige Generation bewegen, finden sich vorgezeichnet, zum Teil selbst schon ausgeführt, in den Verfassungen und Gesetzesarbeiten jener Zeit», konnte Hilty mit Recht schreiben. Das war die Folge des von Frankreich ausgehenden Versuches eines völligen staatlichen und gesellschaftlichen Neuaufbruchs, des Versuchs der umfassenden Interessenneugruppierung und des nun möglichen Einfliessens wissenschaftlich-rationaler Erkenntnisse in Bereiche, die vorher von den Machtträgern mehr intuitiv-gefühlsmässig verwaltet worden waren.

Als Ursachen für die zunächst negative, dann fortwährend schwankende Beurteilung der Helvetik kommen neben vielen anderen in Frage: Die konervative und zum Teil auch die lange Zeit herrschende nationalliberale Geschichtsschreibung bekundete Mühe mit der Tatsache, dass die in der Alten Eidgenossenschaft bestehenden Freiheitsbestrebungen von Frankreich militärisch unterstützt wurden und dass die erste Helvetische Verfassung nur unter gewaltsamem Druck Frankreichs in der ganzen Schweiz zur Geltung gelangt war. Sie würdigte zuwenig die wertvollen Ideen, die in der Helvetik in die Schweiz gelangten und die sich gerade die Liberalen in überwie-

---

[2] BERGIER JEAN-FRANÇOIS, Die Wirtschaftsgeschichte der Schweiz (1983), S. 205; ANDREY GEORGES, Geschichte der Schweiz und der Schweizer, Band II (1983), S. 184.

gendem Masse dann zu eigen gemacht haben. Die Geschichtsschreibung legte lange Zeit zu grosses Gewicht auf die unglücklich verlaufene politische Entwicklung. Allerdings muss hier sogleich beigefügt werden, dass es drei objektive kardinale Gründe gab und gibt, die Helvetischen Verfassungen – nicht aber unbesehen auch den gesamten Geist dieser geschichtlichen Periode – abzulehnen: Zunächst das Konzept des Einheitsstaates, das die eidgenössischen Orte zu blossen Verwaltungsbezirken machte und eine administrative Zentralisation vorsah, die, wie noch zu zeigen sein wird, sogar noch weiter als jene Frankreichs zur gleichen Zeit ging. Dann enthielten die Helvetischen Verfassungen, gleich wie die Direktorialverfassung Frankreichs, das Konzept der autoritär-elitären Demokratie. Dies bedeutete unter anderem, dass das Volk nur über das indirekte Wahlrecht verfügte, das Parlament eine sehr schwache Stellung hatte und die Hauptmacht beim Exekutivorgan, dem Direktorium, lag. Dieses auf ein Heer von Berufsbeamten gestützte exekutivstaatliche und bürokratische Konzept lag eigentlich in der Tradition des monarchischen Staates und war auf grosse und sprachlich homogene Flächenstaaten zugeschnitten, nicht aber auf die kleinräumige und gekammerte Eidgenossenschaft, wo teilweise noch die Grundsätze der Selbstverwaltung und der genossenschaftlichen Demokratie gelebt wurden. Eben diese neue, autoritäre Verwaltungsform hatten viele gerade auch der reformfreudigen Schweizer und Anhänger der demokratisch-freiheitlichen Staatsideen nicht gewollt. Schliesslich beachteten die Schöpfer der Helvetischen Verfassung das Prinzip der historischen Kontinuität nicht; sie ignorierten weitgehend den Grundsatz, dass bei der Gesamtreform von Verfassungen starke «Kontinuitätsbrücken» zwischen der alten und neuen Verfassung belassen werden müssen, ansonsten die Identifikation des Bürgers mit dem Staat verlorengeht. Der Helvetischen Verfassung fehlten solche Kontinuitätsbrücken.

Die kriegerische und politische Umwälzung oder der «Untergang der Alten Eidgenossenschaft» ist vielfach beschrieben worden. Es sollen daher hier zu dieser Umwälzung nur einige wenige, verfassungsgeschichtlich besonders bedeutsame Gesichtspunkte hervorgehoben werden.

Die politische Erneuerungsunfähigkeit des Staatengebildes «Alte Eidgenossenschaft» war Spiegelbild der politischen und wirtschaftlichen Bevorrechtung eines Teils der Bevölkerung gegenüber dem anderen, zahlenmässig weit grösseren Teil derselben. Die herrschende Schicht war sich der Tatsache bewusst, dass besonders die Einführung der politischen Gleichheit aller Schweizer zur weitgehenden Umgestaltung des politischen und wirtschaftlichen Gesamtgefüges führen würde. Denn dass die politisch und wirtschaftlich zurückgesetzten Bevölkerungsteile insgesamt mehrheitsfähig waren, darüber bestand kein Zweifel.

Der weitaus grösste Teil der Bevölkerung wohnte am Vorabend der Umwälzung auf dem Lande. Die Städte auch der bevölkerungsreichen Orte des Mittellandes waren vergleichsweise klein und von der Landschaft durch starke Wehrbauten getrennt. Auf der Landschaft befand sich nun das zahlenmässig grosse Potential an änderungswilligen Menschen, sei es in den ländlichen Untertanengebieten oder sei es in den Landschaften der Orte selber, die Landsgemeindeorte vorläufig noch beiseite gelassen. Allerdings muss sogleich beigefügt werden, dass der Änderungswille der Bevölkerung der Landschaft sehr unterschiedlich war. Dies lässt sich mehrfach begründen. Auf der einen Seite hing der Änderungswille von der aktuellen wirtschaftlichen Situation in den einzelnen Orten ab. Dabei war gerade in den zumeist protestantischen Gebieten mit prosperierender Wirtschaft der Änderungswille besonders gross. Dort, wo die frühe Industrie, das Gewerbe und die freien Berufe blühten, entstand ein ländliches Besitzbürgertum, das sich wegen der wirtschaftlichen und politischen Diskriminierung durch die Städte besonders betroffen fühlte und zugleich infolge der günstigen materiellen Lage einen gewissen politischen Bewegungsspielraum hatte. Diese ländlichen Angehörigen des neugebildeten «Dritten Standes» waren also Änderungen des politischen Systems besonders günstig gesinnt. Ein weiterer Grund für die unterschiedliche Haltung war der Bildungsstand der Bevölkerung. Dort, wo auf der Landschaft eine namhafte Zahl von Leuten ein gewisses Bildungsniveau hatte – die Fähigkeit zu lesen und zu schreiben bedeutete schon sehr viel –, war der Änderungswille kraft Beeinflussung über aufklärerische literarische und politische Schriften weit grösser als dort, wo solche Leute fehlten. Gerade in den wirtschaftlich blühenden Gebieten fanden sich am meisten gebildete Personen. Die Bildung führte zum Wirksamwerden der Ideen der Aufklärung und der daraus abgeleiteten politischen Folgen wie Gleichheit, Freiheitsrechte und Demokratie. Der Boden für politische Änderungen war faktisch besonders fruchtbar in den kleinen Städten am Genfersee, in den Orten am Zürichsee, in den aargauischen und thurgauischen, zum Teil auch bernischen und solothurnischen Landstädtchen. Dabei machte es, zumindest was die Gebiete im Mittelland betraf, keinen grossen Unterschied, ob es sich um Untertanengebiete oder um Landgebiete der Orte handelte. Denn die Bevölkerung in den gut verwalteten Untertanengebieten war wirtschaftlich und politisch oft nicht schlechter gestellt als jene in den Landgebieten der Orte selber. In den Berggebieten war die Bevölkerung weit eher geneigt, am Bestehenden festzuhalten, als in den genannten Gebieten. Dies hängt teils mit dem durch schlechte Verkehrsverbindungen bedingten geringeren Bildungs- und Wissensstand, mit der fast gänzlich agrarisch gebliebenen Bevölkerung und der mangelnden wirtschaftlichen Prosperität und weiteren, zum Teil konfessionellen sowie geopsychologischen Ursachen zusammen. Anderseits muss hervorgehoben werden, dass sich in den Städten der grösseren regierenden Orte, so namentlich in Zürich und Basel, eine zahlenmässig allerdings sehr kleine aufgeklärte Schicht von liberalen Stadtbürgern gebildet hatte. Diese Personen erkannten kraft intellektueller Einsicht die nur mehr geringe Legitimität der bestehenden Herrschaft und die Notwendigkeit von Reformen. Die meisten von ihnen traten indessen nicht genügend dezidiert für politische Reformen ein, waren sie doch in der Regel, wenn auch kritische Angehörige einer privilegierten Oberschicht, wegen verwandtschaftlicher Bindungen zu den Regierenden in ihren politischen Äusserungen und ihrem Handeln gehemmt.

Eine besondere Situation bestand in den Landsgemeindeorten. Dort war der Wille zum Festhalten an der bestehenden Ordnung besonders gross, ähnlich gross wie etwa innerhalb des bernischen Patriziates. Nur war in den Landsgemeindeorten nicht nur eine dünne Oberschicht, sondern fast die gesamte Bevölkerung neuen politischen Ideen abgeneigt. Ein Grund dafür war gewiss die noch verhältnismässig intakte demokratische Struktur dieser Orte. Zwar kann nicht gesagt werden, die Bevölkerung habe dort mehr oder weniger «herrschaftsfrei» gelebt. Doch das Bestehen und leidliche Funktionieren der Landsgemeinde als Ort der in demokratischer Gleichheit getroffenen wichtigsten Entscheide gab der gesamten politischen Ordnung dieser kleinen Staatswesen eine verhältnismässig hohe Legitimität. Dazu kam, dass in den Landsgemeindeorten, anders als in den Städteorten, eine Schicht von Intellektuellen weitgehend fehlte. Bildung besassen zwar etwa die Priester und einige in fremden Diensten gewesene Offiziere. Nur einige waren in der Lage, die neuen Ideen zu erfassen. Infolge ihrer familiär bedingten, meist besonders günstigen materiellen Situation mochten indessen die Offiziere diesen Ideen kaum zustimmen. Auch die Priesterschaft und mit ihr die katholische Bevölkerung der Landsgemeindeorte waren nicht für das laizistische Gedankengut der Französischen Revolution zu gewinnen.

So war denn die Reaktion auf die einmarschierenden französischen Truppen im Frühjahr 1798 eine höchst unterschiedliche. An der letzten Eidgenössischen Tagsatzung im Januar 1798 hatte man sich zwar feierlich gegenseitige Hilfe versprochen, und in allen Orten lautete die Losung der offiziellen Politik: Unbedingter Widerstand gegen die Invasoren. Doch die praktische Verwirklichung der Verteidigung stiess auf grösste Schwierigkeiten, und es zeigte sich, dass die alte Ordnung nicht einmal mehr in ihrem Kernpunkt, der gegenseitigen militärischen Hilfeleistungspflicht, funktionierte. Man kann vielleicht ganz grob sagen, dass der Widerstandswille der Truppen der Orte dort am grössten war, wo die politische Herrschaft noch verhältnismässig am besten legitimiert war und der Aufklärungsstand der Bevölkerung über die neuen Verfassungsgrundsätze am geringsten war. Diese Situation bestand, allerdings in sehr unterschiedlichem Masse, in den katholischen Landsgemeindekantonen, wo sich Truppen und Bevölkerung entschieden wehrten. Wesentlich verschieden davon war die Situation in den aristokratischen Orten und den Zunftorten. Dort war die Losung der offiziellen Politik nur schwer durchzusetzen, und die Truppen dieser Orte kämpften mit sehr unterschiedlicher, im allgemeinen geringer Kraft gegen die französischen Armeen. Der Hauptgrund für den teilweise schwachen Verteidigungswillen lag in der bereits erwähnten gering gewordenen Legitimität der politischen Herrschaft. Die kämpfenden Soldaten und Unterführer, vor allem jene aus den ländlichen Gebieten des Mittellandes, wussten oder ahnten zumindest, dass ein Sieg der Invasoren für sie auch eine Chance bedeuten könnte.

4. KAPITEL:

VORBESTIMMENDE FRANZÖSISCHE VERFASSUNGSENTWICKLUNG[1]

Es lag in der naturrechtlich-universalen Natur des Gedankengutes von Aufklärung und Französischer Revolution, dass die europäischen Staaten sukzessive die Prinzipien der Erklärung der Menschen- und Bürgerrechte von 1789 übernehmen würden. Diese Erklärung hat in der Schweiz vielfältige Wirkungen ausgeübt, weshalb sie näher zu betrachten ist. Dasselbe gilt für die im Anschluss daran ergangenen Verfassungen der Jahre 1791, 1793 und 1795 sowie für die dazu gehörenden Erklärungen der Menschenrechte.

---

[1] *Quellen: Archives parlementaires; Procès-verbal de l'Assemblée constituante; Procès-verbal de la Convention;* DUGUIT LEON et MONNIER HENRY, Les Constitutions de la France depuis 1789, Paris 1908; DUVERGER MAURICE, Constitutions et documents politiques, Paris 1981; GODECHOT JACQUES, Les Révolutions 1770–1799, Paris 1970; GODECHOT JACQUES, Les constitutions de la France depuis 1789, Paris 1979; HELIE FAUSTIN-ADOLPHE, Les Constitutions de la France avec un commentaire, Paris 1875; *Moniteur universel.*
Literatur zu politischer Geschichte und Institutionen: AULARD ALPHONSE, Histoire politique de la Révolution française, Paris 1926; CUSTER ANNEMARIE, Die Zürcher Untertanen und die Französische Revolution, Zürich 1942; DESLANDRES MAURICE, Histoire constitutionnelle de la France, 2 Bände, Paris 1932/1933; DROZ JACQUES, L'Allemagne et la Révolution française, Paris 1949; DUVERGER MAURICE, Les constitutions de France, Paris 1983; ELLUL JACQUES, Histoire des Institutions, le XIX\(^e\) siècle, Paris 1982; FURET FRANÇOIS/RICHET DENIS, La Révolution française, Paris 1973; GODECHOT JACQUES, Un Jury pour la Révolution, Paris 1974; GODECHOT JACQUES, Les Institutions de la France sous la Révolution et l'Empire, Paris 1985; GODECHOT JACQUES, La Grande Nation, Paris 1983; GODECHOT JACQUES, Bilan politique et institutionnel du monde en 1815, Regards sur l'Epoque révolutionnaire, Toulouse 1980, S. 249 ff.; GODECHOT JACQUES, La Révolution française, chronologie commentée 1787–1799, Paris 1988; GUCHET YVES, Histoire constitutionnelle Française, Paris 1990; JAURES JEAN, Histoire socialiste de la Révolution française, 8 Bände, Paris 1922–1924; KAISER SIMON, Französische Verfassungsgeschichte 1789–1852, Leipzig 1852; KLÄY HEINZ, Zensuswahlrecht und Gleichheitsprinzip, Aarau 1956; LEFEBVRE GEORGES, La Révolution Française, Paris 1989; LEFEBVRE GEORGES, La Révolution française et le rationalisme, Annales historiques de la Révolution française 1946 S. 4 ff.; LEPOINTE GABRIEL, Histoire des Institutions et des Faits sociaux, Paris 1956; MARKOV WALTER, Revolution im Zeugenstand, Frankreich 1789–1799, 2 Bände, Leipzig 1986; MATHIEZ ALBERT, Réaction thermidorienne, Paris 1929; MATHIEZ ALBERT, La Révolution française, Paris 1926; MATHIEZ ALBERT, Etudes sur Robespierre, Paris 1988; SAGNAC PHILIPPE, La fin de l'Ancien Régime et la Révolution Américaine, Paris 1941; SOBOUL ALBERT, La Révolution Française, La Civilisation et la Révolution Française, Band II, Paris 1982; SOBOUL ALBERT, Dictionnaire historique de la Révolution Française, Paris

1. Die französische Erklärung der Menschen- und Bürgerrechte vom 26. August 1789 [2]

Die französische Erklärung der Menschen- und Bürgerrechte [3] kann in ihrer Bedeutung kaum überschätzt werden. Ihre Wirkung war zunächst in ganz Europa und später auch auf den übrigen Kontinenten ausserordentlich gross. Man kann noch heute mit guten Gründen die Legitimität irgendeines Regimes auf der Welt daran messen, ob der Grundbestand der in der Erklärung von 1789 genannten Rechte verfassungsrechtlich garantiert und praktisch verwirklicht ist. Weshalb aber diese hohe Bewertung, nachdem feststeht, dass die Rechteerklärungen der amerikanischen Gliedstaaten grossen Einfluss auf die französische Erklärung hatten, und dass eine ganze Reihe der in dieser aufgeführten Freiheitsrechte bereits in jenen enthalten war? Die französische Erklärung von 1789 hat einmal, wie bereits dargetan, im Unterschied zu den amerikanischen Rechteerklärungen, den Charakter einer umfassenden und systematischen Kodifikation der Freiheit des Menschen allgemein – unabhängig von nationalen Grenzen;

1989; Stolleis Michael, Verfassungsideale der bürgerlichen Revolution, Rättshistoriska Studier, Band XVI, S. 79 ff.; Suratteau Jean-Rene, Le département du Mont-Terrible sous le régime du Directoire, Paris 1965; Tocqueville Alexis de, L'ancien Régime et la Révolution, Paris 1856; Touchard Jean, Histoire des idées politiques, Band II, Paris 1985; Vovelle Michel, La chute de la monarchie 1787–1792, Paris 1972.

Biographien: Alengry Frank, Condorcet, guide de la Révolution française, Paris 1904; Badinter Elisabeth/Badinter Robert, Condorcet, Paris 1988; Bastid Paul, Sieyès et sa pensée, Paris 1939; Bouissounouse Janine, Condorcet, Le Philosophe de la Révolution, Paris 1962; Bredin Jean-Denis, Sieyès, La clé de la Révolution française, Paris 1988; Cahen Leon, Condorcet et la Révolution Française, Paris 1904; Erdman David, Commerce des lumières, John Oswald and the British in Paris 1790–1793, Columbia 1986; Galante Garrone Alessandro, Buonarroti e Babeuf, Turin 1948; Kintzler Catherine, Condorcet, l'instruction publique et la naissance du citoyen, Paris 1987; Lefebvre Georges, Napoléon, Paris 1969; Saitta Armando, Filippo Buonarroti, 2 Bände, Rom 1950–1951. – Siehe auch die am Buchanfang angeführte periodenübergreifende Literatur.

[2] Bouchary M., La Déclaration des droits de l'homme et du citoyen et la Constitution de 1791, Paris 1947; Boutmy Emile, La déclaration des droits de l'homme et du citoyen et M. Jellinek, Annales des Sciences politiques 1902 S. 385 ff.; Chinard Gilbert, La déclaration des droits de l'homme et du citoyen et ses antécédents américains, Washington 1945; Faure Christine, Les déclarations des droits de l'homme de 1789, Paris 1988; Jellinek Georg, Die Erklärung der Menschen- und Bürgerrechte, Leipzig 1896; Jellinek Georg, Réponse à M. Boutmy, Revue de droit public 1902 S. 385 ff.; Lefebvre Georges, Quatre-vingt-neuf, Paris 1939; Marcaggi Vincent, Les origines de la Déclaration des droits de l'homme de 1789, Paris 1904.

[3] Text in *Quellenbuch* S. 31 ff.

sie ist universal, weshalb das Wort «français» bei der Aufzählung der Rechte nirgends vorkommt. Sie ist ausserdem weit mehr als eine blosse Deklaration von Individualrechten; sie ist Ausdruck einer freiheitlichen und demokratischen Staatstheorie auf der Grundlage des Naturrechts. Es sind in ihr die individualistisch-demokratische Fundierung der Macht, der Gedanke der Aufteilung der Macht auf verschiedene Organe, die Funktion des Gesetzes bei der Einschränkung der Individualrechte und – damit zusammenhängend – die Unterscheidung zwischen Staatlichem und Gesellschaftlichem, also Öffentlichem und Privatem, sowie weitere heute noch leitende Prinzipien der Staatsgestaltung enthalten. Der stärkere Einfluss der demokratischen Staatsphilosophie von Rousseau auf die französische Erklärung ist unverkennbar, während in den agrarischen amerikanischen Einzelstaaten noch der Einfluss der monarchisch-englischen Rechtstradition und jener von John Locke sichtbar ist. Die amerikanischen Rechteerklärungen legten das Hauptgewicht auf den Schutz des Eigentums sowie auf jenen der Einzelperson im Strafverfahren. Sie waren pragmatisch auf ihre direkte Anwendbarkeit durch die Gerichte hin konzipiert, während die französische Erklärung auch eine Art staatsphilosophisches Programm war. Anderseits waren in der Nationalversammlung von 1789 jene Kräfte stark vertreten, welche die individualistische Seite der Menschenrechte, aber auch die wirtschaftliche Funktion der Freiheitsrechte betonten. So ergab sich aus den Mehrheitsbeschlüssen der damaligen Nationalversammlung neben noch aufzuzeigenden Schwächen eine gute Synthese aus der zur Absolutheit hin tendierenden politisch-demokratischen Staatsauffassung Rousseaus und dem entspannteren angelsächsischen Gefühl für Freiheit, Würde und Entfaltung der Einzelperson.

Die französische Erklärung der Menschen- und Bürgerrechte bildet, gleich wie die nordamerikanischen Rechteerklärungen, nicht Bestandteil der Verfassung, sondern sie ist der Verfassung vorangestellt. Dies mag aus heutiger Sicht erstaunen, hat aber, abgesehen von der zeitlichen Staffelung der beiden Akte – Erklärung vom 26. August 1789 und Verfassung vom 3. September 1791 – auch seinen tieferen Grund: Weil es sich nach dem Willen ihrer Schöpfer lediglich um eine Formulierung der dem Menschen kraft seiner Existenz, unabhängig von seinem Willen *ohnehin* zustehenden natürlichen und unveräusserlichen Rechte handelt, wäre es einer Entwertung derselben gleichgekommen, wenn man sie in den Verfassungstext integriert und damit positiviert hätte; es handelte sich ja auch dem Wortlaut nach um eine «Erklärung» (déclaration), und nicht um eine Konstituierung (constitution) dieser Rechte. Aber auch aus der Funktion der Verfassung lässt sich diese Trennung erklären: Es ist das Ziel einer jeden Verfassung, so schreibt Condorcet, den Menschen die Ausübung aller ihnen zustehenden Rechte zu bewahren. Keine Macht darf legitimerweise diese Rechte verletzen: «Le but de toute Constitution est de conserver aux citoyens l'exercice le plus entiers de tous leurs droits naturels. Aucune puissance ne peut legitimement violer ces droits» (Plan de Constitution présenté à la Convention Nationale, les 15 et 16 Février 1793, l'an II de la République). Die Verfassung von 1791 sah im übrigen in ihrem siebten Titel vor, dass der «Nation» das unveräusserliche Recht zukommt, jene zu ändern, und die Menschenrechtserklärung hätte, wenn sie Teil der Verfassung gewesen wäre, wenigstens theoretisch durch die «Nation» als der Inhaberin der verfassungsändernden Gewalt abgeschafft werden können. Durch den Verzicht auf die Inkorporierung der Menschenrechtserklärung in die Verfassung hat man diese dem Einfluss auch der höchsten, der verfassungsändernden Instanz entzogen und damit ihrer vorstaatlichen und überstaatlichen Natur Rechnung getragen. «Ce n'est pas en vertu de telle ou telle Constitution, des décrets d'une Assemblée, de la volonté de la pluralité des membres de la société que chaque homme doit jouir de ces droits; c'est en vertu de sa nature ...», schrieb Condorcet an derselben Stelle – und noch heute nennt die französische Verfassung nur in der Präambel die Erklärung von 1789. In neueren Verfassungen des 20. Jahrhunderts, so beispielsweise der Verfassung der Republik Italien oder dem Grundgesetz der Bundesrepublik Deutschland, gelangte man anderthalb Jahrhunderte später mit der Schaffung von rechtlich nicht abänderbaren Grundsätzen, also mit formellen Schranken der Verfassungsrevision, zu einem ähnlichen Ergebnis. Die von der französischen Nationalversammlung gewählte Lösung ist jedoch naturrechtlich betrachtet konsequenter als die Normierung von Schranken der Verfassungsrevision. Man hat damit die Menschenrechte dem Mehrheitsentscheid des Volks, aber auch dem Entscheid jeder anderen Macht entzogen.

Die Erklärung der Menschen- und Bürgerrechte beginnt mit einer Präambel, die zugleich als moralische Rechtfertigung und naturrechtliche Legitimation der Revolution angesehen werden kann. Indessen enthält, was besondere Erwähnung verdient, die Präambel nicht die Anrufung Gottes; vielmehr rief die kirchenkritisch gestimmte Nationalversammlung das sogenannte «Etre Suprême», das «Höchste Wesen», an. Die Präambel nennt als Ursache für die öffentlichen Missstände und die Korruption der Regierenden Verkennung, Vergessen und Missachtung der natürlichen, unveräusserlichen und heiligen Menschenrechte. Die in der Erklärung niedergelegten «einfachen und unbestreitbaren Prinzipien» sollen jedem einzelnen ständig präsent sein, und die Zielsetzungen jeder politischen Institution sollen an ihnen gemessen werden – der darin enthaltene Gedanke der «institutionellen» Geltung der Freiheitsrechte wird hier bereits angesprochen und dann in Artikel 2 noch strenger formuliert.

Im ersten Artikel – der Einfluss Rousseaus auf ihn ist unverkennbar – werden Freiheit und Gleichheit als dem Menschen angeborene und ihm dauernd verliehene Rechte deklariert. Unterscheidungen zwischen den Menschen dürfen nur bei Vorliegen einer öffentlichen Notwendigkeit vorgenommen werden. Dieses in Artikel 1 dergestalt verankerte Gleichbehandlungsgebot ist indessen merkwürdig substanzlos. Auch in den übrigen Artikeln der Menschenrechtserklärung finden sich keine Konkretisierungen der Gleichheit, wenn man von Artikel 6 absieht. Insbesondere in Artikel 2 fehlt die Schaffung von Gleichheit als Staatsziel. Im Gegensatz zur Gleichheit wird aber die Freiheit im folgenden in zahlreichen Artikeln konkretisiert. Es macht sich bereits hier beim Gleichheitssatz eine ausgesprochen restriktive Haltung der Nationalversammlung bemerkbar. Der neu an die Macht gelangte Dritte Stand wollte vor allem Freiheit und Eigentum des eigenen, bürgerlichen Standes sichern; ausgleichende soziale Massnahmen wollte man vermeiden, und man wollte, wie sich ebenfalls bald zeigen sollte, nicht einmal die blosse bürgerliche Gleichstellung zurückgesetzter Bevölkerungsgruppen sofort verwirklichen. Es finden sich daher in Artikel 1 der Menschenrechtserklärung nur die wohlklingenden Formulierungen Rousseaus, nicht aber deren praktische Konsequenzen. Zu erklären ist dies politisch verhältnismässig einfach: Unter den Mitgliedern der Nationalversammlung befand sich kein einziger Vertreter der besitzlosen Unterschichten, keine Frau, kein Jude, auch kein Schwarzer. Einzig fünfzehn zum Dritten Stand gehörende Protestanten konnten diese minoritäre Konfessionsgruppe repräsentieren, während sich Robespierre[4], zunächst ohne Erfolg, für die rechtliche Gleichstellung der Juden einsetzte. Es

---

[4] ROBESPIERRE MAXIMILIEN FRANÇOIS MARIE ISIDORE DE, 1758–1794. Er wurde in Arras als Sohn eines Advokaten geboren und verlor mit neun Jahren seine Mutter. Er war ein hochbegabter Schüler, so dass ihm trotz seiner Armut ein Studium der Philosophie und des Rechts ermöglicht wurde. Dann Advokat in Arras, wo er sich wegen seines Einsatzes für sozial Schwache Feinde schuf. 1789 Abgeordneter des Dritten Standes seiner Provinz in den Generalständen. Durch seine von den Ansichten Rousseaus geprägten Ideen nahm er im Klub der Jakobiner bald eine führende Rolle ein und erwarb sich aufgrund seiner bescheidenen Lebensführung und seines Eintretens für das einfache Volk den Ruf des «Unbestechlichen». Seine demokratische Einstellung

zeigt sich demnach beim Gleichheitssatz in der Menschenrechtserklärung eine gewisse Diskrepanz zwischen den Forderungen der naturrechtlichen Aufklärer und den politischen Trägern der Revolution. Die Gleichheitskonzeption von Rousseau («égalité en jouissances») ist also von der Nationalversammlung nicht einmal in Ansätzen konkretisiert worden. Das zeigt sich deutlich, wenn man die von Condorcet verfasste Menschenrechteerklärung zum Gironde-Verfassungsentwurf 1793[5] mit der Erklärung von 1789 vergleicht. Die Gironde-Menschenrechtserklärung sollte dann ausdrücklich die Sozialhilfe als «geheiligte Pflicht» der Gesellschaft vorsehen[6]. Immerhin hatte die Rechtsgleichheit der Erklärung von 1789 die Gleichheit der Bürger vor dem Gesetz, der Justiz und vor dem Fiskus zur Folge.

Artikel 2 der Erklärung macht die Sicherung der natürlichen Freiheiten des Menschen zum Ziel jeder öffentlichen Institution – eine für die damalige Zeit kühne «institutionelle» Betrachtungsweise der Individualrechte. Als zu bewahrende Menschenrechte werden die folgenden angesehen, in dieser Reihenfolge: Freiheit, Eigentum, Sicherheit und Widerstandsrecht gegen Unterdrückung. Zum erstgenannten Prinzip, der Freiheit, gehört zunächst die Freiheit der Person, so insbesondere Garantien gegen willkürliche Anklagen und Verhaftungen[7], eine allgemeine Unschuldsvermutung[8] sowie die strafrechtlichen Grundsätze der offensichtlichen Notwendigkeit der Festsetzung einer Strafe, der Vorgängigkeit von deren Statuierung – also ein Rückwirkungsverbot – und des strikten Gesetzmässigkeitsprinzips. Die Freiheit im Sinne einer Abwehr gegen staatliche Übergriffe wird dann in weiteren speziellen Freiheitsrechten konkretisiert,

und seine Verurteilung der Kriegserklärung an Preussen und Österreich 1792 brachten ihn zunehmend in Gegensatz zu den Girondisten. Als Mitglied der Pariser Kommune und des Nationalkonvents wurde er Führer der «Montagnards». Nach der Flucht Ludwigs XVI. 1791 zum Gegner der Monarchie geworden, forderte er die Hinrichtung des Königs ohne Prozess. Immer deutlicher zeigte sich seine Tendenz, die Tugend, «la vertu», mit terroristischen Mitteln zu verwirklichen: Zum Sturz der Girondisten bediente er sich der Unterstützung der Sansculottes, deren radikale Führungsgruppen er jedoch ausschaltete. Das wichtigste Instrument zur Ausübung der Schreckensherrschaft war vor allem der von Robespierre seit 1793 beherrschte Wohlfahrtsausschuss. Mit dem Kult des «höchsten Wesens» versuchte er, die Revolutionsregierung zusammenzuhalten. Doch die erneute Verschärfung des Terrors und die Unzufriedenheit der Sansculottes führten seine Gegner zusammen, die ihn am 27. Juli 1794 verhafteten und am folgenden Tag guillotinieren liessen.

[5] *Quellenbuch* S. 33 ff.
[6] Art. 24.
[7] Art. 7.
[8] Art. 9.

so die Meinungs- und Meinungsäusserungsfreiheit, darin eingeschlossen das Recht auf ein religiöses Bekenntnis, sowie die Pressefreiheit[9]. Nicht in die Erklärung aufgenommen hat man die Niederlassungsfreiheit, die Versammlungs- und Vereinsfreiheit und die Unterrichtsfreiheit sowie die Kultusfreiheit. Abgesehen von der zuletzt
erwähnten betrachtete man diese Freiheiten im Sinne der Idee der
Kodifikation der Freiheit als in den anderen Rechten enthalten. Besonders bedeutsam ist die in Artikel 4 enthaltene Schrankenregelung
für den Gebrauch der Freiheitsrechte. Dieser ist nur dann zulässig,
wenn er *dem anderen* nicht schadet; an den Rechten der anderen
findet also der Freiheitsgebrauch seine Schranken. Solche Schranken
dürfen jedoch nur durch das Gesetz bestimmt werden. Anderseits
enthält Artikel 5 eine allgemeine Freiheitsvermutung: Was nicht
durch das Gesetz verboten wird, ist zulässig.

Besonderes Gewicht hat man, vor allem unter dem Einfluss
der amerikanischen Vorbilder, der Physiokraten und Ökonomisten,
auf den Schutz des Privateigentums gelegt; der sozialen Zusammensetzung der Nationalversammlung entsprechend, nahm man keinen
Anstoss daran, dass ein grosser Teil der Bevölkerung weder nennens-
wertes Eigentum hatte noch die reale Chance zu dessen Erwerb besass. Denn sonst hätte man als Gegenstück zur starken Sicherung des
Eigentums ebenso starke Massnahmen zugunsten der ärmeren Bevölkerungsteile statuieren müssen – wie dies dann Condorcet in seiner Fassung der Menschenrechtserklärung getan hat[10]. Im Gegensatz
zu den Freiheitsrechten unterwirft die Menschenrechtserklärung den
Gebrauch des Eigentums nicht der in Artikel 4 und 5 statuierten
Schrankenregelung, sondern schafft in Artikel 17 eine besondere, ei-
gentumsfreundlichere: Das Eigentum darf nur bei Vorliegen einer
offensichtlichen öffentlichen Notwendigkeit, festgestellt in einem
Gesetz, und nur unter gerechter und vorgängiger Entschädigung
eingeschränkt werden. Eine Handels- und Gewerbefreiheit hat die
Menschenrechtserklärung indessen nicht statuiert.

Die weiteren in Artikel 2 der Erklärung genannten Zentralbe-
griffe Sicherheit und Widerstandsrecht bleiben, wie die Gleichheit,
unkonkretisiert. Unter Sicherheit verstand man ähnliche Gehalte, wie
sie die Freiheit der Person umfasste. Dazu kam noch die Sicherheit
des Eigentums; soziale Sicherheit war damit nicht gemeint. Das Recht
auf Widerstand gegen Unterdrückung ist als nachträgliche natur-

---

[9] Art. 10 und 11.
[10] Art. 1, 24 und 25.

rechtliche Legalisierung der revolutionären Akte der Nationalversammlung und des Volkes zu verstehen.

Klar die Handschrift eines politischen Kompromisses trägt Artikel 3 der Erklärung, wonach alle Souveränität der «Nation» innewohnt; niemand darf Gewalt ausüben, die nicht von ihr abgeleitet ist. Die Erklärung spricht noch nicht ausdrücklich vom Volk, sondern nur von der «Nation», einer Art gedanklichem Rechtssubjekt, das Volkssouveränität und Königslegitimität in sich vereinigte. Man konnte so den Konflikt zwischen Volkssouveränität und Königssouveränität wenigstens verbal vermeiden. Vier Jahre später, nach der Abschaffung des Königtums und unter dem nun stärkeren Einfluss der Staatstheorie Rousseaus, erkennen dann die Menschenrechtserklärungen der Montagnard-Verfassung[11] und des Gironde-Entwurfes[12] offen dem Volk die Souveränität zu.

Und weiter steht in Art. 6[13] der Erklärung von 1789: Das Gesetz ist Ausdruck des Allgemeinwillens; alle Bürger haben das Recht, dazu entweder «persönlich» oder aber «durch ihre Repräsentanten» beizutragen. Mit der Möglichkeit der Repräsentation ist man hier zwar von Rousseau abgewichen; doch lässt der Begriff «persönlich» die Möglichkeit offen, das Referendum oder die Initiative einzuführen. Dieselbe Andeutung einer direkten Teilnahme der Bürger findet sich in Artikel 14. Condorcet hat dann vier Jahre später im Gironde-Verfassungsentwurf diesen Ansatz systematisch weiterentwickelt. Zusätzlich hat er die Gleichheit der Einwirkungsmöglichkeiten aller Bürger auf den Allgemeinwillen betont, und anderseits die bereits von Rousseau als gefährlich erkannten intermediären Gewalten («sociétés partielles») und mithin die öffentlichen Funktionen der Korporationen unterdrückt[14]. Erst am Schluss der Menschenrechtserklärung erscheint in Artikel 16 der Gewaltenteilungsgrundsatz. Konkretisierungen desselben gibt die Erklärung sinnvollerweise nicht; in der Verfassung von 1791 hat man dies dann getan. Und schliesslich: Die Garantie der Menschen- und Bürgerrechte erfordert eine starke öffentliche Gewalt[15]; um diese und die Verwaltung im Sinne eines öffentlichen Dienstes zu unterhalten, sind Abgaben unerlässlich. Sie sollen von allen Bürgern entsprechend ihren Möglichkeiten erhoben werden[16].

---

[11] Art. 25; *Quellenbuch* S. 70.
[12] Art. 26 und 27; *Quellenbuch* S. 35.
[13] *Quellenbuch* S. 33.
[14] Art. 27 und 28 Gironde-Entwurf; *Quellenbuch* S. 38.
[15] Art. 12; *Quellenbuch* S. 32.
[16] Art. 13.

Mit dieser Bestimmung wollte man die Abschaffung der als unsozial empfundenen indirekten Steuern bewirken; der Nationalkonvent hat später gestützt auf sie eine progressive Steuer auf Luxus und Reichtum eingeführt[17].

Eine gewisse Schwäche der Menschen- und Bürgerrechtserklärung von 1789 liegt also in der Überbetonung von Freiheit und Eigentum gegenüber der Gleichheit, vor allem was die soziale Sicherheit der ärmeren Bevölkerungsteile betrifft. Diese «soziale Frage» sollte in der Revolutionsgeschichte schon sehr bald politisch virulent aufbrechen.

2. Die Verfassung von 1791 [18]

Die erste französische Verfassung vom 3. September 1791[19] wurde von der nach dem Zensuswahlrecht konstituierten Nationalversammlung erlassen. Sie sah eine einkammerige, in indirekter Zensuswahl für eine Legislaturdauer von zwei Jahren bestimmte Nationalversammlung vor («Assemblée nationale»). Diese tritt nach Massgabe der Verfassung zusammen, hat das Recht zur Selbstkonstituierung und amtet in Permanenz. Sie ist vorab gesetzgebende Behörde, beschränkt in dieser Befugnis jedoch durch ein aufschiebendes Vetorecht des Königs. Die Nationalversammlung hat ferner wichtige Finanz- und Verwaltungsbefugnisse sowie das Recht zur Ministeranklage. Sie tagt öffentlich; ihre Mitglieder sind immun («inviolable»). Der König ist nicht mehr «Roi de France», sondern «Roi des Français», denn letztere sind nicht mehr Untertanen («sujets») des Königs, sondern Bürger («citoyens»). Der König übt die Funktion der obersten Exekutivbehörde aus. Er ernennt und entlässt ohne Mitwirkung der Nationalversammlung die Minister, welche aber strafrechtlich verantwortlich sind. Es dürfen keine Mitglieder der Nationalversammlung zu Ministern ernannt werden. Der König übt das Vetorecht über die ihm von der Nationalversammlung zugeleiteten Dekrete («décrets») aus, welche nur im Falle der Nichtausübung des Vetos zu Gesetzen («lois») werden. Die Justiz ist von der gesetzgebenden und der exeku-

---

[17] Gesetz vom 18. März 1793.

[18] DELAGRANGE ROGER, Le premier comité de constitution de la Constituante, Paris 1899; DUCLOS PIERRE, La notion de constitution dans l'œuvre de l'assemblée constituante, Paris 1932.

[19] DUVERGER MAURICE, Constitutions et documents politiques (1981), S. 10 ff.

tiven Gewalt streng getrennt. Sie wird von in Volkswahl erkorenen Richtern ausgeübt; vorgängig des ordentlichen Justizverfahrens amten Friedensrichter («juges de paix»), eine aus Holland oder den Staaten Nordamerikas übernommene Einrichtung. Die Kriminaljustiz wird durch vom Volk gewählte Geschworene («jurés») ausgeübt, auch dies eine Übernahme aus Nordamerika. Der öffentliche Ankläger wird ebenfalls vom Volk gewählt. An der Spitze der Justiz steht ein Kassationsgericht. Ein spezieller Hoher Gerichtshof («Haute Cour nationale») beurteilt von der Nationalversammlung erhobene Ministeranklagen. Das Land wird in Departemente eingeteilt; diese werden von Verwaltern, die vom Volk gewählt werden, geleitet, haben jedoch keine gesetzgebenden Befugnisse. Die Verfassungsänderung ist ausserordentlich erschwert. Es müssen während drei Legislaturperioden identische Änderungen beschlossen werden; erst in der darauffolgenden vierten Legislatur kann die Nationalversammlung verstärkt durch 249 weitere, nur für diesen Zweck gewählte Mitglieder («Assemblée de revision») die Verfassungsänderung beschliessen.

Es handelt sich bei der ersten französischen Verfassung von 1791 zusammenfassend um eine streng repräsentative, einkammerige, konsequent gewaltenteilige, zentralistische und relativ starre Verfassung auf der Basis einer zwischen Volk und König geteilten Souveränität, welche im Begriff der «Nation» verkörpert wird. Die Verfassung von 1791 trägt in bezug auf die Funktion des Königs gewisse Züge der amerikanischen Unionsverfassung von 1787, insbesondere was dessen Vetorecht gegenüber der Nationalversammlung betrifft. Die erste französische Verfassung kann als konstitutionell-monarchische, jedoch nicht parlamentarische Verfassung bezeichnet werden. Sie ist stark vom Gedankengut John Lockes, von Lehren Montesquieus und der Physiokraten und nur wenig von Rousseau geprägt. Die historische Hauptbedeutung dieser Verfassung liegt darin, dass die Grundlagen für den individualistischen Rechtsstaat gelegt werden. In erster Linie werden die beiden Werte «Freiheit und Eigentum» abgesichert, wobei besonders stark die persönliche Freiheit mit Hilfe einer ausgeklügelten, vor allem aus angelsächsischen Quellen bezogenen Gerichtsbarkeit geschützt wird.

3. Girondistischer Verfassungsentwurf und Montagnard-Verfassung von 1793[20]

Bereits vor der Verabschiedung der Verfassung am 3. September 1791 hatte König Louis XVI mit seiner Flucht nach Varennes

(20. Juni 1791) die Legitimität des monarchischen Prinzips in Frankreich weiter geschwächt. Der Erosionsprozess am Königtum setzte sich zugunsten der Idee der Republik fort. Die unter verschärften Zensusbestimmungen neugewählte, am 1. Oktober 1791 zusammentretende gesetzgebende Nationalversammlung war zwar gleich wie ihre Vorgängerin monarchisch eingestellt. Der König schwächte aber seine Stellung durch den häufigen Gebrauch seines verfassungsmässigen Vetos erneut; wirtschaftliche Probleme Anfangs 1792 trugen zur Verschärfung des politischen Klimas weiter bei. Am 15. März wurde das girondistische Ministerium gebildet; dieses nahm gegen den Widerstand Robespierres und seiner Anhänger eine expansive, kriegerische Haltung gegenüber den europäischen Mächten ein. Am 20. April erfolgte die Kriegserklärung an Österreich. Das königliche Veto vom 11. Juni 1792 gegen die Dekrete der Nationalversammlung betreffend die widerspenstigen Priester und die Schaffung einer Nationalgarde trugen zur Verschärfung der politischen Spannungen nochmals bei, was am 20. Juni 1792 zu einer Massenkundgebung in Paris und zum – ersten – Einfall in die Tuilerien führte. Von Mitte Juli 1792 an nahm die Volksbewegung immer stürmischeren Charakter an. Der Ruf nach der Beseitigung des Königtums ergriff immer breitere Kreise, auch ausserhalb von Paris. Am 3. August sprachen sich 47 von 48 Pariser Sektionen für die Abdankung des Königs aus, und am 10. August 1792 begann die *zweite Französische Revolution:* Eine allgemeine Volkserhebung brach aus; die Tuilerien wurden gegen den Widerstand der Schweizergardisten unter zahlreichen Opfern auf beiden Seiten gestürmt. Der Thron wurde beseitigt und die Wahl eines Nationalkonventes auf der Basis des allgemeinen zensusfreien Wahlrechts proklamiert. Damit war faktisch die Republik sowie die Ausarbeitung einer neuen, republikanischen Verfassung beschlossen worden. Nicht mehr Besitzbürgertum und Königtum, sondern die einzelnen französischen Bürger sollten fortan das Fundament des Staates bilden. Die

---

[20] BASTID PAUL, Le plébiscite sur la Constitution de 1793, La Révolution française 1909 S. 496 ff., 1910 S. 5 ff.; BOULOISEAU MARC, La République jacobine, Paris 1972; BRIMO ALBERT, A propos de la Constitution montagnarde du 24 juin 1793, Mélanges Joseph Magnol, Paris 1948, S. 37 ff.; DECENCIERE-FERRANDIERE ANDRE, La Constitution de 1793, La Révolution Française, Revue d'histoire contemporaine 1936 S. 237 ff.; FRIDIEFF MICHEL, Les Origines du Referendum dans la Constitution de 1793, Paris 1932; GALY FRANÇOIS, La Notion de Constitution dans les projets de 1793, Paris 1932; GASNIER-DU-PARC A., La Constitution Girondine de 1793, Rennes 1903; LAMARTINE ALPHONSE, Histoire des Girondins, Paris 1847; LHERITIER MICHEL, Les Girondins, Bordeaux et la Révolution française, Paris 1947; MATHIEZ ALBERT, La Constitution de 1793, Annales Historiques de la Révolution Française 1928 S. 497 ff.

Staatstheorie Jean-Jacques Rousseaus kam nun mit grosser Kraft zur Geltung: Bereits kurze Zeit nach dem 10. August wurde das Prinzip der Öffentlichkeit auf die Verwaltung ausgedehnt[21]. Für die Wahl des Nationalkonvents im September 1792 war beschlossen worden, dass kein Mitglied der vorhergehenden Nationalversammlung gewählt werden dürfe; ausserdem erfolgte diese Wahl erstmals und effektiv nach dem allgemeinen, zensusfreien Wahlrecht – die Frauen ausgenommen. Diese beiden Neuerungen wirkten sich auf dessen Zusammensetzung und verfassungspolitische Haltung unmittelbar in Richtung einer Stärkung demokratischer und sozialpolitischer Tendenzen aus: Der neugewählte Nationalkonvent beschloss am Tag seines Zusammentretens formell die Abschaffung der Monarchie sowie auf Antrag von Danton[22], dass nur eine Verfassung gültig sei, die vom Volk angenommen sei[23]. Damit war der Verfassung von 1791 der Boden endgültig entzogen.

Der Nationalkonvent wandte sich mit Deklaration vom 19. Oktober 1792 an alle «Freunde der Freiheit und Gleichheit» und ersuchte um die Einreichung von Verfassungsprojekten. Es gingen deren über 300 ein. Alle hatten demokratisch-egalitäre Richtung und lehnten das parlamentarische System Englands und der Verfassung von 1791 ab. Die Urversammlungen der Wähler sollten die zentrale Rolle spielen; ein Projekt, dasjenige von Saint-Just[24], sah ein Obliga-

---

[21] Gesetz vom 27. August 1792.

[22] DANTON GEORGES, 1759–1794. Geboren in Arcis-sur-Aube bei Troyes als Sohn eines Advokaten. Rechtsstudium in Paris und Reims. Freimaurer. 1787 Erwerb einer Rechtsanwaltscharge beim Conseil du Roi. 1789 Mitglied der Generalstände, dann der Assemblée Constituante. 1790 zusammen mit Marat und Desmoulins Gründer des Club des Cordeliers. Dank seines Rednertalents und seiner Popularität führender Revolutionspolitiker. Durch sein Nichteinschreiten als neugewählter Justizminister mitverantwortlich für die im Spätsommer 1792 in den Gefängnissen begangenen Massaker. Kurz darauf Wahl in den Nationalkonvent, in dem er neben Robespierre einer der Führer der Montagnards war. Die im Frühling 1793 während des 1. Koalitionskriegs von ihm zur Rettung des Vaterlands vorgeschlagenen neuen Institutionen «Tribunal révolutionnaire» und «Comité du salut publique», arteten bald ins Terreur-Regime Robespierres aus. Da Danton nach dem Sieg der französischen Truppen 1794 für Milde und Abschaffung dieses Terreur-Regimes plädierte, liess ihn Robespierre als Staatsfeind anklagen und mit Zustimmung des eingeschüchterten Nationalkonvents unter Verweigerung des rechtlichen Gehörs vom Revolutionstribunal zum Tod verurteilen und guillotinieren.

[23] Dekret vom 21. September 1792; *Quellenbuch* S. 32.

[24] SAINT-JUST LOUIS ANTOINE DE, 1767–1794. Geboren in Decize, Département Nièvre, als Sohn eines Kavalleriehauptmanns. Rechtsstudium in Reims, daneben schriftstellerische Tätigkeit. Freimaurer. Ab 1791 Stabsoffizier der Nationalgarde des Departements Aisne. Kurz nach seinem 25. Geburtstag 1792 Wahl in den National-

torium zur Teilnahme an der Urversammlung vor. Die Entwürfe verwarfen das Zensuswahlrecht, das Zweikammersystem und sogar das Gewaltenteilungsprinzip insofern, als sie von der Staatseinheit ausgingen und nur noch zwei Gewalten kannten, die Legislative und die Exekutive, wobei die letztere auch die Justizfunktionen wahrnehmen sollte. In diesem Sinne war etwa das Projekt des Engländers John Oswald[25] mit dem Titel «Le gouvernement du peuple ou plan de constitution pour la république universelle» 1793 gefasst: Oswald entwickelte zunächst, weshalb das Repräsentativprinzip nicht den wahren Volkswillen zur Geltung bringe. Es handle sich um eine «magische Laterne», es sei dieses eine «Fiktion», ja ein «Betrug». Um den wahren Willen der Nation zu kennen, müsse sich die Nation versammeln, beraten und entscheiden. Das soll nach Oswald in den Primärversammlungen geschehen, welche über alle «Dekrete» entscheiden. Für die Annahme von solchen bedarf es einer Mehrheit von neun Zehnteln; ist diese nicht erreicht, so wird das Dekret von den Primärversammlungen weiter geprüft, «le souverain examinera», denn es sei die öffentliche Meinung noch nicht genügend aufgeklärt, «l'esprit publique n'est pas suffisamment éclairé». Es gibt im Projekt von Oswald nur zwei oberste Staatsorgane, nämlich die «Convention nationale», von den Primärversammlungen auf ein Jahr gewählt, und als Exekutive die «Grande municipalité de la nation», von den Primärversammlungen aus dem Kreis der Mitglieder des Konventes ebenfalls für ein Jahr gewählt.

konvent. Seine bedingungslose Anhängerschaft für Robespierre sicherte ihm 1793 die Wahl in das Comité du salut public, dessen Theoretiker und Sprecher er wurde. Daneben Mitarbeit an der Redaktion der Montagnard-Verfassung und Tätigkeit als öffentlicher Ankläger beim Revolutionstribunal. Sein politisches Ziel war, in Frankreich spartanische Ideale wie Tugendliebe, nationale Einheit und heroischen Patriotismus zu verwirklichen. Zusammen mit Robespierre wurde er am 8. Thermidor (28. Juli 1794) inhaftiert, unter Verweigerung des rechtlichen Gehörs zum Tod verurteilt und tags darauf guillotiniert. Werke: «Esprit de la Révolution et de la Constitution de France» 1791, «Fragments sur les institutions républicaines» posthum.

[25] OSWALD JOHN, 1760–1793. Geboren in Edinburgh als Sohn eines Kaffeehausbesitzers. Goldschmiedlehre. 1776/1777 bis 1783/1784 Dienst als Offizier in der britischen Kolonialarmee in Indien. Darauf Rückkehr nach London und journalistische Tätigkeit als Berichterstatter der Parlamentsdebatten. Bekanntheit durch satirische Gedichte. Als begeisterter Anhänger der Französischen Revolution begann Oswald ab 1790 zwischen London und Paris hin- und herzupendeln. Im selben Jahr schon Mitglied des Jakobinerklubs. Bald Anführer der englischsprachigen Revolutionäre in Paris, die dort 1792 den britischen Klub gründeten, um die Ideen der Französischen Revolution in den englischsprachigen Ländern zu verbreiten. Gefallen als Kommandant eines Freiwilligenkorps zur Niederschlagung des Aufstands in der Vendée.

Der Konvent setzte für die Vorbereitung der neuen Verfassung eine Kommission ein, die mehrheitlich aus Girondisten bestand – die Girondisten erhielten diesen Namen, weil die wichtigsten ihrer Führer aus der Gegend von Bordeaux kamen. Neben Condorcet, der «Seele» dieser Kommission, gehörte ihr aber auch der vom Nationalkonvent als Franzose naturalisierte Engländer-Amerikaner Thomas Paine[26] an. Dies ist deshalb von Bedeutung, weil Paine eine direkte Verbindung zur nordamerikanischen Verfassungsentwicklung herstellte, indem er selber Hauptredaktor der sehr demokratischen Verfassung von Pennsylvania vom 15. Juli 1776 gewesen war. Diese sah insbesondere die Volkswahl der nach dem Kopfzahlprinzip gebildeten, aus nur einer Kammer bestehenden Legislative für eine Amtsdauer von bloss einem Jahr vor[27]; sie enthielt ferner eine zwölfköpfige kollegial ausgestaltete, ebenfalls vom Volk, aber auf drei Jahre gewählte Exekutive. Die Mitglieder von Legislative und Exekutive unterlagen einer Amtszeitbeschränkung von vier beziehungsweise drei Jahren, damit, wie die Verfassung sagt, der Gefahr der Bildung einer Aristokratie vorgebeugt werden könne[28]. Die Verfassung von Pennsylvania sah ferner einen vom Volk alle sieben Jahre zu wählenden «Zensorrat» vor, der die Aufgabe hatte, die Amtsführung der Behörden zu überwachen und allenfalls der Legislative die Aufhebung verfassungswidriger Gesetze zu empfehlen; ferner hatte der Zensorrat die Notwendigkeit einer Verfassungsänderung abzuklären und war bejahendenfalls

---

[26] PAINE THOMAS, 1737–1809. Geboren in Thetford, Norfolk, Grossbritannien. Stammte aus armer Quäkerfamilie, erlernte den Beruf eines Korsettmachers, wurde dann Beamter. Vermutlich Freimaurer. In London machte er die Bekanntschaft von Benjamin Franklin, der sich 1775 wegen der Unabhängigkeitsverhandlungen der Vereinigten Staaten von Amerika mit Grossbritannien in London aufhielt. Paine wurde von Franklin zu journalistischer Tätigkeit angespornt und nach Amerika mitgenommen. Zur Rechtfertigung der Unabhängigkeitskämpfe verfasste Paine 1776–1783 verschiedene Kampfschriften mit ungeheurer Breitenwirkung: «Common Sense» 1776, «Public Good» 1780. Nach Abschluss des Unabhängigkeitskrieges trotz Popularität in den USA Rückkehr nach Grossbritannien. Weiterhin publizistische Tätigkeit, 1791 Kampfschrift «Rights of man» als Antwort auf die «Reflections on the revolution in France» 1790 von Edmund Burke. Flucht vor Verfolgung durch die britischen Behörden nach Frankreich. Mitarbeit an der Zeitung «Républicain» von Condorcet. Paine erhielt die französische Staatsbürgerschaft und wurde Abgeordneter des Departements Pas-de-Calais in der Convention. Von Robespierre wegen seiner girondistischen «Parteizugehörigkeit» verhaftet. 1794 auf Betreiben des amerikanischen Botschafters in Paris freigelassen. Weiterhin publizistische Tätigkeit: «The age of reason» 1794–1796. 1802 aus Verärgerung über Napoléons Diktatur in die Vereinigten Staaten zurückgekehrt. Dort jedoch ohne politischen Erfolg. Paine starb verarmt und vereinsamt in New York.
[27] Section 9.
[28] Section 19.

berechtigt, die Einsetzung eines Verfassungsrates zu beschliessen[29].
Das Wahlrecht der Verfassung von Pennsylvania war so ausgestaltet,
dass auch Kleinbürger und Arbeiter wahlberechtigt waren.

Thomas Paine hat nun in die genannte girondistische Verfassungskommission einen eigenen Entwurf für eine französische Verfassung eingebracht, der aber verlorengegangen ist, ohne dass dessen
Inhalt überliefert werden konnte[30]. Es ist anzunehmen, dass die Verfassungskommission dann von Paine beziehungsweise von der Verfassung Pennsylvanias die direkte Volkswahl der Exekutive und deren
streng kollegiale Ausgestaltung übernommen hat, denn das gab es auf
der Welt sonst nirgends. Thomas Paine hat gewiss in der Kommission
das rousseauistische Demokratieverständnis der neuen nordamerikanischen Staaten vertreten, wie es etwa darin zum Ausdruck kommt,
dass die gewählten Repräsentanten als reine Beauftragte des Volkes
verstanden wurden[31].

Condorcet seinerseits arbeitete in der Folge seinen Entwurf
aus, der von der Kommission mit wenigen Änderungen gebilligt wurde. Er hat dann als Vorsitzender dieser Kommission die Grundgedanken des Verfassungsentwurfes in seinem vor dem Nationalkonvent
mündlich vorgetragenen, dann gedruckten «Plan de Constitution,
présenté à la Convention Nationale, les 15 et 16 Février 1793, l'an II
de la République»[32], entwickelt. Dieser «Plan de Constitution» ist das
einzige Originaldokument zur Entstehung des girondistischen Entwurfes; die Materialien der Kommission sind verlorengegangen.

Condorcet trachtete danach, getreu den Grundsätzen Rousseaus, das Repräsentativprinzip zu durchbrechen und fordert das
Recht des Volkes, bei der Gesetzgebung unmittelbar mitwirken zu
können. Anderseits verwirft er die Auffassung Rousseaus, wonach die
Mitwirkung des Volkes an der Gesetzgebung nur in kleinen Staaten
möglich sei, und versucht, die unmittelbare Volksgesetzgebung in
einem grossen, bevölkerungsreichen Flächenstaat anzuwenden.
Condorcet geht dabei von der Unterscheidung zwischen Befugnissen
aus, welche das Volk definitiv an die Behörden delegiert, den «pouvoirs délégués» und den zurückbehaltenen Befugnissen, den «pouvoirs retenus», also solchen, bei welchen sich das Volk die Entscheidung vorbehält. Zu den «pouvoirs délégués» gehören die Exekutiv

---

[29] Section 47.

[30] ALENGRY FRANK, Condorcet, guide de la Révolution française (1904), S. 203.

[31] Art. IV Rechteerklärung der Verfassung von Maryland vom 14. August 1776;
Art. V Rechteerklärung der Verfassung von Massachusetts vom 2. März 1780.

[32] *Quellenbuch* S. 33 ff.

und die Justizfunktion. Zu den «pouvoirs retenus» gehören die Verfassungsgebung und die Gesetzgebung, weshalb dem Volk Referendum und Initiative zustehen soll. Zu den zurückbehaltenen Befugnissen gehört schliesslich auch das Recht des Volkes, Behörden bei einem Strafgericht wegen Überschreitung ihrer Befugnisse anklagen zu können. Das Volk habe, so begründet Condorcet in seinem «Plan de Constitution» dessen Mitwirkungsrechte, in Wirklichkeit nur die Funktion der *Redaktion* der Texte an die Repräsentanten delegiert – eine Funktion, die es selber nicht wahrnehmen könne. Die *Entscheidung* über den Text müsse dann aber das Volk selber wahrnehmen. Von diesem Grundgedanken ist der Verfassungsentwurf geprägt. Nach dem am 15./16. Februar 1793 im Konvent von Condorcet vorgetragenen Bericht haben die Verfassung und die Gesetze im wesentlichen drei Aufgaben zu erfüllen, nämlich die Souveränität des Volkes zu verwirklichen, die Gleichheit der Bürger zu wahren und diesen den Gebrauch ihrer natürlichen Freiheit zu garantieren. Mit der Zuerkennung von direkten Mitwirkungsrechten der Bürger bei der Verfassungsgebung und der Gesetzgebung wollte Condorcet diesen also in erster Linie ein Mittel in die Hand geben, um Verletzungen ihrer natürlichen individuellen Rechte zu verhindern. Initiative und Referendum sollten also zur *Rechtswahrung* und nicht zur Wahrung von materiellen Interessen dienen.

Mit dem Recht der Bürger, jederzeit die Durchführung einer Verfassungsrevision zu verlangen, wollte Condorcet, getreu seinem Fortschrittsdenken, die Anpassung der Verfassung an den jeweiligen Stand der gesellschaftlichen Entwicklung gewährleisten. Sein allgemeines Motiv für die Schaffung unmittelbarer Mitwirkungsrechte der Bürger hatte er bereits in seinem «Seconde Lettre à M. le comte Mathieu de Montmorency» vom 6. September 1789 wie folgt formuliert: «Le grand art, dans une constitution libre, est d'offrir au peuple un moyen légal et régulier de faire tout ce dont on prévoit que la volonté de conserver ses droits pourra lui inspirer le désir, afin que la violation évidente d'une loi constitutionnelle soit le seul cas où il puisse obligé ou tenté de recourir à la force.» Es ging Condorcet also darum, dem Volk im Interesse der Vermeidung von Revolution und Gewaltanwendung ein legales Mittel für die Bewahrung seiner natürlichen Rechte zu geben – eine Überlegung, die später in schweizerischen Verfassungsräten zugunsten der Einführung unmittelbarer Mitwirkungsrechte des Volkes immer wieder vorgebracht werden sollte.

Der Verfassungsentwurf der Kommission – im folgenden Gironde-Entwurf genannt – konnte indessen im Nationalkonvent nicht fertig beraten werden. Die Montagnards – diese erhielten diesen Namen, weil ihre Mitglieder im Konventssaal zuoberst, «auf dem Berg», sassen – opponierten und erreichten mittels Terrormassnahmen die systematische Entfernung der Girondisten aus dem Konvent, womit sich die Mehrheitsverhältnisse zu ihren Gunsten änderten. Die Montagnards setzten nun ihrerseits eine Kommission ein, welche innert kürzester Zeit den wohldurchdachten Gironde-Entwurf nach ihren Vorstellungen umgestaltete und zugleich textlich massiv verkürzte, ja teilweise bis zur Unverständlichkeit «amputierte». Dieser zweite Entwurf war gegenüber dem Gironde-Entwurf wesentlich zentralistischer und etwas weniger demokratisch, obwohl dessen Hauptredaktor, Hérault de Séchelles[33], im Nationalkonvent erklärt hatte: «Un sentiment secret nous dit que notre ouvrage est peut-être un des plus populaires qui aient encore existé»[34]. Die Montagnard-Verfassung wurde vom Nationalkonvent am 24. Juni 1793 angenommen und dann dem französischen Volk zur Abstimmung vorgelegt, welches ihn bei Stimmenthaltung von zwei Dritteln mit überwältigender Mehrheit – unter Teilnahme auch von einigen Frauen – annahm[35]. Diese Abstimmung über die erste republikanische Verfassung Frankreichs war die erste individualistisch ausgestaltete Volksabstimmung in Europa.

Es sollen nun im folgenden die Grundzüge des Gironde-Entwurfes vom 15./16. Februar 1793 und der Montagnard-Verfassung vom 24. Juni 1793 kurz dargelegt werden. Beide Verfassungstexte haben nämlich für das schweizerische Verfassungsrecht erhebliche Bedeutung, weil Teile von ihnen in den Kantonen und dann mittelbar im Bund rezipiert worden sind. Diese Rezeption, das sei vorausgeschickt, erfolgte unter dem Einfluss der schweizerischen Radikalen erst vom Jahre 1830 an, während der Einfluss der beiden Texte auf die

---

[33] HERAULT DE SECHELLES MARIE-JEAN, 1759–1794. Geboren in Paris als Sohn eines Obersten. Angehöriger der Noblesse de robe. 1779 Zulassung zur Tätigkeit als Rechtsanwalt, daneben dichterische Tätigkeit. Trotz Zugang zum Hof und der Gunst Marie-Antoinettes 1789 Befürworter der Französischen Revolution. Weder in die Generalstände noch in die Assemblée constituante gewählt. Dafür Mitglied der Assemblée législative und des Nationalkonvents. Redaktor der Montagnard-Verfassung vom 24. Juni 1793. Als Mitglied des Comité du salut public organisierte er massgeblich das «Terreur»-Regime. Als «Bel Esprit» und Freund Dantons war er jedoch Robespierre verhasst und wurde 1794 unter der Anklage des Verrats von Amtsgeheimnissen des Comité du salut public und der Begünstigung adliger Flüchtlinge festgenommen. Zusammen mit Danton wurde er vom Revolutionstribunal zum Tode verurteilt und guillotiniert.

[34] Verhandlungen vom 10. Juni 1793.

[35] *Quellenbuch* S. 68 ff.

Helvetische Verfassung ein nur mittelbarer war. Dies deshalb, weil unmittelbares Vorbild für die Helvetische Verfassung die französische Direktorialverfassung vom 22. August 1795 war, die sich, wie noch zu zeigen sein wird, in Geist und Konzeption wesentlich von den beiden Verfassungstexten des Jahres 1793 unterschied.

Sowohl dem Gironde-Entwurf als auch der von der Montagnard-Gruppierung ausgearbeiteten Verfassung vom 24. Juni 1793 wurde eine Neufassung der Erklärung der Menschen- und Bürgerrechte vorangestellt. Diese zeichneten sich durch starken egalitären Gehalt sowie durch sozialpolitische Postulate aus. Dies entsprach der Entwicklung der Französischen Revolution vom Sommer 1792 an, indem einerseits der Dritte bürgerliche Stand auf dem Boden politischer und wirtschaftlicher Vorgänge zunehmend in einen liberalen und einen demokratischen Flügel gespalten wurde und sich anderseits eine Bevölkerungsschicht manifestierte, deren Interessen von den Grundsätzen «Freiheit und Eigentum» nicht gewahrt wurden – eigentlich eine Frühform eines «Vierten Standes». Virulente Bewegungen und Eruptionen hungernder, arbeits- und besitzloser Volksmassen beeinflussten daher zunehmend die öffentliche Meinung in Richtung direktdemokratischer und sozialpolitischer Reformen. «Das Ziel der Gesellschaft ist das gemeinsame Glück» und die «Regierung ist eingesetzt, um dem Menschen den Genuss seiner natürlichen und unverjährbaren Rechte zu garantieren», heisst es in Artikel 1 der Erklärung der Montagnard-Verfassung. Ein Vorschlag, auch noch die individuelle Entwicklungsfreiheit des Menschen als Ziel der Gesellschaft, «le développement de toutes ses facultés», zu erklären[36], fand allerdings trotz des idealistischen Schwunges des Nationalkonventes keine Mehrheit.

Dieser veränderten öffentlichen Meinung entsprechend, der auch die Gironde-Gruppierung ausgesetzt war, sahen beide Verfassungen die direkte und geheime Wahl des Parlamentes durch das Volk in den Primär- oder Urversammlungen für eine Amtsdauer von einem Jahr vor. Beide Verfassungen enthielten eine kollegial ausgestaltete Exekutive. Der Gironde-Entwurf sah zusätzlich – im Gegensatz zur Montagnard-Verfassung, die für die Exekutivmitglieder nur ein Vorschlagsrecht der Wahlversammlungen kannte – die direkte Volkswahl der Exekutive vor, und zwar auf zwei Jahre. Auch alle Richter, einschliesslich der «Nationaljury», die Departements- und die Munizipalräte sollten nach dem Gironde-Entwurf in direkter Volkswahl be-

---

[36] Art. 1 des Entwurfes einer Déclaration des Droits de l'homme et du citoyen vom 24. April 1794 von ROBESPIERRE.

stimmt werden; die Gerichte sollten öffentlich tagen. Bei beiden Verfassungen war die Stellung der Judikative schwach ausgebildet, bei jener der Montagnards noch schwächer als bei der Gironde. Dies entsprach der streng demokratischen Tendenz jener Zeit. Beide Verfassungen kannten keine Zensusbestimmungen, gaben also auch den besitzlosen Bevölkerungsteilen, der Gironde-Entwurf auch den Ausländern, das Wahlrecht. Aus realpolitischen Gründen wurde allerdings darauf verzichtet, auch den Frauen die politischen Rechte zuzuerkennen, obwohl Condorcet ein Verfechter dieser Forderung war und bereits in einem Artikel vom 3. Juli 1790 «Sur l'admission des femmes au droit de cité» gefragt hatte, ob die Philosophen und Gesetzgeber nicht das Gleichheitsprinzip verletzt hätten, indem sie auf stille Weise die Hälfte des menschlichen Geschlechtes des Rechtes beraubt hätten, an der Bildung der Gesetze mitzuwirken: «... n'ont-ils pas violé le principe de l'égalité des droits, en privant tranquillement la moitié du genre humain du droit de concourir à la formation des lois, en excluant les femmes du droit de cité?» Das Gleichheitsdenken schlug sich auch im Gesetz vom 4. Februar 1794 nieder, mit welchem die Sklaverei (in den überseeischen Gebieten) abgeschafft wurde, sowie in jenem vom 2. November 1793, wodurch die unehelichen Kinder erbrechtlich den ehelichen gleichgestellt wurden.

Für die Wahl des Büros der Primärversammlungen sah das Projekt der Gironde als einer Art Vorläufer des proportionalen Wahlrechts zum Schutz der Minderheiten eine limitierte Stimmgebung vor, indem jeder Wähler nur höchstens zwei Personen seine Stimme hätte geben dürfen – unabhängig von der Zahl der zu wählenden Amtsträger. Beide Verfassungen sahen erstmals die Möglichkeit der geheimen Stimmabgabe mittels Stimmzetteln in den Urversammlungen vor. Der Gironde-Entwurf suchte auch bei der Wahl der Abgeordneten mittels eines komplizierten Verfahrens die Minderheit zu schützen, und damit beim Bestehen zweier fast gleich grosser Parteien ernste Konflikte zu verhindern, wie Condorcet ausdrücklich sagte. Begründet wurde die geheime Stimmabgabe im Nationalkonvent ausdrücklich damit, es müsse die wirkliche Freiheit der Stimmabgabe auch für abhängige Personen gesichert werden. Der Gironde-Entwurf mass überhaupt den Urversammlungen eine zentrale Rolle zu: Diese wären infolge ihrer zahlreichen Befugnisse[37] zu praktisch permanenten politischen «Basisorganisationen» mit einer ständigen Wächterfunktion, zu einer Art real verkörperten Volkssouveränität geworden.

---

[37] Art. 29/30; *Quellenbuch* S. 38.

Beide Verfassungen sahen erstmals für die Verteilung der Parlamentssitze auf die Departemente das der Rechtsgleichheit entsprechende reine Kopfzahlprinzip vor, während die erste französische Verfassung vom 3. September 1791 neben dem direkten noch einen indirekten Zensus, nämlich einen dreifachen Verteilungsschlüssel nach Departementen, nach Kopfzahl und nach dem Steueraufkommen der einzelnen Departemente vorgesehen hatte. Beide Verfassungen sahen im Bestreben nach Abstrahierung und Demokratisierung, aber auch im Sinne der Entpersonalisierung der Exekutive deren kollegiale Ausgestaltung vor.

Beide Verfassungen enthielten den im Dekret vom 21. September 1792 verankerten Grundsatz, dass die Verfassung vom Volk gebilligt werden muss (obligatorisches Verfassungsreferendum). Die Montagnard-Verfassung führte neu das Gesetzesreferendum ein; als Gesetze galten unter anderem auch Beschlüsse über das Budget, über Art und Höhe neuer Steuern, Beschlüsse über Krieg und Frieden sowie über eine neue Gebietseinteilung des Landes [38]. Der Gironde-Entwurf sah nur eine Gesetzesinitiative («droit de censure») und kein Gesetzesreferendum vor. Condorcet hat gewiss wegen seines dem Fortschritt («progrès continu») verpflichteten Denkens auf letzteres verzichtet. Die Montagnard-Verfassung hingegen sah, wohl infolge der dirigistischen Haltung der Jakobiner, keine Gesetzesinitiative vor. Hingegen enthielt diese Verfassung ein echtes «zweiphasiges» Referendum mit Auslösungs- und Entscheidungsphase («droit de réclamation»). Die Auslösung der Referendumsabstimmung wäre allerdings sehr schwierig gewesen, vor allem wegen der nur vierzigtägigen Frist [39]. Die Parlamentsbeschlüsse, gegen die das Volk «réclamation» erheben kann, heissen «lois proposées» und werden zu «lois», wenn innert Frist keine «réclamation» erhoben wurde, oder wenn das Volk in den Primärversammlungen zugestimmt hat, wobei – wie im Nationalkonvent ausdrücklich festgehalten wurde – nicht die Mehrheit der letzteren, sondern diejenige der Einzelstimmen massgebend sein solle. Denn es würde sonst die Nation in «beratschlagende Korporationen» aufgespalten, es würde dies zum Föderalismus und zum Aufbrechen eines Risses zwischen intrigierenden Parteien und der Republik führen, und es könnte ferner dazu kommen, dass eine Minderheit der Mehrheit das Gesetz mache. In derselben Sitzung wurde der Antrag gestellt, die nicht an der Primärversammlung teilnehmenden Bürger sollten als das Gesetz annehmend gezählt werden. Dies wurde mit der

[38] Art. 54; *Quellenbuch* S. 74.
[39] Art. 59; *Quellenbuch* S. 74.

Begründung abgelehnt, es könnten in einem aus sechshundert Bürgern bestehenden Kreis im Fall, da nur zweihundert an der Versammlung teilnehmen, diese letzteren die vierhundert Abwesenden nicht aufwiegen, selbst wenn sie einstimmig gegen ein ungerechtes Gesetz votieren würden. Ihre Stimmabgabe würde so illusorisch; als Dank für ihren Eifer würde den Zweihundert das Stimmrecht weggenommen. Die Annahme aller Gesetze, «l'acceptation de toutes les lois serait le résultat de la négligence des citoyens». Man solle die Abwesenden nicht zählen, ihnen aber bei fehlender Entschuldigung eine Strafe erteilen, wurde beschlossen[40]. Das System der «réclamation» wurde in der Folge im Nationalkonvent wie folgt näher erläutert: «Das Verfassungskomitee hat zwischen der stillschweigenden Sanktion und der ausdrücklichen Sanktion unterschieden und hat die eine wie die andere zulassen wollen. Die erste wird den Gesetzen aufgrund der öffentlichen Meinung und dem Schweigen der Primärversammlungen zuerkannt; die zweite folgt aus der spontanen Vereinigung von zehn Primärversammlungen in zehn verschiedenen Departementen, welche durch ihre Reklamation die Vereinigung aller Primärversammlungen der Republik bewirken, um über das Gesetz zu entscheiden. Jene Art der stillschweigenden Sanktion ist geschaffen worden, um das Volk nicht durch allzu häufige Versammlungen zu «ermüden.»[41] Die Montagnard-Verfassung nennt Parlamentsbeschlüsse, gegen die keine «réclamation» möglich ist – es sind solche mehr administrativer Art –, «décrets». Diese Unterscheidung geht auf die von Condorcet entwickelte Zweiteilung in «pouvoirs retenus» und «pouvoirs délégués» zurück. Der Gironde-Entwurf enthielt ferner ein «Referendum» über weitere wichtige Fragen, welche die ganze Republik betreffen, allerdings nur dann, wenn dies vom Parlament beschlossen worden wäre[42]; es war also ein «plebiszitäres» Referendum.

Beide Verfassungen enthielten die Volksinitiative auf Verfassungsänderung, verbunden mit der obligatorischen Einsetzung eines Verfassungsrates («Convention nationale»); dabei wurde verfahrensmässig nicht zwischen der Teil- und Gesamtänderung unterschieden. Die Montagnard-Verfassung allerdings setzte die Hürde für das Zustandekommen der Initiative sehr hoch an[43], was Condorcet, der den Gedanken der Verfassungsinitiative schon seit Jahren vertreten hatte, zu heftigem Protest veranlasste.

[40] Verhandlungen vom 13. Juni 1793.
[41] Verhandlungen vom 15. Juni 1793.
[42] Art. 246; *Quellenbuch* S. 57.
[43] Art. 115; *Quellenbuch* S. 78.

Beide Verfassungen sahen, wie es Rousseau postuliert hatte, ein Widerstandsrecht sowie extrem kurze Amtsdauern der Mitglieder des Parlamentes von nur einem Jahr vor. Ebenfalls die Handschrift Rousseaus trägt Artikel 28 der Déclaration des Gironde-Entwurfes, wonach keine intermediäre Gewalt – «réunion partielle» – öffentliche Gewalt ausüben darf. Zwecks Vermeidung zu grosser Machtfülle einzelner Personen sah der Gironde-Entwurf vor, dass niemand mehr als eine öffentliche Funktion gleichzeitig ausüben dürfe; sobald jemand eine neue Funktion annehme, falle die bisherige von selbst dahin[44]. Aus dem gleichen Grund verbot die Montagnard-Verfassung die Einsetzung eines obersten Generals der Streitkräfte. Die Streitkräfte sind ausserdem den zivilen verfassungsmässigen Behörden streng untergeordnet[45].

Der Gironde-Entwurf sah eine ausserordentliche Neuwahl des Parlamentes für den Fall vor, dass das Volk in den Urversammlungen im Gegensatz zu jenem in der Abstimmung die Anhandnahme einer Gesetzes- oder Verfassungsänderung wünschte. In diesem Fall wären diejenigen Parlamentarier, die vorher gegen eine Änderung gestimmt hatten, nicht mehr wählbar gewesen, denn sie hätten, so Condorcet in seinem «Plan de constitution», gegen die «volonté générale» gehandelt und daher «das nationale Vertrauen verloren». Um die Anpassung der Verfassung an geänderte Verhältnisse zu gewährleisten, sagte Artikel 33 der Menschenrechtserklärung des Gironde-Entwurfes zunächst, das Volk habe immer das Recht, seine Verfassung zu ändern, denn «eine Generation hat nicht das Recht, die kommenden Generationen ihren Gesetzen zu unterwerfen». Als Folge dieser Überlegung sah Condorcet in Artikel 253 eine alle zwanzig Jahre stattzufindende obligatorische Überprüfung der gesamten Verfassung durch einen Verfassungsrat vor. Diese Bestimmung, welche jeder Generation die Schaffung einer neuen Verfassung ermöglichen sollte, dürfte Condorcet entweder direkt von Rousseau[46], von Thomas Jefferson[47] oder vom Konventsreferendum nordamerikanischer Verfassungen übernommen haben; sie findet sich in etwas abgewandelter Form in der heutigen Verfassung des Kantons Genf[48]. Schliesslich sah der Gironde-Entwurf das Recht des Parlamentes vor, die Minister im Falle der

---

[44] Art. 56; *Quellenbuch* S. 41.

[45] Art. 112; *Quellenbuch* S. 78.

[46] ROUSSEAU, Contrat social III/18.

[47] AUER ANDREAS, Le référendum et l'initiative populaires aux Etats-Unis (1989), S. 33.

[48] Art. 180.

behaupteten Verletzung von Verfassung oder Gesetz bei der vom Volk gewählten «Nationaljury» anzuklagen – also eine Frühform der Ministeranklage beziehungsweise Verfassungsgerichtsbarkeit –, möglicherweise aus einer modifizierten Anlehnung an das Impeachment-Verfahren der amerikanischen Unionsverfassung von 1787 entstanden.

Hatte die Verfassung von 1791 ausdrücklich bestimmt, dass die Mitglieder der Nationalversammlung Repräsentanten der ganzen Nation seien und ihnen kein Mandat erteilt werden dürfe, so gingen unter dem Einfluss von Rousseau sowohl die Verfassung der Montagnard-Fraktion als auch der Entwurf der Girondisten vom imperativen, vom Volk jederzeit widerrufbaren Auftrag, von einem Mandat der Parlamentarier aus: Beide verwarfen nun die Stellvertretungs- oder Repräsentativfunktion des Parlamentes, indem diese Bestimmung der Verfassung von 1791 gestrichen wurde. Ein girondistischer Konventsabgeordneter hatte am 9. Dezember 1792 ein Dekret durchgebracht, wonach die Wähler ihre Abgeordneten abberufen können sollten. Infolge der Wirren im Nationalkonvent blieb es allerdings ohne Folgen. Und Robespierre hatte in seinem dem Nationalkonvent am 24. April 1793 unterbreiteten Entwurf einer «Déclaration des Droits de l'homme et du citoyen» die Volkssouveränität und die Bindung der Parlamentarier an den Volkswillen noch stärker betont. Er schrieb daher, das Volk sei der Souverän; die Regierung sei dessen Werk und dessen Eigentum; die öffentlichen Funktionäre seien seine Schreiber. Das Volk könne, so Robespierre in Anlehnung an Rousseau[49] weiter, «wann es ihm gefällt, seine Regierung wechseln und seine Beauftragten abberufen»[50]. Das so vorgeschlagene Abberufungsrecht wurde in der Folge vom Nationalkonvent abgelehnt; es sollte später von den schweizerischen Radikalen übernommen werden, zuerst in Bern[51].

Nach dem Gironde-Entwurf hätten die Urversammlungen («assemblées primaires») der entscheidende politische Faktor in Frankreich werden sollen; diese Versammlungen der Bürger hätten durch das ganze Jahr hindurch stattfinden und das politische Leben ständig beleben und befruchten sollen. Der dezentralistischen Haltung der Girondisten entsprechend sah deren Verfassungsentwurf

---

[49] ROUSSEAU, Contrat social III/18.

[50] Art. 14 Entwurf Déclaration: «Le peuple est le souverain; le gouvernement est son ouvrage et sa propriété; les fonctionnaires publics sont ses commis. Le peuple peut, quand il lui plaît, changer son gouvernement et révoquer ses mandataires.»

[51] § 22 Berner Verfassung von 1846; *Quellenbuch* S. 417.

ein «föderalistisches» Element vor: Jedes Departement sollte einen vom Volk gewählten Administrativrat und ein ebenfalls vom Volk gewähltes Direktorium erhalten; diese Departementsbehörden hätten – anders als beim Präfektursystem – recht umfangreiche eigene Kompetenzen erhalten. Eine ähnliche autonome Ordnung sah der Gironde-Entwurf auch für die Gemeinden vor; für diese war neu ein von den Gemeindebürgern zu wählender Friedensrichter vorgesehen. Insgesamt skizzierte der Gironde-Entwurf in gewissem Ausmass einen von «unten» aufgebauten dezentralen und direktdemokratischen Staat.

Der Verfassung der zentralistisch eingestellten Montagnard-«Partei» fehlten natürlich föderalistische Elemente; die Urversammlungen waren nur technische Mittel zur Erfassung des individuellen Wählerwillens. Der Montagnard-Nationalkonvent verstärkte den Zentralismus mittels Einsetzung spezieller Funktionäre («agents nationaux») und der Schaffung eines amtlichen Gesetzesbulletins («Bulletin des lois»), damit die Gesetze im ganzen Land gleichmässig vollzogen würden[52]. Dafür erhielt diese noch weitergehende sozial-politische Bestimmungen als der Gironde-Entwurf. Dies hängt mit der Tatsache zusammen, dass in der modifizierten «Déclaration» in Artikel 1 steht, das Ziel der Gesellschaft sei das «gemeinsame Glück». Das von Rousseau aus dem Gleichheitsgedanken abgeleitete «reale» Gleichheitsverständnis («égalité en jouissance») wird hier aufgenommen[53]. Ferner wird, ebenfalls im Gegensatz zur Déclaration von 1789 und zu jener des Gironde-Entwurfes, die «égalité» der «liberté» vorangestellt. Die in Frankreich lebenden Ausländer werden unter geringen Voraussetzungen rechtlich den französischen Bürgern gleichgestellt[54]. Die Déclaration der Montagnard-Verfassung enthielt ferner eine Art Recht auf Arbeit[55], dies die abgeschwächte Form eines Antrages von Robespierre, welcher noch weitergehenden sozialen Ausgleich insbesondere der direkten Progressivsteuer und der Befreiung der Armen von jeder Steuer hatte festschreiben wollen[56]. Am 18. März

---

[52] Beschluss vom 10. Juni 1794.
[53] Art. 23.
[54] Art. 4.
[55] Art. 21.
[56] Vergleiche Déclaration des Droits de l'homme et du citoyen, proposé par MAXIMILIEN ROBESPIERRE, présentée à la Convention nationale le 24 avril 1794 Art. 12: «Les citoyens dont les revenues n'excèdent point ce qui est nécessaire à leur subsistance, sont dispensés de contribuer aux dépenses publiques; les autres doivent les supporter progressivement selon l'étendue de leur fortune.»

1793 ist sogar ein Gesetz zustande gekommen, das folgendes bestimmte: «La Convention nationale décrete comme principe que, pour atteindre à une proportion plus exacte dans la repartition des charges que chaque citoyen doit supporter en raison de ses facultés, il sera établi un impôt gradué et progressif sur le luxe et les richesses, tant foncières que mobilières.»

Beide Verfassungen gaben Anspruch auf soziale Hilfe, jene der Gironde zusätzlich auf öffentlichen Unterricht, nachdem bereits ein vom Nationalkonvent am 19. Dezember 1793 erlassenes Dekret festgelegt hatte, der Primarschulunterricht müsse «unentgeltlich und obligatorisch» sein.

Der Gironde-Entwurf erhielt nie Rechtskraft, im Gegensatz zur Montagnard-Verfassung, die wenigstens formell in Kraft gesetzt wurde. Tatsächlich erhielt aber auch diese letztere Verfassung infolge der revolutionären politischen Ereignisse und des Krieges keine faktische Geltung.

Insgesamt hätte der Gironde-Entwurf zu einer mit dezentralen Elementen versehenen extremen Volksherrschaft bei schwachem Parlament, aber verhältnismässig starker Exekutive geführt. Die Exekutive hätte nach dem Gironde-Entwurf vor allem deshalb erheblichen Einfluss gewonnen, weil sie direkt vom Volk auf zwei Jahre gewählt worden wäre und aus diesem Grunde vom nur auf ein Jahr gewählten Parlament recht unabhängig gewesen wäre.

Die Montagnard-Verfassung hingegen hätte zu einer zentralistischen Parlamentsherrschaft, gemildert durch Kontrollrechte des Volkes, bei schwacher Exekutive, geführt. Sie wäre sozialpolitisch ausserordentlich weit gegangen, hätte eine gewisse Vermögensumverteilung zugunsten der Besitzlosen eingeleitet und vielleicht die Stellung des im Dritten Stand repräsentierten Besitzbürgertums von 1789 erschüttert. Beide Verfassungen haben mit guten Gründen den Gewaltenteilungsgrundsatz nicht ausdrücklich aufgenommen, gingen doch beide – anders als die amerikanische Unionsverfassung – nicht von einem Gleichgewicht der Gewalten, sondern von einer Überordnung einer Gewalt, nämlich des Volkes beziehungsweise der Volksvertretung, über alle andern aus. Der starke Einfluss der Lehren Rousseaus und die Zurückdrängung jener von Montesquieu ist bei beiden Verfassungen unverkennbar. Ebenfalls unverkennbar ist bei beiden Verfassungen trotz ihres starken demokratischen Gehaltes ein gewisser Dirigismus – bei Condorcet durch seinen intellektuellen Vorsprung und sein Fortschrittsdenken, bei den Montagnards mehr durch den Willen zur Machterhaltung hervorgerufen. Dieser Dirigismus sollte dann später bei den schweizerischen Radikalen wieder auftreten.

Weshalb sind die beiden französischen Verfassungen, obwohl nie zu praktischer Wirksamkeit gelangt und für das damalige Frankreich wohl noch unrealistisch demokratisch, hier näher vorgestellt worden? Beide Verfassungskonzepte sind für die spätere schweizerische Verfassungsentwicklung wegweisend: Sie gehen beide von der weitgehenden Volksherrschaft aus. Beide enthalten das Konzept einer individualistisch aufgebauten Referendumsdemokratie für einen grösseren Staat; damit gehen sie sogar über die Vorstellungen Rousseaus hinaus, der ja die direkte Volksherrschaft nur für kleine Gemeinschaften, die sich in Volksversammlungen zusammenführen lassen, für realisierbar hielt. Der Gironde-Entwurf ist darüber hinaus das geschichtlich erste Verfassungskonzept, welches systematisch die vollständigen Volksrechte, Initiative, Referendum, die Wahl von Parlament, Exekutive und Gerichten durch das Volk und eine Art «automatische» Abberufung der Parlamentarier bei deren Desavouierung in einer Sachabstimmung durch das Volk vorsieht. Darüber hinaus sind im girondistischen Verfassungsprojekt Lösungen oder Lösungsversuche für beinahe alle Probleme der demokratischen Machtausübung und Machtkontrolle enthalten. Die beiden Verfassungen skizieren ferner den künftigen modernen demokratischen Wohlfahrtsstaat mit Sozial- und Erziehungszielen.

Das in der Montagnard-Verfassung enthaltene Referendum («droit de réclamation») findet man später in einigen Regenerationskantonen – vorab in St. Gallen und Baselland – unter dem Namen «Veto» in frappant ähnlicher Ausgestaltung wieder, während das Konzept der Demokratie des Gironde-Entwurfes zunächst in der radikalen Verfassung der Waadt von 1845 in Ansätzen verwirklicht wurde, bis es dann schliesslich im Laufe der demokratischen Bewegung in den meisten anderen schweizerischen Kantonen und im Bund in allerdings sehr modifizierter Weise verwirklicht wurde.

Die Mehrheit der französischen Historiker steht auf dem Standpunkt, der Gironde-Verfassungsentwurf und auch die Montagnard-Verfassung wären in der damaligen Zeit in Frankreich praktisch nicht durchführbar gewesen. Gleichzeitig muss festgehalten werden, dass die beiden Verfassungen nie praktisch erprobt wurden und sich der Terror in Frankreich unter einer Parlamentsherrschaft – jener des Nationalkonvents – entwickelt und ausgebreitet hatte. Wären damals tatsächlich Volksabstimmungen über Gesetze und wichtige Beschlüsse des Konvents durchgeführt worden, so hätte sich vielleicht gezeigt, dass das französische Volk sich weit konservativer als die intellektuellen Pariser Aktivisten im Jakobinerklub und im Nationalkonvent verhalten hätte! Auf jeden Fall darf der Terror nicht den demokratisch-sozialpolitischen Verfassungsprojekten als solchen angelastet werden.

Die beiden Verfassungen sind also später, wie noch zu zeigen sein wird, in der Schweiz in Teilen rezipiert worden. Die schweizerische Verfassungspraxis hat gezeigt, dass sich die darin enthaltenen demokratischen Institutionen verwirklichen liessen und als dauerhaft erweisen sollten. Das demokratische Prinzip ist von Condorcet im girondistischen Entwurf allerdings in fast absoluter Weise verwirklicht und damit überspannt worden. Die Hauptleistung Condorcets ist aber in der Rationalisierung, Mathematisierung und «Mechanisierung» der Demokratie zu sehen, in der Umbildung der demokratischen Idee in ein operationables, die Macht einbindendes Staatsprinzip. Die Volksinitiative kann als wichtigste und originellste Neuschöpfung Condorcets angesehen werden. Die Montagnard-Verfassung skizziert ihrerseits die ein halbes Jahrhundert später einsetzende europäische Verfassungsentwicklung im Bereich der Sozialpolitik. Beide Verfassungen sind vom typischen abstrahierenden und normativ-sozialreformerischen Denken von Aufklärung und Revolution geprägt, in den Formulierungen von Sieyès von einem «soif d'abstraction» und vom Grundsatz «La saine politique n'est pas la science de ce qui est mais de ce qui doit être ...».

Die vom französischen Volk in der Volksabstimmung angenommene Montagnard-Verfassung wurde vom allmächtigen Nationalkonvent wegen des Krieges suspendiert und kam daher praktisch nicht zum Tragen. Der Nationalkonvent stand nach der Vertreibung der girondistischen Abgeordneten fast völlig unter dem Einfluss der Jakobiner und der Pariser Kommune. Er übte nun eine eigentliche Parlamentsherrschaft aus und vereinigte in sich die legislative, exekutive und richterliche Gewalt. Der Krieg und die inneren Unruhen ermöglichten ausserdem die Errichtung einer Art kommissarischen Diktatur: Der Nationalkonvent setzte nämlich zwei aus eigenen Mitgliedern zusammengesetzte Vollzugskomitees ein, den Sicherheitsausschuss («comité de sûreté générale») und vor allem den von Robespierre dominierten Wohlfahrtsausschuss, das «comité du salut public». Dieses Komitee wurde immer mehr zur eigentlichen Regierung, gewann fast unbegrenzte Macht und übte den bekannten Revolutionsterror aus. Anderseits führten Robespierre und das Komitee eine durch den Notstand diktierte ausgreifende Sozialpolitik zugunsten der besitzlosen und hungernden Volksteile durch. Doch die Reaktion aus dem Schosse des Nationalkonventes und von seiten der Opposition blieb nicht aus. Machtlos gewordenen Konventsmitgliedern der Rechten und der Mitte, ehemaligen Girondisten und ihnen nahestehenden Kreisen gelang es am 9. Thermidor des Jahres II der Republik (27. Juli 1794), das Regime Robespierres zu stürzen. Dieser Tag von weltgeschichtlicher Bedeutung markiert das Ende der demokratisch-sozialen Phase der Revolution, was die Ideen betrifft, gleichzeitig aber auch das Ende der diktatorischen Parlamentsausschuss-Regierung mit ihren Auswüchsen, was die Art der Machtausübung betrifft. Es bildete sich nun ein autoritärer Thermidor-Liberalismus heraus, und im Nationalkonvent kam wieder das Besitzbürgertum, das bereits die Nationalversammlung von 1789 dominiert hatte, an die Macht.

4. Die Direktorialverfassung von 1795 [57]

Am Anfang wollte die neue Mehrheit die Montagnard-Verfassung nicht beseitigen; man dachte zuerst sogar an ihre faktische Einführung und wollte mit Hilfe des Erlasses organischer Gesetze, «lois organiques», einerseits die Lücken dieser Verfassung ausfüllen, anderseits die Anwendung deren demokratischer und sozialer Bestimmung verhindern. Langsam veränderten sich aber die Auffassungen darüber. Als Cambacérès [58] in der Sitzung des Nationalkonventes vom 18. April 1795 die zu erlassenden «organischen Gesetze» skizzier-

[57] AULARD ALPHONSE, La Constitution de l'An III et la République bourgeoise; La Révolution française 1900, S. 113 ff.; AULARD ALPHONSE, Paris pendant la réaction thermidorienne et sous le Directoire, 5 Bände, Paris 1898–1902; GODECHOT JACQUES, La vie quotidienne en France sous le Directoire, Paris 1977; LEFEBVRE GEORGES, La France sous le Directoire 1795–1799, Paris 1984; LEFEBVRE GEORGES, Le Directoire, Paris 1947; LEFEBVRE GEORGES, Les thermidoriens, Paris 1937; MATHIEZ ALBERT, Le Directoire, Paris 1934; MORIZOT-THIBAUT CHARLES, Du pouvoir législatif dans la Constitution de l'an III, Paris 1889; POULLET PROSPER, Institutions françaises de 1795 à 1814, Bruxelles 1907; SOBOUL ALBERT, Le Directoire et le Consulat, Paris 1967; TRAPPEE GEORGES, L'organisation du pouvoir exécutif dans la Constitution de l'An III, Paris 1901.

[58] CAMBACERES JEAN-JACQUES REGIS DE, 1753–1824. Geboren in Montpellier. Stammte aus der höheren Noblesse de robe. Juristische Ausbildung und Tätigkeit als Magistrat in Montpellier. Anhänger der Ideen der Französischen Revolution. 1792 Wahl als Girondist in den Nationalkonvent. Mitglied des Comité de législation und des Comité du salut public. Autor der ersten Entwürfe zu einem Code civil von 1793. Nach dem Sturz Robespierres Mitglied des Rats der Fünfhundert. 1799 Justizminister. Nach dem Staatsstreich Napoléons Aufstieg zum 2. Konsul. Autor des definitiven Code civil von 1804. Nach der Kaiserkrönung Ernennung zum Erzkanzler Frankreichs, zum Präsidenten des Senats und des Staatsrats sowie zum Herzog von Parma. Stille, vermittelnde und verwaltende Nummer zwei der napoleonischen Herrschaft: «La main de justice à côté de l'épée». Flucht vor den Bourbonen ins Ausland und Rückkehr nach Begnadigung 1818.

te, war die Mehrheit des Konventes schon nicht mehr für die Beibehaltung der Montagnard-Verfassung. Die für die Vorbereitung der
«organischen Gesetze» eingesetzte elfköpfige Kommission ging daher
dazu über, stattdessen eine neue Verfassung zu entwerfen, woraus
dann die Direktorialverfassung resultierte. – Immerhin hat jener Versuch zum Begriff des «organischen Gesetzes» geführt, der in der
Schweiz lange gebräuchlich war und es in Frankreich heute noch ist:
Es sollten mit Hilfe solcher besonders wichtiger Gesetze als Ergänzung der Verfassung die Grundlagen für das Funktionieren der öffentlichen Gewalten gelegt und damit der Verfassung «die Bewegung und
das Leben» gegeben werden, wie sich Cambacérès im Nationalkonvent ausdrückte[59].

Es entstand in der Folge die *Direktorialverfassung* vom 22. August 1795[60], die ganz im Zeichen eines frühen Notabeln-Liberalismus
stand und darauf ausgerichtet war, seine eigene Stellung zu festigen
und den Einfluss der breiten Massen, aber auch jenen der Monarchis-
ten auf die Staatsführung möglichst gering zu halten. Das führte zu
einer relativ undemokratischen Verfassung, zu einem «instrument de
réaction destiné à arrêter la marche de la démocratie» (Jacques Godechot). Die neue Verfassung war wieder stärker physiokratischen Vorstellungen verpflichtet, wie in Artikel 8 der neugefassten Erklärung
der Rechte und Pflichten hervorgeht: Das Privateigentum ist die Basis
der Volkswirtschaft und der Sozialordnung. Nach dem Vorbild der
Verfassung von 1791 wurde wieder das reine Repräsentativprinzip in
der Verfassung verankert, wonach den Parlamentariern als den Vertretern der ganzen Nation kein Auftrag erteilt werden darf. Fast einstimmig wurden ferner im neuen Nationalkonvent das von der physiokratischen Lehre vorausgesetzte Zensuswahlrecht und das indirekte Wahlrecht wieder eingeführt. Natürlich wurden auch die
Verfassungsinitiative und das «Gesetzesreferendum» der Montagnard-Verfassung von 1793 abgeschafft. Nach den Erfahrungen mit
dem früheren Nationalkonvent trachtete man danach, eine neuerliche Parlamentsherrschaft und damit eine zu starke Dominanz der
Volksvertretung zu verhindern. Darum wurde deren Macht drastisch
eingeschränkt, indem man sie einerseits durch die Aufteilung in zwei
Kammern (Rat der Fünfhundert, Rat der Alten) schwächte; demselben
Ziel dienten das Verbot der unmittelbaren Wiederwählbarkeit der
Mitglieder der beiden Räte, das Verbot der Bildung ständiger parla-

---

[59] Verhandlungen vom 18. April 1795.
[60] *Quellenbuch* S. 79 ff.

mentarischer Komitees und die extrem kurzen Amtsdauern von nur einem Monat für den Präsidenten und den Sekretär der Kammern[61]. Um der Bildung beherrschender Gruppierungen vorzubeugen, musste jeder Abgeordnete jeden Monat seinen Platz im Ratssaal verlassen und einen durch das Los bestimmten neuen einnehmen! Eine indirekte Schwächung der Macht der Volksvertretung erfolgte zudem durch die Konzentration gewaltiger Macht bei der Exekutive, dem Direktorium, das in gewissem Grade die Funktion des Wohlfahrtsausschusses weiterführen sollte. Das Direktorium tagt unter feierlichem republikanischem Zeremoniell. Die Direktoren wohnen alle zusammen in einem nationalen Palast, tragen leuchtende Uniformen und werden ständig von Nationalgardisten begleitet.

Das Direktorium kann sechs bis acht jederzeit abberufbare «Minister», eine Art höchster Fachmagistraten ernennen, die nicht zu gemeinsamer Sitzung zusammentreten dürfen. Die Direktoren erhalten keine bestimmten Fachressorts; es bildete sich dann jedoch bald eine Spezialisierung der einzelnen Direktoren heraus. Um die Bildung einer persönlichen Machtstellung eines Direktors und damit die Abkehr vom strengen Kollegialprinzip zu verhindern, sind die Direktoren einer Amtszeitbeschränkung von fünf Jahren unterworfen[62].

Von den 1793 vorgesehenen demokratischen Rechten blieb neben dem allerdings durch den Zensus eingeschränkten Wahlrecht nur das obligatorische Verfassungsreferendum übrig. Die neuen Machtträger schafften auch die sozialpolitischen Bestimmungen, insbesondere das Recht auf Sozialhilfe, wieder ab. Um die Wiedereinführung von sozial-ökonomischen Rechten zu verhindern, hat man ferner den folgenden, von Rousseau formulierten und in der Erklärung der Menschen- und Bürgerrechte von 1789 enthaltenen Passus gestrichen: «Les hommes naissent et demeurent libres et égaux en droits. Les distinctions sociales ne peuvent être fondées que sur l'utilité commune.»[63] Die Gleichheit wurde nur mehr nach Massgabe der Gesetzgebung garantiert, sie also auf die Rechtsanwendung reduziert[64]. Ebenfalls aus der Déclaration gestrichen wurde die Presse- und Meinungsäusserungsfreiheit. Gleich verfuhr man mit dem Passus der Verfassung von 1793, wonach Ziel der Gesellschaft das «allgemeine Glück» sei. Dafür wurde die Erklärung der Menschenrechte mit einem Pflichtenkatalog ergänzt, der unter anderem den Respekt vor

[61] Art. 61.
[62] Art. 137.
[63] *Quellenbuch* S. 31.
[64] Art. 3 Direktorialverfassung.

dem Eigentum und die Militärdienstpflicht vorsah. Das Widerstandsrecht – von Rousseau inspiriert und bereits in die Erklärung von 1789
aufgenommen – wurde ebenfalls gestrichen. Die in den Jahren 1792
und 1793 eingeleitete demokratische und sozialpolitische Entwicklung wurde also im Gefolge der Reaktion des «Thermidor» wieder
rückgängig gemacht; gemäss einer Proklamation der gesetzgebenden
Räte vom 5. September 1797 sollte mit dem Tode bestraft werden, wer
sich auf die Montagnard-Verfassung von 1793 beruft! «Freiheit und
Eigentum», so hiess die neue Losung, und nicht mehr «Gleichheit und
Freiheit» – und so hiess es in ganz Europa während der Emanzipation
und Herrschaft des klassischen Liberalismus im 19. Jahrhundert.

In der Direktorialverfassung von 1795 wurde ausserdem die
Zentralisierung noch verstärkt. Gleichzeitig wurde eine Entpolitisie-
rung der Departemente, vor allem aber der Gemeinden vorgenommen, denn diese waren seit dem Ausbruch der Revolution aktive
revolutionäre Zellen geworden; die Stadt Paris dominierte zeitweilig
das ganze Land. Die Direktorialverfassung hat einerseits die Befugnisse der Gemeinden beschnitten und ihnen fast nur noch in fiskali-
scher Hinsicht Bedeutung belassen. Anderseits wurden nun den vom
Volke gewählten Departements- und Gemeinderäten besondere, vom
Direktorium ernannte «Kommissäre» beigegeben, welche den Vollzug der Gesetze überwachen und erzwingen mussten – die Vorläufer
der Präfekten.

Schliesslich sah die Verfassung ausserordentliche Erschwernisse für die Verfassungsänderung vor – zur Bewahrung und Stabilisierung der erworbenen Macht und weil man fand, ein Meisterwerk
geschaffen zu haben. Praktisch liefen die Erschwernisse darauf hinaus, dass eine Änderung der Verfassung nicht vor Ablauf von neun
Jahren möglich war – was dann allerdings Napoléon Bonaparte[65]
nicht daran hinderte, sie bereits vier Jahre später mittels Staatsstreich
abzuändern! Die Verfassung enthielt indessen, gleich jenen von 1791

---

[65] NAPOLEON BONAPARTE, 1769–1821. Stammte aus korsischem Lokaladel, geboren in Ajaccio. Obwohl sein Vater und viele seiner Brüder Freimaurer waren, gibt es
keine Anzeichen, dass auch Napoléon selbst Freimaurer gewesen ist. 1785 Artillerieof-
fizier. 1794 Brigadegeneral. 1795 Platzkommandant der Direktorialtruppen in Paris.
1796/1797 Oberkommandierender der französischen Italienarmee. 1798/1799 Oberkommandierender des Ägyptenfeldzuges. Führte am 9. November 1799 einen erfolgreichen Staatsstreich gegen das Direktorium durch. 1799–1804 erster Konsul Frankreichs; 4. Dezember 1804 Krönung zum erblichen Kaiser der Franzosen. Forcierte
gesetzgeberische und reorganisatorische Tätigkeit in der Innenpolitik. Expansive und
ruinöse Aussenpolitik zur Aufrechterhaltung von Popularität und Prestige. 1809 Ehe-
schliessung mit Marie-Louise von Österreich, 1810 Geburt eines Sohnes und Thronfol-

und 1793 sowie dem Gironde-Entwurf, die Einrichtung der Verfassungsgebenden Versammlung, also des Verfassungsrates. Die Direktorialverfassung wurde, gleich wie jene von 1793, der Volksabstimmung unterstellt.

Ein einziges Mitglied des Nationalkonventes, Emmanuel Sièyes, hatte die Gefahr der Verletzung der Verfassung und individueller Rechte durch die Behörden erkannt. In seiner berühmten Rede vom 5. August 1795 schlug Sieyès die Bildung einer «Jurie constitutionnaire», einer Art Verfassungsgericht vor. Der Vorschlag wurde abgelehnt, weil man darin eine Schmälerung der Volkssouveränität beziehungsweise der Parlamentsmacht erblickte – gleich wie bei dem von ihm schon am 20. Juli 1795 gemachten Vorschlag zur Schaffung eines «Tribunates». Der Gedanke von Sieyès sollte dann in der Konsularverfassung vom 13. Dezember 1799 mit der Schaffung eines Tribunates[66] und eines Erhaltungssenates[67] teilweise verwirklicht werden.

Insgesamt handelte es sich bei der französischen Direktorialverfassung von 1795 um eine dem Geiste nach elitär-liberale, organisatorisch gesehen einheitsstaatliche, exekutiv-staatliche, bikamerale, rein repräsentativ-demokratische und starre Verfassung. Die Gewaltenteilung ist sehr streng durchgeführt, so streng, dass eine erspriessliche Zusammenarbeit zwischen Parlament und Direktorium kaum möglich war. Weil wegen verschiedener formaler Bestimmungen auch die beiden gesetzgebenden Räte kaum zusammenarbeiten konnten, «verhinderte» die Direktorialverfassung eigentlich das Regieren, wie Maurice Duverger festgestellt hat. Das demokratische Prinzip wurde von der Direktorialverfassung zurückgedrängt, worin der stärkere Einfluss der Lehren Montesquieus und der Physiokraten und die Zurückdrängung jener von Rousseau sichtbar wird. Die Direktorialverfassung ist zwar ihrem Inhalt nach nicht konterrevolutionär; sie trägt aber alle Zeichen einer Reaktion auf die vorhergehende Demokratisierungs- und Sozialisierungsphase. Demgemäss hat sie deutlich autoritäre Züge. Trotzdem oder gerade deshalb wurde sie in der Volksabstimmung mit riesigen Mehrheiten angenommen. Einzig das kurzlebige, aus dem Gebiet des heutigen Kantons Jura neugebildete Departement Mont Terrible verwarf sie massiv.

---

gers. Nach dem katastrophalen Russlandfeldzug 1812/1813 und der Niederlage bei Leipzig 1813 Abdankung und Rückzug auf die Insel Elba. 1815 Rückkehr nach Frankreich und Herrschaft der Hundert Tage. Nach der Niederlage bei Waterloo lebenslängliche Verbannung auf die Insel Sankt Helena.

[66] Art. 27; DUVERGER MAURICE (Anm. 19) S. 113.

[67] Art. 15.

Immerhin stand auch die Direktorialverfassung von 1795 auf dem Boden des Naturrechts und – wenigstens prinzipiell – auf jenem der Volkssouveränität. Das Königtum und das Feudalsystem – letzteres der wirtschaftliche Hauptansatzpunkt der Revolution – blieben kompromisslos abgeschafft, und die Religionsfreiheit beziehungsweise die Konfessionslosigkeit des Staates wurden mit der formellen Trennung von Staat und Kirche noch verstärkt. Die Verfassung trägt aber deutlich ein Doppelgesicht, bedingt durch die politische Tendenz, einerseits die monarchistische «Rechte», anderseits die jakobinisch-demokratische «Linke», zu bekämpfen.

Zeigte bereits die Direktorialverfassung ein gewisses Schwinden von freiheitlichem und demokratischem Gehalt im französischen Verfassungsdenken an, so verstärkte sich diese Tendenz bei der Konsularverfassung vom 13. Dezember 1799[68] massiv. «Das Vertrauen muss von unten kommen, die Macht muss von oben kommen», verkündete Sieyès jetzt. In diesem autoritären Sinn wurde die nur mehr 95 Artikel zählende Verfassung ausgearbeitet. Sie bedeutete ein Verkommen der rationalen und präzisen Verfassungsgebung im Sinne Condorcets zu Lasten von Freiheit und Demokratie und zugunsten der persönlichen Machtstellung des Ersten Konsuls. Die Konsularverfassung war «courte et obscure», wie es Sieyès gewollt hatte.

[68] Duverger Maurice (Anm. 19) S. 111 ff.

5. KAPITEL:
HELVETISCHE VERFASSUNG [1]

1. Der europäische Rahmen und allgemeines

Es war für den Inhalt der Helvetischen Verfassung von grösster Bedeutung, dass diese Ende des Jahres 1797 geschaffen wurde – und nicht früher, aber auch nicht später. Die Abhängigkeit der Schweiz von Frankreich, insbesondere von dessen Verfassungsentwicklung, war in diesen entscheidenden Jahren ausserordentlich gross. Wäre die Umwälzung in der Schweiz früher erfolgt, so hätten sich allenfalls wesentlich andere Verfassungsinhalte ergeben, wie etwa die Verfassungsentwicklung in Genf zwischen 1791 und 1796 zeigt, die der französischen stark glich: Die erste Genfer Verfassung vom 22. März 1791 war von der französischen desselben Jahres stark beeinflusst. Die zweite Genfer Verfassung vom 5. Februar 1794 war von der Montagnard-Verfassung vom 24. Juni 1793 inspiriert und hatte daher ähnlich demokratisch-egalitären Charakter wie diese, während die dritte Genfer Verfassung vom 6. Oktober 1796 wieder stärker zur französischen Direktorialverfassung vom 22. August 1795 hin tendierte.

[1] *Quellen: Actensammlung aus der Zeit der Helvetischen Republik 1798–1803*, bearbeitet von Johannes Strickler und Alfred Rufer, Bern 1886–1940; Gisi Wilhelm, Die Bundesverfassungen und Bundesverfassungsentwürfe der Schweiz seit dem Jahr 1798, Bern 1872; Kaiser Simon / Strickler Johannes, Geschichte und Texte der Bundesverfassungen der schweizerischen Eidgenossenschaft, Bern 1903; Oechsli Wilhelm, Quellenbuch zur Schweizergeschichte, Zürich 1918.
Allgemeine Literatur: Böning Holger, Revolution in der Schweiz, Bern 1985; de Capitani François, Beharren und Umsturz, Geschichte der Schweiz und der Schweizer, Band II, Basel 1983, S. 97 ff.; Dierauer Johannes, Geschichte der Schweizerischen Eidgenossenschaft, Band V, Gotha 1922; Hilty Carl, Öffentliche Vorlesungen über die Helvetik, Bern 1878; His Eduard, Geschichte des neuern schweizerischen Staatsrechts, Band I, Basel 1920; Oechsli Wilhelm, Geschichte der Schweiz im Neunzehnten Jahrhundert, Band I, Leipzig 1903; Rufer Alfred, Helvétique (République), *Dictonnaire historique et biographique de la Suisse*, Band IV, S. 25 ff.; Staehelin Andreas, Helvetik, *Handbuch der Schweizer Geschichte*, Band II, Zürich 1977, S. 785 ff.– Siehe auch die am Buchanfang angeführte periodenübergreifende Literatur.
Spezielle Literatur: Aeppli Sebastian, Das beschränkte Wahlrecht im Übergang von der Stände- zur Staatsbürgergesellschaft, Zürich 1988; Alkalay Michael, Das materielle Strafrecht der Französischen Revolution und sein Einfluss auf Rechtsetzung und Rechtsprechung der Helvetischen Republik, Zürich 1984; Bächli Max, Das Unterstützungswesen der Helvetik, Basel 1945; Bauer Hans, Von der Zunftverfassung zur Gewerbefreiheit in der Schweiz 1798–1874, Basel 1929; Bauer Klaus, Der französische Einfluss

Machtpolitische, sicherheitspolitische, aber auch ideelle Gründe führten das direktorial regierte Frankreich dazu, sich mit einer Reihe von ihm aussenpolitisch ergebenen und ideologisch verwandten Republiken zu umgeben; auf das 1790 verkündete Selbstbestimmungsrecht der Völker nahm man nun keine Rücksicht mehr. Die Schweiz war Bestandteil dieses Plans der Errichtung von abhängigen «Schwesterrepubliken» im Nachbarbereich der «Grande Nation». Zu diesem Zwecke waren neben der Helvetischen Republik ausersehen die Batavische Republik (Niederlande), die Cisrhenanische Republik (Preussische Provinzen westlich des Rheins), die Cisalpinische Republik (Po-Ebene, Romagna) und die Ligurische Republik (Genuesische Rivieraküste mit Hinterland). Die Eidgenossenschaft war also als künftige «Schwesterrepublik» Frankreichs französischem Druck besonders stark ausgesetzt, zumal mit der Waadt, Neuenburg und dem Unterwallis französischsprachige Gebiete unter der Herrschaft von deutschsprachigen standen. Es lag in der spezifischen Natur des französischen Nationalstaatsgedankens, dass man sich in Frankreich einen auf der Basis des Revolutionsrechts verfassten Staat eigentlich

auf die batavische und Helvetische Verfassung des Jahres 1798, Erlangen 1962; BOEGLIN MARKUS CHRISTOPH, Entstehung und Grundzüge der ersten Helvetischen Verfassung, Basel 1971; BRÄNDLI SEBASTIAN, Die Helvetische Generation. Das Zürcher Landbürgertum an der Schwelle zum 19. Jahrhundert, Festschrift für Rudolf Braun, Zürich 1990, S. 191 ff.; BÜCHI HERMANN, Die politischen Parteien im ersten schweizerischen Parlament, Politisches Jahrbuch der Schweizerischen Eidgenossenschaft 1917 S. 153 ff.; BÜCHI HERMANN, Vorgeschichte der Helvetischen Revolution, I. Teil: Die Schweiz in den Jahren 1789–1798, Solothurn 1925; CABANIS ANDRE, La presse politique vaudoise sous la République helvétique, Lausanne 1979; CARONI PIO, «Privatrecht»: Eine sozialhistorische Einführung, Basel 1988; CHUARD CORINNE, Payerne et la Révolution vaudoise de 1798, Lausanne 1987; CUSTER ANNEMARIE, Die Zürcher Untertanen und die französische Revolution, Zürich 1942; CZOUZ-TORNARE ALAIN/MARADAN EVELYNE, A la recherche d'un jacobinisme helvétique, Annales Historiques de la Révolution française 1990 S. 422 ff.; FANKHAUSER ANDREAS, Die Exekutive der Helvetischen Republik 1798–1803, Studien und Quellen 1986 S. 113 ff.; FREI DANIEL, Das schweizerische Nationalbewusstsein, Seine Förderung nach dem Zusammenbruch der Alten Eidgenossenschaft, Zürich 1964; GASSER ADOLF, Der Irrweg der Helvetik, Schweizerische Zeitschrift für Geschichte 1947 S. 425 ff.; GRIEDER FRITZ, Das Postwesen im helvetischen Einheitsstaat, Basel 1940; GUGGENBÜHL GOTTFRIED, Vom Geist der Helvetik, Zürich 1925; GUGGENBÜHL GOTTFRIED, Bürgermeister Paul Usteri 1768–1831, 2 Bände, Aarau 1924–1931; GUGGISBERG KURT, Philipp Emanuel von Fellenberg und sein Erziehungsstaat, Band I, Bern 1956; GUYOT RAYMOND, Pierre Ochs et le projet de constitution helvétique, Revue historique vaudoise 1903 S. 143 ff.; HAUSMANN KARL EDUARD, Die Armenpflege in der Helvetik, Basel 1969; HERZOG EDUARD, Die Religionsfreiheit in der helvetischen Republik, Bern 1984; HILTY CARL, Vor hundert Jahren, Politisches Jahrbuch der Schweizerischen Eidgenossenschaft 1888 S. 1 ff.; HUBER MICHAEL, Militärjustiz der Helvetik, Zürich 1988; HUNZIKER GUIDO/FANK-

nur als Einheitsstaat vorstellen konnte. Das abstrakte Prinzip der «einen und unteilbaren» Republik war an die Stelle des die Einheit der Nation garantierenden personalen Königtums getreten. Dieser Nationalismus bildete sozusagen den Kontrapunkt zum ebenso extremen Individualismus der Aufklärungsphilosophie. Hatte letzterer in der Revolution zur Auflösung der überkommenen wirtschaftlichen und kirchlichen Korporationen geführt, so wurde das Bedürfnis nach dem Kollektiven auf gesamtstaatlicher Ebene mit Hilfe eines ausgeprägten Nationalismus befriedigt.

Die Vorstellungen, die man sich im französischen Direktorium über die Verfassungen der Schwesterrepubliken und insbesondere der künftigen Helvetischen Republik machte, basierten daher alle auf dem Prinzip des nationalen Einheitsstaates. Zu jenem Zeitpunkt empfand man in Frankreich jede Föderalisierung als Abgehen von einem «heiligen» Prinzip der Revolution, was sich allein etwa darin zeigt, dass dort von den wegen politischer Vergehen ausgefällten Todesurteilen einige wegen des «Deliktes» Föderalismus erfolgten! Sprachliche, konfessionelle, geographische und kulturelle Verschiedenheiten, wie sie in der Eidgenossenschaft besonders gross waren, ordnete man jenem unitarischen und zentralistischen Prinzip unter.

HAUSER ANDREAS/BARTLOME NIKLAUS, Das Zentralarchiv der Helvetischen Republik, Band I, Bern 1990; IM HOF ULRICH, Das gesellige Jahrhundert, München 1982; JUNKER BEAT, Geschichte des Kantons Bern seit 1798, Band I, 1798–1830, Bern 1982; LAFONTANT CHANTAL, La résistance à la révolution de 1798 dans le Jura vaudois, Lausanne 1989; LEVI ROBERT, Der oberste Gerichtshof der Helvetik, Zürich 1945; LUGINBÜHL RUDOLF, Philipp Albert Stapfer, Basel 1887; LUMINATI MICHELE, Die Helvetische Republik im Urteil der schweizerischen Geschichtsschreibung, Zeitschrift für Neuere Rechtsgeschichte 1983 S. 163 ff.; MANZ MATTHIAS, Die Basler Landschaft in der Helvetik, Liestal 1991; VON MUTACH ABRAHAM FRIEDRICH, Revolutionsgeschichte der Republik Bern, Bern/Leipzig 1934 (Neudruck); PETER MARC, Genève et la Révolution, Band II, Genève 1950; RÖTSCHE PAUL, Der Kanton Zürich und seine Verwaltung zur Zeit der Helvetik, Zürich 1900; RUFER ALFRED, Pestalozzi, Die französische Revolution und die Helvetik, Bern 1928; RUFER ALFRED, La Suisse et la Révolution française, Recueil préparé par J. R. Suratteau, Paris 1974; RUFER ALFRED, Das Problem der Verfassungsgerichtsbarkeit während der Helvetik, Schweizerische Zeitschrift für Geschichte 1955 S. 273 ff.; SCHENKEL HANS, Die Bemühungen der helvetischen Regierung um die Ablösung der Grundlasten 1798–1803, Zürich 1931; STRICKLER JOHANNES, Die Helvetische Revolution 1798, Frauenfeld 1898; STRICKLER JOHANNES, Die Verfassung von Malmaison, Politisches Jahrbuch der Schweizerischen Eidgenossenschaft 1896 S. 51 ff.; TOSATO-RIGO DANIELE, Le Landamman Muret 1759–1847, Lausanne 1988; VON WARTBURG WOLFGANG, Zur Weltanschauung und Staatslehre des frühen schweizerischen Liberalismus, Schweizerische Zeitschrift für Geschichte 1959 S. 1 ff.; WEBER HANS, Die zürcherischen Landgemeinden in der Helvetik 1798–1803, Zürich 1971. – Siehe auch die am Buchanfang angeführte periodenübergreifende Literatur.

Schon vor der militärischen Niederwerfung der Eidgenossenschaft hatte man sich auch im Kreis der Schweizer Patrioten, zu
welchem neben anderen Peter Ochs[2], Frédéric-César Laharpe[3], Paul
Usteri[4], Heinrich Pestalozzi[5] und Hans Konrad Escher[6] gehörten,

---

[2] OCHS PETER, 1749–1821. Geboren als Sohn einer Familie des Basler Patrizia-
tes, studierte Ochs die Rechte und promovierte zum Dr. iur. Freimaurer. Er wurde
Schüler und Freund von Isaac Iselin. Seine erste wichtige politische Aktion war die
Vorantreibung einer Annäherung zwischen Frankreich und Preussen, die 1795 zum
Frieden von Basel führte. Vor der helvetischen Umwälzung arbeitete Ochs den Entwurf
einer helvetischen Verfassung aus, der dann, nach Änderungen durch das französische
Direktorium, in Kraft gesetzt wurde. Erst im zweiten Anlauf gelang es Ochs indessen,
Mitglied des Helvetischen Direktoriums zu werden, wo er sich aber nicht lange halten
konnte. 1802 war er Mitglied der Consulta in Paris, die über eine neue Verfassung für
die Schweiz beriet. In der Folge lebte Ochs bis zu seinem Tod 1821 als Privatmann. Die
Familie Ochs hat sich dann den Namen «His» zugelegt. Publikation: Geschichte der
Stadt und Landschaft Basel, 8 Bände 1786–1822.

[3] LAHARPE FREDERIC CESAR, 1754–1838. Geboren in Rolle. Dr. iur. 1774, Advokat
1778; in Italien Sekretär eines russischen Prinzen, der ihn der Zarin Katharina empfahl.
In der Folge Erzieher ihrer Enkel Alexander, des späteren Zaren, und Konstantin. Als
die Französische Revolution ausbrach, nahm er mit Begeisterung daran teil, wurde
1795 wegen Veröffentlichung revolutionärer Broschüren entlassen. Er liess sich in Paris
nieder, gab dort 1797 den Essai «Sur la constitution du pays de Vaud» heraus, worin er
harte Anklagen gegen die bernische Verwaltung erhob. An das französische Direktorium richtete er eine Bittschrift, in der er eine Intervention in der Schweiz erbat, damit
aus der Waadt ein freier Staat unter französischem Protektorat geschaffen werde. Nach
der französischen Invasion kehrte er in die Waadt zurück und beteiligte sich lebhaft an
der politischen Reorganisation der Schweiz. Er wurde Mitglied des Direktoriums. 1800
Flucht nach Frankreich, wo er zurückgezogen lebte, bis 1814 die bernischen Konservativen neuerdings Ansprüche auf die Waadt erhoben. Er griff nochmals zur Feder zur
Verteidigung der waadtländischen Unabhängigkeit, begab sich in die Dienste des
Zaren Alexander, von welchem er die ausdrückliche Zusicherung erhielt, dass der
Kanton Waadt unabhängig bleiben solle. Auch am Wiener Kongress verteidigte er die
Interessen seines Landes. 1816 wurde er Mitglied des Grossen Rates des Kantons Waadt
und bald Anführer der liberalen Partei, die er zur Verfassungsrevision von 1830 führte.
Publikation: «Observations sur le changement de constitution» 1831.

[4] USTERI PAUL, 1768–1831. Sohn eines Theologen, aus einem alten Ratsge-
schlecht der Stadt Zürich stammend. Studium der Medizin. Dann Publizist auf dem
Gebiet der Botanik und Medizin, Lehrer am Medizinischen Institut, Arzt und Aufseher
des botanischen Gartens. Unter dem Eindruck der Französischen Revolution wandte
er sich der Politik zu, gab in Leipzig mehrere Zeitschriften heraus, kam 1797 in den
Grossen Rat und trat für die Amnestierung der im Stäfner Handel Verurteilten ein. 1798
Mitglied der Kantonsversammlung, helvetischer Senator, Präsident des Senats. Führende Mitarbeit am Verfassungsentwurf, 1799/1800 Beteiligung am Sturz des Direktoriums und Laharpes sowie am zweiten Staatsstreich vom 7. August 1800. 1801 Präsident des Gesetzgebenden Rats, opponierte als Unitarier dem Verfassungsentwurf von
Malmaison. Vollziehungsrat. Präsident der Tagsatzung und Mitglied des neuen Senats,
sogleich durch den dritten Staatsstreich kaltgestellt und musste schliesslich nach

Gedanken über die künftige Verfassung der Schweiz gemacht. Diese Patrioten erstrebten eine Verfassung mit föderalistischen Elementen auf der Basis der bestehenden Orte und keinen Einheitsstaat. Dies wollte auch der bereits genannte Basler Oberzunftmeister Peter Ochs. Er eilte denn auch Ende 1797, die kommenden Ereignisse vorausahnend, auf Einladung des Direktoriums erneut nach Paris. Weil Napoléon Bonaparte es ablehnte, selber einen Entwurf für eine helvetische Verfassung auszuarbeiten, wurde Ochs beauftragt, einen solchen zu verfassen, ein Auftrag, dem er nur ungern nachkam.

Tübingen fliehen. Mitglied der helvetischen Consulta in Paris, von Bonaparte zum Mitglied der Regierungskommission im Kanton Zürich ernannt. 1803 in den Kleinen Rat. 1805 Staatsrat und Gesandter an der langen Tagsatzung 1814. Kämpfte in der Presse für die liberale Opposition und für Reformen, was ihm viele Verfolgungen eintrug. Nach dem Sieg der liberalen Bewegung 1830 zum Präsidenten der Kommission betreffend Revision der Zürcher Verfassung ernannt, wirkte er vermittelnd zwischen Stadt und Land. Er starb 1831 vor Antritt seines Amtes als Bürgermeister der Stadt Zürich.

5 PESTALOZZI HEINRICH, 1746–1827. Stammt aus einer Patrizierfamilie der Stadt Zürich. Sohn eines Chirurgen, der starb, als Heinrich fünfjährig war. Als Student des Carolinums beteiligte er sich unter J. J. Bodmers Führung am Kreis der «Patrioten» und an Lavaters Zeitschrift «Der Erinnerer». Freimaurer. Unter dem Einfluss der Schriften Rousseaus begeisterte er sich für den Landbau, richtete 1769 im Birrfeld einen landwirtschaftlichen Betrieb ein, 1777, ebenfalls im Birrfeld, eine Armenanstalt. Die damit verbundene Weberei und Spinnerei brach jedoch 1780 finanziell zusammen. Publikationen verschiedener Schriften, durch die seine volkserzieherischen Absichten in die breiteste Öffentlichkeit getragen wurden. 1792 Ernennung zum französischen Ehrenbürger durch die Assemblée nationale. Nachdem er kurze Zeit von der helvetischen Regierung mit der Herausgabe des Regierungsorgans betraut worden war, erhielt er 1798 den Auftrag, in Stans die Waisen zu sammeln, welche durch die französische Invasion und den Krieg ihre Eltern verloren hatten. Von 1800 bis 1825 führte er zuerst auf dem Schloss Burgdorf, dann in Münchenbuchsee und Yverdon eine Schule, welche 1825 wegen Zwistigkeiten unter den Mitarbeitern zusammenbrach. 1803 war er als Zürcher Vertreter an der Consulta in Paris. Er genoss grosses Ansehen im In- und Ausland, war aber auch heftigen Anfeindungen ausgesetzt.

6 ESCHER VON DER LINTH HANS KONRAD, 1767–1823. Entstammte einer reichen Stadtzürcher Grosskaufmannsfamilie. Kaufmännische Ausbildung. 1787/1788 Studien in Geologie, Mathematik und Naturrecht an der Universität Göttingen. Kritisierte öffentlich die Missstände des Ancien Régime und forderte von der Zürcher Obrigkeit Milde im Stäfner Handel. Daher 1798 von der Zürcher Landbevölkerung in den helvetischen Grossen Rat gewählt, dem er bis 1801 angehörte. Mit Paul Usteri Herausgeber der Zeitung «Schweizerischer Republikaner». 1802 für kurze Zeit Mitglied des helvetischen Senats, dann Rückzug aus dem politischen Leben. Ab 1814 bis zu seinem Tode jedoch Mitglied des Zürcher Kleinen Rates. Lebenswerk: Linthkorrektion und Linthkanal, der 1823 kurz nach Eschers Tod eröffnet wurde. Für seine Verdienste von der Tagsatzung postum mit dem erblichen Namenszusatz «von der Linth» geehrt.

Obwohl Peter Ochs Napoléon zweimal geschrieben hatte, die Schweiz benötige eine föderative Verfassung, beugte er sich schliesslich dem starken unitarischen Willen des Direktoriums sowie Napoléons, welcher sagte, es würden ohne Einheit «die Oligarchen der Schweiz bald alle politische Gleichheit verdrängen»[7]. So gelangte Ochs trotz Bedenken zu einem einheitsstaatlichen Verfassungsentwurf, wobei er sich dem Willen der französischen Machthaber gemäss von der französischen Direktorialverfassung von 1795 leiten liess. Der Ochssche Entwurf lag am 15. Januar 1798 vor[8] und wurde in der Folge durch das Direktorium, namentlich durch Direktor Merlin de Douai[9], in mehrfacher Hinsicht im Sinne einer noch stärkeren Annäherung an die Direktorialverfassung abgeändert. Die in der Präambel des Entwurfes von Ochs enthaltene Passage, wonach dem Schweizervolk die Frage vorzulegen sei, ob ein Verfassungsrat einen anderen als den Entwurf des Direktoriums erarbeiten solle oder nicht, wurde gestrichen. Die Streichung dieser politisch wichtigen Passage macht den Willen des Direktoriums deutlich, der Schweiz keine autonome Verfassungsgebung zu ermöglichen, sondern ihr die Verfassung zu oktroyieren. Weiter verlängerte das Direktorium die Bestimmung, wonach der Senat Verfassungsänderungen frühestens nach einer Wartezeit von sechs Monaten beschliessen dürfe, auf nicht weniger als fünf Jahre! Ferner wurde der von Ochs als permanente Behörde vorgesehene Senat ebenso wie der Grosse Rat einem Vertagungszwang von mindestens drei Monaten unterworfen, eine Änderung, welche die Macht des Direktoriums stärken sollte. Demselben Zweck sollte die Vermehrung der finanzpolitischen Befugnisse des Direkto-

---

[7] BOEGLIN MARKUS, Entstehung und Grundzüge der ersten Helvetischen Verfassung (1971), S. 49.

[8] *Quellenbuch* S. 113 ff.

[9] MERLIN PHILIPPE ANTOINE, genannt MERLIN DE DOUAI, 1754–1838. Geboren in der Nähe von Douai, Nordfrankreich, als Sohn eines reichen Bauern. Abgeschlossenes Jurastudium, 1775 Zulassung zur Tätigkeit als Rechtsanwalt. Bedeutender französischer Jurist und Freimaurer. Fortführung des von Joseph-Nicolas Guyot erstmals 1775 herausgegebenen «Répertoire de jurisprudence» bis 1828. 1789 Vertreter des Dritten Standes in den Generalständen. Mitglied der Assemblée constituante und der Redaktionskomitees für die Verfassung von 1791 und für die Erbrechtsnovelle. Ab 1792 Montagnard Mitglied des Nationalkonvents. Nach dem Sturz Robespierres Mitglied des Comité du salut public. Als Mitglied des Conseil des Anciens Fortsetzer der Thermidor-Reaktion. 1795–1797 Justiminister. Redaktor des «Code des délits et des peines», 1797, von welchem 1811 grosse Teile in den Code Pénal übernommen wurden. 1797–1799 Mitglied des Direktoriums. 1801–1814 Generalstaatsanwalt der Cour de Cassation. Ab 1803 Mitglied der Académie Française. Von Napoléon geadelt. 1815–1830 im Exil in Brüssel, dann Rückkehr nach Paris.

riums dienen[10]. Auch die neu eingefügte Möglichkeit des Direktoriums, die Mitglieder der kantonalen Gerichte und Verwaltungskammern abzusetzen und die neuen Mitglieder bis zu den nächsten Wahlen einzusetzen, gingen in diese Richtung. Weiter strich das Direktorium die von Ochs – wohl wegen seiner zünftischen Herkunft – vorgesehene berufsständische Zusammensetzung des Grossen Rates. Und schliesslich fügte das Direktorium Bestimmungen ein, welche die Bildung einer neuen Konventsherrschaft verhindern[11] sowie einen Schutz der Mitglieder der gesetzgebenden Räte gewährleisten sollten[12], um hier nur die wichtigsten vom Direktorium vorgenommenen Änderungen anzuführen. Das Prinzip der weitgehenden inhaltlichen Anlehnung an die Direktorialverfassung von 1795 wurde übrigens von Frankreich bei allen von ihm abhängigen Staaten, namentlich auch den neuen italienischen Republiken, befolgt.

Von Ende Januar 1798 an wurde der Entwurf der Helvetischen Verfassung in der Eidgenossenschaft verbreitet, und am 8. Februar 1798 wurde im offiziösen französischen Blatt «Moniteur» eine Zusammenfassung der Helvetischen Verfassung, redigiert von Bürger Peter Ochs, abgedruckt.

Als erster Kanton hat Mitte Februar 1798 bezeichnenderweise die soeben befreite Waadt die Helvetische Verfassung angenommen. Mitte März 1798 nahm die Basler «Nationalversammlung», eine aus je sechzig Vertretern der Stadt und der Landschaft zusammengesetzte verfassungsgebende Versammlung, am französischen Direktorialentwurf einige Änderungen vor. Kraft derer hätte den Kantonen und Gemeinden etwas mehr Autonomie zugebilligt werden sollen. Ferner hätte zugunsten des Parlamentes und der Gerichte die Macht des Direktoriums etwas eingeschränkt, der Fortbestand der Landeskirchen gesichert und schliesslich die Revision der Verfassung erleichtert werden sollen. In der Folge wurde dieser «Basler Entwurf» von Solothurn, Bern, Zürich, Aargau, Luzern, Freiburg, Schaffhausen und Obwalden angenommen, teils durch blossen Beschluss der Grossen Räte, in Obwalden durch die Landsgemeinde, und teils durch Abstimmung in neugebildeten «Urversammlungen». In der Folge aber ordnete der französische Prokonsul an, dass nur der durch den Druck verbreitete unveränderte zentralistische französische Direktorial-Entwurf in Kraft treten könne und alle daran vorgenommenen Änderungen nichtig seien. Indem so der «Basler Entwurf», dessen An-

---

[10] Art. 81, Helvetische Verfassung: *Quellenbuch* S. 143 ff.
[11] Art. 67–70.
[12] Art. 51–63.

nahme den Orten leichter gefallen wäre, obsolet geworden war, ging es mit der Annahme nicht mehr richtig voran. Nachdem die einfache Mehrheit der Orte die Helvetische Verfassung angenommen hatte – die soeben genannten Orte allerdings in der Basler Fassung! –, wurde sie von den Vertretern der annehmenden Orte am 12. April 1798 in Aarau, der provisorischen Hauptstadt der Helvetischen Republik, als angenommen proklamiert und sogleich in Kraft gesetzt. Die Hälfte der Orte hatte die neue Verfassung allerdings nicht angenommen, ja Schwyz und Nidwalden hatten sie schon vor dem 12. April an Landsgemeinden ausdrücklich verworfen. Nach dem 12. April lehnten auch die Landsgemeinden der Orte Uri, Glarus, Zug und Appenzell-Innerrhoden die Helvetische Verfassung ab. Appenzell-Ausserrhoden war gespalten: Das Hinterland nahm an einer Landsgemeinde in Herisau an, während das Vorderland verwarf. Ähnlich war es im Wallis, wo das Oberwallis der neuen Verfassung nicht geneigt war, diese vom Unterwallis aber begrüsst wurde. St. Gallen wurde ebenfalls gespalten, indem das reformierte Toggenburg annahm, die übrige Landschaft ablehnte und die Stadt St. Gallen schwankte. Es zeigte sich hier in Ansätzen bereits das später typisch werdende Abstimmungsverhalten der schweizerischen Kantone und Regionen bei Änderungen der Bundesverfassung im Sinne des aufklärerisch-wissenschaftlichen Weltbildes.

Die zunächst Widerstand Leistenden nahmen nach der militärischen Niederwerfung gezwungenermassen die Verfassung ebenfalls an; zuletzt nahm das Tessin, dieses allerdings freiwillig, die neue Verfassung an, während Graubünden einstweilen noch beiseite stand.

2. Der Inhalt

Neben dem Verfassungsentwurf von Peter Ochs gibt es keine schweizerischen Quellen der Helvetischen Verfassung, und auch der Entwurf von Ochs stützt sich stark auf die französische Direktorialverfassung. Quelle der Helvetischen Verfassung bildet also die französische Verfassungsgeschichte zwischen 1789 und 1797, und hier am stärksten die Direktorialverfassung. Die Verfassung der Helvetischen Republik[13] beginnt in Art. 1 mit der Erklärung der Einheitsstaatlichkeit: «La République helvétique est une et indivisible». Die Notwendigkeit der Einheit und Unteilbarkeit der Helvetischen Republik wird

---

[13] *Quellenbuch* S. 126 ff.

in Artikel 1 näher begründet, unter anderem damit, man werde durch die vereinigte Stärke aller stark sein. Dann wird festgelegt, dass es zwischen den «Kantonen» keine Grenzen mehr gibt. Den Kantonen wird dieselbe Rolle wie den französischen Departementen nach der Direktorialverfassung zugedacht. Der Begriff «Kanton» dürfte aber von Ochs, der ihn in seinen Entwurf aufgenommen hat[14], nicht der Direktorialverfassung entnommen worden sein; nach dieser waren nämlich die «cantons» nicht identisch mit den Departementen, sondern nur Grundlage der Primärversammlungen[15]. Der Begriff «canton», vom mittellateinischen «quantonus» (Landstrich) herstammend, wurde vielmehr schon vom Ende des 15. Jahrhunderts an zuerst von der französischen Diplomatie und dann zunehmend von anderen europäischen Mächten als Bezeichnung für die eidgenössischen Orte verwendet.

In Artikel 2 wird zunächst der Grundsatz der Volkssouveränität festgeschrieben: «Die Gesamtheit der Bürger ist der Souverän.»[16] Dieser Grundsatz wird jedoch in Absatz 2 vor einer Ausdehnung im demokratischen Sinn abgesichert, indem es dort heisst, die Regierungsform solle «allezeit» eine repräsentative Demokratie sein. Dieses Prinzip, das direktdemokratische Einrichtungen ausschliesst und die Volksrechte auf die Wahlen und das Verfassungsreferendum beschränkt, soll also auch vor künftigen Verfassungsänderungen geschützt werden.

Was nun in den weiteren Artikeln des Ersten Teils folgt, ist ein stark verdünnter Auszug aus der französischen Erklärung der Menschen- und Bürgerrechte von 1789, angereichert durch einige Moralsätze[17]. Von diesen verdient vor allem Artikel 4 Absatz 2 besondere Erwähnung: «Aufklärung ist besser als Reichtum und Pracht», lautet er in etwas ungelenker deutscher Übersetzung des französischen Satzes «Les lumières sont préférables à l'opulence». Diese Bestimmung stammt aus dem Entwurf von Peter Ochs[18] und ist von den revolutionären Bestrebungen zur Einrichtung einer «Republik der Tugend» inspiriert. Die Tugend, ein wichtiger Bestandteil der Staatsphilosophie der Aufklärung, vor allem Montesquieus und Rousseaus, ist zuerst in die «Virginia Bill of Rights» vom 12. Juni 1776 aufgenommen worden, wo die «firm adherence to ... moderation, temperence, fru-

---

[14] Art. 1.
[15] Art. 17.
[16] Absatz 1.
[17] Art. 4 Abs. 2, Art. 5 Abs. 2, Art. 8 Abs. 2.
[18] Art. 5.

gality and virtue» zum Staatsprinzip erklärt wird[19]. In der Französischen Revolution kam dieser Gedanke am klarsten im Dekret des Nationalkonventes vom 7. Mai 1794 zum Ausdruck, in welchem die Abhaltung von Festen beschlossen wurde, die alle zehn Tage («décades») hätten stattfinden sollen. Unter anderem waren Feste für die folgenden Tugenden vorgesehen: «Frugalité, Désintéressement, Stoïcisme, Vérité, Bienfaiteurs de l'humanité». Ochs hat seine puritanischen Ideen wohl aus dieser Quelle geschöpft. Es hat sich dann aus dieser Haltung heraus unter anderem die helvetische Luxussteuer entwickelt.

Der Rousseausche Gesetzesbegriff, wie er genau in Artikel 6 der französischen Erklärung der Menschen- und Bürgerrechte von 1789 formuliert ist, wird in Artikel 3 der Helvetischen Verfassung so trivialisiert, dass er nur wenig Sinn mehr hat. Diese Denaturierung war durch das auch in der französischen Direktorialverfassung sichtbare Bestreben diktiert, auf jeden Fall die rein repräsentative Staatsform abzusichern: Artikel 6 der Erklärung der Menschen- und Bürgerrechte von 1789 ging nämlich ausdrücklich davon aus, dass die Bürger persönlich («personnellement») oder durch ihre Repräsentanten an der Bildung des Gesamtwillens mitwirken. Während sich die französische Verfassung von 1791 noch streng an den zweitgenannten Grundsatz hielt, sahen dann der Gironde-Entwurf und die Verfassung von 1793 die bereits erwähnten direktdemokratischen Einrichtungen vor; deren Wiederaufleben wollten die Männer des Direktoriums nun verhindern.

In Artikel 5 wird die «natürliche Freiheit» des Menschen als unveräusserlich festgeschrieben und festgelegt, dass diese nur im Interesse anderer Menschen und im Gesamtinteresse eingeschränkt werden darf. Auf die Sicherung der natürlichen Freiheit des Menschen folgt die Verankerung der Glaubens- und Gewissensfreiheit; diese Freiheit wird jedoch, obwohl sie als «uneingeschränkt» bezeichnet wird, durch die öffentliche Ordnung, insbesondere durch die Wahrung des Religionsfriedens, relativiert. Eine kirchenfeindliche Tendenz kommt insofern zum Ausdruck, als die Verfassung selber die Polizei sozusagen «einlädt», sich über die von den Kirchen gelehrten Grundsätze und Bürgerpflichten zu erkundigen; gemeint ist nichts anderes als eine staatliche Kontrolle und Sicherung des rational-aufklärerischen Denkens gegenüber den kirchlichen Lehren. Demselben Ziel dient der Ausschluss der Geistlichen vom Wahlrecht und von

---

[19] Section 15.

politischen Ämtern[20]. Die Kirchen werden respektlos als «Sekten» bezeichnet[21]. Klugerweise verzichtet indessen die Helvetische Verfassung – anders als ihr französisches Vorbild – darauf, den Begriff des «Etre suprême» im Sinne eines aufklärerischen Gottesersatzbegriffes einzuführen, denn das hätte die religiösen Gefühle vor allem der katholischen Bevölkerung noch mehr verletzt. Immerhin ging die Helvetische Verfassung, wie die entsprechende Gesetzgebung bald zeigen sollte, stillschweigend von der Konfessionslosigkeit des Staates aus und betrachtete die Kirchen als private Vereinigungen. Ohne, wie in Frankreich, bereits die Zivilehe einzuführen, hat man mit der Schaffung von Zivilstandsregistern in den Gemeinden einen entscheidenden Schritt in diese Richtung getan. Schliesslich versuchte man mittels einer im Kern gegen das Papsttum gerichteten Bestimmung einen antiaufklärerischen Einfluss ausländischer (kirchlicher) Mächte auf die schweizerische Bevölkerung zu unterbinden[22]. Ferner wurden auf dem Wege der Gesetzgebung das Vermögen der Klöster unter staatliche Verwaltung gestellt und die geistliche Gerichtsbarkeit sowie die in den protestantischen Kantonen bestehenden Sittengerichte abgeschafft – um hier nur einige der Bestrebungen der helvetischen Behörden auf kirchenpolitischem Gebiet zu nennen.

Im Gegensatz zur allgemeinen Meinungsäusserungs- und Informationsfreiheit der Erklärung von 1789[23] sieht die Helvetische Verfassung nur die Pressefreiheit vor, die Informationsfreiheit allerdings voraussetzend[24]. Schliesslich folgt noch eine unvollständig formulierte Eigentumsgarantie mit Entschädigungsgrundsätzen für den Fall der Enteignung[25], während eine Garantie des freien Handels und Gewerbes fehlt, im Gegensatz zur französischen Direktorialverfassung. Man ging aber von einer solchen aus, wie die Gesetzgebung namentlich mit der Abschaffung des Zunftzwanges bald zeigte. Für die damalige Zeit von grösster Bedeutung war jedoch Artikel 13, wonach kein Grundstück für unveräusserlich erklärt werden darf[26], und es gilt das Prinzip der Loskäuflichkeit des Bodens von den Feudallasten – getreu den Lehren der Physiokraten[27].

[20] Art. 26, Helvetische Verfassung; *Quellenbuch* S. 133.
[21] Art. 6.
[22] Art. 6.
[23] Art. 11; *Quellenbuch* S. 32.
[24] Art. 7.
[25] Art. 9.
[26] Absatz 1.
[27] Absatz 2.

Wenn man von der Unzulässigkeit erblicher Gewalt, von Rang und Ehrentiteln[28] absieht, so kennt die Helvetische Verfassung keine allgemeine Rechtsgleichheit. Dennoch ging man in der folgenden politischen Praxis von einer solchen aus, wie rein äusserlich etwa der Beschluss der gesetzgebenden Räte vom Frühjahr 1798, die Anrede «Herr» durch «Bürger» zu ersetzen, zeigt. Die volle Gleichstellung der schweizerischen Juden gelang im Gegensatz zu Frankreich nicht. Es fehlt in der Helvetischen Verfassung auch eine Garantie der persönlichen Freiheit im Sinne des Schutzes vor Verhaftung und der Unschuldsvermutung[29]. Ferner wurden auch die hervorragend formulierten Grundsätze des Strafrechts der Erklärung von 1789, insbesondere der Schutz vor rückwirkenden Strafgesetzen von Artikel 8, nicht rezipiert. Erstaunlich ist schliesslich, dass das Petitionsrecht nicht ausdrücklich garantiert wird. Indessen geht Artikel 96 Absätze 5 und 6 der Helvetischen Verfassung vom Bestehen des Petitionsrechtes aus; die helvetischen Behörden haben dann in der Folge in ihrer Praxis das Petitionsrecht als Freiheitsrecht anerkannt.

Insgesamt sind die Freiheitsrechte der Helvetischen Verfassung unsystematisch und unvollständig gefasst; auch sind sie zu wenig abstrakt formuliert und deklarieren auch Nebensächlichkeiten. Die vollständigen, hervorragend und abstrakt formulierten Prinzipien der Artikel 1–6 der französischen Menschen- und Bürgerrechtserklärung von 1789 wurden nur in Ansätzen übernommen, obwohl bei den Individualrechten, anders als etwa bei der Frage des Föderalismus, keine klaren, politisch bedingten Schranken bestanden hatten. Indessen zeigt sich bei den Individualrechten der Helvetischen Verfassung die typische Abhängigkeit der schweizerischen von der französischen Verfassungsentwicklung: War der Direktorialverfassung von 1795 noch eine – gegenüber 1793 allerdings in ihrem Gehalt reduzierte – Menschenrechtserklärung vorangestellt, so enthielt dann die noch stärker von autoritärem und bereits von imperialem Geist erfüllte Konsularverfassung vom 13. Dezember 1799 weder eine Menschenrechteerklärung noch Freiheitsrechte. Die Helvetische Verfassung, zeitlich zwischen den beiden genannten französischen Verfassungen liegend, greift insoweit der zunehmend durch Napoléon Bonaparte geprägten, nur mehr wenig demokratischen und weniger liberalen Verfassungsentwicklung in Frankreich etwas vor.

Der zweite Titel der Helvetischen Verfassung nimmt die Einteilung des helvetischen Gebietes vor. Es werden die folgenden

---

[28] Art. 8.
[29] Art. 7 und 9 französische Erklärung der Menschen- und Bürgerrechte.

21 Kantone gebildet: Wallis, Léman (oder Pays de Vaud), Freiburg, Bern (ohne Waadt und Aargau), Solothurn, Basel, Aargau (ohne Baden, Freiamt und Fricktal), Luzern, Unterwalden, Uri, Bellinzona (oberes Tessin ohne Locarno und Maggiatal), Lugano (mit Locarno und Maggiatal), Sargans (mit Einschluss der March), Glarus, Appenzell, Thurgau, St. Gallen, Schaffhausen, Zürich, Zug (inklusive Baden und Freiamt), Schwyz (ohne March). Die Grauen Bünde werden in Artikel 18 der Verfassung «eingeladen», sich der Helvetischen Republik anzuschliessen. Neuenburg blieb preussisches Fürstentum, Genf gehörte noch zu Frankreich, ebenso das ungefähre Gebiet des heutigen Kantons Jura, aus dem das französische Departement «Mont Terrible» gemacht worden war.

Die Kantone werden ihrerseits in Distrikte und diese in Gemeinden eingeteilt; die grösseren Gemeinden bilden Quartiere. Die so vorgenommene Einteilung des helvetischen Gebietes bezieht sich auf Wahlen, Gerichtsbarkeit und Verwaltung; sie schafft keine Grenzen[30]. Durch einfaches Gesetz, also ohne Verfassungsänderung, kann der Umfang der Kantone, Distrikte und Gemeinden verändert werden[31].

Im Dritten Teil der Helvetischen Verfassung wird das Bürgerrecht normiert. Obwohl, wie gesehen, die Verfassung keine allgemeine Rechtsgleichheit statuiert, wird auch im Bereich des Bürgerrechts die Gleichstellung vollzogen. Alle Bürger und Niedergelassenen der Orte und der früheren Untertanen werden kraft Verfassung Schweizerbürger[32], mit Ausnahme der Juden, denen die Räte das Bürgerrecht verweigerten. Die Geistlichen der christlichen Kirchen werden zwar Schweizerbürger, bleiben aber, wie gesagt, von den politischen Rechten generell ausgeschlossen[33].

Ein Bürger, der zwanzig Jahre alt wird, hat in der «schönen Jahreszeit» den Bürgereid abzulegen, nämlich «seinem Vaterlande zu dienen, und der Sache der Freiheit und Gleichheit als ein guter und getreuer Bürger, mit aller Pünktlichkeit und allem Eifer, so er vermag, und mit einem gerechten Hass gegen Anarchie und Zügellosigkeit anzuhangen»[34]. Dieser Bürgereid ist von Peter Ochs in seinem Verfassungsentwurf[35] formuliert worden, wohl vom Pflichtenkatalog der

---

[30] Art. 15.
[31] Art. 16.
[32] Art. 19.
[33] Art. 26.
[34] Art. 24.
[35] Art. 23; *Quellenbuch* S. 117.

«Déclaration» der Direktorialverfassung dazu inspiriert. Der mit Tugendelementen versehene Eid war Ausdruck der «religion civile» im Sinne von Rousseau und der daraus abgeleiteten Pflicht der Bürger zur Ablegung eines kurzgefassten «Glaubensbekenntnisses»[36]. Die Ablegung des in der Helvetischen Verfassung vorgesehenen Eides sollte im Rahmen eines bürgerlich-sakralen Festaktes erfolgen. Dies stiess natürlich auf den Widerstand der Geistlichkeit, welche die die Kirchen konkurrierende weltlich-sakrale Funktion desselben erkannte; der Eid wurde denn auch nur einmal, am 14. Juli 1798, vollzogen.

Weitgehende Bestimmungen enthielt die Verfassung über den Verlust des Schweizerbürgerrechts, auch dies eine Übernahme aus dem französischen Verfassungsrecht: In Artikel 27 schimmert die Absicht durch, den in der Regel altgesinnten Emigranten der aristokratischen Orte das Bürgerrecht zu entziehen.

Formell galten die bisherigen Kantons- und Gemeindebürgerrechte als abgeschafft. Allein, auf der Gemeindeebene traten Schwierigkeiten mit den bisher bestehenden, als privatrechtlich aufgefassten Gemeindebürger-Korporationen, also mit den Bürgergemeinden, auf: Die helvetische Gesetzgebung musste sehr rasch an die Organisation des Gemeindewesens gehen, denn in den Gemeinden waren die Urversammlungen zu bilden, mit deren Hilfe die helvetischen Behörden zu bestellen waren. Ferner waren die Gemeinden unterstes Vollzugsorgan der Helvetischen Verwaltung und hatten überdies eigene Verwaltungsaufgaben zu erfüllen. Es war nun nötig, die politische Gleichberechtigung aller Schweizerbürger in den Gemeinden sicherzustellen. Dies bot indessen grosse Schwierigkeiten, indem man es nicht wagte, die neu ins Bürgerrecht Eingetretenen – überwiegend ärmere Bevölkerungsschichten – zu Mitgliedern der bestehenden Bürgergemeinden zu machen, dies vor allem wegen deren teilweise grossen Vermögen, die für die Angehörigen der lokalen Führungsschicht als «privat» und «wohlerworben» galten und sorgsam gehütet wurden. Man schuf daher nach französischem Vorbild einen neuen Gemeindetypus, die Munizipal- oder Einwohnergemeinde, die sich aus allen in einer Gemeinde wohnhaften Schweizerbürgern zusammensetzte. Diese stellte man einfach *neben* die Bürgergemeinden. Man griff damit zu einer Methode, die man dann auch in anderen Sachbereichen anwendete: Eine von den Neuerern als veraltet erkannte Einrichtung schafft man um der Wahrung der historischen Kontinuität und der Vermeidung allzustarker politischer Widerstän-

---

[36] ROUSSEAU, Contrat social IV/8.

de willen nicht ab, sondern stellt einfach eine neue daneben, die zwar eine ähnliche Funktion wie die alte hat, aber auf der Grundlage des neuen Geistes steht. Man rechnet dann mit der allmählichen Emanzipation der neuen und dem Absterben der alten Einrichtung, die als «Kontinuitätsbrücke» gedient hat. In der Folge starben jedoch die Bürgergemeinden meistenorts nicht ab, verloren aber gegenüber der neugeschaffenen Munizipalgemeinde stark an Bedeutung. Der damals geschaffene Gemeindedualismus hat sich deshalb in vielen Kantonen bis auf den heutigen Tag halten können. Die helvetische Gesetzgebung setzte in der Folge als Kompensation für die Schonung der Bürgergemeinden, aber auch wegen der allgemeinen Finanzknappheit, deren Pflicht zur Armenunterstützung aller Schweizerbürger fest und gab ihnen damit, ohne es eigentlich zu wollen, eine neue Legitimationsbasis.

Getreu den Grundsätzen von Naturrecht, Individualismus und Rationalismus wird der helvetische Staat auf dem Einzelnen, dem Schweizerbürger, aufgebaut. Sehr schön kommt dieses Denken im Zwölften Titel der Verfassung zum Ausdruck, wo in Anlehnung an den Verfassungsentwurf von Peter Ochs die «Mittel», um die «Constitution ins Werk zu setzen», genannt werden. Es heisst dort: «Wenn sich in einer Gemeinde, sei es Stadt oder Dorf, oder in einem Canton eine gewisse Zahl von Bürgern befindet, welche entschlossen sind, in den Genuss der mit der Freiheit und Gleichheit verknüpften Rechte, welche ihnen die Natur verliehen hat, wieder einzutreten, so sollen sie sich durch eine Bittschrift an die Obrigkeit wenden, damit ihnen erlaubt werde, sich in Primär-Versammlungen zu vereinigen, um ... ihre Wahlmänner zu ernennen.» Diese auf einer naturrechtlich begründeten Fiktion beruhende Bestimmung, nämlich des unvordenklichen Bestandes von individuellen Rechten, in die man «wieder eintreten» kann, ist einer der typischsten und originellsten Teile der Helvetischen Verfassung, der allerdings wegen ihrer einseitigen Inkraftsetzung nicht praktisch wirksam wurde. Die Verwandtschaft mit der Präambel zur französischen Menschenrechtserklärung von 1789 ist offensichtlich.

Das institutionelle Fundament des neuen Staates bilden also die Primär- oder Urversammlungen (assemblées primaires). Getreu den auf Gleichheit und Demokratie beruhenden Vorstellungen Rousseaus hatte schon der Gironde-Verfassungsentwurf von 1793 den Urversammlungen eine zentrale Funktion zugeschrieben: Sie hatten über die Verfassung abzustimmen, die Wahlen vorzunehmen und über Referendum und Initiative abzustimmen. Die französische Montagnard-Verfassung von 1793 behielt die Urversammlungen als zentrale Basis der Willensbildung bei, ebenso die Direktorialverfassung von 1795, von wo sie in die Helvetische Verfassung gelangten. Die Urversammlungen werden aus den mindestens zwanzig Jahre alten und mindestens seit fünf Jahren in einer Gemeinde wohnenden (männlichen) Bürgern jedes Dorfes gebildet, das mindestens hundert Bürger umfasst; damit die Urversammlungen nicht zu gross werden, sind die Städte in Quartiere einzuteilen. Einen Vermögenszensus für die Teilnahme an den Wahlen und Abstimmungen sieht die Helvetische Verfassung, im Gegensatz zu ihrem französischen Vorbild, nicht vor. Auch die «Hintersässen» werden damit wahlberechtigt. Eine gewisse besitzbürgerliche Tendenz bei den Wahlen ergab sich jedoch aus der nur indirekten Wahlweise, den Wählbarkeitserfordernissen und aus dem Wohnsitzerfordernis von fünf Jahren in einer Gemeinde.

Die Urversammlungen (assemblées primaires) haben jedes Jahr zusammenzutreten, um die Wahlmänner, also die Mitglieder der kantonalen Wahlversammlungen (assemblées électorales) in geheimer Wahl zu bestimmen. Allerdings werden nicht alle von den Urversammlungen gewählten Wahlmänner Mitglieder der Wahlversammlungen, indem die Hälfte durch das Los ausgeschieden wird. Die Wahlversammlungen nehmen jedes Jahr anlässlich der Herbst-Tagundnachtgleiche, am 22. September, die notwendigen Wahlen vor[37]. Dieses Datum ist nicht zufällig, sondern abgestimmt auf den Beginn des Jahres I der Französischen Republik am 22. September 1792. Zu wählen sind neben den Mitgliedern der Gesetzgebenden Räte die Richter des Obersten Gerichtshofes, jene der Kantonsgerichte, die Mitglieder der kantonalen Verwaltungskammern und die entsprechenden Ersatzleute. Insgesamt war das neue Wahlrecht «gegenüber dem bisherigen Recht der Landsgemeindekantone eine Beschränkung der Demokratie, gegenüber dem der Aristokraten eine demokratische Neuerung, überall aber etwas bisher Unbekanntes» (Eduard His).

Nachdem nun das Fundament des helvetischen Staates, die Wahlversammlungen, skizziert worden sind, können in der Folge die einzelnen Behörden beschrieben werden. Die Helvetische Verfassung legt den Gewaltenteilungsgrundsatz ausdrücklich nirgends fest. Dieser liegt aber der Verfassung als Prinzip zugrunde; letztere lehnt sich damit, gleich wie die Direktorialverfassung, an die Staatstheorie Montesquieus an unter gleichzeitiger Ablehnung der Lehren Rousseaus.

---

[37] Art. 44.

Die *gesetzgebende Gewalt* wird durch zwei verschiedene, getrennte und voneinander unabhängige Räte ausgeübt[38]. Der in der Verfassung zuerst genannte Senat setzt sich aus vier Abgeordneten jedes Kantons sowie aus den ehemaligen helvetischen Direktoren zusammen. Der zweitgenannte, der Grosse Rat, besteht aus einer vom Gesetz zu bestimmenden Zahl von Abgeordneten jedes Kantons nach der Grösse seiner Bevölkerung. Der helvetische Grosse Rat entsprach dem «Rat der Fünfhundert» nach der französischen Direktorialverfassung; geändert wurde von Ochs nur der Name, der aus dem Staatsrecht der alten eidgenössischen Orte stammt. Der Grosse Rat sollte das demokratische Element verkörpern und die Volksvertretung bilden. Der Senat ist dem Rat der Alten der Direktorialverfassung nachgebildet; nach letzterer hatte er die Aufgabe, das bewahrende, stabilisierende Element zu verkörpern und damit eine diktatorische Konventsherrschaft zu verhindern. Doch der Helvetische Senat, dessen Name von nordamerikanischen (oder römischen) Staatsrecht herstammt, ist anders als der französische Rat der Alten ausgestaltet. Während die Direktorialverfassung die 250 Mitglieder des Rates der Alten entsprechend der Bevölkerungszahl der Departemente verteilte, sieht die Helvetische Verfassung eine feste Sitzzahl von vier Senatoren für jeden Kanton vor. Diesen vom Kopfzahlprinzip und damit von der Rechtsgleichheit abweichenden Verteilungsschlüssel hat Ochs vermutlich der amerikanischen Unionsverfassung entnommen[39]. Der so zusammengesetzte Senat trägt etwas «föderalistische» Züge. Er ist aber nach dem Willen der Verfassungsgeber, anders als der amerikanische Senat, kein Organ für die Wahrung föderativer Interessen; die Verfassung kennt ja auch keine Gliedstaaten mit Rechtspersönlichkeit.

Die Amtsdauern der Helvetischen Räte sind dem französischen und mittelbar wohl auch dem amerikanischen Staatsrecht nachgebildet. Die Mitglieder des helvetischen Grossen Rates werden auf sechs Jahre gewählt, wobei aber alle geraden Jahre, also jedes zweite Jahr, ein Drittel derselben ausscheiden muss. Ein Grossrat, der die vorgesehenen sechs Jahre geamtet hat, kann sich erst nach einer Unterbrechung von zwei Jahren erneut zur Wahl stellen. Es gab nach der Helvetischen Verfassung also keine Gesamterneuerung der Volksvertretung, jedoch insgesamt doch sehr häufige personelle Veränderungen. An der politischen Wirkung gemessen, könnte man beim

---

[38] Art. 36.
[39] Das vermutet auch BAUER KLAUS, Der französische Einfluss auf die batavische und Helvetische Verfassung des Jahres 1798 (1962), S. 51.

Grossen Rat von einer dreijährigen Legislatur mit vorübergehender Amtszeitbeschränkung sprechen. Die helvetische Regelung war in dieser Hinsicht etwas weniger demokratisch als das französische und das amerikanische Vorbild, indem der Rat der Fünfhundert der Direktorialverfassung jedes Jahr zu einem Drittel, das amerikanische Repräsentantenhaus alle zwei Jahre gesamthaft erneuert wurde.

Die Mitglieder des Helvetischen Senats werden auf acht Jahre gewählt, wobei jedes ungerade Jahr ein Viertel derselben erneuert werden muss. Ein Senator, der die maximale Dauer von acht Jahren geamtet hat, kann erst nach einer Unterbrechung von vier Jahren wieder gewählt werden. Auch die Wahlregelung des Senates ist etwas weniger demokratisch als das französische Vorbild, indem nach der Direktorialverfassung jedes Jahr ein Drittel der Mitglieder des Rates der Alten, gleich wie beim Rat der Fünfhundert, neu zu wählen war. Dass man mit dem Senat, gleich wie die Direktorialverfassung, einen Rat der Alten und der Bewährten schaffen wollte, ergibt sich aus den einschränkenden Wählbarkeitsbedingungen für diese Behörde: Es wird ein Mindestalter von dreissig Jahren verlangt; ein Lediger ist nicht wählbar. Ferner musste der Kandidat – nach einer Übergangszeit – vor der Wahl höherer Helvetischer Beamter oder Richter gewesen sein. Schliesslich kamen noch die Mitglieder des Senates hinzu, die nicht vom Volk gewählt wurden, nämlich die ehemaligen Direktoren, die von Verfassungs wegen Mitglieder des Senates wurden.

Die Sitzungen der beiden gesetzgebenden Räte sind, eine Neuerung im schweizerischen Staatsrecht, öffentlich. Die Räte verfügen über das Recht der Sitzungspolizei und, nach französischem Vorbild zwecks Abwehr von Angriffen seitens reaktionärer Kreise, über eigene Schutzgarden. Die Mitglieder der Helvetischen Räte verfügen ferner über eine – ausserordentlich kompliziert umschriebene – Immunität, die sie vor Übergriffen von Polizei und Gerichten schützen soll. Die beiden Räte sind gehalten, jedes Jahr die Sitzungen für mindestens drei Monate einzustellen[40]. Der Zweck dieser Bestimmung bestand nach den Erfahrungen der Parlamentsherrschaft des Nationalkonventes in Frankreich darin, die Macht der Legislative gegenüber der (ständig amtenden) Exekutive zu beschränken. Die französische Konsularverfassung von 1799 kannte eine noch schärfer gefasste analoge Bestimmung mit demselben Zweck. Immerhin besitzen die beiden Helvetischen Räte das Selbsteinberufungs- und Selbstkonstituierungsrecht. Indessen: In keinem Falle können sich die beiden

[40] Art. 64.

gesetzgebenden Räte im selben Saale vereinigen[41], ebenfalls eine Bestimmung zur Machtbeschränkung der Legislative. Mit der aus der französischen Direktorialverfassung übernommenen Bestimmung, dass die gesetzgebenden Räte keine ständigen Kommissionen bilden dürfen[42], verfolgte man denselben Zweck; auch wollte man die Entstehung quasi-diktatorischer Parlamentsausschüsse im Stile des aus Mitgliedern des französischen Nationalkonvents gebildeten «Comité du Salut public» verhindern.

Das Verfahren der Gesetzgebung in den beiden Räten wird von der Helvetischen Verfassung nicht geregelt. Das von der französischen Direktorialverfassung[43] inspirierte Geschäftsreglement für die Helvetischen Räte geht davon aus, dass nur der Grosse Rat das Gesetzesinitiativrecht besitzt. Letzterer kann Gesetze anregen und sie auch selber formulieren, sofern es sich nicht um Entwürfe des Direktoriums handelt. Die vom Grossen Rat verabschiedeten Gesetzesentwürfe gehen dann an den Senat. Dieser hat, gleich wie der «Rat der Alten» – das Pendant in Frankreich – nur das Recht, den Entwurf als Ganzes unverändert anzunehmen oder aber an den Grossen Rat zurückzuweisen. Dieser Vorgang konnte sich wiederholen. Gemeinsame Sitzungen zwecks Erzielung eines Kompromisses waren nicht zulässig, auch nicht solche der Kommissionen. Fasste der Grosse Rat nicht einen neuen Gesetzgebungsbeschluss, so war das Geschäft erledigt. Auf diese Weise wurden in der Folge einige wichtige und notwendige Gesetzgebungsprojekte vereitelt.

Die *vollziehende Gewalt*, das Direktorium, ist sehr ähnlich wie das Direktorium der französischen Verfassung von 1795 konzipiert. Es setzt sich aus fünf von den Helvetischen Räten gewählten Direktoren zusammen. Das Wahlverfahren ist kompliziert: Das Los entscheidet, welchem der beiden Räte das Vorschlagsrecht zusteht. Der vorschlagsberechtigte Rat stellt eine Liste von fünf Kandidaten auf, und der andere Rat wählt dann einen dieser fünf zum Direktor. Um als Direktor wählbar zu sein, muss man männlichen Geschlechts, mindestens vierzig Jahre alt sein und darf nicht ledig sein; ferner muss man entweder Mitglied eines der gesetzgebenden Räte oder Mitglied des Obersten Gerichtshofes oder Statthalter gewesen sein. Die Direktoren werden auf fünf Jahre fest gewählt. Jedes Jahr muss jedoch einer der Direktoren zurücktreten; er ist dann für die Dauer von fünf Jahren nicht mehr wählbar, sitzt aber, sofern er nicht verzichtet, von Verfas-

---

[41] Art. 69.
[42] Art. 70 Abs. 1.
[43] Art. 76 ff.; *Quellenbuch* S. 87.

sungs wegen im Senat. Das Direktorium war streng kollegial ausgestaltet; man wollte dadurch, gleich wie in Frankreich, die Übernahme der Macht im Staat durch einen einzigen Direktor verhindern.

Das «Vollziehungsdirektorium», wie es verfassungsmässig heisst, verfügt über weitgehende Kompetenzen, noch grössere als das als Vorbild dienende französische Direktorium. Frankreich wollte wohl mit der starken Stellung der Helvetischen Regierung die Möglichkeit haben, die Politik seiner «Schwesterrepublik» besser beeinflussen zu können. Das Helvetische Direktorium vollzieht alle Gesetze und sorgt für die äussere und innere Sicherheit des Staates; es verfügt über die bewaffnete Macht. Es führt mit fremden Mächten Verhandlungen über Verträge und unterzeichnet sie; diese bedürfen allerdings der Genehmigung durch die gesetzgebenden Räte, mit Ausnahme von darin enthaltenen geheimen Bestimmungen. Das Direktorium kann die Räte einladen, einen bestimmten Gegenstand in Betracht zu ziehen. Ihm kommt das formelle Antragsrecht an die Räte für Amnestien und Begnadigungen zu. Das Direktorium wählt alle Beamten, darunter die vier höchsten, die Minister, nämlich den Minister für Auswärtiges und Verteidigung, jenen für Justiz und Polizei, den Minister für Finanzen, Handel, Ackerbau und Handwerk sowie jenen für Wissenschaften, schöne Künste und öffentliche Werke. Ferner wählt das Direktorium die Statthalter in den Kantonen. Das Direktorium kann die Mitglieder der Gerichte auf Kantons- und Distriktsebene absetzen, wenn es dies für nötig hält; es wählt ferner unter den Mitgliedern des Obersten Gerichtes dessen Präsidenten aus – alles bedenkliche Abweichungen vom Gewaltenteilungsgrundsatz und jenem der richterlichen Unabhängigkeit.

Anderseits hatte die Helvetische Verfassung den Gewaltenteilungsgrundsatz im Verhältnis Exekutive–Legislative so forciert, dass dem Direktorium in den gesetzgebenden Räten kein allgemeines und formelles Antragsrecht, insbesondere kein Recht auf Gesetzesinitiative zukam; es konnte nur die Räte «einladen», einen Gegenstand an die Hand zu nehmen[44]. Die Direktoren durften, ebensowenig wie der Präsident nach amerikanischem Verfassungsrecht, in den gesetzgebenden Räten nicht mündlich eine Sache vertreten. Direktorium und Räte verkehrten amtlich nur auf dem Korrespondenzweg. Anders als die amerikanische Unionsverfassung, sieht die Helvetische Verfassung nichts vor, um Konflikte zwischen den Staatsgewalten zu regeln – was sich auf die Gesetzgebung negativ auswirken sollte. Das Direk-

[44] Art. 77.

torium legt im übrigen jedes Jahr den gesetzgebenden Räten Rechnung über die Verwendung der Gelder ab.

Die in Artikel 18 der Helvetischen Verfassung genannten Kantone sind keine korporativ aufgebauten Gliedstaaten. Es fehlt ihnen auch die Rechtspersönlichkeit, weshalb man sie als blosse Verwaltungseinheiten ansehen muss. Die Kantone verfügen aber immerhin über eine eigene Verwaltungs- und Gerichtsorganisation. An der Spitze der Verwaltung der Kantone steht der Statthalter des Direktoriums, im französischen Text «préfet national» genannt. Damit wurde in der Schweiz das bedeutsame Präfektursystem, das in Frankreich erst durch Napoléon Bonaparte mit Gesetz vom 17. Februar 1800 eingeführt werden sollte, zeitlich sogar noch früher verwirklicht; dadurch erhielt die Schweiz vorübergehend eine noch zentralistischere Verwaltung, als sie in Frankreich bestand. Zwar enthielt die französische Direktorialverfassung von 1795 eine Art Vorläufer der Institution des Präfekten, nämlich den vom Direktorium ernannten und den Administrativräten der Departemente «beigegebenen» Kommissär der Zentralregierung; dieser war aber noch nicht voll in die Departementalorganisation eingegliedert, weshalb den Departementen ein Rest Selbstverwaltung verblieben war.

Von einer allerdings schwach ausgestalteten Selbstverwaltung der Kantone geht zwar, gleich wie die französische Direktorialverfassung, auch die Helvetische Verfassung aus: Sie legt die Verwaltung grundsätzlich in die Hand einer von den kantonalen Wahlmännern erkorenen fünfköpfigen *Verwaltungskammer,* welche in fünf Departemente gegliedert war. Diese Verwaltungskammer hätte dank ihrer demokratischen Legitimation durchaus das Vertrauen der Kantonseinwohner haben können. Doch die Verfassung gab dem vom Direktorium ernannten und von ihm jederzeit absetzbaren besoldeten *Statthalter* so viele und so bedeutende Kompetenzen, dass die Verwaltungskammern faktisch zu dessen Werkzeug wurden: Der Statthalter wohnt den Sitzungen derselben – zwar ohne Stimmrecht – bei und achtet auf die richtige Vollziehung der Gesetze. Er ernennt den Präsidenten der Verwaltungskammer, führt die Aufsicht über alle anderen Amtsstellen und Funktionäre; er wacht über die innere Sicherheit des Kantons und hat das Recht, Verhaftungen vorzunehmen; er verfügt auch über die bewaffnete Macht. Der Statthalter ernennt ferner die Unterstatthalter, die Präsidenten der Gerichte, deren Schreiber und den öffentlichen Ankläger. Er teilt allen Amtsstellen und Funktionären die neuen Gesetze und die Befehle des Direktoriums mit. Schliesslich leitet er die bürgerlichen Feste, beruft die Urversammlungen ein und hat – vom Gewaltenteilungsgrundsatz her gesehen sehr bedenklich – das Recht, den Sitzungen der Gerichte beizuwohnen[45]. Die Stellung des Statthalters wird dadurch weiter verstärkt, als das Direktorium die gewählten Verwaltungskammern jederzeit absetzen kann[46]. Der Statthalter ernennt, wie erwähnt, die Unterstatthalter («sous-préfets»), welche die Bezirksverwaltungen leiten. Diese wiederum ernennen die sogenannten Agenten («agents nationaux»), welche faktisch den Gemeinden vorstehen.

Auf diese Weise wurde den Kantonen eine dreistufige, zentralistische, streng hierarchische und exekutivstaatliche Verwaltungsorganisation aufgezwungen. Damit erhielt das Land eine Verwaltung, die man als drückender empfand als jene in den meisten Orten des Ancien Régime. Neu und ungewohnt war vor allem das System einer bürokratischen Verwaltung von «oben» mit Hilfe einer strengen Hierarchie von fast allmächtigen Berufsbeamten, die dem Einfluss der politischen Vorgänge in Kanton, Bezirken und Gemeinden weitgehend entzogen waren. Die Gemeinden hatten, gleich wie es in der Direktorialverfassung für Frankreich vorgezeichnet war, eine ausgesprochen schwache Stellung. Vom Prinzip der Selbstverwaltung, welches man oft als besonders typisch für das schweizerische Staatsrecht angesehen hat, waren nur mehr wenige Reste übriggeblieben. Dieselben ablehnenden Gefühle weckte in den Kantonen die in der Helvetischen Verfassung vorgesehene zentrale Berufs-Nationalarmee, welche nicht nur vom alten Prinzip der Truppenkontingente der Orte, sondern auch vom Milizprinzip abging.

Trotzdem sind, auf der Ebene der Bezirke und teilweise der Gemeinden, Teile jenes damals zunächst als fremd empfundenen helvetischen Verwaltungssystems bis heute erhalten geblieben. Die «préfets» der Bezirke in den welschen Kantonen, der Regierungsstatthalter im Kanton Bern, der Statthalter im Kanton Zürich und der Oberamtmann in Solothurn und Luzern etwa sind historische Nachläufer der helvetischen Unterstatthalter und der hierarchischen helvetischen Verwaltungsorganisation, ebenso auf Gemeindestufe etwa der aargauische und solothurnische Ammann (Amtmann, Gemeindevorsteher), welche die Stelle der helvetischen «Agenten» einnehmen. In den Deutschschweizer Kantonen setzte sich dann in der demokratischen Bewegung die Volkswahl dieser Beamten durch. Diese an sich systemfremde demokratische Legitimation der Statthalter führte zu einem schwer überbrückbaren Gegensatz zu deren Funktion und hierarchischer Weisungsgebundenheit, wie sich in den jurassischen

---

[45] Art. 96.
[46] Art. 105.

Bezirken des Kantons Bern vor der Abtrennung deutlich zeigte. Im Kanton Waadt etwa , wo die demokratische Bewegung weniger stark war, wurde demgegenüber an der Ernennung der «préfets» durch die Regierung festgehalten.

Die *Gerichtsbarkeit* innerhalb der Helvetischen Republik war nach französischem Vorbild dreistufig und streng hierarchisch organisiert. Als erste Instanz in Zivil- und Strafsachen (ausgenommen schwere Strafsachen) amteten die sogenannten Distriktsgerichte. Diese bestanden aus neun von den Wahlmännern auf sechs Jahre gewählten Richtern; ihr Präsident wurde vom Statthalter des Direktoriums bestimmt. Das Direktorium hatte das bedenkliche Recht, nach seinem Ermessen, allerdings mit Begründung, die gewählten Richter der Kantons- und Distriktsgerichte abzusetzen und durch andere zu ersetzen[47]. Die Kantonsgerichte waren aus dreizehn von den Wahlmännern zu bestimmenden Richtern zusammengesetzt, wobei der Präsident vom Statthalter bestimmt wurde, dem auch das Recht zustand, den Sitzungen des Gerichts mit beratender Stimme beizuwohnen! Funktionell waren sie Appellationsinstanz gegenüber den Straf- und Zivilurteilen der Distriktsgerichte; ferner waren sie als erste Instanz für die Beurteilung schwerwiegender Strafsachen zuständig[48]. Sowohl die Distrikts- wie auch die Kantonsgerichte tagten öffentlich – eine wichtige Neuerung.

Der Oberste Gerichtshof der Helvetik setzte sich aus den von den kantonalen Wahlmännern gewählten Richtern, pro Kanton einer, zusammen. Der Präsident des Gerichtshofes war vom Direktorium zu bestimmen, ebenso der Gerichtsschreiber und der öffentliche Ankläger. Funktionell war der Oberste Gerichtshof einmal Appellationsinstanz gegenüber den von den Kantonsgerichten ausgefällten Urteilen über schwerwiegende Straftaten. Ferner war der Oberste Gerichtshof Kassationsinstanz in allen Zivil- und Strafsachen; diese zweite Funktion führte zur Hauptbelastung des Gerichtes. Schliesslich war der Oberste Gerichtshof einzige Instanz zur Beurteilung von Staatsverbrechen wie Landesverrat oder Bestechung. Er konnte ferner über die Zulassung der strafrechtlichen Anklageerhebung gegen ein Mitglied des Direktoriums oder der gesetzgebenden Räte entscheiden; in diesem Falle musste sich der Gerichtshof um die Ersatzrichter erweitern. Für die Verurteilung eines derart hohen Funktionärs war ein qualifiziertes Mehr nötig. Dem Obersten Gerichtshof stand schliesslich das Oberaufsichtsrecht über die unteren Gerichte zu.

[47] Art. 105.
[48] Vergleiche Art. 97.

Vor allen neuen Justizeinrichtungen der Helvetik hat sich aber diejenige am längsten und in den meisten Kantonen bis heute halten können, welche sich nicht in der Verfassung selber findet: Die durch Gesetz vom 13. Juni 1800 geschaffenen Friedensrichter, welchen die Aufgabe zukommt, vor Beginn der eigentlichen gerichtlichen Auseinandersetzung die Streitparteien zu versöhnen. Englischem Vorbild folgend, wurden die «juges de paix» zuerst in Holland und dann in die französische Verfassung von 1791 eingeführt, zuerst unter dem Namen «médiateurs». In allen weiteren Revolutionsverfassungen, einschliesslich des Gironde-Entwurfes, findet sich diese Einrichtung, die sich vor ihrer Einführung in der Schweiz in Frankreich bereits praktisch bewährt hatte.

Das helvetische Gerichtssystem zeichnete sich durch eine strenge funktionelle und hierarchische Ordnung aus. Es wurde erstmals eine klare, geschriebene und rationale Gerichtsorganisation geschaffen, die sich wohltuend vom Wirrwarr im Gerichtswesen des Ancien Régime unterschied und natürlich auch zur Abschaffung feudaler, käuflicher «Gerichtsherrschaften» führte. In Frankreich war zu Beginn der Revolution die Einsetzung von sogenannten Ausnahmegerichten untersagt worden. Der Terror führte zur Wiedereinsetzung von solchen. Nach dem 9. Thermidor waren solche wieder verpönt, auch in der Helvetik; ein Verbot erliess man aber nicht. Vor allem die Tätigkeit des Obersten Gerichtshofes der Helvetik führte den Schweizern die Vorteile einer zentralen, von rationalen Grundsätzen geleiteten und von lokalen Cliquenstreitigkeiten unberührten letzten Kassationsinstanz vor Augen. Die Mängel der helvetischen Gerichtsorganisation waren aber ebenso offensichtlich: Die personellen Eingriffsrechte der Exekutive in die Justiz schmälerten deren Unabhängigkeit. Ferner waren die Gerichte, vor allem der Oberste Gerichtshof, personell zwar gut besetzt, aber zahlenmässig zu schwach dotiert, um die grosse Zahl der Fälle speditiv erledigen zu können. Schliesslich fehlte ein Verfassungsgericht, welches die Einhaltung der Verfassung durch die gesetzgebenden Räte und das Direktorium hätte sicherstellen können. Es fehlte aber auch ein Verwaltungsgericht zur justizmässigen Sicherung einer gesetzmässigen Verwaltungstätigkeit. Ein Projekt zur Einführung von Handelsgerichten kam nicht zur Durchführung.

Die Helvetische Verfassung enthält, auch dies eine Neuerung im schweizerischen Recht, eine ausdrückliche Bestimmung über ihre Änderung. Während man im Ancien Régime Regelungen der Änderung der die Macht verteilenden Satzungen und Gebräuche nicht für nötig hielt, ja überhaupt Änderungen solcher Normen tendenziell für gefährlich ansah, hat die fortschrittsgläubige und auf der Volkssouveränität beruhende Staatsphilosophie der Aufklärung der Frage der Verfassungsänderung grösstes Gewicht beigemessen. Davon legen der girondistische Entwurf und die Montagnard-Verfassung beredtes Zeugnis ab. Die Helvetische Verfassung lehnt sich auch hier an die weniger demokratische Direktorialverfassung an: Das Recht der Initiative auf Verfassungsänderung kommt lediglich der Zweiten Kammer, dem Senat zu, dem ja ausdrücklich eine konservierende Rolle zugedacht war – und nicht dem Grossen Rat als der Volksvertretung. Ähnlich wie in der Direktorialverfassung sollte die Abänderbarkeit der Verfassung erschwert werden: Der vom Senat ausgearbeitete Änderungsvorschlag bedarf einer zweifachen Beschlussfassung im Senat, wobei zwischem dem ersten und dem zweiten Beschluss ein Zeitraum von fünf Jahren liegen muss. Erst nach Durchführung dieser sogenannten «zweiten Lesung» – die sich mit viel kürzeren Fristen noch heute im Verfassungsrecht vieler Kantone findet – geht der Änderungsvorschlag an den Grossen Rat[49].

Diese geschilderten verfahrensmässigen Erschwerungen der Verfassungsrevision haben praktisch eine gleiche Funktion wie die später in viele Regenerationsverfassungen aufgenommenen sogenannten «Rigiditätsklauseln», wonach die Verfassungsrevision während einer bestimmten Frist überhaupt nicht zulässig ist. In der französischen Direktorialverfassung hatte die noch längere neunjährige Frist zwischen der ersten und letzten Lesung einerseits den Zweck, die Macht des Besitzbürgertums zu stabilisieren, anderseits allzuhäufige, unberechenbare Verfassungsbewegungen zu verhindern. Immerhin hatte die Direktorialverfassung im Gegensatz zur Helvetischen Verfassung als Revisionsinstanz noch die tendenziell reformfreundliche Institution des Verfassungsrates vorgesehen, die sich, nach ihrer Einführung in nordamerikanischen Gliedstaaten, bereits im Gironde-Verfassungsentwurf und in der Montagnard-Verfassung von 1793 findet.

Die Helvetische Verfassung gab dem Volk keine Möglichkeit, selber auf dem Initiativweg die Gesamtrevision der Verfassung zu verlangen. Wohl aber kann das Volk über von den Räten beschlossene Verfassungsänderungen abstimmen, auch dies keine eigenständigschweizerische Einrichtung: In Frankreich wurde nach dem Vorbild nordamerikanischer Einzelstaaten vom Verfassungskonvent mit Dekret vom 21. September 1792 festgelegt, dass für jede künftige Verfassung die Zustimmung des Volkes notwendig sei. Das war Ausdruck

---

[49] Art. 106.

der in nordamerikanischen Einzelstaaten praktizierten und dann vom französischen Revolutionstheoretiker Abbé Sieyès theoretisch untermauerten Unterscheidung zwischen der verfassungsändernden Gewalt («pouvoir constituant»), die allein vom Volk ausgehen kann, und der gesetzgebenden Gewalt («pouvoir constitué»), die von der Volksvertretung ausgeübt werden darf. Das daraus folgende obligatorische Verfassungsreferendum kam erstmals bei der französischen Verfassung vom 24. Juni 1793 und dann auch noch bei der Direktorialverfassung vom 22. August 1795 zur Anwendung. Man übertrug es folgerichtig auf die Helvetische Verfassung, wo im Zwölften Titel Ziffer 5 für Verfassungsänderungen die notwendige Zustimmung der Urversammlungen vorgesehen ist. Das in der Helvetik eingeführte obligatorische Verfassungsreferendum bildete in der Schweiz fortan bei allen Auseinandersetzungen um die Volksrechte ein fast unbestrittenes demokratisches Kernpostulat. Die Modalitäten der Verfassungsrevision zeigen, gleich wie die helvetische Gesetzgebungs- und Verwaltungsorganisation, die Natur der exekutivstaatlichen, autoritären Demokratie, welche in der Schweiz eingeführt werden sollte, und Carl Hilty stellte mit Recht fest, die Helvetische Verfassung sei die «schroffste Repräsentativverfassung» gewesen, welche die Schweiz jemals besessen habe.

Wegen ihrer besonderen Entstehungsweise gibt es für die Helvetische Verfassung neben dem Verfassungsentwurf von Ochs keine zuverlässigen Materialien, und man ist auf weiten Strecken auf persönliche Aufzeichnungen, Korrespondenzen und, wie gesagt, auf das entstehungsgeschichtlich sehr gut dokumentierte französische Vorbild, die französische Direktorialverfassung angewiesen. Um den Geist der Helvetischen Verfassung richtig erfassen zu können, ist es daher notwendig, noch kurz die wichtigsten Gesetzgebungsarbeiten der helvetischen Behörden zu betrachten. Erst mit dem Erlass der helvetischen Gesetze zeigte sich nämlich hinreichend klar die Entstehung eines bereits in der Helvetischen Verfassung angelegten wichtigen Strukturprinzips unserer heutigen Rechtsordnung, nämlich die Entstehung eines eigentlichen öffentlichen Rechts, und damit die charakteristische Zweiteilung in privates und öffentliches Recht.

3. Die Gesetzgebung der Helvetik

Vieles, was die Helvetische Verfassung offen oder im dunkeln liess, ist also durch die nachfolgende Gesetzgebung der helvetischen Behörden näher ausgeführt worden. Um diese Gesetzgebung verstehen zu können, muss man sich ein Bild über die in den Helvetischen Räten, im Direktorium und in Verwaltung und Gerichten wirkenden politischen Kräfte und über die dort tätigen Personen machen. In der Helvetik traten zwei neue politische Faktoren auf, nämlich eine «öffentliche Meinung» auf der einen Seite und politische Gruppen auf der andern. Die Entstehung der ersten wurde namentlich durch die aufkommende Presse sowie durch die nun faktisch bestehende Meinungsäusserungsfreiheit begünstigt. An der Bildung von politischen Gruppen hatten die vor allem in Landstädtchen sich bildenden «Clubs» der Patrioten, die Lesegesellschaften, die Presse sowie die öffentlichen Auseinandersetzungen in den gesetzgebenden Räten wesentlichen Anteil. Der korporationenfeindliche Individualismus der Aufklärung und besonders Rousseaus war der Bildung von politischen Parteien im heutigen organisierten Sinn hinderlich; kollektive politische Betätigung galt als suspekt, rief nach dem Schimpfwort «faction» (politische Clique), so dass man eher von politischen Meinungsgruppierungen sprechen muss.

Die zahlenmässig grösste Gruppierung waren die sogenannten «Patrioten» auf der Linken, die diese Bezeichnung aus dem amerikanischen Unabhängigkeitskrieg und der holländischen Revolution übernahmen. Die Patrioten kamen vorwiegend von der Landschaft; unter ihnen gab es viele Bauern und kleine Gewerbetreibende, die nicht über eine grosse Bildung verfügten. Die Patrioten orientierten sich politisch an der Französischen Revolution in ihrer radikalen Phase von 1792–1794; man kann sie – stark vereinfachend – als schweizerische Jakobiner ansehen. Sie waren mehr demokratisch als liberal gesinnt und betonten stark wirtschaftliche Postulate; auch verfolgten sie am stärksten eine blosse Interessenpolitik. Im übrigen waren sie als Gruppierung auf der Linken zentralistisch eingestellt und aussenpolitisch am stärksten von Frankreich abhängig. Die Patrioten kann man als Vorläufer der späteren Radikalen ansehen. In der Mitte standen die «Republikaner», den Patrioten an Zahl etwas unterlegen; man kann sie – ebenso stark vereinfachend – als schweizerische Thermidor-Liberale bezeichnen: So hat der Zürcher Republikaner Paul Usteri am vierten Jahrestag der französischen Thermidor-Reaktion, am 27. Juli 1798, im Senat ausgerufen: «Der neunte Thermidor hat die Freiheit auf immer wieder in die schwesterlichen Arme der

Tugend, der Güte, der Gerechtigkeit zurückgeführt. ... O neunter Thermidor, du Liebling, Ehre sei Dir!» Der Waadtländer Patriot Jules Muret[50] indessen hat Usteri entgegnet: «...aber vergessen wir nicht, dass die Feinde der Freiheit und alle Aristokraten in der Folge diesen zuerst so heilsamen Tag schrecklich missbrauchten. Wie wir diesen Augenblick Hass dem Terrorism geschworen haben, so lasst uns nun auch Hass schwören der Aristokratie und vorzüglich dem Föderalism, diesem gefährlichen Feind unserer Freiheit.» Die Republikaner bildeten die intellektuelle Führungsschicht. Sie hatten liberale Gesinnung, die weniger durch rein materielle Interesen getrübt war als jene der Patrioten; demokratischen Postulaten standen sie zurückhaltender gegenüber als diese. Die Republikaner orientierten sich denn auch stärker an den Lehren der Aufklärungsphilosophen und Literaten des 18. Jahrhunderts als an den revolutionären politischen Vorgängen in Paris; sie waren in erster Linie idealistisch sowie staatspolitisch und weniger machtpolitisch orientiert als die Patrioten. Sie rekrutierten sich aus zwei Bereichen: Ein Teil der Republikaner kam aus den aufgeklärten städtischen Oberschichten von Zürich, Basel sowie auch Bern und Luzern, so namentlich Hans Konrad Escher, Paul Usteri, Peter Ochs, Johann Rudolf Schnell[51], Bernhard Friedrich Kuhn[52] und

[50] MURET JULES NICOLAS EMMANUEL, 1759–1847. Geboren in Vevey als Sohn des dortigen Pfarrers. Jurastudium in Paris. 1781 Dr. iur. Ab 1786 Tätigkeit als Rechtsanwalt in Lausanne. 1798 Befürwortung der waadtländischen Befreiung von der Berner Herrschaft. Wahl in den Helvetischen Senat, 1800 Wahl in den Helvetischen Grossen Rat. 1802 Mitglied der Consulta in Paris. 1803–1830 Mitglied des Grossen und Kleinen Rats, wiederholt Landammann und Tagsatzungsabgeordneter. Mitglied der Verfassungsrevisionskommission von 1814. In der Restaurationszeit führender Waadtländer Staatsmann. Verhinderer der liberalen Forderungen nach unbeschränkter Religions- und Pressefreiheit. Als Symbol der Restauration daher 1830 nicht in den Verfassungsrat gewählt. Darauf Rückzug ins Privatleben.

[51] SCHNELL JOHANN RUDOLF, 1767–1829. Geboren in Basel. Stammte aus alter Basler Bürgerfamilie. Der Vater war ein reicher Eisenhändler. 1781–1785 abgeschlossenes Philosophiestudium in Basel. Eintritt in die Staatskanzlei. Daneben private Studien in alten Sprachen und Recht. 1795 Dr. iur. 1795–1796 Geschichtsprofessor an der Universität Basel. 1796–1798 letzter Schultheiss von Basel. In dieser Eigenschaft Präsident des Stadtgerichts von Basel. 1798–1803 Mitglied und als Nachfolger Renggers Präsident des Helvetischen Obersten Gerichtshofes. Nach der Helvetik wiederum 1803–1819 Präsident des Stadtgerichts Basel. 1803–1829 Präsident des Kriminalgerichts von Stadt und Landschaft Basel. Ab 1814 Basler Grossrat. Ab 1819 Rechtsprofessor an der Universität Basel bis zu seinem Tod. 1821 beteiligte er sich massgeblich an der Ausarbeitung des «Kriminalgesetzbuchs» von Basel.

[52] KUHN BERNHARD FRIEDRICH, 1762–1825. Rechtsgelehrter, Professor der Rechtswissenschaften am Politischen Institut in Bern, Fürsprecher, Mitglied des Rats der 200 ab 1792, Hauptmann der Grenadiere im Regiment Simmental 1798, Mitglied der provisorischen Regierung, Mitglied und Präsident des Helvetischen Grossen Rats,

Philipp Emanuel von Fellenberg[53]. Ein anderer Teil der Republikaner stammte vor allem aus den ehemaligen Untertanengebieten Aargau und Waadt, so insbesondere Philipp Albert Stapfer[54], Albrecht Rengger[55] und Maurice Glayre[56]. Die Republikaner waren Frühliberale mit

Civilkommissar bei der Helvetischen Armee 1799, Mitglied des Helvetischen Vollziehungsrates 1801, der Consulta in Paris 1803, dann wieder Professor für vaterländisches Recht an der Akademie. Geisteskrank geworden, starb er 1825 in Avenches.

[53] FELLENBERG, PHILIPP EMANUEL VON, 1771–1844. Geboren in Bern. Stammte aus einem alten Berner Patriziergeschlecht. Sohn eines Professors der Rechte. Jugend auf Schloss Wildenstein, Aargau. Eine Zeitlang Zögling von Philipp Albert Rengger, später Studium der Rechtswissenschaft, Politik und Philosophie in Deutschland. Beeinflusst von Kant, Fichte, Rousseau, Pestalozzi. 1794 Aufenthalt in Paris, wo er Sieyès kennenlernte. 1799 kaufte er das Gut Hofwil, das er als Musterbetrieb einrichten und wo er als Politiker und Volkserzieher wirken wollte, um so seinem Lebensziel näher zu kommen, «durch pädagogische Humanisierung und Philantropisierung der Reichen den gesellschaftlichen Zustand zu verändern und das Menschengeschlecht auf die richtige Bahn seiner Bestimmung zu leiten.» Er gründete eine Armen-, eine Real-, eine wissenschaftliche Schule, Gymnasium, eine Mädchen- und eine Kleinkinderschule und eine Schule zur Ausbildung von Volksschullehreren. Diese Anstalten wurden Vorbild für die Errichtung ähnlicher Institute in ganz Europa. Seit 1825 Mitglied des Grossen Rats, 1830 des Verfassungsrats des Kantons Bern.

[54] STAPFER, PHILIPP ALBERT, 1766–1840. Geboren in Bern als Sohn des Pfarrers am Berner Münster. Zum Pfarrersberuf bestimmt, daher theologische Studien an der Berner Akademie und in Göttingen. 1791 in Bern zum Pfarrer ernannt. Ab 1792 Professor der Philologie, alte Sprachen, an der Berner Akademie und am Politischen Institut Bern. Ab 1796 auch Professor der theoretischen Theologie und Direktor des Politischen Instituts. Unitarier und entschiedener Gegner des patrizischen Berner Regimes. Daher 1798 Aufgabe der Professorentätigkeit nach Ernennung zum Helvetischen Minister für Künste und Wissenschaften. In diesem Amt enorme bildungspolitische und nationalkulturfördernde Tätigkeit: Stapfer plante die Schaffung einer eidgenössischen Hochschule und die Gründung von neuen Lehrerseminaren. Er gründete 1799 ein «Helvetisches Nationalblatt» als Zeitung mit Pestalozzi als Chefredaktor und ein «Bureau für Nationalkultur». Beide Institutionen scheiterten noch im selben Jahr. Der Geldmangel und die ständige Kriegs- und Krisenlage dämpften seinen Tatendrang, so dass er 1800 gern Helvetischer Gesandter in Paris wurde. Mitglied der Consulta. 1803 jedoch Rückzug aus dem politischen Leben und von da an wissenschaftliche und schriftstellerische Tätigkeit in Paris. Mitarbeit an der Biographie universelle. Für die Erziehung seiner Kinder stellte Stapfer als Hauslehrer F. Guizot an. Grosse Verdienste um die Förderung der französischen protestantischen Kirche. Stapfer lehnte Lehrangebote der Akademie Lausanne und der Kantonsschule Aarau ab und blieb zeit seines Lebens in Paris. 1835 Dr. honoris causa der Universität Bern.

[55] RENGGER ALBRECHT, 1764–1835. Geboren in Gebensdorf als Sohn eines Pfarrers. Theologische Studien, eine Zeit lang Erzieher Fellenbergs, dann medizinische Studien in Göttingen und Pavia 1785–1788. Dr. med., Arzt in Bern 1789–1798, Mitglied der Helvetischen Gesellschaft von 1791 an. Begrüsste anfänglich die Französische Revolution, ohne aber ihre späteren Exzesse zu billigen. Befürwortete eine durchgreifende politische Reorganisation. 1798 wurde er von Brugg in den erweiterten bernischen Grossen Rat gewählt. Nach dem Umsturz Präsident des Helvetischen Obersten

gemässigtem Reformkurs. Sie betonten die nationale Unabhängigkeit der Schweiz stärker als die Patrioten, vor allem weil die meisten von ihnen der Helvetischen Gesellschaft angehörten, waren aber zugleich aus besserer Geschichtskenntnis heraus und wegen ihrer geringeren Abhängigkeit von der französischen Politik weniger zentralistisch eingestellt als die Patrioten. Am Anfang der Helvetik gab es in den Räten keine eigentliche politische Rechte; es bildete sich aber dann auf der Rechten in wachsender Zahl eine dritte Gruppe, die «Föderalisten», heraus. Diese hatten mehr einen reaktiven Kurs und waren im Gegensatz zu den beiden anderen eher arm an Ideen. Am Schluss der Helvetik gab es dann eigentlich nur noch zwei Gruppierungen, nämlich die nun eindeutig konterrevolutionären Föderalisten, denen unversöhnlich die Unitarier gegenüberstanden.

Die *Aufhebung des Feudalsystems* war in Frankreich die politische Haupttriebfeder der Umwälzung gewesen und hatte das wirtschaftliche Kernpostulat des bürgerlichen Dritten Standes gebildet. Die französische Verfassungsgebende Nationalversammlung hatte daher mit Dekret vom 15. März 1790 zunächst die entschädigungslose Aufhebung der persönlichen Feudallasten einschliesslich aller noch verbliebenen Leibeigenschaftsverhältnisse sowie die Rückkaufsmög-

Gerichtshofs, bald darauf Helvetischer Minister des Innern. Als solcher leistete er während der Dauer der Helvetik ausserordentliche Arbeit. Am Staatsstreich von 7./8. August 1800 beteiligt, nahm er in der Folge lebhaft an der Ausarbeitung der neuen unitarischen Verfassung teil. Nach dem föderalistischen Staatsstreich vom 27./28. Oktober 1801 trat er als Minister zurück, wurde aber bald darauf zum Landammann der Schweiz gewählt. Nach dem neuen unitarischen Staatsstreich vom 17. April 1802 bis zum Sturz der Helvetik war er wieder Minister, lehnte dann die Wahl in die Consulta sowie in den ersten aargauischen Grossen Rat ab, lebte als Arzt in Lausanne bis 1814, arbeitete dort die aargauische Verfassung von 1814 aus, vertrat die Interessen dieses Kantons am Wiener Kongress, wurde 1814 aargauischer Grossrat, war 1815–1820 Mitglied der aargauischen Regierung und zog sich dann ins Privatleben zurück.

[56] GLAYRE MAURICE, 1748–1819. Geboren in Romainmôtier. Juristische Studien, Privatsekretär des Königs von Polen, Ratgeber und Vertreter des Königs in Petersburg, Berlin, Wien und Paris, oft unter schwierigen Umständen. Er wurde geadelt. Freimaurer. 1798 schloss er sich der Französischen Revolution an und wurde erster Präsident der provisorischen Versammlung der Waadt. Mitglied der Verwaltungskammer und provisorischer Präfekt des Departements Léman. Mitglied des Helvetischen Direktoriums. Beim Sturz Laharpes und des Direktoriums wurde er zum Mitglied des Vollziehungsausschusses ernannt, ging zur Vorbereitung einer neuen Verfassung nach Paris, beteiligte sich an der Ausarbeitung der Malmaison-Verfassung. Nach der Rückkehr in die Schweiz bemühte er sich um die Ausführung dieser Verfassung im Kanton Waadt, beteiligte sich jedoch nicht am föderalistischen Staatsstreich 1801, verteidigte die Rechte seines Kantons gegenüber den bernischen Ansprüchen. Grossrat 1803–1813.

lichkeit der auf dem Grund und Boden liegenden Reallasten beschlossen. Dem Rückkauf der Reallasten stellten sich jedoch fast unüberwindliche Hindernisse entgegen: Auf der einen Seite widersetzten sich zahlreiche Grundherren dem Rückkauf; auf der andern konnten viele Bauern die Ablösungssummen nicht bezahlen. Drei Jahre später beschloss dann der französische Nationalkonvent mit Dekret vom 17. Juli 1793 die entschädigungslose Aufhebung aller Feudalrechte. Dieses Dekret liess sich zunächst praktisch und politisch nicht durchführen; nach langen und teilweise gewaltsamen Auseinandersetzungen wurden aber in der Folge die Feudallasten doch beseitigt, unter Verletzung auch legitimer Rechtstitel.

In der Eidgenossenschaft hatte im Gegensatz zu Frankreich zwar kein Feudalsystem im Sinne der direkten Konstituierung der politischen Ordnung bestanden. Es gab aber vor allem in den Mittellandkantonen zahlreiche Feudalabgaben, welche die bäuerliche Bevölkerung belasteten. Daher war die Befreiung des Bodens sowie bestimmter Individuen von den Feudalabgaben auch hier ein altes, aber jetzt virulent gewordenes Postulat, das vor allem von den Patrioten verfochten wurde. Die Helvetischen Räte beeilten sich deshalb mit der Lösung dieses Problems, wozu sie nach Artikel 13 der Verfassung überdies verpflichtet waren. Schon am 4. Mai 1798 beschlossen die Räte die entschädigungslose Abschaffung der persönlichen Feudallasten, also insbesondere der Reste von Leibeigenschaft, der Fronen und der Personalabgaben[57]. Viel schwierigere Probleme stellten sich bei der beabsichtigten Abschaffung der auf Grund und Boden liegenden Reallasten, also insbesondere der verschiedenen Arten von Zehnten. Zunächst war man sich in den Räten nicht einig darüber, ob die Reallasten, bisherigem Verständnis entsprechend, privatrechtlicher Natur oder aber nun dem öffentlichen Recht zuzuordnen seien. Im ersten Falle wäre nur die freiwillige Ablösung durch Rückkauf in Frage gekommen, die natürlich durch die Bauern abgelehnt wurde. Im zweiten Fall hingegen hätte der Staat zwar einseitig vorgehen dürfen; weil aber viele Realabgaben praktisch dazu dienten, öffentliche Funktionen aufrechtzuerhalten, so namentlich Lehrer, Geistliche, Spitäler und Armenhäuser zu alimentieren, wäre bei einem solchen Vorgehen nur deren Ersetzung durch eine andere staatliche Abgabe in Frage gekommen. Der öffentlichrechtlichen Betrachtungsweise entzogen sich jedoch gewisse Reallasten, weil sie – wie etwa die Grundzinsen – legitime privatrechtliche Erwerbs- und Besitzgründe

---

[57] Hiezu und zum folgenden vor allem STAEHELIN ANDREAS (Anm. 1).

des Berechtigten hatten. Am 10. November 1798 kam nach einem misslungenen Versuch ein Gesetz über die Abschaffung der Feudallasten zustande, das einen Kompromiss zwischen den divergierenden Anschauungen enthielt: Der kleine Zehnten wurde ohne Entschädigung als abgeschafft erklärt, der grosse Zehnten und die Grundzinsen sollten von den Grundeigentümern obligatorisch losgekauft werden, wobei dem Staat der Hauptteil der Ablösungssumme aufgebürdet worden wäre. Dieses Gesetz scheiterte im Vollzug aus finanziellen, administrativen und politischen Gründen. Die Räte mussten zuerst Teile desselben, insbesondere die obligatorische Loskäuflichkeit, wieder zurücknehmen und dann den Vollzug ganz einstellen[58]. Schliesslich mussten sie im Herbst 1802 die Frage der Feudalabgaben unter dem sich verstärkenden föderalistischen Druck den Kantonen überlassen, nachdem sie noch mittels eines verfassungswidrigen Ausnahmegesetzes in der wegen dieser Frage aufgewühlten Waadt die Feudalabgaben als aufgehoben erklärt hatten. Die Mediationsakte enthielt keine Bestimmung über die Feudallasten mehr. Es sollten dann die meisten Kantone die freiwillige Rückkäuflichkeit der realen Feudallasten festlegen, was aber praktisch hiess, dass die Beseitigung der Abgaben nicht mehr vonstatten ging. Einzig in den durch Frankreich stärker beeinflussten Kantonen Waadt, Wallis sowie im Tessin wurde also die wichtigste Feudalabgabe, der grosse Zehnten, obligatorisch abgeschafft, während in den übrigen Kantonen die verbleibenden Feudalabgaben erst im Gefolge der Regeneration abgeschafft werden konnten – auch dannzumal erst unter harten Kämpfen. Immerhin scheint auch in Deutschschweizer Kantonen die Aufhebung eines Teils der Feudallasten faktisch eine definitive gewesen zu sein, indem etwa Artikel 8 der Luzerner Regenerationsverfassung[59] ausdrücklich festlegt, «alle persönlichen und dinglichen Leistungen», welche seit dem Jahr 1798 unterblieben seien, blieben «abgeschafft».

Besonders starke Impulse erhielt in der Helvetik das *Erziehungswesen*, obwohl die Helvetische Verfassung keine Bestimmung über den öffentlichen Unterricht enthält. Dem Wissenschafts- und Bildungsoptimismus des 18. Jahrhunderts entsprechend, setzte sich vor allem der Minister für Wissenschaften, schöne Künste und öffentliche Werke, Philipp Albert Stapfer, für eine grundlegende Neugestal-

---

[58] Beschluss vom 15. September 1800.
[59] Bornhauser Thomas, Verfassungen der Kantone der Schweizerischen Eidgenossenschaft (1833) S. 68.

tung des Erziehungswesens ein. Stapfers Plan[60] sah, sehr ähnlich dem Erziehungssplan von Condorcet und wohl von diesem inspiriert, ein dreistufiges Schulsystem vor. Zunächst sollte vom sechsten Lebensjahr an der obligatorische, für Arme unentgeltliche bürgerliche Unterricht eine menschliche und nationale Volksbildung erreichen. Die Lehrkräfte für den allgemeinen «bürgerlichen Unterricht» sollten in Seminarien, in «écoles normales» herangebildet werden. Als zweite Stufe sollten Gymnasien geschaffen werden, in welchen bei den Begabten die Grundlagen einer wissenschaftlichen Bildung gelegt werden sollten, damit aus den Absolventen sorgfältige Ärzte, aufgeklärte Lehrer, «helldenkende Gesetzgeber», fähige Regenten, sachkundige Richter und erfindungsreiche Künstler würden. Auf der gleichen Stufe sollten Industrie- und Gewerbeschulen errichtet werden. Die Krönung des Bildungswesens sollte eine «vaterländische Zentralschule», eine nationale polytechnische Schule und zugleich Universität, bilden, wo über die Enge der kantonalen Verhältnisse hinaus von den Fähigsten Wissenschaft und Künste im nationalen und idealen aufklärerischen Geist gepflegt werden sollten. Niemand würde dort – so der Bericht des helvetischen Direktoriums – die Frage aufwerfen, «wozu diese oder jene Untersuchung nütze», und «den Forschungen würde keine Grenze gesteckt ...»

Für die organisatorische Durchführung des Stapferschen Erziehungsplanes sollte in jedem Kanton ein achtköpfiger Erziehungsrat neu geschaffen werden; diesen Erziehungsräten würden für jeden Distrikt Schulinspektoren unterstellt, welche den ausreichenden «bürgerlichen Unterricht» zu überwachen hätten. Diese neue Einrichtung sollte von der bestehenden kirchlichen Unterrichtsorganisation unabhängig sein – auch hier wieder die bereits bei der Schaffung von Einwohnergemeinden von den Reformern verfolgte Methode der parallelen Schaffung von Institutionen auf der Basis des neuen Geistes mit dem Ziel, die alten allmählich absterben zu lassen.

Die helvetischen gesetzgebenden Räte akzeptierten den idealistischen, seiner Zeit weit vorauseilenden Erziehungsplan von Stapfer nicht, sondern wiesen ihn einer Kommission zu, womit er faktisch begraben wurde. Indessen hielt das Direktorium wenigstens an der Schaffung von Erziehungsräten in den Kantonen fest und setzte im Sommer 1798 mittels blosser Verordnung und damit unter Verletzung des Gewaltenteilungsgrundsatzes solche ein. Diese so neugeschaffe-

---

[60] Auszugsweiser Abdruck des Texts in OECHSLI WILHELM, Quellenbuch zur Schweizergeschichte (1918), S. 472 ff.

nen Erziehungsräte sollten dann in vielen Kantonen die Restauration überleben und in der Folge sehr wertvolle Arbeit leisten; sie bestehen in einigen Kantonen heute noch.

Dem Geist und der Rechtssetzung der Helvetik wird gerne pauschal der Vorwurf des «Ahistorischen» gemacht. Zu einer differenzierteren Betrachtungsweise gelangt man, wenn man die versuchten und durchgeführten Massnahmen der helvetischen Behörden im Bereich der Kultur betrachtet. Unter dem Einfluss Stapfers beschloss das Direktorium namentlich, alle historischen Monumente, Denkmäler und Ruinen zu inventarisieren und zu schützen. Ferner sollten die wertvollen alten Klosterbibliotheken geschützt und es sollte ein Nationalarchiv sowie eine schweizerische Zentralbibliothek – die Vorläufer des Bundesarchivs und der Landesbibliothek – geschaffen werden. Diese Bemühungen blieben zwar infolge der politischen Instabilität des helvetischen Staates zum grössten Teil in den Anfängen stecken; die entsprechenden Ideen sind jedoch ein halbes Jahrhundert später wieder aufgegriffen worden.

Die helvetischen Behörden förderten die allgemeine Wohlfahrt und die Wissenschaft auch im Bereich des Medizinalwesens, wo es einerseits galt, den durch die Aufhebung der Feudallasten in Finanznot geratenen Spitälern – meist kirchlichen Stiftungen – wieder eine genügende finanzielle Basis zu verschaffen. Anderseits wurde die Ausbildung und Prüfung der Ärzte, Apotheker, Hebammen und Tierärzte verbessert und einheitlich geregelt. Um irrationalen, zum Teil verderblichen Heilmethoden zu begegnen, wurde die Kurpfuscherei bekämpft. Nach dem Muster im Erziehungswesen wurden in allen Kantonen sogenannte Sanitätsräte geschaffen, welchen die Durchführung eines zu erlassenden Sanitätsgesetzes hätte obliegen sollen. Ein solches kam jedoch in der Folge nicht zustande.

Die Helvetische Verfassung gewährleistete die *Pressefreiheit* als «eine natürliche Folge des Rechts, das jeder hat, Unterricht zu erhalten»[61]. In der Folge entstanden eine grosse Zahl von Zeitungen und Zeitschriften. Grossen Einfluss gewannen sofort «Der Schweizerische Republikaner», redigiert von Paul Usteri und Hans Konrad Escher, sowie «Das Helvetische Volksblatt», eine von Heinrich Pestalozzi herausgegebene offiziöse Zeitung – beide auf der reformerischen Seite. Als konservatives Oppositionsblatt dominierten die vom späteren Restaurator Karl Ludwig von Haller redigierten «Helvetischen Annalen». Bald entstand als Folge der heftigen Kämpfe das

---

[61] Art. 7; *Quellenbuch* S. 127.

Bedürfnis nach einem gegen die schlimmsten Missbräuche gerichteten Pressegesetz, das jedoch trotz grosser Anstrengungen des Direktoriums nicht zustande kam. Das Fehlen eines solchen Gesetzes erleichterte es den helvetischen Behörden, unter französischem Druck immer schärfere und verfassungswidrigere Restriktionen, vorerst allerdings lediglich gegenüber der antirevolutionären Presse, festzulegen – trotz des Widerstandes von freiheitlich gesinnten Helvetikern wie etwa Paul Usteri. Der sich verschärfende Gegensatz zwischen den «Unitariern» und den an Einfluss gewinnenden «Föderalisten» führte dann zu noch einschneidenderen Massnahmen gegen die freie Presse, so dass gegen Ende der Helvetik nurmehr ein Rest der von der Verfassung intendierten Pressefreiheit übrigblieb.

Die Helvetische Verfassung gewährleistete die *Niederlassungsfreiheit* nicht ausdrücklich. Ihre Geltung ergab sich aber aus den verfassungsmässigen Prinzipien des Einheitsstaates und des einheitlichen Schweizerbürgerrechts. Ein Gesetz von Anfang 1799 legte denn auch fest, dass sich jeder helvetische Bürger an jedem Ort ungehindert niederlassen könne. Die die freie Niederlassung hemmenden Abzugs- und Einzugsgebühren waren daher mit einem Schlage abgeschafft. Weil es jedoch nicht gelungen war, auch die Bürgergemeinden zu beseitigen, hatten die in einer Gemeinde Niedergelassenen nach wie vor eine etwas mindere Rechtsstellung als die am Ort Heimatberechtigten. Immerhin legte aber die helvetische Gesetzgebung das Prinzip der wohnörtlichen Armenunterstützung fest, das allerdings für den Fall durchbrochen wurde, da sich ein Niedergelassener nicht in das Armengut einkaufen konnte. Mit dem allmählichen Erstarken der föderalistischen Kräfte verstärkte sich auch die Tendenz, die freie Niederlassung zu beschränken, indem insbesondere die katholischen Kantone in der freien Niederlassung eine Gefahr für die konfessionelle und ideologische Einheit ihres Gebietes sahen. Mit dem im Sommer 1799 eingeführten Erfordernis eines Passes für den Kantonswechsel konnten die Gegner der freien Niederlassung eine faktische Erschwerung der Mobilität durchsetzen. Weitergehende Beschränkungen der Niederlassungsfreiheit wurden aber in der Folge abgelehnt, so dass dieses Freiheitsrecht in die Mediationszeit hinübergerettet werden konnte.

Die Helvetische Verfassung sah das freie *Petitionsrecht* nicht ausdrücklich vor; indirekt jedoch ergab sich dieses aus Artikel 96. Die Bevölkerung machte, dem politischen und schreibfreudigen Geist der Helvetik entsprechend, vom Mittel der Petition eifrigen Gebrauch. Der Grosse Rat sah sich deswegen veranlasst, eine ständige Petitionskommission für die Behandlung der Petitionen zu bestellen. Die vielen Petitionen wurden dann aber den Behörden lästig, und man sah in ihnen zunehmend eine Gefahr für die öffentliche Ruhe. Aus diesem Grund beschränkte man das Petitionsrecht mittels schikanöser Formvorschriften zunehmend und erliess schliesslich noch ein Verbot für politische Kollektivpetitionen – wohl nach dem Vorbild der französischen Direktorialverfassung[62].

Die Helvetische Verfassung sah das Recht der Republik vor, neben indirekten Steuern auch eine direkte Steuer zu erheben[63]. Es wurden in der Folge auf dem Wege der Gesetzgebung eine Vermögenssteuer und – nach der Lehre der Physiokraten – eine Grundsteuer eingeführt. Ferner führte man nach französischem Vorbild verschiedene indirekte Abgaben ein, so namentlich eine Stempelsteuer, eine Reihe von Handels- und Gewerbeabgaben sowie – dem puritanischen Geist des Artikels 4 Absatz 2 der Verfassung entsprechend – eine Luxussteuer. Dem einheitsstaatlichen Gedankengut entsprechend, wurde eine neue gesamtschweizerische Währung auf der Basis von Franken, Batzen und Rappen geschaffen. Die helvetischen Behörden trachteten ferner danach, die teilweise von Privaten betriebene Post zu vereinheitlichen; zu diesem Zweck schuf man ein staatliches Postregal.

Selbstverständlich waren auch die helvetischen Behörden entsprechend dem französischen Vorbild bestrebt, das Zivil- und Strafrecht zu kodifizieren und zu vereinheitlichen. Die Rechtsvereinheitlichung sollte allgemein das nationale Bewusstsein fördern und die nationale Einheit stärken. Die Kodifikation des Zivilrechts hatte im wesentlichen zum Ziel, die freie Selbstbestimmung der menschlichen Person zu sichern und deren rationale Rechtsbeziehung zu den Mitmenschen und zu den Gütern zu regeln. Gleichzeitig wollte man mit Hilfe der Zivilrechtskodifikation die verfassungsrechtlichen Werte Gleichheit, Freiheit und Eigentum konkretisieren, so etwa mit der Festschreibung des gleichen Erbrechts für weibliche und nachgeborene eheliche Kinder und der Besserstellung der unehelichen Kinder sowie allgemein mit der Abschaffung persönlicher und örtlicher Privilegien wie des Zunftzwanges, von Vorrechten der Aristokraten und Geistlichen. Mit der Schaffung des weltlichen Personenstandes und der Einführung der Ehescheidung etwa konkretisierte man das Postulat der Trennung von Staat und Kirche sowie jenes der persönlichen Freiheit. Mit der Einführung des römischrechtlichen Eigentumsbe-

---

[62] Art. 364; *Quellenbuch* S. 110.
[63] Art. 11; *Quellenbuch* S. 128.

griffes wurde in Verbindung mit der Geldwirtschaft der Grund und Boden mobilisiert und dem Wirtschaftsverkehr zugänglich gemacht. Mit der Kodifikation des Zivilrechts sollten also die in der Verfassung angelegten Forderungen der Staatstheoretiker, Physiokraten, Ökonomisten und Enzyklopädisten im gesamten Bereich der Gesellschaft durchgesetzt und konkretisiert werden. Man kann die Zivilrechtskodifikation daher als konkretisiertes Verfassungsrecht des Liberalismus in der gesellschaftlichen Sphäre bezeichnen. Die Kodifikation des Strafrechts sollte zu dessen rationaler Gestaltung im Sinne der Berechenbarkeit und Voraussehbarkeit zwecks Vermeidung von Willkür, gleichzeitig aber zur Humanisierung der Strafe und deren Befreiung von Aberglaube und kirchlichen Vorurteilen führen.

Im Zivilrecht kam man nicht über die Schaffung einiger Teilerlasse hinaus, die sich zumeist an die bereits vorhandenen Entwürfe zum französischen Code civil anlehnten. Geregelt wurden vor allem die Bereiche Ehe und Familie einschliesslich des Privateigentums. Diese Gesetzgebung stand auf der Basis von Naturrecht und Rechtsgleichheit. Unter anderem wurden die Stellung unehelicher Kinder verbessert und kirchliche Einflüsse auf das Zivilrecht zurückgedrängt. Im Strafrecht hingegen gelang am 4. Mai 1799 die Schaffung einer eigentlichen Kodifikation auf der Basis des französischen Code pénal von 1791. Das neue Strafrecht zeichnete sich einerseits durch mehr Humanität als die früheren Erlasse der Orte aus; Ziel der Strafe sollte fortan die Besserung des Täters sein. Jugendliche sollten gegenüber erwachsenen Tätern besser behandelt werden. Ferner regelte das Gesetz im einzelnen genau Straftatbestände und Strafmasse, letztere gemäss dem Grundsatz der Verhältnismässigkeit. Das richterliche Ermessen, da heisst die früher allzuoft vorgekommene Willkür, sollte eingeschränkt werden. Ferner sollte der Strafvollzug humaner gestaltet werden. Die Folter war schon vor dem Erlass der Kodifikation mittels besonderem Gesetz vom 12. Mai 1798 als abgeschafft erklärt worden. Die Todesstrafe wurde zwar nicht beseitigt, sie durfte aber nur mehr in der neuen, als humaner geltenden Form der Enthauptung vollzogen werden. Der helvetische Code pénal enthielt sehr detaillierte Bestimmungen über Delikte gegen den Staat – das Bestreben, die junge Republik gegen Angriffe zu schützen, wird hier sichtbar.

Den Lehren der Physiokraten, Ökonomisten und von Adam Smith entsprechend, versuchte man, die Freiheit des Handels und des Gewerbes zu etablieren. Hatte diese Freiheit noch in Nordamerika als ein Ausfluss des Eigentumsrechtes gegolten, so leitete man in Frankreich die Handels- und Gewerbefreiheit direkt aus den der Einzelperson zustehenden natürlichen Rechten ab. Die Helvetische Verfassung indes sah keine Garantie der Handels- und Gewerbefreiheit vor. Mit Gesetz vom 19. Oktober 1798 wurden aber Handel und Gewerbe ausdrücklich als frei erklärt und zugleich der Zunftzwang aufgehoben. Allerdings sah dasselbe Gesetz die Möglichkeit polizeilicher Einschränkungen von Handel, Gewerbe und Industrie vor; der entscheidende Unterschied zur früheren Gesetzgebung bestand aber darin, dass die wirtschaftspolitischen Handels-, Gewerbe- und Industrieschranken als abgeschafft galten. Indessen gelang auch diese Liberalisierung nur unvollkommen, indem gewisse privatwirtschaftliche Tätigkeiten wie das Wirte-, Müller- und Metzgereigewerbe dem Staat als Regale übertragen wurden, so dass für die Privaten weiterhin die Bewilligungspflicht bestehen blieb. In der Folge wurden aber die rein polizeilichen Beschränkungen von solchen wirtschaftspolitischer Art nicht richtig getrennt, so dass die Behörden mit entsprechender Handhabung der Bewilligungen nach wie vor erheblichen Einfluss auf die Wirtschaft nehmen konnten.

Der Handel mit Landwirtschaftsprodukten wurde ebenfalls liberalisiert. Auch trachteten die Behörden danach, die Landwirtschaft nach den Vorstellungen der Physiokraten zu reformieren, indem sie die indirekten Abgaben auf den Produkten aufhoben und stattdessen eine Grundsteuer einführten. Sie förderten ferner den Getreide- und Kartoffelanbau und drängten gleichzeitig den Flurzwang zurück. Förderung erfuhr auch die Viehzucht. Die Wälder, die im Ancien Régime teilweise übernutzt worden waren, wurden jetzt stärker geschützt, und es wurde zu diesem Zweck eine eigene helvetische Forstverwaltung eingerichtet.

Um die freie Zirkulation von Gütern zu erleichtern, wurde die Einführung des neuen französischen Mass- und Gewichtssystems beschlossen, nachdem das französische Direktorium 1799 dem helvetischen eine Kopie des im französischen Nationalarchiv hinterlegten Platin-Urmeters hatte überbringen lassen. Gleich wie in Frankreich, konnte sich das neue System vorläufig nicht durchsetzen; mit dem allmählichen Verfall des staatsrechtlichen Rationalismus gegen Ende der Helvetik verfielen auch die Ansätze in Richtung Rationalisierung und Unifizierung im Bereich von Wirtschaft und Wissenschaft. Die Abschaffung aller Binnenzölle gelang ebenfalls nicht.

Den sozialen Bemühungen in Frankreich der Jahre 1793 und 1794 folgend, unternahmen die helvetischen Behörden Anstrengungen zur Linderung der Armennot. Auch hier gelang ihnen nur sehr wenig.

Die Gesetzgebung der helvetischen Behörden zeigt deutlich die von Verfassung und Zeitgeist angestrebte Funktion des zentralen Staates, nämlich die Förderung von *individueller Freiheit* und *wissenschaftlich-wirtschaftlichem* Fortschritt. Die Verwirklichung dieser beiden Ziele ist in der Helvetik nur in Ansätzen gelungen; es sollte nach dem Ende der Helvetik fast fünfzig Jahre dauern, bis mit der Schaffung des Bundes von 1848 eine zentrale Organisation mit ähnlichen Zielsetzungen zustande kam.

4. Der Verfassungsentwurf vom 5. Heumonat

Die Helvetische Verfassung trat zu einem Zeitpunkt in Kraft, da der europäische «Zeitgeist» allmählich konservativer wurde – auch in Frankreich, wo Napoleon zunehmend die alleinige Herrschaft anstrebte. In der Schweiz äusserte sich der konservativ werdende «Zeitgeist» mit dem für solche Geschichtsperioden typischen Einhergehen einer Stärkung der föderalistischen und partikularistischen Kräfte, die Schwächung des individualistisch-rationalen Staatsgedankens und dem gleichzeitigen Erstarken des traditionalen und charismatischen Herrschaftsprinzipes, um mit Max Weber zu sprechen. Es gelang nun den helvetischen Behörden nicht, auf dem Boden der Helvetischen Verfassung vom 12. April 1798 stabile Verhältnisse herzustellen. Aussen- und innenpolitische Probleme, Probleme der Gesetzgebung und vor allem des Gesetzesvollzugs, das erwähnte Erstarken föderalistischer und zugleich reaktionärer Kräfte stellten nicht nur die Existenz der neugewählten Behörden, sondern auch die Verfassung als solche zunehmend in Frage. Der durch die Helvetische Verfassung unternommene kühne Schritt zu einer zentralistischen und individualistischen Demokratie war offensichtlich zu gross gewesen. Die Landsgemeindeorte gerieten so zunehmend in eine unnatürliche und unheilvolle Allianz mit den früheren Oligarchien der Städteorte.

Bereits im Frühjahr 1798 hatte der Senat, dem in Fragen der Verfassungsänderung das Vorschlagsrecht zukam, eine Verfassungskommission eingesetzt, welche mit der Erarbeitung von Vorschlägen über die nötigen Verfassungsänderungen beauftragt wurde. Ein Jahr später, im Frühjahr 1799, legte diese Kommission einen hauptsächlich von Paul Usteri formulierten Verfassungsentwurf samt Begleitbericht vor. Dieser enthielt in seinem ersten Teil eine stark naturrechtlich geprägte, von der französischen Erklärung der Menschen- und Bürgerrechte von 1789 inspirierte Garantie von Rechten der Bürger. Bemerkenswert ist daran ferner Artikel 14, der Pflichten der Gesellschaft zugunsten der Unterstützung der Armen, der Schaffung von Arbeit für die Arbeitslosen, formuliert. Der Entwurf enthält schliesslich in einem Nachtrag den Vorschlag zur Schaffung eines «Landgeschworenengerichtes» (jury national), welches über den drei Gewalten stehen und unter anderem auf Anzeige hin über Verfassungsverletzungen entscheiden sollte – ein erster Versuch zu einer besonderen Kontrolle der Einhaltung der Verfassung. Wahrscheinlich wurde dieses Institut von Usteri aus der französischen Konsularverfassung vom 13. Dezember 1799 und dem entsprechenden früheren Vorschlag von Sieyès entnommen. Sieyès dürfte es seinerseits aus der von Rousseau im «Contrat social»[64] enthaltenen Einrichtung eines «Tribunates» entwickelt haben, welches die Rolle eines Bewahrers der Gesetze und der gesetzgebenden Gewalt wahrnehmen sollte («conservateur des lois et du pouvoir législatif»).

Nachdem ein vom Helvetischen Direktor und radikalen Patrioten Laharpe Ende 1799 unternommener Versuch gescheitert war, die gesetzgebenden Räte mittels eines Staatsstreiches auszuschalten, griffen diese, inspiriert vom Vorgehen Napoleons in Frankreich, nun ihrerseits zu diesem verfassungswidrigen Mittel. Sie lösten mit Beschluss vom 8. Januar 1800 das verfassungsmässig bestellte fünfköpfige Direktorium auf und ersetzten es durch einen in der Verfassung nicht vorgesehenen siebenköpfigen «provisorischen Vollziehungsausschuss», welcher gemäss Artikel 1 «bis zur Einführung einer neuen Constitution» amten sollte. Mit diesem Ersten Staatsstreich unter der Führung an sich gemässigter Republikaner wie Bernhard Friedrich Kuhn und Paul Usteri wurde eine Zeit von Verfassungskämpfen und Experimenten eingeleitet – unter ständigen Interventionen der Nachbarmacht Frankreich. Zunächst gelang es den radikalen Patrioten, im Senat die Verfassung vom 5. Heumonat 1800[65] durchzubringen, welche demokratischer, wirtschaftsorientierter und zugleich sozialer als die formell immer noch in Kraft stehende Helvetische Verfassung war. Als erste Verfassung sah sie eine gesamtschweizerische und umfassende Handels- und Gewerbefreiheit vor[66] – ein Freiheitsrecht, das dann in verschiedene Regenerationsverfassungen Eingang fand, aber erst 1874 gesamtschweizerische Wirklichkeit werden sollte. Eine aus dem von Usteri formulierten Verfassungsentwurf der Senatskommission vom Frühjahr 1799 übernommene sozialpolitische Bestim-

---

[64] ROUSSEAU, Contrat social IV/5.
[65] KAISER SIMON / STRICKLER JOHANNES, Geschichte und Texte der Bundesverfassungen der Schweizerischen Eidgenossenschaft (1901), S. 48 ff.
[66] Art. 6.

mung^{67} sah ausserdem vor: «Arbeit soll den Dürftigen, Unterstützung den Unvermögenden, Belohnung den fürs Vaterland Verwundeten, Versorgung den Hinterlassenen eines für das Vaterland verstorbenen Kriegers gegeben, und kein Bettel mehr geduldet werden.» Sie sah in Kopie des von der Senatskommission im Frühjahr 1799 vorgelegten Verfassungsentwurfes wiederum die Einsetzung eines besonderen «Geschworenengerichtes» vor. Dieses sollte über den drei Gewalten Legislative, Vollziehungsdirektorium und Gerichtshof stehen und über die Einhaltung der Verfassung wachen.

Diese Verfassung vom 5. Heumonat enthält – gleich wie schon der Vorschlag der Verfassungskommission des Senates vom Frühjahr 1799 – deutliche Anklänge an das demokratisch-sozialpolitische Verfassungsdenken in Frankreich im Revolutionsjahr 1793. Allein, es kam nicht mehr zur Annahme dieses Entwurfes durch den Grossen Rat, weil nun die Republikaner in einem Zweiten Staatsstreich auch noch die beiden gesetzgebenden Räte sprengten. Die Macht wurde nun einem aus nur einer Kammer bestehenden, 43 Mitglieder zählenden «gesetzgebenden Rat», welcher einen siebenköpfigen Vollziehungsrat wählte, übertragen. – All dies war unter Bruch der Helvetischen Verfassung geschehen, denn diese hatte ja in ihrem Artikel 106 vorgesehen, dass eine Frist von fünf Jahren zwischen dem ersten verfassungsändernden Beschluss des Senates und dessen zweitem verstreichen müsse – vor der Billigung des so vom Senat verabschiedeten Werkes durch den Grossen Rat. Auch war nach dieser Bestimmung die obligatorische Zustimmung des Volkes in den Urversammlungen verlangt.

Nach fortwährender Verfassungskrise, innenpolitischen Wirren und Versuchen der im Streite liegenden Gruppierungen, die Unterstützung Frankreichs für ihre Ziele zu erhalten, griff im Frühjahr 1801 der Erste Konsul dieser Macht, Napoleon, ein.

5. Der Verfassungsentwurf von Malmaison

Im Frühjahr 1801 nahm nun Napoleon nach Anhören verschiedener Schweizerdelegationen und Durchsicht zahlreicher schweizerischer Verfassungsentwürfe, unter anderem eines vom späteren Restaurator Karl Ludwig von Haller redigierten föderalistischen Projektes, die Schweizer Verfassungsfragen selber an die Hand. Es

---

^{67} Art. 14.

entstand in kurzer Zeit der Malmaison-Entwurf[68], so benannt nach dem Landgut Malmaison bei Paris, wo sich Napoleon damals befand. Dieser Entwurf hatte für die Schweiz den Charakter eines Diktates. Napoleon berücksichtigte zwar ein paar schweizerische Wünsche, doch war der Gesetzgebende Rat faktisch gezwungen, ihn am 29. Mai 1801 provisorisch anzuerkennen; eine Abstimmung in den Urversammlungen darüber fand nicht statt. Der Malmaison-Entwurf war föderalistischer als die Helvetische Verfassung und sah eine Art bundesstaatliche Struktur vor. Er ging von einer «gemeinsamen Organisation» für die Ausübung der «National-Souveränität» und von einer «besonderen Organisation» für die Kantone aus. Der National-Souveränität kamen im wesentlichen die Gebiete höhere Polizei, bewaffnete Macht, diplomatische Befugnisse, Zivil- und Strafrechtspflege, Salz-, Post-, Berg-, Zoll- und Münzregal sowie der öffentliche Unterricht zu. Die Kantone erhielten im wesentlichen die Befugnis, Grundabgaben sowie Zehnten und Bodenzinse zu erheben, die Nationalgüter und Domänen zu verwalten, die kirchlichen Verhältnisse und einen Teil des öffentlichen Unterrichtes sowie die niedere Polizei zu regeln. Die oberste Behörde bestand aus einer Tagsatzung. Sie wurde aus Vertretern der Kantone gebildet. Jeder Kanton hatte eine nach dem Verhältnis seiner Bevölkerung abgestufte Zahl von Vertretern in die Tagsatzung zu entsenden, welche so insgesamt 77 Mitglieder zählte. Die «Regierung» bestand aus einem 25köpfigen, von der Tagsatzung zu wählenden Senat, dem zwei Landammänner vorstanden, wobei diese beiden abwechselnd regieren sollten. Der Senat war zugleich gesetzgebende Behörde; allerdings mussten die Gesetze den Kantonen vorgelegt werden; erhielten sie nicht die Billigung von zwölf Kantonen, so hatte die Tagsatzung den Konflikt zu entscheiden. Die eigentliche Regierung bildete ein aus der Mitte des Senates zu wählender vierköpfiger Kleiner Rat, dem der amtierende Landammann vorzusitzen hatte. Die Kantonalorganisation wurde in der Malmaison-Verfassung nicht näher geregelt; diese sah lediglich vor, dass an ihrer Spitze ein vom (amtierenden) Landammann zu wählender Statthalter stehen sollte. Die Malmaison-Verfassung war lückenhaft. Namentlich wurde die Abgrenzung der Befugnisse der nationalen Ebene von denjenigen der Kantone nur rudimentär geregelt. Bestimmungen über das Gerichtswesen fehlten; doch die helvetischen Gerichte waren weiterhin tätig. Über das aktive Wahlrecht für die Behörden schwieg sie sich aus; es waren lediglich Zensusbestimmungen für die

---

[68] *Quellenbuch* S. 152 ff.

Wählbarkeit vorgesehen. Auch über die zu erlassenden Kantonalverfassungen stand nichts darin. Bemerkenswert an der Malmaison-Verfassung war immerhin, dass sie versuchte, zwischen dem Unitarismus und dem Föderalismus auszugleichen. Doch befriedigte der Kompromiss weder die Föderalisten noch die Unitarier.

Die im Sommer 1801 auf der Basis der Malmaison-Verfassung vorgenommenen indirekten Wahlen für die Tagsatzung ergaben eine Mehrheit für die Unitarier, welche sogleich begannen, die Verfassung in ihrem Sinne zu revidieren, denn die endgültige Entscheidung über die neue Verfassung war der gewählten Tagsatzung vorbehalten. Dies rief aber den Widerstand der föderalistischen Minderheit hervor, welche aus der Tagsatzung austrat und in der Folge mit Hilfe helvetischer und französischer Truppen den Dritten Staatsstreich durchführte (28. Oktober 1801), welcher zur Auflösung der Tagsatzung führte. Die so gewaltsam an die Macht gelangten Föderalisten setzten nun den die Zentralgewalt betreffenden Teil der Malmaison-Verfassung sogleich in Kraft und nahmen ihrerseits Arbeiten für die Revision der Verfassung im föderalistischen Sinne an die Hand. Der Senat – die Tagsatzung war aufgelöst – nahm am 26. Februar 1802 unter Protest der Unitarier, welche die unveränderte Malmaison-Verfassung bevorzugten, die föderalistische Verfassung an. Er beschloss aber, diese noch den «Kantonstagsatzungen» zur Abstimmung vorzulegen, welche zugleich über die neuen Kantonalverfassungen zu entscheiden hatten. Die Föderalisten gestalteten dabei das Wahlverfahren für die Mitglieder dieser Kantonaltagsatzungen so aus, dass föderalistische Mehrheiten zustande kamen. Trotzdem lehnten sechs Kantone das Machwerk ab, während es zehn Kantone annahmen und drei die Abstimmung darüber hinausschoben. Diese klägliche Ergebnis nahmen nun die Unitarier zu Anlass, ihrerseits einen, diesmal gewaltlosen Staatsstreich – den vierten – zu unternehmen (17. April 1802). Es wurde als Ersatz für den vertagten Senat eine mit mehrheitlich aus Unitariern zusammengesetzte «Notabelnversammlung» geschaffen, welcher die Aufgabe zukam, eine tragfähige Verfassung zu schaffen.

6. Die Zweite Helvetische Verfassung

Innert kurzer Zeit erarbeitete nun eine von der Notabelnversammlung eingesetzte Verfassungskommission unter der Führung von Albrecht Rengger eine neue Verfassung, die Zweite Helvetische

Verfassung[69] aus, die in der Folge von der Versammlung und dann vom Kleinen Rat angenommen wurde[70]. Diese zweite Helvetische Verfassung basiert auf der Verfassung von Malmaison, wobei daran aber wesentliche Änderungen in unitarischem und zentralistischem Sinne vorgenommen wurden. Oberste gesetzgebende Behörden sind eine Tagsatzung und ein Senat. Die Tagsatzung ist die Volksvertretung, deren Mitglieder vom Volk in einem komplizierten indirekten Verfahren gewählt werden. Die Tagsatzung hat nicht das Recht, selber zusammenzutreten, und auch nicht das Recht der Gesetzesinitiative. Der Senat ist eine Vertretung der Kantone. Die Verfassung schweigt sich über dessen Wahl aus; tatsächlich hatte das Volk nur Gelegenheit, über eine vorbereitete feste Liste von 27 Senatoren abzustimmen. Dem Senat kommt unter anderem das Recht der Gesetzesinitiative zu. Er wird von einem Landammann und zwei Landesstatthaltern geleitet, welche zugleich – mit Hilfe von fünf «Staatssekretären» – den Vollziehungsrat, also die Exekutive, bilden. Der Oberste Helvetische Gerichtshof, die dauerhafteste Behörde in der Helvetik, wurde beibehalten; neu sollen nach französischem Vorbild Geschworenengerichte eingeführt werden. Die zweite Helvetische Verfassung ist weniger zentralistisch als die erste, was schon in den alteidgenössischen Bezeichnungen «Tagsatzung» und «Landammann» sowie in der Vormachtsstellung des Senates vor der Tagsatzung als der Volksvertretung zum Ausdruck kommt. Sie belässt den Kantonen eine grössere Selbstverwaltung. Im Gegensatz zur ersten ist die zweite Helvetische Verfassung auch weniger antiklerikal und erklärt die beiden christlichen Glaubensbekenntnisse ausdrücklich zur Staatsreligion. Das Bemerkenswerteste an der zweiten Helvetischen Verfassung, die aus politischen Gründen nur für wenige Monate in Kraft stand, war die Art und Weise ihrer Inkraftsetzung: Sie wurde nämlich Anfang Juni 1802 in der ersten schweizerischen Volksabstimmung auf der Grundlage des allgemeinen Stimmrechts vom Souverän «angenommen», allerdings mit einer den Volkswillen verfälschenden autoritären Klausel, die fatalerweise wahrscheinlich mit einem auf die Versammlungsdemokratie gemünzten Satz Rousseaus im Contrat social begründet wurde: «En pareil cas, du silence universel on doit présumer le consentement du peuple ...»[71]. Diejenigen (männlichen) Bürger, welche sich vorher nicht in die Stimmregister eingetragen hatten und daher

---

[69] KAISER SIMON / STRICKLER JOHANNES (Anm. 65), S. 99 ff.
[70] Beschluss vom 25. Mai 1802.
[71] ROUSSEAU, Contrat social II / 1.

nicht mitstimmten, wurden als die Verfassung annehmend gezählt. Es ergaben sich für die neue Verfassung 92 423 Nein- und 72 453 Ja-Stimmen, wobei die katholischen Landesteile stark verwarfen. Zusammen mit den als Ja zählenden 167 172 Nichtstimmenden ergab sich eine rein rechnerisch gute, aber nur scheinbare Annahme der Verfassung. Dieses hier angewandte sogenannte «Vetoprinzip» wurde später in den Kantonen St. Gallen und Aargau bei den Abstimmungen über die Regenerationsverfassungen, im Kanton Wallis bei der Abstimmung über die liberale Verfassung von 1839 sowie in mehreren Kantonen beim Gesetzesveto verwendet, ferner im Jahr 1848 im Kanton Luzern bei der Abstimmung über die neue Bundesverfassung, wo es übrigens auch später noch als Machtinstrument der Liberalen diente.

III. TEIL

MEDIATION[1]

6. KAPITEL:
MEDIATIONSAKTE UND MEDIATIONSZEIT

Es gelang der Helvetischen Regierung auch auf dem Boden der Zweiten Helvetischen Verfassung nicht, stabile Verhältnisse im Land herzustellen. Als Frankreich im Sommer 1802 seine Truppen aus der Schweiz zurückzog, schritten die gegenrevolutionären föderalistischen Kräfte erwartungsgemäss zum Aufstand, welchem die Helvetischen Truppen nicht beikamen. In der Innerschweiz wurden im Widerspruch zur Verfassung wieder Landsgemeinden durchgeführt; in Bern übernahm eine aus altgesinnten Kräften zusammengesetzte «Standeskommission» die Macht. Eine von den Innerschweizer Kantonen, Glarus, Appenzell, Bern und Zürich beschickte, ebenfalls verfassungswidrige «Eidgenössische Tagsatzung» in Schwyz ging daran, eine föderalistische Bundesverfassung zu entwerfen, und suchte zugleich, mit Waffengewalt die übrigen Kantone zu unterwerfen.

Diese Wirren im Innern des Landes gaben Napoléon den Anlass zur Intervention. Er erliess am 30. September 1802 eine Proklamation[2], in welcher er unter der Drohung des erneuten militärischen Eingreifens seine Vermittlung («médiation») ankündigte, die Einstellung der Gewalttätigkeiten, die Beseitigung der widerrechtlichen Gewalten und die Einstellung der bürgerkriegsartigen Feindseligkeiten verlangte. Widerwillig fügten sich die Föderalisten und Altgesinnten dem übermächtigen Druck Frankreichs. Der Helvetische Senat be-

---

[1] *Quellen:* KAISER JAKOB, Repertorium der Abschiede der eidgenössischen Tagsatzungen aus den Jahren 1803 bis 1813, Bern 1886; *Abschiede der Eidgenössischen Tagsatzung* vom 27. Dezember 1813 bis zum 22. September 1848, 51 Bände.
Literatur: BRUNNER E., Der Kanton Zürich in der Mediationszeit, Zürich 1909; FREI DANIEL, Mediation, *Handbuch der Schweizer Geschichte*, Band II, Zürich 1977, S. 843 ff.; LEFEBVRE GEORGES, Napoléon, Paris 1962; VOGT GUSTAV, Zur Charakteristik der Schweizerischen Mediationsakte, Zürich 1884. – Siehe auch die am Buchanfang angeführte periodenübergreifende Literatur.
[2] OECHSLI WILHELM, Quellenbuch zur Schweizergeschichte (1918), S. 484.

stimmte nun, dass die Kantone und die Gemeinden Abgeordnete in beliebiger Zahl für eine in Paris stattfindende beratende Versammlung (Consulta) bestimmen sollten, welche eine neue Verfassung auszuarbeiten habe. Der Senat selber entsandte ebenfalls einige Vertreter nach Paris, welche einen eigenen Verfassungsentwurf mitbrachten. Insgesamt nahmen an der Consulta in Paris weit mehr Unitarier als Föderalisten teil, was aber kaum Auswirkungen hatte, indem Napoléon nun gewillt war, selber eine nach seinen Vorstellungen gestaltete föderalistische Verfassung zu schaffen. Dabei war aber nach seinem Willen ausgeschlossen, dass die früheren Untertanengebiete, insbesondere die Waadt, der Aargau, der Thurgau, Teile von St. Gallen und das Tessin, wieder zu Untertanengebieten wurden, was die altgesinnten Kräfte, besonders jene in Bern, mit Widerwillen zur Kenntnis nehmen mussten.

In der Folge wurden in der Pariser Consulta die Verfassungen der Kantone ausgearbeitet. Die Ausarbeitung der Bundesverfassung behielt sich Napoléon selber vor, und die Mitglieder der Consulta hatten hierzu nur ein summarisches Anhörungs- und Einwendungsrecht zu einem fertig ausgearbeiteten Text. Am 19. Februar 1803 wurde in Paris die bereits von Napoléon unterzeichnete Mediationsakte auch noch von einem Ausschuss der Schweizer Vertreter unterschrieben. Am 5. März wurde die Mediationsakte noch vom Helvetischen Senat angenommen, «durchdrungen vom Dankgefühl gegen Napoléon Bonaparte, Erster Konsul der französischen Republik und Präsident der italienischen Republik, welche derselbe ergehen liess, um Ruhe und gesetzliche Ordnung in der helvetischen Republik zu gründen ...» Sie trat auf den 10. März 1803 in Kraft, womit die Zeit der Helvetik formell ihren Abschluss fand. Die helvetischen Behörden lösten sich auf diesen Tag hin auf; die beim Obersten Gerichtshof noch hängigen zahlreichen Verfahren wurden der Gerichtsbarkeit desjenigen Kantons übertragen, in welchem die Parteien Wohnsitz hatten. Weder über die Kantonsverfassungen noch über die Bundesverfassung fanden Volksabstimmungen statt – dies im Gegensatz zu Frankreich, wo sich die Einrichtung des Verfassungsreferendums in der Konsular- und sogar in der Kaiserzeit halten konnte, jedoch in ein plebiszitäres, die Macht des Herrschers stützendes Volksrecht umgedeutet wurde.

Die *Mediationsakte* war also eine von Frankreich oktroyierte und von ihm garantierte Verfassung, und das von ebendieser Macht in der Revolutionszeit verkündete Selbstbestimmungsrecht der Völker wurde verletzt. Im gleichen autoritären Sinne wurde das Wallis vom schweizerischen Staatsverband abgetrennt und als eigene, aber von Frankreich abhängige Republik konstituiert. Aus dem früher bernischen Unteraargau, der Grafschaft Baden, den freien Ämtern einschliesslich Mellingen und Bremgarten sowie dem österreichischen Fricktal wurde der neue Kanton Aargau «zusammengestellt»; der neue Kanton St. Gallen wurde aus Stadt und Fürstabtei St. Gallen, den gemeinen Herrschaften Rheintal, Sargans, Gaster, Uznach und Rapperswil sowie aus Werdenberg und Sax gebildet, während als dritter neuer Kanton nun definitiv Graubünden der Schweiz angeschlossen wurde, jedoch ohne Veltlin, Chiavenna und Bormio.

Die Mediationsakte[3], wie der ganze Erlass heisst, ist eigenartig aufgebaut. Nach einer vom Ersten Konsul im Pluralis majestatis abgefassten Präambel folgen zunächst in alphabetischer Reihenfolge die Verfassungen der 19 Kantone – in jedem Kapitel eine. Erst am Schluss, nämlich im 20. Kapitel, folgt die Bundesverfassung, was durchaus der geringen Bedeutung entsprach, die Napoléon dem Bund geben wollte. Die Kantonsverfassungen sind kurz gehalten und umfassen jede nur um die 20 Artikel herum; die Bundesverfassung enthält insgesamt 40 Artikel. Weder für die Kantonsverfassungen noch für die Bundesverfassung sind Änderungsbestimmungen vorgesehen.

1. Die Kantonsverfassungen

In den Kantonsverfassungen werden Wesen und Geschichte der betreffenden Kantone in allerdings schematischer Weise berücksichtigt. Am einfachsten und am kürzesten sind die Verfassungstexte der Landsgemeindeorte Appenzell, Glarus, Schwyz, Uri[4], Unterwalden und Zug ausgefallen. Dort wird einfach die eingespielte souveräne Landsgemeinde als Organ aller im Besitz des Bürgerrechts befindlichen Männer wieder eingeführt. Gleichheit und Demokratie kommen hier also zur Geltung, mit der Einschränkung allerdings, dass in den Landsgemeindekantonen – ausser in Schwyz – nach wie vor die Hintersässen keine politischen Rechte besitzen und sich in der offenen Versammlung der Vorrang der führenden Geschlechter wieder einspielen konnte. Die Befugnisse der Landsgemeinde sind ausserdem in einem wichtigen Bereich eingeschränkt, indem ihr das Gesetzesinitiativrecht nicht zusteht; sie darf nur über ihr vom Landrat

---

[3] *Quellenbuch* S. 159 ff.
[4] *Quellenbuch* S. 170 f.

vorgelegte Gesetzesentwürfe beschliessen (so etwa Artikel 3 Absatz 1 der Kantonsverfassung von Uri).

Die *neuen Kantone* Aargau[5], St. Gallen, Tessin, Thurgau und Waadt[6] erhalten Verfassungen, die als oberstes Organ einen Grossen Rat vorsehen, dessen Mitglieder vom Volk in den als «Zünften», «Quartieren» und «Kreisen» benannten Wahlkreisen direkt gewählt werden. Es bestehen in diesen Kantonen für die – passive – Wählbarkeit durchwegs Zensusbestimmungen, Vorschriften über ein bestimmtes Minimalalter sowie die Bedingung des «unabhängigen Standes»; für das aktive Wahlrecht bestehen solche Voraussetzungen nicht. Einige Kantonsverfassungen sehen ausdrücklich auch die geheime Wahl vor. Es werden in den Wahlversammlungen, die unter dem Vorsitz des Friedensrichters stehen, jeweils etwa zwei- bis dreimal so viele Kandidaten für den Grossen Rat gewählt, als dieser Mitglieder hat; der dann tatsächliche amtende Drittel wird ausgelost. Ein Teil der Mitglieder des Grossen Rates wird auf Lebenszeit gewählt; über die Amtsdauer der übrigen Mitglieder schweigen sich die meisten Kantonsverfassungen aus; einige legen fünf oder sechs Jahre fest.

In *Graubünden*[7] wurde das alte föderative Referendum wiederhergestellt[8]. Über die vom Grossen Rat beschlossenen Gesetze wird obligatorisch vom Volk in den Gemeinden abgestimmt; das Gesetz tritt nur in Kraft, wenn eine Mehrheit der *Gemeinden* zustimmt. Mit diesem föderativen obligatorischen Gemeindereferendum konnte Graubünden seine alteingespielte Demokratie fortführen.

In den *Städtekantonen* Basel, Bern, Freiburg, Luzern, Schaffhausen[9], Solothurn und Zürich wird ebenfalls ein Grosser Rat als gesetzgebende Behörde geschaffen; seine Mitglieder werden in einer Kombination zwischen direkter und indirekter Wahl bestimmt. Es bestehen jedoch Zensusvorschriften nicht nur für die (passive) Wählbarkeit, sondern auch für das aktive Wahlrecht. Zusammen mit weiteren Wählbarkeitsvorschriften wie Mindestalter und «unabhängiger Stand» – was einem versteckten Zensus gleichkam – ergaben sich starke Rechtsungleichheiten. Insgesamt führte das in den Städtekantonen eingeführte Wahlrecht wieder zu einem Übergewicht der Hauptstädte über die Landschaften in den Grossen und Kleinen Räten. Dies wiederum hatte zur Folge, dass die vor der Helvetik regie-

[5] *Quellenbuch* S. 161 ff.
[6] *Quellenbuch* S. 171 ff.
[7] *Quellenbuch* S. 165 f.
[8] Art. 5 Kantonsverfassung.
[9] *Quellenbuch* S. 167 ff.

renden patrizischen Familien teilweise wieder an die Macht gelangten. Die Verfassungen der Städtekantone kennen zusätzlich das Institut der «Zensur», das «Grabeau»-System, welches es alle zwei Jahre einem Honoratiorengremium, in welchem die Mitglieder der Kleinen Räte grossen Einfluss haben, ermöglicht, eines oder zwei amtierende Mitglieder des Grossen Rates in geheimen Verfahren abzuwählen – eine Art behördliches Abberufungsrecht für missliebige oppositionelle Mitglieder des Grossen Rates. Der Grosse Rat entscheidet nur über Annahme oder Verwerfung von Gesetzesvorschlägen des Kleinen Rates; selber verfügt er – gleich wie die Landsgemeinde – nicht über das Recht der Gesetzesinitiative. Seine Macht wird ferner dadurch beschränkt, als er nach einigen Städtverfassungen nur zweimal pro Jahr für zwei Wochen tagen darf. Diese Vorschriften führten in Verbindung mit dem Machtwillen der städtischen Patriziate überall zu einer Exekutivherrschaft – besonders ausgeprägt im Kanton Zürich.

Der Kleine Rat wird vom Grossen Rat aus dessen Mitte bestellt; seine Mitglieder bleiben auch nach ihrer Wahl Mitglieder des Grossen Rates. Dem Kleinen und Grossen Rat stehen zwei Bürgermeister oder Schultheisse vor, die sich in der Amtsführung abwechseln. Jeder Städtekanton sowie die neuen Kantone sehen den in der Helvetik eingeführten Friedensrichter (médiateur), Bezirksgerichte sowie ein Appellationsgericht, bestehend aus einer bestimmten Anzahl von Mitgliedern des Grossen Rates unter dem Vorsitz des nichtamtierenden Bürgermeisters oder Schultheissen, vor. Die staatsrechtliche Stellung der Kleinen Räte und der Appellationsgerichte zeigt, dass von der in der Helvetik weitgehend verwirklichten Gewaltentrennung nur mehr ein Restbestand übrigblieb, wobei die *fünf neuen Kantone* Aargau, St. Gallen, Tessin, Thurgau und Waadt die Gewaltenteilung immerhin etwas besser bewahrten als die Städtekantone. Die fünf neuen Kantone kennen ferner als Besonderheit ein *Verwaltungsgericht*, das über streitige Administrativfälle zu entscheiden hat.Wahrscheinlich handelt es sich hiebei um eine modifizierte Nachbildung des französischen Conseil d'Etat, die jedoch in der Schweiz keine lange Lebensdauer haben sollte. Einige Verfassungen garantieren das Recht, Zehnten und Bodenzinsen loszukaufen, Bestimmungen, die weitgehend unwirksam blieben. Andere Verfassungen garantieren das Recht zur Ausübung bestehender Religionen. Die in der Helvetik geschaffenen Einwohnergemeinden (Munizipalgemeinden) werden beibehalten, ebenso die kantonalen Erziehungsräte. Auf die besondere Stellung und staatsrechtliche Struktur des neuen Kantons Graubünden wird insofern Rücksicht genommen, als dessen bündnerischer Charakter zwar eingeschränkt, jedoch garantiert wird. Überhaupt versuchen die

Kantonsverfassungen der Mediationsakte, auf Eigenheiten des betreffenden Kantons etwas Rücksicht zu nehmen, insbesondere auch in der Bezeichnung der Institutionen und Ämter. Auf diese Weise leben die in der Helvetik als definitiv aufgegeben geglaubten vorrevolutionären Institutionen zum Teil real, zum Teil nur in Begriffen und Amtsbezeichnungen wieder auf. Letzteres aber war zugleich Ausdruck der halbrestaurativen politischen Stimmung der Mediationszeit. Die Kantonsverfassungen waren ausserdem recht lückenhaft und sprachlich zum Teil unbestimmt abgefasst, so dass grosse Handlungsspielräume und Interpretationsmöglichkeiten offenblieben, die in der Folge von den erstarkenden restaurativen Kräften genutzt wurden. Das neue Wahlrecht führt dazu, dass in insgesamt 13 Kantonen die altgesinnten Kräfte wieder die Mehrheit erlangten; zudem erhielten in allen Städtekantonen die Hauptstädte ein politisches Übergewicht über die Landschaft.

2. Die Bundesverfassung

Dass sich die Bundesverfassung[10] erst am Schluss der Mediationsakte befindet, ist mehr als eine blosse Äusserlichkeit. Diese Tatsache unterstreicht, dass die Bundesgewalt nur schwach ausgestaltet werden sollte. Die Funktion des Bundes sollte sich auf die Bereiche Wehrwesen, Frieden im Innern, Gewährleistung eines möglichst wenig behinderten Handelsverkehrs und auf Sicherung einer minimalen politischen Gleichheit der Schweizer beschränken. Artikel 12 bestimmte daher, dass die Kantone alle Gewalt ausüben, die nicht ausdrücklich der Bundesbehörde übertragen ist.

Der Bereich Wehrwesen findet sich am Anfang der Bundesverfassung[11], wo etwas krämerhaft auf Mann und Franken genau die Beiträge der Kantone für den Bund festgeschrieben werden. Wichtiger ist Artikel 3, der festlegt: «Es gibt in der Schweiz weder Untertanenlande noch Vorrechte der Orte, der Geburt, der Personen oder Familien» – eine teilweise Konkretisierung der Rechtsgleichheit, welche dann fast unverändert in die Bundesverfassung von 1848 aufgenommen wurde. Artikel 4 legt sodann das freie Niederlassungsrecht der «Schweizerbürger» in den andern Kantonen fest; ein rechtlich abgesichertes, reales Schweizerbürgerrecht gibt es jedoch im Gegen-

---

[10] *Quellenbuch* S. 175 ff.
[11] Art. 2.

satz zur Helvetik nicht mehr. Artikel 4 gewährleistet ferner die Ausübung der politischen Rechte der niedergelassenen Schweizer in den
Kantonen. Artikel 5 schreibt die Abschaffung der die freie Niederlassung einschränkenden Zugs- und Abzugsrechte des Ancien Régime
vor; schliesslich wird der freie Warenverkehr garantiert. Die Zölle im
Innern des Landes bleiben abgeschafft; die Münzeinheit wird im wesentlichen beibehalten, Weg- und Flusszölle werden jedoch wieder
erlaubt[12]. Eine allgemeine Handels- und Gewerbefreiheit wird nicht
statuiert, was den Städtekantonen die Wiedereinführung des Zunft-
wesens oder zumindest des Konzessionssystems ermöglichte. Ebenso
fehlt eine Eigentumsfreiheit in der Bundesverfassung. Trotz entsprechenden Bestimmungen in den Kantonsverfassungen über den Los-
kauf von Feudallasten gelang es in der Mediationszeit nicht, das
Grundeigentum über die Anfänge in der Helvetik hinaus von solchen
Beschränkungen zu befreien. Die Bundesverfassung sieht auch keine
Religionsfreiheit vor; einige Kantone gingen wieder zum Prinzip der
Glaubenseinheit zurück, so vor allem die Landsgemeindekantone.
Am besten waren konfessionelle Minderheiten noch in den neuen
Kantonen gestellt; die Juden jedoch blieben auch dort diskriminiert.
Die Mediationsakte enthielt ferner weder Vereins-, Petitions- noch
Pressefreiheit; die Zensur konnte wieder eingeführt werden. Auch die
persönliche Freiheit, insbesondere der Schutz vor willkürlicher Ver-
haftung, fehlt, ebenso Garantien für ein rationales Gerichtsverfahren
und humane Strafen. Es verwundert daher nicht, dass in mehreren
Kantonen die peinliche Halsgerichtsordnung Karls V.[13], die «Carolina», wieder angewandt wurde[14]. Die Wiederanwendung von Inquisi-
tion, Folter und qualifizierten Todesstrafen war ein sichtbarer Ausdruck der nun wieder schwindenden Rationalität und Humanität im
Rechtsdenken. Der Abschluss von Bündnissen der Kantone unter sich

---

[12] Art. 5 und 6.

[13] KARL V., 1500–1558. Geboren in Gent als Sohn von Philipp dem Schönen und
Johanna der Wahnsinnigen. Erbte die Herrschaft über das Deutsche Reich, Burgund
einschliesslich den Niederlanden, Süditalien und Spanien mit Südamerika. Kaiserkrönung 1519. Hauptziele seiner Herrschaft waren, sein Reich gegen äussere Feinde zu
verteidigen, als deutscher Kaiser seine Stellung gegenüber den Territorialherren zu
verstärken und die von Luther ausgelöste Reformation zu stoppen. Trotz bedeutenden
Teilerfolgen, so dem Erlass der Constitutio Criminalis Carolina 1532, konnte er seine
Hauptziele nicht erreichen. Er verzichtete 1555 nach dem Abschluss des Augsburger
Religionsfriedens zugunsten seines Bruders Ferdinand auf die deutsche Kaiserkrone
und zugunsten seines Sohnes Philipp II. auf die spanische Krone.

[14] BRAUN RUDOLF, Das ausgehende Ancien Régime (1984), S. 311.

und mit dem Ausland ist untersagt[15], und der Bund kann einen bundeswidrig handelnden Kanton gerichtlich anklagen[16].

Die oberste Bundesbehörde ist die *Tagsatzung.* Diese besteht aus je einem mit beschränkten Vollmachten ausgestatteten Abgeordneten jedes Kantons, wobei die bevölkerungsreichsten sechs Kantone Bern, Zürich, Waadt, St. Gallen, Aargau und Graubünden zwei Abgeordnete entsenden können, also aus insgesamt 25 Mitgliedern. Die Beschränkung der Vollmachten der Tagsatzungsabgeordneten führte faktisch zu einem Instruktionsgebot wie in der Alten Eidgenossenschaft, was die Handlungsfähigkeit der Tagsatzung stark herabsetzte, obwohl für die meisten Beschlüsse der Tagsatzung nur die einfache Mehrheit erforderlich war; nur für die kardinalen Beschlüsse – Kriegserklärungen, Friedensschlüsse und Bündnisse – wurde die Dreiviertelmehrheit verlangt[17]. Den Vorsitz in der Tagsatzung führt der amtierende Bürgermeister des jeweiligen Direktorialkantons Freiburg, Bern, Basel, Zürich oder Luzern für jeweils ein Jahr; er heisst «Landammann der Schweiz», besitzt aber trotz dieses imposanten Titels nur geringe Befugnisse. Ihm stehen zwei von der Tagsatzung auf zwei Jahre gewählte Beamte, der Kanzler und der Staatsschreiber, zur Seite. Es sind dies die einzigen ständigen Bundesorgane. Die Tagsatzung tagt jeweils in der Hauptstadt des Direktorialkantons; ihre Sitzungen müssen nicht öffentlich sein, und sie dürfen pro Jahr nicht länger als einen Monat dauern, eine wohl von Artikel 33 der französischen Konsularverfassung inspirierte Vorschrift, welche die Macht der Legislative beschränken wollte. Eine «angrenzende Macht», womit natürlich Frankreich gemeint war, fünf Kantone oder der Landammann der Schweiz können die Einberufung einer ausserordentlichen Tagsatzung verlangen. Die Tagsatzung erklärt Krieg und schliesst Frieden und kann (politische) Bündnisse mit dem Ausland eingehen. Für diese drei Beschlussarten bedarf es jedoch, wie erwähnt, eines Dreiviertelmehrs. Die Tagsatzung kann Handelsabkommen schliessen; sie kann die Stellung der verfassungsmässig festgelegten kantonalen Truppenkörper verlangen und Kanzler, einen Staatsschreiber und einen General ernennen. Sie entscheidet schliesslich über Streitigkeiten zwischen den Kantonen. Napoléon bestimmte schliesslich in seiner Eigenschaft als Mediator am Schluss der Mediationsakte Freiburg als ersten Direktorialkanton und den ersten Landammann der

---

[15] Art. 10.
[16] Art. 11.
[17] Art. 31.

Schweiz, den er bis zur Zusammenkunft der ersten Tagsatzung mit ausserordentlichen Vollmachten versah.

Zwar nicht formell, aber in seiner praktischen Bedeutung gehörte auch der der Schweiz ebenfalls aufoktroyierte «Defensiv-Allianzvertrag» vom 27. September 1803[18] zur Verfassung. Darin wird die Schweiz gegenüber Frankreich zu «ewigem», nach dem Text fünfzigjährigem Frieden verpflichtet, zugleich hat sie Frankreich im Falle von dessen militärischer Bedrohung das Recht zur Aushebung von Schweizertruppen zu gewähren. Am gleichen Tag wie der Defensiv-Allianzvertrag wurde die erste Militärkapitulation[19] abgeschlossen, die dann 1812 durch die zweite Militärkapitulation[20] ersetzt wurde. Die beiden Militärkapitulationen führten trotz gegenteiliger Erklärungen im Text praktisch zum Recht Frankreichs, in der Schweiz Zwangsaushebungen durchführen zu können.

Die Mediationsakte war nicht mehr ein Verfassungswerk im Sinne der in den Vereinigten Staaten von Amerika und der Französischen Revolution begründeten rationalen Verfassungslehre. Die Prinzipien der Staatsphilosophen der Aufklärungszeit, aber auch jene der Physiokraten und Ökonomisten wurden zurückgedrängt. Die Mediationsakte war unvollständig, elastisch-unklar und basierte nicht auf durchgehenden rationalen und systematischen Gestaltungsgrundsätzen. Sie war, wie 1799 Sieyès Napoléon für die Konsularverfassung geraten hatte, «courte et obscure». Es kommt in ihr der neue, zunehmend romantisierende, die Machtverhältnisse verschleiernde europäische Zeitgeist zum Ausdruck. Madame de Staël[21] hat diesen Geist in ihrem Buch «De l'Allemagne» 1810 wiedergegeben. In ihrer Be-

---

[18] *Quellenbuch* S. 188 ff.

[19] KAISER SIMON/STRICKLER JOHANNES, Geschichte und Texte der Bundesverfassungen der Schweizerischen Eidgenossenschaft, S. 188 ff.

[20] KAISER/STRICKLER (Anm. 19). S. 144 ff.

[21] STAËL GERMAINE, BARONIN VON, 1766–1817. Tochter von J. Necker, des Finanzministers von Ludwig XVI., der in Coppet, Kanton Waadt, ein Schloss besass. Aufgewachsen in Paris. 1786 Heirat mit dem schwedischen Gesandten in Paris, Eric Magnus Baron von Staël-Holstein, eines überzeugten Freimaurers. 1802 Jahr von Napoleon als Staatsfeindin aus Frankreich verbannt. Von da an hielt sie meist in Coppet für eine erlesene Schar von Intellektuellen aus ganz Europa Hof, wie W. A. Schlegel und Madame Récamier. Unternahm grosse Reisen, beispielsweise nach Deutschland 1803/1804 und 1808. In ihren Romanen kämpfte sie für die Verbesserung der Stellung der Frau. In «De l'Allemagne» prägte sie das für die französische Geisteswelt lange herrschende Bild, dass Deutschland ein von weltfremden Denkern und träumenden Dichtern bewohntes Land sei. Weitere Werke: «De la littérature considérée dans ses rapports avec les institutions sociales» 1800, «Corinne ou l'Italie» 1807, «Considérations sur les principaux évènements de la Révolution française», 3 Bände.

schreibung der 1805 und 1808 bei Interlaken abgehaltenen Unspun-nenfeste tritt der Hang der Zeitgenossen zu verklärender Sicht der Vergangenheit, zu Ruhe, Ordnung und Föderalismus, aber auch zu idealisierendem machtverschleierndem Gemeinschaftsgefühl hervor: «... les magistrats et les pères soignent ensemble les citoyens et les enfants»[22], empfand und schrieb die Schlossherrin von Coppet im Gegensatz zur sozialen Wirklichkeit der Mediationszeit.

Die Mediationsakte war auch in bezug auf Demokratie, Freiheitsrechte und Gewaltenteilung gegenüber der Helvetischen Verfassung ein Rückschritt. Auch das Verfassungsdenken und die Idee der geschriebenen Verfassung verblassten, was sich allein in der Kürze und Unbestimmtheit der Bundes- und Kantonsverfassungen und im Fehlen von Änderungsbestimmungen zeigte.

Es gibt zwar zwischen der Bundesverfassung, der Mediationsakte und der späteren Bundesverfassung von 1848 gewisse Ähnlichkeiten. Indessen war die Schweiz in der Mediationszeit doch kein Bundesstaat, sondern ein mit einigen wenigen bundesstaatlichen Elementen versehener Staatenbund; dies kommt am deutlichsten in Artikel 1 zum Ausdruck, wonach nicht der Bund, sondern die Kantone «gegenseitig die Gewährleistung für ihre Verfassung, ihr Gebiet, ihre Freiheit und Unabhängigkeit ...» übernehmen. Die Mediationsverfassung idealisierend als eine Art Vorläufer der Bundesverfassung von 1848 anzusehen, ist daher verfehlt. Zudem enthält die Mediationsakte in ihrer Substanz, Unklarheit und in ihrer Anlehnung an vorrevolutionäre Terminologie und Institutionen doch zahlreiche rückschrittliche Elemente, die dann am stärksten in den Städtekantonen, am wenigsten in den neuen Kantonen konkretisiert wurden. Es muss indessen daran erinnert werden, dass Napoléon allen anderen Vasallenstaaten Frankreichs nicht demokratische Verfassungen gab, sondern aus ihnen Fürstentümer beziehungsweise Königreiche machte. Insofern nahm er auf das schweizerische Staatsdenken etwas Rücksicht. Napoléon hat zudem mit der Schaffung der neuen Kantone Aargau, St. Gallen, Tessin, Thurgau und Waadt eine der Haupterrungenschaften der helvetischen Umwälzung, nämlich die Gleichberechtigung der Territorien, über die Mediationszeit hinaus vor dem Zerfall gerettet. Das Prinzip der Gleichberechtigung der Einzelpersonen blieb indessen nur teilweise erhalten; auch die persönliche Freiheit konnte nur zum Teil bewahrt werden, indem in einigen Kantonen etwa die in der Helvetik abgeschaffte Folter wieder eingeführt wurde.

---

[22] Erster Teil, XX. Kapitel.

Immerhin wurden die in der Helvetik eingeführten Einwohnergemeinden beibehalten. Man kann sagen, dass der in der Mediationsakte enthaltene Minimalbestand von Konkretisierungen der neuen
aufklärerischen Freiheit und Gleichheit sich während der zehnjährigen Mediationszeit immerhin so weit erhalten und infolge Zeitablaufs
festigen konnte, dass dessen gänzliche Abschaffung den restaurativen
Kräften in der Zeit von 1815 an nicht gelang.

Die Mediationsakte kann daher zusammenfassend als ein politisch geschickter, verfassungsrechtlich sehr unvollkommener Kompromiss in bewegter Zeit angesehen werden, der sich als Übergangsordnung trotz seines Diktatcharakters für das Land positiv ausgewirkt
hat. Trotz der durch die Mediationsakte eingeleiteten innenpolitischen Beruhigung besteht kein Grund, der Mediationsakte als Verfassungswerk verklärend einen Leitbildcharakter für spätere geschichtliche Perioden zuzusprechen; solche Urteile haben sich vor allem in
der rückblickenden Sicht durch die Brille des noch unbefriedigende-
ren Bundesvertrages von 1815 gebildet. Der relative politische Erfolg
der Mediationsakte liegt vor allem darin begründet, dass dem kulturell, sprachlich, wirtschaftlich und konfessionell so ungleich gearte-
ten Land eine für die damalige Übergangszeit einigermassen erträg-
liche Form gegeben wurde.

In der nun folgenden Mediationszeit erlebte die Schweiz im
Innern eine ruhige, wenn auch von wirtschaftlichen Problemen belastete Zeit. Schwerwiegende, offen zutage tretende Verfassungsproble-
me ergaben sich in den zehn Jahren zwar nicht; doch fast unmerklich
wurden in dieser Zeit Freiheit und Gleichheit der Einzelpersonen
ausgehöhlt und die rationale Staatsauffassung unterspült. Für solche
Entwicklungen bildete die Mediationsakte ein offenes, allzu offenes
Gefäss. Die Hegemonie Frankreichs dauerte auch nach Errichtung
des Kaiserreiches an; die Schweiz war gegen aussen kein eigenständi-
ger politischer Faktor mehr. Die Feststellung von Philipp Albert Stapfer, es sei «unbestreitbar das Ziel des Ersten Konsuls, die Schweiz in
politischer Hinsicht auszuschalten», hatte sich bewahrheitet.

IV. TEIL

RESTAURATION[1]

Restauration bedeutet im wörtlichen Sinne Wiederherstellung oder Instandsetzung. Gemeint ist mit dem Begriff politisch und historisch die Wiederherstellung der vorrevolutionären Rechts- und Gesellschaftsordnung. Im älteren Schrifttum findet man statt Restauration auch die Begriffe «Rekonstruktion» oder «Reaktion».

[1] *Quellen: Abschiede der eidgenössischen Tagsatzung* vom 27. Dezember 1813 bis zum 22. September 1848, 51 Bände; LASSERRE DAVID, Alliances Confédérales 1291–1815, Erlenbach 1941; *Offizielle Sammlung der das schweizerische Staatsrecht betreffenden Aktenstücke*, 3 Bände, Zürich 1820–1829; USTERI PAUL, Handbuch des Schweizerischen Staatsrechts, Aarau 1821.
Literatur: BIAUDET JEAN-CHARLES, Restauration, *Handbuch der Schweizer Geschichte*, Zürich 1977, S. 873 ff.; BURKE EDMUND, Betrachtungen über die französische Revolution (übersetzt von Friedrich Gentz), Berlin 1794; BURKE EDMUND, Lettre à un membre de l'Assemblée Nationale de France, Paris 1791; DIERAUER JOHANNES, Geschichte der Schweizerischen Eidgenossenschaft, Band V, Gotha 1922; FELLER RICHARD, Der neue Geist der Restauration, Zeitschrift für Schweizerische Geschichte 1924, S. 445 ff.; GANZIN MICHEL, La Pensée politique d'Edmund Burke, Paris 1972; GENTZ FRIEDRICH VON, Ausgewählte Schriften, herausgegeben von WILDERICH WEICK, 5 Bände, Stuttgart und Leipzig 1836–1838; GENTZ FRIEDRICH VON, Schriften von, ein Denkmal, herausgegeben von GUSTAV SCHLESIER, 5 Teile, Mannheim 1838–1840; GODECHOT JACQUES, La Contre-Révolution, Paris 1961; GODECHOT JACQUES, Bilan politique et institutionnel du monde en 1815, Regards sur l'époque révolutionnaire, Toulouse 1980, S. 249 ff.; MAISTRE JOSEPH DE, Considérations sur la France, Paris 1821; MAISTRE JOSEPH DE, Essai sur le principe générateur des Constitutions politiques, Paris 1821; MÜLLER ADAM, Elemente der Staatskunst, Berlin 1809; SEILER ANDREAS, Die politische Geschichte des Wallis 1815–1844, Zürich 1939; SNELL LUDWIG, Pragmatische Erzählung der neuern kirchlichen Veränderungen so wie der progressiven Usurpationen der römischen Kurie in der katholischen Schweiz bis 1830, Sursee 1833. – Siehe auch die am Buchanfang angeführte periodenübergreifende Literatur.

7. KAPITEL:
STAATSTHEORIE DER RESTAURATION

1. Allgemeines

Jede geschichtliche Bewegung, die zu Änderungen der Grundlagen von Staat und Gesellschaft und mithin zur Umgestaltung der Verfassung führt, beruht auf Problemen wirtschaftlicher, kultureller, sozialer und politischer Art. Jede Bewegung basiert auf einem bestimmten Geist, dem «Zeitgeist», und auf einer Theorie. Die Probleme bestehen zuerst, in der Folge wird eine Theorie entwickelt, beides mehr oder weniger lange vor dem Beginn der eigentlichen Bewegung. Probleme und Theorien bereiten den Zeitgeist der Veränderung vor, und es bedarf zu deren Auslösung dann nur noch eines – oft sehr oberflächlichen – äusseren Ereignisses. Hatten Französische Revolution und Helvetik ihre Theorie in der Aufklärungsphilosophie, so besass auch die Restauration eine Theorie. Theorien und Ereignisse haben ihre Akteure. Die Theoretiker werden zuerst tätig; sie erkennen die Probleme zuerst und spüren intuitiv die kommende Bewegung im voraus. Ihre Analysen und Lösungsvorschläge prägen zusammen mit den sich in der zeitlichen Abfolge zumeist verschärfenden Problemen den Zeitgeist, der die Bewegung vorbereitet. Die Auslösung der Bewegung wird oft durch Agitatoren besorgt, die mit wenig wählerischen Mitteln die Emotionen der breiten Massen wecken; manchmal lösen kriegerische oder politische Ereignisse die Bewegung aus. Eine Bewegung führt dann zum Erfolg, das heisst zu neuen, dauerhaften, dem Volksganzen dienenden Grundlagen einer Gemeinschaft, wenn anschliessend fähige Politiker, also Staatsmänner die infolge der Bewegung ungebundene Macht übernehmen – und diese nicht missbrauchen! Solche Staatsmänner sind die Schöpfer von dauerhaften Verfassungen, vor allem, wenn sie sich dabei auf eine gute Theorie stützen können.

Die schweizerische Verfassungsentwicklung war auch in der nun zu betrachtenden Periode vom Ende der Helvetik bis zur Restauration stark vom Ausland abhängig. Neben kriegerischen, diplomatischen und wirtschaftlichen Geschehnissen war nicht zuletzt der europäische «Zeitgeist» für die Handlungsweise der führenden Schichten massgebend. Dieser «Zeitgeist» aber wurde immer stärker von konterrevolutionären, «konservativen» Theoretikern geprägt und dieser von den Herrschenden aufgenommen. Die revolutionäre Umwälzung in Frankreich gab schon vom Jahre 1790 an Anstoss zu zahlreichen konterrevolutionären Schriften, deren Inhalt langsam, aber nachhaltig in ganz Europa seine Wirkungen entfaltete. Diese Wirkungen verstärkten sich nach dem Bekanntwerden der politischen Ausschreitungen der Revolution in Frankreich in den Jahren 1792–1794. In den letzten Jahren des 18. Jahrhunderts bedeckte, von Deutschland und England ausgehend, eine Welle von christlichem, mystischem und irrational-romantischem Gedankengut den europäischen Kontinent. Dieses Denken, eine Reaktion auf den Rationalismus des zu Ende gehenden Jahrhunderts und auf die Französische Revolution, erfasste die meisten Denker in irgendeiner Weise. So kann man feststellen, dass zahlreiche konservative Theoretiker, die zu Beginn die Französische Revolution begrüssten oder zumindest teilweise Anhänger der Aufklärungsphilosophie des 18. Jahrhunderts waren, dann aufgrund der Ereignisse in Paris zu entschiedenen Gegnern der Umwälzung wurden. Das gilt für viele konservative Theoretiker, insbesondere für die im folgenden zu betrachtenden. Interessant ist ferner, dass in jener Zeit zahlreiche konservative Denker vom Protestantismus zum Katholizismus konvertierten.

Man kann vielleicht fünf gegenrevolutionäre Lehrmeinungen unterscheiden, nämlich die klassisch-konservative, die konservativ-rationale, die theokratische, die legitimistisch-reaktionäre und schliesslich die Lehre der politischen Romantik. Alle fünf Lehrmeinungen vereinigten sich vor der Restauration zu einem breiten Theoriestrom, der in diametralem Gegensatz zur individualistisch-rationalen Staatstheorie der Aufklärung stand. Alle fünf Richtungen hatten zahlreiche Vertreter. Im folgenden sollen lediglich einige wenige von ihnen stellvertretend herausgegriffen und kurz charakterisiert werden; dies deshalb, weil es sich dabei weniger um eine Betrachtung der politischen und kriegerischen Folgen der Revolution, sondern um die erste, aber heute noch aktuelle grundsätzliche Auseinandersetzung mit der politischen Theorie der Aufklärungsphilosophie des 18. Jahrhunderts handelt.

2. Das Verfassungsdenken von Edmund Burke [2]

Den markanten Anfang des gegenrevolutionären Schrifttums
bildeten die klassisch gewordenen «Reflections on the Revolution in
France» des Engländers Edmund Burke, welche Ende 1790 erschienen, sogleich ins Französische übersetzt und ein halbes Jahr später
von Friedrich von Gentz auf meisterhafte Weise ins Deutsche übertragen und publiziert wurden. Burke verfasste diese Schrift, weil er –
zu Recht – befürchtete, die Ideen und politischen Methoden der Französischen Revolution könnten im gebildeten Bürgertum Englands
viele Anhänger gewinnen. Die Wirkungen von Burkes «Reflections»
waren gewaltig, in der ersten Phase nach ihrem Erscheinen vor allem
in England, den Vereinigten Staaten, Österreich und Deutschland. In
Frankreich und in der Schweiz wurde die Theorie von Burke anfänglich wenig wirksam; einzig über einen seiner Anhänger, den Schweizer Jacques Mallet du Pan, gewann sie eine gewisse Verbreitung. Erst
gegen Ende der Mediationszeit entfalteten die Ideen von Burke –
mannigfach mit solchen anderer Theoretiker verschmolzen – auch in
Frankreich und in der Schweiz Wirkungen. Das 1816–1820 erschienene Werk «Restauration der Staatswissenschaften» des Berners Karl
Ludwig von Haller bildete dann sozusagen den klassischen Abschluss
der konterrevolutionären Theorie.

Die «Reflections» von Edmund Burke sind wenig systematisch, teilweise emotional und polemisch und leiden an einem Ver-
kennen der wirtschaftlichen und sozialen Triebkräfte der Französischen Revolution. Burke beurteilt diese aus englischer Sicht und deshalb wohl zu hart, namentlich weil es in Frankreich im Gegensatz zu

---

[2] BURKE EDMUND, 1729–1797. Geboren in Dublin als Sohn eines pro-
testantischen Rechtsanwalts. Obwohl seine Mutter Katholikin war, wurde er ebenfalls
protestantisch erzogen. 1750 Beginn des Jurastudiums, an dem er jedoch bald das
Interesse verlor. Er entfremdete sich von seinem Vater, verbrachte einige Zeit auf
Wanderschaft in England und Frankreich. Später publizistische Tätigkeit, vor allem «A
Vindication of Natural Society», 1756, eine Satire auf die rationalistischen
Aufklärungsideale Bolingbrokes; seit 1759 Herausgabe der «Annual register», einer Art
politischer Jahresüberblicke. Freimaurer. Seine politische Laufbahn begann er 1765 als
Privatsekretär des Whig-Premiers Lord Rockingham und Abgeordneter des
Unterhauses, wo er 1774/75 und 1777 durch seine Reden zugunsten der
nordamerikanischen Kolonien und 1786 durch seine Anklage gegen den
Generalgouverneur Indiens, Warren Hastings, Aufsehen erregte. Nach Ausbruch der
Französischen Revolution immer schärferer Gegner derselben. Erbitterter Streit mit
Dr. Fox, dem Hauptvertreter der Ideen der Französischen Revolution in England.
Hauptwerk: «Reflections on the revolution in France» 1790.

England nicht gelungen war, den König mittels eines machtvollen Parlamentes in Schranken zu halten – ein Gesichtspunkt, den Burke übrigens ausdrücklich erwähnt. Anderseits trägt Burke derart meisterhaft seine Kritik am aufklärerischen Menschenbild und am rationalen Staatsgedanken vor, dass sie noch heute zum klassischen Argumentationsbestand der konservativen Staatslehre gehört. Das Denken von Burke beruht an sich nicht auf einer negativen Anthropologie. Burke wandte sich aber gegen die Art der Begründung der optimistischen Anthropologie der Aufklärungsphilosophen. Er wirft diesen vor, sie würden ihre These von der Vervollkommnungsfähigkeit des Menschen («perfectibilité») kraft blosser Abstraktion aus dem Nichts herleiten. Dabei könne die wahre Natur des Menschen nur aus dem bisherigen Verhalten, aus der Geschichte erkannt werden. Burke wendet sich weiter gegen den Individualismus und die natürlichen Rechte des Menschen und insbesondere gegen eine abstrakte Freiheit, gegen das Widerstandsrecht, die Vernunft und die Abstraktion allgemein, gegen die Säkularisierung der Kirche, gegen die Demokratie und insbesondere gegen das Mehrheitsprinzip.

Burke betrachtet die ständische englische Verfassung, eine seit Jahrhunderten überlieferte, durch die konkreten Umstände, die Übungen und Konfliktregelungen in Einzelteilen erneuerte, aber tatsächlich gelebte Ordnung, als die beste Verfassung der Welt. Er fürchtet die Macht eines aus nur einer einzigen Kammer bestehenden Parlamentes wie der französischen Nationalversammlung, die seit der Aufhebung der Stände, statt sich «nach einer eingeführten Constitution zu richten», vielmehr die Macht hat, selber «eine Constitution zu erschaffen, die sich nach ihren Absichten richten muss». Es gibt «kein Grundgesetz, keinen strengen Vertrag, keine hergebrachte Sitte mehr, die dieser Versammlung Einhalt tun könnten». Die Macht des englischen Unterhauses ist – so Burke weiter – «nur ein Wassertropfen im Ozean, wenn man sie mit der Allgewalt vergleicht, die in einer entschiedenen Majorität der französischen Nationalversammlung wohnt». Das ist für Burke die Folge der namentlich von Rousseau vertretenen Haltung der «tabula rasa», also der Verwerfung alles tatsächlich Gegebenen bei der Begründung und Fundierung des Staates. Weder auf den abstrakten Prinzipien des individualistischen Rationalismus, noch auf der von den Aufklärungsphilosophen immer wieder angerufenen «Natur des Menschen», sondern auf der Geschichte muss nach Burke die Verfassung eines Landes beruhen. Die Geschichte ist für ihn die «Natur» schlechthin. Sie muss wegleitend für die Gestaltung der gesellschaftlichen und staatlichen Ordnung sein. Burke lehnt nicht einfach alle Neuerungen ab: «Ein Staat, dem es an allen

Mitteln zu einer Veränderung fehlt, entbehrt der Mittel zu seiner Erhaltung.» Burke rät daher, «zugleich zu erhalten und zu verbessern». Die «brauchbaren Teile einer Verfassung» sind beizubehalten, und das Neue ist darin einzufügen; das aber ist eine Arbeit, die «wahre Geisteskraft, anhaltende und angestrengte Aufmerksamkeit» derjenigen erfordert, die «schöpferisches Talent» besitzen. Es bedarf aber dazu viel Zeit, denn diese ist eine «Mitarbeiterin, die langsam und zuweilen unmerklich wirkt». Der Gesetzgeber muss schliesslich «ein Herz voll warmer Empfindungen haben. Er muss seinesgleichen lieben und achten, er muss sich selbst fürchten». Die rasche Gesetzgebungstätigkeit der französischen Nationalversammlung steht für Burke in grösstem Gegensatz zu seinen eigenen Vorstellungen über die Gesetzgebungstätigkeit.

Burke ist kein Anhänger des Gleichheitssatzes – nicht einmal im Bereich der politischen Rechte: Die grossen Grundeigentümer, auch wenn sie geerbten Reichtum haben, sind für ihn für die Leitung des Staates unentbehrlich. Ihr Besitz und ihre hohe Abkunft soll ihnen dabei «einen anständigen und sicheren Vorrang» geben. Diese im englischen Oberhaus und teilweise auch im Unterhaus regierenden Männer sind nach Burke «in den seichten Deklamationen vorwitziger, anmassender, kurzsichtiger Marktschreier der Philosophie zu leichtsinnig herabgewürdigt worden». Auf das Argument der französischen Demokraten, wonach der Wille von 24 Millionen Menschen mehr gelten müssen als der Wille von einigen Tausenden, antwortet Burke: «Ohne allen Zweifel, – wenn die Constitution eines Königreiches ein Problem der Rechenkunst sein soll.» Burke kritisiert nicht nur in diesem Zusammenhang die Verwendung von rationalen Prinzipien für die Staatsgestaltung. Er geht daher hart mit dem rationalen «mos geometricus» ins Gericht, der in Frankreich etwa zur traditionslosen, rein schematischen Einteilung des Landes in Departemente und Kantone führte, in welchen die Bürger keine natürlichen Beziehungen zu den Regierenden mehr hätten.

Das Eigentum ist für Burke nicht nur konstituierend für den Staat, sondern auch Voraussetzung der Freiheit. «In Frankreich ist die Regierung nicht (mehr) in den Händen der Eigentümer. Mithin ist die Vernichtung des Eigenthums unvermeidlich, und vernünftige Freiheit verschwunden», folgert er. Burke lehnt nicht nur die natürliche Freiheit, sondern auch den abstrakten Freiheitsbegriff der Aufklärung ab, er bevorzugt die «männliche, sittliche und geordnete Freiheit». Eine von den konkreten Umständen losgelöste, von «metaphysischer Abstraction» gebildete Freiheit ist ihm zuwider. Und gegen die unbedingte individuelle Freiheit gerichtet, sagt Burke: «Der Mensch kann nicht die Rechte eines ungeselligen und eines geselligen Zustandes zu gleicher Zeit geniessen.» Gegen die sittlich ungebundene Freiheit des Menschen bringt Burke das folgende Beispiel vor: «Soll ich darum, weil Freiheit an und für sich eines von den Gütern der Menschheit ist, einem Rasenden, der sich den heilsamen Banden und der wohltätigen Dunkelheit seiner Zelle entriss, meine Freude bezeugen, dass er Licht und Freiheit wieder geniesst?» Und geradezu polemisch: «Soll ich einem Strassenräuber, einem Mörder, der seinen Kerker durchbrochen hat, zur Wiedererlangung seiner natürlichen Freiheit Glück wünschen?» Polemisch ist diese Aussage deshalb, weil in den Artikeln 4 und 5 der französischen Erklärung der Menschen- und Bürgerrechte ausdrücklich Schranken der Freiheitsrechte vorgesehen sind.

Burke wendet sich in seiner Abhandlung «Über die Deklaration der Rechte» auch allgemein gegen die von der Nationalversammlung ausgesprochene «Erklärung der Menschen- und Bürgerrechte». Er warnt eindringlich vor den Folgen des Missbrauchs eines solchen Zusammenzuges von Rechten und zweifelt an der Möglichkeit, solche Rechte spekulativ, abstrakt und universal, also losgelöst von Geschichte und Umständen formulieren zu können. Er macht geltend, «dass nach der Natur der Sache jedes Individuum im Staat keinen andern gültigen Ausleger einer solchen Deklaration anerkennen wird, als sich selbst». Und er kritisiert das Fehlen von konkreten Pflichten in der französischen Deklaration. Wer, so Burke, «den gemeinen Mann mit seinen ursprünglichen Rechten bekannt macht, muss ihn auch, wenn er nicht ein Volksschmeichler und ein Lehrer der Zerstörung sein will, über seine ursprünglichen Pflichten aufklären. Davon weiss die Deklaration nichts.» Und schliesslich: «Wenn (in der Deklaration) weiterhin von Pflichten die Rede ist, so sind es nur die Pflichten der Regierenden, nicht die Pflichten derer, deren Rechte aufgezählt werden.» Burke vertrat mit Überzeugung die Auffassung, dass der Abgeordnete nicht ein Vertreter der Wähler seines Wahlkreises sei, sondern die ganze Nation zu repräsentieren habe. Und er führte in einer am 3. November 1774 gehaltenen Rede aus, ein Abgeordneter schulde seinen Wählern nicht nur seinen Arbeitseifer, sondern auch seine Urteilskraft. Wenn er diese der Meinung der Wähler «opfere», so betrüge er sie, anstatt ihnen zu dienen.

Burke beklagt den durch die neuen Staatstheorien bewirkten Untergang der feudalen Werte «Ehre» und «Treue» und deren Ersetzung durch Prinzipien einer «mechanischen Staatsweisheit»: «Aber die Zeiten der Rittersitte sind dahin. Das Jahrhundert der Sophisten, der Ökonomisten und der Rechenmeister ist an ihre Stelle getreten, und der Glanz von Europa ist ausgelöscht auf ewig. Niemals, niemals werden wir sie wieder sehen, diese edelmütige Ergebenheit an Rang und Geschlecht, diese stolze Unterwürfigkeit, diesen würdevollen Gehorsam, die selbst in Sklavenseelen den Geist und die Gefühle einer erhabeneren Freiheit hauchte ... Sie ist dahin, diese Feinheit des Ehrgefühls, diese Keuschheit des Stolzes, die einen Schimpf wie eine Wunde fühlte, die den Mut befeuerte, indem sie die Wildheit niederschlug, die alles adelte, was sie berührte, und unter der das Laster selbst seine halbe Schrecklichkeit einbüsste, indem es seine ganze Roheit verlor.» Diese Stelle beruht, wie Burkes Kritiker mit Recht geltend machten, auf einer Idealisierung des mittelalterlichen feudalen Rittertums.

Zwar ist auch nach Burke die Gesellschaft ein Vertrag, ein «grosser Contract». «Kleine Privatcontracte, die ein vorübergehendes gemeinschaftliches Interesse herbeiführen, können nach Belieben wieder aufgehoben werden ... Aber ein Staat ist eine Verbindung von ganz anderer Art, von ganz anderer Wichtigkeit ... Er ist eine Gemeinschaft in allem was wissenswürdig, in allem was schön, in allem was schätzbar und gut und göttlich im Menschen ist. Da die Zwecke einer solchen Verbindung nicht in einer Generation zu erreichen sind, so wird daraus eine Gemeinschaft zwischen denen, welche leben, welche gelebt haben, und denen, welche noch leben sollen.» Aufgrund dieser Überlegung spricht Burke einer verfassungsgebenden Versammlung das Recht ab, diesen «grossen Contract», die ererbte Verfassung, gesamthaft ändern zu dürfen.

Mit Leidenschaft wendet sich Burke ferner gegen die Einziehung der Güter des Klerus durch die französische Nationalversammlung; dies einerseits, weil er diesen Akt als willkürlich erachtet, aber auch, weil er dem Klerus eine wichtige sittliche Kraft im gesellschaftlichen Ganzen zuerkennt. Burke ist jedoch kein Theokrat; er lehnt die Auffassung ab, wonach «der Besitz des Throns ein göttliches, geerbtes und unverlierbares Recht» sei.

Insgesamt stellen die «Betrachtungen» von Burke eine eigentliche Gegenthese zur Aufklärungsphilosophie, namentlich aber zum Werk Rousseaus dar. Welch hohen Stellenwert Edmund Burke aber der Theorie Rousseaus einräumt, wird nicht zuletzt aus seinen heftigen und polemischen, teilweise persönlichen Angriffen gegen ihn in seinem «Brief an ein Mitglied der Französischen Nationalversammlung» 1791 deutlich. Das Werk Burkes ist der Inbegriff des klassischen Konservativismus geworden; es ist bis heute unerreicht geblieben.

3. Gegenrevolutionäre Auffassungen von Jacques Mallet du Pan [3]

1793, ungefähr drei Jahre nach dem Erscheinen der «Reflections» von Burke, übergab der Genfer Jacques Mallet du Pan in London seine Schrift «Considérations sur la nature de la Révolution de France» der Öffentlichkeit. Sie wurde sogleich – wiederum von Friedrich von Gentz – ins Deutsche übertragen. Mallet du Pan war Monarchist. Seine Schriften sind weniger tiefgründig als jene von Burke, von dem er übrigens beeinflusst war. Mallet du Pan hat jedoch eine differenzierte Sicht der Französischen Revolution geliefert und insbesondere als einer der ersten die sozialen und wirtschaftlichen Beweggründe der Umwälzung sowie deren universalen Charakter erkannt und dargelegt. Er ist, anders als Burke, nicht der Meinung, dass die Umwälzung in Frankreich nur das Werk der Staatsphilosophen war. Vielmehr war es nach ihm eine soziale, von materiellen Interessen genährte Bewegung, die von der Abschaffung der indirekten Abgaben und insbesondere der Salzsteuer über die Aufhebung des Lehensrechtes und der Feudalabgaben bis zum allgemeinen Zugang zu den besoldeten Staatsstellen reichen. Eine neue Geschichtsauffassung klingt an, wenn Mallet du Pan schreibt, es gebe «zwei despotische Herrscher, die über unserer aller Willen thronen: die Notwendigkeit

[3] MALLET DU PAN JACQUES, 1749–1800. Geboren als Sohn eines Landpfarrers und einer Genfer Patrizierin in Céligny. Studien in Recht, Philosophie, Literatur und Geschichte an der Akademie in Genf 1764–1769. Hinwendung zum Journalismus und Tätigkeit in Neuenburg, im Waadtland und schliesslich auch wieder in Genf. Arbeitete dann als freier Schriftsteller. 1778–1782 gab er zusammen mit Nicolas Linguet (1736–1794) die wegen der französischen Zensur in England gedruckten «Annales politiques, civiles et littéraires» heraus. 1783, nach dem Zerwürfnis mit Linguet, gab er eine eigene Zeitung, «Mémoires historiques politiques et littéraires», heraus. 1784–1792 als politischer Redaktor und Rezensent am «Mercure de France» angestellt, Wohnsitz in Paris. Seine Artikel im «Mercure de France» machten Mallet in ganz Frankreich bekannt. Obwohl Bewunderer der englischen Monarchie, trat er 1789 für die Französische Revolution ein, lehnte sie jedoch vom Jahr 1792 an ab, als sich jene gegen den König zu richten begann. Er wurde dann mit den deutschen Höfen als Geheimagent von Ludwig XVI. gegen Frankreich tätig. 1793 musste er nach Genf fliehen und zog dann über Bern, von wo er 1797 verbannt wurde, nach Grossbritannien, wo er 1798 den «Mercure britannique / British Mercure» gründete. Mallet verfasste eine grössere Anzahl von hellsichtigen Pamphleten, die er zum Teil auch im «Mercure de France» publizierte, namentlich «Du principe des factions en général, et de celles qui divisent la France» 1791, «Considérations sur la nature de la Révolution de France, et sur les causes qui l'entretiennent» 1793 sowie «Essai historique sur la destruction de la Ligue et de la Liberté Helvétiques» 1798.

und den unwiderstehlichen Lauf der Dinge». Diese Einsicht in das Walten einer Kraft der Dinge ist es wohl, die ihn zu einer gemässigt-relativen Haltung führt und ihn wohltuend von anderen Gegenrevolutionären unterscheidet. Rational argumentiert er weiter: «Leidenschaftliche Menschen haben ... nur immer zwei Fälle vor Augen: das Ärgste und das Vollkommene. Wir sind aber seit langer Zeit verdammt, vom Schlimmen zum weniger Schlimmen überzugehen», führt er in seinen «Considérations» aus. Mallet du Pan kritisiert – obwohl selber Royalist – das Verhalten des Adels vor und während der Revolution, indem dieser es unterlassen habe und auch jetzt noch nicht bereit sei, den Bürgern eine angemessene Repräsentation im Staat zu verschaffen. Er wirft dem konterrevolutionären Adel vor, sich mit «der Sache der Freiheit in Widerspruch» zu setzen und zu wenig auf die Stimmung im Volk zu achten. Das von vielen Gegenrevolutionären angestrebte Ziel, wieder eine absolute Monarchie zu errichten, sei in Anbetracht der materiellen Interessen und des Freiheitswillens des Volkes nicht zu erreichen. «Woraus besteht denn das allgemeine Interesse anders als aus der Harmonie der Privatvorteile? Muss man nicht einen unüberwindlichen Widerstand erwarten, wenn man eine neue Ordnung der Dinge, welche es auch sein mag, auf Ruin und Verzweiflung zahlreicher Menschenklassen baut?» Vielmehr müssten «Völker und Fürsten ... mit gemeinschaftlichen Kräften nach einer gemässigten Staatsverfassung streben». Über den Inhalt einer «gemässigten Staatsverfassung» äussert sich Mallet du Pan nur andeutungsweise. Natürlich sollte eine solche Verfassung monarchisch sein, für die verschiedenen Schichten aber eine angemessene Repräsentation vorsehen; dabei schimmert bei ihm – wie bei so vielen anderen konservativen und liberalen Denkern – eine Neigung durch, die englische «Verfassung» als Modell zu nehmen. Dank der hervorragenden Übersetzung durch Friedrich von Gentz hat die Schrift des gemässigten Genfer Gegenrevolutionärs in Deutschland und Österreich grosse Wirkungen ausgeübt. Insgesamt kann man Mallet du Pan als Vertreter der konservativ-rationalen Richtung charakterisieren. Für die Schweiz besonders interessant ist die im Herbst 1798 in London erschienene Schrift Mallets mit dem Titel «Essai historique sur la destruction de la Ligue et de la Liberté Hélvetiques». In diesem kämpferischen Buch zeichnet Mallet du Pan zunächst ein idealisierend-harmonisierendes Bild der Alten Eidgenossenschaft, insbesondere des bernischen Volkes und seiner Aristokratie. Im Hauptteil des Buches schildert Mallet du Pan in grellen Farben und mit manchen Übertreibungen den «Untergang der Alten Eidgenossenschaft» aus konsequent gegenrevolutionärer Warte. Das Buch ist nicht nur bezüglich Faktenreichtum eine bedeutende Leistung; seine literarische Gestaltung macht es zu einem Glanzstück innerhalb des immensen gegenrevolutionären Schrifttums.

4. Die konservativ-rationalen Verfassungsvorstellungen von Friedrich von Gentz [4]

Das Denken von Friedrich von Gentz ist nicht so leicht zu fassen wie jenes von Burke und Mallet du Pan. Gentz war mehr politischer Schriftsteller und Diplomat als Staatstheoretiker. Ausserdem war er, obwohl Preusse, mehr ein europäischer als ein nationaler Denker. Hinzu kommt, dass Gentz' Schriften weit verstreut sind und er seine tragenden Gedanken nicht in einem Hauptwerk zusammengefasst hat. Gentz war mehr Rationalist, als seine Gegner wegen seiner Tätigkeit im Dienste von Metternich [5] bisweilen wahrhaben wollen; Gentz war ja ursprünglich auch ein Anhänger der Aufklärung und der

[4] GENTZ FRIEDRICH VON, 1764–1832. Geboren in Breslau als Sohn eines Münzbeamten. Nach zweijährigem Universitätsstudium in Königsberg Beginn einer Beamtenlaufbahn in Berlin. Zunächst Anhänger der Französischen Revolution, die er aber nach Lektüre von Montesqieu, Kant und Wilhelm von Humboldt bald als Irrweg ansieht. Die Übersetzung und Kommentierung von Burkes «Reflections on the Revolution in France», Berlin 1793, verhalf ihm zu europäischer Berühmtheit. 1798/1799 Formulierung seiner eigenen konservativen Staatsauffassung mit Ablehnung von Volkssouveränität und Menschenrechten, des Widerstandsrechtes, des Rechts auf politische Freiheit und Gleichheit. Trat für die Wiederherstellung des politischen Gleichgewichts in Europa ein, das von Napoléon zerstört worden war. Von 1803 an in Wien Agent antinapoleonischer europäischer Politik. Dafür wurde er insbesondere von England finanziell unterstützt. Während der napoleonischen Kriegswirren verschiedentlich im Exil, bis er 1810 von Metternich nach Wien berufen wurde. Erster Sekretär des Wiener Kongresses. Nachher unentbehrlicher Mitarbeiter Metternichs bis zum Vormärz, wo sich Gentz trotz seiner Ablehnung der nationalen und liberalen Zeittendenzen gegen kriegerische Interventionen wandte.

[5] METTERNICH CLEMENS WENZEL, FÜRST VON, 1773–1859. Stammte aus altem rheinischen Hochadel. Nach juristischen Studien in Strassburg und Mainz 1788–1794 Beginn einer diplomatischen Karriere: Botschafter von Österreich in Berlin, Dresden und Paris, ab 1806. Ab 1809 österreichischer Aussenminister. Organisierte trotz seiner Abneigung gegen die Französische Revolution die Heirat zwischen Napoléon und Marie-Louise von Habsburg. 1814/1815 Leitung des Wiener Kongresses. 1821 zum österreichischen Staatskanzler ernannt. Versuchte, die vorrevolutionären Zustände in Europa wiederherzustellen und dann zu bewahren. Führte heftigen Kampf gegen die Freimaurerlogen in Österreich. Die Revolution von 1848 in Wien zwang ihn zum Rücktritt und zur Flucht nach Grossbritannien. 1851 Rückkehr nach Wien, wo Metternich starb.

Anfangsphase der Französischen Revolution gewesen, bis ihn die politischen Ereignisse in Paris und namentlich seine Arbeit an der Übersetzung von Burkes «Reflections» zum überzeugten Gegenrevolutionär werden liessen. Für Gentz ist die Wiederherstellung und Sicherung eines europäischen Gleichgewichts- und Sicherheitssystems von zentraler Bedeutung. Das Gleichgewicht ist durch die Folgen der Französischen Revolution massiv gestört worden. Es muss durch die enge politische Verbindung von Österreich mit Preussen sowie England wiederhergestellt werden – nichts anderes als das Allianzsystem Metternichs! Nach Erreichen des Gleichgewichts ist ein europäischer «Völker-Bund» zu schaffen, eine Art «Europäische Republik». Diese Verbindung der Staaten Europas muss jedoch völkerrechtlicher Natur bleiben; dies, um das Selbstbestimmungsrecht der Völker zu wahren. Das Selbstbestimmungsrecht der Völker ist jedoch nach Gentz nicht schrankenlos; die europäischen Staaten müssen sich vom Prinzip der «Weisheit» leiten lassen, damit eine gemeinsame politische Grundüberzeugung herrscht. Gegen dieses Prinzip hat Frankreich nach Gentz mit seinem Rationalismus und Individualismus verstossen. Das Gleichgewichtsdenken leitet Gentz auch, wenn er sich über die Freiheit äussert. Ebenfalls aufgrund seines Gleichgewichtsdenkens nahm Gentz am Wiener Kongress eine positive Haltung zu einer unabhängigen, den Frieden in Europa fördernden neutralen Schweiz ein.

Gentz lehnt die naturrechtliche abstrakte Freiheit der Revolution ab: «Die Freiheit und die Regel oder das Gesetz, sind die beiden Elemente des bürgerlichen Lebens. Beide so zu verbinden, dass die Regel die Freiheit nicht töte, und die Freiheit die Regel nicht zerstöre, ist die Aufgabe derer, denen die Erhaltung und Leitung der Staaten obliegt.» Gentz ist – wie übrigens viele konservative Staatsdenker – ein Bewunderer Englands und seiner «Verfassung». Englische Weisheit hat das Prinzip des Gleichgewichts auch im Innern verwirklicht, jedoch nicht im Sinne der *materiellen* Gleichheit, sondern einer auf «Weisheit» beruhenden harmonischen Ausgewogenheit der Beziehungen der Rechtssubjekte untereinander. Die materielle Gleichheit der Französischen Revolution dagegen steht nach Gentz im Widerspruch zum Gesellschaftsvertrag, von dem auch er – wie Burke – ausgeht: «Der gesellschaftliche Vertrag hat zum Zweck, durch eine gesetzmässige Verfassung die ursprüngliche Freiheit eines jeden Mitglieds der Gesellschaft so zu beschränken, dass sie mit der Freiheit aller andern zusammenstimmt», schreibt er in der Abhandlung «Über politische Gleichheit». Der Gesellschaftsvertrag, so Gentz weiter, «soll nicht unmittelbar Rechte verleihen, er soll nur die schon vorhande-

166

nen, und die unter seinem Schutze zu erwerbenden garantieren. Wie gross oder wie klein die rechtliche Sphäre jedes Einzelnen zu irgend einer gegebenen Zeit sein mag, damit hat der gesellschaftliche Vertrag und die gesetzliche Ordnung, die er begründet, nichts zu tun.» Und Gentz fährt fort: «Selbst, wenn im Augenblick der Entstehung der Gesellschaft objektive Gleichheit der Rechte unter ihren Mitgliedern obgewaltet hätte, könnte und dürfte doch die Aufrechterhaltung dieser Gleichheit keine Bedingung des Grundvertrages sein. Denn wäre dies der Fall, so würde die ursprüngliche Freiheit nicht bloss negativ, so dass sie die rechtliche Freiheit der anderen nicht störe, sondern zugleich positiv, so dass sie ihren eigenen Wirkungskreis nicht erweitern könnte, beschränkt; welches der Idee des gesellschaftlichen Vertrages geradehin widerspricht.» So gelangt Gentz auch zur Verneinung der politischen Gleichheit.

Diese Argumentation beruht auf der völligen Entkleidung des Rechts von allen Inhalten, auf dessen absoluter Formalisierung. Gentz lehnt darüber hinaus mit im Grunde gleicher Argumentationsweise auch das Prinzip der Volkssouveränität ab, denn die Volkssouveränität beruht auf der politischen Gleichheit; «die Idee der politischen Gleichheit entsprang jedoch aus einer Verwechslung des Gegenstandes, der Materie des Rechts, mit der Form desselben». Und schliesslich äussert sich Gentz zur Natur der monarchischen Verfassung: «Ich glaube nicht mit Montesquieu», – dessen Gewaltenteilungskonzept er übrigens auch ablehnte – «dass privilegierte Stände zum Wesen einer monarchischen Verfassung gehören ... In einer reinen aber rechtlichen Monarchie gibt es nichts im eigentlichen Sinn Wesentliches als die Macht des Monarchen und die Souveränität der Gesetze. Aber ich glaube, dass eine monarchische Verfassung nicht bestehen kann, wenn es keine Ungleichheit und keine gesellschaftlichen Distinktionen gibt.» Mit diesen Argumentationen beweist der konservative Denker Gentz, dass er ein «konservativer Rationalist», auf keinen Fall ein Theokrat oder politischer Romantiker war, obwohl er mit Adam Müller befreundet war.

Die Schriften von Gentz, zumeist in der Form von Erlassen Metternichs an die Öffentlichkeit dringend, waren wegen ihrer beissenden Schärfe gegen die Liberalen Europas von diesen gefürchtet. Gentz war aber trotz seiner für Metternich geleisteten Dienste kein reiner Reaktionär und lehnte die Idee der geschriebenen, allerdings konstitutionell-monarchischen Verfassung nicht ab. Gegen Ende seines Wirkens hatte er das bittere Gefühl, auf der falschen Seite gekämpft zu haben, wenn er als Konservativer schrieb: «Ich war mir stets bewusst, dass ungeachtet aller Majestät und Stärke meiner Vollmachtgeber und ungeachtet der einzelnen Siege, die wir erfochten, der Zeitgeist zuletzt mächtiger bleiben wird, als wir; dass die Presse, so sehr ich sie in ihren Ausschreitungen verachte, ihr furchtbares Übergewicht über alle unsere Weisheit nicht verlieren wird und dass die Kunst der Diplomaten so wenig als die Gewalt dem Weltrade in die Speichen zu fallen vermag.»

5. Die restaurative Staatstheorie von Karl Ludwig von Haller [6]

Der Berner Karl Ludwig von Haller, ein Enkel des Universalgelehrten Albrecht von Haller, war anfänglich den Ideen der Französischen Revolution zugeneigt – er hatte ja 1798 einen Entwurf für eine Berner Kantonsverfassung ganz im Sinne der Aufklärungsgrundsätze verfasst! Im Jahr 1804 begann er mit der Ausführung des Plans, eine «Gegenrevolution der Wissenschaft» einzuleiten, und verfasste in der Folge das Werk «Restauration der Staats-Wissenschaft oder Theorie des natürlich-geselligen Zustandes, der Chimäre des künstlich-bürgerlichen entgegengesetzt». Der erste Band ist 1816 erschienen, der vierte und letzte 1820. Das Werk trug dem Verfasser den Namen

[6] HALLER KARL LUDWIG VON, 1768–1854. Enkel Albrechts von Haller. Sohn eines Bibliothekars und Politikers. Ratsexspektant in Bern 1786, Kommissionsschreiber 1787, nahm an mehreren wichtigen Gesandtschaften teil. Im Kampf gegen Frankreich nach dem Umsturz von 1798 gründete er die «Helvetischen Annalen», die im November 1798 vom Direktorium verboten wurden. Haller begab sich zunächst zur Armee des Erzherzogs Karl und schrieb zahllose Proklamationen, Aufrufe und Denkschriften für die Sache der Wiederherstellung der Aristokratenherrschaft, ging nach dem Sieg Massenas bei Zürich 1799 nach Augsburg, dann nach Erlangen und Weimar und wurde 1802 Sekretär im Kriegsministerium in Wien. Seine Flugschriften, beispielsweise «Wer ist der angreifende Teil, Österreich oder Frankreich?» 1805, erregten ungewöhnliches Aufsehen. 1806 berief ihn die Berner Regierung als Professor des allgemeinen Staatsrechts und der Geschichte an die neu organisierte Akademie in Bern. Mitglied des Grossen Rates 1814, war er hervorragend an der Regelung der Fragen beteiligt, die der Anschluss des Berner Juras an den alten Kantonsteil mit sich brachte. 1817 legte er die Professur nieder und 1821 trat er zum Katholizismus über, was in ganz Europa Aufsehen erregte. Nach seiner Entlassung aus dem bernischen Grossen Rat lebte Haller bis zur Juli-Revolution 1830 in Paris, dann in Solothurn, wurde dort 1835 Kantonsrat und unterhielt eine lebhafte Korrespondenz mit der ganzen gebildeten Welt. Publikation von Kampfschriften unter anderem gegen die Freimaurerei. Hauptwerk: «Restauration der Staatswissenschaft», 6 Bände, 1816–1825, welches ihm den Zunamen «Der Restaurator» eintrug und nach dem die Periode von 1815 bis 1830 benannt wurde.

«Restaurator» ein, und nach diesem Werk ist die heute als «Restauration» bekannte Periode von 1815 bis 1830 benannt. Was heisst «Gegenrevolution der Wissenschaft» im Sinne Hallers? Er meint damit ungefähr dasselbe wie die anderen konterrevolutionären Theoretiker, nämlich die Ablehnung der rational-individualistischen Grundlegung des Staates. Nur ist die Haltung Hallers viel absoluter und entschiedener, weshalb man ihn der legitimistisch-reaktionären Richtung zuordnen muss. Seinem schärfsten Gegenpol, Rousseau, widmet Haller viele polemische Bemerkungen – obwohl er ausdrücklich betont, seine Polemik unterscheide sich von der gewöhnlichen dadurch, «dass sie nur allein gegen den Irrtum, nicht gegen die Irrenden gerichtet ist».

Statt des «Social-Contracts» von Rousseau will Haller ein «Aggregat unendlich verschiedener freier Privat-Verträge», statt des allgemeinen Willens ein «natürliches göttliches Gesetz», statt der «Souveränität oder Unabhängigkeit des Volkes die Souveränität desjenigen, der unabhängig ist, der Macht und Vermögen hat, es zu sein». Der Staat ist für Haller «keine politische Maschine», und die höchsten Träger der Staatsgewalt sind weder Diener des Volkes noch Geschäftsträger; sie sind vielmehr die überlegenen Teile einer natürlichen Ordnung, die durch eine «höhere Macht» bestimmt ist. Wie die Aufklärungsphilosophen geht auch Haller von der Natur, von Naturgesetzen aus. Allein, er gelangt zu diametral anderen Folgerungen als jene: «In dem ganzen Teile der Natur, welche wir unbelebt oder unorganisch nennen: ist es nicht ein ewiges Gesetz, dass das Grössere das Kleine, das Mächtigere das Schwache verdrängt, überflügelt und im Kampf miteinander sogar aufhebt oder unschädlich macht? Betrachtet die Tiere des Feldes und die Vögel in der Luft, von dem Adler und dem Elephanten bis zu dem Insekt und bis zu dem Gewürm, das auf der Erde kreucht: überall herrscht die stärkere Classe über die schwächere, und unter Geschöpfen gleicher Art das männliche Geschlecht über das weibliche, die Älteren über die Jungen, das Mutige über das Furchtsame, das Vollkommene über das Unvollkommene. Alle Herden haben ihr Oberhaupt und dieses ist immer das stärkste und mächtigste.» Ganz frei und gebietend ist nach Haller nur der König; «aber vom König bis zum Bettler ist keiner, der nicht noch über etwas zu gebieten habe». Diese von Haller beschriebene Ordnung, wonach «der Mächtigere herrsche», die «natürliche Überlegenheit der Grund aller Herrschaft ist», weckt zunächst Assoziationen an einen «Sozialdarwinismus» der Staatslehre, um einen neueren Ausdruck zu verwenden. Doch diese Ordnung ist nach Haller nicht nur eine «natürliche Ordnung», sondern auch eine «Ordnung Gottes», und es ist nach Haller nicht richtig, diese Ordnung mit «dem Missbrauch der Gewalt» oder mit etwas «Ungerechtem oder Vernunftwidrigem» zu verwechseln. Natürliches und göttliches Gesetz schaffen nach Haller eine legitime Ordnung - es ist aber zugleich eine Macht-Ordnung, wie Haller nicht verschweigt. Und irgendwie scheint er doch stärker, als er es wahrhaben will, von der Staatsphilosophie der Aufklärung beeinflusst zu sein, indem er ein besonderes Kapitel den «Mitteln gegen den Missbrauch der Gewalt» widmet und sogar ein Recht auf Widerstand anerkennt. Gegen den Missbrauch der Macht durch oberste Staatsorgane – eigentlich der Kernpunkt der Bemühungen der gesamten rationalen Staatsphilosophie – sieht Haller indessen nur die beiden Mittel der «Religiosität und Moralität» der Herrschenden». Und weiter: «Den möglichen Missbrauch der höchsten Gewalt durch menschliche Einrichtungen hindern oder gar unmöglich machen zu wollen, ist ein Gedanke, der nur dem Dünkel unserer Zeiten einfallen könnte ... Denn um wider den Missbrauch der höchsten Gewalt zu garantieren, müsste derselben eine noch höhere entgegengesetzt, mithin zu diesem Ende erst geschaffen werden können; alsdann aber wäre nicht jene, sondern diese die höchste und von ihr wieder ein Missbrauch möglich.»

Haller setzt der durch abstrakte Prinzipien gebildeten Ordnung der Aufklärungsphilosophie seine eigene natürliche und göttliche Lehre entgegen. Kernstück derselben ist, um mit einem modernen Ausdruck zu sprechen, die vollständige Privatisierung des Staates. Es gibt für ihn keinen prinzipiellen Unterschied zwischen dem Staat und «privatgeselligen Verhältnissen», keinen öffentlichen Bereich, der sich von den privaten Verhältnissen unterscheidet. Dementsprechend haben nach Haller – man höre gut – die Staaten «als solche keinen Zweck, oder keinen anderen als das Privat-Verhältnis, aus welchem sie hervorgegangen sind». Mit diesem Schluss entzieht sich der Berner Restaurator der Frage nach dem Staatszweck, nach der Staatsfunktion und insbesondere nach dem öffentlichen Interesse und bemerkt lediglich, es sei «kurzweilig und lehrreich zu betrachten, wie die neueren Philosophen über die Bestimmung ihres Staatszweckes wanken und schwanken...» Als «Privat-Verhältnis», das nach Haller die allein legitime Grundlage des Staates ist, sieht er, wie erwähnt, ein «Aggregat unendlich verschiedener freier Privat-Verträge» an. Oder an anderer Stelle etwas ausführlicher: «eine unermessliche Menge erworbener Privat-Rechte, mannigfaltig verschlungener Verhältnisse, welche durch wechselseitige Bedürfnisse, Eigenthum und Verträge» entstehen liessen; diese hätten, so Haller weiter, «Herrschaft auf der einen, Abhängigkeit oder Dienstbarkeit auf der anderen Seite hervorgebracht».

Damit ist der Kern der Lehre des Berner Restaurators offengelegt: Es wird die im Laufe der Jahrhunderte gewachsene Ordnung des Ancien Régime, die Macht der Könige, Fürsten, Dynastien und Oligarchien vollkommen legitimiert. Die Macht dessen, der tatsächlich darüber verfügt, bedarf keiner Rechtfertigung; wem sie entzogen wurde, der hat ein Recht auf Wiederherstellung, Restauration. Nicht einmal die Frage nach der Art des Erwerbs der «erworbenen Privat-Rechte» wird gestellt, denn diese nennt er bezeichnenderweise nicht «wohlerworbene». Der Missbrauch solcher Macht ist zwar auch nach Haller unzulässig, doch es gibt gegen despotische Machtausübung kein Mittel, weil die Fürsten nur durch «Religiosität und Moralität» gebunden sind.

Karl Ludwig von Haller geht mit dieser Lehre viel weiter als etwa Burke, Mallet du Pan oder Gentz. Es ist nicht eine Lehre des Konservativismus, die – wie jene der genannten – die Richtigkeit gewisser Neuerungen anerkennt. Vielmehr ist es eine Lehre der reinen Reaktion, eben einer «Restauration», welche das Rad der Zeit noch weiter als bis zum Ende des Ancien Régime hätte zurückdrehen sollen. Wohl wegen seines absoluten Charakters hatte das Werk Hallers in der Schweiz wenig Widerhall. In Bern hat ihm sein – wie er selber schrieb – wegen der «Verwandtschaft des Protestantismus mit den revolutionären Irrtümern» vollzogener Übertritt zum Katholizismus geschadet. Hingegen entfaltete es vor allem in Preussen und auch in Österreich grosse Wirkungen. Weil diese Monarchien in der «Heiligen Allianz» eine führende Stellung einnahmen, trug die Theorie Hallers mit zur Gestaltung des europäischen «Zeitgeistes» bei.

6. Das theokratische Staatsdenken von Joseph de Maistre [7]

Das staatstheoretische Denken von Joseph de Maistre lässt sich am besten aus seinem «Essai sur le principe générateur des constitutions politiques» von 1814 herauslesen. Die Natur des Menschen kann nach Maistre nicht a prori bestimmt werden, sondern –

[7] MAISTRE JOSEPH MARIE, GRAF VON, 1753–1821. Geboren in Chambéry. Freimaurer. 1799 Verwalter der Grosskanzlei des Königreichs Sardinien, 1802 sardischer Gesandter in Petersburg, 1817 Staatsminister. Hauptvertreter des Royalismus und politischen Klerikalismus, Ideologe der Konterrevolution. Er versuchte, den Absolutismus und die feudale Gesellschaftsordnung zu rechtfertigen und sah die Verfassung der katholischen Kirche mit ihrer Hinordnung auf den päpstlichen Primat als Vorbild einer Staatsverfassung an.

hier trifft er sich mit Burke – allein aus der Geschichte. Um die Natur des Menschen zu ergründen, kann man diesen auch nicht gedanklich in den Naturzustand zurückversetzen, wie dies Rousseau tat. Vielmehr ergibt sich nach Maistre die wahre Natur des Menschen nur aus seinem Verhalten in der Gesellschaft im Laufe der Geschichte. Der Mensch ist nach Maistre nicht in der Lage, selber eine Verfassung zu schaffen. Es gibt auch «keine legitime geschriebene Verfassung». Die Verfassung eines Volkes ist lediglich der Inbegriff aller in einer bestimmten historischen Situation gegebenen Umstände, und diese kann der Mensch nicht verändern, weil sie durch Gottes Vorsehung geschaffen wurden. Der Mensch kann zwar eine Verfassung schreiben; doch wenn er als Gesetzgeber tätig wird, ist er lediglich ein Teil der von ihm nicht beeinflussbaren Umstände. Die wahre Verfassung eines Staates ist stets die ungeschriebene: «Que ce qu'il y a de plus essentiel, de plus intrinsèquement constitutionnel, et de véritablement fondamental, n'est jamais écrit, et même ne saurait l'être, sans exposer l'état.» Und keine geschriebene Verfassung ist daher mehr als eine Niederschrift einer vorher bereits existierenden Verfassung eines Volkes. Nach Maistre ist es besser, die Verfassung gar nicht niederzuschreiben, denn es besteht sonst die Gefahr, dass rationales Raisonnement die natürliche, unmerklich entstandene Verfassung verfälscht. Es gibt zwar vielleicht Zeiten in den Geburtsstunden von Nationen, wo «ausserordentliche Menschen» als Gesetzgeber wirkten; doch auch diese konnten nur vorbestehende Rechte zusammentragen, und auch sie handeln immer in göttlichem Namen, sind Gottes Instrument. Die Menschen haben nach Maistre dann das Bedürfnis nach einer geschriebenen Verfassung, wenn die wahre, legitime Verfassung gefährdet ist, und das ist dann der Fall, wenn der religiöse Geist in einem Volk gering geworden ist. Die berühmtesten, bedeutendsten und weisesten antiken Völker hatten die religiösesten Verfassungen gehabt, und Dauer und Bestand dieser Völker hing stets direkt davon ab, wie stark und wie lange die religiösen Grundsätze auf die politische Verfassung einwirkten.

Es gilt nach Maistre auf der ganzen Welt das Gesetz, dass Gott die Könige hervorbringt. Gott bereitet königliche Dynastien vor; er lässt sie in einer Wolke heranreifen, die ihre Herkunft verbirgt («au milieu d'un nuage qui cache leur origine»). Dann kommt nach Maistre der entscheidende Akt: Eine Art «legitime Usurpation» («usurpation légitime») der Königswürde über ein Volk. Diese Usurpation geschieht wie von selber, «ohne Gewalt und ohne ausdrücklichen Entscheid ..., und die Zeit beeilt sich, den Vorgang zu billigen.» Dieser Vorgang der Billigung der «legitimen Usurpation» ist die Salbung der

Könige («Le sacre des Rois»). Nie darf also ein Volk nach Maistre seinen König wählen; es kann ihn nur akzeptieren. Und schliesslich: Keine Nation kann sich mittels Niederschrift in Verfassungen Freiheiten verschaffen. Weil die Entwicklung der Rechtsordnung dem menschlichen Einfluss entzogen bleibt, können die Nationen, wie geschildert, nur Freiheiten niederschreiben, welche bereits bestehen. Die Freiheit ist letztlich nach Maistre eine Gabe, eine Konzession der Könige an die Nationen, denn fast alle *freien* Nationen sind durch Könige gebildet worden. Die durch Pontifikation geweihte Monarchie ist daher nach Maistre die beste Staatsform, wie er überhaupt die Auffassung vertritt, der Papst müsse die Verfassungen aller europäischen Staaten genehmigen. Damit wurde er auch zu einem Begründer des «Ultramontanismus», einem Herrschaftsanspruch der römischen Kirche über die Staaten jenseits der Alpen (ultra montes). Joseph de Maistre war ein markanter neuerer Vertreter der Theokratie. Seine Herrschaftslegitimierung war sakraler Natur.

Auf dem Boden der deutschen Romantik entwickelte sich durch den Ausbruch der Französischen Revolution beschleunigt, die Lehre der politischen Romantik, die nicht nur in Deutschland und Österreich, sondern auch in der Schweiz den Zeitgeist beeinflusste. Die politische Romantik basiert auf dem auch in der romantischen Literatur und Kunst geltenden Streben nach Ganzheit, nach Innerlichkeit, nach sehnsüchtig-schwermütigem Naturerleben, nach idealisiert-mittelalterlichen Wert- und Lebensvorstellungen, nach nationaler Selbstfindung des Menschen, nach der Hingabe ins Unbewusste, Religiöse, Mystische, Historisierende und in einer weltschmerzerfüllten gefühlsmässigen Wegwendung vom realen Sein.

7. Die politische Romantik von Adam Müller [8]

Nach Adam Müller, wohl dem Hauptvertreter der deutschen politischen Romantik, hat man sich den Staat als einen «grossen

---

[8] MÜLLER ADAM, RITTER VON NITTERDORF, 1779–1829. Geboren in Berlin als Sohn eines preussischen Beamten. Konvertierte 1805 zum katholischen Glauben. Freundschaft mit Friedrich Gentz, der grossen Einfluss auf ihn ausübte. 1805–1809 Hauslehrer in Dresden, wo er Heinrich von Kleist begegnete und zusammen mit ihm die Kunst- und Literaturzeitschrift «Phöbus» herausgab. 1809–1811 Sekretär der kurmärkischen Ritterschaft in Berlin und einer der Organisatoren der konservativen Opposition gegen die Stein-Hardenbergschen Reformen. Er trat 1813 in österreichische Dienste und wurde dann österreichischer Generalkonsul in Leipzig

organischen Körper» vorzustellen, «den die Gesellschaft und ihr ganzes äusseres und inneres Interesse bildet». Der Mensch als organisches Wesen «ist nicht zu denken ohne den Staat», und «menschliche und bürgerliche Existenz sind ein und dasselbe». Der Staat muss daher «völlig wie ein Mensch organisiert sein»; er ist nach Adam Müller «ein durchaus lebendiges Ganzes und in der Bewegung», und «die Inneren Güter, die Gedanken und Gefühle der Einzelnen müssen dem Staat vindiciert (zugeschrieben) werden ...». Wohl von Burke beeinflusst, sieht auch Müller im Staat «nicht nur eine Gemeinschaft zwischen jenen die sind», sondern «die erhabene Gemeinschaft einer langen Reihe von vergangenen, jetzt lebenden und noch kommenden Geschlechtern». Und, in Distanzierung zur rationalen Staatsbegründung: «Der Staat ist keine blosse Manufaktur oder Meierei oder Assecuranzanstalt oder mercantilische Sozietät: er ist die innige Verbindung der gesamten physischen und geistigen Bedürfnisse, des gesamten physischen und geistigen Reichtums, des gesamten inneren und äusseren Lebens einer Nation zu einem grossen, energischen, unendlich bewegten und lebendigen Ganzen ...», ja der Staat ist «die Totalität der menschlichen Angelegenheiten, ihre Verbindung zu einem lebenden Ganzen». Diese von Adam Müller vorgenommene gegenseitige Verwebung von Mensch und Staat steht natürlich in klarem Gegensatz zum Postulat der Staatsphilosophie der Aufklärung nach Trennung von Staat und Gesellschaft, aber auch zur aufklärerischen prinzipiellen und abstrakten Freiheit des Einzelmenschen. Und selbstverständlich werden von Müller aus dieser Position heraus auch der Gleichheitssatz und die demokratischen Prinzipien der Staatsphilosophie des 18. Jahrhunderts verworfen. Doch Müller geht noch weiter, indem er die einzelnen in intermediäre Gebilde einbindet: Jeder Staat sollte ein «vollständiges, reichgegliedertes, aus unendlich lebendigen Parteien zusammengewirktes Ganzes darstellen». Diese «Parteien» sollen einheitliche Auffassungen über das Vaterland haben, und es sollen sich innerhalb derselben Gegensätze versöhnen. Zwischen dem einzelnen und dem Staat stehen daher «die Stände,

und Gesandter bei den anhaltischen und schwarzburgischen Fürstentümern. Auf Preussens Verlangen, dessen Zollvereinspolitik er bekämpfte, wurde er 1827 abberufen und wurde Hofrat in der Staatskanzlei in Wien. Bedeutendster Vertreter der romantischen Staats- und Gesellschaftslehre. Als Gegner der Staatslehre der Aufklärung, der Ideen der Französischen Revolution, der rationalen Gesellschaftsordnungen, des Individualismus sowie der Marktgesetzlichkeiten bekämpfte er den Liberalismus.

Korporationen, Kommunen, Familien, Städte, kurz die kleinen, sehr verschiedenartig gebildeten Lebenskreise, an die der einzelne angeschlossen sein muss, um mit dem Ganzen in eine Verbindung zu treten». Wie im Mittelalter sollen also aus Ständen staatstragende Korporationen geschaffen werden, und zwar aus dem Feudaladel, dem Klerus, dem zünftigen Gewerbe und dem in Gilden und Gliedern zusammengeschlossenen Binnenhandel. Diese vier Stände bilden nach Adam Müller die Grundlage der Verfassung, wobei Adel und Bürgertum die «Grundstände» sind. Wie allerdings diese ständische Verfassung konkret ausgestattet sein soll, darüber äussert sich Müller nirgends genau, und es wird auch nicht klar, ob er den Bauern das Recht auf ständische Vertretung geben will oder nicht – solche gedankliche und begriffliche Unschärfen und Unbestimmtheiten sind typisches Merkmal nicht nur bei Müller, sondern bei allen Publizisten der politischen Romantik. Der Grund für diese Unbestimmtheit liegt bei Müller vor allem darin, dass er sich von idealisierend-verklärenden Vorstellungen der mittelalterlichen Ordnung leiten liess, aber dennoch insofern zeitgemäss bleiben wollte, als er den erstarkenden handwerk- und handeltreibenden Bürgerstand in seine Überlegungen einzubauen suchte. Über den Ständen steht nach Adam Müller der König. Dieser ist aber kein absoluter Regent; er hat vielmehr in der Vielfalt der Stände eine Vermittlerrolle einzunehmen.

Adam Müller ist ein heftiger Gegner der Schule der Physiokraten und der Ökonomisten und insbesondere des englischen Nationalökonomen Adam Smith. Diese Lehren sind ihm zu materialistisch, zu rational, zu abstrakt und losgelöst von religiösen und sittlichen Werten. Es darf nicht das unbedingte Streben nach der Vermehrung des Einkommens vorherrschen, wie es der angelsächsische kommerzorientierte Individualismus zulässt. Aus ähnlichen Gründen lehnt er auch das römischrechtliche «volle Privateigentum» ab. Das Grundeigentum soll nicht zur Handelsware werden, sondern in der Generationenfolge treuhänderisch als «Niessbrauch» genutzt werden. «Das strenge Privateigentum zerstört das Gefühl der Gemeinschaft», sagt er wörtlich. Aus seiner katholischen Sicht wendet er sich vehement gegen die aufkommende Geldwirtschaft, losgelöst von menschlichen Beziehungen. Das Geld soll nur eine Ergänzung zum Warentausch bilden. Müller warnt auch vor der Mechanisierung der Arbeit und vor der Proletarisierung der Arbeiter durch die Industrie.

Das von Adam Müller und anderen formulierte Gedankengut der politischen Romantik ist später vielfach wiederaufgenommen worden, und zwar immer von konservativen Kräften in Zeiten von Krisen des aufklärerisch-rationalen Staats- und Gesellschaftsverständnisses. So bildet das Staatsverständnis der politischen Romantik eine der Wurzeln der sogenannten «organischen» Staatslehre, aber auch des korporationenstaatlichen Denkens, das im 20. Jahrhundert, in der Zwischenkriegszeit, zur Geltung gelangte.

8. KAPITEL:
DIE RESTAURATIVE
VERFASSUNGSORDNUNG

1. Politische Vorgänge

Der erzwungene Rückzug Napoleons aus Russland im Winter 1812 und seine Niederlage in der Schlacht bei Leipzig am 18. Oktober 1813 leiteten eine lange Reihe von einschneidenden militärischen und diplomatischen Aktionen und Ereignissen in Europa ein. Die Schweiz, zwischen den Machtblöcken gelegen und mit den wichtigsten Kulturkreisen und Sprachgruppen verwoben, konnte sich den nun folgenden Umgestaltungen nicht entziehen. Für die weitere Entwicklung des schweizerischen Verfassungsrechts besonders bedeutsam war die Tatsache, dass nun mit einem Schlag nicht mehr das westliche Frankreich «aussenpolitische Leitmacht» der Schweiz war. An seine Stelle traten die mittel- und osteuropäischen Staaten, namentlich Österreich, die deutschen Staaten und Russland. In diesen Staaten aber waren sowohl das individualistische Staatsverständnis als auch das Verfassungsdenken der Aufklärung im Sinne der rationalen Einbindung der Macht noch wenig entwickelt – nicht zuletzt infolge der noch überwiegend agrarisch-gewerblichen Wirtschafts- und der ständischen Sozialstruktur jener Staaten.

Nachdem die alliierten, vor allem österreichischen Truppen am 21. Dezember 1813 in die Schweiz ohne deren Widerstand eingefallen waren, kam es in Bern zu einem Staatsstreich, mittels dessen die patrizisch-gegenrevolutionären Kreise die Macht nun vollständig übernahmen. Bern erliess sogleich eine Proklamation[1], nach der die Waadt und der Aargau wieder bernisch würden; auch in den anderen alten Orten verdichtete sich der Wille, die ehemaligen Untertanengebiete wieder an sich zu nehmen. Am 28. Dezember 1813 trat in Zürich eine nur von den zehn alteidgenössischen Orten Uri, Schwyz, Luzern, Zürich, Glarus, Zug, Freiburg, Basel, Schaffhausen und beiden Appenzell beschickte «Eidgenössische Versammlung» zwecks Regelung der desolaten Situation zusammen. Diese stellte, ohne dazu befugt zu

[1] OECHSLI WILHELM, Quellenbuch zur Schweizergeschichte (1918), S. 494 ff.

sein, am 29. Dezember in einem Beschluss[2] zunächst fest, dass die Mediationsakte «keinen weiteren Bestand haben könne» – ein Verfassungsbruch, der jedoch wegen des Diktatcharakters der Mediationsakte leichter fiel. Sodann schlug sie allen Kantonen, welche in der Mediationsakte vereinigt gewesen waren, einen als Übergangsordnung gedachten Beschluss zur Ratifikation vor, wonach «im Geist der alten Bünde» die Kantone sich gegenseitig «brüderlichen Rath, Unterstützung und treue Hülfe» zusichern, dass «sowohl die übrigen alteidgenössischen Stände als auch diejenigen, welche bereits seit einer langen Reihe von Jahren Bundesglieder gewesen sind ..., diesem erneuerten Verband förmlich eingeladen» werden (gemeint waren damit die neuen Kantone). Schliesslich enthielt der Beschluss den kardinalen Passus, «dass keine mit den Rechten eines freien Volkes unverträglichen Unterthanenverhältnisse hergestellt werden sollen». Diese Einladung der zehn alteidgenössischen Orte wurde von den um ihre Existenz bangenden neuen Kantonen St. Gallen, Aargau, Waadt, Thurgau und Tessin sofort angenommen.

Inzwischen schritt aber die Gegenreaktion weiter voran. Durch Staatsstreiche übernahmen die Patrizier in Luzern, Solothurn und Freiburg nach dem «Vorbild» Berns die nach ihrer Meinung «legitime» Macht vollumfänglich. In weiteren Kantonen erstarkten die gegenrevolutionären Kräfte ebenfalls und erhoben Gebietsansprüche auf ehemalige Untertanengebiete, so dass der Beschluss vom 29. Dezember 1813 bald als gescheitert betrachtet werden musste. Im März 1814 traten Abgeordnete der acht konservativen, von territorialen Forderungen beseelten Regierungen von Bern, Luzern, Freiburg, Solothurn, Uri, Schwyz, Unterwalden und Zug zu einer Sondertagsatzung zusammen, was fast zu einem Bürgerkrieg führte. Unter dem Einfluss des russischen Zaren, welcher seinerseits unter dem Einfluss des mit ihm befreundeten Waadtländers César Laharpe stand, verwarfen aber die alliierten Monarchen die Gebietsansprüche der an der Sondertagsatzung vertretenen Regierungen. Insbesondere sollten nach dem Willen der Mächte die Waadt und der Aargau bestehen bleiben; Bern sollte mit der Zuweisung der fürstbischöflichen Territorien im Jura «entschädigt» werden. Die Mächte forderten zur Auflösung der Sondertagsatzung auf, was in der Folge geschah. Durch diese Intervention haben die drei Monarchen den territorialen Bestand der neuen Kantone gerettet. Sie forderten im übrigen die Schweiz unter

---

[2] KAISER SIMON/STRICKLER JOHANNES, Geschichte und Texte der Bundesverfassungen der Schweizerischen Eidgenossenschaft (1901), S. 152 f.

178

Androhung gewaltsamer Intervention auf, dem Land auf der Basis der 19 Kantone eine neue Ordnung zu geben. Diese Drohung der Mächte wirkte: Eine von allen 19 »Mediations«-Kantonen beschickte Tagsatzung, die am 6. April 1814 in Zürich begann und in der Folge wegen ihrer anderthalbjährigen Dauer den Namen «lange Tagsatzung» erhielt, machte sich nun an die schwierige Aufgabe, für das zerrissene Land eine neue Verfassung zu finden. Die Verfassungsfrage war eng mit territorialen Fragen verknüpft. Der Geist der Restauration hatte das in der Amerikanischen und in der Französischen Revolution verkündete Prinzip des Selbstbestimmungsrechts der Völker nun derart zurückgedrängt, dass Bern, Uri, Schwyz, Glarus, Appenzell und der Abt von St. Gallen trotz der ablehnenden Haltung der europäischen Mächte nach wie vor Ansprüche auf frühere Untertanengebiete oder zumindest auf entsprechende Entschädigung für deren Verlust verlangten, was natürlich bei den Betroffenen heftige Proteste hervorrief. Ferner ergaben sich Probleme in bezug auf Gebiete, welche vor der helvetischen Umwälzung der Alten Eidgenossenschaft nicht untertan, sondern mit ihr verbündet waren: Nach den Wünschen der Schweiz und dem Einverständnis der siegreichen europäischen Mächte sollten die Stadt Genf, das Wallis, das preussische Fürstentum Neuenburg samt der Grafschaft Valangin, die Stadt Biel und das bereits genannte Fürstbistum Basel zur Schweiz geschlagen werden, ohne dass aber die Souveränität des Königs von Preussen über Neuenburg auch nur in Frage gestellt worden wäre. Zu Graubünden sollten wieder das Veltlin, Chiavenna (Cleven) und Bormio (Worms) stossen. Einzig auf die Angliederung der mit der Alten Eidgenossenschaft verbündet gewesenen Zunftstadt Mülhausen sollte verzichtet werden. Das Wallis, Neuenburg und Genf konnten denn bereits am 12. September 1814 von der Tagsatzung als neue Bundesglieder aufgenommen werden, womit die aus 22 Kantonen bestehende Eidgenossenschaft vorläufig gebildet war. Die übrigen Territorialfragen wurden dem Wiener Kongress vorbehalten.

2. Die Erarbeitung des Bundesvertrages

Parallel zu den Verhandlungen über territoriale Fragen versuchte die «lange Tagsatzung» in mühseligen Verhandlungen, zu einer neuen Bundesordnung zu gelangen, nachdem ja die Mediationsakte faktisch ausser Kraft gesetzt worden war. Die Frage der neuen Bundesordnung ihrerseits war zumindest teilweise mit der Frage der schweizerischen Neutralität verbunden, deren Anerkennung durch die europäischen Mächte zwar beabsichtigt, formell aber noch nicht abgesichert war.

In der Tagsatzung kristallisierte sich allmählich in zwei wichtigen Punkten eine klare Mehrheit heraus: Es war nach den Erfahrungen in der Alten Eidgenossenschaft, besonders aber während Helvetik und Mediationszeit, den Einsichtigen klar geworden, dass ein kleines und exponiertes, im Zentrum der europäischen Machtblöcke gelegenes vielsprachiges Land nur auf dem Boden der staatlichen Neutralität eine dauernde Existenz finden könne. Auch in einem zweiten wichtigen Punkt, nämlich in der Frage der Bundesgewalt, kristallisierte sich wenigstens im Grundsatz bald eine klare Mehrheit heraus, welche allerdings weniger durch intellektuelle Einsicht denn als Ausdruck des restaurativ-partikularistischen Zeitgeistes zustandekam: Die Bundesgewalt sollte möglichst gering gehalten werden, auf jeden Fall geringer als jene gemäss der Mediationsakte. Im Hauptkonfliktpunkt zwischen den Orten aber, in der Frage der Ansprüche der alten Orte gegenüber den ehemaligen Untertanengebieten, vermochte die Tagsatzung aus eigener Kraft keine Lösung zu erzielen. Das Problem war zusätzlich deshalb noch verwickelter, weil verschiedene Orte, namentlich Bern, nicht einfach nur territoriale Ansprüche auf die ehemaligen Untertanengebiete Waadt und Aargau im Sinne von öffentlichem *imperium*, sondern auch Ansprüche aus entgangenen Feudalabgaben im Sinne von *dominium* zugunsten Privater geltend machten.

Nachdem die Tagsatzung nach erfolgter Beratung mehrerer Bundesvertragsentwürfe weder über die definitive Form des neuen Bundes noch über die territorialen Fragen eine Lösung herbeiführen konnte, intervenierten im Spätsommer 1814 die europäischen Mächte erneut und verlangten gebieterisch die rasche Verabschiedung einer Bundesordnung. So kam es endlich am 8. September 1814 trotz Widerstrebens vor allem von seiten von Schwyz, Uri und Nidwalden zur erstmaligen Annahme des aus nur 15 Paragraphen bestehenden Bundesvertrages der vorerst 19 Mediationskantone. Die drei Orte Wallis, Neuenburg und Genf wurden, wie erwähnt, erst drei Tage später, mit Beschluss vom 12. September, in die Eidgenossenschaft aufgenommen. Der so angenommene Bundesvertrag entfaltete vorerst faktisch keine Wirkungen und konnte auch noch nicht «feierlich bekräftigt» werden; dies vor allem deshalb, weil die von ihm ausgeklammerten territorialen Probleme nicht gelöst waren. Am gleichen 12. September 1814 ernannte die Tagsatzung drei Gesandte, welche den Auftrag erhielten, beim Wiener Kongress die Ziele der Tagsatzung wirksam zu verfolgen: Anerkennung der schweizerischen Unabhängigkeit und Neutralität, Angliederung des im Jura gelegenen Gebietes des ehemaligen Fürstbistums Basel an Bern – dies, obwohl sich der Berner Grosse Rat noch im Frühjahr 1814 mit 83 gegen 71 Stimmen gegen die Angliederung dieses Gebietes ausgesprochen hatte, weil dessen Volk sich nach seiner Auffassung vom bernischen nach «Denkart und Tradition» deutlich unterscheide. Ferner sollten nach dem Willen der Tagsatzung das Veltlin, Chiavenna, Bormio, das Dappental und das Pays de Gex, Campione (bei Lugano), Konstanz und drei bei Schaffhausen gelegene badische Dörfer der Schweiz angegliedert werden. Diese drei Tagsatzungsabgesandten waren indessen unter sich in den Hauptpunkten uneinig; dazu kam, dass die meisten Orte noch eigene Delegationen nach Wien sandten, vor allem zu dem Zwecke, territoriale Wünsche oder Entschädigungsforderungen speziell wirksam geltend zu machen – beziehungsweise abzuwehren.

Eine spezielle Kommission des Wiener Kongresses nahm die Regelung der schweizerischen Verhältnisse an die Hand. Am 20. März 1815 gelangte sie zu ihrer Schlussnahme[3], welche folgende Hauptpunkte umfasst: Die Eidgenossenschaft wird gebildet aus den 19 Mediationskantonen, wie sie am 29. Dezember 1813 bestanden hatten, sowie den drei neuen Kantonen Wallis, Genf und Neuenburg. Der Kanton Waadt erhält das Dappental, der Kanton Bern das Gebiet des Fürstbistums Basel, mit Ausnahme des Bezirks Birseck, der an Basel kommt, sowie die Stadt Biel. Der noch wenig gefestigte Grundsatz des Selbstbestimmungsrechts der Völker war durch den Zeitgeist zurückgedrängt worden, so dass man es nicht für nötig befand, die Bewohner des Jura über die Vereinigung mit Bern beziehungsweise Basel zu befragen. Die neuen Kantone Aargau, Waadt, Tessin und St. Gallen müssen für ihre Unabhängigkeit eine Entschädigungssumme an acht ehemals regierende alte Kantone bezahlen; der Kanton Tessin muss an Uri eine spezielle Entschädigung als Kompensation für das Livinental leisten! Die Waadt muss an Bern zuhanden bernischer Privater eine Entschädigung für aufgehobene Feudalrechte bezahlen, und St. Gallen muss dem ehemaligen Fürstabt und dessen Beamten Renten ausrichten.

Die Mächte des Wienerkongresses machten die Anerkennung und Gewährleistung der immerwährenden Neutralität der Schweiz in ihren neuen Grenzen von der Annahme dieser Regelung abhängig (20. März 1815). Die Tagsatzung billigte diese Regelung in der Folge, obwohl verschiedene Wünsche der Schweiz wie die Angliederung des

---

[3] Kaiser / Strickler (Anm. 2), S. 185 ff.

Veltlins, Chiavennas und Bormios, des Pays de Gex, von Konstanz, dreier badischer Dörfer und von Campione nicht erfüllt worden waren. Und Bern stimmte jetzt auch der Angliederung des fürstbischöflichen Jura zu.

Die Flucht Napoléons von Elba im Frühjahr 1815 und die Errichtung seiner Regierung der «hundert Tage» stiftete auch in der Schweiz Aufregung und Verwirrung. Dieser Vorgang drängte das Land noch stärker als vorher in Richtung der restaurativen Mächte Österreich, Russland, Preussen sowie der bourbonischen Partei Frankreichs. Nach der Schlacht bei Waterloo am 18. Juni 1815 dankte Napoleon zum zweiten Mal ab, und der Bourbone Ludwig XVIII.[4] bestieg erneut den französischen Thron. Die unfreiheitliche «Charte Constitutionnelle»[5], welche die konstitutionelle Monarchie mit einem hohen Zensurwahlrecht verfasste, wurde wieder in Kraft gesetzt; der vom Französisch-Schweizer Benjamin Constant verfasste und verhältnismässig liberale «Acte Additionnel»[6] zur Verfassung des französischen Kaiserreiches kam nicht mehr zur Anwendung. Schliesslich kam es am 26. September 1815 zum Abschluss der «Heiligen Allianz» zwischen den drei Monarchen Russlands, Österreichs und Preussens, eines reaktionären und freiheitsfeindlichen, gegen die europäischen Liberalen gerichteten Fürstenbundes, in dem die Grundsätze eines einseitig interpretierten Christentums als das höchste Gesetz für die europäischen Völker gelten sollten[7]. Diese Allianz, der am 27. Januar 1817 in diskreter Weise auch die Schweiz als einzige Nicht-Monarchie beitrat[8], diente der Stützung monarchischer oder oligarchischer Herrschaften. Die von den Theoretikern lange vorbereitete «Staatstheorie der Restauration» brach sich nun Bahn.

---

[4] LUDWIG XVIII., König von Frankreich, 1755–1824. Bruder von Ludwig XVI. und des späteren Karl X. Er versuchte vor und während der Revolution, durch seine relative Opposition zum Hof beim Dritten Stand populär zu werden. 1791 floh er nach dem Bekanntwerden seiner Fluchtvorbereitungen für die Königsfamilie zu seinem Bruder Karl ins Ausland. Zugehörigkeit zu den Freimaurern umstritten. Nach dem Tod des Kronprinzen Ludwig XVII. 1795 Anspruch auf Krone. 1814 Rückkehr aus dem Exil, am 4. Juni 1814 Unterzeichnung der Charte constitutionnelle, Thronbesteigung. Nach dem Unterbruch der «Hundert Tage», die Ludwig XVIII. in Belgien verbrachte, betrieb er eine Politik der Versöhnung. Ab 1820 geriet er jedoch unter den Einfluss der von seinem Bruder und Thronnachfolger angeführten reaktionären Partei.

[5] DUVERGER MAURICE, Constitutions et documents politiques (1981), S. 121 ff.

[6] DUVERGER (Anm. 5), S. 126.

[7] SNELL LUDWIG, Handbuch des Schweizerischen Staatsrechts I (1837), S. 102 f.

[8] SNELL (Anm. 7), S. 104 f.

Inzwischen wurde am 7. August 1815 im Zürcher Grossmünster von den Tagsatzungsabgesandten von nunmehr 21¹/₂ Kantonen der bereits am 8. September 1814 beschlossene Bundesvertrag feierlich beschworen. Nur Nidwalden stand noch beiseite, was dann mit zum Verlust von Engelberg, das an Obwalden ging, beitragen sollte; Nidwalden trat dann am 30. August dem Bundesvertrag ebenfalls bei. International wurden die schweizerischen Verhältnisse an der Zweiten Pariser Friedenskonferenz am 20. November 1815 geregelt. Die Konferenz lehnte die vom Genfer Gesandten Pictet-de-Rochemont[9] erneut vorgetragenen Wünsche um Gebietserweiterungen ab, mit Ausnahme jenes nach der Schaffung einer direkten Landverbindung Genfs mit der übrigen Schweiz. In der Erkenntnis, «dass die Neutralität und Unverletzbarkeit der Schweiz, so wie ihre Unabhängigkeit von jedem fremden Einfluss, dem wahren Interesse aller europäischen Staaten entspreche», erteilen die europäischen Mächte Österreich, Frankreich, Grossbritannien, Spanien, Portugal, Preussen, Russland und Schweden «eine förmliche und rechtskräftige Anerkennung der immerwährenden Neutralität der Schweiz[10], und sie gewährleisten derselben auch den unverletzten Bestand ihres Gebietes, in seinen neuen Grenzen, ...»

---

[9] PICTET-DE-ROCHEMONT CHARLES, 1755–1824. Geboren in Genf. Stammte aus Genfer Patriziat. 1775–1785 als Offizier in französischen Diensten. Dann Rückkehr nach Genf. Ab 1788 Mitglied des Rats der 200. Ab 1790 Reorganisation und Oberbefehl über die Genfer Miliz. 1794 beim Genfer Aufstand gefangengenommen und zu einem Jahr Hausarrest verurteilt. Ab dieser Zeit landwirtschaftliche Forschung. 1796 Gründung der Zeitschrift «Bibliothèque britannique», welche 1814 in «Bibliothèque universelle» umbenannt wurde. 1799 Kauf des Landguts Lancy bei Genf und dessen Umwandlung zum Mustergut mit international beachteter Merino-Schafzucht. 1813 Rückkehr ins öffentliche Leben. Mitglied der provisorischen Regierung. Teilnahme an den Friedensverhandlungen in Paris, am Wiener Kongress und Verhandlungen von Turin. Dort erzielte er bedeutende Erfolge für die Eidgenossenschaft: Er war Redaktor der Urkunde der immerwährenden Neutralität der Schweiz. Für Genf erreichte er die Rückgewinnung der Souveränität, also die Loslösung von Frankreich, eine Gebietsvergrösserung und den Beitritt zur Eidgenossenschaft. Nach Erlass der Genfer Verfassung von 1814 liberal-oppositionelles Mitglied des Genfer Repräsentantenrats. Im Dezember 1815 zum lebenslänglichen Ehrenstaatsrat von Genf ernannt. 1816 von der Tagsatzung öffentlich geehrt. Werke: «Tableau de la Situation des Etats-Unis d'Amérique» 1795/96, «De la Suisse dans l'intérêt de l'Europe» 1821.

[10] *Quellenbuch* S. 203 f.

3. Der Inhalt des Bundesvertrages

Der am 7. August 1815 beschworene *Bundesvertrag*[11] regelt die inneren Verhältnisse der Schweiz weit weniger günstig, als es die internationalen Verträge in bezug auf deren Staatsgebiet und das Verhältnis der Schweiz zu den europäischen Staaten getan hatten. Auch nach dem Urteil des konservativen Basler Verfassungshistorikers Andreas Heusler ist es «kein erquickliches und erfreuliches Werk, das hier zustande gekommen ist ...» Noch stärker als bei der Mediationsakte ist die Idee der geschriebenen Verfassung, das heisst der Grundsatz der rationalen Einbindung der Macht, zurückgedrängt worden, was sich allein schon darin zeigte, dass der Bundesvertrag nur noch 15, teilweise unklar formulierte Artikel zählte. Die Bundesgewalt wurde noch schwächer ausgestaltet, als sie es in der Mediationsakte schon gewesen war, und dies wiederum hatte zur Folge, dass die altgesinnten lokalen Satrapen in den nun erneut «souveränen» Kantonen ihre politischen und wirtschaftlichen Positionen weitgehend wieder einnehmen konnten. Man erklärte sich dabei gegen aussen in einschmeichelnd-freundlichem Tone, wie die neue bernische «Verfassung», die «Urkundliche Erklärung des grossen Raths von Bern» vom 21. Herbstmonat 1815, deutlich zeigt. Gleichzeitig aber sicherte man sich in den entscheidenden Punkten, namentlich mittels einer parteiischen Ausgestaltung des Wahlrechts, wieder die fast absolute Verfügungsgewalt über den Staat. Aus diesem Grunde haben neben der bernischen auch viele andere Restaurationsverfassungen der alteidgenössischen Kantone einen zwiespältigen, ja beinahe verlogenen Charakter.

Der durch den Bundesvertrag konstituierte Bund soll nach dessen Artikel 1 «den XXII 'souveränen' Kantonen ihre Freiheit, Unabhängigkeit und Sicherheit gegen alle Angriffe fremder Mächte, und zur Handhabung der Ruhe und Ordnung im Innern» sichern. Der Bund soll also, und das verdient hervorgehoben zu werden, nicht die Freiheit der Individuen, sondern jene *der Kantone* sichern. Der Bundesvertrag enthält dementsprechend, vielleicht abgesehen von den unbestimmt lautenden Artikeln 7 und 11, keine Freiheitsverbürgungen zugunsten der einzelnen Schweizer mehr, welche die Mediationsakte immerhin noch in einer gegenüber der Helvetischen Verfassung reduzierten Form enthalten hatte. Ebenfalls aus Artikel 1 geht hervor, dass – gleich wie in der Mediationsakte – die Kantone sich gegenseitig

---

[11] *Quellenbuch* S. 193 ff.

ihre Verfassungen und ihr Gebiet gewährleisten. Dieser staatenbündischen Konzeption des Bundesvertrages entsprechen die geringen und wenig konkretisierten Kompetenzen des Bundes. Nur das Wehrwesen wird etwas eingehender geregelt, und es wird, zweifellos ein Fortschritt, eine eidgenössische Kriegskasse gebildet[12]; die Tagsatzung kann ausserdem einen General, einen Generalstab und eidgenössische Obersten ernennen. Streitigkeiten zwischen den Kantonen sollen schiedsrichterlich erledigt werden[13], und die Kantone sind bei äusserer oder innerer Bedrohung auf Mahnung hin zu gegenseitiger Hilfe verpflichtet; bei äusserer Gefahr sollen die dabei anfallenden Kosten im Regelfall von der Eidgenossenschaft getragen werden[14]. Als für die Zukunft wichtig sollte sich Artikel 6 des Bundesvertrages erweisen, wonach «unter den einzelnen Kantonen keine, dem allgemeinen Bund oder den Rechten anderer Kantone nachtheilige Verbindungen geschlossen werden sollen». Artikel 7 stellt fest, die Eidgenossenschaft huldige dem Grundsatz, dass es keine «Unterthanenlande» mehr in der Schweiz gebe und dass «der Genuss der politischen Rechte nie das ausschliessliche Privilegium einer Klasse der Kantonsbürger» sein könne – eine Bestimmung, die in der Folge die alteidgenössischen Kantone nicht an der Einführung eines Wahlrechts hinderte, das den altgesinnten Patriziern wieder zur Macht verhalf. Die Tagsatzung besteht aus den Gesandten der Kantone unter Leitung des Bürgermeisters oder Schultheissen des Vorortskantons; die Gesandten stimmen nach Instruktionen. Für Kriegserklärungen, Friedensschlüsse und den Abschluss von Bündnissen ist die Zustimmung von drei Vierteln der Kantonsstimmen erforderlich; sonst entscheidet die absolute Mehrheit[15] – immerhin ein Verfahren, das Beschlüsse unter normalen Verhältnissen innert angemessener Frist ermöglichte. Die Abkehr vom Einstimmigkeitsprinzip deutet doch auf eine minimale Staatsqualität des neuen Bundes hin, wenn auch bei der Betrachtung des pragmatischen Bundesvertrages dem formalen Unterschied zwischen Staat und Staatenbund nicht eine zu grosse Bedeutung gegeben werden darf.

Wenn die Tagsatzung nicht versammelt ist, leitet der *Vorort*, der alle zwei Jahre von Zürich, Bern oder Luzern gebildet wird, die Bundesangelegenheiten. Dieser Vorort verfügt über die Befugnisse,

---

[12] Art. 3.
[13] Art. 5.
[14] Art. 4.
[15] Art. 8.

wie er sie «bis zum Jahre 1798» ausgeübt hatte! Ihm zur Seite steht ein Kanzler und ein Staatsschreiber. Die Tagsatzung kann «bei ausserordentlichen Umständen, und wenn sie nicht fortdauernd versammelt bleiben kann, dem Vorort besondere Vollmachten» erteilen. Die Tagsatzung kann in solchen Fällen dem Vorort zur Besorgung «wichtiger Bundesangelegenheiten» sogenannte «eidgenössische Repräsentanten», die nach einer genauen Regelung von den Kantonen bestimmt werden, beiordnen[16]. Es handelt sich bei diesen «eidgenössischen Repräsentanten», die nur bei ausserordentlichen Umständen amten dürfen, um das Äusserste, was die Befürworter einer stärkeren Bundesgewalt erreichen konnten. Zustimmung fand diese Ordnung auch deshalb, weil sie den Nicht-Vorortskantonen ermöglichte, den Vorort unter einer gewissen Kontrolle zu halten.

Artikel 11 des Bundesvertrages gewährleistet eine minimale Rechtsgleichheit im Wirtschaftsverkehr, schafft die «Abzugsrechte von Kanton zu Kanton ab», lässt aber anderseits die «dermalen bestehenden ... Zölle, Weg- und Brückengelder» der Kantone unangetastet. Geschützt werden ferner Fortbestand und Eigentum der Klöster und Kapitel[17]. Der Bundesvertrag enthält keine Bestimmung über seine allfällige Änderung.

4. Die kantonalen Restaurationsverfassungen

Die Verfassungen der Kantone lassen sich in vier Hauptgruppen gliedern, nämlich in jene der ehemals aristokratischen Städteorte, in jene der ehemaligen Zunftstädte, dann in die Gruppe der neuen Kantone und schliesslich in jene der Landsgemeindekantone. Dazu kommen die vier Sonderfälle Graubünden, Wallis, Neuenburg und Genf. Innerhalb der vier Gruppen gleichen sich die Verfassungen jeweils stark – eine Folge von Mediation und Helvetik, aber auch Ausdruck eines zunehmenden gesamtschweizerischen Staatsbewusstseins.

Es sind nun zunächst die Verfassungen der ehemaligen *aristokratischen Städteorte Bern, Luzern, Freiburg* und *Solothurn* zu betrachten. Als Verfassung des Kantons Bern ist zunächst die «Urkundliche Erklärung des grossen Rathes von Bern» vom 21. Herbstmonat

[16] Art. 9.
[17] Art. 12.

186

1815[18] anzusehen. In einer besonderen Erklärung zu dieser Erklärung wird vom «souverainen» Grossen Rat zuhanden der Tagsatzung festgehalten, der Stand Bern habe «nie eine in systematischem Zusammenhang geschriebene Konstitutionsurkunde gehabt». Berns alte Verfassung sei nach dem Ende der Mediation «im Wesentlichen wiederhergestellt worden». Der «rechtmässige Landesherr» habe daher seither die älteren Fundamentalgesetze und Dekrete revidiert ... Diese sind materiell ebenfalls zur «Verfassung» des Standes Bern zu rechnen. Damit hat Bern gar keine neue Verfassung entworfen, sondern im wesentlichen die vorrevolutionäre Ordnung mit verschiedenen Änderungen einfach übernommen. Die Gesamtheit dieser Bestimmungen ist aber nicht nur inhaltlich, sondern auch nach Stil und Ton ein typisches Werk des restaurativen Geistes. In einer langen, patriarchalisch-freundlichen Einleitung entbieten «Wir Schultheiss Klein und Grosse Räthe der Stadt und Republik Bern ... allen Unseren lieben und getreuen Angehörigen der Stadt und des ganzen Landes Unseren freundlichen Gruss und geneigten Willen, und geben ihnen dabei zu vernehmen» ..., heisst es darin zunächst. Es sei dann, so wird weiter ausgeführt, «durch die Fügung der göttlichen Vorsehung ... auch in Unserem Vaterlande die rechtmässige Landesobrigkeit und deren alte Verfassung im Wesentlichen wiederhergestellt worden ...». Es hätten «Unseren lieben und getreuen Angehörigen ... in den Tagen der Ungerechtigkeit und allgemeiner Umwälzung die rührendsten Beweise der Anhänglichkeit und Ergebenheit gegeben ...», so dass «mit einiger Berücksichtigung ganz veränderter Umstände allen Städten, Landschaften und Gemeinden theils ihre ehemaligen und wirklich besitzenden Rechte neuerdings anzuerkennen ...» seien, «theils solche mit neuen Gerechtsamen und Freiheiten zu vermehren, die mit Unsern Wünschen, mit den Bedürfnissen der Zeit und mit den billigen Hoffnungen rechtschaffener, durch Einsichten und Kenntnisse an öffentlichen Geschäften theilnehmender Männer übereinstimmend, ... Unser gemeinsames Wesen stärken und befestigen können».

Es folgt als erstes die Anerkennung der evangelisch-reformierten Religion als der herrschenden, unter Vorbehalt der freien Ausübung des römisch-katholischen Bekenntnisses in den ehemals bischöflich-baslerischen Gebieten. Die örtlichen Rechte, Freiheiten und Gewohnheitsrechte werden bestätigt, die erfolgte Abschaffung des kleinen Zehnten garantiert und die Loskäuflichkeit weiterer Feu-

---

[18] *Quellenbuch* S. 205 ff.

dallasten in Aussicht gestellt. Es wird ferner eine Art Garantie des freien Handels- und Gewerbes gegeben. Sonst sind keine Freiheitsrechte vorgesehen, und es findet sich auch keine Gleichheitserklärung. Die Zusammensetzung der obersten Landesbehörde, «Schultheiss, Kleiner und Grosser Rat», zeigt, wie wenig Bedeutung man nun der Gleichheit beimass: Der Grosse Rat sollte aus 200 Vertretern der Stadt Bern und 99 Vertretern aus den übrigen Gebieten zusammengesetzt werden – was eine krasse Untervertretung von Landschaft und Landstädten bedeutete, denn die Stadt Bern hatte damals weniger als 20 000 Einwohner, während im übrigen Staatsgebiet mehr als 300 000 Personen ansässig waren. Dennoch hatte die durch Staatsstreich wieder an die Macht gelangte Obrigkeit das Gefühl, den Landschaften und Landstädten «einen sehr bedeutenden Antheil an Unserer Regierung eingeräumt (zu) haben». Wählbar als Vertreter der Stadt Bern im Grossen Rat sind nur Angehörige der regimentsfähigen Familien, welche mehr als 29 Jahre alt sind. Wahlorgan ist ein Kollegium, das aus Mitgliedern des Grossen und Kleinen Rates zusammengesetzt ist – also in Wirklichkeit eine Selbstergänzung. Die 99 Mitglieder der Städte und Landschaften werden teils direkt durch die Stadtobrigkeiten, teils durch Wahlkollegien bestimmt, die aus örtlichen Notabeln aus Verwaltung, Gerichten und Kirchen gebildet werden. Wählbar ist nur, wer «eigenen Rechts» ist und über erheblichen, näher umschriebenen Besitz verfügt. Eine Amtsdauer der Mitglieder des Grossen Rates und die Pflicht derselben, sich durch die Wahlkollegien wiederwählen zu lassen, besteht nicht. Eine besondere Behörde, zusammengesetzt aus den 16 Mitgliedern des Kleinen Rates und einer gleichen Zahl von Mitgliedern des Grossen Rates, hat jedoch das Recht, «jedes Mitglied des Grossen Rates jährlich zu bestätigen, zu suspendieren oder zu entsetzen». Diese Art «Einzel-Abberufung» der Mitglieder des Grossen Rates durch eine engere Behörde, nicht aber die Wahlorgane, ähnlich dem «Grabeau»-System der Mediation, schwächte die Stellung der Mitglieder des Grossen Rates und stärkte die Regierung. Letztere ist mit dem Kleinen Rat gleichzusetzen, der aus den beiden Schultheissen, 23 Mitgliedern und zwei «Heimlichern» zusammengesetzt ist, die alle vom Grossen Rat zu wählen sind, diesem auch weiter angehören und jährlich von ihm bestätigt werden müssen.

Der Grosse Rat wird von einem der beiden Schultheissen präsidiert. Zu seinen Befugnissen zählen die Wahl und Instruktion der Gesandten für die Tagsatzung, die Beschlussfassung über alle Verträge, der Beschluss über die Änderung von «konstitutionellen» und anderen «allgemeinen» Gesetzen, wozu es eines Zweidrittelmehrs bedarf, die Bewilligung von Steuern und Abgaben sowie weitere Entscheide in finanziellen Angelegenheiten, neben der Wahl von Schultheissen und Kleinem Rat die Wahl der Appellationsrichter, der Eherichter, des Staatsschreibers, der Oberamtmänner und anderer Funktionäre. Der Grosse Rat nimmt ferner die Staatsrechnung ab und übt das Begnadigungsrecht aus. Er kann nach seinem Gutdünken weitere Geschäfte an sich ziehen.

Der Kleine Rat besorgt die nicht dem Grossen Rat übertragenen Geschäfte. Aus seinen 23 Mitgliedern sind fünf sogenannte «Haupt-Kollegien» zu bilden, welche für die Leitung der – geheimen – diplomatischen, finanziellen, judikativen und polizeilichen, kirchlichen und schulischen sowie der militärischen Angelegenheiten verantwortlich sind. Die beiden «Heimlicher» haben Pflicht und Recht, über die Erhaltung und Handhabung der Verfassung zu wachen. Das oberste Gericht, das Appellationsgericht, ist zusammengesetzt aus einem Präsidenten, welcher Mitglied des Kleinen Rates sein muss, und 14 Mitgliedern, welche zugleich Mitglieder des Grossen Rates sein müssen. An der Spitze jedes Amtsbezirkes steht ein vom Grossen Rat gewählter Oberamtmann; er ist «Stellvertreter der Landesobrigkeit» und verfügt über umfassende, auch richterliche Kompetenzen. Bern hatte im Vergleich zu den anderen aristokratischen Städteorten Luzern[19], Freiburg[20] und Solothurn[21] unzweifelhaft die am stärksten restaurative Verfassung.

Die letztgenannten übrigen Städteorte hatten im Gegensatz zu Bern immerhin zu Beginn der Restauration neue Verfassungen geschaffen; schon aus diesem Grund fielen die Neuordnungen etwas weniger restaurativ aus als die bernische. In *Luzern* wurde das ungleiche Vertretungsverhältnis zulasten der Landgebiete weniger krass ausgebildet, während *Freiburg* und *Solothurn* in dieser Hinsicht ähnlich wie Bern vorgingen. Das Kooptationsprinzip für die Bestimmung der Grossratsmitglieder wurde in allen drei Orten im Vergleich zu Bern gemildert. Für die Wahl in den Grossen Rat wird jedoch in allen drei Orten neben anderen Voraussetzungen ein recht hoher Vermögensnachweis, ein Zensus, verlangt. Die nicht vom Grossen Rat selber oder von Patriziatsversammlungen zu bestimmenden Mitglieder desselben werden von Wahlkollegien gewählt, die teils aus örtlichen

[19] Verfassung des Kantons Luzern vom 29. März 1814; USTERI PAUL, Handbuch des Schweizerischen Staatsrechts (1821), S. 240 ff.
[20] Verfassung der Stadt und Republik Freiburg vom 4. bis 10. Mai 1814; USTERI (Anm. 19), S. 296 ff.
[21] Staatsverfassung des Standes Solothurn vom 17. August 1814; USTERI (Anm. 19), S. 312 ff.

Notablen oder Beamten, teils aus gewöhnlichen – männlichen – Bürgern zusammengesetzt sind, wobei allerdings zahlreiche Ausschlüsse für die aktive Wahlfähigkeit bestehen. Amtsdauern sind für den Grossen Rat nicht vorgesehen, ja Luzern sieht ausdrücklich Lebenslänglichkeit vor. In allen drei Orten wird der Kleine Rat – in Luzern einfach «Rath» – vom Grossen Rat gewählt. Eine Amtsdauer für diese Räte besteht nicht; jedoch sieht Solothurn etwa vor, dass eine besondere 15köpfige Kommission, durch das Los aus zehn Mitgliedern des Grossen und fünf Mitgliedern des Kleinen Rates zusammengestellt, alle acht Jahre die «Censur» auszuüben, nämlich über die Frage zu entscheiden habe, ob der Kleine Rat neu zu wählen sei. Wird diese mit absoluter Mehrheit bejaht und stimmt in der Folge der Grosse Rat mit Zweidrittelsmehr zu, so hat sogleich eine Neuwahl stattzufinden. In Freiburg besteht ebenfalls eine Zensur-Behörde, ein aus sieben «Heimlichern» zusammengesetztes «Zensurgericht». Dessen «erhabener Beruf ist Aufrechterhaltung der Konstitution und der guten Sitten». Das Zensurgericht versammelt sich jedes Jahr am Tage der Murtener Schlacht, «um die öffentliche sowohl als Privat-Aufführung eines jeden Mitgliedes des Grossen Raths ... zu würdigen und zu pütteln». Es kann bei Einstimmigkeit jene in ihrem Amt einstellen oder entsetzen. Die Kleinen Räte bestehen aus 21 bis 36 Mitgliedern des Grossen Rates. Sie werden wie in Bern von zwei Schultheissen geleitet, welche abwechselnd je ein Jahr «amtieren» und sonst dem Grossen Rat vorsitzen. Die Aufgabenteilung zwischen dem Kleinen und dem Grossen Rat erfolgt in etwa gleicher Weise wie in Bern. Das Recht zur Gesetzesinitiative steht den Grossen Räten nicht zu. In Luzern und Freiburg können die Grossen Räte Gesetzesvorschläge der Kleinen Räte nur gesamthaft annehmen oder ablehnen, nicht aber irgendwie abändern. In Solothurn hat der Grosse Rat dagegen die Befugnis, den Kleinen Rat zur Einreichung eines Gesetzesvorschlags über einen bestimmten Gegenstand aufzufordern. Die richterliche Gewalt schliesslich wird in Luzern und Freiburg von «Appellationsräten» ausgeübt, die aus Mitgliedern der Kleinen Räte zusammengesetzt sind. In Solothurn besteht wie in Bern ein besonderes Appellationsgericht, das unter dem Vorsitz des Alt-Schultheissen steht und überwiegend aus Grossräten zusammengesetzt ist. In allen genannten Kantonen werden die in der Helvetik geschaffenen Munizipalgemeinden abgeschafft, so dass auf Gemeindeebene die alteingesessenen Bürger allein bestimmen, und die in der Regel wirtschaftlich schwächeren Niedergelassenen zurückgesetzt sind.

Die Verfassungen der vier ehemals patrizischen Städteorte Bern, Luzern, Solothurn und Freiburg können zusammenfassend wie folgt charakterisiert werden: Die Macht der Obrigkeit leitet sich infolge der ungleichen Verteilung der Grossratssitze, des Selbstergänzungsprinzips und des Zensuswahlrechts im wesentlichen von den patrizischen Familien ab. Eine Volkssouveränität existiert praktisch nicht mehr. Die Macht wird in erster Linie vom Patriziat ausgeübt; der restaurative «Legitimitäts»-Grundsatz ist fast voll durchgeführt, und die patrizischen Familien betrachten die Staatsmacht wieder als eine Art «dingliches» und vererbbares Gut. Freiheitsrechte bestehen, vom faktisch beschränkten Recht auf freien Handel und Gewerbe abgesehen, nicht, ebensowenig Rechtsgleichheit. Trotz recht grossen Kompetenzen der Grossen Räte werden wieder die Kleinen Räte – wie bereits vor der Helvetik – das eigentliche Machtzentrum. Infolge fehlender Gewaltenteilung haben diese auch bestimmenden Einfluss auf den Grossen Rat und auf die Gerichte. Es war selbstverständlich und steht daher auch nirgends geschrieben, dass die Verhandlungen von Grossen und Kleinen Räten sowie der Gerichte hinter verschlossenen Türen stattfanden. Auch über die Verwaltungs- und Finanzverhältnisse des Staates flossen nur spärliche Informationen an die Öffentlichkeit. Ebenso selbstverständlich war, dass diese Verfassungen dem Volk nicht vorgelegt wurden. Sie enthalten auch keine Bestimmungen über ihre allfällige Änderung – gleich wie der Bundesvertrag.

Die Verfassungen der drei ehemaligen Zunft-Städteorte *Zürich*, *Basel* und *Schaffhausen* gleichen in ihrer Grundstruktur den Verfassungen der ehemals patrizischen Orte. Es bestehen aber doch einige bedeutsame Unterschiede, so dass sie generell als etwas weniger restaurativ als jene zu bezeichnen sind. Die Verfassung von Zürich[22] enthält zunächst unbestimmte und durch die Gesetzgebung relativierbare Gleichheitsprinzipien in bezug auf die politischen und bürgerlichen Rechte; bezüglich «Gewinn und Erwerb» sollen alle Kantonsbürger gleichgestellt sein – eine Absicht, die nicht verwirklicht wurde, weshalb die Landbürger in Handel und Gewerbe bis zur Regeneration zurückgesetzt blieben. Ferner wird, auch dies unter gesetzlichen Vorbehalten, das Recht auf freie Niederlassung für Kantonsbürger im Kantonsgebiet festgeschrieben. Auch Zürich wollte das Erbe der Helvetik bezüglich Feudallasten weiterführen und garantiert daher die «Fortdauer der Befugnisse, Zehnten und Grundzinse auf gesetzlichem Wege loszukaufen».

---

[22] USTERI (Anm. 19), S. 215 ff.

Oberste Behörde des Kantons Zürich war, wenigstens theoretisch, der Grosse Rat, bestehend aus 212 Mitgliedern. Der Grosse Rat verfügt über die Befugnis der Gesetzgebung, Steuerbewilligung, Instruktion der Tagsatzungsabgeordneten und Abnahme der Staatsrechnung. Der Grosse Rat wird vom amtierenden Bürgermeister präsidiert; er soll jährlich zweimal vom Kleinen Rat einberufen werden; er besitzt kein Recht, selber zusammenzutreten und hat auch nicht das Recht, selber Gesetzesinitiativen zu ergreifen; er kann nur absegnen, was ihm der Kleine Rat vorschlägt. Von den 212 Mitgliedern werden 26 von den «Zünften» – was lediglich «Wahlkreis» bedeutete – der Stadt Zürich, fünf von der «Zunft» der Stadt Winterthur und 51 von den «Zünften» im übrigen Kanton gewählt. Die restlichen 130 Mitglieder des Grossen Rates werden von den 82 gewählten Mitgliedern ernannt. Wahlberechtigt sind alle niedergelassenen männlichen Kantonsbürger mit Ausnahme der Konkursiten, Almosengenössigen und den in «Kost und Lohn» Stehenden (Dienstboten, Knechte). Zürich kannte also für die aktive Wahlfähigkeit keinen eigentlichen Zensus. Um wählbar zu sein, bedurfte es jedoch des Nachweises recht hohen Geldvermögens. Das Typische am Zürcher Wahlrecht war aber, dass infolge des Kooptationsprinzips weit mehr als die Hälfte der Mitglieder des Grossen Rates ihre Stellung nicht direkt vom Volk ableitete; es kam dann öfters vor, dass der Grosse Rat Personen wählte, die in den «Zünften» gerade nicht gewählt wurden!

Eine Beschränkung der Amtsdauer der Mitglieder des Grossen Rates ist nur für die von den «Zünften» gewählten Mitglieder vorgesehen: diese amten auf sechs Jahre; alle zwei Jahre muss ein Drittel neu gewählt werden. Der Kleine Rat besteht aus 25 Mitgliedern des Grossen Rates, welche – einschliesslich der beiden Bürgermeister – von diesem auf sechs Jahre gewählt werden, wobei ebenfalls alle zwei Jahre ein Drittel neu gewählt werden muss. Der Kleine Rat verfügt über die üblichen Regierungsbefugnisse wie Vorschlag von Gesetzen an den Grossen Rat, Vollziehung derselben, Verkehr mit der Tagsatzung und Oberaufsicht über Verwaltung und Justizwesen. Ein «Staatsrath», bestehend aus den beiden Bürgermeistern und fünf Mitgliedern des Kleinen Rates, leitet die diplomatischen Geschäfte und trifft Massnahmen betreffend innere und äussere Sicherheit. Oberste Gerichtsinstanz ist ein Obergericht, welches unter dem Vorsitz des nicht amtierenden Bürgermeisters tagt und zudem aus 13 vom Grossen Rat aus seiner Mitte zu wählenden Richtern besteht.

Die Verfassung von Zürich unterscheidet sich also von denjenigen der aristokratischen Kantone dadurch, dass immerhin noch ein Rest individueller Rechte besteht, für das aktive Wahlrecht kein Zensus existiert, rein rechtlich die Vorherrschaft der Stadt über die Landschaft nicht zementiert wird (faktisch geschah dies denn doch), die Amtsdauer der Behörden etwas limitiert ist, und dass schliesslich das oberste Gericht nicht gerade aus Mitgliedern des Kleinen Rates besteht. Dennoch bildete sich unter dieser Verfassung in Zürich ein Regiment, in welchem der Kleine Rat und diesem die Stadtzürcher Besitz- und Bildungsoberschicht den Willen des Staates entscheidend bestimmte.

Die Verfassungen der beiden anderen ehemaligen Zunftorte Schaffhausen[23] und Basel[24] unterscheiden sich nur wenig von der soeben beschriebenen zürcherischen: In beiden finden sich nicht einmal Ansätze zu individuellen Rechten der Bürger. Nach beiden Verfassungen wird nur der kleinere Teil der Grossratsmitglieder von den Bürgern selber gewählt und der Grosse Rat ist in starke Abhängigkeit zum Kleinen gesetzt. Schaffhausen hat in seine Verfassung zusätzlich einen gegen Meinungs- und Versammlungsfreiheit gerichteten Artikel 32 aufgenommen: «Und damit die nach dieser Konstitution aufgestellte Landesregierung ihre Pflichten ungestört erfüllen, Ruhe und Ordnung erhalten könne ..., so wird der in unsern ehemaligen Grundgesetzen enthaltene und in allen ältern und neuern von der Revolution bestandenen Öffnungen wiederholte Grundsatz neuerdings bestätigt, dass der- oder diejenigen, die durch heimliche oder öffentliche Verbindungen oder Verabredung die öffentliche Ruhe zu stören (trachten), ... mit Stillegung oder Verlust des Bürgerrechts, oder sonst an Leib und Gut gestraft werden sollen.»

Die Verfassungen der neuen Kantone *Aargau*[25], *Thurgau*[26], *St. Gallen*[27], *Tessin*[28] und *Waadt*[29] sind zwar auch vom restaurativen Geist geprägt, lehnen sich jedoch in einigen Bereichen an Mediation und Helvetik an. Der Grund hiefür liegt darin, dass es sich um ehemalige Untertanengebiete handelt und sich dort mithin ein beträchtlicher Bestand an kritischen, am rationalen individualistischen Geist von Aufklärung und Revolution orientierten Bürgern aufhielt. Dieses Besitz- und Bildungsbürgertum übernahm nun dort das Ruder; es war

[23] Usteri (Anm. 19), S. 327 ff.
[24] Nabholz Hans/Kläui Paul, Quellenbuch zur Verfassungsgeschichte der Schweizerischen Eidgenossenschaft und der Kantone (1940), S. 213 ff.
[25] *Quellenbuch* S. 230 ff.
[26] Usteri (Anm. 19), S. 405 ff.
[27] Usteri (Anm. 19), S. 346 ff.
[28] Usteri (Anm. 19), S. 425 ff.
[29] Usteri (Anm. 19), S. 440 ff.

in der Gestaltung der Verfassung viel freier, weil man in diesen Kantonen nicht auf eine vorbestehende Ordnung und auch nicht auf erfahrene Regierungsmänner zurückgreifen konnte oder musste. An sich wollten die führenden Köpfe in diesen neuen Kantonen die Verfassungen in liberalerem und demokratischerem Sinne gestalten; allein, der Zeitgeist und der Druck der reaktionären Mächte – namentlich Österreichs – hinderten sie daran. Immerhin wird in diesen neuen Kantonen allgemein dem Grundsatz der Rechtsgleichheit – wie er schon in der Bundesverfassung der Mediationszeit steht – grössere Bedeutung beigelegt als in den alten Kantonen. So schreiben etwa Aargau und St. Gallen, es gebe im Kanton «keine Vorrechte des Orts, der Geburt, der Personen und Familien». Die Tessiner Verfassung garantiert die Volkssouveränität, die Rechtsgleichheit und die Handels- und Gewerbefreiheit. In den neuen Kantonen werden die in der Helvetik geschaffenen Einwohner- oder Munizipalgemeinden nicht abgeschafft, so dass auf Gemeindeebene auch die Nichtbürger eine gewisse Gleichberechtigung geniessen.

Indessen sind auch die Verfassungen dieser neuen Kantone von der Dominanz der Kleinen Räte über die Grossen Räte geprägt; das Gesetzesinitiativrecht kommt auch hier nur den Kleinen Räten zu, welch letztere von «Landammännern» geleitet werden. Um die Macht der Grossen Räte in Schranken zu halten, greift man in allen fünf Kantonen zu einem bereits in der autoritären französischen Konsularverfassung von 1799 verwendeten Mittel und beschränkt die Sitzungsdauer desselben auf höchstens einen Monat pro Jahr; lediglich der Kleine Rat hat die Befugnis, diese Frist zu verlängern. Ein Mittel zur «Dämpfung» des Neuerungswillens in den Grossen Räten sind Vorschriften über das Mindestalter für die Wählbarkeit, das sich zwischen 25 und 40 Jahren bewegt (was damals mehr bedeutete als heute). Die Wahlart für die Mitglieder des Grossen Rates geschieht – in groben Zügen am Beispiel des Kantons Aargau dargelegt – wie folgt: Ein Drittel der Mitglieder wird von den Bürgern an Kreisversammlungen direkt gewählt, ein weiteres Drittel vom Grossen Rat aus Dreiervorschlägen, welche die genannten Kreisversammlungen machen, ausgewählt. Ein letztes Drittel wird von einem Wahlkollegium, bestehend aus Mitgliedern des Grossen und Kleinen Rates sowie des Appellationsgerichtes beziehungsweise Obergerichtes, aus allen Bürgern des Kantons gewählt. Für die Wählbarkeit gelten recht hohe Vermögensnachweise, wobei für eine kleine Zahl (Waadt 18) von Grossräten jeweils Ausnahmen davon gemacht werden. Die Amtsdauern für die Grossen und die Kleinen Räte betragen zwölf Jahre, wobei ein Viertel oder ein Drittel alle vier Jahre neu zu wählen ist – bei zulässiger Wiederwahl. Im Kanton St. Gallen ist die Amtsdauer auf neun, im Kanton Tessin auf sechs und in der Waadt auf vier Jahre festgelegt. Die konfessionell gemischten Kantone Aargau, Thurgau und St. Gallen sehen besondere Bestimmungen für die Wahrung des konfessionellen Friedens vor: Aargau verlangt, dass die Hälfte der Mitglieder des Grossen Rates aus Katholiken, die andere aus Protestanten bestehen muss; Thurgau sichert der katholischen Minderheit einen Viertel der Grossratssitze, einen Drittel der Sitze im Kleinen Rat und eine Mindestzahl von Sitzen im Obergericht zu. Im Kanton St. Gallen hat man eine differenzierte, komplexe Ordnung zur Sicherung des Einflusses der beiden Konfessionsteile geschaffen: Neben festen Sitzansprüchen derselben in den Behörden aller Stufen werden im Grossen Rat für die Behandlung von «religiösen, matrimoniellen, kirchlichen und klösterlichen Verwaltungs- und Erziehungsangelegenheiten» zwei besondere Kollegien der beiden Konfessionsteile gebildet, die auch über eigene Gesetzgebungs-, Verwaltungs- und Justizbefugnisse verfügen.

In der Organisation des Gerichtswesens sind diese Verfassungen insofern etwas fortschrittlicher, als sie nicht mehr vorschreiben, dass etwa die Mitglieder des Appellations- beziehungsweise Obergerichtes aus der Mitte des Grossen Rates zu wählen sind – wenn dies auch nicht ausgeschlossen ist. Ausserdem achtet etwa der Kanton Aargau darauf, dass die Mitglieder des Appellationsgerichtes über juristischen Sachverstand verfügen[30] – womit von der Betrachtung der Gerichtsfunktion als Herrschaftsinstrument wenigstens teilweise abgegangen wird. Die neuen Kantone schreiben in ihren Verfassungen ausserdem ausdrücklich die in der Helvetik neu eingeführten Friedensrichter sowie die «Oberamtmänner» oder «Bezirksstatthalter» als Nachläufer der helvetischen Statthalter fest.

Die Landsgemeindekantone *Uri, Schwyz, Obwalden, Nidwalden*[31], *Glarus, Zug* sowie die *beiden Appenzell*[32] sahen sich erst durch Paragraph 15 des Bundesvertrages veranlasst, zuhanden des eidgenössischen Archives eine neue Kantonsverfassung zu schaffen, was dann etwa im Fall von Uri[33] mit jahrelanger Verspätung und in Schwyz überhaupt nicht geschah. Als Verfassungen wurden teils

---

[30] Art. 22.

[31] Verfassung vom 12. August 1816; Usteri (Anm. 19), S. 268 ff.

[32] Verfassung des Kantons Appenzell der aussern Rhoden vom 28. Juni 1814; Usteri (Anm. 19), S. 335 ff. Verfassung des Kantons Appenzell der innern Rhoden vom 30. Juni 1814; Usteri (Anm. 19), S. 338 ff.

[33] *Quellenbuch* S. 238 f.

vom Volk nicht legitimierte, äusserst rudimentäre Zusammen-
stellungen über die wichtigsten Organe des Kantons dem eidgenössischen Vorort eingereicht, so von Uri und Glarus[34]; teils wurden
aber sorgfältig formulierte, wirkliche Verfassungen abgeliefert, die
von der Landsgemeinde formell angenommen worden waren, so
jene von Obwalden[35]. In allen Landsgemeindekantonen ist die
Landsgemeinde die «souveraine» oder oberste Landesbehörde oder
Gewalt. Sie tagt ordentlicherweise jedes Frühjahr, jene in Schwyz
alle zwei Jahre. Zu ihren Befugnissen gehört die Wahl der obersten
Organe des Kantons einschliesslich der Tagsatzungsabgeordneten.
Sie beschliesst über Gesetze, Bündnisse, Verträge, Steuern, Kriegs-
und Friedensschlüsse. Ihre Befugnisse sind aber insofern beschränkt, als sie nur über Gegenstände beraten und beschliessen
kann, die vorher dem Landrat eingereicht und von diesem begutach-
tet worden sind – eine Bestimmung, welche bereits die Mediations-
verfassungen enthielten. In einigen Landsgemeindekantonen kann
die Landsgemeinde Gesetze, die ihr vorgelegt werden, nur annehm-
men oder verwerfen, nicht aber abändern. In Zug[36] besitzt die
Landsgemeinde lediglich Wahlbefugnisse. An der Landsgemeinde
teilnahmeberechtigt waren nur Männer, die das Landrecht besassen. In allen Landsgemeindekantonen gab es jedoch eine mehr oder
weniger starke Gruppe von teilweise seit Generationen Ansässigen,
denen die Aufnahme ins Landrecht verweigert wurde, die sogenannten Beisässen oder Hintersässen. Das Problem dieser auch wirtschaftlich zurückgesetzten Gruppe führte vor allem in den Kantonen
Glarus und Schwyz zu Problemen. In Schwyz wurde den ehemaligen
untertänigen Bezirken Einsiedeln, March, Pfäffikon, Wollerau und
Küssnacht sowie dem früher unabhängigen Gersau während der
ganzen Restauration keine ihrer Bevölkerungszahl entsprechende
Vertretung im Landrat eingeräumt: Obwohl die genannten Bezirke
insgesamt mehr Einwohner hatten als der Bezirk Schwyz, erhielten
sie aufgrund einer «Vereinbarung» zusammen nur 36 Landratssitze,
währenddem sich der Bezirk Schwyz 60 Sitze vorbehielt. Diese Behandlung der fünf Bezirke, die beinahe einer solchen als Untert-
nengebiete entsprach, verletzte eigentlich Artikel 7 des Bundesvertrages, doch es gab ja keinen Bund, der hätte einschreiten können;
die Tagsatzung war unwillig und auch zu schwach dazu. Schwyz

[34] Verfassung vom 3. Juli 1814; USTERI (Anm. 19), S. 276 ff.
[35] Verfassung vom 28. April 1816; USTERI (Anm. 19), S. 264 ff.
[36] Verfassung vom 5. September 1814; USTERI (Anm. 19), S. 285 ff.

reichte in der Folge wegen der daraus entstandenen Spannungen bis 1831 bei der Tagsatzung keine richtige Verfassung ein. Die Zurücksetzung der «äusseren» Bezirke von Schwyz führte 1814 vorübergehend zur Konstituierung eines selbständigen Halbkantons Ausserschwyz; durch Vermittlung der Tagsatzung konnte dann notdürftig eine Einigung erzielt werden. Dieselbe Problematik sollte aber in der Regeneration zu erneuter Bildung eines Halbkantons Ausserschwyz führen.

Zwischen Landsgemeinde und Regierung amtete eine bereits genannte weitere Behörde, der Landrat, in einigen Landsgemeindekantonen auch Wochen- oder Grosser Rat genannt. Die Mitglieder dieser Räte wurden zumeist von den Gemeinden gewählt; es war mehr eine lokale als eine Volksvertretung. Infolge der bereits grossen Befugnisse der Landsgemeinden einerseits und der Regierung anderseits konnten diese Landräte nicht eine den Grossen Räten der anderen Kantone vergleichbare Bedeutung haben; in erster Linie hatten sie Verwaltungsfunktionen und amteten als vorberatende Behörde für die Landsgemeinde. Ferner hatten diese Landräte teilweise auch Gerichtsfunktionen inne – neben anderen Gerichten. Eine klare Ausscheidung zwischen legislativen, administrativen und judikativen Funktionen bestand nicht.

Der Kanton *Graubünden* gab sich 1820 eine stark an die früheren Verhältnisse angelehnte föderative Verfassung[37], allerdings mit einem das Ganze etwas fester umschlingenden Band als vor dem Beitritt zur Helvetischen Republik. Dennoch sollte das Problem der mangelnden Staatseinheit bis zur Schaffung der Verfassung von 1854 und darüber hinaus die zentrale Frage der Bündner Verfassungspolitik bleiben. Eckpfeiler der Bündner Verfassung sind einerseits die «Hochgerichte», welche aus Zusammenschlüssen von mehreren Gemeinden hervorgegangen waren, und anderseits die «Gerichte», die Gemeinden selber. Den historischen Drei Bünden kommt in dieser Verfassung nicht mehr grosse Bedeutung zu. Die Hochgerichte (die heutigen «Kreise») verfügen über eigene, unabhängige Gerichtsbarkeit und über Gesetzesbefugnisse; ihre Struktur beruhte auf dem Prinzip der Landsgemeindedemokratie, also der souveränen Versammlung der stimmfähigen Männer, welche alle Wahlen vornimmt und die wichtigen Beschlüsse fasst. Selbstverständlich gilt dasselbe Prinzip auch für die Gemeinden, die über sehr grosse autonome Befugnisse verfügen. Oberste Behörde des

---

[37] USTERI (Anm. 19), S. 383 ff.

Ganzen ist ein «Grosser Rath», dessen Zusammensetzung auf den Hochgerichten basiert. Jedes Hochgericht wählt je nach Grösse zwischen einem und vier Grossratsmitglieder, im Ganzen 65. Der Grosse Rat ist die oberste Behörde; er erlässt Gesetze und schliesst Staatsverträge und Bündnisse, alle jedoch unter dem zwingenden Vorbehalt ihrer «Sanktion» durch die Gemeinden und in diesen durch die versammelte Bürgerschaft. Diese Sanktion, ein föderatives, auf der Versammlungsdemokratie beruhendes «Referendum», ist im positiven Sinn erfolgt, wenn die Mehrheit der Gemeinden, unabhängig von der Zahl ihrer Einwohner, zustimmt. Für Verfassungsänderungen – Graubünden kennt zusammen mit Wallis und Genf eine Bestimmung über die Verfassungsänderung – ist eine Zweidrittelsmehrheit der Gemeinden erforderlich. Der Grosse Rat ist auch als oberster Richter bei Streitigkeiten zwischen Gemeinden eingesetzt. Die Regierung wird einem «Kleinen Rath» anvertraut; dieser besteht aus drei Mitgliedern und wird vom Grossen Rat gewählt, wobei je ein Mitglied aus jedem der Drei Bünde zu wählen ist. Dem Kleinen Rat ist für die Behandlung wichtiger Geschäfte eine ebenfalls vom Grossen Rat gewählte neunköpfige «Standeskommission» beigegeben. Die überkommenen Justizbefugnisse der Hochgerichte und Gerichte werden im wesentlichen unverändert belassen; in die Verfassung aufgenommen werden neu die Vermittler (Friedensrichter), und es wird ein kantonales Appellationsgericht für Zivilsachen bestellt, das von Grossem und Kleinem Rat unabhängig ist.

Materielle Bestimmungen kennt die Verfassung nur wenige: Die Feudallasten müssen loskäuflich sein, und innerhalb des Kantons gilt Niederlassungsfreiheit. Alle Behörden des Kantons müssen zu zwei Dritteln mit Protestanten, zu einem Drittel mit Katholiken besetzt werden. Neben dem föderativen Hauptcharakteristikum fällt der demokratische Charakter der Bündner Restaurationsverfassung auf, und dies noch ganz besonders, wenn man sie mit den anderen Verfassungen derselben Periode vergleicht: Die Wahlberechtigung beginnt mit dem 17., die Wählbarkeit mit dem 21. Altersjahr. Die Mitglieder des Grossen Rates müssen sich (praktisch) jedes Jahr neu wählen lassen, ebenso die drei Mitglieder des Kleinen Rates (Regierung), welche darüber hinaus noch einer Amtszeitbeschränkung auf nur zwei Jahre unterworfen sind. Dazu kommt die «Sanktion», das obligatorische Referendum, für alle wirklich wichtigen vom Grossen Rat gefassten Entscheidungen.

Der Kanton *Wallis* war wie Graubünden ebenfalls ein föderativ aufgebautes Staatswesen, allerdings, das sei vorweggenommen, weit weniger auf Rechtsgleichheit und Demokratie beruhend als jenes. Die 13 «Zehnen» bilden die Eckpfeiler der Walliser Verfassung[38]. Sieben dieser 13 Zehnen gehören zum deutschsprachigen Oberwallis und bestanden schon vor der Umwälzung. Das französischsprachige ehemalige Untertanengebiet wurde in sechs Zehnen eingeteilt. Den Zehnen steht ein von den Stimmberechtigten ohne Zensusbedingungen gewählter Zehnenrat vor. Jeder dieser Zehnenräte ernennt auf unbefristete Dauer vier einzeln stimmberechtigte «Gesandte» in die höchste Behörde des Kantons, den Landrat. Mit dieser Festsetzung der Landratssitze wurde das französischsprachige Unterwallis, das über eine um gut einen Drittel höhere Bevölkerungszahl als das Oberwallis verfügte, gegenüber dem letzteren erheblich benachteiligt, was dann in der Regeneration schwerwiegende Folgen haben sollte. Neben den 52 Zehnen-Gesandten sitzt noch der Bischof von Sitten von Verfassungs wegen im Landrat mit dem Gewicht von vier Stimmen, also demjenigen eines Zehnen. Der Landrat verfügt über die gesetzgebende Gewalt; er besitzt jedoch in dieser Hinsicht kein Initiativrecht, sondern kann nur auf Vorschläge des Staatsrates hin tätig werden. Er kann auch nicht von sich aus zusammentreten. Alle vom Landrat beschlossenen Gesetze unterliegen der obligatorischen Zustimmung durch die Mehrheit der Zehnen. Es ist diese Einrichtung, anders als die vergleichbare in Graubünden, kein eigentliches Referendum im heutigen Sinne, indem in den Zehnen die Zehndräte und nicht die Stimmberechtigten über das Gesetz abstimmen[39]. Der Landrat verfügt weiter über das Recht, wichtige Finanzbeschlüsse und Militärkapitulationen zu beschliessen; er befindet auch über die Erteilung des Landrechtes. Diese letztgenannten Beschlüsse stehen unter dem Vorbehalt der obligatorischen Zustimmung nicht nur der Zehndräte, sondern auch der Gemeinderäte. Selbständig, also ohne Zustimmung von Zehnen oder Gemeinden, beschliesst der Landrat über das Verhältnis des Kantons zum eidgenössischen Bund; er ernennt namentlich die Tagsatzungsabgeordneten. Er hat auch das Begnadigungsrecht sowie das Recht, «Strafen zu verändern». Wählbar in den Landrat ist, wer mehr als 25 Jahre alt ist, vorher ein Amt in einer höheren Behörde oder eine Offiziersstelle bei den Linientruppen bekleidet hat, oder wer den Rechts- oder Medizin-Doktorgrad erhalten hat. Die faktisch leitende Behörde ist ein vom Landrat aus seiner Mitte ernannter fünfköpfiger Staatsrat, dem der «Landshauptmann» vorsitzt. Spezielle Bestimmungen sorgen (wie noch heute) dafür, dass

---

[38] Usteri (Anm. 19), S. 451 ff.
[39] Seiler Andreas, Politische Geschichte des Wallis (1933), S. 36.

darin kein Landesteil übervertreten ist. Der Staatsrat hat ausserordentlich grosse Befugnisse, namentlich auch deshalb, weil der Landrat ordentlicherweise nur zweimal pro Jahr zusammentritt. Die Staatsräte werden auf zwei Jahre gewählt und sind immer wieder wählbar. Die Stelle des Landshauptmanns kann ohne Unterbruch nicht länger als zwei Jahre bekleidet werden. Die Gerichtsbarkeit wird erstinstanzlich durch einen Gemeinderichter «Kastellan», und zweitinstanzlichz durch ein Zehnengericht, bestehend aus dem «Gross-Kastellan» als Vorsitzendem sowie sechs Beisitzern gebildet. Diese Richter werden von den vom 18. Altersjahr an stimmberechtigten Männern auf zwei Jahre gewählt. Der Landrat wählt auf zwei Jahre aus seiner Mitte oder ausserhalb derselben einen obersten Gerichtshof. Die Verfassung hält ausdrücklich fest, dass Gerichts- und Verwaltungsverrichtungen miteinander *nicht* unverträglich sind. Individualrechtliche Garantien kennt die Verfassung nicht; insbesondere ist die Ausübung öffentlicher Gottesdienste allein der katholischen Kirche gestattet. Als Erbstück der Helvetik findet sich immerhin die Bestimmung, dass kein Grundstück «ewig» belastet bleiben darf.

Die Walliser Verfassung ist vom Landrat ohne Vorlegung an die Zehnenräte beschlossen worden. Sie enthält einerseits eine sogenannte Rigiditätsklausel, nämlich die Festlegung der Unabänderlichkeit der fünf Jahre. Danach kann sie geändert werden, jedoch nur nach Zustimmung durch zwei aufeinander folgende Landräte und nur mit einem qualifizierten Mehr von 39 Stimmen von insgesamt 56 im Landrat. Die so gestaltete Walliser Verfassung ermöglichte es den traditionellen besitzenden Dynastien in den deutschsprachigen Zehnen trotz den darin enthaltenen demokratischen Elementen, eine Vorherrschaft nicht nur in den Zehnen, sondern auch gegenüber der französischsprachigen Mehrheit auszuüben.

Die Verfassung des neu zur Schweiz hinzukommenden Fürstentums *Neuenburg* besteht aus vier Teilen, nämlich aus der eigentlichen «Verfassungs-Urkunde»[40], dem «Organisations-Edikt für die Landstände», dem «Einberufungs-Edikt der Landstände» und dem «Reglement für die Wahl der Mitglieder der Landstände»[41]. Es handelt sich bei der Neuenburger Verfassung um eine von «Friedrich Wilhelm III, von Gottes Gnaden König von Preussen ...» einseitig erlassene typische landständische Verfassung, wie sie in den Staaten des 1806

---

[40] *Quellenbuch* S. 235 ff.
[41] Alle vier Texte abgedruckt in Usteri (Anm. 19), S. 460 ff.

200

aufgelösten «Heiligen römischen Reiches deutscher Nation» aufgestellt wurden.

Das Fürstentum Neuenburg wird durch einen vom König ernannten Gouverneur, dem ein aus Notabeln bestehendes Staatsratskollegium zur Seite steht, regiert. Die dieser Regierung beigegebenen Landstände haben zwar gesetzgebende Funktion, jedoch geringe Kompetenzen; der Gouverneur beziehungsweise der König ist zur Unterzeichnung der Gesetze, zu deren Zustandekommen bereits im Landtag ein Zweidrittelsmehr erforderlich ist, nicht verpflichtet. Er verfügt ausserdem über ein weitgefasstes Polizeiverordnungsrecht. Die Landstände können kraft eigenen Rechts nicht zusammentreten; es bedarf deren Einberufung durch den Gouverneur, der dabei an keine Regeln gebunden ist. Die Landstände bestehen aus dem Gouverneur und den Mitgliedern des Staatsrates, aus 14 Notabeln, die nicht Staatsräte sind, wovon vier Geistlichen, aus höchstens 24 Gerichtspräsidenten und aus 30 Abgeordneten der Bezirke. Letztere werden in einem komplizierten Wahlverfahren halbdirekt vom Volk der Bezirke ernannt, wobei für die aktive Wahlfähigkeit kein, für die Wählbarkeit jedoch ein hoher Grundeigentumszensus besteht. Die Mitglieder der Landstände amten auf Lebenszeit. Die Verfassung des Fürstentums Neuenburg enthält ferner Garantien zum Schutz vor Verhaftung und für ein geregeltes Gerichtsverfahren, die Garantie der Handelsfreiheit und eine solche des Privateigentums sowie das Recht der Untertanen, staatliche Stellen einzunehmen. Schliesslich legt sie die Gesetzmässigkeit für die Erhebung staatlicher Abgaben fest.

Die lange und recht präzis formulierte Verfassung der «Stadt und Republik *Genf*»[42] ist von allen Restaurationsverfassungen diejenige, welche noch am stärksten der Idee der geschriebenen Verfassung, also der präzisen Konstituierung der Macht, verpflichtet ist. Der Grund hiefür liegt einerseits in der verfassungsrechtlichen Tradition und den besonderen politischen Verhältnissen in der Republik Genf, anderseits darin, dass Genf keine Mediationsverfassung hatte. Die Genfer Verfassung sieht einen Repräsentantenrat als oberste Behörde vor. Dieser wird von den einem Zensus unterworfenen Wahlberechtigten in einem ausserordentlich komplizierten Wahl- und Losverfahren bestimmt; dabei ist bemerkenswert, dass die sogenannte limitierte Stimmgebung zur Anwendung kommt, wie wir sie bereits im französischen Gironde-Verfassungsentwurf für die Wahl des Büros der

---

[42] *Quellenbuch* S. 214 ff.

Primärversammlungen angetroffen haben[43]: Danach haben die Wahlberechtigten nur die Möglichkeit, ihre Stimme für die Hälfte der zu vergebenden Sitze abzugeben, und es zählt folgerichtig das relative Mehr – ein Verfahren, das in den Wirkungen als rudimentärer Vorläufer des proportionalen Wahlsystems angesehen werden kann. Der Repräsentantenrat besteht aus 278 Abgeordneten weltlichen Standes. Eine Amtsdauer für die Repräsentanten ist nicht vorgesehen; jedes Jahr müssen aber 30 Mitglieder ausscheiden und sind für ein Jahr nicht mehr wählbar. Dem Repräsentantenrat kommen etwa dieselben Befugnisse wie den Grossen Räten der übrigen Kantone zu. Auch er verfügt nicht über das Recht, Gesetzesinitiativen oder andere Initiativen zu ergreifen. Bestimmender Faktor im Repräsentantenrat – der trotz eigener Entscheidungsbefugnisse in der Verfassung als beratende Versammlung bezeichnet wird – ist der Staatsrat. Letzterer besteht aus 28 Mitgliedern. Es stehen ihm vier Syndics vor. Wählbar in den Staatsrat ist nur, wer Mitglied des Repräsentantenrates ist. Die Wahl des Staatsrates erfolgt auf unbestimmte Zeit; es kann jedoch durch den Repräsentantenrat das geheime «Grabeau»-Verfahren, also eine Art Einzel-Abberufungsverfahren, durchgeführt werden. Die Justiz ist personell teilweise mit Staatsrat und Repräsentantenrat verknüpft, indem die Vorsitzenden sowohl des Zivilgerichts als auch des Obergerichtes Mitglieder des Staatsrates sein müssen; im Obergericht sitzen noch zwei weitere Staatsräte, und im Zivilgericht ein weiterer. Die Genfer Verfassung enthält eine Rechtsgleichheitsgarantie sowie einige wenige individuelle Rechte – was für die Restaurationszeit sehr bemerkenswert und auch atypisch ist: So wird kein Patriziat und keine privilegierte Klasse anerkannt, und alle Genfer sind – in Anbetracht des Zensuswahlrechts lediglich theoretisch – vor dem Gesetze gleich. Es besteht, anders als in allen anderen Kantonen der Eidgenossenschaft, eine verfassungsmässige Pressefreiheit, die allerdings vom Repräsentantenrat beschränkt werden kann, was dann trotzdem zur Schaffung der Pressezensur führte. Die Religionsfreiheit wird zwar von der Verfassung nicht allgemein garantiert; immerhin wird der katholischen Minderheit die Fortführung ihres Kultus zugesichert, wobei aber dem Staatsrat die Bestätigung der Pfarrereinsetzung zukommt. Der protestantisch-puritanische Geist der Vaterstadt Rousseaus schimmert insofern durch, als die Verfassung den Staatsrat ermächtigt, «Luxusverordnungen» zu erlassen – eine für die Restaurationszeit durchaus atypische Erscheinung, nahm

---

[43] Art. 21; *Quellenbuch* S. 37.

doch auch in der Schweiz in jener Periode landesherrlich-höfisches Gehaben, verbunden mit Orden, Adels- und anderen Titulaturen, wieder zu. Die Genfer Verfassung ist von Eduard His zu recht als «Mischung konservativer und liberaler Gedanken» angesehen worden. Sie enthält auch zwei für die Restaurationszeit atypische demokratische Elemente, indem sie überhaupt abänderbar ist, allerdings nur dann, wenn Staatsrat und Repräsentantenrat mit Zweidrittelsmehr zustimmen. Zudem ist für Verfassungsänderungen das obligatorische Referendum vorgesehen. Die Genfer Verfassung wurde ferner als einzige Verfassung eines Nicht-Landsgemeindekantons der Volksabstimmung unterstellt und bei dieser mit grossem Mehr angenommen. Die Genfer Verfassungskämpfe vor und während der Französischen Revolution sowie der auch sonst starke Einfluss französischen Staatsdenkens haben offenbar hier dazu beigetragen, dass sich diese Reste liberaler und demokratischer Prinzipien trotz des restaurativen Druckes halten konnten. Dennoch war die Genfer Verfassung insgesamt so gestaltet, dass die protestantische Aristokratie den Staatswillen in allen entscheidenden Fragen prägen konnte, obwohl sich im Repräsentantenrat ein sehr lebendiger Parlamentarismus entwickelte, der von einer liberalen intellektuellen Opposition genährt wurde.

9. KAPITEL:
BILANZ AM ENDE DER
RESTAURATIONSZEIT

1. Institutionell

Der Restaurationsgeist hat nicht vermocht, alle institutionellen Neuerungen und Wirkungen der Reformperiode von 1798–1803 zu beseitigen. Zwar sind nur wenige Errungenschaften ganz erhalten geblieben, so die Existenz der neuen Kantone Tessin, Waadt, Aargau, Thurgau und St. Gallen. Der aus der Französischen Revolution und der Helvetik hervorgegangene Grundsatz der Gleichheit der Territorien hat sich also trotz starker Anfechtungen hier halten können, während in den alten die Untertanenverhältnisse teilweise wiederhergestellt wurden, so besonders im Wallis, in Schwyz und in Basel. Die Helvetik hatte in der Schweiz erstmals die teilweise Öffentlichkeit des Staatshandelns und eine halbwegs freie Presse hervorgebracht, womit sich eine öffentliche Meinung bilden konnte. Während in der Restaurationszeit die Öffentlichkeit weitgehend beseitigt wurde, konnten sich Reste eines Pressewesens im modernen Sinne halten; in den zwanziger Jahren erfolgte dann ein eigentlicher Aufschwung der Presse, der Entscheidendes zum Erfolg der Regenerationsbewegung beigetragen hat. In der Helvetik war in der Schweiz ferner erstmals eine Trennung von öffentlichem Recht und Privatrecht und mithin eine Trennung von Staat und Gesellschaft ansatzweise vollzogen worden; Reste dieser Betrachtungsweise haben sich in den Kantonen, vor allem den neugeschaffenen, halten können; der Erlass von Zivil- und Strafrechtskodifikationen in einigen Kantonen hat dazu beigetragen. Weitgehend erhalten geblieben ist auch der revolutionäre Grundsatz der geschriebenen Verfassung.

In den neuen Kantonen Waadt, Aargau, Thurgau, St. Gallen und Tessin haben sich ferner einige Trümmer von Individualrechten und ein paar Ansätze der Rechtsgleichheit sogar in den Restaurationsverfassungen halten können, die dann allerdings in der politischen Praxis der Restauration noch stärker zurückgedrängt wurden. In einigen Ansätzen erhalten geblieben ist während der Restaurationszeit ferner das aus Frankreich rezipierte rationale hierarchische Gerichtssystem der Helvetik. So hat sich in vielen Kantonen die Einrichtung der Friedensrichter («juges de paix») halten können, ebenso der Bezirksgerichte, während aber die obersten kantonalen Gerichte wieder in die Abhängigkeit der Regierungen zurückversetzt wurden. Auch Teile des Verwaltungssystems der Helvetik sind bestehen geblieben, vor allem in den neuen Kantonen; so ist vielerorts das in der Helvetik eingeführte französische Präfektursystem ganz oder in Teilen bestehen geblieben, allerdings um eine Stufe verkleinert, weil mangels Zentralstaat die (kantonalen) «Nationalpräfekten» weggefallen waren. Geblieben sind schliesslich in einigen Kantonen die helvetischen Erziehungsräte. Besonders wichtig war ferner die Tatsache, dass sich die allen Einwohnern offenstehenden Einwohnergemeinden («communes municipales») in mehreren Kantonen ganz oder teilweise hatten halten können. Die versuchte Ablösung der Feudallasten machte hingegen keine weiteren Fortschritte mehr. Dafür hat sich die in der Helvetik eingeführte physiokratische Grundsteuer, ebenso die Stempelsteuer, meistenorts gehalten. Allgemein sind revolutionäre Einrichtungen desto eher erhalten geblieben, je unpolitischer sie gewesen waren – und umgekehrt. Dies zeigte sich beim Grundsatz der Volkssouveränität: Die restaurativen Verfassungen wurden in der Regel dem Volk nicht mehr vorgelegt; sie galten zudem, gleich wie der Bundesvertrag, als nicht revidierbar. Was die Wahl der Mitglieder der Grossen Räte betrifft, so ist die Volkswahl qualitativ und quantitativ massiv geschmälert worden, so durch Einführung sehr langer Amtsdauern oder gar der Lebenslänglichkeit, durch Zensusvorschriften, durch Kooptationsrechte und durch hohe Wählbarkeitsalter. Die Grossen Räte gelangten wieder in weitgehende Abhängigkeit zu den Regierungen; sie behielten aber teilweise das revolutionäre Recht, über Steuern und Voranschlag beschliessen zu können. Die Gewaltenteilung wurde in den neuen Kantonen in Ansätzen beibehalten, in den ehemals aristokratischen Kantonen Bern, Solothurn, Luzern und Freiburg ganz beseitigt. Überall nahm die Regierung wieder massiven Einfluss auf die Justiz.

Immerhin war in den Kantonen trotz der Restauration eine ganze Reihe von revolutionären Neuerungen teilweise erhalten geblieben, auch wenn sich diese in der politischen Praxis im Vergleich zur Helvetik nur mehr als schmales Rinnsal erwiesen. In Anbetracht der hohen Bedeutung des Kontinuitätselementes in der Geschichte dürfen aber jene Restanzen für die im Jahre 1830 beginnende Reformperiode nicht unterschätzt werden.

Auch die praktische Politik der Restaurationsmänner darf nicht einfach, wie dies oft geschieht, rein negativ gewürdigt werden. So wurden in der Restaurationszeit in den meisten Kantonen die Finanzen wieder auf eine gesunde Basis gestellt; auch im Bereiche des

Heerwesens wurden wichtige Verbesserungen durchgeführt – beides Bereiche, wo sich konservative Regierungen auch heute regelmässig bewähren. Der aufklärerische Fortschritt wirkte trotz des konservativen Regimes weiter: im Armen-, im Schul- und im Rechtswesen wurden gewisse Verbesserungen erzielt; so wurden vor allem Kantonsschulen gegründet, und in einigen Kantonen gelang die Schaffung von guten, vom französischen Code civil oder vom österreichischen Allgemeinen bürgerlichen Gesetzbuch beeinflussten Zivilrechtskodifikationen, welche «unauffällig, aber wirksam» (Erich Gruner) aristokratische Privilegien aushöhlten. Es gelang während der Restauration auch die Aufstellung von neuen, im Sinne von Aufklärung und Naturrecht gestalteten und daher rationaleren und humaneren Strafrechtskodifikationen und von Strafprozessordnungen, so namentlich in St. Gallen. Die starke Rechtszersplitterung im Zoll-, Geld- sowie Transportwesen und bei der Handelsgesetzgebung blieb aber bestehen.

2. Politisch

Die wichtigste Hinterlassenschaft der Reformperiode von 1798–1803 war aber wohl die Existenz einer liberalen und radikalen Staatstheorie und einiger liberal gesinnter Persönlichkeiten, welche trotz der Restauration ihre Grundsätze weiter verfochten. Helvetik und Französische Revolution hatten Bleibendes hinterlassen. Die vielleicht wichtigste Hinterlassenschaft liegt auf der politischen Ebene: Es war in Frankreich gelungen, eine acht Jahrhunderte alte, festgefügte absolute Monarchie zu beseitigen und einen ebenso festgefügten privilegierten Adel und Klerus zu entmachten. Das als unmöglich Eingeschätzte war Wirklichkeit geworden. Diese reale politische Erfahrung hatte in ganz Europa zu einem neuen Bewusstsein geführt: Jeder Besitz politischer Macht war prinzipiell prekär geworden. Die Erfahrung der Revolution gab daher allen liberalen und radikalen Reformern in Europa trotz Restauration die Kraft und den Glauben, ihr Wirken fortzusetzen, ja sie bildete eine zentrale politische Motivation der kommenden Revolutionsschübe.

3. Wirtschaftlich

Trotz weitgehender Untätigkeit der Restaurationsregierungen im Bereich der Wirtschaft und trotz vieler die Wirtschaft hemmender Bestimmungen entwickelte sich in den zwanziger Jahren die Textilindustrie in starkem Masse, und es entstanden daraus die Anfänge der Maschinenindustrie. Es entstand ein frühes Unternehmertum, das in bezug auf materiellen Besitz die auf Grundeigentum, Solddienst und Handwerk basierende, politisch noch leitende Führungsschicht wirtschaftlich teilweise schon überflügelte. Auch die Uhrenindustrie, das Gewerbe und der Fremdenverkehr nahmen Aufschwung. Die wissenschaftlichen Berufe gediehen, so namentlich jene der Juristen und der Ärzte. Aus diesen Berufen und aus dem Gewerbe rekrutierte sich die spätere liberale Führungsschicht. Die gegen Ende der Helvetik meistenorts stagnierende Abschaffung der Feudallasten gelang natürlich auch während der Restaurationszeit nicht, obwohl einige Verfassungen deren Loskäuflichkeit vorsahen. Es wurden gegenteils gewisse Feudallasten wieder eingeführt, so etwa die Ehrschätze in Bern. Für die Bewohner des Mittellandes blieben mannigfache wirtschaftliche Zurücksetzungen in der Form von städtischen Handels- und Produktionshemmnissen bestehen; in den ehemaligen Zunftorten blieb der Zunftzwang bestehen. Der freie und gleiche Zugang zu den Beamten-, Pfarrer- und Offiziersstellen war nicht vorhanden. Und die rasch fortschreitende Industrialisierung führte vor allem wegen des sich nun vollziehenden Überganges von der Heimarbeit zur Fabrikarbeit zu einer teils entwurzelten Schicht lohnabhängiger Fabrikarbeiter mit ihren mitarbeitenden Frauen und Kindern. Der trotz der Restauration stärker werdende Individualismus verhinderte vorerst, dass sich die Arbeiter organisierten, so dass die Unternehmer eine sehr starke Stellung erhielten, auch wenn sie ebenfalls nicht organisiert waren.

V. TEIL

REGENERATION – LIBERALE PHASE 1830–1839 [1]

10. KAPITEL: AUSGANGSLAGE

1. Begriff und Zeitraum

Regeneration bedeutet im wörtlichen Sinne «Wiedererzeugung»; in der Naturwissenschaft versteht man unter Regeneration den Ersatz abgeworfener, verletzter oder sonst verlorengegangener Organteile oder Organe bei Lebewesen. Rechtsgeschichtlich ist unter Regeneration die Erneuerung der kantonalen Rechtsordnungen im Sinne des Individualismus und rationalen Naturrechts zu verstehen;

---

[1] *Quellen:* Protokolle der verfassungsgebenden Räte der Kantone Zürich, Bern, Luzern, Freiburg, Solothurn, Basel-Landschaft, Schaffhausen, St. Gallen, Aargau, Thurgau, Waadt. Ferner: Dekrete, Petitionen, Flugschriften, Memoriale, Verfassungsentwürfe, Proklamationen aus diesen Kantonen; *Abschiede der eidgenössischen Tagsatzung* vom 27. Dezember 1813 bis zum 22. September 1848, 51 Bände; BORNHAUSER THOMAS, Verfassungen der Kantone der schweizerischen Eidgenossenschaft, Trogen 1833; NÄF WERNER, Staatsverfassungen und Staatstypen 1830/1831; Quellen zur neueren Geschichte IV, Bern 1946; SNELL LUDWIG, Handbuch des schweizerischen Staatsrechts, 2 Bände, Zürich 1837/1844 mit zwei Nachträgen. – Siehe auch die am Buchanfang angeführten Quellensammlungen.

Literatur: BAUMGARTNER GALLUS JAKOB, Die Schweiz in ihren Kämpfen und Umgestaltungen von 1830–1850, Zürich 1868; BIAUDET JEAN-CHARLES, La Suisse et la Monarchie de juillet 1830–1838, Lausanne 1941; BLUM ROGER, Für Volkssouveränität und Fortschritt, Die Volksbewegungen der Jahre 1830–1833, Baselland vor 150 Jahren. Wende und Aufbruch, Liestal 1983; CASTELLA GASTON, Histoire du canton de Fribourg, Fribourg 1922; CRAIG GORDON A., Geld und Geist, Zürich 1988; DÄNDLIKER C., Der Ustertag, Zürich 1881; DÜNKI ROBERT, Verfassungsgeschichte und politische Entwicklung Zürichs 1814–1893, Zürich 1990; FEDDERSEN PETER, Geschichte der Schweizerischen Regeneration von 1830–1848, Zürich 1867; GRUNER ERICH, Das Bernische Patriziat und die Regeneration, Bern 1943; HENNE ANTON, Geschichtliche Darstellung der kirchlichen Vorgänge und Zustände in der katholischen Schweiz, Zweite Abtheilung 1830–1851, Mannheim 1851; KLOETZLI HANS, Die Bittschriften des Berner Volkes vom Dezember des

dabei meint man die «Wiedererzeugung» der Verfassungsgrundsätze der Helvetik und der Französischen Revolution. Im älteren Schrifttum bezeichnet man bisweilen die Regeneration auch als politische und geistige «Wiedergeburt». Manchmal meint man allerdings mit dem, was «wiedergeboren» werden soll, auch gewisse verschwommene, im fernen Dunkel liegende demokratische Freiheiten vor dem Aristokratisierungsvorgang des 17. und 18. Jahrhunderts. In der Helvetik gab es wohl deshalb im Waadtland eine Zeitung mit dem Namen «Régénérateur». Als Regenerationsperiode versteht man die Zeit von Ende Juli 1830 bis 1848. Auch wenn sich der Beginn der eigentlichen Regenerationsperiode genau festlegen lässt, nämlich auf Ende Juli 1830, regten sich doch bereits in den zwanziger Jahren während der Restauration die liberalen Kräfte im Sinne einer Wiedererzeugung, allerdings je nach Ort in unterschiedlicher Weise. Diese Kräfte verschafften sich trotz der in allen Kantonen mit Ausnahme von Appenzell-Ausserrhoden wirkenden Pressezensur Gehör, zum Teil in der «Appenzeller Zeitung», der von Paul Usteri geleiteten «Neuen Zürcher

Jahres 1830, Zürich 1922; KOPP EUGEN, Die konservative Partei des Kantons Luzern von 1831–1848, Luzern 1950; LAVISSE ERNEST, Histoire de France, Band V 1830–1848, Paris 1921; MURALT ANTON VON, Die Julirevolution und die Regeneration in der Schweiz, Affoltern a. A. 1948; NABHOLZ HANS, Die Eingaben des zürcherischen Volkes zur Verfassungsreform des Jahres 1830, Zürich 1911; ROSSI GIULIO/POMETTA ELIGIO, Storia del Cantone Ticino, Locarno 1980; RUFFIEUX ROLAND u. a., Les années 1830 à Fribourg. Aspects politiques et sociaux de la Régénération, Annales Fribourgeoises 1986/1987 S. 7 ff.; SEILER ANDREAS, Die politische Geschichte des Wallis 1815–1844, Zürich 1939; STAEHELIN HEINRICH, Geschichte des Kantons Aargau 1830–1885, Baden 1978; TILLIER JOHANN ANTON VON, Geschichte der Eidgenossenschaft während der Zeit des sogeheissenen Fortschrittes, 4 Bände, Bern 1854/1855; TROXLER FRANZ, 1847/1848, Ein bewegtes Jahr luzernischer Verfassungsgeschichte, Stans 1962; WETTSTEIN WALTER, Die Regeneration des Kantons Zürich, Zürich 1907.

Biographien: BASTID PAUL, Benjamin Constant, Paris 1966; BIRKHÄUSER KASPAR, Der baselbieter Politiker Stephan Gutzwiller (1802–1875), Liestal 1983; BURCKHARDT CARL J., Der Berner Schultheiss Charles Neuhaus, Frauenfeld 1925; HIESTAND JEAN, Benjamin Constant et la doctrine parlementaire, Guerry 1928; HOFMANN ETIENNE, Les «Principes de politique» de Benjamin Constant, Band I, Genève 1980; NICK KONRAD, Kasimir Pfyffer und die Luzerner Verfassungspolitik in den Jahren 1827–1841, Freiburg 1955; SCHERRER ANTON, Ludwig Snell und der schweizerische Radikalismus, Freiburg 1954; SNELL LUDWIG (vermutlich), Wilhelm Snell's Leben und Wirken, Bern 1851; SOLAND ROLF, Joachim Leonz Eder und die Regeneration im Thurgau 1830–1831, Weinfelden 1980; SPIESS EMIL, Ignaz Paul Vital Troxler, Bern 1967; SPRENG HANS, Ulrich Ochsenbein, I. Teil 1811–1848, Bern 1918; STIEFEL HEINRICH, Dr. Ludwig Snells Leben und Wirken, Zürich 1858; WEISS THEODOR, Jakob Stämpfli, Band I, Bern 1921. – Siehe auch die am Buchanfang angeführte periodenübergreifende Literatur.

Zeitung», dem von Heinrich Zschokke[2] redigierten «Schweizer Bothen» oder dem von Charles Monnard[3] redigierten «Nouvelliste Vaudois» – zum Teil aber auch über im Ausland gedruckte Broschüren sowie ausländische Zeitungen und Zeitschriften.

2. Die Vorläuferbewegung

Trotz der tatsächlichen politischen Macht, über welche die herrschenden altgesinnten Kräfte wieder verfügten, war ihr Legitimationsboden gegen Ende der zwanziger Jahre labil geworden. Es regte sich wieder stärker die Erinnerung an die vorangegangenen ideellen Impulse und politischen Ereignisse von Französischer Revolution und Helvetik, sei es im Bewussten oder im Unterbewussten. Dazu kam, dass einige Träger des Gedankengutes der Helvetik noch lebten und weiter – mehr oder weniger – aktiv blieben; zu nennen ist hier Paul Usteri, der in Zürich eine unermüdliche oppositionelle journalistische Tätigkeit fortführte. Im Aargau wirkten Albrecht Rengger[4]

---

[2] ZSCHOKKE HEINRICH, 1771–1848. Geboren in Magdeburg, studierte Theologie, war früh schriftstellerisch tätig und bekleidete in Frankfurt an der Oder eine Professur für Naturrecht und Geschichte. Freimaurer. Zschokke besuchte schon vor seiner Niederlassung in der Schweiz 1796 dieses Land. Zuerst war er hier Leiter der Erziehungsanstalt Reichenau, dann wurde er durch Stapfer in den Dienst der Helvetischen Regierung gestellt und versah für sie wichtige Ämter, unter anderen das des Statthalters. Nach dem Zusammenbruch der Helvetik war er Privatgelehrter und redigierte dann lange Zeit, nämlich von 1802 bis 1842 den «Schweizerboten». Ab 1807 liess er sich dauernd im Aargau nieder, nachdem er dort naturalisiert worden war. Neben äusserst fruchtbarer schriftstellerischer Tätigkeit bekleidete er verschiedene Ämter im Kanton Aargau, war namentlich Grossrat und Tagsatzungsabgeordneter. Starb in Aarau.

[3] MONNARD CHARLES, 1790–1865. Geboren in Bern als Sohn einer Waadtländer Familie. Professor der französischen Literatur an der Akademie Lausanne 1816–1845, Führer der freisinnigen Partei, redigierte den «Nouvelliste vaudois». Mitglied des Grossen Rats ab 1828, Tagsatzungsgesandter 1832, 1833 und 1838. Mitglied der Revisionskommission 1833, trat er für die Aufrechterhaltung der Kantonssouveränität ein und beantragte die Schaffung einer schweizerischen Landeshochschule. Er trat als Grossrat zurück, um die Redaktion des «Courrier Suisse» zu übernehmen, übersetzte Johannes von Müllers Geschichte der schweizerischen Eidgenossenschaft ins Französische und setzte sie fort. 1845 entzogen ihm die Radikalen den Lehrstuhl. Er war einige Monate Pfarrer in Montreux, trat Ende 1845 zurück und nahm darauf einen Lehrstuhl für romanische Philologie an der Universität Bonn an, wo er bis zu seinem Tod blieb.

[4] RENGGER ALBRECHT, 1764–1835. Geboren in Gebensdorf als Sohn eines Pfarrers. Theologische Studien, eine Zeitlang Erzieher Fellenbergs, dann medizinische Studien in Göttingen und Pavia 1785–1788. Dr. med., Arzt in Bern 1789–1798, Mitglied der Helvetischen Gesellschaft von 1791 an. Begrüsste anfänglich die Französische

sowie der in der Schweiz naturalisierte Magdeburger Heinrich Zschokke, der es bereits im Jahre 1823 wagte, in einer in Aarau gedruckten Broschüre mit dem Titel «Betrachtung einer grossen Angelegenheit der Eidsgenossenschaft» die Schaffung eines zentralen, mit wesentlichen Befugnissen ausgestatteten «Bundesrathes» zu verlangen. In Bern wirkte Samuel Schnell[5] vor allem als Schöpfer der neuen Zivilrechtskodifikation im rationalen aufklärerischen Sinne. Der bedeutende Aargauer «Helvetiker» Philipp Albert Stapfer indessen hatte sich, vom Gang der politischen Entwicklung enttäuscht, bereits zu Beginn der Mediationszeit definitiv nach Paris begeben. In Basel schliesslich lebte noch immer, allerdings wenig beachtet, Peter Ochs, und in Lausanne war auch Friedrich César Laharpe noch tätig, um nur die wichtigsten zu nennen. Zu diesen «Helvetikern» gesellte sich nach 1815 eine Reihe von meist jüngeren liberalen Theoretikern und Politikern, die sich zum Teil der 1819 gegründeten Studentenverbindung Zofingia, zum Teil der im selben Jahr wiedergegründeten Helveti-

Revolution, ohne aber ihre späteren Exzesse zu billigen. Befürwortete eine durchgreifende politische Reorganisation. 1798 wurde er von Brugg in den erweiterten bernischen Grossen Rat gewählt. Nach dem Umsturz Präsident des obersten helvetischen Gerichtshofs, bald darauf helvetischer Minister des Innern. Als solcher leistete er während der Dauer der Helvetik ausserordentliche Arbeit. Am Staatsstreich vom 7./8. August 1800 beteiligt, nahm er in der Folge lebhaft an der Ausarbeitung der neuen unitarischen Verfassung teil. Nach dem föderalistischen Staatsstreich vom 27./28. Oktober 1801 trat er als Minister zurück, wurde aber bald darauf zum Landammann der Schweiz gewählt. Nach dem neuen unitarischen Staatsstreich vom 17. April 1802 bis zum Sturz der Helvetik war er wieder Minister, lehnte dann die Wahl in die Consulta sowie in den ersten aargauischen Grossen Rat ab, lebte als Arzt in Lausanne bis 1814, arbeitete dort die aargauische Verfassung von 1814 aus, vertrat die Interessen dieses Kantons am Wiener Kongress, wurde 1814 aargauischer Grossrat, war 1815–1820 Mitglied der aargauischen Regierung und zog sich dann ins Privatleben zurück.

[5] SCHNELL LUDWIG SAMUEL, 1775–1849. Geboren in Burgdorf. Stammte aus einer Kaufmannsfamilie und machte eine kaufmännische Lehre im väterlichen Betrieb. Danach absolvierte er ein Notariatspraktikum und bestand 1795 in Bern das Notariatsexamen. 1795–1797 Rechtsstudium in Tübingen. Dr. iur. Ab 1794 Anwaltspraxis und Ratsschreiber in Burgdorf. Briefwechsel mit Lavater. 1798 Heirat mit einer Schwester von Ph. A. Stapfer. 1799–1803 Mitglied des helvetischen Obersten Gerichtshofs als Vorsitzender der Kriminalkammer. 1806–1843 Professor an der Berner Akademie, dann an der Universität für vaterländisches Recht und Schweizer Geschichte. Offene Feindschaft mit seinem Kollegen Prof. Karl Ludwig von Haller, dem Restaurator. Ab 1817 Mitglied der Gesetzesredaktionskommission für ein neues Zivilrecht. Massgeblicher Redaktor des «Gesetzbuches über das gerichtliche Verfahren in Zivilrechtssachen» 1821, das sich am Gemeinen Zivilprozess orientierte, und des «Zivilgesetzbuches» 1824–1830, welches das Allgemeine Bürgerliche Gesetzbuch von 1811 zum Vorbild hatte. Schnell schrieb auch die Kommentare zu diesen zwei neuen Gesetzen. Er beteiligte sich jedoch nicht aktiv an den politischen Umwälzungen der Regeneration, obwohl er Verwandter der Gebrüder Schnell in Burgdorf war. Werke: «Handbuch des Civilpro-

schen Gesellschaft anschlossen. Auch die Mitglieder der Schützenvereine, Sängervereine und anderer nationalpatriotischer kultureller oder wissenschaftlicher Vereinigungen, nicht zuletzt aber die Mitglieder der wieder aufblühenden aufklärerisch-liberalen Lesegesellschaften und der Freimaurerlogen verbreiteten liberales Gedankengut. Zu nennen sind von diesen liberalen Politikern vor allem Charles Monnard und Kasimir Pfyffer[6]. Aus Deutschland (Nassau) waren die beiden Brüder Ludwig[7] und Wilhelm[8] Snell in die Schweiz geflüchtet und

zesses, mit besonderer Hinsicht auf das positive Civilrecht des Kantons Bern» 1810, «Civilgesetzbuch für Stadt und Republik Bern mit Kommentar» (3 Bände) 1825–1831.

[6] PFYFFER KASIMIR VON ALTISHOFEN, 1794–1875. Stammte aus einem adligen Luzerner Geschlecht. Jurastudium in Tübingen und Heidelberg. Ab 1814 Rechtsanwalt in Luzern, 1819–1830 Professor für Staatsrecht und Geschichte am dortigen Lyzeum. Grossrat 1825–1867. 1829/1830 Haupt der liberalen Luzerner Verfassungsrevision. 1831 Gründer des nationalen Schutzvereins. 1831–1841 Präsident des Appellationsgerichts, 1832–1835 Stadtpräsident von Luzern. 1841 Verfassungsrat, darauf in der Opposition. 1848–1863 Nationalrat und Bundesrichter, lehnte 1855 die Wahl zum Bundesrat ab. Oberrichter 1857–1871. Als Gesetzesredaktor verdient um die Verbesserung der Rechtspflege im Kanton Luzern. Führendes Mitglied des Schweizerischen Juristenvereins. Gründer und Verwaltungsrat der späteren Luzerner Kantonalbank. Hauptwerke: «Erläuterung des bürgerlichen Gesetzbuchs des Kantons Luzern» 1832–1851, «Geschichte der Stadt und des Kantons Luzern» 1850/1852, «Das Strafrechtsverfahren des Kantons Luzern» 1865/1866, «Die Staatsverfassungen des Kantons Luzern und die Revisionen derselben» 1869.

[7] SNELL LUDWIG, 1785–1854. Geboren in Idstein bei Nassau. Theologie- und Philosophiestudium, dann Gymnasiallehrer, Rektor und Publizist. Siedelte sich 1827 wegen der in Deutschland stattfindenden Demagogenverfolgungen zunächst in Basel, dann in Zürich an. Beteiligte sich schriftstellerisch an den politischen Reformbewegungen 1831. Bürger von Küsnacht geworden, war er bald einer der einflussreichsten Theoretiker der liberalen und radikalen Politik in der Schweiz. Er formulierte 1830 das Küsnachter-Memorial und das Uster-Memorial, verfasste 1831 den Verfassungsentwurf, leitete 1831–1834 die Redaktion der neuen Zeitung «Der Schweizerische Republikaner». Kurze Zeit Mitglied des Zürcher Grossen Rates. Mitglied der «Helvetia». An der neugegründeten Universität in Zürich erhielt er eine ausserordentliche Professur für Philosophie. 1834–1836 Professor für Staatswissenschaften in Bern. Wurde hier als Führer der «Nationalpartei» von der Regierung zu Unrecht verdächtigt, mit der «Jungen Schweiz» in Verbindung zu stehen. 1836 verhaftet, aber ohne weiteres Verfahren freigelassen. Er trat darauf von seiner Professur zurück, worauf ihn die Berner Regierung des Landes verwies. Erneut trat er in Zürich gegen die antiliberale Volksbewegung von 1839, «Züriputsch», hervor und unterstützte später die Radikalen bei der Klosteraufhebung im Aargau und gegen die Berufung von Jesuiten nach Luzern. Starb mittellos in Küsnacht bei Zürich. Hauptwerke: «Handbuch des schweizerischen Staatsrechts» (2 Bände) 1837/1844, «Beherzigungen bei der Einführung der Pressefreiheit» 1829, «Der Geist der neuen Volksschule in der Schweiz» 1840, «Leitende Gesichtspunkte für eine schweizerische Bundesrevision» 1848.

[8] SNELL WILHELM, 1789–1851. Bruder Ludwigs, von 1820 an als deutscher Flüchtling in der Schweiz. Professor der Rechte in Basel 1821. Unterhielt weiterhin

entfalteten hier als Theoretiker des Liberalismus und dann vor allem des Radikalismus eine bedeutsame Tätigkeit.

Das Wirken dieser zuerst eher im Stillen tätigen liberalen Köpfe hatte noch während der Restaurationszeit erste kleinere politische Folgen. So gelang in den Jahren 1827–1829 in mehreren Kantonen die Abschaffung der Pressezensur. In Appenzell-Innerrhoden wurde 1829 dem einzelnen Bürger wieder das Recht erteilt, an der Landsgemeinde Anträge, welche die Behörden dieser nicht vorlegen wollten, selber vorzubringen und zu begründen. Am bedeutsamsten aber war die im Sommer 1829 in Luzern unter dem Einfluss Kasimir Pfyffers und anderer Liberaler gegen den Willen der Konservativen zustandegekommene Verfassungsänderung: Der Kleine Rat (Regierung) sollte nun aus je acht Mitgliedern aus der Stadt und von der Landschaft sowie drei vom Grossen Rat frei gewählten Mitgliedern bestehen. Damit war wenigstens in der Regierung ungefähre Parität zwischen Stadt und Land hergestellt, wenn sich auch vorerst in der Zusammensetzung des Grossen Rates nichts änderte. Die zweite bedeutsame Änderung in Luzern war die Schaffung eines vom Kleinen Rat vollständig getrennten Appellationsgerichtes, das nun ebenfalls gleichmässig mit Richtern aus Stadt und Landschaft besetzt werden sollte; zudem sollten neu die Appellationsrichter nur mehr auf Amtszeit gewählt werden. Ein Antrag der Liberalen, auch für die Kleinen Räte die lebenslänglichen Amtsdauern abzuschaffen, scheiterte indessen vorerst. Ende 1829 verschaffte sich in Zürich der Grosse Rat durch eine Änderung seines Reglementes das Recht, neben dem Kleinen Rat auch selber Initiativen auf Gesetzgebung zu ergreifen. Schliesslich kam im Waadtland Ende Mai 1830 unter dem Druck der erstarkenden liberalen Opposition und beeinflusst von der im Tessin im Januar 1830 beginnenden Volksbewegung eine Verfassungsänderung zustande, in welcher die Amtsdauer der Mitglieder des Grossen Rates auf sechs Jahre herabgesetzt, der Wahlzensus reduziert und das Recht des Grossen Rates zur Selbstergänzung abgeschafft wurden.

Beziehungen zu seinen liberalen Freunden in Deutschland. 1824 forderte die preussische Regierung vergeblich seine Auslieferung. 1830 beteiligte er sich auf der Seite der Landschaft am Konflikt mit der Stadt Basel, wurde 1833 Professor in Zürich und 1834 in Bern für Römisches Recht und Criminalrecht. Mit seinem Bruder zusammen wirkte er hier in vorderster Reihe in der «Nationalpartei» mit und übte einen starken Einfluss vor allem auf die Jugend aus. Mitglied der «Helvetia». Weil ihn die Regierung als geistigen Miturheber des Freischarenzugs von 1845 ansah, wurde er von seiner Professur abberufen und aus dem Kanton Bern ausgewiesen. Die Ausweisung wurde aber von der neuen radikalen Regierung 1846 aufgehoben. Hauptschrift: «Naturrecht nach den Vorlesungen» 1859.

3. Die Tessiner «Riforma»

Im Kanton Tessin aber wurde noch wenige Wochen vor dem Ausbruch der Pariser Julirevolution eine Gesamtreform der Verfassung zum Abschluss gebracht, mit welcher die wichtigsten Forderungen der liberalen Regeneration verwirklicht wurden. Als Ausgangspunkt für diese Verfassungsreform diente die verhältnismässig liberale und demokratische Tessiner Restaurationsverfassung. Das autokratische, freiheitsfeindliche Wirken der ultrakonservativen Restaurationsregierung einerseits, die rührige schriftstellerische Tätigkeit von jungen Liberalen, vor allem von Stefano Franscini[9] anderseits brachte diesen frühen Erfolg der Tessiner Liberalen. Franscini hatte Anfang 1830 in Zürich anonym die Schrift «Della riforma della costituzione ticinese» drucken und im Tessin verbreiten lassen. Sie leitete eine Bewegung ein, die in kurzer Zeit zum Sturz der konservativen Restaurationsregierung und zur Schaffung der Tessiner Verfassung vom 4. Juli 1830, der «Riforma», führen sollte – eigentlich der ersten schweizerischen Regenerationsverfassung. Der atypisch frühe Zeitpunkt der Tessiner «Riforma» zeigt, dass sowohl die Theorie des Liberalismus als auch die politische Situation während der Restaurationsperiode so reifen konnten, dass bereits zu diesem frühen Zeitpunkt und innert weniger Monate der politische und verfassungsrechtliche Umschwung vollzogen werden konnte.

4. Die Pariser Julirevolution

Die Pariser Julirevolution, beginnend am 26. Juli, veränderte dann den europäischen und schweizerischen «Zeitgeist» so stark, dass eine breite Verfassungsbewegung ausgelöst wurde. Frankreich löste nun schlagartig die östlichen und nördlichen europäischen Staaten in ihrer während der Restauration innegehabten Rolle als

---

[9] FRANSCINI STEFANO, 1796–1857. Geboren in Bodio. 1819–1823 Lehrer in Mailand, 1823 in Bodio. Leitete 1826–1829 ein Institut in Lugano. Einer der wichtigsten Schöpfer der neuen Tessiner Verfassung von 1830. Gegner des sogenannten Landammannsystems. Mitglied des Tessiner Grossen Rats 1830–1839, Staatsschreiber 1830–1837, 1845–1847, Staatsrat 1837–1846 und 1847–1848. Er nahm an der Revolution von 1839 teil und wurde zum Präsidenten der neuen Regierung ernannt. Mitglied der Tagsatzung 1841, 1843, 1845; einer der eidgenössischen Kommissäre im Wallis nach dem Sonderbund und Mitglied des ersten Nationalrats. 1848 Wahl zum Bundesrat. Publikationen: «Della Riforma della Costituzione ticinese» 1829, «L'opuscolo della Riforma della Costituzione difeso dal suo autore» 1830.

aussenpolitische Leitmächte der Schweiz ab. Man muss aber annehmen, dass sich in den schweizerischen Kantonen eine staatsrechtliche Erneuerung auch ohne die Julirevolution Bahn gebrochen hätte, jedoch wohl später, im Ablauf bedeutend langsamer und weniger «konzertiert».

Die Julirevolution war durch die vier berüchtigten, am 26. Juli 1830 von König Charles X.[10] erlassenen Verordnungen ausgelöst worden. Durch diese Verordnungen wären die Pressefreiheit aufgehoben, die soeben gewählte mehrheitlich liberale Kammer aufgelöst, das Zensuswahlrecht zugunsten der Grossgrundbesitzer verschärft und die geheime Stimmabgabe abgeschafft worden. Der Aufstand des Volkes unter Führung der liberalen Kräfte war nach kurzen Strassenkämpfen am 29. Juli zu ihren Gunsten entschieden. König Charles X. musste abdanken. Die Kammern schufen in Abänderung der «Charte Constitutionnelle» von 1814 die liberalere «Charte Constitutionnelle» vom 14. August 1830[11] und proklamierten Louis Philippe von Orléans[12] zum «König der Franzosen» («Roi des Français»). Während die Charte von 1814 noch einseitig vom «König von Frankreich» («Roi de France») erlassen worden war, bedeutete nun die Proklamation Louis-Philippes zum Bürgerkönig und dessen Verpflichtung, auf die von den Kammern erlassene Verfassung einen Treueeid abzulegen, den Bruch mit dem monarchischen Legitimätsprinzip und die mittelbare Anerkennung des Grundsatzes der Volkssouveränität. Dies kam äusserlich durch die Erhebung der revolutionären Trikolore zur

[10] KARL X. VON FRANKREICH, 1757–1836. Bruder von Ludwig XVI. und Ludwig XVIII., vor und während der Revolution Verfechter der Privilegien des Adels, 1789 einer der ersten Emigranten, Teilnahme an der Gegenrevolution und am Aufstand in der Vendée. Zugehörigkeit zu den Freimaurern umstritten. 1814 Rückkehr zusammen mit seinem Bruder Ludwig XVIII. aus dem Exil. Zum Generalleutnant des Königreichs ernannt. 1820 Ermordung seines Sohnes Charles Ferdinand, Duc de Berry. 1824 nach dem Tod von Ludwig XVIII. König von Frankreich. Versuchte Rückkehr zum Ancien Régime, grosszügige Entschädigung der adligen Emigranten: «le milliard des émigrés». Nach der Julirevolution dankte Karl X. 1830 zugunsten seines Enkels, Henri Comte de Chambord, ab und ging ins Exil nach Österreich.

[11] DUVERGER MAURICE, Constitutions et documents politiques (1981), S. 133 ff.

[12] LOUIS PHILIPPE VON ORLEANS, König von Frankreich, 1773–1850. Stammte aus einer Nebenlinie der Bourbonen. Während der Revolution von 1789 Verfechter der revolutionären Ideen, 1790 Mitglied des Jakobinerklubs, Oberst der Revolutionstruppen in Paris. Trotzdem 1793 Flucht ins Ausland, 1814 Rückkehr nach Frankreich und Wiederinbesitznahme des riesigen Familienbesitzes der Orléans. Politische Laufbahn als Liberaler, Pair de France. 1830 nach der Julirevolution, dem Sturz von Charles X. und der Revision der Charte constitutionnelle von 1814 zum König gekrönt. Anfänglich liberale Herrschaft als Bürgerkönig. Nach der Revolution von 1848 dankte Louis-Philippe ab und ging ins Exil nach Claremont, England, wo er starb.

Nationalflagge zum Ausdruck. Die revidierte «Charte» stand zwar inhaltlich und systematisch hinter den Menschenrechtserklärungen und Verfassungen der Revolutionszeit weit zurück; die politischen Auswirkungen der Julirevolution waren weit grösser gewesen als die verfassungsrechtlichen. Die «Charte» garantierte jedoch immerhin die folgenden Rechte: Recht auf Gleichheit vor dem Gesetze und auf gleichen Zugang zu öffentlichen zivilen und militärischen Stellen, persönliche Freiheit und insbesondere Schutz vor nicht gesetzmässiger Verhaftung, Religionsfreiheit und Schutz des Kultus, Meinungsäusserungs- und Pressefreiheit sowie Schutz des Eigentums und Garantie auf vorgängige Entschädigung bei Enteignung. Die katholische Religion gilt nicht mehr als Religion des Staates, die Einführung der Pressezensur ist untersagt, das Verordnungsrecht des Königs wird auf den reinen Gesetzesvollzug beschränkt, und «niemals darf dieser die Gesetze suspendieren». Die gesetzgebenden Kammern erhalten das Recht zur Gesetzesinitiative, und ihre Sitzungen sind öffentlich. Die Regierung muss das Vertrauen der Abgeordnetenkammer und des Königs haben; dieses doppelte Vertrauenserfordernis bedeutete ein halbparlamentarisches Regierungssystem. Das Wählbarkeitsalter wird auf 30 Jahre herabgesetzt und die Abschaffung des Wahlzensus «ermöglicht» – aber dann bis 1848 doch nicht durchgeführt. Zu den eigentlichen individuellen Menschenrechten der «Charte» kommen noch Justizgrundsätze, die ebenfalls dem Schutz des einzelnen dienen, so namentlich der Grundsatz der Unabsetzbarkeit der Richter, das Verbot, jemanden seinem «natürlichen», das heisst verfassungsmässigen Richter zu entziehen, das Verbot der Schaffung von Ausnahmegerichten, die Öffentlichkeit der Verhandlungen der Gerichte in Strafsachen, das Verbot der Strafe der Güterkonfiskation und eine Garantie der Beibehaltung bestehender Geschworenengerichte und Handelsgerichte. Es versteht sich, dass die «Charte» vom Bestehen des Petitionsrechts ausgeht; dieses ist darin auch erwähnt, allerdings im Abschnitt über die Deputiertenkammer. Diese in der «Charte» von 1830 verankerten individuellen Rechte werden dann teilweise und in mehr oder weniger starker Veränderung in die kantonalen Regenerationsverfassungen übernommen.

5. Auswirkungen

Die Pariser Julirevolution hatte bedeutsame Wirkungen auf das übrige Europa. In einigen Staaten führte ihr Vorbild zu Aufständen liberaler Kräfte, die aber zumeist von den reaktionären Machthabern niedergeschlagen wurden, so namentlich der Aufstand der Polen durch Russland und jene in italienischen Einzelstaaten durch Österreich. In einigen deutschen Einzelstaaten sahen sich die Fürsten wegen des durch die Julirevolution erzeugten politisch-psychologischen Druckes zu Konzessionen genötigt und erliessen, allerdings aus eigener Machtvollkommenheit, also ohne das monarchische Legitimitätsprinzip aufzugeben, konstitutionell-repräsentative Verfassungen. Nur in zwei Nachbarländern Frankreichs, nämlich in den schweizerischen Regenerationskantonen sowie im industrialisierten Belgien, das sich nun von den Niederlanden löste, gelangen Verfassungsneuschöpfungen, die sich durch formelle Anerkennung des Grundsatzes der Volkssouveränität auszeichneten. Diese Neuerungen vollzogen sich, anders als in der Helvetik und in der Mediationszeit, ohne politischen Druck Frankreichs, denn die neue Regierung und der König bekannten sich zum Grundsatz der Nichtintervention im Ausland.

6. Die Bewegung in der Schweiz und die Haltung der Behörden

Die von der Julirevolution ausgelöste Bewegung verlief in den elf Regenerationskantonen Zürich, Bern, Luzern, Freiburg, Solothurn, Basel, Schaffhausen, St. Gallen, Aargau, Thurgau und Waadt meist nach demselben Muster [13]: Kaum hatte sich die Freude der liberalen Kräfte über den Umschwung in Frankreich etwas gelegt und die konservativen Kreise sich vom ersten Schrecken einigermassen erholt, setzten die Liberalen die Druckerpressen in Gang. Überall wurden durch liberale Führer verfasste Broschüren, Flugblätter, Denkschriften, oft «Memoriale» genannte Forderungskataloge verbreitet. Diese Forderungen ergingen äusserlich in höflichem, teilweise noch untertänigem Ton, wie etwa das «Burgdorfer Memorial» zeigt. Die darin enthaltenen Änderungswünsche wurden in der Regel einzeln begründet, zum Teil unter Berufung auf Freiheiten, welche zur Zeit der Helvetik bestanden hatten, zum Teil unter Hinweis auf einzelne, nicht eingehaltene Bestimmungen der Restaurationsverfassungen der Kantone. Was das wohl kardinale politische Problem betraf, nämlich die Untervertretung der Landschaft gegenüber den Hauptstädten in den Grossen Räten, berief man sich nicht nur auf das

---

[13] BLUM ROGER, Für Volkssouveränität und Fortschritt (1983).

Vertretungsverhältnis in der Helvetik, das sich nach der Kopfzahl gerichtet hatte, sondern zuweilen auch auf Artikel 3 der Mediationsakte, wonach es in der Schweiz «weder Unterthanenlande, noch Vorrechte der Orte, der Geburt, der Personen oder Familien» mehr gebe.

Diese vom Spätsommer 1830 an verteilten Broschüren, Flugblätter und Memoriale schufen auf der Landschaft einen Erwartungsdruck für Reformen. Zumeist wurden aber die Hoffnungen der Landbürger auf rasche, durchgreifende Änderungen enttäuscht, indem die herrschenden Regierungen zunächst nur in untergeordneten oder in Einzelpunkten etwas nachgaben – manchmal eine Kommission zur genaueren Prüfung der Reformwünsche einsetzend. Die herrschenden altgesinnten Kräfte wollten zuerst auch vermeiden, durch eine offizielle Aufforderung an das Volk, in Petitionen seine Beschwerden kundzutun, zu viele Wünsche zu wecken. Dies «wäre gefährlich», wurde im St. Galler Grossen Rat gesagt, und das damit begründet, die Kommission «müsste durch Folianten schriftlicher Eingaben nur in Verwirrung kommen»![14] Man setzte auch alles daran, die Bewegung noch steuern zu können. Es bedürfe «eines ausgearbeiteten, redigierten Entwurfes einer förmlichen Verfassung. Befriedige man sich nicht mit schwankenden Beruhigungen, sonst dürfte die Sache gleichwohl, wie im Thurgau, von unten heraufkommen», wurde warnend gesagt. «Die Kommission solle den Entwurf dem Kleinen und dieser dem Grossen Rat zustellen, und zwar zeitlich. Das Volk soll belehrt werden, und es ist belehrbar», wurde in der gleichen Sitzung des Grossen Rates ausgeführt. Und am folgenden Tag wurde noch eingewendet, «man solle von keinem neuen Entwurfe reden», sondern nur von «Abänderung», «Durchsicht» oder «Verbesserung» – auch dies im Bestreben, im Volke nicht zu hohe Erwartungen zu wecken[15].

Infolge dieser geringen Änderungsbereitschaft der Regierenden sahen sich dann gegen Ende des Jahres 1830 die liberalen Führer veranlasst, stärkere Mittel einzusetzen. Es wurden zu diesem Zwecke überall nach etwa gleichem Muster in Landorten grössere Volksversammlungen durchgeführt und dabei die von den liberalen Lenkern formulierten Verfassungspostulate zum Beschluss erhoben. Den Anfang machte der Thurgau mit einer am 22. Oktober 1830 in Weinfelden abgehaltenen Volksversammlung, dann folgten die Volksversammlungen im aargauischen Wohlenschwil am 7. November 1830, diejenige im luzernischen Sursee am 21. November 1830, in Zürich die von

---

[14] Verhandlungen vom 9. November 1830.
[15] Verhandlungen vom 10. November 1830.

ungefähr 10 000 Männern besuchte Versammlung von Uster am 22. November 1830; es folgten in St. Gallen im Dezember 1830 die Volksversammlungen von Altstätten, Wattwil und St. Gallenkappel. In der Waadt strömten am 17. Dezember 1830 Tausende vom Land in die Hauptstadt, Solothurn führte am 22. Dezember 1830 in Balsthal einen «Volkstag» durch, Basel am 4. Januar 1831 in Liestal, während am 10. Januar 1831 im damals volksreichsten Kanton, Bern, die verhältnismässig schwach besuchte Volksversammlung von Münsingen die Einsetzung eines Verfassungsrates und liberale Reformen verlangte[16]. Die Regierungen und Grossen Räte gaben diesem Druck nun mehr oder weniger rasch nach, nachdem es in einigen Kantonen auch zu gewaltsamen, bewaffneten Aktionen gekommen war; solche Aktionen geschahen namentlich in Freiburg, Schaffhausen, Aargau und Waadt; sie verliefen indessen glimpflich und forderten keine Menschenleben.

7. Einsetzung verfassungsgebender Räte und Annahme neuer Verfassungen

Schon Ende 1830 oder zu Beginn des Jahres 1831 wurde in mehreren Kantonen entweder ein spezieller Verfassungsrat gewählt, so im Aargau, in Bern, St. Gallen, Luzern, Freiburg, Waadt, Schaffhausen, oder es wurde eine Neuwahl des Grossen Rates als Konstituante vorgenommen, so in Zürich und Thurgau. Lediglich im Kanton Solothurn nahm der bestehende Grosse Rat die Verfassungsrevision vor. Die in den Kantonen von den alten Grossen Räten erlassenen Dekrete zur Vornahme von Verfassungsrevisionen und Einsetzung von Verfassungsräten oder verfassungsgebenden Grossen Räten sowie deren Zusammensetzung und Wahlart waren durch das bestehende Verfassungsrecht nicht gedeckt, denn die meisten Restaurationsverfassungen sahen gar keine Verfassungsänderung vor. Es handelte sich also bei diesen Dekreten um revolutionäre Akte, die man naturrechtlich begründete. Die Kontinuität bestand einzig darin, dass diese Dekrete noch von den nach altem Recht bestellten Grossen Räten verabschiedet wurden. Zum Teil verfuhr man bei der Festsetzung von Zusammensetzung und Wahlart der verfassungsgebenden Räte recht willkürlich, so etwa in Luzern, wo festgelegt wurde, dass 20 namentlich genannte Mitglieder des bisherigen Grossen Rates ohne Volkswahl im Verfassungsrat sitzen sollten[17] – ein Umstand, der den Liberalen die

---

[16] Verhandlungen vom 10. Januar 1831.
[17] Dekret vom 10. Christmonat 1830.

entscheidende Mehrheit gegenüber den Konservativen geben sollte[18] und der vom Führer der bäuerlichen Demokraten, Leu[19], sehr wohl erkannt wurde. Auch die in der Folge neugewählten verfassungsgebenden Räte begründeten ihre Existenz und ihre Aufgabe naturrechtlich, so etwa in Freiburg ausdrücklich damit, es seien die «Grundsätze des Gesellschaftsvertrages festzusetzen» und dessen Hauptstützen, die «Freiheit» und die «öffentliche Ordnung», zu sichern[20]. Die gering gewordene Legitimität der Restaurationsordnung, das gesellschaftliche und wirtschaftliche Gewicht der liberalen Führer und die in den Versammlungen zutage getretene Volksstimmung machten ein solches Vorgehen möglich. Die in fast allen Kantonen durchgeführten Volksabstimmungen über die neuen Verfassungen beendeten die revolutionäre Phase insofern, als die Verfassungen mit einer neu verstandenen Legitimitätsgrundlage, der Volkssouveränität, ausgestattet wurden.

Rasch hatte die eidgenössische Tagsatzung reagiert: Es lag zwar zutage, dass die in den Regenerationskantonen erhobenen liberalen Forderungen staatsrechtlich mit den Prinzipien des geltenden Bundesvertrages nur schwer zu vereinbaren waren; dieser musste also bei deren fortschreitender Verwirklichung in den Kantonen allmählich «unterspült» werden. Dennoch beschloss die Tagsatzung schon am 27. Dezember 1830, in den Kantonen nicht zu intervenieren, ihnen also in der Gestaltung ihrer Verfassungen weitgehende Freiheit zu lassen: «Die Tagsatzung huldigt einmütig dem Grundsatz, dass es jedem eidgenössischen Stand, kraft seiner Souveränität, freistehe, die von ihm notwendig und zweckmässig erachteten Abänderungen in der Kantonsverfassung vorzunehmen, sobald dieselben

---

[18] Nick Konrad, Kasimir Pfyffer und die Luzerner Verfassungspolitik in den Jahren 1827–1841 (1955), S. 113.

[19] Leu Joseph (von Ebersoll), 1800–1845. Landwirt aus wohlhabender Bauernfamilie in Ebersoll bei Hochdorf, Kanton Luzern. Katholischer Demokrat, herausragender bäuerlicher Politiker. Gegner der Schaffung eines schweizerischen Bundesstaats. Mithilfe bei der Errichtung des Schwesterninstituts in Baldegg 1830 und des Jesuitenkollegiums in Schwyz 1836. Mitglied des Luzerner Verfassungsrats von 1830, Grossrat 1831/1832, dann wegen Widerstandes gegen den Beitritt Luzerns zum Siebnerkonkordat aus dem Grossen Rat ausgeschlossen. Wiederum Grossrat 1835–1841. Er beantragte 1839 im Grossen Rat erfolglos den Austritt Luzerns aus dem Siebnerkonkordat. Mitglied des Verfassungsrats von 1841, danach Grossrat und Erziehungsrat. Seine Anträge, die 1773 von Papst Klemens XIV. aus Luzern als Lehrer abberufenen Jesuiten an die höheren Luzerner Schulen zurückzuberufen, unterlagen zwar 1839 und 1842 im Grossen Rat, wurden aber im Herbst 1844 angenommen. 1845 kurz nach dem Zweiten Freischarenzug von einem gedungenen Mörder im Bett ermordet.

[20] Proklamation der constituierenden Versammlung vom 17. Jenner 1831.

dem Bundesvertrage nicht zuwider sind. Es wird sich demnach die Tagsatzung auf keine Weise in solche, bereits vollbrachte oder noch vorzunehmende, konstitutionelle Reformen einmischen.» Die Tagsatzung beschloss weiter, sie stehe «in der Überzeugung, dass der im Artikel IV der Bundesakte bezeichnete Fall eines eidgenössischen Einschreitens nicht vorhanden sei, sie gibt sich auch der zuversichtlichen Hoffnung hin, dass die Verfassungsarbeiten in den einzelnen Kantonen auf gesetzlichem Wege und ohne Gefährdung der öffentlichen Ruhe ... zu Ende geführt werden ...»

Nach dem massiven Erwartungsdruck von seiten des Volkes Ende 1830 forderten die Verfassungsräte oder die neugewählten Grossen Räte nun in den meisten Kantonen die Bürger doch auf, ihre Wünsche in Petitionen schriftlich mitzuteilen, soweit solche nicht schon vorher geäussert worden waren. Zahlreiche handgeschriebene oder gedruckte Petitionen, Broschüren, volkstümliche Darlegungen, aber auch einige vollständige Verfassungsentwürfe gingen bei den Revisionsbehörden ein und kursierten in Wirtschaften, Haushaltungen, geselligen und politischen Zusammenkünften.

In der Folge erarbeiteten die Konstituanten neue Verfassungen in mehr oder weniger liberalem Sinne. In allen Kantonen ausser Freiburg wurden die neuen Verfassungen den stimmberechtigten Männern zur Abstimmung vorgelegt. Die in der Helvetik erstmals verwirklichte, aus der Volkssouveränität fliessende Forderung, wonach das Volk als «pouvoir constituant» sich selbst die Verfassung geben dürfe, setzte sich nun fast überall durch, nachdem bereits die Tessiner «Riforma» dem Volk zur Abstimmung unterbreitet und von ihm gebilligt worden war. In den Kantonen Zürich, Bern, Thurgau, Solothurn, Aargau und Waadt wurden die neuen Verfassungen vom Volk mit grossen, zum Teil riesigen Mehrheiten angenommen; in Schaffhausen kam erst im zweiten Anlauf eine klare Mehrheit zustande, nachdem der erste Entwurf knapp verworfen worden war. Diese genannten Kantone bildeten, einschliesslich des überwiegend katholischen Solothurn, auch für die Zukunft die «sicheren» Regenerationskantone; die freisinnige absolute Mehrheit war hier für lange Zeit fest verankert. Im katholischen Kanton Luzern wurde hingegen die Regenerationsverfassung nur im Verhältnis zwei zu eins angenommen. Und im konfessionell gemischten Kanton St. Gallen wurde die neue Verfassung mit 11 091 gegen 9190 Stimmen abgelehnt. Weil man jedoch die über 12 000 Nichtstimmenden nach dem in der Helvetik erstmals praktizierten «Vetoprinzip» als Ja-Stimmen zählte, ergab sich auch dort eine «Annahme» der Verfassung, ein Vorgehen, das auch im Berner Verfassungsrat beantragt wurde, jedoch mit der Begründung, es sei eine «illegale Fiktion», abgelehnt wurde[21]. Die beiden Kantone Luzern und St. Gallen können zusammen mit Freiburg nicht dauernd zu den Regenerationskantonen gezählt werden; Freiburg und Luzern sollten bald ins konservative Lager übergehen, St. Gallen schwankte, und auch im Kanton Tessin hatten die Liberalen eine labile Position. Es zeigte sich also schon damals, dass der Liberalismus mit Ausnahme von Solothurn in keinem der überwiegend katholischen Kantone eine dauernd stabile Volksmehrheit fand. Die Abstimmungsergebnisse über die Regenerationsverfassungen – meistenorts die ersten rein kantonalen Sachabstimmungen – geben ein recht signifikantes Bild der politischen Struktur dieser Kantone, und es sind deutliche Parallelen zur Abstimmung über die zweite Helvetische Verfassung festzustellen.

8. Schwierigkeiten, Bewegungslosigkeit

Im «Problemkanton» *Basel* war zwar Anfang 1831 mit guter Mehrheit eine neue Verfassung mit einigen liberalen Bestimmungen in der Volksabstimmung angenommen worden; in der entscheidenden Frage aber, dem Vertretungsverhältnis der Landschaft im Grossen Rat, waren dieser nur 79 Sitze, der Stadt aber 75 Sitze zugestanden worden, obwohl die Landschaft mit ungefähr 40 000 Einwohnern eine mehr als doppelt so grosse Bevölkerungszahl aufwies als die Stadt mit ungefähr 18 000. Die Tagsatzung gewährleistete zwar diese Verfassung noch mit knappstem Stimmenverhältnis; sie kam aber faktisch nicht zur Anwendung, weil wegen dieses Vertretungsverhältnisses ein zweijähriger Bürgerkrieg ausbrach, der mit der Kantonstrennung endete. Baselland sollte nach der Trennung ein Regenerationskanton radikaler Richtung werden, während die Stadt in der Tagsatzung zu den konservativen Ständen stiess.

In *Schwyz*, dem zweiten Problemkanton, besassen die äusseren Bezirke, die zusammen eine grössere Bevölkerungszahl als der Bezirk Schwyz hatten, seit der Restauration nur 36 Landratssitze, während sich der letztere unter dem Einfluss des Landpatriziates deren 60 vorbehalten hatte. Die grosse Volksversammlung von Lachen am 6. Januar 1831 verlangte eine der Rechtsgleichheit entsprechende Vertretung unter gleichzeitiger Drohung der Bildung eines eigenen Kantons, wie er bereits 1814 vorübergehend bestanden hatte.

---

[21] Verhandlungen vom 1. Juli 1831.

Weil die altgesinnten innerschwyzerischen Kräfte in dieser kardinalen Machtfrage trotz Vermittlung der Tagsatzung nicht nachgaben, kam es am 27. April 1832 zur Bildung eines Kantons Schwyz «äusseres Land», allerdings ohne Wollerau und Gersau. Und am 6. Mai 1832 nahm eine wiederum in Lachen tagende Landsgemeinde eine nach liberalen Grundsätzen gestaltete Verfassung[22] an, die von der Tagsatzung mit knappstem Mehr genehmigt wurde. Auch hier kam es in der Folge wie in Basel zu bürgerkriegsähnlichen Auseinandersetzungen, so dass die Tagsatzung am 1. August 1833 den Kanton mit eidgenössischen Truppen besetzen liess und durch anschliessende Vermittlung am 28. August 1833 eine Einigung zwischen den Parteien erzielte, womit – im Gegensatz zu Basel – die Trennung rückgängig gemacht werden konnte. Am 11. Oktober 1833 wurde von allen Bezirkslandsgemeinden eine Landsgemeindeverfassung mit recht zahlreichen liberalen Elementen angenommen, so insbesondere der Rechtsgleichheit, der persönlichen Freiheit, der Meinungsäusserungsfreiheit, der Handels- und Gewerbefreiheit und einer Pflicht des Staates, «für die Bildung des Volkes» zu sorgen[23]. Im Sinne eines Entgegenkommens an Ausserschwyz wurde die Landsgemeinde von Schwyz nach Rothenturm verlegt. Ludwig Snell hat diese Verfassung als «modern» gelobt, als ihre «Hauptgebrechen» aber treffend die «Überladung mit Behörden» sowie den «Mangel einer rechten organischen Verbindung und Unterordnung der Bezirke unter die Kantonalgewalten» bezeichnet[24]. Schwyz zählte aber fortan politisch nicht zu den Regenerationskantonen.

Im Kanton und zugleich preussischen Fürstentum *Neuenburg* erreichten die liberalen Kräfte, die «Republikaner», im Juni 1831 beim preussischen König eine Änderung des Reglementes über Zusammensetzung und Wahlart der gesetzgebenden Versammlung (corps législatif). Danach wären 78 von 88 Abgeordneten in direkter Volkswahl erkoren und nur noch 10 vom König ernannt worden. Die Republikaner waren aber damit und mit einigen wenigen zusätzlichen liberalen Entgegenkommen nicht zufrieden. Sie besetzten daher das Schloss, den Sitz des Gouverneurs, und bildeten am 12. September 1831 eine provisorische Regierung, die sich aber nicht halten konnte, nachdem die Tagsatzung gegen sie eingeschritten war. Ein zweiter

---

[22] BORNHAUSER THOMAS, Verfassungen der Kantone der Schweizerischen Eidgenossenschaft (1833), S. 95 ff.

[23] Art. 16.

[24] SNELL LUDWIG, Handbuch des Schweizerischen Staatsrechts II (1844), S. 174.

224

Aufstand der Republikaner wurde gewaltsam unterdrückt und die Urheber schwer bestraft. In der Folge kam es zu verschiedenen weiteren Akten, jetzt von seiten der Royalisten, welche unter anderem im gesetzgebenden Rat einen Beschluss auf Trennung Neuenburgs von der Eidgenossenschaft bewirkten. Der preussische König genehmigte indessen den Trennungsbeschluss mit Rücksicht auf die Wiener Kongressakte nicht. So blieb Neuenburg unter Beibehaltung seiner staats- und völkerrechtlichen Zwitterstellung bei der Eidgenossenschaft; eine Klärung sollte erst 1857 erreicht werden.

Im Kanton *Wallis*, wo die deutschsprachigen oberen Zehnen trotz geringerer Bevölkerungszahl gegenüber den französischsprachigen unteren Zehnen eine stärkere Vertretung im Landrat besassen, konnten die liberalen Kräfte im unteren Wallis vorläufig noch nichts erreichen; ab 1833 brachen dann Aufstände und, wie in Basel und Schwyz, harte, auch militärische Kämpfe aus, die mit dem Sieg der Unterwalliser endeten und zur allerdings kurzlebigen liberalen Verfassung von 1839 führten.

In den fast rein agrarischen und katholischen Landsgemeindekantonen *Uri, Obwalden, Nidwalden* und *Appenzell-Innerrhoden* hatte die liberale Bewegung, ebenso wie im föderativ-demokratischen *Graubünden*, beinahe keine Auswirkungen. Im protestantischen Kanton *Appenzell-Ausserrhoden*, wo sich neben der Landwirtschaft eine Heim-Textilindustrie entwickelt hatte, wurden unter dem Einfluss liberaler Kräfte und mit Unterstützung durch die «Appenzeller Zeitung» zwar einige liberale Reformen angestrebt, jedoch von der Landsgemeinde abgelehnt. Im Kanton *Zug*, der zu jener Zeit, abgesehen von etwas Papierindustrie, ebenfalls noch weitgehend agrarisch war, kam es trotz der Nähe zu Zürich und der liberalen Haltung des Landammanns Sidler[25] ebenfalls zu keinen nennenswerten liberalen Regungen. Im mehrheitlich protestantischen, aber eine starke katholische Minderheit besitzenden, schon recht stark industrialisierten Kanton *Glarus* hatte die Landsgemeinde bereits 1829 die Geltung der

[25] SIDLER GEORG JOSEF, 1782–1861. Geboren in Zug als Sohn eines Zuger Offiziers in fremden Diensten, Tessiner Landvogtes und Politikers. Als Siebzehnjähriger wurde Sidler Sekretär der Verwaltungskammer des Helvetischen Kantons Waldstätte. Anschliessend juristische und mathematische Studien in Salzburg und Wien. Von 1809 an Mitglied des Zuger Rates, dann Kantonsstatthalter und bis 1832 periodisch Landammann von Zug. Als regelmässiger Tagsatzungsabgesandter von Zug wurde er Mitglied der Kommission «Rossi», welche die Bundesurkunde von 1832 ausarbeitete. Zug lehnte letztere jedoch ab, und Sidler wurde nicht mehr als Landammann gewählt. Ab 1839 in Zürich wohnhaft, wurde Sidler Zürcher Grossrat und von 1848 bis zu seinem Tod Zürcher Nationalrat, fünfmal als dessen Alterspräsident.

Pressefreiheit beschlossen. Nach dem Sommer 1830 kam es zwar vorerst noch zu keiner liberalen Verfassungsreform, jedoch zu einigen Reformen auf Gesetzesstufe in diesem Sinne. Sechs Jahre später, 1836, nahm dann die Landsgemeinde unter Widerstreben der katholischen Minderheit eine neue, vollständig revidierte Verfassung[26] an, welche inhaltlich und formal zu einer der besten neuen Verfassungen zählen darf. Dabei wurden die konfessionell zweigeteilte Landsgemeinde zu einer einzigen und die getrennten vollziehenden und richterlichen Behörden ebenfalls vereinigt. Bemerkenswert an der neuen Verfassung sind die Trennung der drei Gewalten, die zahlreichen Freiheitsrechte, darunter die Handels-und Gewerbefreiheit, die Glaubens- und Gewissensfreiheit sowie die Zuerkennung grosser Autonomie an die Gemeinden. Das gesamte Schulwesen wird unter staatliche Aufsicht gestellt. Glarus hat damit ebenfalls eine Regeneration im liberalen Sinne durchgeführt – unter Beibehaltung der Landsgemeinde! Die erneute Änderung der Verfassung im Jahr 1842 brachte dann nur noch unwesentliche Neuerungen.

Im Stadtkanton *Genf,* der infolge Einwanderung und wegen des Einbezugs savoyischer Dörfer zu zwei Fünfteln katholisch war, blieben nach der französischen Julirevolution grössere Bewegungen aus, obschon Genf zu jener Zeit bereits verhältnismässig stark industrialisiert war und eine blühende Uhren-, Textil- und Chemieindustrie, ein beachtliches Bankgewerbe und bedeutende Druckereien sowie zahlreiche Handelshäuser besass. Der Grund für die dortige eher atypische Ruhe – wenn man mit den Ereignissen nach 1789 vergleicht – ist bei der relativ konstruktiven konservativen Regierung zu suchen, die seit 1825 amtete. Sie führte sukzessive liberale Reformen in «homöopathischen Dosen» (Snell) durch und konnte so vorläufig einen politischen Stau mit plötzlichem Durchbruch verhindern. Auch wenn der «Conseil général», die Bürgerversammlung, weiterhin aufgehoben blieb, bestand in Genf keine ultrakonservative Aristokratie wie in anderen Städtekantonen, sondern eine von der gebildeten protestantischen Elite getragene «Autokratie der Kultur»[27]. Erst zehn Jahre später, nämlich 1841, sollte es in Genf zu einer ersten Volksbewegung kommen.

---

[26] *Quellenbuch* S. 327 ff.
[27] SNELL (Anm. 24), S. 793.

11. KAPITEL:
TREIBENDE KRÄFTE UND WIRKSAME
THEORIEN DER REGENERATION [1]

1. Politische und wirtschaftliche Kräfte

Wenn auch die Regenerationsbewegung durch die Pariser Julirevolution politisch ausgelöst wurde und letztere insbesondere den
Zeitpunkt des Veränderungsschubes bestimmte, so lag ihr eigentlicher Nährgrund tiefer und in den Kantonen selber. Die wirtschaftliche und soziale Entwicklung war nämlich nun so weit gediehen, dass
sich Veränderungen in der staatlichen Machtstruktur und damit breit
angelegte Verfassungsänderungen aufdrängten. Die in der Restauration noch einmal an die Macht gelangte Aristokratie hatte ihre führende Stellung als Trägerin der menschlichen Wertschöpfung, also
der volkswirtschaftlichen Produktivkraft, in einem schon im 17. Jahrhundert beginnenden Prozess immer stärker eingebüsst. Bodennut-
zung, Solddienst und städtisches Handwerk waren nicht mehr allein
massgebende Faktoren der Wertschöpfung. Die Aufklärung hatte
durch ihre gedankliche Überwindung des Faktischen und durch die
dadurch ermöglichten neuen Erkenntnisse über Materie und Geist
neue Möglichkeiten der menschlichen Wertschöpfung eröffnet. Auf
der einen Seite wurden durch diesen zunächst geistigen Vorgang die
Naturwissenschaften und die Technik vorangebracht und dadurch
die industrielle Erzeugung und Verarbeitung von Gütern ermöglicht.
Die damit verbundene wirtschaftliche Prosperität verhalf auch Kauf-
leuten und Gewerbetreibenden wie Wirten, Metzgern und Müllern,
aber auch Grossbauern zu Geld und Ansehen und weckte gleichzeitig
den Wunsch nach politischer Selbstbestimmung. Auf der anderen
Seite konnten der freie Geist und die Erkenntnisse der Naturwissenschaften in immer stärkerem Masse für die Lösung alter und neuer
Probleme des täglichen Lebens fruchtbar gemacht werden. Daraus
erwuchsen mit neuen Methoden oder in neuem Geist arbeitende
gewinnbringende Berufe wie jene der Industriellen, Ärzte, Apotheker,
Advokaten, Journalisten, Professoren, Privatlehrer sowie Verleger.
Diese neuen Funktionen wurden nun meist nicht von den Angehöri-

---

[1] Siehe die am Anfang des V. Teils sowie des 12. Kapitels angeführten Quellen-
und Literaturangaben.

gen der bisher regierenden Kreise versehen. Diese beschränkten sich, so etwa in Bern, überwiegend auf die Bewahrung und Verwaltung ihrer ererbten Güter und der ebenfalls ererbten politischen Macht. In Mussestunden verfassten sie historische Würdigungen des letzten «wahren» Berner Schultheissen, Friedrich Niklaus von Steiger[2] und explizierten ihren Standesgenossen die Schädlichkeit der Ideen der Französischen Revolution für Bern und Europa.

Ein besitzstandswahrender integraler Konservativismus hinderte also die altgesinnten Kreise zumeist daran, das freiere Denken, die neuen wissenschaftlichen Erkenntnisse und technischen Methoden aufzunehmen und wertschöpferisch fruchtbar zu machen. Das wurde vielmehr von den noch abseits der politischen Macht, abseits gesellschaftlichen Glanzes, zumeist aber auch abseits der Hauptstädte stehenden Menschen besorgt. Aus diesen zunächst um ihre wirtschaftliche Existenz, dann um gesellschaftliche Geltung und um Besitz ringenden Kreisen kristallisierte sich immer stärker eine neue Schicht heraus, das Bürgertum. Nach Erlangung von Besitz, Bildung und gesellschaftlicher Geltung strebte nun das Bürgertum auch nach politischer Macht. In der Zeit der Helvetik war das Bürgertum in der Schweiz noch nicht in der Lage gewesen, zur staatstragenden Kraft zu werden. Es war zahlenmässig noch zu schwach gewesen, es hatte über zuwenig wirtschaftliche Macht und über zuwenig gebildete Exponenten verfügt – wie das Verhalten der «Patrioten» im helvetischen Grossen Rat deutlich zeigte. Bis gegen Ende der Restauration veränderte sich dann diese Situation allmählich: Es existierte nun eine neue Schicht, welche bereit und mehr oder weniger in der Lage war, die alte in der Staatsführung abzulösen. Diese erstarkten bürgerlichen Kräfte postulierten in wirtschaftlicher Hinsicht vor allem die Abschaffung und Verminderung von Zöllen, die Aufhebung und Verminderung von Gebühren, die Aufhebung des Zunftzwanges, freien Zugang zu allen öffentlichen Ämtern und Stellen und allgemein die Einführung

---

[2] STEIGER FRIEDRICH N. VON, FREIHERR VON MONTRICHER, 1729–1799. Stammte aus patrizischer Bernburger Familie. Ausbildung in Halle. Ab 1764 Mitglied des Rats der 200. 1765–1772 Assessor an der Appellationskammer in Bern. 1772–1774 Landvogt in Thun. Ab 1774 Mitglied des Kleinen Rates mit aussenpolitischen Aufgaben. 1780–1787 Seckelmeister, das heisst Vorsteher des Finanzwesens. 1787–1798 letzter Schultheiss der Stadt und Republik Bern. Nach Sieg der französischen Truppen im Grauholz Flucht nach Deutschland. Gründung eines Schweizer Bataillons aus Emigranten und Unterstellung unter die österreichischen Gegenrevolutionstruppen, die 1799 in die Schweiz einfielen, jedoch am 25. September 1799 in der Schlacht bei Zürich entscheidend geschlagen wurden. Von Steiger starb darauf gebrochen in Augsburg.

der Handels- und Gewerbefreiheit. Sie hatten auch ein grosses Interesse an der wirksamen Sicherung des Privateigentums. Man kann allgemein sagen, dass diese Kreise wirtschaftlich in groben Zügen das im 18. Jahrhundert von der Schule der Ökonomisten und Physiokraten sowie das von Adam Smith und seinen Schülern vertretene Gedankengut der klassisch gewordenen englischen Nationalökonomie vertraten. An staatsrechtlichen Neuerungen wurden von dieser gutsituierten ländlichen Schicht vor allem die folgenden Postulate verfochten: Pressefreiheit, Glaubens- und Gewissensfreiheit, Petitionsrecht, Gleichheit vor dem Gesetz, Wahl der Amtsträger auf kurze Amtsdauer, Repräsentation im Parlament nach Kopfzahl, Möglichkeit der Verfassungsrevision, Einsetzung eines Verfassungsrates und Sanktion der Verfassung in einer Volksabstimmung, politische Rechtsgleichheit und insbesondere die Forderung nach Gewaltenteilung, vor allem jene nach Trennung von Exekutive und Justiz.

Als zweiter, zahlenmässig entscheidender dynamischer Träger der Regenerationsbewegung sind die teilweise recht kärglich lebende bäuerliche, gewerbliche, heimarbeitende Bevölkerung sowie die eigentliche industrielle Landbevölkerung mit ihren vielfältigen wirtschaftlichen und sozialen Bedürfnissen zu nennen. In den aus diesen Teilen der Bevölkerung eingegangenen Petitionen finden sich vor allem die folgenden Postulate[3]: Die Erleichterung der Loskaufbedingungen von Zehnten und Grundlasten, die Aufhebung der indirekten Steuern und Einführung einer direkten Steuer, die Beseitigung von Bewilligungs- und Patentpflichten, die Aufhebung und Verminderung von verschiedenen Gebühren, Weg- und Brückengeldern sowie Zöllen. Ferner wurde die Abschaffung von Stempel- und Erbschaftssteuer, die Herabsetzung des Salzpreises, die Verkürzung der Militärdienste, die Gratisuniformierung für Wehrmänner, die Reform des Hypothekarwesens und die Herabsetzung der Zinsen verlangt. Auch die freie Nutzung von Wald und Weide, die Freigabe von Jagd und Fischerei, die Verbesserung, insbesondere die Verstaatlichung des Armenwesens wurde gewünscht. Es handelte sich hiebei zu einem erheblichen Teil um Probleme, welche die wenig begüterte Landbevölkerung bereits in der Helvetik bedrückt hatten, die aber damals nicht oder nicht richtig gelöst werden konnten, insbesondere die Befreiung des Bodens von den Feudallasten. Man kann vielleicht

---

[3] BLUM ROGER, Für Volkssouveränität und Fortschritt (1983); NABHOLZ HANS, Die Eingaben des zürcherischen Volkes zur Verfassungsreform des Jahres 1830; KLÖTZLI HANS, Die Bittschriften des Berner Volkes vom Dezember des Jahres 1830 (1922).

sogar sagen, dass dieses zuletzt genannte ungelöste Problem ein wesentlicher Erfolgsfaktor für die Regenerationsbewegung war, denn die Führer konnten dadurch mit der Unterstützung der zahlreichen, sonst politisch nicht sehr regen Bauern rechnen.

Es stand hinter diesen wirtschaftlichen Forderungen also ein beträchtlicher Teil der wenig begüterten Bevölkerung. An staatsrechtlichen Reformen im liberalen Sinne waren diese Kreise weniger interessiert. Sie waren in erster Linie wirtschaftlich interessiert und demokratisch eingestellt, ähnlich wie wir das schon bei den «Patrioten» der Helvetik gesehen haben. Weder die Religionsfreiheit noch der Gewaltenteilungsgrundsatz beschäftigte sie stark; auch die Pressefreiheit als Führungsinstrument der vermöglichen und gebildeten Schicht konnte diese Angehörigen der ärmeren Schicht kaum bewegen. Sie interessierten sich in staatspolitischer Hinsicht nur für Forderungen, welche einsehbar der Durchsetzung ihrer wirtschaftlichen Interessen unmittelbar förderlich sein konnten, so etwa jene nach stärkerer Vertretung der Landschaft im Parlament, nach Abschaffung des Wahlzensus und nach Einführung des Petitionsrechts. Es waren wohl weniger die «liberalen Prinzipien», welche bei der «Masse des Volkes populär zu werden vermochten» (so Eduard His), sondern vor allem die Hoffnung auf materielle Vorteile in Verbindung mit der Erwartung einer allgemein volksnaheren und freiheitlicheren Ordnung. Diese verschiedenen Motivationen für die Regenerationsbewegung lassen sich übrigens an den beiden zeitlich kurz aufeinanderfolgenden «Memorialen» von Küsnacht und Uster zeigen: Das Küsnachter Memorial, das von Ludwig Snell in Verbindung mit einigen intellektuellen liberalen Führern abgefasst worden ist, enthält, der Zusammensetzung dieser Gruppe entsprechend, ausschliesslich staatsrechtliche und staatspolitische Reformwünsche im liberalen Sinne. Verlangt werden darin die für die Regeneration typischen Reformen des Wahlrechts, der Organisation und Stellung des Grossen Rates, der Unabhängigkeit und Neuordnung der Justiz sowie vermehrte Öffentlichkeit des Staates. Das Memorial von Uster hingegen, das von einer Volksversammlung von ungefähr 10 000 Männern verabschiedet worden ist, enthält neben diesen genannten staatsrechtlichen Postulaten den fast vollständigen Katalog der wirtschaftlich-sozialen Regenerationsforderungen, wie sie sich dann etwas später auch in den Volkspetitionen zuhanden des mit der Ausarbeitung einer neuen Verfassung beauftragten Grossen Rates finden: Aus der Mitte der Volksversammlung von Uster wurden zahlreiche solcher «materieller» Forderungen erhoben – so viele, dass die liberalen Leiter der Versammlung in Bedrängnis gerieten und einfach Abhilfe versprachen, ohne diese garantieren zu können. In das Memorial wurden dann namentlich die Forderungen nach Aufhebung des Kasernendienstes und Herabsetzung der Montierungssteuer, nach früherer Entlassung aus dem Militärdienst, auf Verminderung der indirekten Steuern und von Abgaben in Verbindung mit der Einführung einer Vermögenssteuer, nach Aufhebung des drückenden Zuchtstiergesetzes, auf Herabsetzung des Zinsfusses, auf Erleichterung des Zehntenloskaufes, auf Herabsetzung der Ansässengelder sowie weitere Postulate wirtschaftlich-sozialer Natur aufgenommen. Ja das Ustermer Memorial vom 22. November 1830 kündete auch bereits den Gegensatz zwischen den materiellen und sozialen Problemen der wenig begüterten breiten Bevölkerung und dem wirtschaftlichen, wissenschaftlichen und technischen Fortschrittsdenken der liberalen Führungsschicht an, wenn dort am Schluss Folgendes steht: «Da von verschiedenen Seiten Beschwerden gegen das Entstehen der Webmaschinen geführt und bereits Drohungen gegen dieselben ausgesprochen worden sind, so wird der hohe grosse Rath ersucht, diese Sache an die Hand zu nehmen, Experten auszusenden, Untersuch zu halten, die Klage des Volks anzuhören und durch eine Bekanntmachung die Anhandnahme dem Publikum anzuzeigen, und den Betrieb derselben einzustellen.» Diese Forderung, von der Angst vor Arbeitslosigkeit und sinkenden Löhnen diktiert, erging genau zwei Jahre vor dem «Brand von Uster», und die Leiter des Volkstages von 1830 versprachen auch hier: «Es soll Abhülfe verschafft werden.» Das liberale Regime hatte indessen kein Interesse daran, diese Forderung zu erfüllen, und ging dann hart gegen die zahlreichen Täter und Mittäter der Brandlegung von 1832 vor. Das war die erste grosse Enttäuschung der mit wirtschaftlichen Schwierigkeiten kämpfenden Bevölkerungskreise mit der liberalen Führungsschicht, aber auch für den Gegensatz zwischen dem liberalen technischen Fortschrittsdenken und dem konservativen Fühlen breiter Bevölkerungsschichten.

Die Leiter der Regeneration und insbesondere jene der populären Volkstage waren sich also der Tatsache wohl bewusst, dass staatsrechtliche Prinzipien allein das breite Volk nicht genügend zu mobilisieren vermochten, es also zusätzlich des Eingehens auf die wirtschaftlichen und sozialen Probleme des Volkes bedurfte. Der Zürcher Stadtliberale Conrad Melchior Hirzel[4] hat denn auch in seiner

---

[4] HIRZEL CONRAD MELCHIOR, 1793–1843. Stammte aus dem alten Zürcher Geschlecht der Hirzel von Knonau. Rechtsstudium in Heidelberg, ab 1814 Tätigkeit als Rechtsanwalt in Zürich, ab 1819 im kantonalen Staatsdienst. Gemässigt-liberaler Poli-

Reformschrift «Beiträge zur Verbesserung der Verfassung» 1831 festgestellt: «... zu allen Zeiten bewegen ja den Menschen die Fragen des ökonomischen Lebens am meisten.» Dies wird durch die Tatsache bestätigt, dass die meisten Volkseingaben (Petitionen) wirtschaftliche und soziale Fragen der *Gesetzesstufe* betrafen. Das haben auch die Thurgauer Verfassungsräte erkannt: Gegen Ende ihrer langwierigen Verfassungsberatungen fassten sie, als die Volksabstimmung näherrückte, unvermittelt einen Gesetzesbeschluss auf Herabsetzung des Salzpreises, der Handänderungssteuer und der Militärsteuer. Dies, obwohl Thomas Bornhauser[5] erklärt hatte: «Wir wollen mit dem Salz die Verfassung nicht versüssen ... Die Verfassung hat so viel innern Wert, dass sie eines solchen Mittels nicht bedarf.»[6]

Ein Teil solcher ökonomischer «materieller» Forderungen fand in der Folge trotz bestrittener Verfassungswürdigkeit Eingang in die Verfassungen. Ein anderer, grösserer Teil bezog sich jedoch auf die Gesetzesebene; ihre Erfüllung wurde für später versprochen. So war beispielsweise im Berner Verfassungsrat verlangt worden, es sollten «bindende» Vorschriften über folgende Gegenstände in das gleichzeitig mit der neuen Verfassung zur Abstimmung gelangende «Übergangsgesetz» aufgenommen werden: Herabsetzung der Stempelsteuer, Verkürzung des Betreibungsverfahrens, Herabsetzung der Schreibgebühren und Aufhebung oder Herabsetzung der Handände-

tiker. 1823–1830 Oberamtmann zu Knonau, ab 1824 Mitglied des Grossen Rats. 1830 Mitglied der Verfassungsrevisions-Kommission. Daraufhin Bestätigung als Grossrat und Wahl in den Regierungsrat. Ab 1830 wiederholt Tagsatzungsgesandter. Massgebliche Beteiligung beim Abschluss des Siebner-Konkordats. Ab 1834 Bürgermeister des Standes Zürich. In seiner zusätzlichen Funktion als Präsident des Erziehungsrats war er 1839 mit seinem Stichentscheid verantwortlich für die Berufung von David Strauss an die Zürcher Universität. Im darauffolgenden Züriputsch Rücktritt von allen Ämtern. 1842 erneut Wahl in den Grossen Rat.
    [5] BORNHAUSER THOMAS, 1799–1856. Geboren 1799 in Weinfelden. Studium der Theologie in Zürich, 1824 Pfarrer in Matzingen. Bereitete durch Vereinstätigkeit und Schriften die Verfassungsbewegung von 1830 vor, wurde nach der friedlich erfolgten Umwälzung Ehrenmitglied des Grossen Rates. 1836 trat er als Mitglied des Verfassungsrates für die Aufhebung der Klöster ein, zog sich dann als Pfarrer in Arbon ins Berufsleben und in die literarische Tätigkeit zurück. 1848 nochmals Mitglied des Verfassungsrates. Verfasser von lyrischen, epischen und dramatischen Werken meist schweizergeschichtlichen Inhalts. Politische Publikation: «Über die Verbesserung der thurg. Verfassung» 1830, wo er den berühmt gewordenen Satz aussprach: «Der Hahn hat gekräht, die Morgenröte bricht an, Thurgauer wachet auf, gedenket Eurer Enkel und verbessert die Verfassung!»
    [6] Verhandlungen vom 9. April 1831.

rungsgebühren und der Getränkeabgaben, Freigabe des Verkaufs selbst erzeugter Produkte sowie Abschaffung der «dem Lande und vorzüglich der ärmeren Classe so lästigen Primitzabgaben», der Feudalabgabe der ersten Früchte im Frühjahr an die Pfarreien. Der Verfassungsrat nahm diese Begehren, «von denen ihrer Natur nach in der Verfassung nicht die Rede sein konnte», nicht in das Gesetz auf, weil es sich auf «spezielle Gegenstände» beziehe, die bereits in den schon behandelten allgemeinen Artikeln enthalten seien. Auch würde die Aufnahme dieser Anliegen, welche der künftige Grosse Rat zu behandeln habe, ein «unübersehbares Verzeichnis von Verwaltungsgegenständen ausmachen, das dennoch nicht vollständig sein könnte», und dass dann «jeder übergangene Punkt zu Besorgnissen Anlass geben» würde. Der Verfassungsrat glaube schliesslich, es sei den Wünschen der Petenten «in den allgemeinen Berührungen des Gesetzes» so weit entsprochen worden, als es «in der Stellung des Verfassungsrates zum künftigen Gesetzgeber lag»[7]. Diese ausweichende Argumentation darf stellvertretend auch für andere Kantone gelten; sie steht auch in Einklang mit der Tatsache, dass für diese heiklen, das Volk offensichtlich stark berührenden Gegenstände mehrfach eine zeitliche Beschränkung der Debatte verlangt worden war[8].

Wegen desselben Problems sahen daher verschiedene Verfassungen ausdrücklich vor, dass die ganze Gesetzgebung revidiert werden solle. Die Aargauer Regenerationsverfassung legte in Artikel 26 präzis fest[9]: «Der Gr. Rath wird die vom Volke in seinen Eingaben ausgesprochenen Wünsche und Begehren, welche sich nicht auf die Verfassung, sondern lediglich auf Gesetzgebung und Verwaltung beziehen, prüfen, und darauf bei dieser Revision der Gesetze diejenigen Rücksichten nehmen, welche das Wohl des Staates und das Interesse der Bürger erfordern.»

Der Widerstand gegen die Lösung solcher Probleme und die teilweise Nichteinhaltung von Versprechen durch die liberale Führungsschicht sollte dann zu immer stärkerer gegenseitiger Entfremdung zwischen jener und der kleinbürgerlichen Basis und dann zur Forderung nach Mitwirkung des Volkes bei der Gesetzgebung führen. Indessen ist festzuhalten, dass bei verschiedenen wirtschaftlichen Forderungen die Interessen der Führungsschicht durchaus die glei-

---

[7] Verhandlungen vom 9. Juli 1831.

[8] Verhandlungen vom 9. Juli 1831.

[9] BORNHAUSER THOMAS, Verfassungen der Kantone der Schweizerischen Eidgenossenschaft (1833), S. 269 f.

chen waren wie jene der breiten Schichten des Volkes, so bei der Handels- und Gewerbefreiheit und bei der Abschaffung von Gebühren aller Art. Auch bei einigen staatsrechtlichen Forderungen war dies dann der Fall, wenn auch die breite Bevölkerung ihren Nutzen direkt erkennen konnte.

Als dritte reformerische Kraft kann noch eine, allerdings nur kleine Anzahl gebildeter, aufgeklärter «Stadtliberaler» genannt werden, wie sie etwa in Zürich und Luzern bestand. Diese meist jüngeren Angehörigen führender Familien waren zusammen mit den wenigen noch lebenden helvetischen «Republikanern» weniger nach ihrem eigenen materiellen Interesse denn aus intellektueller Einsicht von der Notwendigkeit gewisser Reformen überzeugt. Die Angehörigen dieser Gruppe vertraten vor allem liberale staatspolitische Anliegen und kaum demokratische oder wirtschaftliche Postulate. Sie orientierten sich mehr an Montesquieu und Benjamin Constant, der französischen «Charte» vom Juli 1830 und am Parlamentarismus Englands als an Rousseau und den radikaldemokratischen und sozialpolitischen Gedanken der Revolutionszeit.

Entscheidendes und kontinuierliches politisches Handeln ging allein von der ersten und dritten Gruppierung aus. Die Angehörigen der am Rande der wirtschaftlichen Existenz lebenden breiten Bevölkerungsschicht konnten nur kurzfristig – etwa zu den Volkstagen oder zu «Vetostürmen» – mobilisiert werden; dauerhafte und damit wirksame politische Aktivitäten blieben ihnen versagt.

Die erste und letzte der drei Gruppen, nämlich jene des gut situierten ländlichen Bürgertums und die vergleichsweise wenigen Stadtliberalen, bildeten die Führungsschicht in der Regeneration. Sie verlangten nun unter dem veränderten «Zeitgeist» gebieterisch eine Korrektur der staatlichen Organisation – einerseits, um sich wirtschaftlich besser entfalten zu können, anderseits zur Besitznahme staatlicher Macht. Es kam für sie nun entscheidend darauf an, ob und wie weit sie es verstanden, durch geschickte Kombination von wirtschaftlichen und sozialen Reformen mit staatspolitischen Postulaten eine Interessengemeinschaft mit den breiten, ungebildeten Volksmassen zu schaffen und damit die Bewegung zum Ziele zu führen. Solange die Restaurationsregierungen an der Macht waren, bildete sich zwischen den drei Reformgruppen fast automatisch eine informelle politische Allianz gegen jene. Mit dem Durchbruch der liberalen Kräfte, dem Schwinden der Gefahr einer neuerlichen Machtübernahme durch die restaurativ gesinnten Kreise und mit dem Aufbrechen sozialer, «materieller» Probleme sollte dann diese Allianz zusehends auseinanderbrechen.

Die informelle Allianz der genannten drei Reformgruppen zeigte sich ansatzweise bereits in der Kombination von Reformpostulaten in den Forderungskatalogen, wie sie von den vom Herbst 1830 an in vielen Landstädtchen und Flecken durchgeführten Volksversammlungen aufgestellt wurden und dann in Petitionen zuhanden der verfassungsgebenden Behörden erneut erschienen. Auch alle Regenerationsverfassungen enthielten neben den liberal-staatstheoretischen Elementen die Antwort auf einige wirtschaftliche und mittelbar auch soziale Forderungen; diese nahmen allerdings einen verhältnismässig geringen Stellenwert ein, weil, wie geschildert, ein beträchtlicher Teil der wirtschaftlichen und sozialen Forderungen nach Auffassung der liberalen Führer die einfache Gesetzgebung betraf und nicht als «verfassungswürdig» erschien. Diese Tatsache hat wohl nicht wenige Verfassungshistoriker dazu verleitet, die Triebkräfte für die Regenerationsbewegung allzu einseitig bei den staatsrechtlichen Forderungen zu sehen.

2. Die Theorie von Benjamin Constant [10] und ihr Einfluss

Die Staatstheorien spielten in der Regenerationszeit dennoch eine wesentliche Rolle für die Ausgestaltung der neuen Verfassungen. Einen massgebenden Einfluss hatte der französische Liberalismus

---

[10] CONSTANT BENJAMIN, 1767–1830. Geboren in Lausanne als Sohn einer aus religiösen Gründen im Gefolge der Aufhebung des Ediktes von Nantes aus Frankreich emigrierten Familie. Als Sohn eines Offiziers in holländischen Diensten, genoss Constant eine sorgfältige Erziehung und trat dann in braunschweigische Hofdienste ein. Freimaurer. Die französische Revolution verfolgte er von Deutschland her mit anteilnehmender Leidenschaft. Er fühlte sich als Republikaner, Girondist und zeitweise sogar als Montagnard. 1799 wurde er Mitglied des französischen Tribunats, nachdem er das Genfer und damit gleichzeitig das französische Bürgerrecht erhalten hatte. Im Tribunat vertrat er das Repräsentativsystem und die bürgerlichen Freiheitsrechte. In den Jahren vor dem Wiener Kongress lebte Constant als freier Wissenschafter in Göttingen. 1814 kehrte er nach Paris zurück, wurde von Napoleon I. zum Staatsrat ernannt und mit der Redaktion der Zusatzakte zur Verfassung des Empire beauftragt. Nach Waterloo flüchtete er nach Brüssel und London. 1818 kehrte er wiederum nach Frankreich zurück und wurde in die Nationalversammlung gewählt. Dort bekämpfte er als Führer der Liberalen die reaktionäre Politik der Bourbonen. Nach der Julirevolution setzte sich Constant für das konstitutionelle Königtum ein; von Louis-Philippe wurde er dann zum Präsidenten des Staatsrates ernannt. Er starb kurz darauf in Paris. Hauptwerke: «Principes de politique» 1818, «Cours de politique constitutionnelle» (4 Bände) 1816–1820, «De la religion considérée dans sa source, ses formes et ses développements» (5 Bände) 1824–1831, sowie der Roman «Adolphe» 1816.

und insbesondere der politische Liberalismus von Benjamin Constant. Das Denken Constants hat das Verfassungsrecht der schweizerischen Regeneration deshalb stark prägen können, weil er waadtländischer Abkunft war, einen Teil der Revolutionszeit in Frankreich selber miterlebt hat, unter anderem als Mitglied des Tribunates unter Napoléon, und weil er während der Restauration unter dem Bourbonenthron in der französischen Kammer als Führer der liberalen Opposition eine wesentliche Rolle gespielt hatte. Nicht nur die Theorie des Protestanten Constant als solche, sondern auch dessen Bezüge zur Schweiz ermöglichten den liberal und national gesinnten schweizerischen Bewegungsmännern eine starke Identifikation – in der welschen natürlich noch stärker als in der deutschen Schweiz. Die politische Theorie Constants wurde deshalb fast wie selbstverständlich in die Regenerationsverfassungen übergeführt. Sie soll hier daher näher charakterisiert werden, denn sie bildet einen Schlüssel zum Verständnis des Rechtssystems der Regeneration, aber auch der politischen Entwicklung der kommenden Jahrzehnte.

Constants Denken ist typisch für jene liberalen Staatsdenker und Politiker, welche die Französische Revolution erlebten. Es erwuchs daraus ein Liberalismus, welcher zwar an den wichtigsten Prinzipien der Revolution festhalten wollte. Um die erneute Bildung einer Parlamentsallmacht und einer Diktatur von Parlamentsausschüssen zu verhindern, wie sie in der Zeit des Nationalkonventes entstanden war, korrigierten diese Denker die politischen Einrichtungen: Die Demokratie sollte mittels eines zweikammrigen Parlamentes, der Verstärkung der richterlichen Gewalt, des Einbezugs föderativer Elemente begrenzt und damit stabilisiert werden. Einige von ihnen, so auch Constant, befürworteten die Einsetzung eines verfassungsgebundenen Monarchen, ebenfalls zum Zwecke der Stabilisierung des Staates. Das Denken Constants hält sich deshalb ungefähr auf einer mittleren Linie zwischen den Ideen von Jean-Jacques Rousseau und der Staatstheorie von Edmund Burke. Constant gelingt es in vielen Bereichen, zwischen den beiden Polen eine Synthese zu finden; insoweit kann seine Theorie als geradezu klassisch bezeichnet werden. Und es ist wohl daher angebracht, Constant als Verfassungstheoretiker der «richtigen Mitte» des «juste milieu», zu charakterisieren. In anderen Bereichen hingegen kann er die Gegensätze zwischen dem Staatsdenken der Aufklärung und dem konservativen Staatsdenken nicht überwinden; dort sind eigentliche Bruchstellen zu finden.

Auch Constants Denken basiert auf einer naturrechtlichen Grundhaltung, aus der er sowohl die individuellen Rechte als auch die

Demokratie ableitet: Die Verfassungen, so hält er fest, «kreieren, gleich wie die Gesetze, keinesfalls unsere Rechte, sie verkünden sie nur, und wenn sie sie nicht verkünden würden, so existierten sie dennoch». Als Rechte des einzelnen will er die folgenden sechs garantiert wissen: die persönliche Freiheit, die Unabhängigkeit der Justiz und insbesondere das Recht auf Aburteilung durch vom Volk gewählte Geschworene, eine Forderung, die er aus dem französischen Revolutionsrecht bezog, die aber bereits in England und Nordamerika vorgezeichnet war. Weiter verlangt Constant die Religionsfreiheit, die Gewerbefreiheit, die Unverletzlichkeit des Eigentums und die Pressefreiheit. In dieser Reihenfolge nimmt Constant die Aufzählung vor. Gewichtet man aber diese Rechte aufgrund seiner verfassungsrechtlichen Theorie, des «Cours de Politique constitutionnelle»[11], so kommt man zum Schluss, dass Unverletzlichkeit des Eigentums, Pressefreiheit und persönliche Freiheit im Zentrum seines Denkens stehen.

Aus seiner naturrechtlichen Grundhaltung heraus bejaht Constant im Prinzip die Souveränität des Volkes, unter dem Vorbehalt eines durch eine Verfassung in seiner Macht beschränkten Monarchen. Er lehnt zwar die erbliche Macht ab und sagt ausdrücklich, kein Individuum, keine Gruppe und keine intermediäre Vereinigung dürfe sich Souveränität zulegen, sofern diese nicht ausdrücklich von der Gesamtheit der Bürger an sie delegiert worden sei. Aber die Souveränität des Volkes muss um der Wahrung der individuellen Freiheit willen begrenzt sein; Constant kritisiert daher die Konzeption der Volkssouveränität von Rousseau und hebt demgegenüber die Vorzüge des englischen Parlamentarismus hervor, den er von seinem Englandaufenthalt her kannte.

Das aktive Wahlrecht darf zwar auch nach Constant keinem Zensus unterworfen werden, denn sonst entkleidet man das Parlament seiner Repräsentativfunktion. Um aber das Amt eines Volksvertreters zum Wohle des Ganzen ausüben zu können, bedarf es einer entsprechenden Bildung. Nur das Eigentum aber verschafft seiner Meinung nach die notwendige Musse zum Erwerb genügender Bildung, weshalb Eigentum Voraussetzung der Ausübung eines solchen Amtes ist. Und zwar muss jemand, um wählbar zu sein, so viel Eigentum haben, dass er davon leben kann, denn sonst ist er nicht unabhängig. Constant begründet jedoch den Zensus für die Wählbarkeit noch zusätzlich, ähnlich wie dies Edmund Burke vor ihm getan hatte:

---

[11] CONSTANT BENJAMIN, Collection des ouvrages publiés sur le gouvernement représentatif au Cours de politique constitutionnelle (1817–1820).

Es sei notwendigerweise das Ziel der Nichteigentümer, Eigentümer zu werden. Die Nichteigentümer würden nun, um dieses Ziel zu erreichen, alle ihnen zur Verfügung stehenden Mittel verwenden. Die Gewerbefreiheit steht allen, auch den Nichteigentümern, zu; kommt nun aber den Nichteigentümern auch das Recht der Ausübung eines politischen Amtes zu, so dient dieses Recht unfehlbar dazu, das Eigentum anzugreifen, «infailliblement envahir la propriété». Die Nichteigentümer, die, anstatt zu arbeiten, ein politisches Amt bekleiden, werden daher zu einer Quelle der Korruption und der Unordnung. Und schliesslich führt nach Constant die gesetzgebende Tätigkeit von Nichteigentümern dazu, dass das Misstrauen der Eigentümer die Tätigkeit des Gesetzgebers hemmt; die besten Gesetze werden beargwöhnt und folglich missachtet. Constant betrachtet im Grunde das Eigentum als konstitutiv für den Staat, obwohl er es nicht als vorstaatliche Einrichtung, sondern als durch «soziale Konvention» begründet ansieht.

Bei der besonderen Stellung, die Constant den Eigentümern in der Ausübung politischer Rechte einräumt, kann auch die Gleichheit bei ihm nur eine relative sein. Seine Ausführungen zur Gleichheit sind unklar und ambivalent. Constant verwirft einerseits ausdrücklich die von den Naturrechtlern vorgenommene Gleichheitsbetrachtung der Menschen in einem vorstaatlichen hypothetischen Naturzustand. Und er findet allgemein: «Die Mannigfaltigkeit ist das Leben, die Gleichförmigkeit der Tod.» Dennoch sagt er, die Vervollkommnung des menschlichen Geschlechtes sei nichts anderes als die Entwicklung zur Gleichheit hin. Bei dieser Feststellung, diesem blossen Bezug auf die Geschichte, den man auch bei Burke immer wieder findet, lässt es Constant bewenden. Er postuliert das Gleichheitsprinzip nicht prinzipiell; seine Geltung bejaht und verneint er je nach Zusammenhang.

Constant bejaht somit grundsätzlich die Souveränität des Volkes. Sie ist auch für ihn unbestreitbar («incontestable»). Mit Rousseau geht auch er von der Suprematie des Allgemeinwillens über alle partikularen Willen aus. Doch unter ständiger und scharfer Kritik an Rousseau verficht er den Grundsatz, dass das Prinzip der Volkssouveränität als *abstraktes Prinzip* abzulehnen ist, denn die Freiheit kann nach ihm trotz dieses Prinzips oder gerade durch dieses verlorengehen. Die Volkssouveränität als abstraktes Prinzip ist also gefährlich; sie kann daher nur in einer begrenzten und relativen Weise gelten. Die notwendige Begrenzung der Volkssouveränität ergibt sich nach Benjamin Constant zunächst durch eine unabhängige Justiz und durch die Geltung der Freiheitsrechte. Sodann wirkt sie durch das

Prinzip der Gewaltenteilung und der Gewaltenbalance, gleich wie auch das Königtum im Sinne eines «pouvoir neutre». Und schliesslich bildet das Repräsentativsystem in Verbindung mit einem Wählbarkeitszensus eine Schranke gegenüber der Volkssouveränität. Das Volk soll ausschliesslich durch seine Vertreter handeln können; eine unmittelbare Mitwirkung an den Staatsgeschäften soll ihm versagt bleiben. In seinem «Cours de Politique constitutionnelle» zeigt Constant am Modell der antiken griechischen Demokratien die Nachteile der direkten Mitwirkung der Bürger an den Staatsgeschäften auf: Dort hätten die Bürger, um genügenden Einfluss auf die Staatsgeschäfte behalten zu können, auf ihre private Unabhängigkeit verzichten müssen. Die griechischen Demokratien hätten eine weitgehende Gleichheit der Bürger vorausgesetzt, sie hätten Einrichtungen zur Bewahrung dieser Gleichheit geschaffen und damit die Bildung individuellen Vermögens verhindert. Dadurch sei, so Constant, der Einfluss des Reichtums, der Talente, ja der Tugend zurückgebunden worden. Alle diese demokratisch-egalitären Einrichtungen in den antiken griechischen Staaten hätten die individuelle Freiheit beschränkt und die Sicherheit des einzelnen bedroht. Die griechischen Bürger hätten, so fährt Constant weiter, an dieser ständigen Mitwirkung an den Staatsgeschäften Freude gehabt («plaisir d'action»). Bei den Bürgern in einem modernen Staat sei dies nicht mehr der Fall; um glücklich zu sein, benötige dieser eine «vollkommene Unabhängigkeit», damit er seine Obliegenheiten erfüllen könne. Wenn die antiken Griechen sich ihrer öffentlichen Existenz erfreut hätten, so liege heute die Freude der Bürger in ihrer privaten Existenz.

Mit dieser «privatisierenden» individualistischen Begründung, die Constant aus seiner eigenen Anthropologie bezieht, dogmatisiert er das Repräsentativprinzip so weitgehend, dass im Grunde genommen die auch von ihm anerkannte theoretische Basis der Repräsentanten, die Volkssouveränität, stark relativiert wird: Die Repräsentanten sind auf keinen Fall Mandatare des Volkes, ja nicht einmal dessen Stellvertreter. Constant räumt ihnen strikt die Stellung der Wahrer der «nationalen Interessen im allgemeinen» ein. Diese Stellung entfernt den Repräsentanten dogmatisch so weit von den Wählern, dass eigentlich nur noch dessen Wunsch, wiedergewählt zu werden, eine minimale Identifikation mit deren Interessen bewirkt. Constant sieht aber auch in der Tätigkeit der Repräsentanten eine Gefahr für die individuelle Freiheit. Die Repräsentanten sind für ihn keineswegs die «Verteidiger der Freiheit», sondern «Kandidaten der Tyrannis». Es muss daher auch hier im Interesse der Freiheit der Nation ein Machtmissbrauchshemmnis bestehen; Constant sieht ein solches in der Befugnis eines ausserhalb des Parlamentes stehenden Organs, das Parlament aufzulösen. Das soll in der konstitutionellen Monarchie der König sein. Als weiteres Mittel zur Machtbeschränkung der Repräsentanten sieht Constant das königliche Veto gegen Parlamentsbeschlüsse vor, wie es in der französischen Verfassung von 1791 enthalten war.

Benjamin Constant vertrat anderseits die Auffassung, das Parlament müsse das Recht haben, die Gesetzesinitiative zu ergreifen, die Parlamentarier müssten zeitlich unbeschränkt wiederwählbar sein, damit der Repräsentative nicht gebildete, wertvolle Persönlichkeiten verlorengingen. Die Parlamentarier dürften auch keine Bezahlung erhalten, und zwar deshalb, weil sonst die Frage der Entschädigung bald zu einem zentralen Gegenstand ihrer Tätigkeit werde. Die Bezahlung der Parlamentarier bringe auch die Gefahr mit sich, dass das finanzielle Interesse ein Motiv für die weitere Ausübung des Amtes sei. Constant setzte sich weiter dafür ein, dass keine staatlichen Funktionäre gleichzeitig Mitglieder des Parlamentes sein dürfen. Er befürwortete ferner eine alle fünf Jahre erfolgende Gesamterneuerung der Volksvertretung; dies, damit die Volksvertretung Änderungen in den Auffassungen des Volkes richtig wiedergebe; das Volk werde durch eine lediglich zu einem Drittel erfolgende Erneuerungswahl nicht weniger aufgeregt als durch die Gesamterneuerung.

Die Minister müssen nach Constant Mitglieder des Parlamentes sein; sie müssen aus der wohlhabenden Bevölkerung genommen werden und für Ihre Handlungen verantwortlich sein. Das Parlament muss sie für illegale Handlungen anklagen und verurteilen können. Als Gegengewicht zur Macht von Parlament, Minister und König will Constant den örtlichen Gemeinschaften, insbesondere den Gemeinden, eigene Macht zuerkennen. Mit ausserordentlich subtiler und differenzierter Begründung legt er die Notwendigkeit der Schaffung einer «kommunalen Gewalt» («pouvoir communal») dar. Diese Begründung der föderalistischen «vertikalen Gewaltenteilung», die eigentlich eine globale Kritik des abstrahierenden, systematisierenden und unifizierenden Denkens der Staatslehre der Aufklärung und der Französischen Revolution ist, kann als etwas vom besten bezeichnet werden, was Constant staatstheoretisch geleistet hat. Die Idee der verfassungsrechtlich abgesicherten kommunalen Gewalt ist dann von der Waadtländer Regenerationsverfassung aufgenommen und konkretisiert worden[12].

---

[12] Art. 61; *Quellenbuch* S. 312.

Die Ausführungen Constants über die Funktion der Verfassung, ihre Schaffung und ihre Veränderung gemahnen in starkem Masse an jene von Edmund Burke: Eine gute Verfassung ist nach Constant für die öffentlichen Bedürfnisse etwas vom wichtigsten. Denn die Verfassung ist dauerhaft; sie bleibt bestehen, auch wenn Regierungen wechseln. Eine schlechte Verfassung ist daher weit schädlicher als eine (vorübergehende) schlechte Regierung. Eine schlechte Regierung kann man absetzen oder aufklären; bei einer fehlerhaften Verfassung ist das nicht möglich. Fehler einer Verfassung wiederholen sich regelmässig; ausserdem muss man nach Constant, um Fehler einer Verfassung zu beheben, diese selber jeweils verletzen. Doch wie eine gute Verfassung schaffen? Verfassungen entstehen nach Constant selten allein durch menschlichen Willen. Es sind Zeit und Erfahrung, welche Verfassungen schaffen; sie führen sich unmerklich, in kontinuierlicher Weise ein – also sind für Constant letztlich wie für Burke Erfahrung und Geschichte eigentliche Verfassungsschöpfer. Mit dieser Position distanziert sich Benjamin Constant vom rationalen, intellektuellen Verfassungsbegriff der Aufklärungsphilosophie und der von dieser vorausgesetzten Fähigkeit des Menschen, allein kraft rationalen Denkens eine gute Verfassung zu schaffen. Dieser Rückgriff auf die Geschichte als Legitimitätsfaktor ist nicht anders als durch das Bestreben Constants zu erklären, das Aktionsfeld der Politik bei der Verfassungsgebung einzuschränken, und dieses Bestreben wiederum kann nur eine Folge seiner eigenen Erfahrungen mit der Revolution sein. Constant wird also von der gleichen Kraft wie die konterrevolutionären Theoretiker, neben Burke auch Joseph de Maître, Jacques Mallet du Pan, Karl Ludwig von Haller und Adam Müller, bewegt. Dies allerdings mit dem wesentlichen Unterschied, dass er wichtige liberale Kernstücke der Revolution beibehält und teilweise noch vertieft, namentlich die Pressefreiheit und die persönliche Freiheit. Sein konservierender «Historizismus» hat ihm indessen die kritische Frage eingebracht, wie ein Volk bei despotischem Machtmissbrauch durch einen Diktator seine Rechte verteidigen oder wiedererlangen könne, denn Constant lehnt ein eigentliches Widerstandsrecht ab und bejaht lediglich eine Art «Vollzugspassivität» bei illegalen Akten.

Die Verfassung soll nach Constant knapp gehalten sein: «... il faut, qu'elle ne prononce que sur ce qui est vraiment constitutionnel.» Eine Verfassung, die eine Menge reglementarischer Vorschriften enthält, wird seiner Meinung nach unfehlbar verletzt. Es ist schliesslich nach Constant besser, eine Verfassung nicht in ihrer Gesamtheit zu ändern, sondern sie jeweils nur in einem Teilbereich zu überprüfen. Und sogar dann ist es vorzuziehen, die Teiländerung zu vertagen und damit dem Volk zu zeigen, dass die Änderung seiner Verfassung eine mystische Aufgabe ist («devoir mystique»). Mit dieser letzten Aussage nähert sich Constant sogar etwas dem Verfassungsdenken von Joseph de Maître! Und immer wieder leuchtet bei Constant seine Vorliebe für den englischen Staat hervor. Gerade die Tatsache, dass die englische Verfassung unvollständig sei, habe sie weit dauerhafter gemacht, als es alle französischen Verfassungen gewesen seien. Und vor allem kenne die englische Verfassung den unentbehrlichen Bestandteil einer guten Verfassung, nämlich eine neutrale Gewalt («pouvoir neutre») in der Institution des Königtums. Dadurch könne, so meint er optimistisch, jeder gefährliche Kampf beendet und die «Harmonie» zwischen den anderen Gewalten Parlament, Ministern und Gerichten hergestellt werden. Der König soll, um seine Schiedsrichterrolle ausüben zu können, über das erwähnte Recht zur Parlamentsauflösung verfügen. Und schliesslich gibt Constant den Rat, die Besten des Gemeinwesens zu vereinigen und ihnen für die Vornahme von Änderungen der Verfassung freie Hand zu lassen, unter der Bedingung, dass sie folgende Grundsätze nicht antasten: Das Repräsentativprinzip, die persönliche Freiheit, die Meinungsäusserungsfreiheit (insbesondere die Pressefreiheit) und die Unabhängigkeit der Justiz.

Letztlich um die Bewahrung dieser Grundsätze geht es Constant, wenn er sich offen und allgemein für das konservative Prinzip ausspricht: «Ich ziehe fast immer das, was bereits besteht, dem Künftigen vor, denn fast immer liegen im Bestehenden Garantien für Ruhe und Freiheit ...»

Grosse Gefahren sieht Constant im Erlass von Ausnahmegesetzen. Solche haben geschichtlich regelmässig zur Suspendierung der Verfassung geführt; sie können daher nicht zulässig sein. Auch die Schaffung und Einsetzung von Ausnahmegerichten ist für die Freiheit gefährlich; solche Gerichte sind daher illegal.

Constant befasst sich weiter eingehend mit der Stellung des Parlamentes und mit praktischen Fragen der parlamentarischen Tätigkeit. Hier übernimmt er vieles aus England, anderes postuliert er aufgrund eigener Erfahrungen in der französischen Deputiertenkammer. Das Parlament muss nach Constant, wie gesagt, über das Recht zur Gesetzesinitiative verfügen. Die Parlamentarier müssen in ihrer Tätigkeit unverletzlich sein; für Strafverfolgungen von Parlamentsmitgliedern bedarf es der Zustimmung der Kammer; er stellt ferner Grundsätze auf über die Art und Weise der Behandlung der Geschäfte und über praktische Fragen des Geschäftsganges des Parlamentes. So setzt er sich für die Öffentlichkeit der parlamentarischen Verhandlungen ein. Auch vertritt er nachdrücklich die Meinung, es dürfe den Parlamentariern nicht gestattet sein, in den Verhandlungen Manuskripte abzulesen!

Für gewisse schwerste Delikte bejaht Constant die Todesstrafe, entwickelt aber anderseits äusserst präzise Vorstellungen für ein Strafverfahren, das die Verteidigungsrechte des Angeklagten möglichst gut wahren soll – gewiss eine Frucht seines Aufenthaltes in England. Was Kirche und Religion betrifft, so vertritt Constant auch hier einen strengen Individualismus: Die religiösen Gefühle sind etwas dem Innern der Menschen Zugehörendes; sie dürfen daher von Kirche und Klerus nicht für ihre Zwecke ausgenützt werden. Constant unterscheidet die Religion von der Philosophie. In Gegenposition zum religionsfeindlichen Materialismus und Rationalismus der Aufklärungsphilosophie des 18. Jahrhunderts will er aber den Liberalismus mit der Religion versöhnen, jenem den Vorwurf der prinzipiellen Antireligiosität ersparen.

Die Lehren Constants sind, wie ausgeführt, eigentlich Ausdruck einer «juste milieu»-Haltung, einer politischen Position, welche die Herrschaft eines konservativ gesinnten Grossbürgertums in liberalen und konstitutionellen Formen charakterisiert, wie sie zuerst vom französischen Bürgerkönig Louis-Philippe verfolgt werden sollte. Das etwas elitäre, extrem individualistische Denken von Constant impliziert eine Herrschaft der Eigentümer und Gebildeten, wie sie dann in mehreren Kantonen als «Kapazitätenregiment» bekannt wurde (Zürich, Luzern). In diesem Geist wurde zwischen 1831 und 1845 gemäss Ludwig Snell auch das Waadtländervolk von einer «von oben herab aufgenöthigten Zivilisation» nach dem System des «aufgeklärten Despotismus» regiert[13].

Das Werk Constants hat die Liberalen der Regeneration und damit die Regenerationsverfassungen in starkem Masse beeinflusst. Ausserdem sind seine zahlreichen Lehren über den Parlamentarismus in weitem Masse in den Regenerationsparlamenten rezipiert worden, auch wenn sie rechtlich nirgends fixiert wurden. Viele Regeln des Parlamentsbetriebes, die heute als selbstverständlich gelten, dürften bei näherer Prüfung auf die Lehren Constants zurückzuführen sein. Abgesehen vom Parlamentsrecht, ist jedoch das hier skizzierte Gedankengut Constants in den schweizerischen Kantonen nicht unverändert, sondern nur mit erheblichen Modifikationen re-

---

[13] SNELL LUDWIG, Handbuch des Schweizerischen Staatsrechts II (1844), S. 721.

zipiert worden. Weshalb? Zunächst muss berücksichtigt werden, dass Constant sein staatstheoretisches Gebäude zur Hauptsache während der Restauration errichtet hat. Für diese autoritär-repressive Zeit war es doch ein bemerkenswert liberales Programm, und die konservativen Elemente sind aus dem «Zeitgeist» heraus erklärbar. Mit der Julirevolution änderte dann in Westeuropa dieser Zeitgeist fast schlagartig, was die Art und Weise der Rezeption der Gedanken Constants erheblich beeinflusste. Dazu kam, dass die historischen Gegebenheiten, die bestehenden Verfassungen und die politischen Verhältnisse in der Schweiz von jenen Frankreichs sehr verschieden waren. So fielen für die Schweiz die erblichen Elemente des Systems von Constant, nämlich das Königtum und die erste Parlamentskammer der Adligen («pairs»), von vornherein weg, denn das in der Restauration zum Teil wiedereingeführte Prinzip der erblichen Ämter hatte in den schweizerischen Kantonen nach 1830 keine Legitimität mehr. In den neuen Kantonen Tessin, Waadt, Aargau, Thurgau, St. Gallen fehlte zudem eine entsprechende traditionale Oligarchie für die Besetzung erblicher Ämter. Das demokratische Gedankengut war in den schweizerischen Mittellandkantonen trotz den Rückschlägen der Restauration besser verwurzelt als im Frankreich zur Zeit Constants, was sich allein darin zeigt, dass der Wahlzensus in mehreren Kantonen (Zürich, Waadt, Solothurn) schon 1831, in anderen Regenerationskantonen dann etwas später unter dem Einfluss der Radikalen auch bald abgeschafft wurde. Gleichzeitig war auch der Gedanke der Gleichheit, wohl nicht zuletzt wegen der Nachwirkungen des Gedankengutes der Helvetik, in der Schweiz stärker verwurzelt als im theoretischen Gebäude Benjamin Constants, weshalb dieser wohl schwächste Teil seiner Lehre in der Schweiz kaum Niederschlag gefunden hat. Insbesondere der von Constant geforderte hohe Zensus für die Wählbarkeit wurde in der Schweiz nirgends aufgenommen.

So kam es, dass in der Schweiz vor allem die passenden und für das Land wertvollen Gedanken aus dem System Constants übernommen wurden, nämlich persönliche Freiheit, Religionsfreiheit, Pressefreiheit, Unabhängigkeit der Justiz, Öffentlichkeit der Parlamentsverhandlungen, Gewerbefreiheit und Eigentumsfreiheit. Anderes, allzu Konservatives oder Autoritäres, wurde beiseite gelassen. Indessen hat Constant den schweizerischen Liberalen doch zwei entscheidende staatsrechtliche Instrumente in die Hand gegeben, mit denen sie eine eigentliche Parlamentsherrschaft begründen und halten konnten, nämlich das Repräsentativprinzip in Verbindung mit dem Prinzip der relativ starren, änderungsfeindlichen Verfassung. Der konservative Zürcher Staatsrechtslehrer Johann Caspar Bluntschli[14] hat dann nicht ohne Grund in seiner Schrift «Das Volk und der Souverän» 1830 das von Constant theoretisch fundierte Repräsentativprinzip als «eine der herrlichsten Erscheinungen der neueren Welt» bezeichnet. In derselben Schrift führte Bluntschli aus, die Souveränität «fliesse» zwar aus dem Volk; aber nicht dieses, sondern die Volksvertretung sei in den repräsentativen Staaten der Souverän, weil sie den Staatswillen bilde.

Die Aussage von Fritz Fleiner in seiner berühmten Zürcher Antrittsrede über die «Entstehung und Wandlung moderner Staatstheorien in der Schweiz» 1916, Benjamin Constant habe «dem schweizerischen Liberalismus den Weg zur Versöhnung der Volkssouveränität mit der Repräsentativverfassung gewiesen», ist unter diesem Gesichtswinkel allerdings etwas rhetorisch überhöht. Constant hat eine solche Versöhnung gar nicht beabsichtigt. Er hat vielmehr den materiellen Gehalt der Volkssouveränität auf ein Minimum reduziert, wenn man neben dem hohen Wählbarkeitszensus zusätzlich seine Auffassung miteinbezieht, der Parlamentarier müsse die Interessen der Nation «im allgemeinen» wahren, was faktisch die Interessenwahrung zugunsten benachteiligter einzelner Bevölkerungsgruppen erschwerte. Auch die Aussage von Carl J. Burckhardt, die leitende Anschauung aller schweizerischen Verfassungen sei «dem Destillat entsprungen, das Benjamin Constant aus Rousseaus Ideen gewonnen hatte ...»[15], scheint mir, was den Einfluss Rousseaus betrifft, nicht richtig zu sein. Die Radikalen auf der Linken und die Konservativen auf der Rechten haben in der Folge die Schwächen des von Constant theoretisch untermauerten Repräsentativsystems in Verbindung mit

---

[14] Bluntschli Johann Kaspar, 1808–1881. Stammte aus einem alten Zürcher Bürgergeschlecht. Dr. iur. 1829, 1833 ausserordentlicher, dann 1836–1848 ordentlicher Professor für römisches Recht an der Universität Zürich, Rechtskonsulent der Stadt Zürich 1833, Mitglied des Grossen Rats 1837–1848, Regierungsrat 1839–1844. Als Gegner der Radikalen gründete er eine liberal-konservative Mittelpartei, hinderte jedoch selbst deren Gedeihen dadurch, dass er als begeisterter Anhänger der mystischen Psychologie der Brüder Rohmer diese zu fördern suchte, indem er ihr seine Partei als eine Art Plattform für die Öffentlichkeit zur Verfügung stellte. Freimaurer. Nach dem Sonderbundskrieg legte er einen Vorschlag zur Bundesreform vor, wurde im Frühjahr 1844 knapp nicht zum Bürgermeister gewählt und folgte dann enttäuscht einem Ruf als Professor für deutsches Privat- und Staatsrecht nach München. Hier arbeitete er am Zürcher Privatrechtlichen Gesetzbuch. Mitbegründer der «Süddeutschen Zeitung» 1859, Professor der Staatswissenschaften in Heidelberg 1861, Mitglied der badischen Herrenkammer 1861–1871 und 1879. Bedeutender Völkerrechtler. Mitglied der eidgenössischen Kommission für die Redaktion des schweizerischen Obligationenrechts.
[15] Burckhardt Carl J., Der Berner Schultheiss Charles Neuhaus (1925), S. 44.

dem Grundsatz der starren Verfassung erkannt und bereits vor 1848 erste Relativierungen dieser beiden Grundpfeiler der sich bildenden liberalen Parlamentsherrschaft durchgesetzt.

Es zeigen sich bei Constant drei Elemente, die dann für den späteren Liberalismus des «juste milieu» bestimmend wurden: Einmal der rein politische Charakter seines Gedankengebäudes und damit die (vermeintliche) Ausschaltung von Interessen wirtschaftlicher und sozialer Art. Sodann, mit dem ersten zusammenhängend, ein idealistischer und zugleich absoluter Individualismus. Und schliesslich ein etwas elitärer gesellschaftlicher «Integrationalismus», der in gewissem Gegensatz zum Individualismus steht.

3. Die Theorie von Ludwig Snell und ihr Einfluss

Ein zweiter wichtiger Verfassungstheoretiker der Regeneration war Ludwig Snell. Dieser war 1827 als politisch Verfolgter aus Nassau (Deutschland) in die Schweiz, zunächst in den Kanton Zürich, gekommen, nachdem sein aus Deutschland ebenfalls vertriebener Bruder Wilhelm bereits seit 1821 an der Universität Basel gelehrt hatte. Der Einfluss von Ludwig Snell auf das Verfassungsrecht scheint erheblich grösser als jener seines Bruders Wilhelm gewesen zu sein. Wilhelm hat im Gegensatz zu Ludwig nur wenig publiziert und wirkte mehr unmittelbar in Vorlesungen und bei Stammrunden auf die akademische Jugend, hier aber sehr nachhaltig; seinem Einfluss vor allem ist die Entstehung der Berner Schule des Radikalismus unter Stämpfli[16]

---

[16] STÄMPFLI JAKOB, 1820–1879. Als Sohn eines Landwirtes, der einen mittelgrossen Betrieb bewirtschaftete, in Wengi bei Büren geboren. Dann Lehre als Notar; anschliessend Studium der Rechte in Bern, vor allem bei Wilhelm Snell, dessen Tochter er heiratete. Fürsprecher 1844. Er trat als Redaktor der von ihm gegründeten «Berner Zeitung» für eine Revision der Regenerationsverfassung ein. Teilnehmer am zweiten Freischarenzug. Mitglied der «Helvetia». Neben Ochsenbein einflussreichstes Mitglied des Verfassungsrates von 1846, in der folgenden radikalen Periode 1846–1850 Regierungsrat. Nach dem Sturz durch die Konservativen wieder Redaktor der Berner Zeitung 1850–1854; führend bei der Abberufungskampagne, die misslang. 1854 Einverständnis zur Fusion der Radikalen mit den Konservativen. Nationalrat 1848–1854, daneben Mitglied des Bundesgerichts 1851–1854, Ständerat Ende 1854, kurz darauf Wahl in den Bundesrat als Nachfolger Ochsenbeins. Schöpfer eines umfassenden Programms zur Umwandlung und Sanierung des Eisenbahnwesens. Betrachtete den Staat als Wohlfahrtsanstalt: deshalb Einsatz für die Nationalisierung der Eisenbahnen in Auseinandersetzung mit Alfred Escher. Gründung der «Eidgenössischen Bank», an deren Spitze er bis 1878 amtete. 1864–1878 Mitglied des bernischen Grossen Rats, 1875 bis zu seinem Tod 1879 wieder Nationalrat, Mitglied des Schiedsgerichts im Alabamahandel 1871. Starb in bescheidenen finanziellen Verhältnissen.

und Ochsenbein [17] zuzuschreiben. Die Vorlesungen von Wilhelm Snell über «Naturrecht», nach seinem Tod 1859 herausgegeben, wirken gedruckt etwas lehrhaft und nicht so anregend wie die von theoretischem Feuer erfüllten Schriften seines Bruders. Ludwig Snells Einfluss auf die Regenerationsverfassungen war auch deshalb sehr nachhaltig, weil er seine Ideen sorgfältig und genau auf die schweizerischen Verhältnisse angepasst hat, und weil die zürcherische Regenerationsbewegung, wo er den stärksten Einfluss hatte, zeitlich in Führung lag. Seine Gedanken konnten daher hier viel leichter übernommen werden als die Ideen Benjamin Constants, welche aus der Praxis des monarchisch-konstitutionellen Staates erwuchsen und daher vor ihrer Übernahme mehr oder weniger stark modifiziert werden mussten. Ludwig Snell war ein Radikaler. Seine Schriften aus der frühen Regenerationszeit zeichnen sich indessen durch Mässigung und durch historisches Bewusstsein, vor allem aber insofern aus, als Snell des öftern von ihm zwar als richtig angesehene Reformen vorläufig nicht postuliert und deren Durchführung auf einen späteren Zeitpunkt verschiebt. Dies vor allem deshalb, um die Wirkungen eines besseren Erziehungssystems abzuwarten, und um den Übergang zur neuen Ordnung zu erleichtern.

Wichtig für die frühe Regenerationszeit sind vor allem zwei Schriften Snells, nämlich die zwar von ihm verfassten, aber – wohl weil Snell zu jenem Zeitpunkt noch Ausländer war – «von mehreren Kantonsbürgern» herausgegebenen «Ansichten und Vorschläge in Betreff der Verfassung und ihrer Veränderung». Diese im Oktober 1830 erschienene Schrift erhielt bald den Namen «Küsnachter Memorial» und beeinflusste in starkem Masse das am 22. November 1830 anlässlich der Volksversammlung in Uster beschlossene «Me-

---

[17] OCHSENBEIN JOHANN ULRICH, 1811–1890. Geboren in Schwarzenegg, Kanton Bern. Sein Vater war Wirt und Landwirt. Abgeschlossenes Rechtsstudium an der Berner Akademie 1830–1834. 1834 Anwaltsexamen. Seit 1835 führte er in Nidau bei Biel eine Anwaltspraxis. 1835 Mitbegründer des Nationalvereines. 1845 Freischarengeneral. 1845/46 Mitglied des Berner Grossen Rates. 1846 Präsident des Berner Verfassungsrates. Berner Regierungsrat 1846–1848 und Tagsatzungsabgeordneter 1847/48. 1848 Präsident der Vorberatungskommission für die neue Bundesverfassung. Zum eidgenössischen Oberst ernannt trotz seiner ehemaligen Betätigung als Freischarengeneral. 1848–1854 Bundesrat als Vorsteher des Militärdepartements. Bruch mit den Radikalen und 1850 misslungener Versuch der Gründung einer eigenen Mittelpartei. Wegen fehlender Unterstützung der Radikalen nun nicht wiedergewählt. 1855–1857 Brigade- und Divisionsgeneral von Napoleon III. in Frankreich. Nach 1857 wiederum in Nidau als Anwalt und Gutsbesitzer. Er befasste sich nun mit volkswirtschaftlichen Fragen, war Mitglied der Juragewässerkorrektionskommission 1868–1878 und nahm 1870/71 als Platzkommandant von Lyon am Deutsch-Französischen Krieg teil.

morial von Uster». Verfassungsrechtlich noch weit bedeutsamer ist jedoch eine andere Schrift, nämlich der ebenfalls von ihm verfasste und Anfang Januar 1831 ohne Nennung seines Namens publizierte «Entwurf einer Verfassung nach dem reinen und ächten Repräsentativsystem, das keine Vorrechte noch Exemptionen kennt, sondern auf der Demokratie beruht». Dieser Verfassungsentwurf wurde am 7. Januar 1831 allen Abonnenten des «Schweizerischen Republikaners» zugestellt und wurde damit allen wichtigen liberalen Führern auch ausserhalb des Kantons Zürich bekannt. Sie ist ein im einzelnen eingehend begründetes umfassendes Reformprogramm für die Regeneration. Ihre Wirkungen auf die Verfassungen lassen sich in einigen Regenerationskantonen anhand einzelner Verfassungsartikel oder von Voten von verfassungsgebenden Räten direkt nachweisen, so für Zürich, Thurgau, St. Gallen und Basel-Landschaft; ausdrücklich erwähnt wurde der Verfassungsentwurf nur zweimal, und zwar von Henne[18] im St. Galler Verfassungsrat[19]. Für andere Kantone sind Übernahmen daraus wahrscheinlich. Der nicht in Artikelform, sondern in «Prosa» geschriebene Verfassungsentwurf Snells enthält auf der einen Seite ein staatsrechtliches Reformprogramm, auf der andern detaillierte Vorschläge auch administrativer Art für die Reform der Verwaltung, der Justiz und insbesondere des Erziehungswesens.

Die staatsrechtlichen Reformvorschläge Snells erweisen sich bei genauer Betrachtung auf weiten Strecken als eine Zusammenfassung der Staatsideen der Französischen Revolution. Bei dieser «Rezeption» grössten Ausmasses gibt er jedoch nirgends eine Quelle an.

Der Verfassungsentwurf Snells beginnt mit einer naturrechtlich geprägten Einleitung, wonach «die ewigen Grundsätze, auf welchen alle Freiheit und alles Glück des Volkes beruht, deutlich und

---

[18] HENNE JOSEF ANTON, 1798–1870. Geboren in Sargans. Stammte aus zugewanderter Schneidersfamilie. Für geistliches Leben vorbestimmt, daher Noviziat im Kloster Pfäfers 1816-1819. Austritt und Studium der Philologie, Philosophie und Geschichte in Heidelberg, 1820–1825. Dr. phil. 1825. 1825 vergebliche Bewerbung um eine Privatdozentenstelle an der Universität Freiburg im Breisgau. Schriftstellerische und dichterische Arbeiten im Sinn der schwärmerischen Romantik. 1826–1834 Stifts- und Staatsarchivar von St. Gallen. 1831 führendes liberales Mitglied des St. Galler Verfassungsrates. 1833–1835 und 1837–1839 Mitglied des St. Galler Grossen Rates. 1834–1841 Hauptlehrer für Geschichte und Geographie an der Kantonsschule St. Gallen. Daneben 1830–1838 Herausgabe der Zeitschrift «Der Freimüthige». 1842–1854 ausserordentlicher Professor für Geschichte an der Universität Bern. 1855–1861 erneut Stiftsarchivar in St. Gallen. 1862–1870 Sekretär des St. Galler Erziehungsdepartements.
[19] Verhandlungen vom 15. und 17. Januar 1831.

ausführlich festzusetzen» sind, ..., als Bürgschaft dafür, «dass die heiligen Wahrheiten, welche freie Männer von Sklaven unterscheiden, nie wieder in Vergessenheit versinken». Der erste Teil des Entwurfes beginnt mit einer an Artikel 2 der französischen Erklärung der Menschen- und Bürgerrechte von 1789 angelehnten Umschreibung des Staatszweckes: «Der Zweck der Staatsverbindung ist die Sicherheit der persönlichen Freiheit, des Eigenthums, der Ehre und der freien Entwicklung aller menschlichen Kräfte ... und des Widerstandes gegen Unterdrückung.» Dann folgt in einem zweiten, mit «bürgerliche Freiheit» überschriebenen Teil die grundsätzliche Freiheit der Ausübung dieser Rechte, unter dem alleinigen Vorbehalt ihrer Einschränkung durch Missbräuche, welche jedoch nur mittels Gesetz erfolgen darf. Weiter postuliert Snell – fast alles unter Anlehnung an die französischen Erklärungen der Menschen- und Bürgerrechte von 1793 und 1789 – die Gleichheit der Bürger vor dem Gesetz, das Prinzip der strafrechtlichen Unschuldsvermutung, das Verbot ungesetzlicher Verhaftung und des Rechts auf richterliche Einvernahme innert 24 Stunden, das strafrechtliche Rückwirkungsverbot, das Verbot des Entzuges des «natürlichen Richters» und des Verbots der Bildung von «Justizkommissionen», Meinungs- und Pressefreiheit, Versammlungsfreiheit, Religionsfreiheit – auch für die Juden –, Eigentumsfreiheit mit spezieller Entschädigungsregelung für den Fall der Enteignung, Petitionsrecht, und zwar auch für Kollektivpetitionen, sowie Handels- und Gewerbefreiheit. Snell postuliert in diesem Verfassungsentwurf ausserdem eine ganze Reihe von weiteren Forderungen der Aufklärungszeit und der französischen Revolution, die in der Montagnard Verfassung oder im Gironde-Entwurf enthalten sind oder aber sonst vom französischen Nationalkonvent beschlossen worden sind. So wird als Leitlinie die Forderung aufgestellt, die Gesetzgebung solle «immer mehr von der Wissenschaft geleitet werden». Konkret wird hierauf der Erlass einer Zivil- und Strafrechtskodifikation verlangt; es sollen humanere Strafen festgesetzt werden («nach der Vollkommenheit der Wissenschaft»), die Innungen der Handwerker sowie jeder Zunftzwang sind abzuschaffen, und alle Hemmungen des Verkehrs im Innern sind aufzuheben.

Im dritten Teil seines Verfassungsentwurfes befasst sich Snell mit den politischen Rechten der Bürger: «Zur Sicherung der erwähnten bürgerlichen Rechte und Freiheiten vereinigen alle Bürger ihre Gesamtkraft zur Aufstellung einer öffentlichen Gewalt, Staatsgewalt genannt.» Diese hat «die Erhaltung der Freiheit der Rechte und des Glücks *aller* Bürger» zum Zweck, eine Formulierung, die vom «bon-

heur commun» der Montagnard-Verfassung her stammen dürfte[20].
Nach dieser Darlegung des Staatszweckes wendet sich Snell noch
einmal der Gleichheitsfrage zu, insbesondere dem Repräsentationsverhältnis von Stadt und Land – dem Problem mit der politisch grössten Sprengkraft in der Regenerationsperiode. Als Grundsatz gilt für
Snell, dass alle Bürger gleiche politische Rechte haben. «Alle Privilegien der Geburt, des Standes, oder der Familien, betreffen sie nun
bevorrechtete Theilnahme an der Regierung des Staates oder bevorrechtete Befreiung von den allgemeinen Lasten, sind für immer als
unvereinbar mit einem freien Staat erklärt.» Um die Ausführungen
Snells zur Repräsentation der Landschaft im Grossen Rat verstehen
zu können, muss darauf hingewiesen werden, dass bereits im «Küsnachter Memorial» für die Landschaft nur zwei Drittel der insgesamt
212 Grossratssitze verlangt worden waren, obwohl die Landschaft
etwa 95 Prozent der Bevölkerung, etwa 190 000 von 200 000 Einwohnern, stellte. Snell stimmt jedoch dieser Abweichung vom reinen
Kopfzahlprinzip zugunsten der Stadt mit der Begründung zu, er wolle
«dem grösseren Vermögen, der höheren Kultur der Stadt Zürich und
dem Umstande, dass sie Kantonalstadt und Mittelpunkt der Landes-
geschäfte ist, billig Rechnung tragen». Allein, so fährt er weiter, es
könne diese Aufteilung der Grossratssitze nur als eine «Übergangsordnung betrachtet werden, die sich allmählig in völlige politische
Gleichheit auflösen soll». Durch ein «tüchtiges Erziehungswesen»,
eine «freie Gemeindeordnung in Verbindung mit der Pressefreiheit»
könne bewirkt werden, dass schon «die nächste Generation eine hinreichende politische Bildung erlange, um eine völlig gleiche, allein auf
dem Bevölkerungsverhältnisse beruhende Repräsentation auszuüben». Es solle daher jedesmal nach zehn Jahren ein Drittel der der
Stadt jetzt noch zusätzlich überlassenen Sitze der Landschaft zuge-
teilt werden, so dass nach 30 Jahren eine völlige Gleichheit eintrete.
In Anbetracht des sonst sehr konsequenten Denkens von Snell wundert man sich über die hier zutage tretende Nachgiebigkeit und Kom-
promissbereitschaft. Sie ist vielleicht damit zu erklären, dass Snell in
diesem Punkte unter dem Einfluss von mit ihm befreundeten Stadtliberalen stand.

    Der Verfassungsentwurf konkretisiert dann die Rechtsgleich-
heit, indem er den gleichen Zugang aller Bürger – gemeint sind in
erster Linie die Landbewohner – zu «allen Ämtern und Würden» verlangt, eine Forderung, die sich schon in der Montagnard-Verfassung

---

[20] Art. 1; *Quellenbuch* S. 68.

und im «Stäfner Memorial» findet. Für die Wählbarkeit in öffentliche Ämter und für das aktive Wahlrecht wird von Snell jede Art des Zensus abgelehnt, denn «jede Vermögensbedingung zur Wählbarkeit gibt einer Republik eine aristokratische Färbung». Auch der Ausschluss der «in Kost und Lohn» Stehenden vom Wahlrecht wird abgelehnt und nur das vollendete 20. Altersjahr verlangt. Sodann wird ein Verbot für das Annehmen von Orden von fremden Staaten verlangt und eine Abschaffung des militärischen Fremdendienstes postuliert, neben dem Grundsatz der Gleichheit der Besteuerung.

Als eigenartig ambivalent erscheinen die Ausführungen Snells über die Volkssouveränität. Seine Formulierungen lassen einerseits deutlich den Einfluss der Staatstheorie Rousseaus und der Montagnard-Verfassung von 1793 erkennen, während er anderseits eine Scheu davor hat, vom Repräsentativprinzip abzuweichen. Zunächst hält er den Grundsatz fest: Die Souveränität als die höchste Staatsgewalt liegt «ewig und unveräusserlich in der Gesammtheit aller Bürger oder in dem Gesammtwillen des Volkes». Alle Staatsgewalten und Staatseinrichtungen müssen ein Ausfluss des Volkswillens sein. «Dann spricht das gesammte Volk – und jeder einzelne freie Mann in ihm – in allen Staatseinrichtungen seinen eigenen Willen aus». Souveränität und Freiheit sind also «gleichgeltende Begriffe», weshalb auch Freiheit und «Selbstgesetzgebung» des Volkes gleichbedeutend sind. Der Mensch habe, so fährt Snell weiter, «nur dann einen freien Willen, wenn er sich selbst seine Gesetze für sein Handeln gibt und kein Anderer». Aus dieser an Rousseau angelehnten allgemein-theoretischen Fundierung der Volkssouveränität und der Selbstgesetzgebung zieht Snell zunächst den Schluss, die Verfassung als der «Grundhandlung», dem «ersten Hauptakt der Selbstgesetzgebung» müsse dem «souveränen Volkswillen entspringen». Die Verfassung oder das Grundgesetz müsse durch das Volk selber beschlossen werden, wie es die Montagnard-Verfassung vorsah. Doch schränkt Snell die Tragweite seines Begriffes der «Selbstgesetzgebung» plötzlich und unvermittelt ein, wenn er schreibt, es sei bei den späteren Gesetzen nicht mehr nötig, den Willen des Volkes ausdrücklich einzuholen; diese könnten von den Abgeordneten des Volkes beschlossen werden, «denn einmal sind die späteren Gesetze nur eine Fortentwicklung des Grundgesetzes, und zweitens wird in dem Grundgesetz selbst von jedem Volke, das frei bleiben will, Vorsorge getroffen, dass die späteren Gesetze stets mit dem Volkswillen übereinstimmen».

Lehnt sich Snell in der theoretischen Begründung stark, teilweise wörtlich an Rousseau und die Montagnard-Verfassung an, so scheut er hier plötzlich davor zurück, den Begriff der «Selbstgesetz-gebung», der er als den «leitenden und entscheidenden Begriff» an-sieht, praktisch zur Wirksamkeit zu bringen. Seine dann folgenden Ausführungen über die Landsgemeindedemokratie zeigen, dass er innerlich dieser Staatsform, «wo der Staat also stets ein Werk des Volkswillens» ist, geneigt ist. Er führt diesen Gedanken sogar noch weiter, wenn er den Fall behandelt, da das Volk in einem Staat bei bestehender Repräsentativverfassung sich versammelt und Be-schlüsse fasst. «Sind dann diese Beschlüsse nicht Gesetze?» fragt Snell, und er bejaht die Frage, «denn vor dem Souverain verschwin-den *alle* konstituierten Gewalten, auch der Körper der Repräsentan-ten ...» Es «würde durch die Versammlung solcher souverainer Landsgemeinden die Repräsentativverfassung aufgelöst werden und eine Demokratie entstehen». Dieser Fall wird, so schränkt Snell ab-schliessend ein, allerdings nur eintreten, wenn das Volk eine gute und freie Verfassung erhalten und schützen will, oder wenn es eine schlechte Verfassung gegen den Willen der Gewalthaber abschaffen will. Auch wenn Snell trotz seiner radikal-naturrechtlichen Begrün-dung der Volkssouveränität und der Demokratie noch am Repräsen-tativsystem festhält, so verlangt er für die Repräsentativ-Republik, wo die Staatsgewalten einzelnen Bürgern übertragen werden, be-sondere «Bürgschaften (Garantien) und Einrichtungen», damit die mit den Staatsgewalten beauftragten Bürger stets in der Ausübung derselben mit dem Volkswillen übereinstimmen. Als solche Garan-tien sieht Snell die folgenden: Einmal ist jedes Amt ein *«Auftrag»* des Volkes und eine Verpflichtung; die «Souverainität selbst bleibt un-veräusserlich in der Gesammtheit des Volkes». Dieses behält sich insbesondere gewisse «Handlungen der Souveränität» vor, so na-mentlich die Schöpfung einer neuen Verfassung oder die Änderung der bestehenden, die unmittelbare Wahl der Repräsentanten und anderer Beamten sowie die nach «kurzer Dauer», das heisst für Snell jeweils drei, höchstens vier Jahren durchzuführenden periodischen Erneuerungswahlen derselben sowie aller weiterer, mit grosser Macht ausgestatteten Amtsträger. Snell bevorzugt die *Gesamter-neuerungswahl* der Repräsentanten anstelle der in der Helvetik praktizierten Drittelserneuerung oder der Hälfte der Ratsmitglieder, denn sonst pflanzt sich der «faule Stoff» immer fort. Indessen kann er die alle zwei Jahre erfolgende hälftige Erneuerung des Grossen Rates als Übergangsregel gerade noch akzeptieren. Ebenfalls nur als Übergangsregel lässt Snell die damals noch weitverbreitete Selbster-gänzung (Kooptation) einer allerdings kleinen Zahl von Repräsen-tanten durch den Grossen Rat selber zu. Als weitere Mittel des Volkes zur Wahrung seiner Souveränität führt Snell dessen Aufsicht über die Einhaltung der Verfassung sowie dessen Widerstandsrecht gegen Unterdrückung an. Die Repräsentanten des Volkes haben ferner eine Aufsicht über die beiden anderen Gewalten, die vollziehende und die richterliche, vor allem zwecks Kontrolle der Einhaltung der Verfassung zu üben; anderseits müssen die drei Gewalten streng getrennt sein, jedoch – gleich wie in der französischen Montagnard-Verfassung – im Sinne einer *Unterordnung* von vollziehender und richterlicher Gewalt unter die gesetzgebende. Das Hauptgewicht liegt für Snell daher bei der Trennung zwischen richterlicher und vollziehender Gewalt. Die gesetzgebende Gewalt darf nicht unter dem Einfluss der vollziehenden sein, weil sonst diese die Gesetze erlässt, obwohl sie «nicht mit der Gesetzgebung beauftragt ist ... und gar nicht die Organisation und Einrichtung für den Ausdruck des Volkswillens empfangen hat». Steht aber, so Snell weiter, «die richterliche Gewalt unter der Vollziehenden, so erlässt jene nicht mehr ihre Urteile nach dem Gesetz, sondern nach dem Willen der Machthaber». Die richterliche Gewalt soll daher «gänzlich unabhängig» sein von der vollziehenden, und der höchste Gerichtshof soll dem Kleinen Rat «an Würde gleichgestellt» sein. Die Unvereinbarkeit zwischen dem Oberrichteramt und der Mitgliedschaft im grossen Rat wird aber nicht verlangt.

Alle drei Gewalten müssen vom Grundsatz der Öffentlichkeit beherrscht sein; bei der gesetzgebenden und der richterlichen Gewalt sind insbesondere auch die Sitzungen öffentlich durchzuführen: «Das geheime Regiment führt, wie die neueste und ältere Geschichte unseres Vaterlandes warnend lehrt, unfehlbar zum Missbrauch der Gewalt, zum Despotismus und zur Unterdrückung des Volkes; ohne Publizität können weder die Repräsentanten die übrigen Gewalten, noch das Volk beide kontrollieren.» Zur Herstellung von Öffentlichkeit ist insbesondere die Pressefreiheit eine Notwendigkeit. Die Presse schafft «als fortdauernder Ausdruck des Volkswillens eine öffentliche Meinung», und durch «die Kritik der Staatshandlungen und Einrichtungen und durch die freie Diskussion aller Interessen des Volkes» verschafft sie «stets der Wahrheit den Sieg». Und die Pressefreiheit sichert – so Snell unter dem Einfluss des aufklärerisch-optimistischen Entwicklungsprinzips – den «Einfluss der Wissenschaft auf das Leben» und erhebt dadurch «den Geist des gesammten Volkes zu höherer, politischer und humaner Bildung» und führt «durch den veredelten Volksgeist den ganzen Staat zu immer grösserer Vollkommenheit».

Schliesslich hat das Volk auch das Recht, sich jederzeit zu versammeln und das Ergebnis seiner Beratungen und Beschlüsse dem Grossen Rat mitzuteilen. Auch haben «einzelne Bürger und *jede* Anzahl von Bürgern das Recht, in Petitionen ihre Ansichten, Bedürfnisse und Beschwerden zur Berücksichtigung vorzutragen». Gesellschaftliche, gewerbliche und wissenschaftliche Vereine sind gestattet, geheime Gesellschaften «in allen Fällen strenge verboten». Und schliesslich, was die Garantie der Verfassung betrifft: Alle freien Männer sind verpflichtet, die Verfassung mit allen ihren Kräften zu schützen und sie «mit den Waffen in der Hand zu vertheidigen»; weil aber die «letzte Garantie der Verfassung in den Waffen der Bürger liegt, so können sie nicht entwaffnet werden», und nie darf ein «stehendes Militair errichtet» werden, weil es laut der Geschichte stets der Untergang aller freien Verfassungen gewesen ist – ein Grundsatz, der sich schon in der «Bill of Rights» von Virginia von 1776 findet[21] und der dann in die Berner Verfassung von 1846[22] und schliesslich in die Bundesverfassung von 1848 hineinkommen sollte[23].

Die Ambivalenz Snells gegenüber dem Repräsentativprinzip und die immer wieder durchschimmernde Neigung zu reindemokratischen Einrichtungen zeigt sich auch im Abschnitt über die öffentlichen Gewalten. Snell führt aus, die Zentralgewalten für den ganzen Kanton, nämlich Grosser Rat, Kleiner Rat, Obergericht und Kriminalgericht erster Instanz, Erziehungsrat und Kirchenrat, seien «sämmtlich vom Volk übertragen, sollten mithin nach dem Staats*recht* alle unmittelbar von ihm gewählt werden; aber nach den Regeln der Staats*weisheit* wird am besten nur die höchste dieser Gewalten (grosser Rath) unmittelbar vom Volk gewählt ...» Wie ist diese Unterscheidung Snells zwischen Staatsrecht und Staatsweisheit zu erklären? Wohl nicht anders als von revolutionären Grundsätzen in Frankreich: Nach der Montagnard-Verfassung von 1793 hatte das Volk sämtliche Richter zu wählen, und das Recht, die Exekutivmitglieder vorzuschlagen. Der girondistische Entwurf sah sogar deren direkte Volkswahl vor. Jene rousseauistischen Verfassungen waren für Snell das Staats*recht*. Die revolutionären Ereignisse liessen ihn aber diese Rechte im Sinne der Staats*weisheit* modifizieren!

Bei den Staatsgewalten der zweiten mittleren Stufe, die in der Restauration «Oberamt» hiess, von Snell nun «Kreis» genannt – «weil

---

[21] Section 13.
[22] § 87; *Quellenbuch* S. 427.
[23] Art. 13; *Quellenbuch* S. 450.

dieser Name so wie das oberamtliche Verwaltungssystem Österreichisch war», soll das System der «Centralität» durch jenes der «Volksverwaltung» ersetzt werden. Für Kreisammann, Kreisgericht, Kreisschulrat und Kreiskirchenrat sieht der Entwurf daher die Wahl durch das Volk vor; dasselbe gilt für die analogen Behörden auf Gemeindestufe. Dieses System der Volksverwaltung zieht er jenem der «Centralität» vor, denn nach diesem werden alle Beamten von der Regierung gewählt; «der Staat ist nach diesem System eine Bevogtigungsanstalt und die Bürger werden administriert und, als nur zum Gehorchen bestimmt, in ewiger Unmündigkeit gehalten». Eine «freie Gemeindeverfassung» ist überhaupt für Snell «eine treffliche Vorschule zur Bildung von Repräsentanten und Staatsleuten. Dieselben Geschäfte und Interessen, die dort in kleinerem Umfange vorkommen, bieten sich in weiteren Kreisen wieder der Funktion der Repräsentanten dar. In der Gemeindeverfassung öffnet sich also die erste Bildungsstätte für das politische Talent.» Mit diesen Überlegungen rückt Snell deutlich auch vom bürokratisch-zentralistischen Verwaltungssystem Frankreichs und der Helvetischen Verfassung – dem Präfektursystem – ab und gibt dem Selbstverwaltungssystem den Vorzug. Hier ist er offensichtlich von den Ideen des Freiherrn von Stein[24] beeinflusst, auf den er sich auch ausdrücklich beruft. Snell befindet sich hier ferner in grosser Nähe zur Idee der selbständigen Kommunalgewalt von Benjamin Constant.

Mit besonderer Sorgfalt wird im Verfassungsentwurf der Grosse Rat behandelt. Dies ist nur folgerichtig, denn dieser ist staatsrechtlich nach klassischer liberaler Lehre der «Stellvertreter», nach Snell sogar der «Beauftragte» des Volkes. Im Grossen Rat soll und darf daher eine grosse Machtfülle vereinigt werden; die Parlamentsherrschaft im Sinne der Überordnung der Volksvertretung über die beiden andern Gewalten entspricht nicht nur den praktischen Konsequenzen der umgeformten Lehre Rousseaus, sondern auch den politischen Be-

---

[24] STEIN HEINRICH FRIEDRICH KARL, FREIHERR VON, 1757–1831. Stammte aus reichsritterlicher Familie. 1773–1777 Rechtsstudium in Göttingen, ab 1780 Karriere im preussischen Staatsdienst. Freimaurer. 1807 Abfassung der Nassauer Denkschrift, in der er grundlegende Reformen in Preussen verlangte: Agrarreform, vor allem Bodenbefreiung, Städtereform und Verwaltungsreform. Die Verwirklichung dieses Programmes begann er dann als Innenminister 1807/08. Wegen antifranzösischer Machenschaften von Napoleon 1808 geächtet. Flucht nach St. Petersburg. Als persönlicher Berater von Zar Alexander I. organisierte von Stein ab 1812 die Befreiung Deutschlands von der französischen Fremdherrschaft, zog sich nach dem Wiener Kongress jedoch aus dem politischen Leben zurück und widmete sich der germanischen Rechtsquellenforschung.

dürfnissen der Liberalen. Der Grosse Rat wird daher zum eigentlichen Eckpfeiler des liberalen Staatsgebäudes; er erhält nicht nur die Befugnisse einer gesetzgebenden Kammer in einer konstitutionellen Monarchie, sondern zusätzlich eine Reihe von Souveränitätsrechten, welche in jenen dem Monarchen zustanden. Ludwig Snell schreibt denn wörtlich, wenn auch ungenau: «In repräsentativen Monarchien stellt der Regent den Souverain dar; in Republiken der grosse Rath ...» Ungenau ist diese Aussage deshalb, weil nach Snells eigenen Ausführungen das Volk der Souverän und der Grosse Rat nur dessen Beauftrager ist; Snell will jedoch mit jenem Satz zum Ausdruck bringen, dass der Grosse Rat die Spitze aller Behörden, aller Gewaltinhaber bildet und ihm deshalb auch alle Rechte zukommen sollen, welche in ausländischen Staaten den Monarchen und unter der Restaurationsverfassung vorwiegend dem Kleinen Rat zustanden. Solche Rechte waren etwa das Recht zur Einberufung der bewaffneten Macht, das Recht zur Gesetzesinitiative oder das Begnadigungsrecht. Äusserlich kommt diese staatsrechtliche Stellung des Grossen Rates dadurch zum Ausdruck, dass von nun an dessen Präsident der höchste staatliche Funktions- und Würdenträger ist, und nicht mehr der Bürgermeister oder Landammann.

Die den Grossen Rat betreffenden Postulate zeigen, dass Snell nicht nur die politische Geschichte und die Verfassungen der Französischen Revolution, sondern auch jene der Helvetik genau studiert hat – anders sind seine eingehenden Vorschläge über die Selbstkonstituierung, Selbstschutz und Machterhaltung des Grossen Rates nicht zu erklären. Ebenso scheint Snell die Schriften von Benjamin Constant gekannt zu haben; davon zeugen seine detaillierten Vorschläge betreffend den Schutz der einzelnen Grossratsmitglieder, die innere Organisation des Grossen Rates und dessen Verhältnis zur Exekutivgewalt.

Die Machtstellung des Grossen Rates als der Volksvertretung soll schon darin zum Ausdruck kommen, dass sich jener von Verfassungs wegen dreimal pro Jahr versammelt und es dazu «keiner besonderen Einladung» bedarf, wie ausdrücklich festgehalten wird. Dies ist für Snell die Lehre daraus, dass die Grossen Räte nach den Restaurationsverfassungen nicht von sich aus zusammentreten konnten, und aus der Furcht heraus, die Regierung könnte durch Nichteinberufung des Parlamentes die ganze Macht im Staat wieder übernehmen; er schreibt ausdrücklich, die Geschichte lehre, dass Staatsstreiche gewöhnlich von der Regierung und nicht vom Parlament ausgingen. Die «automatische», durch die Verfassung autonom bestimmte Versammlung des Parlamentes ist entweder aus der französischen Montagnard-Verfassung[25] oder aus der Verfassung von 1791 übernommen worden[26]. Demselben Zweck dient die im Verfassungsentwurf von Snell vorgesehene Bildung eines aus zehn Grossratsmitgliedern zusammengesetzten besonderen Ausschusses «für die Zwischenzeit der Sitzungen». Diesem habe die Regierung alle wichtigen Vorkommnisse mitzuteilen, und er könne, wenn er es für nötig halte, eine ausserordentliche Sitzung des Grossen Rates verlangen. Der permanenten vollziehenden Gewalt wird eine quasi-permanente parlamentarische entgegengestellt – eine Einrichtung, die ihre Herkunft wahrscheinlich in dem von Rousseau skizzierten[27] und dann von Sièyes weiterentwickelten «Tribunat» hat, das in der französischen Konsularverfassung von 1799 enthalten ist. Möglich ist jedoch auch eine Anlehnung Snells an das von Paul Usteri in die Verfassung vom 5. Heumonat 1800 hineingebrachte, mit ähnlicher Funktion versehene «Geschworenengericht». Aus diesem Vorschlag Snells sind dann in modifizierter Form zwei entsprechende Bestimmungen der Regenerationsverfassungen der Kantone Thurgau[28] und Basellandschaft[29] hervorgegangen. Der Verfassungsentwurf sieht zur Sicherung der Parlamentsherrschaft ferner das Recht des Grossen Rates vor, die «bewaffnete Macht» zu versammeln. Um der Regierung einen Staatsstreich zu verunmöglichen, wird ferner vorgesehen, dass an dem Orte, wo der Grosse Rat tagt, ohne dessen Einwilligung keine Truppen versammelt werden dürfen – eine wohl von Art. 69 der französischen Direktorialverfassung[30] inspirierte Bestimmung.

Der Grosse Rat hat, so der Verfassungsentwurf geradezu klassisch, eine dreifache Funktion: «Er gibt die Gesetze in ihrem ganzen Umfange, er führt die Oberaufsicht über alle Staatsbeamte, und er besetzt, im Namen des Volks, alle höhern Staatsämter.» Es folgen dann eine grosse Fülle von Einzelkompetenzen des Grossen Rates, wie dessen Recht, den Gesandten die Instruktionen zu den Tagsatzungen zu erteilen, und das Recht, mit andern Kantonen und dem Ausland Verträge zu schliessen. Hervorzuheben sind auch dessen umfassende finanzielle Verfügungsrechte, sowohl alle Einnahmen als auch alle Ausgaben betreffend, sowie die umfassenden Wahlbefugnisse.

---

[25] Art. 41; *Quellenbuch* S. 73.
[26] Titre II Chapitre 1 Section V Art. 1; Text in Duverger Maurice, Constitutions et documents politiques (1981), S. 17.
[27] Rousseau, Contrat social IV/5.
[28] Art. 72 und 73; *Quellenbuch* S. 259.
[29] Art. 44; Bornhauser (Anm. 9), S. 161.
[30] *Quellenbuch* S. 87.

Während die Vorschläge Snells über die Befugnisse des Grossen Rates die Tendenz einer Machtkonzentration bei dieser Behörde erkennen lassen, so ist beim Kleinen Rat (Regierung) das Gegenteil der Fall: Die vollziehende Behörde, bei der im Ancien Régime und während der Restaurationszeit die Macht konzentriert war, soll gleich wie bei der Montagnard-Verfassung in möglichst weitgehende Abhängigkeit zum Grossen Rat gesetzt werden. Diesem Zweck dienen die Wahl und periodische Wiederwahl seiner Mitglieder durch den Grossen Rat, dessen aus dem Oberaufsichtsrecht fliessende Disziplinargewalt, die periodische Rechenschaftspflicht der vollziehenden Behörde, aber auch die Tatsache, dass der Grosse Rat zuständig sein soll, das Reglement für die Geschäftsführung des Kleinen Rates zu erlassen. Aus demselben Bestreben heraus ist zu erklären, dass die sogenannte «authentische Gesetzesinterpretation» als «Teil der Gesetzgebung» nicht dem Kleinen, sondern nur dem Grossen Rat zustehen soll. Dieses Recht der «authentischen» Interpretation geht vermutlich auf den girondistischen Verfassungsentwurf zurück: Um Übergriffe der Exekutive auf die demokratische Gesetzgebung zu verhindern, hatte Condorcet dem Vollziehungsrat jede «Änderung, Ausdehnung oder Interpretation» von Gesetzen und Dekreten untersagt[31]. Benjamin Constant hat dann diese positivistische Konstruktion in modifizierter Weise in den «Acte additionnel aux constitutions de l'Empire du 22 avril 1815» übernommen[32]. Es sollte übrigens die Konstruktion der «authentischen» Gesetzesinterpretation die Gemüter bis weit ins 20. Jahrhundert hinein bewegen; es gab Kantone, welche in der demokratischen Bewegung dafür sogar Volksentscheide vorsahen! Auch bezüglich der Verordnungstätigkeit der vollziehenden Behörde ist bei Snell eine äusserst restriktive Tendenz zu erkennen – unter ausdrücklichem Hinweis auf die freiheitsfeindlichen Verordnungen von König Charles X. im Juli 1830 und auf die Tatsache, dass während der Restaurationszeit in mehreren Kantonen die Pressefreiheit mittels Verordnungen des Kleinen Rates abgeschafft worden war. Die Verordnungen dürfen daher «nie in die Gesetzgebung eingreifen» schreibt Snell in nicht ausdrücklich erklärter, aber fast wörtlicher Übernahme aus Artikel 13 der französischen Charte von 1830. Damit dies nicht geschehe, müssen sie der «Revision», das heisst der Genehmigung des Grossen Rates unterworfen sein. Schliesslich

[31] Art. 104 Gironde-Entwurf; *Quellenbuch* S. 45.
[32] Art. 58.

soll die «gesammte Verwaltung ... öffentlich» sein, «mit Ausnahme seltener, sich von selbst ergebender Fälle ...». Die Verwaltung soll in die folgenden fünf Sektionen aufgeteilt werden: 1. Sektion der Polizei; diese hat, so Snell, «in freien Staaten weit weniger zu thun, wie in despotischen»; 2. Sektion des Innern; 3. Sektion des Kriegswesens; 4. Sektion der Finanzen; 5. Sektion des Auswärtigen. Eine besondere Sektion für das Gewerbewesen erübrigt sich gemäss Snell «in einem kleinen aber freien Staat, wo die gesammte Industrie auf dem Grundsatz der freien Gewerbethätigkeit ruht ...»

Die fünf Sektionen sollen nach dem zur Anfangszeit der Regeneration noch durchwegs üblichen «Kollegialsystem» geleitet werden – das nicht mit dem heutigen «Kollegialprinzip» verwechselt werden darf. Das damals geltende Kollegialsystem bedeutete, dass Kollegien von mehreren Exekutivmitgliedern die einzelnen Sektionen gemeinschaftlich leiteten. Zu diesem Zwecke gab es damals mehr Exekutivmitglieder als später – Snells Verfassungsentwurf schlägt deren 15 vor. Erst im Laufe der Regeneration kam dann in einzelnen Kantonen das aus der Helvetik bekannte «Direktorialsystem» zur Anwendung, das ein einziges Exekutivmitglied mit gewissen selbständigen Entscheidungsbefugnissen zur Leitung eines Ressorts vorsah – ein System, das dann 1848 die Organisation des Bundesrates bestimmen sollte.

Besondere Sorgfalt lässt Ludwig Snell – in Deutschland früher als Rektor eines Gymnasiums tätig – in seinem Verfassungsentwurf der Gestaltung des Erziehungswesens zukommen. Snell hat bereits bei der Frage der Repräsentation der Landbevölkerung auf das anzustrebende Ziel hingewiesen, dass «die nächste Generation eine hinreichende politische Bildung erlange», um gleichberechtigt im Grossen Rat vertreten zu sein. Dies war für ihn ein Grund für die sorgfältige Behandlung der Erziehungsfragen. Als zweiter Grund ist das aufklärerische Entwicklungsprinzip zu nennen, wonach der Staat den Zweck hat, die «freie Entwicklung aller menschlichen Kräfte oder der freien vernünftigen Tätigkeit nach allen Richtungen» zu fördern. In nicht erklärter Anlehnung an den Erziehungsplan Condorcets beziehungsweise Stapfers will der Verfassungsentwurf die Primarschulen auf «die Stufe der Vollkommenheit» erheben, damit der «Geist des Volkes für politische Tätigkeit und für die republikanische Staatsform immer fähiger und tauglicher wird». Dazu ist die Errichtung eines «tüchtigen Schullehrerseminars» notwendig. Es sollen ferner «an mehreren Orten des Landes zweckmässige Sekundarschulen» gestiftet, und «an einem passenden Orte des Landes ein Gymnasium» sowie eine «Industrieschule» gegründet werden. Vor allem haben die «Landbürger der Kantone, die sich in glücklicher Weise von der Aristokratie losgerungen haben, die grösste Sorgfalt zu tragen, dass auch auf dem Lande höhere wissenschaftliche Bildungsstätten errichtet werden, welche einen leichten Zugang gewähren».

Die «freie Entwicklung aller menschlichen Kräfte» ist nach der Auffassung Snells nur möglich, wenn das Schulwesen auf einer rationalen («vernünftigen») Basis steht. «Das Schulwesen muss von der Kirche emancipiert werden», wird daher im Verfassungsentwurf verlangt. Es soll dabei gleich wie bereits in der Helvetik vorgegangen werden, indem parallel zur Kirchenorganisation eine von ihr völlig unabhängige Erziehungsorganisation aufgebaut wird – in der Erwartung, so der Kirche das Erziehungswesen allmählich ganz entwinden zu können. Das Erziehungswesen soll daher von besonderen Behörden dreier Stufen geleitet werden: Zuoberst steht als «Zentralgewalt» der – in der Helvetik geschaffene – Erziehungsrat; ihm zur Seite soll als eine Art «Parlament» der Lehrer und Schulbehörden die Schulsynode stehen, worin «jede Gattung öffentlicher Bildungsanstalten» repräsentiert sein soll. Auf der mittleren Stufe soll ein Kreisschulrat und auf der Gemeindestufe ein Gemeindeschulrat amten. Diese Behörden sollen, unterstützt von Schulungsinspektoren, das Erziehungswesen vervollkommnen und erweitern. Zur Finanzierung der neuen Schulorganisation soll allerdings die von den Liberalen und insbesondere von Snell wenig geschätzte Kirche beitragen, denn «was von den Fonds des Chorherrenstifts nicht durchaus notwendig für kirchliche Zwecke erforderlich ist, soll zu neuen abgesonderten Kantonalschulfonds bestimmt werden».

Ebenfalls grösste Sorgfalt widmet der Verfassungsentwurf der Neuorganisation der Justiz. Snell dürfte seine Reformvorschläge hiezu grösstenteils der französischen Montagnard-Verfassung entnommen haben. Auf der einen Seite soll das Strafrecht humanisiert werden, so insbesondere alle entehrenden Strafen, die Tortur und die peinlichen Strafen sowie die Strafe der Vermögenskonfiskation abgeschafft werden; auch für das Verfahren enthält der Entwurf einige Neuerungen: So soll jeder sich durch einen Rechtsanwalt verteidigen lassen können, die Gerichtsverhandlungen sollen öffentlich sein, alle Urteile müssen begründet werden. Auf der andern Seite soll die Organisation der Gerichte durchgreifend neu gestaltet werden. Überholte Einrichtungen wie die Ehegerichte, aber auch die Administrativjustiz durch den Kleinen Rat sollen abgeschafft werden. Das Hauptgewicht aber liegt bei der völligen Trennung der Justiz von Regierung und Verwaltung; ähnlich wie das Erziehungswesen von der Kirche, soll die Rechtsprechung mittels Schaffung

einer neuen Organisation von der vollziehenden Gewalt vollständig
«emancipiert» werden. An der Spitze der dreistufig organisierten
Justiz soll das Obergericht stehen. Es muss von der vollziehenden
Gewalt vollständig unabhängig sein und ist dieser rangmässig, auch
bezüglich Besoldung, gleichzustellen. Seine Mitglieder werden vom
Grossen Rat gewählt; jene wählen einen eigenen Präsidenten. Das
Obergericht ist Appellationsgericht und zugleich Kassationsgericht
gegenüber Urteilen ihm nachgeordneter Gerichte. «Gerne hätten
wir», sagt Snell, «noch folgendes vorgeschlagen», nämlich einen
«Kassationshof», ferner – aus der gleichen Quelle – «Geschworenengerichte für politische Vergehen» und schliesslich einen besonderen
Gerichtshof, welcher «die Anklage dekretiert» (Anklagekammer). Für
das erste sind aber nach Snell die finanziellen Mittel nicht vorhanden, für das zweite fehlt es der gegenwärtigen Generation noch an
Bildung, und beim dritten mag die Zukunft «fortbessern». Auf der
mittleren Stufe soll in jedem Kreis – Oberamt, heute Bezirk – ein
Amtsgericht bestehen, das von den administrativen Kreisbehörden
vollständig getrennt sein muss und von den Kreisbürgern indirekt
gewählt werden soll. Die Amtsgerichte sind für alle Straf- und Zivilsachen zuständig, ausser für Strafsachen, welche schwerere Strafen
nach sich ziehen; hiefür soll ein für den ganzen Kanton zuständiges
erstinstanzliches Kriminalgericht geschaffen werden. In jeder Gemeinde schliesslich soll ein Friedensrichter amten – eine Einrichtung aus der Helvetik, die sich in der Zwischenzeit bewährt hatte.
Alle Fälle von Rechtsverweigerung sollen an das Obergericht weitergezogen werden können – und von diesem an den grossen Rat als
Oberaufsichtsbehörde.

Grosses Gewicht legt der Verfassungsentwurf im Kapitel über
die Revision der Verfassung auf den Grundsatz, dass «jede Verfassung
der Kultur des Volkes entsprechen muss». Weil aber, so wird fortgefahren, die Kultur des Volkes «in stetem Fortschritte begriffen ist; da
ferner eine jede *freie* Verfassung fortdauernd aus dem Volke hervorgehen und der Ausdruck des gesammten Volkslebens sein soll: so
muss die Verfassung selbst die *gesetzlichen* (verfassungsmässigen)
Mittel zu einer fortgehenden volksthümlichen Verbesserung (Revision) enthalten». Es ist hier daran zu erinnern, dass der Bundesvertrag
und die meisten kantonalen Restaurationsverfassungen keine Revisionsbestimmungen enthielten.

Um diesem Grundsatz Nachachtung zu verschaffen, werden
folgende konkrete Forderungen aufgestellt: Es soll jedesmal nach
zehn Jahren eine Revision der Verfassung vorgenommen werden –
eine Forderung, die Snell in modifizierter Form wahrscheinlich dem

französischen Gironde-Verfassungsentwurf entnommen hat[33], denn sie findet sich sonst in keiner seitherigen Verfassung. Snell bleibt aber dabei nicht stehen: Nicht nur die Verfassung, sondern «auch die gesammte Gesetzgebung soll je nach zehn Jahren einer Revision unterworfen werden». Diesen Vorschlag wird, so Snell, «jeder natürlich finden, der weiss, mit wie vielen Wurzeln immer noch das Stabilitätssystem sich fest zu halten sucht». Die Aargauer Regenerationsverfassung etwa folgte diesem Rat und schrieb, noch weitergehend, es sollten «die jetzt bestehenden Gesetze und Verordnungen mit möglichster Beförderung revidiert werden»[34]. Ausserdem wird von Snell vorgeschlagen, die Revision der Verfassung einem «Verfassungsrevisionsrath» zu übertragen. Diese von ihm vorgeschlagene besondere Behörde wird ebenfalls der Zeit des französischen Nationalkonventes und der republikanischen französischen Verfassungen entnommen worden sein, denn weder die Helvetische Verfassung noch eine andere seitherige Verfassung enthält diese Einrichtung. Das Motiv dafür gibt Snell nicht an; er will jedoch offensichtlich mit dem Verfassungsrat eine revisionsfreundlichere, volksnahere Institution schaffen, als wenn ein bereits mit der Macht kompromittiertes bestehendes Parlament diese Aufgabe wahrnimmt. Damit die Mitglieder des Verfassungsrates die Bedürfnisse und Änderungswünsche des Volkes kennen, sollen «drei Wochen vor der Revision der Verfassung ... die Ansichten der einzelnen Zünfte (Wahlkreise) eingeholt und schriftlich abgefasst» werden. «Sie dienen als Grundlage für die Revision.» Auch diese Einrichtung, eine Art amtlich durchgeführtes Petitionsverfahren, dürfte Snell aus dem französischen Revolutionsrecht übernommen haben: Am 19. Oktober 1792 hatte der neugewählte Nationalkonvent alle «Freunde der Freiheit und Gleichheit» eingeladen, Verfassungsprojekte einzureichen. In der Schweiz gab es bis 1830 keine Gelegenheit für ein derartiges amtlich eingeleitetes Petitionsverfahren: Die Helvetische Verfassung und die Mediationsakte waren oktroyierte Verfassungen gewesen. Bei der Schaffung des Bundesvertrages und der Restaurationsverfassungen hatten die herrschenden Kräfte kein Interesse daran, die Wünsche des Volkes kennenzulernen, und es kam vor, dass Verfasser von Petitionen politischen Inhaltes bestraft wurden, vor allem wenn es sich um Kollektivpetitionen handelte. Es war für Snell selbstverständlich, dass er auch das revolutio-

[33] *Quellenbuch* S. 58.
[34] Art. 26; BORNHAUSER (Anm. 9), S. 269 f.

näre Prinzip der zwingenden Volksabstimmung für alle Verfassungsänderungen forderte.

Der Verfassungsentwurf Ludwig Snells hat vielfältige praktische Wirkungen auf die Regenerationsverfassungen ausgeübt. Weil
sich dessen Autor in erster Linie an die französische Montagnard-Verfassung von 1793 angelehnt hat, ist auf diesem Wege in grösstem
Ausmass individualistisches und demokratisches Staatsrecht französischen Ursprungs in die Schweiz eingeführt worden. Es ist deshalb
kein Zufall, dass die Regenerationsverfassungen – vor allem jene der
radikalen Phase – dem französischen Muster so stark gleichen.

Weshalb aber gab Ludwig Snell für die von ihm vorgenommene Rezeption französischen Revolutionsrecht an keiner einzigen Stelle die Quelle an, aus der er schöpfte? Wir stossen hier auf ein Phänomen, das wir auch später wiederholt antreffen werden: Die Französische Revolution ist vor allem wegen der Terrorakte durch unzählige
Schriften konservativer und restaurativer Autoren in der öffentlichen
Meinung diskreditiert worden. Theoretiker und Politiker, welche
Ideen aus jener Zeit wieder aufgriffen und zur Annahme empfahlen,
hielten es klugerweise für besser, deren Quelle nicht zu nennen. Auf
diese Weise konnten sie eine prinzipielle Abwehrhaltung vermeiden
und die «Akzeptanz» für ihre Vorschläge verbessern. Es war ja wegen
der gewaltsamen Ausschreitungen im Laufe der Revolution für konservative Autoren ein leichtes gewesen, nicht nur eine Angst vor Verfassungsänderungen überhaupt zu wecken, sondern gleichzeitig mit
den nicht brauchbaren Ideen der Revolutionszeit auch die wirklich
guten in Misskredit zu bringen. Die beschwörende Frage des abtre-
tenden Zürcher Amtsbürgermeisters Reinhard[35] anlässlich der Eröff-
nungssitzung des mit der Verfassungsrevision betrauten Zürcher
Grossen Rates vom 14. Dezember 1830 lässt denn auch den Verzicht
Snells auf die Nennung seiner Quelle als realistisch erscheinen: «Ist
denn der Schrecken vor Revolutionen und die natürliche Scheu vor
Verfassungsänderungen so ganz von dem Menschengeschlechte weg-

---

[35] REINHARD HANS VON, 1755–1835. Stammte aus Stadtzürcher Zunftfamilie,
Konstaffel. 1787–1795 Stadtschreiber von Zürich. 1795–1798 Landvogt in Baden. 1796–
1798 Mitglied des Kleinen Rats von Zürich. Wegen seiner konservativen Haltung von
den Anhängern der Helvetik bekämpft und verfolgt. 1802 dennoch als Vertreter von
Zürich an der Consulta in Paris, wo Reinhard die Vergrösserung des Zürcher Gebiets
um die Gemeinden Dietikon, Schlieren, Hüttikon und Oetwil an der Limmat erwirkte.
1803–1835 Mitglied des Grossen Rats von Zürich. 1803–1830 Mitglied des Kleinen Rats
von Zürich. 1803–1830 Tagsatzungsabgeordneter. 1814/15 Teilnahme am Wiener Kongress. Zwischen 1803 und 1830 turnusgemäss jedes 2. Jahr Bürgermeister von Zürich.

genommen, dass dieselben zum Spielball der Völker werden sollen ...?» Die blutigen politischen Kämpfe während der Revolution und die hemmungslose Nutzbarmachung der revolutionären Dynamik für machtpolitisch-imperialistische Zwecke durch Napoléon Bonaparte hinderten jedoch die Theoretiker nach dem Ende der Restauration nicht daran, das Bleibende und Wertvolle aus jener Zeit erneut zu postulieren. Sie waren sich bewusst, dass die meisten der in der Revolution vertretenen Ideen der Aufklärung des 18. Jahrhunderts entstammten, der wohl fruchtbarsten Periode des neuzeitlichen politischen Denkens. Dasselbe Phänomen des Verschweigens der Quellen lässt sich auch für die Helvetik feststellen: Die Helvetische Verfassung war in der Schweiz nicht nur wegen ihrer Mängel, sondern auch deshalb schlecht aufgenommen und dann weiter literarisch diskreditiert worden, weil sie grösstenteils das Werk des französischen Direktoriums, also «fremdes Gewächs» war. Ausserdem ist die helvetische Periode in der Schweizer Bevölkerung in unguter Erinnerung geblieben, weil es während dieser Zeit zu bedrückenden militärischen Operationen gekommen war. Übernahmen aus der Helvetischen Verfassung während der Regenerationsperiode und dann bei der Errichtung des Bundesstaates von 1848 erfolgten deshalb, auch wenn sie von Inhalt und Formulierung her offenkundig sind, in der Regel ebenfalls ohne Angabe der Quelle. Dieser Erscheinung der «stillen» Rezeption französischen Revolutionsrechts begegnen wir in der ganzen Schweiz, der während eines grossen Teils des 19. Jahrhunderts anhielt.

4. Gegenüberstellung

Ein Vergleich des Denkens von Ludwig Snell mit jenem von Benjamin Constant ergibt etwa folgendes: Constants Denken ist durch das Bemühen gekennzeichnet, dem machtstaatlichen Denken der Restaurationszeit in Frankreich eine Reihe von liberalen Grundsätzen zugunsten des Individuums abzuringen; Constant hat sich aber dabei im Grunde dem geänderten Zeitgeist «unterworfen» – nicht zuletzt vielleicht deshalb, weil er in der aktiven Politik stand. Seine liberalen Lehren stehen daher gesamthaft unter dem Aspekt einer blossen «Rettung» einiger liberaler und demokratischer Rechte. Der Liberalismus von Constant wird daher in der Literatur treffend als «Oppositionsliberalismus» bezeichnet (Touchard), während der Liberalismus Snells ein «Fundamentalliberalismus» ist. Letzterer führt denn auch mit seinem Verfassungsentwurf eine Regeneration im eigentlichen Wortsinn durch; er geht, wie wir gesehen haben, fast wörtlich auf das rational-individualistische Naturrechtsdenken zurück, wie es in der Erklärung der Menschen- und Bürgerrechte vom 26. August 1789 und in den Revolutionsverfassungen seinen Ausdruck gefunden hat. Snell «regeneriert» also das Staatsrecht, indem er verlorengegangenes naturrechtliches Gedankengut «wiedererzeugt». Diese grundsätzlich andere Haltung kommt nicht nur darin zum Ausdruck, dass bei ihm die Individualrechte wieder – anders als bei Constant – umfassend und vollständig dastehen. Auch bei der Gestaltung der Demokratie, der Bildung des «Allgemeinwillens» geht Snell weit grundsätzlicher als Constant vor, auch wenn er – im Gegensatz zu den bald drängenden Radikalen – den entscheidenden Schritt, nämlich die Durchbrechung des Repräsentativprinzips, zwar theoretisch vorzeichnet, aber praktisch nicht tut. Der Grund hiefür dürfte ein zweifacher sein: Snell gehörte zur gebildeten liberalen Führungsschicht, und diese hielt zu jener Zeit das Volk nicht für fähig, selber über Gesetze entscheiden zu können. Ausserdem hatte Snell Zweifel an der nach ihm nötigen Fortschrittlichkeit des Volkes. Er schreibt jedenfalls später, 1844, als im Kanton Wallis die Konservativen anstelle des Vetos das obligatorische Referendum einführten, dadurch werde «ein Fortschritt in der Gesetzgebung fast unmöglich»[36].

Auffallend ist allerdings, dass sich Snell nicht auf wirtschaftliche oder gar soziale Fragen einlässt. Auch sein Verfassungsdenken ist, gleich wie jenes von Constant, rein politischer Natur. Nur nebenbei flicht er die wirtschaftlichen Postulate des Bürgertums in sein Konzept ein. Er erweist sich am Anfang der Regenerationszeit also klarerweise als Denker des politischen Liberalismus, der die wirtschaftliche und soziale Dimension der Bewegung nicht erkennt oder nicht erkennen will. Snell hat dann allerdings nach 1848 in einem Ausblick die vergangene und kommende Entwicklung charakterisiert. Er geht von zwei «Reihen» der menschlichen Tätigkeit im Zeitalter der Wissenschaft aus. In der ersten soll die Natur mittels immer besserer Kenntnisse im Bereich der Naturwissenschaften dem menschlichen Willen unterworfen werden. Durch die Hilfe der Naturwissenschaften können Fortschritte in der Produktion erzielt werden, ja «nur durch ihre Hülfe hat die vorwärts gehende Bewegung ... vermittelst immer neuer Erfindungen weder einen Stillstand noch ein Endziel». Als zweite «Reihe» müssen jedoch die politischen und moralischen Wissenschaften und die religiöse Bildung einsetzen. Weil die erste «Reihe»

---

[36] Snell (Anm. 13), S. 850.

der Wissenschaft sich nur auf die Güterproduktion und Güterbewe-gung bezieht und ihre Fortschritte vermittelt, so bezieht sich die zweite «auf die *politischen* Bedingungen, der rechtlichen und sittli-chen Verhältnisse der produzierenden Gesellschaft und ist für ihre Existenz sowie für alle weitern Fortschritte ebenso nothwendig wie die erste, zumal da aus dem Schoosse dieser industriellen Gesellschaft selbst sich eigenthümliche Uebel entwickeln, die nur durch weitere Forschung im Gebiete jener Erkenntnisse oder der eigentlichen *So-zialreformen* gehoben werden können».

Die Gegenüberstellung der beiden wohl wichtigsten Theore-tiker der Regenerationszeit, Benjamin Constants und Ludwig Snells, erlaubt interessante Folgerungen: Das eher konservative liberale Denken Constants charakterisiert die politische Haltung jener Libe-ralen, die mit der Schaffung der Regenerationsverfassungen einer-seits eine Machtposition erreicht hatten, diese auf jeden Fall zu erhalten suchten und der Auffassung zuneigten, verfassungsrecht-lich eine perfekte Ordnung, eine endgültige Gestaltung der kantona-len Staatswesen erzielt zu haben. Im Rahmen dieser festen Ordnung sollte sich nun der wissenschaftliche, technische und wirtschaftliche Fortschritt nach liberalem Verständnis abwickeln. Dass weitere po-litische «Vervollkommnungen» des bereits vollkommenen staatli-chen Grundgesetzes notwendig würden, glaubten diese eher konser-vativen Liberalen nicht. Das ist denn auch, neben der Angst vor reaktionären Verfassungsbewegungen, der Grund, weshalb alle Re-generationsverfassungen mit Sperrklauseln (Rigiditätsklauseln) bis zu zwölf Jahren, während derer keine Revision stattfinden durfte, versehen wurden.

Diesem Denken ist dasjenige von Ludwig Snell gegenüberzu-stellen, welches den derzeitigen gesellschaftlichen Entwicklungs-stand und auch die Regenerationsverfassungen nur als Schritt, als Stufe zu noch besserer Gestaltung der staatlichen und gesellschaftli-chen Gemeinschaft ansieht. Ein perfektioniertes Erziehungssystem soll im Volke Kräfte wecken, welche dieses Ziel fortwährend anstre-ben werden. Diese auf dem aufklärerischen philosophischen Ent-wicklungsprinzip sowie einer optimistischen Anthropologie beru-hende, auf die positiven Kräfte im Volk bauende Haltung wird dann zu jener der Radikalen. In diesem Sinne ist das im Verfassungsentwurf enthaltene, zwar noch auf dem Repräsentativprinzip beruhende Staatsdenken Ludwig Snells ein klarer Vorbote der kommenden Zeit, welche die «freisinnigen» Kräfte in den Kantonen in zwei Lager, jenes der vom Volk distanzierten ordnungsorientierten Liberalen von 1831 und in das der volksnahen bewegungserfüllten Radikalen, spaltete.

12. KAPITEL:

DIE POLITISCHEN STRÖMUNGEN DER DREISSIGER UND VIERZIGER JAHRE [1]

Die schweizerische Bevölkerung war Anfang der dreissiger Jahre politisch noch kaum gegliedert. Von organisierten Gruppierungen oder gar von Parteien im modernen Sinne kann man in dieser Zeit nicht sprechen. Es herrschte gegenteils eine ausgesprochen parteienfeindliche Stimmung, bedingt einerseits durch die individualistische Staatstheorie Rousseaus, anderseits wegen der negativen Erfahrungen mit den «factions», dem politischen Cliquenwesen in der Französischen Revolution und der Helvetik. Es handelt sich bei den im folgenden Darzustellenden um recht schwer zu fassende politische Strömungen, die sich unter der Leitung starker Führergestalten nur bei bestimmten Anlässen als eigentliche Gruppierungen geltend machten. Solche Anlässe sind vor allem Volksversammlungen vor Verfassungsrevisionen, erste Veto- beziehungsweise Referendumskämpfe sowie Wahlen. Das sonst politisch kaum gegliederte Volk wird durch solche Anlässe zur Meinungsbildung angeregt und in der Folge polarisiert. Begleitet werden diese Strömungen von entsprechenden politischen Zeitungen, die in der Regel von den politischen Führern redigiert werden. Parallel zur Presse bilden die zahlreichen geselligen, kulturellen, wissenschaftlichen und militärischen Vereine weltanschauliche und politische Klammern.

---

[1] *Literatur:* ARLETTAZ GERALD, Libéralisme et société dans le canton de Vaud 1814–1845, Lausanne 1980; BECHER HUBERT, Die Jesuiten. Gestalt und Geschichte des Ordens, München 1951; BLUNTSCHLI JOHANN CASPAR, Charakter und Geist der politischen Parteien, Nördlingen 1869; BLUNTSCHLI JOHANN CASPAR, Die Kommunisten in der Schweiz nach den bei Weitling vorgefundenen Papieren, Zürich 1843; BOURGIN GEORGES/RIMBERT PIERRE, Le socialisme, Paris 1980; BÜCHI HERMANN, Hundert Jahre Solothurner Freisinn 1830–1930, Solothurn 1930; BURDEAU GEORGES, Le Libéralisme, Paris 1979; *Dictionnaire de la pensée politique*, hommes et idées, Collection J. Bremond, Paris 1989; FELLER RICHARD, Die Entstehung der politischen Parteien in der Schweiz, Schweizerische Zeitschrift für Geschichte 1958 S. 433 ff.; FLAMANT MAURICE, Le libéralisme, Paris 1979; FLATT KARL H., 150 Jahre Solothurner Freisinn, Solothurn 1981; FLEINER FRITZ, Entstehung und Wandlung moderner Staatstheorien in der Schweiz, Zürich 1916; FLEINER ROLAND, Einflüsse von Staatstheorien der Aufklärungs- und Revolutionszeit in der Schweiz, Aarau 1917; GANZONI RUDOLF A., Beiträge zur Kenntnis des bündnerischen Referendums, Zürich 1890; GIRARD LOUIS, Les libéraux français, Paris

1. Der Liberalismus

Die wichtigste politische Strömung im zu betrachtenden Zeitabschnitt war der Liberalismus. Dieser war als politischer Begriff erstmals anlässlich der Kämpfe um die spanische Verfassung von 1812 verwendet worden. Liberal bedeutet vom Wortsinn her freigiebig, vorurteilsfrei, in der verbalen Form befreiend. Im deutschen Sprachraum bezeichnete man die Liberalen als Freisinnige, wobei dieser Begriff in einem optimistisch-aufklärerischen, aber auch moralischen Sinn überhöht verwendet und mit fortschrittlich, richtigdenkend, weltoffen oder tolerant gleichgesetzt wurde. Der Liberalismus basiert auf dem Denken der Naturrechtslehre und der Aufklärung. Er ist in Europa politisch eng mit dem Kampf um die wirtschaftliche und politische Emanzipation des Bürgertums gegenüber den absolutistisch-feudalen Monarchen verknüpft, während er in Übersee die Unabhängigkeit von Territorien von den europäischen Mäch-

1985; GRUNER ERICH, Die Parteien in der Schweiz, Bern 1977; GRUNER ERICH, Schweiz, Lexikon zur Geschichte der Parteien in Europa, Stuttgart 1981, S. 599 ff.; GRUNER ERICH, Die Arbeiter in der Schweiz im 19. Jahrhundert, Bern 1968; GRUNER ERICH, Konservatives Denken und konservative Politik in der Schweiz, Rekonstruktion des Konservatismus, herausgegeben von G. K. KALTENBRUNNER, Freiburg 1972: GUGGENBÜHL GOTTFRIED, Bürgermeister Paul Usteri, 2 Bände, Zürich 1924–1931; *Helvetia*, Festschrift zum 150-Jahr-Jubiläum der Schweizerischen Studentenverbindung Helvetia 1832–1982, Bern 1982; LEDERMANN LASZLO, Pellegrino Rossi, l'homme et l'économiste 1787–1848, Paris 1929; MANENT PIERRE, Histoire intellectuelle du libéralisme, Paris 1987; MEIER RUDOLF, Der schweizerische Freisinn, Zürich 1978; MICHELS ROBERT, Les partis politiques. Essai sur les tendances oligarchiques des démocraties, Paris 1971; MÖCKLI SILVANO, Politische Ideen in der Schweiz, Entlebuch 1985; MÜLLER ANTON, Zur publizistischen und politischen Aktivität Ludwig Snells. Die Brüder Snell und I. P. V. Troxler, Schweizerische Zeitschrift für Geschichte 1953 S. 426 ff.; NICK KONRAD, Kasimir Pfyffer und die Luzerner Verfassungspolitik in den Jahren 1827–1841, Freiburg 1955; NICOLET CLAUDE, Le radicalisme, Paris 1983; PONTEIL FELIX, L'éveil des nationalités et le mouvement libéral 1815–1848, Paris 1960; ROHMER FRIEDRICH, Lehre von den politischen Parteien, Zürich 1844; RUGGIERO GUIDO DE, Geschichte des Liberalismus in Europa, Neudruck, Aalen 1964; SABINE GEORGE H., A History of Political Theory, Hinsdale, Illinois 1973; SCHERER ANTON, Ludwig Snell und der schweizerische Radikalismus (1830–1850), Zeitschrift für Schweizerische Kirchengeschichte, Beiheft 12, Fribourg 1954; SCHIEDER WOLFGANG, Sozialismus, Geschichtliche Grundbegriffe, Band V, Stuttgart 1984, S. 923 ff.; *Der Schweizerische Zofingerverein* 1819–1969, Bern 1969; STEINMANN ERNST, Geschichte des schweizerischen Freisinns, Band I, Bern 1955; TOUCHARD JEAN, Histoire des idées politiques, Band II, Paris 1985; TROXLER IGNAZ PAUL VITAL, Politische Schriften in Auswahl, herausgegeben von A. ROHR, Bern 1989; VIERHAUS RUDOLF, Liberalismus, Geschichtliche Grundbegriffe, Band III, Stuttgart 1982, S. 741 ff.; VIERHAUS RUDOLF, Konservativismus, Geschichtliche Grundbegriffe, Band III, Stuttgart 1982, S. 531 ff., WALLISER PETER, Der Kampf um demokratische Rechte im Kanton Solothurn, Solothurn

ten erkämpfte, so im 18. Jahrhundert in Nordamerika und im 19. Jahrhundert in Lateinamerika. Der Liberalismus war zu seiner Entstehungszeit eine mehr internationale Strömung mit universalem Anspruch und verband sich dann immer stärker mit den jeweiligen Nationalismen.

Der Liberalismus ging aus dem im 17.und 18. Jahrhundert sich zu einem neuen Weltbild verdichteten Denken vor allem der englischen, französischen und niederländischen Naturwissenschafter, Philosophen, Wirtschafts- und Staatstheoretiker hervor. Dieses neue, auf Philosophie und rationaler Wissenschaft begründete Denken soll die auf Religion und Tradition beruhende, bisher geltende Erkenntnislehre und Herschaftslegitimation ersetzen. Die wichtigste Quelle für den schweizerischen Liberalismus war der französische Liberalismus; der wohl wichtigste Ideenträger in die Schweiz war Benjamin Constant. Die katholischen Liberalen von Luzern und der Ostschweiz waren auch vom Josephinismus[2] und besonders vom liberalen Denken des Konstanzer Generalvikars Ignaz Heinrich von Wessenberg[3] beeinflusst. Der Antiklerikalismus der katholischen Schweizer Liberalen ist zum Teil auf Einflüsse des französischen Jansenismus und Gallikanismus im 18. Jahrhundert zurückzuführen.

1986; WENDE PETER, Radikalismus, Geschichtliche Grundbegriffe, Band V, Stuttgart 1984, S. 113 ff.; WIRTH FRANZ, Johann Jakob Treichler und die soziale Bewegung 1845/1846, Basel 1981. – Siehe auch die am Buchanfang angeführte periodenübergreifende Literatur sowie die am Anfang des V. Teils und des 13. Kapitels angeführte Literatur.

[2] JOSEPH II., 1741–1790. Sohn von Maria Theresia, ab 1780 Kaiser von Österreich, ab 1765 schon Kaiser des Deutschen Reiches. Kriegerische, vor allem gegen Preussen gerichtete Aussenpolitik: 1772/1775 polnische Teilungen, 1778/1779 bayerischer Erbfolgekrieg, ab 1788 Krieg gegen die Türken. In der Innenpolitik umfassende Staatsreform im Sinne des aufgeklärten Absolutismus. Freimaurer. Joseph II. wollte die Monarchie auf Heer, Beamte und Staatskirche abstützen: Josephinismus. Sein Ziel war ein österreichischer Einheitsstaat. Da er bei seinen Reformen keine Rücksicht auf die lokalen und adligen Privilegien nahm, mussten die Neuerungen nach kurzer Zeit wieder aufgehoben werden.

[3] WESSENBERG IGNAZ HEINRICH, FREIHERR VON, 1774–1860. Stammte aus reichsritterlicher Familie. 1792–1798 theologische Studien an den Universitäten von Augsburg-Dillingen, Würzburg und Wien. Ab 1795 Freundschaft mit Karl Reichsfreiherr von Dalberg, dem nachmaligen Bischof von Konstanz und Regensburg. 1798 Domherr in Augsburg und Konstanz. 1802 von Dalberg zum Generalvikar des Bistums Konstanz ernannt, in welcher Stellung Wessenberg grundlegende Reformen auf den Gebieten der Liturgie, der Priesterbildung und des Volksschulwesens durchführte. 1814 kämpfte Wessenberg auf dem Wiener Kongress erfolglos für die Schaffung einer katholischen deutschen Nationalkirche in relativer Loslösung von Rom. 1815 Dr. theol. der Universität Freiburg im Breisgau. Nach dem Tode Dalbergs 1817 wurde die Wahl Wessenbergs

Der Liberalismus gründet auf einer optimistischen Anthropologie; er geht vom vernunftgemässen und sittlichen Verantwortungsbewusstsein des Einzelmenschen aus und will diesem deshalb in jeder Hinsicht grösstmöglichen Handlungsspielraum gewähren. Er schätzt dementsprechend auch die Selbstregulierungskraft der Gesellschaft und insbesondere der Wirtschaft als hoch ein. Weil der Liberalismus aus historischen Gründen der staatlichen Macht misstraut, trachtet er danach, den Staat macht- und funktionsmässig zu begrenzen und eine möglichst grosse staatsfreie Sphäre für die einzelnen zu schaffen. Aus dem gleichen Grund sollen Staat und Gesellschaft zwei prinzipiell voneinander unabhängige Sphären sein. Die Tendenz zur Begrenzung der Staattätigkeit hat dem Liberalismus den polemischen Vorwurf eingetragen, er erstrebe einen blossen «Nachtwächterstaat» (Ferdinand Lassalle). Richtig daran ist, dass der Liberalismus in bestimmten Phasen dazu tendierte, den Staat als solchen als ein dem Menschen feindliches Wesen anzusehen.

Wichtigste Aufgabe des Staates ist die Sicherung von individueller Freiheit und Eigentum im Innern, der nationalen Unabhängigkeit gegen aussen sowie der Garantie einer unabhängigen Rechtsprechung mittels des streng durchgeführten Gewaltenteilungsgrundsatzes. Als ideelle individuelle Rechte von entscheidender Bedeutung sieht der Liberalismus persönliche Freiheit, Religions- und Pressefreiheit an, während Eigentums- und Wirtschaftsfreiheit den wirtschaftlichen Kernbereich der liberalen Lehre repräsentieren. Der vor allem von Frankreich geprägte schweizerische Liberalismus war in der Kirchenpolitik – getreu dem «Thermidor-Liberalismus» – schon in den dreissiger Jahren eigentlich «radikal». Dies zeigen vor allem die Badener Konferenzartikel. Von den vierziger Jahren an wurde dann die streng antikirchliche Stossrichtung von den «eigentlichen» Radikalen, jenen mit demokratisch-wohlfahrtsstaatlicher Stossrichtung, weiter verfochten.

Getreu den Ideen von Aufklärung und individualistischem Rationalismus vertrat auch der Liberalismus den Gedanken der Volkssouveränität. Allerdings sah er diesem Prinzip Genüge getan, sofern die Bürger auch nur die Möglichkeit hatten, die Mitglieder des Parlamentes zu wählen und nach der Lehre des «pouvoir constituant»

zum Bischof von Konstanz vom Papst nicht bestätigt. In der Folge hatte er als Generalvikar das Bistum bis zu dessen offizieller Auflösung 1827 zu liquidieren, war 1819–1833 noch Mitglied des badischen Landtags und zog sich darauf ins Privatleben zurück. Dichter und Kunstsammler: Wessenberg-Bibliothek in Konstanz. Hauptwerke: «Die deutsche Kirche» 1815, «Gott und die Welt» 1857.

die Verfassung zu genehmigen. Dieses sogenannte Repräsentativprinzip vertrat der Liberalismus konsequent; weitergehende Volksrechte duldete er nicht, ja bekämpfte solche von Anfang an. Überhaupt war den schweizerischen Liberalen ein etwas autoritärer Zug eigen, der zumindest teilweise vom französischen Liberalismus der Thermidor-Zeit herstammte. Dieser «Thermidor-Liberalismus» misstraute der realen Volkssouveränität und verstand diesen Begriff mehr als Kampfruf für die Mobilisierung des Volkes 1830/31, wobei das Volk eigentlich neben dem Titel «Souverän» wenig demokratische Substanz erhielt.

Aus Frankreich bezogen die Liberalen auch ihre zentralistischen Vorstellungen. Diese verwirklichten sie indessen in der Regenerationszeit nur in den Kantonen. Hier aber trachteten sie mit Hilfe des französischen und helvetischen Präfektursystems danach, aus diesen Gemeinwesen ein «Kleines Frankreich» zu schaffen. Demselben Ziel dienten die von ihnen geförderten Zivil- und Strafrechtskodifikationen. Von den unbedingten zentralistischen Zielsetzungen kamen die Liberalen 1848 und in der Folgezeit ab; sie wurden von einem Teil der Radikalen übernommen.

Politische Betätigung war für die Liberalen eigentlich gleichbedeutend mit Parlamentarismus. Die Liberalen trachteten danach, eine allgemeine Politisierung des Volkes zu vermeiden und die politischen Auseinandersetzungen den gebildeten und vermögenden Parlamentsabgeordneten in unbezahlten Ehrenämtern zu überlassen, weshalb man ihre Regierungsweise in mehreren Kantonen als «Kapazitätenregiment» bezeichnete. In den Parlamenten entwickelten dann diese «Honoratioren» neben festen geschriebenen Rechtsregeln das, was man heute als «politische Kultur» bezeichnen würde. Als leuchtendes Vorbild des Parlamentarismus erschien den Liberalen England, wie sie überhaupt dazu neigten, dessen politisches System als nachahmenswert hinzustellen. Der recht gut funktionierende Parlamentarismus Englands und die dort bestehende grosse Presse- und Meinungsäusserungsfreiheit täuschte indessen viele Liberale darüber hinweg, dass damals eine ständische, dem Gleichheitsgedanken relativ ferne Grundeigentümergesellschaft den Kern des englischen politischen Systems bildete, und dass die englische Gesellschaft die Entfaltung der Einzelperson nur in diesem Rahmen zuliess.

Der Liberalismus hatte kein «egalitäres» Verständnis des Gleichheitsgedankens. Die Rechtsgleichheit soll lediglich die Gleichheit aller Menschen *vor dem Gesetz* umfassen. Er soll die wirtschaftlichen und sozialen Ungleichheiten der einzelnen nicht zu beseitigen trachten. Auf die mit der Industrialisierung anwachsende Armut weiter Kreise hatte der Liberalismus ausser der individuellen, freiwilligen privaten Wohltätigkeit keine Antwort. Auf die Frage, was der Staat gegen die Massenarmut und die sinkenden Löhne unternehme, gab der liberale französische «juste-milieu»-Politiker François Guizot[4] 1841 seine berühmt-berüchtigte Antwort: «Enrichissez-vous par le travail et par l'épargne.» Die Losung des Liberalismus des 19. Jahrhunderts war «Freiheit und Eigentum» und nicht «Gleichheit und Freiheit». Der Liberalismus hatte etwas elitäre und ausschliessliche Züge. Er glaubte, «er allein bringe gerechte Zustände in den Staat, er allein gewährleiste den sogenannten Rechtsstaat» (His). Wirtschaftliche Interessen klammerte er aus seiner Theorie weitgehend aus.

Bessere Bildung und zumeist auch grösserer Besitz trennte die Liberalen von den breiten, wenig begüterten Volksmassen. Der Liberalismus hat aber grosse Anstrengungen für die Verbesserung des Schulwesens unternommen, einmal, um die Schule kirchlichen Einflüssen zu entziehen, dann auch zwecks Einbindung des ganzen Volkes in das zivilisatorische Fortschrittssystem und schliesslich, um den einzelnen die Ausübung der politischen Rechte zu ermöglichen. Entsprechend seiner aufklärerisch-rationalen Philosophie legte der Liberalismus, gleich wie der Radikalismus, grösstes Gewicht auf die Pflege der Wissenschaft und gründete dafür mehrere Universitäten.

Die wirtschaftstheoretischen Grundlagen des Liberalismus sind aus der Reaktion gegen die interventionistische und merkantilistische Wirtschaftspolitik der absolutistischen Staaten entstanden und fanden ihren klarsten Ausdruck in den Lehren der französischen Ökonomisten und Physiokraten und der von Adam Smith begründeten klassischen englischen Nationalökonomie, die dann vor allem über das Werk von Jean Baptiste Say[5] in Frankreich verbreitet und

[4] GUIZOT FRANÇOIS PIERRE GUILLAUME, 1787–1874. Geboren in Nîmes als Sohn eines protestantischen Rechtsanwalts. Klassische Studien in Genf. Ab 1805 in Paris. Erste Stellung als Hauslehrer bei Stapfer, ab 1812 Professor für moderne Geschichte an der Sorbonne. Nach der Restauration der bourbonischen Herrschaft zuerst hoher Magistrat im Justiz- und Innenministerium, 1822 aber aus allen Ämtern entlassen. Darauf einer der Anführer der liberalen Opposition als Chef der orléanistischen Partei. Nach der Revolution von 1830 zum Innenminister ernannt. 1832–1837 Erziehungsminister, Autor der Schulgesetze von 1833. Darauf Botschafter in London und ab 1840 als Aussenminister eigentlicher politischer Leiter der Julimonarchie. In dieser Eigenschaft Förderung des Grossbürgertums zulasten der Arbeiter, was zur Revolution von 1848 und zu seinem eigenen Sturz führte. Ab 1836 Mitglied der Académie Française. Hauptwerke: «Histoire des origines du gouvernement représentatif» 1821/22, «Mémoires pour servir à l'histoire de mon temps» 1858–1867.

[5] SAY JEAN-BAPTISTE, 1767–1832. Geboren in Lyon. Stammte aus verarmter Industriellenfamilie. Banklehre. 1792–1794 Sekretär im französischen Finanzministe-

weiterentwickelt wurde. Der Staat soll nach dieser Lehre die freie wirtschaftliche Betätigung in keiner Weise behindern und sich im übrigen darauf beschränken, persönliche Freiheit und Eigentum zu garantieren. Dem Staate vorbehaltene wirtschaftliche Betätigungen, insbesondere die Monopole, sind daher abzuschaffen. Die Staaten sollen ferner das Prinzip des internationalen Freihandels befolgen und Schutzzölle jeder Art beseitigen. Nach den Lehren der Physiokraten sind Grund und Boden und damit die Landwirtschaft die Basis der Volkswirtschaft und Quelle des wirtschaftlichen Reichtums. Der Staat muss daher bestrebt sein, den landwirtschaftlich nutzbaren Boden von allen Belastungen zu befreien, insbesondere von Feudallasten und anderen Abgaben. Flankiert und gefördert wurde der wirtschaftliche Liberalismus ferner vom Freimaurertum, welches aus der Opposition gegen zünftisch organisierte Wirtschaftsformen hervorgegangen war.

War es den Liberalen 1830/31 noch gelungen, weite Teile des Volkes zu mobilisieren, so erlahmte dieser Schwung bis zu den vierziger Jahren erheblich. In mehreren Kantonen gerieten die Liberalen schon in dieser Zeit in eine für sie unbehagliche Defensivrolle gegenüber den wohlfahrtsstaatlich-egalitär orientierten radikalen Strömungen. Letztere forderten den sofortigen Fortschritt, den «progrès immédiat», während die Liberalen nur den allmählichen Fortschritt – «progrès graduel» – wollten. Sie mussten sich bald einmal Bezeichnungen wie «Altliberale», «Graue», «Doktrinäre» (nach einer Richtung des Liberalismus in Frankreich), «Systemler» oder «juste-milieu»-Politiker gefallen lassen. Nach 1848 verstärkte sich diese defensive Position noch, indem die Liberalen mit der Schaffung des Bundesstaates eigentlich ihr «Endziel» erreicht sahen, glaubten, eine definitive, für alle Zeit gerechte Ordnung geschaffen zu haben. Sie wurden von da an noch stärker ordnungsorientiert, als sie es vorher gewesen waren.

rium, danach freischaffender Redaktor der Zeitung «La décade philosophique, littéraire et poétique». Durch die Lektüre von Werken Adam Smiths wachsendes Interesse für Volkswirtschaftslehre, die er systematisierte und verwissenschaftlichte. 1803 erschien sein «Traité d'économie politique ou simple exposé de la manière dont se forment, se distribuent et se consomment les richesses». Obwohl Say sich intensiv mit den Theorien von Ricardo und Malthus auseinandersetzte, blieb er den liberal-optimistischen Theorien Smiths treu. 1801–1804 französischer Tribun bis zu seiner Stimmabgabe gegen die Errichtung des napoleonischen Kaiserreichs. Danach Ausstieg aus der Politik und Aufbau einer Baumwollspinnfabrik in Nordfrankreich. Nach 1814 Professor für Volkswirtschaftslehre, ab 1830 am Collège de France. Say trat für Freihandel und maschinelle Güterproduktion ein. Er prägte das «Say'sche Theorem», nach welchem jede Produktion sich ihre eigene Nachfrage schafft.

Führende liberale Politiker der Regenerationszeit waren etwa die Brüder Karl und Hans Schnell[6] aus Burgdorf, der Thurgauer Pfarrer Thomas Bornhauser, die Waadtländer Charles Monnard und Alexandre Vinet[7], die Zürcher Paul Usteri und Friedrich Ludwig Keller[8],

---

[6] SCHNELL KARL, 1786–1844. Geboren in Burgdorf. Stammte aus eingesessener Juristenfamilie. Rechtsstudium in Heidelberg, 1809 Dr. iur. Bemühte sich 1813 vergeblich um eine Stelle als Rechtsprofessor an der Berner Akademie. Darauf erbitterter Feind des aristokratischen Regiments in Bern. 1816/17 Ratsschreiber in Aarau. Dann Rückkehr nach Burgdorf und Mitbegründer der Zeitung «Berner Volksfreund». 1830 Gründung einer liberalen Landpartei zusammen mit seinem Bruder Hans Schnell, die dann «Schnellenpartei» bzw. «Burgdorferpartei» genannt wurde. Schnell forderte in Münsingen die Einsetzung eines Verfassungsrates, wahrscheinlich inspiriert vom Verfassungsentwurf von Ludwig Snell. 1831–1838 Mitglied des Berner Grossen Rats. 1832/1833 Tagsatzungsabgeordneter. Förderer des Siebnerkonkordates. 1833–1838 Mitglied des Berner Regierungsrats. Er wandte sich in Abkehr von seinen ehemaligen liberalen Äusserungen gegen die Aufnahme politischer Flüchtlinge. Als der Berner Grosse Rat 1838 gegen den Antrag von Schnell die von Frankreich verlangte Auslieferung von Louis-Napoléon, dem späteren Napoleon III., verweigerte, trat Schnell von allen politischen Ämtern zurück.

SCHNELL HANS, 1793–1865. Bruder von Karl Schnell. Geboren in Burgdorf. Medizinstudium an der Berner Akademie und in Tübingen. Dr. med. 1815, danach Tätigkeit als Arzt und Apotheker in Burgdorf. Professor der Botanik und Zoologie an der Berner Hochschule ab 1827. Politisches Engagement zusammen mit seinem Bruder gegen das Berner Régime der Restauration. Ab 1831 Mitglied des Berner Grossen Rats, 1833 Berner Mitglied der Bundesrevisionskommission, 1834 Tagsatzungsabgeordneter, 1837 Landammann. 1838 nach der Louis-Napoléon-Affäre zusammen mit seinem Bruder Karl Niederlegung aller politischen Ämter sowie der Professur. Wiederaufnahme der Tätigkeit als praktischer Arzt in Burgdorf. Gründer der chemischen Fabrik Schnell & Cie in Burgdorf. Präsident des Gemeinderats von Burgdorf.

[7] VINET ALEXANDRE, 1797–1847. Noch während seiner Theologiestudien in Lausanne wurde er 1817 Französischlehrer am Gymnasium und Pädagogium von Basel. Dazu kamen bald Vorlesungen über Literatur an der Universität, wo er 1819 ausserordentlicher und 1835 ordentlicher Professor wurde. Anlässlich der Trennungswirren in Basel sandten ihn die Basler Behörden nach Lausanne, damit er dort ihre Interessen verfechte. Oft vertrat er auch den französischen Pfarrer in Basel. Veröffentlichung seiner Predigten: 1831 «Discours sur quelques sujets religieux» und 1841 «Nouveaux Discours». Die Intoleranz im damaligen Kanton Waadt spornte ihn zum Kampf für die religiöse Freiheit und sogar für die völlige Trennung der Kirche vom Staat an: «Memoire sur la liberté des cultes» 1826, «Essai sur la manifestation des convictions religieuses» 1842. 1837 wurde er Professor der praktischen Theologie an der Akademie von Lausanne, später Mitglied der Kommission, die einen Entwurf für die Reorganisation des öffentlichen Unterrichts zu verfassen hatte.

[8] KELLER FRIEDRICH LUDWIG, 1799–1860. Jurist, Schüler Savignys. Schon seine Dissertation über ein Problem des römischen Rechts erregte Aufsehen. 1825 Professor des römischen Rechts am politischen Institut, nachher ausserordentlicher Professor an der Universität. Das Werk «Über Litis Contestation und Urtheil nach klassischem

der Solothurner Joseph Munzinger[9], der Tessiner Stefano Franscini und der Luzerner Kasimir Pfyffer. Als Theoretiker hatte vor allem Benjamin Constant überall wesentlichen Einfluss auf den schweizerischen Liberalismus, Ludwig Snell – der dann allerdings zum Radikalen wurde – in Zürich und in einigen anderen Deutschschweizer Kantonen. Die Diskrepanz zwischen dem eher konservativen Liberalismus von Constant und dem «Fundamentalliberalismus» Snells charakterisiert gut die grosse Bandbreite der liberalen Theorie.

Die Liberalen standen in einem Spannungsfeld zwischen drei Polen: einem pointierten wissenschaftlichen Rationalismus, wie er etwa vom Zürcher Juristen Friedrich Ludwig Keller vertreten wurde, einem «manchesterlichen» Wirtschaftsliberalismus und einem konservativen Liberalismus mehr ethisch-religiöser Orientierung, letzterer vielleicht am ausgeprägtesten durch den bereits genannten Alexandre Vinet sowie durch Charles Secrétan[10] vertreten.

Römischem Recht» 1827 begründete seinen hohen wissenschaftlichen Ruhm. Als Mitglied des Zürcher Amtsgerichts kämpfte er für eine von wissenschaftlichem Geist erfüllte Rechtspflege. 1829 Mitglied des Grossen Rates, 1832 Präsident des Obergerichts, als Führer der liberalen Mehrheit von massgebendem Einfluss auf die kantonale Politik. 1833 und 1839 Tagsatzungsgesandter, 1836 Obmann des Schiedsgerichts für die finanziellen Fragen bei der Trennung beider Basel, 1837 ordentlicher Professor; die Ausarbeitung eines zürcherischen Zivilgesetzbuches wurde ihm übertragen. Wegen Zürichputsch 1839 zur Flucht genötigt, lehnte er eine Wahl in den Grossen Rat 1842 ab. Professor des römischen Rechts in Halle 1844, in Berlin 1848, als konservativer Politiker Mitglied des preussischen Abgeordneten- und später des Herrenhauses. Geheimer Rat.

[9] MUNZINGER JOSEPH, 1791–1855. Stammte aus einem alten Oltener Geschlecht. Handelsmann, beteiligte sich 1814 an einem Staatsstreich zusammen mit Eder gegen das neu errichtete Patrizierregiment und flüchtete nach Como. Stadtschreiber in Olten 1817–1825. Proklamierte an der Volksversammlung in Balsthal vom 22. Dezember 1830 die Souveränität des Solothurnervolkes und leitete damit die politische Regeneration des Kantons Solothurn ein; Mitglied des Kleinen Rates 1831, Standespräsident 1832 und bald die eigentliche Seele der Regierung. Fast alljährlich Tagsatzungsgesandter bis zur neuen Bundesverfassung, Bundesrat 1848–1855.

[10] SECRETAN CHARLES, 1815–1895. Geboren in Lausanne als Spross einer Waadtländer Notabelnfamilie. Studierte Philosophie unter anderem bei Schelling. Wurde 1838 Professor an der Universität Lausanne, musste dann aber 1846 wegen der Machtübernahme durch die Radikalen an die Neuenburger Akademie ausweichen, wo er bis 1866 lehrte. In diesem Jahr war ihm die Rückkehr an die Universität Lausanne möglich, wo er bis 1889 lehrte. Secrétan starb in Lausanne. Hauptschriften: «Philosophie de la liberté» 1849, «La Civilisation et la croyance» 1887.

2. Der Radikalismus

Der Radikalismus – wohl die politische Schlüsselgruppierung für die Schweiz des 19. Jahrhunderts – ist in seinen theoretischen Grundlagen bis heute nicht genügend geklärt. Dies hängt unter anderem mit der Tatsache zusammen, dass sich die Historiker der lange Zeit herrschenden national-liberalen Richtung mit dem Radikalismus – im Gegensatz zum Liberalismus – nur ungern und verhältnismässig wenig beschäftigt haben; dies zeigt sich auch darin, dass es lange Zeit keine guten Biographien über führende Radikale gegeben hat[11]. Mit dem gleichen Grund lässt sich vielleicht die heute noch verbreitete Auffassung erklären, wonach der Radikalismus kein eigenes theoretisches Gebäude errichtet habe und sich vom Liberalismus in den Zielsetzungen kaum unterschieden habe. Vor allem durch die von ihm verwendeten schärferen politischen Mittel lasse er sich – so diese verbreitete Meinung – vom Liberalismus unterscheiden[12]. Die Auffassung, der Radikalismus sei nur ein «liberalisme militant», im Gegensatz zum «liberalisme confortable», ist ebenfalls eine Verkürzung. Richtig ist aber, dass die Liberalen im allgemeinen in «konfortablen» Vermögensverhältnissen lebten und allein aus diesem Grunde andere Grundsätze als die Radikalen verfochten. Auch wenn sowohl der Liberalismus als auch der Radikalismus vom aufklärerischen Fortschritts- und Entwicklungsdenken des 18. Jahrhunderts beherrscht waren und es demgemäss viele Gemeinsamkeiten zwischen den beiden Strömungen gibt, so muss zwischen den beiden Strömungen doch stärker differenziert werden.

Der Begriff «Radikalismus» leitet sich aus dem lateinischen «radix», die Wurzel, ab und weist auf die Zielsetzung der Bewegung hin, nämlich die überkommene Ordnung vollständig, an den Wurzeln, zu ändern. Die Bezeichnung «Radikaler» stammt von konservativer Seite, welche damit den linken Flügel der Liberalen mit einer negativen Bezeichnung charakterisieren wollten. Die Radikalen selber bezeichneten sich lieber als Liberale oder, wie in Genf in den vierziger Jahren, als «vorgerückte» Liberale – «libéraux avancés». Eine «radikale» Vorläuferbewegung, welche in England bereits in den sechziger Jahren des 18. Jahrhunderts in Zusammenhang mit den Aktivi-

---

[11] Nun aber LASSERRE ANDRE, Henry Druey, Fondateur du radicalisme et Homme d'Etat suisse (1960); SPIESS EMIL, Ignaz Paul Vital Troxler (1967).

[12] HIS EDUARD, Geschichte des neuern Schweizerischen Staatsrechts II (1929), S. 157.

276

täten des genialen Politikers John Wilkes[13] entstanden war, verlangte zunächst eine radikale politische Reform, indem sie das allgemeine Wahlrecht forderte – zu jenem Zeitpunkt natürlich noch ohne Erfolg. In Nordamerika nannte man die vor allem von Thomas Paine vertretene politische Richtung «radikal», welche für sofortige und vollständige Trennung von England sowie für einen demokratischen Zentralismus in den Einzelstaaten eintrat. Während der demokratisch-sozialpolitischen Phase der Französischen Revolution in den Jahren 1792–1794 beherrschten ein starker Egalitarismus und ein sozialpolitisch motivierter staatlicher Interventionismus Politik und Verfassungsgebung, welche man zuweilen ebenfalls als «radikal» bezeichnete. Der von Rousseau inspirierte und von Robespierre formulierte Satz «Le peuple n'a jamais tort» charakterisiert die demokratische Grundhaltung der damaligen radikalen Mehrheit im französischen Nationalkonvent. In dieser «jakobinischen» Revolutionsperiode ist zum ersten Mal eine mehr oder weniger geschlossene radikale Staats- und Gesellschaftstheorie formuliert worden. In England entwickelte sich dann um Jeremy Bentham herum ein sozialer und demokratischer Radikalismus, der auf der Basis der Vernunft das Ziel des «grössten Glücks der grössten Zahl» antrebte. Dieser englische Radikalismus war vom französischen der Revolutionsjahre 1792–1794 zwar beeinflusst worden; er war jedoch mehr utilitaristisch und weniger doktrinär als dieser. Auch dieser englische Radikalismus war indessen egalitär und demokratisch ausgerichtet. Er strebte danach, das Los der ärmeren Bevölkerungskreise zu verbessern. Für sie forderten die englischen Radikalen bessere materielle Lebensbedingungen sowie

---

[13] WILKES JOHN, 1727–1797. Geboren in London, studierte Wilkes in Leyden und wurde 1757 ins Unterhaus gewählt. Freimaurer. In Flugschriften und in einer von ihm gegründeten Zeitschrift griff er einen englischen Minister und den König scharf an. Er wurde daraufhin verhaftet. Die Justiz ordnete aber seine Freilassung an, weil der Haftbefehl rechtswidrig und Wilkes zudem Parlamentsmitglied war. Das Unterhaus erklärte in der Folge den Ausschluss von Wilkes aus dem Parlament, ebenfalls mit rechtlich zweifelhafter Begründung. Er ging ein paar Jahre nach Frankreich, wo er die Freundschaft Diderots gewann. Nach seiner Rückkehr nach England musste er wegen begangener Pressedelikte eine Gefängnisstrafe absitzen, wurde dann aber erneut in einem Londoner Wahlkreis ins Unterhaus gewählt. Wieder wurde er ausgeschlossen, und als ihm die Wähler zum dritten Male das Vertrauen aussprachen, berief das Unterhaus seinen unterlegenen Gegenkandidaten ins Parlament. Im Jahr 1774 wurde er erneut ins Unterhaus gewählt und hielt seinen Sitz bis 1790. Daneben wurde Wilkes in wichtige Ämter in London – zuletzt zum Lord-Major – gewählt. Er vertrat mit Vehemenz das Prinzip des Volkssouveränität gegenüber der monarchischen Legitimität, forderte absolute Pressefreiheit und Öffentlichkeit amtlicher Akten, Versammlungsfreiheit und bessere Sozialpolitik. Er starb in London.

bessere Bildung. Um das zu erreichen, musste zunächst das allgemeine Wahlrecht und mit dessen Hilfe eine Vertretung dieser Schicht im Parlament angestrebt werden. Dieser Radikalismus englischer Prägung richtete sich gegen die privilegierten Klassen, namentlich die Grossgrundbesitzer und den Klerus. Aber die wichtigste Wurzel des schweizerischen Radikalismus liegt in der radikalen, jakobinischen Phase der Französischen Revolution 1792–1794. Vor allem aus dieser bezogen dann die Radikalen der dreissiger und vierziger Jahre ihre geistige Nahrung.

Im Verlauf der Regeneration lebte dieser Radikalismus langsam wieder auf, wobei zu Beginn dieser Periode die Unterscheidung zum Liberalismus schwerfällt, vor allem deshalb, weil viele Liberale in kirchenpolitischer Hinsicht «radikal» waren, wie sich vor allem bei den Badener Artikeln zeigen sollte. Als wichtiges Datum für den Beginn eines frühen Radikalismus in der Regeneration erscheint das Jahr 1832, in welchem sich ein Teil der Mitglieder des Schweizerischen Zofingervereins unter dem Namen «Helvetia» abspaltete, mit der Begründung, in jenem nähmen aristokratische und konservative Tendenzen von Abkömmlingen vermögender Familien überhand. Diese jungen Radikalen, zumeist aufstiegswillige Akademiker, insbesondere Juristen aus nicht vermögenden Familien vom Lande, vertraten ihre eigenen Interessen, gleichzeitig aber mit Idealismus und Doktrinarismus die zentralistischen, demokratischen, pädagogischen und sozialen Ziele. Klar bildet sich dieser demokratisch-soziale Radikalismus erst in den vierziger Jahren aus. Der Beginn des politischen Radikalismus kann aber auch mit der im Jahre 1835 erfolgten Gründung des schweizerischen «Nationalvereins», einer Verbindung junger Radikaler, welche nach der gescheiterten Bundesreform dieses selbe Ziel mit Hilfe eines eidgenössischen Verfassungsrates erreichen wollten, gesehen werden. Die führenden Mitglieder des Nationalvereins waren Druey[14], Troxler[15], Kasthofer[16], die Brüder Snell und Hen-

---

[14] DRUEY HENRY, 1799–1855. Geboren in Faoug am Murtensee. Entstammte alter ansässiger Familie, welche einen Gasthof betrieb. Rechtsstudium in Lausanne mit Lizentiat 1818–1820, anschliessend weitere augedehnte Studien in Tübingen, Heidelberg, Göttingen, Berlin, Paris und England. Dann Anwaltspraktikum in Lausanne. 1828 Anwaltsexamen und Eröffnung einer Anwaltskanzlei in Moudon. 1828 als Abgeordneter der Landschaft in den Grossen Rat der Waadt gewählt. Rege politische Tätigkeit, zuerst unabhängig, dann auf radikaler Seite. 1831 Mitglied des Verfassungsrats. 1831–1845 Mitglied des Waadtländer Grossen Rats und des Staatsrats. 1832, 1840, 1841 Tagsatzungsabgeordneter. 1835 Dr. iur. honoris causa der Universität Bern. Gründungsmitglied des Nationalvereins und der waadtländischen radikalen Partei. Mitglied

ne. Man nannte den Nationalverein – wohl als Folge der Staatslehre Rousseaus – bewusst nicht «Partei».

Die schweizerischen Frühradikalen haben im wesentlichen aus zwei Quellen geschöpft, nämlich einer emotionalen und einer rationalen: Ihre politische Dynamik, ja ihren revolutionären Schwung bezogen sie in emotionaler Hinsicht aus dem deutschen Idealismus und der deutschen Romantik. Namentlich die Ideen von Hegel[17] ha-

der «Helvetia». 1836–1844 Herausgeber der Zeitung «Le nouvelliste vaudois». 1844 zweite grosse Studienreise durch Deutschland. 1845 Anführer der waadtländischen Revolution, zusammen mit Eytel und Delarageaz. Mitglied der provisorischen Regierung, einer der Schöpfer der Verfassung von 1845. Dann wiederum Mitglied des Grossen Rats und des Staatsrats. Tagsatzungsabgeordneter 1845–1847. Die von ihm massgeblich verstärkte Unterordnung der protestantischen Kirche unter den Staat löste die Abspaltung der protestantischen freien Kirche aus. 1847 Mitglied und französischsprachiger Sekretär der Kommission zur Revision des Bundesvertrags von 1815. Einer der Hauptschöpfer der Bundesverfassung von 1848. Ab 1848 bis zu seinem Tode Bundesrat. Zunächst Vorsteher des Justiz- und Polizeidepartements, dann des politischen Departements und bis zu seinem Tod des Finanzdepartements.

[15] TROXLER IGNAZ PAUL VITAL, 1780–1866. Aus einer luzernischen Bürgerfamilie stammend. Dr. med., Arzt, Philosoph und Politiker. Studium in Jena und Wien, unter anderem bei Schelling. Arzt in Beromünster 1806, Professor am Lyceum in Luzern 1819–1821, Präsident der Helvetischen Gesellschaft 1822, Professor am Gymnasium in Aarau 1823, an der Universität Basel 1830/31 abgesetzt, dann wieder in Aarau. Professor an der Universität Bern 1834–1853, stark beteiligt an der Bundesrevision 1848, feuriger radikaler Politiker, trotzdem Gegner der Badener Konferenzartikel und der Klosteraufhebung. Verfasste 76 Schriften über Medizin, Pädagogik, Philosophie, Theologie, Geschichte und Politik.

[16] KASTHOFER KARL ALBRECHT, 1777–1853. Geboren in Bern. Stammte aus Bernburger-Familie. Studium der Forstwissenschaft in Göttingen, Heidelberg und in den Forstschulen im Harz. Nach seiner Rückkehr nach Bern wurde er 1806 zum Oberförster des Berner Oberlandes ernannt. Daneben auch Lehrer für Gebirgsforstwissenschaft und Alpenwirtschaft. 1831 als Vertreter des Berner Oberlandes in den Berner Verfassungsrat gewählt, dann in dieser Eigenschaft Mitglied des Berner Grossen Rates 1831–1844. 1832 zum Forstmeister des Kantons Bern befördert. 1835 Dr. phil. honoris causa der Universität Bern. Mitglied und zeitweise Präsident des Nationalvereins. 1837–1843 bernischer Regierungsrat. Da sich Kasthofer immer deutlicher gegen die übrigen liberalen Berner Politiker wandte und in der Aargauer Klosterfrage für die Wiederherstellung der Klöster eintrat, wurde er 1843 als Regierungsrat nicht wiedergewählt. Da seine Forstpolitik scheinbar versagt habe, wurde er 1844 auch als Forstmeister abgesetzt. Diese Absetzung veranlasste ihn zu hemmungslosen Angriffen auf die Berner Regierung, die mit einem Gerichtsverfahren und seiner Verbannung aus Bern endeten. Kasthofer kehrte jedoch bereits 1847 nach Burgdorf zurück, wo er eine private Forstschule führte. Hauptwerke: «Das schweizerische Bundesbüchli» 1833, «Zuschrift an den schweizerischen Bundesrat» 1849.

[17] HEGEL GEORG WILHELM FRIEDRICH, 1770–1831. Geboren in Stuttgart. Studium der Philosophie und Theologie in Tübingen 1788–1793, Freundschaft mit Hölderlin

ben die jungen, in Deutschland studierenden Schweizer entscheidend beeinflusst, wie sich namentlich bei Paul Ignaz Vital Troxler und Henry Druey zeigen lässt. Der Einfluss dieses Denkens deutscher Herkunft war vor allem bei der nationalen Frage, das heisst beim Problem der mangelnden Einheit der Eidgenossenschaft entscheidend. Insbesondere das im hegelianischen Denken zutage tretende Streben nach höherer Einheit und nach absoluter Ganzheit wurde den künftigen radikalen Schweizern an den deutschen Universitäten Jena, Heidelberg, Berlin, Göttingen und Tübingen vermittelt. Dieses Denken weckte bei den jungen Schweizern den unbedingten und absoluten Drang, diese Einheit in ihrem Vaterland in der konkreten Form eines starken Bundes zu verwirklichen. In den national ausgerichteten Burschenschaften anderseits wurde bei diesen Studierenden das Bedürfnis nach romantischer und naturschwärmerischer Geselligkeit vermittelt. Sie lernten dort aber beim Fechten das Führen hart geführter Auseinandersetzungen, das sie später in der Politik erwartete, und es ist wohl kein Zufall, dass die wichtigste Kaderschmiede des Radikalismus, die Studentenverbindung Helvetia, grosses Gewicht auf den Zweikampf gelegt hat. In Frankreich hingegen bezogen die Radikalen das rationale Denken und den Willen, einen individualistischen nationalen Einheitsstaat zu schaffen.

Die deutschen Universitäten haben den schweizerischen Studierenden indessen wenig brauchbare Grundsätze für die Gestaltung eines modernen Staates mitgeben können. Die politische Romantik und die nach 1815 das Feld beherrschende Historische Rechtsschule waren mehr rückwärtsgewandte Strömungen, und mit «unklaren Gefühlen und der Bewunderung des deutschen Mittelalters waren die grossen Verfassungsfragen nicht zu lösen»[18]. Die hegelianische Dialektik und Staatsüberhöhung ihrerseits erzeugte zwar politische Bewegung, lieferte aber keine konkreten Bausteine für das Neuzuschaffende. Und auch die mehr rational ausgerichteten liberalen deutschen Publizisten verbreiteten im Bereich des Staatsrechts in der ersten Hälfte des 19. Jahrhunderts neben englischem Parlaments-

und Schelling. Freimaurer. 1793–1796 Hauslehrer in Bern. Auseinandersetzung mit dem modernen Naturrecht, mit Kant und Fichte. 1801 Privatdozent in Jena, enge Zusammenarbeit mit Schelling. 1802/03 zusammen mit Schelling Herausgeber des «Kritischen Journals der Philosophie». 1807 Redakteur in Bamberg, 1808 Rektor an einem Gymnasium in Nürnberg. 1816 Ruf an die Universität Heidelberg. 1818 Professor in Berlin. Hauptwerk: «Grundlinien der Philosophie des Rechts oder Naturrecht und Staatswissenschaft im Grundrisse» 1821.

[18] FLEINER FRITZ, Entstehung und Wandlung moderner Staatstheorien in der Schweiz (1916), S. 15.

recht zumeist nur obrigkeitsstaatlich abgewandelte Staatsideen aus Frankreich. Die wesentlichen Bausteine für die schweizerischen Verfassungen vermittelte das rationale Staatsrecht der Französischen Revolution und, was das Zweikammerprinzip betrifft, das nordamerikanische Verfassungsrecht.

Es ist kein Zufall, dass sich viele schweizerische Radikale – und Liberale – sowohl an deutschen Universitäten als auch in Paris bildeten, so namentlich Henry Druey und später Simon Kaiser[19], während andere Radikale durch ihre Lehrer – die Brüder Snell sowie Anton Henne – mit dem «westlichen» individualistischen Staatsrecht vertraut gemacht wurden. In Deutschland wurde jugendliches philosophisches Schwärmen, Gemüt und Geselligkeitsbedürfnis, in Frankreich der rationale Intellekt befriedigt.

Aus dem französischen Revolutionsrecht bezogen also die Schweizer Radikalen neben den Freiheitsrechten und dem Gewaltenteilungsgrundsatz vor allem die demokratischen Institutionen in Verbindung mit der Rechtsgleichheit, Öfentlichkeit des Staatshaushalts,

---

[19] KAISER SIMON, 1828–1898. Geboren in Biberist, Kanton Solothurn. Stammte aus ansässigem Bauerngeschlecht. Der Vater war Tierarzt. Rechtsstudium in Freiburg im Breisgau 1848, Heidelberg 1849/50, Paris 1850 und Genf 1851. Fürsprecher- und Notariatsexamen 1851. 1853–1857 Erster Sekretär der Bundeskanzlei in Bern. Daneben als rechtshistorischer und staatsrechtlicher Autor tätig, wofür er 1868 mit dem Dr. iur. honoris causa der Universität Bern geehrt wurde. Führender Politiker der linksfreisinnigen «Roten Partei» in Solothurn und der Radikalen auf Bundesebene, spöttisch als «halber Stämpfli» bezeichnet. Vollzog 1856 zusammen mit Vigier und Affolter den radikalen Umschwung in Solothurn. Im gleichen Jahr Sekretär des solothurnischen Verfassungsrats. 1859–1888 Solothurner Kantonsrat. 1857–1885 Direktor der Solothurnischen Bank und Verwaltungsrat verschiedener grossindustrieller Solothurner Betriebe sowie der Solothurner Hypothekarkasse 1869–1885. 1857–1887 Nationalrat, mehrfach dessen Präsident. 1864–1881 Verwaltungsrat der Eidgenössischen Bank in Bern. Längere Zeit Präsident der Zolltarifkommission. Setzte sich politisch für Zentralisation und für die Kulturkampfartikel ein. Nationalratskommissionsreferent der konfessionellen Artikel 1871. Führer der altkatholischen Bewegung. Bei der Auflösung der von Kaiser geleiteten Solothurnischen Bank traten Unregelmässigkeiten und grosse Fehlbeträge zutage. Das Bundesgericht sprach Kaiser aber von jeglicher rechtlichen Verantwortung frei. Durch diese Affäre politisch verfemt und in keines seiner Ämter wiedergewählt. Kaiser zog sich daraufhin in die freiwillige «Verbannung» ins Tessin zurück und war dort wissenschaftlich-schriftstellerisch tätig. Er starb während der Vorbereitung seines Quellenbandes über die schweizerische Verfassungsgeschichte in Locarno. Eine Biographie über diese wichtige Gestalt des schweizerischen Radikalismus fehlt immer noch. Werke: «Französische Verfassungsgeschichte 1789–1852» 1852, «Schweizerisches Staatsrecht» (in drei Büchern) 1858–1860, «Geschichte und Texte der Bundesverfassung der schweizerischen Eidgenossenschaft» 1901.

Elemente einer Bildungs- und Sozialpolitik sowie die harte Haltung gegenüber Kirche und Klerus. Die Vorstellung des zentralistischen nationalen Einheitsstaates lebte bei ihnen trotz dessen Scheitern in der Helvetik als Ideal weiter. Verfassungspolitisch schöpften die Radikalen in erster Linie aus der Montagnard-Verfassung von 1793 und dem Gironde-Entwurf sowie allgemein aus den in jener Zeit von den Jakobinern formulierten Theorien. Diese Quellen vermittelten ihnen eine idealistisch-demokratische, zentralistische und auch eine soziale und pädagogische Haltung, die man als optimistischen Sozialradikalismus bezeichnen könnte.

Der schweizerische Radikalismus zog seine geistige Nahrung also aus Quellen, die zur Hauptsache ausländischen Ursprungs waren. Dies trifft nicht nur für die Westschweizer und Berner Radikalen und die Brüder Snell, sondern auch für Troxler zu. Dessen historisierend-schwärmerische Schriften sind vom Bemühen geprägt, zwischen der Innerschweiz und den radikalen Kantonen integrierend zu wirken, die Gefühle der Schweizer nicht zu verletzen, ja die schweizerisch-nationale Begeisterung zu wecken, und nicht etwa darauf angelegt, den wirklichen Ursprung seiner eigenen Denkrichtung, der massgebend in Deutschland wurzelte, offenzulegen. Die anderen, rationaler eingestellten Radikalen haben die Herkunft des aus der Französischen Revolution bezogenen und hier verbreiteten verfassungsrechtlichen Gedankengutes aus dem gleichen Grund nicht offen deklariert. Die Ideen der Französischen Revolution waren ja vor und während der Restaurationszeit durch konservative Schriftsteller pauschal diskreditiert worden.

Der Radikalismus verwendete allgemein schärfere Mittel zur Durchsetzung seiner Ziele als der Liberalismus, er trat politisch schroffer auf und mass der Wahrung von historischer Kontinuität bei der Einführung von Neuerungen weniger Gewicht bei als jener. Bei den Freiheitsrechten bestanden weniger Unterschiede zum Liberalismus, doch vertraten die Radikalen diese weniger pointiert; auch legten sie mehr Gewicht auf die «politischen» Freiheitsrechte wie Meinungsäusserungs- und Versammlungsfreiheit als die Liberalen. Die Idee der Gewaltenteilung vertrat der Radikalismus weniger deutlich als der Liberalismus. Denn das von ihnen vertretene Prinzip der Volksherrschaft, also der Überordnung des Volkes über alle anderen Gewalten, relativierte die gewaltenteilige Staatsorganisation erheblich. Die Justiz sollte entsprechend den Lehren der Französischen Revolution nicht zu stark werden. Bei der Rechtsgleichheit hatte der Radikalismus entcheidend andere Vorstellungen als der Liberalismus. Forderte der Liberalismus lediglich die politische

Gleichheit und die Gleichheit aller vor dem Gesetz, so trägt der Radikalismus egalitäre und etatistische Züge. Der Staat müsse die Erziehung und Bildung aller fördern; er solle daher insbesondere eine gute unentgeltliche Volksschule einrichten. Um allen Bürgern minimale Existenzmittel zu sichern, bedarf es nach der radikalen Theorie des Staates, welcher eine dem allgemeinen Wohl verpflichtete Wirtschaftspolitik zu betreiben hat. Jakob Stämpfli sagte am 7. Februar 1849 im Berner Grossen Rat, es sei «der Magen mit der politischen Freiheit und Gleichheit noch nicht befriedigt, es ist wahr, dass der Mensch mit der Press- und Redefreiheit nicht gelebt hat, dass auch seine materiellen Bedürfnisse befriedigt werden müssen. Das ist die Frage, mit der sich die künftige Hälfte des Jahrhunderts beschäftigen wird ...» Diese wirtschaftlich-soziale Politik bestand darin, die Industrie, den Handel und das Gewerbe mittels Schaffung günstiger äusserer Bedingungen aktiv zu fördern. Dazu gehörte die Schaffung neuer, besserer Verkehrswege, die Verbesserung des Schulwesens, die Vereinfachung des Rechtswesens und die Schaffung von Kreditbanken für die Bedürfnisse von Industrie, Handel und Gewerbe sowie für die Bauern. Auch einzelne soziale Massnahmen wie etwa die bessere Unterstützung der Armen wurden von den Radikalen gefordert und zum Teil durchgesetzt. Ferner setzten sie sich ein für die Entwicklung des Gesundheitswesens und die grössere Fruchtbarkeit der Böden, insbesondere mittels Entsumpfungen. Ein Teil der Radikalen trat für die – schon von Condorcet und den Jakobinern vorgeschlagene – Einführung der Progressivsteuer auf dem Einkommen ein. In der Westschweiz haben Radikale unter dem Einfluss französischer Frühsozialisten staatliche Massnahmen für die Schaffung von Arbeit («Organisation du travail») und insbesondere die Schaffung von Nationalwerkstätten («Ateliers nationaux») gefordert, die aber in der Folge abgelehnt wurden. Im Radikalismus finden sich also Ansätze für eine staatliche Sozialpolitik, die sich von der liberalen, lediglich auf freiwilliger individueller Hilfe beruhenden Fürsorge deutlich unterscheidet. Diese wohlfahrtsstaatlichen, egalitären und etatistischen Tendenzen des Radikalismus in der Schweiz, in einzelnen Ansätzen schon bei Ludwig und Wilhelm Snell erkennbar, deutlich aber von Henry Druey, später von Jakob Stämpfli, Simon Kaiser und anderen vertreten, haben dieser Bewegung den Vorwurf des Etatismus, ja des «Staatssozialismus» eingetragen. Stämpfli vertrat auch die Idee der Güterbeschränkung: «Ich würde ferner ein Maximum des Güterbesitzes festsetzen, so dass jeder Partikular nicht mehr als ein bestimmtes Mass von Jucharten besässe. Es würde dann nicht mehr Bauern geben, die

4–500 Jucharten haben.»[20] Zwischen frühem Radikalismus und Frühsozialismus bestanden also mancherlei Ähnlichkeiten, wie auch das Gedankengut der Westschweizer Radikalen Druey, Fazy[21], Eytel[22] und Delarageaz[23] zeigt. Auch der sozial inspirierte Radikalismus ist aber stets auf dem Boden des individuellen Privateigentums verblieben – wie beim Sozialismus ein Hauptabgrenzungskriterium gegenüber dem Kommunismus. Auch bei der Forderung nach Schaffung von Kantonalbanken für die Befriedigung der Kreditbedürfnisse von Gewerbe und Landwirtschaft zeigt sich bei den Radikalen ein wohlfahrtsstaatlicher Etatismus. Diese wohlfahrtsstaatlichen Ziele

[20] Verhandlungen im Berner Grossen Rat vom 7. Februar 1849.

[21] FAZY JAMES, 1794–1878. Sohn eines Genfer Industriellen. Er wurde nach Frankreich in die Handelslehre geschickt, widmete sich aber bald der Literatur und dem Journalismus und betätigte sich politisch in der liberalen Opposition. Durch Lafayette wurde er mit den amerikanischen Verfassungsverhältnissen bekannt. 1825 gründete er in Genf das «Journal de Genève» und begann eine erfolglose Bewegung zur Änderung der politischen Verhältnisse. 1827 Rückkehr nach Paris. Beteiligung an der Revolution von 1830. Gründung von und Mitarbeit bei verschiedenen Zeitungen. 1833 Rückkehr nach Genf, wo 1841 seine politische Laufbahn begann. 1842 wurde er in den Verfassungsrat gewählt und gründete die «Revue de Genève», die während 20 Jahren das Organ der Radikalen sein sollte. Infolge der Weigerung der Regierung, in der Tagsatzung für die Auflösung des Sonderbunds zu stimmen, kam es 1846 zur Revolution. Eine radikale Regierung mit Fazy an der Spitze wurde gewählt. Mitglied des Kleinen Rats 1847–1874, Ständerat und Professor an der Universität Genf 1871. Sieben Jahre später starb er mittellos.

[22] EYTEL JULES, 1817–1873. Geboren in Vevey als Sohn eines Genfer Gefängnisinspektors. Jurastudium in Lausanne und Heidelberg. Freimaurer. Ab 1840 Rechtsanwalt in Lausanne. Zusammen mit Druey und Delarageaz einer der Führer der waadtländischen radikalen Partei. Massgeblicher Einfluss auf die Revolution von 1845. 1845–1861 Grossrat. 1846–1849 Professor für Zivilrecht in Lausanne. Tagsatzungsgesandter 1845–1847. 1848–1851 Nationalrat. Schloss sich 1861 dem liberalen Cérésole zum Sturz des Regimes von Delarageaz an. 1861 Verfassungsrat, darauf bis 1863 Staatsrat und Ständerat. Zwischen 1863 und 1873 wiederum Grossrat und Nationalrat. Bekämpfte den Entwurf der neuen Bundesverfassung von 1872.

[23] DELARAGEAZ JEAN LOUIS HENRI, 1807–1891. Geboren in Préverenges, Kanton Waadt. Stammte aus einer dort ansässigen wohlhabenden Familie. Autodidaktische Studien als Geometer und Jurist. Freund von Proudhon, Schüler von Cabet und Fourier; als Begründer der waadtländischen Phalanstère wurde er bald mit Druey und Eytel die Triebfeder der Opposition gegen das städtische liberal-konservative Regime von 1830. Bezirksrichter von Morges 1842–1845. Grossrat 1842–1866. Stürzte 1845 die Regierung und proklamierte das radikale Regiment. 1845–1861 populärer Waadtländer Staatsrat; einflussreichster Waadtländer Politiker nach der Wahl Drueys zum Bundesrat. Im Präsidium der Waadtländer Kantonalbank. 1861 von Eytel und Cérésole gestürzt, 1866 Rückkehr in den Staatsrat. Darauf Gegner von Neuerungen. 1857–1881 Mitglied des Nationalrats. Als überzeugter Föderalist heftiger Gegner der Bundesrevisionsentwürfe von 1872 und 1874.

standen in der Theorie des Radikalismus in einem Spannungsverhältnis zu dem in ihr ebenfalls enthaltenen Individualismus. Äusserlich wurden diese Züge des frühen Radikalismus etwa darin sichtbar, dass dieser am Anfang eine recht enge politische Verbindung mit dem sozial und national orientierten Grütliverein pflegte, der dann später grösstenteils in der Sozialdemokratie aufging, während der Aufsteigerradikalismus zum Hauptpfeiler des Freisinns wurde. Die sozialpolitische Komponente im Radikalismus schwächte sich dann später in den meisten Kantonen im Gleichklang mit dem Erstarken der Arbeiterbewegung ab.

Im Unterschied zu den Liberalen traten die meisten Radikalen für das Einkammerprinzip ein und lehnten eine zweite Kammer ab, weil nur eine einzige Kammer die Nation als Einheit darstelle und weil nur eine einzige, nach dem Kopfzahlprinzip gebildete Kammer den Volkswillen unverfälscht zur Geltung bringen könne. Das französische Vorbild des individualistischen, rationalen und zentralistischen nationalen Einheitsstaates hat den Radikalen immer wieder als Ideal vorgeschwebt. Nichtsdestoweniger waren es zwei prominente Radikale – Fazy und Troxler –, die das Zweikammersystem amerikanischen Musters vorschlugen!

Ebenfalls anders als die Liberalen, welche das reine Repräsentativprinzip befürworteten, erhoben einige Radikale, zum Teil allerdings nur als Reaktion auf Forderungen bäuerlich-ländlicher Kreise, schon in der Regenerationszeit die Forderung nach dessen Durchbrechung. Sie forderten die Volksinitiative für Gesetze sowie nach dem Abberufungsrecht des Volkes gegenüber dem Parlament. Was das Veto und Referendum betrifft, so waren indessen die meisten Radikalen skeptisch oder ablehnend, weil sie befürchteten, das Volk würde fortschrittliche Gesetze ablehnen. Deshalb führten die Waadtländer Radikalen 1845 nur die Initiative und ein plebiszitäres Referendum ein und folgten damit treu dem Philosophen des Fortschritts, Condorcet. Auch die Berner Radikalen lehnten ein echtes Referendum ab und führten stattdessen 1846 das Abberufungsrecht und ein lediglich plebiszitäres Referendum ein. Während die Liberalen das Verhältnis Bürger–Parlamentarier als ein solches der Stellvertretung und der Treuhandschaft auffassten, verstand der Radikalismus den Parlamentarier als jederzeit abrufbaren Beauftragten – Mandatar – der Bürger. Nach dem gleichen Prinzip wollten die Radikalen die Regierung gestalten: Diese sollte einerseits wenig Befugnisse haben und anderseits in starke Abhängigkeit zum Parlament gesetzt werden, ähnlich wie die Ausschüsse des französischen Nationalkonventes ursprünglich konzipiert waren, bevor sie die Macht weitestgehend übernahmen. Es resultierte daraus das Muster der im Verhältnis zum Parlament eher schwachen Parlamentsausschussregierung, die auf den reinen Gesetzesvollzug beschränkt ist; allerdings ergab sich hier mit der Zeit eine Änderung: je wichtiger für die Radikalen wohlfahrtsstaatliche Zielsetzungen wurden, desto wirksamer und mächtiger mussten sie die Regierung ausgestalten. Aus der Abhängigkeit der Regierung vom Parlament folgt, dass das Gewaltenteilungsprinzip von eher untergeordneter Bedeutung ist, wenn man zusätzlich berücksichtigt, dass die Theorie des Radikalismus danach trachtete, der in ihrer Funktion mehr als «aristokratisch» und weniger als demokratisch empfundenen Judikative wenig Befugnisse einzuräumen. Um auch vermögenslosen Bürgern die Ausübung eines Parlamentsmandates zu ermöglichen, forderten die Radikalen eine Entschädigung für die Abgeordneten.

Eng mit dem rationalistischen Individualismus hängt auch das Staatsverständnis der Radikalen zusammen: Der Staat ist ein ausschliesslich vom Willen der zusammenwirkenden Individuen, der Gesellschaft allein bestimmtes, rational-funktionales Handlungs- und Wirkungsobjekt. Er ist weder historisch in irgendeiner Form vorgegeben, noch trägt er metaphysische oder mythische Elemente in sich. Der Genfer Radikale James Fazy hat dies in seinem «Cours de législation constitutionnelle» 1873 beinahe klassisch ausgedrückt: Nach so vielen Prüfungen sind wir glücklicherweise in einem Zeitabschnitt angelangt, wo die Gesellschaft fühlt, dass sie kühn sich selber vertrauen kann, dass sie aus ihrem Schosse alle nötigen Elemente beziehen kann, um sich zu leiten und ihre Vervollkommnung weiterzuführen, dass sie aus sich selber eine kollektive Einsicht schöpfen kann, welche, wie wir uns zu zeigen bemühen, in den Gesellschaften vorgegeben ist[24].

Diese Zurückbindung des Staates auf rationale, allein vom Volkswillen bestimmte Zwecke und Funktionen durch die Radikalen bringt ihr Staatsverständnis in scharfen Gegensatz zu jenem der Konservativen, aber auch zum Denken Hegels und der deutschen Romantik, wo sie ihre Dynamik her bezogen! Der wohlfahrtsstaatliche und soziale Zug im frühen Radikalismus bewahrt diesen aber vor einer –

[24] S. 29: «Nous sommes heureusement arrivés à une époque où la société, après avoir passé par tant d'épreuves diverses, sent qu'elle peut hardiment se confier à elle-même, et tirer de son sein tous les éléments nécessaires pour se guider et continuer le perfectionnement de la société, en puisant en elle-même cette intélligence collective que nous nous efforçons de démontrer, comme préexistant dans les sociétés ...»

der liberalen Theorie gemässen – allzustarken Zurückbindung des Staates auf wenige Minimalfunktionen und damit vor dessen Schwächung zulasten der wirtschaftlich bedrängten Bevölkerungsgruppen.

Kennzeichnend ist für den Radikalismus insgesamt dessen unbedingte Forderung nach rascher Entwicklung von Verkehr, Handel und Industrie und folgerichtig der gesamtschweizerischen Handels- und Gewerbefreiheit. Der Radikalismus hatte noch stärker als der Liberalismus ausgesprochen materialistische Zielsetzungen und war bei der Verwirklichung derselben auch dynmischer und aggressiver, indem er das Prinzip des stetigen Fortschritts, des «progrès continu», befolgte. Der Ruf der Radikalen nach wirtschaftlicher Entwicklung des Landes beruhte einerseits auf dem Aufstiegs- und Machtwillen des Bürgertums der Landschaft, anderseits auf der staatspolitischen Notwendigkeit der Hebung der materiellen Lage des Volkes. Mit den materiellen Zielsetzungen eng zusammen hängt die zentralistische Tendenz der Radikalen, den es galt ja, die handels- und wirtschaftshemmenden kantonalen Gesetzgebungen und den die wirtschaftliche Entwicklung ebenfalls hemmenden Einfluss der katholischen Kirche in den Kantonen zu beseitigen. Überhaupt verfolgte der Radikalismus eine viel schärfere antikirchliche Politik als der Liberalismus, indem er die Kirche schwächen und dann dem Staat unterstellen wollte; er schreckte hier auch vor rechtswidrigen Handlungen nicht zurück, wie sich etwa bei der Teilnahme des radikalen Lagers an den Freischarenzügen und bei der Aufhebung der aargauischen Klöster zeigte. Den Radikalen ging wegen ihrer rationalistischen und materialistischen Einstellung das Verständnis für das Walten religiöser Gefühle und Kräfte in den katholischen Volksteilen ab.

Motor und Mittel der Erkenntnis, des Fortschritts und der Entwicklung des Menschen ist nach radikaler Auffassung die Wissenschaft. Diese Orientierung an der Wissenschaft gab dem Radikalismus den ihm eigenen doktrinären Zug, in welchem seine Gegner eine Gefahr für das historisch Gewachsene sahen, aber auch seine Dynamik. Wissenschaft war für die Radikalen gleichbedeutend mit Fortschritt. Die konsequente Ausrichtung der Politik auf das Fortschritts- und Entwicklungsprinzip andererseits machte den Radikalismus zu einer ausgesprochen dynamischen Strömung, während die Liberalen mit der Regeneration und dem Bundesstaat von 1848 eigentlich ihr Endziel erreicht sahen.

Das von Freiheit, Idealismus, Nationalismus und ungebrochenem Fortschrittsglauben beherrschte Weltbild des schweizerischen Radikalismus kommt klar in der Vorrede Simon Kaisers zu seinem «Schweizerischen Staatsrecht» 1858 zum Ausdruck: «Hoch oben in Europa, zwischen dem Alpengebirge und dem Jura, ist ein Land, dessen Pracht und dessen klassische Stellen Anziehungspunkte sind alljährlich für viele Tausende nicht nur aus Europa, sondern selbst aus den transatlantischen Reichen. Kein König trägt da die Krone, keine Soldaten halten die Ruhe aufrecht, kein Adel zieht das Schwert zu Verteidigung seines Fürsten – und doch ist Ruhe und Glück im Lande. Eine nie ruhende Entwicklung lebt im Ackerbau wie in den Gewerben, den Grundlagen der Volkswirtschaft ... Kein Meer fluthet an den Gränzen und doch durchsteuern seine Bewohner und seine Waaren den Ozean. Der immer schaffende Geist der Freiheit zeigt sich nicht nur in den politischen Einrichtungen des Landes; er durchdringt sein ganzes Handeln und sein ganzes Wirken. Die Freiheit bemächtigt sich da nicht nur der Geister, – selbst das Eisen, gegen das der Schmied den Hammer führt, alle Stoffe, welche die Industrie braucht und neu erzeugt, sind ihr unterthan. Dieses Land, geneigter Leser, ist das Schweizerland; seine staatliche Einrichtung ist die Republik.»

Ähnlich wie der Liberalismus war der Radikalismus zunächst ebenfalls eine Strömung mit internationalen Zügen, die sich aber im 19. Jahrhundert immer stärker mit den jeweiligen Nationalismen verband. Der Nationalismus des Radikalismus war aber aggressiver als jener des Liberalismus, wie sich besonders deutlich etwa bei den Annexionsgelüsten der Radikalen beim Savoyerhandel im Jahr 1860 zeigte. Beim späteren Radikalismus fällt ein starker materialistischer, eigensüchtiger Zug auf, den wir schon bei den helvetischen «Patrioten» festgestellt haben. Das rücksichtslose Ausnützen der in männerbündischen Vereinigungen geflochtenen Beziehungen gehört auch in das Bild dieser farbigen, facettenreichen politischen Strömung. Bei diesem «Aufsteigerradikalismus» – repräsentiert durch den Typus des nach Besitz und politischer Macht strebenden robusten Juristen vom Lande, der sich vornehmlich der Helvetia anschliesst – werden Fortschritt, Demokratie und Freiheit nur mehr zu relativer Grösse und letztlich Mittel zum Zweck. Diese Entwicklung hat der Waadtländer Radikale Henry Druey bereits 1835 vorausgesehen, wenn er in einem Brief schrieb, in der radikalen Partei von Bern gebe es «zwei Richtungen, nämlich eine vergeistigte, prinzipientreue, eine Richtung der Überzeugung und der Festigkeit, welche von Troxler, Kasthofer und den Brüdern Snell vertreten werde, und auf der andern Seite eine materialistische, opportunistische»[25]. Diesen zuletzt genannten Zug

---

[25] DERIAZ ERNEST, Henry Druey (1920), S. 57: «A Berne, comme ailleurs, le parti radical compte deux écoles: L'une spiritualiste, fidèle aux principes, l'école de la foi et de la fermeté: Troxler, Kasthofer, les frères Snell, ..., l'autre matérialiste, opportuniste.»

des Radikalismus hatte auch der demokratische Zürcher Staatsrechts-lehrer Gustav Vogt[26] im Auge, wenn er in seiner Abhandlung über das Referendum den Radikalismus wie folgt charakterisierte: «Sein Losungswort ist der 'Fortschritt', – wenn möglich mit, aber, geht es nicht anders, auch ohne, ja gegen den Willen des Volkes; sein Stolz ist nicht sowohl die Autonomie des Volkes, als die Energie seiner leitenden Staatsmänner. Sein Bündniss mit der Demokratie ist ein nur bedingtes, und ein vollständiges nur da, wo die Demokratie sich ihm zu Willen gibt. Das ist die Geistesrichtung, wie sie sich gestaltet in dieser Periode der Klosteraufhebungen und Jesuitenberufungen, der Putsche und Freischaarenzüge, des bewussten und unbewussten Hintreibens zum innern Krieg, dessen Siegesfrucht schliesslich die Bundesverfassung von 1848 ist. Der Radicalismus behandelte – und betrachtet noch jetzt – die Zugeständnisse an die demokratische Strömung als eine rein politische Frage; dass es dabei weit mehr noch um eine Rechtsfrage sich handelt, dafür fehlt ihm der Sinn.»

Das machtpolitisch-taktische Verständnis der Demokratie, welches Gustav Vogt dem Radikalismus wohl zu pauschal zum Vorwurf macht, war gewiss teilweise vorhanden, ebenso wie bei liberalen und bei katholisch-konservativen Führern. Der Radikalismus war eine politische Gruppierung, die neben der Verfechtung ihrer staatstheoretischen Ideale auch nach Wahrung von Interessen trachtete und nach politischer Macht strebte. Dies zeigte sich vor allem bei der Vorliebe der Radikalen für plebiszitäre Formen des Referendums und bei den Wahlkreiseinteilungen. Es ist auch wahr, dass die Radikalen die Einführung bestimmter demokratischer Neuerungen erst auf Druck von wirtschaftlich-sozialen Volksbewegungen vornahm. Die Aussage Gustav Vogts stammt bezeichnenderweise aus einer Zeit, da sich die führenden Radikalen in Wirtschaft und Politik bereits bedeutende Besitzstände gesichert und deshalb einen Teil ihres idealen Schwunges eingebüsst hatten. Beim Radikalismus lagen Idealismus und Materialismus wie bei keiner anderen Gruppierung sehr nahe beieinander, wie dies bereits Henry Druey gesehen hat.

[26] Zeitschrift für die gesammte Staatswissenschaft 1873, S. 367.

3. Der Konservativismus

Der Konservativismus ist die vielleicht am schwierigsten zu umschreibende politische Haltung, besonders für die Schweiz. Der Begriff «konservativ» stammt vom lateinischen «conservare», also «bewahren», und ist in seiner modernen Bedeutung erstmals 1818 vom französischen Schriftsteller und Diplomaten Châteaubriand[27] verwendet worden. Gleich wie der Liberalismus und der Radikalismus kann auch der moderne politische Konservativismus nur vor dem Hintergrund der Französischen Revolution verstanden werden. Dieses Ereignis bewirkte eine gewaltige Flut konservativer und reaktionärer Schriften, von welchen alle Konservativen bis auf den heutigen Tag zehren. Während das Schrifttum der reinen Reaktion – etwa jenes von Karl Ludwig von Haller – heute nur mehr von geringer theoretischer Bedeutung ist, so hat jenes der wahren Konservativen wie namentlich Edmund Burkes heute noch grosse Bedeutung – vor allem wegen der darin enthaltenen Kritik am einseitigen kommerziellen Materialismus von Liberalismus und Radikalismus.

Der Konservative ist im Gegensatz zum Reaktionär nicht einfach undifferenziert gegen alle institutionellen Reformen eingestellt; er befürwortet solche unter der Bedingung, dass sie in wohlbedachter, kontinuierlich-stetiger Entwicklung zustande kommen. Nichts lehnt der Konservativismus schärfer ab als Diskontinuitäten, also «Sprünge» in der historischen Entwicklung. Allerdings sucht der Konservative nicht eigentlich nach Reformmöglichkeiten. Er nimmt Reformen zwar an die Hand, aber nur, wenn sie sich aufgrund von geänderten realen gesellschaftlichen Vorbedingungen und von erhärteten Erfahrungen aufdrängen. Im Zweifel plädiert er daher für die Beibehaltung der geschichtlich gewachsenen bestehenden Ordnung. Die Schaffung neuer Einrichtungen allein aufgrund von rationaler Erkenntnis und von Abstraktionen lehnt der Konservative ab, und er glaubt auch nicht, dass solche Einrichtungen von Dauer sein können. Er steht

---

[27] CHATEAUBRIAND FRANÇOIS RENE, VICOMTE DE, 1767–1848. Geboren in Saint-Malo, stammte aus französischem Hochadel, vermutlich Freimaurer. Abgebrochene Militärschule, dann ausgedehnte Amerikareise ab 1791. 1793 Rückkehr und Flucht nach Grossbritannien, dort Privatlehrer und erste schriftstellerische Arbeiten, 1800 definitive Rückkehr nach Frankreich. Nach Differenzen mit Napoleon ausgedehnte Reisen in den Mittelmeerraum und in den Orient, 1811 Aufnahme in die Académie Française. Ab 1814 politische Laufbahn als gemässigter Monarchist, Pair de France, französischer Botschafter in Berlin, London und Rom. 1822–1824 Aussenminister. Nach der Julirevolution von 1830 aus dem politischen Leben ausgeschieden. Hauptwerke: «Le génie du christianisme» 1802, «Les mémoires d'outre-tombe» 1848–1850.

deshalb im Gegensatz zum Rationalismus, aber auch zum Individualismus der Aufklärungsphilosophie.

Die bewahrende Tendenz bringt den Konservativen immer wieder in gefährliche Nähe zu den blossen Reaktionären, zu denen die am Ancien Régime orientierten, im Laufe der Regenerationszeit aber langsam «aussterbenden» Aristokraten etwa von Bern, Luzern, Freiburg und Solothurn gezählt werden müssen. Allgemein wurde aber auch der hier gemeinte volksnahe Konservativismus zu Beginn der Regenerationszeit im Gegensatz zum Liberalismus vorerst nicht zu einer dauernden Bewegung, sondern er war eine politische Haltung, welche nur in ganz bestimmten Phasen zu eigener Initiative gelangte. Erst am Anfang der vierziger Jahre änderte sich das, am deutlichsten in Luzern.

Der europäische Konservative fühlt sich in eine sittlich-geistige Wertordnung eingebettet, welche er aus dem Christentum ableitet oder zumindest mit ihm in Verbindung bringt. Dieses Eingebettetsein in eine im Jenseitigen wurzelnde, werterfüllte Ordnung bewahrt den Konservativen vor einem atomistischen Individualismus, welcher zur Auflösung gewachsener gesellschaftlicher, politischer und wirtschaftlicher Institutionen hin tendiert. Der Konservative gewinnt damit eine Ruhe und Sicherheit, die ihn vom rastlosen Suchen und Umgetriebensein der vom Rationalismus beherrschten Radikalen und Liberalen unterscheidet.

Aus historischen Gründen, aber auch wegen der grossen Nähe konservativen Denkens zum Institutionellen, ergab sich praktisch eine enge Verbindung von Konservativismus und Kirche. Dies führte innerhalb des Konservativismus zu zwei Richtungen, der katholischen und der protestantischen. Der katholische Konservativismus mit Schwergewicht in der ganzen Innerschweiz, Freiburg und Wallis war gegenüber dem protestantischen domierend, weil letzterer nur in den protestantischen Westschweizer Kantonen Genf, Neuenburg, Waadt sowie in Basel und Bern eine gewisse Bedeutung erlangte. Zudem war konservatives Denken und Fühlen in den katholischen Gebieten tief in breiten Schichten des Volkes verankert, während dem protestantischen Konservativismus immer etwas Elitäres anhaftete und ihm daher Wirkungen in den breiten Massen weitgehend versagt blieben. Der protestantische Konservativismus ging parallel zum Erstarken des Radikalismus von der Mitte des 19. Jahrhunderts an eine Bindung mit dem christlich-werterfüllten rechten Flügel des Liberalismus ein, unter deutlicher Distanzierung zum eigentlichen Wirtschaftsliberalismus. Anders der katholische Konservativismus: Genährt von Wertmassstäben und Machtmitteln der römischen Kirche, blieb dieser das ganze 19. Jahrhundert hindurch eine eigenständige, je nach Kanton unterschiedliche, jedoch mit treuer und breiter Anhängerschaft versehene politische Gruppierung. Der politische Konservativismus verstand es überhaupt, der in den katholischen Volksteilen vorhandenen starken Neigung zu Irrationalem, Bildhaftem und Personenbezogenem Rechnung zu tragen. Die breite Verwurzelung im Volk bewahrte den schweizerischen katholischen Konservativismus vor elitär-junkerlichen Verhaltensweisen, wie sie deutlich etwa den protestantischen preussischen Konservativismus bestimmten. Es ist denn auch bezeichnend, dass das elitär-reaktionäre Werk «Restauration der Staatswissenschaften» des Berners Karl Ludwig von Haller in der Schweiz – im Gegensatz zu Deutschland und Österreich – relativ wenig Wirkungen zeitigte. Selbstverständlich trug zur geringen Wirkung der legitimistischen Theorie Hallers auch die Tatsache bei, dass in der Schweiz weder ein eigentlicher Adel noch ein mit ausländischen Massstäben vergleichbares Grossgrundbesitzertum bestand. Dies und die Kleinräumigkeit der Gemeinschaften in der Schweiz haben sowohl auf protestantischer als auch auf katholischer Seite die Bildung eines Ultrakonservativismus oder «Hochkonservativismus» verhindert.

Allen Konservativen gemeinsam ist die Ablehnung des ökonomischen Materialismus und Kapitalismus der liberalen Wirtschaftstheorie. Sie befürchten davon eine Gefährdung der christlich-sittlichen Weltordnung und damit gleichzeitig der Grundlagen des Staates und der anderen Gemeinschaften. Die auf dem individuellen Gewinnstreben beruhende moderne Wirtschaft zerstört nach konservativer Auffassung die Solidarität innerhalb der gewachsenen sozialen Gemeinschaften und letztlich auch diese selber. Die Konservativen lehnten daher etwa die gesamtschweizerische Einführung der Handels- und Gewerbefreiheit, der Niederlassungsfreiheit und weitere der nationalen Wirtschaftseinheit dienende Einrichtungen ab.

Die breite Verankerung des schweizerischen katholischen Konservativismus im Volk zeigte sich deutlich in dessen Verhältnis zu den Volksrechten. So förderten die Konservativen – teilweise in Konkurrenz mit den Radikalen – im Laufe der vierziger Jahre in Luzern und im Wallis und später in mehreren anderen katholischen Kantonen die Einführung des Vetos oder des Referendums. Vor allem die Einführung dieser hemmenden Volksrechte wurde von den konservativen Führern in der Erkenntnis der konservativen und kirchlichen Grundhaltung breiter Volksmassen kräftig gefördert. Auf diese Weise konnte man der aufklärerisch-rationalistischen, teilweise auch als hektisch empfundenen Gesetzgebungstätigkeit der liberalen Parlamentsmehrheiten in den Regenerationskantonen eine Opposition entgegensetzen. Natürlich waren bei der Förderung des Ausbaus der Volksrechte, gleich wie beim Radikalismus, auch taktische Gründe mitbestimmend – über Klerus und Kanzel verfügte die konservative Führung auch ohne kräftige eigene Presseorgane über entsprechende Beeinflussungsmittel des Volkes.

Zu den bestimmenden Konstanten der schweizerischen konservativen Theorie – auch der protestantischen – gehörte der Föderalismus. Die Kantonalsouveränität wurde mit der Freiheit beinahe gleichgesetzt. Die konservative Lehre erhob das alte genossenschaftliche Freiheitsverständnis auf dem Boden der kantonalen Souveränität zur gesamtschweizerischen Staatstheorie und setzte es dem «westlichen» zentralistischen, rationalistischen und individualistischen Freiheitsverständnis der Radikalen und Liberalen entgegen. So gelang es dann, den zentralistischen und materialistischen Forderungen der den neugegründeten Bund beherrschenden Radikalen und Wirtschaftsliberalen mit wechselndem Erfolg zu begegnen.

Der Konservatismus ist weniger theorieorientiert als der Liberalismus und Radikalismus. Abstraktionen, Konzepte und Systeme liegen dem Konservativen nicht. Er orientiert sich vielmehr an bestehenden konkreten Institutionen, vorab der Kirche, der kantonalen Staatsorganisation und den überkommenen Genossenschaften. Sein Gesellschafts- und Staatsverständnis baut er nicht vom Individuum her auf; ja er erachtet den «atomistischen» aufklärerischen Individualismus als Gefahr für die gewachsenen Gemeinschaften. Vielmehr sind Familie, Kirche und Genossenschaft die Konstitutivelemente konservativen Denkens. Dementsprechend ist auch das Freiheitsverständnis im konservativen Denken nicht individualistisch-abstrakt, sondern genossenschaftlich-konkret geprägt. Freiheit ist daher nach konservativer Anschauung mehr Autonomie bestimmter gesellschaftlicher Gruppen gegenüber dem höheren Verband als individuelle Entfaltungsmöglichkeit.

In scharfem Gegensatz zur Theorie der Aufklärung stand der Konservativismus bei der Frage der Gleichheit. Er anerkannte zwar im Sinne des christlichen Naturrechtsdenkens die prinzipielle Gleichwertigkeit der Menschen. Daraus zog er aber nicht den Schluss, die Menschen müssten vom Staat in jeder Hinsicht auch gleich *behandelt* werden. Der Satz «jedem das Seine» – «suum cuique» – war für das konservative Verständnis der Rechtsgleichheit bestimmend. Damit bestand die Möglichkeit, das auch von den Konservativen anerkannte Postulat der Gleichheit der Menschen in pragmatischer Weise zu handhaben, vorab in der Form der blossen politischen Freiheit. Zugleich war damit jede Art von Egalitarismus ausgeschlossen.

Auch das Demokratieverständnis begründete der Konservativismus anders, als Liberalismus und Radikalismus dies taten. Die schweizerischen Konservativen gingen zwar traditionellerweise vom Prinzip der Volkssouveränität aus – eine monarchisch-legitimistische Herrschaftsbegründung kannten die schweizerischen Gemeinwesen nicht, Neuenburg und die geistlichen Herrschaften ausgenommen. Der Wille des souveränen Volkes war aber für den Konservativismus nicht die Geltendmachung und rationale Summierung des Willens der einzelnen Individuen zum Ganzen, wie es die Demokratietheorie der Aufklärung will. Die konservative Demokratietheorie legitimiert den Entscheid des souveränen Volkes nicht allein mit dem Wollen der einzelnen Beteiligten. Sie sieht ihn auch als Akt des Findens der Wahrheit innerhalb einer von Gott gestifteten sittlichen Weltordnung. Der Mensch und die Gemeinschaft, in der er lebt, haben weder die Kraft noch die Legitimität, ihr Schicksal allein selber zu bestimmen; sie bedürfen gewissermassen höherer Hilfe.

4. Der Sozialismus

Der Begriff «Sozialismus» ist erstmals im Jahre 1832 vom französischen Sozialphilosophen Pierre Leroux[28] in seiner Schrift «Du socialisme et de l'individualisme» verwendet worden. Sowohl der Zeitpunkt des Erscheinens dieses Werkes als auch dessen Titel enthalten erste Aussagen zum Sozialismus. Die dreissiger Jahre können für Westeuropa als Anfangsstadium eines politischen Sozialismus angesehen werden, während der theoretische Sozialismus bereits

---

[28] LEROUX PIERRE, 1797–1871. Geboren in Bercy bei Paris. Typograph, einer der ersten Anhänger Saint-Simons. Freimaurer. 1824 gründete er die Zeitung «Le Globe», welche 1831 Organ der Partei wurde. Nach Richtungskämpfen trennte er sich davon und versuchte, ein anderes sozialistisches System zu begründen. Seine Theorien dazu entwickelte er in einer Artikelserie der «Encyclopédie nouvelle», welche er zusammen mit Regnaud 1841 herausgab. Er übte grossen Einfluss aus auf George Sand, mit der er 1841 die «Revue indépendante» gründete. 1846 Gründung einer genossenschaftlich organisierten Druckerei in Boussac, wo er 1848 die Republik ausrief und zum Bürgermeister ernannt wurde. Er ging dann nach Paris, wo er in den Aufstand von 15. Mai verwickelt und zu einer Gefängnisstrafe verurteilt, allerdings schon nach drei Tagen wieder freigelassen wurde. Wahl zum Abgeordneten der Assemblée constituante, wo er einer der Führer der Sozialisten wurde. Verschiedene Publikationen über Arbeitszeit, Plutokratie, über die Ideen von Malthus, nationale Organisation der Arbeit.

etwas früher, nämlich in erster Linie in den Schriften von Saint-Simon[29], erkennbar wird. Die von Leroux in der genannten Arbeit vorgenommene Gegenüberstellung Individualismus–Sozialismus zeigt einen Hauptansatzpunkt der Theorie des Sozialismus, nämlich die Kritik am Individualismus der Aufklärungsphilosophie und namentlich seiner Ausprägung bei der liberalen Wirtschaftsverfassung. Indessen hat die sozialistische Theorie die Aufklärungsphilosophie im übrigen in weiten Teilen übernommen; dies betrifft namentlich den Rationalismus, den naturwissenschaftlichen Materialismus und die naturrechtlich-humanitäre Grundlegung von Staat und Gesellschaft. Ferner geht auch die Theorie des Sozialismus gleich wie jene der Aufklärungsphilosophie von einem positiven Menschenbild und einer optimistischen Sicht der Welt aus. Der gemeinhin als theoretischer Vater des Sozialismus angesehene Saint-Simon erklärte denn auch ausdrücklich: «Das goldene Zeitalter des menschlichen Geschlechts liegt keineswegs hinter uns, es liegt vor uns, es liegt in der Vervollkommnung der Gesellschaftsordnung; unsere Väter haben es nicht gesehen, aber unsere Kinder werden es eines Tages erleben: es liegt an uns, ihnen den Weg dazu zu bahnen.» Und auch der bereits genannte Leroux, ein Schüler von Saint-Simon, legt seinem Denken die Vervollkommnungsfähigkeit, die «perfectibilité» des menschlichen Geschlechts mittels der Entwicklung des «stetigen Fortschrittes», des «progrès continu» zugrunde – in einer Weise, die stark an den wissenschaftlichen Optimismus von Condorcet gemahnt, auf den sich Leroux übrigens auch immer wieder beruft. Gleich wie die Theoretiker des Radikalismus ist also auch für den Sozialismus die Wissenschaft der entscheidende Bewegungs- und Fortschrittsfaktor, wie überhaupt Frühsozialismus und Frühradikalismus viele gemeinsame Züge haben.

---

[29] SAINT-SIMON CLAUDE-HENRI DE ROUVROY, GRAF VON, 1760–1825. Stammte aus einer vornehmen alten Familie. Freimaurer. Kämpfte als Offizier unter Lafayette für die amerikanische Unabhängigkeit. 1783 nach Frankreich zurückgekehrt, verliess er die Armee, begann zu reisen. Während der Französischen Revolution betätigte er sich nicht politisch, begann aber systematisch die Grundlagen der Gesellschaft zu erforschen. Ab 1797 Studien vor allem in Physik und Politik, aber unsystematisch und unvollständig. Dann wieder Reisen durch England, welches er für schwach und unfähig zu neuen Ideen hielt, und durch Deutschland, welches ihm von einem nebulösen Mystizismus beherrscht schien. Er liess sich dann in Frankreich nieder, heiratete, pflegte einen aufwendigen Lebensstil. Dadurch und zur Realisierung zahlreicher wissenschaftlicher Pläne wurde sein Vermögen rasch aufgezehrt. Publikation verschiedener sozialphilosophischer Schriften. Wichtigster Schüler: Auguste Comte.

Anders als der Liberalismus, der vor allem die beiden individuellen Rechte Freiheit und Eigentum betonte, steht der Sozialismus auf dem Boden von Gleichheit und Freiheit, und Leroux erklärt, der Sozialismus habe die Aufgabe, eine wirkliche Synthese zwischen «Freiheit, Brüderlichkeit und Gleichheit» zustande zu bringen. Diese Zwecksetzung leiten die sozialistischen Theoretiker einerseits aus der individualistischen Aufklärungsphilosophie, anderseits aus den wirtschaftlichen und sozialen Entwicklungen im 19. Jahrhundert ab. Die wirtschaftliche Entfaltung des liberalen Unternehmertums auf dem Boden der Lehren der Ökonomisten, von Adam Smith und Jean Baptiste Say, hatte nach der Revolution zum starken Anwachsen der Zahl der Industriearbeiter geführt, deren materielle Existenz äusserst prekär war, und die auf jeden Fall nicht in der Lage waren, selber Eigentum zu bilden. Eine Teilhabe an der politischen Macht blieb ihnen vorerst trotz ihrer grossen Zahl in der vom Zensuswahlrecht beherrschten ersten Hälfte des 19. Jahrhunderts weitgehend versagt.

Die Theorie des Sozialismus setzt also bei den wirtschaftlichen Gegebenheiten im frühliberalen industriellen System an. Ihr Pionier, Saint-Simon, geht von der Unterscheidung zwischen «Arbeit und Müssiggang» aus. Die Arbeit ist das Primäre und Entscheidende; sie kann auf manuelle oder intellektuelle Weise geleistet werden; der Müssiggang («oisiveté») ist «Eigentum ohne Arbeit», sei es durch Profit aus dem Grundeigentum, sei es durch Profit aus industrieller Arbeit anderer. Die überwiegende Mehrheit der Nation verrichtet industrielle Arbeit, sagt Saint-Simon, doch es fehlt den industriell Tätigen das Klassenbewusstsein. Ihre Gesamtheit muss sich in einer «nationalen Partei» organisieren, und diesen Begriff definiert er zukunftsweisend als Organisation, «deren Angehörige durch gemeinsame Grundsätze vereinigt sind und einen Führer anerkennen, der alle inneren Bewegungen und Aktionen aufeinander abstimmt, damit die Einheitlichkeit von Handlungen und Anschauungen zum Zwecke einer möglichst grossen Durchschlagskraft besteht». Diese Partei hat nach Saint-Simon die Aufgabe, ständig die Müssiggänger zu bekämpfen.

Ziel des Sozialismus war, die durch die liberale Wirtschaftspolitik geschaffenen extremen Ungleichheiten zu beheben. Denn Grundlage unserer gegenwärtigen Gesellschaft ist, so schrieb Leroux seinerseits, «allein das Dogma der Gleichheit; dessenungeachtet dominiert die Ungleichheit ... Eine wirkliche Konkurrenz existiert nicht; eine kleine Zahl von Personen ist im Besitze der Arbeitsinstrumente.» Daraus leitete die sozialistische Theorie die Forderung nach verfassungsrechtlicher Anerkennung des Faktors «Arbeit» ab, ohne aber – im Gegensatz zum Kommunismus – das Privateigentum einfach abschaffen zu wollen. Das Privateigentum war zwar in ihren Augen ein den einzelnen von der Gemeinschaft gewährtes Privileg, aber ein notwendiges. Es sollte indessen zugunsten des Wohls der Arbeiter überall dort, wo notwendig, beschränkt werden. Deshalb setzte die sozialistische Theorie im Gegensatz zum Liberalismus einen starken Staat voraus. Dieser muss in der Lage sein, zugunsten der ärmeren Schichten regulierend, schützend und umverteilend einzugreifen. Daraus erwuchsen die Forderungen nach progressiven Einkommens-, Vermögens- und Erbschaftssteuern und nach Erlass von sozialen und technischen Schutzbestimmungen zugunsten der Fabrikarbeiter. Eine Methode zur Behebung der sozialen Probleme sahen die Sozialisten unter anderem in der Beschäftigung der Arbeiter in sogenannten «Nationalwerkstätten», in «ateliers nationaux», wie es Louis Blanc[30] 1839 in seiner Schrift «Organisation du Travail» vorgeschlagen hatte. Alle diese Massnahmen erforderten eine aktive, wohlfahrtsstaatlich ausgerichtete Verwaltung. Die Sozialisten waren deshalb, gleich wie die Radikalen, etatistisch eingestellt.

Eine wichtige Stellung nahm in der sozialistischen Theorie die Genossenschaft als Wirtschafts- und Lebensform ein. Neben der Funktion der Genossenschaften als Träger der Produktion solle auch die Konsumgüterverteilung genossenschaftlich erfolgen. Eine weitergehende Ausprägung des Genossenschaftsgedankens hat Charles Fourier[31], ebenfalls ein Schüler von Saint-Simon, entwickelt. Fourier wollte in der Form von sogenannten «Phalanges d'Harmonie» eigent-

[30] BLANC JEAN-JOSEPH LOUIS, 1811–1882. Geboren in Madrid als Sohn eines höheren napoleonischen Beamten, der 1814 nach Frankreich zurückkehren musste. Ärmliche Kindheit in Südfrankreich. Ab 1834 als Journalist in Paris, daneben historische Publikationen und engagierte politische Tätigkeit als Sozialist. Freimaurer. 1839 erschien sein soziales Reformprogramm «L'organisation du travail», 1841 seine Kampfschrift gegen die Julimonarchie «L'histoire de dix ans». 1848 Mitglied der provisorischen Regierung und Präsident der Arbeiterkommission, welche die von ihm in «Le droit au travail» 1848 vorgeschlagenen staatlich finanzierten Arbeiterproduktionsgenossenschaften, die «ateliers sociaux», als Ateliers nationaux verwirklichte, aber nach wenigen Monaten wieder schliessen musste. Im Anschluss daran kam es zu Kämpfen zwischen aufgebrachten Arbeitern und Regierungstruppen mit 4000 Toten. Als Gegner von Gewalt betrachtete sich Blanc für gescheitert und ging ins Exil nach Grossbritannien, wo er 1862 seine «Histoire de la Révolution française» vollendete. 1871 Rückkehr nach Frankreich, 1871–1876 linksstehender Abgeordneter der Assemblée nationale, jedoch ohne grossen politischen Einfluss.

[31] FOURIER FRANÇOIS MARIE CHARLES, 1772–1837. Geboren als Sohn eines Textilkaufmanns, der ihn für den Handel erzog und ihm ein kleines Vermögen hinterliess. Als Angestellter reiste er für verschiedene Firmen nach Deutschland und Holland. 1793

liche Produktiv-, Konsum- und Lebensgemeinschaften schaffen. In solchen, aus idealerweise 1620 Personen oder 400 Familien zusammengesetzten genossenschaftlichen Stätten sollte sich die Harmonie zwischen Kapital und Arbeit einstellen. Diese Idee der «Phalanstères» wurde dann unter anderen von Fouriers Schüler Victor Considerant[32] aufgenommen, weiterverbreitet und fand auch Anhänger in der Schweiz, so etwa im Zürcher Sozialisten Karl Bürkli[33].

Das Problem des frühen Sozialismus bestand darin, dass die Arbeiter infolge von Wahlrechtsbeschränkungen kaum Einfluss auf

machte er sich selbständig, stand aber bald vor dem finanziellen Ruin und ging zum Militär. Nach zwei Jahren Abschied aus gesundheitlichen Gründen. Von nun an verschiedene Publikationen, in denen er eine Neuordnung der Gesellschaft auf der Basis und mit dem Ziel des Glücks, der Einheit und Harmonie entwickelte. Zu ihrer Realisierung forderte er autarke Lebensgemeinschaften von je 300 Familien und Aufteilung des Staatsgebietes in autonome, agrarisch orientierte Genossenschaftsgebiete. Versuche, den Fourierismus in Texas zu verwirklichen, scheiterten; vergleiche Bürkli, Considerant.

[32] CONSIDERANT VICTOR, 1808–1893. Geboren in Salins, im französischen Jura als Sohn eines ehemaligen Offiziers der Revolutionstruppen und Mittelschullehrers. Absolvent einer Polytechnischen Schule und einer Genieschule, anschliessend Armeeoffizier, bald aber Quittierung des Dienstes und fortan Tätigkeit als Herausgeber und Redaktor, Publizist und Politiker, Freimaurer. 1848 Mitglied der französischen Nationalversammlung. Considerant unterschied als bedeutendster Schüler Fouriers wie dieser zwischen Arbeit, Kapital und Talent: Diese drei Elemente suchte er in den sogenannten Phalanges, einer Art Produktiv- und Lebensgenossenschaften, in Harmonie zu vereinigen. Considerant setzte sich unter anderem auch gegen stehende Truppen und für direkte Volksgesetzgebung ein; er hatte über Bürkli Einfluss auf die demokratische Bewegung in Zürich. Verfechter des proportionalen Wahlrechts. Er starb mittellos in Paris. Considerant veröffentlichte viele kleine Schriften, darunter «La solution, ou le gouvernement direct du peuple», Paris 1850.

[33] BÜRKLI KARL, 1823–1901. Sohn eines hohen Aargauer Militärs und Politikers. Während seiner Wanderschaft als Gerber lernte er 1846 in Paris das sozialistische System von Fourier kennen und versuchte, es 1855 in die Tat umzusetzen, indem er an der Spitze einer Schweizer Auswanderergruppe zwecks Gründung von sogenannten Phalanstères im Sinne Fouriers nach Texas auswanderte. Das Projekt scheiterte, Bürkli verlor dabei sein Vermögen. Ab 1858 wieder in Zürich, wo er sich von neuem dem von ihm 1851 ebenfalls zur Verwirklichung des Fourierismus gegründeten Konsumverein widmete. In den sechziger Jahren hatte Bürkli führenden Anteil an der Zürcher demokratischen Bewegung. Er setzte sich unter dem Einfluss der Schriften von Moritz Rittinghausen und Victor Considerant für die direkte Gesetzgebung durch das Volk und für die Proporzwahl ein, ebenso für die Schaffung einer Kantonalbank und die Förderung des Genossenschaftswesens. 1878 trennte er sich als Sozialdemokrat von den Demokraten. Bis 1899 mit Unterbrüchen Kantonsrat, ab 1893 Mitglied des Zürcher Stadtparlamentes. Verfasser zahlreicher politischer Kampfschriften, aber auch historischer Arbeiten.

die Gesetzgebung ausüben konnten. Die sozialistischen Führer richteten daher ihre Hauptanstrengung zunächst darauf aus, den Arbeitern mit Hilfe des allgemeinen Wahlrechts eine angemessene Vertretung in den Parlamenten zu verschaffen. Das konnte, wie Ferdinand Lassalle[34] erkannt hat, nur mittels agitativer Tätigkeit der Arbeiter geschehen – ähnlich derjenigen der frühen Radikalen. Als weiterer Schritt folgten bereits von der Mitte des 19. Jahrhunderts an – vor allem von Victor Considerant gefördert – Anstrengungen zur Einführung des proportionalen Wahlrechts. Die frühen Sozialisten forderten damit, bevor die schon beim nicht demokratisch eingestellten Saint-Simon angelegte Klassenkampflehre beherrschend wurde, wirtschaftliche Massnahmen und Verbesserungen des «bürgerlichen» Verfassungsrechts zugunsten der Arbeiter, wie sie etwa in der französischen Verfassung von 1848 enthalten sind.

Die Lehren der frühen schweizerischen Sozialisten unterschieden sich von jener von Frühradikalen wie Henri Druey, James Fazy, Jules Eytel und Jakob Stämpfli noch nicht stark, ja überschnitten sich zuweilen. Auch die Frühsozialisten forderten das die Interessen der Arbeiter am besten wahrende Einkammerprinzip, das gebundene Mandat der Parlamentarier und einige wenige von ihnen die Durchbrechung des Repräsentativprinzips mittels Einführung von Initiative und Referendum.

Verfassungsgestaltende Kraft hatte der Sozialismus in der hier zu betrachtenden Zeit nicht, weshalb es bei diesen kurzen Strichen bleiben muss. Einige, vor allem westschweizerische Frühradikale wurden jedoch von französischen Sozialisten beeinflusst. Als schwei-

[34] LASSALLE (eigentlich LASAL) FERDINAND, 1825–1864. Sohn eines wohlhabenden jüdischen Kaufmanns in Breslau. Studium der Geschichte und Philosophie in Breslau und Berlin. Hegelianer. Radikaler Demokrat, Mitarbeit bei der «Neuen Rheinischen Zeitung», welche von Karl Marx herausgegeben wurde. Wissenschaftlich hochbegabt, verschiedene philosophische und politische Publikationen. In diesem Zusammenhang und anlässlich der Revolution 1848/49 zahlreiche Verhaftungen und Gefängnisstrafen. Entwicklung eines sozialistischen Programmes für einen allgemeinen deutschen Arbeiterkongress, in dem er politische und ökonomische Reformideen vertrat. Er forderte beispielsweise die Beseitigung des preussischen Dreiklassenwahlrechts und die Einführung des allgemeinen und gleichen Wahlrechts. Der Arbeiterkongress übernahm das Programm und gründete 1863 den «Allgemeinen Deutschen Arbeiterverein», die erste Parteibildung der Sozialdemokratie in Deutschland. Lassalle wurde zum Präsidenten mit diktatorischen Vollmachten gewählt. Marx distanzierte sich von dieser Bewegung. Der Arbeiterverein ging 1875 in der von Bebel und Liebknecht gegründeten marxistischen Arbeiterpartei auf. Lassalle kam in Genf in einem Duell wegen einer Frau ums Leben. Hauptwerke: «Die Philosophie des Herakleitos» 1858, «Das System der erworbenen Rechte» 1861.

zerische Exponenten eines frühen Sozialismus können etwa Pierre Coullery[35], Karl Bürkli, Johann Jakob Treichler[36] (vorübergehend) und Johann Philipp Becker[37] genannt werden.

[35] COULLERY PIERRE, 1819–1903. Dr. med., zuerst Mitglied des Grossen Rates des Kantons Bern, liess sich dann in La Chaux-de-Fonds nieder, wo er «La Voix de l'Avenir» 1862–1865 veröffentlichte. Mitglied des Grossen Rates des Kantons Neuenburg 1862–1865 und 1868–1871; trat dann aus der radikalen Partei aus und wurde einer der Vorläufer der sozialistischen Partei in La Chaux-de-Fonds, deren Abgeordneter im Grossen Rat er ab 1892 bis zu seinem Tod war.

[36] TREICHLER JOHANN JAKOB, 1822–1906. Geboren als Sohn eines Kleinbauern und Heimwebers in Richterswil, Besuch des Küsnachter Lehrerseminars, Lehrer in Geroldswil bis 1843, dann als Journalist tätig, studierte er später in Zürich die Rechte, gab den «Boten von Uster» heraus, gründete mit Bürkli einen Konsumverein, dann Rechtsanwalt. Freimaurer. 1847 als erster Sozialist in den Kantonsrat gewählt. Später Schwenkung zu den Liberalen Alfred Eschers. Nationalrat 1852–1870, Regierungsrat in Zürich 1856–1869. Dr. iur. honoris causa der Universität Zürich 1866, Verfassungsrat 1968/69, Oberrichter 1869–1871, Professor der Rechte an der Universität und ETH Zürich ab 1872 bis zu seinem Tod.

[37] BECKER JOHANN PHILIPP, 1809–1886. Geboren in Frankenthal, in der bayerischen Pfalz, als Sohn eines begüterten Handwerkers. Abbruch der Ausbildung und wiederholt revolutionäre Tätigkeiten. 1838 Flucht nach Biel und Erwerb des Berner Bürgerrechts. Einsatz im militanten Flügel der Berner Radikalen. Teilnahme an der Verfassungsrevision 1846 und am Sonderbundskrieg als Freund von Ochsenbein. 1848/1849 Teilnahme an der gescheiterten badischen Revolution. Nach 1860 Hinwendung zur sozialistischen Arbeiterbewegung. Mitgründer der 1. Internationale in London. Bei den internen Kämpfen der Sozialisten spektakulärer Wechsel vom Lager Bakunins zu dem von Marx. Danach, das heisst ab 1872, im Generalrat der Internationalen. Ab 1865 massgeblicher Förderer der sozialistischen Bewegung in der Westschweiz mit Zentrum in Genf. Dort Herausgabe der Zeitung «Der Vorbote» 1865–1871 bzw. «Le précurseur» 1877–1881. 1877 gründete Becker in Genf die Schweizerische Arbeiterpartei. Hauptwerke: «Wie und Wann, ein ernstes Wort über die Fragen und Aufgaben der Zeit» 1862–1869, «Neue Stunden der Andacht: satyrische Psalmen in Reimform» 1868–1875.

13. KAPITEL:
DAS VERFASSUNGSRECHT
DER REGENERATIONSKANTONE [1]

1. Allgemeine Bemerkungen

So sehr die Regenerationszeit eine Neugestaltung von Politik, Verfassungsgebung und Gesetzgebung einleitete, so darf doch nicht übersehen werden, dass trotz der Restauration einige Kontinuitätsbrücken zwischen der französisch bestimmten Reform-Ära der Helvetik und der folgenden Zeit bis 1831 bestehen geblieben waren. Die politischen Régimes der französischen Ära waren in einem ersten Schub 1803, in einem zweiten 1814 zwar beseitigt worden. Die institutionellen Strukturen der französischen Reform-Ära hatten sich aber teilweise halten können, vor allem in den westschweizerischen und den neuen Kantonen. Das traf insbesondere zu für das französische System der rationalen hierarchischen Verwaltungsorganisation, das dreistufige hierarchische Gerichtssystem mit den Friedensrichtern, für Teile des Erziehungssystems und für das Steuersystem, insbeson-

---

[1] *Literatur:* BIAUDET JEAN-CHARLES, Regeneration, *Handbuch der Schweizer Geschichte,* Zürich 1977, S. 918 ff.; BLUM ROGER, Die politische Beteiligung des Volkes im jungen Kanton Baselland 1832–1875, Liestal 1977; BORGEAUD CHARLES, Etablissement et révision des constitutions en Amérique et en Europe, Paris 1893; CARATSCH RETO, Die Initiative zur Verfassungsrevision, Zürich 1926; CASTELLA GASTON, Le sens de la réforme de 1830, Annales Fribourgeoises 1930, S. 177 ff.; CASTELLA JEAN, L'organisation des pouvoirs politiques dans les constitutions du canton de Fribourg, Fribourg 1953; CHERBULIEZ A. E., De la démocratie en Suisse, Band II, Paris 1843; DIERAUER JOHANNES, Geschichte der Schweizerischen Eidgenossenschaft, Band V, Gotha 1917; DIETSCHI URS, Das Volksveto in der Schweiz, Bern 1926; DUFT JOHANN, Die politischen Volksrechte in der st. gallischen Demokratie, Winterthur 1910; *Geschichte des Kantons Freiburg,* Band II, Freiburg 1981; DURAND CHARLES, Le régime juridique de l'expropriation pour utilité publique sous le Consulat et le Premier Empire, Paris 1948; DÖRSTELER JOHANNES, Die Organisation der Exekutive der Schweizerischen Eidgenossenschaft seit 1798, Zürich 1912; ERB MARTIN RUDOLF, Der Verfassungsrat im schweizerischen Staatsrecht, Aarau 1961; FAZY JAMES, Cours de législation constitutionnelle, Genève 1873; FELLER RICHARD, Vor hundert Jahren, Zur Erinnerung an die Einführung der demokratischen Staatsverfassung im Kanton Bern 1831, Bern 1931; FULPIUS LUCIEN, L'organisation des pouvoirs dans les constitutions de la République et Canton de Genève, Genève 1942; GISIGER WALTER, Das Petitionsrecht in der Schweiz, Zürich 1935; GRÖBER MARKUS, Zürich und der Versuch einer Bundesreform 1831–1833, Zürich 1954; HILTY CARL, Referendum, Veto und Initiative in den neueren schweizerischen Kantonsverfassungen, Zeitschrift

dere die Grundsteuern und die Stempelsteuern. Auch die Befreiung des Grundeigentums von den Feudallasten war dort, wo sie verwirklicht worden war, teilweise erhalten geblieben, ebenso einige Ansätze für die weltlich-staatliche, von den Kirchen unabhängige Schule, Armenunterstützung und Krankenpflege. Auch Bruchstücke der in der französischen Ära begonnenen Rechtskodifikationen konnten sich halten; in der Restauration wurden die Kodifikationsbestrebungen auf kantonaler Ebene zum Teil weitergeführt. Vom politischen System der französischen Ära war ebenfalls eine Kontinuitätsbrücke erhalten geblieben, nämlich liberale «Parteien» in der Form von miteinander zusammenarbeitenden und insbesondere korrespondierenden gebildeten Persönlichkeiten. In verfassungsrechtlicher Hinsicht hatte die französische Ära ebenfalls gewisse Strukturen hinterlassen, so namentlich das Prinzip der geschriebenen Verfassung, einige Trümmer von Individualrechten und das Recht der «Parlamente», über Steuern und Voranschlag (Budget) beschliessen zu dürfen, wenn auch letzteres in starker Abhängigkeit von den Exekutiven.

So konnte in der 1831 beginnenden zweiten «Reform-Ära» doch in mancherlei Hinsicht an Bestehendes angeknüpft werden, wenn auch dieses im Vergleich zu dem, was man neu schaffen wollte, nurmehr als schmales Rinnsal erschien.

für die gesammte Staatswissenschaft 1873 S. 350 ff.; His Eduard, Geschichte des neuern schweizerischen Staatsrechts, Band II, Basel 1929; His Eduard, Die Bedeutung der schweizerischen Regeneration, Zeitschrift für schweizerische Geschichte 1931 S. 73 ff.; His Eduard, Luzerner Verfassungsgeschichte der neueren Zeit (1798–1940), Luzern 1944; Jagmetti Riccardo, Der Einfluss der Lehren von der Volkssouveränität und vom pouvoir constituant auf das schweizerische Verfassungsrecht, Zürich 1920; Jufer Max, Das Siebnerkonkordat von 1832, Affoltern a. A. 1953; Kaiser Simon, Schweizerisches Staatsrecht, 3 Bände, St. Gallen 1858–1860; Kölz Alfred, Vom Veto zum fakultativen Gesetzesreferendum, Festschrift für Hans Nef, Zürich 1981, S. 191 ff.; Meuwly Olivier, Histoire des droits politiques dans le Canton de Vaud de 1803 à 1885, Lausanne 1990; Müller Walter, Geschichte der Schaffhauser Kantonsverfassung 1834–1933, Schaffhausen 1934; Nabholz Hans, Die Eingaben des zürcherischen Volkes zur Verfassungsrevision des Jahres 1830, Zürich 1911; Näf Werner, Staatsverfassungen und Staatstypen, Bern 1946; Rappard William, Un projet volontairement oublié de réforme du Pacte de 1815, Zeitschrift für Schweizerische Geschichte 1941 S. 229 ff.; Rappard William, Notre Grande République Sœur, Genève 1916; Sauter Beat Walter, Herkunft und Entstehung der Tessiner Kantonsverfassung von 1830, Zürich 1972; Schefold Dian, Volkssouveränität und repräsentative Demokratie in der schweizerischen Regeneration 1830–1848, Basel 1966; Schmid Bruno, Wenig Bekanntes aus der Gesetzgebung des Septemberregiments, Züriputsch, Pfäffikon 1989, S. 174 ff. – Siehe auch die am Anfang des V. Teils sowie am Anfang des 12. Kapitels angeführte Literatur.

2. Grundsatz der Volkssouveränität

a) Allgemeines, pouvoir constituant

Der Grundsatz der Volkssouveränität bildete politisch den eigentlichen Eckpfeiler der Regeneration, obwohl die liberale Führungsschicht mehr an der Verwirklichung liberaler als demokratischer Forderungen interessiert war. Die Volkssouveränität war aber ein unverzichtbarer politischer Kampfbegriff, auch wenn über dessen staatsrechtliche Bedeutung keine Einigkeit herrschte. Das Postulat der Volkssouveränität wurde naturrechtlich verstanden; dieses Verständnis war notwendig für den Erfolg der Umwälzung, weil die bestehenden, formell gültigen Kantonsverfassungen der Restauration keine Bestimmungen über ihre Änderung enthielten. Es bedurfte also für die Schaffung neuer Verfassungen mangels einer ausdrücklichen Ermächtigung einer anderen, stärkeren Legitimation als der traditional formalen, eben jener durch das Volk. Damit war auch der weitere Weg vorgezeichnet: Die neuen Verfassungen mussten durch das Volk selber gebilligt werden. Der Erlass der Regenerationsverfassungen war also ein Akt originärer Rechtsschöpfung; es existierte rechtlich nur insofern Kontinuität von der alten zur neuen Ordnung, als die Dekrete für die Wahl der Verfassungsräte oder der Grossen Räte noch von den alten Grossen Räten erlassen wurden. In Anbetracht des demokratisch-naturrechtlichen Charakters dieses politischen Vorganges ist es dann um so erstaunlicher, dass in die Regenerationsverfassungen Bestimmungen hineingebracht wurden, wonach diese während einer Anzahl von Jahren nicht revidiert werden durften (Rigiditätsklauseln). Diese die Volkssouveränität einschränkenden Bestimmungen können nicht anders denn als Herrschaftssicherungen der neu an die Macht gelangten liberalen Führungsschicht angesehen werden und zeigen die Grenzen, die der Liberalismus dem demokratischen Prinzip setzte.

Alle Kantone stellen nun an die Spitze ihrer Verfassungen den Grundsatz der Volkssouveränität. Waadt sagt in Anlehnung an Artikel 3 der französischen Erklärung der Menschen- und Bürgerrechte von 1789: «La souveraineté réside dans le peuple.»[2] Zürich führt wörtlich aus: «Die Souveränität beruht auf der Gesamtheit des Volkes. Sie wird ausgeübt nach Massgabe der Verfassung durch den Gr. Rath als Stellvertreter des Volkes.»[3] Mit dem Begriff «Ausübung» der Souverä-

[2] Art. 1; *Quellenbuch* S. 305.
[3] Art. 1; *Quellenbuch* S. 291.

nität wird das Repräsentativprinzip festgelegt, das in der Waadtländer Verfassung ausdrücklich als «démocratie représentative» bezeichnet wird. Ähnlich wie in Zürich und in Waadt lauten die entsprechenden Bestimmungen in den Verfassungen der anderen Regenerationskantone. Solothurn führt, vielleicht am genauesten, aus, die höchste Gewalt gehe von dem Volke aus; sie werde «aber nur durch seine Stellvertreter ausgeübt, welche nach der von ihm genehmigten Verfassung gewählt werden»[4]. Gleichzeitig aber legt Solothurn fest, dass das Repräsentativprinzip auch durch Verfassungsänderung nicht aufgehoben werden kann,[5] gleich wie es schon die Helvetische Verfassung getan hatte.

Nach dem in den Regenerationsverfassungen enthaltenen Verständnis der Volkssouveränität waren also die Bürger auf die Wahl der Mitglieder der Grossen Räte und auf das Recht zur Abstimmung über neue oder geänderte Verfassungen beschränkt. Im Berner Verfassungsrat ist dieses enge Verständnis der Volkssouveränität erkannt worden: Ein Votant machte geltend, es sei eine «rein theoretische Fiction» zu sagen, die Souveränität «beruhe auf der Gesammtheit des Volkes», denn die Souveränität könne nicht in «practische Wirklichkeit treten», ohne das Repräsentativprinzip «umzustürzen»[6].

In allen in der Regeneration neu geschaffenen Verfassungen findet sich demgemäss die Einrichtung des obligatorischen Verfassungsreferendums, und diese wurde auch sogleich praktisch angewandt – mit Ausnahme des Kantons Freiburg, dessen Regenerationsverfassung ja dem Volke nicht vorgelegt worden war. Das obligatorische Verfassungsreferendum war in den verfassunggebenden Räten nicht umstritten. Die von Sieyès formulierte und in den republikanischen Verfassungen des revolutionären Frankreich sowie der Helvetischen Verfassung erstmals praktisch verwirklichte Theorie des «pouvoir constituant» des Volkes war offensichtlich bis zu den dreissiger Jahren politisches Gemeingut geworden.

Die Verfassung wurde von den Liberalen als Ausdruck der Volkssouveränität schlechthin angesehen. Der Kanton Thurgau legte daher, wohl in Anlehnung an Snell, fest: «Die Verfassung steht unter der Garantie aller Bürger.»[7] Thomas Bornhauser wollte dem noch beifügen, dass «kein Bürger» einem Befehl gehorchen dürfe, «der die

---

[4] Art. 1; BORNHAUSER THOMAS, Verfassungen der Kantone der Schweizerischen Eidgenossenschaft (1833) S. 148.
[5] Art. 57.
[6] Verhandlungen vom 10. Mai 1831.
[7] Art. 217; *Quellenbuch* S. 272.

Verletzung oder den Umsturz der Verfassung zur Absicht hat» – was jedoch vom Verfassungsrat aus Furcht vor Aufruhr abgelehnt wurde[8].

b) Verfassungsrat

Acht Kantone, nämlich Bern, Luzern, Freiburg, Schaffhausen, Aargau, St. Gallen, Waadt und Baselland, liessen ihre Regenerationsverfassungen durch einen *Verfassungsrat* formulieren. Zürich und Thurgau übertrugen diese Aufgabe einem neugewählten Parlament, während in Solothurn der bestehende Grosse Rat, allerdings unter Waffendrohung der Landschaft und in Verhandlungen mit Volksausschüssen, die neue Verfassung formulierte. Die Forderung nach Einsetzung von Verfassungsräten wurde nach dem Ausbruch der französischen Julirevolution in Denkschriften von führenden Politikern und Intellektuellen, dann in Petitionen und schliesslich auch in den grossen Volksversammlungen erhoben. Es musste die Einrichtung des Verfassungsrates offenbar bereits Gemeingut sein. Dies ist deshalb erstaunlich, weil keine der früheren schweizerischen Verfassungen, einschliesslich der Helvetischen Verfassung, die Einrichtung des Verfassungsrates gekannt hatte. Als praktisches Modell kommen also neben nordamerikanischen Vorläufern nur das Beispiel des französischen Nationalkonvents sowie die drei republikanischen französischen Verfassungen in Frage, welche alle die Einrichtung einer besonderen verfassungsgebenden Versammlung enthielten. Die Institution des Verfassungsrates war offensichtlich den zeitgenössischen Politikern bekannt; diese ausländische Einrichtung wurde deshalb übernommen, weil sie auch der besonderen politischen Situation angemessen schien: Man misstraute den bisher amtenden Behörden und hegte die – weil eine heikle Machtfrage – unausgesprochene Befürchtung, bei einer blossen Neuwahl der Grossen Räte würden zu viele Anhänger der alten Ordnung einfach wiedergewählt. Anderseits hoffte man, dass bereits bei der Wahl des Verfassungsrates ein für die Landschaft günstigeres Vertretungsverhältnis erzielt werden könnte. Das Verhalten der amtierenden Restaurationsregierungen bestätigt diese Überlegungen: Meistenorts versuchten diese zuerst, die bestehenden Grossen Räte mit der als unabwendbar erkannten Revision der Verfassungen zu betrauen. Die Revision solle «besser von oben herab frei, als von unten herauf gezwungen» erfolgen, wurde etwa im

---

[8] Verhandlungen vom 5. April 1831.

St. Galler Grossen Rat gesagt[9]. Die Reformer erkannten dieses Bestreben und trafen Gegenmassnahmen, indem sie das Volk mobilisierten. So kam es etwa im Aargau am 2. Dezember 1830 zu einem bewaffneten Zug auf die Hauptstadt, weil der bestehende Grosse Rat zwar der Einsetzung eines Verfassungsrates zugestimmt hatte, sich aber die Genehmigung des von letzterem erarbeiteten Entwurfes vorbehalten hatte. Als Folge dieser Intervention wurde auf die umstrittene Genehmigung verzichtet. Das Aargauer Beispiel hat offenbar die meisten anderen Kantone dahin beeinflusst, der Forderung nachzugeben. Es folgten dann mit der Einsetzung von Verfassungsräten die Kantone Luzern, Waadt, St. Gallen und Freiburg. In Bern wollten anlässlich des Münsinger Volkstages vom 10. Januar 1831 zwei Regierungsräte den versammelten Männern beliebt machen, die Verfassungsrevision einer vom Grossen Rat bereits eingesetzten Kommission zu übertragen. Unerwartet stellte aber gegen Schluss des Volkstages der Liberale Karl Schnell die Forderung nach Einsetzung eines Verfassungsrates auf. Woher Schnell diese Forderung bezog, ist ungeklärt, denn er hat – wie das bei der Rezeption revolutionären Staatsrechts fast durchwegs der Fall ist – die Quelle nicht genannt. Naheliegend als Quelle sind die Vorgänge in den anderen Kantonen; möglich ist aber auch eine Beeinflussung des Berners durch den am 7. Januar 1831 an alle Abonnenten des «Schweizerischen Republikaners» versandten Verfassungsentwurf von Ludwig Snell, in welchem die Forderung nach Einsetzung eines besonderen «Verfassungsrevisionsrathes» enthalten war.

Vermutlich im Wissen um die Usurpation der gesamten Staatsmacht durch den französischen Nationalkonvent in der Revolutionszeit bestand bei den Regierungen ein gewisses Misstrauen gegenüber den Verfassungsräten. Im Aargauer Dekret über die Vornahme einer Verfassungsrevision und die Wahl eines Verfassungsrates vom 4. Christmonat 1830 beschlossen daher «Wir Bürgermeister und Kleiner Rath», der einzusetzende Verfassungsrat könne «über keinen anderen Gegenstand als über die Revision der Kantonsverfassung ... in Berathung treten. Alle andern Anträge und Verhandlungen sind gesetzwidrig ...»[10]. Im Kanton Freiburg hingegen wurde der Verfassungsrat vom sich selber auflösenden Grossen Rat als «verfassungs- und gesetzgebende Gewalt» eingesetzt[11]. Der Verfassungsrat

[9] Verhandlungen vom 8. November 1830.
[10] § 5.
[11] Dekret vom 7. Christmonat 1830.

306

hat dann übergangsweise darüber hinaus die Rolle einer souveränen Gewalt ausgeübt[12].

Erstaunlich ist aber, dass einige der Regenerationskantone, welche Verfassungsräte eingesetzt hatten, diese Einrichtung dann doch nicht in die neuen Verfassungen aufgenommen haben. So verfuhren Bern, Freiburg, Schaffhausen, Aargau und Waadt. Hatten die 1831 an die Macht gelangten Liberalen den Eindruck, ein Verfassungsrat könnte eines Tages ihre eigene Macht gefährden? Stossen wir also auch hier, gleich wie bei den Rigiditätsklauseln, auf ein Element der liberalen Herrschaftssicherung? Wollten die grossbürgerlichen liberalen Lenker eine zweite kleinbürgerliche, «jakobinische» Regeneration oder Revolution verhüten, also das verhindern, was in Frankreich den Revolutionären von 1789 nicht gelungen war, nämlich ein sozial und wirtschaftlich bedingtes Auseinanderbrechen des Bürgertums von 1789? Das Beispiel, das Bern bald geben sollte, spricht für diese These: 1846 lehnte die liberal-konservative Mehrheit des Grossen Rates die Forderung der Radikalen nach Einsetzung eines Verfassungsrates ab; ein darauf von den Radikalen erzwungener – gegenteiliger – Entscheid des Volkes führte unter gleichzeitiger Beseitigung des Zensuswahlrechts zur Wahl eines Verfassungsrates mit erdrückender radikaler Mehrheit! Der Radikalismus setzte sich danach auch in anderen Kantonen für die erneute Verankerung der Verfassungsräte in den Verfassungen ein, während die Kantone Thurgau, St. Gallen, Baselland und Luzern die Verfassungsräte der Regeneration beibehielten.

c) Rigiditätsklauseln, Verfassungsinitiative des Volkes

Die Regenerationskantone Zürich, Bern, Solothurn, Freiburg, Tessin und Waadt – bis 1838 auch St. Gallen – kennen keine Initiative des Volkes auf Verfassungsänderung. Nur die Grossen Räte haben dort das Recht, ein solches Verfahren einzuleiten; im Kanton Bern bedarf es für einen Beschluss auf Verfassungsänderung überdies einer Zweidrittelsmehrheit im Grossen Rat und einer zweimaligen Beschlussfassung mit einer «Wartefrist» von einem Jahr[13]. Die meisten Regenerationskantone kennen Bestimmungen, welche die Unabänderlichkeit – Rigidität – der Verfassung für eine Zeit zwischen drei und zwölf Jahren festlegen, zum Teil kombiniert mit der Möglichkeit der

---

[12] CASTELLA GASTON, Histoire du canton de Fribourg (1922), S. 124.
[13] Art. 96; BORNHAUSER (Anm. 4) S. 65.

Erhebung einer Volksinitiative auf Verfassungsänderung nach Ablauf dieser Frist, so in Thurgau, Luzern und Schaffhausen. Auch die Entwürfe zu einer neuen Bundesverfassung 1832/33 enthielten solche Klauseln, die allerdings schon 1831 stark umstritten waren: Der ehemalige helvetische Politiker Karl Koch[14] machte im Berner Verfassungsrat geltend, solche hemmenden Formen würden die «heilsame Stabilität in eigentliche Starrheit verwandeln». Es wäre, so Koch weiter, eine grosse Schwachheit, aus grosser Vorliebe für die Verfassung ihre Veränderung zu versperren. Es sei nicht nur «moralische Pflicht, jeder Verbesserung entgegenzukommen», sondern es sei dies auch «hohe Politik». Denn es werde, finde sich der «gesetzliche Weg versperrt, die Revolution ergriffen»[15].

Die Regenerationsverfassungen der Kantone Aargau und Baselland (nach 1838 auch St. Gallen) geben dem Volk das Recht zur jederzeitigen Einreichung einer Initiative auf Verfassungsrevision. Von den sechs Kantonen, welche die Möglichkeit der Erhebung einer Verfassungsinitiative kennen, gestalten fünf davon diese so aus, dass für das Initiativbegehren die Willensäusserung einer absoluten Mehrheit aller Stimmberechtigten (Thurgau, Aargau, Schaffhausen) oder gar von zwei Dritteln derselben nötig sind (Luzern, Baselland). In diesem Fall wird mit der Stellung der vorgeschriebenen Zahl der Willensäusserungen die Frage der Verfassungsrevision gleichzeitig entschieden. Nur ein Kanton, nämlich St. Gallen nach der Revision von 1838[16], sieht eine echte zweistufige Initiative, eine sogenannte «Referendumsinitiative», vor: Wenn zehntausend Stimmberechtigte ein solches Begehren stellen, findet anschliessend eine Volksabstimmung über die Frage der Verfassungsrevision statt. Ein Unterschied zwischen der Gesamtrevision und der Teilrevision der Verfassung wird noch nicht ausdrücklich vorgenommen; gemeint war die Totalrevision.

---

[14] Koch Karl, 1771–1844. Geboren in Thun als Sohn eines Pfarrers. Jurastudium in Bern und Tübingen. Militärkarriere in der Berner Armee. Unitarier. 1798 Präsident des helvetischen Grossen Rats. 1801 Mitglied des Helvetischen Senats. 1802 Mitglied der Consulta in Paris. 1803–1844 liberales Mitglied des Berner Grossen Rats, ab 1804 als Fürsprech in Bern tätig. Mitarbeit am Berner Zivilgesetzbuch von Schnell. 1804–1814 auch als Leiter der neugegründeten bernischen Militärschule tätig. Einsatz für die Aarekorrektion zwischen Thunersee und Bern. 1831 Mitglied des Verfassungsrats. Redaktor der Berner Verfassung von 1831. Darauf bis 1840 Regierungsrat. Ab 1840 Präsident des Berner Obergerichts. In eidgenössischen Fragen Föderalist.

[15] Verhandlungen vom 27. Juni 1831.

[16] Snell Ludwig, Handbuch des Schweizerischen Staatsrechts II (1844), S. 513 ff.

Woher nahmen nun die sechs Kantone dieses Volksrecht? Die Frage stellt sich deshalb, weil bisher keine schweizerische Verfassung – auch nicht die Helvetische – ein solches Recht enthalten hatte. Die Materialien geben hierüber keine Auskunft. Im Aargauer Verfassungsrat wurde nur gesagt, die Verfassung müsse jederzeit revidiert werden können, denn damit könnten Revolutionen vermieden werden; in diesem Kanton scheint überdies die Frage der Verfassungsrevision sachlich eng mit der Frage einer Neueinteilung der Bezirke verbunden gewesen zu sein – einer sehr konkreten und politisch zentralen Frage. Es wird hier bereits eine Konstante bei der Einführung neuer Volksrechte in der Schweiz sichtbar, nämlich die enge Verbindung von neuen staatsrechtlichen Einrichtungen mit aktuellen, brennenden politischen Tagesfragen. In Schaffhausen wurde über die Volksinitiative und deren Herkunft gar nicht gesprochen. Auch die Materialien der Verfassungen von Thurgau, Luzern, Baselland und St. Gallen geben über die Herkunft dieser Neuerung keine Auskunft. In der Literatur wird mit Bestimmtheit angenommen, dieses Volksrecht stamme «zweifellos» von der Montagnard-Verfassung von 1793[17] – sicher zu Recht. Die diskussionslose Übernahme dieses Volksrechtes wurde durch die Tatsache erleichtert, dass es im Einklang mit der bereits gefestigten – und auch von den Liberalen anerkannten – Theorie des «pouvoir constituant» stand, welcher dem Volk zusteht. Man hat indessen die «Initiative» der Montagnard-Verfassung, welche eine Referendumsinitiative war, überall mit Ausnahme von St. Gallen vereinfacht, indem man – wie ausgeführt – für Auslösung und Entscheidung die absolute Mehrheit der Stimmberechtigten verlangte.

d) Die Entstehung des Vetos in St. Gallen

Getreu den Lehren des zeitgenössischen Liberalismus waren die wichtigsten Führer der Regenerationsbewegung einer über die Verfassungsgebung hinausgehenden Teilnahme des Volkes bei der Rechtsetzung abgeneigt. Auch in der Bevölkerung scheint dieser Gedanke noch wenig verankert gewesen zu sein, gingen doch nur verhältnismässig wenige Petitionen ein, welche eine Teilnahme des Volkes an der Gesetzgebung verlangt hätten. Am deutlichsten sind Nei-

---

[17] CARATSCH RETO, Die Initiative zur Verfassungsrevision (1926), S. 56; JAGMETTI RICCARDO, Der Einfluss der Lehren von der Volkssouveränität und vom pouvoir constituant auf das schweizerische Verfassungsrecht (1920), S. 112.

gungen zur Einführung des Gesetzesreferendums in den wirtschaftlich schwachen katholischen Gebieten der Kantone St. Gallen, Luzern und Baselland zu erkennen. Von dort kam auch die Forderung nach Landsgemeinden wohl auch deshalb, weil man die an die Macht gelangten Fortschritts-Liberalen als «protestantisch» und wirtschaftlich stark empfand. In den verfassungsgebenden Räten hingegen gab es nur ganz vereinzelt Vertreter dieser Richtung. In zwei Kantonen, nämlich St. Gallen und Baselland, gab es starke Strömungen im demokratischen Sinne. Diese konnten sich auch durchsetzen, wie die beiden Verfassungen bereits zu Beginn bezeugen: St. Gallen erklärt zwar ebenfalls, das Volk sei souverän, und die Souveränität ruhe in der Gesamtheit der Bürger[18]. Die St. Galler Verfassung präzisiert die Volkssouveränität jedoch wie folgt: «Das Volk übt in Folge dessen das Gesetzgebungsrecht selbst aus, und jedes Gesetz unterliegt seiner Genehmigung.» Diese Genehmigung übe es dadurch aus, «dass es nach Erlassung eines Gesetzes die Anerkennung und Vollziehung desselben vermöge seiner souveränen Gewalt verweigern kann»[19]. Und Baselland führt ein Jahr später aus, die Souveränität beruhe auf der Gesamtheit der Mitbürger, welche dieselbe «durch Theilnahme an der Gesetzgebung»[20] ausüben.

Wie kam es nun in St. Gallen als erstem Kanton zu diesem Recht des Volkes zur Genehmigung der Gesetze, im Verfassungsrat und dann im Volksmund bald «Veto» genannt? In diesem relativ heterogenen, zu einem Teil aus ehemaligen Untertanengebieten zusammengesetzten Mediationskanton entstanden nach Ausbruch der Julirevolution demokratisch-bäurische Volksbewegungen, vor allem im Toggenburg, im Sarganserland, im Bezirk Gaster und im Rheintal. Hauptmotive für das Entstehen dieser demokratischen Strömungen waren wohl wirtschaftliche und konfessionelle: Es handelte sich um wirtschaftlich notleidende Regionen, deren Situation in starkem Gegensatz zur Lage der städtischen St. Galler Liberalen stand, welche von einer blühenden Textilindustrie profitierten. Anderseits fürchteten die gleichen Kreise, dass die Liberalen ihr «weltliches Programm» durchsetzen könnten, nämlich Aufhebung der konfessionellen Trennung im Ehe- und Erziehungswesen, Einführung der gemischten Ehe und Schaffung von staatlichen Aufsichtsrechten über die Kirche. Ein Vertreter dieser ländlichen Demokraten sagte im Verfassungsrat:

---

[18] Art. 2; *Quellenbuch* S. 273.
[19] Art. 3.
[20] Art. 2 lit. c; BORNHAUSER (Anm. 4), S. 167.

«Überall ist Elend und Armuth. Wir sollen immer geben, und 'mir hand nüz meh'. Das sollte die Herren auch kümmern, denn unsere Sache ist bald zu Ende, und dann, das werdet ihr zugeben, gehts über die Herren los.» Staatspolitisch wollten diese demokratisch einge-stellten Kreise im Verfassungsrat die Festlegung des von der gebilde-ten liberalen Führungsschicht befürworteten Repräsentativprinzips verhindern: «Ich entdecke aber die Absicht, im Grossen Rat eine selbstherrliche mächtige Behörde zu bilden ...», erklärte einer der Demokraten in der Sitzung des Verfassungsrates vom 11. Januar 1831. Und ein anderer Demokrat führte aus, es sei im Verfassungsrat «ein Theil wider die Volkssouveränität, die mit der linken Hand wieder nimmt, was sie mit der rechten gegeben hat». Und der Führer der Demokraten, Felix Diog[21], brachte als Antwort auf ein Votum des gebildeten Dr. Anton Henne zugunsten des Repräsentativprinzips vor: «Stellvertretende Volkssouveränität ist ein Unsinn. ... Vom Volke muss man lernen, was Freiheit und Demokratie ist, nicht von deut-schen Universitäten.» Und schliesslich ein weiterer Demokrat: «Äus-serst befremdend muss es mir vorkommen, dass man das Volk für fähig hält, seine Verfassung, nicht aber seine Gesetze zu sanktionie-ren.» Der Demokrat Diog fand: «jedes Delegieren ist unschweize-risch» (12. Hornung 1831). Ihm schwebte für die Verwirklichung der vollen Volkssouveränität die Durchführung von dezentralen «Lands-gemeinden» in den Bezirken vor, welche dann über alle vom Grossen Rat beschlossenen Gesetze hätten abstimmen sollen. Die Schaffung solcher «Bezirks-Landsgemeinden» war bereits Ende 1830 in einer anonymen Broschüre «Volksthümliche Ansichten über die ganz neue Verfassung des Kantons St. Gallen» verlangt worden; die Gesetze wä-ren nur bei Annahme durch zwei Drittel dieser Landsgemeinden in Kraft getreten, wobei jede von diesen eine Stimme gezählt hätte – unabhängig von der Bevölkerungszahl der Bezirke. Ja, Diog hätte so-

---

[21] DIOG FELIX KOLUMBAN, 1795–1842. Geboren in Rapperswil. Sein Vater war ein damals berühmter, aus Andermatt zugewanderter Porträtmaler. Diog entschied sich zuerst für eine Beamtenlaufbahn und war 1815 Kanzleischreiber. Dann trat er als Söldner in französische Dienste, machte dort Militärkarriere und brachte es zum Major. Nach seiner Rückkehr lebte er in Rapperswil und begann, gegen die alte Ord-nung im Kanton St. Gallen zu kämpfen. 1831 beteiligte er sich als Mitglied des Verfas-sungsrats leidenschaftlich an der Verfassungsrevision, wobei er als Führer der Demo-kraten für die Übernahme des Appenzeller Landsgemeindesystems kämpfte. In religiö-sen Fragen war er katholisch-konservativ. 1831 für seine Verdienste zum Oberstleut-nant befördert. Mitglied des St. Galler Grossen Rats 1831–1833 und 1835–1837.

gar gerne ein Antragsrecht des Volkes, eine Art Initiative eingeführt, diese Idee aber nicht näher ausgeführt. Der Vorschlag auf Einrichtung von Bezirkslandsgemeinden stiess auf entschiedenen Widerstand der Liberalen, vor allem jener aus der Stadt, welche in dezentral durchgeführten Landsgemeinden auch eine Gefahr für die Existenz und Einheit des erst seit der Mediation bestehenden Staates sahen. Sie machten ferner geltend, das Volk vergebe sich mit der Repräsentativverfassung nichts, «denn seine Garantien bleiben unmittelbare Wahl, kurze Amtsdauer, Antrags- oder Petitionsrecht und das Recht des Widerstandes gegen unbefugte Eingriffe»; dem aber hielt ein Demokrat entgegen: «Das Volk will nicht nur das Wort, es will die Sache.» Schliesslich wurden von den Liberalen auch grundsätzliche Zweifel an der Landsgemeindedemokratie geäussert und darüber am Beispiel von Schwyz gesagt: «... was sie aber in unserer Zeit geworden sind, das wissen jene, welche das Glück hatten, von Demokratien belandvogtet zu sein. Schwyz, wo die neuen Landleute in einer Art Knechtschaft sind, hat das erneuerte Beispiel eines geistlichen Fürsten aufgestellt.» Unter dem «Deckmantel einer reinen Demokratie» finde man die «grössten aristokratischen Einrichtungen», wurde gesagt und auch geltend gemacht: «Wie langsam gedeiht oft das Gute, das Zweckmässige, für das Wohl des Ganzen Erspriessliche in diesen Kantonen!»

Der Vorschlag der Durchführung von dezentralen Landsgemeinden erwies sich nicht als mehrheitsfähig. Dennoch musste den Wünschen der Demokraten irgendwie entgegengekommen werden. Die Auseinandersetzungen im Verfassungsrat wurden immer härter, und die Sitzung musste bis zum nächsten Tag unterbrochen werden.

Die wiederaufgenommene Sitzung vom nächsten Tag, dem 12. Januar 1831, stand unter dem Eindruck von Hunderten von Männern, welche durch ihre immer lauter werdende Anwesenheit vor dem Ratssaal der Forderung nach einer Beteiligung des Volkes an der Gesetzgebung Nachachtung verschafften. Die Entscheidung brachte die Rede des historisch gebildeten Dr. Anton Henne von Sargans, welcher, am Vortag noch für das Repräsentativprinzip eintretend, nun einen Kompromissvorschlag, einen «Mittelweg» begründete. Er ging davon aus, es sei die Bildung eines Volkswillens, «ausser in einer Kantons-Landsgemeinde, an die bei 150 000 Seelen Niemand denken wird, nur in der stellvertretenden Verfassung möglich». Anderseits verstehe er, dass das Volk Misstrauen hege, es sei «zu oft, unterm Vorwand der Verfassungsänderung, getäuscht worden. 1793, 1798, 1803, 1814 versprach man ihm jedesmal goldene Berge, ... und jedesmal hatte es die Schaale statt des Kerns.» «Zusätzlich dazu, dass das

Volk das Grundgesetz, die Verfassung selbst macht und aufstellt, nach welcher sich alle Gesetzgebung regeln muss, schlage ich ... vor, dass drei Wochen vor dem Gr. Rathe jedesmal die Tagesordnung der Geschäfte nicht etwa bloss den Mitgliedern zugestellt, sondern dem Volke bekannt gemacht, seine Wünsche einvernommen und erwogen werden.» Sind «die Gesetze», so fuhr Henne weiter, «vom Gr. Rathe diskutiert und beschlossen, so kehren sie nochmals vor das Volk, das durch einen gewählten Bürgerausschuss selbe prüfen mag. Findet es sie volkswidrig oder gegen die Verfassung, so mag es, wie die Volkstribunen Roms, sein *Veto* einlegen, d. h. die Vollziehung des Gesetzes verweigern. So sind die Gesetze wahrhaft ausser der Möglichkeit, dem Nationalwillen entgegen zu stehen.»

Der Vorschlag Hennes erzielte im Verfassungsrat 75 Stimmen; eine Stimme weniger, und er wäre nach dessen Reglement gescheitert! Der Vorschlag der Demokraten hingegen, welcher nicht ein nur negatives Veto, sondern eine Abstimmung über alle Gesetze, also eine Art obligatorisches Referendum, vorsah, erzielte 66 Stimmen und war damit abgelehnt. Es wurde in der Folge beschlossen, die nähere Ausführung des Vetos in der Verfassung zu regeln, die genaue Redaktion jedoch auf später zu verschieben. Der Verfassungsrat unternahm aber noch einen ungewöhnlichen Schritt: Um das durch die Vetofrage aufgebrachte Volk zu beruhigen, erliess er am 14. Januar 1831 eine «Kundmachung», worin er unter anderem schrieb: «Es ist demnach ein- für allemal festgesetzt, dass die oberste Gewalt des Staates in der Gesammtheit seiner Bürger selbst liege; es ist festgesetzt, dass in Folge dessen das Volk das Recht der Gesetzgebung selbst ausübe, somit einzig nach solchen Gesetzen regiert werden soll, die seiner eigenen freien Zustimmung erlassen werden.»

Es wurde vom Verfassungsrat in der Folge näher ausgeführt, auf welche Gegenstände sich das neue Volksrecht beziehe und wie das Volk dieses «Veto» solle ausüben können[22]: Das Veto bezieht sich auf alle «bürgerlichen und peinlichen Gesetze», auf «einschlagende» Staatsverträge und auf allgemeine Abgabengesetze sowie auf Gesetze über das Gemeinde- und Militärwesen. Um das Veto geltend zu machen, müssen nach Erlass des Gesetzes jeweils fünfzig Bürger in den einzelnen Gemeinden die Abhaltung einer Gemeindeversammlung verlangen. Beschliesst die Mehrheit der an einer solchen teilnehmenden Bürger, keine Einwendungen gegen das Gesetz zu erheben, so gilt dieses in der betreffenden Gemeinde als genehmigt.

---

[22] Art. 135 ff.; *Quellenbuch* S. 290 f.

Ein Gesetz gilt für eine Gemeinde nur dann als abgelehnt, wenn die absolute Mehrheit der stimmberechtigten Gemeindeeinwohner das Gesetz verwirft, denn nach ausdrücklicher Verfassungsbestimmung werden die an der Gemeindeversammlung nicht Teilnehmenden als annehmend gezählt; es wird also, wie bei der Abstimmung über die Verfassung, das autoritäre «Vetoprinzip» angewendet. Die so ermittelten Resultate der Abstimmungen in den Gemeinden werden auf kantonaler Ebene individuell zusammengerechnet. Ein Gesetz «fällt» nur, wenn innert 45 Tagen nach Erlass desselben eine Stimme mehr als die Hälfte «aller stimmfähigen Bürger des Kantons» gegen dieses votiert haben[23]; dabei ist nach dem Verfassungswortlaut nicht klar, ob diejenigen Bürger, welche in den Gemeindeversammlungen gegen ein Gesetz gestimmt haben, dort aber in der Minderheit geblieben sind, bei der Zusammenrechnung auf kantonaler Ebene mitgezählt werden oder nicht; dies geschah dann in der Folge nicht, was nochmals eine Verfälschung des Volkswillens bedeutete und die Erfolgschancen des Vetos nochmals verringerte. Es zeigte sich in der Folge auch, dass es in kleinen Gemeinden schwierig war, die erforderlichen Unterschriften für die Durchführung einer Vetogemeinde zusammenzubringen. Schliesslich hatte der Verfassungsrat auch die von Henne beantragte Pflicht des Grossen Rates, dem Volk drei Wochen vorher die Geschäfte bekannt zu machen und seine Wünsche einzuholen, gestrichen.

Insgesamt führte die vom Verfassungsrat getroffene Regelung nicht zu dem den Bürgern in der erwähnten «Kundmachung des Verfassungsrates» versprochenen Ziel, wonach das Volk «einzig nach solchen Gesetzen regiert werden soll, die mit seiner eigenen freien Zustimmung erlassen werden». Die Demokraten hatten einen Pyrrhussieg errungen: Von den während 30 Jahren erlassenen 194 Gesetzen wurden nur vier mit Hilfe des Vetos abgelehnt – bei insgesamt 40 Versuchen, ein Gesetz zu Fall zu bringen![24] Es war also der liberalen Führungsschicht gelungen, die demokratische Bewegung abzufangen und die Wirkungen des Vetos mit Hilfe von Erschwerungen bei seinem Gebrauch und mittels Verfälschungen bei der Ermittlung des Volkswillens herabzudrücken. Dies ist anlässlich der Veto-Debatte im Zürcher Grossen Rat 1842 klar erkannt worden, wenn gesagt wurde, es sei in St. Gallen die Verfassungsbestimmung, wonach das Volk das Gesetzgebungsrecht selbst ausübe, «im Keim

---

[23] Art. 141.
[24] DIETSCHI URS, Das Volksveto in der Schweiz (1926), S. 65 ff.

unterschlagen» worden, ja es handle sich um «Taschenspieler-künste»[25]. Das Repräsentativprinzip blieb faktisch also auch in St. Gallen weitgehend in Geltung.

e) Die Herkunft des Vetos in St. Gallen

Das St. Galler Veto war jedoch nicht, wie mitunter in Verfassungsverhandlungen anderer Kantone angenommen worden ist, ein dem bündnerischen vergleichbares föderalistisches Gemeindereferendum. Es wurde nämlich die Zählung der Stimmen nicht nach Gemeinden, sondern, wenigstens prinzipiell, *individualistisch* vorgenommen. Die Gemeinden hatten nur die Funktion einer Art «Urversammlungen». Diese Tatsache ruft nach der Frage, woher Henne seinen Vorschlag bezog, denn ein Einspruchsrecht des Volkes gegen einfache Gesetze in Verbindung mit einer individualistischen dezentralen Zählung der Stimmen bestand bisher im schweizerischen Staatsrecht nirgends. Die Berufung Hennes auf das Vetorecht der römischen Volkstribunen kann seinen Vorschlag nicht erklären, denn es handelte sich bei jenem nicht um ein Vetorecht des römischen Volkes, sondern um ein Behördenveto – ähnlich demjenigen des amerikanischen Präsidenten nach der Unionsverfassung von 1787 oder des französischen Königs nach der Verfassung von 1791. Es ist vielmehr anzunehmen, dass sich Henne in Wirklichkeit auf die französische Verfassung vom 24. Juni 1793 stützte[26]. Der von Henne gemachte Vorschlag gleicht in einigen Punkten dem «droit de réclamation» der Artikel 56 bis 60 der französischen Montagnard-Verfassung vom 24. Juni 1793[27], so namentlich in der individualistischen Zählung der Abstimmenden, der vorgängigen Bekanntmachung der Gesetzesvorhaben[28], der Frist und der Auslösung der «réclamation». Ein entscheidender Unterschied zum Vorschlag Hennes besteht aber gleichwohl: Die Montagnard-Verfassung sah nach der Auslösungsphase der «réclamation» eine eigentliche Abstimmung mit Ja oder Nein in den Urversammlungen vor[29]; es handelte sich also um ein echtes zweiphasiges Referendum. Schliesslich spricht für die Anlehnung Hennes

---

[25] Verhandlungen vom 29. September 1842.

[26] HIS EDUARD, Geschichte des neuern Schweizerischen Staatsrechts II (1929), S. 263; HILTY CARL, Das altbernische Referendum (1906), S. 314; COLOMBEL E., La constitution de 1793 et la démocratie suisse (1903), S. 115 ff.

[27] *Quellenbuch* S. 74.

[28] Art. 56.

[29] Art. 19.

an jene Verfassung, dass dieser zwar nur beiläufig, aber ausdrücklich eine Verfassung von «1793» erwähnt; es kann nur die Montagnard-Verfassung gewesen sein, denn in diesem Jahr wurde sonst keine neue Verfassung erlassen. Weshalb aber hat Henne die Quelle seines Vorschlages sozusagen «vernebelt» und stattdessen die römischen Volkstribunen vorgeschoben? Aus dem gleichen Grund, den wir bereits mehrfach erwähnt haben: Die offene Bezugnahme auf die Französische Revolution war infolge ihrer gewaltsamen Ausschreitungen und der bald gegen sie einsetzenden konservativen und reaktionären Gegenpropaganda *politisch* nicht opportun, weder bei den Stadt-St. Galler Liberalen noch bei den ländlichen, eher konservativen bäurischen Demokraten. Das hinderte aber Henne ebensowenig wie andere Theoretiker, die Ideen und Verfassungstexte der Französischen Revolution in «stiller Rezeption» zu übernehmen. Weshalb hat dann aber der St. Galler Verfassungsrat das neue Volksrecht fast bis zur praktischen Unbrauchbarkeit denaturiert? Auch hier liegen wohl politische, aber auch wirtschaftliche Gründe vor. Die Liberalen wollten ihre Ziele, nämlich die Förderung des von kirchlichen Zwängen befreiten wissenschaftlich-technischen Fortschritts und die Entwicklung eines auf der Geldwirtschaft beruhenden Industrialismus, nicht durch ein wirksam hemmendes Recht des, wie sie wohl zu Recht annahmen, eher konservativ eingestellten Volkes gefährden. Und Henne hat vielleicht, wie His vermutet, selber Hand geboten, seinem Vorschlag die Spitze zu brechen, hielt er doch das Volk nicht für fähig, bei der Gesetzgebung mitzuwirken.

So war also mit dem St. Galler Veto eine prinzipielle, aber kaum substanzielle Bresche in das Repräsentativprinzip und damit in die liberale Parlamentsherrschaft geschlagen worden. Dennoch hat dieses Volksrecht längerfristig bedeutsame Wirkungen gezeitigt. Nach dessen Übernahme in die Verfassungen mehrerer anderer Kantone zwischen 1831 und 1852 bildete das Veto den Grundstein, aus dem dann in der Demokratischen Bewegung der sechziger Jahre das Referendum geschaffen wurde.

f) Das Veto in Basel-Landschaft

In Nachahmung des St. Galler Vetos ist im Jahre 1832 im Kanton Baselland, welcher durch die starre Haltung der Stadt in der Repräsentationsfrage radikalisiert worden ist und sich dann von dieser getrennt hat, das Veto eingeführt worden. Auch in diesem Kanton gab es eine kleine liberale Führungsschicht unter der Leitung von

Stephan Gutzwiller[30], welche eine rein repräsentative Verfassung schaffen wollte und demokratischen Ideen abgeneigt war. Im unteren Kantonsteil und vor allem im katholischen Birseck gab es indessen eine demokratische Strömung, die im Verfassungsrat von Remigius Emil Frey[31] repräsentiert wurde. Ähnlich wie in St. Gallen war in Petitionen zunächst die Schaffung einer – allerdings einzigen und zentralen – Landsgemeinde verlangt worden, welche die Gesetze hätte verabschieden sollen. Dieser Vorschlag wurde jedoch im Verfassungsrat abgelehnt, unter anderem mit der Begründung, es könnte die Stadt versuchen, eine solche Volksversammlung zum Wiederanschluss und damit zum Verlust der erkämpften Selbständigkeit zu bringen. In der Folge begann ein hartes Ringen um die Einführung des Veto, das von vier Gemeinden in Petitionen verlangt wurde, wobei sich zwei davon ausdrücklich auf das Vorbild des St. Galler Vetos

[30] GUTZWILLER STEPHAN, 1802–1875. Geboren in Therwil. Advokat in Basel, Notar und Mitglied des Grossen Rates. Freimaurer. Nach der Julirevolution Haupt der politischen Bewegung für die Unabhängigkeit der Landschaft von der Stadt Basel. Verfasser der Bittschrift, welche von der Versammlung im Bubendörfer Bad am 18. Oktober 1830 an den Grossen Rat gerichtet wurde und die Trennungsbewegung einleitete. Er verliess seine Stellung in Basel und trat an die Spitze der von 70 Gemeinden gewählten provisorischen Regierung, mit deren übrigen Mitgliedern er allerdings schon im Januar 1831 fliehen musste. Nach weiteren Trennungswirren im gleichen Jahr vom Landrat zum Präsidenten, einen Tag später zum Regierungspräsidenten, einen Monat später zum Tagsatzungsgesandten gewählt. Bald nach der vollständigen Trennung 1833 trat er jedoch von seinen Ämtern zurück, «da die sich geltend machenden Tendenzen zur extremen Demokratisierung nicht seinem Wesen entsprachen». 1848–1854 Ständerat, 1854–1872 Nationalrat. Der demokratischen Revisionsbewegung von 1863 trat er entgegen.
[31] FREY REMIGIUS EMIL, 1803–1889. Geboren in Basel. Stammte aus alter Basler Offiziersfamilie. Rechtsstudium an der Universität Basel 1822–1825 mit Studienaufenthalten in Heidelberg, Göttingen und Paris. Dr. iur. 1825. Privatdozent an der Universität Basel 1826–1831. Freund der Professoren Wilhelm Snell und I. V. P. Troxler. Als demokratischer Radikaler betonte er stark den Gedanken der Volkssouveränität, lehnte das Repräsentativsystem ab und setzte sich für das Volksveto ein. 1831 als Vertreter der Liestaler Landschaft in den Grossen Rat von Basel gewählt. In den Wirren der Trennung von Basel verzichtete er auf sein baselstädtisches Bürgerrecht, wurde Bürger von Münchenstein und gab seine Stelle an der Universität Basel auf. Mitglied des Verfassungsrats und der provisorischen Regierung von Baselland. Tagsatzungsabgeordneter von 1833 an. Präsident des neugeschaffenen basellandschaftlichen Obergerichts, dann Redaktor der neuen radikalen Zeitung «Basellandschaftliches Volksblatt». Mitglied der Verfassungsräte von 1838 und 1850, dann erneut Oberrichter und Regierungsrat. 1848–1851 Nationalrat, dann Ständerat bis 1867, daneben Landrat. Der nachmalige Bundesrat Emil Frey war sein Sohn.

beriefen[32]. Es setzte sich dann das Veto in der entscheidenden Sitzung des Verfassungsrates vom 27. April 1832 – von der leider das Protokoll fehlt – durch. Das nun in Baselland geschaffene Veto wurde zwar wesentlich anders als das St. Galler Veto ausgestaltet; seine Wirksamkeit wurde aber ebenfalls zugunsten der Wahrung des Repräsentativprinzips eingeschränkt. Auch in Baselland gelang es den Liberalen, das demokratische Veto-Element durch dessen konkrete Ausgestaltung seiner ihm von den Urhebern zugedachten Wirkungen teilweise zu berauben: Nach Paragraph 40 der Verfassung vom 27. April 1832[33] erlangt ein vom Landrat beschlossenes Gesetz «erst dann Gültigkeit, wenn nicht innerhalb von 14 Tagen, von der Publikation an gerechnet, wenigstens Zweidrittheile des souveränen Volks, unter Angabe der Gründe, in Zuschriften an den Landrath dasselbe verwerfen (Veto)». Die Vetobedingungen waren also auch hier sehr einschränkend gefasst, denn es brauchte in jener Zeit, wo der Analphabetismus noch weitverbreitet war, sehr viel, dass innert 14 Tagen zwei Drittel der Stimmberechtigten ein schriftlich begründetes Vetobegehren an den Landrat sandten. Die Erfolgsquote des basellandschaftlichen Vetos war in der Folge ähnlich tief wie jene in St. Gallen.

In Baselland wurde das Veto hauptsächlich gegen Gesetze mit wirtschafts- und finanzpolitischem Gehalt verwendet. Dasselbe gilt für den Kanton St. Gallen; in diesem konfessionell gespaltenen Kanton kamen allerdings noch kirchenpolitische Erlasse dazu. Dadurch wird erhellt, wie stark die demokratischen Bewegungen in den beiden Kantonen von «materiellen», also von Fragen der wirtschaftlichen Existenz bestimmt worden sind.

g) Keine weitere Ausdehnung des Vetos

St. Gallen und Baselland sollten die beiden einzigen Kantone bleiben, die bereits in der ersten Phase der Regeneration das radikaldemokratische Volksrecht Veto einführten. Im Kanton Thurgau wurde in der Verfassungsratssitzung vom 22. März 1831 der Antrag gestellt, es seien nicht nur die Verfassung, sondern auch die Gesetze den Urversammlungen zur Annahme oder Verwerfung vorzulegen. Der einflussreiche Pfarrer Thomas Bornhauser erklärte sogleich, dies sei

---

[32] BIRKHÄUSER KASPAR, Der Baselbieter Politiker Stephan Gutzwiller (1802–1875) (1983) S. 215 ff.; BLUM ROGER, Die politische Beteiligung des Volkes im jungen Kanton Baselland 1832–1875 (1977), S. 71 ff.
[33] BORNHAUSER (Anm. 4), S. 175.

«das Veto von St. Gallen und der Verfassung von Bündten». Beides stimmte zwar nicht genau, denn der Antragsteller meinte die Schaffung eines echten Referendums und nicht die Anwendung des Veto-Prinzips mit Zählung der Abwesenden als Annehmende, und Graubünden kannte nur das föderative, nicht auf individueller Zählung beruhende Gemeindereferendum. Doch Bornhauser legte darüberhinaus in wenigen Sätzen die Gründe der Liberalen gegen die direkte Beteiligung des Volkes an der Gesetzgebung dar: Zunächst machte er in Anlehnung an den Verfassungsentwurf von Ludwig Snell geltend, die Gesetzgebung sei «blos eine fortlaufende Entwicklung der Verfassung», und man müsse nicht befürchten, «dass die vom Volk gewählten Repräsentanten Gesetze abfassen werden, welche der öffentlichen Meinung zuwiderlaufen ... Pressefreiheit, kurze Amtsdauer, direkte Wahlen geben uns eine Garantie, dass die Gesetze das Gepräge der öffentlichen Meinung tragen werden.» Und Bornhauser fährt weiter, dogmatische Bedenken und solche der Staatseinheit äussernd: «Wo dem Volke ein Veto über Gesetze zusteht, ist keine repräsentirte Verfassung mehr, – ein solcher Staat ist nicht einmal eine Demokratie, sondern ein in sich zerrissener Föderativstaat.» Es würde «die Lähmung, die in der Tagsatzung» herrsche, durch «das Veto in unsern Kanton übertragen»; er wolle lieber «eine Landsgemeinde, als 32 Landsgemeinden». Und Bornhauser schliesslich, die Beurteilungsfähigkeit der Stimmberechtigten in Zweifel ziehend: «In Graubündten steht die Gesetzgebung auf dem Standpunkt der Kindheit», und, auf den Thurgau bezogen, würde seiner Meinung nach das Veto «die Bildung im Kanton um Jahrhunderte zurückdrängen». Diese prinzipielle Abwehrhaltung eines prominenten Liberalen gegen das beantragte Referendum genügte; der Antrag wurde mit allen gegen zwei Stimmen abgelehnt[34].

In den Auseinandersetzungen um das Veto in diesen drei Regenerationskantonen traten im Grunde genommen vier Konzeptionen der Demokratie zutage: Zunächst einmal die klassisch-liberale Repräsentativdemokratie, welche den Einfluss des Volkes mit dessen Wahl der Repräsentanten als genügend gewahrt sieht; als zweite dann die genossenschaftliche alpenländische Landsgemeindedemokratie, bei der sich alle Bürger in einer einzigen Gemeinde versammeln und dort die wichtigsten staatlichen Entscheide treffen; ferner als dritte Konzeption die föderative genossenschaftliche Versammlungsdemokratie nach dem Vorbild Graubündens, und schliesslich als vierte die

---

[34] Verhandlungen vom 22. März 1831.

individualistisch-naturrechtliche unmittelbare Demokratie des französischen Revolutionsrechts und des schweizerischen Radikalismus. Das in St. Gallen und Basel-Landschaft entwickelte Veto war nach dem Prinzip ein erster Schritt in Richtung der zuletzt genannten Konzeption. Aufgrund seiner praktischen Ausgestaltung aber hatte, wenn man das Machtverhältnis zwischen Volk und Parlament betrachtet, letzteres obsiegt, blieb doch auch in diesen beiden «Veto-Kantonen» das Prinzip der Parlamentsherrschaft politisch bestimmend.

3. Die Rechtsgleichheit

Die Schaffung der Gleichheit der Bürger hatte zwei Aspekte: Einmal ging es darum, allen Bürgern die gleichen Mitwirkungsrechte bei der Bildung des Staatswillens zu geben. Dies bedeutete die Einführung der *politischen Gleichheit* der – männlichen – Bürger. Diese Frage war von grösster Sprengkraft, hing doch von ihrer Beantwortung die Stellung der Landschaft gegenüber den bis anhin dominierenden Städten ab. Der zweite Aspekt betraf die *allgemeine Gleichheit* aller Bürger «vor dem Gesetz», wie es in den meisten Verfassungen heisst.

a) Politische Gleichheit

Bei der Einführung der politischen Gleichheit durch die Regenerationsverfassungen sind zwei Probleme auseinanderzuhalten, nämlich die Verteilung der Grossratssitze auf die verschiedenen Teile eines Kantons und die Ausgestaltung des aktiven und passiven Wahlrechts.

In den neuen Kantonen stellte die Verteilung der Grossratssitze auf die verschiedenen Landesteile schon in Mediations- und Restaurationszeit kaum Probleme. Es gab dort keine grösseren, traditionell beherrschenden Hauptstädte, und das stärker verankerte Bewusstsein der Gleichheit der Territorien und der Personen verhinderte eine Dominanz der Hauptorte. Es wurde daher dort die Verteilung der Grossratssitze ungefähr nach dem Kopfzahlprinzip vorgenommen, mit Ausnahme von St. Gallen, wo man der Hauptstadt eine geringfügige Übervertretung zugestand. In den alten Städtekantonen hingegen bestand während der Restaurationszeit ein über das Bevölkerungsverhältnis weit hinausgehendes Übergewicht der Städte über die Landschaft, was die Zahl der Vertreter in den Grossen Räten betraf. Dazu kam die Tatsache, dass die Grossen Räte für einen bedeutsamen Teil der Grossratsmitglieder das Selbstergänzungsrecht besassen, was in der Regel ebenfalls zur Stärkung der Repräsentation der Städte führte. Auch im Kanton Schwyz bestand traditionell ein durch die Bevölkerungszahl nicht gerechtfertigtes Übergewicht der inneren Bezirke gegenüber den äusseren. Dasselbe traf für den Kanton Wallis zu, indem die Vertretung des deutschsprachigen Kantonsteils gegenüber dem französischsprachigen Unterwallis überwog, obwohl letzteres eine grössere Bevölkerungszahl besass.

Die Regenerationsverfassungen der Städtekantone änderten nun das Vertretungsverhältnis, wobei verschieden vorgegangen wurde. In den meisten Kantonen gestand man der bevölkerungsreichen Landschaft nach der Empfehlung von Ludwig Snell in pragmatischer Weise deutlich mehr der Sitze zu, was in Zürich, Bern, Luzern oder Solothurn dazu führte, dass die Städte noch etwa einen Drittel, die Landschaft zwei Drittel der Sitze erhielt. Das entsprach meistenorts noch nicht einer streng verhältnismässigen Vertretung der Landschaft, ja es blieb zum Teil bei einer starken Übervertretung der Stadt. So war in Zürich ein Drittel der Grossratssitze der Stadt zugeschieden, obwohl diese nur 10 000 von insgesamt 200 000 Einwohnern besass. Die so vorgenommene Verteilung wurde als Übergangslösung damit gerechtfertigt, die Städte seien eher in der Lage, gebildete und politisch erfahrene Vertreter in den Grossen Rat zu entsenden; in einigen Kantonen verfügte man zudem noch nicht über genauere Zahlen über das Bevölkerungsverhältnis von Stadt und Land. Im Verlaufe der Regenerationszeit wurde dann meistenorts eine verhältnismässige Vertretung eingeführt; wo noch nicht, sah dann die Bundesverfassung von 1848 diese Regel zwingend vor.

Die neuen Kantone wendeten das auf der Rechtsgleichheit beruhende Kopfzahlprinzip an. In Schwyz und Wallis weigerten sich die bevorzugten Landesteile, den anderen ein auch nur annähernd gleiches Vertretungsrecht zuzugestehen; dies führte dann in beiden Kantonen zur vorübergehenden Kantonsteilung. In Basel kam es in erster Linie wegen dieser Frage zur definitiven Trennung des Kantons. Die explosive Frage des Vertretungsverhältnisses der Landesteile darf indessen nicht nur rein staatsrechtlich-politisch betrachtet werden: In allen Kantonen, wo sich das beschriebene Problem stellte, bestanden parallel zu den politischen ebenso starke wirtschaftliche Abhängigkeiten. Die politisch dominierenden Landesteile hatten den Hauptteil der wirtschaftlichen Verfügungsmacht; die zurückgesetzten Landesteile benötigten einen grösseren Anteil an politischer Macht, um sich dann wirtschaftlich emanzipieren zu können, wie etwa typisch in Baselland; andernorts war der Ruf nach besserer politischer Vertretung eher die Folge einer bereits fortgeschrittenen wirtschaftlichen Verselbständigung, wie typisch etwa in Zürich.

Bei der Regelung der Wahlberechtigung treten noch mannigfache Abweichungen von der Gleichbehandlung hervor. Über das Wahlrecht der Frauen wurde, soweit ersichtlich, nirgends ernsthaft diskutiert; im verfassungsgebenden Zürcher Grossen Rat wurde lediglich «zart erörtert» (Snell), ob die Frauen auch zum Volk gehörten[35]. Die aktive Wahlberechtigung wird zwar meistenorts nicht mehr von einem Vermögens- oder Einkommensnachweis abhängig gemacht. Luzern allerdings setzt für das Wählen einen milden Zensus fest; auch Bern verlangt von denjenigen Bürgern einen Vermögensnachweis, die ihr Wahlrecht ausserhalb ihrer Bürgergemeinde wahrnehmen wollen. Von diesem Erfordernis sind Beamte, Offiziere und wissenschaftlich gebildete Personen befreit[36]. Die beiden Kantone Bern und Luzern haben aber für die (passive) Wahlfähigkeit in den Grossen Rat einen strengen Vermögenszensus statuiert, wobei Bern immerhin die wissenschaftlich gebildeten Personen von diesem befreit. Der Aargau sieht für die Wählbarkeit eines Teils der Grossratsmitglieder einen Zensus vor. Allgemein wurden neben den Geisteskranken und Bevormundeten auch die Armengenössigen vom Wahlrecht ausgeschlossen. Zwar versuchte etwa im St. Galler Verfassungsrat der Demokrat Felix Diog, diese Diskriminierung zu beseitigen: «Jemand, der unglücklich genug ist, Unterstützung zu bedürfen, ist so gut stimmfähig als ein ehrlicher Dienstbote, der ja auch von fremdem Brode lebt. Kränke man die Dürftigkeit nicht mehr als man muss»[37]. Dagegen wendete sich ein anderer Verfassungsrat, indem er geltend machte, die Armen sollten nicht «Andern das Geld aus dem Sack nehmen können»; es sei «gerade wider die Gleichheit der Rechte, indem auf solche Weise der Vermögliche immer und ewig überstimmt und so zu sagen rechtlos wäre»[38]. Und im Berner Verfassungsrat war zur Begründung eines allgemeinen Vermögenszensus gesagt worden: «Wir gründen nun das eigentliche Lebensprinzip der Verfassung, welches in guten Wahlen» bestehe. Es müsse «dem Radicalismus mit Ernst entgegengearbeitet werden. Herrschaft der Armen, derjenigen, die nichts zu verlieren haben», müsse im eigentlichen Sinne «gefürchtet und durch alle Mittel vermieden werden». Eigentum sei «die Ga-

---

[35] «Schweizerischer Republikaner» vom 16. Februar 1831.
[36] Art. 31; BORNHAUSER (Anm. 4), S. 41 f.
[37] Verhandlungen vom 21. Januar 1831.
[38] Verhandlungen vom 21. Januar 1831.

rantie, Güterbesitzer die Grundsäulen eines geordneten Staates». Wer der neuen Ordnung «Kraft und Bestand» wünsche, stemme sich gegen das «Extrem der Demokratie»[39]. Alle Kantone schlossen weiterhin die Konkursiten und die in der Ehrenfähigkeit Eingestellten vom Wahlrecht und der Wahlfähigkeit aus. Einige Kantone schlossen auch die «in Kost und Lohn» Stehenden, also Knechte und Gesellen, vom Wahlrecht aus, so Luzern und Freiburg, wogegen Aargau die mit Wirtshausverbot Belegten vom Wahlrecht ausschliesst. Allgemein besassen auch die Juden kein Wahlrecht, und Luzern schloss davon auch die Bürger nichtkatholischer Religion aus. Die Kantone Luzern, Bern, Solothurn und Aargau schlossen ausserdem die Angehörigen des geistlichen Standes, also Priester und Pfarrer, entweder vom Wahlrecht oder von der Wählbarkeit aus, Tessin verwehrte den Geistlichen nur, in Exekutive oder Judikative Einsitz zu nehmen. Gegenüber der Restaurationszeit hatte das gleiche Wahlrecht also Fortschritte gemacht, wenn auch noch erhebliche Ausnahmen zu verzeichnen waren. Es ist auch darauf hinzuweisen, dass die Ausschlüsse wegen Konkurses und Armengenössigkeit damals wegen der verbreiteten Armut einen erheblichen Teil der Bürger betrafen. Auch die Zahl der ebenfalls vom Stimmrecht ausgeschlossenen in «Kost und Lohn» Stehenden war erheblich. 1848 waren, wie zu zeigen sein wird, trotz seitheriger Erweiterungen nur knapp 20 Prozent der Wohnbevölkerung stimmberechtigt.

b) Allgemeine Gleichheit

In der Regenerationszeit verstand man die *allgemeine Rechtsgleichheit* nicht mehr in dem weiten Sinne wie in dem von Rousseau inspirierten Artikel 1 der Erklärung von 1789[40] («Les hommes naissent et demeurent libres et égaux en droits. Les distinctions sociales ne peuvent être fondées que sur l'utilité commune»). Der in der ersten Phase der Regenerationszeit herrschende Liberalismus hatte eben nicht wie der Radikalismus «Gleichheit und Freiheit», sondern «Freiheit und Eigentum» als Hauptstossrichtung. Das bedeutete einmal, dass die Verfassungsgeber nur Privilegierungen konsequent abschaffen wollten, gewisse Diskriminierungen aber bestehen liessen, diese aber in der Regel ausdrücklich in den Verfassungen verankerten. Was

---

[39] Verhandlungen vom 26. Mai 1831.
[40] *Quellenbuch* S. 31.

die Privilegierungen betrifft, so schreibt Luzern in Artikel 4[41] zunächst in Anlehnung an die Mediationsakte: «Es giebt im Kanton Luzern keine Vorrechte weder der Orte, noch der Geburt, der Personen oder Familien ...» Dann aber wird im selben Artikel fortgefahren, «sondern alle Bürger sind an politischen Rechten und vor dem Gesetze gleich», was nichts anderes als eine direkte Übernahme aus der französischen Charte constitutionnelle vom 14. August 1830[42] ist, insbesondere was den Ausdruck «vor dem Gesetze» («devant la loi») betrifft. Und auch der Schluss des Gleichheitsartikels: «Jeder hat, wenn er die erforderlichen Eigenschaften besitzt, Zutritt zu allen Stellen und Ämtern», stammt aus der «Charte»[43]. Sehr ähnliche Formulierungen kennen andere Kantone wie Zürich, Bern, Tessin, Waadt und Solothurn. Einige Kantone verboten unter dem Gleichheitsaspekt zudem das Führen von Adelstiteln, so Bern und Baselland, während Solothurn den Gebrauch «adelicher Titel» nur in öffentlichen Schriften verbietet. St. Gallen verbietet das Tragen, Bern das Annehmen ausländischer Orden und Auszeichnungen. Thurgau schafft überhaupt «alle Titulaturen» ab.

Die in mehreren Verfassungen enthaltene Formulierung der Gleichheit aller Bürger «vor dem Gesetz» verstand man also erstens dahin, dass Gleichheit nur im Hinblick auf das verfassungsmässig erlassene Gesetz gilt. Sieht die Verfassung selber Diskriminierungen vor, so hilft die Berufung auf den Gleichheitssatz nicht. Damit liessen sich etwa der Ausschluss der Nichtkatholiken vom Wahlrecht in Luzern, der Ausschluss der Geistlichen vom Wahl- oder Wählbarkeitsrecht in mehreren Kantonen, die verschiedenen Zensusvorschriften, vielfältige Diskriminierung der Juden weiter aufrechterhalten. Zweitens verstand man den Ausdruck Gleichheit «vor dem Gesetz» nicht als absolutes Gebot an den Gesetzgeber, die Bürger gleichzubehandeln. Dem Gesetzgeber brachte man entsprechend dem damals begründeten »Parlamentsabsolutismus» grösstes Vertrauen entgegen; er durfte in recht weitem Masse Ungleichbehandlungen vornehmen, wenn diese nur nicht auf willkürlichen Unterscheidungen beruhten. Das allgemeine Gleichbehandlungsgebot der Regenerationsverfassungen war daher in seiner praktischen Bedeutung ein blosses Gebot an die *rechtsanwendenden* Behörden, die Bürger gleichzubehandeln. Dies entsprach dem aus der Revolutionszeit hervorgegangenen liberalen Ge-

---

[41] Bornhauser (Anm. 4), S. 79.
[42] Duverger Maurice, Constitutions et documents politiques (1981), S. 133 ff.
[43] Art. 3.

setzesbegriff: In der Allgemeinheit und Abstraktheit des Gesetzes sah man die genügende Garantie auch für die Verwirklichung der Gleichheit. Diese sehr eng verstandene Rechtsgleichheitsgarantie liess sich nur deshalb praktisch durchführen, weil das Schwergewicht der Rechtssetzungstätigkeit im liberalen Staat im organisatorisch-verfahrensmässigen Bereich, also bei der – wie es damals hiess – «organischen» Gesetzgebung lag. Und drittens schliesslich war man weit entfernt davon, aus der Gleichheit Umverteilungen von Geld oder Gütern – auch nicht mittelbar – abzuleiten. Das hiess etwa praktisch, dass die Progressivsteuer auf dem Einkommen, aber auch die zwingend geregelte staatliche Armenversorgung, als unzulässig angesehen wurde. Der Radikalismus veränderte dann dieses Gleichheitsverständnis, zuerst etwa mit der Verwendung allgemeiner Staatsmittel für die Ablösung der Feudallasten, dann auch bei der Armenversorgung.

4. Die individuellen Freiheitsrechte

a) Allgemeines

In der Schweiz bestand im Ancien Régime keine Tradition von individuellen Freiheitsrechten. Die einzelnen bezogen ihre persönliche Stellung dem Staat gegenüber aus politischen, also demokratischen Handlungsmöglichkeiten; es kam ihnen nur korporative, nur genossenschaftliche Freiheit zu, und das bei weitem nicht überall. Individuelle Freiheitsrechte im prinzipiellen, abstrakten Sinne gelangten erstmals in der Helvetik zu uns, verblassten dann wieder und gelangten erst in der Regenerationszeit zu neuer Blüte. Entsprechend ihrer Herkunft wurde die Geltung der individuellen Freiheitsrechte in der Regenerationszeit noch stark naturrechtlich betrachtet: «Der Grundsatz voller Gewerbefreiheit ist für Kantonsbürger ein Naturrecht», wurde etwa im St. Galler Verfassungsrat gesagt[44]. Und in einem anonymen, 1832 verfassten «Katechismus der Volksrechte des Freistaates Thurgau» wird die Vereinsfreiheit als bestehend erachtet, «weil die Vereine, als sich von selbst verstehend, nicht verboten sind, und was nicht verboten ist, ist ohnehin erlaubt». Diese so verstandenen Rechte gelten also unabhängig von ihrer positiven Verankerung, und letztere hat mehr Beweis- und Anrufungscharakter. Sie sollen daher auch nicht wieder abgeschafft werden können – selbst nicht

---

[44] Sitzung vom 20. Januar 1831.

durch Volksentscheid, wie dies sehr charakteristisch in Art. 219 der Thurgauer Verfassung[45] festgeschrieben ist.

Bei den Freiheitsrechten macht sich, wie Textvergleiche zeigen, allgemein der direkte Einfluss der französischen «Charte constitutionnelle» vom 14. August 1830 bemerkbar. Fast alle Freiheitsrechte und Justizgrundsätze dieser Verfassung sind übernommen worden. Doch einzelne Verfassungen, so besonders klar die thurgauische, garantieren jedoch weit mehr Rechte als die «Charte», ja auch als die Helvetische Verfassung, und statuieren die individuellen Rechte in mehr oder weniger starker Ähnlichkeit mit der französischen Erklärung der Menschen- und Bürgerrechte von 1789. Ausdrückliche Hinweise auf diese Quellen finden sich jedoch nicht, denn die massgebenden Politiker und Theoretiker jener Zeit haben, wie schon mehrfach erwähnt, in der Regel keine Quellen für ihre Forderungen genannt. Eine wichtige, in der Vergangenheit wohl unterschätzte mittelbare Quelle bildet der Verfassungsentwurf von Ludwig Snell. Dieser Theoretiker hat ja darin die individuellen Rechte in starker Anlehnung an die Erklärung von 1789 aufgeführt und begründet. Andere «Ströme» sind teilweise nachweisbar, so für die Thurgauer Verfassung Schriften und Verfassungsentwürfe von Joachim Leonz Eder[46] aus seiner Solothurner Zeit um 1814, die ihrerseits im Gedankengut der Helvetik wurzeln[47]. Allgemein kann man feststellen, dass sich die Verfassungen zwar an französische Vorbilder halten, diese jedoch so umgestalten, dass sie als pragmatischer und weniger doktrinär und abstrakt erscheinen.

b) Persönliche Freiheit

Alle Regenerationsverfassungen ausser Solothurn sichern in irgendeiner Form die persönliche Freiheit zu. Die Waadt gibt in ihrer Verfassung fast wörtlich Artikel 4 der französischen «Charte constitu-

[45] *Quellenbuch* S. 272.

[46] EDER JOACHIM LEONZ, 1772–1848. Jurist, auch als Musiker bekannt; hielt sich lange in Solothurn auf, wo er sich 1814 am erfolglosen Staatsstreich gegen das von den Patriziern errichtete restaurative Regime beteiligte. Kaufte 1815 das Schloss Wellenberg im Kanton Thurgau. Als Vizepräsident des thurgauischen Verfassungsrats hatte er hervorragenden Anteil an der thurgauischen Verfassungsrevision von 1830. Dann Präsident des Obergerichts; erhob 1837 an der Spitze der katholischen Partei Protest gegen die Klosteraufhebungen im Thurgau. Tagsatzungsabgesandter, Mitglied des thurgauischen Erziehungsrats 1833.

[47] SOLAND ROLF, Joachim Leonz Eder und die Regeneration im Thurgau (1980), S. 122 f.

tionnelle» vom 14. August 1830 wieder: «La liberté individuelle est garantie. Nul ne peut être poursuivi ou arrêté que dans les cas prévus par la loi, et selon les formes qu'elle prescrit»[48]. Ähnliche Bestimmungen kennen auch die anderen Kantone, einige mit einer Garantie des Verhafteten, innert 24 Stunden dem Richter vorgeführt zu werden. Einige schützen zusätzlich das Hausrecht. Zürich, Bern und Freiburg schaffen ausdrücklich die Folter ab. Bern sieht, gleich wie die Erklärung der Menschen- und Bürgerrechte, eine Unschuldsvermutung vor, Baselland sichert für ungerechtfertigte Strafuntersuchung Schadenersatz und Ehrenrettung zu. Eine Reihe von Kantonen übernimmt aus der französischen «Charte» die Garantie des «natürlichen» Richters und statuiert das Recht auf den «ordentlichen» oder «gesetzlichen» Richter.

Der Kanton Baselland gewährleistet «die Rechte der Menschen auf Leib, Leben, Ehre und Vermögen»[49], während der Kanton Aargau singulär die dem Aufklärungsdenken entstammende allgemeine Entwicklungsfreiheit festschreibt: «Die Verfassung sichert jedem Bürger die Freiheit, seine Anlagen und Kräfte zu entwickeln, und, den Rechten eines anderen unbeschadet, zu gebrauchen»[50]. Es ist wahrscheinlich, dass diese Bestimmung aus dem Verfassungsentwurf von Ludwig Snell stammt. Im Berner Verfassungsrat wurde ausgeführt, der Zweck des Staates sei nicht einzig die «polizeiliche Ordnung der Gesellschaft», sondern der höchste Zweck sei «die Veredlung des Menschen, die Ausbildung aller seiner körperlichen und intellektuellen Fähigkeiten»[51]. Im Aargauer Verfassungsrat war die allgemeine Entwicklungsfreiheit in den Beratungen vom 5. und 6. April 1831 wegen ihrer Allgemeinheit und Unbestimmtheit umstritten. Sie wurde aber mit der Begründung beibehalten, es könne die Entwicklungsfreiheit etwa dann praktisch sinnvoll sein, wenn jemand bei seiner Erziehung behindert werde. So gebe es Kantone, wurde argumentiert, welche «z. B. die Freiheit der Studien beschränkten». Man darf also wohl nicht solche weniger konkreten Normen einfach mit dem Begriff der «schönklingenden radikalen Phraseologie» abtun[52], leitet doch auch Baselland ganz konkret aus dem ähnlich unbestimmt lautenden Artikel 4 seiner Verfassung die Unzulässigkeit «lebenslänglicher Dienstverpflichtung» ab. Die persönliche Freiheit bedeutete nicht ein

---

[48] Art. 4; *Quellenbuch* S. 306.
[49] Art. 4; BORNHAUSER (Anm. 4), S. 168.
[50] Art. 12; BORNHAUSER (Anm. 4), S. 265.
[51] Verhandlungen vom 16. März 1831.
[52] HIS (Anm. 26), S. 458.

Verbot der Todesstrafe, für deren Abschaffung nur wenige waren. Immerhin erhoffte man sich beispielsweise im Zürcher Grossen Rat vom Begnadigungsrecht dieser Behörde eine Verminderung der Zahl der zu vollstreckenden Todesurteile[53].

c) Eigentumsfreiheit

Alle Verfassungen sichern das Eigentum. Getreu den nun gefestigten Lehren des wirtschaftlichen Liberalismus, welche ihrerseits auf den Forderungen der Physiokraten und Ökonomisten des 18. Jahrhunderts beruhen, soll nun eine durch römischrechtliche Prinzipien geprägte Eigentumsordnung errichtet werden. Diese geht von der weitestgehenden Verfügungsberechtigung des Privaten über sein Eigentum aus. Ja die Liberalen haben dem Eigentum, getreu den Grundsätzen von Benjamin Constant, für den Staat konstitutive Bedeutung zugedacht. Sie gingen ferner, viel stärker als bei der Volkssouveränität oder bei anderen Individualrechten, von einer naturrechtlichen Geltung der Eigentumsfreiheit aus. Bei keinem anderen Freiheitsrecht schliesslich sind so eingehend Voraussetzungen und (Entschädigungs-) Verfahren von Eingriffen verfassungsrechtlich verankert worden.

Im Vordergrund der Bestrebungen nach Sicherung des Eigentums stand schon damals das Grundeigentum. Um die Verfügung darüber zu erleichtern, wurde nun ausdrücklich oder stillschweigend von der Baufreiheit ausgegangen, das heisst der Möglichkeit des privaten Eigentümers, ohne staatliche Bewilligung und nur in Bindung an das private Nachbarrecht Gebäude und Anlagen errichten zu können. Weit schwieriger zu verwirklichen waren zwei weitere Bereiche, nämlich einerseits die «Befreiung» des Grundeigentums von den überkommenen Feudalabgaben, welche ja in der helvetischen Zeit nur zu einem kleinen Teil gelungen war. Anderseits bedurfte es wirksamer, gut funktionierender verfassungsrechtlicher und gesetzlicher Institutionen, um den Gebrauch des Eigentums zu ermöglichen und dieses gegen Eingriffe vor allem des Staates zu schützen, denn in bezug auf Eingriffe von Privaten waren schon seit unvordenklichen Zeiten besondere Abwehr- und Schutzeinrichtungen geschaffen worden. Alle Regenerationskantone ausser Solothurn, Freiburg und Tessin legen die «Unverletzlichkeit» des Eigentums fest; der Kanton Thurgau sagt in Anlehnung an die Erklärung der Menschen- und

---

[53] Verhandlungen vom 24. Februar 1831.

Bürgerrechte von 1789 sogar, das Eigentum sei «heilig», obwohl dieser Ausdruck im Verfassungsrat kritisiert worden war. Die Verfassungen sehen auch regelmässig eine «gerechte», «vollständige» oder «volle», Waadt, wohl ebenfalls in Anlehnung an jene Erklärung, zusätzlich «vorgängige» Entschädigung für Enteignungen oder «Aufopferungen» vor. Solche dürfen nur erfolgen, wenn es im «allgemeinen Nutzen», «öffentlichen Interesse» oder «öffentlichen Wohl» liegt, in einigen Kantonen (Waadt, St. Gallen, Thurgau) ausserdem nur nach Massgabe des Gesetzes. Einige Kantone legen fest, dass Streitigkeiten über Enteignungsentschädigungen vom Zivilrichter oder einem besonderen Schiedsgericht zu beurteilen sind; dasselbe meint Zürich, wenn es schreibt, Entschädigungsstreitigkeiten seien «Rechtssache». Man wollte damit mangels einer Verwaltungsgerichtsbarkeit Gewähr schaffen, dass eine von der Exekutive unabhängige Instanz die Rechte der Eigentümer wahre. Diese Regelungen der Enteignung gehen auf die damals neuere französische Rechtsentwicklung zurück: Während das Revolutionsrecht aus einem Misstrauen gegen die ordentliche Justiz heraus die Beurteilung von Enteignungsstreitigkeiten den Verwaltungsbehörden übertragen hatte, setzte das Gesetz vom 8. März 1810 fest, die Entscheide betreffend Enteignung müssten vom Zivilrichter getroffen werden. Das (französische) Gesetz vom 7. Juli 1833 legte dann zusätzlich fest, die Festsetzung der Enteignungsentschädigung erfolge durch eine besondere «jury des propriétaires» – eine Einrichtung, die in den schweizerischen Kantonen mit den besonderen Schiedsgerichten oder Schätzungskommissionen ihren Niederschlag gefunden hat.

Die Regenerationsverfassungen gehen vom Grundsatz aus, dass die Feudallasten abgeschafft werden sollen; diese Forderung war politisch für die Liberalen und Radikalen deshalb von grösster Bedeutung, weil sie die Bauernschaft an die Bewegung band – eine an sich eher konservativ gestimmte Bevölkerung, die mit den sonstigen ideell-staatstheoretischen, erzieherischen, wissenschaftlichen und industriellen Zielsetzungen des Liberalismus wenig anzufangen wusste. Die Verfassungen gehen für die wirtschaftlich bedeutsameren Feudallasten durchwegs von deren privatrechtlichen Natur aus, was praktisch bedeutete, dass ihr Loskauf durch die Belasteten nötig war. Die einseitige entschädigungslose Aufhebung der Feudallasten durch staatlichen Akt, wie sie in der Französischen Revolution durchgesetzt und in der Helvetik von den radikalen «Patrioten» versucht worden war, wurde nicht mehr ernsthaft diskutiert. Die Verfassungen und Gesetze sehen ausserdem in der hier zu betrachtenden ersten Phase der Regenerationsperiode nur die freiwillige und noch nicht die obligatorische Ablösung der Feudallasten vor; letztere sollte dann gegen Ende der dreissiger Jahre an Boden gewinnen.

Die Formulierungen in den Verfassungen über die Berechtigung zur Loskäuflichkeit und deren Modalitäten lauten ziemlich ähnlich; die meisten Verfassungen verweisen für die nähere Regelung auf eine zu schaffende Gesetzgebung. Viele sehen gleichzeitig ein Verbot für die Einführung neuer, nicht loskäuflicher Lasten auf Grund und Boden vor. Baselland etwa legt ein Verbot der «main morte» fest, was bedeutet, dass künftig kein Grundstück mehr weder durch Vertrag noch durch letzten Willen unveräusserlich gemacht oder einem Zins oder einer sonstigen derartigen Last, welche nicht loskäuflich ist, unterworfen werden darf. Ferner legen Baselland und St. Gallen ein Verbot der Errichtung von Familienerbgütern fest. Aus dem Anliegen heraus, die Entstehung persönlicher Dienstbarkeiten zu verhindern, und um des Schutzes der persönlichen Freiheit willen, erklärt Baselland auch die «lebenslängliche Dienstverpflichtung» für unzulässig[54]. Die Verfassung des Kantons Waadt enthält keine Bestimmung über die Ablösung der Feudallasten, dies deshalb, weil in der Waadt die Ablösung bereits in Helvetik und Mediation erfolgt war. Luzern sieht neben der Loskäuflichkeit der Feudallasten unter Bezugnahme auf die unbedeutenderen, bereits abgeschafften vor, dass alle «persönlichen und dinglichen Leistungen, welche seit dem Jahr 1798 unterblieben sind», abgeschafft bleiben. Besonders grosse Probleme stellten die Feudallasten im ausgedehnten Agrarkanton Bern. Es wurden dort zu diesem Problem auch besonders viele Petitionen eingereicht, vor allem aus der Gegend des Seelandes. Als stossend wurde etwa empfunden, dass zu dem in der Restaurationszeit wieder eingeführten Ehrschatz zusätzlich noch eine besondere Handänderungsgebühr für die Veräusserung von Grundstücken erhoben wurde[55]. Der Verlauf der Verhandlungen in Bern ist aber kennzeichnend: Man hielt es für ein berechtigtes Anliegen der Bauern, sich von den Feudalabgaben befreien zu können. Man gestand aber auch den Abgabenberechtigten zu, nur gegen Entschädigung auf diese Einkünfte verzichten zu müssen, soweit nicht der Staat selber berechtigt war. Man war ferner der Meinung, der Staat verfüge nicht über die Mittel, die Zehntpflichtigen zu entschädigen. Und weil man schliesslich fand, es «seyen derlei Spezialitäten zur Aufnahme in die Verfassung durchaus nicht geeignet», und es könne «der Verfassungsrat weiter nichts tun, als in

---

[54] Art. 20 seiner Verfassung; BORNHAUSER (Anm. 4), S. 171.
[55] Sitzung vom 21. Mai 1831.

einem allgemeinen Grundsatze dem künftigen Gesetzgeber diese Angelegenheit an's Herz legen und im Übergangsgesetz derselben als eines der dringendsten Geschäfte der neuen Staatsverwaltung Erwähnung zu thun ...»[56]. Es resultierte als neue Verfassungsbestimmung, das «Gesetz» solle den «Loskauf, die Art der Entrichtung der Grundzinse, so wie die Umwandlung der Zehnten in fixe Leistungen in Geld oder Naturalien möglichst, das heisst, so weit es ohne wesentliche Verminderung der reinen Staatseinkünfte geschen kann, erleichtern»[57].

In der Folge wurden dann in allen Regenerationskantonen mit dem Erlass von Gesetzen die praktischen Fragen der «Bodenbefreiung» in zähem Ringen geregelt – ausser Waadt und Tessin, wo das Problem schon zur Zeit der Helvetik gelöst worden war. Die Ablösungssummen für die Zehnten schwankten je nach Kanton zwischen dem 14- und dem 25fachen Wert der jährlichen Naturalleistung. Sie wurde zumeist in grundpfandgesicherte Forderungen zugunsten der Berechtigten (Private, kirchlicher Institutionen, Staat) umgewandelt, für die Verpflichteten aber als amortisierbar erklärt. Bei der Umwandlung wurden zum Teil auch staatliche Gelder eingesetzt, jedoch mangels genügender Mittel nur subsidiär. Die in den Regenerationskantonen bis 1848 zum grösseren Teil abgeschlossene Aufhebung der Feudallasten sollte den Bauern zwar erhebliche Erleichterungen bringen. Anderseits belasteten sie die nun an deren Stelle tretenden Geldverpflichtungen weiterhin, und es wuchs auch von seiten der Bauern das Bedürfnis nach günstigen Krediten.

d) Handels- und Gewerbefreiheit

Weit zurückhaltender als beim Eigentum sind, vor allem in den Kantonen mit ehemaliger Zunftverfassung, die von der liberalen Wirtschaftstheorie geforderten Verbürgungen der Handels- und Gewerbefreiheit. Zunftzwang und ehehafte Gewerbeberechtigungen waren ja nach ihrer Abschaffung in der Helvetik nach 1803 grösstenteils wieder eingeführt worden. Die Liberalen betrachteten die Gewerbefreiheit zwar als «Naturrecht», und Thomas Bornhauser sagte im Thurgauer Verfassungsrat am 21. März 1831, die Ehehaften seien «Privilegien», und diese müssten «abgeschafft werden». In mehreren Kantonen gelang indessen die Beseitigung der ehehaften Tavernen-,

---

[56] Verhandlungen vom 21. Mai 1831.
[57] Art. 22 Abs. 3; BORNHAUSER (Anm. 4), S. 39 f.

Metzgerei- und Müllereirechte nicht. Der besonders einflussreichen Gruppe der Wirte gelang es manchenorts, die Beibehaltung der ehehaften Tavernenrechte durchzusetzen, zum Teil mit dem Argument, der Staat müsste sonst deren Inhaber entschädigen (so in Zürich). Schwierigkeiten stellten sich auch beim Versuch ein, den Zunftzwang abzuschaffen. Es fiel den teilweise an der Regenerationsbewegung teilnehmenden Gewerbetreibenden schwer, diese bequemen Schutzeinrichtungen vor Konkurrenz preiszugeben; man fürchtete bei Einführung der vollen Gewerbefreiheit insbesondere einen Zustrom tüchtiger süddeutscher Handwerker, wie im Thurgauer Grossen Rat – allerdings vergeblich – geltend gemacht wurde. Im St. Galler Verfassungsrat wurden dieselben Bedenken geäussert; ein Handwerker machte sogar geltend, die Gewerbefreiheit bedeute «das Todesurtheil über den Handwerksstand»[58]. Anton Henne entgegnete, die Bürgerschaft bestehe «nicht bloss aus Handwerkern; der grösste Teil sind die Brauchenden ...», und diese müssten die «Freiheit voller Auswahl» haben. «Gerade die Gefahr», so Henne weiter, «das Brod durch Zurückbleiben zu verlieren, und es hingegen durch grösseren Fleiss zu verdoppeln und zu verbessern, schärft den Geist des Arbeiters, und eine solche Konkurrenz schuf die Blüte der ältern und neuern Handels- und Gewerbsstaaten. Besser als jeder Zunftzwang befördert der Wetteifer Meisterstücke in jeder Gattung Handwerk und Fabrikation.» Im Berner Verfassungsrat wurde geltend gemacht, man müsse im «ganzen Gebiet der Gewerbspolizei immer viel mehr das Publikum, die Consumenten, im Auge haben, und gute Waare und wohlfeile Preise als Hauptzweck betrachten, und nur Beschränkungen aus Rücksicht der Sicherheit, der guten Sitten, und der polizeilichen Ordnung, aber keine im Interesse des Gewerbsmanns, gestatten»[59]. Anderseits wurde im Thurgauer Verfassungsrat geltend gemacht, die volle oder «unbedingte Gewährleistung dieses Rechts würde «Speculationen nach sich ziehen, unter denen der arme Handwerker sehr leiden müsste». Ja die Handwerker würden «in einer Hand vereinigt werden können» und «den Kapitalisten in die Hände fallen», und es müsste «ein Aristokratismus im Gewerbe entstehen», wurde weiter befürchtet[60].

Am umfassendsten wird dieses wirtschaftliche Freiheitsrecht von den neuen Kantonen gewährleistet. So legt der Kanton Thurgau

---

[58] Verhandlungen vom 20. Januar 1831.
[59] Verhandlungen vom 20. Mai 1831.
[60] Verhandlungen vom 21. März 1831.

– der überhaupt die Freiheitsrechte am vollständigsten und am klarsten gewährleistet – fest: «Alle Bürger des Kantons geniessen volle Arbeits-, Erwerbs- und Handelsfreiheit. Nur der Missbrauch dieser Freiheit ist durch weise Polizeigesetze zu verhüten. Es giebt keine Ehehaften mehr.»[61] St. Gallen gewährleistet eine ähnlich weit umschriebene Gewerbefreiheit und erklärt ausdrücklich alle Monopole für abgeschafft, ebenso Baselland; dieser Kanton gesteht dieses Recht auch den Schweizern anderer Kantone zu, sofern diese Gegenrecht halten – eine typisch staatenbündische Rechtssetzung. In weitem Masse wird die Gewerbefreiheit auch in Solothurn und Tessin geschützt. Der Kanton Aargau anerkennt die Handels- und Gewerbefreiheit nur «in der Regel» und verweist die schwierigen Probleme des Ausgleichs zwischen der liberalen Forderung und den wirtschaftlichen Interessen des lokalen Gewerbes auf die Gesetzgebung. Noch enger fasst der ehemalige Zunftort Zürich die Handels- und Gewerbefreiheit[62], indem diese nur so weit gewährleistet ist, als es «mit dem Wohl der Gesammtbürgerschaft und demjenigen der handel-, gewerbe- und handwerktreibenden Klassen vereinbar ist». Das bedeutete, dass die ehehaften Gewerbeberechtigungen nicht abgeschafft, sondern nur «den Zeitumständen gemäss modifiziert» werden sollen, und dass für einen Teil des Gewerbes weiterhin ein Zunftzwang bestehen blieb (bis 1837). Die für volle Gewerbefreiheit eintretenden Zürcher Grossräte von der Landschaft waren überstimmt worden; in der Debatte über die Ehehaften war bemerkt worden, es seien nicht nur «*Kantons*-, sondern auch andere Räte ... Partikular-Räthe» anwesend gewesen![63] Schaffhausen bekundete als ehemaliger Zunftort ähnliche Mühe mit der Gewerbefreiheit[64]; es werden die monopolistischen «Handwerksinnungen» nicht abgeschafft, jedoch soll das Gesetz dafür sorgen, dass «die Erlernung eines Handwerks und die Aufnahme in dasselbe nicht durch lästige Gebühren und Förmlichkeiten erschwert» werden. Auch die Ehehaften bleiben in Schaffhausen bestehen. Der ehemals aristokratische, agrarische Landkanton Bern gewährleistet die Freiheit des «Landbaues, des Handels und der Gewerbe» unter dem Vorbehalt des «allgemeinen Wohls» und «erworbener» Rechte; die Frage spielte aber dort, abgesehen vom Landbau, nur eine geringe Rolle, weil Handwerk und Handel wenig entwickelt

[61] Art. 12; *Quellenbuch* S. 252.
[62] Art. 7; *Quellenbuch* S. 291 f.
[63] Verhandlungen vom 17. Februar 1831.
[64] Art. 14; Bornhauser (Anm. 4), S. 190.

waren. Und Luzern und Freiburg schliesslich schweigen sich über die Gewerbefreiheit aus. Dasselbe gilt für den Agrarkanton Waadt, in welchem jedoch faktisch schon seit der Helvetik Handels- und Gewerbefreiheit bestanden.

Die eigentliche *industrielle Betätigung,* welche sich vor allem in den Kantonen Zürich, Glarus und St. Gallen kräftig entwickelte, war, weil sie neu war, schon zur Zeit der Restauration vom Zunftzwang und von Beschränkungen durch Ehehafte nicht erfasst worden. Es ergaben sich höchstens in Grenzbereichen Konflikte, so etwa mit Inhabern ehehafter Wasserrechte. Es wurde deshalb von den Regenerationskantonen mit Ausnahme des Tessins nicht für notwendig gehalten, eine besondere Industriefreiheit in die Verfassungen einzuführen. Mannigfache Beschränkungen vor allem interkantonaler Art bestanden jedoch bis 1848 für den mit der Industrieproduktion verbundenen Warenverkehr. Eine über blosse Ansätze hinausgehende Gesetzgebung zur Bekämpfung der mit der industriellen Produktion entstehenden Sozialprobleme gab es wie schon zur Zeit der Restauration weiterhin nicht. Der «Zeitgeist» der Regeneration war für eine bessere Sozialgesetzgebung eher noch ungünstiger als jener der Restauration.

e) Niederlassungsfreiheit

Die meisten Regenerationsverfassungen garantieren den Kantonsbürgern die Niederlassungsfreiheit innerhalb des Kantons. Bern, Baselland und Thurgau gewährten dieses Recht auch Bürgern anderer Kantone, unter Vorbehalt allerdings des Gegenrechts. Es ist hier daran zu erinnern, dass das im Jahr 1819 zustandegekommene Niederlassungskonkordat[65] zu Beginn der Regeneration in den Kantonen Zürich, Bern, Luzern, Glarus, Freiburg, Solothurn, Aargau, Thurgau, Tessin, Waadt, Neuenburg, Genf und Schaffhausen weiter in Geltung stand. Dieses Konkordat gewährte den Bürgern der Beitrittskantone unter bestimmten polizeilichen und administrativen Bedingungen das Niederlassungsrecht, welches auch das Recht zur wirtschaftlichen Betätigung – nicht aber jenes der Ausübung politischer Rechte – einschloss. Die übrigen Kantone traten dem Konkordat nicht bei, dies vor allem deshalb, weil sie um die (katholische) Glaubenseinheit fürchteten. Diese Haltung führte zu wirtschaftlichen Nachteilen für die betreffenden Kantone, indem die vorwiegend pro-

---

[65] SNELL LUDWIG, Handbuch des Schweizerischen Staatsrechts I (1837), S. 226 ff.

testantischen Industriellen und Handwerker andere Standorte für ihre Betätigung wählten.

f) Versammlungsfreiheit

Die Versammlungsfreiheit war in keiner Regenerationsverfassung ausdrücklich gewährleistet. Weshalb? Es gab wohl drei Gründe dafür. Einmal war die Versammlungsfreiheit in keine bisherige Rechteerklärung oder Verfassung aufgenommen worden; weder die nordamerikanischen «Bills of Rights», noch die französische Erklärung von 1789, weder die Helvetische Verfassung noch die französische Charte von 1830 kannten die ausdrücklich geschriebene Versammlungsfreiheit. Zum zweiten waren Versammlungen als politisches Druckmittel vor 1830 wenig gebräuchlich gewesen; erst vom Herbst 1830 an und dann mit dem Erstarken des Radikalismus wurden solche Versammlungen häufig. Die Behörden hatten somit vorher auch keinen Anlass zum Einschreiten gehabt, weshalb das Versammlungsrecht nicht als bedroht erschien. Und schliesslich empfand man, wie Eduard His hervorhebt, das Versammlungsrecht als Ausdruck des «souveränen, der Regierung naturrechtlich übergeordneten Volkes», was auch darin zum Ausdruck kam, dass einige der im Herbst und Winter 1830/1831 durchgeführten Versammlungen als «Landsgemeinden» bezeichnet wurden. Es gab indessen schon 1831 Stimmen, welche eine geschriebene Versammlungsfreiheit forderten. So vermisste der «Schweizerische Republikaner» im Zürcher Verfassungsentwurf dieses Recht, denn: «Häufige und innige Berührung der Bürger ist die Quelle des Gemeingeistes.»[66]

g) Vereinsfreiheit

Infolge der korporationen- und damit parteienfeindlichen Auffassung von Rousseau und der Französischen Revolution war man auch bei der Garantie der Vereinsfreiheit äusserst zurückhaltend. Bei den Liberalen und Konservativen mochte auch bereits die Furcht vor der Bildung radikaler Vereine mitspielen.

Nur der Kanton Baselland sicherte in der hier zu betrachtenden ersten Phase der Regenerationsperiode ausdrücklich in Artikel 4 Absatz 2[67] die Vereinsfreiheit, unter der Voraussetzung, dass die Ver-

---

[66] Verhandlungen vom 11. Februar 1831.
[67] BORNHAUSER (Anm. 4), S. 168.

eine «weder in ihren Zwecken, noch in den dafür bestimmten Mitteln rechtswidrig oder rechtsgefährlich sind». In Zürich kam es wegen der Vereinsfreiheit zur berühmten Grossratsdebatte vom 8./9. März 1832: Der Regierungsrat legte dem Grossen Rat einen Gesetzesentwurf vor, worin eine Bestimmung enthalten war, wonach Vereine sich keine Befugnisse oder Verrichtungen zueignen dürfen, «welche den verfassungsmässigen Behörden ausschliesslich vorbehalten» seien. Diese Bestimmung richtete sich konkret gegen den als Sektion des Schweizerischen Schutzvereins gegründeten radikalen «Bassersdorferverein». Die Vertreter der Stadt traten für den Gesetzesvorschlag ein, diejenigen der Landschaft bekämpften ihn, weil zu wenig freiheitlich. Mit 94 gegen 85 Stimmen siegte schliesslich die liberale Auffassung. Infolge dieses Entscheides traten acht (von 19) dem liberal-konservativen «juste milieu» zugehörige Regierungsräte, darunter die beiden Bürgermeister, zurück, woraus sich einerseits eine Liberalisierung der Zürcher Politik, anderseits die faktische Anerkennung der Vereinsfreiheit ergab.

h) Petitionsfreiheit

Alle hier zu betrachtenden Verfassungen gewährleisten das Petitionsrecht. Diesem kam damals, als das Initiativrecht noch weitgehend fehlte, eine bedeutende politische Funktion zu. Während der Mediations- und vor allem der Restaurationszeit hatten es die Bürger nur selten mehr gewagt, Petitionen politischen Charakters einzureichen, denn verschiedentlich waren gegen Petitionäre Strafsanktionen oder Schikanen vorgekommen. Die nun in die Regenerationsverfassungen gebrachten Verbürgungen des Petitionsrechts unterscheiden sich voneinander nur in einem Punkt: Gewisse Kantone (Zürich, Solothurn) dulden politische Kollektivpetitionen nicht, sondern nur Individualpetitionen. Andere Kantone (Aargau, Thurgau) gewährleisten ausdrücklich das Recht der Bürger, auch mit anderen zusammen Petitionen einreichen zu dürfen. Bisweilen wird auch den Gemeinden, Korporationen und Behörden das Recht zur Petition ausdrücklich zugestanden [68]. Im Berner Verfassungsrat wurde ausdrücklich festgehalten, vom Petitionsrecht müssten auch «Frauenzimmer» und «Fremde» Gebrauch machen können [69].

---

[68] Solothurn Art. 54 Verfassung; BORNHAUSER (Anm. 4) S. 163.
[69] Verhandlungen vom 20. Mai 1831.

i) Religionsfreiheit

Bei der Garantie der Religionsfreiheit war man in den Regenerationsverfassungen noch sehr zurückhaltend und wenig freiheitlich. Nur die Kantone Zürich, Bern, Baselland, Aargau und Thurgau sowie Glarus (1836) garantieren eine Glaubens- oder eine Gewissensfreiheit oder beides. Im Kanton Thurgau wird jedoch nur für die «christlichen Konfessionen» volle Glaubens- und Gewissensfreiheit gewährt; auch der Aargau beschränkt dieses Recht in ähnlicher Weise, so dass die freie Religionsausübung für die Juden verfassungsrechtlich nicht abgesichert ist, ihr Kultus aber immerhin in den beiden Gemeinden Lengnau und Endingen toleriert wird. Bern gewährleistet die Rechte der evangelisch-reformierten und der im nördlichen Jura bestehenden römisch-katholischen Kirchgemeinden, nicht aber jene der Täufergemeinden. Freiburg betrachtet in Artikel 7[70] die katholisch-apostolisch-römische Religion als «einzige öffentliche Religion» des Kantons, mit Ausnahme des Bezirkes Murten, wo dieselbe Regel für die evangelisch-reformierte Religion gilt. Hier gilt also noch das Prinzip der Glaubenseinheit für ein bestimmtes Gebiet, welche nur allmählich aufgegeben wird. Auch Luzern ist trotz seiner grundsätzlich liberalen Verfassung der Glaubensfreiheit nicht günstig gesinnt, denn dort ist die «christkatholische Religion die Religion des Staates und des Kantons». Überdies haben, wie schon erwähnt, nur die Angehörigen dieser Religion politische Rechte. Dasselbe gilt für Schwyz nach ausdrücklicher Verfassungsbestimmung[71] und stillschweigend für die übrigen rein katholischen Kantone. Solothurn umschreibt die Stellung des römisch-katholischen Bekenntnisses ähnlich ausschliesslich wie Luzern, gewährleistet jedoch das evangelisch-reformierte Bekenntnis im einzigen protestantischen Bezirk Bucheggberg. Schaffhausen erklärt die evangelisch-reformierte Religion zur «herrschenden» im Kanton. Entgegen den Lehren von Benjamin Constant kann sich auch Waadt in Artikel 9[72] noch nicht zu einer allgemeinen Glaubens- und Gewissensfreiheit durchringen, sondern gewährleistet nur den Bestand der mit dem Staat eng verbundenen «Eglise Nationale Evangélique Réformée» sowie die minoritären katholischen Gemeinden. St. Gallen gewährleistet in Artikel 8[73] nur dem katholischen und evangelischen Bekenntnis freie Ausübung, obwohl

---

[70] *Quellenbuch* S. 316.
[71] Art. 10, SNELL (Anm. 16), S. 174.
[72] *Quellenbuch* S. 306.
[73] *Quellenbuch* S. 274.

sich Anton Henne am 14. Januar 1831 im Verfassungsrat energisch für eine allgemeine, auch für nichtchristliche Bekenntnisse geltende Religionsfreiheit eingesetzt hatte. Man hielt ihm entgegen, «durch eine so allgemeine Duldung würden wir geradezu alle Sekten einladen, in unsern Kanton zu kommen». Durch eine so weit getriebene Toleranz würde eine «völlige Religionsgleichgültigkeit» aufkommen, wurde weiter argumentiert. Henne setzte sich aber zäh für Toleranz und religiöse Freiheit ein und machte geltend, die Religion sei «etwas Inneres, und der, welcher sie gestiftet hat, dachte an kein Herrschen ...» Wir würden, so fuhr er fort, «unsere Verfassung nicht nur für uns entwerfen». Wir seien aber, so bedauert Henne – wohl in Anspielung auf die bei den Theologen umstrittene Kindertaufe – «so engherzig, die Geistesfreiheit unserer eigenen Kinder zum Voraus in Beschlag zu nehmen». Einem Votanten, der die Juden im aargauischen Lengnau als negatives Beispiel schilderte, erwiderte Henne, es sei «nicht ihre religiöse Überzeugung, die man hasst ..., sondern die Thätigkeit und Gewerbsamkeit dieses armen verfolgten Stammes ... Sie jagen unsern Religionsgenossenschaften freilich manchen Gewinn ab, und beengen unseren Erwerb. Sind aber solches die Rücksichten, die uns in der hochwichtigen Sache leiten sollen», fragte Henne schliesslich. Ein weiterer Verfassungsrat machte geltend, «er könnte ebenfalls mit Henne stimmen», finde jedoch «das Volk noch nicht reif dazu». Der Gedanke der allgemeinen Religionsfreiheit sei «gelehrt und freisinnig», bekannte ein weiterer Verfassungsrat. Ein anderer aber fand: «Ich will freisinnig sein, aber nicht zu freisinnig» – und Henne unterlag schliesslich mit 119 gegen 20 Stimmen.

Mit grosser Schonung wurden die bestehenden Einrichtungen zum Schutz der konfessionellen Parität in den Kantonen St. Gallen, Glarus, Aargau und Thurgau in den neuen Verfassungen behandelt. Die Liberalen der ersten Stunde in diesen Kantonen waren kirchenpolitisch zurückhaltend; sie rührten im Interesse ihrer staatspolitischen Anliegen vorerst an den heiklen konfessionellen Kompromissen nicht. So wurde in St. Gallen nach heftiger Debatte mit 79 gegen 53 Stimmen die überkommene konfessionelle Trennung des Grossen Rates und der Verwaltung beibehalten; für alle öffentlichen Behörden wurden exakte Regeln für die Aufteilung der Sitze auf die beiden Konfessionen aufgestellt[74]. Die konfessionell geteilten Behörden waren neben dem Kirchenwesen im wesentlichen zuständig für das Armenwesen und die Klosterangelegenhei-

[74] Art. 46 und 117 f.; *Quellenbuch* S. 279 f., 288.

ten. Ähnlich wie St. Gallen regelte Thurgau diese konfessionellen Fragen[75]; auch hier rüttelten die Liberalen nicht an den Kompromissen. Auch im Kanton Glarus wurden die zweifache Landsgemeinde und die zweigeteilten Verwaltungszweige vorerst beibehalten. Der erst in der Mediation gebildete Kanton Aargau hatte zwar seit der Gründung erhebliche konfessionelle und gleichzeitig geographische Spannungen. Zu einer Trennung der Behörden war es hier aber nicht gekommen, und die Staatseinheit konnte bewahrt werden. Die Regenerationsverfassung hielt an der hälftigen Teilung der Sitze für den Grossen Rat, den Kleinen Rat und das Appellationsgericht nach Konfessionen fest.

Im Laufe der Regenerationsperiode konnten dann einzelne punktuelle Liberalisierungen zugunsten der Glaubens- und Gewissensfreiheit erzielt werden. Im Kanton Glarus konnte ausserdem bereits mit der neuen Verfassung von 1836 die konfessionell zweigeteilte Behördenorganisation aufgehoben und damit die Staatseinheit wiederhergestellt werden.

Was die mit der Glaubens- und Gewissensfreiheit eng verwandte *Ehefreiheit* betraf, so waren die Liberalen in der Regenerationszeit ebenfalls vorsichtig. Die in der Helvetik geltende (und in Genf seit 1821 wieder bestehende) Zivilehe wurde nicht wieder eingeführt, obwohl etwa der Thurgauer Pfarrer Thomas Bornhauser im Verfassungsrat erklärt hatte, er betrachte die Ehe als «einen bürgerlichen Vertrag». Die Ehe habe «ihren Grund nicht in der Religion. Wenn auch die Leute keine Religion hätten, so würden sie doch heiraten»[76]. Einige Kantone gewährleisten aber immerhin ausdrücklich das Recht, gemischte Ehen einzugehen, so St. Gallen und Glarus. Ausserdem galt das 1812 abgeschlossene und 1819 von 17 Kantonen bestätigte Konkordat[77] weiter, wonach die Kantone sich verpflichteten, gemischte Ehen nicht zu verbieten oder mit dem Verlust des Bürgerrechts zu sanktionieren.

k) Pressefreiheit

Die Pressefreiheit hingegen wurde nun in allen Kantonen mit regenerierter Verfassung garantiert. Klassisch wurde das von den Liberalen hart erkämpfte Recht in der Zürcher Regenerationsverfas-

---

[75] Vgl. *Quellenbuch* S. 255.
[76] Verhandlungen vom 14. April 1831.
[77] SNELL (Anm. 65), S. 217.

sung in drei Sätzen umschrieben[78]: «Die Freiheit der Presse ist gewährleistet. Das Gesetz bestraft den Missbrauch derselben. Die Censur darf niemals hergestellt werden.» Im ersten Satz wird das Prinzip der Freiheit der Presse festgeschrieben. Im zweiten Satz wird die Möglichkeit von Sanktionen für den Missbrauch der Pressefreiheit festgehalten, jedoch nur nach Massgabe des Gesetzes. Dieses kann, gleich wie es bereits die französische Erklärung der Menschen- und Bürgerrechte von 1789 sowie die Helvetische Verfassung ermöglicht hatten, bestimmte Rechtsgüter durch nachträgliche Sanktionen vor dem Missbrauch der Presse schützen, so namentlich die Ehre von Personen, die religiösen Gefühle Andersdenkender, die Sittlichkeit oder die öffentliche Ordnung. Sanktionen für den Missbrauch der Pressefreiheit dürfen jedoch nur *nach* der Veröffentlichung stattfinden. Dies folgte aus dem dritten Satz der Zürcher Verfassung, wonach die Zensur «niemals» hergestellt werden darf. Dieser Satz, der sich in den meisten Bestimmungen über die Pressefreiheit findet, war in derselben Formulierung neu in die französische «Charte constitutionnelle» vom 14. August 1830 aufgenommen[79] und offensichtlich von dort rezipiert worden.

Die Waadtländer Verfassung sagt ausdrücklich, die Einschränkungen der Pressefreiheit durch das Gesetz dürften nicht präventiv sein. Bern legt zusätzlich zum Zensurverbot fest, es dürfe auch nicht eine «andere vorgreifende Massnahme» die Pressefreiheit einschränken[80]. Auf den im Thurgauer Verfassungsrat erhobenen Einwand, die Abschaffung der Zensur verstehe sich von selbst, erwiderte Thomas Bornhauser: «Man könnte die Zensur unter polizeilichem Vorwande wieder einführen. Man kann in solchen Punkten nicht zu deutlich sein.»[81] Die Berechtigung der Mahnung Bornhausers zeigt sich etwa in Artikel 21 des Freiburger Gesetzes über die Pressepolizei vom 27. Januar 1831, worin dem Zeitungsverleger eine hohe Kaution abverlangt wird, um die «allfälligen Bussen, Prozess- und Gefangenschaftskosten zu decken, zu welchen er verfällt werden könnte». Das gleiche Gesetz sieht allerdings auch ein zukunftsweisendes «Gegendarstellungsrecht» zugunsten der von der Zeitung betroffenen Personen vor[82].

---

[78] Art. 5; *Quellenbuch* S. 291.
[79] Art. 7; DUVERGER MAURICE, Constitutions et documents politiques (1983), S. 133.
[80] Art. 13.
[81] Verhandlungen vom 21. März 1831.
[82] Art. 23.

Enthalten alle Regenerationsverfassungen (mit Ausnahme der ephemeren Verfassung von Ausserschwyz von 1832) in irgendeiner Weise die Pressefreiheit, so verbinden einige dieses Recht mit der allgemeinen Meinungsäusserungsfreiheit, so Luzern[83], Baselland[84], Thurgau[85] und Aargau[86]. Wenn andere Verfassungen die Meinungsäusserungsfreiheit mittels des Wortes, des Bildes oder durch Handschrift nicht ausdrücklich verankern, so gilt diese Freiheit in den betreffenden Kantonen gleichwohl als ein natürliches, selbstverständliches Recht. Es zeigt sich auch hier, gleich wie bei der Petitionsfreiheit, dass das liberale Verfassungsrecht einerseits die Tendenz hat, die in der Vergangenheit bedrohten und dann erkämpften individuellen Rechte genau festzuschreiben, anderseits aber nicht oder noch nicht bedrohte, selbstverständliche Rechte wie die Meinungsäusserungsfreiheit oder die Versammlungsfreiheit nicht in die Verfassung aufzunehmen.

Die in den Regenerationsverfassungen verankerte Pressefreiheit brach sich dann in den kommenden Jahren überall im Gebiet der Eidgenossenschaft Bahn, auch in Kantonen, wo keine Verfassungsänderungen stattfanden. In einigen Kantonen wurde sie auf dem Wege der Gesetzesänderung festgeschrieben, in anderen galt sie ohne formellen Akt als anerkannt.

l) Unterrichtsfreiheit

Der Unterrichtsfreiheit und dem Erziehungswesen allgemein war in der Französischen Revolution und in der Helvetik eine sehr wesentliche Rolle zugedacht worden. Dieser Freiheit, eng verwandt mit der allgemeinen Entwicklungsfreiheit, bedurfte es, damit das aufklärerische Fortschritts- und Vervollkommnungsziel erreicht werden konnte. Die Liberalen und dann die Radikalen nahmen nun die früheren Bestrebungen wieder auf. Die Liberalen gingen grundsätzlich von der Freiheit aus, ohne staatliche Bewilligung lehren zu dürfen, während die Radikalen eher danach trachteten, diese Freiheit nur im Sinne der Verkündigung einer modernen aufklärerischen «religion civile» zu verstehen. Ihr Ideal lag also beim ausschliesslich staatlichen, konfessionslosen und unentgeltlichen Unterricht, wie er früher

[83] Art. 6.
[84] Art. 9.
[85] Art. 11.
[86] Art. 14.

namentlich von Condorcet und Stapfer vertreten worden war. Gleichzeitig trachteten Liberale und Radikale gemeinsam danach, das staatliche Schulwesen auf eine religiös indifferente Basis zu stellen. Mit dieser Zielsetzung gerieten sie, gleich wie in der Zeit der Helvetik, in schärfsten Konflikt mit den bestehenden kirchlich-konfessionellen Schulen, vor allem in den katholischen Kantonen. Während die Liberalen aber nicht alle Schulen verstaatlichen wollten, so arbeiteten die Radikalen zumindest für den Bereich der Volksschule in diese Richtung. Sie sahen in der staatlich geleiteten Schulbildung die Basis für die Ausübung der demokratischen Rechte, aber auch für den rationalen wissenschaftlich-technischen Fortschritt. Die Konservativen hingegen sahen in den Bestrebungen der Liberalen, vor allem aber der Radikalen, einen Angriff auf ihr Verständnis von Schule und Unterricht, nämlich der Ergänzung der Erziehung in Familie und Kirche im Sinne des traditionellen christlichen Weltbildes.

Vor dem Hintergrund dieser Gegensätze ist es nicht verwunderlich, dass in der hier zu betrachtenden ersten Phase der Regeneration nur in zwei Kantonen ein Konsens über die Aufnahme einer eigentlichen individuellen Unterrichtsfreiheit erzielt werden konnte, nämlich in Bern[87] und Baselland[88]. Der Kanton Zürich schrieb, wohl in Anlehnung an Ludwig Snell, vor, die «Sorge um die Vervollkommnung des Jugendunterrichts» sei Pflicht des Volkes und seiner Stellvertreter[89], und Baselland ergänzte die individuelle Unterrichtsfreiheit durch eine ähnliche Bestimmung[90]. Dass die akademische Unterrichtsfreiheit an den neuen Universitäten gesetzlich verankert wurde, versteht sich, denn es handelte sich ja bei diesen durchwegs um Gründungen des Liberalismus.

5. Wahl und Organisation der Behörden

a) Wahl und Stellung der Grossen Räte

Was die Wahl der Parlamente betrifft, so zeigen die Regenerationsverfassungen ebenfalls ein weniger einheitliches Bild, als man es verschiedenen Darstellungen dieser Periode entnehmen muss. Man

[87] Art. 12; Bornhauser (Anm. 4), S. 37.
[88] Art. 11; Bornhauser (Anm. 4), S. 169 f.
[89] Art. 20; *Quellenbuch* S. 293.
[90] Art. 11.

kann drei Gruppen von Kantonen unterscheiden: Eine erste Gruppe, in der alle Parlamentsmitglieder in direkter Volkswahl bestimmt werden, besteht aus den Kantonen St. Gallen, Thurgau, Baselland und Waadt. Es ist kein Zufall, dass diese Gruppe mit der demokratischsten Wahlform ausschliesslich aus neugeschaffenen Kantonen besteht. Eine zweite Gruppe von Kantonen kennt ein gemischtes Verfahren, in dem ein Teil der Parlamentarier in direkten Volkswahlen gewählt, ein Rest vom Parlament selbst ergänzt (kooptiert) wird. So werden in Zürich von den 212 Grossratsmitgliedern insgesamt 179 vom Volk gewählt, die restlichen 33 durch die gewählten Mitglieder ergänzt. In Luzern gehen 80 der 100 Grossräte aus direkten Volkswahlen hervor. Im Aargau wählt das Volk 192 von 200 Grossräten, die restlichen acht werden ergänzt. Schaffhausen kennt ein kompliziertes, aus separaten Wahlverfahren für Stadt und Land bestehendes System[91]. Solothurn schliesslich hat eine aus drei verschiedenen Elementen zusammengesetzte Bestellungsart: Von den insgesamt 109 Grossratsmitgliedern werden 26 in direkter Volkswahl und 70 durch Wahlmännerkollegien indirekt bestimmt, während die restlichen 13 Mitglieder durch die 96 so bestellten Mitglieder ergänzt werden. Gar keine direkten Volkswahlen setzen Bern und Freiburg fest. In Freiburg werden alle Mitglieder des Grossen Rates durch Wahlmänner bestimmt; in der verfassungsgebenden Versammlung wurde zwar eingeräumt, die direkte Wahl sei «zweifellos» besser mit dem demokratischen Geist vereinbar als die indirekte. Die direkte Wahl biete jedoch nicht dieselbe Gewähr für die Einhaltung der Ordnung; auch könne nicht verhehlt werden, dass das Volk nicht klar seine Interessen zu erkennen vermöge. Es sei besser, wenn seine Vertrauensleute die Grossräte wählten, welche sich durch «Aufklärung», «Patriotismus» und «Vermögen» auszeichneten. In Bern wählen vom Volk gewählte Wahlmänner 200 von insgesamt 240 Grossratsmitgliedern; die restlichen 40 werden durch die indirekt gewählten Mitglieder des Grossen Rates ergänzt – so dass Bern, was die politischen Wirkungen des Wahlverfahrens betrifft, das wohl «konservativste» Wahlrecht kennt. Es herrschte im Berner Verfassungsrat Einmütigkeit darüber, dass direkte Wahlen ohne Zensusvorschriften einen «zu schroffen Übergang von der Aristokratie in die Demokratie» darstellen würden. Der Verfassungsrat hätte lieber den allgemeinen Wahlzensus beibehalten, was aber politisch nicht tragbar schien. Deshalb statuierte man indirekte Wahlen als ein Mittel, «dass die Fähigkeiten und übrigen Qualitäten der zu Wählenden sorg-

---

[91] Art. 28.

fältiger und umsichtiger geprüft werden»[92]. Dies, obwohl in Petitionen gesagt worden war, Wahlkollegien seien nichts anderes als eine «Bevogtung des Volkswillens»[93]. Die in einigen Regenerationsverfassungen noch festgelegten Zensusvorschriften – Luzern, teilweise Bern – scheinen erhebliche Auswirkungen auf die Zahl der Wähler gehabt zu haben. So waren 1841 in Luzern von einer Bevölkerung von 124 521 nur 23 444 Männer stimmberechtigt[94]. Es gab aber auch in den Kantonen, welche kein offenes Zensuswahlrecht kannten, recht zahlreiche Wahlrechtsausschlussbestimmungen, welche Zensusvorschriften in der Wirkung nahekamen. Zu nennen sind etwa die Ausschlüsse wegen Konkurs und fruchtloser Pfändung, wegen Armengenössigkeit und wegen verschiedener Strafen, aber auch die generellen Wahlrechtsausschlüsse für Dienstboten, Knechte und Gesellen sowie, in Luzern, für Nichtkatholiken.

Die Amtsdauern der Parlamentsmitglieder schwanken zwischen zwei (Thurgau, St. Gallen) und neun Jahren (Freiburg). Die überaus langen oder sogar lebenslänglichen Amtsdauern der Restauration wurden also in allen Regenerationskantonen abgeschafft. Die Verfassungen setzten ausserdem die Erneuerung eines Teils der Grossen Räte nach der Hälfte oder einem Drittel der Amtsdauer fest, ein System mit leicht konservativen Wirkungen, das bereits in der Helvetik bestanden hatte. Nur Schaffhausen, Tessin und Waadt sahen schon jetzt – wahrscheinlich in Anlehnung an die Auffassung von Benjamin Constant – die alle vier oder fünf Jahre stattfindende Gesamterneuerungswahl vor. Schaffhausen legte fest, dass diejenigen Grossratsmitglieder, welche während eines Jahres den dritten Teil der Sitzungen versäumen, sich in ihrem Wahlkreis vor Ablauf der Amtsdauer einer neuen Wahl zu unterwerfen haben[95]. Gewählt wurde überall nach dem Mehrheitswahlrecht, was zur Folge haben konnte, dass eine politische Richtung mit wenig Stimmenvorsprung die ganze Parlamentsmacht in ihre Hand bekam. Das geheime Wahlrecht war am Anfang der Regenerationszeit noch nicht für die Verwirklichung reif. Im Thurgau wurde ein Antrag, für die Wahl der Grossräte die geheime Wahl festzuschreiben, ohne Diskussion abgelehnt.

Die meisten Verfassungen betrachteten, wahrscheinlich in Anlehnung an die Lehren von Constant, die Ausübung einer Gross-

[92] Verhandlungen vom 26. Mai 1831.

[93] KLOETZLI HANS, Die Bittschriften des Berner Volkes vom Dezember des Jahres 1830 (1922), S. 76.

[94] BÜCHI KURT, Die Krise der Luzerner Regeneration 1839–1841 (1967), S. 108.

[95] Art. 44.

ratsstelle als Ehrenamt und sahen daher keine Entschädigung dafür vor. Ludwig Snell hat dies als «indirekten Zensus» angesehen[96]. In Bern war ohne Erfolg vorgebracht worden, das Land wünsche «allgemein Entschädigung der Glieder des Grossen Rates, damit sie nicht nur dem Namen, sondern auch der That nach im Rathe sitzen»[97]. Nur Thurgau, Waadt, Freiburg und Baselland setzen ein Taggeld, Tessin ein kleines Jahresgeld und St. Gallen, das einen Amtszwang kannte, eine «angemessene Entschädigung» fest. Im Verfassungsrat des Kantons Thurgau war am 25. März 1831 über diese Frage lange beraten worden. Einerseits wandte man sich gegen eine Entschädigung, damit die Staatskasse nicht belastet werde und die drückenden Abgaben verringert werden könnten. Anderseits wurde geltend gemacht, es würden, wenn man keine Entschädigung vorsehe, vor allem die Reichen im Grossen Rat sitzen, und damit entstünde «eine Aristokratie, eine Geldaristokratie» (Bornhauser), ein Argument, das bereits 1793 von Condorcet vorgebracht worden war. Diese Grossräte würden dann, so fuhr Bornhauser weiter, wie in der Vergangenheit, stets für indirekte Abgaben stimmen, welche das Volk belasteten, sich aber dann widersetzen, wenn einmal «eine direkte Vermögenssteuer eingeführt werden» sollte. Eder seinerseits setzte sich mit der Begründung für eine Entschädigung an die Grossratsmitglieder ein, weil man ja im Thurgau keine Vermögensbedingungen für die Wählbarkeit in die Behörden aufgestellt habe[98].

Im Verfassungsrat des Kantons Aargau wurde über die Ausrichtung von Entschädigungen ebenfalls heftig diskutiert, diese dann aber mit der Begründung abgelehnt, solche seien «mit der Würde eines Gesetzgebers unvereinbar». Mit dem Erstarken des Radikalismus sollte die Entschädigung dann üblich werden.

b) Organisation und Befugnisse der Grossen Räte

Die Befugnisse der Grossen Räte wurden entsprechend dem Grundsatz der Parlamentsherrschaft und der daraus folgenden Überordnung der Parlamente über die anderen Gewalten, vor allem über die vollziehende Gewalt, bestimmt. Die Grossen Räte werden als «höchste Gewalt», als «gesetzgebende» Gewalt oder, wie in Thurgau, als «gesetzgebende und aufsehende Gewalt» bezeichnet. Sie erhalten

---

[96] SNELL (Anm. 16), S. 720.
[97] Verhandlungen vom 8. Mai 1831.
[98] Verhandlungen vom 25. März 1831.

das volle Selbstkonstituierungsrecht, meistenorts verbunden mit dem Recht, abschliessend über die Gültigkeit der Wahlen zu befinden. Sie erhalten auch das aus dem französischen Revolutionsrecht stammende, in der Restaurationszeit wieder verlorengegangene Selbsteinberufungsrecht, also das Recht, ohne Mitwirkung der Exekutive ausserordentlich zusammentreten zu können. Im Thurgauer Verfassungsrat wollten Bornhauser und Eder einem Viertel der Grossräte das Recht zur Einberufung des Rates für den Fall geben, dass sich dessen Präsident weigern würde. Sie begründeten dies, wohl in Anlehnung an Ludwig Snell, mit der Gefahr von Staatsstreichen seitens der Exekutive. «Misstrauen ist ein Fehler im Privatleben, aber nicht im Öffentlichen», sagte Bornhauser, und Eder – im Jahre 1814 in Solothurn selber von einem Staatsstreich der Aristokratie betroffen – fand, es sei «die Öffentlichkeit keine hinlängliche Garantie gegen Staatsstreiche»[99]. Sie drangen mit ihrem Vorschlag nicht durch, wohl aber damit, dass der Grossratspräsident zur Einberufung des Rates verpflichtet ist, wenn ein Viertel der Mitglieder es verlangt. In Bern wurde dieses Recht 20 von 200, in Luzern 12 von 100 Grossräten zuerkannt. In einigen Kantonen wurde allein der Präsident des Grossen Rates zur ausserordentlichen Versammlung des Parlamentes befugt erklärt, in Solothurn nur der Kleine Rat[100]. Die meisten Verfassungen legten das «Sessionssystem» fest, wonach sich der Grosse Rat zwei- oder dreimal jährlich ordentlicherweise versammelt. Solothurn erliess auch hier eine wenig parlamentsfreundliche Regelung: Der Grosse Rat kann nur zweimal pro Jahr zu Sitzungen von höchstens 15 Tagen zusammentreten; Verlängerungen kann nur der Kleine Rat bewilligen. Diese Regelung ist vielleicht darauf zurückzuführen, dass die Solothurner Regenerationsverfassung vom bestehenden, aus der Restauration stammenden Grossen Rat erlassen wurde, während alle anderen Kantone entweder Verfassungsräte oder neugewählte Grosse Räte eingesetzt hatten. Schliesslich konnten sich die Grossen Räte unabhängig von den Exekutiven selbst organisieren, was insbesondere durch den Erlass von Geschäftsreglementen geschah. In St. Gallen konnte sich der Grosse Rat nach einer singulären Bestimmung, später von Basel-Stadt übernommen, sogar selber auflösen[101]. Selbstkonstituierungs-, Selbsteinberufungs- und Selbstorganisationsrecht der Parlamente wurden, gleich wie die individuellen Freiheitsrechte, na-

[99] Verhandlungen vom 24. März 1831.
[100] Art. 21.
[101] Art. 54.

turrechtlich begründet. Das Parlament als wichtigstes Organ des souveränen Volkes bedarf keiner weiteren Ableitung seiner Legitimität und Machtbefugnisse. Die Grossen Räte erhielten ferner eigene Vorsitzende, welchen man die moderne, aus dem Revolutionsrecht stammende Bezeichnung «Präsident» gab, währenddem die Vorsitzenden der Kleinen Räte oder Regierungsräte die altüberlieferten Titel «Bürgermeister», «Schultheiss» oder «Landammann» behielten, jedoch in der Rangfolge auf den zweiten Platz herabgestuft wurden. So sah etwa Schaffhausen im Anhang seiner Verfassung eine ausdrückliche «protokollarische» Rangordnung der Vorsitzenden der obersten Behörden vor: Der erste Rang gebührt nun dem Präsidenten des Grossen Rates, und nur der zweite Rang fällt dem amtierenden Vorsitzenden des Kleinen Rates, dem Bürgermeister, zu[102].

Ganz allgemein werden nun die Formen des Parlamentsbetriebes und des Verkehrs zwischen den Bürgern und den Behörden sowie diesen unter sich vereinfacht. Die schwülstigen, zum Teil untertänigen Anreden von Mitgliedern der Kleinen Räte werden beseitigt, und an ihre Stelle treten «republikanischere» Formen. Die Kleider werden einfacher, das Zeremoniell geringer. Vielfältig dekorierte Würdenträger, wie sie in der Restauration vor allem in den aristokratischen Kantonen wieder aufgetreten waren, verschwinden; korruptionsverdächtige Praktiken werden bekämpft. Freiburg etwa bestimmt zu diesem Zweck kurzerhand: «Ein Mitglied des Staatsraths, welches nach seiner Ernennung einen Jahrgehalt oder einen Orden (Pension oder Dekoration) von einer fremden Macht annimmt, ist so anzusehen, wie wenn es seine Stelle niedergelegt hätte ...»[103] Immerhin müssen sich die Mitglieder der Grossen und Kleinen Räte noch in den meisten Kantonen zu Beginn der Sitzungsperiode geschlossen in der Kirche zu einem Gottesdienst versammeln. Die Sprache der Verhandlungen und Gesetze wird einfacher und präziser, besonders dort, wo nun – wie in Zürich und Luzern – am römischen Recht geschulte Juristen die Politik dominieren.

Die liberale Lehre des Repräsentativprinzips führt zu der von Constant formulierten allgemeinen Stellung des Parlamentes: Dieses ist nicht Beauftragte, sondern Stellvertreterin «der Gesammtheit des Volkes». Die vom Volk gewählten Repräsentanten haben daher nicht die Interessen der Wahlbezirke, wo sie gewählt wurden, zu verfolgen. Vielmehr sollen sie, nach einigen Verfassungen ausdrücklich, «nach

---

[102] Art. 6.
[103] Art. 56; *Quellenbuch* S. 321.

ihrer Überzeugung für das Wohl des Ganzen stimmen und dürfen keine Instruktionen annehmen»[104].

Nur in wenigen Kantonen wie etwa Waadt und Baselland wurde ein besonderer verfassungsrechtlicher Schutz der Parlamentarier vor polizeilichen Übergriffen und Strafverfolgung – eine Immunität – vorgesehen; man vertraute offenbar der neu errungenen, überragenden Stellung und der Unterordnung von Exekutive und Justiz. Einige begnügten sich mit einer Immunität nur bezüglich der im Rat abgegebenen Äusserungen, so St. Gallen und Thurgau. Andere erliessen gar keine Schutzbestimmungen. Die Thurgauer Verfassung allerdings sah, wohl in Anlehnung an den Verfassungsentwurf von Ludwig Snell und allenfalls an französische Vorbilder aus der Revolutionszeit zusätzlich vor, dass an dem Orte, wo der Grosse Rat versammelt ist, kein Militär zusammengezogen werden dürfe, der Grosse Rat aber zur «Erhaltung der Verfassung» von sich aus die bewaffnete Macht versammeln könne[105]. Die Grossen Räte beziehungsweise ihre Präsidenten erhielten das Recht der Sitzungspolizei im Ratssaal, was zu jener Zeit, wo des öftern tumultartige Szenen entstanden, eine praktisch bedeutsame Befugnis war. Das Parlamentsrecht jener Zeit ist vom Bestreben gekennzeichnet, den Parlamenten eine machtvolle, ja fast integrale Stellung zu verschaffen, so dass etwa Bluntschli für jene Zeit die Auffassung vertrat, nicht das Volk, sondern das Parlament sei der eigentliche Souverän!

Die Befugnisse der Grossen Räte wurden erheblich ausgeweitet, vor allem zulasten der bisherigen Kleinen Räte. In allen Kantonen erhielten die Grossen Räte das Recht der selbständigen Gesetzesinitiative. Unter der Gesetzesinitiative verstand man das Recht des Parlamentes als Ganzem, den Regierungsrat zur Ausarbeitung bestimmter Gesetzesentwürfe zu verpflichten oder solche selber an die Hand zu nehmen. Der Grosse Rat sei, so hiess es in einer Petition ausdrücklich, Gesetzgeber und nicht nur «Gesetzesannehmer» oder «Gesetzesverwerfer». Entsprechend dem Vordringen des Individualismus erhielten die einzelnen Parlamentarier das Recht, Anträge für den Erlass neuer Gesetze oder Dekrete zu stellen, «und es muss darüber abgestimmt werden», wie die Aargauer Verfassung ausdrücklich sagte[106]. Die Ratsmitglieder sollten nun auch über andere Gegenstände Postulate und Interpellationen einreichen können.

---

[104] Bern, Art. 45; BORNHAUSER (Anm. 4), S. 47.
[105] Art. 44; *Quellenbuch* S. 256.
[106] Art. 41 lit. c; BORNHAUSER (Anm. 4), S. 275.

Der Verordnungsgewalt der Exekutive misstraute man in der Regenerationszeit, denn es waren in Frankreich ja die berüchtigten königlichen Verordnungen («ordonnances») gewesen, welche zum Ausbruch der Julirevolution geführt hatten, und auch in der Schweiz waren in der Restaurationszeit Freiheiten mittels Verordnungen der Kleinen Räte eingeschränkt worden. Die Grossen Räte erhielten daher in den Kantonen Freiburg, Aargau, Thurgau und Waadt auch das Recht, «Dekrete» zu erlassen, ebenso im Kanton Bern; dort hiessen sie «allgemeine bleibende Verordnungen». Dies war eine Folge des starken französischen Einflusses in diesen westlichen und neuen Kantonen: Mit dieser erstmals in der Französischen Revolution für politische, finanzielle und administrative Akte verwendeten Handlungsform «Dekret» wollte man der Volksvertretung das Recht zum Erlass von Verordnungen zwecks Vollzugs der Verfassung und der Gesetze sichern. Auch die anderen Kantone wollten die Einschränkung der Freiheitsrechte durch den Erlass von Exekutivverordnungen verhindern und gaben daher – wie etwa Luzern – ausschliesslich den Grossen Räten das Recht zum Erlass von Vollzugsverordnungen[107]. Andere verzichteten auf die Verankerung der Verordnung in der Verfassung oder trafen wie Zürich ausdrücklich Vorsorge, dass solche Verordnungen «die Schranken der Verfassung und Gesetze nicht überschreiten»[108]. Weitere Kantone gaben, vermutlich aus dem gleichen Grund, den Grossen Räten zusätzlich das Recht, Gesetze «erläutern» zu können (St. Gallen, Bern). Mit diesem wohl aus dem Verfassungsentwurf von Ludwig Snell übernommenen Recht erhielten die Grossen Räte eine Art Recht auf «authentische» Interpretation der Gesetze; dies auch anlässlich deren Vollzuges durch Exekutive und Gerichte. Mit Erläuterung und authentischer Gesetzesinterpretation wurden Instrumente im Sinne der mit der Gewaltenteilung schwer zu vereinbarenden Parlamentsherrschaft eingeführt. Die Grossen Räte verfügten schliesslich auch über das Recht, mit anderen Kantonen oder mit dem Ausland Verträge, Verkommnisse oder, je nach Ausdrucksweise, Konkordate zu schliessen – zu jener Zeit des Staatenbundes eine sehr wesentliche Befugnis.

Von entscheidender Bedeutung waren die nun fast ausschliesslich bei den Grossen Räten konzentrierten Finanzbefugnisse. Dazu gehörte die Aufstellung des Voranschlages (Budget), die Festsetzung aller Steuern, Zölle, Weggelder und sonstiger Abgaben, die Be-

---

[107] Art. 18.
[108] Art. 57.

349

fugnis zur Genehmigung (oder Nichtgenehmigung) der Staatsrechnung, die Befugnis, Darlehen aufzunehmen oder Bürgschaften einzugehen, Liegenschaften zu errichten, zu kaufen oder zu verkaufen, die Bewilligung von staatlichen Stellen, und die Festsetzung der Gehälter aller öffentlichen Beamten und Angestellten.

Die Grossen Räte erhielten nun umfassende Wahlbefugnisse. Sie wählten neben ihren eigenen Präsidenten und Vizepräsidenten alle Mitglieder und Vorsitzenden der Exekutive und der obersten Gerichte, wobei – als Ausnahme – etwa Waadt dem Appellationsgericht das Recht gab, seinen Präsidenten selber zu wählen. Die Grossen Räte wählten ferner die Tagsatzungsabgesandten, die Staatsschreiber, die Erziehungsräte, die höheren Offiziere, die weltlichen Mitglieder der Kirchenräte, die Staatsanwälte sowie, je nach Kanton, weitere Funktionäre. Der Grosse Rat des Kantons Thurgau hatte das Recht, Mitglieder des Kleinen Rates «wegen Staatsverbrechen, ... Verletzung der Staatsverfassung, Hochverrat und Veruntreuung des Staatsvermögens ...» vor den Richter zu ziehen; eine analoge Bestimmung kannte auch St. Gallen. Die hier nun festgelegte gerichtliche «Ministerverantwortlichkeit» dürfte aus einer der französischen Revolutionsverfassungen übernommen worden sein, denn sie war für das schweizerische Staatsrecht etwas völlig Neues.

Den Grossen Räten kam nach den Verfassungen (oder stillschweigend) das wichtige Recht zu, die Tagsatzungsabgesandten zu instruieren. Ferner erhielten sie das Recht, Krieg und Frieden zu schliessen (so Bern), Truppen aufzubieten oder zumindest solche von den Exekutiven getroffene Massnahmen nachträglich zu genehmigen. Luzern bestimmte, dass im Fall der Aufbietung von Truppen (durch den Kleinen Rat) gleichzeitig der Grosse Rat einzuberufen sei[109]. Ferner kam den Grossen Räten das «Souveränitätsrecht» zu, Begnadigungen auszusprechen, obwohl etwa im verfassungsgebenden Zürcher Grossen Rat eingewendet wurde, die Begnadigung sei ein Akt der Willkür, verstosse gegen die Gewaltentrennung und sei etwas «Unrepublikanisches». Es wurde daher in der Zürcher Verfassung die Begnadigung nur für Todesurteile vorgesehen[110]. Die Befürworter der Begnadigung machten geltend, jede Form sei starr, sie könne nur Objektives erfassen. Wolle sie Subjektivem Rechnung tragen, so würde Willkür eintreten. Die Härte des Gesetzes empöre manchmal selbst den Richter; er könne aber nicht helfen, denn jede Abweichung wäre

[109] Art. 18.
[110] Art. 42; *Quellenbuch* S. 296.

eine Gesetzesverletzung. Der Gesetzgeber könne nun «schicklich» mildernd das wahre Rechtsverhältnis wiederherstellen[111]. Die Grossen Räte setzten ferner die Münzarten und den Münzfuss fest, sie erteilten Konzessionen sowie das Kantonsbürgerrecht.

Den Parlamenten kam neu das Recht der förmlichen Oberaufsicht über Exekutive und Justiz zu. Das bedeutete zugleich, dass diese Staatsorgane dem Grossen Rat gegenüber jährlich rechenschaftspflichtig wurden und fortan gehalten waren, ausführliche Geschäftsberichte abzufassen. Einige Kantone sahen das Recht des Parlamentes vor, zusätzliche Rechenschaftsberichte über bestimmte Vorkommnisse einzuverlangen (Zürich). Die Grossen Räte entschieden ferner als letzte Instanz Zuständigkeitskonflikte zwischen Exekutive und Justiz, sofern nicht, wie etwa in Zürich, mittels Gesetz ein besonderes «Konfliktsgericht» nach französischem Vorbild eingeführt wurde.[112]

Dem Gebot der freien Meinungsbildung und den Bedürfnissen der Presse entsprechend, legten die Regenerationsverfassungen das Prinzip der *Öffentlichkeit* der Verhandlungen der Grossen Räte fest. Dieser Grundsatz hatte auch Bedeutung wegen des Verhältnisses der Wähler zu den Parlamentariern. So wurde ausdrücklich gesagt, es genüge ein «allgemeiner Bericht» über die Verhandlungen des Grossen Rates nicht; das Volk müsse vielmehr wissen, «wie *jeder einzelne* Repräsentant gestimmt, welche Vorschläge er gemacht, welche Meinungen er ausgesprochen hat». Dies sei insbesondere wegen der Wiederwählbarkeit der Grossräte wichtig, denn das Volk vermöge sonst nicht die guten von den schlechten Repräsentanten zu unterscheiden[113]. Gegen die Öffentlichkeit wurden aber auch Bedenken laut; so wurde etwa im verfassungsgebenden Zürcher Grossen Rat von einem Mitglied treuherzig bekannt: «Die Worte stehen mir nicht immer zu Gebote, ich sage oft, was ich nicht sagen wollte, und sage oft nicht, was ich mir zu sagen vornahm.» Die Befürworter der Öffentlichkeit entgegneten ihm, es sei sehr gut, wenn die unnützen Worte, besonders die, «welche man nicht sagen wollte, nach und nach verschwinden ...». Die Öffentlichkeit sei die «beste und unparteiische politische Schule»; auch verlange das Volk zu wissen, was in seinem Namen gesprochen werde[114]. Die Verankerung des Öffentlichkeitsprinzips

---

[111] Verhandlungen vom 24. Februar 1831.
[112] So das Zürcher Gesetz über die Konflikte vom 23. Juni 1831.
[113] Verhandlungen vom 24. Dezember 1830.
[114] Verhandlungen vom 24. Februar 1831.

geschah allerdings in unterschiedlicher Weise. Zürich legte in Artikel 49[115] nur fest, die Sitzungen seien «in der Regel» und «in so fern künftig das Sitzungslokal sie gestattet», öffentlich; in der Folge wurde mittels Reglement unter anderem festgelegt, die Zeitungsredaktoren seien zu «wahrhafter» Berichterstattung verpflichtet. Es wird in den meisten Verfassungen oder Grossratsreglementen vorgesehen, dass in besonderen Fällen auch unter Ausschluss der Öffentlichkeit beraten werden kann. Die Sitzungen der Kommissionen der Grossen Räte wurden nicht öffentlich erklärt; weil deren Beratungen im Verhältnis zu denjenigen im Plenum eine noch verhältnismässig geringe Rolle spielten, wog dies nicht schwer. Einige Verfassungen schrieben ferner ausdrücklich fest, dass die Verhandlungen des Grossen Rates oder zumindest die Ergebnisse derselben allgemein mittels Druck bekannt gemacht werden sollten[116], ebenso der Voranschlag, die Staatsrechnung und die Rechenschaftsberichte von Verwaltung und Justiz[117]. In dieser Zeit wurden auch die ersten periodisch erscheinenden kantonalen Amtsblätter geschaffen, welche die wichtigsten Erlasse und andere amtliche Mitteilungen enthielten – so in Zürich 1833. Mit Hilfe dieses nun nach französischem und helvetischem Vorbild eingeführten Informationsmittels sollte der gleichmässige Vollzug der Gesetze im ganzen Kanton ermöglicht und damit die Staatseinheit gesichert werden. Die Öffentlichkeit der Sitzungen der Regierungsräte oder eine allgemeine Verwaltungsöffentlichkeit wurden indessen nicht hergestellt; der Radikalismus erst strebte dann später solches an.

c) Einführung eines Tribunates?

Das Misstrauen der Liberalen und Radikalen gegenüber der Macht der Exekutive war sehr gross, so gross, dass sie nicht einmal den nun gewaltig gestärkten Grossen Räten unbedingt zutrauten, die Regierung künftig in Schranken halten zu können. Zuerst in der Thurgauer, Berner und dann in der basellandschaftlichen Verfassung wurde daher versucht, zu den drei klassischen Gewalten Parlament, Regierung und Justiz noch eine vierte, eine *aufsehende Gewalt*, einzuführen. Diese Gewalt, eine Art «Tribunat» oder «Landgeschworenengericht» oder «Erhaltungssenat» im Sinne der Versuche von Sieyès und Usteri während der Revolutionszeit, hätte die Aufgabe gehabt,

---

[115] *Quellenbuch* S. 298.
[116] So in Art. 76 Thurgauer Verfassung; *Quellenbuch* S. 259.
[117] So in Art. 55 der Berner Verfassung; BORNHAUSER (Anm. 4), S. 53.

die Exekutive zu überwachen, insbesondere einem Staatsstreich von dieser Seite vorzubeugen sowie allgemein über die Einhaltung der Verfassung durch die Behörden zu wachen. Wir erinnern uns, dass bereits Ludwig Snell in seinem Verfassungsentwurf die Bildung eines Ausschusses des Grossen Rates von zehn Mitgliedern vorgeschlagen hatte, welcher während der Zwischenzeit der Sitzungen die Geschäftsführung der Exekutive hätte überwachen sollen, denn nach Snell gehen Staatsstreiche nie von der Legislative, sondern stets von der Exekutive aus. Nicht nur Snell, sondern auch der theoretisch führende Kopf der Thurgauer Regeneration, Joachim Leonz Eder, hatte sich – bereits früher – aufgrund eigener bitterer Erfahrungen mit der Schaffung eines Tribunates befasst: Als nämlich das Solothurner Patriziat am 8. Januar 1814 mittels eines Staatsstreiches die Macht an sich riss und die Mediationsverfassung beseitigte, hatte sich Eder, damals noch in Solothurn wohnhaft, zusammen mit Gleichgesinnten erfolglos gegen die widerrechtlich an die Macht gelangten Aristokraten verschworen. Dabei hatten die glücklosen Verschwörer einen von Eder inspirierten Verfassungsentwurf veröffentlicht, in welchem unter dem Namen «Staatsrat» eine Art Tribunat als permanente Behörde über die Exekutive und für die Einhaltung der Verfassung hätte wachen sollen[118]. Die Motivation für die Schaffung einer solchen aufsehenden Behörde entsprang also realen, schlechten Erfahrungen mit der Macht der Exekutive zu Beginn der Restaurationszeit. Die ursprüngliche Idee ging, wenn man von Rousseau absieht, von den Erfahrungen mit den Staatsstreichen in Frankreich und in der Helvetischen Republik aus, welche ja auch Usteri zur Schaffung einer neuen Behörde mit ähnlichen Aufgaben bewogen hatten. Allerdings waren sich die Theoretiker des Tribunates über die genauen Funktionen dieser Behörde nie einig geworden; von daher rührt wohl auch der Umstand, dass über den Namen dieser Behörde nie Klarheit erzielt werden konnte.

In seinem für die Thurgauer Regenerationsverfassung erarbeiteten privaten Verfassungsentwurf hatte Eder sein «Tribunat» ursprünglich als machtvolle, mit grossen Kompetenzen ausgestattete Behörde geplant. Er stiess jedoch mit dieser Absicht sogar bei Gleichgesinnten auf Widerstand, weshalb er die Macht der neuen Behörde sukzessive einschränkte. Dennoch bedurfte es grosser Anstrengungen, um diese in ihrer Macht beschränkte «Aufsichts-Kommission»,

---

[118] Soland Rolf (Anm. 47), S. 15 ff.

wie sie nun genannt wurde, in der Verfassungskommission und dem Verfassungsrat durchzubringen. Die Diskussion im Thurgauer Verfassungsrat trägt alle Züge der alten Problematik «Wer bewacht die Wächter?». Eine solche Kommission verstosse gegen die Gewaltenteilung, nehme «der Regierung alle Kraft und alles Ansehen», und es würden sich nicht viele erfahrene Männer einer «solchen Bevogtigung» unterziehen, wurde in der entscheidenden Verfassungsratssitzung vom 28. März 1831 gesagt. Der Grosse Rat habe genügend Mittel, um die Regierung zur Verantwortung zu ziehen und um die Aufrechterhaltung der Verfassung zu garantieren. Auch Petitionsrecht, Öffentlichkeit und Pressefreiheit dienten der Kontrolle der Regierung. Es würde mit einer solchen Kommission ein «Staat im Staat» entstehen, und «Stokung der Geschäfte und Zwietracht» würden die Folge sein. Die Kommission sei aus Misstrauen gegen die Regierung aufgestellt worden. «Wer bürgt uns dafür, dass eine solche Kommission nicht auch unser Vertrauen missbrauchen werde», fragt ein anderer. Der einflussreiche Bornhauser setzt sich aber für die Edersche Aufsichtskommission ein; diese soll «als Wächter der Freiheit dastehen; das Volk soll wachen – aber das Volk schläft bisweilen –, es braucht einen Nachtwächter, der sorgsam Wache halte. Allerdings kann auch der Nachtwächter mit den Dieben gemeinschaftliche Sache machen, doch ist noch niemand eingefallen, deswegen keinen Nachtwächter zu bestellen.» Von anderer Seite wurde eingewendet, es würde durch eine solche Kommission eine «geheime Polizei» organisiert. Die Aufsichtskommission sei überflüssig, wurde argumentiert: «Nicht Misstrauen, sondern gegenseitiges Zutrauen ist die Basis einer republikanischen Verfassung». Ehemals habe man «das Stabilitätssystem» gehabt, jetzt «das Perfektibilitätssystem». Und schliesslich wurde der Einführung der Aufsichtskommission mit dem Argument begegnet, man habe «die Flügel und die Macht des ehemaligen Kleinen Rathes ... so gestuzt, dass er sich kaum vom Boden erheben kann». Und schliesslich: «Gegenseitige Belauerungen» seien dem Geschäftsgang sehr schädlich. «Der Kleine Rath wird nur den Geist des Grossen Rathes repräsentieren, und ein freisinniger Grosser Rath wird nur einen freisinnigen Kleinen Rath wählen.»[119]

Eder wehrte sich mit aller Kraft für seinen Vorschlag: «Der Gr. Rath kommt drei Wochen im Jahre zusammen, wie soll er die übrige Zeit Aufsicht halten? ... Sieyès rieth an, einen Erhaltungsrath, Senat Conservateur, aufzustellen; der Vorschlag wurde aus verschiedenen

[119] Verhandlungen vom 28. März 1831.

Absichten nicht angenommen, daher kam der 18te Brumaire. Aber alles, was in der Welt ist, ist einmal neu gewesen, und man muss das Neue nicht deswegen verwerfen, weil es neu ist ... Man behauptet, das Institut sei problematischer Natur, man wisse nicht, ob es schaden oder nützen werde. Dem grossen Genferphilosophen», so Eder weiter, «wurde über seinen contrat social derselbe Vorwurf gemacht, und doch haben die vereinigten Staaten seine Grundsätze von der Volkssouveränität aufgestellt, und dadurch Freiheit und Wohlstand begründet ... Usurpationen, Anmassungen gehen nicht von den Völkern aus, sondern kommen von Oben; gibt sich der Kl. Rath mit verfassungswidrigen Umtrieben ab, dann ist die Aufsichts-Commission an Ort und Stelle.» Eder machte schliesslich, um seinen Vorschlag durchzubringen, noch einen letzten Abstrich daran, indem er von der Permanenz des Ausschusses abging und ihn nur «bei zu befürchtenden oder eingetretenen gefahrvollen Ereignissen» bilden lassen wollte.

Aus diesen Auseinandersetzungen im Thurgauer Verfassungsrat am 28. März 1831 resultierten die beiden Bestimmungen der neuen Verfassung[120]: «Der Gr. Rath ist verpflichtet, bei zu befürchtenden oder eingetretenen gefahrvollen Ereignissen aus seiner Mitte einen Ausschuss zu bestellen, zu Festhaltung der Verfassung, der Freiheit und der Rechte des Volkes»[121]. Und: «Der Kl. Rath theilt dem Präsidenten des Gr. Rathes zu Handen des Ausschusses alle wichtigen Vorkommnisse mit, die sich in der Zwischenzeit der Grossrathssitzungen ereignen»[122]. Mit dieser Fassung allerdings war auch vom Vorschlag Ludwig Snells in dessen Verfassungsentwurf weit abgerückt worden, welcher in seinem Verfassungsentwurf einen permanenten, zehnköpfigen Ausschuss mit dem Recht zur Einberufung des Grossen Rates hatte einführen wollen. Die beiden Bestimmungen der Thurgauer Verfassung wurden in der Folge von der Verfassung des neugebildeten Kantons Baselland 1832 übernommen, wobei hier die Einsetzung des Ausschusses nur fakultativ vorgesehen wurde[123]. Eduard His bezeichnet diese Ausschüsse als «Wohlfahrtsausschüsse»[124]. Dies trifft kaum zu, denn die Wohlfahrtsausschüsse des französischen Nationalkonvents, die er wohl meint, hatten nicht überwachende Funktionen wie das Edersche Tribunat gehabt, sondern die Aufgabe, als Parlamentsausschuss-Regierung eine aktive verwaltende und gestalten-

---

[120] *Quellenbuch* S. 259.
[121] Art. 72.
[122] Art. 73.
[123] Art. 44; BORNHAUSER (Anm. 4), S. 177.
[124] HIS (Anm. 26), S. 291.

de Sicherheits-, Sozial- und Wirtschaftspolitik zu betreiben. Wenn von diesem Autor die Thurgauer Neuerung eher negativ beurteilt wird, so ist doch in Rechnung zu stellen, dass man bemüht war, aus geschichtlichen Erfahrungen zu lernen und die Demokratie vor Übergriffen der Exekutive zu schützen.

Im Berner Verfassungsrat versuchte Philipp Emanuel von Fellenberg – das aufklärerische Gewissen des Rates – ebenfalls, eine Art Tribunat einzuführen. Wahrscheinlich von Snell, eventuell von der Thurgauer Verfassung beeinflusst, forderte Fellenberg einen «Grossratsausschuss von drei Gliedern», der «zwischen den Sitzungen die Verrichtungen der Vollziehungsbehörde beobachten ...» solle. Dieser Ausschuss würde, so Fellenberg, «die ehemaligen Heimlicher des Grossen Rates im Kleinen Rathe vertreten». Es wären diese «aber eher Öffentlicher als Heimlicher», schloss Fellenberg[125]. Sein Vorschlag drang so nicht durch; dafür beschloss man in Anlehnung an das historische Vorbild, den Sechzehnerrat zu aktivieren – dies trotz der namentlich von Hans Schnell geltend gemachten Bedenken wegen der Verletzung der Gewaltentrennung[126]. Die 16 aus der Mitte des Grossen Rates Gewählten sollten an allen Vorberatungen des Regierungsrates über sehr wichtige Gegenstände wie Verfassungsfragen, Erlass organischer Gesetze und Wahlen teilnehmen[127]. Eine ähnliche Einrichtung führte auch Solothurn ein, ebenfalls an das vorrevolutionäre Recht anknüpfend[128].

d) Wahl und Stellung der Exekutiven

Die Kleinen Räte, Staatsräte (Conseils d'Etat) oder aber Regierungsräte, wie sie nun in einigen Kantonen in Abkehr von der aus dem Ancien Régime stammenden Benennung heissen (so in Zürich, Bern, Baselland), haben die Leitung der Exekutive inne. Ihre Mitglieder werden von den Grossen Räten aus ihrer Mitte oder frei ausserhalb derselben auf feste Amtsdauer gewählt. In Freiburg wurde der Antrag gestellt, es solle der Grosse Rat nur Staatsräte aus seiner Mitte wählen dürfen, denn nur diese hätten das «Vertrauen» des Volkes. Es setzte sich aber die Meinung durch, dass auch fähige Personen ausserhalb des Grossen Rates wählbar sein sollten[129]. Nach den meisten Verfas-

---

[125] Verhandlungen vom 11. Juni 1831.
[126] Verhandlungen vom 15. Juni 1831.
[127] Art. 69; BORNHAUSER (Anm. 4), S. 57 f.
[128] Art. 24; BORNHAUSER (Anm. 4), S. 156.
[129] Art. 53; *Quellenbuch* S. 321.

sungen scheiden sie nach ihrer Wahl aus dem Parlament aus, sofern sie diesem angehörten. Der Kleine Rat «kann nie einen Bestandteil des Gr. Raths ausmachen», sagt Thurgau in Nachachtung des Gewaltenteilungsgrundsatzes ausdrücklich[130]. Im Verfassungsrat dieses Kantons ergab sich eine Auseinandersetzung darüber, ob die Mitglieder des Kleinen Rates, wenn auch ohne Stimmrecht, an den Verhandlungen des Grossen teilnehmen dürften oder nicht. Thomas Bornhauser befürchtete ein Wiederaufleben der Exekutivherrschaft der Restauration. Deshalb verfocht er erfolgreich den Antrag, dass die Exekutivmitglieder nur auf besondere «Einladung» des Grossen Rates an dessen Verhandlungen teilnehmen dürften[131]. «Könnte nicht die blosse Gegenwart des Kleinen Raths wieder nach und nach zum Alten führen? Unser Volk», so Bornhauser weiter, «wird solche Zulassung des Kleinen Raths als Schleichweg betrachten, wodurch der Kl. Rath wieder ein Theil des Grossen Raths werden soll». Eder unterstützte Bornhauser und warf ein, es sei «schmählicher einen Gast hinauszuwerfen, als ihn nicht zuzulassen»[132]. Bern bestimmt gegenteils, dass die Mitglieder des Regierungsrates ihre «Eigenschaft und Rechte als Mitglieder des Gr. Rathes nicht verlieren»[133], und auch Solothurn lässt die Mitglieder des Kleinen Rates nur aus solchen des Grossen wählen, welche dessen Mitglieder bleiben. Die Gewaltenteilung ist also hier nur teilweise durchgeführt. Das Hauptanliegen in der Regenerationszeit war die Überordnung des Parlamentes über die Exekutive, wie wir diese bereits in den französischen Verfassungen der Revolutionszeit angetroffen haben. Eine strikte Gewaltenteilung strebten die Liberalen nur im Verhältnis Exekutive–Judikative an.

Die Kleinen Räte sind nun von allen «Souveränitätsrechten» entkleidet und erhalten nur noch präzis umschriebene Aufgaben. Sie leiten die Verwaltung, ernennen diejenigen Behörden, Beamten und Angestellten, welche nicht vom Grossen Rat gewählt werden, und sie entwerfen Vorschläge zu Gesetzen oder Beschlüssen des Grossen Rates und begutachten diejenigen, welche ihm vom Grossen Rate überwiesen werden. Sie sorgen für den Vollzug der Gesetze und Beschlüsse und den Verkehr mit anderen Kantonen und auswärtigen Mächten. Sie verfügen über die Polizei und unter Vorbehalt allfälliger Befugnisse der Grossen Räte über die militärischen Truppen und entscheiden,

---

[130] Art. 78; *Quellenbuch* S. 259.
[131] Art. 99; *Quellenbuch* S. 261.
[132] Verhandlungen vom 29. März 1831.
[133] Art. 59; BORNHAUSER (Anm. 4), S. 54.

soweit nicht eine besondere Gerichtsinstanz zuständig ist, in letzter Instanz über Verwaltungsstreitigkeiten, so namentlich in Zürich und Solothurn. Die Exekutiven sind den Grossen Räten politisch verantwortlich und deshalb jährlich rechenschaftspflichtig, nach einigen Verfassungen auf spezielles Verlangen auch in der Zwischenzeit. Luzern sieht sogar vor, dass der Kleine Rat vom Grossen abberufen werden kann[134], St. Gallen und Thurgau führen, wie erwähnt, eine gerichtliche Verantwortlichkeit der Exekutive ein.

Die Stellung der Exekutive gegenüber den Grossen Räten sollte, wie ausgeführt, schwach sein. Dies nicht nur, was deren Befugnisse betraf, sondern auch in ihrer politischen Legitimität. Die Regierungsmitglieder sollen von den Grossen Räten im Mehrheitswahlverfahren einzeln auf eine bestimmte Amtsdauer gewählt werden. Es erstaunt daher, dass die Frage der Einführung eines parlamentarischen Regierungssystems, das die jederzeitige Abberufung der Regierung durch das Parlament erlaubt hätte, nirgends auch nur diskutiert wurde. Weshalb? Es gab im Ausland zwar parlamentarisch bestellte Regierungen; allein, dieses System war noch nicht rein durchgeführt und noch wenig gefestigt: In Frankreich musste sich die Regierung auf das Vertrauen der Abgeordnetenkammer *und* des Königs stützen (orléanistischer Parlamentarismus), und in England war das vom Willen des Königs unabhängige parlamentarische System erst von 1834 an gefestigt. Zudem hätte das parlamentarische System wohl die Schaffung eines verantwortlichen Regierungschefs, eines Premierministers verlangt. Dies wollte man nicht, hatten doch die Landammänner, Bürgermeister oder Schultheissen in der Restaurationszeit eine nach Auffassung der Liberalen zu grosse persönliche Machtstellung eingenommen. Man blieb also bei der Wahl der Exekutivmitglieder auf feste Amtszeit, schwächte jedoch die Stellung des Vorsitzenden, so dass alle prinzipiell gleichgestellt wurden.

Die *Organisation der Exekutive* richtete sich in der Regenerationszeit je nach Kanton nach zwei Prinzipien. Nach dem einen, aus der Restauration und der Zeit vor der helvetischen Umwälzung überkommenen, dem sogenannten *Kollegialsystem* – das nicht mit dem entsprechenden heutigen Begriff verwechselt werden darf –, bestanden die Regierungsräte aus verhältnismässig zahlreichen Mitgliedern, neun bis zwei Dutzend. Die verschiedenen Verwaltungszweige wie Polizei, Finanzen oder Militär wurden dann jeweils von einem Ausschuss dieser Regierungsmänner kollegial geleitet – von daher der

---

[134] Art. 23 Abs. 5; Bornhauser (Anm. 4), S. 73.

358

Name dieses Systems. Zugunsten dieses überkommenen Systems wurde beispielsweise im Aargauer Verfassungsrat in der Sitzung vom 7. März 1831 gesagt, es gehöre zu einer mehr «republikanischen Führung der Geschäfte», deren Vorberatung den aus «Mehrern bestehenden Kollegien als einzelnen Mitgliedern zu übertragen». Das Volk vertraue «lieber seine wichtigsten Angelegenheiten dem weisen Rathschlag Mehrerer, als dem Willen Einzelner; es will lieber Räthe als Minister». Die beim Kollegialsystem recht zahlreichen Regierungsmitglieder waren nebenamtlich und in der Regel ohne Besoldung, also ehrenamtlich tätig, wobei dieser Tatsache wohl nicht so sehr idealistische Motive zugrunde lagen[135]; sie entsprang wohl eher handfester Interessenwahrung durch Angehörige reicher Familien, welche sich die Ausübung solcher Ämter leisten konnten. Der Vorsitzende des gesamten Kollegiums trug den aus dem alten Staatsrecht stammenden Titel «Landammann». Dieses System der verschiedenen Verwaltungskollegien entsprach dem überkommenen Selbstverwaltungs- oder Milizsystem, war aber sehr schwerfällig; ausserdem kam dem Landammann eine überragende Stellung zu, was wiederum die Kollegialität relativierte.

Das andere, zuerst in St. Gallen 1831 eingeführte, dann von Baselland 1832 übernommene *Direktorial-* oder *Departementalsystem* – manchmal auch «Portefeuillesystem» genannt –, stammt aus dem französischen Revolutionsrecht. Der girondistische Verfassungsentwurf und, ihm folgend, die Montagnard-Verfassung von 1793 hatten, wie geschildert, zum ersten Mal auf dem europäischen Kontinent eine streng kollegial organisierte Exekutivspitze vorgesehen. Die französische Direktorialverfassung von 1795 übernahm ihrerseits dieses kollegiale System, verstärkte aber die Stellung des «Direktoriums» unter anderem noch dadurch, dass dessen Zahl auf fünf herabgesetzt wurde. Die Kollegialität suchte man zu garantieren, indem ein Direktor nur für drei Monate den Vorsitz führen durfte. Unterhalb des Direktoriums sah die Direktorialverfassung dann noch «Minister» genannte höchste Fachbeamte vor. Jeder dieser «Minister» hatte ein besonderes «Departement» zu leiten. Die fünf Direktoren waren als Kollegium allen «Ministern» gegenüber weisungsbefugt, hatten aber nach der Verfassung keine eigenen Ressorts; in der Praxis war es dann aber doch so weit gekommen, dass jeder Direktor bestimmte Ressorts leitete.

---

[135] His (Anm. 26), S. 313.

Dieses in der Folge von der Helvetischen Verfassung übernommene bürokratische und zentralistische System eines kleinen Kollegiums von besoldeten Berufsmagistraten verstärkte natürlich die Wirkung der Verwaltung im Staat ganz allgemein. Es wurde daher wohl nicht allein aus Zufall vorerst von dem aus heterogenen Gebietsteilen zusammengesetzten Kanton St. Gallen übernommen und dann vom etatistisch und zentralistisch eingestellten Radikalismus auch in anderen Kantonen und 1848 im Bundesrat zu weiterer Verbreitung gebracht, allerdings gleichzeitig modifiziert: Die einzelnen Regierungsräte erhielten bestimmte Fachressorts; die besonderen Fach-«Minister» der Helvetik wurden nicht übernommen. Das neue Direktorial- oder Departementalsystem ermöglichte wegen der Besoldung der Regierungsmitglieder auch Männern aus nicht begüterten Schichten die Ausübung eines solchen Amtes. Gleichzeitig bildete es das Fundament der modernen bürokratischen Verwaltung.

e) Organisation der Justiz und Gewaltenteilung

Die Organisation der Justiz durch die Regenerationsverfassungen lässt sich auf zwei leitende Grundsätze zurückführen: Es wurde im Sinne der Gewaltenteilungslehre eine strenge Trennung zwischen richterlicher und exekutiver Funktion durchgeführt – nicht aber die ebenso strenge Trennung zwischen richterlicher und gesetzgebender Funktion. Es wurde ausserdem das durch eine strenge Hierarchie gekennzeichnete rationalistische Gerichtssystem des französischen Revolutionsrechts eingeführt, allerdings unter gewissen Modifikationen. Die Liberalen massen unter dem Einfluss ihrer meist in Deutschland geschulten Juristen der Justiz noch grössere Bedeutung bei als der Exekutive, was in den Regenerationskantonen zur Errichtung von kraftvollen unabhängigen Justizorganisationen führte. Es hat dazu allerdings auch an warnenden Stimmen nicht gefehlt, indem etwa im Grossen Rat von Zürich von einem «richterlichen Despotismus» und einer «Herabwürdigung» des künftigen Regierungsrates gesprochen und als abschreckendes Beispiel die schleppende und kostspielige deutsche Justiz angeführt wurde[136]. Es setzten sich indessen die bei Savigny[137] und am römischen Recht in Deutschland wis-

---

[136] Verhandlungen vom 22. Februar 1831.
[137] SAVIGNY FRIEDRICH CARL VON, 1779–1861. Geboren in Frankfurt am Main. Stammte aus reichsritterlicher Familie. Früh verwaist wuchs er bei seinem Vormund, einem Assessor am Reichskammergericht in Wetzlar, auf. Jurastudium an der Universität Marburg. 1800 Dr. iur. Anschliessend bis 1804 Dozent. Nach ausgedehnten Reisen

senschaftlich geschulten jüngeren Juristen durch. Der Solothurner Radikale Simon Kaiser sah sich dann ein Vierteljahrhundert später in seinem «Schweizerischen Staatsrecht» zur Feststellung veranlasst, es würden «die Obergerichte vieler Kantone in einer Anwandlung justianischen Dünkels ihre Stellung vergessen und sich zu Souveränen aufwerfen ...»[138] Der Radikalismus sollte dann mit Hilfe von Geschworenengerichten versuchen, bei der Justiz die Volkssouveränität stärker zur Geltung zu bringen.

Die Verfassungen sahen als oberste Gerichtsinstanzen Obergerichte oder Appellationsgerichte vor, die für alle Zivil- und Straffälle zuständig sind. In den Kantonen St. Gallen, Baselland und Thurgau waren die Obergerichte neu auch für administrative Fälle zuständig. Der Thurgauer Landammann hatte sich gegen diesen Kompetenzverlust des Regierungsrates ausgesprochen und eingewendet, «viele Rechtsgelehrte» seien noch «nicht einig, welche Fälle rein administrativer Art seien» – zu Recht übrigens, denn der vom französischen Revolutionsrecht eingeleitete Vorgang der Ausbildung eines eigenständigen, zivilrechtsunabhängigen Verwaltungsrechts stand 1831 noch in den Anfängen[139]. Zuweilen waren diese Obergerichte gleichzeitig Kassationsinstanzen für die von den unteren Gerichten ausgesprochenen Urteile. Nur Freiburg und St. Gallen sahen bereits die Einsetzung eines eigentlichen Kassationsgerichts nach französischem Vorbild vor. Diese Kantone sind wahrscheinlich durch den Verfassungsentwurf von Ludwig Snell zur Schaffung dieser für die Schweiz neuen Justizeinrichtung veranlasst worden. In Zürich ist die Schaffung eines Kassationsgerichtes vorerst knapp verworfen worden. Wohl zur «Tarnung» der französischen Herkunft des Kassationsgerichtes ist in einer St. Galler Reformbroschüre geschrieben worden, diese Einrichtung sei «in allen wohlgeordneten Staaten zu finden».

Unter den Obergerichten oder Appellationsgerichten standen hierarchisch die Bezirks-, Distrikts- oder Amtsgerichte, welche für Zivil- und Strafsachen die erste Instanz bildeten; einige Kantone sahen besondere Kriminalgerichte vor – aber noch nicht eigentliche

---

1808–1810 Professor für römisches Recht in Landshut, 1810–1842 Rechtsprofessor an der neugegründeten Universität Berlin. Gründer der «Historischen Rechtsschule». Ab 1842 Justizminister. Hauptwerke: «Geschichte des römischen Rechts im Mittelalter» (6 Bände) 1815–1831, «System des heutigen römischen Rechts» (8 Bände) 1840–1849.

[138] Kaiser Simon, Schweizerisches Staatsrecht II (1858–1860), S. 110.

[139] Alfred Kölz, Von der Herkunft des schweizerischen Verwaltungsrechts, Festschrift Dietrich Schindler (1989) S. 597ff.

Geschworenengerichte (jurys). Zwei Kantone verankerten in der Verfassung besondere Handelsgerichte (Bern, Waadt), und Zürich legt fest, dass jede Rechtssache vor wenigstens zwei Instanzen soll gebracht werden können[140]. Die Kantone behielten schliesslich die in der Helvetik geschaffenen Friedensrichter bei oder führen diese wieder ein. Die Mitglieder der Obergerichte oder Appellationsgerichte wurden von den Grossen Räten auf längere Amtsdauern als jene der Regierungsräte gewählt. Freiburg führt als einziger Kanton die Wahl auf Lebenszeit für die Appellationsrichter ein; dies mit der im Verfassungsrat ausdrücklich vorgetragenen Begründung, die Unabhängigkeit des Richters sei eine Garantie, deren sich die Gesellschaft nicht begeben könne: «l'indépendance du juge est une garantie dont la société ne saurait être privée».

Die Grossen Räte wählten nach den meisten Verfassungen auch die Präsidenten der obersten Gerichte. Die Mitglieder der Bezirks-, Distrikts- oder Amtsgerichte wurden meistens direkt oder indirekt vom Volk gewählt; diesem kam zuweilen bei der Wahl der Präsidenten ein Vorschlagsrecht zu. Die meisten Verfassungen verboten ausdrücklich die gleichzeitige Bekleidung einer Richterstelle und einer solchen der Exekutive, andere hatten dieselbe Unvereinbarkeit in die einschlägigen Gesetze aufgenommen. Einige Kantone sprachen bereits die Unvereinbarkeit zwischen richterlicher und vollziehender Gewalt auf Bezirksebene aus und verboten den Gerichtspräsidenten, gleichzeitig Oberamtmänner zu sein (St. Gallen, Solothurn). In den Verfassungen bestand ausser jener von Waadt kein Verbot, neben einem Parlamentsmandat noch eine Richterstelle, auch eine solche im Obergericht, zu bekleiden. In einigen Kantonen wurde wie im Thurgau juristische Bildung für die Oberrichter verlangt. Bornhauser erwiderte auf den Vorwurf, es würde so eine «Aristokratie von Rechtsgelehrten entstehen», kurzerhand: «Eine Aristokratie des Geistes wird immer stattfinden.» Die Gerichtsverhandlungen wurden, besondere Fälle ausgenommen, der Öffentlichkeit zugänglich gemacht. Bern und St. Gallen schreiben wohl in Anlehnung an den Verfassungsentwurf von Snell ausserdem ausdrücklich in der Verfassung, alle Urteile seien zu begründen. Die Gerichte erhielten neu das Recht, sich selbst zu verwalten, also die Kanzleigeschäfte autonom, das heisst unabhängig von der Exekutive, zu regeln. Sie standen jedoch unter der Oberaufsicht der Parlamente und mussten diesen Rechenschaft ablegen. Eine Verwaltungsgerichtsbarkeit wurde nicht geschaffen – im

---

[140] Art. 12.

Gegenteil: Die in der Mediationszeit in einigen neuen Kantonen geschaffenen besonderen Verwaltungsgerichte verkümmerten im Lauf der Regeneration. Es gab allerdings, wie Ludwig Snell vorausgesehen hat, in den kommenden Jahrzehnten des klassischen liberalen Gesetzgebungsstaates relativ wenig zu verwalten, weshalb der Mangel noch nicht sehr schwer wog. Die meistenorts weiter bestehende Entscheidung von Verwaltungsstreitigkeiten durch die Regierungsräte blieb aber unbefriedigend, weil sie ein Richten in eigener Sache war. Für Streitigkeiten über Enteignungen setzte man daher nach französischem Vorbild besondere verwaltungsunabhängige Schätzungskommissionen, teils die Zivilgerichte ein, weshalb man in den Verfassungen solche Streite als «Rechtssache» bezeichnete[141]. In den deutschschweizerischen Kantonen setzte sich in allerdings unterschiedlichem Masse die in Deutschland in Gebrauch befindliche Fiskustheorie durch. Danach gilt die vermögensrechtliche Seite des Staates als privatrechtlich, weshalb Streitigkeiten solcher Natur von den Privaten an die Zivilgerichte weitergezogen werden können. Dadurch gelang es, etwa Streitigkeiten über Steuern, Gebühren und Beamtenentschädigungen einer unabhängigen richterlichen Beurteilung zuzuführen.

Die *Gewaltenteilung* war eine liberale Kernforderung in der Regenerationszeit. Man verstand jedoch hier die Gewaltenteilungslehre nicht so, wie es Montesquieu postuliert und die nordamerikanische Unionsverfassung 1787 verwirklicht hatte, nämlich im Sinne eines Gewaltengleichgewichtes von drei machtmässig einigermassen vergleichbaren Staatsorganen, die sich gegenseitig hemmen können. Die Liberalen wollten auch nicht das Gewaltenteilungsmodell der Helvetischen Verfassung, das durch eine machtvolle Exekutive und ein verhältnismässig schwaches Parlament charakterisiert war, nachahmen. Auch die gewaltenteilige Staatstheorie von Benjamin Constant konnte hier nicht voll rezipiert werden, denn es fehlte in der Schweiz ein Kernstück derselben, nämlich die von ihm dem Königtum zugeschriebene neutrale Gewalt («pouvoir neutre»). Vielmehr lehnten sich die Liberalen in irgendeiner Weise – und natürlich nicht erklärtermassen – an das Modell der Konzentration der Macht bei der Volksvertretung und ihrer Überordnung über die anderen Gewalten an, wie es die französischen Parlamente in der Revolutionszeit praktiziert hatten und wie es Condorcet in seinem Bericht zum Gironde-Verfassungsentwurf einlässlich begründet hatte. Dieses Modell, ent-

[141] Zürich Art. 15.

standen aus der abgewandelten demokratischen Staatstheorie Rousseaus, entsprach am ehesten den Vorstellungen der Liberalen. Allerdings hat man zwei bedeutsame Modifikationen daran vorge- nommen, die von Ludwig Snell in seinem Verfassungsentwurf genau vorgezeichnet worden sind. So hat man keine eigentlichen Parlamentsausschuss-Regierungen nach dem Muster der französischen Wohlfahrtsausschüsse zur Zeit des Nationalkonventes geschaffen. Im Thurgauer Verfassungsrat wurde denn unter Anspielung auf die Restaurationszeit und auf die französischen Erfahrungen in der Revolution auch ausdrücklich gesagt, unser Volk wolle «die Regierung nicht mehr im Grossen Rat. Viele behaupten, dass, wenn die vollziehende Gewalt einem Committee der gesetzgebenden Gewalt übertragen werde, so sei es um die Freiheit geschehen»[142]. Es wurden daher die Regierungen personell und organisatorisch von den Parlamenten getrennt, mit Ausnahme von Bern, Solothurn und St. Gallen, die den Regierungsmitgliedern Sitz und Stimme im Grossen Rat beliessen, wobei St. Gallen für die Behandlung der Verwaltungsbelange eine Ausstandspflicht vorsah[143]. Zum zweiten hat man der Judikative allgemein eine stärkere Stellung als in den französischen Vorbildern der Revolution zuerkannt. Man hat sie von den Regierungen personell und organisatorisch völlig getrennt, so, wohl in Anlehnung an die Theorie von Constant, etwa im Kanton Waadt[144]. Auf die Trennung zwischen Exekutive und Judikative und einer gleichzeitigen Verselbständigung der letzteren legten die Liberalen grösstes Gewicht. Die Trennung zwischen Legislative und Justiz hingegen war den Liberalen der Regeneration kein wichtiges Anliegen; sie wurde deshalb, Waadt wieder ausgenommen, in den Kantonen nur organisatorisch, nicht aber personell vorgenommen, so dass in der Folge die politisch tätigen liberalen Juristen sowohl als Gesetzgeber als auch als Richter amteten.

Berücksichtigt man noch die Tatsache, dass die Macht der Regierung drastisch beschränkt wurde, so sind die durch die Regenerationsverfassungen konzipierten Kantonalstaaten von einer Machtkonzentration bei den Grossen Räten nicht weit entfernt. Es wundert deshalb nicht, dass diesbezüglich bald nach Korrekturen gesucht worden ist, die man aber nicht in der Schaffung eines Gewaltengleichgewichtes, sondern in Richtung einer stärkeren direkten Demokratisie-

---

[142] Verhandlungen vom 28. März 1831.
[143] Art. 124.
[144] Art. 50; *Quellenbuch* S. 311.

rung gesehen hat. Die Gewaltenteilungslehre ist aus diesen Gründen bis heute ein Stiefkind des schweizerischen Staatsrechts geblieben.

f) Funktion der Bezirke und Gemeinden

Je nach der Grösse der einzelnen Kantone spielte die Art und Weise der Dezentralisation der Verwaltung auf die Bezirke, Ämter oder Distrikte eine mehr oder weniger erhebliche Rolle. In den flächenmässig grossen Kantonen Bern, Waadt, St. Gallen, Zürich, Aargau und Luzern spielte die «mittlere» Ebene eine wichtige Rolle, vor allem für den Vollzug des Polizeirechts. Bei diesen Bezirks-, Amts- oder Distriktsbehörden zeigten sich – wie kaum anderswo – die Auswirkungen der drei gegensätzlichen allgemeinen Staatsprinzipien, welche am Ende der Restauration noch uneinheitlich nebeneinander standen: Erstens das obrigkeitliche, vom vorrevolutionären Vogteiwesen herstammende Herrschafts- und Pfründensystem, zweitens das in der Helvetik vom zentralistischen französischen Jakobinismus übernommene bürokratische, berufsbeamtenmässige Präfektursystem und schliesslich drittens das selbstverwaltungsmässige demokratische System der Volkswahl der Bezirksbehörden. Was die Wahl der Bezirks- oder Distriktsbeamten betrifft, so existierten verschiedene Modelle: In den westlichen Kantonen Waadt und Freiburg sowie in den neuen Kantonen Aargau und Baselland wurden die «préfets», «Oberamtmänner», «Bezirksamtmänner» oder «Bezirksstatthalter» auch nach den neuen Regenerationsverfassungen weiterhin «von oben» ernannt, in der Regel von den Regierungsräten, zum Teil von den Grossen Räten. Dieselbe Bestellung der leitenden Bezirksbeamten «von oben» kannten weiterhin die ehemals aristokratisch-obrigkeitlichen Kantone Bern, Solothurn, Freiburg und Luzern. Die Kantone Thurgau und St. Gallen liessen, wohl aufgrund des Verfassungsentwurfs von Ludwig Snell, diese Beamten neu durch das Volk wählen. Bornhauser sagte im Thurgauer Verfassungsrat ausdrücklich, die Bezirksstatthalter würden, wenn sie von der Regierung ernannt würden, «allgewaltige Männer, wie die Präfecten in Frankreich unter dem Kaiser kleine Kaiser waren»[145]. In allen genannten Kantonen war die Bezirksverwaltung monokratisch organisiert; ein einziger Beamter entschied dort also. Der Kanton Zürich gab sich ein Kompromissystem: Einmal wurde keine monokratische Verwaltung, sondern ein kollegialer dreiköpfiger Bezirksrat geschaffen, dessen gewöhnliche

---

[145] Verhandlungen vom 12. April 1831.

Mitglieder von der Bezirksversammlung – einem vom Volk gewählten Wahlmännergremium – gewählt wurden. Der Vorsitzende des Bezirksrates, der Statthalter, wurde vom Regierungsrat aus einem von der Bezirksversammlung festgesetzten Dreiervorschlag ernannt.

Die Bezirke erhielten jedoch keine autonomen Befugnisse und auch keine Finanzen; sie waren ausschliesslich Vollzugsorgane des Kantons – anders nur die Bezirke im Kanton Schwyz und die Kreise in Graubünden. Es spielte natürlich für die Art und Weise der Durchsetzbarkeit des zentral gesetzten Rechts eine ganz erhebliche Rolle, ob die betreffenden Beamten «von oben» ernannt oder «von unten» gewählt wurden und ob sie, wie in den welschen Kantonen, jederzeit abrufbar waren. Die Vollzugskompetenzen der Bezirksbehörden waren je nach Kanton verschieden. In den neuen Kantonen hatten die administrativen Bezirksbehörden ungefähr dieselben polizeilichen Befugnisse, wie sie ihre Vorläufer, die helvetischen Unterstatthalter, innehatten. Auch in den alten Kantonen behielten die Bezirksbehörden einen Teil der polizeilichen Aufgaben der ehemaligen helvetischen Unterstatthalter. Die Statthalter behielten teilweise auch ihre Funktion als Vorsitzende der Bezirksgerichte, so dass auf dieser Ebene die Gewaltenteilung nicht verwirklicht wurde.

Was die Organisation und die Befugnisse der Gemeinden betrifft, so müssen hier wegen der Vielfältigkeit der Regelungen ein paar Stichworte genügen: Allgemein waren die Liberalen in ihrem Bestreben, die Staatseinheit herzustellen, der Zuerkennung grösserer Befugnisse oder gar der Schaffung einer abgesicherten Gemeindeautonomie wenig geneigt. Was die Organisation der Gemeinden betraf, so hatten sich in den neuen Kantonen die in der Helvetik geschaffenen Munizipal- oder Einwohnergemeinden erhalten können; auch in einigen alten Kantonen waren diese nicht abgeschafft worden. Hier gab es aber daneben noch die mehr oder weniger mächtigen Bürger- oder Burgergemeinden (Bern), wo nur die Ortsbürger stimm- und nutzungsberechtigt waren. Die Gemeinden hatten, im Gegensatz zu den Bezirken, nur wenige ihnen vom Kanton delegierte Funktionen wahrzunehmen; ihre Hauptaufgabe lag bei der Besorgung ihrer eigenen Angelegenheiten. Bei der Bestellung der Gemeindevorsteher traten die genannten verschiedenen Prinzipien ebenfalls hervor: In einigen Kantonen wurden nun die Gemeindevorsteher neu durch die Gemeindebürger selber gewählt. In anderen Kantonen – vor allem in den westschweizerischen, vom französischen Zentralismus stärker beeinflussten – erfolgte die Wahl der Gemeindevorsteher weiterhin von oben, in der Regel durch die Staatsräte; teilweise wurde den Staatsräten dort, wo die Volkswahl bestand, ein Bestätigungsrecht vorbehal-

366

ten. In den französischsprachigen Kantonen waren die Befugnisse der Gemeinden gering; von einer eigentlichen Gemeindeautonomie konnte man dort nicht sprechen. Die in die Waadtländer Regenerationsverfassung[146] eingeflossenen Bemühungen um die Schaffung eines «pouvoir communal» scheinen praktisch wenig wirksam geworden zu sein. In den Deutschschweizer Kantonen war die Situation unterschiedlich: In den Bergkantonen war die Gemeindeautonomie aus geographischen und historischen Gründen relativ stark entwickelt, am stärksten in Graubünden, wo die Gemeinden beinahe «kleine Staaten» waren. Was die deutschschweizerischen Mittellandkantone betrifft, so erhielten die Gemeinden eine um so schwächere Position, je stärker der zentralistische Radikalismus wirksam war, so deutlich etwa in Baselland.

In vielen Kantonen traten nun neben die bestehenden Munizipal-, Bürger- und Kirchgemeinden noch besondere Schulgemeinden – dies vor allem deshalb, weil die Liberalen bestrebt waren, ein von den Kirchen unabhängiges Schulwesen zu errichten.

In den ehemaligen aristokratischen und zünftischen Kantonen behielten die Städte nicht nur die Hauptstadtfunktion, sondern über Jahrzehnte hinaus eine gegenüber den Gemeinden der Landschaft privilegierte Stellung. Die Liberalen, vor allem aber die Radikalen, haben dann von der Regeneration an die die Städte umgebenden Befestigungen wie Tore, Türme und Schanzen sozusagen als Sinnbilder der langen Städteherrschaft über die Landschaft niedergerissen – gegen den Rat damaliger weitsichtiger Architekten und Kunstkenner und zum Bedauern der Nachwelt.

6. Zusammenfassende Gliederung

Man kann die Regenerationsverfassungen vielleicht in drei Gruppen gliedern, nämlich in eine klassisch-liberale, eine liberal-radikale und eine liberal-konservative. Zur ersten Gruppe, also zu den Kantonen mit klassisch-liberalen Verfassungen, gehören Zürich, Luzern, Schaffhausen, Waadt, Freiburg und Tessin. Die Verfassungen dieser Kantone legen den individualistischen gewaltenteiligen Repräsentativstaat in einem mittleren Neuerungsschritt zugrunde. Sie verwirklichen die liberalen Kernforderungen im Bereich der Individualrechte mit Ausnahme einiger wirtschaftlich-interessenbedingter Ein-

---

[146] Art. 21.

brüche voll, sind aber gleichzeitig bei der Gleichheit und der Demokratie zurückhaltend-kompromisshaft. Die Vertretungsgleichheit der Landschaft wird noch nicht überall verwirklicht, die Wahlen sind nicht überall vollständig direkte. Das Repräsentativprinzip steht in Verbindung mit der Suprematie des Parlamentes über die anderen Gewalten in reiner Form da. Die Grossen Räte behalten sich mit Ausnahme von Schaffhausen auch das Recht der Initiative auf Verfassungsänderung vor. Zur zweiten, nämlich der liberal-radikalen Gruppe gehören die Kantone Thurgau, St. Gallen und Baselland. In diesen Kantonen werden die Individualrechte dem Staat noch konsequenter im Sinne des rationalen Naturrechts der Französischen Revolution entgegengesetzt, vor allem im Kanton Thurgau, der diese Rechte als unabänderlich erklärt und damit sogar dem Zugriff des Verfassungsgebers entzieht. Die politische Gleichheit wird in diesen drei Kantonen in weitem Masse garantiert. Das Repräsentativprinzip gilt zwar als leitendes Prinzip in allen drei Kantonen; in zwei davon, St. Gallen und Baselland, wird es jedoch durch ein Veto relativiert, und nach allen drei Verfassungen dieser Kantone besitzt das Volk das Recht der Initiative zur Verfassungsrevision. Zwischen der ersten und der zweiten Gruppe liegt die Aargauer Verfassung, die Elemente von beiden enthält. Zur dritten Gruppe schliesslich, der liberal-konservativen, gehören die Verfassungen der Kantone Bern und Solothurn. Die individuellen Rechte werden hier unterschiedlich garantiert, am wenigsten konsequent in Solothurn. Bei der politischen Gleichheit wird sehr zurückhaltend verfahren; indirekte Wahlen, in Bern auch Zensusbestimmungen, vermindern den Einfluss des Volkes auf den Staat.

Die hier gewonnene Gruppierung der Kantonsverfassungen widerspiegelt einigermassen die politischen Verhältnisse der entsprechenden Kantone. Sie ist für die Beurteilung der politischen Chancen des Radikalismus in den kommenden vierziger und fünfziger Jahren im Auge zu behalten, ist es doch kein Zufall, dass gerade in Kantonen, wo das aufklärerische Staatsrecht wenig konsequent eingeführt worden ist, schon bald radikale Reformschübe stattfanden, so 1845 in Bern, 1846 in der Waadt, 1847 in Genf und 1856 in Solothurn.

7. Materielle Bestimmungen, liberales Gesetzgebungsprogramm

Die Regenerationsverfassungen in der hier zu betrachtenden ersten, liberalen Phase waren, wie bereits festgestellt, im wesentlichen «politische» Verfassungen in dem Sinne, als sie in erster Linie organisatorische Fragen regelten und neben den individuellen Rechten nur wenige «materielle» Bestimmungen im Sinne von Staatszielen pädagogischen, wirtschaftlichen oder sozialen Inhaltes enthielten. Am klarsten einen rein «politischen» Charakter trägt, wohl aufgrund des Einflusses von Benjamin Constant, die Waadtländer Verfassung.

Relativ präzis werden immerhin in einigen Verfassungen pädagogische Zielsetzungen formuliert, vielleicht unter dem Einfluss des Verfassungsentwurfes von Snell. Die Förderung der Erziehung war den Liberalen aus drei Gründen ein wesentliches Anliegen. Einmal musste die Bevölkerung lesen, schreiben und vor allem rechnen können, damit der Fortschritt im Sinne der wissenschaftlichen, technischen und industriellen Entwicklung verwirklicht werden konnte. Zudem war bessere Volksbildung für die vor allem von den Radikalen ins Auge gefasste weitere Demokratisierung des Staates eine Notwendigkeit, und vielleicht mochte auch noch das aufklärerisch-humanitäre Entwicklungs- und Vervollkommnungsstreben des Menschen mitbestimmend sein, wie es in der von den Kantonen Aargau und Baselland normierten allgemeinen Entwicklungsfreiheit zum Ausdruck kommt. So wird etwa in Bern festgeschrieben: «Die Sorge für Erziehung und Unterricht der Jugend ist die Pflicht des Volkes und seiner Stellvertreter.»[147] Auch Luzern schreibt vor, das Gesetz sorge für den öffentlichen Unterricht[148], und die Kantone Zürich, Schaffhausen, Aargau, Thurgau und Baselland erlassen ähnliche Zielbestimmungen, zum Teil in Verbindung mit organisatorischen Massnahmen. So überträgt etwa Zürich dem aus der Zeit der Helvetik stammenden Erziehungsrat die Aufsicht über die «sämmtlichen Schulanstalten des Kantons, die Förderung der wissenschaftlichen sowohl als der Volksbildung ...»[149].

Verfassungsvorschriften «materieller» Art wirtschaftlichen oder sozialen Inhaltes sind beim Problem der Befreiung des Grundeigentums von den Feudallasten häufig. Ferner enthalten verschiedene Verfassungen ausdrückliche Bestimmungen über den gleichen Zugang aller Bürger zu öffentlichen Ämtern, was gleichzeitig eine Konkretisierung der Rechtsgleichheit bedeutet. Einige stellen Vorschriften über die Besteuerung auf, manchmal unter ausdrücklicher Feststellung der Beibehaltung der Grundsteuer, welche in der Helvetik neu eingeführt worden war. Einige Kantone stellen Erleichterungen

---

[147] Art. 12.
[148] Art. 9.
[149] Art. 70; *Quellenbuch* S. 301.

der Militärlasten in Aussicht, wobei Aargau besonders zukunftsweisend die «unentgeltliche» Lieferung der notwendigsten militärischen Kleidungsstücke, für Arme auch der Waffen, festschreibt[150]. Einige Verfassungen äussern sich über den Unterhalt und die Verbesserung der Landstrassen, über die Vereinheitlichung von Mass und Gewicht sowie über den Münzfuss. Die Verfassung des radikalen Kantons Baselland enthält als einzige eine allgemeine volkswirtschaftliche Zielsetzung für den Staat: «Die Landesproduktion soll möglichst befördert werden», eine Bestimmung, welche die von der liberalen Wirtschaftstheorie abweichende wohlfahrtsstaatliche und etatistische Politik der Radikalen ankündigt.

Ein kurzer Überblick über die wichtigsten Bereiche der *Gesetzgebung* in den Regenerationskantonen soll zeigen, wie das in den neuen Verfassungen angelegte Wertsystem weiterentwickelt wurde. Wenn dabei nur von den Regenerationskantonen die Rede ist, so muss bemerkt werden, dass auch in den anderen Kantonen – einschliesslich der Landsgemeindekantone – Reformen in der gleichen Richtung erfolgten. Nur wurden solche hier langsamer, weniger konzentriert und mehr punktuell vorgenommen. Vieles, was nun in gesetzgeberischer Hinsicht von den Regenerationskantonen durchgeführt wurde, ist schon in der Französischen Revolution und dann von den helvetischen Behörden mit mehr oder weniger Erfolg versucht worden, ja in einigen Bereichen hat man recht genau die damaligen Einrichtungen einfach übernommen, so im Erziehungswesen, Justizwesen und im Sanitätswesen, ohne allerdings dies – aus den bereits genannten Gründen – genau kenntlich zu machen. Die Kantone waren ja unter der Herrschaft des Bundesvertrages von 1815 wieder zu fast souveränen Staaten geworden und konnten nun mit wenig Schranken einen Teil des helvetischen Gedankengutes auf kleinem Raum verwirklichen. Es wurde dabei analog der helvetischen Zeit in heiklen Bereichen versucht, die neuen Einrichtungen neben die alten (zumeist kirchlich orientierten) mit gleicher Funktion zu stellen. Damit konnten Konfrontationen vermieden werden, und der Erfolg, nämlich das Absterben der Institutionen von voraufklärerischem Geist, stellte sich dann später – manchmal fast von selber – ein.

Das *öffentliche Unterrichtswesen* wurde unter Wiederaufnahme von Ideen und Institutionen der Helvetik kräftig gefördert. «Der Staat wird die niederen und höheren Schul- und Bildungsanstalten nach Kräften pflegen und unterstützen», heisst es in der Zürcher

---

[150] Art. 20; Bornhauser (Anm. 4), S. 378.

Verfassung[151]. Die Hauptanliegen waren die Durchführung des Grundsatzes der allgemeinen Pflicht zum Besuch der Volksschule, der Schaffung einer neuen Schulorganisation unter gleichzeitigem Bestreben, das Schulwesen von der Kirche zu emanzipieren und auf eine weltlich-wissenschaftliche Basis zu stellen. Die von Stapfer einst vertretenen Reformanliegen erlebten nun eine «Regeneration» im eigentlichen Wortsinn, allerdings unter mannigfachen Veränderungen und Anpassungen an den veränderten Zeitgeist und die besonderen kantonalen Verhältnisse. Es erfolgte dort, wo sie abgeschafft worden waren, Wiedereinführung von Erziehungsräten, die Schaffung von kantonalen Schulsynoden, von speziellen Bezirks- und Gemeindeschulbehörden. Als Fortführung der Primarschule wurden Sekundarschulen und weltliche Gymnasien (Kantonsschulen) gegründet, für die bessere Ausbildung der Lehrer besondere Seminarien geschaffen. Die Ausbildung der Lehrer war den Liberalen und Radikalen ein besonderes Anliegen, denn diesen war die Rolle zugedacht, im Volk Methoden und Begeisterung für den wirtschaftlichen und wissenschaftlichen Fortschritt der aufklärerischen Zivilisation zu vermitteln. Die Pflege der Wissenschaft wurde nach deutschem Muster organisierten Universitäten übertragen (Zürich 1833, Bern 1834), nachdem ein erster von Waadt ausgehender Anlauf zur Schaffung einer eidgenössischen Universität nicht erfolgreich war.

Entsprechend den Lehren des wirtschaftlichen Liberalismus erliess der Staat keine «materiellen» Gesetze über Industrie und Handwerk. Diese sollten sich selber, möglichst frei von staatlichen Fesseln, entwickeln können; dabei unternahm man grösste Anstrengungen innerkantonaler und interkantonaler Art, um die Wirtschaft von Beschränkungen, insbesondere von Zöllen, Weggeldern und anderen lästigen Abgaben zu befreien. Das gleiche wirtschaftsliberale Denken war Bestrebungen für die Bekämpfung der durch die Industrialisierung hervorgerufenen sozialen Folgen nicht günstig. So wurden in der hier zu betrachtenden Zeit auch in den industriellen Gebieten der Ostschweiz noch keine neuen Arbeiterschutzbestimmungen erlassen, wenn man absieht von ein paar wenig wirksamen Verschärfungen von bereits in der Restaurationszeit erlassenen Einschränkungen der Kinder- und Nachtarbeit. Die Unterhaltung der Bedürftigen, also der damals «Armenwesen» genannte Zweig der öffentlichen Tätigkeit, machte in der ersten Phase der Regeneration ebenfalls nur geringe Fortschritte. Die liberale Lehre vertrat nämlich

---

[151] Art. 20.

die Auffassung, die Versorgung der Bedürftigen sei in erster Linie eine Aufgabe der Gemeinden sowie eine freiwillige ethische Pflicht der Privaten. Die Armenpflege durch die Gemeinden war anerkanntermassen äusserst mangelhaft, weil der Egoismus der oft finanziell selber notleidenden Gemeinden durchgreifend wirksame Massnahmen verhinderte. Das einzige wirksame Mittel zur Bekämpfung «eines der grössten Übel der bürgerlichen Gesellschaft», wie im Berner Verfassungsrat gesagt wurde, wäre wohl in der kantonalen Zentralisierung dieser Materie gelegen. Entsprechende Anträge wurden aber im Rat mit wenig überzeugenden Gründen mit 58 gegen 28 Stimmen abgelehnt: Die Unterstützung der Armen sei «weniger Sache positiver Vorschriften, als Sache des Gefühls», wurde etwa gesagt; auch war die Verfassungswürdigkeit dieses Problems «ihrer materiellen Natur wegen» umstritten, obwohl im Rat das Armen-Elend eindrücklich geschildert und insbesondere auf die gebräuchliche «Verdingung» der Kinder armer Leute hingewiesen wurde[152].

Grosses Gewicht wurde hingegen auf die Entwicklung des Sanitätswesens gelegt. Die Förderung des naturwissenschaftlich-medizinischen Fortschrittes zugunsten der Bevölkerung lag der liberalen Führungsschicht näher als die Unterstützung wirtschaftlich Erfolgloser. Im Sanitätswesen setzten sich die Ärzte, Apotheker und Veterinäre ein, und es gelang in vielen Kantonen die Einrichtung von besonderen Behördenorganisationen für die Durchführung von prophylaktischen und kurativen Massnahmen für Mensch und Tier. Es wurden auch weltliche Spitäler gegründet und die Ausbildung der Hebammen gefördert. Die neuen Sanitätsbehörden nahmen, dem Zeitgeist entsprechend, einen Kampf gegen die «irrationalen», nicht-wissenschaftlichen Heilmethoden auf.

Entsprechend den Lehren des wirtschaftlichen Liberalismus wurden nun Anstrengungen zur Verbesserung der Handels- und Verkehrsverhältnisse innerhalb der Kantone und zwischen diesen unternommen, und zwar sowohl für den Strassen- als auch den Schiffsverkehr. Auch im Bereich des Postwesens und des Münzwesens erfolgten Reformbestrebungen; weil diese Reformen aber von einer interkantonalen Zusammenarbeit abhängig waren, gelangen keine wesentlichen Fortschritte. Im Bereich der rationalen Ordnung von Handel und Verkehr, das heisst der Dezimalisierung von Mass und Gewicht, konnte hingegen ein Erfolg erzielt werden. 1835 wurde nämlich zwischen zwölf Kantonen ein Konkordat geschaffen, das für Mass und

---

[152] Verhandlungen vom 24. Mai 1831.

Gewicht unter Beibehaltung schweizerischer Bezeichnungen eine Angleichung an das französische Dezimalsystem vorsah. Man hatte im Eidgenössischen Archiv jenen Urmeter gesucht und wieder gefunden, welchen das Französische Direktorium am 4. Messidor Jahr VII (22. Juni 1799), in einem Mahagonikistchen verpackt, dem Helvetischen Direktorium hatte überbringen lassen[153]. Man hatte jedoch – das ist zu ergänzen – in jener Zeit nicht allein dieses Symbol des Rationalismus aus der Französischen Revolution, sondern auch das rationale Staatsrecht jener Zeit wieder gesucht, gefunden und praktisch anzuwenden getrachtet.

In den dreissiger Jahren erhielten die am Ende der Helvetik zum Stillstand gekommenen Bestrebungen zur Schaffung von Strafrechts- und Zivilrechtskodifikationen sowie der entsprechenden Prozessgesetze neuen Auftrieb. In verschiedenen Kantonen wurde die Erarbeitung von Kodifikationen eingeleitet, welche dann wegweisend für die späteren Bundeskodifikationen wurden. Im Zusammenhang mit der Gründung von Obergerichten und der Reorganisation des ganzen Justizwesens wurden ferner Gerichtsverfassungs- und Prozessgesetze erlassen. Das liberale, von den Juristen dominierte Gesetzgebungsprogramm war in der einfachen Bevölkerung wenig populär; es war zu rational, zu formalistisch, zu mechanistisch und allzu stark auf die Bedürfnisse einer gebildeten und vermöglichen Schicht zugeschnitten.

---

[153] SNELL (Anm. 65), S. 325.

14. KAPITEL:
VERSUCH EINER BUNDESREFORM [1]

1. Vorgeschichte

Die Liberalen und Radikalen gaben sich mit der erfolgten Schaffung von neuen Kantonsverfassungen nicht zufrieden: Ihr Fernziel war, wie bereits erwähnt, schon während der Restauration die Schaffung einer festeren Bundesordnung gewesen. Bereits in der Aargauer und in der Freiburger Verfassung ist die Rede von einem schweizerischen «Bundesstaat», sowenig klar die Vorstellung der Verfassungsgeber über einen solchen auch sein mochten. Die Thurgauer Verfassung war sogar noch konkreter geworden und erklärte in Artikel 216 [2], der Kanton erkläre sich «gegen die schweizerischen Mitstände geneigt» für die gemeinschaftliche Aufstellung eines «obersten Gerichtshofes» sowie für gemeinschaftliche «Korrektions- und Arbeitshäuser». Ferner sollte nach dieser Verfassungsbestimmung die «Centralisierung alles politischen Verkehrs mit dem Auslande», jene der «Posten, der Münzen, des Gewichts und des Masses, des Militärwesens, der Zölle und Weggelder» erfolgen.

a) Der «Zuruf» von Kasimir Pfyffer

Einen konkreten Anfang für die Bestrebungen zu einer Bundesreform bildete der vielbeachtete «Zuruf» des Luzerner Liberalen Kasimir Pfyffer «an den Vorort Luzern bei Übernahme der Leitung der Bundesangelegenheiten auf Neujahr 1831» [3]. In diesem «Zuruf», der, wie heute feststeht, in Wirklichkeit von Ludwig Snell formuliert worden ist [4], wird der «zweite grosse Gegenstand» behandelt, auf welchen neben der Verfassungs-Entwicklung in den Kantonen die «Wünsche aller Schweizer gerichtet» sind. Dieser zweite grosse Gegenstand ist die Schaffung eines «kräftigeren und engern Bundesvereines, einer stärkeren Zentralisation». Die Schweiz habe, so wird zur Begründung

---

[1] Siehe die am Anfang des V. Teils angeführten Quellen- und Literaturhinweise.

[2] *Quellenbuch* S. 272.

[3] Auszüge in OECHSLI WILHELM, Quellenbuch zur Schweizergeschichte (1918), S. 511 f.

[4] MÜLLER ANTON, Zur publizistischen und politischen Aktivität Ludwig Snells Schweizerische Zeitschrift für Geschichte 1953, S. 426.

dieses Postulates von Pfyffer weiter ausgeführt, «durch die Reaktion von 1814 einen ungeheuren Rückschritt gethan». Die Eidgenossen hätten eingesehen, dass die jetzige schwache Vereinigung der Kantone «keine gemeinsame Schöpfung, keine National-Unternehmung» möglich mache und dass «die Industrie in den engsten Spielraum eingeschlossen, der Handel überall gehemmt, und den geistigen Kräften der grösste und edelste Reiz, das Bewusstsein für eine Nation zu arbeiten, fehlt ...» Es müsse daher die Rechtsgleichheit, die freie Niederlassung und die Pressefreiheit für alle Schweizer gelten. Die Eidgenossen würden sehen, so fährt der Zuruf fort, dass in der gegenwärtigen Zerrissenheit die Schweiz stets «schwach, ohnmächtig und kraftlos in der Mitte der andern Staaten» erscheinen müsse und im Falle des Krieges durch innere Entzweiung der Gefahr ausgesetzt sei, «von der Gnade des Sieges ihr Heil zu erwarten», weshalb sie einen «Bundesstaat und keinen Staatenbund» wünschten. Es müsse eine zentrale Verwaltung und eine gesetzgebende Bundesversammlung aus freistimmenden, «nach dem Massstab der Bevölkerung» gewählten Abgeordneten der Kantone sowie ein Bundesgericht für die eidgenössische Rechtspflege geschaffen werden.

In einem Bundesstaat müssten «alle einzelnen Glieder Gleichheit der Interessen» haben, nur «unter Freunden» sei ein Bund möglich, fährt Pfyffer fort. Diese «Identität des Interesses» gehe hervor aus der «Gleichheit der Grundlage», worauf die Verfassungen der einzelnen Glieder des Bundes beruhten, der «Gleichheit der Grundsätze», die sie beherrschten, und der «Hauptinstitutionen, aus welchen sie bestehen ...» Wenn nun die bisherige schweizerische Konföderation aus «demokratischen und aristokratischen ..., aus halb und ganz repräsentativen Verfassungen, aus Staaten von freiem und despotischem Streben» bestanden habe, so sei nicht zu verwundern, dass einige derselben «einen grösseren Gegensatz unter sich bildeten, als die Türken und Nordamerika ...» Ein anderer Zustand werde sich, so Pfyffer, «mit der jetzigen Entwicklung der Kantonal-Verfassungen» bilden. Die «Herrschaft der aristokratischen Faktionen und Prinzipien» werde durch «den Sieg volksthümlicher Verfassungen» verschwinden. Das Hauptgebrechen des bisherigen Bundesvertrages sei, dass nur die Regierungen, nicht aber das Volk die Bundesgewalt um Hilfe anrufen könnten, und dass man ohne eine Untersuchung annahm, jenen beistehen zu müssen. Die neuen Verfassungen würden nach gleichen Grundsätzen errichtet werden und durch die «Identität aller Hauptinstitutionen» alle einen «gleichen Charakter» tragen. Nun erst werde sich ein gleiches übereinstimmendes Interesse unter allen Kantonen bilden, welche dann «alle einen Grundsatz zu verfechten, dieselben Güter zu bewahren, für den Verlust derselben Heiligthümer zu fürchten» hätten. Mittels der Schaffung eines Bundesstaates werde sehr schnell «ein ächter und starker Nationalgeist, eine wahrhafte und umfassende Vaterlandsliebe aufblühen». Dem Zuruf sind Grundsätze für eine neu zu schaffende «Bundesakte» angefügt: Es wird darin unter anderem vorgesehen, dass nur Kantone mit rein demokratischen oder repräsentativ-demokratischen Verfassungen Mitglieder des «eidgenössischen Bundesstaates» sein können. «Der Kanton Neuenburg, um Bundesglied zu bleiben, muss die Prinzipien seiner Verfassung ändern». Die «Gesetzgebende Zentral-Gewalt» soll ein Bundesrat sein, dessen Mitglieder von den Grossen Räten oder, was die reinen Demokratien betrifft, von einer anderen geeigneten Behörde gewählt werden sollen. Ein Ausschuss des Bundesrates bildet die «Exekutive – Bundesgewalt». Der Bund verfügt über erhebliche Befugnisse, vor allem solche für die Erleichterung von Handel und Verkehr. Es soll im Bund je ein Appellations- und Kassationsgericht für Zivil- und für Strafsachen geschaffen werden. Im übrigen ist der Verfassungsentwurf mehr eine Skizze; man merkt ihm an, dass die liberalen Vordenker für die Gestaltung des Bundes noch nicht über eine ausgereifte Theorie verfügten.

Dieser «Zuruf» von Kasimir Pfyffer charakterisiert aber die Hauptprobleme der Eidgenossenschaft von 1831 sehr präzis und geht in der Zielsetzung weit über das Jahr 1848 hinaus: Revision aller kantonaler Verfassungen im liberaldemokratischen Sinne und damit Schaffung verfassungsrechtlicher und institutioneller Homogenität, Schaffung einer starken Zentralgewalt für die Entfaltung von Handel, Industrie und einer blühenden Nationalkultur sowie zum Zwecke des entschiedenen Auftretens der Eidgenossenschaft gegen aussen. Der Zuruf wurde von den Liberalen, den Radikalen und insbesondere von den Mitgliedern der Helvetischen Gesellschaft freudig aufgenommen, von den konservativen Kreisen aber scharf zurückgewiesen. Man warf Pfyffer von dieser Seite unter anderem vor, er wolle das helvetische Einheitssystem wieder errichten.

b) Der Tagsatzungsbeschluss

In der Sommertagsatzung von 1831 kam auf Betreiben des Standes Thurgau die Frage der Bundesreform zur Sprache. Die Meinungen waren sehr geteilt. Die drei Urkantone und das Wallis verwahrten sich feierlich gegen jede Änderung; auch Waadt, Genf und vor allem Neuenburg standen der Revision skeptisch gegenüber; einige Kantonsdelegationen waren gar nicht «instruiert». Am Schluss kamen mit Mühe zwölf Kantonsstimmen zusammen, welche den Thurgauer Antrag «ad referendum et instruendum» empfahlen. Die Angelegenheit wurde aber von den Liberalen zäh weiterverfolgt. Schon Ende März veröffentlichten die liberalen Führer Gallus Jacob Baumgartner[5], Kasimir Pfyffer und Karl Schnell – gleichzeitig mit dem umstrittenen «Siebnerkonkordat» – den in Zürich gedruckten «Entwurf einer schweizerischen Bundesverfassung; Von einer Gesellschaft Eidgenossen»[6]. Dieser Entwurf gleicht in Anbetracht der identischen Urheberschaft in einigen Bestimmungen dem Siebnerkonkordat. Er beruht auf dem Grundsatz der Volkssouveränität, indem nur Kantonsverfassungen zulässig sind, «welche die Ausübung der politischen Rechte nach demokratischen oder repräsentativen Formen sichern ...»[7]. Bemerkenswert daran ist zunächst die Organisation des Bundes: Oberste Bundesbehörde ist die Tagsatzung, bestehend aus 60 Mitgliedern, die in abgestufter Zahl von den Kantonen gewählt werden, von den bevölkerungsreichsten vier, den mittleren drei und den kleinsten zwei. Diese Tagsatzungsmitglieder stimmen frei, also ohne Instruktionen. Für die Verwaltung ist ein nicht permanenter fünfköpfiger Bundesrat mit dem Landammann der Schweiz an der Spitze verantwortlich. Der Bund verfügt über recht grosse Befugnisse, vor allem im Bereiche des Militärwesens, der Zölle gegen aussen und der Post. Der Bund darf aber keine stehenden Truppen halten. Der freie Warenverkehr soll ermöglicht werden; die Verfasser wagen es aber nicht, die kantonalen Zölle, Weg- und Brückengelder abzuschaffen. Die Gewaltenteilung ist in diesem Entwurf gewährleistet.

[5] BAUMGARTNER GALLUS JAKOB, 1797–1869. Geboren 1797 in Altstätten. Zuerst als Hauslehrer tätig, dann Archiv-, später Kanzleibeamter seines Kantons. Sekretär bei der sanktgallischen Abordnung in der Tagsatzung. 1825 Mitglied des Grossen Rates, erster Staatsschreiber. Im Anschluss an die Julirevolution 1830 veröffentlichte er ein liberales Reformprojekt: «Wünsche und Anträge eines st.gallischen Bürgers für Verbesserung der Staatseinrichtungen dieses Kantons in 47 Punkten», das eine allgemeine Diskussion über die Verfassungsänderung zur Folge hatte. Einflussreiches Mitglied des Verfassungsrates. 1831 Wahl zum Regierungsrat. Auf eidgenössischer Ebene trat er zusammen mit Kasimir Pfyffer von Luzern für eine Revision des Bundesvertrags von 1815 ein und verfasste den Entwurf der Bundesurkunde von 1832. In der aargauischen Klosterfrage stellte er sich in Gegensatz zu den Liberalen, die ihn darauf des Verrats bezichtigten. 1841 schied er aus dem Regierungsrat aus, kehrte aber 1843 zurück. 1847 wurde er, weil nun auf der Seite der Konservativen, nicht wieder in den Regierungsrat gewählt. Nach dem Sonderbundskrieg Übersiedlung nach Wien, dann Rückkehr nach Sankt Gallen und Tätigkeit als Advokat. Wahl zum Regierungsrat, dann zum Landammann. 1861 Rückzug aus der Politik.

[6] JUFER MAX, Das Siebnerkonkordat von 1832 (1953), S. 255.

[7] Art. 2.

Die «progressiven» Regenerationskantone, oder besser gesagt: deren politische Leiter, trieben das Revisionswerk weiter voran, sodass in der Sommertagsatzung des folgenden Jahres mit $13^1/2$ Stimmen der Grundsatzbeschluss auf Revision des Bundesvertrages zustande kam und gleichzeitig eine Kommission von 15 Mitgliedern gebildet wurde[8]. Dass das Unternehmen ein schwieriges werden würde, zeigte sich allein darin, dass sich Glarus, Zug, Appenzell-Innerrhoden, die Urkantone, Tessin, Wallis und Neuenburg gegen jede Revision erklärt hatten, ja Schwyz und Unterwalden die Auffassung vertraten, es bedürfe für die Revision des Bundesvertrages eines einstimmigen Beschlusses.

2. Der Entwurf der Bundesurkunde

Der Entwurf für eine «Bundesurkunde der Schweizerischen Eidgenossenschaft vom 15. Dezember 1832»[9], verfasst von Gallus Jakob Baumgartner, und von der von der Tagsatzung ernannten Revisionskommission schliesslich verabschiedet, will zwei Ziele erreichen. Einerseits will er die Bundesgewalt stärken, anderseits den Kantonen grossen Spielraum belassen. Die Schaffung eines Einheitsstaates wurde von der Kommission nicht ernsthaft diskutiert, denn diese hatte, so ihr Berichterstatter Pellegrino Rossi[10], den Auftrag, «einen praktikablen Vorschlag vorzubereiten». Die Arbeit der Kommission ist gekennzeichnet einerseits durch das Bestreben, einen

[8] Beschluss vom 17. Juli 1832.
[9] *Quellenbuch* S. 348 ff.
[10] ROSSI PELLEGRINO, 1787–1848. Geboren in Carrara, Italien. Studierte die Rechte und wurde in jungen Jahren Professor für Strafrecht in Bologna. Liberal und national gesinnt, stand er mit den radikalen Carbonari in Verbindung. 1815 musste er aus politischen Gründen aus Italien emigrieren. Er gelangte nach Genf, erhielt dort eine Professur, heiratete eine Genferin und erwarb das Genfer Bürgerrecht. 1820 wurde er in den Genfer Grossen Rat, 1832 zum Genfer Tagsatzungsabgeordneten gewählt. Als Vorsitzender der Tagsatzungskommission hauptverantwortlich für die Revision der Bundesurkunde, die «Pacte Rossi», die jedoch politisch keinen Erfolg hatte. Darüber bekümmert und in finanziellen Schwierigkeiten, suchte er ein neues Wirkungsfeld. Dank dem Einfluss von Guizot erhielt er am Collège de France in Paris einen Lehrstuhl und hielt dort als erster in Frankreich eine Vorlesung über Verfassungsrecht. 1845 wurde er französischer Gesandter in Rom. Nach dem Sturz Guizots blieb er in Rom und wurde von Papst Pius IX. mit der Regierungsbildung und gleichzeitig der Ausarbeitung einer Verfassung für den Kirchenstaat beauftragt. Er wollte dies in liberalem und nationalem Sinne tun, wurde aber am 15. November 1848 von politischen Gegnern in Rom erdolcht.

«Bundesstaat» zu errichten, jedoch unter gleichzeitiger möglichster Schonung der kantonalen Staatlichkeit. Dieses Bestreben gibt dem Entwurf einen stark kompromisshaften Charakter, ähnlich der Bundesverfassung der Mediationsakte, auf welche sich der Berichterstatter der Tagsatzungskommission Pellegrino Rossi in seinem Bericht «Rapport de la Commission de la Diète aux vingtdeux cantons suisses sur le projet d'acte fédéral par elle délibéré à Lucerne, le 15 décembre 1832, Genève 1832» auch wiederholt beruft. Das Kompromisshafte zeigt sich bereits in den verwendeten Begriffen: Das neue «Grundgesetz» («loi fondamentale») wird zur möglichsten Schonung der kantonalen Souveränitätsgefühle nicht «Bundesverfassung», sondern eben «Bundesurkunde» genannt. Gleichzeitig bilden aber die als «souverän» bezeichneten, durch den Bund vereinigten Kantone «in ihrer Gesamtheit einen unauflöslichen Bundesstaat: die Schweizerische Eidgenossenschaft»[11]. Der Bund hat zum Zweck die «Beförderung der gemeinsamen Wohlfahrt der Eidgenossen, Schuz ihrer Rechte und Freiheiten, Erhaltung der Unabhängigkeit und Neutralität des Vaterlandes». Dass ein wirklicher Bundesstaat geschaffen werden soll, zeigt sich vor allem daran, dass der Bund die «Rechte und Freiheiten» der Eidgenossen schützen soll. Es wird also eine direkte Beziehung, ein Durchgriff zwischen den einzelnen Eidgenossen und dem Bund geschaffen; allerdings wurde dieser Gedanke in der Folge nur in Ansätzen verwirklicht. Auch der Gewährleistungsartikel zeigt die Absicht, von der Konstruktion des Staatenbundes abzugehen: Während noch in der Mediationsakte die Kantone sich gegenseitig die Verfassungen und ihr Gebiet gewährleisteten, ist es nun der Bund, welcher den «Kantonen ihr Gebiet, ihre Souveränität und Unabhängigkeit ..., die Aufrechterhaltung der öffentlichen Ordnung in ihrem Innern, ihre Verfassungen und nach Inhalt derselben die Rechte und Freiheiten des Volks ...» gewährleistet. Der Bund ist zur militärischen Intervention in den Kantonen verpflichtet, wenn diese ihn anrufen oder wenn sie bei gestörter Ordnung dazu nicht in der Lage sind – eine Bestimmung, die nach dem Bericht von Rossi der amerikanischen Unionsverfassung entnommen ist. Die Kantone werden verpflichtet, ihre Verfassungen der Bundesbehörde «zur Einsicht» vorzulegen. Diese übernimmt ihre Gewährleistung, sofern sie erstens «nichts den Vorschriften der Bundesurkunde Zuwiderlaufendes enthalten», wenn sie zweitens «die Ausübung der politischen Rechte nach repräsentativen oder demokratischen Formen sichern, dieselbe keiner Bürgerklasse

[11] Art. 1.

ausschliesslich zuwenden und keine Unterthanenverhältnisse zwischen einzelnen Theilen des Kantons dulden», und schliesslich drittens, dass die Verfassungen «revidiert werden können»[12].

Die «Bundesurkunde» enthält keine Erklärung einer allgemeinen Rechtsgleichheit der Eidgenossen; sie ist sehr vorsichtig und verlangt sogar bei den politischen Rechten nicht die Verwirklichung des Kopfzahlprinzips oder die Beseitigung von Zensuswahlbestimmungen: Indem nach Artikel 6 die Gewährleistung der Kantonsverfassungen auch erteilt wird, wenn die politischen Rechte «keiner Bürgerklasse ausschliesslich» zugewendet werden, hat man die Regelung der Mediationsverfassung übernommen. Die Kantone müssen – unter Ausserachtlassung des Problems von Neuenburg – repräsentativdemokratisch oder, was vor allem die Landsgemeindekantone betrifft, «demokratisch» ausgestaltet sein. Die Bundesurkunde gewährleistet an Individualrechten nur die – allerdings bedeutsame – Niederlassungsfreiheit[13] und die Petitionsfreiheit[14]. Die Rechtsgleichheit hat nur zum Inhalt, dass die Kantone die Angehörigen der anderen Kantone in bezug auf «Steuern, Schuld- und Concurssachen, Erbverhältnisse und ... des gerichtlichen Verfahrens» nicht anders als die eigenen Kantonsangehörigen behandeln dürfen[15]. Grösstes Gewicht legt die Bundesurkunde auf die Freiheit des Warenverkehrs innerhalb der Eidgenossenschaft, was die Schaffung eines Bundesmonopols für Zölle[16] und die Einschränkung kantonaler Gebühren, Bewilligungen und Handels- und Verkehrshemmnissen aller Art bedeutet. Ferner sollen das kantonale Postwesen und das Münzwesen vom Bund übernommen werden[17]; es soll der Bund auch gleiches Mass und Gewicht einführen können[18], und ihm stehen Fabrikation und Verkauf des Schiesspulvers zu[19]. «Jeder Schweizer ist Soldat», und es soll eine aus kantonalen Kontingenten gebildete «Bundesmacht» aufgestellt werden.

Die Organisation des Bundes wird wie folgt festgelegt: Die oberste Bundesbehörde ist die 44 Mitglieder umfassende Tagsatzung, in die jeder Kanton zwei Mitglieder entsendet. Die Kommission hat

[12] Art. 6.
[13] Art. 36.
[14] Art. 37.
[15] Art. 40.
[16] Art. 15.
[17] Art. 26 f.
[18] Art. 28.
[19] Art. 29.

also am Prinzip der gleichen Repräsentation der Kantone im Bund festgehalten und die Stärke der Vertretung der Kantone nicht von der Bevölkerungszahl abhängig gemacht. Dieser zentrale Punkt war in der Kommission umstritten, und der Entscheid hat ihr offensichtlich Probleme bereitet, wie Rossis Bericht zeigt. Die Volkssouveränität und die gleiche Repräsentation der Kantone seien, so stellt der Bericht fest, unvereinbar miteinander. Zugunsten der Vertretung nach der Bevölkerungszahl werden jedoch in der Folge die naturrechtlichen Argumente, wie sie vor Jahresfrist in den kantonalen Verfassungsräten vorgetragen worden sind, verschwiegen. In geschickter Begründungsweise des Juristen geht Rossi als Basis seiner Argumentation immer von den Kantonen aus. Er spricht von der «ungleichen Repräsentation» («représentation inégale») immer dann, wenn er die Ungleichbehandlung der Kantone meint, spricht aber nicht ausdrücklich vom Gegenstück, der «gleichen Repräsentation» der einzelnen Schweizer[20], womit bei dieser entscheidenden Machtfrage die individualistische Zugrundelegung des neuen Bundes in Frage gestellt wird. Die gleiche Repräsentation der Kantone ergebe sich, so der Bericht weiter, weil die Kantone als politische Körper «gleich, unabhängig und souverän seien, unabhängig vom Territorium, der Bevölkerung und des Reichtums». Die Macht der Kantone könne verschieden sein, das Recht sei das gleiche: «Les cantons ... sont égaux comme corps politiques, indépendans et souverains. La puissance peut être diverse: le droit est le même», schrieb Rossi im Bericht der Tagsatzungskommission. Er führte weiter aus, die Vereinigten Staaten von Amerika hätten die ungleiche Repräsentation – der Einzelstaaten – zugelassen; doch dies sei nur scheinbar so, denn dort bestünden zwei Kammern, und im Senat würden zwei Vertreter jedes Staates sitzen. In der Schweiz könne man jedoch ein solches Zweikammersystem nicht einführen, weil das zuviel koste. Eine genaue Darstellung des amerikanischen Zweikammerprinzips und eine sorgfältige Prüfung von dessen Anwendbarkeit in der Schweiz fehlt indessen; das amerikanische System wird nur hilfsweise beigezogen. Immerhin wird die amerikanische Verfassung von Rossi in die Diskussion eingeführt, und es ist anzunehmen, dass dann Troxler seine weiterführenden Ideen zum Zweikammerprinzip in seinem Verfassungsentwurf hier aufgenommen hat. Und weiter: Die ungleiche Repräsentation – der Kantone – wäre eine Art Eroberung zum Nutzen einiger grosser Kantone. Müsste man dann, so wird gefragt, erstaunt sein, wenn diejeni-

[20] S. 81 f.

gen Widerstand leisten würden, welche sich heute im vollen Genuss ihrer Rechte befinden? («L'inégalité de la représentation serait une sorte de conquête au profit de quelques états. Peut-on s'étonner de la résistance de ceux qui jouissent aujourd'hui de la plénitude de leur droit?»). Würde man aber eine Vertretung nach der reinen Bevölkerungszahl schaffen, so würde sich eine Tagsatzung von 200 Mitgliedern ergeben; wollte man auch noch jedem Halbkanton einen Vertreter zugestehen, so müsste diese Zahl verdoppelt werden, was unpraktikabel sei. Nachdem im Bericht auch das Repräsentationssystem der Meditionsakte verworfen wird, entscheidet sich also die Tagsatzungskommission für die gleiche Repräsentation der Kantone und die ungleiche der einzelnen Schweizer, also für dasselbe Prinzip, wie es schon nach dem Bundesvertrag von 1815 bestanden hatte, während noch die Mediationsakte den sechs volksreichsten Kantonen die doppelte Vertretungsmacht als den anderen zugestanden hatte. Die grossen Kantone müssten sich, so wird der Entscheid gerechtfertigt, durch ihr moralisches Gewicht an die Spitze des Bundes setzen («C'est par l'influence morale que les grands cantons doivent se placer à la tête de la Confédération»). Dort werde ihnen niemand den Einfluss bestreiten, wenn sie ihn für das Wohl des gemeinsamen Vaterlandes, für die Ehre der Schweiz ausüben. Und – so schliesst der Bericht in beinahe unerträglicher Dialektik: «Wenn wir für die grossen Kantone eine stärkere Vertretung vorgeschlagen hätten, so wäre ihr natürliches Übergewicht in ihrer Grundlage erschüttert worden. Man ist dankbar um den Schutz eines starken und erleuchten Freundes; man leistet aber den Forderungen eines Höheren gerne Widerstand.» («En proposant pour eux une plus forte représentation, nous aurions sapé dans sa base la prépondérance naturelle des grands cantons. On est reconnaissant de la protection d'un ami fort et eclairé; on résiste volontiers aux exigences d'un supérieur.»). Die Anwendung des Kopfzahlprinzips hat man allerdings bei den kantonalen Kontingenten für die «Bundesmacht» nicht gescheut: Während Uri 472 Mann stellen muss, sind es für Bern 11 648 Mann!

Die so zusammengesetzte Tagsatzung ist die gesetzgebende und staatsvertragschliessende und, in Konkurrenz mit dem «Bundesrath», auch vollziehende Behörde. Sie legt den Voranschlag fest, entscheidet über Krieg und Frieden und gewährleistet die Kantonsverfassungen, um nur ihre wichtigsten Obliegenheiten zu nennen. Die Geschäfte der Tagsatzung werden in drei Kategorien eingeteilt: Die erste umfasst die wichtigsten Geschäfte: Hier kann die Tagsatzung nur entscheiden, wenn die Kantone dafür «Instruktionen» erteilen. Bei der zweiten kann die Tagsatzung ohne Instruktionen entscheiden;

ihre Entscheide unterliegen aber der nachträglichen Genehmigung der Kantone. Und bei der dritten Kategorie der Geschäfte, derjenigen mit der geringsten Bedeutung, kann die Tagsatzung von sich aus alle erforderlichen Beschlüsse fassen. Die Tagsatzung soll öffentlich tagen; sie wird von dem der Mediationsverfassung entlehnten «Landammann der Schweiz» präsidiert. Die Kommission sah darin, dass die gesetzgebende Behörde vom Vorsitzenden der vollziehenden präsidiert wird, «keine Gefahren», vor allem deshalb nicht, weil jener an den Diskussionen der Tagsatzung nicht teilnehmen dürfe: «Un président qui discute est juge et partie.» Die Lösung ergab sich, weil man, wie die Kommission ausführte, nicht einen Tagsatzungsabgeordneten zum Vorsitzenden habe machen können, denn es wäre sonst einem Kanton die Hälfte seiner Delegation entzogen worden. Das Initiativrecht in der Tagsatzung, das heisst das Recht der «Anbahnung von Geschäften», kommt dem Bundesrat, den Kantonen und den Mitgliedern der Tagsatzung zu.

Die «leitende und vollziehende» Behörde der Eidgenossenschaft ist ein Bundesrat, der aus dem «Landammann der Schweiz» und vier Bundesräten besteht. Ersterer wird «durch die Kantone erwählt», die Bundesräte werden hingegen von der Tagsatzung gewählt; die Amtsdauer beträgt für alle vier Jahre. Von den vier Bundesräten übernimmt jeder eines der vier Departemente des Äussern, des Innern, des Militärs und der Finanzen[21]. Der Bundesrat vertritt den Bund gegen aussen und innen. Er hat das Vorschlagsrecht für Gesetze und Beschlüsse und verfügt über umfangreiche Wahlbefugnisse. Die Mitglieder des Bundesrates sind für ihre Verrichtungen verantwortlich. Dem Bundesrat steht eine Bundeskanzlei zur Verfügung. Sitz des Bundesrates und damit Bundesstadt ist Luzern.

Ein aus neun Mitgliedern bestehendes Bundesgericht ist zunächst Zivilgericht, in erster Linie für Streitigkeiten zwischen den Kantonen unter sich sowie zwischen dem Bund und einem Kanton, letzteres auf Überweisung durch den Bundesrat. Das Bundesgericht entscheidet ferner über Streitigkeiten in bezug auf Heimatlosigkeit. Als Kriminalgericht urteilt es über Bundesräte und Beamte, die von der Tagsatzung in den Anklagestand versetzt werden, ferner über Fälle von Hochverrat, um hier das Wichtigste zu erwähnen. Einzelne Schweizer können das Bundesgericht nicht anrufen.

Die Bundesurkunde kann revidiert werden, jedoch nicht vor Ablauf von zwölf Jahren seit Erlass derselben. Zur Revision bedarf es

---

[21] Art. 79.

zunächst eines Antrages von fünf Kantonen, der in der Tagsatzung der Zustimmung von zwölf Kantonen bedarf. Ein von einer Kommission und in der Folge von der Tagsatzung erarbeiteter Entwurf geht an die Kantone. In der Folge entscheidet die Tagsatzung nach Instruktionen. Die revidierte Bundesurkunde unterliegt dann der «Sanction» durch die Kantone. Sie kann nur in Kraft treten, wenn ihr wenigstens 15 Kantone zustimmen.

In den «Schlussbestimmungen» wird festgelegt, dass die Abstimmung über gegenwärtige Bundesurkunden in den Kantonen erfolgt. Über die Voraussetzungen des Inkrafttretens wird nichts gesagt; offenbar herrschte die Meinung, dass die einfache Mehrheit der Kantone genügen solle. Diese Schlussbestimmungen waren politisch und juristisch äusserst heikel, denn der Bundesvertrag von 1815 enthielt keine Revisionsklausel, und die nicht dem liberalen Lager angehörenden Kantone bestritten das Recht, diesen mittels einfachem Mehrheitsbeschluss abändern zu dürfen, wenn nicht gar das Recht auf Abänderung selbst. Die Kommission vertrat jedoch entschieden die Meinung, der Bundesvertrag müsse revidiert werden können. Die unbeschränkte Dauer des Bundes, die wir alle wünschten, und die absolute Unbeweglichkeit des Bundesvertrages seien zwei Ideen, die nicht durcheinandergebracht werden dürften. Der Bund könne nur ewig sein, wenn der Bundesvertrag den Anforderungen der Zeit angepasst werde.

Der Entwurf der Bundesurkunde wurde den Kantonen zugestellt; diese liessen sich vernehmen und machten zahlreiche Abänderungsvorschläge, die von der Kommission beraten wurden. Die Tagsatzung vom 13.–15. Mai 1833 stimmte einer bereinigten Fassung zu. Es wurden zahlreiche Abänderungen gegenüber der Kommissionsfassung vom 15. Dezember 1832 vorgenommen. So wurden die Befugnisse des Bundes an vielen Stellen verringert; insbesondere wurden die bestehenden kantonalen Zölle wieder toleriert, die Einführung von gleichem Mass und Gewicht aufgeschoben, das Pulvermonopol des Bundes aufgehoben, die Bestimmung, welche das Postwesen zur Bundessache machen wollte, in ein blosses «Beaufsichtigungsrecht» umgewandelt. Die Zahl der Geschäfte, für welche die vorherige Instruktion durch die Kantone nötig ist, wurde vermehrt, und die einzelnen Tagsatzungsmitglieder verloren das Recht zur Initiative in der Tagsatzung.

Die «Bundesurkunde» von 1833 bedeutete keine Sternstunde schweizerischer Verfassungsgebung. Dem Werk ermangelte eine klare Linie. In den meisten entscheidenden Fragen sind wenig überzeugende, teilweise geradezu kleinliche, krämerhafte Kompromisse eingegangen worden; so wurde beispielsweise in Abänderung der ersten Fassung festgelegt, dass das als Bundesstadt vorgesehene Luzern dem Bund nicht nur die notwendigen Räume zur Verfügung zu stellen, sondern diese auch «gehörig mit Feuerung und Licht» zu versehen habe! Die Änderungen erfolgten in der Regel zugunsten der konservativen und föderalistischen Richtung. Der neue Bund hätte nun seine Legitimation fast einzig von den Kantonen bezogen. Das korporative Element wäre dominierend geworden, und das rational-individualistische Element, wie es nun in den zahlreichen neuen Kantonsverfassungen verankert war, fehlte als Basis des Bundes weitgehend, während das verschwommene, machtverschleiernde Denken der Mediationsakte wieder auflebt, wie sich allein schon in der Bezeichnung der obersten Organe (Tagsatzung, Landammann) zeigt. Die Bundesurkunde schützt in erster Linie die Kantone und kaum die «Rechte und Freiheiten» der Eidgenossen, wie man nach dem Wortlaut des Zweckartikels [22] meinen könnte. Überhaupt stand der Inhalt der Bundesurkunde in einem merkwürdigen Gegensatz zu ihrem vielversprechenden Zweckartikel. Der Auffassung von Eduard His, die Bundesurkunde sei ein «kühner und konsequenter Wurf im Vergleich zum geltenden Bundesvertrag» [23], kann daher nicht zugestimmt werden. Der Bundesvertrag von 1815 war tatsächlich in seiner föderalistisch-konservativen Richtung konsequent gewesen, was man von der Bundesurkunde im Hinblick auf die grössere Staatseinheit nicht sagen kann. Das Beste an ihr waren die inhaltlich dem Staatsdenken der Regeneration verpflichteten, hervorragend formulierten Artikel 1–13, von denen dann tatsächlich ein erheblicher Teil in die Bundesverfassung von 1848 übernommen werden sollte.

3. Das politische Schicksal der «Bundesurkunde»

Die Bundesurkunde wurde nun den Kantonen zum Entscheid unterbreitet; dort entschieden mehrheitlich die Grossen Räte, in einigen Kantonen, so Solothurn, Baselland, Thurgau, Luzern sowie in den Landsgemeindekantonen die Bürger selber. Der Entwurf fand in den Kantonen, seinem Kompromisscharakter entsprechend, eine sehr geteilte Aufnahme. Den Liberalen der deutschen Schweiz und den Radikalen war er zu föderalistisch und zu konservativ; vor allem die Radi-

---

[22] Art. 3.
[23] HIS EDUARD, Geschichte des neuern Schweizerischen Staatsrechts II (1929), S. 99.

kalen fanden ihn nicht vereinbar mit den Grundlagen der Regenerationsverfassungen. Sie träumten von einem schweizerischen Verfassungsrat, der vom Volk zu wählen gewesen wäre, und hofften, so zu einer zentralisierten, demokratischen und individualistischeren Bundesverfassung zu gelangen; sie lehnten daher – an führender Stelle der Luzerner Professor Troxler – das, wie er es nannte, «neue Stanzerverkommnis», diese «Ausgeburt unserer Zeit, den centralisierten Föderalismus» ab. Die Föderalisten und Konservativen lehnten die Bundesurkunde ab, weil sie einerseits gar keine Revision des Bundesvertrages wünschten und weil der neue Vorschlag anderseits die selbständige Stellung der Kantone zu stark eingeschränkt hätte. Sogar der von den Liberalen geführte Kanton Waadt lehnte den Entwurf ab, ebenso Tessin. Zustimmung fand er nur in Zürich, Solothurn, hier allerdings nur mit Hilfe der Zählung der Nichtstimmenden als Annehmende, sowie in Bern, Freiburg, Thurgau, Glarus, Schaffhausen, Baselland und, knapp allerdings, in St. Gallen. Im Schlüsselkanton Luzern hatte der von den Liberalen dominierte Grosse Rat mit 74 gegen 4 Stimmen den Entwurf angenommen. In der Volksabstimmung wurde er jedoch mit 11 412 gegen 7307 verworfen, wobei in der Zahl der Annehmenden nach dem autoritären liberalen Veto-Prinzip auch die Nichtstimmenden enthalten waren! Die Ablehnung der Bundesreform in Luzern – wo ja der Bundessitz hätte errichtet werden sollen – bedeutete das Scheitern dieses Vorhabens. Gleichzeitig wurde den dortigen Liberalen zum ersten Mal richtig klar, dass ihr «Kapazitätenregiment» im Volk nicht verwurzelt war. Die den restaurativen Geist der Heiligen Allianz bewahrenden Ostmächte unter der Führung Österreichs beobachteten mit Genugtuung das Scheitern der eidgenössischen Bundesreform.

4. Die nichtamtlichen Verfassungsentwürfe

Drei Radikale haben im selben Jahr Verfassungsentwürfe publiziert, welche vorläufig aus politischen Gründen keine Wirkungen hatten. Später spielten sie aber eine nicht unerhebliche Rolle.

a) Der Entwurf von Ignaz Paul Vital Troxler

An erster Stelle zu nennen ist die Broschüre des Philosophieprofessors Ignaz Paul Vital Troxler mit dem Titel «Die eine und wahre Eidgenossenschaft im Gegensatz zur Centralherrschaft und Kantonsthümelei so wie zum neuen Zwitterbunde beider; nebst einem

Verfassungsentwurf» (1833). Troxler kritisiert im ersten Teil der Broschüre in etwas übertriebener und oft polemischer Art die «Bundesurkunde» der Tagsatzungskommission. Vor allem macht er geltend, die von der Tagsatzungskommission befolgte Lehre von einer «doppelten Souveränität» von Bund und Kantonen sei «nur Täuschung oder Trug, nur Wahn oder Lüge ...» Es müsste, sollte diese Lehre stimmen, «zwei Nationen geben, wovon die eine über den Kantonen im Bunde, und die andere ausser dem Bunde in den Kantonen stünde ...»[24]. Es folgen dann in der Broschüre Troxlers teilweise etwas wirre Ausführungen über Geschichte, Staat und Recht bis zur entscheidenden Stelle: «Indem ich lang und ernst ... nachsann, trat mir ein glänzendes und glückliches Beispiel der Lösung aus Wirklichkeit und Geschichte vor Augen. Es ist die Bundeseinrichtung Nordamerikas.» Die Verfassung der «Vereinstaaten von Nordamerika», so fährt Troxler geradezu schwärmerisch fort, «ist ein grosses Kunstwerk, welches der menschliche Geist nach ewigen Gesetzen seiner göttlichen Natur schuf ... in ihr liegt ein Muster und Vorbild für Anordnung des öffentlichen Lebens der Republiken im Allgemeinen und für die Gliederung eines jeden volkstümlichen Bundesstaats, in welchem das Ganze und die Theile frei und gleich sein sollen». Die amerikanische Verfassung erlaubt es nach Troxler, zwei Prinzipien in den obersten Bundesbehörden zu «versöhnen», denn es soll «im Bunde zum Behuf der Selbständigkeit im Innern und der Unabhängigkeit von Aussen, die Kantonsverschiedenheit wie die Nationaleinheit ihre Stellvertretung und Gewährleistung finden».

Troxler hat mit der Propagierung des amerikanischen Zweikammersystems als erster diese Idee politisch wirksam vertreten. Völlig neu war sie indessen nicht, war doch in den Kämpfen um eine verbesserte helvetische Verfassung mehrfach eine Übernahme der amerikanischen Unionsverfassung angeregt worden. So hatte etwa der helvetische Politiker Johann Georg Müller[25] in einem Brief im Mai

---

[24] S. 20.
[25] MÜLLER JOHANN GEORG, 1759–1819. Geboren in Neunkirch, Schaffhausen, als Sohn des dortigen Pfarrers. Theologiestudium in Zürich, Göttingen und Weimar. 1782 Dr. theol. Ab 1794 Professor für Griechisch und Hebräisch am Gymnasium in Schaffhausen. 1798 Wahl in den helvetischen Grossen Rat und Mitglied der Schaffhauser Verwaltungskammer. Vorschlag der Gründung einer nationalen Akademie der Schweiz. Ab 1801 bis zu seinem Tode als Schaffhauser «Oberschulherr» mit der Errichtung eines kantonalen Schulsystems beauftragt. 1803–1809 Mitglied des Schaffhauser Grossen und Kleinen Rats. Zahlreiche aufgeklärte philosophische und theologische Schriften. Als Bruder des Historikers Johannes von Müller verwaltete er dessen schriftstellerischen Nachlass.

1799 geschrieben: «Wir sind hier der Meinung, dass, mit gehörigen Modifikationen, die amerikanische Verfassung noch am besten für uns taugen würde. Da ist Einheit und doch behält jeder Kanton seine Individualität.»[26] Und Ende 1830 hatten zwei ehemals in französischen Diensten stehende westschweizerische Offiziere erneut die Übernahme des amerikanischen Systems empfohlen[27]. Es war dieser Gedanke für die Schweiz auch naheliegend, war doch die Eidgenossenschaft gleich wie die amerikanische Union aus einem Zusammenschluss von Staaten entstanden, und war doch letztere zu jener Zeit die einzige repräsentative, bundesstaatliche Demokratie auf der Welt.

In seinem folgenden Verfassungsentwurf[28] erklärt Troxler, an den Philosophen Hegel anklingend, die «Einheit des Ganzen soll mit der Selbständigkeit der Theile vereinigt werden, und demnach muss die Souveränität der Nation durch eine allgemeine und eine besondere Repräsentation im Bunde dargestellt werden»[29]. Die «allgemeine» Repräsentation ist die der Schweizerbürger, die «besondere» die der Stände. Interessant ist die Art und Weise, wie Troxler das Problem der Souveränität im Bunde löste; dieses Problem bewegte nämlich die Gemüter im 19. Jahrhundert ungemein stark, in erster Linie deshalb, weil der Begriff der Fürstensouveränität zur Zeit des Ancien Régime eine mythisch überhöhte Aura in sich trug und diese nun durch die rational-naturrechtlich begründete Volkssouveränität ersetzt werden sollte. In den konstitutionellen Monarchien hat man den Konflikt zwischen Königssouveränität und Volkssouveränität dadurch gelöst, indem man nach dem Muster der französischen Verfassung von 1791 die «Nation» als souverän erklärte. Troxler stand in seinem Verfassungsentwurf vor dem Problem, wer in dem aus Kantonen und Bund gebildeten Bundesstaat «souverän» sei. Nachdem er, wie dargelegt, die in der «Bundesurkunde» vorgenommene, auf Kantone und Bund aufgeteilte Souveränität ablehnte, erklärt er in analoger Weise einfach die «Nation» zum einzigen Souverain[30].

Aber der radikale Theoretiker Troxler gibt dem Volk im Bundesstaat dann im vierten Abschnitt des Entwurfs doch einen höheren Stellenwert als den Kantonen, wenn er schreibt, die «Repräsentation der Nationalität ruht auf der Bevölkerung», denn sie ist ja nach ihm

---

[26] Rappard William, Notre Grande République Sœur (1916), S. 33.
[27] His Eduard, Geschichte des neuern Schweizerischen Staatsrechts II (1929), S. 192.
[28] *Quellenbuch* S. 373 ff.
[29] § 2.
[30] § 34.

die «ursprüngliche und allgemeine», während die Kantone nur die «abgeleitete und besondere» Stellvertretung sind[31]. Der Entwurf von Troxler befolgt also nicht genau das Bauprinzip der amerikanischen Unionsverfassung, welche dem Senat – der Vertretung der Gliedstaaten – mehr Befugnisse als dem Repräsentantenhaus, der Volkskammer, gibt. Die Volkskammer soll nach Troxler eine etwas überhöhte Stellung und gegenüber der Kantonskammer verschiedene Aufgabe erhalten: So soll stets von der Volkskammer die Initiative zur Gesetzgebung ausgehen und die Kantonskammer – der Senat – nur die prüfende und entscheidende Instanz sein[32], gleich wie es auch in der Helvetischen Verfassung geregelt war. Der Verfassungsentwurf sieht, im Gegensatz zur «Bundesurkunde», eine vollständige Garantie der individuellen Freiheitsrechte in teilweise enger Anlehnung an die französische Erklärung der Menschen- und Bürgerrechte von 1789. So hat Troxler insbesondere fast wörtlich ganz oder zum Teil die Artikel 5–7, 12–14 sowie 17 der französischen Erklärung übernommen – jedoch ohne die Quelle zu nennen. Es fehlen auch nicht das Recht der Bürger, «sich zu bewaffnen, sich zu versammeln, Vereine zu bilden und sich mit Vorstellungen an alle Regierungsbehörden zu wenden», das Recht auf «ungestörte Entwicklung und freien Gebrauch der Kräfte» und die Freiheit des Handels und Verkehrs. Das Gebiet des Bundesstaates soll nach Troxler als ein «unverletzbares Asyl, als eine heilige Zufluchtstätte für alle politischer Meinungen oder Vergehen willen Verfolgte» erklärt werden. Die «höchste Sorge» der obersten Behörden soll die Nationalbildung sein, und der Bund anerkennt «die Herrschaft geistiger und sittlicher Ideen und Grundsätze über materielle Interessen und Kräfte».

Eine allgemeine Rechtsgleichheit statuiert der Entwurf von Troxler nicht. Die von ihm vorgesehenen Zuständigkeiten des neuen Bundes sind sehr umfangreich; sie bedürfen noch der näheren Konkretisierung durch das Gesetz. Mit dem höchsten Gericht des Bundes, dem «Obergericht», befasst sich bezeichnenderweise der Entwurf des radikal-demokratischen Theoretikers nicht näher.

b) Der Entwurf von Karl Kasthofer

Ein weiterer radikaler Politiker, der Berner Forstmeister Karl Kasthofer, hat im gleichen Jahr eine Arbeit mit dem Titel «Das Schwei-

---

[31] § 38 und § 34.
[32] § 43.

zerische Bundesbüchli» 1833 veröffentlicht. Letzteres enthält einen «Vorschlag zu einer neuen schweizerischen Bundesakte», die «Prüfung des Zürcher Vorschlages», das heisst der Bundesurkunde sowie eine deutsche Übersetzung der «Bundesakte der Nordamerikaner». Auch der Verfassungsentwurf von Kasthofer ist offensichtlich ebenfalls eine Reaktion auf die durch die Radikalen negativ beurteilte Bundesurkunde. Die Kritik Kasthofers an ihr ist jener Troxlers ähnlich; Kasthofer bemängelt neben vielem anderen, dass in der ganzen Bundesurkunde der «schöne Name des Schweizervolkes» gar nicht vorkomme. Der Verfassungsentwurf ist rudimentär und kurz; er unterscheidet sich von jenem von Troxler, was die Individualrechte und die Bundesaufgaben betrifft, nicht wesentlich. Die Aufgabenteilung zwischen den beiden gesetzgebenden Kammern ist ebenfalls gleich wie bei Troxler vorgesehen – mit einer wichtigen Abweichung: Die Entscheide des Senates über die von der Nationalversammlung vorgeschlagenen Gesetze und Beschlüsse sind nur wirksam, «wenn die Kantone, deren Repräsentanten dafür stimmen, zwei Drittel der gesammten Bevölkerung zählen»[33]. Was bezweckte Kasthofer mit dieser Bestimmung? Man kann annehmen, dass er die Annahme von Gesetzen oder Beschlüssen mit einer Mehrheit von (kleinen) Kantonen, die nur eine Minderheit der gesamten Schweizerbevölkerung repräsentieren, verhindern wollte. Er hat also ein «Volks»-Element in die Kantonsvertretung, den Senat, hineingebracht. Wie kam er auf die Zweidrittelsmehrheit? Wohl durch Übernahme aus der amerikanischen Verfassung, nach welcher das Veto des Präsidenten zu einem Gesetzesvorschlag nur beseitigt werden kann, sofern zwei Drittel der Repräsentanten (Volksvertreter) und Senatoren (Staatsvertreter) das Gesetz in nochmaliger Abstimmung gutheissen.

Im Sommer 1834 versuchte der Vorort Zürich erneut, die Bundesreform in Gang zu bringen. Es wurde, obwohl die Meinungen in der Tagsatzung weiterhin sehr geteilt waren, erneut eine Kommission zur Prüfung der Frage eingesetzt. Die Beratungen derselben kamen jedoch bald ins Stocken, in erster Linie deshalb, weil man über die Frage des gleichen Vertretungsrechts im Bund nicht einig wurde. Die Kommissionsmitglieder der Kantone Zürich, Luzern, St. Gallen, Aargau und Thurgau traten für eine ungleiche, von der Bevölkerung abhängige Vertretung, alle anderen jedoch für die gleiche Vertretungsmacht jedes Kantons ein. Damit musste auch dieser Reformversuch als gescheitert angesehen werden.

[33] II, 4.

c) Der Entwurf von James Fazy

Im Jahre 1837 veröffentlichte dann der Genfer Radikale James Fazy ebenfalls einen Verfassungsentwurf. In seinem «Projet de Constitution Fédérale»[34] schlägt auch Fazy die Schaffung eines Bundesstaates mit zwei Kammern nach nordamerikanischem Muster vor, unter ausdrücklicher Berufung nicht nur auf jenen, sondern auch auf die Vorschläge von Troxler und Kasthofer. Man kann sich fragen, weshalb es gerade drei führende Radikale waren, welche sich am vehementesten für die Übernahme dieses Bauprinzips des amerikanischen Staates einsetzten; die Radikalen waren doch nach ihrem rational-individualistischen Weltbild und ihren historischen Leitbildern in der Französischen Revolution dem Ideal des nationalen Einheitsstaates verpflichtet. Auch waren sie nach der Grundlage ihres Denkens doch der Theorie, dem Prinzip verpflichtet und – anders als die Liberalen – dem Kompromiss abgeneigt. Und gerade sie setzten sich für das bundesstaatliche Zweikammerprinzip ein, das in den Vereinigten Staaten selber als grosser Kompromiss empfunden wurde! Die Antwort auf die Frage gibt James Fazy in den Erläuterungen zu seinem Verfassungsentwurf selber: Es gebe, so schreibt er, andere Radikale wie Bornhauser, Snell und Druey, welche eine einzige Kammer bevorzugten. Doch ich frage sie: «... ist es in Anbetracht des gegenwärtigen kantonalen Egoismus möglich, eine Reform zu erreichen, sofern man den Kantonen nicht eine direkte Garantie für die Aufrechterhaltung ihrer Souveränität lässt? Es ist dies ein notwendiges Übereinkommen.» («... est-il possible devant l'égoisme cantonal actuel, d'obtenir une réforme, si on ne laisse pas aux cantons une garantie directe du maintien de leur souveraineté. C'est une transaction nécessaire.») James Fazy hat also, gleich wie Troxler und Kasthofer, das amerikanische Zweikammerprinzip nicht aus theoretischer Überzeugung, sondern aus realen politischen Gründen in seinen Verfassungsentwurf aufgenommen. Mit diesem Entgegenkommen an die Kantone und an die Konservation hofften sie, das von ihnen zäh und unbedingt angestrebte Ziel, die Schaffung eines starken Bundes, erreichen zu können. Auch Fazy kritisiert die Verfasser der gescheiterten «Bundesurkunde» wegen ihrer zu starken Nachgiebigkeit in der Frage der eidgenössischen Einheit: Diese hätten sich durch die Erinnerung an die Kämpfe zwischen der unitarischen und der föderalistischen Partei (in der Helvetik) einschüchtern lassen; sie hätten geglaubt, diese alten Empfindlichkeiten zu schonen, hätten aber nichts-

---

[34] *Quellenbuch* S. 369 ff.

destoweniger die erloschenen Kämpfe von damals neu belebt. Dabei seien die französischen Republikaner von heute nicht die Terroristen von 1793 und die schweizerischen Unitarier nicht diejenigen von 1798 («Les républicains français d'aujourd'hui ne sont pas les terroristes de 1793, et les unitaires suisses actuels ne sont pas ceux de 1798»).

Welches sind die Charakteristika des Entwurfes von Fazy? Die obersten Behörden des Bundes sind ein Senat, dessen 44 Mitglieder – je zwei pro Kanton – von den kantonalen Gesetzgebern ernannt werden. Die Mitglieder des Senats dürfen von den Kantonen mit bindenden Instruktionen versehen werden; Fazy hat es nicht gewagt, den Kantonen diese Befugnis zu entziehen. Um ihnen entgegenzukommen, hat er ausserdem den Senat als «Chambre Haute» bezeichnet, ohne ihm indessen mehr Befugnisse zu geben. Die zweite Kammer ist die Repräsentantenkammer, bei der eine Kopfzahl von 25 000 Bürgern Anspruch auf einen Sitz hat. Die Mitglieder des Repräsentantenrates werden in direkter Volkswahl bestellt. Die Amtsdauer für die von den Kantonen beziehungsweise vom Bund für ihre Tätigkeit zu entschädigenden Mitglieder von Senat und Repräsentantenkammer beträgt nur ein Jahr. Die Befugnisse der beiden Kammern sind gleich, mit Ausnahme des Rechts für die Wahl der Exekutivspitze, des Landammanns, welcher ausschliesslich von der Repräsentantenkammer für eine Amtsdauer von einem Jahr ernannt wird. Der Landammann ernennt seinerseits drei verantwortliche Minister für die Bereiche Kriegswesen, Finanzen und Inneres sowie Äusseres. Diese Minister können von ihm nach seinem Ermessen entlassen werden. Diese «ministerielle», aber nicht kollegiale Organisation der Exekutive zeigt zwei Elemente des von Fazy bervorzugten amerikanischen Staatsrechts auf: Einerseits das Bestreben, eine starke, aus nur einer Person bestehende Exekutive zu schaffen, und anderseits, die Exekutive möglichst mit dem Volk zu verbinden. Das Bundesgericht besteht aus 22 von den Kantonen für eine Amtsdauer von zehn Jahren gewählten Richtern und aus 300 Geschworenen. Das Bundesgericht ist nicht mehr nur eine Instanz für Streitigkeiten zwischen Kantonen und Bund sowie zwischen jenen unter sich, sondern ein den Individuen wegen behaupteter Verletzung ihrer verfassungsmässigen Rechte zugängliches Gericht. Als verfassungsmässige Rechte sieht der Entwurf Fazys die allgemeine Rechtsgleichheit, eingeschlossen der allgemeine Zugang zu den öffentlichen Stellen, das Eigentum, eingeschlossen das geistige Eigentum, die Meinungs- und Pressefreiheit, die Religionsfreiheit, und – typisch für den Radikalen – die Gewerbefreiheit vor. Die Korporationen, Privilegien und Monopole dürfen nicht wiederaufleben, und innerhalb der Eidgenossenschaft ist der freie Warenverkehr zu gewährleisten. Ferner wird die Gewaltenteilung und die Öffentlichkeit der Verhandlungen der gesetzgebenden Kammern und der Gerichte statuiert. Die kantonalen Verfassungen werden vom Bund nur garantiert, wenn sie diese Rechte enthalten, und wenn sie dem Volk das Recht auf Selbstkonstituierung («droit de se constituer lui-même») zuerkennen. Jeder Bürger eines Kantons soll gleichzeitig auch Schweizerbürger sein.

Aufschlussreich ist die Tatsache, dass Fazy in seinen Verfassungsentwurf das Recht des Bundes aufnimmt, Anleihen aufnehmen zu können. Vordergründig begründet er dies mit dem möglichen Anwachsen des Kapitalbedarfs im Verteidigungsfall. Es schimmert aber deutlich die Absicht durch, dem Staat allgemein Geld für eine unternehmerische Verkehrs- und Wirtschaftspolitik – Fazy nennt den Strassen- und Kanalbau – zu verschaffen, dies im Gegensatz zu den Restaurationsregierungen, welche das Schuldenmachen durch den Staat ablehnten und jeden Betrag sorgfältig hüteten. Es brauche heute, so Fazy, in Anbetracht der Konkurrenz zwischen den Nationen für die Aufrechterhaltung eines Staates mehr als nur Tugend («vertu»). Wenn dieser sich der neuen Mittel entsage, so werde er bald ins Hintertreffen gegenüber anderen geraten, die sich der Mittel zur Vervollkommnung («perfectionnements») für alle Bereiche bedienten. Und, gegen die konservative Art der Staatsführung gerichtet: Die Völker, welche den Vorteil lebendiger Beratungen verweigern, die aus dem Schosse des Volkes durch die Wahl der fähigsten Männer resultieren, welche starke, geordnete und verantwortliche Verwaltungen ablehnen, sind wie dumme Handwerker, die es vorziehen, im tiefen Elend zu vegetieren, anstatt sich des Werkzeuges zu bedienen, das ihre Arbeit abkürzt und verbessert. Der von Fazy hier nur skizzierte wohlfahrtsstaatliche Etatismus, verbunden mit der Einschaltung des Staates in den Kapitalmarkt und einer risikoreicheren Budgetpolitik, sollte bald zu einem bestimmenden Faktor der radikalen Politik werden.

Die drei nichtamtlichen Verfassungsentwürfe skizzieren, wenn man von der Neuerungssubstanz bei den politischen Institutionen ausgeht, mehr als die «Bundesurkunde» die spätere Verfassungsentwicklung.

15. KAPITEL:
DIE POLITISCHE ENTWICKLUNG
IN DEN KANTONEN BIS 1839

1. Beginnende Spaltung

Die Regenerationsbewegung und mit ihr die Schaffung neuer Verfassungen, die Wahl neuer Parlamente, Regierungsräte und Gerichte mit Vertretern vorwiegend der liberalen Richtung hatte faktisch eine politische Spaltung der Eidgenossenschaft bewirkt. Es gab nun zwei Gruppen von Kantonen: eine liberale und eine konservative. Ausserdem spaltete die Bewegung Kantone, wo sich die eine oder die andere Richtung nicht klar duchsetzen beziehungsweise behaupten konnte. Dies war im Kanton Basel der Fall, der ain Auseinanderbrechen war. Im Kanton Schwyz war eine ähnliche Entwicklung im Gang. In Neuenburg war es den Royalisten im Winter 1831/32 gelungen, einen Aufstand der «Republikaner» niederzuwerfen. Die Liberalen fürchteten nun, da sie in den drei genannten Kantonen die grosse politische Kraft der «gegenrevolutionären» altgesinnten Kreise erkennen mussten, um die von ihnen erkämpften Haupterrungenschaften, nämlich die neuen Verfassungen. Besonders in den ganz oder grösstenteils katholischen Kantonen Luzern, Freiburg, Tessin, St. Gallen und Solothurn waren die auf einem weltlichen Rationalismus beruhenden liberalen Ideen und Verfassungen beim einfachen Volk nicht fest verwurzelt. Die dem Volk nun zuerkannte Souveränität wenigstens für Parlamentswahlen und Verfassungsänderungen war ihnen ja von Anfang an nicht ganz geheuer gewesen, wie die Rigiditätsklauseln und die teilweise Beseitigung der Verfassungsräte zeigen. Zur Verteidigung liberaler Grundsätze gegenüber den Konservativen war ja bereits am 25. September 1831 in Langenthal ein «Schutzverein» gegründet worden, dem Gründungen kantonaler Sektionen folgten. Bei den Schwyzer, Neuenburger und Basler Wirren hatten die Liberalen erkennen müssen, dass die Tagsatzung – als Abbildung der gespaltenen Kantone – schwankte, vor allem in der Frage der Gewährleistung der geänderten Verfassungen. Im Fall von Basel hatte sich gezeigt, dass die Tagsatzung die Garantie der gewährleisteten Basler Verfassung von 1831 nicht konsequent handhabe und im Frühjahr 1832 nicht gegen die Lostrennung von Baselland einschritt. Und schliesslich: Einige konservative Kantone hatten im Vorjahr liberalen

Verfassungen die Gewährleistung verweigert. Weil nach Artikel 1 des Bundesvertrages[1] die Kantone «sich gegenseitig ihre Verfassungen» gewährleisten – und nicht der Bund –, ergab sich deswegen eine unklare Situation.

2. Siebnerkonkordat und Sarnerbund

Unter dem Eindruck dieser Tatsachen, Ereignisse und der Einschätzung der politischen Lage schlossen sich die Tagsatzungsabgesandten der sieben regenerierten Kantone Zürich, Bern, Luzern, Solothurn, St. Gallen, Aargau und Thurgau am 17. März 1832 in aller Stille zu einem Konkordat zusammen. Dieses wurde in der Folge von den Grossen Räten dieser Kantone gutgeheissen, allerdings gegen sehr starke Opposition konservativer Kräfte. Dieses «Siebnerkonkordat»[2] ist gemäss Präambel in «Ermangelung näherer Bestimmungen des Bundesvertrages über Umfang und Folgen einer Gewährleistung der Verfassung und in der durch den Paragraphen 6 des Bundesvertrags begründeten Berechtigung geschlossen worden. Die dem Konkordat beitretenden Kantone «gewährleisten» sich «gegenseitig» ihre «auf dem Grundsatz der Volkssouveränität beruhenden ... Verfassungen». Hiedurch «verheissen» sie sowohl die dem Volk jedes Kantons nach seiner Verfassung zustehenden Rechte und Freiheiten, als die verfassungsgemäss aufgestellten Behörden jedes Kantons und ihre verfassungsmässigen Befugnisse aufrechtzuerhalten. Sie gewährleisten sich ferner, dass Änderungen dieser Verfassungen einzig in der durch jede Verfassung selbst festgesetzten Weise vorgenommen werden können»[3]. Wenn, so lautet der Text weiter, «in einem der beitretenden Kantone wegen Verfassungsverletzungen Zerwürfnisse entstehen, welche die allgemeine Ruhe desselben gefährden», so soll eine schiedsrichterliche Vermittlung durch die anderen Kantone erfolgen[4]. Scheitert aber die Vermittlung, so haben die beitretenden Stände «ihr Recht und ihre Pflicht, einander Schutz und Schirm zu leisten und unter Anzeige an den Vorort einander selbst mit bewaffneter Macht einzeln oder in Gemeinschaft zu Hilfe zu ziehen, um Ruhe, Ordnung und Verfassung, wo diese gefährdet sein sollte, aufrecht zu erhalten»[5].

[1] *Quellenbuch* S. 193.
[2] *Quellenbuch* S. 343 f.
[3] Art. 1.
[4] Art. 2.
[5] Art. 5.

Und schliesslich: «Gegenwärtiges Concordat wird mit ausdrücklichem Vorbehalt aller aus dem bestehenden Bundesvertrag hervorgehenden Rechte und Pflichten der beitretenden Kantone sowohl gegen die gesammte Eidgenossenschaft als gegen die einzelnen übrigen Stände abgeschlossen»[6]. Im nachträglich verabredeten Zusatzprotokoll wird unter anderem festgelegt, dass «Jedem Stand der Eidgenossenschaft ... der Beitritt zu diesem Konkordat» vorbehalten sei.

Die Interpretation dieses Siebnerkonkordates ist nicht einfach. Einerseits war tatsächlich der Bundesvertrag von 1815 in bezug auf Umfang und Folgen einer Gewährleistung von Kantonsverfassungen unklar und unvollständig. Das war die Folge seines staatenbündischen Charakters. Der bereits erwähnte Tagsatzungsbeschluss vom 27. Dezember 1830[7] über die Nichtintervention des Bundes bei den in den Kantonen stattfindenden Verfassungsänderungen hatte diesen Charakter noch unterstrichen. Anderseits hatten die liberalen Führer den Wunsch, im Falle eines gegenrevolutionären Putsches zugunsten der liberalen Kräfte intervenieren zu können. Auf die Tagsatzung konnten sie nicht zählen, hatte doch diese im Fall Neuenburgs und im Fall Basels – hier allerdings wegen der Haltung liberaler Kantone selbst! – nicht wirksam interveniert. Die Liberalen hatten daher das an sich verständliche Bedürfnis nach einem wirksamen, im Konfliktsfall starken übergeordneten Bund, der ihre Verfassungen zu schützen hätte, ein Bedürfnis, das auch die nichtregenerierten Kantone hatten. Politisch allerdings wollten die Liberalen einen derartigen Bund nur zugunsten des Schutzes der liberalen, nicht aber auch der konservativen Verfassungen! Aus dieser zwiespältigen Haltung heraus ist das Siebnerkonkordat erwachsen. Es bedeutet inhaltlich eine Vorwegnahme der Revision des Bundesvertrages im liberalen Sinne in der Form eines Separatbundes der sieben liberalen Kantone; insofern wohnt ihm eine revolutionäre Komponente inne. Der Separatbund war mit dem Bundesvertrag von 1815 nicht vereinbar, auch wenn dessen Geltung im Konkordatstext ausdrücklich vorbehalten worden ist[8]: Der Bundesvertrag regelte nämlich das Verfahren im Falle von inneren Gefahren abschliessend und für alle Kantone[9]; auch gewährleisten sich nach Bundesvertrag alle Kantone gegenseitig ihre

---

[6] Art. 6.

[7] KAISER SIMON/STRICKLER JOHANNES, Geschichte und Texte der Bundesverfassungen der Schweizerischen Eidgenossenschaft (1901), S. 213.

[8] Art. 6.

[9] Art. 4 und 5.

Verfassungen[10]. Das Siebnerkonkordat sieht deshalb ein kompetenz-widriges zusätzliches, auf nur einen Teil der Bundesglieder sich er-streckendes Ordnungsverfahren vor, das, wie Andreas Heusler sich ausdrückte, «geeignet gewesen wäre, schwere Verwicklungen» her-vorzurufen[11]. Daran ändert auch nichts, dass nachträglich jedem Stand der Eidgenossenschaft der Beitritt vorbehalten wurde, denn es war zum damaligen Zeitpunkt nicht allen Kantonen möglich, einem Konkordat beizutreten, das von liberalen Exponenten im Geheimen ausgearbeitet worden war, und das Verfassungen zur Voraussetzung hat, die auf einem liberalen politischen Programmpunkt, dem «Grundsatz der Volkssouveränität», beruhen[12]. Das Siebnerkonkor-dat wäre im Anwendungsfall geeignet gewesen, den eidgenössischen Bund auseinanderzureissen, denn es sah faktisch exklusive, über die bundesvertragliche Hilfeleistung hinausgehende Pflichten der Kon-kordatspartner vor – denn sonst wäre es gar nicht abgeschlossen worden! Es handelte sich deshalb um ein bundesvertragswidriges Separatbündnis, denn dieser untersagt in Artikel 6 den Abschluss von «dem allgemeinen Bund oder den Rechten anderer Kantone nach-theiligen Verbindungen». Es tritt beim Siebnerkonkordat eine revolu-tionäre Komponente im politischen Denken der Liberalen zutage. Wenn Andreas Heusler schreibt, es handle sich beim Siebnerkonkor-dat «nicht um Garantie der Verfassungen, sondern um Garantie der Regierungsgewalt, der Ratssessel der ans Ruder gelangten Partei»[13], so kann ihm insofern zugestimmt werden, als es zweifellos *auch* um die Garantie der Regierungsgewalt ging, es sich also dabei um ein liberales Herrschaftsinstrument handelte. Doch hing zu jener Zeit der Bestand der Verfassungen – liberaler oder konservativer Richtung – in der Regel unmittelbar vom Inhaber der Regierungsgewalt ab; wer die Mehrheit errungen hatte, machte sich sofort daran, eine ihm entspre-chende Verfassung zu schaffen. Die Ausnahme beim Züriputsch von 1839 bestätigt nur die Regel, wie sie sich später in den Kantonen Wallis, Luzern, Waadt, Bern und Genf darbot.

Die Reaktion der Konservativen auf das Siebnerkonkordat war deutlich: Bereits bei dessen Ratifikation in den kantonalen Grossen Räten war eine starke konservative Opposition aufgetreten. Anläss-lich der wegen dieses Konkordates einberufenen ausserordentlichen Tagsatzung gaben die fünf Stände Uri, Schwyz, Unterwalden, Wallis

[10] Art. 1.
[11] HEUSLER ANDREAS, Schweizerische Verfassungsgeschichte (1920), S. 364.
[12] Art. 1.
[13] HEUSLER (Anm. 11), S. 364.

und Neuenburg am 15. Juni 1832 eine Protesterklärung ab. Sie führten darin aus, durch das Konkordat sei der Bundesvertrag von 1815 «nicht nur verletzt, sondern so viel als zernichtet» worden, indem «kein Bund im Bunde» bestehen könne. Die fünf protestierenden Stände forderten weiter die Konkordatskantone auf, das Abkommen zurückzunehmen. Falls dies nicht geschehe, so müssten sie sich «jetzt und für die Zukunft jene Schritte vorbehalten, welche ihnen geeignet scheinen möchten, die höchsten Interessen des Vaterlandes zu bewahren ...»[14] Das Konkordat wurde schliesslich in der Tagsatzung durch Stillschweigen genehmigt, aber nur deshalb, weil keine Mehrheit für die Nichtgenehmigung zustandekam. Die Kantone Waadt und Genf lehnten in der Folge einen Beitritt zum Konkordat ab.

Das Siebnerkonkordat kam glücklicherweise nicht zur direkten Anwendung. Es hat aber entscheidend dazu beigetragen, dass sich – nachdem sich die Tagsatzung am 14. September 1832 für die provisorische Trennung des Kantons Basel in zwei Halbkantone ausgesprochen hatte – die fünf Kantone Uri, Schwyz, Unterwalden, Neuenburg und Wallis zusammen mit Basel-Stadt am 14./15. November zum sogenannten «Sarnerbund» zusammenschlossen. Ihre Legitimation für diesen Zusammenschluss bezogen die fünf Kantone (Wallis ratifizierte das Abkommen in der Folge nicht) in erster Linie aus der Tatsache, dass das Siebnerkonkordat trotz Aufforderung nicht aufgehoben worden war. Der Sarnerbund war im Gegensatz zum Siebnerkonkordat kein förmlicher staatsrechtlicher Vertrag; es wurde nur ein Protokoll über die Sitzung verfasst[15]. Ziel des Bundes war der stärkere Zusammenschluss dieser Kantone zwecks Erhaltung der überlieferten Freiheit, des Widerstandes gegen die Bundesrevision sowie die Verteidigung ihrer Rechtsansicht bezüglich der Trennungsbestrebungen in den beiden Kantonen Basel und Schwyz. Konkret wurde beschlossen, an keiner Tagsatzung mehr teilzunehmen, an der Abgesandte der Kantone Baselland und Ausserschwyz sässen. Ferner sollten sich die Vertreter der fünf Kantone jeweils fünf Tage vor Eröffnung der Tagsatzung separat in Schwyz versammeln.

Auch der Sarnerbund war ein bundesvertragswidriger Separatbund. Auch er hatte indessen glücklicherweise geringe Auswirkungen. Es kam zwar im März 1833, als in Zürich die Beratungen über die Bundesurkunde stattfanden, tatsächlich zu einer förmlichen Gegentagsatzung, und ein zweites Mal im Juli des gleichen Jahres. Nachdem aber die Tagsatzung Anfang August die Wirren in Schwyz beendet

---

[14] JUFER MAX Das Siebnerkonkordat von 1832 (1953), S. 262.
[15] JUFER (Anm. 14), S. 168 ff.

hatte und in Basel die Landschäftler ihren entscheidenden Waffensieg errungen hatten, löste die Tagsatzung den Sarnerbund auf[16]. Das Siebnerkonkordat sollte formell bis 1848 in Kraft bleiben, wobei allerdings Zürich bereits 1839 und Luzern 1841 austraten.

3. Kirchenpolitische Spannungen

Vom kirchenpolitischen Gedankengut der Französischen Revolution geprägt, waren die Liberalen und Radikalen der Auffassung, dass bürgerliche Freiheit und Gleichheit ohne Schwächung der Kirche, ja ohne ihre wenigstens formelle Unterwerfung unter die Staatsgewalt, nicht richtig verwirklicht werden könnten. Die konservative Grundhaltung der Kirchen, nicht nur der katholischen, stand dem neuen Erwerbsgeist, ja der gesamten Wirtschaftstheorie der nun an die Macht gelangten liberalen Kreise hemmend entgegen. Und schliesslich entstand zwischen dem in der Regeneration neu erwachten Gefühl für die liberalen Freiheiten des einzelnen sowie der demokratischen Selbstbestimmung einerseits und der strengen Hierarchie der römisch-katholischen Kirchen anderseits eine wachsende ideologische Kluft, die nach Konflikten rief; dies besonders auch deshalb, weil sich der Papst am 15. August 1832 als Reaktion auf die liberalen Strömungen in Europa in einer Enzyklika gegen die Meinungs- und Gewissensfreiheit ausgesprochen hatte. Dazu kamen die wenig befriedigend gelösten Bistumsverhältnisse als Konfliktstoff hinzu: Im Gebiet der Schweizerischen Eidgenossenschaft hatten vor der Französischen Revolution die ganz auf schweizerischem Gebiet gelegenen Bistümer Sitten, Lausanne, Genf, Basel und Chur bestanden. Der grösste Teil der deutschen Schweiz aber gehörte zum süddeutschen Bistum Konstanz, ein Teil des Tessin zum Erzbistum Mailand, der andere zum Bistum Como. Diese Bistümer gehörten mit Ausnahme desjenigen von Sitten ihrerseits zu «Metropolitanprovinzen» oder «Metropolitanverbänden», das heisst zu Erzbistümern mit Sitz im Ausland, so jene von Konstanz und Chur zum Erzbistum von Mainz, jene von Basel und Lausanne zum Erzbistum von Besançon, während das Bistum Genf zum Erzbistum Vienne gehörte. Zwischen 1802 und 1805 wurden dann im Zuge der Säkularisierung die genannten schweizerischen Bistümer von den Erzbistümern gelöst. Für die Schweiz besonders folgenreich war der Beschluss des Papstes vom

---

[16] Beschluss vom 12. August 1833.

17. Oktober 1814, worin die schweizerischen Teile des Bistums Konstanz von diesem abgetrennt wurden. Davon wurden betroffen die Kantone Luzern, Zürich, Uri, Schwyz, Ob- und Nidwalden, Glarus, Zug, Solothurn, Appenzell-Innerrhoden, Aargau, St. Gallen und Thurgau. Diese Kantone fassten 1816 die Gründung eines grossen «Nationalbistums» ins Auge, welches den grössten Teil der Schweizer Katholiken hätte umfassen sollen. Der Plan scheiterte jedoch mangels Einigkeit der Beteiligten. Im Laufe der Restaurationsperiode gelangten nach langen, teilweise verworrenen Verhandlungen die Kantone Luzern, Bern, Solothurn, Baselland, Aargau, Schaffhausen und Thurgau zum Bistum Basel mit Sitz in Solothurn; Schwyz, Uri, Nid- und Obwalden sowie Glarus und Zürich kamen zum Bistum Chur. 1823 schuf der Papst ein Bistum St. Gallen, vereinigte dieses jedoch gegen den Willen der St. Galler und Bündner mit dem Bistum Chur, so dass ein Doppelbistum Chur–St. Gallen entstand. Lausanne, Genf und Freiburg wurden im Bistum Lausanne mit Sitz in Freiburg vereinigt. Die schweizerischen Bistümer Basel, Lausanne und Chur–St. Gallen waren nun, gleich wie das Bistum Sitten schon seit 1513, sogenannte «Immediatsbistümer» geworden, unterstanden also ohne Dazwischenschaltung eines Erzbischofs dem nach monarchischem Prinzip organisierten Heiligen Stuhl. Diese neue Situation verstärkte die Einflussmöglichkeiten Roms auf die schweizerischen Verhältnisse. Besonders der päpstliche Gesandte in der Schweiz, der Nuntius, konnte mittels geschicktem Ausspielen von Differenzen zwischen den Bischöfen und den Kantonsregierungen im Namen des Papstes eine eigene Kirchenpolitik betreiben. Dies weckte zusammen mit dem Erstarken des schweizerischen Nationalgedankens nach 1830 erneut den Wunsch nach Schaffung eines nationalen Erzbistums. Gleichzeitig waren die Liberalen und Radikalen wegen der illiberalen Haltung und des teilweise autoritären kirchenpolitischen Vorgehens des Heiligen Stuhls immer mehr bereit, es mit der katholischen Kirche auf eine Kraftprobe ankommen zu lassen.

4. Die Badener Artikel

Der Konflikt, der zu den Badener Artikeln führen sollte, begann in St. Gallen. In diesem Kanton entwickelte sich von 1831 an eine demokratische kirchlich-katholische Reformbewegung, welche zunächst die Einführung einer Bistumssynode, einer Art Parlament der Priester, verlangte. Diese Bewegung wurde vom papsttreuen Bischof von Chur–St. Gallen jedoch hart unterdrückt. Nach dessen Tod sahen

die St. Galler Katholiken den Zeitpunkt für gekommen, ihre kirchenpolitischen Vorstellungen einen Schritt weiter zu bringen: Das katho-
lische Grossratskollegium sagte sich am 28. Oktober 1833 vom unge-
liebten und rechtlich umstrittenen Doppelbistum los und verlangte
erneut die Schaffung einer Synode und jene eines schweizerischen
Erzbistums – ein Beschluss, der in der Folge vom gesamten St. Galler
Grossen Rat bestätigt wurde. Nachdem es auch im Aargau und in
Luzern zu kleineren Konflikten mit ähnlichen Streitpunkten wie in
St. Gallen gekommen war, wurden die katholischen Liberalen auf
Initiative von Gallus Jakob Baumgartner und Eduard Pfyffer[17] tätig
und beriefen auf Januar 1834 die sogenannte «Badener Konferenz»
ein, an der Abgeordnete der sieben ganz oder teilweise katholischen
Kantone Luzern, Bern, Solothurn, Baselland, St. Gallen, Aargau und
Thurgau teilnahmen. In der Einleitung zu den 14 Badener Konferenzartikeln[18] wird die Errichtung eines «erzbischöflichen Stuhls» in der
Schweiz oder zumindest die Angliederung eines gesamtschweizerischen Bistums an ein auswärtiges Erzbistum verlangt. Mit dieser Forderung wollen die Liberalen einerseits die schweizerische nationale
Einheit auf der kirchlich-katholischen Ebene fördern, anderseits eine
stärkere Unabhängigkeit von der von Rom aus bestimmten Hierarchie gewinnen. Das schweizerische Erzbistum soll nach der Konferenz durch eine Vergrösserung des Bistums Basel, als des grössten
und am reichsten ausgestatteten, geschaffen werden. In den nun
folgenden 14 Artikeln, mittels derer «die Rechte des Staates gehörig
zu wahren und die Wohlfahrt der Kirche möglichst zu fördern» sind,
wird ein kühnes Reformprogramm entworfen, das in seiner Radikalität den kirchenpolitischen Gesetzen und Dekreten der Französischen
Nationalversammlung von 1789 und der folgenden Jahre stark gleicht.
    Es sollen nach dem ersten Artikel «Synoden» eingerichtet wer-
den, wobei aber Vorsorge zu treffen ist, «dass diese Versammlungen
nur unter Aufsicht und mit jeweiliger Bewilligung der Staatsbehörde
stattfinden». Ferner sollen eine ganze Reihe kirchlicher Erlasse dem

---

[17] PFYFFER EDUARD VON ALTISHOFEN, 1782–1834. Geboren in Rom als Sohn eines
päpstlichen Gardehauptmanns. Älterer Bruder von Kasimir Pfyffer. Ausbildung durch
Privatlehrer. 1798 nach Auflösung der Schweizergarde Rückkehr mit der Familie nach
Luzern. 1798–1801 erstes Amt als helvetischer Kriegskommissär für den Distrikt Luzern. Ab 1803 Tätigkeit als Rechtsanwalt. Liberaler Politiker. 1814–1817 Oberamtmann
des Bezirks Entlebuch, ab 1817 Mitglied des Staatsrats und Erziehungsrats. Gründer
des Luzerner Volksschulsystems und Autor des Erziehungsgesetzes von 1830. Ab 1832
Schultheiss von Luzern und in dieser Eigenschaft Vorsitzender der Tagsatzung. Mitarbeit am Bundesverfassungsentwurf von 1833.
[18] *Quellenbuch* S. 344 ff.

sogenannten «Placet», also einer staatlichen Genehmigung unterworfen werden, was bedeutete, dass unter Strafdrohung vor der Placet-Erteilung kein solcher Erlass «bekannt gemacht, oder auf irgend eine Weise vollzogen werden» darf. Der Placet-Pflicht unterliegen alle römischen Erlasse, insbesondere «Bullen» (wichtige päpstliche Erlasse), «Breven» (Erlasse des Papstes von geringerer Bedeutung), alle von den Bischöfen und weiteren kirchlichen Oberbehörden ausgehenden Erlasse und Kundmachungen sowie alle «Urtheile von kirchlichen Oberen, insoweit deren Ausfällung nach Landesgesetzen überhaupt zulässig ist». Geistliche Erlasse «rein dogmatischer Natur» sollen nach den Badener Artikeln ebenfalls der Staatsbehörde mitgeteilt werden, die dann entscheiden kann, ob die Bekanntmachung zu bewilligen ist oder nicht. Was die heissumstrittene Ehegesetzgebung betrifft, so wird der Vorrang der bürgerlichen Gesetzgebung vor der kirchlichen festgelegt und die letztere auf das rein «Sakramentalische des Ehebands» beschränkt. Die Eingehung von gemischten Ehen christlicher Konfession soll gewährleistet werden, und es soll auf «billige» Ehedispenstaxen hingearbeitet werden. Dieses Ziel soll mittels «Verständigung» mit den kirchlichen Autoritäten erreicht werden; gelingt dies nicht, so behalten sich die «kontrahierenden Kantone ihre weiteren Verfügungen vor». Es sollen ferner die beteiligten Kantone in Ausübung ihres «landesherrlichen Rechts» nicht nur bei allen Priesterernennungen mitwirken, sondern auch die Oberaufsicht über die «Priesterhäuser» (Seminarien) führen. Das bedeutete die Pflicht der kirchlichen Leitungsorgane, die Reglemente der Seminarien der staatlichen Behörde zur Einsicht und Genehmigung vorzulegen. Ferner sollte die Aufnahme in die Seminarien nur solchen Individuen gestattet sein, «die sich vor einer, durch die Staatsbehörde aufgestellten Prüfungskommission über befriedigende Vollendung ihrer philosophischen und theologischen Studien ausgewiesen haben». Zudem müssen sich die Absolventen der Priesterseminarien durch staatliche Behörden für ihre Wahlfähigkeit als Seelsorger ausweisen; der Staat soll durch zweckdienliche Mittel auch für ihre «weitere Ausbildung» sorgen. Besonderer staatlicher Überwachung soll die seelsorgerische Tätigkeit des Kapuzinerordens unterstellt werden. Die beteiligten Kantone anerkennen und garantieren sich das Recht, die Klöster und Stifte für «Schul-, religiöse und milde Zwecke in Anspruch zu nehmen»; sie wollen gemeinsame Anordnungen treffen, dass die Klöster der Jurisdiktion des Bischofs unterstellt und damit die bisherige «Exemption» aufgehoben wird. Die an den Badener Artikeln beteiligten Kantone verpflichten sich, die Abtretung von Kollaturrechten (Rechte zur Besetzung von Pfarrstellen) an kirchliche Behörden oder geistliche Korporationen nicht zu dulden. Die Kantone verwahren sich ferner gegen Einsprüche «kirchlicher Obern» gegen die vom Staat vorgenommene Besetzung von Lehrerstellen. Und ferner gewährleisten sich die kontrahierenden Stände gegenseitig das Recht, «von ihrer gesammten Geistlichkeit gutfindendenfalls den Eid der Treue zu fordern». Sie werden, so heisst es weiter, «einem in dem andern Kantone den Eid verweigernden Geistlichen in dem ihrigen keine Anstellung geben». Von der Tendenz, den Einfluss der Kirche auf das Volk allgemein zu vermindern und gleichzeitig dem Bestreben, die Bevölkerung stärker zur Arbeit anzuhalten, ist wohl die aus dem französischen Revolutionsrecht übernommene Bestimmung geprägt, es sei eine «wesentliche Verminderung der Feiertage» oder die «Verlegung derselben auf die Sonntage» zu bewirken; ferner wurde, ebenfalls französischem Beispiel folgend, eine Verminderung der Zahl der «Fasttage» vorgesehen. Schliesslich verbinden sich die vertragsschliessenden Kantone zu «gegenseitiger Handbietung und vereintem Wirken, wenn die vorerwähnten oder andere hier nicht aufgeführte Rechte des Staates in Kirchensachen gefährdet oder nicht anerkannt würden und zu deren Schutz gemeinsame Massregeln erforderlich sein sollten». Es wurde an der Badener Konferenz auch der Antrag gestellt, die päpstliche Nuntiatur (Gesandtschaft) in der Schweiz aufzuheben. Die Teilnehmer wagten es aber dann nicht, auch diesen Schritt zu tun und eine entsprechende Bestimmung zu verabschieden.

Diese Badener Artikel waren zwar nur als Anträge im Sinne eines kirchenpolitischen Programmes zuhanden der betreffenden kantonalen Grossen Räte gedacht. Sie mussten indessen wegen ihrer inhaltlichen Radikalität und ihrer etwas autoritär-landesherrlichen Formulierung von der katholischen Kirche geradezu als Provokation aufgefasst werden. Zwar waren verschiedene staatskirchenrechtliche Bestimmungen in einzelnen Kantonen – und auch im Ausland – bereits vorher in Kraft gestanden, so beispielsweise das «Placet» zu kirchlichen Akten (Luzern, St. Gallen, Bern, Genf), das Recht zur Eingehung gemischter Ehen (Bern, Zürich, Schaffhausen, Genf) oder die staatliche Mitwirkung bei der Ernennung von Geistlichen (Luzern, Landsgemeindekantone, Bern, Solothurn, Aargau, Thurgau). Die Badener Artikel suchten nun aber eine geballte Ladung staatskirchenrechtlicher Grundsätze durchzudrücken. Ihre volle Verwirklichung hätte in zahlreichen Punkten eine Aufgabe überkommener kirchlicher Rechtspositionen bedingt; besonders der aus dem französischen Revolutionsrecht übernommene Treueeid, den die gesamte Geistlichkeit hätte ablegen müssen, hätte bei den Priestern schwere innere Konflikte hervorgerufen, wie sich dann auch dort, wo der Eid abverlangt wurde, zeigen sollte. Die Badener Artikel, die in vielen Punkten auch den kirchenpolitischen Massnahmen der helvetischen Regierung glichen, wollten nicht eine Trennung des Staates von der Kirche, sondern deren Unterwerfung durch den Staat.

Die Grossen Räte von Luzern, Baselland, Aargau, Thurgau, St. Gallen und dann auch jener Zürichs nahmen in der Folge die Badener Artikel an. Der Papst verurteilte in einem Kreisschreiben vom 15. Mai 1835 die Konferenzartikel scharf. Der Nuntius verlegte aus Protest gegen die Annahme der Artikel durch den Luzerner Grossen Rat seinen Sitz nach Schwyz. Das St. Galler Volk verwarf die Badener Artikel mittels des 1831 neu errungenen Vetos mit 18 421 Nein-Stimmen bei ungefähr 30 000 Stimmberechtigten – nicht unerwartet, denn die Liberalen waren dem breiten Volk gerade in der Kirchen- und Schulpolitik, aber auch bei der Reform des Justizwesens und der Verwaltung zu forsch, bei der Wirtschafts- und Sozialpolitik zu lau, zu wenig aktiv. Solothurn trat den Artikeln nicht bei; im Aargau kam es wegen ihrer Annahme durch den Grossen Rat zu Unruhen, denen mittels Einsatz von Truppen begegnet wurde. In Bern kam es wegen der Genehmigung der Badener Artikel durch den Grossen Rat zu schweren Unruhen im ehemals fürstbischöflichen Jura, wobei Begehren um Trennung vom alten Kanton geäussert wurden. Auch dort wurden Truppen zur Aufrechterhaltung der Ordnung eingesetzt. Doch nicht nur die gesamte Priesterschaft und grosse Teile des Volkes, sondern auch die ausländische Diplomatie, insbesondere diejenige des konservativer gewordenen Frankreichs, übten einen solchen Druck auf Bern aus, dass dessen Grosser Rat seinen Beitrittsbeschluss zwar nicht formell widerrief, aber durch entsprechende Erklärungen ausser Kraft setzte. Die den Badener Konferenzartikeln bereits beigetretenen Kantone stellten ihre Massnahmen zu deren Vollzug ein, womit das Werk faktisch gescheitert war. Die Badener Artikel hatten, noch stärker als das Siebnerkonkordat, die Polarisierung zwischen dem konservativen und dem liberal-radikalen Lager verstärkt. Gleichzeitig hatten sie das Zentrum der Auseinandersetzungen auf das von den Liberalen der ersten Stunde noch mit Mässigung und Zurückhaltung behandelte kirchenpolitische Feld verschoben.

5. Die Krise des Liberalismus

Der «Zeitgeist» wurde in der Schweiz von 1835 an allmählich wieder konservativer. Die Regeneration begann zu stagnieren, auch wenn als Nachläufer des anfänglich mächtigen Reformschubes noch

einige weniger bedeutende liberale Verfassungsreformen zustande-
kamen, so die bereits erwähnte liberale Glarner Verfassung 1836 sowie Verfassungsrevisionen in Zürich 1838, wo das gleiche Vertretungsverhältnis von Stadt und Land hergestellt wurde, und Baselland
1838, wo das Veto erleichtert wurde. Die Gründe für das sich ändernde
politische Klima sind vielschichtig. Im Innern hatten die gescheiterte
Bundesreform, das Siebnerkonkordat und die Badener Artikel zur
allmählichen Formierung einer konservativen Opposition katholischer und protestantischer Prägung geführt, während vorher nur die
Liberalen einen funktionierenden politischen Verbund besessen hatten. Die Opposition bezog weitere Nahrung aus der wenig populären
und teilweise hektischen Gesetzgebungstätigkeit der liberalen Führer
– meist Juristen. Im Bereich des Rechtswesens und der Verwaltung,
des Erziehungswesens und der Wirtschaft wurde rasch im Sinne des
aufklärerisch-wissenschaftlichen Fortschrittsdenkens gehandelt,
während im sozialen und wirtschaftlichen Bereich nur wenig geschah. So ging in mehreren Kantonen die Ablösung der Feudallasten
nur sehr schleppend voran; die das Volk drückenden Abgaben, die
Verbesserung des Armenwesens, die Erleichterung von Militärlasten
und anderes wurde nicht zügig an die Hand genommen, zum Teil
entgegen den in der Anfangsphase gemachten Versprechungen. Dem
liberalen Klima ungünstig war auch der zunehmende Druck der ausländischen Mächte auf die Eidgenossenschaft. Hervorgerufen wurde
dieser durch einen erneut engeren Zusammenschluss der teilweise
reaktionären östlichen und nördlichen europäischen Monarchien,
zum Teil wegen innerer Vorgänge in der Schweiz selber. Hier waren
es vor allem die von den Kantonen anfänglich grosszügig aufgenommenen ausländischen politischen Flüchtlinge, welche den Unwillen
der unter Metternichs Einfluss stehenden Mächte erregten. Meist
waren diese Flüchtlinge deutsche, polnische oder italienische Liberale, die, wie der von Metternich vielgesuchte italienische Freiheits-
kämpfer Giuseppe Mazzini[19], die Schweiz als Wirkungsbasis benutz-

[19] MAZZINI GIUSEPPE, 1805–1872. Geboren in Genua, wo sein Vater Medizinpro-
fessor war. Abgeschlossenes Jurastudium und Tätigkeit als Rechtsanwalt in Genua.
Freimaurer. 1827 Beitritt in den Geheimbund der Carbonari und erste revolutionäre
Aktivitäten, 1831 deswegen verbannt. Übersiedlung nach Marseille und dann in die
Schweiz. Geistiger Führer der radikalen Richtung des Risorgimento, die für ein befrei-
tes und geeintes Italien in demokratischer Staatsform kämpfte. Ablehnung von Papst
und Kirche trotz tiefer mystizistischer Religiosität. Gründung der Bewegung «Giovine
Italia» unter der Losung «Dio e popolo», die zwischen 1834 und 1848 mehrere Volkser-
hebungen in Italien organisierte. 1836 aus der Schweiz ausgewiesen. Übersiedlung
nach London. Teilnahme an der grossen italienischen Volkserhebung von 1848. Tri-

ten. So rief der von Mazzini von der Schweiz nach Savoyen geführte bewaffnete Zug trotz seines Scheiterns einem starken Druck Österreichs, Sardiniens, Preussens und Russlands über die ungenügenden Kontrollmassnahmen der Kantone Genf und Waadt. Weitere Vorfälle mit ausländischen Flüchtlingen führten erneut zu Klagen über die zu liberale Haltung der Kantone gegenüber politischen Flüchtlingen und zu weiterem ausländischem Druck. Die Uneinigkeit der Schweizer Kantone in aussenpolitischen Fragen machte es der österreichischen Politik einfach, den Druck mittels gegenseitigem Ausspielen der Kantone noch zu verstärken, denn es war damals «für die Diplomaten auch von mittelmässiger Begabung nicht allzu schwer, Lorbeeren in der Schweiz zu ernten»[20].

Ab Mitte der dreissiger Jahre wurde auch die Haltung Frankreichs gegenüber der Schweiz härter und intoleranter. Der liberale Geist der Julirevolution hatte sich dort bald verflüchtigt, sowohl beim französischen König, der 1833 den Versuch einer schweizerischen Bundesreform noch begrüsst hatte, als auch bei der französischen Regierung. Die Ursachen für diese für die Schweiz folgenreiche Veränderung der französischen Politik sind vielfältig und können hier nicht dargelegt werden. Der Ende 1837 ausbrechende Konflikt zwischen Frankreich und der Schweiz wegen des im Kanton Thurgau ansässigen französischen Prinzen Louis-Napoléon Bonaparte[21] führte beinahe zu einem Krieg, weil die Schweizer Liberalen sich weiger-

umvir der im Frühling 1849 proklamierten römischen Republik bis zur Wiederherstellung der päpstlichen Macht durch französische Truppen. Rückkehr nach London. 1868 Gründung des europäischen demokratischen Komitees mit Ledru-Rollin, Kossuth und Ruge. Beim Putschversuch gegen den italienischen König 1870 in Sizilien inhaftiert, dann aber begnadigt. Tod in Pisa.

[20] DIERAUER JOHANNES, Geschichte der Schweizerischen Eidgenossenschaft V (1917), S. 609.

[21] NAPOLEON III., 1808–1873. Sohn eines Bruders von Napoléon I. und von Hortense Beauharnais, Adoptivtochter von Napoléon I. Wuchs bei seiner Mutter im Exil auf Schloss Arenenberg, Kanton Thurgau, auf. Militärschule in Thun unter Dufour. Nach dem Tod des leiblichen Sohnes von Napoléon I. 1832 Anspruch auf die napoleonische Thronerbfolge. 1836 erster und 1840 zweiter missglückter Staatsstreich gegen die Julimonarchie. 1844 Flucht nach England. Nach der Revolution von 1848 Wahl zum nicht-wiederwählbaren Präsidenten der II. Republik. 1851 am Ende seines Mandats Staatsstreich und Proklamation des II. Kaiserreichs. Militärdiktatur mit handelsfreundlicher Innenpolitik und Sozialreformen zur Gewinnung der Arbeiter sowie einer kriegerischen Aussenpolitik: Krimkrieg 1853–1856, Befreiung Italiens 1859. Nach 1860 zaghafte politische Liberalisierung. 1870/1871 vernichtende Niederlage im Deutsch-Französischen Krieg, was zur Abdankung Napoléons III. und zum Exil in Grossbritannien führte.

ten, dem Verlangen Frankreichs auf dessen Ausweisung stattzugeben. Erst die freiwillige Ausreise des Prinzen, des späteren französischen Kaisers Napoleon III., brachte im Herbst 1838 eine Entspannung der Lage.

Der starke Druck der europäischen Mächte auf die Schweiz ist nicht allein aus den konkreten Problemfeldern – etwa jenem der Flüchtlinge – heraus erklärbar, sondern auch allgemeinpolitisch: Die regenerierten Kantone waren in Europa einzig dastehende Gemeinwesen mit liberalen und republikanischen Verfassungen. Die ausländischen Regierungen, welche einerseits die Interessen der monarchischen Ständegesellschaft vertraten, anderseits infolge des Zensuswahlverfahrens die Interessen vorab der reichen Schichten vertraten, sahen in den schweizerischen Verhältnissen eine künftige Gefahr für die geltende Ordnung der Dinge. Sie befürchteten, die hier verwirklichten demokratischen und liberalen Prinzipien der Regenerationskantone könnten im übrigen Europa Verbreitung finden und damit ihre eigene Stellung gefährden. Etwa in der Mitte der dreissiger Jahre begann also der Schwung der liberalen Reformer allmählich zu erlahmen, was sich in den Regenerationskantonen vor allem im langsamer werdenden Rhythmus der Gesetzgebungstätigkeit zeigte. Die konservativeren Liberalen, wie es sie etwa in der Waadt, in Solothurn oder in Bern gab, sahen mit der Schaffung der Regenerationsverfassungen und dem Erlass einiger organisatorischer Gesetze eigentlich ihre Aufgabe als beendet an. Sie hatten liberale Verfassungen im politischen Sinn – im Sinne von Constant – erlassen; eine egalitäre und wohlfahrtsstaatliche Gesetzgebungstätigkeit wollten sie erklärtermassen nicht entfalten; ebensowenig strebten sie eine stärkere Demokratisierung an. Dort, wo keine grösseren kirchenpolitischen Probleme bestanden, wurde es nun von dieser Seite ruhig. Die progressiveren Liberalen, unter ihnen solche, die bereits als Radikale bezeichnet werden können, waren vom misslungenen Versuch der Bundesreform, von den gescheiterten Badener Artikeln und von den meist erfolgreichen Pressionen Metternichs gegen die Schweiz in der Flüchtlingsfrage enttäuscht worden und resignierten teilweise. So stellte sich allmählich ein politischer Schwebezustand ein, während dem wenig mehr geschah. Ausnahmen hievon bilden die Kantone Zürich und Luzern. In diesen beiden Kantonen waren in Friedrich Ludwig Keller und Kasimir Pfyffer liberale Führer von hoher Bildung und grosser Arbeitskraft tätig. Sie führten die Gesetzgebungstätigkeit im Sinne des wissenschaftlich-aufklärerischen Fortschrittes weiter, vor allem im Bereich des Rechtswesens. Im Kanton Zürich war eine fortwährend rasche Gesetzgebungs- und Verwaltungstätigkeit im Erziehungswesen zu verzeichnen. Nach der Gründung der Universität 1833 und des Küsnachter Lehrerseminars wurden grosse finanzielle Mittel für die Primarschulen auf dem Lande eingesetzt und die Lehrergehälter erhöht; es wurden der Lehrstoff streng geregelt und neue Lehrmittel herausgegeben – alles natürlich im weltlich-aufklärerischen Sinne. Die Ausbildung der Lehrer im neuen Seminar vermittelte diesen ein neues Berufsverständnis im Sinne von eigentlichen Aposteln des Fortschritts.

VI. TEIL

DIE KONSERVATIVE GEGENBEWEGUNG 1839–1844 [1]

16. KAPITEL: DER «ZÜRIPUTSCH»

1. Ursachen und Aktion

Die reformerische Tätigkeit der Zürcher Behörden im Schulwesen sollte bald auch für die anderen Kantone wegweisend werden. Doch sie weckte anderseits auch oppositionelle Kräfte: Bereits 1836 regte sich Widerstand gegen ein neues Lesebuch. Die Geistlichkeit fühlte sich durch die Expansion des weltlichen Lehrstoffes bedroht. Der Direktor des Küsnachter Seminars, Thomas Scherr [2],

---

[1] BUCHER ERWIN, Die Auswirkungen des «Züriputsches» auf andere Kantone und die Eidgenossenschaft, «Züriputsch», Pfäffikon 1989, S. 9 ff.; BÜCHI KURT, Die Krise der Luzerner Regeneration 1839–1841, Zürich 1967; GELZER HEINRICH, Die Straussischen Zerwürfnisse in Zürich von 1839, Hamburg 1843; GLAUSER FRITZ, Luzern und der Zürcher Putsch von 1839, Zeitschrift für Schweizerische Kirchengeschichte 1963 S. 257 ff.; HIS EDUARD, Luzerner Verfassungsgeschichte der neueren Zeit 1789–1940, Luzern 1944; KAISER TINO, Die Solothurner Verfassungsrevision von 1840/41, Schweizerische Zeitschrift für Geschichte 1940 S. 391 ff.; KOPP EUGEN, Die konservative Partei des Kantons Luzern von 1831–1948, Luzern 1950; SCHMID BRUNO, Wenig Bekanntes aus der Gesetzgebung des Septemberregiments, «Züriputsch», Pfäffikon 1989, S. 174 ff.; SIEGWART-MÜLLER CONSTANTIN, Joseph Leu von Ebersoll, Altdorf 1863; STÖCKLIN ALFRED, Constantin Siegwart-Müller, ein Übergang vom liberalen zum ultramontanen Katholizismus, Schweizerische Zeitschrift für Geschichte 1989 S. 1 ff.; WALLNER THOMAS, Der Kanton Solothurn und die Eidgenossenschaft 1841–1847, Solothurn 1967; WALLNER THOMAS, Die nachhaltige Wirkung des «Züriputsches» auf Solothurn, «Züriputsch», Pfäffikon 1989, S. 154 ff.; ZIMMERMANN WALTER, Geschichte des Kantons Zürich vom 6. September 1839 bis zum 3. April 1845, Zürich 1916.
[2] SCHERR IGNAZ THOMAS, 1801–1870. Geboren in Hohenrechberg, Württemberg, als Sohn eines Volksschullehrers. Erlernung des Lehrerberufs und ab 1821 Tätigkeit als Taubstummen- und Blindenlehrer. 1825 Berufung nach Zürich zur Gründung eines

409

wurde wegen seiner rationalen Erziehung der künftigen Lehrer und der Beseitigung der katechetischen Lehrmethoden und Inhalte immer stärker angefochten. Neben den Pfarrern gerieten vor allem die ärmeren und meist bildungslosen, gefühlsmässig konservativ-kirchlich gesinnten breiten Bevölkerungskreise auf dem Land in immer stärkeren Gegensatz zum offiziellen aufklärerischen Reformkurs. Es waren zu einem erheblichen Teil jene gleichen Kreise, die schon am Ustertag und anlässlich des Brandes von Uster gegen den «Fortschritt» aufgestanden waren. Dies kann allein dem Inhalt der Petitionen entnommen werden, wie sie dann anlässlich des «Züriputsches» eingingen.

Die Missstimmung wegen des zu raschen Fortschrittstempos und der nach dem Gefühl der wirtschaftlich gedrückten Kreise falschen Richtung der liberalen Politik kam wegen der Berufung eines Theologieprofessors an die Universität zum Ausbruch: Mit Stichentscheid seines Präsidenten schlug der Erziehungsrat dem Regierungsrat den süddeutschen Theologen Doktor David Strauss[3] als neuen Inhaber des Lehrstuhls für Dogmatik vor; der Regierungsrat wählte ihn am 2. Februar 1839. Diese Wahl führte zu einer breiten, immer stärker werdenden Reaktion des in seiner Grundhaltung konservativ-kirchlich gesinnten Landvolkes. Strauss hatte nämlich mit seinem 1835/1836 veröffentlichten Buch über «Das Leben Jesu kritisch betrachtet» mit wissenschaftlicher Akribie zu zeigen versucht, dass das Leben von Christus im Laufe der Jahrhunderte immer stärker eine sagenhafte, geschichtlich nicht nachweisbare Verherrlichung erfah-

Taubstummen- und Blindeninstituts. Neben dessen Leitung Einsatz für die Reorganisation des kantonalen Volksschulwesens. 1830 Veröffentlichung von neuen Lehrbüchern und Lehrplänen. Ab 1831 Mitglied des Erziehungsrats. Ab 1832 Direktor des Lehrerseminars in Küsnacht. Autor des Schulgesetzes von 1833. Wegen seiner radikalen Ansichten nach dem «Züriputsch» 1839 aus allen Ämtern entlassen. Ab 1840 Leitung einer neugegründeten Privatschule auf dem Sonnenberg bei Winterthur und 1843 Wohnsitznahme auf einem thurgauischen Landgut bei Konstanz. 1852–1855 Thurgauer Erziehungsrat. 1855 Aufgabe aller Tätigkeiten wegen aufkommender Taubheit. Dr. phil. honoris causa der Universität Tübingen.
[3] STRAUSS DAVID FRIEDRICH, 1808–1874. Geboren in Ludwigsburg, Württemberg, als Sohn eines Kaufmanns. Theologiestudium an der Universität Tübingen. 1830 Dr. phil. Nach Pfarrvikariaten ab 1832 Dozent und Repetitor an der Tübinger Universität. 1836 erfolglose Bewerbung um eine Professur in Heidelberg. 1839 vom liberalen Zürcher Erziehungsrat als Theologieprofessor an die Universität Zürich gewählt, was den «Züriputsch» auslöste. Strauss wurde nach sechs Wochen «pensioniert». 1848/1849 glückloses Mitglied des württembergischen Landtags. Im Alter Hinwendung zur biographischen Geschichtsschreibung.

ren habe. Er hatte dann als Folge dieser Erkenntnis postuliert, es müsste im Zuge der «fortschreitenden Vernunft» die Gestalt Christus von dieser ungeschichtlichen Hülle gelöst werden. Wohl hatte Strauss im Vorwort zum ersten Band betont, er wisse den «inneren Kern des christlichen Glaubens von seinen kritischen Untersuchungen völlig unabhängig. Christi übernatürliche Geburt, seine Wunder, seine Auferstehung und Himmelfahrt», so fährt Strauss fort, «bleiben ewige Wahrheiten, so sehr ihre Wirklichkeit als historischer Facta angezweifelt werden mag». Den «dogmatischen Gehalt des Lebens Jesu werde», so Strauss weiter, «eine Abhandlung am Schluss dieses Werkes als unversehrt aufzeigen ...» Die «Schlussabhandlung» am Ende des zweiten Bandes konnte aber dann das Versprochene nur teilweise erfüllen: Strauss sagt nämlich dort im wesentlichen, nur die Menschheit als Ganzes und kein einzelner könne das Subjekt des göttlichen Geistes sein. Die Idee der «Einheit von göttlicher und menschlicher Natur» könne nicht «einmal in einem Individuum ... wirklich geworden sein», sie könne nicht in «Ein Exemplar ihre ganze Fülle» ausschütten und gegen alle andern «geizen», in «jenem Einen sich vollständig, in allen übrigen nur unvollständig abzudrücken». Wäre die «Idee der Einheit von göttlicher und menschlicher Natur», so fragt Strauss, «nicht vielmehr in unendlich höherem Sinn eine reale, wenn ich die ganze Menschheit als ihre Verwirklichung begreife...?». Diejenigen Theologen und Gläubigen nun – und das waren die meisten –, die in der Einzelpersönlichkeit von Jesus eine entscheidende dogmatische Position sahen, konnten nun mit Recht sagen, Strauss habe entgegen seiner Versprechung im Vorwort zum ersten Band den «dogmatischen Gehalt des Lebens Jesu» eben doch «versehrt», weshalb seine Lehre zu bekämpfen sei.

Das Buch entfesselte nicht nur in der deutschen Theologenwelt jahrelange heftige Auseinandersetzungen, sondern weckte im Kanton Zürich auch die Befürchtung, es solle mit der Berufung von Strauss Hand an den überkommenen protestantischen Glauben gelegt werden. Wenn auch diese Befürchtungen in der folgenden Agitationsphase zum Teil weit übertrieben wurden, so hatten die Gegner der Berufung von Strauss die politische Absicht des liberal-radikalen Erziehungs- und Regierungsrates, nämlich dadurch eine «freisinnige Kirchenreform»[4] durchzuführen, erkannt und reagierten ihrerseits politisch. Allerdings erwuchs daraus eine revolutionäre Reaktionsbe-

---

[4] LARGIADER ANTON, Geschichte von Stadt und Landschaft Zürich II (1945), S. 145.

wegung, wie Bluntschli später in einer Rede vor dem Zürcher Grossen Rat eingeräumt hat[5], und es wurde neben anderen Forderungen jene nach Abschaffung der Universität erhoben. Die Bewegung war auch nicht mehr aufzuhalten, als der Regierungsrat die «Pensionierung» des 31jährigen Strauss unter Ausrichtung eines Ruhegehaltes beschloss. Sie zielte nämlich nun, genährt durch die Unzufriedenheit breiter Kreise, auf den Sturz der liberalen Herrschaft gesamthaft und insbesondere auf die Beseitigung des liberalen Bildungssystems sowie auf die Verwirklichung wirtschaftlich-sozialer Forderungen.

Die protestantischen Konservativen gingen in ihrer Agitation ähnlich vor, wie dies die Liberalen 1830/1831 getan hatten. Sie mobilisierten die Massen und veranstalteten grosse Volksversammlungen, wo sie von den liberalen Behörden den Schutz der Religion verlangten. Obwohl Dr. Strauss nicht mehr im Kommen war, zog die gegenrevolutionäre Menge bewaffnet in die Hauptstadt und zwang die liberale Regierung zur Auflösung. Eine neue provisorische Regierung wurde gebildet. Am 9. September 1839 löste sich der bestehende liberale Grosse Rat auf, eigentlich in verfassungswidriger Weise, denn die Verfassung sah eine Selbstauflösung nicht vor. Eine Woche später wurde vom Volk ein neuer Grosser Rat gewählt, der erwartungsgemäss eine konservative Mehrheit aufwies. Dieser bestellte den neuen Regierungsrat und andere Behörden, alle nach der konservativ-klerikalen Richtung; er verstärkte ferner den Einfluss der Kirche auf das Erziehungswesen, versetzte auch den Seminardirektor Thomas Scherr in den «Ruhestand» und beschloss den Austritt aus dem Siebnerkonkordat.

2. Programmatik der Volksbewegung

Die Petitionen, die dem Grossen Rat in der Folge zugingen und von ihm zwischen dem 5. November und 18. Dezember 1839 behandelt wurden, können in drei Hauptgruppen gegliedert werden: in eine solche mit Forderungen zu Schule und Kirche, eine mit demokratischen Forderungen sowie eine Gruppe mit Anliegen wirtschaftlich-sozialer Natur.

Was die erste Gruppe betrifft, so sind die folgenden Forderungen zu nennen: Erhöhung der Stundenzahl für den kirchlichen Unterricht in den Primarschulen, Verminderung der Zahl der Schulbü-

[5] Verhandlungen vom 25. März 1846.

412

cher und stärkere Konzentration des Unterrichtes auf den «Landes-Katechismus», Wiedereinführung des alten christlichen Gesangbuches und des alten Katechismus, Erlass eines «strengen Gesetzes für würdige Feier der Sonn- und Festtage»; allgemein solle, wie es in einer Petition heisst, Artikel 4 der Staatsverfassung, wonach die christliche Religion nach dem evangelisch-reformierten Lehrbegriffe die vom Staate anerkannte Landesreligion ist, «nicht bloss leere Worte, ohne Schutz gegen die Angriffe böswilliger Gegner, sondern wirklich die feste und klare Bestimmung des Grundgesetzes» sein; und es soll im Schulwesen, wie es ein konservativer Führer ausdrückte, das «wissenschaftliche Element» mit der «religiösen Richtung Hand in Hand gehen»[6].

Zur zweiten, demokratisch orientierten Gruppe gingen folgende Petitionen ein: Abschaffung der lebenslänglichen Beamtung der Lehrer und Pfarrer und statt dessen Einführung der periodischen Erneuerungswahl, freies Wahlrecht der Pfarrer durch die Gemeinden, Aufhebung des Institutes der Wahlmänner, das heisst der indirekten Wahlen, Einführung des Vetos, Zuerkennung des Wahlrechtes an die Nachlassvertragsschuldner und die wegen Konkurses in der Ehrenfähigkeit Eingestellten[7], Einführung des vollen Petitionsrechtes, im Sinne der Abschaffung des Verbotes der Kollektivpetitionen und ausdrücklich gewährleistete Versammlungs- und Vereinsfreiheit für politische Zwecke.

Petitionen wirtschaftlich-sozialer Natur wurden die folgenden erhoben: Herabsetzung des Loskaufpreises sowie des jährlichen Abzahlungsbetrages für die Ablösung der Grundzinsen, Verbesserung der Möglichkeiten der Kapitalbeschaffung für den «Landöconomen», Einführung der Möglichkeit von kleinen Geldanleihen beim Staat, Belegung des Bierverbrauchs mit einer Abgabe zwecks Schutzes der einheimischen Weinproduzenten, Freigebung des Detailverkaufs für Wein, Einschränkung der Gewerbefreiheit und der Niederlassungsfreiheit gegenüber «fremden Handwerkern», «leichtsinnigen Projectemachern» und der Juden; Erhebung von Eingangszöllen zwecks Schutz der eigenen Landwirtschafts- und Industrieerzeugnisse, Wiedereinführung der amtlichen Schatzung für Fleisch, Mehl und Brot, Besetzung aller Staatsstellen durch Kantonsbürger sowie Zulassung der Nachlassvertragsschuldner und der wegen Konkurses in der Ehrenfähigkeit Eingestellten zu allen öffentlichen Stellen, Herabsetzung

---

[6] Grossratsbeschluss vom 5. November 1839.
[7] Art. 24 Ziff. 4 Verfassung; *Quellenbuch* S. 293.

der Zahl der öffentlichen Stellen und der Besoldung der Inhaber derselben (zwecks Steuerreduktion), Abschaffung des Sportelnwesens, Verminderung der Notariatsgebühren, Erlass eines «Polizeigesetzes» über das Arbeitsverhältnis, Verminderung der Militärlasten des einzelnen, Übernahme der Lehrerbesoldungen durch den Staat zwecks Entlastung armer Gemeinden, Abschaffung der Pensionen für Beamte, weil «unrepublikanisch», Einführung eines gleichen Münzfusses für die ganze Schweiz, Vereinfachung der gerichtlichen Verfahren und Beschränkung des Advokaturzwanges auf Prozesse vor Kriminal- und Obergericht, Abschaffung der neuen metrischen Mass- und Gewichtsordnung und Wiedereinführung der alten, Abschaffung des bestehenden Forstgesetzes, das eine Nutzungskontrolle der Privatwaldbesitzer durch staatliche Förster eingeführt hatte, Verbesserung des Strassenwesens in Randgebieten des Kantons und Entlastung der Gemeinden von den Strassenkosten. Etwas isoliert steht die Petition nach schärferen Massnahmen gegen den Gebrauch der Presse da.

Man gewinnt bei der Durchsicht dieser Petitionen den Eindruck, dass beim «Züriputsch» die religiöse Frage zwar eine wichtige und auslösende Rolle gespielt hat, dass aber in der Tiefe zahlreiche andere, ebenso wichtige Gründe für den Vertrauensverlust der Liberalen beim Volk vorhanden waren. Zahlenmässig überwiegen jedenfalls die demokratischen und wirtschaftlich-sozialen Forderungen diejenigen zu Kirche und Schule klar.

Die Petitionen lassen zusammenfassend erkennen, dass das Volk bei der Religionsfreiheit, der Handels- und Gewerbefreiheit und der Pressefreiheit weniger liberal eingestellt war als die gestürzten Verfassungsväter von 1831, dass es massive staatliche Interventionen in vielen Bereichen der Wirtschaft wünschte und gleichzeitig eine Reduktion verschiedener Staatslasten, insbesondere von Abgaben verlangte. Das Volk sprach sich auch gegen den wissenschaftlichen, rationalen «Fortschritt» im Bereich von Schule und Rechtspflege aus und verlangte gleichzeitig eine stärkere Demokratisierung des Staatswesens. Eine Reihe von Forderungen decken sich mit solchen, wie sie bereits 1830 am Ustertag erhoben worden waren, was auf die nur teilweise Erfüllung «materieller» Wünsche durch die abgelöste liberale Grossratsmehrheit schliessen lässt. Die «fortschrittsfeindliche» und gleichzeitig wirtschaftlich-soziale Natur der Bewegung von 1839 offenbarte sich übrigens auch insofern, als die neue konservative Grossratsmehrheit jetzt die zu langen Gefängnisstrafen verurteilten Maschinenstürmer und Brandstifter von Uster (1832) begnadigte und in die Freiheit entliess. Die meisten in den Petitionen erhobenen Forderungen bezogen sich wiederum auf die Gesetzes- und nicht auf die Verfassungsebene.

Es ist durch den «Züriputsch» die liberale Verfassung von 1831 nicht beseitigt worden. Offensichtlich stand die liberale Haltung der protestantischen Bevölkerung Zürichs trotz der Missstimmung wegen der liberalen Schulpolitik nicht so grundsätzlich in Frage wie jene der luzernischen. Die wirtschaftlichen und sozialen Probleme sowie jenes der geringen Mitwirkungsrechte des Volkes unter der Repräsentativverfassung waren aber eine 1839 erneut zutage getretene Grundkonstante. Viele der Petitionen des Jahres 1839 mit diesem Inhalt werden dann fast unverändert wieder anlässlich der demokratischen Bewegung von 1867–1869 erscheinen.

17. KAPITEL:
DER KONSERVATIVE UMSCHWUNG
IN LUZERN[1]

1. Vorgeschichte

Der konservative Umschwung in Luzern ist verfassungsgeschichtlich von grosser Bedeutung. Er zeigt einerseits die Problematik
der liberalen Staats- und Gesellschaftstheorie in einem vollständig
katholischen grösseren Schweizer Kanton auf. Darüber hinaus ist die
zum Umschwung führende Bewegung in ihrer Verbindung von religiösen, wirtschaftlichen und demokratischen Elementen auch über
die Zeit von 1848 hinaus von Interesse, so dass sie im folgenden etwas
näher beleuchtet werden soll.

Die liberale Herrschaft war von der bäuerlichen Bevölkerung
der Landschaft nur widerwillig ertragen worden. Schon Anfang der
dreissiger Jahre hatten ländlich-bäuerliche Demokraten unter der
Leitung von Joseph Leu eine Oppositionsstellung eingenommen. Diese Demokraten waren konservativ eingestellt; dem liberalen Fort-
schrittsdogma konnten sie nichts abgewinnen, denn sie waren mehr
an unmittelbaren wirtschaftlichen Vorteilen interessiert. Sie fühlten
sich eng mit der römischen Kirche verbunden und lehnten die liberale
Kirchenpolitik ab. Das Repräsentativprinzip betrachteten sie als
Herrschaftsinstrument der Liberalen. Es schwebte ihnen daher zunächst die Einrichtung von Landsgemeinden nach dem Vorbild der
Urkantone vor, gleich wie das 1831 in St. Gallen der Fall gewesen war.
Diese Demokraten konnten vorerst nicht viel erreichen, weil das in
der Verfassung verankerte Wahlrecht die liberale Position begünstigte
und diese daher eine Grossratsmehrheit halten konnte. Die Verfassung hinwiederum war wegen der zehnjährigen Rigiditätsklausel
erstmals im Jahre 1841 revidierbar[2]. Diese Klausel, in erster Linie
aufgestellt, um der Gefahr einer erneuten Übernahme der Macht von
seiten der Aristokraten vorzubeugen, wirkte sich nun gegen eine aufkommende demokratische Strömung aus. Das Siebnerkonkordat und
vor allem die für die katholische Landbevölkerung provozierenden

---

[1] Siehe die am Anfang des VI. Teils angeführten Literaturangaben.
[2] Art. 60; BORNHAUSER THOMAS, Verfassungen der Kantone der Schweizerischen
Eidgenossenschaft (1833), S. 85.

Badener-Artikel hatten gegen Ende der dreissiger Jahre die Opposition stärker und geschlossener gemacht, als sie es noch 1831 gewesen war. Auch die Aussicht auf eine Verfassungsrevision gab ihr zusätzlichen Auftrieb. Es scheint sich wegen der Rigidität der Verfassung im Kanton Luzern ein eigentlicher Revisions-«Stau» gebildet zu haben, wie allein der heftige Streit zwischen den Konservativen und den Liberalen um den Revisionszeitpunkt zeigte: War Artikel 60 der Verfassung so auszulegen, dass mit den vorbereitenden Verfassungsarbeiten schon vor Ablauf der Zehnjahresfrist begonnen werden dürfe, oder musste damit bis zum Ablauf der Frist gewartet werden? Letzteres war natürlich der Standpunkt der Liberalen, die immer unsicherer wurden, ob sie im Volk über eine Mehrheit für die in der Verfassung vorgesehene Wahl eines Verfassungsrates verfügen würden. Der liberale Standpunkt setzte sich im Grossen Rat, der liberalen Mehrheit entsprechend, klar durch. Das bedeutete, dass dem Volk die Frage, ob eine Verfassungsrevision vorzunehmen sei, erst nach dem 30. Januar 1841 vorgelegt werden durfte.

Der Züriputsch im September 1839 löste im Kanton Luzern zwar keine verfassungswidrigen Aktionen aus. Dagegen hat er das Selbstvertrauen der ländlichen Demokraten entschieden gestärkt, so dass sie nun im Hinblick auf die Verfassungsrevision einen ganzen Strauss von Reformvorschlägen publizistisch verbreiteten[3].

2. Programmatik der Volksbewegung

Man kann die im Rahmen dieser Bewegung geäusserten Veränderungswünsche in drei Gruppen gliedern, nämlich in eine solche kirchenpolitischer, eine solche staatsrechtlicher und eine Gruppe wirtschaftlich-materieller Forderungen: Was die erste betrifft, so wurde die Forderung nach Aufhebung der Badener-Artikel erhoben, ferner verlangt, dass Luzern in einem Vertrag mit Rom die gegenseitigen Verhältnisse zwischen Kirche und Staat zu regeln hätte. Das staatliche Placet für kirchliche Akte soll aufgehoben und durch ein blosses Visum ersetzt werden. Für die katholische Religion wurde eine klare verfassungsrechtliche Garantie und allgemein freieres Wirken ihrer

---

[3] Büchi Kurt, Die Krise der Luzerner Regeneration 1839–1841 (1967) S. 40 ff.; Nick Konrad, Kasimir Pfyffer und die Luzerner Verfassungspolitik in den Jahren 1827–1841 (1955), S. 223 ff.

Vertreter verlangt. Die Jugend soll katholisch erzogen werden, und deshalb ist der Geistlichkeit im Erziehungsrat eine Vertretung zuzuerkennen. Das Lehrerseminar soll kirchlicher Leitung unterstellt werden. Die höheren Lehranstalten des Kantons sind den Jesuiten zu übergeben. Schliesslich sollen die Lehrer auf dem Lande direkt vom Volk gewählt werden – eine Massnahme, von der man sich kirchlicher gesinnte Lehrer erhoffte.

Was die staatsrechtlichen Neuerungsforderungen anbelangt, so war es selbstverständlich, dass die Demokraten die Beteiligung des Volkes am Staatshandeln verstärken wollten. So erhoben sie den Ruf nach Beseitigung des Rechts des Grossen Rates, 20 Mitglieder selber ernennen zu dürfen, ferner die Anwendung des strengen Kopfzahlprinzips bei der Verteilung der Grossratssitze zu Lasten der Stadt Luzern. Ausserdem verlangten sie die Einführung der Gesamterneuerungswahl anstelle der Drittelserneuerung sowie allgemein kurze Amtsdauern; schliesslich sollten alle, auch die unteren Behörden und Beamten, durch das Volk gewählt werden[4]. Was die Gesetzgebung betrifft, so herrschte bei den Demokraten Einigkeit darüber, dass das Repräsentativprinzip beseitigt werden solle. Über die Art und Weise, wie das geschehen solle, gingen jedoch die Meinungen auseinander. Ein Vorschlag ging dahin, einen «Volksanwalt» einzusetzen. Dieser wohl vom römischen Volkstribunen inspirierte Volksanwalt hätte gegenüber der «Beamtenwillkür», gegenüber den «Anmassungen des Staatsanwalts und aller Behörden» handeln und wachen und so zwischen Volk und Regierung ein «höchst wohltätiges Gleichgewicht» herstellen sollen. Zu den Befugnissen des Volksanwaltes gehörte, so derselbe Verfasser weiter, «noch das Veto gegen Wahlen», was das Recht bedeute, «dass die Mehrheit der stimmfähigen Bürger im ganzen Kanton einen ihr missliebigen Stellvertreter oder höheren Beamten, sei er gewählt, von wem er wolle, abberufen» könne[5]. Die dreiköpfige Volksanwaltschaft wäre von jeder andern politischen Behörde unabhängig. Sie sollte den Sitzungen des Grossen und des Kleinen Rates beiwohnen und dort im Namen des Volkes Einfluss nehmen. Die Volksanwaltschaft hätte das Recht erhalten, Beschlüsse oder Dekrete, die ihr aus politischen, religiösen oder ökonomischen Gründen mit den «Rechten oder Interessen des Volkes» unverträglich erschienen, vor das Volk zu bringen, welches deren Genehmigung oder Ver-

---

[4] SIEGWART-MÜLLER CONSTANTIN, Joseph Leu von Ebersoll (1863), S. 60 f.
[5] BÜCHI (Anm. 3), S. 38 f.

werfung beschliessen könne[6]. Selbstverständlich wurde auch die Einführung des Vetos nach St. Galler Muster vorgeschlagen. Der dem Verfassungsrat nicht angehörende Constantin Siegwart-Müller[7] wendete sich in einer an diesen Rat gesandten Eingabe vom 4. April 1841 dagegen, weil dieses wenig wirksam sei und nur Aufregung im Volk verursache; «sollen die Auftritte in Baselland für unsern Kanton nicht eine Warnung sein?» Durch das Veto spreche sich der Volkswille «nur negativ aus». Und was die praktische Wirksamkeit des Vetos anbelangt, so führte Siegwart-Müller an der gleichen Stelle aus: Im Kanton St. Gallen sei das Veto seit dem Jahr 1831 ein «einzigesmal zu Stande gekommen: wer wird aber behaupten wollen, es seien vom Grossen Rathe des Kantons St. Gallen keine andere unvolksthümlichen Gesetze erlassen worden, als jenes, welches durch das Veto gefallen ist?» Siegwart-Müller gelangte also zur Ablehnung des Vetos und fand, dieses solle «mehr ein Referendum sein wie in Wallis und Graubünden, damit es als ins Ganze passendes organisches Institut des Staates erscheine[8]. Durch ein Referendum – manchmal auch «Sanktion» genannt – spreche sich der Volkswille «positiv» aus. Gesetze, welche vom Volke in förmlicher Abstimmung angenommen worden seien, «sind mit vollem Recht als Volkswillen zu betrachten, während Gesetze, gegen welche eben das Veto nicht gerade zu Stande gekommen, noch nicht mit der gleichen Zuversicht als Volkswillen angesehen werden können». Und schliesslich würden nach Siegwart-Müller die Behörden «vom Volke förmlich angenommene Gesetze viel eher mit Nachdruck handhaben können, als solche, welche bloss negativ

---

[6] BÜCHI (Anm. 3), S. 39.

[7] SIEGWART-MÜLLER CONSTANTIN, 1801–1869. Geboren in Lodrino, Tessin. Entstammte einer Luzerner Familie, die in Lodrino eine Glashütte betrieb. Ab 1827 Urner Fürsprecher. 1832 Übersiedlung nach Luzern und politische Tätigkeit im radikalen Lager. Redaktor der «Schweizerischen Bundeszeitung». Ab 1834 Luzerner Staatsschreiber. Ende der dreissiger Jahre Wechsel ins katholisch-konservative Lager und Freundschaft mit Joseph Leu. Daher 1839 aus der Staatsschreiberstelle verdrängt. Nach dem konservativen Umschwung 1841 Luzerner Grossrat und Regierungsrat, 1844 und 1846 Schultheiss und Tagsatzungsabgeordneter. Als führender Luzerner Politiker Einsatz für direkt-demokratische Institutionen in Luzern nach Urner Vorbild und für Verbesserung der Stellung Luzerns. Im Sonderbundskonflikt befürwortete Siegwart eine rasche und militärische Lösung, da er einen Krieg für unabwendbar hielt. Zur Unterstützung Luzerns knüpfte er Verbindungen zu Metternich und dem österreichischen Hof an. Nach der militärischen Niederlage Flucht ins Ausland. Da er lebenslänglich aus Luzern verbannt worden war, liess er sich 1857 in Altdorf nieder, wo er 1863–1866 seine Memoiren schrieb. Weitere Werke: «Ratsherr Joseph Leu von Ebersol» 1863, «Der Kampf zwischen Recht und Gewalt» 1864, «Der Sieg der Gewalt über das Recht» 1866.

[8] BÜCHI (Anm. 3), S. 54.

durch das Veto nicht sind verworfen worden». Das Referendum sei ein «wirksames, dauerhaftes Mittel zum Schutze der Freiheit»; besitze das Volk einmal dieses Recht, so werde es keine Gesetze annehmen, «die es nicht versteht». Der Einwand, das Referendum beanspruche das Volk zu oft, gelte nur, wenn die Gesetzgebung weiterhin im Sturmschritt vor sich gehe. Und Siegwart-Müller weiter: In einer Demokratie sei es «höchst wichtig, dass die wenigen und gerechten Gesetze mit aller Festigkeit vollzogen und gehandhabt werden können». Und was das Äussere der Ausübung dieses Volksrechts anbelangt, so schlug Siegwart-Müller vor, es sollten sich die Gemeinden am «Maisonntag» zur Ausübung dieses Souveränitätsrechts versammeln, und zwar deshalb, «weil andere Kantone diesen Tag ebenfalls zur Ausübung ihrer Souveränitätsrechte weihen und weil schon unsere Urvorfahren ihre Versammlungen im Mai zu halten gewohnt waren»[9]. Trotz des von Siegwart aufgewendeten Scharfsinns sollte dann das «Referendum» keine Chance haben. Die massgebenden Demokraten, allen voran Leu, waren auf das Veto eingeschworen, wohl deshalb, weil dieses in anderen Kantonen schon existierte und es sich deshalb leichter einführen liess.

Was die Wünsche der Demokraten in wirtschaftlich-materieller Hinsicht betrifft, so sind folgende zu nennen: Es sollen das Prozessrecht vereinfacht und insbesondere die weiten Kreisen wenig verständlichen Formalismen abgeschafft werden; jeder soll sich vor den Gerichten selbst oder durch einen freigewählten Vertreter verteidigen können; es sei daher die Aufhebung des Patentsystems für Advokaten festzulegen. Das Baugesetz soll im Sinne der Vereinfachung und insbesondere im Sinne der Baufreiheit revidiert werden. Überhaupt soll die Gesetzgebungstätigkeit vermindert werden. Siegwart-Müller beklagte in seiner bereits mehrfach erwähnten Eingabe an den Verfassungsrat, in den zehn Jahren seit 1831 habe der Gesetzgeber «nicht weniger als 2133 Druckseiten für das Luzernervolk erlassen», der sechste Band sei bereits im Werden, Entwürfe von «mehreren hundert» Paragraphen lägen schon lange bereit. Siegwart-Müller beklagt in seiner Eingabe auch den zunehmenden Einfluss des römischen Rechts, dieser «Völkerfessel». Das «germanische Recht, die germanische Freiheit» habe einen «harten, einen langen Kampf mit dem römischen Rechte, mit dem römisch-orientalischen Despotismus» ausgefochten. Allein, die Juristen, die Advokaten, die Notarien, die

---

[9] Schreiben von C. Siegwart-Müller an den Verfassungsrat vom 4. April 1841, abgedruckt bei SIEGWART-MÜLLER (Anm. 4), S. 131 ff.

Gelehrten hätten «im römischen Rechte ihre Ausbeute» gefunden und den «schlichten Freiheitssinn der Völkerschaften» überflügelt. Es stehe dieses Los auch dem Schweizervolk bevor; es kündige sich bereits an «in den vermessenen Lehren der Staatsgewalt ... und in dem Centralisationssystem»[10]. Diese Kritik von Siegwart-Müller geht mit der andernorts erhobenen Forderung nach Beseitigung von «Rationalismus und Beamtenaristokratie» einher[11]. Dazu passt, dass auch die Forderung nach Abschaffung des Sinnbildes des Rationalismus, nämlich des neuen dezimalen Mass- und Gewichtssystems erhoben wurde. Die Gemeinden sollten ihre Güter selber verwalten dürfen. Man wünschte ferner eine Herabsetzung der Zahl der Beamten und Magistraten und insbesondere die Beseitigung verschiedener Arten von Zöllen, Weggeldern, Postgebühren, Sporteln und Gebühren; ferner sollte der Salzpreis herabgesetzt werden, ebenso der Zinsfuss für geliehenes Geld, und zu diesem Zweck eine Kantonalbank geschaffen werden. Bemerkenswert ist hier, dass die rasche Beseitigung der Feudallasten vom Liberalen Kasimir Pfyffer, nicht aber von den katholischen Demokraten erhoben wurde – wohl in erster Linie deshalb, weil Kirche und Klerus von diesen Abgaben teilweise lebten. Diese Forderungen wirtschaftlich-materieller Natur hatten, wie wir dies schon für die Zeit um 1830/1831 festgestellt haben, kaum Chancen, in der neuen Verfassung Eingang zu finden. Dies im Gegensatz zu den Forderungen staatsrechtlicher und kirchenpolitischer Natur.

Gegenüber der Bewegung in Zürich als Folge der Septemberreaktion von 1839 sind die Forderungen in Luzern stärker von demokratischen und kirchenpolitischen Themen als von wirtschaftlichen bestimmt – eine Folge der autoritären Kirchenpolitik des Liberalen Kasimir Pfyffer und seiner Anhänger. Interessant ist bei der katholisch-demokratischen Bewegung die Haltung des Radikalen Troxler. Dieser hat, obwohl am Schlusse die neue Verfassung ablehnend, in Verbindung mit Siegwart-Müller für eine reale Verstärkung der Volkssouveränität gefochten. Das liberale Repräsentativprinzip wurde also nicht nur von der «Basis», den ländlich-bäuerlichen Demokraten von der Prägung eines Joseph Leu, sondern auch von radikal-intellektueller Seite, sozusagen von «links», angefochten. Diese Verbindung ist im Hinblick auf künftige Auseinandersetzungen um das Repräsentativsystem im Auge zu behalten.

[10] Eingabe an den Verfassungsrat vom 4. April 1841.
[11] BÜCHI (Anm. 3), S. 119.

3. Politische Durchsetzung der Konservativen und neue Verfassung

Am 31. Januar 1841 fand die Volksabstimmung über die Frage statt, ob eine Verfassungsrevision stattfinden solle. 74,8 Prozent der Stimmenden bejahten die Frage bei einer Stimmbeteiligung von 81,9 Prozent[12], wobei aber die Nichtstimmenden gemäss Dekret des Grossen Rates als die Verfassungsrevision ablehnend gezählt wurden. Weshalb diese umgekehrte Anwendung des Veto-Prinzips? Die der Verfassungrevision ablehnend gegenüberstehenden Liberalen hatten wohl diese Zählweise als letztes ihnen noch zur Verfügung stehendes Mittel zu ihrer Machterhaltung angewendet. Folgerichtig hatten sie ihren Anhängern empfohlen, an der Abstimmung gar nicht teilzunehmen[13]. Über die Art und Weise der Wahl des Verfassungsrates hatte sich am 21. November des vorigen Jahres eine leidenschaftliche Diskussion ergeben: Es ging um die Frage, ob der hundertköpfige Verfassungsrat durchwegs in direkten Volkswahlen bestellt werden solle, oder ob – wie es der Liberale Kasimir Pfyffer vorschlug – 20 Verfassungsräte in indirekten Wahlen durch einen Volksausschuss bestimmt werden sollten. Es sollten nach Pfyffer dadurch auch Vertreter gewählt werden, die vom Volk «übersehen» worden waren. Es war damit die gleiche Frage aufgerollt, welche schon 1830 / 1831 Anlass zu heftigen Diskussionen gegeben hatte; bei der Wahl des damaligen Verfassungsrates hatte der Kleine Rat selber 20 – zumeist liberale – Mitglieder selbst ernannt; in der Verfassung war dann gegen den Widerstand der Demokraten die Kooptation von 20 Grossratsmitgliedern durch den Grossen Rat festgelegt worden. Jetzt, zehn Jahre später, setzte sich die demokratische Auffassung zugunsten durchwegs direkter Wahlen durch. Es war damit das naturrechtliche Verständnis des Verfassungsrates als eines dem unmittelbaren Volkswillen verpflichteten Organs des «pouvoir constituant» duchgedrungen. Die am 11. März 1841 stattfindenden Wahlen ergaben eine starke demokratisch-konservative Mehrheit – dies, obwohl der liberale Grosse Rat kurz vorher noch den Salzpreis herabgesetzt hatte! Zu diesem Sieg der kirchlich gesinnten Konservativen mochte wohl der am 13. Januar des gleichen Jahres ergangene Beschluss des Aargauer Grossen Rates über die Aufhebung der Klöster beigetragen haben. Die Liberalen erhielten im hundertköpfigen Verfassungsrat weniger als zehn Sitze;

[12] Büchi (Anm. 3), S. 108.
[13] Büchi (Anm. 3), S. 106.

es war damals nicht stets klar, wer von den Gewählten der einen oder andern Richtung angehörte.

Die neue Verfassung wurde am 1. Mai 1841 von 16 718 Stimmberechtigten angenommen und von 1213 verworfen; gemäss Dekret des Verfassungsrates wurden die 5019 an der Abstimmung nicht Teilnehmenden als verwerfend gezählt, so dass sich für Verwerfung die fiktive Zahl von 6232 ergab[14]. Die Frage muss offenbleiben, weshalb der mehrheitlich konservative Verfassungsrat dieses umgekehrte Veto-Prinzip angewendet hat, wäre doch politisch für ihn das von den Liberalen 1831 angewendete «eigentliche» Veto-Prinzip günstiger gewesen. Nach einem Anhänger der konservativen Mehrheit des Verfassungsrates war diese Zählweise «zwar ehrlich, aber doch nicht richtig»[15].

a) Geist der Verfassung

Die neue Luzerner Verfassung[16] ist ganz von den veränderten Mehrheitsverhältnissen im Verfassungsrat geprägt. Die eine überwältigende Mehrheit bildenden katholischen bäuerlichen Demokraten haben zwar mangels genügender Bildung in ihrer Mehrheit nicht aktiv an der Gestaltung des Grundgesetzes mitgewirkt. Eine aus ihren Führern gebildete Siebzehnerkommission erarbeitete einen vom 31. März 1841 datierten, gut durchdachten Entwurf. Dass dieser mit wenigen Änderungen zur Verfassung geworden ist, kann seiner hohen Qualität, muss aber auch der Inaktivität im Rat zugeschrieben werden: Von 100 Verfassungsräten ergriffen nicht weniger als deren 77 gar nie das Wort, was die Liberalen bewog, die konservativen Verfassungsräte als blosse «Abstimmungsmaschinen» zu bezeichnen[17].

Es muss indessen klargestellt werden, dass die Siebzehnerkommission einen geistig hochstehenden Entwurf verfasst hat, was ebenso die nur geringfügigen vom Plenum daran vorgenommenen Änderungen erklärt. Es war in ihr nicht nur der zwar wenig gebildete, aber politisch meisterhaft wirkende Joseph Leu tätig, sondern ebenso der Geschichtsschreiber Eutych Kopp[18]. Der Kommissionsbericht

---

[14] Büchi (Anm. 3), S. 147.
[15] Siegwart-Müller (Anm. 4), S. 160.
[16] *Quellenbuch* S. 381 ff.
[17] Büchi (Anm. 3), S. 141.
[18] Kopp Joseph Eutych, 1793–1866. Geboren in Beromünster als Sohn eines Bauern und Postboten. 1812–1814 Studium der klassischen Philologie an der Universität Freiburg im Breisgau. Latein- und Griechischlehrer, zuerst in Hofwil, dann in Zurzach, von 1819 an am Lyceum in Luzern; daneben schriftstellerische und dichteri-

423

zum Verfassungsentwurf enthüllt in Formulierungen von teils geradezu staatsphilosophischem Niveau die Denkweise dieser kirchlich-konservativen Bewegung: Die Kommission erblickte in dem ihr erteilten Auftrag zur Ausarbeitung eines Verfassungsentwurfes nicht bloss die Aufgabe, ein «Grundgesetz», eine «Urordnung» des gesellschaftlichen Lebens zu entwerfen, welche lediglich «vom Standpunkte eines äussern Rechtsschutzes ausgehend bloss die äussern rechtlichen Verhältnisse der Bürger untereinander, zwischen dem Volke und den Staatsgewalten und beiden zusammen, endlich gegenüber von Aussen sichern will». Die Kommission wollte auch nicht «das Staatsleben zu einer blossen Rechtsformel» herabwürdigen, «welche die Entwicklung des innern reichen geistigen Lebens der Menschheit in die äussere Form des Staates hineinzwängen, und die Entwickelung dieses letztern in der Geschichte als eine Entwickelung des Lebens der Menschheit selbst darstellen möchte ...» Sie distanzierte sich auch von der liberalen Ansicht, «nach welcher der Staat und an dessen Spitze die Staatsgewalt Alles in Allem, und über und ausser derselben nichts mehr vorhanden ist». Die Kommission ging, so fährt ihr Bericht weiter, gegenteils von der Ansicht aus, «dass ein christlicher Staat ... auch für Entwickelung des geistigen Lebens des Volkes existiere, dass sodann aber das Volk in einer höhern überweltlichen Beziehung zu betrachten sei, als Bürger eines religiösen Weltstaates, welcher nicht durch äussere Gränzen, sondern einzig durch das Band des Einen Glaubens gebildet wird». Die Kommission erachtete es schliesslich als eine «ernste Pflicht, als eine Pflicht der religiösen Überzeugung, dieses Doppelverhältnis des zum römisch-katholischen Glauben sich bekennenden Volkes des Kantons Luzern ausdrücklich in der Verfassung anzuerkennen, und der Staatsbehörde genau die Schranken vorzuzeichnen, inner denen sie sich gegenüber den Behörden jenes Gottesreiches ... zu bewegen hat».

sche Tätigkeit. 1828–1831 Mitglied des Luzerner Grossen Rats, 1831 Mitglied des Verfassungsrats. Als katholisch-konservativer Politiker lehnte Kopp die Bundesvertragsrevision von 1832/1833 ab. 1841 Mitglied des Verfassungsrats und der Redaktionskommission für die neue Luzerner Verfassung. 1841–1845 Regierungsrat. Kopp stellte sich 1845 nicht mehr zur Wiederwahl, nachdem er erfolglos gegen die Berufung der Jesuiten nach Luzern gekämpft hatte. Ab 1830 intensive Beschäftigung mit älterer Schweizer Geschichte, wobei Kopp vor allem Urkunden statt Chroniken als Quellenmaterial benutzte und dadurch zu wesentlichen neuen historischen Erkenntnissen gelangte und zum Begründer der kritischen historischen Forschung wurde. Hauptwerk: «Geschichte der eidgenössischen Bünde» (5 Bände), 1845 ff.

Diese Ausführungen zeigen wie sonst kaum ein anderes zeitgenössisches Dokument den Gegensatz zwischen der katholisch-konservativen und der liberalen Staatslehre auf. Letztere, die zu jener Zeit nun bereits einen national orientierten, die Verwirklichung eines nach rationalen und formalen Grundsätzen ausgerichteten individualistisch-gewaltenteiligen Staates anstrebt, stösst hier in theoretisch und praktisch unüberbrückbarer Weise auf die Vision einer übernationalen göttlich-kirchlichen Ordnung, auf die Vorstellung eines beinahe «organischen» und romantischen Volks- und Staatsverständnisses. Der «westlichen», auf Fortschritt, auf Entwicklung von Wissenschaft, Technik, Handel und industrielle Güterproduktion angelegten Gesellschaftslehre wird hier ein von «ewigen» religiösen Werten und langer Tradition geprägtes Weltbild entgegengesetzt. Ja, die Ausführungen dieser katholischen Föderalisten haben sogar einiges mit jenen des radikalen, rationalen und zentralistischen Ludwig Snell gemeinsam: Beide betonen die Notwendigkeit der sittlichen Vervollkommnung der Menschen angesichts des wirtschaftlichen Materialismus der Liberalen. Während aber diese Luzerner Demokraten ihre Werte aus der katholischen Religion ableiten, beruft sich Snell auf die Philosophie der Aufklärungszeit und des daraus folgenden Vervollkommnungs- und Erziehungsideals.

Im Bericht der Siebzehnerkommission wird also der Wille der Konservativen deutlich, ihren Kanton eher im religiösen Weltstaat als in dem von den Liberalen angestrebten schweizerischen Nationalstaat aufgehen zu lassen. Man kann im Lichte dieser Gegensätze erahnen, welche Auseinandersetzungen die kommenden Jahre noch bringen sollten – immer im Auge behaltend, dass beide Seiten ihre Vorstellungen in guten Treuen und mit tiefem Ernst verfochten.

Die Verfassung von 1831 ist in drei wesentlichen Bereichen umgestaltet worden, nämlich bei der Demokratie, beim Verhältnis Kirche–Staat und, bedingt durch letzteres, bei den individuellen Freiheitsrechten. Dies wird bereits im Aufbau des Werkes deutlich: Beim dritten Titel, den «öffentlichen Gewalten», werden nun in fünf Abschnitten fünf Gewalten unterschieden, nämlich die «souveräne Gewalt» (Volk), die «gesetzgebende Gewalt» (Grosser Rat), die «verwaltende und vollziehende Gewalt» (Regierungsrat), die «richterliche Gewalt» (Obergericht, Kriminalgericht, Kassationsgericht und die übrigen Gerichte) sowie die «Gemeinden». Gegenüber der Verfassung von 1831 sind die erste, das Volk, und die letzte dieser Gewalten, die Gemeinden, neu. Darin macht sich einerseits die Stärkung der Volkssouveränität, anderseits die Stärkung der lokalen, der kommunalen Gewalt geltend. In die gleiche Richtung der Stärkung der lokalen

Gewalt zielt die Bestimmung, wonach künftig fünf der elf Mitglieder des Regierungsrates als Vertreter jedes der fünf Ämter zu wählen sind[19]. Alles in Abweichung von den Lehren des revolutionären Liberalismus, der das Repräsentativsystem einerseits, die Zentralisierung andersseits zu bestimmenden Staatsgrundsätzen gemacht hatte. Von den Zentralisierungsgedanken der Liberalen im Verhältnis Kantone–Bund rückt die neue Verfassung ebenfalls ab, indem sie erklärt, der Kanton Luzern sei ein «souveränes» Bundesglied der Schweizerischen Eidgenossenschaft[20], während es in der Verfassung von 1831 nur geheissen hatte, er sei ein «Bundesglied». Die Verfassungskommission der Siebzehn begründete diese Änderung damit, es habe die Abstimmung über die projektierte Bundesurkunde von 1833 bewiesen, dass das Luzernervolk seinen eigenen souveränen Willen «nicht dergestalt dem des Bundes untergeordnet wissen will, dass durch die Stimmen einer Mehrheit von Ständen eine Centralregierung nach Art der helvetischen Einheitsregierung wieder eingeführt werden könnte». Abänderungen des Bundesvertrages dürften daher nur mit freier Einwilligung des Volkes als Souverän erfolgen[21].

b) Demokratie nach konservativen Vorstellungen

Die von den Luzerner Demokraten durchgesetzte stärkere Stellung des Volkes macht sich am klarsten in Paragraph 27 der Verfassung geltend, wo in Abweichung zur Verfassung von 1831[22] gesagt wird, das «souveräne Volk übt seine Souveränitätsrechte theils unmittelbar durch seine stimmfähigen Bürger selbst, theils überträgt es deren Ausübung seinen Stellvertretern». Die souveräne Gewalt wird in drei Bereichen wirksam, nämlich bei der Verfassungsgebung, wo das Volk zusätzlich zum Referendum das alljährlich zulässige Recht auf Ergreifung einer Initiative auf Verfassungsrevision mit Einsetzung eines Verfassungsrates erhält[23]. Im Bericht der vorberatenden Kommission des Verfassungsrates wurde zugunsten der Abschaffung der Rigiditätsklausel geltend gemacht, es würden, wenn der festgesetzte Zeitpunkt der gestatteten Revision herannahe, immer «Bewegungen sich kund geben, welche die öffentliche Ruhe und Ordnung gefährden könnten». Wenn ein «wahres und wirkliches Bedürfnis» zu einer Ver-

---

[19] § 56.
[20] § 1.
[21] Bericht der Verfassungskommission vom 31. März 1841.
[22] § 1 und § 3, BORNHAUSER (Anm. 2), S. 67 ff.
[23] §§ 29 ff., *Quellenbuch* S. 385 ff.

fassungsrevision im Volke vorhanden sei, so könne ein Revisionstermin «ungesetzliche, verderbliche Ereignisse hervorrufen». Und die Kommission schliesst: «Ohne öffentliche Ruhe und Ordnung hat das Leben und auch die Freiheit keinen Werth». Als zweites wird der «souveränen Gewalt» das Vetorecht gegen Gesetze, Bündnisse, Verträge oder Konkordate sowie gegen die Einführung neuer «Corporationen» – womit Klöster und Stifte gemeint sind – eingeräumt. Zur Begründung wurde von der Verfassungsratskommission geltend gemacht, dieses Recht gehe «aus dem Begriff der Volks-Souveränität» hervor. Es sei das Veto ein notwendiges Recht; hätte es früher bestanden, so «hätten keine Badener-Artikel, kein Gesetz über das Placet, kein Siebnerkonkordat die Gemüther des Volkes beunruhigt». Dieses Veto ist dem St. Galler Veto nachgebildet; es beruht auf individueller Zählung der Stimmen, ist also nicht föderativ wie das Bündner «Referendum». Für die Verwerfung eines der genannten Akte bedarf es einer absoluten Mehrheit der Stimmberechtigten; die nicht an der Abstimmung Teilnehmenden gelten als annehmend. Ist ein Veto erfolgreich, so hat sich der Grosse Rat ausserordentlicherweise zu versammeln und den betreffenden Akt als «aufgehoben zu erklären»[24]. Das Veto hat also keine aufschiebende Wirkung, und es bedarf daher eines besonderen Aktes zur Ausserkraftsetzung des fraglichen Aktes – trotz Mehrheitsbeschlusses des Volkes. Die praktische Ausübung des Vetos war in Luzern ähnlich schwierig wie in St. Gallen und Baselland. Zwischen 1842 und 1867 wurden von insgesamt 100 Erlassen des Grossen Rates deren 18 angefochten; erfolgreich waren nur zwei Veto-Bewegungen, eine gegen ein Zehntenloskaufsgesetz 1854 und eine gegen ein Gesetz über die Einführung einer direkten Steuer 1864. Bei fünf weiteren Vorlagen wurden sehr viele Veto-Stimmen – jedoch zu deren Verwerfung nicht genügend – erreicht, nämlich beim illiberalen Gesetz über den Missbrauch der freien Meinungsäusserung, beim Vertrag mit der Gesellschaft Jesu (Jesuitenberufung), bei der Aufhebung der beiden Klöster Rathausen und St. Urban am 13. April 1848 und bei einer weiteren Steuervorlage[25]. Bei den Klosteraufhebungen erhoben viele Bürger öffentliche Verwahrung gegen die Einlegung des Vetos, gleichsam als Anti-Veto-Stimmen.

Abgesehen vom Verfassungsreferendum sah die neue Verfassung nur für einen Fall ein eigentliches und zwar obligatorisches Referendum vor, nämlich für eine allfällige Veränderung des Bundes-

---

[24] § 35.
[25] DIETSCHI URS, Das Volksveto in der Schweiz (1926), S. 128.

vertrages von 1815. Dies wurde von der Kommission damit begründet, der Kanton Luzern sei nach der neuen Verfassung[26] ein «souveränes» Bundesglied der Schweizerischen Eidgenossenschaft; es müsse deshalb auch dem «Volke als Souverän» dieser Beschluss vorbehalten werden. Dieses Referendum galt nach luzernischer Praxis bei Verfassungsabstimmungen allerdings auch nur unter Anwendung des Veto-Prinzips bei der Zählung der Stimmen, wie sich dann 1848 zeigen sollte. Politisch war diesem Referendum die Rolle als Instrument gegen die weitere Vereinheitlichung des Bundes zugedacht.

Und schliesslich wird als Ausfluss der «souveränen Gewalt» der Grundsatz der unmittelbaren Wahlen festgelegt, was die Abschaffung der den Konservativen verhassten Selbstergänzung des Grossen Rates bedeutet. «Nur unmittelbare Wahlen drücken die wirkliche Gesinnung des Volkes aus», schreibt die Verfassungskommission. Gleichzeitig wurde auch die Verteilung der Grossratssitze nach dem strengen Kopfzahlprinzip festgeschrieben[27], was die Beseitigung des politischen Vorrechtes der Stadt Luzern bedeutete. Und schliesslich wird das Zensuswahlrecht der Verfassung von 1831 mit der Begründung, dieses sei eine «Verletzung der Rechtsgleichheit», aufgehoben. Zum demokratischen Gehalt der neuen Verfassung gehört der neu eingeführte Amtszwang für Beamte, die durch unmittelbare Volkswahlen bestimmt werden[28]. Damit das Gemeinwesen nicht Schaden leide, müsse verhindert werden, dass die «tüchtigsten und rechtschaffensten Männer» sich von den öffentlichen Geschäften zurückziehen. Gleichzeitig sieht die Verfassung neu eine Entschädigung für die Grossräte vor[29].

c) Verhältnis Kirche–Staat

Die zweite fundamentale Veränderung an der Verfassung von 1831 nahmen die katholischen Demokraten im Bereiche des Verhältnisses Kirche–Staat vor. Das wird unmissverständlich schon zu Beginn des Textes klar: «Die apostolische römisch-christkatholische Kirche ist die Religion des gesammten Luzernervolkes, und als solche die Religion des Staates»[30]. Damit wird gegen alle Grundsätze des Liberalismus die Glaubenseinheit bekräftigt, so, wie es Siegwart-Müller aus-

[26] § 1.
[27] § 40.
[28] § 13.
[29] § 52.
[30] § 3.

gedrückt hat: «Jeder Bürger wäre zugleich Glied der christlichen Kirche. Keiner würde in den Bürgerverband aufgenommen, welcher nicht zugleich der Gemeinschaft der Kirche einverleibt sein würde. Niemandem würde eine öffentliche Wirksamkeit oder eine Beamtung anvertraut, welcher sich nicht zur Religion des Staates bekennen würde.»[31] Die Konsequenzen dieser Auffassung sind weitreichend: Die liberalen Grundsätze im Schul- und Kirchenwesen werden weitgehend umgestossen. Ein Antrag allerdings, auch die Schulpflicht aufzuheben, wird im Verfassungsrat abgelehnt. Die Placetpflicht wird aufgehoben und durch das blosse Visum ersetzt. Stifte, Klöster und alle Güter der Kirche werden garantiert; im Erziehungsrat erhält die Kirche einen festen Anspruch von vier Sitzen (von neun), und das Verhältnis Staat–Kirche darf nurmehr vertraglich, das heisst durch «gegenseitiges Einverständnis» geregelt werden. Die Erziehungsbehörden sind verpflichtet, in den Schulen «im Geiste der römisch-christkatholischen Religion und eines demokratischen Freistaates» Unterricht zu erteilen. Die religiöse und sittliche Erziehung solle vorherrschend sein und nicht die «wissenschaftliche». Die Kirche erhält damit eine weitgehend unabhängige, ja faktisch dem Staat übergeordnete Stellung, denn nach dem Willen des Verfassungsrates sind «Sittlichkeit und Religion» die «Grundfesten der öffentlichen Ordnung»[32]. Die Mitglieder des Grossen Rates mussten, diesem Geist entsprechend, zu Beginn ihrer Tätigkeit in erster Linie schwören, sich zur «apostolischen römisch-christkatholischen Religion aufrichtig» zu bekennen und «dieselbe und die Rechte der katholischen Kirche getreulich zu ehren und zu schützen». Und erst in zweiter Linie ist der Schwur auf die vom Volk angenommene Staatsverfassung zu leisten[33]. Troxler hat nicht ohne Grund gesagt, es handle sich hier um einen Kircheneid, nicht einen auf die Verfassung[34]. Die eingeführte implizite Überordnung der Kirche über den Staat zeigte sich auch darin, dass die neue Luzerner Regierung, den Grundsätzen von Joseph de Maîstre folgend, die Verfassung dem Papst vorlegte. Dieser führte dann in seinem Schreiben vom 1. Christmonat 1841 unter anderem aus, es sei ihm das in der neuen Verfassung sichtbare Zeichen von «aufrichtigem Gehorsam gegen die geistliche Gewalt und die Rechte der katholischen Kirche ... sehr angenehm und äusserst erfreu-

---

[31] Büchi (Anm. 3), S. 55.
[32] Verfassungskommission, 31. März 1841.
[33] § 93.
[34] Büchi (Anm. 3), S. 128.

lich». Er könne, so fährt er weiter, «zwar nicht Alles loben», da «wir darin Einiges angetroffen haben, was mit jener vollen und durchaus freien Gewalt, welche die Kirche zur Verwaltung ihrer geistlichen Angelegenheiten von ihrem göttlichen Stifter empfing, keineswegs sich vereinigen lässt»[35].

d) Freiheitsrechte und Rechtsgleichheit

Besonders starke Auswirkungen hatte der die neue Verfassung bestimmende Geist auf die Freiheitsrechte. Zwar wird der Grundbestand der liberalen Freiheitsrechte und der Rechtsgleichheit beibehalten; jedoch werden diese teilweise eingeschränkt. So ist die Freiheit der Meinungsäusserung und der Pressefreiheit nur noch innert den Schranken der «Wahrheit, Sittlichkeit und Religion» gewährleistet[36]. Ein Antrag von liberaler Seite, es sei diese Bestimmung durch den Zusatz zu ergänzen, die Zensur dürfe nicht wieder eingeführt werden, wurde im Verfassungsrat abgelehnt. Die Konservativen hatten kein Interesse daran, die Presse besonders zu schützen; die liberale Presse war, gleich wie in den anderen Kantonen der konservativen intellektuell sowie in der Verbreitung weit überlegen. Interessant ist anderseits, dass die persönliche Freiheit gegenüber der Verfassung von 1831 noch verstärkt wird – mit einer von der Verfassungskommission gegebenen geradezu aufklärerischen Begründung, nämlich es sei «diese Freiheit eines der köstlichsten Güter», und sie liege «wesentlich im Zweck des Staates»[37]. Die Handels- und Gewerbefreiheit wird zwar jetzt in der Verfassung gewährleistet, jedoch nur «in der Regel». Dies wird damit begründet, hinsichtlich gewisser Gewerbe müssten im Interesse der Sittlichkeit und der «allgemeinen Nationalökonomie» einige Schranken bestehen; insbesondere müsse auf «bestehende Rechte» Rücksicht genommen werden[38]. Diese Rücksicht fand zusätzlich in einer besonderen Bestimmung konkrete Gestalt, wonach nämlich die von den Liberalen im Jahre 1839 abgeschafften Ehehaften «billig» entschädigt werden sollten. Die wirtschaftlichen Interessen der Müller, Metzger und Wirte haben sich also durchgesetzt.

Bei der Rechtsgleichheit ist die Verfassung inkonsequent. Die Gleichheit vor dem Gesetze und an politischen Rechten wird zwar

---

[35] Snell Ludwig, Handbuch des Schweizerischen Staatsrechts II (1844), S. 88.
[36] § 7.
[37] Verfassungskommission, 31. März 1841.
[38] Verfassungskommission, 31. März 1841.

garantiert und gesagt, jeder Bürger habe Zutritt zu allen Stellen und Ämtern[39]. Für die Wählbarkeit in den Grossen Rat wird aber ein Vermögenszensus gefordert[40] – eine Massnahme, die von der Verfassungskommission nicht begründet wurde. Bei den Gemeinden besteht ebenfalls ein Vermögenszensus für die Wählbarkeit; ausserdem werden diejenigen vom (aktiven) Wahlrecht ausgeschlossen, welche weniger als 400 Franken jährlich an Steuern bezahlen. Die Begründung der Kommission: «In den Steuergemeinden kann die Stimmfähigkeit unmöglich ganz freigegeben werden, sonst würden die, welche nichts an die öffentlichen Bedürfnisse beitragen, denen das Gesetz machen können, die diese Bedürfnisse decken müssen.»

Eher erstaunlich für die katholischen Demokraten war der allgemeine Ausschluss der Geistlichen von der Stimm- und Wahlfähigkeit[41], von dem die Verfassungskommission selber sagte, er dürfte «nicht ganz im Einklang mit den Grundsätzen der Rechtsgleichheit angesehen werden wollen». Doch die von ihr gegebene Begründung für den Ausschluss ist theologischer Natur, denn «der geistliche Stand hat nach dem katholischen Lehrbegriff seine eigene höhere Sendung, die nicht von dieser Welt ist»[42].

e) Verschiedenes

Von den im Vorfeld der Verfassungsrevision erhobenen Forderungen wirtschaftlich-materieller Natur war wenig in die neue Verfassung eingeflossen. Immerhin wurde das von den Konservativen so heftig bekämpfte Advokatenmonopol – das wegen der geringen Zahl konservativer Advokaten gleichzeitig ein Monopol der Liberalen war – beseitigt: «Jedem Bürger ist freigestellt, seine Rechtssachen entweder persönlich zu verfechten, oder deren Verfechtung Andern zu übertragen», heisst es in der Verfassung[43]. Die Bestimmung über die Ablösung der Feudallasten wurde unverändert beibehalten. Hingegen ist das in der Verfassung von 1831 enthaltene Verbot des Abschlusses von Militärkapitulationen gestrichen worden. In den Schlussbestimmungen der neuen Verfassung wird die Aufhebung aller mit der neuen Verfassung in Widerspruch stehenden Gesetze, Verordnungen und Beschlüsse sowie die «beförderliche» Durchsicht

---

[39] § 5.
[40] § 41.
[41] § 26.
[42] Verfassungskommission, 31. März 1841.
[43] § 20.

aller dieser Rechtsakte angeordnet. Ausdrücklich wird festgehalten, dass die Badener Konferenzartikel, das Placetgesetz und das Siebnerkonkordat mit der neuen Verfassung nicht in Einklang stünden und daher vom Grossen Rat ausser Kraft gesetzt werden sollen[44].

Die Luzerner Verfassung ist in mehrfacher Hinsicht bemerkenswert: Trotz der für die Liberalen inakzeptablen Orientierung des künftigen Staatshandelns an christlichen und kirchlichen Grundsätzen handelt es sich anderseits um ein nach rationalen, «modernen» Verfassungsprinzipien gestaltetes Werk. Die in der Verfassung von 1831 eingeführten rationalen Prinzipien wurden im wesentlichen nicht angetastet. Dies gilt für den Grundsatz der Gewaltenteilung, für die individuellen Rechte, aber auch für die damals eingeführte Justiz- und Verwaltungsorganisation nach französischem Muster. Es gilt dies aber auch für die Ausgestaltung der Demokratie. Die Gestalt dieser Verfassung zeigt, in wie starkem Masse die am Anfang erst von wenigen Theoretikern systematisch verfochtenen revolutionären Verfassungsprinzipien im Laufe der dreissiger Jahre zum Gemeingut geworden sind und sogar von der pointierten, kirchlich orientierten Opposition trotz überlegener Machtstellung nicht wieder beseitigt worden sind.

[44] § 86.

18. KAPITEL:

WEITERE KONSERVATIVE SCHÜBE UND VERFASSUNGSÄNDERUNGEN[1]

1. Im Kanton Aargau

Der «Züriputsch» brachte auch im Kanton Aargau neue Bewegung. Auch in diesem Kanton hatte die Verfassung von 1831 eine zehnjährige Rigiditätsklausel aufgestellt, deren Ablauf nun wie in Luzern in eine politisch kritische Phase fiel. Die herrschenden Liberalen sahen die prekäre Staatseinheit zu Recht als Hauptproblem des erst in der Mediationszeit aus konfessionell, kulturell und wirtschaftlich sehr heterogenen Gebieten zusammengestellten Kantons an. Die Restaurationsverfassung und ihr folgend jene von 1831 hatten ja für die Verteilung der Grossrats- und Regierungsratssitze sowie jene des Obergerichtes die Parität, also die Verteilung der Sitze je zur Hälfte nach Konfessionen, vorgesehen, was eine leichte Übervertretung der katholischen Gebiete Freiamt, Baden und Fricktal bedeutete. Die so festgesetzte Parität lief auf eine Repräsentation eher der Gebiete als der Bevölkerung im Staat hinaus. Ja, weil die Klöster und der Klerus die politischen Hauptstützen der katholischen Gebiete waren, bestand insoweit geradezu ein korporatives Element. Diese Ordnung lief den Idealen der Liberalen, die nach französischen Vorstellungen einen individualistischen Einheitsstaat schaffen wollten, diametral zuwider. Die Katholiken verlangten demgegenüber eine über die Parität hinausgehende, eigentliche konfessionelle Trennung der Staatsorganisation nach dem Muster von St. Gallen und insbesondere die freie Verwaltung der Klöster. Ferner erhoben sie die Forderung nach dem Widerruf der Badener Artikel, die Kündigung des Siebnerkonkordates, der Einführung des Vetos und einer Reihe von Änderungen im Schulwesen, Rechtswesen und in materiell-wirtschaftlichen Fragen – im ganzen etwa die gleiche Programmatik wie in Luzern. Der Grosse Rat lehnte dies zwar in einem ersten Verfassungsentwurf ab, behielt aber die Parität bei und kam einigen Forderungen der Katholiken entgegen, jedoch zu wenig weit, mit dem Ergebnis, dass beide Seiten ihn ablehnten und er in der Volksabstimmung vom 5. Oktober 1840 mit riesiger Mehrheit verworfen wurde. In der Folge arbeitete der

---

[1] Siehe die am Anfang des VI. Teils angeführten Literaturangaben.

Grosse Rat einen neuen Entwurf aus, welcher den liberalen Forderungen nach Rechtsgleichheit, insbesondere jener nach Verteilung der Grossratssitze nach dem strengen Kopfzahlprinzip, entgegenkam. Die konfessionelle Parität im Kleinen Rat und im Obergericht, nicht aber im Grossen Rat, wurde beibehalten, das Veto aber abgelehnt und weitere Forderungen der Katholiken nicht berücksichtigt. Dieser Entwurf fand in der Volksabstimmung vom 5. Januar 1841 eine Mehrheit von 16 050 gegenüber 11 484 Stimmen. Gegen diese Verfassung[2] setzten die katholischen Demokraten eine revolutionäre Bewegung gegen die liberale, vor allem von den Protestanten gestützte Regierungsmacht in Gang. Diese wurde mit Hilfe von bernischen und basellandschaftlichen Truppen niedergeschlagen. Weil man für den Aufstand die Klöster moralisch verantwortlich machte, hob der Grosse Rat am 13. Januar 1841 auf Antrag des Seminardirektors Augustin Keller die acht im Kantonsgebiet gelegenen Klöster auf. Ihr Vermögen wurde zu Staatsgut erklärt und für Kirchen-, Schul- und Armenzwecke bestimmt. Damit ist Paragraph 12 des Bundesvertrages[3] verletzt worden, wonach der «Fortbestand der Klöster und Capitel und die Sicherheit ihres Eigentums, so weit es von den Kantonsregierungen abhängt», gewährleistet sind. Der Nebensatz, «so weit es von den Kantonsregierungen abhängt», darf nicht zur Annahme verleiten, die Klöster seien damit in das Belieben der Kantonsregierungen gestellt worden. Mit ihm wollte man lediglich sagen, dass diese nicht verpflichtet waren, zugunsten eines sonstwie bedrohten Klosters, beispielsweise wegen mangelnden Nachwuchses, aktiv tätig zu werden. Die neue, kirchen- und klosterfreundliche Luzerner Verfassung bestimmt, der «Fortbestand der Stifte und Klöster, so weit er vom Staate abhängt», sei gewährleistet[4]. Diese fast gleichlautende Formulierung zeigt die richtige Interpretation von Paragraph 12 des Bundesvertrages. Ganz unabhängig von der juristischen Seite hat dieser Beschluss entscheidend zur Verschärfung der Gegensätze zwischen den Liberalen und den romtreuen Katholiken beigetragen und den wenige Jahre später offen ausbrechenden Konflikt vorbereitet. Die Tagsatzung beschloss am 2. April 1841 auf Antrag der konservativen Stände und auf Druck des Nuntius mit knapper Mehrheit, das Vorgehen des Aargauer Grossen Rates zu verurteilen und diesen zu verpflichten, die acht

---

[2] SNELL LUDWIG, Handbuch des Schweizerischen Staatsrechts II (1844), S. 598 ff.
[3] *Quellenbuch* S. 201.
[4] § 3 Abs. 6; *Quellenbuch* S. 381.

Klöster wiederherzustellen. Die Aargauer Behörden widersetzten sich dem Beschluss, verstanden sich aber immerhin dazu, wenigstens die drei aufgehobenen Frauenklöster – und später noch ein viertes – von der Aufhebung zu verschonen.

2. Im Kanton Solothurn

Im Kanton Solothurn lief Ende 1840 ebenfalls die zehnjährige Rigiditätsklausel für die Verfassungsrevision ab. In diesem mit Ausnahme eines einzigen Bezirkes katholischen Kanton hatte sich ähnlich wie in Luzern eine demokratisch-katholische Bewegung entwikkelt. Mit scharfer und intelligenter Feder kritisierte hier Theodor Scherer-Boccard[5] im Frühjahr 1839 in seiner Zeitung «Schildwache am Jura» das herrschende liberale Regime und insbesondere das Repräsentativsystem. Die Grundhaltung von Scherer-Boccard ist demokratisch-klerikal, ähnlich wie jene der Luzerner Konservativen, mit denen Scherer auch in Verbindung stand. Doch finden sich in den Artikeln Scherers immer wieder eigenartige Einschüsse von legitimistisch-restaurativem Gedankengut, die sich nicht anders als durch seine persönliche Verbindung mit dem in Solothurn immer noch lebenden Restaurator Karl Ludwig von Haller erklären lassen. Scherer-Boccard hat jedenfalls das antiliberale Werk des Restaurators über die «Freimaurerei und ihr Einfluss auf die Schweiz» in der «Schildwache am Jura» bekannt gemacht[6]; doch das Misstrauen gegen die Freimaurer gehörte seit der Französischen Revolution zum ideologischen

[5] SCHERER THEODOR, 1816–1885. Aus alter patrizischer Solothurner Familie stammend. Ab 1836 Sekretär der Solothurner Stadtverwaltung, daneben journalistische Tätigkeit. 1836–1841 Herausgeber und Redaktor der Zeitung «Schildwache am Jura». 1837–1841 Mitglied des Solothurner Grossen Rats. Wurde 1841 von den Liberalen wegen Konspiration anlässlich der Verfassungsrevision verurteilt; darauf ins Ausland. 1842 Publikation des Werks «Revolution und Restauration der Staatswissenschaft», worin er die Theorien Karl Ludwig von Hallers verteidigte. 1843 Dr. iur. der Universität Würzburg. Ab 1845 Kabinettssekretär von Siegwart-Müller in Luzern. Leitung der «Staatszeitung der katholischen Schweiz». 1854–1881 Redaktor der «Schweizerischen Kirchenzeitung». 1857 Gründer und von da an Präsident des «Schweizerischen Piusvereins» auf Lebenszeit, welcher 1863 die «Inlandmission» gründete und die Errichtung einer freien katholischen Universität in Freiburg im Üechtland anregte. Für seine Verdienste von Papst Pius IX. geadelt und zum Mitglied verschiedener Akademien und Ritterorden ernannt. Gestorben in Solothurn.

[6] KAISER TINO, Die Solothurner Verfassungsrevision von 1840/1841 (1940), S. 428.

Arsenal aller konservativen Bewegungen, auch wenn der Einfluss der Freimaurer in der Regel – wie auch in Solothurn – geringer als behauptet war. Auch scheinen Einflüsse der theokratischen Staatslehre von Joseph de Maître im Gedankengut Scherers eine Rolle zu spielen, wenn er sagt, «Regieren» heisse nur die Handhabung der göttlichen Gebote durch die Obrigkeit, die menschliche Gesetzgebung habe sich bloss darauf zu beschränken, das göttliche Gesetz auf die verschiedenen menschlichen Verhältnisse anzuwenden.

a) Kritik des Repräsentativsystems durch Scherer

Die in der «Schildwache am Jura» vorgetragene Kritik am Liberalismus «von rechts», die gleichzeitig demokratisch und klerikal war, entsprach in vielem dem, was in der Luzerner Bewegung vorgetragen worden ist. Dennoch war sie sehr eigenständig und originell, weshalb kurz auf sie eingegangen werden soll. In einer vom 9. Februar bis 13. März 1839 veröffentlichten Artikelreihe «Täuschungen des Repräsentativ-Systems» kritisierte Scherer die liberalen, von ihm «revolutionär» genannten Staatstheorien hart und grundsätzlich: Wenn diese Theorie behaupte, die Freiheit bestehe darin, dass das Volk seine Regenten selbst wähle, also nur einer selbstgewählten Regierung gehorche, so sei dies nur wahr, «wenn das gesammte Volk vereinigt seine Regenten wählen könnte und einstimmig wählen würde». Weil dies aber nicht der Fall sei bei jedem Regenten, der nicht alle Stimmen erhalten habe, sei dieser «ein von Andern aufgedrungener Regent». Scherer meinte damit nichts anderes als die Schwächen des Mehrheitswahlrechts für die Volksvertretung bei grossen Wahlkreisen, die dann später 1847 auch von links, nämlich von Victor Considerant, aufgezeigt wurden und schliesslich die Einführung des proportionalen Wahlrechts bewirkten.

Die revolutionäre Staatstheorie glaube, so Scherer weiter, in dem Repräsentativsystem ein Mittel gefunden zu haben, den Willen des Volkes zum höchsten Gesetz des Staates zu machen. Allein, auch das sei eine Täuschung. Damit die gewählten Regenten den Willen ihrer Wähler ausdrücken könnten, müssten sie über «jeden Gegenstand, über den sie mitzurathen berufen sind, mit Instrukzionen versehen werden». Dies geschehe aber nicht, indem diese als Repräsentanten der «Gesammtheit des Volkes» angesehen würden. Daher würden die Volksrepräsentanten nach ihrer eigenen Einsicht handeln, und weil sie ihren Wählern nicht verantwortlich seien, natürlich sehr oft zu ihrem eigenen Vorteil oder demjenigen einer Partei oder einer Sippschaft, deren Wünsche und Ansichten denjenigen der Wähler

436

«straks entgegengesetzt» seien. Freilich seien, so Scherer weiter, die Repräsentanten nur auf kurze Dauer gewählt, und es sei dann erlaubt, sie nicht wieder zu wählen und durch andere zu ersetzen. «Aber die Gesetze, die sie gemacht haben, bleiben», ruft Scherer aus und bezweifelt wegen des Instruktionsverbotes der liberalen Lehre gleichzeitig die reale Möglichkeit der Wähler, mit der Wahl anderer Repräsentanten den Staatswillen beeinflussen zu können. Die «revoluzionäre Theorie» behaupte also, so Scherer, die Mehrheit des Rates spreche den Willen des Volkes aus, auch wenn dieses keinen Wunsch, keinen Willen zu erkennen gegeben habe und das Beschlossene sogar im Volk den grössten Unwillen errege, «es bleibt Gesetz». Folglich sei die Regierung der sogenannten Volksrepräsentanten die «absoluteste», die man sich denken könne, und gleichzeitig die «gefährlichste, weil sie alles was sie thut, unter dem Deckmantel der Vollmacht des Volkes thut»[7].

Diese Kritik verzerrt in ihrer Radikalität gewiss manches am neuerrichteten liberalen Regime. Sie zeigt aber die Tatsache auf, wie stark bei den an der neuen Ordnung politisch und wirtschaftlich nicht teilhabenden Kreisen die Volkssouveränität einerseits als blosse Fiktion, das Repräsentativprinzip anderseits als Mittel zur Machtausübung und Machterhaltung angesehen wurde. Die Kritik Scherers am Repräsentativsystem mündet unter anderem in die Forderung nach der Einführung des Vetos ein.

b) Die Forderungen der Konservativen

Am 15. Oktober 1840 beschloss der mehrheitlich liberale Grosse Rat die Revision der Verfassung. Die Einsetzung eines Verfassungsrates wurde abgelehnt und statt dessen eine vor allem aus Advokaten zusammengesetzte Verfassungskommission gebildet, was im Volk bereits einige Missstimmung hervorrief. Diese Kommission schuf, um der konservativen Bewegung zuvorzukommen, in aller Eile einen Verfassungsentwurf. Darin wurden fast alle den Liberalen wichtigen Prinzipien der Verfassung von 1831 beibehalten. Erst dieser Verfassungsentwurf brachte die Konservativen dazu, ihre bereits in einer am 21. Oktober veröffentlichten Petition vorgebrachten Forderungen nun ausführlich und vollständig darzulegen: Die in der Beilage zur «Schildwache am Jura» am 12. Dezember 1840 veröffentlichte Petition der Egerkinger Volksversammlung enthaltenen 42 Forderun-

[7] «Schildwache am Jura», 13. Februar 1839.

gen kann man, gleich wie jene Luzerns, in drei Gruppen gliedern: In eine solche staatsrechtlicher, eine Gruppe wirtschaftlich-sozialer und eine solche kirchenpolitischer Natur. Was letztere betrifft, so fallen die geringe Zahl und gleichzeitig der niedere Stellenwert der kirchenpolitischen Forderungen in der Bewegung auf, wenn man diese mit Luzern vergleicht. Der Grund hiefür ist darin zu suchen, dass die Solothurner Liberalen in den vergangenen Jahren unter der Führung Joseph Munzingers in kirchlichen Fragen eine zurückhaltendere, tolerante Politik befolgt hatten.

Die konservative Petition setzte beim staatsrechtlich wichtigsten Gegenstand, beim Wahlrecht an: Weil das bestehende Mehrheitswahlrecht mit zehn grossen Wahlkreisen die konservative Minderheit benachteiligte, verlangten diese die Verdoppelung der Zahl der Wahlkreise. Ferner forderten sie durchwegs direkte und freie Wahlen; gleich wie in Luzern hatten auch in Solothurn die indirekten Wahlen durch Wahlkollegien und durch den Grossen Rat die Liberalen begünstigt. Ferner wurde die Gesamterneuerung des Grossen Rates, und zwar alle sechs Jahre, verlangt. Den Beamten sollte nicht mehr gestattet sein, gleichzeitig im Grossen Rat zu sitzen; diese Forderung war eine Folge der Tatsache, dass die Liberalen die Hauptzahl der Staatsbeamten stellten und über diese auch im Grossen Rat über eine starke Macht verfügten. Es sollte ferner die Gemeindeautonomie verstärkt werden. Die Verfassung soll nur noch für sechs Jahre unabänderlich sein, und es soll künftig für ihre Änderung ein Verfassungsrat eingesetzt werden. Die Gesetze sollen «einfach und deutlich abgefasst» sein, damit der Landmann seine Geschäfte selbst besorgen kann, ohne sich «den Händen der Advokaten und Prokuratoren überlassen zu müssen». Und es soll das Volks-Veto für alle Gesetze, Beschlüsse und Verordnungen eingeführt werden. Die Souveränität des Volkes solle nicht mehr nur, wie es Munzinger 1830 am Volkstag in Balsthal verkündet habe, «ohne Rückhalt ausgesprochen» werden, sondern «ohne Rückhalt eine Wahrheit werden»[8].

An Forderungen wirtschaftlich-sozialer Natur figurieren das Verlangen nach Einschränkung der Gewerbefreiheit für Nicht-Solothurner, die Herabsetzung der Steuern und der Staatsausgaben, die Übertragung der Verwaltung der Wälder an die Gemeinden, die Umwandlung des Zehntenloskaufes in eine Grundsteuer, die Verminderung oder Beseitigung der Sporteln, die Herabsetzung der Beamten-

[8] «Schildwache am Jura», 21. Oktober 1840.

besoldungen und allgemein die Verminderung der Zahl der Regierungsräte, Richter und Beamten.

In kirchenpolitischer Hinsicht wurde die Lockerung der staatlichen Aufsicht über die Klöster verlangt; ferner solle der Kirche «der ihr gebührende Einfluss auf das Schulwesen eingeräumt und kein Buch eingeführt werden, gegen welches von der Kirche, als der katholischen Religion zuwider, Einsprache erhoben wird»[9]. Gesetze über Gegenstände, welche auch die Kirche betreffen, sollen nur im Einverständnis mit dieser erlassen werden. Und es sollen die Badener Konferenz-Artikel, welche damals vom Grossen Rat verworfen worden waren, «auch in der Wirklichkeit nicht ausgeführt werden»[10].

Der Grosse Rat begann am 9. Dezember 1840 mit der Beratung des Verfassungsentwurfes. Sogleich entwickelte sich eine heftige Debatte über das von den konservativen Demokraten geforderte Veto. Diese Debatte trägt die Besonderheit, dass nicht nur über den politischen Wert des Vetos, sondern auch über die verfassungsrechtliche Zulässigkeit gestritten wurde: Art. 1 der Verfassung von 1831 legte nämlich fest, die «höchste Gewalt» des Kantons Solothurn gehe «von dem Volke» aus; sie werde «aber nur durch seine Stellvertreter ausgeübt, welche nach der von ihm genehmigten Verfassung gewählt werden». Das Wort «nur» gab den Liberalen deshalb Anlass, die Einführung des Vetos als verfassungswidrig einzustufen, weil Artikel 57[11] der Verfassung den Artikel 1 als nicht revidierbar erklärte. Die repräsentativ-demokratische Verfassung sei vom Volk angenommen und ihre Festhaltung über die Verfassung hinausbeschworen worden», wurde ausgeführt. Und: es dürfe nicht um einer Liebhaberei willen «das Volk einen Meineid an sich selbst begehen»; das Volk habe sich «über die 10 Jahre hinaus ... selbst ein Hindernis gestellt»[12]. Gegen diese Auffassung wurde, ganz im Sinne Condorcets, vorgebracht, es könne «keine Verfassung das Volk über den Bereich ihrer eigenen Dauer binden». Das Veto sei erst in St. Gallen «erfunden» worden; hätte man in Balsthal daran gedacht, so wäre Paragraph 1 der Verfassung vielleicht anders «stylisiert» worden. Und schliesslich: das Wort «nur» in Paragraph 1 sei von einem Aristokraten hineingebracht worden.

Gegen die Einführung des Vetos wurden von den Liberalen auch zahlreiche politische Einwände vorgetragen: Das neue Volks-

---

[9] «Schildwache am Jura», 21. Oktober 1840.
[10] «Schildwache am Jura», 21. Oktober 1840.
[11] BORNHAUSER THOMAS, Verfassungen der Kantone der Schweizerischen Eidgenossenschaft (1833), S. 163.
[12] Verhandlungen vom 9. Dezember 1840.

recht sei eine «Volksbetrügerei erster Klasse»; in Baselland seien, so führte Joseph Munzinger aus, erst zwei Gesetze verworfen worden, in St. Gallen eines oder zwei. Das Volk sei nicht imstande, mit Sachkenntnis dieses Veto auszuüben. Dem von Theodor Scherer vorgetragenen Argument, mit dem Veto werde «die Gesetzesfabrikation aufhören», wurde von liberaler Seite entgegengehalten, die Gesetze sollten sich ständig mit den Ansichten und Bedürfnissen verändern. Eine zu starke «Gesetzesstabilität» führe dazu, dass man sagen müsse: «Wehe dir, dass du ein Enkel bist.» Und schliesslich wurde auch in Solothurn die Befürchtung laut, das Veto könne die Staatseinheit gefährden, es würde «Alles in Lokalinteressen aufgelöst». Mit grosser Mehrheit wurde schliesslich beschlossen, dass es «verfassungswidrig» sei, das Veto einzuführen. Theodor Scherer erklärte demgegenüber, es müsse «das Veto einmal kommen, denn es ist eine Konsequenz des gegenwärtigen Systems»[13]. Er sollte im Jahre 1856 recht erhalten und das «Vetoreferendum» eingeführt werden, allerdings nicht unter konservativer, sondern unter radikaler Führung.

Die Konservativen konnten sich nicht nur beim Veto, sondern bei den meisten ihrer Forderungen nicht durchsetzen. Immerhin erreichten sie nach dem Vorbild Luzerns das Recht des Volkes, über allfällige Abänderungen des Bundesvertrages abstimmen zu können[14]; auch die Übervertretung der Stadt Solothurn bei der Verteilung der Grossratssitze wurde beseitigt. Anderseits erzielten die Liberalen einige auf ihrer Linie liegende Verbesserungen, so eine stärkere Gewaltenteilung, eine Straffung und Zentralisierung der Verwaltung, die Aufstellung eines – allerdings unvollständigen – Kataloges von Freiheitsrechten, eine allgemeine Stärkung der Stellung des Grossen Rates gegenüber dem Regierungsrat sowie die Schaffung eines besonderen Kriminalgerichtes. Der Regierungsrat wurde nun nach dem zuerst in St. Gallen und Baselland eingeführten und bewährten Direktorialsystem organisiert. Die Verfassungsreform von 1841[15] führte die unvollständig gebliebene Verfassungsreform von 1831 weiter, ja man kann sagen, dass die Verfassung erst jetzt die letzten Züge jener von 1815 abstreifte. Die Einführung durchwegs direkter Wahlen für das nun in «Kantonsrath» umbenannte Parlament gelang indessen nicht, obwohl die Konservativen für diese Neuerung die besseren Argumente vortrugen. Die Erhöhung der Zahl der Wahlkreise wurde ebenfalls

[13] Verhandlungen vom 9. Dezember 1840.
[14] § 1.
[15] SNELL (Anm. 2), S. 340 ff.

abgelehnt, obwohl Scherer zu Recht geltend gemacht hatte, bei grossen Wahlkreisen werde «eine grosse Minorität» des Volkes im Grossen Rat nicht repräsentiert. Die Liberalen wendeten ein, kleinere Wahlkreise würden zu mehr Intrigen und Bestechungen führen; das unausgesprochene, wirkliche Argument aber war – wie meistens bei Wahlrechtsdebatten – die Machtfrage, indem die Liberalen von den grossen Wahlkreisen profitierten. Die Verstärkung des Einflusses der Kirche auf die Schule wurde abgelehnt, ebenso eine verfassungsrechtliche Sicherung des Eigentums der Klöster. Bei der Gewerbefreiheit konnte sich in Solothurn die liberale Theorie der unbedingten Freiheit gegenüber den Forderungen von Handwerkern durchsetzen. Schliesslich wurde neu ein Recht der Verfassungsinitiative des Volkes eingeführt, das erstmals im Jahre 1851 und dann alle fünf Jahre offenstehen sollte[16]. Dieses Instrument sollte es dann 1856 den Radikalen erlauben, einen mit einem Demokratieschub verbundenen Machtwechsel herbeizuführen.

Die Solothurner konservativ-demokratische Bewegung war bei den Verfassungsberatungen im Grossen Rat also weitgehend erfolglos geblieben. Die Liberalen hatten sich mittels einer konsequenten machtpolitischen Haltung, durch rasches Reagieren auf die gegnerischen Absichten und durch geschickte, aber teils formale juristische Interpretation der Verfassung von 1831 zu behaupten vermocht. Es war den Liberalen auch gelungen, die Konservativen mit den früheren «Aristokraten» in einen Topf zu werfen und ihnen entgegenzuhalten, sie seien ja bisher gegen eine Erweiterung der Demokratie gewesen, weshalb ihre Forderungen unehrlich seien. Der Vorwurf der «Aristokratie» traf in Wirklichkeit nicht zu, denn die Anhängerschaft der Konservativen bestand zum grössten Teil aus materiell wenig begüterten bäuerlichen Kreisen in den Randregionen. Hingegen war die von den Konservativen erfolgte Berufung auf demokratische Einrichtungen wohl insofern auch taktisch bedingt, als sie wegen ihrer schwächeren Presseorgane mit dem Einfluss des Klerus auf die breite Bevölkerung rechneten.

Ein weiterer Grund für den Sieg der Solothurner Liberalen lag darin, dass diese sich in der Vergangenheit – im Gegensatz zu den Luzerner Liberalen – gehütet hatten, zu viel kirchenpolitischen Zündstoff zu liefern. Und schliesslich bildeten die nach der Verfassung von 1831 fehlende Möglichkeit der Einsetzung eines Verfassungsrates sowie die relativ schwache politische Führung der Konservativen Ursa-

---

[16] § 84 Verfassung.

chen für diesen Ausgang. In der Folge versuchten die Konservativen mittels reger Agitation, eine negative Volksabstimmung über die Verfassung herbeizuführen. Um die Jahreswende hin nahm die Erregung im Volk immer stärker zu; die liberale Regierung befürchtete mit dem Näherrücken des Abstimmungstages mehr und mehr den Ausbruch eines illegalen «Putsches» von seiten der Konservativen. Aufgrund wenig bestimmter Putschgerüchte wurden zunächst konservative Führer, zuerst Theodor Scherer, verhaftet; dann erklärte sich die Regierung Munzinger «in Permanenz» und verlegte ihre Sitzungen in die Kaserne. Bürgerwachen konstituierten sich, und es wurden Truppen aufgeboten und die liberalen Nachbarkantone Bern, Aargau und Baselland zu «eidgenössischem Aufsehen» ermahnt. Unterdessen wurde im Kanton Solothurn «alles, was irgendwie verdächtig war, verhaftet»[17], und die «Schildwache am Jura» wurde versiegelt. In dieser «Belagerungssituation» fand die Volksabstimmung statt, die zugunsten der Liberalen ausging. Immerhin haben bei 6289 Zustimmenden 4277 Stimmberechtigte die neue Verfassung abgelehnt. In der Folge wurde gegen die konservativen Führer ein grossangelegter Hochverratsprozess eingeleitet, der nach langer Prozessdauer zu mehrmonatigen Gefängnisstrafen der konservativen Lenker der Bewegung führte. Wirklich schlüssige Beweise für deren illegales Handeln hatten allerdings nicht beigebracht werden können. Mit diesem parteipolitisch gefärbten Verfahren und Gerichtsurteil war es den Liberalen – zusammen mit den vor der Volksabstimmung getroffenen Massnahmen – gelungen, die konservative Partei praktisch zu zertrümmern[18]. Der Solothurner Freisinn beherrschte fortan diesen fast ganz katholischen Kanton. Er hatte von «rechts» her nichts mehr zu befürchten und behielt bis weit ins 20. Jahrhundert hinein eine absolute Mehrheit in Kantons- und Regierungsrat. Die Härte des Vorgehens der Liberalen gegen die Konservativen lässt sich wohl damit erklären, dass ihr Führer, Munzinger, den gewaltsamen «Züriputsch» anlässlich seiner Teilnahme an der Tagsatzung im September 1839 persönlich miterlebt hatte. Munzinger war sich auch der Tatsache bewusst, dass das katholische Solothurn für die Mehrheitsbildung zugunsten der künftigen Bundesreform in der Tagsatzung eine wesentliche Rolle spielen würde, aber nur dann, wenn dieser Stand bei der Gruppe der liberalen Kantone verblieb.

---

[17] KAISER (Anm. 6), S. 488.
[18] KAISER (Anm. 6), S. 468.

3. Im Kanton Wallis

Im Kanton Wallis war es den französischsprachigen Unterwallisern am 3. August 1839 nach harten Kämpfen mit den klerikal gesinnten Oberwallisern gelungen, eine verspätete «Regeneration» und damit eine neue Verfassung[19] zu erreichen. Zum ersten Mal im Wallis sollte der Landrat nach dem der Rechtsgleichheit entsprechenden Kopfzahlprinzip in indirekter Wahl bestimmt werden. Allerdings gestand man dem Klerus von Verfassungs wegen zwei Sitze im Grossen Rat zu; davon war ein Sitz vom Bischof einzunehmen, der damit von Amtes wegen, sozusagen als Folge seiner früheren Landessouveränität, im Grossen Rat sass. Die Verfassung sah eine Reihe von liberalen Freiheitsrechten vor, so die persönliche Freiheit, das Recht auf den verfassungsmässigen Richter, die Eigentumsfreiheit, das Petitionsrecht. Die Religions- und Kultusfreiheit allerdings wurde nicht verwirklicht; die römisch-katholische Religion bleibt Religion des Staates, und nur sie geniesst das Kultusrecht. Die Verfassung legt weiter die Überordnung des Grossen Rates über den Staatsrat fest, gibt aber letzterem ein aufschiebendes Vetorecht gegenüber Gesetzesbeschlüssen des Grossen Rates. Ferner wird die personelle Gewaltenteilung und insbesondere der Grundsatz der richterlichen Unabhängigkeit verankert[20]. Die alten Zehnden verlieren ihre korporative Stellung weitgehend und werden zu Verwaltungsbehörden, die dem Staatsrat gegenüber weisungsverpflichtet sind[21], die Präsidenten der Zehndenräte erscheinen als Vorstufe der Präfekten. Es wird schliesslich das obligatorische Verfassungsreferendum eingeführt; ebenso ein obligatorisches Referendum für die Änderung des Bundesvertrages; die Änderung der Verfassung steht allerdings nur nach Ablauf von jeweils fünf Jahren offen[22]. Obwohl die Verfassung als Staatsform die repräsentative Demokratie festlegt[23], enthält sie für alle Gesetze, Militärkapitulationen sowie Finanz- und Bürgerrechtsdekrete ein obligatorisches «Veto-Referendum»[24], das nur die verwerfenden Stimmen zählte, sich vom Veto der anderen Kantone aber insofern unterschied, als jeder einzelne «Vetierende» für das kantonale Gesamter-

---

[19] SNELL (Anm. 2), S. 856 ff.
[20] Art. 41.
[21] Art. 47.
[22] Art. 73.
[23] Art. 1.
[24] SEILER ANDREAS, Die politische Geschichte des Wallis 1815–1844 (1939), S. 45 f.

gebnis gezählt wurde. Dieses Veto-Referendum führten die Liberalen nur als ungeliebte Konzession an die Oberwalliser Zehnden und als Ersatz für ihr altes Zehnden-«Referendum» ein. Sie versuchten aber mit der individualistischen Zählweise das Schlimmste, nämlich eine Abstimmung nach Zehnden, zu verhindern.

Die Verfassung von 1839 brachte keine Ruhe in das alte Bischofsland, obwohl die Liberalen auf die Belange der Geistlichkeit und der Religion grosse Rücksicht genommen hatten. Das Oberwallis akzeptierte die neue Verfassung nur teilweise; es ergaben sich Konflikte wegen der liberalen Unterrichtsgesetzgebung und dann in der Folge wegen den Aargauer Klosteraufhebungen, durch welche vor allem die konservativen Oberwalliser in Bewegung versetzt wurden. Im Unterwallis bildete sich dagegen eine Gruppe von jungen Radikalen, welche unter dem Namen «Jungschweizer» den Ideen von Giuseppe Mazzini verpflichtet waren. Diese Radikalen bedrängten einerseits die einen «juste-milieu»-Kurs beschreitenden Liberalen von 1839, trugen anderseits entscheidend zur Verschärfung des Gegensatzes mit den Konservativen bei. Es kam, besonders vom Frühjahr 1843 an, zu anarchischen und dann bürgerkriegsähnlichen Zuständen mit mehreren Versuchen der Tagsatzung, mit Hilfe von eidgenössischen Kommissären eine Beruhigung herbeizuführen. Die allgemeinen Spannungen und das Wirken der frankophonen radikalen «Jungschweizer» führte im folgenden Jahr zu einer konservativen Reaktion, die am Schluss militärisch ausgetragen wurde. In einem Gefecht am 21. Mai 1844 unweit von Martigny schlugen die Konservativen die Jungschweizer entscheidend, wobei von letzteren 16 den Tod fanden und 20 verwundet wurden.

Die Konservativen, die nun eine unangefochtene Machtstellung hatten, revidierten die Verfassung in einem Sinne, wie es 1841 in Luzern geschehen war, unterzogen sie aber nicht so weitgehenden Änderungen, weil ja die Liberalen schon 1839 starke Rücksichten auf Religion, Kirche und Klerus genommen hatten. Die neue Verfassung vom 14. September 1844[25] will, gleich wie Luzern 1841, die «République et Canton du Valais» als «Etat souverain, incorporé comme canton à la confédération suisse» verstanden wissen[26]. Auch sie schreibt das Repräsentativprinzip ausdrücklich fest, obwohl eine Demokratisierung vorgenommen und ein eigentliches, obligatorisches Referendum für Gesetze, Militärkapitulationen sowie Finanz- und Einbürge-

---

[25] *Quellenbuch* S. 395 ff.
[26] Art. 1.

rungsdekrete eingeführt werden[27]. Ludwig Snell hat zu diesem Referendum bemerkt, es werde dadurch «ein Fortschritt in der Gesetzgebung fast unmöglich»[28]. Die Freiheitsrechte der Verfassung von 1839 werden beibehalten, jedoch die Rechte des Klerus und der geistlichen Korporationen ausdrücklich garantiert. Das Kopfzahlprinzip für die Wahl des Grossen Rates wird beibehalten, der Klerus erhält aber einen zusätzlichen dritten Sitz. Insgesamt nimmt die Verfassung von 1844 an jener von 1839 nur wenige Änderungen vor; die konservative Reaktion gegen den Liberalismus und Radikalismus hat Mass gehalten.

4. Die Zürcher Veto-Debatte

Die 1831 an die Macht gelangten Liberalen wollten dreierlei, nämlich erstens die Macht behalten – auch gegenüber dem Volk –, zweitens den Fortschritt weitertreiben und drittens im Rahmen des Repräsentativprinzips in den Kantonen die individualistische, zentralistische Demokratie auf dem Boden der Parlamentsherrschaft festigen. Es schwebte ihnen das Ideal der französischen Montagnard-Verfassung vor, jedoch unter Ausschluss des darin enthaltenen Referendums. Die Liberalen waren daher bereit, die Demokratisierung des Wahlrechts mittels Abschaffung indirekter Wahlen und des Kopfzahlprinzips vorzunehmen. Gegenüber dem Veto und dem Referendum waren sie jedoch, den Lehren Ludwig Snells folgend, ablehnend eingestellt. Die Zürcher September-Reaktion von 1839 hatte ja, wie gesagt, zu keiner neuen Staatsverfassung geführt. Es war daher auch kein Veto eingeführt worden, und eine Auseinandersetzung darüber hatte im Grossen Rat nicht stattgefunden. Der Regierungsrat legte nun am 13. September 1842 dem neuen Grossen Rat aufgrund zahlreicher Petitionen einen Entwurf für eine Verfassungsänderung betreffend Einführung des Vetos vor. Es war dieser Antrag sozusagen eine «Spätlese» der Ereignisse von 1839, denn die Einführung des Vetos war in den Petitionen in engem Zusammenhang mit Forderungen wirtschaftlich-sozialer Art und solchen im Bereich von Schule und Kirche verlangt worden. Die Liberalen hatten sich in den Wahlen im Sommer 1842 so weit erholt, dass sie im Grossen Rat wieder etwa die Hälfte der Sitze einnahmen. Nach dem Vorschlag des Regierungsrates sollten die Vetogemeinden gegen alle Gesetze «Einsprache» er-

---

[27] Art. 71.
[28] SNELL (Anm. 2), S. 850.

heben können, sofern diese nicht lediglich die Anordnung des Geschäftsganges in den Behörden bezwecken. In heftiger und langer Debatte standen sich Befürworter und Gegner gegenüber. Erstere brachten im wesentlichen vor, es würden dank des Vetos «die Gesetze von der Gesamtheit des Volkes, als von ihr selbst erlassen, freiwilliger und genauer befolgt werden», so dass die Behörden bei deren Vollziehung «beinahe keine Hindernisse» fänden. Behörden und Volk würden fortan «in stetem Einklang handeln», und es würde eine Beruhigung in den politischen Leidenschaften eintreten. Das Volk sei als fähig erachtet worden, seine Repräsentanten zu wählen und über das «wichtigste Gesetz, die Staatsverfassung, abzustimmen», weshalb es dies auch bei Gesetzen können müsse. Wenn die Verfassung in Paragraph 1 bestimmt sage, «die Souveränität liegt beim Volke, und sogleich dann bemerkt wird, die Souveränität wird nicht durch das Volk, sondern durch die Stellvertreter ausgeübt», so liege darin beinahe eine «Anomalie» und es sei dies eine «Art Widerspruch»[29].

Aber die Liberalen bekämpften die Einführung hauptsächlich mit folgenden Argumenten: Es wäre Zürich der «erste Kanton von Bedeutung», der das Veto einführe, wurde nicht ohne eine gewisse Überheblichkeit geltend gemacht. Zürich sei das «Zentrum, der Stützpunkt der Kantone mit repräsentativer Verfassung». Es könnte bei Bejahung des Vetos zu ähnlichen Bestrebungen in anderen Kantonen kommen, zum Schaden für die übrige Schweiz. In St. Gallen hätten die Liberalen dem Veto nur deshalb zugestimmt, weil sonst etwas noch Negativeres, nämlich «Bezirkslandsgemeinden», eingeführt worden wären. Der Kanton Zürich sei aber ein industrieller Kanton, und die Gesetzgebung eines solchen müsse andere Fortschritte machen als «die eines Hirtenlandes». Man könne im allgemeinen sagen, je grösser und je gewerbsamer ein Staat, je verschiedenartiger die Verhältnisse der einzelnen Landesteile seien, desto weniger tauge eine demokratische Verfassung. Das Veto sei, so wurde weiter geltend gemacht, auch nicht geeignet, «Ruhe und Eintracht im Lande» zu bewirken noch das «Vertrauen zu der Regierung oder zum Grossen Rathe» zu vermehren. Es sei vielmehr ein willkommener Hebel für solche, die ein Interesse haben, «das Volk in beständiger Gärung und Unruhe zu erhalten»[30]. Eine gute Gesetzgebung bedürfe, so wurde weiter erklärt, «einer Umsicht und Besonnenheit, die über das Alltägliche erhaben und gar nicht jedem angeboren» sei. Man solle nicht

---

[29] Verhandlungen vom 29. September 1842.
[30] Verhandlungen vom 29. September 1842.

446

das Volk zum «Richter über die Repräsentanten machen», und es bestehe die Gefahr, dass das Veto zu «Partheizwecken» gebraucht würde – ein Argument, das zeigt, dass man politischen Parteien negativ gegenüberstand. Das Veto setze die «reiffste Frucht der Berathung des Grossen Rathes wieder der Gefahr aus, zernichtet und zertreten zu werden», und man müsse sich davor hüten, der Menge die Zügel in die Hände zu legen, «die allein der höheren Einsicht und Intelligenz anvertraut werden sollen». Von anderer Seite wurde gegen das Veto geltend gemacht, die Mitglieder des Grossen Rates würden nach seiner Einführung stets auf die jeweilige Stimmung in ihrem Bezirk achten und nicht mehr nach ihrer freien, eigenen Überzeugung stimmen. Andere würden vielleicht finden, man «könne die Sache so hingehen lassen, weil das Volk ja dann entscheiden könne, und eine gewisse Leichtigkeit und Flüchtigkeit» werde eintreten, so dass die Gesetzgebung eine schlechtere sein werde, als sie bis jetzt war. Jonas Furrer erklärte, er anerkenne es gar nicht als das liberale Prinzip, die Rechte des Volkes immer mehr zu erweitern und nicht eher zu ruhen, «als bis wir an der Demokratie stehen». «Der Liberalismus hat sich vielmehr», führte Furrer weiter aus, «damit zu befassen, in derjenigen Grundform des Staates, welche für Entwicklung und Erhebung des Volkes die geeignete ist, die Bedingungen einer solchen freudigen Entwickelung so viel möglich herbeizuführen». Das wurde ergänzt durch die Aussage, die Gesetzgebung solle, allerdings in gewissen Schranken, dem Volke «voranschreiten»; denn nur so sei es möglich, dass auch das Volk selber Fortschritte mache. Das wichtigste Gesetz, das während der letzten zehn Jahre erlassen wurde, das Schulgesetz, wäre gewiss vom Volke verworfen worden. Jetzt freilich sei es anders: jetzt würde es nicht mehr verworfen, «weil das Volk gerade durch seine Früchte belehrt worden sei»[31].

Auf den revolutionären Ursprung des Vetos anspielend, sagte ein Redner: Man habe behauptet, wenn die Gesetze einmal «die Revue des Vetos» passiert hätten, so stünden sie desto fester, und Revolutionen würden «unmöglich sein». Dies habe, so fährt der Redner fort, etwas Plausibles, aber «wenn ich an den Ursprung des Vetos denke, so scheint es mir, man wolle homöopathisch Gleiches mit Gleichem vertreiben. Dann scheint mir aber das Mittel ebenso schlimm, als das Übel, denn das Mittel ist die Zerstörung des kultivierten Staatslebens».[32] Auf das Argument, das Veto rühre zu einer nochmaligen,

---

[31] Verhandlungen vom 29. September 1842.
[32] Verhandlungen vom 28. September 1842.

sorgfältigen Prüfung von Gesetzesbeschlüssen, wurde entgegnet, hiefür wäre eine doppelte Beratung der Gesetze durch den Grossen Rat das bessere Mittel. Schliesslich wurde auch das Argument wieder vorgebracht, das Volk verfüge ja über das Petitionsrecht und über das Recht der periodischen Erneuerung des Grossen Rates. Und am Ende erklärte der Rechtsprofessor Johann Caspar Bluntschli, den die September-Volksbewegung 1839 in die Regierungsmacht getragen hatte: «Das Prinzip der Volkssouveränität ist von mir niemals anerkannt worden, und ich habe auch zur Stunde noch nicht die geringste Lust, es zu tun.»

Nach dieser aufschlussreichen Auseinandersetzung wurde die Einführung des Vetos mit 115 gegen 54 Stimmen abgelehnt[33]. Der Kanton Zürich sollte bis zur demokratischen Bewegung 1869 rein repräsentativ bleiben.

5. Vorgänge in Bern, Tessin und St. Gallen

Dem Zürcher und Luzerner Umschwung folgten in anderen Kantonen konservative Schübe. Im Kanton *Bern* kam es zu neuen Spannungen mit dem jurassischen Landesteil, wo der separatistisch gesinnte, vom Grossen Rat als Regierungsrat abgesetzte Xavier Stockmar[34] eine rege Agitation betrieb. Es wurde gegen Stockmar eine Untersuchung auf Hochverrat eingeleitet, die aber ohne greifbare Ergebnisse endete. Es gelang der liberalen Regierung von Charles Neuhaus[35], mit Zwangsmassnahmen einerseits, durch Entgegen-

---

[33] Verhandlungen vom 29. September 1842.

[34] STOCKMAR XAVIER, 1797–1864. Geboren in Pruntrut als Sohn des fürstbischöflichen Oberforstaufsehers. Nach einer kaufmännischen Lehre gründete er 1829 ein Weinhandelsgeschäft. 1830 kämpfte er an der Spitze der jurassischen Liberalen gegen die bernische Obrigkeit, 1831 Dichtung der «Rauracienne» als «jurassische Volkshymne». Nach dem liberalen Umschwung 1831 Mitglied des Berner Verfassungsrats und anschliessend des Grossen Rats. Bernischer Regierungsstatthalter in Pruntrut 1831–1835, Regierungsrat 1836–1839, dann auf Betreiben von Charles Neuhaus als Führer der jurassisch-separatistischen Bewegung aus allen politischen Ämtern ausgeschlossen. Aufbau einer Stahlfabrik in Frankreich. 1846 wiederum Mitglied des Berner Verfassungsrats und 1846–1850 sowie 1862–1864 Regierungsrat. 1848–1864 Nationalrat. Um die Unabhängigkeit des Jura zu erreichen, setzte sich Stockmar auch für den Bau einer jurassischen Eisenbahn und für den Ausbau des Strassennetzes im Jura ein.

[35] NEUHAUS CHARLES J. F., 1796–1849. Geboren in Neuenburg. Stammte aus alter patrizischer Bieler Familie. Handelslehre, ab 1820 Tätigkeit als Teilhaber im Betrieb seines Schwiegervaters. 1831 Mitglied des Berner Verfassungsrats und 1831–1849 Mitglied des Berner Grossen Rats. Regierungsrat 1831–1846 als Vorsteher des

kommen gesetzgeberischer Art an diesen Landesteil die Lage einigermassen zu beruhigen.

Im Kanton *Tessin* konnten sich die Liberalen gegenüber dem
Klerus und einem eher konservativ gestimmten Volk nur schwer behaupten. Die Misswirtschaft blühte weiter. Im Frühjahr 1839 trat ein
konservativ-klerikaler Umschwung in der Regierung ein, vor allem
dadurch bedingt, dass im Grossen Rat viele Priester Einsitz nehmen
konnten. Die Liberalen reagierten mit der Aufstellung bewaffneter
Schützengesellschaften, die Konservativen mit deren Unterdrük-
kung, mit der Einschränkung der Pressefreiheit und anderen gegen
die Liberalen gerichteten Zwangsmassnahmen im November 1839.
Diese reagierten ihrerseits Ende 1839 mit bewaffneten Zügen gegen
die wichtigen Städte, setzten mittels revolutionärer Volksversammlungen die Neuwahl des Grossen Rates durch, wodurch die Einsetzung einer liberalen Regierung gelang, der nun auch Franscini angehörte. Der Tessin blieb auf diese Weise ebenfalls auf der Seite der
Regeneration, «obwohl die Herrschaft der Liberalen sich mehr auf die
Waffen und die Macht der drei Hauptstädte Lugano, Locarno und
Bellinzona, als auf ein sehr liberales Volksbewusstsein stützen konnte»[36]. Die Verfassung von 1830 blieb unverändert in Kraft.

Im Kanton *St. Gallen* nahm 1838 infolge des Streites um die
Benediktinerabtei Pfäfers die konfessionelle Spannung zu. Die liberale Grossratsmehrheit konnte sich aber knapp halten, ebenso die Verfassung von 1831.

Erziehungsdepartements. Grundlegende Reform des gesamten Berner Schulwesens.
Zwischen 1837 und 1845 Tagsatzungsabgeordneter. Als Führer der bernischen und der
gesamtschweizerischen Radikalen bekämpfte Neuhaus alle, die sich seiner radikal-
zentralistischen Politik in den Weg stellten, wie die Gebrüder Schnell, Rücktritt 1838,
und Xavier Stockmar, Ausschluss 1839. 1845 verurteilte er jedoch auch die Freischarenzüge und verfeindete sich dadurch mit der jungradikalen «Schule» von Ulrich
Ochsenbein und Jakob Stämpfli, die ihn vor der Berner Verfassungsrevision von 1846
stürzten. 1848 zwar in den Nationalrat gewählt, bei der Bundesratswahl aber bewusst
übergangen.

[36] HIS EDUARD, Geschichte des neuern Schweizerischen Staatsrechts II (1929),
S. 111.

19. KAPITEL:

WIEDERERSTARKEN DER LIBERALEN
UND VERHÄRTUNG IN LUZERN

1. Die radikale Verfassungsbewegung in Genf

Die führende Genfer Bildungsaristokratie hatte, wie gesagt, die Verfassung schon seit 1814 schrittweise in «homöopathischen Dosen»[1] verbessert, weshalb 1830 auch keine stürmische Regenerationsbewegung ausgebrochen war. Es fehlte jedoch in Genf an demokratischer Substanz. Der vom Patriziat beherrschte Staatsrat, die Exekutive, hatte grosses Übergewicht über den Repräsentantenrat, und in diesem bestand infolge des Wahlsystems ebenfalls eine Mehrheit der vermöglichen protestantischen Führungsschicht. Die alte Genfer Volksversammlung, der «Conseil général», bestand nur noch als historischer Mythos der Freiheit und der Demokratie. Der «Züriputsch» trug auch in Genf zur Erhöhung der politischen Spannung bei, indem die herrschende aristokratisch-liberale Regierung Sympathien für die dortige konservative Reaktion zeigte. Als Anfang 1841 der Repräsentantenrat ein von der Bürgerschaft der Stadt gestelltes Begehren um Schaffung einer eigenen, besonderen Stadtbehörde («municipalité») ablehnte, bildete sich am 3. März ein oppositioneller Reformverein, die berühmte «Association du 3 mars», ein Vorläufer einer politischen Partei. Dieser politische Verein verlangte von der Regierung zunächst nur die Schaffung der Munizipalität und eine stärkere Unterstützung der liberalen Aargauer Grossratsmehrheit in der Frage der Klosteraufhebung. Im Laufe des Frühjahrs und Sommers 1841 entwickelte die «Association» ein umfassendes Programm für die Revision der Verfassung, wobei eine Demokratisierung des Wahlrechts die Hauptforderung bildete. Nach längerem Zögern willigten Staatsrat und Repräsentantenrat unter dem Drucke einer grossen Volksversammlung in die Einsetzung eines nach dem allgemeinen und gleichen Wahlrecht zu bestellenden Verfassungsrates ein[2]. Die Ausarbeitung des Dekretes für die Wahl desselben hatte man aber dem bestehenden konservativen Staatsrat überlassen, welcher die Wahlkreise geschickt zugunsten der Altgesinnten einteilte. Dies trug dazu bei, dass der Ver-

---

[1] SNELL LUDWIG, Handbuch des Schweizerischen Staatsrechts II (1844), S. 794.
[2] Beschluss von 22. November 1841.

fassungsrat wider Erwarten eine Mehrheit von konservativ eingestellten Männern erhielt und die Radikalen unter der Leitung von James Fazy nur 32 von 115 Sitzen einnahmen. Aus den Beratungen des Verfassungsrates ging eine Konstitution[3] hervor, die als Werk des «juste milieu» charakterisiert werden kann[4], das in vielem der Waadtländer Regenerationsverfassung von 1831 gleicht. Die Freiheitsrechte werden verbessert und insbesondere das Petitionsrecht und die Gewerbefreiheit eingeführt, das Zensuswahlrecht wird aufgehoben, die Gewaltenteilung wird verstärkt, und es wird dem Repräsentantenrat das Recht zur Gesetzesinitiative zuerkannt; die Stadt Genf erhält eine eigene autonome Verwaltung mit besonders gewählten Behörden. Die Verfassung privilegiert indessen nach wie vor den protestantischen Kultus gegenüber dem katholischen, obwohl die Katholiken nun bereits etwa zwei Fünftel der Bevölkerung stellen; die Einsetzung katholischer Priester bedarf der Genehmigung des Staatsrates. Es wird die staatlich finanzierte Primarschule eingeführt und deren Unterricht vom Religionsunterricht getrennt. Eine Besonderheit der Verfassung bildete das Wahlrecht für den Repräsentantenrat, wonach im ersten Wahlgang als gewählt gilt, wer ein relatives Mehr von mindestens einem Drittel der Stimmen erreicht, ein Verfahren, das den Minderheiten zugute kam. Ferner ist – erstmals in der Schweiz – die Einführung eines Geschworenengerichtes für Kriminalsachen («Jury») vorgesehen, eine in der Französischen Revolution aufgrund angelsächsischer Vorbilder geschaffene Justizart unter Beizug von demokratisch gewählten Laienrichtern, welche nur über Tatsachen und Schuld der Täter, nicht aber über das von Berufsrichtern festgesetzte Strafmass entscheiden. Auch die Einrichtung der Friedensrichter soll wieder geschaffen werden. Die Verfassungsänderung wird erleichtert, indem das Erfordernis des Zweidrittelmehrs in beiden Räten fallengelassen wird; stattdessen wird jedoch mittels Einbaus von Fristen der Vorgang der Verfassungsänderung verlangsamt. Die Radikalen hatten unter Berufung auf Rousseau und die Genfer Verfassung vom 6. Oktober 1796 vergeblich versucht, weitere demokratische Neuerungen wie den Verfassungsrat, die periodische Erneuerung der Verfassung und – zum ersten Mal – die direkte Volkswahl der Exekutive einzuführen[5].

[3] SNELL (Anm. 1), S. 795 ff.
[4] GUICHONNET PAUL/WAEBER PAUL, Révolution et Restauration, Histoire de Genève (1974), S. 295.
[5] Verhandlungen vom 11. Mai 1842.

Die neue Verfassung Genfs befriedigte weder die Radikalen, denen sie zu stark dem «juste-milieu» verpflichtet war, noch die Konservativen – aus dem gleichen Grund. Es war aber diese eine liberale Verfassung im Geiste von 1831, welche das alte Genfer Staatsrecht auf eine ganz neue, dem «westlichen» Verständnis verpflichtete Grundlage stellte. Das Bedauern der alten Genfer Familien über diesen Bruch mit der Vergangenheit drückte der alte Professor Jean-Charles Sismondi[6] aus: «On nous offre une *république anonyme,* qui ne tient à rien, ne se rattache à rien, et pourrait aussi bien être placée aux bords de l'Ohio ou dans toute autre partie de l'Amérique, que sur les bords de notre lac.»[7] Diese Verfassung wurde vom Volk am 7. Juni 1841 mit 4844 gegen 530 Stimmen angenommen. Auch der neu zu bestellende Grosse Rat fiel in überwiegender Mehrheit konservativ aus. Geist und Geld der Aristokratie machten im «protestantischen Rom» ihren Einfluss mit Hilfe der geschickten Wahlkreiseinteilung geltend, und die radikalen Kräfte waren noch wenig organisiert und mobilisiert. Es bedurfte dazu noch weiterer sozialer und kirchenpolitischer Ereignisse.

2. Die Aargauer Klosterfrage und die Berufung der Jesuiten

Die Aargauer Klosterfrage war in der Tagsatzung lange Zeit unentschieden geblieben. Die Genfer Verfassungsbewegung hatte indessen eine Stärkung der liberalen Aargauer Grossratsmehrheit bewirkt, welche darauf drängte, die Angelegenheit mittels Tagsatzungsbeschluss einer Erledigung zuzuführen. Als in der Folge auch die Kantone Zürich und St. Gallen die liberale Position einnahmen und

---

[6] SISMONDI JEAN CHARLES LEONARD SIMONDE DE, 1773–1842. Geboren in Genf als Sohn eines Pastors. Banklehre in Lyon. Ab 1794 Aufenthalt in der Toskana, wo Sismondi sich privat weiterbildete. Erste publizistische Tätigkeit verschaffte ihm die Bekanntschaft mit Necker und Madame de Staël, die er auf ihren Reisen durch Europa begleitete. Ab 1806 Sekretär der Genfer Handelskammer. Ab 1809 Professor für Philosophie an der Genfer Akademie und ab 1820 Honorarprofessor für Geschichte. Hohe internationale Anerkennung als Geisteswissenschafter. Ab 1814 Mitglied des Genfer Repräsentantenrats. Obwohl Sismondi für Freihandel und den Liberalismus eintrat, lehnte er den extremen Manchesterliberalismus aus sozialen Gründen ab. Im Alter wandte er sich ausschliesslich historischen Studien zu. Hauptwerke: «Histoire des républiques italiennes du moyen âge», 1807–1818, «Littérature du Midi de l'Europe», 1817, Druck einer Vorlesung von 1812, «Nouveaux principes d'économie politique», 1819, «Histoire de la chute de l'empire romain», 1835, «Histoire des Français», 1821–1844.

[7] Verhandlungen vom 30. März 1842.

der Aargau sich bereit erklärte, ein weiteres Frauenkloster wiederherzustellen, kam es am 31. August 1843 zum Beschluss der Tagsatzung, das Problem aus «Abschied und Tractanden» fallenzulassen.

Mit diesem Beschluss war indessen die Angelegenheit nur formell-juristisch erledigt. Die sieben Kantone Luzern, Uri, Schwyz, Unterwalden, Zug, Freiburg und Wallis verwahrten sich an der Tagsatzung sogleich gegen den ihrer Ansicht nach verübten Bundesbruch. Die Sache kam auch ausserhalb der Tagsatzung nicht zur Ruhe; es lebte gegenteils der Geist des Sarnerbundes wieder auf. Vor allem Luzern, das damals eidgenössischer Vorort war, drängte auf konkrete Massnahmen. Es fand zu diesem Zweck in Luzern eine Konferenz statt (13./14. September 1843), in welcher – unter Abwesenheit der Walliser Abordnung – eine gemeinschaftliche Erklärung an alle Kantone der Eidgenossenschaft ins Auge gefasst wurde. Diese hätte die Forderung nach Wiederherstellung aller Aargauer Klöster und weitere Garantien zugunsten der katholischen Religion vorgesehen. Die gemeinschaftliche Erklärung hätte ferner andeuten sollen, dass die protestierenden Stände sich allenfalls genötigt sehen würden, die Bundesgemeinschaft mit denjenigen Ständen abzubrechen, welche nicht bereit seien, den Bundesbruch wiedergutzumachen. Für die nähere Durchführung dieser Beschlüsse fasste man die Einberufung einer ausserordentlichen Tagsatzung ins Auge. Und schliesslich kam man überein, es seien die Regierungen der protestierenden Konferenzstände mit den erforderlichen Mitteln und Vollmachten für gemeinschaftliche militärische Massnahmen für die Wahrung und Verteidigung ihres Gebietes, ihrer Unabhängigkeit und ihrer Rechte zu versehen.

Mit diesen Beschlüssen war ein Vorläufer des Sonderbundes zugrunde gelegt, auch wenn deren nähere Durchführung ausser in Luzern nicht richtig voranschritt. Der Luzerner Grosse Rat aber bestimmte nicht nur sofort eine besondere Verhandlungsdelegation, sondern ermächtigte den Regierungsrat auch, «die Verteidigungskräfte des Kantons zu organisieren, um allfälligen Angriffsversuchen begegnen zu können». Die an der Luzerner Konferenz vorgesehene Protesterklärung wurde am 1. Februar 1844 den eidgenössischen Mitständen zugestellt. Dank der Opposition von gemässigten katholischen Ständen wurde aber auf die Androhung einer Trennung verzichtet, jedoch erneut die Wiederherstellung aller Aargauer Klöster verlangt. Die Tagsatzung beschloss indessen erneut mit 13 Stimmen Mehrheit, die Aargauer Klosterangelegenheit als erledigt zu betrachten und auf den Entscheid vom 31. August nicht zurückzukommen. Die politische Situation hatte sich nun allmählich so verschärft, dass es nur mehr wenig brauchte, um den offenen Konflikt auszulösen.

In Luzern war 1841 eine Grossratsmehrheit und Regierung an die Macht gelangt, welche, wie gezeigt, den Einfluss der katholischen Kirche auf den Staat und insbesondere auf das Erziehungswesen verstärken wollte. Der konservative Führer Joseph Leu hatte sich aus Abneigung gegen die liberale Schulpolitik schon seit 1839 bemüht, dem Jesuitenorden in Luzern Erziehungsaufgaben anzuvertrauen, welcher in jenem Zeitpunkt bereits im Wallis, in Freiburg und in Schwyz wirkte. Er war aber auch nach der Machtübernahme der Konservativen im Frühjahr 1841 auf Widerstände, auch von seiten der Geistlichkeit, gestossen. Als aber Ende 1843 Konstantin Siegwart-Müller in das Luzerner Schultheissenamt gewählt wurde, verstärkte sich das Gewicht der Anhänger einer militanten Kirchenpolitik. Die Gegner einer Jesuitenberufung, darunter der Präsident des Grossen Rates, Joseph Eutych Kopp, warnten vergeblich vor den Folgen eines solchen Schrittes. Sie machten neben politischen auch rechtliche Bedenken geltend: Paragraph 63 der Verfassung[8] bestimme, die «Aufsicht und Leitung» des Erziehungswesens komme unter der Oberaufsicht des Regierungsrates dem Erziehungsrat zu. Weil der Jesuitenprovinzial ausdrücklich erklärt hatte, die Gesellschaft Jesu behalte sich allein die Leitung der Lehranstalt vor, werde jener Paragraph 63 der Verfassung verletzt. Es wurde wegen dieser Einwände daher vorgesehen, in den mit den Jesuiten abzuschliessenden Vertrag einen Vorbehalt zugunsten der verfassungsmässigen Aufsicht der staatlichen Behörden aufzunehmen. Dieser Vorbehalt bewirkte schliesslich die Zustimmung vieler noch schwankender Grossräte zur Jesuitenberufung, obwohl er durch die gleichfalls vorgesehene Befugnis der Jesuiten, im Kanton Luzern nach den von der Kirche gutgeheissenen Regeln ihres Ordens «zu leben und zu wirken», stark relativiert wurde. Denn diese Regeln schrieben den Ordensangehörigen unbedingten Gehorsam vor, so dass dem Vorbehalt faktisch kaum Bedeutung zukam.

Am 12. September 1844 wurde zwischen den Luzerner Behörden und dem Jesuitenprovinzial ein Vertrag geschlossen, wonach das Priesterseminar, die theologische Lehranstalt sowie die Seelsorge in der Luzerner Kleinstadt den Jesuiten anzuvertrauen sei[9]. Am 24. Oktober des gleichen Jahres genehmigte der Grosse Rat den Vertrag mit 70 gegen 24 Stimmen. Gegen diesen Beschluss wurde von seiten der Liberalen das Veto erhoben. Doch dieses scheiterte, indem es nur von

[8] *Quellenbuch* S. 390.
[9] Wortlaut abgedruckt bei Siegwart-Müller Constantin, Joseph Leu von Ebersoll (1863), S. 583.

454

knapp 8000 Stimmberechtigten unterstützt wurde. Die Verfassung bestimmte, es bedürfe für die Verwerfung eines Beschlusses der «absoluten Mehrheit der stimmfähigen Bürger des Kantons»[10], welche Zahl damals ungefähr 26 000 betrug.

Durch die Jesuitenberufung wurde der Bundesvertrag von 1815 nicht verletzt. Dieser enthielt nämlich keine Bestimmung über die vom Vertrag mit den Jesuiten geregelten Gegenstände; Luzern hatte also das unbestreitbare Recht, selber darüber zu bestimmen, wer die Leitung der fraglichen Anstalten innehaben sollte. Politisch hingegen war die Berufung der Jesuiten ein schwerer Fehler, denn der Jesuitenorden galt bei den radikalen Protestanten als papsttreues Werkzeug der Gegenreformation, als Kampftruppe gegen Freiheit, Fortschritt und Demokratie und als Inkarnation eines international orientierten antinationalen Ultramontanismus. In den meisten Ländern Europas vertrieben die Liberalen die Jesuiten, sobald sie die Macht dazu hatten, so in Russland 1820, in den Niederlanden 1825, in Spanien 1835, in Frankreich 1845, in Österreich 1848 und in Italien 1859.

3. Agitation der Radikalen

Es war vorauszusehen, dass sich die liberalen und radikalen Kräfte, ja sogar die protestantischen Konservativen, durch die Berufung der Jesuiten provoziert fühlen würden, und dass dies unabsehbare Folgen für das ganze Land haben würde. Die «freisinnigen» Kreise, wie sich die Liberalen und Radikalen zunehmend nannten, reagierten rasch auf den gewagten Schritt der Luzerner Behörden. Eine politisch-konfessionelle Kampfstimmung ergriff vor allem die protestantischen Kreise in den regenerierten Kantonen. Aber auch in Luzern selber wehrten sich die liberalen Katholiken. Sie planten auf den 8. Dezember 1844 einen Staatsstreich und damit die Absetzung der konservativen Regierung. Unterstützt wurden sie dabei von den Teilnehmern des sogenannten Ersten Freischarenzuges. Letzterer, eine Sammlung von ad hoc bewaffneten jungen Leuten vor allem aus den Kantonen Aargau, Solothurn und Baselland, scheiterte jedoch, und auch ein Aufstandsversuch der Liberalen in Luzern wurde von der regierungstreuen Polizei rasch niedergeschlagen, und die Aktivisten wurden hart bestraft.

---

[10] § 36.

Die Radikalen und Liberalen kamen nicht zur Ruhe, wollten nicht zur Ruhe kommen. Sie veröffentlichten Petitionen und Flugschriften gegen die Jesuiten und gegen den Ultramontanismus; sie gründeten Antijesuitenvereinigungen und hielten Volksversammlungen ab. Das Volk wurde Anfang 1845 in den Regenerationskantonen in eine ähnliche revolutionäre Bewegung versetzt, wie das gegen Ende des Jahres 1830 der Fall war. Die Agitation erfolgte im Namen der Freiheit und der Volkssouveränität, die man durch die Jesuiten bedroht sah, und die Radikalen begründeten das Recht zum Widerstand gegen Unterdrückung naturrechtlich – gleich wie die Liberalen das schon 1830 getan hatten. Die Jesuitenberufung hatte die Radikalen und progressiven Liberalen stärker miteinander verbunden, während sich gleichzeitig der interkantonale Zusammenschluss der Kräfte des «Fortschritts» verstärkte. Die Jesuitenberufung hatte mithin entscheidend zur politischen Stärkung des radikalen Lagers beigetragen. Sie ermöglichte die erneute Mobilisierung breiter Volksmassen und damit in den Kantonen Waadt 1845, Bern 1846 und Genf 1847 die Durchführung einer Art zweiten Regeneration, jedoch nicht mehr im liberalen, sondern im radikalen Sinn. Die Stärkung der Freisinnigen wirkte sich auch unmittelbar auf die politischen Behörden der Kantone aus. So wurde in Zürich bereits am 17. Dezember 1844 vom Grossen Rat nicht der Konservative Johann Kaspar Bluntschli, sondern mit zwei Stimmen Mehrheit vor Bluntschli der Liberale Ulrich Zehnder[11] zum Bürgermeister gewählt, womit das «September-Regime» endgültig desavouiert wurde. Die Zürcher Liberalen und Radikalen konnten bereits am 5. Februar des folgenden Jahres einen Beschluss des Grossen Rates erzielen, wonach die Tagsatzungsgesandtschaft Anweisung erhielt, für die Wegweisung der Jesuiten aus dem ganzen Gebiet der Eidgenossenschaft zu stimmen. In der Waadt stürzen die Radikalen unter der Leitung von Henry Druey am 14. Februar

---

[11] ZEHNDER HANS ULRICH, 1798–1877. Geboren in Oberengstringen, Kanton Zürich, als Sohn eines Tischlers. 1817–1820 Medizinstudium an der Zürcher Akademie, 1820/21 an der Universität Würzburg. Dr. med. 1824. Tätigkeit als praktischer Arzt in der Stadt Zürich. Bekanntheit durch volkstümliche politische Reden, die für Liberalismus und Besserstellung von Kranken und Ärmsten warben. Ab 1832 Mitglied des Zürcher Grossen Rats sowie ab 1834 Regierungsrat und Erziehungsrat. Erreichte 1836 ein «Gesetz über das Armenwesen». Infolge des Straussenhandels 1839 Rücktritt von allen politischen Ämtern. 1842–1846 wiederum Mitglied des Grossen Rats. Ab 1843 Regierungsrat, 1844 gegen Bluntschli zum Bürgermeister von Zürich gewählt. 1846–1848 Tagsatzungsabgeordneter. Zehnder setzte sich in seinen politischen Ämtern erfolgreich für eine grundlegende Reform des kantonalen Gesundheitswesens ein. 1853–1875 Präsident der «Schweizerischen Gemeinnützigen Gesellschaft».

1845 die liberal-konservative Regierung. Hauptanlass dafür war die zu laue Haltung der Regierung und des Grossen Rates gegenüber den Jesuiten gewesen.

Bereits Ende März 1845 versammelten sich an der nördlichen und westlichen Grenze des Kantons Luzern über 3000 Teilnehmer des Zweiten Freischarenzuges. Der Grad der revolutionären Stimmung und der damit verbundenen Rechtszerrüttung zeigte sich allein darin, dass die Regierungen der Kantone Aargau, Bern und Solothurn gegen diesen bundesvertragswidrigen bewaffneten Angriff auf luzernisches Territorium nichts unternahmen, ja sogar duldeten, dass aus ihren Zeughäusern Waffen geholt wurden. Dies, obwohl die Tagsatzung am 20. März mit 13 Stimmen und gegen den Widerstand der Kantone Bern, Aargau, Solothurn, Baselland und Waadt die Bildung bewaffneter «Freikorps» verboten hatte. Aber auch dieser Zweite Freischarenzug scheiterte. Die Radikalen und Liberalen hatten hundert Tote und ungefähr 1800 Gefangene zu beklagen. Es kam in Luzern zu Prozessen gegen die Teilnehmer am Freischarenzug. Die nicht luzernischen Gefangenen wurden schliesslich durch Vermittlung der Tagsatzung gegen Bezahlung einer Loskaufsumme freigelassen.

Die Tagsatzung war in dieser Situation, was die Hauptfrage der Jesuitenberufung betraf, weitgehend handlungsunfähig. Die Gegner eines Eingreifens in den Konflikt konnten sich auf den Rechtsstandpunkt berufen, wonach die Tagsatzung infolge des Bestehens einer kantonalen Kompetenz gar nicht zuständig sei.

4. Abschluss des Sonderbundes

Veranlasst in erster Linie durch die beiden Freischarenzüge, schlossen sich die sieben katholischen Kantone Luzern, Uri, Schwyz, Unterwalden, Zug, Freiburg und Wallis am 11. Dezember 1845 heimlich zu einer Verteidigungsallianz zusammen, dem sogenannten Sonderbund. In dieser Allianz verpflichteten sich die vertragsschliessenden Kantone zur gemeinschaftlichen Abwehr, falls einer oder mehrere von ihnen angegriffen würde. Das Bündnis sah die Aufstellung eines mit möglichst grossen Vollmachten ausgestatteten Kriegsrates vor, der bei einem bevorstehenden oder erfolgten Angriff zusammentreten und die Leitung eines allfälligen Krieges besorgen sollte[12]. Ob-

---

[12] *Quellenbuch* S. 404.

wohl diese Allianz nur defensiven Charakter hatte, war sie doch ein Separatbündnis von Kantonen, das mit Sinn und Geist von Paragraph 6 des Bundesvertrages nicht zu vereinbaren war[13]. Der Sonderbund wurde erst im Juni 1846 allgemein bekannt. In der am 31. August beginnenden Tagsatzung wurde von den liberalen Kantonen der Antrag auf Auflösung des Sonderbundes gestellt; dieser erreichte jedoch keine Mehrheit, indem nur zehn und zwei halbe Stände dafür stimmten. Basel-Stadt, Appenzell-Innerrhoden, St. Gallen und Neuenburg nahmen die Angelegenheit «ad referendum» mit nach Hause, während Genf sich der Stellungnahme enthielt. Die sieben im Sonderbund zusammengeschlossenen Kantone waren ihrerseits nicht gewillt, das Bündnis freiwillig aufzulösen, solange die Tagsatzung nicht sichere Gewähr gegen Übergriffe auf ihr Gebiet und ihre Souveränität leisten würde. Die Radikalen und Liberalen waren nicht gewillt, den Sonderbund zu dulden.

[13] *Quellenbuch* S. 197.

VII. TEIL

REGENERATION – RADIKALE PHASE 1845–1847

20. KAPITEL:
RADIKALE REVOLUTION UND NEUE VERFASSUNG [1] IN DER WAADT [2]

1. Der politische Verlauf

Im Kanton Waadt herrschten seit 1830 die Liberalen. Es waren gebildete und wohlsituierte Persönlichkeiten, die mit der Akademie und der Waadtländer Nationalkirche eng verbunden waren. Die herrschende Liberalen verfolgten eine Politik im Sinne der Grundsätze von Benjamin Constant: Bewahrung von Rechtsstaat, persönlicher Freiheit, Privateigentum, Pressefreiheit und Pflege eines etwas elitären Parlamentarismus. Um wirtschaftliche Fragen kümmerten sie sich wenig; sie vertrauten auf die alles regelnde «unsichtbare Hand». Sie waren nicht einmal bereit, die äusseren Bedingungen der wirtschaftlichen Entwicklung zu verbessern, etwa durch Abbau hemmender Zölle und Abgaben, durch Verbesserung der Verkehrswege oder durch Schaffung von Kreditinstituten zugunsten von Landwirtschaft und Gewerbe. Sie verteidigten ihre souveräne kantonale Stellung gegenüber dem schwachen Bund. Einer dynamischen Wirtschaftspoli-

---

[1] *Quellenbuch* S. 405 ff.

[2] *Quellen:* Protokolle des verfassungsgebenden Grossen Rates von 1845, Dekrete, Petitionen. – *Literatur:* BIAUDET JEAN-CHARLES, La Révolution vaudoise de 1845, Lausanne 1946; BOVARD P. A., Le gouvernement vaudois de 1803 à 1962, Morges 1982; DERIAZ ERNEST, Henry Druey, Lausanne 1920; LASSERRE ANDRE, Henry Druey, Fondateur du radicalisme vaudois et homme d'Etat suisse, Lausanne 1960; LECOMTE FERDINAND, Eléments d'instruction civique et de droit public du Canton de Vaud, Lausanne 1855; MEUWLY OLIVIER, Histoire des droits politiques dans le Canton de Vaud de 1803 à 1885, Lausanne 1990; SIGNOREL JEAN, Le référendum législatif, Toulouse 1893; VUILLEMIN LOUIS, Le 14 Février, ou simple récit de la révolution du canton de Vaud en 1845, Lausanne 1845.

tik, wie sie etwa der Radikale James Fazy in seinem Verfassungsentwurf 1837 skizziert hatte, standen sie ablehnend gegenüber. Diese Liberalen waren stark ordnungsorientiert und politischer Bewegung grundsätzlich abgeneigt; sie fanden es gemäss der Lehre von Constant auch nicht für nötig, mittels Ausrichtung einer Entschädigung an die Grossratsmitglieder weniger begüterten Kreisen die Innehabung eines Parlamentssitzes zu ermöglichen. Die Bewegungsmänner von 1830 waren während der vergangenen 15 Jahre zu Verteidigern der Ordnung, zu Wahrern des Status quo geworden. Sie hatten den Kontakt zu den mit den täglichen Alltagsproblemen der wirtschaftlichen Existenz ringenden breiten Volkskreisen auf dem Lande weitgehend verloren. Weil das Machtzentrum der Liberalen in Lausanne lag, bildete sich ein Stadt–Land-Gegensatz aus.

In diese Situation platzte die Luzerner Jesuitenberufung hinein. Die in Wartestellung befindlichen Radikalen erkannten die Chancen, welche dieser konfessionspolitische Anlass auch für die übrigen Bereiche der Politik bot, also insbesondere für die Erweiterung der Demokratie, der immer noch angestrebten Bundesreform und der Verbesserung der materiellen Situation der breiten Volkskreise. Die Radikalen gründeten also – wie anderswo – eine patriotische politische Vereinigung, veranstalteten Volksversammlungen, wirkten über die Presse auf die Öffentlichkeit ein und sammelten Unterschriften für Petitionen. Geschickt nutzten sie die Spannungen zwischen der Landschaft und der Hauptstadt aus. Eine von mehr als 30 000 Personen unterzeichnete Petition verlangte, dass die Waadtländer Tagsatzungsabordnung im Sinne der unverzüglichen Ausweisung der Jesuiten instruiert werde, gestützt auf die Artikel 1 und 8 des Bundesvertrages. Von radikaler Seite wurde zusätzlich geltend gemacht, man habe sich in der Vergangenheit bei der Ausweisung ausländischer politischer Flüchtlinge aus der Schweiz ebenfalls auf diese beiden Bestimmungen des Bundesvertrages gestützt. Die Mehrheit von Staatsrat und Grossem Rat aber widersetzte sich der Petition, im wesentlichen mit der Begründung, der Kanton Luzern habe als souveränes Bundesglied das Recht zur Berufung der Jesuiten gehabt und der Bundesvertrag biete keine Grundlage zum Eingreifen der Tagsatzung. Der Grosse Rat beschloss deshalb lediglich, die Tagsatzung habe Luzern die freundschaftliche und dringende Einladung – «invitation amiable et pressante» – zukommen zu lassen, es möge den Jesuiten den Zugang zu seinem Gebiet nicht gestatten[3].

[3] Beschluss vom 13. Februar 1845.

Mit diesem Beschluss waren die radikalen Petitionäre nicht zufriedenzustellen. Sie beriefen sich auf die grosse Zahl der Unterzeichner der Petition, welche etwa zwei Drittel der Stimmberechtigten ausmachte. Am 14. Februar 1845 versammelten sich grosse Volksmassen in Lausanne und setzten durch Agitation den durch innere Uneinigkeit und die machtvolle Demonstration weitgehend gelähmten Staatsrat derart unter Druck, dass einige seiner Mitglieder, so auch Druey, aus der Behörde zurücktraten. Letzterer setzte sich sogleich an die Spitze der versammelten Volksmassen, liess sich zum Präsidenten einer provisorischen Regierung wählen, stellte eine neue, jesuitenfeindliche Instruktion für die Tagsatzung, die Wahl eines neuen Grossen Rates und die Schaffung einer neuen Verfassung in Aussicht[4]. Dies war der erste sogenannte «souveräne Akt» der Waadtländer Radikalen. Der zweite wurde am folgenden Tag, am 15. Februar 1845, in Anwesenheit von ungefähr 15 000 Bürgern verkündet: sofortige Auflösung des alten Grossen Rates; Einführung einer Pflicht für alle Beamte, innerhalb von fünf Tagen unter der Sanktion der Entlassung die beiden «souveränen Akte» zu billigen; das Recht des Staatsrates, jeden Beamten aus seiner Stellung abberufen zu können, und schliesslich die Abschaffung aller Einschränkungen des allgemeinen Wahlrechts, womit insbesondere die Einführung des Wahlrechts auch für Konkursiten und für Armengenössige gemeint war. Druey hatte ohne Erfolg zusätzlich vorgeschlagen, ein obligatorisches Volksveto sowie eine Art «Recht auf Arbeit» zu proklamieren.

Die beiden souveränen Akte vom 14. und 15. Februar 1845, welche die Auflösung des bisherigen Grossen Rates und des Restbestandes des Staatsrates zur Folge hatten, waren unzweifelhaft revolutionäre Staatsakte. Sie wurden von den Radikalen naturrechtlich begründet: Weil sich etwa zwei Drittel aller Stimmberechtigten in der Jesuitenfrage in Petitionen gegen den Willen des Grossen Rates erklärt hatten, sei die in Lausanne tagende Volksversammlung zu dieser Manifestation der Volkssouveränität berechtigt, getreu der naturrechtlichen Theorie von Ludwig Snell, welche dieser in seinem Verfassungsentwurf 1831 entwickelt hatte: Beschlüsse des versammelten Volkes sind auch bei bestehender Repräsentativverfassung «Gesetze», hatte jener in Anlehnung an Rousseau gelehrt, «denn vor dem Souverän verschwinden *alle* konstituierten Gewalten, auch der Körper der Repräsentanten ...»

[4] Beschluss vom 14. Februar 1845.

Der Zürcher Politiker und Staatsrechtler Johann Caspar Bluntschli hat in einer Rede vor dem Zürcher Grossen Rat ausgeführt, es erinnere diese «Waadtländer Revolution in allen Stücken an die Revolutionsperiode in Frankreich in den neunziger Jahren»[5]. Diese Aussage trifft zweifellos genau zu, wenn man die beiden «souveränen Akte», aber vor allem die im Laufe der Verfassungsberatungen vertretenen Ideen betrachtet. Henry Druey hatte am 15. Mai 1845 im verfassungsgebenden Grossen Rat denn auch ausdrücklich erklärt, die Französische Revolution habe «zur unsrigen beigetragen» («La révolution française a contribué à la nôtre»). Es seien damals, so fuhr Druey fort, alle grossmütigen Ideen aufgetaucht. Wenn sie alle nicht erfolgreich gewesen waren, so sei das denjenigen zuzuschreiben, «welche Stöcke in ihre Räder gesteckt hatten». Es sei wie in der Helvetischen Republik gewesen; wenn diese nicht erfolgreich gewesen sei, so wegen der Umtriebe der Reaktionäre in jener Zeit. («... à cette époque, toutes les idées généreuses ont surgi. Si toutes n'ont pas réussi, il faut l'attribuer à ceux qui ont mis des bâtons dans les roues. C'est comme pour la république helvétique; si elle n'a pas réussi, c'est par les menées des réactionnaires de ce temps-là.»

Die im folgenden zusammengefasst darzustellenden Verhandlungen des Waadtländer Verfassungsgebenden Grossen Rates basierten nicht nur auf allgemeinen Ideen aus der Französischen Revolution, wie sie ja in der Schweiz von den dreissiger Jahren an langsam zum Gemeingut zu werden begannen. Vielmehr wurde im Waadtländer Grossen Rat ganz konkret auf damals formulierte Texte abgestellt. Dies geschah ohne Hinweise auf die genaue Quelle: Nur in ganz wenigen Fällen wird auf die Französische Revolution verwiesen, aber dann sehr unbestimmt: So ist jeweils etwa die Rede von der «charte révolutionnaire» oder von der «constitution de la république française»[6]. Es wird damit aus den Voten nicht klar, welcher konkrete Text verwendet worden ist, denn es gab in der Zeit der Ersten Französischen Republik den Entwurf der Girondisten sowie zwei Verfassungen, nämlich die Montagnard-Verfassung vom 24. Juni 1793 und die Direktorialverfassung vom 22. August 1795. Textvergleiche sowie strukturelle Übereinstimmungen zeigen aber, dass in erster Linie auf den von Condorcet redigierten Gironde-Verfassungsentwurf vom 15./16. Februar 1793 abgestellt worden ist, ohne dass dieses Dokument auch nur andeutungsweise erwähnt worden wäre.

---

[5] Verhandlungen vom 25. März 1846.
[6] Verhandlungen vom 15. Mai 1845.

2. Die Petitionen

Nach den «souveränen Akten» wurden Neuwahlen für den Grossen Rat durchgeführt. Sie ergaben eine starke radikale Mehrheit, was eine nachträgliche demokratische Legitimierung der Revolution bedeutete. Im Hinblick auf die Erarbeitung einer neuen Verfassung war wie üblich ein Petitionsverfahren eröffnet worden. Eine grosse Zahl von Petitionen – hauptsächlich Kollektivpetitionen – legte die Reformwünsche und Schwerpunkte offen. Die wichtigeren Wünsche lassen sich unter drei Gesichtspunkte in der nachgenannten Reihenfolge gliedern: 1. Gleichheit und Demokratie, 2. Freiheit, 3. wirtschaftlich-soziale Verbesserungen. Was den ersten betrifft, so wurde unter anderem das Veto oder Referendum, die Initiative, die Einführung der dreijährigen (statt der fünfjährigen) Legislatur, das Stimmrecht vom 18. Altersjahr an, die Amtsdauerbeschränkung der Mitglieder des Grossen Rates, des Staatsrates und des Appellationsgerichtes verlangt – «ce serait un abri contre les révolutions futures»[7]. Es sollen Geschworenengerichte («jurys») geschaffen werden. Und es soll eine «fête civique» zu Ehren der «politischen Regeneration» vom 14. Februar geschaffen werden. Die Verlangen nach Freiheitserweiterungen sind nicht zahlreich: Es wird die Einführung der vollen Pressefreiheit, der Religionsfreiheit und der bessere Schutz der Dissidenten sowie die Kultusfreiheit gefordert; andere Petitionen verlangen gegenteils, die Religions- und Kultusfreiheit nicht zu garantieren, und insbesondere ein Verbot des Kultus der Jesuiten. Gleichzeitig wird gegen jede Einschränkung der Freiheit der Pfarrer petitioniert. Was die dritte Gruppe anbelangt, so sind die Wünsche zahlreich: vollständige Reform des Gerichtswesens; insbesondere Vereinfachung des zivilgerichtlichen Verfahrens und Abschaffung des schriftlichen Verfahrens. Die Geschworenengerichtsbarkeit («jury») soll eingeführt werden, und es soll die Zahl der Staatsbeamten herabgesetzt sowie deren Besoldung gekürzt werden; es sollen Massnahmen gegen die Konkurrenz ausländischer Handwerkermeister und ausländischer Arbeiter ergriffen werden; die Forstgesetzgebung soll revidiert werden, und es sind die armen Gemeinden zu sanieren; es soll eine Steuer auf das bewegliche Vermögen gelegt werden; der ausländische Wein soll leichter eingeführt werden können; eine andere Petition verlangt das Gegenteil, nämlich die Beibehaltung einer Einfuhrtaxe. Strassen

---

[7] Petition des Wahlkreises Montreux vom 24. Februar 1845.

und Brücken sollen verbessert werden. Es soll eine Amnestie für die Strafgefangenen beschlossen werden; und schliesslich sind alle seit 1798 erlassenen Gesetze im Zeitraum von zehn Jahren zu revidieren. Diese in den Petitionen geäusserten Wünsche stimmen in einigen Punkten mit jenen der konservativen Schübe in Zürich 1839 sowie Luzern und Solothurn 1841 überein, besonders was die Anliegen demokratischer und wirtschaftlicher Art betraf.

3. Die sozialen Ziele der radikalen Führer

Die Verhandlungen im verfassungsgebenden Grossen Rat sind durch grossen Gehalt, theoretische Tiefgründigkeit sowie von demokratischem und sozialem Engagement gekennzeichnet. Sie geben wie kaum ein zweites Dokument jener Jahre nicht nur den Stand der politischen Entwicklung, sondern auch jenen der jüngsten Diskussion über die Lösung der sozialen Fragen wieder. Es argumentierten etwa ein Dutzend gebildeter radikaler und liberaler Persönlichkeiten über staatsrechtliche Fragen in einer rationalen und fachlich breit abgestützten Weise, in der man den Beginn eines verbreiteten staatsrechtlichen Denkens bei aktiven Schweizer Politikern sehen kann. Einige geistig hochstehende Radikale wie Henry Druey, Louis-Henry Delarageaz, Jules Eytel und Louis Blanchenay[8] versuchten, die Gleichheit im Sinne der «égalité en jouissances» Rousseaus stärker zu betonen als die Freiheit, welche bei den Verfassungsgebern von 1831 im Vordergrund stand. Eine Ursache für die Aufnahme der sozialen Probleme liegt auch beim Einfluss der Lehren französischer Frühsozialisten in der Schweiz und insbesondere in der welschen Schweiz jener Zeit. So hatte der französische Frühsozialist und Fourier-Anhänger Victor Considerant zu jener Zeit in Lausanne vielbesuchte Vorträge über den Sozialismus gehalten, Pierre Coullery verbreitete die Ideen von Pierre Leroux; es wurden die Schriften von Robespierre,

---

[8] BLANCHENAY LOUIS, 1801–1881. Geboren in Vevey. Stammte aus altem waadtländischem Grossgrundbesitzergeschlecht. Ab 1828 Tätigkeit als Rechtsanwalt beim Waadtländer Appellationsgericht. Radikaler Politiker. 1839–1841, 1845–1848 und 1854–1876 Mitglied des Waadtländer Grossen Rats und 1839–1861 Staatsrat. Mitglied des Aufsichtsrats der Waadtländer Kantonalbank. In der waadtländischen Revolution von 1845 Mitglied der provisorischen Regierung. 1848–1860 Nationalrat. 1852 Mitglied der eidgenössischen Kommission für das Eisenbahngesetz. 1861–1873 eidgenössischer Zolldirektor in Lausanne.

Louis Blanc, Proudhon[9], Cabet[10] und Babeuf[11] gelesen[12]. Diese Schriften stiessen infolge der sich verschärfenden Sozialprobleme auf grösstes Interesse. Henry Druey machte im Grossen Rat auf die – auch

[9] PROUDHON PIERRE-JOSEPH, 1809–1865. Entstammte einer einfachen Handwerkerfamilie in Besançon. Typographen- und Druckerlehre, danach Tätigkeit als Journalist. Autodidaktische Weiterbildung. Freimaurer. Vertreter des kämpferischen Sozialismus. Berühmt wurde Proudhon durch seine Schrift «Qu'est-ce que la propriété?», 1840, die im Ausspruch gipfelte: «La propriété c'est le vol.» In der Folge beschränkte er sich jedoch auf die Kritik an den Missbräuchen des Privateigentums, was ihn mit Marx und den Kommunisten verfeindete. 1848 Teilnahme an der Revolution in Paris. Mitglied der neugewählten Assemblée nationale. 1849–1852 wegen Opposition zum späteren Napoléon III. im Gefängnis, 1858–1862 in Belgien. Gestorben in Paris. Proudhon kämpfte für die Anerkennung des Rechts auf Arbeit: «Le droit au travail» 1848, für die Abschaffung von Geld und Zinsen und für die Einführung eines Warenaustauschsystems mit Warenbank: «La banque du peuple» 1849, und gegen den französischen Unitarismus und Zentralismus: «Du principe fédératif et de la nécessité de reconstituer le parti de la révolution» 1856. Er verfocht den Anarchismus zur Erreichung der sozialistischen Ziele: «L'idée générale de la révolution au XIXᵉ siècle» 1851.

[10] CABET ETIENNE, 1788–1856. Stammte aus einer Handwerkerfamilie in Dijon. Abgeschlossenes Rechtsstudium, Tätigkeit als Rechtsanwalt in Dijon bis 1815, danach journalistische Tätigkeit. Ab 1828 Mitarbeiter am «Recueil périodique de jurisprudence générale» von Dalloz in Paris. Als Mitglied der Charbonnerie Teilnahme an der Julirevolution 1830. 1831 Wahl zum Mitglied der Chambre des Députés, bald aber Austritt und Absage an die Julimonarchie mit dem Werk «L'histoire de la révolution de 1830» 1832. 1834 Gründung der Zeitung «Le populaire». Im Exil in Grossbritannien begeisterte er sich für die Theorien von Owen. Kurz nach seiner Rückkehr nach Frankreich 1839 Publikation von «L'histoire populaire de la Révolution française de 1789 à 1830». 1840/1842 erschien sein philosophischer Roman «Voyage en Icarie», der das Modell einer pazifistischen und kommunistischen Gesellschaft anhand des fiktiven Staates Ikarien darstellte. Seine Versuche, mit ungefähr 500 Anhängern, «les icariens», dieses Modell in Form selbstverwaltender Kolonien 1848 in Texas und 1849–1856 in Illinois zu verwirklichen, scheiterten. Tod in St. Louis.

[11] BABEUF FRANÇOIS NOEL, nannte sich GAIUS GRACCHUS, 1760–1797. Geboren in Saint-Quentin, Nordfrankreich, aus bescheidenen Verhältnissen, vor der Revolution als Landvermesser angestellt. Nach der Revolution Verwalter des Distrikts Montdidier und dann des Departements Somme, ebenfalls Nordfrankreich. Schrieb Aufsätze über die gerechte Verteilung des Bodens und über die Grundzüge für ein Landwirtschaftsgesetz. Wegen Korruption im Amt angeklagt und verurteilt. Nach dem Sturz von Robespierre 1794 gründete er die Zeitung «Le tribun du peuple», in der er seine Theorien über die Herbeiführung einer «République des Egaux» darlegte, stark beeinflusst vom «Code de la Nature» von Morelly, 1755. 1795 gründete er mit ehemaligen Jakobinern und Freunden wie Buonarroti und Darthé einen Klub, welcher 1796 den Sturz des Direktoriums und die Wiederherstellung der Verfassung vom 24. Juni 1793 plante («Conspiration des Egaux»). Nach Aufdeckung der Verschwörung wurde Babeuf festgenommen, zum Tode verurteilt und guillotiniert.

[12] VUILLEMIN LOUIS, Le 14 février, ou simple récit de la révolution du canton de Vaud en 1845 (1845), S. 5 f.

in Schweizer Kantonen – vorkommende 12- bis 14stündige Arbeitszeit von Frauen und Kindern und auf den frühen Tod dieser Industriearbeiter aufmerksam[13]. Alle diese Sozialtheoretiker fanden einen wesentlichen gedanklichen Ansatzpunkt in der sozialpolitisch-demokratischen Phase der Französischen Revolution. Sie haben diese Gedanken aufgenommen, in ihren Schriften aber die seither verlaufene wirtschaftliche und gesellschaftliche Entwicklung miteinbezogen. Die verfassungsrechtliche Gestaltung der sozialpolitischen Ideen war vor allem in der französischen Montagnard-Verfassung, jene der Demokratie und des aufklärerischen Erziehungsstaates vor allem im Gironde-Entwurf vorgezeichnet. Basierend auf diesen theoretischen und verfassungsrechtlichen Grundlagen, versuchten die Waadtländer Radikalen in der Folge, dieses «moderne» Programm durchzusetzen.

Die radikale Führungsgruppe versuchte, neben den seit 1831 bereits klassisch gewordenen Individualrechten neue Rechte, nämlich sogenannte soziale Garantien («garanties sociales») in die Verfassung hineinzubringen. Druey war hiezu wohl einerseits von seinen eigenen Beobachtungen des sozialen Elends in englischen Industriestädten angeregt worden. Anderseits hatte er die sozialpolitischen Ideen aus eigenen theoretischen Überlegungen gewonnen. Konkret wurde Druey wohl von Artikel 21 der Menschenrechtserklärung der Montagnard-Verfassung[14] inspiriert, wenn er verlangte, es sei die Arbeit als «geheiligtes» Verfassungsprinzip zu anerkennen («Le travail est sacré»). Jeder sei nach seinen Kräften und Fähigkeiten zur Arbeit angehalten, und es müsse die Arbeit so organisiert werden, dass sie allen zugänglich, erträglich und angemessen entlöhnt werde. Ferner solle jeder ein Recht auf öffentliche Unterstützung durch die Gemeinde haben, sofern sein Arbeitsentgelt für ihn und seine Familie nicht ausreiche, ein Antrag, der aus derselben Quelle geschöpft sein dürfte[15]. Gleich zu halten sei es nach einem Antrag von Eytel mit den Bedürftigen, die nicht arbeitsfähig seien; die Gemeinden hätten dafür zu sorgen, dass deren Kinder anständig grossgezogen werden könnten. Diese sozialen Vorschläge begründete Druey im Grossen Rat im wesentlichen damit, die individualistische Schule von Adam Smith und Jean-Baptiste Say sei eine Schule, deren Grundsätze zu gesellschaftlicher Auflösung und Anarchie («à la dissolution sociale et à l'anarchie») führe. Auf der andern Seite gebe es die soziale Schule und

[13] Verhandlungen vom 13. Mai 1845.
[14] *Quellenbuch* S. 70.
[15] Art. 21 Montagnard-Verfassung; *Quellenbuch* S. 70.

den Kommunismus, wie sie von Considerant und Proudhon vertreten würden. Beide Schulen aber, die individualistische und die sozialistische, würden ihre Sicht übertreiben; die erste führe bis zu einem empörenden Egoismus, die zweite «zermalme» das Individuum, so dass es sich nicht entwickeln könne. Heute aber versuche man, die beiden ewig gegensätzlichen Grundsätze miteinander zu versöhnen, sie zu harmonisieren[16]. Delarageaz machte zur Unterstützung der Vorschläge von Druey geltend, die Verfassung kenne in ihren ersten Artikeln Garantien zugunsten des Individuums, so namentlich mit der persönlichen Freiheit, der Unverletzlichkeit des Eigentums und der Wohnung. Es sei notwendig, diesen Garantien ein Gegengewicht zu geben. Im Austausch zu den individuellen Garantien müssten dringend Pflichten, Schuldigkeiten der Gesellschaft in der Form der Arbeit als einer geheiligten Schuld («dette sacrée») festgesetzt werden. Gleichzeitig habe die Gesellschaft die Sendung, die Arbeitenden zu erziehen und ihnen die Mittel zur «Entwicklung ihrer physischen, intellektuellen und moralischen Fähigkeiten» zu verschaffen[17]. Eytel machte zur Begründung dieser sozialen Pflichten der Gesellschaft seinerseits geltend, der Mensch, der Hunger leide, sei nicht frei («l'homme qui a faim n'est pas libre»). Die Pflicht der Gesellschaft, dem Fähigen Arbeit zu verschaffen, den Versehrten zu unterstützen, sei eine unausweichliche Konsequenz. Es handle sich gleichzeitig um ein natürliches als auch verfassungsmässiges Recht. Eytel macht weiter geltend, es handle sich hier nicht um neue Ideen, und zitiert Montesquieu: «Quelques aumônes que l'on fait à un homme nud, dans les rues, ne remplissent point les obligations de l'Etat, qui doit à tous les citoyens une subsistance assurée, la nourriture, un vêtement convenable et un genre de vie qui ne soit point contraire à la santé.»[18] Die gleiche Lehre, führt Eytel weiter aus, sei später von mehreren Schriftstellern des 18. Jahrhunderts vertreten und als «organischer Grundsatz» von der «Verfassung der französischen Republik» anerkannt worden. Jeder wisse, wie diese Verfassung untergegangen sei. Jeder wisse, dass sich nach und nach eine neue Aristokratie, ja eine «féodalité industrielle» herausgebildet habe. Die Dargabe bloss von Almosen und die blosse Fürsorge würden, ohne Organisation, nur den Pauperismus begünstigen, sagte Eytel schliesslich[19].

[16] Verhandlungen vom 15. Mai 1845.
[17] Verhandlungen vom 15. Mai 1845.
[18] MONTESQUIEU, De l'esprit des lois XXIII/29.
[19] Verhandlungen vom 15. Mai 1845.

Den sozialen Vorschlägen von Druey und Delarageaz wurde von seiten der Liberalen, aber auch von weniger progressiven Radikalen entgegengehalten, sie entstammten kommunistischem und sozialistischem Gedankengut; sie seien nirgends mit praktischem Erfolg angewendet worden; es sei jetzt noch zu früh, solche Grundsätze in der Verfassung zu verankern, und sie existierten in keiner modernen Verfassung. Um etwas Analoges zu finden, müsse man auf die französische «Revolutionsverfassung» zurückgreifen, bereits Grund genug, um es abzulehnen: «Pour trouver quelque chose d'analogue, il faut remonter à la charte révolutionnaire, motif déjà suffisant pour la rejeter.» Ein anderer Votant machte ganz im Sinne von Benjamin Constant geltend, es widerspreche ihrem Verfassungsverständnis, soziale und individuelle «Garantien» in die Verfassung aufzunehmen. Die Verfassung solle nur die Basis der staatlichen Organisation sein, sie sei ein blosses Knochengerüst («charpente osseuse»). Das souveräne Volk bewirke den Erlass der Gesetze nach seinen Vorstellungen; es sei deshalb nicht notwendig, ja schädlich, es durch die Verfassung zu binden. Und schliesslich machte der liberale Rechtsprofessor François Pidou[20] geltend, die «Wissenschaft» habe die Frage noch nicht beantworten können, ob die gesetzlich geregelte Nächstenliebe im wahren Interesse der Gesellschaft liege. Es könne diese Art von «charité» den armen Klassen mehr schaden als ihnen nützen. Am besten sei es, überhaupt auf solche «Garantien» und «hochtrabenden Sätze» zu verzichten, welche, gleich wie die «berüchtigte» Erklärung der Menschenrechte und die «Manie» ähnlicher Erklärungen, der Schule von Rousseau entstammten[21]. Anderseits wurde von liberaler Seite nicht zu Unrecht darauf hingewiesen, es sei gerade der – weitgehend agrarische – Kanton Waadt am wenigsten von allen veranlasst, hier Experimente zu machen[22]. Die Schaffung von Nationalwerkstätten würde für die hiesigen Gewerbetreibenden eine schreckliche Konkurrenz bedeuten («concurrence affreuse»), wurde schliesslich gesagt. Die Abstimmung ergab Ablehnung dieses «Sozialpaketes» mit allen gegen nur elf Stimmen. Diese Ablehnung betrübte Henry

[20] Pidou François-Henri, 1799–1877. Geboren in Lausanne. Sohn eines waadtländischen Staatsrats der Restauration. Rechtsstudium an der Lausanner Akademie, 1824 Dr. iur., danach Tätigkeit als Rechtsanwalt und Bezirksrichter in Lausanne, 1825–1831. 1824–1842 Rechtsprofessor an der Lausanner Akademie und deren Rektor 1830–1833. Liberaler Politiker. Mitglied des waadtländischen Verfassungsrats von 1831 und des waadtländischen Grossen Rats 1831–1840 und 1845–1869. Kantonsrichter 1840–1846.

[21] Verhandlungen vom 15. Mai 1845.
[22] Verhandlungen vom 15. Mai 1845.

Druey, denn er hatte befürchtet, dass «la révolution commençée par les pauvres serait terminée par les riches»[23]. Das von den Waadtländer Radikalen verfochtene Gedankengut der französischen Frühsozialisten sollte dann, das sei hier angemerkt, nur drei Jahre später Bestandteil der Verfassung der Zweiten Französischen Republik vom 4. November 1848 werden[24].

4. Die aufklärerischen Erziehungsziele

Henry Druey versuchte nach der Ablehnung seiner sozialpolitischen Anträge, im Bereich der Erziehung eine Reihe von Garantien durchzubringen. Es sollten die Lehrfreiheit verankert, die Erziehungspflicht der Eltern statuiert, ferner die Schulen unter staatliche Leitung oder Aufsicht gestellt werden, und es hätte die Ausbildung allgemein so ausgestaltet werden sollen, dass jedes Individuum «alle seine physischen, intellektuellen und moralischen Fähigkeiten in grösstmöglicher Freiheit und in grösstmöglichem Ausmass entwickeln könnte»[25]. Diese Anträge wurden nach kurzer Diskussion grösstenteils ebenfalls abgelehnt. Man befürchtete die Einführung eines staatlichen Schulmonopols nach französischem Muster. Das von Druey vorgeschlagene allgemeine Entwicklungsprinzip erachtete man als zu vage und als zu wenig «constitutionnel». Vielleicht wusste man auch, dass es seinerzeit von Robespierre in Artikel 1 von dessen «projet de déclaration des droits» vom 24. April 1793 vorgeschlagen worden war. Angenommen wurden in der Folge nur die Lehrfreiheit, die Erziehungspflicht der Eltern und der Grundsatz, dass der Unterricht an den öffentlichen Schulen mit den Grundsätzen des «Christentums und der Demokratie» vereinbar sein müsse[26].

5. Die direkte Demokratie

Die Gestaltung der Demokratie beschäftigte die Waadtländer Radikalen naturgemäss am stärksten von allem. Nicht nur die einge-

---

[23] LASSERRE ANDRE, Henry Druey, Fondateur du radicalisme vaudois et Homme d'Etat Suisse (1960), S. 180.
[24] Präambel Art. IV, VII, VIII; DUVERGER MAURICE, Constitutions et documents politiques (1981), S. 137 f.
[25] Verhandlungen von 15. Mai 1845.
[26] Art. 11 Verfassung.

gangenen Petitionen, sondern auch die Verhandlungen der Kommission des verfassungsgebenden Grossen Rates zeigen, dass man radikaldemokratischem Gedankengut im Sinne von Rousseau und der französischen Demokratieentwicklung der Jahre 1792–1794 verpflichtet war. Die Kommission ging in ihrem Verfassungsentwurf und in der Diskussion um die Stellung des künftigen Grossen Rates nicht mehr wie 1831 von «Repräsentanten», also Stellvertretern des Volkes aus. Vielmehr erkannte sie den Gewählten die Stellung von Beauftragten – «mandataires» – zu, welche die legislativen, administrativen und judikativen Funktionen ausüben sollten. Dem Volk aber müsse das Recht zustehen, direkt und selber zu intervenieren («droit d'intervenir ... directement et par lui-même»). Es wurde daher die Initiative, das Referendum und die Abberufung der Beauftragten vorgesehen, wobei, so die Kommission, klar sei, dass die Wahlkreise nicht ihre Beauftragten abberufen könnten, sondern dass nur die Amtsträger des ganzen Kantons abberufen werden könnten[27]. Auf die Einführung dieses radikalen Volksrechtes sollte aber dann überhaupt verzichtet werden, ebenso auf die nur einjährige Amtsdauer des Grossen Rates, wie sie von Druey vorgeschlagen worden war.

Die Verhandlungen im Grossen Rat standen unter dem Zeichen der neu verstandenen und in Artikel 1 neu formulierten Volkssouveränität, wo es nun hiess: «Das Volk ist souverän.» Die Volkssouveränität ist nach diesem Verständnis unveräusserlich («inaliénable»); gleichzeitig werde damit, so Henry Druey, das Recht auf «Aufstand» zugunsten der Volkssouveränität zugrundegelegt, «gleich wie 1793». Es sei aber, so Druey weiter, nicht nötig, dieses Recht in dieser Form[28] zu anerkennen, denn das Volk nehme es von Zeit zu Zeit selber in Anspruch. Allein, es müsse die Verfassung das Prinzip der Volkssouveränität breit verankern, damit der Zeitpunkt einer neuen Revolution in möglichst weite Ferne zu liegen komme[29] – ein Argument, das im 19. Jahrhundert zur Begründung von Demokratisierungsschritten immer wieder vorgetragen wurde.

In der Folge entwickelte sich eine breite und zugleich tiefgründige Diskussion über die nähere Ausgestaltung der Waadtländer Demokratie. Betrachtet man die in der Kommission und im Grossen Rat vorgebrachten Vorschläge genauer, so lässt sich deren Herkunft mit Sicherheit bestimmen: Es wurde auch hier im wesentlichen auf den Gironde-Verfassungsentwurf vom 15./16. Februar 1793 abgestellt,

[27] Verhandlungen vom 19. März 1845.
[28] Vgl. Art. 35 Déclaration Montagnard-Verfassung.
[29] Verhandlungen vom 12. Mai 1845.

ohne dass dieser indessen je erwähnt worden wäre. Denn es war ja im gleichen Rat anlässlich der Debatte über die sozialen Garantien gesagt worden, die revolutionäre Herkunft einer Einrichtung sei bereits Grund genug, diese zu verwerfen («motif déjà suffisant pour la rejeter»). Die Radikalen aber wollten natürlich ihre demokratischen Anträge im Rat durchbringen – für sie ihrerseits Grund genug, die genaue Quelle nicht zu nennen.

Den Radikalen schwebte eine streng individualistische Demokratie nach den Vorstellungen Rousseaus vor, weshalb sie am 14. Mai 1845 beantragten, es sei eine Bestimmung zu schaffen, wonach kein einzelner, keine Teilgesellschaft von Bürgern sich Souveränität zuschreiben dürfe («Nul individu, nulle réunion partielle de citoyens ne peut s'attribuer la souveraineté»), eine wörtliche Übernahme aus Artikel 28 der Erklärung der natürlichen, zivilen und politischen Rechte des Menschen des girondistischen Entwurfes[30]. Gleich verhält es sich mit dem gleichzeitig vorgetragenen Passus, niemand dürfe ohne eine gesetzliche Ermächtigung Gewalt ausüben, noch eine öffentliche Funktion ausüben. Ergänzend wurde im Grossen Rat dazu später vorgetragen, es sollten sich alle politischen Vereinigungen zugunsten der Urversammlungen auflösen, damit diese die – alleinige – «öffentliche Tribüne» würden[31]. Diese Aussage entspricht genau der von Condorcet im Gironde-Entwurf vorgezeichneten Konzeption der unmittelbaren Demokratie: Es sollen die Urversammlungen zu lebendigen, ständig aktiven Zellen der Demokratie werden. Diese sollen sich, so führte ein Redner aus, mit allen Fragen der Republik beschäftigen («s'occupant de tous les intérêts de la République»), und die Behörden sollen dadurch gezwungen werden, der durch diese Versammlungen vorgezeichneten Linie zu folgen[32]. Zu diesem Zweck hätten im ganzen Kanton insgesamt 60 Kreisversammlungen («assemblées de cercle») gebildet werden sollen, welche zuständig gewesen wären, nicht nur die Wahlen vorzunehmen, sondern auch über alle Fragen verfassungsrechtlicher, gesetzgeberischer oder administrativer Natur zu diskutieren. Die Versammlungen hätten ferner das Recht gehabt, über die Initiative für die Schaffung neuer Gesetze und Verfassungsbestimmungen abzustimmen. Es wäre ihnen schliesslich die Entscheidung über alle vom Grossen Rat beschlossenen Verfassungsänderungen und alle neuen Gesetze zugekommen[33]. Dieser

[30] *Quellenbuch* S. 35.
[31] Verhandlungen vom 8. Juli 1845.
[32] Verhandlungen vom 8. Juli 1845.
[33] Verhandlungen vom 14. Mai 1845.

Vorschlag wurde indessen nicht verwirklicht. Man befürchtete, die Kreisversammlungen würden die Staatseinheit gefährden; es würden «60 Landsgemeinde partielles» entstehen, der Kanton würde «föderalisiert». Besser wäre es, das Volk in den Urversammlungen der Gemeinden abstimmen und wählen zu lassen. Es sei nicht nötig und nicht sinnvoll, das Volk über alle Gesetze abstimmen zu lassen; es würde durch ein solches Referendum, das man «Sanktion» nannte, zu stark ermüdet. Aus dem gleichen Grund und aus Furcht vor einer Föderalisierung des Kantons ging man dann auch von der beantragten allseitigen konsultativen Zuständigkeit der Urversammlungen («s'occupent de tous les intérêts de la République») ab, wie sie der Gironde-Entwurf mit ähnlicher Ausdrucksweise vorgesehen hatte[34]. Unausgesprochen blieb bei der Ablehnung der «Sanktion» die Tatsache, dass die Radikalen befürchteten, durch die Einführung eines solchen Referendums, also eines Volksentscheides über jedes Gesetz, könnte der Gang der Gesetzgebung zu stark gehemmt werden, könnte der Forschritt gehemmt werden. Obwohl man das Veto nach dem Muster von St. Gallen nicht nachahmen wollte, so wurde doch zu dessen Gunsten ins Feld geführt, es biete viel mehr Chancen für die Annahme der Gesetze als die obligatorische Sanktion: «Le veto présente beaucoup plus de chances pour l'adoption des lois, puisqu'il faut, pour les repousser, la majorité des citoyens actifs du canton.»[35] In diese Situation fiel der Antrag, es sollten 8000 Stimmberechtigte das Recht erhalten, eine Abstimmung über Gesetze verlangen zu können, die dann in den Kreisversammlungen stattfinden würde. Damit war der entscheidende Schritt vom einphasigen Veto zu einem zweiphasigen Entscheidverfahren getan. Diesen Schritt tat der Konstituierende Waadtländer Grosse Rat in der Schweiz als erster; er bedeutete die Abkehr sowohl vom Veto als auch vom obligatorischen Referendum, welche beide in anderen Kantonen schon bekannt waren.

Doch die Situation war noch komplizierter: Die Radikalen bevorzugten als Bewegungsmänner natürlich die *Initiative*, wobei sie diesen Begriff, soweit ersichtlich, in der Schweiz erstmals – allerdings nicht in der Verfassung selber – ausdrücklich verwendeten[36]. Es ist anzunehmen, dass das Votum des am linken Flügel der Radikalen stehenden Jules Eytel schliesslich den Entscheid für den Verzicht sowohl auf das Veto («veto facultarif»), auf das obligatorische Referendum («sanction»), aber auch das fakultative (zweistufige) Referendum her-

[34] Art. 30.
[35] Verhandlungen vom 15. Mai 1845.
[36] Verhandlungen vom 15. Mai 1845.

beiführte: Eytel hatte eingewendet, diese Einrichtungen würden die Gesetzgebung «immobilisieren» und könnten zur Stagnation führen. Um zu wissen, ob ein neues Gesetz gut sei, müsse man zuerst seine Anwendung kennen; es sei daher nicht gut, dass das Volk sich schon am Tag seiner Entstehung darüber ausspreche. Mit der Initiative aber erhalte das Volk ein Mittel, um dem Grossen Rat den rechten Weg zu weisen[37]. Auch der Abgeordnete David Guignard[38] setzte sich für die Initiative ein: Es müsse heute, so sagte er, zwischen zwei Alternativen gewählt werden, nämlich den ständigen und unausweichlichen Revolutionen oder den Kreisversammlungen, welche sich mit allen Fragen der Republik befassen. Guignard setzte sich vehement dafür ein, dass die Initiative sachlich nicht beschränkt werden könne, dass sie sich auf alle Gegenstände des staatlichen Handelns beziehen müsse. Man müsse die Allmacht des Volkes anerkennen: «Vous êtes forcés de reconnaître son omnipotence», und diese Allmacht kenne nur die Grenzen des Möglichen – «limites du possible». In dieser Situation bot sich dem Waadtländer Grossen Rat der girondistische Entwurf als Lösung an. Dieser vom «progrès»-Denken Condorcets geprägte Entwurf hatte ihren Urheber zunächst zum Satz geführt: «Un peuple a toujours le droit de revoir, de réformer, et de changer sa constitution.»[39] Diese Aussage, die wörtlich auch in der Waadtländer Verfassungsdiskussion erscheint, hatte Condorcet zunächst zur Entwicklung der Volksinitiative auf Totalrevision der Verfassung veranlasst, wie sie in seinem Entwurf und dann von 1831 an in mehreren Kantonen rezipiert worden war. Condorcet hat die Initiative in der Folge bei der Ausarbeitung seines Entwurfes auf die Gesetzgebung ausgedehnt: «Lorsqu'un citoyen croira utile ... de provoquer la réforme d'une loi existante ou la promulgation d'une loi nouvelle, il aura le droit de requérir le bureau de son assemblée primaire, de la convoquer ... pour délibérer sur sa proposition.»[40] Der Gironde-Entwurf hatte nur die Initiative und kein echtes Gesetzesreferendum enthalten, auch wenn der gleiche Effekt

---

[37] Verhandlungen vom 15. Mai 1845.

[38] GUIGNARD DAVID BENJAMIN, geboren 1805 in Montcherand/Orbe, Kanton Waadt, als Sohn des Kreiskommandanten. Rechtsanwalt in Nyon. Herausgeber der 1839–1842 erscheinenden Zeitschrift «Le droit, recueil de jugements tendant à fixer la jurisprudence dans le canton de Vaud». Mitglied des waadtländischen Verfassungsrats von 1845, kurze Zeit Appellationsrichter und 1846–1848 Staatsanwalt. Professor für Zivil- und Strafrecht an der Lausanner Akademie 1847–1850. Mitglied des Waadtländer Grossen Rats 1851–1857. 1859 oder 1860 Abreise ins Ausland ohne Adressangabe. Tod in Korsika (?).

[39] Art. 33 Déclaration; *Quellenbuch* S. 35.

[40] Art. 217 Gironde-Entwurf; *Quellenbuch* S. 54.

faktisch in der Form der Initiative auf Aufhebung oder Abänderung eines erst unlängst erlassenen Gesetzes möglich war. Die Waadtländer Radikalen übernahmen im wesentlichen einmal dieses von Condorcet entwickelte, fortschrittsfreundliche Instrument, womit Waadt als erster Kanton die Gesetzesinitiative schuf. Ein echtes Referendum führten sie für die Gesetzesebene ebenfalls nicht ein – mit Grund: Sie kannten vom «Züriputsch» und der Luzerner Bewegung von 1841, aber auch von den im eigenen Kanton unlängst eingegangenen Petitionen her den konservativen, fortschrittshemmenden Charakter der Volksbewegungen; zum selben Schluss mussten sie auch die bisher erfolgten Veto-Bewegungen in den Kantonen St. Gallen und Baselland führen. Die Waadtländer Radikalen übernahmen auch das im Gironde-Entwurf enthaltene unechte Referendum, das sich auf alle Gegenstände beziehen konnte[41]. Dieses «plebiszitäre» Referendum bedeutete keine Gefahr für den Fortschritt, weil der Grosse Rat selber darüber entscheiden konnte, ob eine Volksabstimmung stattfinde oder nicht[42].

Doch bis die Initiative vom verfassungsgebenden Grossen Rat akzeptiert war, waren noch erhebliche Widerstände zu überwinden. In der Debatte vom 21. Mai 1845 setzten sich die Liberalen zusammen mit konservativeren Radikalen gegen die demokratische Führungsgruppe durch, und der Grosse Rat beschloss am 21. Mai mit grossem Mehr, die Initiative zu beseitigen. Der Rat sollte erst sechs Wochen später, am 8. Juli, auf diese Frage zurückkommen. Erstaunlicherweise kam er auf den früher gefassten Beschluss zurück und gab der Initiative seine Zustimmung. Sein Gesinnungswandel ist wahrscheinlich auf den Umstand zurückzuführen, dass die radikalen Führer beim Volk für die neue demokratische Einrichtung geworben hatten und so einen Druck auf den Rat erzeugten[43].

Die von der Waadtländer Verfassung getroffene Lösung – formuliert in einem einzigen Artikel – ist viel einfacher, als es die komplizierte Ausgestaltung des «droit de censure» des französischen Vorbildes war: Artikel 21[44] sieht lapidar vor, dass die Gemeindeversammlungen zunächst über alle Änderungen der Kantonsverfassung sowie des Bundesvertrages abstimmen. Ferner haben sie die Befugnis, über jeden ihnen vom Grossen Rat aus eigenem Antrieb oder auf Verlangen von 8000 Stimmberechtigten unterbreiteten Vorschlag abzustimmen.

[41] Art. 246; *Quellenbuch* S. 57.
[42] Verhandlungen vom 15. Mai 1845.
[43] MEUWLY OLIVIER, Histoire des droits politiques dans le canton de Vaud (1990), S. 214.
[44] *Quellenbuch* S. 407.

Entscheidend für das Abstimmungsergebnis im ganzen Kanton ist die Mehrheit der in den Gemeindeversammlungen teilnehmenden Stimmbürger – und nicht die Mehrheit der Gemeinden. Man hatte mit dieser Lösung zunächst die Kreisversammlungen – die man als Gefahr für die Staatseinheit ansah – durch die Gemeindeversammlungen ersetzt, dann das obligatorische Referendum für Änderungen des Bundesvertrages eingeführt, also ein plebiszitäres Recht des Grossen Rates auf Durchführung einer Abstimmung über irgendeinen seiner Beschlüsse auch nicht rechtsetzender Natur. Und schliesslich hatte man eine sachlich ebenfalls nicht begrenzte Volksinitiative geschaffen, welche faktisch auch als fakultatives Referendum dienen konnte. Die Volksinitiative konnte sich ebenfalls nicht nur auf die Kantonsverfassung und die Gesetze, sondern auf alle Bereiche des Staatshandelns beziehen, ging also weiter als der girondistische Verfassungsentwurf[45]. Sie war aber insofern von der Macht des Grossen Rates abhängig, als man noch keine streng formulierte, unveränderbare Volksinitiative kannte, sondern es waren – von der Petition als dem historischen Vorläufer der Initiative ausgehend – allgemein formulierte politische Anliegen als Gegenstände der Initiative vorgesehen. Das Ausführungsgesetz zu Artikel 21 vom 28. Januar 1846 jedenfalls spricht noch von «Petition» für die unterschriftlichen Begehren, und es ist nicht klar, ob auch ein formuliertes Begehren eingereicht werden darf; und der Grosse Rat hat schliesslich die Möglichkeit, unklare Begehren zu verdeutlichen.

6. Die Herkunft der Demokratiekonzeption

Es ist entgegen in der Literatur geäusserter Vermutungen[46] nicht so, dass die Waadtländer Radikalen die Volksrechte nach dem Vorbild eines «Verfassungsentwurfes» von Gracchus Babeuf gestaltet haben. Babeuf hat keinen eigentlichen, ausformulierten Verfassungs-

---

[45] Vgl. Art. 244; *Quellenbuch* S. 57.

[46] HIS EDUARD, Geschichte des neuern Schweizerischen Staatsrechts II (1929), S. 272, der sich übrigens in Anm. 48 auf die äusserst fehlerhafte Arbeit von DUNANT stützt; CURTI THEODOR, Die Geschichte der Schweiz im 19. Jahrhundert (undatiert); DIETHELM ERNST, Der Einfluss der Theorie der Volkssouveränität auf die eidgenössischen und kantonalen Verfassungen nach 1798, (1939), S. 257; SCHEFOLD DIAN, Volkssouveränität und repräsentative Demokratie in der schweizerischen Regeneration 1830–1848 (1966), S. 257.

entwurf geschaffen: Weder in der 1828 von Philippe Buonarroti[47] herausgegebenen Zusammenfassung der Pläne und Forderungen der «Conspiration pour l'égalité dite de Babeuf» (Bruxelles 1828) noch in den sonstigen Schriften Babeufs findet sich ein solcher. In der «Conspiration pour l'égalité» sind zwar zahlreiche demokratische und radikale sozialpolitische Forderungen bis zur gänzlichen Aufhebung des Privateigentums enthalten. Die von der «Conspiration» näher umschriebenen Einrichtungen der Demokratie stammen aber aus der Montagnard-Verfassung und aus dem Gironde-Entwurf, mit Ausnahme einer vorgeschlagenen neuen Einrichtung, nämlich den «conservateurs de la volonté nationale», welchen die Aufgabe zugekommen wäre, die Volkssouveränität zu wahren, einer Art Tribunat, wie es 1831 auch in St. Gallen vorgeschlagen wurde. Gerade dieses typischste Element der Verfassungsideen der «Conspiration» wurde in den Verhandlungen des verfassungsgebenden Grossen Rates nicht einmal diskutiert. Die andern Teile der von der «Conspiration» Babeufs diskutierten demokratischen Einrichtungen sind nicht originär.

Textvergleiche sowie die konkrete Ausgestaltung der Demokratie der Verfassung von 1845 zeigen also eindeutig, dass sich die Waadtländer Radikalen bei ihren demokratischen und erziehungsstaatlichen Forderungen direkt auf den Gironde-Verfassungsentwurf, bei den sozialen Postulaten auf die Montagnard-Verfassung gestützt haben, ohne diese Dokumente auch nur einmal zu erwähnen! Henry Druey hat zwar im Grossen Rat eingeräumt, die Französische Revolution habe zu ihrer (Revolution) beigesteuert[48]. Mehr als den allgemeinen Hinweis auf eine «charte française» findet man aber nicht[49].

[47] BUONARROTI FILIPPO MICHELE, 1761–1837. Geboren in Pisa. Stammte aus florentinischem Adel mit Einfluss am Hof von Florenz, Nachfahre von Michelangelo. Rechtsstudium in Pisa, Rechtsanwalt und journalistische Tätigkeit, 1789 Übersiedlung nach Korsika, dort Freundschaft mit der Familie Bonaparte. Freimaurer. 1792 weiter nach Paris, erhielt von der Convention das französische Bürgerrecht, Wortführer der Jakobiner, beim Sturz von Robespierre verhaftet, aber wieder freigelassen. Buonarroti plante 1796 mit Babeuf die «Conspiration des Egaux», die das Direktorium stürzen und die Verfassung von 1793 wieder in Kraft setzen wollte. Nach Aufdeckung der Verschwörung verhaftet und zur Deportation nach Guyana verurteilt. Nach langer Haft Strafe 1806 von Napoléon in Verbannung nach Genf umgewandelt. Von dort 1815 Flucht nach Belgien. Im Exil sehr ärmliches Leben als Privatlehrer, schrieb jedoch ständig revolutionäre Aufsätze; 1828 publizierte er in Brüssel «La conjuration pour l'égalité, dite de Babeuf». Nach 1830 Rückkehr nach Paris, wo er starb.
[48] Verhandlungen vom 15. Mai 1845.
[49] MEUWLY OLIVIER, lässt in seiner Histoire des droits politiques dans le canton de Vaud de 1803–1885 (1990), S. 225, die Frage nach der Herkunft der Waadtländer Initiative offen.

Bei der Erforschung der Rezeption des revolutionären französischen Staatsrechts helfen, weil Quellenhinweise fast durchwegs fehlen, nur direkte Textvergleiche und allenfalls inhaltlich-dogmatische Vergleiche weiter. Die bisher richtigsten Ergebnisse in bezug auf die Herkunft der modernen schweizerischen Demokratie hat Reto Caratsch in seiner Dissertation über die Initiative zur Verfassungsrevision 1926 vorgelegt; er hat indessen die übrigen Volksrechte nicht untersucht. Woher aber hatten die Waadtländer Radikalen die genannten Quellen aus der Französischen Revolution? Die Antwort kann nicht mit Sicherheit gegeben werden. Vieles lag wohl in den Bibliotheken und Archiven der welschen Schweiz. Das Gedankengut der demokratisch-sozialpolitischen Phase der Französischen Revolution 1792–1794 ist aber auf jeden Fall durch die damals in der welschen Schweiz aktiven französischen Linksradikalen und Frühsozialisten aktiviert und, soweit überhaupt noch nötig, den radikalen Waadtländer Aktivisten näher bekanntgemacht worden. Gewiss war den Waadtländer Radikalen auch die 1841 von französischen Linksradikalen gegründete Zeitschrift «La Réforme» bekannt, welche auch staatspolitische Neuerungen behandelte und an der unter anderen Louis Blanc mitarbeitete.

Die Waadtländer Initiative kann als entscheidender Schritt in der Entwicklung der schweizerischen Volksrechte angesehen werden. Sie brachte erstmals das zweistufige individualistische Verfahren von Auslösung und Entscheid über ein Begehren und erstmals die korrekte Abstimmung darüber. Der Weg von dieser Initiative zum fakultativen Gesetzesreferendum, wie es dann in der Bundesverfassung von 1874 verwirklicht werden sollte, war nun dogmatisch vorgezeichnet.

7. Die Freiheitsrechte

Die Freiheitsrechte bereiteten dem verfassungsgebenden Grossen Rat geringere Mühe als die Neugestaltung der Demokratie. Die Gleichheit «vor dem Gesetz» war unbestritten; die Verwirklichung der sozialen «égalité en jouissances» durch die radikalen Führer ist, wie gesagt, gescheitert. Zu langer Diskussion gab die von den Radikalen befürwortete Zuerkennung des Stimmrechts an die Konkursiten und Armengenössigen Anlass. Die Beseitigung dieser sehr viele Personen betreffenden, wie ein Zensus wirkenden Schranken gelang schliesslich vor allem deshalb, weil man sie im zweiten «souveränen Akt» vom 15. Februar versprochen hatte. Die Verankerung der bereits 1831 geforderten persönlichen Freiheit wurde auch von den Liberalen gebilligt. Auch die Beibehaltung der Eigentumsfreiheit wurde von allen Seiten unterstützt. Dagegen wurde über die Aufnahme der Gewerbefreiheit in die Verfassung nicht einmal diskutiert, wahrscheinlich wegen der in Petitionen geäusserten Befürchtungen des Eindringens auswärtiger Konkurrenz. Die geforderte Einführung der Vereinsfreiheit gab indessen zu heftigen Diskussionen Anlass und wurde schliesslich abgelehnt. Es sei zu befürchten, machten die Gegner geltend, dass auch die Jesuiten von diesem Recht Gebrauch machen würden. Realistischer, aber kaum erklärt, befürchtete man die Inanspruchnahme der Vereinigungsfreiheit durch Methodisten sowie mystische und pietistische Kreise, welche von den Radikalen als staatsgefährlich angesehen wurden, die aber die Unterstützung vieler Pfarrer der Nationalkirche genossen. Die von Rousseau herkommende Abneigung der Radikalen gegen «sociétés partielles» und die Sorge um die Staatseinheit mochten mitschwingen, wenn befürchtet wurde, die Zulassung der Vereinsfreiheit bedeute die Zulassung «des Staates im Staat»[50]. Und schliesslich wurde von Kehrwand[51] geltend gemacht, mit der Einführung der Vereinigungsfreiheit würde die Bildung von «sociétés de commerce anonymes» ermöglicht, welche die kleinen Leute um ihr Scherflein bringen würden. Vergeblich wurde zugunsten der Vereinigungsfreiheit geltend gemacht, es handle sich dabei um ein «unbestreitbares», um ein «wertvolles» Recht, das «die Natur uns verleiht»; es sei ein «vorkonstitutionelles» Recht, ein Recht, auf dem die Staaten gegründet seien. Wenn den Menschen dieses Recht verweigert würde, so wird ihnen das Recht verweigert, «an ihrer intellektuellen Entwicklung» zu arbeiten, denn «der Mensch entwickle sich nicht allein»[52]. Aus den erwähnten religionspolitischen Befürchtungen wurde auch keine Religionsfreiheit und keine allgemeine Kultusfreiheit garantiert; lediglich die anerkannte Nationalkirche und die katholischen Gemeinden behielten ihre verfassungsrechtlich gesicherte Kultusfreiheit; in der Folge verstärkte der radikale Staat den Druck auf die Nationalkirche so, dass es unter dem Einfluss der Lehren Vinets zur Gründung der staatsunabhängigen Waadtländer Frei-

---

[50] Verhandlungen vom 13. Mai 1845.

[51] KEHRWAND VINCENT, 1803–1857. Stammte aus einer in Rolle, Kanton Waadt, ansässigen Berner Familie. Rechtsstudium an der Lausanner Akademie 1822–1826, danach Tätigkeit als Rechtsanwalt. Radikal-demokratischer Politiker. Mitglied des Waadtländer Grossen Rats 1836–1844 und 1845–1846. 1845–1851 Kantonsrichter und 1848–1850 Kantonsgerichtspräsident. 1852–1857 Substitut des waadtländischen Staatsanwalts. 1850–1857 Nationalrat. Werk: «Du projet d'organisation judiciaire avec le jury» 1845.

[52] Verhandlungen vom 13. Mai 1845.

kirche kam. An der Pressefreiheit wurde nichts verändert. Neu wurde ohne Diskussion die Petitionsfreiheit eingeführt. Wie stark die Volksrechte gedanklich noch mit dem Petitionsrecht verbunden waren, zeigt sich darin, dass ein – allerdings abgelehnter – Antrag gestellt wurde, im gleichen Artikel noch das Veto gegen Gesetze zu regeln[53].

8. Organisation der Behörden

Die Radikalen waren zentralistischer und rationalistischer eingestellt als die nun von der Macht entsetzten Liberalen von 1831. Ihnen schwebte die Vorstellung des individualistischen nationalen Einheitsstaates nach dem Muster Frankreichs vor. Den in der Verfassung von 1831 als «öffentliche Gewalten» anerkannten Gemeinden[54] wurde diese hervorgehobene Stellung nun entzogen. Man erkannte zwar die Bedeutung der Gemeinden, in erster Linie wegen ihrer Aufgaben für die kantonalen Abstimmungen[55] und als Ort der politischen Erziehung der Bürger («la commune est l'école du souverain»). Man befürchtete aber, dass die Gemeinden gerade wegen ihrer Funktion als Träger der kantonalen Abstimmungen die Stellung von teilsouveränen Körpern im Staat einnehmen würden. Dabei sei, so wurde ausgeführt, «die Souveränität unteilbar»; sie komme dem Volk zu, und die Gemeinden seien nur dessen «Fraktionen». Der Kanton Waadt sei, so fuhr der gleiche Redner weiter, keine Konföderation von Gemeinden, wie die Schweiz eine solche von Kantonen sei. Es gebe nur einen einzigen Kanton, bei dem man von einer Souveränität der Gemeinden sprechen könnte, nämlich Graubünden[56]. Die Furcht vor einer Föderalisierung des Kantons wurde also im Waadtland mit Worten begründet, wie sie damals in Frankreich von den zentralistischen Montagnards gegen den Gironde-Verfassungsentwurf vorgetragen worden waren. Gleichzeitig mit der Abschaffung der von Constant inspirierten besonderen «kommunalen Gewalt» beschloss man, in der Verfassung das Prinzip der Unterordnung der Gemeinden unter den Staat festzulegen[57]. Das zentralisierende Präfektursystem wurde demzufolge nicht verändert.

[53] Verhandlungen vom 13. Mai 1845.
[54] Art. 21; *Quellenbuch* S. 307.
[55] Art. 21; *Quellenbuch* S. 407.
[56] Verhandlungen vom 14. Mai 1845.
[57] Art. 66 Abs. 2; *Quellenbuch* S. 412.

Was die Organisation der legislativen und exekutiven Behörden betrifft, so wurde an der Ordnung von 1831 verhältnismässig wenig geändert. Der Grosse Rat bleibt mächtige Zentralbehörde; er muss nun auch auf Begehren von 30 seiner Mitglieder einberufen werden. Die einschränkende Bestimmung, wonach nur der Staatsrat die Sessionsdauer verlängern kann, fällt weg. Die Legislaturdauer seiner Mitglieder wird von fünf auf vier Jahre herabgesetzt, mit der Begründung, es müssten im Rat neue Auffassungen zur Geltung kommen. Die Radikalen wünschten einen aus sehr vielen Mitgliedern zusammengesetzten Grossen Rat, die Liberalen eher einen kleineren, auch aus Kostengründen. Die Radikalen bekämpften letzteres, denn die aus wenigen Personen gebildeten Legislativen würden sich zu stark der Aristokratie annähern, führte Jules Eytel aus[58]. Rechtsprofessor Louis-Rodolphe Pellis[59] unterstützte Eytel mit der Begründung, in Frankreich und England seien die Legislativen auch zahlreich; der Grosse Rat müsse «le portrait en miniature du pays» sein. Das Kopfzahlprinzip für die Verteilung der Grossratssitze wurde streng durchgeführt. Ein Antrag, nur die Zahl der Wahlberechtigten als Grundlage zu nehmen, unterlag mit der Begründung, es müssten auch die Frauen und Kinder sowie die Ausländer repräsentiert sein, letztere deshalb, weil sie das «Gewerbe repräsentieren». Das in der Verfassungskommission diskutierte Abberufungsrecht des Grossen Rates durch die Wähler wurde stillschweigend übergangen. Die von Constant bestimmte Auffassung der Verfassung von 1831, die Abgeordneten müssten ehrenamtlich tätig sein, konnte sich nicht halten. Die Radikalen konnten sich durchsetzen, weshalb eine Entschädigung von «trente batz» pro Tag der Anwesenheit festgesetzt wurde[60]. Grosse und inhaltsreiche Auseinandersetzungen fanden über die Frage statt, ob die Beamten Mitglieder des Grossen Rates sein dürften;

[58] Verhandlungen vom 17. Mai 1845.

[59] PELLIS LOUIS-RODOLPHE, 1791–1870. Geboren im waadtländischen Vullierens. Stammte aus adliger Grossgrundbesitzerfamilie. Sein Vater hatte während der Französischen Revolution auf seinen Adelstitel verzichtet und den bürgerlichen Namen Pellis angenommen. Jurastudium in Tübingen, 1813 Dr. iur., danach Rechtsanwalt in Lausanne. Befreundet mit Charles Monnard und Alexandre Vinet. 1831 Mitglied des waadtländischen Verfassungsrats und des Grossen Rats zwischen 1831 und 1850. Als liberaler Politiker setzte er sich für eine unabhängige Stellung der reformierten waadtländischen Kirche und für die Erhaltung der waadtländischen Kantonalsouveränität ein. Ab 1843 Lehrbeauftragter an der Lausanner Akademie. Pellis gründete 1853 die heute noch bestehende Rechtszeitschrift «Le Journal des Tribunaux vaudois» und war deren Redaktor bis 1866.

[60] Art. 30.

die Radikalen waren mehrheitlich dagegen, weil die Legislative bis 1845, gleich wie in Frankreich, von zahlreichen regierungsabhängigen Beamten der liberalen hauptstädtischen Bildungsschicht bevölkert war. Es wurde diese Frage auf die Gesetzesebene verschoben[61], nachdem auch, über den Gegenstand hinaus, eingehend über die Frage der Zahl der Beamten überhaupt diskutiert worden war. Druey legte die radikale wohlfahrtsstaatliche Auffassung dar: «Ich bin für eine grosse Zahl von Beamtungen und Beamten. Die Gesellschaft hat physische, moralische und intellektuelle Bedürfnisse zu befriedigen. Dafür braucht es Institutionen und Menschen.»[62] Die Kantonsrichter und neu auch der Gerichtsschreiber dürfen nicht mehr Mitglieder des Grossen Rates sein[63].

Die Exekutive, der Staatsrat, wurde wenig verändert. Neu dürfen, um eine Übervertretung von Lausanne und der Seegegend zu verhindern, nicht mehr als zwei Mitglieder aus demselben Distrikt gewählt werden. Der Parlamentsausschuss-Charakter des Staatsrates wird beibehalten, indem nach wie vor nur Grossratsmitglieder in diese Behörde gewählt werden dürfen. Werden amtierende Staatsräte als Grossräte vom Volk nicht wiedergewählt, so verbleiben sie nur noch übergangsweise während zwei Jahren im Staatsrat[64].

Die Justiz wurde demokratisiert. Vor allem auf Betreiben von Vincent Kehrwand wurde die obligatorische Einsetzung von Geschworenengerichten, der «jury» für eigentliche Kriminalfälle in der Verfassung beschlossen, für polizeirichterliche Fälle deren Schaffung mittels Gesetz ermöglicht[65]; die Einsetzung der «jury» für Zivilsachen wurde aber abgelehnt. Der Eifer, mit dem die Anhänger der Geschworenengerichte diese Einrichtung verfochten, ist heute nur mehr schwer nachvollziehbar. Kehrwand etwa führte aus, es sei diese Frage die empfindlichste der ganzen Verfassungsrevision. Dieser Gegenstand erschrecke ihn beinahe wegen seiner Wichtigkeit, denn er berühre alle Interessen![66] Weshalb diese Begeisterung der Radikalen für eine Einrichtung, die allerdings nach 1848 in den meisten Ländern Europas Fuss fassen sollte? Man sah in den Geschworenengerichten die Forderung erfüllt, wonach die Justizorganisation nach den Worten Kehrwands die «Ausübung der Volkssouveränität» ermöglichen

---

[61] Art. 27.
[62] Verhandlungen vom 19. Mai 1845.
[63] Art. 62.
[64] Art. 45.
[65] Art. 63.
[66] Verhandlungen vom 27. Mai 1845.

solle, sah eine Justizorganisation, welche den Wünschen des Volkes entspreche. Man habe im Ausland gesehen, dass diese Einrichtung das Volk vor «bedrohlicher Macht» schützte, womit Kehrwand wahrscheinlich auf die kurz zuvor ergangenen Freisprüche von Radikalen und Sozialisten durch französische Geschworenengerichte anspielte. Es würde das Erscheinen vor der Justiz bei den Betroffenen «keinen Schrecken mehr einjagen». Es sei «unmöglich», führte Kehrwand weiter aus, «ohne die Trennung von Rechts- und Tatsachenfragen ein gutes Urteil zu erhalten». Von den von den Geschworenengerichten ausgehenden Urteilen erhoffte man sich aber vor allem den Ausdruck des gesunden Menschenverstandes und gesunden Volksempfindens in der Justiz – ganz im Sinne des (nicht ausgesprochenen) Satzes: «Le peuple n'a jamais tort.» Und man erhoffte sich schliesslich eine einfachere, wohlfeilere und weniger formalisierte Justiz. Abgesehen von der beschlossenen Geschworenengerichten wurde die Justizorganisation nicht stark verändert. Man behielt das früher eingeführte System im wesentlichen bei.

9. Bilanz

Die Verhandlungen des Waadtländer Grossen Rates und deren Ergebnisse sind in mancherlei Hinsicht sehr aufschlussreich. Die Jesuitenberufung der Luzerner Behörden ermöglichte den radikalen Führern die Mobilisierung von breiten Volksmassen unter Ausnützung von deren religiösen und emotionalen Empfindungen. Die Mobilisierung dieser breiten Kreise wurde nicht zuletzt möglich wegen der latenten existentiellen wirtschaftlichen Probleme gerade dieser kirchentreuen Bevölkerungskreise, gleich wie das in Zürich und Luzern im Zeichen einer Religionsgefahr «von links» möglich war. Die Radikalen weckten mit dem – eingehaltenen – Versprechen nach Zuerkennung des Stimmrechtes auch an die Armengenössigen, Konkursiten und Entmündigten die Hoffnung auf wirtschaftliche Besserstellung und auf freieren Zugang zu den staatlichen Einrichtungen. Die Wahlen in den verfassungsgebenden Grossen Rat brachten zwar eine starke radikale Mehrheit, doch waren die Angehörigen dieser Mehrheit wesentlich konservativer als ihre Führer, so dass diese vom Ergebnis enttäuscht und sogar die meisten Liberalen für die Verfassung stimmten. Es waren zwar, wie gezeigt, die *demokratischen* Forderungen des Fortschrittes angenommen, diejenigen des sozialen Fortschrittes aber durchwegs abgelehnt worden. Die Entscheidung der Waadtländer Radikalen gegen das Sozialpaket markiert die künftige

Haltung nicht nur des Waadtländer Freisinns gegenüber einer grundsätzlichen und verfassungsrechtlich anerkannten Sozialpolitik. Die
soziale Sicherung der Menschen sollte während der langen Zeit der
freisinnigen Mehrheitsstellung nicht zum «Knochengerüst» der Verfassung gehören, sondern der karitativen Wohltätigkeit und der pri-
vatrechtlich-genossenschaftlichen Selbsthilfe überantwortet bleiben. Ähnlich verhielt es sich mit der Ablehnung des Erziehungsideals
der radikalen Phase der Französischen Revolution. Die Demokratiekonzeption Condorcets hingegen fand die Zustimmung des Grossen
Rates. Deren Kernstück, nämlich die sachlich nicht begrenzte Volksinitiative, sollte sowohl für die weitere Verbreitung des Initiativrechts
als auch für die Einführung des fakultativen Gesetzesreferendums in
der Schweiz entscheidend werden. Der Kanton Waadt war mit der so
konzipierten Demokratie der erste Schweizer Kanton, der die individualistische, «westliche» Art der direkten Demokratie in wesentlichen
Teilen verwirklicht hat. Von den später allgemeine Geltung erlangen-
den Volksrechten fehlten nur noch das echte Gesetzesreferendum,
das Finanzreferendum und die Volkswahl des Staatsrates (Exekutive).

21. KAPITEL:

DER RADIKALE UMSCHWUNG IN BERN[1]

1. Vorgeschichte

Auch in dem – mit Ausnahme des Nordjura – protestantischen Kanton Bern hatte die Berufung der Jesuiten nach Luzern die Bevölkerung «mobilisiert», um mit einem modernen Ausdruck zu sprechen. Auch hier entwickelte sich eine Antijesuitenbewegung, welche sich die Radikalen für ihre Anliegen zunutze machen konnten. Die Antijesuitenbewegung hatte im Kanton Bern den sogenannten «Volksbund» hervorgebracht, dessen Mitglieder sich als bewaffnete Milizen verstanden. Es gab in diesem damals bevölkerungsreichsten Kanton der Eidgenossenschaft allerdings noch eine ganze Reihe von weiteren Ursachen, die eine Bewegung von Seiten der Radikalen als aussichtsreich erscheinen liessen: So war die Verfassung vom 6. Juli 1831, wie gezeigt, eine der «konservativsten» der Regenerationskantone: Durchwegs indirekte Wahlen, Wahlzensus, hoher Wählbarkeitszensus, Selbstergänzungsrecht des Grossen Rates, grosse Macht der Exekutive und nur teilweise durchgeführte Gewaltentrennung liessen in dieser Verfassung noch deutliche Spuren der Restaurationszeit erkennen. Auch in Bern bestand in Wirklichkeit eher eine Behördensouveränität als eine Volkssouveränität. Die Macht im Staate Bern lag in den Händen einer gebildeten und wohlhabenden oberen bürgerlichen Schicht, wobei als herausragende Politiker der ersten Regenerationsphase die Brüder Karl und Hans Schnell aus Burgdorf zu nennen sind, die dann 1839 vom Bieler Karl Neuhaus abgelöst werden sollten. Diesen Liberalen erging es ähnlich wie ihren Gesinnungsgenossen in der Waadt, in Solothurn und Zürich: Sie erlahmten in ihrem Reformeifer, es bildete sich ein sich weitgehend selbst genügendes Herrschaftssystem, das durch die zahlreichen im Grossen Rat sitzenden Beamten einen noch ausschliesslicheren Charakter erhielt. Die Regierenden verloren eine ausreichende Verbindung mit dem breiten Volk

---

[1] *Quellen:* Protokoll des Verfassungsrates und der Vorberatungskommission des Verfassungsrates der Republik Bern. – *Literatur:* FELLER RICHARD, Berns Verfassungskämpfe, Bern 1948; SPRENG HANS, Ulrich Ochsenbein, I. Teil 1811–1848, Bern 1918; TOMASCHPOLSKY JAKOB, Geschichte der bernischen Staatsverfassung im 19. Jahrhundert, Wien 1922; WEISS THEODOR, Jakob Stämpfli, Bern 1921; WIDMEIER KURT, Die Entwicklung der bernischen Volksrechte 1846–1869, Zürich 1942.

auch deshalb, weil sie im Bereich der «materiellen», also volkswirtschaftlichen und finanziellen Probleme weitgehend untätig blieben: Die Ablösung der Feudallasten ging nicht richtig voran; staatliche Massnahmen gegen die Massenarmut lehnte man ab, und die Gemeinden waren dieser Aufgabe nicht gewachsen. Die Verbesserung der Verkehrswege, die Entsumpfung unfruchtbarer und ungesunder Gebiete wurde nur halbherzig gefördert, ebenso das Handwerk. Einzig zur Erleichterung der Kreditbeschaffung unternahm man etwas: Man gründete 1834 eine Kantonalbank – die erste in der Schweiz. Auch in der Verwaltung wies das liberale «System» Mängel auf, so namentlich der schleppende Gang der Verwaltung wegen des komplizierten, die Geschäftsabwicklung stark verzögernden Kollegiensystems in den Departementen.

Ein wesentlicher Grund für die wachsende Kluft zwischen Volk und Regierung lag gewiss in den leitenden Staatsmännern, deren zum Teil kleinliches Format den Anforderungen der Zeit nicht genügte. Die Radikalen wollten daher, gleich wie in der Waadt, die Verfassungsrevision nicht nur für Verfassungsreformen, sondern ebenso für die Auswechslung der leitenden Personen verwenden. Um diese Umgestaltung ins Werk zu setzen, traten die jungen Berner Radikalen auf den Plan, und der an der neugegründeten Hochschule ausgebildete Fürsprecher Jakob Stämpfli setzte sich an die Spitze einer immer stärker werdenden Bewegung. Doch welche Quellen und welche politischen Motive nährten diese radikale Bewegung?

2. Die Ideen der Radikalen und die «Partei» Jakob Stämpflis

Die zum grossen Teil vom Land herkommenden Studierenden der jungen Berner Hochschule fanden ihre reichste theoretische Quelle und politische Motivation in den Vorlesungen des Nassauer Professors Wilhelm Snell. Dieser, der Bruder von Ludwig, lehrte hier doktrinäres rationales Naturrecht im Sinne von Rousseau und eine revolutionäre politische Theorie nach dem Muster von Thomas Paine. Snell war von seiner Jugend an ein Bewunderer der ersten Phase der Französischen Revolution und der Jakobiner gewesen[2]. Auf dem Boden seiner Lehren entwickelte sich die sogenannte «junge Rechts-

---

[2] MEINECKE FRIEDRICH, Die deutschen Gesellschaften und der Hoffmannsche Bund (1891), S. 63 f.

schule», deren politische Auswirkungen in schärfstem Gegensatz zur historischen Rechtsschule standen, wie sie etwa von Bluntschli an der Universität Zürich gelehrt wurde. Wilhelm Snell entfaltete nicht nur auf dem Katheder, sondern auch in Volksversammlungen und an Schützenfesten ein Wirken, das die radikale Bewegung beflügelte: Er vertrat eine scharfe antiklerikale Richtung und wies auf die Notwendigkeit der Vertreibung der Jesuiten aus Luzern hin, weshalb ihn die Berner Regierung nach dem Scheitern des Zweiten Freischarenzuges mit der unbewiesenen Behauptung, er habe zu diesem Privatkrieg aufgefordert, aus dem Lehramt entliess und aus dem Kanton verwies[3]. Diese Entlassung ihres Lehrers gab den jungen Radikalen den äusseren Anstoss zu schärferer Gangart. Am 2. Juni 1845 kündete Jakob Stämpfli in seinem Blatt, der bereits Anfang 1845 von ihm gegründeten «Berner Zeitung», die Gründung des «Volksvereins» an. Dieser «Volksverein» glich, was seine theoretische Linie betraf, dem früher gegründeten radikalen «Nationalverein». Stämpfli knüpfte jedoch organisatorisch bei der Gründung des Volksvereins an den bestehenden antijesuitischen «Volksbund» an. Trotzdem war der im Sommer 1845 gegründete «Volksverein» etwas grundsätzlich Neues in der Schweiz, nämlich eine Art politische Partei. Zwar wurde mit voller Absicht der Ausdruck «Partei» vermieden. Parteien galten infolge der Lehre Rousseaus als schädliche «sociétés partielles». Sie wurden in jener Zeit als störende Faktoren in der anzustrebenden direkten Beziehung zwischen Bürger und Staat angesehen; sie würden nach der herrschenden individualistischen Auffassung «Staaten im Staat» bilden und damit die Staatseinheit gefährden.

Jakob Stämpfli und seine Anhänger gründeten also nur einen scheinbar losen, nach aussen auf beschränkte Zeit und Ziele angelegten Verein mit einem harmlos klingenden Namen. In Wirklichkeit aber erfolgte an jenem 2. Juni 1845 die Gründung eines Berner «Jakobinerklubs», einer auf Dauer angelegten, mit umfassender Zielsetzung gedachten, streng die Mitglieder auswählenden und disziplinierenden, mit Amtssektionen ausgestatteten, aber konsequent zentralistischen politischen Partei. Diese strebte genau das an, was man befürchtete und vom französischen Jakobinerklub her kannte: die Stellung einer ausschliesslichen, allmächtigen «Staatspartei» und damit einen «Staat im Staate». Wenn Richard Feller schrieb, Stämpfli hätte für diese Parteigründung keine Vorbilder gehabt[4], so trifft dies nur

---

[3] Beschluss vom 9. Mai 1845.
[4] FELLER RICHARD, Berns Verfassungskämpfe (1948), S. 169.

insofern zu, als es keine *schweizerischen* Vorbilder gab. In Frankreich gab es in der radikalen Phase der Revolutionszeit das klare jakobinische Vorbild, und es kannten die Berner Radikalen die politische Geschichte jener Zeit dank ihren radikalen Professoren gewiss so gut, dass sie bewusst oder unbewusst daran anknüpften. Der antiradikale «Berner Volksfreund» hatte dies erkannt, indem er schrieb, das von Stämpfli ins Leben gerufene Vereinsnetz sei ein «Staat im Staate; so hätten es einst die Jakobiner gemacht»[5].

Der radikale «Volksverein» begann nun im Gleichschritt mit der ebenfalls radikalen «Berner Zeitung» sogleich, die Mängel der bestehenden Verfassung aufzuzeigen und deren Revision zu verlangen. Die Regierung unter dem noch bestimmenden Einfluss von Charles Neuhaus versuchte, die Bewegung aufzufangen, und kündigte eine *Teil*revision der Verfassung an. Die «junge Rechtsschule», die nun durch ihre Öffentlichkeitsarbeit bereits über erheblichen Anhang im Volk verfügte, lehnte jedoch eine Teilrevision ab, und zwar nach aussen in erster Linie mit der Begründung, nur mit Hilfe einer Totalrevision könnten die Zehnten beseitigt werden. Ebenso wichtig waren jedoch zwei weitere, nicht ausgesprochene Gründe: Die jungen Radikalen wollten das bestehende Regime beseitigen und an die Macht gelangen, und dies war nur über eine Totalrevision der Verfassung möglich. Ausserdem wollten sie eine umfassende Reform des Staates im Sinne der nun halbwegs gefestigten radikalen Programmatik durchführen, und auch dies wäre ihnen mit einer blossen Teilrevision versagt gewesen.

3. Scheitern der Liberalen

Eine von den herrschenden liberalen Kräften anberaumte ausserordentliche Sitzung des Grossen Rates sprach zwar noch im September 1845 der Regierung das Vertrauen aus. Doch die dadurch erzielte Ruhe hielt nicht lange an. Bei der verfassungsmässig vorgeschriebenen Drittelserneuerung des Grossen Rates im Oktober 1845 erzielten die Radikalen mit Versprechen «materieller» Reformabsichten wie der Zehntablösung erhebliche Erfolge. Dies, obwohl sie durch das indirekte Wahlverfahren und dadurch, dass die Armen wegen des Zensus nicht wahlberechtigt waren, behindert waren. Durch diesen Wahlausgang war das Vertrauensvotum des Grossen Rates vom vori-

---

[5] FELLER RICHARD, Berns Verfassungskämpfe (1948), S. 175.

gen Monat erheblich relativiert worden, und es gingen die Radikalen
erneut daran, eine Verfassungsrevision zu fordern. Um die radikale
Bewegung etwas abzufangen, begann der Grosse Rat Ende November
mit der Beratung des Gesetzes über die Bodenlasten. Es kam eine die
Radikalen wenig befriedigende Lösung zustande, nämlich der obligatorische Loskauf der Zehnten unter allerdings tieferen Ansätzen, als
sie bisher gegolten hatten[6]. Die Radikalen waren indes der Meinung,
der Loskauf begünstige die Reichen. Sie bevorzugten die unentgeltliche Befreiung der Pflichtigen, gleich wie dies einst die französische
Nationalversammlung und die Helvetischen Räte für den Kanton
Waadt getan hatten. Schon vor der Sitzung des Grossen Rates über die
Verfassungsrevision vom 12. Januar 1846 war in mehreren Volksversammlungen die Einsetzung eines Verfassungsrates verlangt worden.
Die Regierung und mit ihr die liberale und konservative Mehrheit des
Grossen Rates lehnte die Einsetzung eines solchen ab und konnte dies
mit der Verfassung von 1831 begründen: Deren Paragraph 96 Absatz 2[7] sah für die Verfassungsänderung ausschliesslich den Grossen
Rat vor; ausserdem war eine zweimalige Lesung mit einer Zwischen-
frist von mindestens einem Jahr vorgeschrieben, insgesamt ein Verfahren, das den Radikalen zuwenig Aussicht für das rasche Erreichen
ihrer Ziele bot; und gerade auf einen raschen Gang der Änderung
waren sie wegen der bewegten Volksstimmung angewiesen. Eine Einigung über das nun zu wählende Vorgehen kam im Grossen Rat mit
Hilfe eines Kompromisses zustande: Man beschloss, sogleich eine aus
21 Radikalen und 20 Liberal-Konservativen zusammengesetzte Verfassungskommission aus dem Schosse des Grossen Rates zu wählen
und diesen Beschluss dem Volk zur Genehmigung vorzulegen. Dieses
Vorgehen, das ebenfalls eine Verletzung der bestehenden Verfassung
bedeutete, wurde vom Volksverein und von Stämpfli «Berner Zeitung» bekämpft, aber nicht aus diesem juristischen Grunde, sondern
wegen der Nichteinsetzung eines vom Volk gewählten Verfassungsrates. Die Volksabstimmung über den grossrätlichen Kompromiss ergab 26 320 Nein- gegen 11 533 Ja-Stimmen. Damit hatte sich das Volk
indirekt klar für einen Verfassungsrat ausgesprochen, ein Wille, der
durch zahlreiche, vom Volksverein initiierte Petitionen zugunsten
dieser Einrichtung noch bekräftigt worden war.

---

[6] Gesetz vom 20. Dezember 1845.
[7] BORNHAUSER THOMAS, Verfassungen der Kantone der Schweizerischen Eidgenossenschaft (1833), S. 65 f.

4. Wahl des radikalen Verfassungsrates

Ein Dekret des Grossen Rates, datiert vom 14. Februar 1846 – exakt ein Jahr nach der Verkündung des Ersten souveränen Aktes der Waadtländer Revolution – sieht die Einsetzung eines Verfassungsrates vor. Das Dekret begründet dieses von der Verfassung nicht gedeckte revolutionäre Vorgehen naturrechtlich mit der Volkssouveränität: «... in Betracht, dass demnach mit grosser Stimmenmehrheit das Bernervolk sich dahin ausgesprochen hat, es wolle die Verfassungsrevision nicht auf dem im § 96 der Staatsverfassung vorgeschriebenen Wege durch den Grossen Rat vorgenommen wissen». Der Verfassungsrat soll nach diesem Dekret 139 Sitze zählen. Das Wahlverfahren soll, ebenfalls anders als in der geltenden Verfassung, direkt sein, und der Zensus wird abgeschafft. Gleichzeitig wird im Dekret das Wahl- und Wählbarkeitsalter herabgesetzt, womit das Wahlverfahren für den Verfassungsrat die künftige Revision vorwegnimmt, gleich wie ein Jahr zuvor im Waadtland. Die am 2. März 1846 stattfindenden Wahlen ergaben eine massive radikale Mehrheit. Bei der damals nur in Ansätzen vollzogenen Parteibildung war es bei vielen Verfassungsräten schwierig, diese einzuordnen. Von 139 Sitzen des Verfassungsrates gelangten mindestens deren 100 in radikale Hände.

5. Schwieriges Reformwerk

Die Verhandlungen des «Verfassungsrates der Republik Bern» von 1846 haben einen ganz anderen Charakter als jene ein Jahr zuvor im Waadtland. War es im Kanton Waadt nur eine verhältnismässig kleine Zahl hochgebildeter Persönlichkeiten gewesen, die das ganze Verfassungswerk in verhältnismässig wenigen Sitzungen formte, so wickelte sich die Neukonstituierung Berns weit mühsamer ab. Die Last der Geschichte Berns mit den noch nicht voll gelösten Problemen einer entmachteten Aristokratie, die grosse Bevölkerungszahl, das grosse, geographisch sehr uneinheitliche Staatsgebiet, die schweren wirtschaftlichen und sozialen Probleme sowie die für die Jahre 1847 und 1848 anstehende eidgenössische Vorortsverantwortung Berns lasteten offensichtlich schwer auf dem Rate. Obwohl diesem ein von einer Kommission beratener, sorgfältig ausformulierter Entwurf vorlag, umfasst das Protokoll der Verhandlungen der Konstituante mehr als anderthalbtausend grossformatige, zweispaltige Druckseiten. Und die Voten der Verfassungsräte sind schwerblütig, lang und viel stärker von den täglichen wirtschaftlichen Existenzproblemen des

Landwirtes geprägt als jene der Waadtländer Deputierten, in denen
ein lateinischer, elegant-akademischer Stil und ein Hang zu prinzi-
pieller und theoretischer Anschauung des Staates vorherrschten.
Auch die Verhandlungen des Berner Verfassungsrates fanden indessen im Rahmen einer hochentwickelten parlamentarischen Kultur
auf dem Boden des nun Gemeingut werdenden französischen Parla-
mentsrechts statt. Es wurde für die Redaktion eines ersten Verfassungsentwurfes eine nichtöffentliche kleine Redaktionskommission
eingesetzt. Deren Entwurf wurde dann einer öffentlich tagenden Vorberatungskommission zugeleitet, welche ihn zuhanden des Gesamt-
verfassungsrates verabschiedete. Es wurde ferner eine Kommission
für die Prüfung der eingegangenen und eingehenden Petitionen eingesetzt. Der Verfassungsrat erliess ein sehr zweckmässiges Reglement
für seine Tätigkeit. Es wurde darin das System der vorgängigen Even-
tualabstimmung über Abänderungen, vor allem solche untergeordneter Art, festgeschrieben[8]. Dieser neue, entscheidungstheoretisch
richtige Abstimmungsmodus wurde durchgehalten, obwohl mehrfach Anträge auf vorgängige «Grundsatzabstimmungen» gestellt wurden. Um die Ratsmitglieder vor Ermüdung zu schützen, sah der Re-
glementsentwurf das aus dem französischen Parlamentsrecht ent-
lehnte Verbot auf «Ablesen geschriebener Reden» vor[9]. Diese Bestimmung trat in Kraft, obwohl dagegen eingewendet worden war, es sei
«nicht Jedem gegeben, das schöne Talent, mündlich und zugleich
gründlich seine Meinung vorzutragen und zu entwickeln»[10]. Sogar die
Anrede wurde im Reglement mit «Herr Präsident, meine Herren»
festgeschrieben, nachdem geltend gemacht wurde, die seit 1831 gebräuchliche Anrede «Hochgeachtete Herren» erinnere zu stark an
«Hochwohlgeboren» oder «Wohlgeboren», während man über die in
der Helvetik eingeführte Anrede «Bürger Präsident, Bürger» heute
vielleicht lachen würde.

Der Berner Verfassungsrat hatte das wohl schwierigste Re-
formwerk von allen Kantonen der Regenerationszeit durchzuführen:
Er musste die Demokratie ausbauen und die wirtschaftlich-sozialen
Probleme angehen, gleichzeitig aber die zwischen 1831 und 1846 nur
in Ansätzen verwirklichte Staatseinheit zu vollenden suchen. Das war
aus vielerlei Gründen eine schwierige Aufgabe: Der französischsprachige Jura war noch immer ein Fremdkörper im Staate; selbst innerhalb dieses Kantonsteils bestand keine Einheit, indem der Nordjura

[8] § 26.
[9] § 23.
[10] Verhandlungen vom 19. März 1846.

katholisch, der Süden aber protestantisch war. Im Jura galt der französische Code civil und in einem Teil desselben das französische Straf- und Strafprozessrecht. Die für das deutschsprachige Bern 1827 erlassene Zivilrechtskodifikation hatte zwar viel zur Staatseinheit beigetragen, doch waren noch für einige Gebiete die alten Statutarrechte vorbehalten worden. Auf Gemeindeebene bestanden immer noch die alten Burgerkorporationen mit grossen Einnahmen aus Grundbesitz, während die neuen, allen Einwohnern zugänglichen helvetischen Munizipalgemeinden in Finanznöten steckten. Das Seeland verlangte dringend die sofortige Beseitigung der Feudalabgaben; diese Abgaben bestanden hingegen seit der Französischen Revolution im Jura nicht mehr; an ihre Stelle war dort die physiokratische Grundsteuer getreten. Anderseits hegte das von Feudallasten nur wenig belastete Oberland die Befürchtung, deren Abschaffung bringe ihm über andere Abgaben finanzielle Zusatzbelastungen. Im Emmental waren die Armenprobleme drückend und verlangten dringend nach Regelung durch den Staat; im Jura hingegen dachte man hiezu individualistischer und wollte dieses Problem der freiwilligen individuellen Regelung überantwortet wissen – um nur einige der vielen Gegensätze zu nennen. Und über alle Gegensätze hinweg wollten die Radikalen eine egalitäre individualistische Demokratie gründen und wollten gleichzeitig darauf achten, die direkte Demokratie nicht allzu stark voranzutreiben, um ihr «Fortschrittsprogramm» nicht zu gefährden.

6. Die Quellen der neuen Verfassung

Die radikalen Bewegungsmänner wussten um die grosse Bedeutung eines durchformulierten ersten Verfassungsentwurfes für die Beratungen der Vorberatungskommission und des Rates. Sie arbeiteten daher in einer kleinen, aus nur sieben Radikalen bestehenden Redaktionskommission unter dem Vorsitz von Ulrich Ochsenbein einen solchen aus. Der Entwurf der Redaktionskommission ist ein inhaltlich geschlossenes, logisch klar durchdachtes, sprachlich äusserst präzises Werk. Er enthält viele Elemente des von Ludwig Snell 1831 veröffentlichten Verfassungsentwurfes und gleicht stark der französischen Montagnard-Verfassung von 1793: Unteilbarkeit des Staatsgebietes, zentralistische Organisation, direkte Wahlen, überragende Stellung des Grossen Rates und Abhängigkeit des Regierungsrates von diesem; Art und Organisation der Gerichtsbehörden sowie Art und Weise der Verfassungsänderung lassen die Vermutung zu, dass aus dieser Quelle geschöpft worden ist. Als Hauptunterschied des Entwurfes zur Montagnard-Verfassung fällt auf, dass das Geset-zesreferendum fehlt. Hier dürfte die Redaktionskommission eben-falls von Ludwig Snell beeinflusst worden sein, der ja vor dem Geset-zesreferendum gewarnt hatte, weil das Volk zuwenig «fortschrittlich» sei. Die Erfahrungen in andern Kantonen mit dem Veto dürften die Redaktoren im gleichen Sinne beeinflusst haben.

Rezeptionsgeschichtlich sehr interessant sind die Diskussio-nen in der Vorberatungskommission und im Verfassungsrat über die Vorbilder, die dem Entwurf der Redaktionskommission zugrunde lagen, und über die Herkunft der darin enthaltenen Institutionen. Die Konservativen hatten den streng aufklärerisch-rationalen, lo-gisch-wissenschaftlichen Charakter des Verfassungsentwurfes er-kannt; er habe den «bisherigen historischen Boden ganz verlassen»; es sei ein «ganz neues Werk», das sich auf «ganz andere Grundlagen» stütze, vorgelegt worden, wurde nicht zu Unrecht von konservativer Seite gesagt[11]. Diese Kreise vermuteten daher zu Recht, es könnten die gedanklichen Grundlagen dieses Verfassungsentwurfes nicht nur in der aus lauter Bernern bestehenden Redaktionskommission ge-sucht werden. Die konservative «Berner Volkszeitung» hatte deshalb in ihrer Ausgabe vom 12. April aufgrund nicht nachprüfbarer Anga-ben behauptet, dieser Entwurf sei im Büro von Jakob Stämpfli unter Beihilfe dreier Freunde, nämlich des Professors Ludwig Snell, des Lehrers Peter Feddersen[12], des Privatdozenten Emil Vogt[13] und des

---

[11] Verhandlungen des Verfassungsrates vom 18. Mai 1846.

[12] FEDDERSEN PETER, 1812–1874. Geboren in Altona bei Hamburg als Sohn eines Kaufmanns. Rechtsstudium in Kiel und Heidelberg, 1830/1831, danach Tätigkeit als Literat, Journalist und Politiker. Revolutionäre Aktivitäten im Gefolge der Julirevolu-tion von 1830. Wegen der Aufdeckung seiner Verwicklung in das Frankfurter Attentat vom 2. April 1833 Flucht nach London, dann nach Frankreich. Ab 1837 in der Schweiz. Redaktor der «Berner Zeitung». 1848 Rückkehr nach Deutschland zur Unterstützung der revolutionären Presse. Nach Scheitern der Revolution Rückkehr nach Bern, aber 1850 von der Berner Regierung ausgewiesen. Übersiedlung und Einbürgerung im Kan-ton Baselland. Ab 1852 in Basel-Stadt als Redaktor des «Volksfreunds» und später der «National-Zeitung». Mitglied des Baselstädtischen Grossen Rats 1859–1872. Haupt-werk: «Geschichte der schweizerischen Regeneration von 1830 bis 1848» 1867.

[13] VOGT EMIL, 1820–1883. Geboren in Erlach bei Bern als Sohn eines aus Deutschland an die Berner Akademie berufenen Medizinprofessors. Rechtsstudium an der Universität Bern. 1840 Dr. iur. Tätigkeit als Fürsprecher in Bern. Privatdozent für römisches Recht an der Universität Bern ab 1842. Ordentlicher Professor ab 1869. Werke: «Kritik des Entwurfs eines bürgerlichen Gesetzbuchs für den Kanton Bern» 1871, «Entwurf eines schweizerischen Obligationenrechts» 1877–1880. Zusammen mit Niklaus Niggeler Herausgabe der «Sammlung der Civil- und Civilprozessgesetze des Kantons Bern».

Redaktors Josef Herzog[14], entstanden[15]. Der Präsident der Redaktionskommission, Ulrich Ochsenbein, erwiderte auf diesen «Vorwurf» in der Vorberatungskommission, diese Behauptung sei «unwahr». Der Entwurf sei in seiner Wohnung, und zwar nur im Beisein von Fürsprecher Stämpfli ausgearbeitet worden. Die «Quelle», aus welcher die Redaktion schöpfte, sei in den «allgemeinen staatsrechtlichen Prinzipien», im «Ideal eines Vernunftstaates und Rechtsstaates» zu suchen. Ausserdem hätte die Kommission, so Ochsenbein weiter, das «positive Staatsrecht» verschiedener Staaten und Völker zu Rate gezogen, so namentlich die Verfassungen von «England, Nordamerika, Frankreich, ferner die Verfassungen der konstitutionellen Staaten Deutschlands, ebenso diejenige Schwedens und Norwegens, und endlich die Verfassungen anderer schweizerischer Kantone; vor Allem aber hatten wir die bernische Staats- und Rechtsgeschichte im Auge, auch die topographischen und geographischen Verhältnisse des Landes wurden nicht unberücksichtigt gelassen, und ebenso die Kulturstufe des bernischen Volkes, seine Gewohnheiten und Sitten, seine Wünsche, Begehren und Bedürfnisse beachtet ...»[16].

Diese Ausführungen Ochsenbeins erscheinen eher als «Vernebelung» denn als Präzisierung der wahren Quellen des Verfassungsentwurfes. Insbesondere die Aussage, die Kommission habe «vor Allem» die «bernische Staats- und Rechtsgeschichte im Auge» gehabt, nahm man der aus lauter Radikalen zusammengesetzten Kommission nicht ab. Es wurde daher später im Gesamtverfassungsrat von konservativer Seite erneut auf ausländische Quellen hingewiesen, auf denen der Entwurf beruhen müsse[17]. Ochsenbein nahm daher zum

---

[14] HERZOG JOSEF KARL, 1798–1857. Geboren in Beromünster, Kanton Luzern. Stammte aus ärmlichen Verhältnissen. Geschichts- und Rechtsstudium in Jena. 1828 Dr. phil., danach Professor für Geschichte und Literatur in Jena. Ab 1835 Professor für Staatswissenschaft und Statistik an der Universität Bern. Gründer und Leiter der Zeitung «Berner Verfassungsfreund». Wiederholte Konflikte mit den Behörden wegen seiner publizistischen Tätigkeit. 1843 wegen Verwicklung in einen Strafprozess von seiner Professorenstelle abberufen. Darauf Teilnahme an den beiden Freischarenzügen, dabei 1845 von Luzern gefangen, jedoch von Bern losgekauft. 1846 Mitglied des Berner Verfassungsrats. 1846–1848 Vorsteher des Statistischen Bureaus in Bern. Berner Grossrat 1848/49, darauf wiederum Professor an der Berner Universität. 1851 endgültige Abberufung wegen Konkurses. Hauptwerke: «Geschichte des thüringischen Volkes» 1827, «Staatshandbuch der Schweizerischen Eidgenossenschaft» 1837, «Geschichte des Berner Volkes» 1844.

[15] FELLER RICHARD, Berns Verfassungskämpfe (1948), S. 244.

[16] Verhandlungen der Vorberatungskommission vom 16. April 1846.

[17] Verhandlungen vom 18. Mai 1846.

zweiten Mal Stellung zum «Vorwurf», der Entwurf sei aus Verfassungen von Nordamerika, England, Frankreich und denjenigen mehrerer Schweizer Kantone «zusammengetragen» worden und habe den geschichtlichen Boden verlassen: «Auf einen Augenblick zugegeben, das sei wahr, so frage ich: sind die Menschen in Nordamerika, in England und in Frankreich etwas anderes, als in Bern?» «Wenn also», fährt er weiter, «die im Entwurfe niedergelegten Institutionen anderswo gute Früchte tragen, wenn sie von anderen freien Nationen geachtet, geehrt und liebgewonnen sind, sollen wir sie deshalb verachten?» Ochsenbein nahm aber dann diese Konzession an die Wahrheit sogleich wieder zurück, wenn auch nicht ganz, indem er ausführte, die Behauptung der «Entlehnung» der Verfassungsideen im Ausland sei «grösstentheils» unrichtig[18].

Ochsenbein hatte also hinsichtlich der Quellen der neuen Berner Verfassung nicht die volle Wahrheit gesagt und dies ein kleines Stück weit auch zugegeben. Anderseits hat er die wahre Herkunft der darin enthaltenen Ideen unerschütterlich «vernebelt», so etwa, wenn er Frankreich stets am Schluss der ausländischen Staaten nannte – und auch die anderen schweizerischen Kantone erst nach Schweden und Norwegen anführte!

Man kann aber vor dem geschichtlichen Hintergrund feststellen, dass Ochsenbein beinahe gezwungen war, nicht offen zu sagen, dass die Kommission habe unmittelbar oder mittelbar aus Quellen der Französischen Revolution geschöpft hatte: Der Verfassungsentwurf wäre sonst vom Rat nicht als Grundlage seiner Beratungen akzeptiert worden. Denn es galt in Bern für staatsrechtliches Gedankengut aus der Französischen Revolution das gleiche wie ein Jahr zuvor im Waadtland: «motif déjà suffisant pour la rejeter». Ähnliches galt für das aus der gleichen Quelle geschöpfte Gedankengut des ausländischen Professors Ludwig Snell. Ob nun Ochsenbein und Stämpfli Ludwig Snell wirklich leibhaftig in ihrem «Bureau» hatten oder nicht, ist nicht mehr zu eruieren. Es spielt auch keine grosse Rolle, hat doch Snell seine Ideen hinlänglich schriftlich bekannt gemacht.

[18] Verhandlungen vom 2. Juni 1846.

7. Ausgestaltung der Demokratie

a) Erste Diskussion und Vorschläge

Die neue Verfassung[19] setzte bei der Demokratie an, und zwar beim *Wahlrecht:* Zunächst wurden durchwegs direkte Wahlen eingeführt und das Selbstergänzungsrecht des Grossen Rates abgeschafft, die Verteilung der Grossratssitze also streng nach dem Kopfzahlprinzip vorgenommen. Das Wahlrechtsalter wurde nach langen Diskussionen auf 20 Jahre, dasjenige der Wählbarkeit auf 25 Jahre herabgesetzt; die Zensusbestimmungen wurden beseitigt. Die Mitglieder des Grossen Rates sollten für die Sitzungen und Reisespesen entschädigt werden. Neu wurde die Gesamterneuerungswahl eingeführt und die Amtsdauer der Grossräte auf vier Jahre herabgesetzt. Erstmals in einer schweizerischen Verfassung wurde die *geheime* Wahl der Grossräte verankert[20], gleich wie dies erstmals in Europa der girondistische Verfassungsentwurf vorgesehen hatte.

Erwartungsgemäss wurde lange und äusserst engagiert über die direkte Mitwirkung des Volkes an der Gesetzgebung und anderen wichtigen Beschlüssen des Grossen Rates diskutiert. Es war in Petitionen und von Ratsmitgliedern mehrfach die Einführung des «Vetos» verlangt worden – in Wirklichkeit war es ein zweistufiges fakultatives Referendum. Zugunsten dieses Volksrechts wurden etwa dieselben Gründe angeführt wie in den vergangenen anderthalb Jahrzehnten in anderen Kantonen. Besonders hervorgehoben wurde die beruhigende Wirkung des Referendums, das Revolutionen verhüten könne: Es hätte «die schnelle treibhausartige Gesetzgebung des Kantons Zürich ... einen Hemmschuh gefunden» und es wäre nicht zum «Züriputsch» gekommen, wurde geltend gemacht[21]. Die Radikalen indessen waren gegen die Schaffung dieses Volksrechts. Jakob Stämpfli begründete dies im wesentlichen damit, die «Intelligenz für Gesetze» finde sich in der Masse des Volkes nicht vor. Es hätten «Intriganten» Einfluss auf den Entscheid des Volkes. Das Volk sei, so fuhr Stämpfli fort, «im Allgemeinen der idealen Richtung der Gesetze nicht Freund». Dies betreffe die höheren Lehranstalten, die Volksschule und überhaupt das Erziehungswesen. Das Veto wirke hindernd auf das Bildungswesen, obwohl «das Volk den ersten und meisten Vortheil daraus sich

---

[19] *Quellenbuch* S. 414 ff.
[20] § 9.
[21] Verhandlungen vom 21. April 1846.

erwirbt»[22]. Stämpfli führte weiter aus, nach der Verwerfung eines Gesetzes durch das Volk wüsste der Grosse Rat nicht, weshalb dies geschehen sei und worin die Mittel zu einer «glücklichen Revision» des Gesetzes lägen. Das Veto gegen ein Gesetz gleiche einem «Misstrauensvotum». Wenn das Volk die Entwürfe des Grossen Rates verwerfe, so sei dieser «diskreditiert», was die «Erschütterung des ganzen Staatszustandes» zur Folge haben werde. Stämpfli folgerte daraus, er würde die *Abberufung* der Grossräte durch das Volk dem Referendum vorziehen. Dennoch wollte Stämpfli das Volk in die Entscheidung einbeziehen, aber auf eine besondere Art: «Es kann Fälle geben, wo Anfragen an das Volk zu stellen sind.» Es sei notwendig, «dass das Volk im Rücken des Grossen Rathes steht», etwa im Falle eines Krieges oder bei wichtigen Finanz- und Prozessformen. Es empfehle «die Verschiedenheit der Landestheile ... diese Massregel». Stämpfli schlug daher vor, in den Paragraphen 6 die Formulierung aufzunehmen, die Stimmberechtigten könnten über diejenigen Gegenstände entscheiden, «welche ihnen durch Gesetze oder Beschlüsse des Grossen Rates zur Entscheidung übertragen werden»[23].

Das war nun etwas ganz anderes als das mehrfach verlangte Referendum, welches durch Beibringen einer bestimmten Anzahl Unterschriften zu einer Volksabstimmung geführt hätte. Das war ein napoleonisch-cäsaristisches «Plebiszit», wie es zum ersten Mal bei der Abstimmung über die französiche Konsularverfassung am 7. Februar 1799 angewendet worden war. Es offenbart dieser Antrag Stämpflis, der – modifiziert – Verfassungsrecht geworden ist, das Selbstverständnis der damaligen Radikalen: sie wollten ihren Führungsanspruch, ihren «jakobinischen» Dirigismus zugunsten des Fortschrittes trotz ihrer demokratischen Grundhaltung nicht preisgeben, gleich wie dies die Waadtländer Radikalen ein Jahr zuvor ebenfalls nicht hatten tun wollen. Die Berner Radikalen wollten nur im aussichtsreichen Einzelfall an das Volk gelangen können, das ihnen in schwierigen Situationen Rückhalt und Stärkung hätte geben sollen. Konsequenterweise hätte Stämpfli bei negativem Ausgang einer solchen Abstimmung den Gesamtrücktritt des Grossen Rates vorschlagen müssen. – Der Grosse Rat hat übrigens von diesem plebiszitären Referendum bis zu dessen Ersetzung durch ein echtes Referendum 1869 nie Gebrauch gemacht.

[22] Verhandlungen der Vorberatungskommission vom 21. April 1846.
[23] Verhandlungen der Vorberatungskommission vom 21. April 1846.

b) Echtes Referendum oder Abberufungsrecht?

Von konservativer Seite wurde im Verfassungsrat auch dieses unechte Referendum – in den Verhandlungen immer «Veto» genannt – abgelehnt. Verfassungsrat Ludwig Fischer[24] beantragte, es solle statt des Volksvetos ein *Behörden*veto eingeführt werden. Er schlug daher als Ergänzung zum Grossen Rat die Schaffung einer zweiten Landesvertretung, die Einführung eines «grossen Landrates» vor. Dieser würde aus gemeindeweise gewählten Vertretern des Volkes bestehen und sollte jedes Jahr zusammentreten, um über die wichtigsten Beschlüsse des Grossen Rates abzustimmen. Es wäre dieser grosse Landrat nach Fischer «das leibhaftige, lebendige Veto, aber in geregelter, organisierter Gestalt». Er wäre «eine Art repräsentativer Landsgemeinde». Fischer begründete seinen Vorschlag auch mit einem Blick auf das Ausland: Es sei nötig, «nach dem Vorgange anderer konstitutioneller Staaten und namentlich Nordamerikas, wo man sehr viel auf republikanischen Freisinn hält, ... eine Art Zweikammersystem einzuführen»[25]. Ein anderer Konservativer, Eduard Blösch[26], unterstützte den Vorschlag von Fischer mit dem Bemerken, das vorgeschlagene plebiszitäre Referendum sei «gefährlich», wogegen der Vorschlag Fi-

---

[24] Fischer Ludwig von, 1805–1884. Geboren in Bremgarten, Kanton Bern. Stammte aus einer Nebenlinie der Berner Patrizierfamilie von Fischer. Rechtsstudium an der Genfer Akademie. Gutsbesitzer in Reichenbach, daneben Tätigkeit als Fürsprecher. Einer der volksverbundenen Berner Patrizier, Führer der Berner Protestantisch-Konservativen zusammen mit Eduard Blösch. Mitglied des Berner Grossen Rats zwischen 1837 und 1862, Verfassungsrat 1846, Regierungsrat 1850–1855 als Vorsteher des Departementes des Innern. Rücktritt wegen Unlösbarkeit der Probleme im Armenwesen. Nationalrat 1848–1851.

[25] Verhandlungen vom 10. Juni 1846.

[26] Blösch Eduard Eugen, 1807–1866. Geboren in Biel als Sohn eines Arztes. Rechtsstudium an der Berner Akademie und in Heidelberg. Dr. iur. Tätigkeit als Fürsprecher in Burgdorf ab 1830. Ablehnung eines Rufes der Universität Bern 1843. Mitarbeit am «Berner Volksfreund», ab 1845 an der «Berner Volkszeitung». Führer der protestantisch-konservativen Bewegung in Bern zusammen mit von Fischer. 1838–1866 Grossrat mit wenigen Unterbrüchen. 1841–1843 Landammann und Tagsatzungsabgeordneter, 1846 Verfassungsrat. 1848 Eintreten für Annahme des Bundesverfassungs-Entwurfs im Gegensatz zu Stämpfli. Nach dem Sturz der Radikalen 1850 an der Spitze der neuen Regierung. 1850–1856 Regierungsrat als Vorsteher des Kirchenwesens. 1850/1851 Ständerat. 1851–1866 Nationalrat. 1854–1856 Bundesrichter. 1855 Präsident von Nationalrat und Bundesgericht. 1847–1866 Oberauditor der eidgenössischen Truppen. In seinen politischen Ämtern kümmerte sich Blösch stark um die Förderung der Industrie und der Eisenbahn, vor allem der Centralbahn. Werke: «Betrachtungen über das Gemeindewesen im Kanton Bern und dessen Reform» 1848, «Denkschrift über die Staatsverfassung des Kantons Bern und ihre Revision» 1854.

scher ein historisches Vorbild in den Gemeindeanfragen des 16. Jahrhunderts habe. «In den Ersten Jahrhunderten war bekanntlich Bern weit demokratischer, als in den letzten Jahrhunderten ...» Blösch erkannte klar den dirigistischen Charakter des von Stämpfli vorgeschlagenen plebiszitären Referendums, «Veto» genannt, indem er ausführte, «das Schlimmste von allem Schlimmen scheint mir ein solches Veto zu sein, dessen Anwendung je im einzelnen Falle vom Willen der Regierung abhängt, und das ist, was man hier vorschlägt nichts Anderes»[27]. Stämpfli lehnte den Vorschlag Fischers auf Schaffung einer zweiten Kammer ab; er befürchtete wegen deren Zusammensetzung aus Gemeindevertretern die Einrichtung eines «Föderativsystems». Der Konservative Blösch sprach sich im Falle der – tatsächlich erfolgten – Ablehnung des Zweikammersystems für ein echtes Referendum aus, jedoch beschränkt auf Finanzgesetze, «organische» Gesetze und die Fragen von Krieg und Frieden.

Das im Entwurf vorgeschlagene Recht der Wahlkreise zur Abberufung einzelner Grossräte wurde in der Folge vom Verfassungsrat abgelehnt, im wesentlichen mit der Begründung, es stehe mit der vorgesehenen Bestimmung in Widerspruch, wonach die Mitglieder des Grossen Rates keine Instruktionen annehmen dürften und nur Stellvertreter der Gesamtheit des Volkes und nicht der Wahlkreise seien. Dass indessen die Radikalen die Grossräte nicht als Stellvertreter, sondern als Beauftragte ansahen, geht aus mehreren Voten und daraus hervor, dass man in der Folge statt der Einzelabberufung die Gesamtabberufung des Grossen Rates beschloss. Doch wie kam es dazu?

Das in Petitionen, in der Presse und auch im Verfassungsrat mehrfach vorgeschlagene echte fakultative Referendum war also mehrfach deutlich abgelehnt worden. Es hatte sich immer eine unheilige Allianz zwischen fortschrittsfreundlichen Radikalen, am Repräsentativprinzip orientierten Liberalen von 1831 und Konservativen im Verein mit Aristokraten gebildet. Nachdem neben dem Referendum auch die Einzelabberufung durch die Wahlkreise abgelehnt worden war, begannen offenbar die radikalen Führer – vorab Stämpfli – um ihre Volkstümlichkeit zu fürchten; sie befürchteten auch, unglaubwürdig zu werden, nachdem sie die zur Einsetzung des Verfassungsrates führende Bewegung mit demokratischen und wirtschaftlich-sozialen Forderungen erzeugt hatten. Jakob Stämpfli jedenfalls lief in der Sitzung vom 10. Juni 1846 plötzlich zu den Befürwortern des

[27] Verhandlungen vom 10. Juni 1846.

498

Referendums («Veto») über. Er begründete dies unter anderem damit, man wolle der liberalen – gemeint ist radikalen – und vorwärts schreitenden Bewegung und namentlich ihrer weiteren Ausübung Inkonsequenz vorwerfen, «man will dem Volke sagen, siehe die Liberalen und Volksmänner, jetzt, da sie Hoffnung haben, an's Brett zu gelangen, da wollen sie nichts mehr wissen von Volksrechten, da ist ihnen das Volk nicht mehr mündig und verständig genug. Dies, meine Herren, ist ein eingreifendes Argument, schlagen Sie es nieder, indem Sie jene Aristokraten und Konservativen Lügen strafen.»[28] Stämpfli schlug für den Fall, dass das von ihm nunmehr befürwortete fakultative Referendum vom Rat abgelehnt würde, die Einführung des Rechts des Volkes vor, die *Gesamt*abberufung des Grossen Rates verlangen zu können. Er begründete letzteres nur mit dem einzigen Satz: «Dies ist auch ein Mittel, um gewaltsame Regierungsveränderungen oder Putsche zu vermeiden.»

Gegen dieses Gesamtabberufungsrecht wurden in der Folge viele Gründe geltend gemacht. Es sei dieses Recht ein «maskiertes Veto», ja in der Wirkung «vielleicht noch verderblicher», denn es würde eine bedeutende Agitation, ja eine «beständige Revolution», eine «organisierte Anarchie» hervorbringen. Eine ausserordentliche Generalerneuerung sei etwas, «das einem Putsche gleicht, wie ein Ei dem andern ...» Ausserdem sei das Abberufungsrecht bei so kurzer Amtsdauer und der Gesamterneuerung des Grossen Rates gar nicht nötig. Und schliesslich wurde befürchtet, dass das Abberufungsrecht dazu «benützt würde, namentlich von Aristokraten und Pfaffen, um eine freisinnige Regierung durch eine unfreisinnige zu ersetzen»[29]. In der Abstimmung wurde zunächst das Referendum mit 84 gegen 39, dann das Gesamtabberufungsrecht mit grossem Mehr gegen 43 Stimmen abgelehnt. Am folgenden Tag jedoch stellte sich eine Überraschung ein: Ein erneuter Antrag Stämpflis, das Abberufungsrecht dem Volk doch zuzuerkennen, sofern 8000 Stimmberechtigte dies verlangten, fand eine Mehrheit von 56 gegen 45 Stimmen. Was hatte zu diesem Meinungswechsel geführt? Es waren wohl zwei Gründe. Einmal hatte man nach der Ablehnung des Vetos und des Abberufungsrechts das Gefühl, eine zuwenig demokratische Verfassung geschaffen zu haben. Es war innerhalb und ausserhalb des Verfassungsrates bekannt, dass seit 1831 mehrere Kantone das Veto oder gar das Referendum eingeführt hatten. Eine radikale Volksbewegung ohne ent-

---

[28] Verhandlungen vom 10. Juni 1846.
[29] Verhandlungen vom 11. Juni 1846.

scheidende Erweiterung der Volksrechte erschien wohl vielen als unnatürlich, ja allenfalls als Hindernis für die Annahme des Verfassungswerkes in der Volksabstimmung, wie das im Rat ausdrücklich gesagt wurde. Einige Verfassungsräte, die ohne Erfolg für das Referendum gestimmt hatten, setzten sich nun für das Abberufungsrecht als der «letzte Anker der Volksrechte» ein[30]. Der zweite Grund dürfte im politisch und staatsrechtlich überlegenen Votum des Patriziers Ludwig-Robert von Erlach[31] und im geschickten Votum Ulrich Ochsenbeins zu suchen sein. Erlach verstand es, seine persönliche Wandlung von einem Altgesinnten der Restaurationszeit zu einem aufgeschlossenen Konservativen glaubhaft darzustellen. Er habe schon 1831, als er als Mitglied der Regierung für die Abdankung des Regimes gestimmt habe, gespürt, dass etwas anderes kommen müsse; um die neuen Grundsätze zu akzeptieren, habe er manches Vorurteil ablegen müssen. «Ein gewisses Gefühl dessen, was sein sollte», habe er immer gehabt, weshalb er jetzt finde, das Abberufungsrecht sei das einzige Mittel, um Revolutionen und ungesetzmässige Volksversammlungen zu vermeiden wie etwa diejenige auf dem «Montbenon» im Waadtland ein Jahr zuvor. Nur wenn das Volk «in geregelter Weise und am verfassungs- und gesetzmässigen Orte» seine Stimme abgebe, habe man ein Kriterium des Volkswillens und die «angeblichen Majoritäten», welche sich in ungesetzmässigen Versammlungen geltend machten, müssten dann verschwinden. Auch könne das Abberufungsrecht die Einsetzung von Verfassungsräten, ja oft sogar Verfassungsrevisionen überflüssig machen, indem es einen verfassungsmässigen Personenwechsel ermögliche, führte Erlach sinngemäss aus. Mit diesen Argumenten verstand es Erlach, seinen Kollegen die Furcht vor der angeblichen «permanenten Revolution» zu nehmen. Er führte zugunsten des Abberufungsrechts auch Gründe der Volkssouveränität an: Wenn nach Paragraph 2 die Souveränität auf der

[30] Verhandlungen vom 11. Juni 1846.
[31] ERLACH LUDWIG-ROBERT VON, 1794–1879. Geboren in Hindelbank, Kanton Bern. Stammte aus einer Nebenlinie der Berner Patrizierfamilie von Erlach. Sein Vater war der glücklose General der Berner in der Schlacht von Grauholz, 1798. Von Erlach machte Karriere während der Restauration. 1817–1825 Sekretär am Berner Appellationsgericht, 1825–1830 Oberamtmann von Konolfingen und Mitglied im Rat der 200. Beim Umsturz von 1830/1831 plädierte er für politische Veränderungen in friedlicher Eintracht. Wegen der Bejahung von Veränderungen und seiner Volksverbundenheit nach 1831 im Grossen Rat. Im übrigen Tätigkeit als reformfreudiger Gutsbesitzer in Hindelbank und international geachteter Experte in landwirtschaftlichen Fragen. 1866 aus finanziellen Gründen Veräusserung seines Guts und Umwandlung in eine Strafanstalt. Erwerb eines kleinen Guts in Bolligen bei Bern und zurückgezogenes Leben.

Gesamtheit des Volkes beruhe, diese aber auf eine bestimmte Amtsdauer dem Grossen Rat übertragen werden müsse, so sei dieser für
die Zeit seiner Amtsdauer der Souverän, «gleichsam ein Wahlkönig».
Es sei also gewissermassen eine «Fiktion oder Täuschung, zu sagen,
das Volk sei souverän». Wir müssen daher, so fuhr Erlach weiter,
unsere Organisation so einrichten, dass die «Stellvertreter des Volkes
immer und zu jeder Zeit die wahren Repräsentanten des Volkes sind».
Ein gewisser Ersatz für das Abberufungsrecht wären noch kürzere
Amtsdauern, wie sie beispielsweise Graubünden kenne; aber auch
dies führe zu Schwierigkeiten. Und Erlach fügte am Rande bei, die
Vorschrift, wonach die Grossräte nicht Stellvertreter ihres Wahlkreises, sondern des ganzen Kantons seien, sei «wiederum eine Fiktion»,
die Vorschrift gleichsam nur ein «Sittengesetz» für die Deputierten[32].
Den von Xavier Péquignot[33] gegen das Abberufungsrecht vorgetragenen Argumenten, die Unabhängigkeit, die Geistesfreiheit und die
Würde des Volksvertreters würden geschmälert, letzterer würde un-
aufhörlich unter einer «bedrohlichen Überwachung» stehen, und es
könnte die Tätigkeit der obersten Behörde des Staates «gelähmt»
werden, trat Erlach mit einem Beispiel aus dem englischen Staatsrecht entgegen: Dort könne der Monarch das Unter- und Oberhaus
auflösen; davor fürchte sich aber in England kein Deputierter; seine
Sprache sei «frei, furchtlos, mitunter heftig». Erlach wurde von verschiedenen Rednern unterstützt. Das Volk müsse Mittel haben, sich
selbst zu helfen, einen sicheren Weg haben, sein Recht zu erlangen,
denn der Bürger scheue die Revolution, er ertrage «lieber eine Zeit
lang das Unrecht».

Auch Ulrich Ochsenbein trat geschickt für das Gesamtabberufungsrecht ein, das er – positiver – als «Gesamterneuerung» bezeichnet wissen wollte. Zu dem von Péquignot vorgetragenen Argument,
das Abberufungsrecht im speziellen und diese Verfassung allgemein
beruhten auf Misstrauen, sagte er: «Das ist leider wahr. ... Leider hat

---

[32] Verhandlungen vom 11. Juni 1846.

[33] PÉQUIGNOT FRANÇOIS XAVIER, 1805–1864. Geboren in Le Noirmont, im heutigen Kanton Jura, als Sohn eines Landwirts und Uhrenbauers. Rechtsstudium an der
Universität Heidelberg. Ab 1830 Tätigkeit als Journalist, Redaktor der Zeitung «L'Hel-
vétie» bis 1849. 1839–1845 Appellationsrichter. 1848–1854 Lehrer für Französisch und
Geschichte an der Kantonsschule von Porrentruy, 1854 Rektor der Technischen Schule
von Le Locle. Ab 1856 auch Schulinspektor. Als gemässigt liberaler Politiker 1839–1849
Mitglied des Berner Grossen Rats. 1846 letzter Landammann von Bern, danach Verfassungsrat. Péquignot setzte sich zusammen mit Stockmar für die Beibehaltung der
Sonderstellung des Jura im Kanton Bern ein. 1848–1851 Nationalrat. Werk: «Etudes sur
le canton de Berne» 1851.

es sich durch die Erfahrung von Jahrhunderten herausgestellt, dass die Menschen, welche sich zum Regieren berufen fühlen, eben nicht sind, wie sie sein sollten, sondern mit Schwachheiten umgeben, wie alle andere Sterblichen auch, und dass also das Volk Garantien gegen diese Schwachheiten suchen, also Misstrauen haben, und somit eine demgemäss eingerichtete Verfassung aufstellen muss.»[34] Dem Argument, das Abberufungsrecht mache den Grossen Rat abhängig, und er müsse immer allzusehr den Volkswillen beachten, entgegnete Ochsenbein, es lasse sich dies auch gegen die periodische Integralerneuerung einwenden. Also müsste man, damit der Grosse Rat ja recht unabhängig sei, gar keine Erneuerung desselben zugeben, sondern die Lebenslänglichkeit der Grossratsstellen aussprechen. Er könne, fuhr Ochsenbein weiter, die Ansicht nicht teilen, dass der Grosse Rat nicht an den Willen des Volkes gebunden sein solle. «Die Mitglieder des Gr. Rathes sind nichts als Bevollmächtigte des Volkes, freilich im staatsrechtlichen, nicht im privatrechtlichen Sinne, welche Begriffe man so sehr verwechselt hat ... die Grossräte sind Delegierte des Volkes, sie haben ein allgemeines Mandat.»[35]

Am 11. Juni 1846 wurde also mit 56 gegen 45 Stimmen unter dem Vorbehalt der Volksabstimmung erstmals das radikale Abberufungsrecht in einer schweizerischen Verfassung verankert. Weil die Verfassung vorschrieb, dass nach jeder Gesamterneuerung des Grossen Rates auch der Regierungsrat zu erneuern sei, war es auch für diese Behörde wirksam. Woher aber nahmen die Berner Radikalen dieses Institut, das sonst nirgends auf der Welt bestand? Sie nannten nirgends eine Quelle. Vielleicht lieferte Rousseau die direkte Abstützung[36]. Die Kommission des konstituierenden Waadtländer Grossen Rates hatte, wie ausgeführt, am 19. März 1845 dem Plenum ein solches Volksrecht vorgeschlagen; dieses war aber in der Folge abgelehnt worden. Dass die Waadtländer Radikalen direkt auf den im französischen Nationalkonvent zwischen 1792 und 1794 vorgeschlagenen demokratischen Verfassungsideen aufbauten und insbesondere auf dem Gironde-Entwurf, ist bereits nachgewiesen worden. Die Berner Radikalen kannten die dortige Revolution nachweislich sehr genau, so dass diese Quelle die wahrscheinlichste ist.

Das Abberufungsrecht war im übrigen nicht derart weit von den Grundsätzen des damaligen Staatsrechts entfernt, wie man vielleicht annahm: In den damaligen monarchisch-parlamentarisch re-

[34] Verhandlungen vom 11. Juni 1846.
[35] Verhandlungen vom 11. Juni 1846.
[36] ROUSSEAU, Contrat social III/18.

gierten Staaten England, Frankreich und Belgien begann sich das Instrument des Misstrauensvotums des Parlamentes gegen die Regierung, das den Sturz derselben herbeiführte, zu festigen. Im Staatsrecht der schweizerischen Demokratie verstand man von 1831 an unter «Regierung» nicht nur die Regierungsräte, sondern, wie sich Péquignot richtig ausdrückte, den Grossen Rat und den Regierungsrat «vereint»[37]. Das Volk sollte nach der Lehre der unmittelbaren Demokratie die Stellung des Parlamentes einnehmen und dergestalt die Regierung – Parlament und von ihm abhängigen Regierungsrat – mittels eines Misstrauensvotums stürzen können, und dazu sollte das Abberufungsrecht dienen.

Die direkte Beteiligung des Bernervolkes an der Gesetzgebung war also lediglich in der in Paragraph 6 Ziffer 4 der Verfassung verankerten plebiszitären Form zugelassen worden, nachdem der Antrag eines Aussenseiters, die Gesetzesinitiative einzuführen, mit allen gegen drei Stimmen abgelehnt worden war[38]. Die Radikalen wollten den gesetzgeberischen Fortschritt in der Hand behalten und nicht dem Volk überantworten, dem sie die Entscheidung über solche Fragen nicht zutrauten. So wurde die Verfassung ein «undeutliches Mittelding zwischen repräsentativer und unmittelbarer Demokratie»[39].

c) Volksinitiative auf Verfassungsänderung

Nicht umstritten war in den Verhandlungen das obligatorische Verfassungsreferendum. Auch die Absicht der Vorberatungskommission, die Volksinitiative auf Verfassungsänderung einzuführen, wurde allgemein gebilligt. Dem Volk die Wahl der Revisionsbehörde zu geben – Grosser Rat oder Verfassungsrat –, war im Grundsatz ebenfalls nicht bestritten, hatte doch die jüngere Geschichte gezeigt, dass man nun bereits zweimal ohne Verfassungsgrundlage einen Verfassungsrat eingesetzt hatte. Es war nun auch klar, dass fortan *jederzeit* eine Verfassungsänderung sollte vorgenommen werden können. Ein Antrag, es müsse zwischen Gesamtrevision und Teilrevision der Verfassung unterschieden werden, wurde fast ohne Diskussion abgelehnt. Ochsenbein sagte lediglich: «Eine totale Abänderung muss immer von einem Verfassungsrathe ausgehen.»[40] Man legte schliesslich fest, dass die Vornahme einer Verfassungsänderung immer vorgängig

[37] Verhandlungen vom 11. Juni 1846.
[38] Verhandlungen vom 9. Juli 1846.
[39] FELLER RICHARD, Berns Verfassungskämpfe (1948), S. 370.
[40] Verhandlungen vom 3. Juli 1846.

vom Volk beschlossen werden sollte, auch wenn sie vom Grossen Rat verlangt wurde. Auf diese Weise wollte man vom Volk nicht gewünschte Revisionen «von oben» verhindern – getreu dem Muster des Gironde-Entwurfes.

8. Behördenorganisation, Machtverteilung

Die Frage der richtigen Behördenorganisation stellte die Berner Radikalen vor grösste Probleme, zunächst, weil ihre Theorie inhaltlich gegenläufige Elemente enthielt, und dann, weil Vorstellungen des Liberalismus, Wünsche des französischsprachigen Landesteils und im Volk verwurzelte Einrichtungen berücksichtigt werden mussten. Am besten kommen die Absichten der Radikalen im Entwurf der Redaktionskommission vom 11. April 1846 zum Ausdruck. Der jakobinische Zentralismus, dem die Radikalen verpflichtet waren, gebot eine Schwächung der dezentralen Elemente des Staates; das hiess, dass sie danach trachteten, die Bedeutung der Amtsbezirke und der Gemeinden, insbesondere der Burgergemeinden herabzumindern. Eine Schwächung der Amtsbezirke war im Entwurf der Redaktionskommission insofern vorgesehen, als die Amtsgerichte durch insgesamt sechs Bezirksgerichte hätten ersetzt werden sollen; den Amtsbezirken wären nur die neu zu schaffenden, mit wenig Zuständigkeiten versehenen Friedensgerichte zugeordnet worden. Dieser Vorschlag scheiterte im Verfassungsrat; die Amtsgerichte blieben[41]. Die Regierungsstatthalter in den Amtsbezirken hätten nach dem genannten Entwurf neu allein vom Regierungsrat – ohne Mitwirkung der «Sechszehner» – gewählt werden sollen. Damit wäre das französiche und waadtländische Präfektursystem rein verwirklicht worden. Auch dieser Vorschlag wurde abgelehnt; der Verfassungsrat beschloss aus demokratischen Gründen – einem weiteren Postulat des Radikalismus entsprechend – die Wahl dieser wichtigen Magistraten durch den Grossen Rat vornehmen zu lassen, und zwar aufgrund von Zweiervorschlägen durch die Wahlversammlung des Amtsbezirkes[42]. Dies war problematisch, denn nach der gleichen Verfassung kam dem Regierungsrat die Verantwortung für das Handeln der Statthalter in den Amtsbezirken zu[43]. Aus demokratischen Gründen sollte für jeden Amtsbezirk ein vom Volk gewählter «Amtsrath» eingesetzt werden,

[41] § 57.
[42] § 47.
[43] § 39 und § 48.

504

der unter der Leitung des Regierungsstatthalters hätte die Gemeinden beaufsichtigen, aber auch, aus einem Dreiervorschlag der Gemeinden die Gemeindepräsidenten hätte wählen sollen. Auch dieser Vorschlag drang nicht durch, vor allem weil die Gemeinden ihre Präsidenten selber wählen wollten[44].

Die Radikalen wollten ferner die Rechtsgleichheit konsequenter durchführen; es waren ihnen daher besonders die Burgergemeinden und Korporationen – vor allem jene der Stadt Bern – unsympathisch, denn sie bewirkten faktisch innerhalb der Gemeinden privilegierte Einwohner. Der Entwurf der Redaktionskommission schrieb daher die Burgergemeinden im Gegensatz zu den aus der Helvetik stammenden Einwohnergemeinden in der Verfassung nicht mehr fest – mit dem Hintergedanken ihrer späteren gesetzlichen Abschaffung oder Verschmelzung mit den Einwohnergemeinden, ähnlich, wie man es in der Helvetik versucht hatte. Ferner sah er vor, dass der Ertrag ihres Vermögens allgemein zur «Bestreitung der Gemeindebedürfnisse» bestimmt sei, welche Bestimmung die Burgergemeinden zu Leistungen an die Einwohnergemeinden und damit an sämtliche Gemeindeeinwohner verpflichtet hätte. Es wären damit die Burgergemeinden in das öffentliche Recht übergeführt worden. Für diese im Entwurf vorgesehene Schwächung der Burgergemeinden setzten sich zahlreiche Verfassungsräte ein, darunter mehrere Juristen. Die historisch und juristisch tiefgründigsten Ausführungen lieferte jedoch der Arzt Johann Rudolf Schneider[45]. Er beleuchtete zunächst die Verhältnisse im Jura und stellte fest, dass dort bereits über die Hälfte des Grund und Bodens den Burgergemeinden gehörten und diese andere Private vom Grundbesitz ausschlössen. Sie würden nur wenig an die öffentlichen Lasten, insbesondere die Armenlasten, beitragen. Auch

---

[44] § 67.

[45] SCHNEIDER JOHANN RUDOLF, 1804–1880. Geboren in Büren an der Aare, Kanton Bern, als Sohn eines Wirts und Landwirts. Medizinstudium an der Berner Akademie, in Berlin und Paris. Ab 1828 Tätigkeit als Arzt und Apotheker in Nidau bei Biel. 1838 Dr. med. honoris causa der Universität Bern. Ab 1837 treibende Kraft bei der Planung der Juragewässerkorrektion. Zwischen 1833 und 1866 radikales Mitglied des Berner Grossen Rats. Eng befreundet mit Ludwig Snell. 1837–1850 Regierungsrat als Vorsteher des Sanitätswesens. Ab 1841 Tagsatzungsabgeordneter. 1846 Verfassungsrat und Mitredaktor der neuen Verfassung. Ab 1850 Tätigkeit als Arzt am Inselspital. 1848–1866 Nationalrat, 1851 als Gegenkandidat zu Ochsenbein für das Bundesratsamt gescheitert. Mitgründer des Zentralvereins der Schweizer Ärzte. Sein politisches Hauptprojekt blieb die Juragewässerkorrektion, die er zum nationalen Werk im Sinne von Art. 21 der Bundesverfassung erklären lassen wollte. Hauptwerk: «Das Seeland der Westschweiz und die Korrektion seiner Gewässer» 1881.

im deutschsprachigen Kantonsteil seien die Verhältnisse nicht besser, namentlich was die Bäuertgemeinden betreffe. Schneider wurde von anderen Verfassungsräten unterstützt, die namentlich geltend machten, es würden die reichen Burgergemeinden eigenen Angehörigen selber schaden, indem jüngere Burger sich auf den Ertrag der Burgergüter verlassen, ihren Beruf vernachlässigen und dann schliesslich armengenössig würden. Auch politisch seien die Burgergemeinden schädlich, indem «selbst der allergeringste Ortsburger den ehrenhaftesten Einsassen tief unter sich erblickt, ihn gering schätzt und dessen persönlichen Werth übersieht, eben weil er nicht Mitburger ist»[46]. Aber so «gute Gründe die Radikalen hatten, den finanziellen Ausgleich zwischen der Burgergemeinde und der Einwohnergemeinde herzustellen» (Feller), so stark waren die Burgergemeinden bei den Leuten verwurzelt, dass diese die öffentliche Meinung zu ihren Gunsten beeinflussen konnten. Die Mehrheit der Verfassungsräte wagte es nicht, den Vorstellungen der radikalen Führer zu folgen. Es wurde daher beschlossen, den Gemeinden, Burgerschaften und übrigen Korporationen ihr Vermögen als Privateigentum zu gewährleisten; der Ertrag dieses Vermögens sei «seiner Bestimmung gemäss» zu verwenden[47]. Damit wurden die umstrittenen Burgergemeinden doppelt geschützt: einerseits durch ihre Verankerung in der Verfassung, anderseits ihre Unterstellung unter die Eigentumsfreiheit. Der Radikalismus hatte damit eine entscheidende Position preisgeben müssen.

Die Radikalen strebten analog der demokratischen Montagnard-Verfassung einen mächtigen Grossen Rat und, als Reaktion auf den Exekutivstaat des Ancien Régime, einen schwachen Regierungsrat an; es war aus diesem Grunde das Begehren gestellt worden, den Regierungsrat künftig nur mit «Vollziehungsrath» zu benennen[48]. Anderseits sollte der Staat nach radikaler Theorie wohlfahrtsstaatliche Ziele anstreben, und zu diesem Zwecke bedurfte er einer leistungsfähigen, wirksamen Verwaltung – zwei gegenläufige Zielsetzungen.

Diese beiden Tendenzen wirkten sich auf die Organisation und Befugnisse der beiden obersten Behörden direkt aus. Dem Grossen Rat beliess man wie bisher eine riesige Fülle von Aufgaben. Er behielt insbesondere das Recht, die Regierungsräte und den Präsidenten des Regierungsrates zu wählen; die Frage der Volkswahl wurde gar nicht diskutiert. Ferner beliess man dem Grossen Rat die Befugnis,

---

[46] Verhandlungen der Vorberatungskommission vom 30. April 1846.
[47] § 69.
[48] Verhandlungen vom 13. Juni 1846.

Beamte zu wählen, welchen «die Ausübung eines Theiles der öffentlichen Gewalt über das ganze Staatsgebiet zusteht»[49]. Neu erhielt der Grosse Rat allein das Recht, die Regierungsstatthalter zu wählen, allerdings aufgrund von Zweiervorschlägen der Wahlversammlungen der Amtsbezirke – letzteres als Konzession an demokratische Wünsche. Ochsenbein hatte sich im Interesse der «konsequenten Durchführung der Regierungsprinzipien» vergeblich gegen die Volkswahl ausgesprochen, und der Jurassier Stockmar trat, am französischen Präfektursystem orientiert, für die Wahl der Regierungsstatthalter allein durch die Regierung ein. Weil die Radikalen auch wohlfahrtsstaatliche Zielsetzungen hatten, wollten sie anstelle des bisherigen schwerfälligen Kollegiensystems das Direktorialsystem oder – nach Stämpfli – «bürokratische» System nach dem Muster der Kantone St. Gallen, Baselland und Solothurn einführen. Dies gelang gegen erhebliche Widerstände; es war dagegen vor allem eingewendet worden, dieses «Ministerial»-System lasse sich nicht mit «republikanischen Grundsätzen» vereinbaren. Aber Stämpfli und Ochsenbein setzten sich erfolgreich für die neue Organisation ein, wobei Stämpfli auf gute Erfahrungen in der Helvetik hinwies, und man schuf bei einer Gesamtzahl von neun Regierungsräten sechs Direktionen, wobei man ausdrücklich festlegte, die «Verwaltung des Kirchenwesens soll von der Direktion der Erziehung getrennt werden»[50]. Den Staatsbeamten gestattete man nicht mehr, dem Grossen Rat anzugehören. Dasselbe galt für die Geistlichen[51]. Der Regierungsrat ist zuständig für den Vollzug aller Gesetze, Verordnungen und Beschlüsse des Grossen Rates sowie der rechtskräftigen Urteile[52]. Ferner entscheidet er letztinstanzlich die Verwaltungsstreitigkeiten; eine besondere Verwaltungsgerichtsbarkeit kannte man nicht.

Für die Gerichtsverfahren legte man die beiden Prinzipien der Öffentlichkeit und Mündlichkeit fest. Dies entsprach den Vorstellungen der Radikalen und dem demokratischen Zeitgeist. Im Entwurf der Redaktionskommission wurden spezielle Kriminalgerichte vorgesehen; auf die Einsetzung von Geschworenengerichten hatte man zuerst verzichtet. Allein, dies stiess auf Widerspruch. Es gab sehr viele Eingaben aus dem deutsch- und dem französischsprachigen Kantonsteil zugunsten der Einführung der «Jury». Aus dem Jura kamen Bittschriften zugunsten dieser Einrichtung aufgrund von eigenen Er-

---

[49] § 27
[50] § 46.
[51] § 20.
[52] § 39.

fahrungen aus der französischen Zeit; es wurde aus dem Jura ein Begehren auf Zweiteilung der Geschworenengerichte in eine Anklage-Jury («jury d'accusation») und eine urteilssprechende Jury («jury de jugement») gestellt. Auch in Bern gab es viele engagierte Voten zugunsten der Geschworenengerichte, wobei deutlich eine Abneigung gegen die Juristen zum Ausdruck kam. Auch diese, wie etwa Stämpfli, waren für die Neuerung: «In der Jury wird die Volksansicht vertreten, nicht der juridische Begriff; die gesunde Vernunft, nicht Pandekten, gilt da»[53]. Auch versprach man sich von der Jury eine volkstümlichere und gerechtere Strafjustiz. Das im Entwurf der Redaktionskommission vorgesehene Kassationsgericht wurde fallengelassen. Anderseits wurde beschlossen, die Friedensrichter beizubehalten und nach Bedarf Handelsgerichte einzuführen.

9. Freiheitsrechte und Rechtsgleichheit

Die Freiheitsrechte waren 1846 weit weniger zentral, als sie es 1831 gewesen waren. Schon im Entwurf der Redaktionskommission waren diese Rechte erst gegen Ende der Verfassung im vierten Titel unter «Allgemeine Grundsätze und Gewährleistungen» angeführt. Diese Verschiebung der Freiheitsrechte innerhalb des Verfassungstextes nach hinten ist nicht einfach nur äusserlicher Natur. Sie zeigt vielmehr, dass die Radikalen den Fragen der Staatsorganisation, der Demokratie und den wirtschaftlich-sozialen Problemen wie namentlich jenen der Feudalabgaben und des Armenwesens grösseres Gewicht als den Freiheitsrechten beimassen. Der Verfassungsrat drängte also, gleich wie im Waadtland ein Jahr zuvor, bewusst den Individualismus zugunsten des Etatismus zurück; das empfanden besonders die vom französischen Denken her mehr individualistisch eingestellten Vertreter des Jura als negativ: Ein Antrag, die Freiheitsrechte an den Anfang der Verfassung zu stellen, scheiterte mit allen gegen die jurassischen Stimmen. Es gingen denn aus dem Volk zu den Freiheitsrechten auch fast keine Petitionen ein. Eine Ausnahme machten bezeichnenderweise nur die Handels- und Gewerbefreiheit und die Niederlassungsfreiheit. Auch im Kanton Bern waren die Gewerbetreibenden über den Zustrom auswärtiger Handwerker beunruhigt und wollten daher die Handels- und Gewerbefreiheit einschränken. Dies gelang ihnen nicht; nur im Bereich der «erworbenen

---

[53] Verhandlungen vom 23. Juni 1846.

Rechte» konnten sie sich durchsetzen, obwohl die führenden Radikalen wie Stämpfli deren Privilegcharakter erkannt hatten. Die Handels- und Gewerbefreiheit wird auch unter den Vorbehalt der «Hebung der Industrie» gestellt. Bei der Niederlassungsfreiheit gelang es den konservativeren Kräften, die Gewährung dieses Rechts an die Bedingung des Gegenrechts zu binden[54]. Bei den übrigen Freiheitsrechten wurde gegenüber 1831 nicht viel verändert. Das Petitionsrecht wurde nun unbedingt gewährleistet, so dass auch die politischen Vereinigungen sich darauf berufen konnten. Um die politischen Vereinigungen wie den radikalen «Volksverein» zu schützen, nahm man zusätzlich die Vereinsfreiheit auf, unter dem Vorbehalt, dass diese weder «ihrem Zwecke noch ihren Mitteln nach» rechtswidrig sind[55]. Ein auf die Freimaurer abzielender Antrag, nur öffentliche Vereine zu dulden und die geheimen zu verbieten, weil sie «unrepublikanisch» seien, scheiterte nur knapp[56]. Die Radikalen förderten die «politiknahen» Freiheitsrechte auch, indem sie die allgemeine Meinungsäusserungsfreiheit einführten[57]. Die Glaubensfreiheit wurde nur mehr mittelbar im Rahmen der Kultusfreiheit garantiert. Die Stimmung im Rat war, gleich wie im Waadtland, nicht günstig zugunsten der vollen Religions- und Kultusfreiheit. Es wurde die Ausdehnung des Sektenwesens, die Jesuitengefahr und die Wiedertäuferfrage ins Feld geführt. Die Radikalen sahen in diesen Strömungen eine Gefahr für den Rationalismus, aber auch eine solche für die angestrebte Überordnung des Staates über die Kirche. Die Berner Radikalen verhielten sich aber gegenüber der protestantischen Kirche nicht so dirigistisch, wie das die Waadtländer taten. Die Kirchensynode der evangelischen Kirche wurde nicht mehr nur den Geistlichen vorbehalten, sondern auch Laien geöffnet. Eine auf die Jesuiten und die Klöster abzielende Bestimmung verbot die Niederlassung religiöser Korporationen oder Orden[58]. Die persönliche Freiheit wird verstärkt und insbesondere festgehalten, dass gegen «jedes formwidrige Eindringen» in die Wohnung der Widerstand erlaubt ist[59]. Die Rechtsgleichheit war in der neuen Verfassung vor allem mit der Beseitigung der Wahl- und Wählbarkeitsschranken ausgedehnt worden. Im übrigen förderten die Radikalen weniger die formale Rechtsgleichheit, wie es die Liberalen

---

[54] § 79.
[55] § 78.
[56] Verhandlungen der Vorberatungskommission vom 5. Mai 1846.
[57] § 76.
[58] § 82.
[59] § 75.

getan hatten, sondern sie wollten mit einem aktiven Eingreifen eines kräftigen Staates im Bereich der Erziehung, der Volkswirtschaft und des Sozialbereiches die «materiellen» Voraussetzungen für die wirtschaftliche und persönliche Entfaltung einer möglichst grossen Zahl von Staatsbürgern schaffen.

10. Überprüfung verfassungswidriger Gesetze?

Das erstmals von Sieyès aufgeworfene Problem des künftigen Erlasses verfassungswidriger Gesetze und ihrer Behandlung wurde in Bern als einzigem Kanton jener Zeit richtig erkannt und eingehend diskutiert. Paragraph 106 des Entwurfes sah vor, die Verfassung sei «das oberste Gesetz des Staates. Alle bestehenden und künftigen Gesetze, Verordnungen und Beschlüsse, die mit ihr im Widerspruch stehen, sind kraft- und wirkungslos, und dürfen von keinen Behörden angewendet werden.» Der mutmassliche Schöpfer dieser Bestimmung, Ulrich Ochsenbein, berief sich auf die Verfassungen von Nordamerika, Schweden und Norwegen. Er sagte, jedes Gesetz müsse mit der Verfassung im Einklang stehen. Sei das nicht der Fall, so dürfe der Richter nicht danach entscheiden und der Beamte es nicht vollziehen. «Was hätte sonst die Verfassung für einen Werth? Wo wäre für des Volkes Freiheiten und Rechte eine Gewähr?» fragte Ochsenbein. Man habe vorgeschlagen, gegebenenfalls das Volk darüber anzufragen, fährt Ochsenbein weiter. Doch «wer soll das thun? Die Behörde, die solche Gesetze entwirft und annimmt? Das wird sie nicht thun, sonst hätte sie auch das Gesetz nicht in's Leben gerufen.»[60]

Das so vorgeschlagene Prüfungsrecht weckte in der Verfassungskommission schwere Bedenken. Es wurde gefragt, ob es beispielsweise einem Unterbeamten zustehen könne, «die Exekution eines Gesetzes zu suspendieren, während der Grosse Rath, bestehend aus den vom Volke gewählten Stellvertretern, dasselbe erlassen hat ...?», und vor den «ungeheuren» und «höchst gefährlichen» Folgen einer solchen Bestimmung gewarnt. Es wurde dafür plädiert, nur die «oberste Landesbehörde» dürfe das Recht haben, «das Gesetz mit der Verfassung in der Hand auszulegen», sofern ein Zweifel darüber entsteht, ob es mit der Verfassung im Einklang steht[61]. Der im Entwurf vorgeschlagene Text wurde in der Folge abgeändert, jedoch trotz den

[60] Verhandlungen der Vorberatungskommission vom 7. Mai 1846.
[61] Verhandlungen der Vorberatungskommission vom 7. Mai 1846.

Warnungen nur leicht, so dass es dann definitiv heissen sollte: «Die Verfassung ist das oberste Gesetz des Staates. Keine Gesetze, Verordnungen und Beschlüsse, welche mit ihr im Widerspruche stehen, dürfen angewendet oder erlassen werden.»[62]

Man könnte annehmen, diese Bestimmung hätte im Kanton Bern eine Überprüfung durch Gerichte und Exekutive eingeleitet. Das war jedoch nicht der Fall, und zwar deshalb nicht, weil sich im Zuge der 1869 noch stärkeren Demokratisierung Berns die seinerzeit von Condorcet formulierte doktrinäre demokratisch-positivistische Auffassung verstärkte, wonach die vollziehenden und richterlichen Behörden das Gesetz nicht nur nicht interpretieren, geschweige denn abändern oder aufheben dürfen[63]. Der Kanton Bern hat, dieser Lehre folgend, in der Verfassung von 1893 dem Grossen Rat die «authentische Auslegung» von Gesetzen zuerkannt[64], und Solothurn hat solche Beschlüsse sogar dem Referendum unterstellt[65]. Der Weg für eine Verfassungskontrolle war also trotz der offenen Formulierung von Paragraph 96 der neuen Verfassung auch in Bern verbaut.

11. Wirtschaftliche und soziale Fragen

Eingehende, teils mit Leidenschaft geführte Diskussionen ergaben sich über die sogenannten «materiellen», das heisst wirtschaftlich-sozialen Fragen. Dazu gehörten die Feudallasten, das Armenwesen, die staatlichen Abgaben und die Frage der Schaffung einer Hypothekenbank. Es handelte sich grösstenteils um jene Probleme, mit denen sich schon 1831 zahlreiche Petitionen beschäftigt hatten, denen aber damals die «Verfassungswürdigkeit» abgesprochen worden war, weshalb sie auf die Ebene der Gesetzgebung verwiesen worden waren. Die Zuständigkeit des Verfassungsrates zur Regelung dieser «materiellen» Fragen wurde von konservativeren Mitgliedern bestritten, indem sie geltend machten, der Verfassungsrat dürfe nur über «politische» Fragen beschliessen; die Behandlung «materieller» Fragen sei Sache des Grossen Rates. Diese Berufung auf das Verfassungsdenken von Benjamin Constant wurde von den radikalen Führern heftig bekämpft, denn hier ging es um den Kern der radikalen Vorstellungen und um eine zentrale Differenz zum Liberalismus. Stämpfli

---

[62] § 96 Verfassung.
[63] Art. 104 Gironde-Entwurf; *Quellenbuch* S. 45.
[64] Art. 26.
[65] Art. 17 Verfassung von 1887.

führte geschickt aus, der Verfassungsrat habe sein Mandat «unmittelbar vom Volke», welches ihm das Mandat erteilt habe, den «politischen, administrativen und finanziellen Zustand» des Volkes durch eine Verfassung zu ordnen. Die Frage etwa, was der einzelne zur Ausführung des Staatszweckes in Geld beitragen solle, sei «staatsrechtlicher Natur», gleich wie es die Fragen militärischer Natur, namentlich die Dienstpflicht der einzelnen, unbestrittenermassen immer gewesen seien[66]. Der Rat folgte Stämpfli und erweiterte damit den Verfassungsbegriff entscheidend, gleich wie der französische Nationalkonvent ein halbes Jahrhundert zuvor mit der Aufstellung der Montagnard-Verfassung vom politischen zum wirtschaftlich-sozialen Verfassungsdenken übergegangen war. Dieses umfassende Verfassungsverständnis sollte in der Schweiz fortan das herrschende sein.

a) Das Armenwesen

Die radikale Führungsgruppe hatte die Absicht, die bedrückende Armennot mittels der Übertragung der Armenfürsorge von den Gemeinden auf den Staat zu lösen. Dem Staat wäre daher nach dem Entwurf der Vorberatungskommission die Aufgabe zugekommen, unter Verwendung der Erträge der Armengüter der Gemeinden «die Sorge für die arbeitsunfähigen Armen» zu übernehmen[67]. Wie ein Jahr zuvor im Waadtland erwies sich der Rat in sozialen Fragen als konservativer als die Führungsgruppe. Er billigte zwar die Entpflichtung der Gemeinden, beseitigte aber die vorgesehene rechtliche Pflicht des Staates zur Armenunterstützung und stellte den Grundsatz eines allmählichen Überganges zur privaten Armenunterstützung auf, wobei immerhin die Gemeinden bei grösster Not einspringen und der Staat subsidiär an die Kosten Zuschüsse leisten soll. Ferner wurden die bestehenden Armengüter verfassungsrechtlich geschützt[68]. Die vorgesehene «Centralisation» des Armenwesens war also gescheitert, einerseits am Widerstand von konservativen Räten wie Eduard Blösch, der unter anderem das Gespenst des «Kommunismus» heraufbeschwor. Anderseits wurde die Reform auch von den individualistisch eingestellten jurassischen Abgeordneten abgelehnt: Xavier Stockmar machte mit starker Wirkung geltend, der Grundsatz der Zentralisation des Armenwesens sei der Schule des «Socialismus» von Fourier entnommen und die Vorberatungskommission wolle

[66] Verhandlungen vom 27. Juni 1846.
[67] § 84 Entwurf Vorberatungskommission.
[68] § 85 Verfassung.

512

zwangsweise «Phalanstères» einführen, gehe also noch weiter als jene «Utopisten»[69].

b) Die Aufhebung der Feudallasten

Die Reformaufgabe mit dem grössten politischen Zündstoff lag zweifellos im Bereich der Aufhebung der Feudallasten, welche eng mit allgemeinen Finanzfragen und besonders der Armenunterstützung verbunden war. Die Radikalen wussten das und trachteten mit sicherem Gefühl für Politik und Macht danach, den Bauern hier Entlastung zu bringen. Wie bereits in der Französischen Revolution konnte diese Massnahme die an sich eher konservativen Landwirte an die dem Fortschritt verpflichtete radikale Bewegung binden. Unter dem liberalen Regime war trotz Erlass mehrerer Gesetze seit 1831 diese Frage ungelöst geblieben. Die Vorberatungskommission ging nun das Problem wahrhaft radikal an: Sie schlug, gleich wie es der französische Nationalkonvent mittels des Dekretes vom 17. Juli 1793 getan hatte, die *unentgeltliche* Aufhebung aller noch bestehenden Feudallasten vor. Im Unterschied zu jenem sah sie aber eine staatliche Entschädigung der «Privatinhaber solcher Gefälle» vor. Ferner wollte man im Entwurf aus Gründen der Rechtsgleichheit den früheren Loskäufern eine staatliche Entschädigung zusprechen[70]. Diese Entschädigung der Berechtigten durch den Staat hätte zu einer Belastung desselben geführt, die nur mittels neuer Abgaben hätte ausgeglichen werden können. Der Entwurf sah daher ehrlicherweise vor, es solle eine neue Abgabe nach dem Grundsatze einer «billigen Progression auf alles Vermögen, Einkommen oder Erwerb» gelegt werden[71] – also die Skizze eines zukunftsweisenden Steuersystems, wie es Condorcet und die Jakobiner im Nationalkonvent bereits vorgesehen hatten.

Stämpfli und seine Getreuen machten zugunsten der unentgeltlichen Aufhebung geltend, die Feudallasten seien öffentlichrechtliche Abgaben, während die Konservativen zugunsten der Inhaber solcher «Gefälle» dartaten, es handle sich um privatrechtliche Schuldverhältnisse. Es entwickelte sich nun vom 24. Juni an eine Diskussion mit Argumenten, wie sie grösstenteils schon in den französischen Konstituanten der Revolution, in den Helvetischen Räten und in den

---

[69] Verhandlungen vom 24. Juni 1846.
[70] § 84 Entwurf Vorberatungskommission.
[71] § 85 Entwurf Vorberatungskommission.

meisten Verfassungsräten der Kantone von 1831 verwendet worden waren.

Nach langer und hitzig geführter Diskussion wurde die unentgeltliche Aufhebung der Feudalabgaben abgelehnt. Massgebend dafür waren im wesentlichen drei Gründe. Von der unentgeltlichen Aufhebung der Feudallasten hätten nur die Bewohner der flacheren Gebiete, vor allem das Seeland, profitiert, weil nur dort Feudallasten bestanden. Im Jura waren letztere schon in der französischen Zeit durch die Grundsteuer ersetzt worden; deren Beibehaltung war in der Vereinigungsurkunde von 1815 verankert worden. Die unentgeltliche Aufhebung dieser Lasten hätte den Staat stark belastet. Die gebirgigen Gegenden und der Jura wären daher durch neue Steuern zusätzlich belastet worden, ohne gleichzeitig Vorteile aus der Aufhebung der Feudallasten ziehen zu können. Neuen Steuern und insbesondere der futuristischen Progressivsteuer gegenüber war man grundsätzlich abgeneigt.

So konnten die Radikalen auch hier ihre Vorstellungen nicht durchsetzen. Es kam schliesslich nach hartem Ringen eine Lösung zustande, nach welcher die «Zehnten, Bodenzinse, Ehrschätze und andere Feudallasten» aufgehoben sind. Die Pflichtigen haben jedoch die Hälfte der im Gesetz vom 20. Dezember 1845 vorgesehenen Ablösungssumme zu bezahlen. Diese Hälfte war der Dank der Radikalen an ihre bisherigen und künftigen Wähler. Für die früheren Loskäufer von Feudalabgaben sah man eine differenzierte Rückerstattungsordnung vor. Dem Jura wurde sein Grundsteuersystem garantiert, und vor allem zugunsten des Oberlandes sah man die Schaffung einer Hypothekar- und Schuldentilgungskasse vor[72]. Die unausweichliche neue Steuer formulierte man vorsichtig und in dem Sinne, dass sie «möglichst gleichmässig» auf Vermögen, Einkommen oder Erwerb gelegt werden soll[73]. Die in der Verfassung von 1831 enthaltene Bestimmung, wonach das Staatsvermögen nur unter erschwerten Bedingungen angegriffen werden dürfe, wurde von der neuen Verfassung nicht übernommen, denn die Radikalen wollten sich in ihren wohlfahrtsstaatlichen Bestrebungen nicht hemmen lassen.

[72] § 85 Verfassung.
[73] § 86 Verfassung.

c) Verschiedenes, ungelöste Fragen

Schliesslich gab man dem Jura noch eine Garantie für die Beibehaltung der französischen Zivil-, Handels- und Strafgesetzbücher[74]. Die Radikalen mussten also auch hier bei der angestrebten Rechts- und Staatseinheit Abstriche machen.

Die Radikalen wollten eigentlich den Bernern den fremden Solddienst mit der Begründung verbieten, dieser sei eine «unehrenhafte Sache». Sie beliessen es aber beim 1831 eingeführten Verbot des Abschlusses von Militärkapitulationen, weil diese ein «von der Regierung begünstigter Menschenhandel» sei[75]. Ferner verboten sie, wohl in Anlehnung an Ludwig Snell, die Aufstellung «stehender Truppen»[76].

Die Vervollkommnungs- und Erziehungsideale von Aufklärung und Französischer Revolution wurden im Berner Verfassungsrat erneut lebendig. «Wir sind uns einig, dass eine Nationalerziehung die Grundlage eines freien Staates und eine Nothwendigkeit zur Fortbildung des Staatslebens ist; nur dann kann wirklich eine Republik bestehen, wenn der einzelne Bürger im Stande ist, einzusehen, was dem Ganzen frommt», führte ein Verfassungsrat aus. Xavier Stockmar skizzierte das Ideal eines von Gebildeten geleiteten Staates, ähnlich, wie es seinerzeit Bornhauser getan hatte: «Man kann nicht alles zerstören, alles gleich machen; die bürgerliche Gesellschaft muss sich auf etwas stützen können, sonst steht sie in Gefahr zur Demagogie auszuarten und zum Despotismus zurückzukehren. Wir wollen weder eine Aristokratie der Geburt, noch eine Aristokratie des Geldes; allein lasset uns ein wenig die Aristokratie des Talents der Wissenschaft tragen ...»[77] Die Bestimmungen über das Schul- und Bildungswesen wurden verbessert und insbesondere nach dem Vorbild des Kantons Zürich die Schaffung einer Schulsynode vorgesehen[78].

Obwohl die Berner Verfassungsbewegung von 1846 grosses Gewicht auf die Befriedigung «materieller» Wünsche in der Verfassung gelegt hatte und zu diesem Zwecke eine Erweiterung des liberalen Verfassungsbegriffes vorgenommen hatte, geschah am Schluss seiner Verhandlungen dasselbe wie 1831: Der Präsident der Petitionskommission führte aus, es enthielten die eingelangten Bittschriften

---

[74] § 89 Verfassung.
[75] Verhandlungen vom 3. Juli 1846.
[76] § 87 Verfassung.
[77] Verhandlungen der Vorberatungskommission vom 6. Mai 1846.
[78] § 81 Verfassung.

eine «Menge Wünsche in bezug auf Politik, Gesetzgebung und materielle Fragen», denen zum «grossen Teil» der Verfassungsrat nicht habe Rechnung tragen können. Er stellte daher den Antrag, dass diese Bittschriften dem künftigen Grossen Rat überwiesen würden, um dem Volke «durch die That» zu zeigen, dass man seinen Wünschen soviel als möglich Rechnung trage[79]. Das gleiche Problem tritt auch in den Schlussbestimmungen der neuen Verfassung zutage: Dort wurde eine Liste von Gesetzen aufgestellt, die unverzüglich zu «revidieren oder zu erlassen» sind[80]. Diese Liste umfasst Gesetze aus eben diesem Bereich wirtschaftlich-sozialer Probleme, welche den Alltag der Bevölkerung belasteten. Die Radikalen wussten, dass ihre politische Zukunft von der Lösung gerade dieser Probleme abhing, also von der raschen Beseitigung oder Ermässigung anderer Abgaben, der Vereinfachung von Gerichts- und Verwaltungsverfahren, der Vereinfachung und Vergünstigung der Kreditbeschaffung und der Verbesserung des Schulwesens und der Armenversorgung.

Die neue Verfassung wurde am 31. Heumonat 1846, welcher Tag zum «bürgerlichen Festtag» erklärt wurde, den in den Gemeinden versammelten stimmberechtigten Männern zur offenen Abstimmung vorgelegt. Sie wurde mit 35 336 Ja- gegen 1257 Nein-Stimmen angenommen.

[79] Verhandlungen vom 13. Juli 1846.
[80] § 98.

22. KAPITEL:
DER RADIKALE UMSCHWUNG IN GENF[1]

1. Vorgeschichte

Genf hatte 1842 eine bemerkenswert liberale Verfassung erhalten, welche den Freiheitsrechten und der Rechtsgleichheit entsprach und keinen Wahlzensus mehr enthielt. Diese Verfassung hätte viel zur Liberalisierung und Demokratisierung beitragen können. Allein, das war nicht der Fall, weil sie nicht loyal vollzogen worden war. Die Radikalen und Liberalen befanden sich im Grossen Rat zwischen 1842 und 1846 in klarer Minderheitsstellung. Sie konnten die nur halbherzige Anwendung der Verfassung durch die konservative Mehrheit nicht beeinflussen. Die konservative protestantische Führungsschicht hatte sich unter Wiederbelebung und Verstärkung calvinistischer Staatsprinzipien wieder enger zusammengeschlossen, als sie dies während der dreissiger Jahre getan hatte. Sie begann argwöhnisch den zunehmenden Einfluss der auch in Genf tätigen französischen und deutschen Frühsozialisten und «Kommunisten» zu beobachten und schloss sich deshalb auch gegenüber den Radikalen ab und verwehrte ihnen den Zugang zu den Beamtenstellen und, wo es ging, auch zum Grossen Rat. Letzteres gelang ihnen um so mehr, als die Verfassung ausdrücklich festlegte, die Tätigkeit als Grossratsmitglied erfolge «unentgeltlich»[2]. Die Radikalen waren,

---

[1] *Quellen:* Protokolle der verfassungsgebenden Grossen Räte der Jahre 1842 und 1847. – *Literatur:* Encyclopédie de Genève, Band IV, Les institutions, Genève 1985; FAZY HENRY, Les constitutions de la République de Genève, Genève 1890; FAZY HENRY, James Fazy (1894–1878), sa vie et son œuvre, Genève 1887; FAZY JAMES, Cours de législation constitutionnelle, Genève 1873; FAZY JAMES, Les Mémoires de James Fazy, publié par FRANÇOIS RUCHON, Genève 1947; FULPIUS LUCIEN, L'Organisation des pouvoirs politiques dans les constitutions de la République et Canton de Genève, Genève 1942; MARTIN PAUL/RUCHON FRANÇOIS/RAPPARD WILLIAM E., Centenaire de la Constitution genevoise 1847–1947, Genève 1947; RAPPARD WILLIAM, La Constitution genevoise de 1847, Centenaire de la constitution, S. 70 ff., Genève 1947; RAPPARD WILLIAM, L'Avènement de la démocratie moderne à Genève, 1814–1847, Genève 1942; RAPPARD WILLIAM, La carrière parlementaire de trois économistes genevois, Genève 1941; RUCHON FRANÇOIS, La Révolution du 22 novembre 1841 et l'autonomie municipale de la Ville de Genève, Genève 1942; RUCHON FRANÇOIS, Les années de tempête et la Révolution de 1846, Centenaire de la constitution, S. 37 ff., Genève 1947.

[2] Art. 31; SNELL LUDWIG, Handbuch des Schweizerischen Staatsrechts II (1844), S. 799.

gleich wie zwei Jahre zuvor im Waadtland, bei der Sammlung von Wählern infolge des Ausschlusses der Armengenössigen behindert. Die zehn relativ kleinen Wahlkreise nach der Verfassung von 1842 begünstigten ebenfalls die Konservativen. Und schliesslich waren zahlreiche wenig begüterte Ausländer in Genf ansässig, welche, meist radikal gesinnt, das Wahlrecht wegen der restriktiven Einbürgerungsbestimmungen nicht erhalten konnten.

Das politische System entsprach also zwischen 1842 und 1846 nicht richtig der doch recht fortschrittlichen Verfassung, und es bildete sich eine wachsende Kluft zwischen den Auffassungen der Volksmehrheit und der offiziellen Politik heraus. Dies wirkte sich auch in der Haltung der Genfer Behörden zum wichtigsten in der Tagsatzung anstehenden Traktandum, nämlich der Auflösung des Sonderbundes, aus. Der Genfer Grosse Rat hatte es nach heftigen Auseinandersetzungen abgelehnt, den vom Vorort Zürich formulierten Antrag zu unterstützen, wonach der Sonderbund[3] mit den Bestimmungen des Bundesvertrages von 1815 unvereinbar zu erklären und daher aufzulösen sei. In der entscheidenden Tagsatzung vom 4. September 1846 wurde dieser Auflösungsantrag nur von zehn ganzen und zwei halben Standesstimmen unterstützt. Die sieben Sonderbundskantone sowie Genf, Basel-Stadt, Appenzell-Innerrhoden, St. Gallen und Neuenburg stimmten dem Antrag Zürichs nicht zu; Genf hatte gleich gestimmt, sich immerhin eine andere Stellungnahme offenbehalten. Weil die Stimmen der Halbkantone nur zählten, wenn sie gleich lauteten, fehlten für eine Mehrheit von zwölf Standesstimmen für den vom Vorort beantragten Beschluss noch zwei Stimmen. Reelle Chancen für einen Umschwung der Mehrheitsverhältnisse auf eidgenössischer Ebene bestanden realistischerweise nur in St. Gallen und in Genf. Dies war auch James Fazy, dem überlegenen Führer der Radikalen, klar. Die Radikalen erkannten auch, welche Chancen die aufgereizte Volksstimmung bot, um in Genf ihre politischen und wohlfahrtsstaatlichen Ziele zu verwirklichen. Sie vertraten die wichtigsten wirtschaftlichen und sozialen Anliegen der kleinen Handwerker und der Arbeiter, welche sich über zu geringe Förderung von Handwerk, Handel und Verkehr sowie der Erleichterung der Kreditbeschaffung beklagten. Wie zuerst in der Waadt und dann in Bern ging man auch in Genf daran, die durch die Jesuitenfrage im Volk entstandene Bewegung für einen Macht- und Verfassungswechsel zu nutzen.

---

[3] Text der Sonderbundsakte in *Quellenbuch* S. 404.

Der Genfer Grosse Rat gelangte auch in den an die Tagsatzung vom 4. September anschliessenden erneuten Debatten nicht zu einer Stellungnahme im Sinne der Auflösung des Sonderbundes. Am 3. Oktober 1846 entschied der Grosse Rat mit 93 gegen 47 Stimmen gegen die Instruktion auf *sofortige* Auflösung des Sonderbundes und mit 78 gegen 62 Stimmen gegen eine Instruktion des Kompromisses, die vorgesehen hätte, die Einberufung einer ausserordentlichen Tagsatzung zu verlangen, Massnahmen gegen die Teilnehmer der Freischarenzüge zu ergreifen und in der Folge die Auflösung des Sonderbundes zu fordern.

2. Die Revolution

Nach diesem Beschluss schritten die Radikalen ungesäumt zur Tat. Am gleichen Tag liessen sie ein schwarz umrändertes Supplement der radikalen «Revue de Genève» erscheinen, in welchem diese Beschlüsse scharf kritisiert und ein Protest an den Vorort in Aussicht gestellt wurde. Am folgenden Tag wurde eine grosse Volksversammlung in der Kirche des Quartiers St-Gervais am rechten Rhoneufer abgehalten, wo auf Vorschlag Fazys beschlossen wurde, eine 25köpfige «Verfassungskommission» einzusetzen, welche den Protest gegen die Beschlüsse des Grossen Rates dem Vorort hätte überbringen sollen. Die Regierung antwortete darauf mit einer scharfen Erklärung und ordnete gestützt auf den noch in Kraft stehenden französischen «Code pénal impérial» wegen Verstosses gegen die Staatssicherheit – auf den die Todesstrafe stand – die Verhaftung von Fazy und zwei seiner Getreuen an. Fazy selber konnte nicht verhaftet werden; der Regierungsbeschluss aber löste die eigentliche Erhebung des Quartiers St-Gervais und damit einen Bürgerkrieg aus. Die Radikalen arbeiteten mit Barrikaden und Handfeuerwaffen, die Regierung mit Artillerie. Die Regierungstruppen vermochten zunächst, die Jean-Jacques-Rousseau-Insel zu besetzen, die Radikalen konnten sich dieses symbolträchtigen Geländes aber wieder bemächtigen. Es gelang den Regierungstruppen weder mit Vorstössen gegen die Rhonebrükken noch mit einer Umgehung, das aufständische Quartier einzunehmen. Nach mehrtägigen Kämpfen, welche 17 Tote und 10 tödlich Verletzte gefordert hatten, stellte die Regierung ihren Versuch der Räumung des Quartiers ein. Den Ausschlag dazu gaben die Widerstandskraft des Quartiers, die Kampfmüdigkeit der Regierungstruppen und die für die Fortsetzung des Bürgerkrieges ungünstige öffentliche Meinung. Die Regierung schätzte nunmehr ihren Rückhalt bei der Bevölkerung als so gering ein, dass sie am 8. Oktober gesamthaft den Rücktritt erklärte und den Stadtrat von Genf als Interimsregierung einsetzte. Am folgenden Tag aber, am 9. Oktober 1846, veranstalteten die Radikalen auf dem Molard-Platz eine grosse, mit ungefähr 2000 Personen beschickte Volksversammlung. Die beteiligten Bürger nannten diese «Conseil Général» und erliessen, «den guten und alten Bräuchen ihrer Väter» folgend, ein Dekret. Dieses enthielt folgende Hauptpunkte: Die Auflösung des Grossen Rates, die sofortige Einsetzung einer zehnköpfigen provisorischen Regierung, die Wahl eines neuen Grossen Rates am 25. Oktober mit der Hauptaufgabe, eine neue, dem Volk vorzulegende Verfassung auszuarbeiten, die Reduktion der Wahlkreise von zehn auf drei, die Halbierung der Zahl der Grossräte und die Entlassung der berufsmässigen Regierungstruppen. Im Gegensatz zu 1841 sah man jetzt einen konstituierenden Grossen Rat und keinen Verfassungsrat vor, denn damals hatte der weiterbestehende Staatsrat eine Wahlkreiseinteilung vorgenommen, die zu einer geringen Sitzzahl der Radikalen geführt hatte. Aus dem gleichen Grund war von der Volksversammlung sogleich eine für die Radikalen günstigere Wahlkreiseinteilung beschlossen worden.

Der alte Grosse Rat war während der Volksversammlung am 9. Oktober wieder zusammengetreten und beratschlagte über das Vorgefallene. Plötzlich trat der soeben vom Conseil Général zum Vorsitzenden der provisorischen Regierung gewählte James Fazy in den Saal und erklärte den Grossen Rat im Namen des Conseil Général für aufgelöst. Der Präsident hiess Fazy, Platz zu nehmen, bis ihm das Wort erteilt werde; dieser aber wiederholte nur die Auflösungserklärung. Oberst Dufour[4] sagte in Anlehnung an den berühmten, am

---

[4] DUFOUR GUILLAUME HENRI, 1787–1875. Geboren in Konstanz. Stammte aus einer dorthin geflohenen Genfer Uhrmacherfamilie. Studien an der Genfer Akademie und an der Ecole polytechnique in Paris. 1809 Eintritt in die Militärschule in Metz, Offizier der napoleonischen Armee. Ab 1817 in Genf Mathematikprofessor und Kantonsingenieur. 1819–1841 Mitglied des Genfer Repräsentantenrats. Zwischen 1831 und 1847 Tagsatzungsabgeordneter. 1819 nach seiner Ernennung zum eidgenössischen Obersten vom Bund mit der Schaffung und Leitung der eidgenössischen Militärschule in Thun beauftragt. Dort Bekanntschaft und enge Freundschaft mit dem späteren Napoléon III. 1833–1865 Erstellung der Topographischen Landeskarte der Schweiz im Massstab 1:100 000. 1841 Chef der Genfer Milizen und Vizepräsident des Genfer Verfassungsrats. 1842–1869 Mitglied des Genfer Grossen Rats. 1847 General der siegreichen eidgenössischen Truppen im Sonderbundskrieg. 1849, 1856 und 1859 wiederum zum schweizerischen General gewählt. 1848–1851 und 1854–1857 Nationalrat, 1863–1866 Ständerat. 1864 Mitwirkung bei der Gründung des Internationalen Komitees vom Roten Kreuz. Zahlreiche technische und militärische Schriften.

23. Juni 1789 von Mirabeau[5] ausgesprochenen Satz: «Wir weichen nur der Macht der Bajonette, geht sie holen.» – «Sie sind da», sagte Fazy, und auf seine Handbewegung hin drang ein grosser Volkshaufen in den Saal; es entstand ein Tumult, worauf sich die Mitglieder des Rates möglichst rasch in Sicherheit brachten. Ohne einen Auflösungsbeschluss gefasst zu haben, existierte nun der alte Grosse Rat faktisch nicht mehr.

Mit dieser informellen Auflösung des Grossen Rates war die Genfer Revolution beendet. Die provisorische Regierung, welche faktisch nun die Macht innehatte, stützte sich allein auf das von einer ungeregelten Volksversammlung erlassene Dekret vom 9. Oktober. Dieses war – gleich wie die «souveränen Akte» im Waadtland 1845 – zweifellos ein revolutionärer, illegaler Staatsakt. Das Dekret konnte nicht an die bisherige Verfassung von 1842 anknüpfen, ja es hatte diese gleichsam zerstört und nahm sogar Elemente der neuen Verfassung vorweg.

Die Radikalen wollten daher mit der baldigen Abhaltung von Grossratswahlen eine Beendigung des rechtlich prekären Schwebezustandes und eine Billigung ihrer Ziele und der Revolution durch die gesamte Bürgerschaft herbeiführen. In den Wahlen vom 25. Oktober 1846 gelang dies auch: Unter den 93 Abgeordneten befanden sich nur mehr etwa 20 Anhänger des gestürzten patrizischen Regimes. Alle anderen Mitglieder des verfassungsgebenden Grossen Rates waren radikal oder liberal gesinnt. Den Wahlsieg der Radikalen hatte gewiss die im Dekret angeordnete Reduktion der Wahlkreise von zehn auf drei verstärkt.

---

[5] Mirabeau Gabriel Honoré de Riqueti, Graf von, 1749–1791. Geboren in Le Bignon bei Paris. Stammte aus dem französischen Hochadel. 1767–1770 Dienst in der Armee. 1775 Publikation seines Werks «Essai sur le despotisme». Nach Aufenthalt in Berlin 1787 Publikation von «De la monarchie prussienne sous Frédéric le Grand». Heftige Kritik am Ancien Régime in zahlreichen Pamphleten. Deswegen 1789 als Vertreter des dritten Standes in die Generalstände gewählt, wo er bald durch seine grosse Rednergabe auffiel. Mirabeau hatte entscheidenden Einfluss bei deren Umwandlung in die Assemblée constituante, danach deren führendes Mitglied. Mitwirkung bei der Redaktion der «Déclaration des Droits de l'Homme et du Citoyen» von 1789. Einsatz für die Schaffung einer konstitutionellen Monarchie. Wegen seiner gemässigt-revolutionären Haltung vom Hof finanziell unterstützt, aber von Ludwig XVI. nicht zum Minister ernannt. Auf dem Höhepunkt seines Wirkens Tod nach kurzer Krankheit.

3. Entwurf und Bericht der Verfassungskommission

Der Rat bestellte am 6. November 1846 eine elfköpfige Kommission für die Ausarbeitung eines Verfassungsentwurfes, deren Vorsitzender der dominierende Führer der Revolution, James Fazy, wurde. Die Kommission wurde mit Ausnahme des Altschultheissen Frédéric-Auguste Cramer[6] durchwegs mit Radikalen besetzt, darunter entschlossenen Männern wie Oberst Rilliet-Constant[7] und Antoine Carteret[8]. Sie legte ihren Entwurf und den von Fazy verfassten Bericht, «Rapport sur le projet de constitution», am 4. Januar 1847 vor. Dieser Bericht von 66 Seiten ist ein staatspolitisches Meisterwerk. Er charakterisiert in präziser, knapper Sprache die Organisation des neuen Staates nach radikaldemokratischer Auffassung. Es enthält der Bericht vier Leitmotive: Das erste bildet die Forderung, dass der Staat

[6] CRAMER FREDERIC-AUGUSTE, 1795–1855. Geboren in Lyon als Sohn einer dorthin geflohenen Genfer Patrizierfamilie. Juristische Studien an der Genfer Akademie 1812, dann in die napoleonische Armee eingezogen. 1814–1818 Fortsetzung und Abschluss des Studiums an der Universität Strasbourg, darauf Untersuchungsrichter in Colmar. Übersiedlung nach Genf und dort Karriere als liberaler Politiker. Untersuchungsrichter, Mitglied des Repräsentantenrats, ab 1830 Staatsrat, Polizei-Lieutenant und ab 1840 Syndic. Mitglied der verfassungsgebenden Grossen Räte von 1842 und 1846. 1843 Rücktritt aus dem Staatsrat. Führendes Mitglied des Consistoire. Tagsatzungsabgeordneter.

[7] RILLIET-CONSTANT FREDERIC JACQUES LOUIS, 1794–1856. Stammte aus einer Genfer Patrizierfamilie. Eintritt in die Militärschule in Paris, Offizier der napoleonischen Armee, dann Hauptmann der Schweizer Garde unter Ludwig XVIII. bis 1821, darauf Übersiedlung nach Genf und Eintritt in die Genfer Milizen. Ab 1821 Mitglied des Repräsentantenrats, ab 1829 Mitglied des Genfer Militärrats. 1836 und 1847 Tagsatzungsabgeordneter. Ab 1840 Mitglied des eidgenössischen Kriegsrats. 1842 Platzkommandant von Thun. Zusammenarbeit mit den radikalen Politikern beim radikalen Umsturz von 1846 in Genf. Genfer Staatsrat 1846/1847. Im Sonderbundskrieg Kommandant der eidgenössischen Division, die im Wallis und in Freiburg einmarschierte. Danach Zerwürfnis mit Fazy und Austritt aus dem Genfer Staatsrat. Ab 1850 Chefinspektor der eidgenössischen Kavallerie. Zahlreiche militärische Schriften.

[8] CARTERET ANTOINE DESIRE, 1813–1889. Geboren in Genf als Sohn eines Genfer Kaufmanns. Philosophiestudium an der Genfer Akademie. Populärer radikaler Politiker. Einsatz für die demokratischen Ideen und den antiklerikalen Kulturkampf. Führendes Mitglied des Genfer Verfassungsrates von 1842. Zwischen 1842 und 1856 Mitglied des Genfer Grossen Rats. 1847 Tagsatzungsabgeordneter. 1848/1849 Ständerat. 1851–1853 Staatsrat als Vorsteher des Finanzdepartements. Stand lange Zeit im Schatten von Fazy, wurde jedoch nach dessen gescheiterter toleranter Kirchenpolitik ab 1865 führender Genfer Politiker. 1865–1889 wiederum Grossrat und 1870–1889 auch Staatsrat. Vorsteher des Erziehungs-, dann des Kultusdepartements. 1876 Umwandlung der Genfer Akademie in eine Universität. Verfechter der Trennung von Kirche und Staat. Zwischen 1869 und 1888 Nationalrat.

für die Wohlfahrt, ja das Glück der Bevölkerung tätig werden muss, und zwar nicht nur im ideellen, sondern auch im materiellen Bereich («bonheur direct et matériel du pays»). Daraus folgt das zweite Leitmotiv, nämlich dass der Staat nicht nur individuelle Rechte garantieren, sondern auch *Interessen* wahren muss, und zwar alle Interessen («tous les intérêts») und insbesondere die wahren Interessen («intérêts véritables») der Bevölkerung. Dies kann erreicht werden, wenn alle Schranken für die Bildung des Allgemeinwillens des Volkes («volonté générale») beseitigt werden, wenn also das allgemeine Interesse («intérêt général») Vorrang vor den Sonderinteressen hat («intérêts exceptionnels»), so das dritte Leitmotiv. Und als viertes ist das aufklärerische «progrès»-Denken zu nennen, das die ganzen Verfassungsauseinandersetzungen durchzieht. Die Radikalen erteilen dem «progrès graduel», wie er vom bisherigen konservativ-liberalen Regime verfolgt wurde, eine Absage und fördern den «progrès immédiat» und den «progrès continu». Der Fortschritt soll sich, dem zweiten Leitmotiv entsprechend, auf allen Gebieten der Gesellschaft, der Wirtschaft und der Politik verwirklichen[9]. Das Volk ist dank der ihm innewohnenden gemeinschaftlichen Einsicht («intelligence collective») in der Lage, selber seine heutigen Bedürfnisse zu erkennen und sich bei der Perfektionierung der Gesellschaft selber zu leiten, wie James Fazy in seinem «Cours de Législation constitutionnelle» (1873) ergänzend schrieb. Diese theoretische Grundlegung der neuen Verfassung bedeutet nichts anderes als die Anlehnung an die soziale und demokratische Staatslehre Rousseaus und an das Fortschrittsdenken Condorcets. Die «égalité en jouissance» Rousseaus soll mit Hilfe politischer und wirtschaftlicher Massnahmen zwar nicht erzwungen, aber dem einzelnen ermöglicht werden. Der mit den radikalen Schüben ab Mitte der vierziger Jahre vollzogene Wandel von der liberalen «politischen» zur demokratischen wohlfahrtsstaatlichen Staatsauffassung wird hier deutlich.

Der demokratische Wohlfahrtsstaat soll nach den Vorstellungen der an die Macht gelangten Genfer Radikalen indessen nicht nach den genuinen Vorstellungen Rousseaus verwirklicht werden. Obwohl sich in Genf nach seiner geographischen Ausdehnung und seiner damaligen Bevölkerungszahl die unmittelbare, alles Wichtige selber entscheidende Versammlungsdemokratie im Conseil général noch hätte verwirklichen lassen, ist man dieser Art der Versammlungsdemokratie ausgewichen. Man hat das Modell, welches von radikalen

---

[9] Mémorial du Grand Conseil constituant, S. 380 ff.

Schriftstellern als im 16. Jahrhundert noch praktiziertes Ideal gepriesen und dann unter der Genfer Montagnard-Verfassung vom 5. Februar 1794 vorübergehend auch durchgeführt wurde, nur in einem Punkt, nämlich bei der Wahl des Staatsrates, reaktiviert. Stattdessen hat man in den anderen Bereichen eine *repräsentative* Demokratie errichtet, wie Artikel 1 der neuen Verfassung[10] ausdrücklich sagt. Weshalb? Dem Genfer Radikalismus wohnte, gleich wie demjenigen in Bern, ein Dirigismus inne. Die Radikalen wollten die Verwirklichung des demokratischen Wohlfahrtsstaates nicht durch allfällige konservative Schübe aus dem Volk gehemmt oder gar gefährdet wissen. Sie trauten also dem Volk bei Sachabstimmungen die nötige Fortschrittlichkeit nicht zu, gleich wie ihre Berner Kollegen, die ja nur ein dirigistisch-plebiszitäres und kein echtes Referendum eingeführt hatten. Und auch die Waadtländer Radikalen hatten dem Volk nur die tendenziell fortschrittsfreundliche Initiative, nicht aber das echte Referendum zuerkannt. Die noch dirigistischeren, aber gleichzeitig populistischen Genfer Radikalen erwarteten von Volksabstimmungen über Sachfragen keinen Fortschritt, glaubten aber, durch die Volkswahl insbesondere des Staatsrates den Fortschritt vorantreiben zu können. Die Genfer Radikalen taten bei der Ausgestaltung des Wahlrechtes dasselbe, wie es 1842 die Liberal-Konservativen getan hatten: Sie setzten die Wahlkreiseinteilung so fest, dass die konservative Minderheit nicht auf eine ihrer Stärke entsprechende Vertretung kam. Aus dem gleichen Grund lehnten sie den dem verfassunggebenden Grossen Rat zugegangenen Vorschlag des französischen Frühsozialisten Victor Considérant vom 26. Oktober 1846 auf Einführung des proportionalen Wahlrechts ab. Und schliesslich begehrten die nicht aus dem begüterten Patriziat stammenden Radikalen und ihr Anhang die Staatsmacht auch um der Förderung ihrer individuellen Karrieren, ihres Aufstieges in Politik, Handel, Gewerbe, Staatsdienst und Wissenschaft.

Diese Interpretation des Verhaltens der Genfer Radikalen stützt sich nicht auf Protokollaussagen. Sie könnte es auch nicht, denn dort, wo es um intime Machtfragen dominierender politischer Gruppierungen geht, schweigen fast immer die Protokolle. Diese geben höchstens idealistische oder praktische, meist scheinfunktionale Argumente der dominierenden Gruppierung gegenüber machtstörenden Vorschlägen der Opposition wieder. Die positivistische quellengestützte historische Forschung führt also bei den zentralen

[10] *Quellenbuch* S. 429 ff.

Machtfragen meistens nicht weiter; es bedarf der wertenden Erklärung aus dem gesamten historischen und sozialen Zusammenhang heraus.

4. Gestaltung der Demokratie

a) Wahl und Organisation der Legislative

Als repräsentative Demokratie konzipiert, war es nach wie vor selbstverständlich, dass ein vom Volk direkt gewählter Grosser Rat eine wichtige Funktion einnehmen sollte; er sollte «pierre angulaire du système représentatif» bleiben, wie es im Kommissionsbericht heisst[11]. Dem Grossen Rat wurden daher die in der Regeneration üblichen und bereits in der Verfassung von 1842 enthaltenen Befugnisse belassen. Die Mitglieder des Grossen Rates werden in drei grossen Wahlkreisen auf zwei Jahre gewählt. Die Wahl erfolgt gleich wie seit 1842 mit Hilfe von Wahllisten, wobei für eine Wahl ein relatives Mehr von einem Drittel der Stimmen ausreicht. Diese Einteilung der Wahlkreise, die bereits im Dekret vom 9. Oktober auf dem Molard-Platz beschlossen worden war, wurde von den Radikalen gegen Widerstände durchgesetzt mit der Begründung, es liege in der «Natur der Sache». Vor allem aber war es für sie günstig, was Fazy mehr oder weniger offen zugab[12].

Die Kommission ging davon aus, die Grossräte sollten eine Entschädigung erhalten, damit auch Arbeiter eine solche Tätigkeit ausüben könnten. Diese Absicht stiess auf starke Widerstände von seiten der Liberal-Konservativen. Es wurden die üblichen Argumente vorgetragen, aber auch gesagt, das bezahlte Parlamentsmandat setze den Materialismus an die Stelle der «Ehre», es schliesse das «imperative Mandat» ein und es vertrage sich nicht mit dem Repräsentativprinzip[13]. Man liess in der Verfassung die Frage offen, in der Meinung, auch ohne Verfassungsbestimmung eine Entschädigung ausrichten zu können, was dann später auch geschah.

[11] Mémorial des séances vom 4. Januar 1847, S. 379.
[12] Mémorial des séances vom 4. Januar 1847, S. 380 ff.
[13] Verhandlungen vom 22. Februar 1847.

b) Wahl und Organisation der Exekutive

Die Radikalen hatten seit Jahren die Wiederherstellung des alten Genfer «Conseil Général», der entscheidenden Versammlung aller Genfer, gefordert. Diese Einrichtung entsprach nach Fazy dem «esprit de l'ancienne Genève» und sollte nach ihm der Eckstein («pierre angulaire») des neuen Staates werden. Der Conseil Général war überdies in der Genfer Revolution vorübergehend als Souverän eingesetzt und in der Verfassung vom 5. Februar 1794 verankert worden[14]. Zwar war im Verfassungsentwurf diese Einrichtung wieder vorgesehen; es wurde dem im Conseil Général versammelten Volk aber nicht das Recht erteilt, über Gesetze und Dekrete zu entscheiden. Die Radikalen wollten also, wie gesagt, eine repräsentative Demokratie ohne Referendum und Initiative verwirklichen, sahen allerdings für den Conseil Général das Recht vor, die Exekutive zu wählen und, auf deren Antrag, den Grossen Rat aufzulösen. Von grosser Tragweite für Genf und längerfristig auch für die anderen Kantone war die von der Kommission vorgeschlagene Art der Bestellung des Conseil d'Etat (Regierungsrat). Erstmals wurde hier in einem Nicht-Landsgemeindekanton die *geheim* zu erfolgende Direktwahl des Conseil d'Etat durch das Volk, durch den Conseil Général, vorgeschlagen. Welches waren die Gründe, welche die Radikalen dazu bewogen, und welches Vorbild hatten sie vor Augen? Bei der Beantwortung dieser Fragen kann man ohne weiteres nur James Fazy sprechen lassen, denn er war, vor allem in dieser Frage, die bestimmende Person.

Fazy führt zugunsten dieser Neuerung an, sie bedeute den grössten Schutz der demokratischen Einrichtungen und hätte sich in den Vereinigten Staaten von Nordamerika bewährt. Vom Rechtsstandpunkt aus gesehen sei es nicht verständlich, weshalb das Volk weiterfahren solle, sich eine so wesentliche Befugnis entreissen zu lassen, denn es handle sich bei der Wahl der Exekutive um den «schönsten Teil der Ausübung seiner Souveränität». Der Conseil d'Etat habe grossen Einfluss auf die Geschicke des Landes, und es habe sich auch allgemein gezeigt, dass die indirekte, zweistufige Wahl mehr als problematisch sei. Während im Grossen Rat die verschiedensten Interessen repräsentiert sein müssten und daher dessen Wahl in verschiedenen Wahlkreisen sinnvoll sei, so sei es anders bei der Exekutive: Diese müsse, um die verschiedenen Interessen ausgleichen zu können, eine «allgemeine Mehrheit» hinter sich wissen, wo-

---

[14] Titre II.

mit Fazy die unmittelbare Volkswahl in einem einzigen Wahlkreis meint. Nach diesen allgemeinen Ausführungen nähert sich Fazy der wohl eigentlichen Begründung: Er führt aus, im alten Grossen Rat hätten sich gewisse falsch verstandene religiöse Interessen, gewisse Anmassungen, allein zur Regierung fähig zu sein, und darüber hinaus alle «intérêts sinécuristes» verbunden, um die Interessen der «politischen Unabhängigkeit und des Gewerbes» zu zermalmen[15]. Dieses letzte Begründungselement zeigt, dass es Fazy bei der direkten Volkswahl des Staatsrates weniger um die von ihm angeführten staatsrechtlichen, insgesamt doch recht flauen Argumente ging. Vielmehr wollte er mit dieser Neuerung das Machtsystem des protestantischen Patriziates zertrümmern; er wollte, wie er später schrieb, der «Allmacht eines reaktionären Parlamentariums» ein Gegengewicht geben[16], was nicht ohne Schwächung des Grossen Rates zu bewerkstelligen war. Das Patriziat hatte es tatsächlich mittels seiner eingeübten Beherrschung des Parlamentarismus verstanden, nicht nur die Gesetzgebung und die Finanzpolitik, sondern auch den Vollzug derselben im Staatsrat in seinem Sinne zu lenken. Dadurch war nach Auffassung der Radikalen einerseits die «politische Unabhängigkeit» zermalmt worden, was damals nichts anderes als eine jesuiten- und sonderbundsfeindliche Haltung bedeutete. Anderseits hatte das bisherige Machtsystem eine wohlfahrtsstaatliche Wirtschaftspolitik zu verhindern gewusst. Fazy war vermutlich auch von der Vorstellung beherrscht, das im Conseil Général versammelte gesamte Volk würde eher radikale Männer in den Staatsrat wählen als der Grosse Rat. Und schliesslich hoffte er, dass das Volk auf Antrag des Staatsrates gelegentlich einen reaktionären Grossen Rat auflösen und einen fortschrittlicheren wählen würde. Dies lag alles in der Tendenz der Radikalen zur Bildung grosser Wahlkreise und entsprach gleichzeitig ihrem rousseauistischen Verständnis der «intelligence collective» des Volkes: «Le plus grand nombre est en toute chose le meilleur électeur ... Le peuple est le meilleur juge. Il saura mieux que personne apprécier les véritables capacités ...», führte Fazy aus[17]. Gleichzeitig wollte Fazy mit der Direktwahl des Staatsrates die Exekutive stärken, eine allgemeine Forderung der Radikalen: «Cette élection me semble nécessaire pour donner au pouvoir exécutif une force qu'il ne pourra

[15] Mémorial des séances vom 4. Januar 1847, S. 373 ff.
[16] Cours de législation constitutionnelle, S. 372.
[17] Verhandlungen vom 11. Januar 1847.

point avoir, s'il est élu par le Grand Conseil.»[18] Dieses Anliegen lief parallel zur beabsichtigten Einführung des direktorialen Regierungssystems.

Die Direktwahl des Staatsrates wurde von den Radikalen emporstilisiert, ja zu einem Mythos gemacht; sie beherrschte – neben der Ökonomischen Gesellschaft – die ganze Verfassungsdiskussion. Weshalb? Die Genfer Radikalen waren, anders als die des Waadtlandes, aber ähnlich wie die Berner, dirigistisch-populistisch eingestellt. Sie wollten, gestützt auf eine Volksmehrheit, dem Volk den Fortschritt diktieren. Um die dadurch bedingte, verhältnismässig geringe demokratische Substanz ihrer Neuerungen zu kaschieren – vor Referendum und Initiative hüteten sie sich – betonten sie um so stärker die demokratische Wahl des Staatsrates.

Und schliesslich: Fazy sah im direkt gewählten Staatsrat, wie er später in seinem «Cours de législation constitutionnelle» 1873 ausführte, einen echten «Volkstribun» («Le pouvoir exécutif est le véritable tribun du peuple ...»)[19]. Dieser Volkstribun sollte nach den Vorstellungen Fazys einen Ersatz darbieten für die nicht vorgesehenen direkten Mitwirkungsrechte des Volkes bei der Gesetzgebung: «On se rapproche un peu du gouvernement direct par le peuple ...»[20] Die Volkswahl des Staatsrates führe zu einer Landesregierung («gouvernement du pays»), während deren Wahl durch das Parlament zu einer Parteiregierung führe («gouvernement d'un parti»)[21]. Durch das Recht des Conseil Général, den Grossen Rat aufzulösen, würde das Volk «alle nötigen Garantien» erhalten. Es sei dieses Auflösungsrecht auch ein Korrektiv der Wahl der Parlamentarier auf eine bestimmte Zeit, es sei eine notwendige Kontrolle der Repräsentanten des Volkes, damit diese das «Gefühl ihrer Herkunft» nicht verlören. Fazy räumte ein, es sei das Auflösungsrecht bei den konstitutionellen Monarchien entlehnt; es bedeute aber für die Genfer Republik keine Abweichung, sondern eine Perfektionierung, denn hier stehe dieses Recht dem Volke zu. Wenn das Volk, so hatte Fazy bereits im Kommissionsbericht ausgeführt, einen Antrag des Staatsrates auf Auflösung des Grossen Rates ablehne, so liege es dann beim Staatsrat, zurückzutreten. Durch Neuwahl dieser Behörde könne dann das Volk das Gleichge-

[18] Verhandlungen vom 17. Februar 1847.
[19] Mémorial des séances vom 4. Januar 1847, S. 372.
[20] Mémorial des séances vom 4. Januar 1847, S. 377.
[21] Verhandlungen vom 10. Februar 1847.

528

wicht wieder herstellen; auf diese Weise werde es zum Richter über die Behörden.

Die Vorschläge Fazys und seiner Kommission erstaunen, sowohl in Anbetracht der Genfer Tradition des Conseil Général und des Wirkens Rousseaus, aber auch des herrschenden direkt-demokratischen Zeitgeistes wegen. Warum haben die Radikalen dem Conseil Général, wenn sich das Volk schon versammeln liess, nur derart geringe Befugnisse gegeben, noch geringere als ein Jahr zuvor in Bern, denn dessen Auflösungsrecht konnte nur auf Antrag des Staatsrates ausgeübt werden?[22] Und Fazy hatte ja selber ausgeführt, der Conseil Général sei das Fundament dieser Verfassung; ohne diesen sei es unmöglich, friedlich die politische Reform Genfs weiterzuverfolgen[23]. Es dürfte wie in Bern die Befürchtung vor einer zu geringen «Fortschrittlichkeit» des Volkes in Sachfragen der Hauptgrund gewesen sein. Die Radikalen suchten mit Hilfe einer dirigistischen exekutivstaatlichen Demokratie den Fortschritt und die allgemeine Wohlfahrt zu verwirklichen – getreu ihrem historischen Vorbild, dem französischen «Comité du salut public», das nach dem Pariser Vorbild 1793 auch in Genf geschaffen wurde.

Die Vorschläge der Kommission stiessen in der Konstituante auf heftige Opposition. Die direkte Volkswahl des Staatsrates in einer repräsentativen Republik war damals für die Schweiz, ja für Europa, etwas ganz Neues, etwas wirklich Revolutionäres; sie wurde grundsätzlich, aber auch wegen des abweichenden Wahlverfahrens zu jenem des Grossen Rates kritisiert. Man wendete ein, die Volkswahl der Exekutive vertrage sich nicht mit dem Repräsentativprinzip; es würden eine Doppelspitze, eine «dyarchie», und damit ständige Konflikte zwischen dem Grossen Rat und dem Staatsrat entstehen. Man übertrage mit der direkten Volkswahl der Exekutive einfach die Allmacht des Grossen Rates auf den Staatsrat, wendete Jean Louis Cougnard[24] ein. Der Staatsrat sei dann nicht mehr eine Delegation des Grossen Rates, sondern sei diesem übergeordnet und erhalte beträchtlich

---

[22] Art. 26 Entwurf.

[23] Verhandlungen vom 20. Januar 1847.

[24] COUGNARD JEAN LOUIS SALOMON, 1788–1868. Geboren in Genf als Sohn eines Genfer Staatsanwalts. Jurastudium in Paris. Ab 1811 Tätigkeit als Rechtsanwalt in Genf. 1823 Dr. iur. Führender liberaler Genfer Politiker der Restauration und vor allem der Regeneration. 1819–1846 Mitglied des Repräsentantenrats, dann des Grossen Rats. Mitglied des Verfassungsrates von 1841. 1842 Tagsatzungsgesandter. Kassationsrichter. Ab 1852 «Conservateur des hypothèques». Daneben dichterische Tätigkeit. Einer der Gründer der Genfer «Société littéraire» und des «Journal de Genève».

mehr Macht als der Grosse Rat, der Vertreter der Nation. Der Staatsrat könne diese Macht weit besser missbrauchen als der Grosse Rat, weshalb die «Allmacht dorthin gelange, wo sie niemals sein dürfe». Cougnard konnte sich mit dieser Schwächung des Grossen Rates nicht abfinden. Besonders deutlich kritisierte er die verschiedene Wahlart der beiden obersten Behörden und machte die Voraussage, der Staatsrat werde künftig radikal, der Grosse Rat aber konservativ sein[25]. Alt Syndic Frédéric-Auguste Cramer fragte kritisch, ob die Masse der Bürger wirklich in der Lage sei, die «administrativen Fähigkeiten» der Kandidaten für den Staatsrat zu beurteilen.

Auf besonders heftigen Widerstand stiess das im Entwurf vorgesehene Recht des Conseil Général, auf Antrag des Staatsrates den Grossen Rat auflösen zu können. Dies verstosse gegen das Repräsentativprinzip. Es sei sehr ungewiss, ob das Volk nach einer allfälligen Auflösung des Grossen Rates andere Abgeordnete wählen würde; wenn nicht, so würde der Konflikt nicht gelöst. Es würde der Conseil Général, wenn er dieses Recht erhielte, zu einer Aufruhr-Maschine («machine des émeutes»). Offenbar fand das Auflösungsrecht des Conseil Général auch Gegner bei den Radikalen. Die Verfassungskommission beschloss jedenfalls nach der ersten Lesung des Entwurfes dessen Rückzug. Die direkte Volkswahl der Exekutive wurde aber beibehalten, ohne dass nun ein anderes Mittel zur Lösung allfälliger politischer Konflikte zwischen den beiden Behörden gesucht oder bereitgestellt worden wäre.

Die berühmte Genfer Volksversammlung erhielt also schliesslich nur zwei Befugnisse, nämlich alle zwei Jahre in geheimer Wahl die sieben Staatsräte zu bestimmen, nachdem die Konstituante beschlossen hatte, über Änderungen der Verfassung und des Bundesvertrages dezentral abstimmen zu lassen. Zusätzlich sollte dann der Conseil Général noch die Befugnis erhalten, alle 15 Jahre über die Frage der Verfassungsrevision zu entscheiden und bejahendenfalls einen Verfassungsrat zu wählen.

Insgesamt wurde nun ein interessantes Wahlrecht für die beiden obersten Behörden geschaffen: Grosser Rat und Staatsrat wurden alle zwei Jahre gesamthaft erneuert, jedoch nicht gleichzeitig, sondern alternierend, so dass das Volk jedes Jahr Gelegenheit bekam, die eine der beiden Behörden neu zu wählen.

Es stellt sich die Frage, wo sich die Radikalen inspirieren liessen, die Exekutive direkt vom Volk wählen zu lassen. Die Einführung

---

[25] Verhandlungen vom 12. Februar 1847.

dieser Wahlart hatte in einer Zeit des aufkommenden Parlamentarismus etwas Gegenläufiges; sie war auch vorher in der Regeneration, aber auch in den radikalen Schüben von Waadt 1845 und Bern 1846 nicht einmal diskutiert worden; nur in der Genfer Konstituante von 1842 hatte man diesen Wahlmodus kurz diskutiert, aber abgelehnt[26]. James Fazy hat sich zwar bezüglich der Gestaltung der neuen Verfassung und auch bei der Direktwahl der Exekutive auf die Verfassung der Vereinigten Staaten berufen; doch dort wurde zu jener Zeit der Präsident der Union von nicht gebundenen Wahlmännern indirekt gewählt, und Fazy hat ausdrücklich Wahlen «à deux degrés» abgelehnt[27]. Doch die Gouverneure der Einzelstaaten wurden vom Volk direkt gewählt. Als Vorbilder aus dem aufklärerischen, «westlichen» Staatsrecht kommen also die amerikanischen Einzelstaaten sowie der girondistische Verfassungsentwurf in Frage, der hinsichtlich der direkten Wahl einer kollegial zusammengesetzten Exekutive von Pennsylvania beeinflusst war.

5. Die Bürgerrechtsfrage

Harte und lange Auseinandersetzungen entwickelten sich über die Frage, wer Genfer Bürger sei oder es werden könne und das damit zusammenhängende Problem der politischen Rechte. Das erste Problem war besonders umstritten, weil Genf wie kein anderer Kanton eine grosse Zahl schon lange hier ansässiger, grösstenteils katholischer Ausländer hatte und Einbürgerungen bis jetzt nur sehr restriktiv bewilligt worden waren. Die Konstituante beschloss nach beinahe endlosen Debatten, einen eigentlichen Bürgerrechtsschub vorzunehmen. Besonders die bereits während des ganzen 18. Jahrhunderts um politische Anerkennung kämpfende Gruppe der ausländischen «natifs» sowie alle Heimatlosen erhielten jetzt unter verhältnismässig leichten Bedingungen das Genfer Bürgerrecht[28]. Gleich wie im Waadtland zwei Jahre zuvor beschloss die Ratsmehrheit ebenfalls gegen heftige Widerstände, den Armengenössigen die politischen Rechte zuzuerkennen[29]. Die mehrheitlich protestantische liberal-konservative Minderheit im Rat befürchtete dieser Liberalisierungen

---

[26] Verhandlungen vom 18. April 1842.
[27] Mémorial des séances vom 4. Januar 1847, S. 373.
[28] Art. 19; *Quellenbuch* S. 431.
[29] Art. 21–24.

wegen einen eigentlichen Verlust der überkommenen Identität des «protestantischen Rom», während die Radikalen, unausgesprochen, aber zu Recht eine massive Vergrösserung ihrer Wählerschaft erhofften, denn die neu Berechtigten waren grösstenteils wenig begüterte Kleinbürger oder Arbeiter.

6. Demokratisierung der Gemeinden, der protestantischen Kirche und der Justiz

Die Genfer Radikalen setzten bei der Demokratisierung das Hauptgewicht auf die Einführung direkter Volkswahlen. So wurde die direkte Volkswahl aller Mitglieder der Gemeinderäte, «conseils municipaux», eingeführt[30]. Die Volkswahlen waren auch ein Mittel, um die protestantische Kirche, bislang ein Hort der Aristokratie, unter demokratische Kontrolle zu bringen. Zwar hätte die Verfassungskommission gerne das Kirchenwesen vom Staat getrennt und, gemäss nordamerikanischem Vorbild, ganz dem privaten Recht überlassen[31]. Doch man fand die Zeit für die Schaffung einer «église libre» noch nicht reif und löste das Problem mit Hilfe einer Demokratisierung[32]. Die oberste protestantische Kirchenbehörde, das mit grosser Macht ausgestattete «Konsistorium», wurde in seiner neuen Zusammensetzung dem bestimmenden Einfluss der Geistlichkeit und des Patriziates entzogen: Gegen harte Widerstände setzten die Radikalen durch, dass von den insgesamt 31 Mitgliedern des Konsistoriums deren 25 Laien sein müssten; nur sechs Sitze blieben der Geistlichkeit vorbehalten. Alle 31 Mitglieder des Konsistoriums sollten vom Volk in direkter Wahl bestimmt werden[33]. Alt Syndic Cramer kritisierte die grossen Aufsichtsbefugnisse des Konsistoriums über die Kirche und sagte, das Konsistorium werde zu einem «pape laïque»[34]. Auch die Wahl der protestantischen Pfarrer übertrug man dem Volk in den Pfarreien. Mit diesen Reformen war die Genfer «Nationalkirche» von einer geistlich geleiteten Kirche zu einer Volkskirche geworden, ähnlich wie zwei Jahre zuvor im Waadtland, nur dass dort der Staatsrat bestimmenden Einfluss auf die Nationalkirche erhielt. Die Existenz eines besonderen, von den klassischen politischen Behörden weitge-

---

[30] Art. 104.
[31] Mémorial des séances vom 4. Januar 1847, S. 397.
[32] Verhandlungen vom 11. Januar 1847.
[33] Art. 116 und 117.
[34] Mémorial des séances vom 4. Januar 1847, S. 467.

hend unabhängigen, mächtigen Konsistoriums war in Genf ein erster Schritt in Richtung der Trennung von Staat und Kirche.

Auch die Justiz wurde demokratisiert und ihre Verhandlungen der Öffentlichkeit zugänglich gemacht[35]. Man ging allerdings bei der Demokratisierung der Justiz weniger weit als bei der Kirche, indem man nur die Geschworenengerichte garantierte und deren Ausdehnung auf Zivilstreitigkeiten vorsah[36]. Die Berufsrichter sollten weiterhin vom Grossen Rat gewählt werden[37]. Diese Zurückhaltung der Radikalen und damit Zurückweisung der Grundsätze der Französischen Revolution geht wohl auf Vorstellungen der Justiz und der Gewaltenteilung, die Fazy aus dem amerikanischen Recht gewonnen hatte, zurück.

7. Periodische Volksbefragung über die Verfassungsänderung

Bereits die Verfassung von 1842 hatte die Verfassungsänderung demokratisiert, indem das Zweidrittelmehr für einen entsprechenden Beschluss des Grossen Rates abgeschafft worden war. Jetzt ging man noch einen Schritt weiter in diese Richtung, indem man die verfassungsändernden Beschlüsse des Grossen Rates jenen der gewöhnlichen Gesetzgebung gleichstellte, jedoch unter dem Vorbehalt der obligatorischen Zustimmung des Volkes – eines Grundsatzes, der seit 1815 galt. Die Radikalen gingen aber bei der Demokratisierung der Verfassungsänderung noch weiter. Sie führten zwar keine Volksinitiative auf Verfassungsänderung ein, sondern wollten die Behörden verpflichten, die Frage der Totalrevision alle zehn Jahre dem Conseil Général, also dem versammelten Volk, zu unterbreiten. Im Fall von dessen Zustimmung sollte die Revision von einem Verfassungsrat vorgenommen werden[38]. Im Bericht der Verfassungskommission wurde dafür ins Feld geführt, in der Demokratie bedeute die Möglichkeit von Veränderungen gleichzeitig, ihre Institutionen auf die Dauer zu sichern[39]. James Fazy hatte indessen bereits anlässlich der Verfassungsrevision von 1842 vorgeschlagen, es sei das Volk alle zehn Jahre über die Frage einer Totalrevision der Verfassung zu be-

[35] Art. 101.
[36] Art. 96.
[37] Art. 99.
[38] Art. 153 Verfassung.
[39] S. 409.

fragen[40]. Es könne mit einem solchen Recht jeder Revolution vorgebeugt werden («prévenir toute révolution»). Zugunsten der Einsetzung eines Verfassungsrates machte Fazy geltend, der Grosse Rat sei für die Gesetzgebungs- und Verwaltungstätigkeit zusammengesetzt und hierin eingeübt und tauge gar nicht für die Verfassungsgebung, die «politische Gesetzgebung». Die Sitzungen des Grossen Rates seien zu kurz und zu stark mit Geschäften belegt. Zugunsten der Totalrevision der Verfassung anstelle der blossen Teilrevision machte Fazy geltend, letztere bewirkte einen Mangel an Übereinstimmung zwischen den verbesserten Teilen und dem Rest der Verfassung[41].

Gegen den Vorschlag Fazys machte der liberal-konservative Rechtsprofessor Antoine-Elysée Cherbuliez[42] geltend, es bedeute dies eine wahre periodische Revolution, eine «véritable révolution périodique». Cherbuliez wandte sich zuerst gegen die Totalrevision der Verfassung als solche. Gegen die Volksbefragung wandte er ein, es würden die einzelnen Stimmberechtigten aus ganz verschiedenen Gründen für die Revision votieren, es entstünden dann schädliche «Cliquenmehrheiten» («majorités factices»). James Fazy suchte seinen Vorschlag mit einem unbestimmten Hinweis auf die Vereinigten Staaten zu rechtfertigen. Es sei dort die Totalrevision «ein Axiom». Von Cherbuliez in die Enge getrieben, der geltend machte, in den amerikanischen Staaten komme die Initiative zur Verfassungsrevision ausschliesslich dem Parlament zu und es bedürfe für die Verabschiedung einer neuen Verfassung im Parlament einer qualifizierten Mehrheit, antwortete Fazy nur, das Volk könne dort jedes Jahr eine Totalrevision verlangen; das sei ein so banaler Grundsatz der Volkssouveränität, dass er in keiner Verfassung festgeschrieben sei – eine

---

[40] Verhandlungen vom 9. Mai 1842.

[41] Verhandlungen vom 9. Mai 1842.

[42] CHERBULIEZ ANTOINE-ELYSÉE, 1797–1869. Stammte aus einer Genfer Bürgerfamilie. Abgebrochenes theologisches Studium, verschiedene Reisen, dann juristische Studien an der Genfer Akademie. 1826 Dr. iur. Tätigkeit als Rechtsanwalt in Genf. Ab 1831 Zivilrichter, ab 1835 als Nachfolger von Pellegrino Rossi Professor für öffentliches Recht und Volkswirtschaftslehre an der Genfer Akademie. Liberal-konservativer Politiker. 1836–1841 Mitglied des Repräsentantenrats, 1842 Mitglied des Verfassungsrats. 1842–1846 Grossrat. Nach der Bestätigung des radikalen Umschwungs Niederlegung aller Ämter und Rückzug ins Privatleben. 1855 vom Bundesrat als Professor für Volkswirtschaftslehre an die Eidgenössische Technische Hochschule in Zürich gewählt. Werke: «Essai sur les conditions de l'alliance fédérative en général et sur le nouveau projet d'acte fédéral» 1833, «Théories des garanties constitutionnelles» 1838, «De la démocratie en Suisse» 1843, «Précis de la science économique et de ses principales applications» 1862.

Aussage, die in der Konstituante Gelächter auslöste[43]. Muss man annehmen, dass Fazy hier das von Thomas Jefferson inspirierte, in mehreren Verfassungen amerikanischer Einzelstaaten bestehende periodische Konventsreferendum propagierte? Oder bezog Fazy die Neuerung aus dem girondistischen Verfassungsentwurf oder aus jenem von Ludwig Snell? Denkbar wäre schliesslich eine Beeinflussung Fazys durch § 90 der Aargauer Verfassung von 1841. Man weiss es nicht, denn er nannte keine Quelle.

Fünf Jahre später konnten aber die Radikalen ihr Vorhaben durch die Schaffung des Artikels 153 der neuen Verfassung durchsetzen, allerdings unter Verlängerung der Periode auf fünfzehn Jahre. Die liberal-konservative Minderheit brachte zwar, wie bereits 1842, viele Gründe dagegen vor. Sie wurde jedoch von den Radikalen überstimmt, gleich wie dies fünf Jahre zuvor unter umgekehrten Mehrheitsverhältnissen geschehen war.

8. Die Ökonomische Gesellschaft

Die radikale Konstituante war korporationenfeindlich, demokratisch und zentralistisch eingestellt. Man warnte mehrfach vor den «corps particuliers», den «petits états qui se sont formés dans l'Etat», in denen sich der Widerstand gegen demokratische Einrichtungen wie in «unzugänglichen Festungen» halte. Man befolgte nun, um der individualistischen Demokratiekonzeption Rousseaus zum Durchbruch zu verhelfen, für die Korporationen im wesentlichen drei Methoden: Die erste bestand darin, sie zu demokratisieren und zugleich ihre Befugnisse zu verringern. So verfuhr man bei der Kirche und bei den Gemeinden, insbesondere bei der Stadt Genf. Die zweite Methode bestand in der Einführung der Bewilligungspflicht für neue und bestehende Korporationen sowie weiterer Einschränkungen ihrer Existenz. So verfuhr man bei den Stiftungen und – allerdings sehr mild – bei den «anonymen» Gesellschaften[44]. Die dritte, radikalste Methode war die Abschaffung der Korporationen; nach ihr verfuhr man bei der Ökonomischen Gesellschaft.

Es handelte sich bei dieser berühmten «société économique» um einen sehr grossen Vermögenskomplex, bestehend aus wertvollen Liegenschaften an bester Lage und grossen Kapitalvermögen. Ein Teil

---

[43] Verhandlungen vom 9. Mai 1842.
[44] Art. 139–142 Verfassung.

der Liegenschaften diente Schule und Kirche zur Benutzung. Die Ökonomische Gesellschaft befand sich in der Hand des protestantischen Patriziates; ihre Stellung war vergleichbar mit jener der Berner Burgergemeinde. Nicht nur die Argumente um Bestand oder Nichtbestand der Ökonomischen Gesellschaft waren etwa dieselben wie ein Jahr zuvor bei der Frage der Abschaffung der Berner Burgergemeinden, sondern auch die Leidenschaften. Die Radikalen vertraten die Meinung, die Vermögenswerte der Ökonomischen Gesellschaft seien öffentliches Staatsvermögen; die Verfassung könne daher darüber verfügen. Die konservative Minderheit betonte die privatrechtliche Natur der Gesellschaft, machte aber gleichzeitig geltend, sie diene auch öffentlichen Zwecken. Letzteres bestritten zwar die Radikalen nicht, führten aber ins Feld, eine kirchliche und kommunale Interessen wahrnehmende Körperschaft dürfe in einer Republik nicht existieren, ohne dass eine wirkliche demokratische Repräsentation dieser Interessen bestehe. Deshalb sei eine solche Körperschaft nicht nur ein «Unsinn», sondern auch ein direkter Angriff gegen den Geist der Verfassung, «une attaque directe contre l'esprit de la constitution»[45]. Offensichtlich verkörperte die Ökonomische Gesellschaft für das Genfer Patriziat nicht nur bedeutende materielle, sondern auch emotionale Werte. Alt Syndic Marc-Antoine Fazy-Pasteur[46] jedenfalls sagte, in dieser Gesellschaft lebten noch die Reste der alten Genfer «Nationalität». Es werde mit ihrer Zerstörung auch das «letzte Band, das die alten Genfer einige», zerstört. Doch die Radikalen waren entschlossen, dieses Band zu zerreissen. Sie gingen dabei wahrhaft radikal vor: Die Ökonomische Gesellschaft wurde aufgelöst, ihr Vermögen teils den Gemeinden, insbesondere der Stadtgenfer Munizipalgemeinde zugesprochen, teils für die Errichtung einer öffentlichen Hypothekenkasse sowie einer Gewerbebank verwendet[47].

[45] Mémorial des séances vom 4. Januar 1847, S. 406.
[46] FAZY-PASTEUR MARC-ANTOINE, 1778–1856. Geboren in Genf. Stammte aus einer Genfer Kaufmannsfamilie. Ab 1793 Handelslehre in Manchester. 1806–1813 Leitung einer Genfer Wollspinnerei, danach Beschäftigung mit Agronomie, vor allem Ackerbau. Führender liberaler Genfer Politiker. Ab 1814 Mitglied des Genfer Repräsentantenrats, 1832–1837 Präsident des Handelsgerichts, Mitglied des Verfassungsrats von 1841 und Präsident des verfassungsgebenden Grossen Rats von 1846, Grossrat 1842–1856. 1843–1845 Präsident der Ökonomischen Gesellschaft, Mitglied des Consistoire. Werke: «Observations sur les changements demandés au pacte fédéral» 1831, «La constitution du canton de Genève mise en parallèle avec les constitutions des cantons de Zurich, Berne, Fribourg, Soleure, Bâle et Vaud» 1834, «Examen de la crise religieuse actuelle dans le canton de Vaud» 1846.
[47] Art. 143–148 Verfassung.

9. Rückgriff auf Genfer Quellen der Revolutionszeit?

Der frühere souveräne Genfer Conseil Général als Versammlung aller Bürger war ein während des 18. Jahrhunderts ständig angestrebtes Ziel der Opposition gegen das Patriziat gewesen. Hier knüpften die Radikalen natürlich an, aber wohl mehr äusserlich in ihren Parolen, denn nach ihrem Denken waren sie rationalistisch und individualistisch eingestellt, weshalb sie einer grossen Volksversammlung mit offener Abstimmung nicht allzuviel Macht zuerkennen wollten. Anders stand es mit den Institutionen aus dem Schmelztiegel der Französischen Revolution.

Die Radikalen waren dem egalitären demokratisch-wohlfahrtsstaatlichen Fortschritt verpflichtet. Es wäre daher möglich, dass sie beim Gedankengut der radikal-demokratischen Phase der Französischen Revolution anknüpften, zu welcher besonders Genf eine besondere Beziehung hatte: Die vom Conseil Général erlassene Genfer «Déclaration des droits et des devoirs de l'homme social» vom 9. Juni 1793 und die Verfassung vom 5. Februar 1794 lehnen sich, wie gesagt, stark an die französische Montagnard-Verfassung und an den Gironde-Entwurf an. Die Genfer Verfassung vom 6. Oktober 1796 war eine Überarbeitung jener von 1794 nach den Prinzipien der französischen Direktorialverfassung.

a) Bei den Freiheitsrechten

Betrachtet man die Genfer Verfassung von 1847, so kann man in vielfacher Weise inhaltliche und textliche Linien zu jenen Quellen der Revolutionszeit ziehen. Eine Berufung auf sie fand aber in der Konstituante von 1847, soweit ersichtlich, praktisch nicht statt. Einzig in den Beratungen der Konstituante von 1842 berief sich Carteret auf die Genfer Verfassung von 1796[48]. Die Gründe, weshalb man diese Rezeptionen nicht offenlegte, sind für Genf noch offensichtlicher als für die übrigen Kantone: Genf hatte nicht nur einen eigenen «jakobinischen» Terror mit Hinrichtungen erlebt, sondern war 1798 von Frankreich auch noch zwangsweise und förmlich einverleibt worden.

Die persönliche Freiheit, insbesondere der Schutz vor Verhaftung, wurde in der neuen Verfassung nicht nur in den Artikeln 2–4 sorgfältig normiert, sondern es wurde darüber hinaus in den Zusatzbestimmungen der Erlass einer Verfassungskodifikation über die per-

---

[48] Verhandlungen vom 11. Mai 1842.

sönliche Freiheit vorgesehen[49]. Dieser Weg ist in der vom girondistischen Entwurf geprägten[50] Genfer «Déclaration» vom 9. Juni 1793 sowie im VIII. Titel der Genfer Verfassung vom 5. Februar 1794 im Detail vorgezeichnet; er wird im später erlassenen Verfassungsgesetz über die individuelle Freiheit vom 26. April 1849 noch deutlicher sichtbar.

b) In anderen Bereichen

Die korporationenfeindlichen Bestimmungen der Artikel 139–142 der neuen Verfassung korrespondieren mit Artikel XLI der Genfer «Déclaration» vom 9. Juni 1793, welcher seinerseits in Artikel 28 der «Déclaration» des girondistischen Entwurfes seine Basis findet. Die Revisionsbestimmungen der Artikel 152 und 153 könnten, wenn auch bedingter Weise, von Artikel XLII der genannten Genfer «Déclaration» her inspiriert worden sein, indem nun der von Condorcet verlangte Grundsatz verwirklicht wird, wonach die «Nation jederzeit ihre Verfassung überprüfen, verbessern und umgestalten kann»[51]. Dasselbe trifft zu für das geheime Listenwahlrecht, die leichte Aufnahme von Ausländern in das Bürgerrecht, die weitgehende Beseitigung der Wahlrechtsschranken, die kurzen Amtsdauern, das strenge Kollegialprinzip; auch die Volkswahl der Exekutive könnte zumindest teilweise durch die genannten revolutionären Genfer Quellen inspiriert worden sein.

Und war das von Fazy verlangte Recht auf Auflösung oder Abberufung des Grossen Rates durch das versammelte Volk wirklich, wie Fazy sagte, dem Staatsrecht der «konstitutionellen Monarchien entliehen»[52]? Die Auflösung der Parlamente durch die Monarchen im 19. Jahrhundert war doch praktisch und staatstheoretisch etwas ganz anderes als die 1792 im französischen Nationalkonvent erstmals verlangte Abberufung durch das Volk, welche in modifizierter Weise vom girondistischen Entwurf aufgenommen wurde!

Vorgezeichnet im generischen und französischen Revolutionsrecht, insbesondere aber vom Erziehungsplan Condorcets, ist weiter der elfte Titel der neuen Verfassung von 1847: Die «Verstaatlichung» des Schulwesens, die Aufnahme der dreistufigen Schulorga-

---

[49] Art. 155.
[50] Art. 320 ff.; *Quellenbuch* S. 63 f.
[51] Art. 33 Déclaration Gironde-Entwurf; *Quellenbuch* S. 35.
[52] Bericht der Verfassungskommission S. 377.

nisation, der unentgeltliche Primarschulunterricht und die Verselbständigung des Schulwesens von kirchlichen Einflüssen auf der Basis
von philosophischen und wissenschaftlichen Grundsätzen dürften
insgesamt ebenfalls aus den genannten Quellen rezipiertes Recht
sein[53].

Die Genfer Radikalen versuchten hingegen – anders als die
Waadtländer Radikalen – nicht, die sozialpolitischen Versuche der
Jahre 1792–1794 und die Ideen der französischen Frühsozialisten zu
Verfassungsrecht zu machen. Fazy bekämpfte ja ein Jahr später die
sozialpolitischen Ideen des Gründers des Grütlivereins, Albert Galeer[54], hart. Die soziale Sicherheit und besonders die Armenunterstützung blieben also prekär. Immerhin schufen die Radikalen Alters-
asyle, Spitäler und weitere soziale Einrichtungen. Das Hauptgewicht
legten sie aber auf die volkswirtschaftliche Seite der Sozialpolitik:
wirtschaftliche Expansion für breitere Kreise mit Hilfe staatlich geför-
derter günstiger Rahmenbedingungen, Förderung der wirtschaftlichen, gesellschaftlichen und politischen Entwicklung der einzelnen
im Sinne des Aufsteigerradikalismus. Sie ersetzten auch in wirtschaftlicher Hinsicht das quietistische individualistische System der Liberalen durch eine dynamische und populistische offene Gesellschaft
mit einander konkurrenzierender Wirtschaftssubjekte.

Als weitere wichtige Quelle der neuen Verfassung dürfte das
nordamerikanische Staatsrecht gelten. James Fazy hat sich mehrmals
auf dieses berufen. Nordamerikanisches Staatsrecht dürfte gewiss
auch eine Rolle gespielt haben bei der Einführung der Volkswahl der
Exekutive und der starken Stellung, welche die Genfer Verfassungsväter der Richterfunktion und der Gewaltenteilung einräumten; so fällt
insbesondere auf, dass die neue Verfassung das Wahlrecht der Richter
beim Grossen Rat beliessen und nicht wie im französischen Revolutionsrecht dem Volk übertrugen.

---

[53] Art. 135–138.

[54] GALEER ALBERT FREDERIC JEAN, 1813–1851. Geboren in Kehl am Rhein, Baden-
Württemberg. Stammte aus einer Arbeiterfamilie. Mit Stipendium philosophische Stu-
dien an der Universität Heidelberg. Dr. phil. Ab 1836 als Deutschlehrer in Genf. Ab 1841
Eintritt und geistige Leitung des Grütlivereins, eines Geselligkeits- und Bildungsver-
eins für Deutschschweizer Arbeiter in Genf. Radikaler Politiker. Unterstützung der
Revolution von 1846, darauf 1846–1850 Amt als offizieller Übersetzer der Genfer Staatskanzlei. 1848 Wahl in den Genfer Grossen Rat. In der Folge Wechsel zum sozialistischen
Gedankengut. 1849 Gründung der sozialdemokratischen Partei Genfs. Deswegen 1850
in seinen Ämtern nicht wiedergewählt.

Die Genfer Verfassung ist insgesamt eine interessante Mischung aus selektiv rezipiertem französischem Revolutionsrecht, nordamerikanischem Verfassungsrecht und altem Genfer Staatsrecht, wobei auch Übernahmen aus anderen Kantonen erfolgt sein dürften, in welche französisches Recht schon früher aufgenommen worden ist, so beispielsweise das Direktorialsystem bei der Exekutive.

10. Ausblick

Einen verhältnismässig geringen Stellenwert hatten im verfassungsgebenden Grossen Rat die Auseinandersetzungen um die individuellen Freiheitsrechte eingenommen. Diese Erscheinung korrespondiert mit den radikalen Verfassungsbewegungen in den Kantonen Waadt und Bern. Dort wie hier ging es jetzt vorab um Demokratie und Rechtsgleichheit. Die individuellen liberalen Rechte interessierten jetzt weniger; sie waren ja bereits in der Verfassung von 1842 recht gut verankert worden. Die individuellen Rechte boten auch keinen Hebel für die erstrebte Änderung der Machtverhältnisse; hiezu konnten einzig Demokratie, Rechtsgleichheit und Volkssouveränität weiterführen.

Der bei den Radikalen bereits konstatierte wohlfahrtsstaatliche Dirigismus führte diese in Verbindung mit ihren Machtinteressen zu äusserst harter Anwendung des Mehrheitsprinzipes, was die Opposition auf der Rechten und der Linken bereits zu spüren bekam: Die in der neuen Verfassung vorgesehenen grossen Wahlkreise begünstigten unter dem damals einzig möglich scheinenden Mehrheitswahlsystem die Radikalen jetzt und in der Zukunft zuungunsten der entmachteten altliberalen und patrizischen Rechten und der aufkommenden Arbeiterbewegung auf der Linken. Victor Considerant sah das voraus und richtete am 26. Oktober 1846 eine «Lettre adressée» an die Mitglieder des verfassungsgebenden Grossen Rates mit dem Titel «De la sincérité du gouvernement représentatif ou exposition de l'élection véridique». Considerant ging in seiner meisterhaften Schrift, die als Grundlage des modernen schweizerischen Wahlrechts gelten darf, von der zentralen, machtverteilenden Bedeutung des Wahlrechts in der repräsentativen Republik aus. Er führte aus, das Wahlverfahren müsse «rational, loyal und wahrhaft» sein, es müsse eine «mathematisch getreue Widerspiegelung der öffentlichen Meinung» bewirken. Alle Meinungen müssten daher im Verhältnis ihrer Stärke beim Volk im Parlament vertreten sein. Sei das nicht der Fall, so heisse das, die «Gleichheit der Wähler vor dem Gesetz» nicht zu anerkennen. Das geschehe heute, und deshalb sei die Wahl ein «Kampf», ja eine «Krise», statt eine Auswahl. Das Problem bestehe deshalb, weil man nicht zwischen der «vertretenden Stimme» – «vote représentatif» – und der «beratenden und entscheidenden Stimme» – «vote délibératif» – unterscheide. Bei der beratenden und entscheidenden Stimme gehe es in der Repräsentative darum, alle im Volk vorhandenen Meinungen zur Geltung zu bringen und dann den Entscheid zu treffen. Bei diesem letzteren muss sich die Minderheit zwar fügen. Bei der vertretenden Stimme, der Wahl der Abgeordneten hingegen gehe es nicht um die Abgabe einer beratenden und entscheidenden Stimme, denn in der Wahlversammlung müsse kein Beschluss über eine Massnahme getroffen werden. Es gehe hier für jeden Wähler darum, sein Recht zur Mitentscheidung bei den Landesgeschäften an denjenigen zu delegieren, der ihn am fähigsten und würdigsten repräsentiere. Considerant stellt dann die entscheidende Frage, mit welchem Recht die Mehrheit in einer Wahlversammlung die Minderheit daran hindern dürfe, sich im Parlament repräsentieren zu können. Und er fragt – geschickt die Front wechselnd –, mit welchem Recht sich in einer Wahlversammlung diverse, zusammen eine Mehrheit bildende Minderheitengruppen zusammenschliessen dürfen, um eine in der Versammlung zahlreich anwesende andere Minderheitsgruppierung einer Repräsentation zu berauben. Weil man bislang die Natur der beiden voneinander so verschiedenen Stimmabgaben, «vote représentatif» und «vote déliberatif», durcheinandergebracht habe, sei das Wahlsystem «höchst illegitim, unbillig und widernatürlich» geworden; es bedeute die Unterdrückung und die Vernichtung des Rechts der Minderheiten in jeder Wahlversammlung.

In der Folge entwickelt Considerant das proportionale Wahlverfahren oder nach seinen Worten «procédé électoral véridique» in leichtverständlicher Weise bis in Details der Aufstellung der Kandidaten und die Gestaltung der Wahllisten. Das Ergebnis eines solchen Wahlverfahrens wäre, jeder im Volk vorhandenen Gruppierung genau die ihrer Stärke entsprechende Zahl von Repräsentanten zu verschaffen. In seinem Zahlenbeispiel arbeitet er mit grossen Wahlkreisen, wissend, dass sein neues Verfahren nur so den Minderheiten zugute komme – im Gegensatz zum Mehrheitswahlverfahren.

Considerant hatte von früheren Kämpfen her Erfahrung im Umgang mit der Macht. Er schrieb, man werde seinem System vorwerfen, es sei eine unpraktikable Theorie. Und vorsichtshalber hatte er seinem kleinen staatsrechtlichen Meisterwerk eine Fabel von La Fontaine vorangestellt: «Le premier qui vit un chameau – S'enfuit à cet objet nouveau; – Le second approcha; – Le troisième osa faire – Un licou pour le dromadaire».

Die Verfassungskommission des Grossen Rates antwortete in ihrem Bericht auf die Eingabe von Considerant so, wie dieser erwartet hatte. Sie schrieb, es habe zwar der vorgeschlagene Wahlmodus ein gutes, gerechtes Ziel, weil es um den Schutz der Minderheiten gehe. Das neue Verfahren sei auf den ersten Blick auch verführerisch. Es sei jedoch abzulehnen, weil es die Bildung von unnatürlichen, künstlichen Aufspaltungen der Wählerschaft begünstige, allein um die Wahl gewisser Kandidaten zu bewerkstelligen. Unter dem Vorwand des Schutzes besonderer Meinungen könnten sich, so fuhr die Kommission weiter, reiche oder sonst einflussreiche Männer zwecks ihrer Perpetuierung im Parlament ihren kleinen «bourg pourri»[55] schaffen, und es könnte sich rasch ein Volk von «Wahlklienten» bilden, die in besonderen Clans an einen Chef gefesselt wären. Das wäre eine Art «Feudalismus». Der Vorschlag Considerants zeige ehrbare Gefühle, er sei originell, aber er sei zu naiv in seinem Vertrauen in die Menschlichkeit. Und die Kommission verabschiedete Victor Considerant mit dem Satz: «C'est une utopie philosophique»[56]. Es dauerte 45 Jahre, bis für das Dromedar La Fontaines ein Halfter gemacht und 1892 die «philosophische Utopie» des proportionalen Wahlverfahrens im Kanton Genf Wirklichkeit werden sollte.

Die neue Genfer Verfassung vom 24. Mai 1847 wurde vom Volk mit 5547 gegen 3187 Stimmen angenommen. Sie steht noch heute in Kraft, ohne einmal total revidiert worden zu sein. Damit wurde die Phase der grossen verfassungsrechtlichen Neugestaltungen in den Kantonen während der Regenerationszeit abgeschlossen.

[55] Damals in England häufig existierende Wahlkreise, die trotz starkem Bevölkerungsschwund ihren Sitz behielten und von reichen Leuten mittels Schleichhandel von Wählerstimmen für die Erlangung eines Parlamentssitzes missbraucht wurden («rotten boroughs»).

[56] Mémorial des séances vom 4. Januar 1847, S. 415.

VIII. TEIL

DIE ENTSTEHUNG DER BUNDESVERFASSUNG VON 1848

23. KAPITEL: VORBEREITENDE EREIGNISSE UND BESCHLÜSSE[1]

1. Politische Entwicklung bis zum Zusammentritt der Tagsatzungskommission

Es verstand sich nach der Genfer Revolution vom 9. Oktober 1846 von selbst, dass der am 25. Oktober 1846 neugewählte Genfer Grosse Rat seine Tagsatzungsgesandten unverzüglich neu im Sinne des Zürcher Antrages instruierte, wonach «der Sonderbund mit den Bestimmungen des Bundesvertrages von 1815 unvereinbar zu erklären und daher aufzulösen» sei. Damit zählte das sonderbundsfeindliche Lager in der Tagsatzung elf Stimmen. Noch eine einzige fehlte, um einen bundesvertragsgemässen Beschluss über die Auflösung des

---

[1] *Literatur:* AGULHON MAURICE, 1848 ou l'Apprentissage de la république 1848–1852, Paris 1973; BAUMGARTNER GALLUS JAKOB, Die Schweiz in ihren Kämpfen und Umgestaltungen von 1830–1850, Band IV, Zürich 1868; BUCHER ERWIN, Die Geschichte des Sonderbundskrieges, Zürich 1966; DIERAUER JOHANNES, Geschichte der schweizerischen Eidgenossenschaft, Band V, Gotha 1917; FELLER RICHARD, Berns Verfassungskämpfe, Bern 1948; GILG PETER, Die Entstehung der demokratischen Bewegung und die soziale Frage, Affoltern a. A. 1951; GODECHOT JACQUES, Les révolutions de 1848, Paris 1971; GODECHOT JACQUES, Bilan politique et institutionnel du monde en 1815, Regards sur l'époque révolutionnaire, Toulouse 1980, S. 249 ff.; GRÖBER MARKUS, Zürich und der Versuch einer Bundesreform 1831–1833, Affoltern a. A. 1953; MURAT INES, La Deuxième République, Paris 1987; SALZMANN MARTIN, Die Wirtschaftskrise im Kanton Zürich 1845–1848, Bern 1978; TILLIER ANTON VON, Geschichte der Eidgenossenschaft während der Zeit des so geheissenen Fortschrittes, Band III, Bern 1855; VIGIER PHILIPPE, La Seconde République, Paris 1975.

Sonderbundes fällen und eine eventuelle Bundesexekution beschliessen zu können.

Am 1. Januar 1847 wurde das radikale Bern Vorort der Eidgenossenschaft. Diese Funktion war in jener unruhigen Zeit zentral, denn die politische Unrast im Landesinnern wuchs ständig und die eidgenössische Konfliktsituation begann zunehmend die Diplomatie der europäischen Mächte zu beschäftigen. Es wurden Vermittlungsversuche unternommen, um die beiden Blöcke zu versöhnen, denn man befürchtete nun einen offenen Bürgerkrieg; gleichzeitig wuchs die Gefahr einer auswärtigen Intervention in der Schweiz. Die Tagsatzung war bei hälftig geteilten Stimmen handlungsunfähig, bis sich Anfang Mai eine Veränderung der Mehrheitsverhältnisse ergab: Die Radikalen und Liberalen hofften, eine weitere Kantonsstimme zu ihren Gunsten im konfessionell gemischten Kanton St. Gallen gewinnen zu können. Im dortigen Grossen Rat sassen seit den letzten Wahlen von 1845 genau 75 Liberale und 75 Konservative, so dass in dieser Kardinalfrage des Sonderbundes kein Beschluss zustande kam. Am 2. Mai 1847 war Wahltag. Die Liberalen hätten die Wahl verloren, wenn nicht im katholischen Bezirk Gaster in Schänis die «Schicksalswahlgemeinde» gegen Tradition und Erwartung gewählt hätte: Es wurden nämlich von den versammelten Männern in offener Abstimmung alle sechs Sitze mit Liberalen besetzt. Diese Wahl führte im Grossen Rat zu einer liberalen Mehrheit von 77 Sitzen gegen 73. Es ist umstritten geblieben, ob die Wahl korrekt durchgeführt worden ist[2]. Klar war nun aber, dass St. Gallen in der am 5. Juli 1847 beginnenden Tagsatzung für den Antrag auf Auflösung des Sonderbundes stimmen würde.

Diese Tagsatzung wurde in Bern vom Regierungspräsidenten des Vorortes, Ulrich Ochsenbein, eröffnet. Er rief in seiner Eröffnungsansprache das Bedürfnis der Eidgenossenschaft nach «materieller Einheit», nach «nationaler Selbständigkeit» in Erinnerung und sagte, es sei ein «Gebot der Klugheit, ohne Säumnis Hand anzulegen», womit die Auflösung des Sonderbundes und die Revision des Bundesvertrages gemeint waren. Ochsenbein bestritt den europäischen Mächten das Recht zur Intervention, denn nach der Wiener Kongressakte hätten diese der Eidgenossenschaft nur ihr Gebiet, nicht aber den Bundesvertrag garantiert. Die Schweiz habe daher das Recht, ihre Verfassung nach eigenem Gutdünken zu ändern. Am 20. Juli erklärte die Tagsatzung mit zwölf Stimmen den Sonderbund für unvereinbar mit dem Bundesvertrag und damit für aufgelöst. Die Tagsatzung setz-

---

[2] BIAUDET CHARLES, Handbuch der Schweizer Geschichte II (1977), S. 961.

544

te in der Folge eine siebenköpfige Kommission ein, welche sich mit den Fragen der Auflösung des Sonderbundes zu befassen hatte. Diese Kommission wurde mit den entschlossensten Radikalen und Liberalen besetzt, nämlich Ulrich Ochsenbein, Jonas Furrer[3], Joseph Munzinger, Wilhelm Naeff[4], Johann Konrad Kern[5], Giacomo Luvini[6] und Henry Druey. Sie sollte während der kommenden Krisenzeit eine Art

---

[3] FURRER JONAS, 1805–1861. Geboren in Winterthur als Sohn eines Schlossers. Rechtsstudium in Zürich, Heidelberg und Göttingen. Zürcher Prokuratorexamen 1828, Fürsprecher 1832. Tätigkeit als Rechtsanwalt. 1838 Dr. iur. honoris causa der Universität Zürich. Mitglied des Zürcher Grossen Rats ab 1834. Stimmte 1839 als Erziehungsrat für die Berufung von Professor Strauss an die Zürcher Universität. Nach dem konservativen Umschwung, «Züri-Putsch», aus den politischen Ämtern verdrängt. 1839–1845 Präsident des Verwaltungsrats der liberalen Zeitung «Schweizerischer Republikaner». 1843 wieder in den Grossen Rat gewählt. 1844 Mitgründer der Schweizer Freimaurer-Grossloge «Alpina». 1845–1848 Regierungsrat, ab 1846 Bürgermeister und Tagsatzungsabgeordneter. 1848–1861 Bundesrat, Vorsteher des Justiz- und Polizeidepartements und des politischen Departements. Trotz seiner deutlich liberalen politischen Position suchte Furrer vor allem in den nationalen und internationalen Konflikten die Vermittlung mit den konservativen Kräften.

[4] NAEFF WILHELM, 1802–1881. Geboren in Altstätten, Kanton St. Gallen, als Sohn eines Tuchkaufmanns. Jurastudium in Heidelberg. 1823 Dr. iur. Erste Tätigkeit als Appellationsrichter. Radikaler Politiker. Ab 1828 Grossrat. 1830 Verfassungsrat. 1830–1848 Grossrat und Mitglied des Kleinen Rats als Vorsteher des Baudepartements, wiederholt Landammann. Pionier der St. Galler Eisenbahnpolitik vor 1848. 1844, 1845 und 1847 Tagsatzungsgesandter. 1848–1875 Bundesrat als Vorsteher des Post-, Bau- und Telegraphendepartements, später des Handels- und Zolldepartements. Führte als Vorsteher des Postdepartements die Zentralisation des schweizerischen Postwesens durch. Verdient um die Entwicklung des Weltpostvereins.

[5] KERN JOHANN CONRAD, 1808–1888. Geboren in Berlingen, Kanton Thurgau, als Sohn eines Landwirts und Weinhändlers. Theologie-, dann Jurastudium in Basel, Berlin und Heidelberg. 1830 Dr. iur. Ab 1831 Tätigkeit als Rechtsanwalt in Berlingen, ab 1834 in Frauenfeld. Freundschaft mit dem späteren Napoléon III. Führer der Thurgauer Liberalen. 1831 Mitglied der Verfassungsrevisionskommission. 1832–1854 Grossrat. Vizepräsident des Verfassungsrats von 1837. In der Folge einflussreichster Politiker im Thurgau: Präsident des Obergerichts und der dreiköpfigen Justizkommission, die das gesamte Privat- und Strafrecht revidieren sollte: Strafgesetzbuch von 1841, Zivilprozessordnung von 1843. Wiederholt Tagsatzungsgesandter. 1847 treibende Kraft an der Tagsatzung für die militärische Auflösung des Sonderbunds. Redaktor eines ersten Bundesverfassungsentwurfs und Kommissionsberichterstatter. 1848–1854 Nationalrat, 1855–1857 Ständerat, Ablehnung der Bundesratswürde. 1849–1852 Thurgauer Regierungsrat. 1850 Gründer der Thurgauer Hypothekarbank. Im Präsidium der Zürich–Bodensee-Bahn und der Nordostbahn. 1854–1856 Präsident des Schulrats der ETH. 1857–1882 bevollmächtigter Minister der Schweiz in Paris. Hauptwerk: «Souvenirs politiques» 1887.

[6] LUVINI-PERSEGHINI GIACOMO, 1795–1862. Geboren in Lugano als Sohn eines Anwalts. Jurastudium an der Universität Pavia. Ab 1823 Tätigkeit als Rechtsanwalt und

Vorläufer der künftigen Bundesexekutive werden und übte grössten Einfluss auf die Tagsatzung aus. Sogar gemässigte Liberale sollen diese Siebnerkommission mit dem französischen «Wohlfahrtsausschuss der Jakobiner» verglichen haben[7]. Am 16. August beschloss die Tagsatzung, den Bundesvertrag zu revidieren, und wählte eine Kommission dafür. Am 3. September wurde beschlossen, die betreffenden Kantone zur Ausweisung der Jesuiten aufzufordern, weil sie eine Gefahr für Frieden und Ruhe in der Eidgenossenschaft bildeten. Und am 4. November schliesslich fiel nach zahlreichen vorbereitenden Akten der Beschluss, mit bewaffneter Gewalt den Sonderbund aufzulösen. Die folgenden Ereignisse bis zur endgültigen Niederlage des Sonderbundes am 29. November 1847 sind bekannt. Die Mächte hatten deshalb nicht sofort interveniert, weil sie eine länger dauernde kriegerische Auseinandersetzung erwarteten und weil England hinhaltenden Widerstand gegen ein Eingreifen leistete. Trotz der Ende November 1847 erfolgten Einstellung der Feindseligkeiten drängten Österreich und Preussen auf eine Intervention in der Schweiz. Am 18. Januar 1848 übergab der österreichische Gesandte auch im Namen von Preussen, Frankreich und Russland, aber ohne England, eine drohende Interventionsnote; darin wurde die Aufhebung der militärischen Besetzung der Sonderbundskantone und deren Selbstbestimmungsrecht gefordert und vor allem der Eidgenossenschaft das Recht bestritten, den Bundesvertrag anders als mittels «einstimmiger Genehmigung» aller Kantone zu ändern[8]. Die Tagsatzung antwortete in einer von Jonas Furrer verfassten selbstbewussten Stellungnahme, die als juristisch-politisches Meisterstück angesehen werden darf[9]. Darin wird näher begründet, was Ochsenbein in seiner Rede vom 5. Juli 1847 kurz ausgeführt hatte: Nur das Gebiet der Eidgenossenschaft, nicht aber der Bundesvertrag sei 1815 von den Mächten garantiert worden; die der Schweiz zugesicherte Neutralität sei «nie an die

Notar in Lugano. Befreundet mit Mazzini. Charismatischer und redegewaltiger liberal-radikaler Politiker. Zusammen mit Franscini Anführer der liberalen Tessiner Bewegung. Massgeblicher Einfluss auf die Tessiner Verfassungsrevision von 1830. 1830–1862 Bürgermeister von Lugano und Tessiner Grossrat. Bekämpfte im Kanton erfolgreich die konterrevolutionäre Bewegung von 1841 und verhinderte 1847 den Beitritt des Tessins zum Sonderbund. Auf Bundesebene zwischen 1830 und 1848 wiederholt Tagsatzungsabgeordneter. 1832 eidgenössischer Oberst. Im Sonderbundskrieg als Kommandant einer eidgenössischen Division bei Airolo besiegt. 1848–1854 Nationalrat. 1855 Tessiner Staatsrat und Ständerat. 1855–1862 wiederum Nationalrat.

[7] BONJOUR EDGAR, Die Gründung des schweiz. Bundesstaates (1948), S. 73.
[8] Eidgenössische Abschiede 1847 II, S. 186 ff.
[9] Eidgenössische Abschiede 1847 II, S. 190 ff.

Bedingung gewisser Formen der Bundeseinrichtungen geknüpft» worden. Ob Veränderungen des Bundesvertrages mit «Einstimmigkeit» oder mit einer «gewissen Mehrheit» von Ständen vorgenommen werden könnten, sei eine Frage, welche mit dem der Eidgenossenschaft unverkümmert zustehenden Konstituierungsrecht aufs engste zusammenhänge und deren Entscheidung daher nicht Sache anderer Staaten sein könne.

2. Zusammensetzung und Arbeitsweise der Tagsatzungskommission

Schon vor Ausbruch des Sonderbundskrieges, am 16. August 1847, hatte die Tagsatzung mit einer Standesstimme Mehrheit beschlossen, es sei die «Angelegenheit der Revision des Bundesvertrages» einer besonderen Kommission zu überweisen. In dieser sollten sämtliche Kantone oder Kantonsteile vertreten sein, «die zu einer Revision Hand bieten wollen». In der gleichen Sitzung der Tagsatzung wurden 13 Kommissionsmitglieder gewählt, nämlich Vertreter jener Kantone, welche die Auflösung des Sonderbundes beschlossen hatten. Die Kommission konnte aber vorerst wegen des Sonderbundskrieges nicht zusammentreten.

Nachdem die Tagsatzung mit Schreiben vom 15. Februar 1848 die Interventionsnote vom 18. Januar der vier Mächte im Sinne ihres Rechtes auf Selbstkonstituierung beantwortet hatte, trat die Bundesrevisionskommission am 17. Februar 1847 zu ihrer ersten Sitzung zusammen. Mit Ausnahme des Kantons Appenzell-Innerrhoden beteiligten sich nun auch die katholisch-konservativen Kantone an den Kommissionsverhandlungen; das protestantische Neuenburg, das zu Beginn der Beratungen noch unter der monarchischen Verfassung lebte, nahm ebenfalls nicht teil. Die Mitglieder der 23köpfigen Tagsatzungskommission waren in ihrer Mehrheit Liberale. Das verstand sich für die Abgeordneten der die Mehrheit bildenden Regenerationskantone von selbst. Aber auch die Vertreter der nachträglich sich beteiligenden konservativen Kantone waren vornehmlich liberaler, radikaler oder liberal-konservativer Weltanschauung. Dies erklärt sich zum Teil dadurch, dass gemäss Tagsatzungsbeschluss vom 10. Januar 1848 die Tagsatzung selber und bei ihrer Vertagung deren Präsident das Recht erhielten, aus der betreffenden Gesandtschaft des Kantons das Kommissionsmitglied zu bezeichnen. Dass diese Auswahl nach politischen Gesichtspunkten getroffen wurde, war nach dem gewonnenen Krieg ebenfalls selbstverständlich. Als Vertreter des den Sonderbund leitenden Kantons Luzern amtete in der Revisionskommission der radikale Arzt Jakob Robert Steiger[10], während Freiburg den radikalen Lyceumsprofessor Jean-François Bussard[11] und Wallis den radikalen Maurice Barman[12] entsandte. Dies erkärt sich dadurch, dass in diesen Kantonen nach dem Sonderbundskrieg unter massivem militärischem und politischem Druck der Siegerkantone liberale Regierungen «gewählt» worden waren.

Die Revisionskommission war eine aus grösstenteils erfahrenen Politikern zusammengesetzte «Konstituante». Die meisten von ihnen hatten führende Rollen bei den politischen Kämpfen in den Kantonen zwischen 1830 und 1847 gehabt, so der Kommissionspräsident, Ulrich Ochsenbein in Bern, Henry Druey in der Waadt, Josef

[10] STEIGER JAKOB ROBERT, 1801–1862. Geboren im luzernischen Geuensee als Sohn eines Schneiders und Landwirts. Theologische, dann medizinische Studien in Genf und Freiburg im Breisgau. Tätigkeit als Arzt in Büron und dann in Luzern. Liberal-radikaler Politiker. Mitglied des Verfassungsrats von 1830, 1831–1841 Grossrat und 1831–1837 Mitglied des Kleinen Rats. 1832–1834 und 1839 Tagsatzungsgesandter. Nach dem konservativen Umschwung in Luzern einer der Anführer der Opposition. 1842–1846 Präsident der Helvetischen Gesellschaft. 1845 als Teilnehmer am Freischarenzug von den Luzerner Behörden gefangengenommen und zum Tode verurteilt, aber von Freunden befreit; darauf bis 1847 als Flüchtling in Winterthur. 1848–1852 Nationalrat und Luzerner Regierungsrat. In seinen Ämtern Vertreter einer radikalen und staatskirchlichen Haltung. 1854–1862 Mitglied des Schulrats der ETH. Förderer und Verwaltungsrat der Centralbahn.

[11] BUSSARD JEAN-FRANÇOIS MARCELLIN, 1800–1853. Sohn eines einfachen Landwirts in Epagny, Kanton Fribourg. Studien an der Fribourger Rechtsschule und in Freiburg im Breisgau. 1825 Dr. iur., 1827 Anwaltspatent. 1827–1853 Professor für Zivil- und Naturrecht an der Fribourger Rechtsschule. Als Jurist der gemeinrechtlich-deutschen Doktrin verpflichtet. Radikaler Politiker. Sekretär des Fribourger Verfassungsrats von 1830. 1831–1836 Appellationsrichter, 1832–1853 Grossrat. Tagsatzungsabgeordneter 1832–1836 und 1848. 1848 Anführer des radikalen Umsturzes der konservativen Regierung Fribourgs. Als Vertreter des Unitarismus auf Bundesebene Kampf für die Einführung des Einkammersystems in der Schweiz und die Gründung einer eidgenössischen Universität. 1851–1853 Nationalrat. Auch als Heimatdichter bekannt. Hauptwerk: «Elements de droit naturel» 1836.

[12] BARMAN MAURICE, 1808–1878. Geboren in Saint-Maurice, Kanton Wallis, als Sohn eines höheren Staatsbeamten. Besuch der Rechtsschule in Sion. Tätigkeit als Notar und landwirtschaftlich interessierter Grundeigentümer. Radikaler Politiker. Ab 1831 Grossrat. 1840–1844 militärischer Anführer der Unterwalliser Bewegung im Kampf gegen das deutschsprachige, katholisch-konservative Oberwallis. 1840 nach dem Sieg bei Sierre über die Oberwalliser Truppen Staatsrat. 1844 nach der Niederlage bei Trient Flucht nach Vevey, Kanton Waadt, wo Barman das Werk «La Contre-Révolution en Valais» verfasste. Nach der Niederlage des Sonderbunds triumphale Rückkehr ins Wallis. 1848–1857 Nationalrat. 1851 eidgenössischer Oberst. Zwischen 1847 und 1857 auch wiederum Walliser Staatsrat. 1850 Präfekt von Saint-Maurice. 1858–1877 Grossrat. Lehnte die Bundesverfassungsrevision von 1872 ab.

Munzinger in Solothurn, Maurice Barman aus dem Unterwallis, Melchior Diethelm[13] aus Schwyz, Louis Rilliet-Constant in Genf; aus diesem Kanton fehlte indessen der prominente James Fazy, der wegen eines Streites sein Genfer Tagsatzungsmandat abgegeben hatte. Einige Mitglieder der Revisionskommission hatten als Offiziere aktiven militärischen Anteil am Sonderbundskrieg gehabt, so Ulrich Ochsenbein, der Aargauer Friedrich Frey-Herosé[14] und der Genfer Rilliet-Constant. Sechs der sieben Mitglieder der künftigen Bundesexekutive sollten Mitglieder dieser Kommission gewesen sein. Was die berufliche und soziale Stellung der Kommissionsmitglieder betrifft, so hatten die meisten eine höhere Lehranstalt besucht. Davon stellten die Juristen die stärkste Gruppe; diese waren zumeist als kantonale Exekutivmitglieder, als Richter oder als Advokaten tätig. Es zählten auch drei Ärzte zur Kommission. Einige Mitglieder waren Militärs, «eidgenössische Obersten», und einige Kaufleute oder Unternehmer. Die überwiegende Mehrheit der Kommissionsmitglieder stammte nicht aus reichen Familien; es waren «neue» Männer der aufstrebenden bürgerlichen Kreise. Was das Alter betrifft, so zählte das älteste Mit-

[13] DIETHELM MELCHIOR, 1800–1873. Geboren in Schübelbach, Kanton Schwyz. Stammte aus einer Bauernfamilie. Medizinstudium in Freiburg im Breisgau und Wien. Ab 1825 Tätigkeit als Landarzt in Siebnen, später in Lachen. Liberal-radikaler Politiker. Als Bezirkslandammann der March 1831–1833 Anführer von «Ausser-Schwyz» im Unabhängigkeitskampf gegen das katholisch-konservative «Alt-Schwyz». Nach der in der Folge gescheiterten Kantonsteilung von 1833 Präsident des Verfassungsrats, darauf Landesstatthalter im wiedervereinigten Schwyz. Aufgrund einer wachsenden antiliberalen Stimmung 1843 vorübergehende Flucht nach Zürich und Leitung der «Neuen Zürcher Zeitung». Nach der militärischen Niederlage des Sonderbunds Mitglied der provisorischen Schwyzer Regierung, Verfassungsrat und Kantonsratspräsident. Bald darauf aber Niederlegung der kantonalen Ämter. 1852 jedoch Wahl ins Kantonsgericht. Grosser politischer Einsatz zur wirtschaftlichen Förderung der March und deren Ausrichtung nach Zürich.
[14] FREY-HEROSE FRIEDRICH, 1801–1873. Geboren in Lindau. Stammte aus einer Kaufmannsfamilie, die sich in Aarau niederliess. Chemiestudium in Paris. Ab 1821 Leiter der väterlichen chemischen Fabrik in Aarau. 1836 Eröffnung einer mechanischen Baumwollspinnerei, heute Schokoladenfabrik Frey. Liberal-radikaler Politiker. 1831–1841 Stadtammann von Aarau, 1834–1848 Grossrat, 1837–1848 Mitglied des Kleinen Rats, wiederholt Landammann. 1841 führte er als kantonaler Oberst die Klosteraufhebung durch. 1845–1847 Tagsatzungsgesandter. Generalstabschef von Dufour im Sonderbundskrieg. 1848–1866 Bundesrat. Vorsteher des Handels- und Zolldepartements, später des Militärdepartements. Nach seinem Rücktritt 1866–1872 Nationalrat. Verfocht zwar wirtschaftliche und militärische Einheit auf Bundesebene, trat aber nur für eine beschränkte politische Zentralisation ein. Gegner einer eidgenössischen Universität.

glied 58, das jüngste 32 Jahre; der Kommissionspräsident, Ochsenbein, war 37 Jahre alt.

Eigentliche Theoretiker und Publizisten zählte die Kommission nicht in ihren Reihen. Die radikalen Universitätsdozenten Ludwig und Wilhelm Snell, Anton Henne, Ignaz Vital Troxler, Remigius Emil Frey fehlten ebenso wie etwa die Konservativ-Liberalen Johann Caspar Bluntschli und Antoine Elysée Cherbuliez. Das war in erster Linie dem Umstand zuzuschreiben, dass die Kommission kein breit abgestützter Verfassungsrat war; sie setzte sich grösstenteils aus machtwilligen liberalen Politikern zusammen, die soeben eine militärische Bundesexekution durchgeführt hatten. Diesem Umstand ist es zumindest teilweise zuzuschreiben, dass das Verfassungswerk wenig systematisch gegliedert ist, geringe theoretische Geschlossenheit aufweist, stark von Kompromissen geprägt ist und Regelungen zweitrangiger Bereiche enthält. Es kam jener Geist zum Ausdruck, wie er in beinahe Burke'scher Formulierungsweise in der Tagsatzung ausgedrückt worden war: «Hat die Schweiz nicht geradezu Überfluss an jenen gelehrten Genie's, welche die Lebensverhältnisse durch das Medium einer abstrakten Theorie oder einer unfruchtbaren Philosophie zu betrachten gewohnt sind, so hat sie doch anderseits gewiss keinen Mangel an praktischen Köpfen, welche Land und Leute richtig zu beurtheilen verstehen und welche Welt und Bedürfnisse so nehmen, wie sie nun einmal sind.»[15] Dieser Theorie- und Philosophie-Skepsis wurde in der Kommission immerhin durch einige ihrer radikalen und liberalen Mitglieder etwas entgegengewirkt; diese waren sich der Tatsache bewusst, dass die aktuellen, nun geschichtlich wirksamen liberalen politischen Auffassungen in den Köpfen von gerade solchen Theoretikern und Philosophen des 17. und 18. Jahrhunderts entstanden waren und dass theoretische Erkenntnisse und daraus abgeleitete Grundsätze auch weiterhin Wirkungen entfalten würden. Vor allem die drei Kommissionsmitglieder Ulrich Ochsenbein, Henry Druey und Jonas Furrer haben den Mangel an Theorie mit prinzipiellen Vorstössen etwas wettgemacht, namentlich in den schwierigen Bereichen Volkssouveränität, Föderalismus und Freiheitsrechte, während sich die pragmatischer und konservativer gestimmten Mitglieder bei den Finanz-, Zoll- und Militärfragen bewähren sollten. Der schweizerische Pragmatismus von 1848 stand im Gegensatz zu den im gleichen Jahr geschaffenen theoretisch perfektionierten Verfassungstexten der beiden Nachbarländer Deutschland und Frankreich.

[15] Verhandlungen vom 26. Mai 1848.

550

Der politische Erfolg dieser Texte stand jedoch im umgekehrten Verhältnis zu ihrer juristischen Qualität, konnte doch der Verfassungsentwurf der Frankfurter Paulskirchenversammlung gar nicht in Kraft treten, währenddem die Verfassung der Zweiten Französischen Republik vom 4. November 1848 zwar in Geltung trat, aber schon drei Jahre später wieder ausser Kraft gesetzt wurde.

Ein weiteres Kennzeichen der Arbeit der Verfassungskommission war die von ihr befolgte ausserordentliche Eile: Zwischen der ersten Kommissionssitzung vom 17. Februar 1848 und dem Schlussentwurf der Kommission vom 8. April gleichen Jahres lagen nur acht Wochen, welche durch 31 Plenarsitzungen ausgefüllt waren. Diese Eile erklärt sich einerseits durch den Umstand, dass die Sieger im Sonderbundskrieg ihre gegenüber den katholisch-konservativen Kantonen erkämpfte Machtfülle für ihre Absichten ausnützen wollten. Vor allem aber trachtete die Kommission danach, die der Schweiz ihr Neukonstituierungsrecht bestreitenden konservativen europäischen Mächte durch rasches Handeln vor vollendete Tatsachen zu stellen: Die am 22. Februar 1848 in Paris beginnende und sich in der Folge über Europa ausbreitende Februar-Revolution konnte die Schweizer Liberalen und Radikalen in ihrer Eile nur bestärken: Wenn es gelang, das Verfassungswerk vor dem Ende der europäischen Unruhen fertigzustellen, so war ein Eingreifen Österreichs und Preussens nicht denkbar, denn die dortigen antiliberalen Machthaber waren jetzt vollauf mit eigenen Problemen beschäftigt. Vom Bestreben nach Beschleunigung der Arbeiten, der Furcht vor ausländischer Intervention und Druck von innen war auch der Beschluss der Kommission geprägt, von ihren Verhandlungen die Öffentlichkeit auszuschliessen. Überdies führe die Öffentlichkeit «zu weitläufigen Reden, zur Exposition von Theorien ...», was auf die Förderung und Beendigung der Arbeit von nachteiligem Einfluss sein müsse»[16]. Vom Gesichtspunkt der Eile diktiert waren auch die ohne Einschaltung der Tagsatzung erfolgte direkte Übergabe des Kommissionsentwurfes an die Kantone zur Vernehmlassung und die Ansetzung einer Frist dazu von nur einem Monat – eine Frist, die dann allerdings infolge kantonaler Proteste von der Tagsatzung verlängert werden musste. Anders als in den vorangegangenen kantonalen Verfassungskämpfen spielten jetzt Volkspetitionen keine Rolle; der Bund war für die Bürger weit weg, und der Ausschluss der Öffentlichkeit ermunterte nicht zum Petitionieren. Die Erarbeitung dieser Verfassung war kein volkstüm-

[16] Verhandlungen vom 17. Februar 1848.

liches Unternehmen, es war ein solches der freisinnigen Würdenträger, und die Verhandlungen hatten, wiederum anders als in den Kantonen der Regenerationszeit, eher diplomatischen als parlamentarischen Charakter. Der Mangel an Petitionen wurde indessen teilweise durch eine sehr aktive Presse wettgemacht, welche in gewissen Phasen der Verhandlungen spürbar grossen Einfluss hatte.

Die Tagsatzungskommission beschloss in ihrer ersten Sitzung weiter, vier Sektionen im Sinne von Arbeitsgruppen zu bilden. Ferner wurden zwei Redaktoren bestimmt, nämlich Henry Druey für die französische und Johann Konrad Kern für die deutsche Fassung des Verfassungstextes. Die Kommission beschloss ferner, die Namen der einzelnen Antragsteller im Protokoll nicht zu nennen. Dies gewiss aus dem gleichen Grund, wie er bereits für den Ausschluss der Öffentlichkeit vorgebracht worden war, indem «ohne Zweifel gewisse Mitglieder der Kommission sich genirt fühlen, gegenüber der in ihren Kantonen herrschenden Stimmung sich öffentlich auszusprechen»[17]. Dieser Schutz bezog sich vor allem auf die Kommissionsmitglieder liberaler Denkart aus den Sonderbundskantonen; man konnte dadurch allenfalls verhüten, dass ihnen vor Abschluss des Werkes das Mandat als Tagsatzungsabgeordnete entzogen wurde. Die Kommissionsmitglieder waren aber nicht an Instruktionen gebunden, indem sie ihren Auftrag von der Tagsatzung erhalten hatten. Die Nachwelt ist trotz des anonymen Protokolls über die Urheber der wichtigsten Anträge orientiert, weil zwei Kommissionsmitglieder, Furrer und Frey-Herosé, Privatprotokolle angefertigt hatten.

In der Kommission war am Anfang die Frage umstritten, ob eine eigentliche, neue Verfassung geschaffen werden oder ob nur der Bundesvertrag von 1815 erneuert werden sollte, was die Beibehaltung des Staatenbundes und der Tagsatzung bedeutet hätte. So wurde von Basel-Stadt vorgeschlagen, es solle die Kommission «keinen neuen Bundesvertrag entwerfen, sondern sich darauf beschränken, einige nöthige und nützliche Änderungen als nachträgliche Bestimmungen zu dem 1815ner Bunde zu entwerfen». Dagegen wurde von liberaler Seite eingewendet, «es hiesse offenbar den Muth zu früh verlieren, wenn man nur eine Partialrevision versuchen wollte»; eine Totalrevision werde von andern Ständen für «dringlich erachtet»[18]. Die Kommission entschied in diesem Sinne und legte ihren Beratungen den überarbeiteten Entwurf einer Bundesurkunde, den «Pacte Rossi» von

[17] Verhandlungen vom 17. Februar 1848.
[18] Verhandlungen vom 19. Februar 1848.

1833[19], zugrunde. Viele Formulierungen sind daraus übernommen worden, obwohl darin für das wichtigste und umstrittenste Problem, das Verhältnis zwischen Bund und Kantonen, mithin für die Souveränitätsfrage, keine zukunftweisende Lösung enthalten war. In der Bundesurkunde hatte man ja aus Furcht vor den föderalistischen Kräften eine ausschliesslich auf die Kantone abgestützte Bundesgewalt vorgesehen. Für die Liberalen und Radikalen war es untragbar, dass das Schweizervolk keine eigene Vertretung erhalten hätte, die Machtbasis des Bundes mithin nur aus der Tagsatzung hätte bestehen sollen, und dass diese erst noch nach dem Grundsatz der gleichen Vertreterzahl aller Kantone hätte zusammengesetzt sein sollen. Dies hätte nach Auffassung der grundsätzlich zentralistisch eingestellten Kräfte sogar einen Rückschritt hinter die Mediationsverfassung bedeutet, indem dort die bevölkerungsreichen Kantone eine stärkere Vertretung als die bevölkerungsarmen gehabt hatten.

[19] KAISER SIMON/STRICKLER JOHANNES, Geschichte und Texte der Bundesverfassungen der Schweizerischen Eidgenossenschaft (1901), S. 216 ff.

24. KAPITEL:

DIE GESTALTUNG DER

BUNDESVERFASSUNG [1]

1. Das Kardinalproblem: Einkammrige National-repräsentation, Tagsatzung oder Zweikammersystem?

Der Vertreter der Waadt, der Radikale Henry Druey, ergriff zum Kardinalproblem als erster das Wort. Er schlug vor, «zu erklären, dass die Quelle der Souveränität im Volke» liege. Die Idee einer «schweizerischen Nationalität» habe, so fuhr er fort, «von Jahr zu Jahr an Ausbreitung und Kraft gewonnen», und es spreche sich dieses Bewusstsein in den nationalen Festen und Vereinen unzweideutig

[1] Definitiver Text der Bundesverfassung von 1848: *Quellenbuch* S. 461 ff.
Amtliche und private Quellen: Abschiede der eidgenössischen Tagsatzung vom 27. Dezember 1813 bis zum 22. September 1848, 51 Bände; Protokoll über die Verhandlungen der am 16. August 1847 durch die hohe eidgenössische Tagsatzung mit der Revision des Bundesvertrags vom 7. August 1815 beauftragten Kommission, Beilage zu den *Eidgenössischen Abschieden* 1847, Teil IV; Protokoll über die Verhandlungen der ordentlichen eidgenössischen Tagsatzung über die Revision des Bundesvertrages zwischen den zweiundzwanzig souveränen Kantonen der Schweiz vom 7. August 1815, *Eidgenössische Abschiede* 1847, Teil IV, S. 34 ff.; Sammlung offizieller Aktenstücke der eidgenössischen Tagsatzung betreffend die Auflösung des Sonderbundes, Bern 1847; Bericht über den Entwurf einer Bundesverfassung vom 8. April 1848, erstattet von der am 16. August 1847 ernannten Revisionskommission (Verfasser: Henry Druey), Beilage zu den Eidgenössischen Abschieden 1847, Teil IV; BLUNTSCHLI JOHANN CASPAR, Stimme eines Schweizers für und über die Bundesreform, Frauenfeld 1847; FURRER JONAS, Beleuchtender Bericht über den Entwurf der neuen eidgenössischen Bundesverfassung, Zürich 1848; KAISER SIMON / STRICKLER JOHANNES, Geschichte und Texte der Bundesverfassungen, Bern 1901; SNELL LUDWIG, Leitende Gesichtspunkte für eine schweizerische Bundesrevision, mitgetheilt vom Zentralcomité des schweizerischen Volksvereins, Bern 1848; TROXLER I. V. P., Die Verfassung der Vereinigten Staaten Nordamerikas als Musterbild der Schweizerischen Bundesreform, Schaffhausen 1848.
Literatur: AUBERT JEAN-FRANÇOIS, Commentaire de la Constitution Fédérale de la Confédération Suisse du 29 Mai 1874, Introduction historique, Basel 1990; AUBERT JEAN-FRANÇOIS, Traité de droit constitutionnel Suisse, Neuchâtel 1967, Neubearbeiteter Nachtrag bis 1990, Bundesstaatsrecht der Schweiz, Basel 1991; VAN BERCHEM RENE, De la chambre unique au système bicaméral, Genève 1924; BIAUDET JEAN-CHARLES, Les origines de la constitution fédérale de 1848, Lausanne 1949; BLUMER JOHANN JAKOB, Handbuch des Schweizerischen Bundesstaatsrechtes, Schaffhausen 1863; BONJOUR EDGAR, Die Gründung des schweizerischen Bundesstaates, Basel 1948; BRIDEL MARCEL, L'Esprit et la destinée de la constitution fédérale de 1848, Lausanne 1949; BUCHER ERWIN, Die Bundesverfassung von 1848, *Handbuch der Schweizer Geschichte*, Band II, Zürich 1977, S. 989 ff.; BÜELER HEINRICH, Die Entwicklung und Geltendmachung des

aus. Halte man als «obersten Grundsatz des neuen Staatsrechts» fest, dass die «Souveränität in die Gesamtheit der schweizerischen Nation» beruhe, so müssten die «Abgeordneten der obersten Bundesbehörde aus der unmittelbaren Wahl des Volkes» hervorgehen. Henry Druey war aber gewiss davon überzeugt, dass ein zentralisierter nationaler Einheitsstaat zumindest in jenen Jahren sich nicht verwirklichen lassen würde. Er führte deshalb im selben Votum aus, es sei damit «keineswegs gemeint, dass die einzelnen Kantone verschwinden müssten, und dass eine Einheitsregierung eingeführt» werden sollte. Es könnten die Kantone in bezug auf ihre innern Angelegenheiten «souverän» bleiben; allein, sie seien der «Bundessouveränität unterworfen».

schweizerischen Volksinitiativrechts, Winterthur 1925; Burckhardt Walther, Kommentar der schweizerischen Bundesverfassung, Bern 1931; Caratsch Reto, Die Initiative zur Verfassungsrevision, Zürich 1926; Colombel E., La constitution de 1793 et la démocratie suisse, Paris 1903; Curti Theodor, Geschichte der Schweizerischen Volksgesetzgebung, Zürich 1885; Deploig Simon, Le référendum en Suisse, Bruxelles 1892; Dürsteler Johannes, Die Organisation der Exekutive der Schweizerischen Eidgenossenschaft seit 1798 in geschichtlicher Darstellung, Aarau 1912; Erb Martin Rudolf, Der Verfassungsrat im schweizerischen Staatsrecht, Aarau 1962; Fleiner Fritz, Die Gründung des schweizerischen Bundesstaates, Tübingen 1923, auch Fleiner Fritz, Ausgewählte Schriften und Reden, Zürich 1941; Fleiner Fritz, Entstehung und Wandlung moderner Staatstheorien in der Schweiz, Zürich 1916; Fleiner Fritz, Unitarismus und Föderalismus in der Schweiz und in den Vereinigten Staaten von Amerika, Ausgewählte Schriften und Reden, Zürich 1941, S. 250 ff.; Frick Simon, Die Gleichheit aller Schweizer vor dem Gesetz, Aarau 1945; Gisiger Walter, Das Petitionsrecht in der Schweiz, Zürich 1935; Heussler Heinz, Die Auseinandersetzung über den Beitritt der Schweiz zum deutschen Zollverein und ihre Auswirkungen auf die Entstehung des schweizerischen Bundesstaates, Zürich 1971; Hilty Carl, Die Bundesverfassungen der schweizerischen Eidgenossenschaft, Bern 1891; His Eduard, Amerikanische Einflüsse im schweizerischen Verfassungsrecht, Basler Festgabe zum schweizerischen Juristentag, Basel 1920; His Eduard, Geschichte des neuern schweizerischen Staatsrechts, Bände II und III, Basel 1929 und 1938; Huber Max, Die Bundesverfassung als Ausdruck des schweizerischen Freiheitswillens, Gesammelte Aufsätze und Ansprachen, Zürich 1957; Jagmetti Riccardo, Der Einfluss der Lehre von der Volkssouveränität und vom Pouvoir constituant auf das schweizerische Verfassungsrecht, Zürich 1920; Kägi Werner, Gutachten zum Jesuiten- und Klosterartikel der Bundesverfassung, Zürich 1973; Kägi Werner, Zur Entstehung, Wandlung und Problematik des Gewaltenteilungsprinzips, Zürich 1937; Kaiser Simon, Schweizerisches Staatsrecht in drei Büchern, St. Gallen 1858–1860; Kamer Hans Ulrich, Das Zweikammersystem im schweizerischen Bundesstaat, Baar 1953; Knapp Blaise, Etapes du fédéralisme suisse, Handbuch Politisches System der Schweiz, Band III, Bern 1986, S. 31 ff.; Kölz Alfred, Die Bedeutung der Französischen Revolution für das schweizerische öffentliche Recht und politische System, Zeitschrift für Schweizerisches Recht 1989 S. 497 ff.; Krebs Ernst, Die Volkswahl des Bundesrates, Zürich 1968; Luck James Murray, A history of Switzerland, Palo Alto 1985; Megerle Karl, Die Bundesverfassung der Schweiz vom 12. September 1848 und die Verfassung der Paulskirche,

Gegen die Auffassung von Druey wurde im Rahmen dieses Vorgeplänkels sogleich eingewendet, man habe, sobald man von der «Nation als Souverän gegenüber den Kantonen» spreche, das Einheitssystem, und es sei darin das «gefürchtete Bild des Unitarismus» enthalten. Für ein «solches Projekt wäre niemals die Mehrheit der Kantone erhältlich». Geschichtlich betrachtet müssten die Kantone als «ursprüngliche Souveräne» angesehen werden, welche «neuerdings zu einem Bunde zusammentreten, um zu prüfen, inwiefern sie ihre Souveränität beschränken, was sie zum Besten der Gesamtheit davon abtreten wollen»[2]. Damit waren schon in der zweiten Sitzung der Tagsatzungskommission die beiden Grundpositionen eingenommen. Es zeigte sich bereits hier in aller Schärfe die Polarisierung zwischen den Vertretern der konservativen, grösstenteils agrarischen, katholischen und gebirgigen Kantone und jenen der liberalen, grösstenteils protestantischen und industrialisierten Kantone des Mittellandes. Diese Polarisierung sollte sogleich auch bei den Fragen der staatsrechtlichen Würdigung und der Benennung der neu zu schaffenden Einrichtungen aufbrechen: Als vorgeschlagen wurde, in Arti-

La Constitution Fédérale de la Suisse 1848, Neuchâtel 1948 (deutsche Übersetzung von A. LÄTT, Zürich 1948); RIKLIN ALOIS/MÖCKLI SILVANO, Werden und Wandel der schweizerischen Staatsidee, *Handbuch politisches System der Schweiz*, Band I, Bern 1983, S. 9 ff.; RUFFIEUX ROLAND, Die Anfänge des Bundesstaates, *Geschichte der Schweiz und der Schweizer*, Band III, Basel 1983; RÜTTIMANN JAKOB, Das nordamerikanische Bundesstaatsrecht, verglichen mit den politischen Einrichtungen der Schweiz, 2 Teile, Zürich 1867/1876; SCHNEIDER HANS, Geschichte des Schweizerischen Bundesstaates 1848–1918, Zürich 1931; SEGESSER JÜRG, Die Einstellung der Kantone zur Bundesrevision und zur neuen Bundesverfassung im Jahr 1848, Bern 1965; SIGNOREL JEAN, Le référendum législatif, Toulouse 1893; STEINER PAUL, Die religiöse Freiheit und die Gründung des Schweizerischen Bundesstaates, Bern 1976; VISCHER EDUARD, Werden und Wesen der schweizerischen Bundesverfassung, Geschichte in Wissenschaft und Unterricht, Stuttgart 1952; WEBER KARL, Die schweizerische Presse im Jahr 1848, Basel 1927; WUARIN LOUIS, L'évolution de la démocratie en Suisse, Revue des deux mondes 1891 S. 630 ff.; ZEUGIN GOTTFRIED, Das Jesuitenverbot der Schweizerischen Bundesverfassung, Zürich 1933.

Biographien: BRÄNDLI ALFRED, Jakob Robert Steiger, Luzern 1953; DEJUNG EMANUEL/STÄHLI ALFRED/GANZ WERNER, Jonas Furrer von Winterthur 1805–1861, Winterthur 1948; DERIAZ ERNEST, Henry Druey, Lausanne 1920; HAEFLIGER HANS, Bundesrat Josef Munzinger, Solothurn 1953; HEIMANN RUDOLF ARNOLD, Johann Ulrich Ochsenbein, Bern 1954; LASSERRE ANDRÉE, Henry Druey, fondateur du radicalisme vaudois et homme d'Etat suisse 1799–1855, Lausanne 1960; SCHNEIDER PETER, Ignaz Paul Vital Troxler, Zürich 1948; SCHOOP ALBERT, Johann Konrad Kern, Frauenfeld 1968; *Die Schweizer Bundesräte*, Ein biographisches Lexikon, herausgegeben von Urs Altermatt, Zürich 1991; SPIESS EMIL, Ignaz Paul Vital Troxler, Bern 1967; SPRENG HANS, Ulrich Ochsenbein, I. Teil 1811–1848, Bern 1918. – Siehe auch die am Buchanfang angeführte periodenübergreifende Literatur.

[2] Verhandlungen vom 19. Februar 1848.

556

kel 1 zu schreiben, «die Kantone vereinigen sich als schweizerische Nation», so wurde dagegen eingewendet, der Begriff Nation habe «unitarischen Charakter». Auch bei der Frage, ob das neue Werk als «Bundesurkunde», «Bundesverfassung» oder als «Bundesvertrag» zu bezeichnen sei, tat sich der Graben auf. Die Tagsatzungskommission suchte vorerst auch diesen zu überbrücken und verschob die Entscheidung hinaus mit der Begründung, über die Begriffe Staatenbund und Bundesstaat seien «Folianten überschrieben worden»[3]. Im Laufe der intensiven Beratungen sollte sich dann doch eine gemeinsame Basis bilden, welche die Beantwortung derart heikler Fragen ermöglichte; doch bis dahin war es noch ein weiter Weg.

Die Auseinandersetzungen um das Kardinalproblem wurden in der 12. Sitzung vom 3. März wieder aufgenommen und sollten in der 23. Sitzung vom 23. März 1848 abgeschlossen sein. Während dieser Zeitspanne spielte sich in gespanntester Atmosphäre der härteste, ja der entscheidende Verfassungskampf ab. Von einer Lösung war man lange Zeit weit entfernt.

Insgesamt wurden in einem ersten Schritt die folgenden Möglichkeiten diskutiert: Zunächst die Beibehaltung der Tagsatzung mit gleichem Vertretungsverhältnis wie beim Bundesvertrag. Der zweite Vorschlag, nämlich jener des St. Galler Vertreters Wilhelm Naeff, sah eine Aufteilung der Tagsatzungsgeschäfte in zwei Gruppen vor. Die eine Gruppe hätte die für die Kantone wichtigen «Souveränitätsgeschäfte» wie Revision der Bundesurkunde, Geldmittel der Kantone an den Bund, Abschluss von Bündnissen und Staatsverträgen und weitere Geschäfte umfasst. Bei dieser Gruppe hätte die Tagsatzung auf der Grundlage des bisherigen Repräsentationsverhältnisses entscheiden können; dabei wären die Gesandten durch ihre Kantone instruiert worden. Die übrigen Geschäfte wären ebenfalls von der Tagsatzung entschieden worden, jedoch ohne kantonale Instruktionen und gleichzeitig mit verändertem Repräsentationsverhältnis: Nach einer nach der Bevölkerungszahl abgestuften Einteilung der Kantone in fünf «Klassen» wären diese in der Tagsatzung mit mindestens einem und höchstens sechs Vertretern repräsentiert worden; insgesamt hätte das 70 Tagsatzungsabgeordnete ergeben. Dieser Vorschlag einer veredelten Mediationsverfassung würde, so führte Naeff aus, «die Vorteile des Zweikammersystems darbieten, ohne zu Konflikten zu führen, welche zwischen zwei ... Kammern unausweichlich wären»[4].

---

[3] Verhandlungen vom 21. Februar 1848.
[4] Verhandlungen vom 3. März 1848.

Der dritte, von Henry Druey eingebrachte Vorschlag ist wahrscheinlich einer von Ludwig Snell anonym verfassten Broschüre über «Leitende Gesichtspunkte für eine schweizerische Bundesrevision» (1848) entnommen. Nach ihm wäre den Kantonen in rein kantonalen Angelegenheiten ihre Souveränität zu belassen, in den Bundesangelegenheiten aber «die Nation als solche» in einer einkammrigen Bundesversammlung zu repräsentieren. Die Mitglieder der Bundesversammlung sollten in Wahlkreisen durch Wahlmänner indirekt gewählt werden. Die Wahlkreise sollten zwecks Verminderung des Kantonalgeistes «ohne Rücksicht auf die Kantone» gebildet werden, und die Mitglieder der Bundesversammlung sollten ohne Instruktionen stimmen dürfen. Die für die Kantone wichtigen Beschlüsse der Bundesversammlung sollten ihnen zur nachträglichen «Sanktion», also zur Entscheidung unterbreitet werden, wobei für deren Gültigkeit eine einfache Mehrheit der Kantone zustimmen müsste.

Die drei Vorschläge wurden am 6. und 7. März diskutiert. Zugunsten der Beibehaltung der altschweizerischen Tagsatzung und des bisher geltenden Vertretungsverhältnisses wurde geltend gemacht, es handle sich hier um «Verträge», welche die Grundprinzipien des Zusammenwirkens der einzelnen Kantone bestimmten. Eine solche durch «die Geschichte von Jahrhunderten sich hindurchziehende Basis» könne nicht einfach vernichtet werden. Die Kantone seien als «gleichberechtigte, durchaus selbständige, mit allen Attributen der Souveränität versehene Staaten zu einem Bunde zusammengetreten».

Es war aber für die Vertreter der grossen Kantone, die soeben den Sonderbundskrieg gewonnen hatten, klar, dass der neue Bund nicht auf dieser unveränderten historischen Basis errichtet werden konnte, weshalb diese Lösung bei ihnen auf entschiedene Ablehnung stiess. Zugunsten des von Naeff vorgeschlagenen Systems einer veredelten Mediationsverfassung wurde vorgetragen, es bringe eine «billige Vertheilung der Repräsentation». Doch auch in diesem Modell sahen die Kommissionsmitglieder keine Lösung des anstehenden Problems. Gegen das von Druey vorgeschlagene einkammrige «nationale», man kann sagen, französische System, wurde eingewendet, es würden sich Schwierigkeiten mit der Abgrenzung zwischen kantonalen und nationalen Angelegenheiten ergeben. Die Befugnisse der Kantone würden sukzessive ausgehöhlt. Die vorgeschlagene Wahlart in grossen kantonsübergreifenden Wahlkreisen werde nicht populär sein.

In dieser Situation wurde in der Kommission zum ersten Mal ein bisher nicht beantragtes System zur Sprache gebracht. Jonas Furrer erwähnte die Möglichkeit, die «Ausübung der obersten Bundesgewalt zwei Kammern zu übertragen». Für dieses System wären «ausserhalb der Kommission wirklich schon Projekte ausgearbeitet und von verschiedenen Seiten empfohlen worden». Mit dieser vorsichtigen Einführung des Zweikammersystems wurde der Einfluss der Publizisten, vor allem jener von Troxler und Fazy, sichtbar, welche schon in den dreissiger Jahren das nordamerikanische Zweikammersystem zur Anwendung empfohlen hatten. Die praktischen Politiker hatten jedoch am Anfang damit Mühe, sahen bedeutende Schwierigkeiten für dessen Verwirklichung. Davon zeugt auch die Betrachtung Furrers: Es müsste das System von zwei Kammern zu «grösseren Kollisionen» führen. Vergebens suche man nach einer «organischen Lösung» dieser Kollision, denn die «geteilten Ansichten der Kammern» würden in der Schweiz in «keiner höhern Einheit» aufgehen, wie dies in einer konstitutionellen Monarchie bei der Person des Fürsten, im republikanischen Staatssystem in der Person des Präsidenten der Fall sei. Ein anderes Kommissionsmitglied fügte an, es sei das Zweikammersystem eine «Nachbildung der nordamerikanischen Verfassung, welche die Grundzüge der englischen Konstitution aufgenommen» habe. Um die Reibungen zwischen beiden Kammern aufzulösen, würde die Administrativgewalt mit «beinahe königlichen Attributen» ausgerüstet werden müssen, welche in der Schweiz «niemals populär» werden könnten. Furrer seinerseits machte weiter geltend, es würde das Zweikammersystem einen «schleppenden Gang» der Geschäfte bewirken, was besonders in kritischen Zeiten und bei drängenden Verhältnissen problematisch sei. Auch koste das Zweikammersystem viel, auch wenn diesem Argument nur eine untergeordnete Stellung eingeräumt werden dürfe. Und schliesslich seien für den Fall, dass der einen Kammer – nach dem Muster der helvetischen Verfassung – nur das Recht der Vorberatung, der anderen aber das Recht der Entscheidung zuerkannt würde, weitere Nachteile zu befürchten: Die erste nur vorberatende, das nationale Element vertretende Kammer erhielte eine «klägliche, beinahe unwürdige Stellung». Und es müsste diese Nationalrepräsentation mit der Zeit untergehen oder sie würde durch das kantonale Prinzip so «überflügelt und verschlungen», dass ihr keine reale Bedeutung mehr bliebe.

Am Schluss dieser langen, leidenschaftlichen und zum Teil verworrenen Auseinandersetzungen stimmte man ab. Eine starke Minderheit von neun Stimmen sprach sich dahin aus, dass das «bisherige Repräsentationsverhältnis» beibehalten werde. Eine knappe Mehrheit von elf Stimmen war für eine Abänderung dieses Verhältnisses «in irgendeiner Weise». Eine Mehrheit von 14 Stimmen sprach sich für die nähere Prüfung der vorgeschlagenen Systeme im Schosse der ersten Sektion der Kommissionen aus.

Die Kardinalfrage der Bundesrevision war also am 7. März, am Schluss der 14. Sitzung der Kommission noch so blockiert, dass beantragt wurde, die Frage zu prüfen, ob sich nach dem ungünstigen Resultate der Abstimmung die Kommission überhaupt noch weiter mit dem Entwurfe eines neuen Bundesvertrages befassen solle. Es könnte zweckmässiger sein, «Zeit und Kosten zu sparen» und das Mandat der Tagsatzung zurückzugeben. Der Antrag gelangte nicht zur Abstimmung, weil verschiedene Vertreter der kleineren Kantone erklärten, dass sie keineswegs die Absicht hätten, sich vom Revisionswerk zurückzuziehen, sondern dass auch sie weitere, möglicherweise «ausgleichende Vorschläge gewärtigen» wollten.

Am 19. März in der 19. Sitzung legte die mit der Suche nach Lösungen betraute erste Sektion ihre Anträge vor, und zwar einen solchen der Mehrheit und einen der Minderheit. Beide Anträge gingen nun vom Zweikammerprinzip aus und teilten die Bundesversammlung in den «Repräsentantenrath» und die «Tagsatzung» auf. Ersterer – sein Name dürfte vom amerikanischen Repräsentantenhaus herstammen – sollte die Volksvertretung darstellen; auf je 20 000 Einwohner wäre ein Repräsentant zu wählen. In der Tagsatzung hingegen wäre jedem Kanton, unabhängig von der Bevölkerungszahl, ein Sitz zugestanden. Der hier allein interessierende, dem Minderheitsantrag ähnliche Mehrheitsantrag unterschied zwei Arten von Geschäften: Bei der ersten handelte es sich um die wichtigsten und besonders auch für die Kantone einschneidenden Angelegenheiten wie Abschluss von Bündnissen und Verträgen mit dem Ausland, Kriegserklärungen und Friedensschlüsse, Lieferung von Truppen an den Bund, Finanzierung des Bundes, Festsetzung der Zolltarife, Revision der Bundesverfassung und weitere wichtige Angelegenheiten. Bei diesen hätten die Räte gemeinsam beraten, aber getrennt abstimmen sollen. Eine zweite Art von Geschäften hätte alle Wahlen umfasst, so namentlich jene der Mitglieder des Bundesrates und des Bundesgerichtes, ferner die Garantie der Kantonsverfassungen, den Erlass der Ausführungsgesetze zur Bundesverfassung, die Entscheidung über Amnestie und Begnadigung, den Entscheid über Kompetenzstreitigkeiten und vieles anderes mehr. Bei dieser Art von Geschäften hätte von den beiden Behörden *zusammen beraten* und in *gemeinsamer Abstimmung entschieden* werden sollen. Nach den Vorstellungen der Sektion hätten also die beiden Räte bei allen Geschäften in gemeinsamer Sitzung beraten und nur dort, wo ausdrücklich vorgesehen, getrennt abstimmen sollen. Eine getrennte Beratung sei weder

560

«nötig noch zweckmässig», wurde ausgeführt: der Geschäftsgang müsse vielmehr gewinnen, wenn die nationale und die kantonale Repräsentation «gemeinsam verhandeln und die verschiedenen Ansichten austauschen» könnten. Es liege «in der Natur der menschlichen Verhältnisse», dass man schwerlich auf etwas zurückkomme, wenn über einen Gegenstand ein definitiver Entscheid bereits abgegeben sei, während vorher viel eher eine Verständigung erstrebt werden könne. Und es würde, so führte die Sektion schliesslich aus, die zweimalige Beratung der Geschäfte deren Erledigung verzögern und ausserdem erhebliche Kosten verursachen.

Nach der Darlegung dieses Vorschlages fand noch einmal eine engagierte Grundsatzdiskussion über das Zweikammerprinzip statt. Von seiten der kleinen Kantone wurde erneut das Recht der Kommission bestritten, Hand an die historisch entstandene gleiche Repräsentation jedes Kantons zu legen. Vertreter der grossen liberalen Kantone sprachen sich noch einmal für eine einzige, nach dem Kopfzahlprinzip gewählte oberste Bundesbehörde aus. Der Vertreter von Basel-Stadt befürchtete, es werde auch auf dem Wege des vorgeschlagenen Zweikammersystems «mit vollen Segeln der helvetischen Republik zugesteuert». Er warnte davor, ein «gänzlich unbekanntes System zu versuchen» und schlug vermittelnd vor, auf dem historischen Boden fortzufahren und im Sinne der früheren Mediationsverfassung ein neues Repräsentationsverhältnis anzustreben.

Das als Kompromiss vorgeschlagene Zweikammerprinzip blieb bis zur entscheidenden Abstimmung vom 20. März 1848 mit gegenläufigen Gründen umstritten. Die erste Abstimmung ergab eine äusserst knappe Minderheit von zehn Stimmen für die Schaffung einer einzigen Kammer. Die zweite Abstimmung entschied mit der äusserst knappen Mehrheit von elf Stimmen für eine «Repräsentation des nationalen und des kantonalen Prinzips». Damit war im Sinne des Zweikammerprinzips entschieden, jedoch nicht für das amerikanische Muster mit zwei vollständig getrennten Kammern, sondern es wurde in der Folge mit 17 Stimmen für das von der Sektion der Kommission vorgeschlagene System votiert, wonach der Repräsentantenrat und die Tagsatzung durchgehend in gemeinsamer Sitzung beraten sollten. Die Schaffung von zwei auch für die *Beratung* getrennten Kammern vereinigte nur sechs Stimmen auf sich. Immer noch wären alle Bundesgeschäfte gemeinsam beraten worden, und eine lange Reihe wichtiger Geschäfte wäre in gemeinsamer Abstimmung auch entschieden worden. Das unitarische Prinzip wäre also noch sehr stark gewesen, denn es hätte der Repräsentantenrat bei der vorgesehenen Repräsentationsziffer von 20 000 Seelen 110–120 Mitglieder umfasst, welche bei diesen Geschäften die vorgesehenen 25 Tagsatzungsmitglieder leicht hätten überstimmen können.

Zwei Tage später aber wurde unvermittelt mit 17 Stimmen Mehrheit für das «eigentliche» Zweikammersystem entschieden, nach welchem über alle Gegenstände «abgesondert» beraten und entschieden werden sollte. Die Abgeordneten der Ständekammer sollten an keine Instruktionen mehr gebunden sein. Und gleichzeitig entschied man, «dass wenn die Ständekammer zu keiner Mehrheit gelange, ein Beschluss der Nationalversammlung gleichwohl in Kraft erwachse»[5]; dieser letzte unitarische Passus sollte in der Folge auch noch beseitigt werden, wahrscheinlich wegen seiner Unklarheit. Mit dieser plötzlichen Abkehr der Kommission vom anfänglich ebenfalls mit siebzehn Stimmen beschlossenen, stärker unitarischen System und damit der Hinwendung zum amerikanischen System ist die Stellung der bevölkerungsreichen Kantone mit einem Schlag geschwächt worden. Die unvermittelte Wendung ist erstaunlich, um so mehr, als in der Kommission darüber nur ganz kurz diskutiert worden war. Befürchtete man eine Ablehnung des Entwurfes durch die Kantone? Man weiss es nicht genau; wahrscheinlich ist sie auf den starken Einfluss der das amerikanische System befürwortenden Publizisten ausserhalb der Kommission zurückzuführen. Auf jeden Fall hat Jonas Furrer in seinem «Beleuchtenden Bericht über den Entwurf der neuen Bundesverfassung» (1848) geschrieben, eine andere Organisation der obersten Bundesgewalt wäre «zur Zeit gar nicht möglich gewesen, indem eine starke Mehrheit der Stände sich entschieden weigerte, auf eine ... alle Bundesgeschäfte umfassende Repräsentation Verzicht zu leisten».

Damit hatte die Tagsatzungskommission das amerikanische Zweikammersystem übernommen, wie es in der dortigen Unionsverfassung, aber auch in den meisten dortigen Einzelstaaten geltendes Recht war. Man hat nur bei der Namengebung eigene Wege beschritten, indem man die ganze Legislative mit «Bundesversammlung» statt mit «Kongress» benannte, die Kantonsvertretung «Ständerat» nannte, weil Tagsatzung «der nöthigen Popularität» entbehre, und die Volksvertretung mit «Nationalrath» statt «Volkskammer» bezeichnte, denn «Kammer» habe «etwas Aristokratisches, sei vom Auslande entlehnt»[6].

[5] Verhandlungen vom 23. März 1848.
[6] Verhandlungen vom 5. April 1848.

Die Tagsatzungskommission hat jedoch das Zweikammersystem der amerikanischen Unionsverfassung nicht vollständig übernommen, sondern insofern modifiziert, als sie die beiden Kammern rechtlich gleichgestellt hat. Damit hat sie darauf verzichtet, den Ständerat, nach der amerikanischen Verfassung den «Senat», mit grösseren Befugnissen auszustatten als die Volksvertretung, das Repräsentantenhaus. Der Nationalrat als schweizerische Volksvertretung erhielt gegenteils insofern ein gewisses Übergewicht, als er in der Vereinigten Bundesversammlung bei Wahlen, Begnadigungen und Zuständigkeitskonflikten wegen seiner grösseren Mitgliederzahl mehr Geltung erhielt, während die amerikanischen «Häuser» gar keine gemeinsamen Geschäfte kennen. Mit der Aufstellung des Zweikammerprinzips hat man nach einer Äusserung in der Kommission versucht, «den Anforderungen sowohl des natürlichen als des historischen Rechtes ein Genüge zu leisten», wobei man unter dem natürlichen Recht eine Kombination von demokratischen Rechten und dem Recht der nationalen Selbstbestimmung verstand.

In den am 11. Mai 1848 beginnenden Verhandlungen der *Eidgenössischen Tagsatzung* kam der von der Kommission ausgearbeitete Verfassungskompromiss nochmals in aller Grundsätzlichkeit zur Sprache. Die Situation war nun in zweierlei Hinsicht verändert: Die Mitglieder der Tagsatzung waren jetzt von ihren Kantonen instruiert, sei es von den Grossen Räten, sei es von den Landsgemeinden. Zum zweiten war in der Zwischenzeit in Frankreich die Republik ausgerufen und eine verfassungsgebende Nationalversammlung mit starker republikanischer Mehrheit gewählt worden; es war die Schaffung einer neuen Verfassung[7] unter Rückgriff auf die Prinzipien von 1792–1794 vorauszusehen: also nationaler und sozialer Einheitsstaat mit einkammriger Legislative; zum ersten Mal erschien nun in der französischen Verfassungsdiskussion der Begriff «fraternité». Das unitarische und demokratische Prinzip gewann wegen der französischen Vorgänge auch in der Schweiz an Anhängern. Die Gesandtschaften von Bern und Genf verlangten daher am 15. Mai die Einsetzung eines eidgenössischen Verfassungsrates: Der eigentliche Volkswille gebe sich nur durch solche Männer kund, welche «unmittelbar aus dem Volke», aus der «ganzen Nation» hervorgegangen seien. Die Gesandtschaft von Zürich setzte sich instruktionsgemäss für das Einkammersystem ein; Zürich wolle, dass in den neuen Bundesorganismus das «Prinzip des Lebens und des Fortschrittes»

---

[7] Duverger Maurice, Constitutions et documents politiques (1981), S. 137 ff.

gelegt werde; der «Ständerath müsste den Fortschritt hemmen und lähmen». Für gewisse Fälle solle jedoch nach dem Vorschlag Zürichs den Kantonen ein «entscheidendes Votum» vorbehalten bleiben. Die Thurgauer Gesandtschaft erhob die gleiche Forderung und verlangte ebenfalls für «ganz besonders wichtige Fälle» das Recht der nachträglichen Zustimmung der Kantone («Sanktion»). Schaffhausen führte aus, entweder sei der gegenwärtige Föderativstaat beizubehalten oder das Einheitssystem einzuführen. Wenn aber in der Repräsentation eine Veränderung statuiert werde, so erheische es die Konsequenz, nicht bei «halben Massregeln» stehen zu bleiben. Es werde das Zweikammersystem nur eine «Übergangsperiode bilden», um später dem Unitarismus Platz zu machen. Was die Schwierigkeiten, mit welchen die «sogeheissene Helvetik zu kämpfen gehabt» habe, betreffe, so dürfe nicht übersehen werden, wie viel Gutes damals die Einheitsregierung selbst unter den bedenklichsten Verhältnissen «theils geschaffen, theils vorbereitet hat, was die unparteiische Geschichte je länger je mehr anerkennt».

Die Befürworter des bisher in der Tagsatzung ausgeübten gleichen Vertretungsverhältnisses trugen nochmals eindringlich die in der Kommission schon geltend gemachten Gründe für das historische Recht vor. Sie hätten es als eines der «ersten politischen Güter» betrachtet, auf «eidgenössischen Tagen» mit dem nämlichen Stimmrechte auftreten zu können. Uri schliesslich führte unter Hinweis auf die Gründung der Zweiten Französischen Republik aus, es hoffe nicht, dass nun fremde Verhältnisse und Umänderungen die ältesten Bundesgenossen in einem bisher unangefochtenen Rechte schmälern würden.

Zugunsten des von der Kommission vorgeschlagenen eigentlichen Zweikammersystems wurden in der Tagsatzung nur mehr wenige Gründe dargetan. Dies deshalb, weil es auch in der Tagsatzung nicht viele innerlich überzeugte Anhänger des amerikanischen Zweikammerprinzips gab; gleichzeitig wusste man aber wohl, dass politisch nur dieser Kompromiss reale Chancen hatte. Aufgrund der vorangegangenen kantonalen Instruktionsverhandlungen war bekannt, dass die Mehrheit der Kantone mindestens im Sinne von subsidiären Instruktionen die Schaffung des Zweikammersystems ermöglichte. Die Tagsatzungsgesandten hielten offensichtlich längere Diskussionen für unnötig. Immerhin wurde noch dargetan, man müsse sich für die Beibehaltung der Tagsatzung in der vorgeschlagenen Form des Ständerates so lange aussprechen, «als man überhaupt gesonnen sei, den Kantonen als besondern Souveränetäten noch eine reale Bedeutung zu verleihen». Es liege eine doppelte Beratung der Gesetze «im

Interesse der Sache selbst», und bereits hätten mehrere Kantone eine zweifache Beratung der Gesetze in ihre Verfassungen aufgenommen. Es bürge das Beispiel anderer Staaten, namentlich Nordamerikas, dass mit dem Zweikammersystem eine «gute und kräftige Regierung» möglich sei. Das dortige Zweikammersystem sei keineswegs eine blosse Kopie der «Institutionen Alt-Englands».

Die Abstimmung in der Tagsatzung am 17. Mai 1848 ergab folgendes Bild, das die Zersplitterung der Auffassungen zeigt:

- Die Gesandtschaften der viereinhalb Kantone Uri, Unterwalden, Schaffhausen, Appenzell und Basel-Stadt setzten sich für die Beibehaltung des bisherigen Vertretungsverhältnisses ein.
- Glarus stimmte mit Unterstützung von Zug und Graubünden für die Einsetzung einer einkammrigen Bundesbehörde mit einer Vertretungszahl der Kantone in «annäherndem Verhältnisse» ihrer Bevölkerung, wobei in den «wichtigsten Geschäften» innert einer möglichst kurzen Frist zwölf Stände einen Beschluss der obersten Bundesbehörde «kraftlos» erklären können.
- Die Gesandtschaften von Glarus, Zug, Graubünden, Thurgau und Wallis stimmten für ein Einkammersystem in der Weise, dass «der Nationalrath aus Repräsentanten der Nation und der Kantone» zusammengesetzt werde.
- Für einen nach dem strengen Kopfzahlprinzip gebildeten Nationalrat mit teilweisem Veto der Kantone sprach sich Zürich aus.
- Für einen ebenfalls nach dem strengen Kopfzahlprinzip gebildeten Nationalrat, jedoch ohne Veto oder Sanktion der Kantone, sprachen sich Bern und Aargau aus.
- Für eine «Einheitsregierung» erklärte sich Schaffhausen.

Für das von der Kommission vorgeschlagene Zweikammersystem stimmten dann aber Bern, Zürich, Luzern, Zug, Freiburg, Solothurn, St. Gallen, Graubünden, Thurgau, Waadt, Wallis, Neuenburg, Genf, Basel-Landschaft, dann noch Schaffhausen sowie, unter «Rektifikationsvorbehalt», noch Glarus, das diesen einige Tage später zurückzog. Auch Basel-Stadt stimmte in der zweiten Abstimmung für das Zweikammersystem, sodass dieses die Zustimmung von 16 Gesandtschaften erhielt. Der Umstand, dass sich einige Gesandtschaften zuerst für mehrere sich gegenseitig ausschliessende Varianten ausgesprochen hatten, erklärt sich aus den entsprechenden Instruktionen, welche Rangfolgen enthielten oder unklar waren. Die Gesandtschaft von Schwyz war an der Sitzung nicht anwesend, Tessin hatte keine Instruktionen.

Es waren, wie gezeigt, politische und nicht staatsrechtliche Gründe gewesen, die für den historischen Kompromiss den Ausschlag gaben. Gab es noch andere Gründe? Das nordamerikanische Zweikammersystem war und ist zwar kein reines, sondern ein «gemischtes» System. Es war aber dieser Kompromiss im Rahmen der dort ebenfalls langen und harten Auseinandersetzungen über die nordamerikanische Unionsverfassung 1787 nicht nur theoretisch gut durchdacht worden, sondern er hatte sich seither auch praktisch bewährt; der Senat spielte damals gegenüber dem Repräsentantenhaus eine untergeordnete Rolle, gleich wie dies am Anfang beim schweizerischen Ständerat der Fall sein sollte. Das zweite System, dasjenige des einkammrigen nationalen Einheitsstaates, war kein Kompromiss. Es war und ist ein «reines» System, konsequent aus den Prinzipien der rationalen individualistischen Demokratie abgeleitet. Dieses «französische» System hatte sich jedoch in der französischen Staatspraxis nicht auf längere Dauer verwirklichen lassen. Einzig in den regenerierten Schweizer Kantonen war es verwirklicht worden und hatte sich dort auch bewährt, doch erst seit 1831, also noch nicht für allzulange Zeit. Auch wenn damals innerhalb der einzelnen Kantone noch erhebliche kulturelle, wirtschaftliche, religiöse und sprachliche Verschiedenheiten bestanden, so war die Homogenität innerhalb der Kantone doch ungleich grösser, als es diejenige der Eidgenossenschaft in der damaligen Situation war. In der damaligen Eidgenossenschaft war – im Gegensatz zu den Vereinigten Staaten – auch die staatsrechtliche Homogenität nur in Ansätzen vorhanden: In den flacheren, mehrheitlich protestantischen, gewerblichen und teilweise schon etwas industrialisierten Regenerationskantonen hatte nun das individualistische, rationale, «westliche» Demokratiebewusstsein definitiv Fuss gefasst und begann sich mittels konkreter Institutionen zu verfestigen. In den gebirgigen, meist katholischen, fast rein agrarischen Kantonen hingegen herrschte das überkommene traditionale, genossenschaftliche, familien- und kirchengebundene Staatsverständnis noch vor. Diese Kantone hätten sich noch schwerer in den neuen Bund integrieren lassen, wenn man auf die Schaffung eines der alten Legitimation des Bundes entsprechenden obersten Bundesorganes also auf die «Fortführung» der Tagsatzung im Sinne einer «Kontinuitätsbrücke, verzichtet hätte. Die übrigen in der Tagsatzung und ihrer Kommission diskutierten Modelle trugen ebenfalls Kompromisscharakter. Ausserdem waren sie praktisch nicht erprobt und theoretisch zu wenig gefestigt.

Mehr als das Grundprinzip des Zweikammersystems wurde 1848 aus dem nordamerikanischen Staatsrecht indessen nicht übernommen. Das Ausmass der direkten Rezeption von amerikanischem Staatsrecht in der Schweiz darf daher nicht überschätzt werden. Man hat weder das amerikanische Regierungssystem noch die dortige Konzeption der Justiz übernommen. Man hat den Gewaltenteilungsgrundsatz nicht nach amerikanischem, sondern nach französischem Vorbild ausgestaltet, ebenso die Individualrechte und viele weitere Verfassungselemente ursprünglich französischer Herkunft, die man einfach den Verfassungen der Regenerationskantone entnommen hat. Und man ist bei der näheren Ausgestaltung des Föderalismus nicht einfach amerikanische, sondern eigene Wege gegangen. Berücksichtigt man aber die nordamerikanischen Verfassungselemente auch der dortigen Gliedstaaten, welche in der Französischen Revolution aufgenommen, dann umgeformt wurden und von dort in die Schweiz gelangt sind, so ist das Ausmass dieser indirekten Rezeption über den Atlantik hinweg durch die Schweiz beträchtlich.

2. Ausgestaltung des Wahlrechts

Zu längeren Diskussionen gab die Gestaltung des Wahlrechts Anlass. Beim Ständerat war selbstverständlich, dass, wie bisher bei der Tagsatzung, die kantonalen Behörden oder die Landsgemeinden die Vertreter wählten. Die Volkswahl der Ständeräte für die regenerierten Kantone wurde gar nicht diskutiert. Was die Art und Weise der Wahl des Nationalrates anbelangt, so standen sich zwei Positionen gegenüber, die radikale und die föderalistische. Die Radikalen wollten einen einzigen gesamtschweizerischen Wahlkreis bilden; davon erhofften sie sich eine Stärkung des Nationalgefühls, die Beseitigung des «Kantönligeistes» und gleichzeitig unifizierende Wirkungen. Die Föderalisten hingegen wollten kein solches «Riesenskrutinium», sondern kleine, aus den Kantonen gebildete Wahlkreise; sie legten ferner grosses Gewicht darauf, dass auch die kleinen Halbkantone trotz Nichterreichens der Repräsentationsziffer einen Sitz im Nationalrat erhielten, was ihnen «zur Beruhigung» auch zugestanden wurde. Gegen die Bildung eines gesamtschweizerischen Wahlkreises wurde geltend gemacht, die Bürger hätten nicht genügend «Personalkenntnis», die kleineren Kantone würden von den grösseren «verschlungen». Die Wahl in kleineren Kreisen tue der «Nationalität durchaus keinen Eintrag», wie das Beispiel von England und Frankreich zeige. Man entschied sich schliesslich gegen einen gesamtschweizerischen Wahlkreis und dafür, die Frage der Wahlkreiseinteilung der künftigen Gesetzgebung zu überlassen, wobei die Wahlkreise «nicht aus Theilen verschiedener Kantone gebildet werden können»[8]. Der Vorschlag, die Bürger zu verpflichten, einen Teil von Nationalräten ausserhalb des eigenen Wahlkreises wählen zu müssen, wurde abgelehnt; die Kommission wollte aber die Wahl von nicht im Wahlkreis wohnenden Nationalräten offen behalten[9]. Das Recht für die Teilnahme an den Nationalratswahlen setzte man gesamtschweizerisch auf 20 Jahre fest; man regelte aber nicht alle Wahlrechtsvoraussetzungen gesamtschweizerisch, sondern verwies auf die «Gesetzgebung des Kantons»[10]. Dies vor allem deshalb, weil alle Kantone ausser Waadt und Genf noch den Ausschluss der Armengenössigen vom Stimmrecht kannten und man es nicht wagte, ihnen jene liberale Lösung aufzunötigen. Druey stellte den Antrag, es sei den kantonalen Regierungsmitgliedern der Eintritt in den Nationalrat zu untersagen, weil diese sonst dort ihren «mächtigen Einfluss geltend machen» würden, damit die erste Kammer zur «Doppelgängerin der zweiten herabgewürdigt» werde, so dass das nationale Element, der «reine und ungetrübte Wille des Volkes» dann eines bestimmten Organs entbehre. Der Antrag wurde zuerst gutgeheissen, später aber aus Gründen der Wahlfreiheit der Bürger wieder gestrichen[11].

Die Repräsentationsziffer wurde auf 20 000 Seelen festgelegt, was – mangels Bevölkerungsstatistik – die geschätzte Zahl von 110–120 Nationalräten ergeben sollte. Zürich stellte den Antrag, die Repräsentationsziffer auf dreissigtausend zu erhöhen, weil es sonst schwierig sei, so viele Deputierte zu finden, welche sich in «geistiger Beziehung» eignen würden. Dagegen wurde opponiert: «Wenn irgend eine Behörde, so muss der Nationalrath auf demokratischer Basis aufgebaut werden». Wenn Zweifel bestünden, ob genügend «Intelligenzen» aufgefunden werden könnten, so müsse eingewendet werden, dass man nicht sogenannte «Kapazitäten», sondern Personen des «gesunden Menschenverstandes, des praktischen Blickes und eines besonnenen Urtheils» bedürfe.

Die Amtsdauer des Nationalrates war von der Kommission auf drei Jahre festgelegt worden. In der Tagsatzung beantragte das radikale Genf, sie auf zwei Jahre herabzusetzen, Aargau dagegen, vier Jahre vorzusehen. Beide Anträge wurden im Sinne des dreijährigen Kompromisses abgelehnt. Über den Ausschluss der Geistlichen aus

[8] Art. 62 Bundesverfassung.
[9] Verhandlungen vom 21. März und 5. April 1848.
[10] Art. 63 Bundesverfassung.
[11] Verhandlungen vom 5. April 1848.

dem Nationalrat waren die Meinungen geteilt. Es setzte sich jedoch die liberal-radikale Auffassung durch: Die kanonischen Bestimmungen räumten jenen eine besondere Stellung gegenüber den anderen Staatsbürgern ein; die katholische Kirche gehe vom Grundsatz aus, dass sie «über den Staat dominieren» müsse; der geistliche Stand sei wesentlich an Rom gebunden. Auch die protestantische Geistlichkeit habe sich von hierarchischen Tendenzen noch nicht «völlig frei machen» können. Schliesslich befürchtete die Mehrheit, die Geistlichen hätten kraft ihrer besonderen Stellung zu viele Mittel, um ihre eigene Wahl zu bewerkstelligen[12].

3. Stellung der Legislative

Beim Nationalrat war gemäss gefestigter, in der Schweiz rezipierter Lehre des französischen Liberalismus unbestritten, dass dessen Mitglieder «ohne Instruktionen» stimmen sollten[13]. Hingegen wurde dieser Grundsatz für den Ständerat stark angefochten. Die Gesandtschaften von Schaffhausen, Basel-Landschaft und Appenzell stellten den Antrag, den Kantonen das Recht zu Instruktionen zu geben. Es würde sonst deren Recht, ihren Willen gegenüber dem Nationalrat geltend zu machen, in hohem Grade gefährdet, in der Praxis zur «blossen Täuschung». Die Kantone müssten speziell bei den «materiellen Fragen» gegen Übergriffe des Bundes gesichert werden. Trotz dieser Argumente wurde das Instruktionsverbot für beide Räte mit den Stimmen von 15 Kantonen beschlossen[14]. Mit den gleichen Argumenten wie in den kantonalen Verfassungsräten der Regenerationszeit wurde die Entschädigung der Mitglieder des Nationalrates beschlossen[15]. Die liberale Tagsatzungsmehrheit wollte nach dem Muster der Regenerationskantone eine Parlamentsherrschaft errichten, weshalb man der Bundesversammlung die «oberste Gewalt» zusprach[16] und ihr ausserordentlich grosse Befugnisse übertrug. Über die Schaffung eines Vetos oder Referendums des Schweizervolkes bei der Gesetzgebung wurde weder in der Kommission noch in der Tagsatzung diskutiert. Man hielt weder das Volk reif für solche Mitwirkungsrechte,

---

[12] Verhandlungen vom 26. Mai 1848.
[13] Art. 74.
[14] Verhandlungen der Tagsatzung vom 2. Juni 1848.
[15] Art. 68 Bundesverfassung.
[16] Art. 60 Bundesverfassung.

noch war der Gesamtstaat genügend vereinheitlicht; es waren 1848 immer noch die Kantone und nicht die Individuen die entscheidenden Einheiten. Es fehlte auch, anders als in den Kantonen, ein Druck von seiten des Volkes mittels Petitionen und grossen Volksversammlungen.

4. Organisation der Exekutive

Die Ausgestaltung der Exekutive bereitete weit weniger Schwierigkeiten als jene der Bundesversammlung. Man folgte hier nicht dem amerikanischen Modell, sondern übernahm das in einigen radikalen Kantonen bereits bewährte Regierungssystem. Die Bundesexekutive erhielt damit ebenfalls den für diese Kantone charakteristischen Doppelcharakter. Einerseits wurde sie entsprechend dem Grundmuster der französischen Montagnard-Verfassung und den kantonalen Regenerationsverfassungen als Parlaments-Ausschuss-Regierung, also mit ausgesprochen schwacher Stellung gegenüber dem Parlament, ausgestaltet. Anderseits erhielt sie, indem man das helvetische Direktorialsystem zur Anwendung brachte, die Mittel für die Durchführung einer wohlfahrtsstaatlichen Politik. Man wollte ja, wie dies in Artikel 2 der Bundesverfassung zum Ausdruck kommt und auch in der Kommission ausdrücklich gesagt worden war, den Bund nicht nur als «Rechtsversicherungsanstalt», sondern auch als Einrichtung zur Beförderung der «gemeinsamen Wohlfahrt» sehen[17].

Streng achtete man auf die Gleichheit der Mitglieder des Bundesrates. Man wollte keinem der künftigen, vorerst vorgesehenen fünf Bundesräte ein Übergewicht über die anderen geben, weshalb ein Antrag, den Präsidenten der Exekutive durch das Volk, die vier anderen Mitglieder je zu zweien von National- und Ständerat wählen zu lassen, deutlich abgelehnt wurde[18]. In einer «Präsidentenschaft» nach der nordamerikanischen Verfassung erblicke man in der Schweiz eine «Annäherung an die Monarchie oder Diktatur»; man halte hier «auf dem Kollegialsystem und der demokratische Sinn widersetzt sich jedem zu ausschliesslichen Vorrang», schrieb Henry Druey in seinem «Beleuchtenden Bericht über den Entwurf einer Bundesverfassung» 1848. Die kurz darauf in Frankreich verlaufende Entwicklung sollte die Befürchtungen Drueys zumindest teilweise bestätigen: Dort knüpfte die Konstituante nicht an das kollegiale System der Ersten

---

[17] Verhandlungen vom 24. Februar 1848.
[18] Verhandlungen vom 24. März 1848.

570

Republik an, sondern übernahm das nordamerikanische System des auf vier Jahre vom Volk gewählten Präsidenten. Prinz Louis-Napoléon kandidierte, wurde am 10. Dezember 1848 unter Wiederbelebung des napoleonischen Mythos gewählt, und es gelang ihm aus dieser hervorgehobenen Stellung heraus nach ständigen Konflikten mit der Volksvertretung vier Jahre später mittels Staatsstreich, das Zweite Kaiserreich zu errichten.

Ochsenbein beantragte, die Wahl aller fünf Bundesräte direkt durch das Volk in einem einzigen Wahlkreis vornehmen zu lassen. Im wesentlichen begründete er dies damit, nach der Ablehnung der Wahl der Nationalräte in einem einheitlichen gesamtschweizerischen Wahlkreis sei zu befürchten, dass sich in diesem Rat wiederum nur das «lokale Element, das kantonale Interesse» Geltung verschaffen werde. Das Volk müsse deshalb, um sich «wenigstens einigermassen gegen die Partikularinteressen sicher zu stellen», in den Bundesrat Männer des entschiedensten Vertrauens wählen können. Wenn nur fünf Bundesräte zu wählen seien, so falle das Argument der mangelnden Personenkenntnis weg. Gegen diesen Antrag wurde von Frey-Herosé geltend gemacht, die «Stellen der Bundesräthe werden so gesucht nicht sein, und mancher Gewählte dürfte eine günstige Anstellung in seinem Heimathkantone einer so unsicheren Existenz vorziehen»; es würden also häufig Ablehnungen von Wahlen erfolgen, und es müssten deshalb oft Neuwahlen stattfinden. Die Folge wäre, bei dem Bürger völlige «Apathie und Gleichgültigkeit» gegen das öffentliche Leben zu erzeugen. Ferner müssten nach dem angenommenen Departementalsystem für die einzelnen Zweige des Staatshaushaltes besonders befähigte Beamte gewählt werden, was mittels der Volkswahl nicht leicht möglich sei. Dagegen wurde hinwiederum geltend gemacht, es müssten als Bundesräte nicht auf einen bestimmten Verwaltungszweig eingeschulte Fachmänner, sondern «Staatsmänner im höheren Sinne des Wortes» gewählt werden, welche das Staatsleben in seiner «Totalität» umfassten, welche «allgemeine Ideen anzulegen, aufzunehmen und praktisch in das Leben einzuführen» verstünden. Die Einführung der Volkswahl wurde mit zehn gegen neun Stimmen abgelehnt[19], ohne dass in der Kommission das in Genf vor Jahresfrist vorgetragene – entscheidende – Argument der dadurch bewirkten Schwächung der Bundesversammlung vorgetragen wurde. Henry Druey indessen hat in seinem Beleuchtenden Bericht über den Entwurf einer Bundesverfassung (1848) geschrieben, die Wahl der

---

[19] Verhandlungen vom 5. April 1848.

Bundesräte durch das Parlament liege im Interesse der Einheit der Bundesgewalten und sie sei wegen der «Unterordnung der vollziehenden Behörde unter die oberste gesetzgebende Gewalt» notwendig. Die Kommission entschied weiter, dass die Amtsdauer des Bundesrates im Interesse einer «übereinstimmenden Politik» der beiden Behörden gleich wie jene des Nationalrates drei Jahre dauern solle und dass der Bundespräsident nach einer Amtsdauer von einem Jahr als solcher nicht wiederwählbar sei. Damit die Bundesräte nicht «nach und nach zu lebenslänglichen Konsuln» würden, wollte ein Kommissionsmitglied deren Amtsdauer auf zwei Wahlperioden beschränken – ohne Erfolg. Man sei sonst gezwungen, wurde eingewendet, die tüchtigsten Leute «von Gesetzes wegen über Bord zu werfen»[20]. Aus Rücksicht auf die kleinen Kantone legte man noch fest, dass aus einem Kanton nur ein einziger Bundesrat amten darf, trotz des Einwandes, die Wahlbehörde könnte dann gezwungen sein, eine minder tüchtige Persönlichkeit einer geeigneteren vorzuziehen[21]. Die Tagsatzungskommission sah, gleich wie die Helvetische Verfassung, einen fünfköpfigen Bundesrat vor. Es wurde die Frage der Anzahl der Mitglieder dann in der Tagsatzung eingehend besprochen. Für eine Erhöhung auf sieben wurde mit der Begründung plädiert, es liege in einer grösseren Behörde die Bürgschaft für eine umsichtige Geschäftsführung, was in der Schweiz um so mehr angestrebt werden müsse, als in keinem Lande eine so grosse Verschiedenheit in den Institutionen und Verhältnissen bestehe. An Geschäften für sieben Bundesräte werde es «wohl niemals» fehlen, besonders wenn diese darauf Bedacht nähmen, «neue Schöpfungen und Verbesserungen» in diesem oder jenem Zweige anzubahnen, was nur dann möglich sei, wenn «nicht zu viel auf Wenigen lastet». Es wurde die Erhöhung auf sieben beschlossen, obwohl auch Kostengründe geltend gemacht und die Gefahr von «Spaltungen» innerhalb des Bundesrates heraufbeschworen wurde[22].

Die Einrichtung einer *Bundeskanzlei* war selbstverständlich und gab zu wenig Diskussionen Anlass; ein Mitglied der Tagsatzungskommission stellte jedoch die weise Frage, ob jene «nicht in eine Kanzlei des Bundesrathes und in eine Kanzlei der Nationalversammlung» geteilt werden müsse[23].

[20] Verhandlungen vom 24. März 1848.
[21] Verhandlungen vom 24. März 1848.
[22] Verhandlungen der Tagsatzung vom 3. Juni 1848.
[23] Verhandlungen vom 24. März 1848.

5. Judikative, Straf- und Zivilrechtsetzung des Bundes

Bei der Konstituierung der Bundesgerichtsbarkeit folgte man ebenfalls nicht der amerikanischen Verfassung, in der man der Justiz eine prinzipiell starke Stellung gegeben hatte. Vielmehr lehnte man sich hier an das alteidgenössische und französisch-revolutionäre Muster an, welches im Interesse der demokratischen Fundierung des Staates die Macht der Richter gering halten will. Aus diesem Grund führte man nur ein nichtständiges Gericht mit verhältnismässig geringen Zuständigkeiten ein. Für Strafsachen sollte nach französisch-angelsächsischem Vorbild ein Bundesgeschworenengericht («Assisengericht») geschaffen sowie ein Kassationsgericht aufgestellt werden. Diese Neuerungen drangen durch, obwohl gegen das Geschworenengericht geltend gemacht wurde, in der Schweiz gehe es nicht darum, «Kabinettswillkür» zu verhüten; die Schweizer Richter seien jetzt schon vom Volk gewählt und es bestehe hier nicht wie im Ausland jene Scheidung der «juristischen Doktrin auf der einen und des praktischen Lebens auf der andern Seite». Die Zuständigkeit des Bundes beschränkte sich in Strafsachen auf Fälle von Hochverrat, Aufruhr und Gewalttaten gegen Bundesbehörden, politische Delikte in Zusammenhang mit einer Bundesintervention, auf Delikte gegen das Völkerrecht sowie auf die strafrechtlichen Anklagen gegen Bundesbeamte[24]. Ein Antrag Solothurns, die Strafgesetzgebung an den Bund zu übertragen, alle Kantone zur Schaffung von Geschworenengerichten zu verpflichten und das Bundesgericht diesen gegenüber als Kassationsinstanz einzusetzen, scheiterte in der Tagsatzung.

Die Kantone Glarus und St. Gallen stellten den Antrag, es sei von Bundes wegen die Todesstrafe «wenigstens» für politische Verbrechen zu untersagen. Es gebe, führten sie in Anspielung auf das Todesurteil gegen Jakob Robert Steiger in Luzern aus, noch heute Kantone, welche selbst das Streben, bessere oder andere «konstitutionelle Einrichtungen» zu schaffen, durch «Vernichtung des Individuums» bestrafen würden; die «Grenzen, wo Recht und Unrecht sich scheiden, seien äusserst schwierig zu beurtheilen» und es habe die Todesstrafe in der ersten französischen Revolution zu den grässlichsten Exzessen geführt. Daher zieme es der Eidgenossenschaft, die heutige Französische Republik nachzuahmen, «welche mit der Abschaffung der Todesstrafe für politische Verbrechen ihren Eintritt in das Staatsleben auf eine so würdige und erhabene Weise eröffnet»

---

[24] Art. 103 und 104 Bundesverfassung.

habe. Der Antrag der beiden Kantone wurde trotz dieser engagierten Worte mit der Begründung abgelehnt, er widerspreche «dem Prinzipe des Föderalismus»[25]. Die Tagsatzung änderte aber am 26. Juni ihre Meinung und beschloss, das Verbot der Todesstrafe für politische Vergehen in die Verfassung aufzunehmen[26]. Anträge für den Erlass eines eidgenössischen Handelsrechtes, verbunden mit der Einrichtung eines Zivilgeschworenengerichtes, scheiterten am gleichen Einwand, so dass der Bund auch in der Zivilrechtspflege äusserst geringe Zuständigkeiten erhielt[27]. Immerhin wurden die Kantone verpflichtet, ihre Zivilurteile, nicht aber Strafurteile, gegenseitig zu vollstrecken[28].

Die praktische Durchsetzung der Freiheitsrechte und der Rechtsgleichheit in den Kantonen sah man entsprechend der französischen revolutionären Lehre, wie sie klassisch von Condorcet formuliert worden war, am besten in der Hand des Bundesrates und, in letzter Instanz, der Bundesversammlung[29]. Diese bekam damit die Rolle einer Art «Jury» für die Beurteilung der Frage, ob verfassungsmässige Rechte verletzt worden seien. Nur im Fall, wo die Bundesversammlung dies selber wünschte, sah man hiefür die Zuständigkeit des Bundesgerichtes vor[30]. An die Möglichkeit der Verletzung der in der neuen Verfassung garantierten individuellen Rechte durch Parlament oder Exekutive des Bundes selber dachte man gar nicht, weshalb die Frage einer Verfassungsgerichtsbarkeit nicht diskutiert wurde. Gleich wie in den Kantonsverfassungen der Regenerationszeit sah man die Unabhängigkeit der Justiz nur bei personeller Verknüpfung mit der Exekutive in Gefahr, weshalb man beschloss, den Bundesräten den Einsitz in das Bundesgericht zu verwehren. Den Mitgliedern der Bundesversammlung sollte die Tätigkeit als Bundesrichter unbenommen sein.

6. Bundeszweck, Verhältnis Bund–Kantone

Über die allgemeine Formulierung der Bundeszwecke entstanden verhältnismässig wenig Probleme. Dies deshalb, weil vieles

---

[25] Verhandlungen vom 22. Mai 1848.
[26] Art. 54 Bundesverfassung.
[27] Art. 101 und 102.
[28] Art. 49.
[29] Art. 74 Ziff. 8.
[30] Art. 105.

im «Pacte Rossi» von 1832/1833 gut vorformuliert war und daher unter allerdings zahlreichen Anpassungen übernommen werden konnte. Am aufschlussreichsten für die Bestimmung der allgemeinen Aufgaben des Bundes ist der Zweckartikel 2 der neuen Verfassung.

Es ist kein Zufall, dass Artikel 2 der Verfassung zuerst den Zweck der «Behauptung der Unabhängigkeit des Vaterlandes gegen Aussen» nennt. Die mangelnde Geschlossenheit der Eidgenossenschaft gegen aussen und damit ihre Unfähigkeit, ihre Interessen wirksam gegenüber den europäischen Mächten zu vertreten, war schon im Ancien Régime und dann seit der helvetischen Umwälzung das kardinale Dauerthema gewesen. So war es beispielsweise in den dreissiger Jahren im Zusammenhang mit den ausländischen Flüchtlingen «für die Diplomaten auch von mittelmässiger Begabung» nicht allzu schwer gewesen, «Loorbeeren in der Schweiz zu ernten»[31]. Auch die Versuche Österreichs, Preussens und Frankreichs, vor, während und nach dem Sonderbundskrieg Einfluss auf die gespaltene Eidgenossenschaft zu nehmen, zeigten die Notwendigkeit des stärkeren Zusammenschlusses. Vor allem die Radikalen verfochten mit mehr oder weniger starker Unterstützung der Liberalen in geradezu militanter Art und Weise das Ziel der Herstellung einer höheren und staatsrechtlich möglichst festgefügten Einheit: Es solle, führte Druey aus, die «Eidgenossenschaft eine Totalität, eine Nation» ausmachen, und es könne deshalb keineswegs irgendeinem Staate zukommen, sich an einen einzelnen Kanton als Souverän zu wenden, indem die Verhältnisse der Schweiz zum Ausland «nur durch die, die Gesammtheit der Nation vertretenden Bundesbehörden verwaltet werden können»[32]. Daraus forderte dasselbe Mitglied, es solle in der Verfassung ausdrücklich festgeschrieben werden: «die Kantone vereinigen sich als schweizerische Nation». Dies wurde mit der Begründung abgelehnt, der Ausdruck Nation habe «unitarischen Charakter», während sich «Eidgenossenschaft» mehr auf den föderativen Charakter beziehe. Wenn man aber schreibe «Eidgenossenschaft und Nation», so sei dies ein Pleonasmus. So kam es, dass der Begriff «Nation» nur am Rande, und zwar in der rechtlich unverbindlichen Präambel der Verfassung, Aufnahme fand, im entscheidenden Artikel 1 aber von der schweizerischen Eidgenossenschaft die Rede ist. Die gesamte Schweiz, die Eidgenossenschaft, soll durch den Bund gegen aussen vertreten wer-

---

[31] DIERAUER JOHANNES, Geschichte der schweizerischen Eidgenossenschaft V (1917), S. 609.
[32] Verhandlungen vom 21. Februar 1848.

den. Dieser erhielt als ersten Zweck, die Unabhängigkeit des Vaterlandes gegen aussen zu behaupten. Aus diesem fliessen eine ganze Reihe von Bestimmungen, so namentlich jene über das Wehrwesen[33], die Staatsverträge[34], das Verbot des Abschlusses von Militärkapitulationen[35] und das Ordens- und Pensionsverbot[36].

Als zweites soll der Bund Ruhe und Ordnung im Innern handhaben. Aus diesem Zweck fliessen die Garantien des Bundes zugunsten der Kantone, die Möglichkeit der Bundesintervention und der Bundesexekution, aber auch die Bestimmungen über das Wehrwesen.

Als dritter Bundeszweck ist der «Schutz der Freiheit und der Rechte der Eidgenossen» aufgeführt. Über diesen Zweck wurde auffälligerweise gar nicht diskutiert, obwohl ihm eine ganz zentrale Rolle zugedacht war. Jonas Furrer sagte dazu in seinem «Beleuchtenden Bericht über den Entwurf der neuen eidgenössischen Bundesverfassung» (1848), es handle sich hier nicht um «bloss schöne Redensarten, sondern die hierauf bezüglichen Artikel beweisen, dass sie eine Wahrheit werden sollen». Dem Bund sollte also die Rolle eines Garanten *sämtlicher individueller Rechte* zuerkannt werden, welche aus der Bundesverfassung und von ihr abgeleiteter Gesetze und Beschlüsse fliessen. Weil der Bund auch die kantonalen Verfassungen garantiert[37], wird er auch zum Hüter der in diesen enthaltenen individuellen Rechte. Der neuerrichtete Bund wurde damit für die Liberalen und Radikalen zum entscheidenden Instrument, die in die Bundesverfassung aufzunehmenden Freiheitsrechte und die Rechtsgleichheit in sämtlichen Kantonen praktisch zu verwirklichen. Dasselbe galt für einen vom Bund von den Kantonen geforderten demokratischen «Minimalstandard», wie er in Artikel 6 der Bundesverfassung umschrieben wurde. In den agrarischen, gebirgigen und katholischen Kantonen, die zu jener Zeit nur genossenschaftliche, kaum individuelle Freiheit gekannt hatten, sollte nun vom Bund in jahrzehntelangen, zähen Auseinandersetzungen das individualistische und egalitäre «westliche» Freiheitsverständnis eingeführt werden, mit weitreichenden Folgen auch für die Staatsstruktur, die wirtschaftlichen, sozialen und kulturellen Verhältnisse. Das war die vorerst wohl wichtigste praktische Folge des Sonderbundskrieges und der neuen Bundesver-

[33] Art. 13–20.
[34] Art. 7–10.
[35] Art. 11.
[36] Art. 12.
[37] Art. 5 und 6.

fassung. Die praktische Durchführung dieses gewaltigen «Reformprogrammes» sah man in einer ersten Phase unbestrittenermassen als politische Aufgabe an, weshalb man ohne weiteres die politischen Behörden und nicht ein Gericht damit betraute.

Als letzten Zweck des Bundes nennt die Verfassung in Artikel 2 die Beförderung der «gemeinsamen Wohlfahrt» der Eidgenossen. Darüber wurde in der Tagsatzungskommission nicht diskutiert, wohl deshalb, weil dieser Begriff bereits im Entwurf von 1833 enthalten war. Jonas Furrer schrieb in seinem Beleuchtenden Bericht spitz, «statt die Klöster zu garantieren», solle der künftige Bund Anstalten und Unternehmungen gründen, die dem Vaterland zur «Ehre und Wohlfahrt» gereichen, beispielsweise Anstalten für den höheren Unterricht, Kanäle und Flusskorrektionen, Strassen, Eisenbahnen, Entsumpfungen, «auf dass bleibende Denkmäler Zeugnis ablegen, was die Begeisterung, Kraft und Einigkeit eines Volkes vermögen». Hinter dem Begriff der «gemeinsamen Wohlfahrt» stand also das optimistische aufklärerische Fortschrittsideal im Bereiche der Erziehung, der Wissenschaft und der Technik. Dieser vor allem von den Radikalen verfochtene Wohlfahrtsstaat war 1848 noch nicht unbestritten, und es regten sich in der Tagsatzungskommission Widerstände dagegen. Ulrich Ochsenbein setzte sich aber dafür ein und sagte, man dürfe den Staat nicht nur als eine «Rechtsversicherungsanstalt» betrachten[38]. Damit war man, gleich wie zuvor in Waadt, Bern und Genf, vom rein politischen Verfassungsbegriff der liberalen Lehre Constants abgerückt.

Erst in der Tagsatzung wurde der Antrag gestellt, die Wahrung der Neutralität als Bundeszweck in die Verfassung aufzunehmen. Dagegen wurde eingewendet, die Neutralität sei kein konstitutioneller und politischer Grundsatz, der in eine Bundesverfassung gehöre, denn man könne nicht wissen, ob derselbe einmal im Interesse der eigenen Selbständigkeit verlassen werden müsse. Die Neutralität sei ein «Mittel zum Zweck», eine «dermalen angemessen erscheinende politische Massregel, um die Unabhängigkeit der Schweiz zu sichern». Die Eidgenossenschaft müsse sich das Recht vorbehalten, unter gewissen Umständen aus ihrer neutralen Stellung herauszutreten. Der Antrag wurde abgelehnt[39]. Die Neutralität war aber nebenbei, etwas versteckt, trotzdem in der Verfassung verankert worden[40].

[38] Verhandlungen vom 24. Februar 1848.
[39] Verhandlungen vom 16. Mai 1848.
[40] Art. 90 Ziff. 9 Bundesverfassung.

Bei den Liberalen und Radikalen war man sich in grossen Zügen darüber einig, welche Aufgaben dem neuzuschaffenden Bund zukommen sollten. Als Richtmass hatte man die Bundesurkunde von 1833 vor sich; auch die zumeist nur zwischen den Regenerationskantonen seither zustande gekommenen Konkordate gaben klare Hinweise, in welchen Bereichen eine für die ganze Eidgenossenschaft gültige Bundesregelung als notwendig erschien. Schwer tat sich aber die verfassungsgebende Tagsatzungskommission mit der Souveränitätsfrage. Die Frage, wer denn künftig «souverän» sei, löste nicht nur grosse Emotionen, sondern auch theoretische Verwirrung aus, derer die Kommission kaum Herr wurde. Sie enthielt eben nicht die gleiche Zahl theoretisch geschulter, wortgewandter Köpfe, wie das bei der Waadtländer und Genfer Konstituante der Fall gewesen war. Der Radikale Henry Druey beantragte erneut, es habe die Verfassung zu erklären, dass die «Quelle der Souveränität im Volke liege». Damit konnten sich die konservativen Mitglieder nicht befreunden, denn für sie waren die Kantone souverän. Die Liberalen waren ihrerseits der realen Volkssouveränität, wie sie Druey verstand, wenig geneigt, war für sie doch das Repräsentativprinzip das Entscheidende. Anderseits wollten sie die Souveränität nicht einfach nur den Kantonen überlassen, nachdem der Bund nach den Begriffen des damaligen – monarchischen – Staatsrechts eigentliche Souveränitätsbefugnisse ausschliesslich erhalten sollte, so namentlich das Recht, Krieg zu erklären und Frieden zu schliessen sowie Bündnisse und Staatsverträge abzuschliessen[41]. Gleichzeitig waren aber die Liberalen aus taktisch-politischen Gründen bereit, den Föderalisten wenigstens verbal entgegenzukommen. Es heisst deshalb in Artikel 3 der Bundesverfassung, die «Kantone sind souverän, soweit ihre Souveränität nicht durch die Bundesverfassung beschränkt ist ...». Eine eigentliche Souveränität des Bundes wird nicht ausdrücklich ausgesprochen. Man ging also von einer auf Bund und Kantone «aufgeteilten» Souveränität aus, obwohl das nach den Begriffen des damals herrschenden – monarchischen – Staatsrechts nicht möglich war. Die Kommission dürfte hier von der Theorie der zweigeteilten Souveränität beeinflusst worden sein, welche Alexis de Tocqueville in seinem Buch «De la démocratie en Amérique» entwickelt hatte.[42] Man ging ferner auch davon aus, dass die Kantone ihre

[41] Art. 8 Bundesverfassung.
[42] TOCQUEVILLE ALEXIS CHARLES HENRY CLEREL DE, 1805–1859. Geboren als Sohn eines begüterten Adligen aus der Normandie in Paris, absolvierte er klassische Studien

578

Staatlichkeit behalten würden; den Bund bezeichnete man in der Verfassung nirgends als «Staat». Es entstand so Artikel 3 der neuen Verfassung, welcher das Prinzip der Aufgabenverteilung zwischen Bund und Kantonen umschreibt, sowie die Artikel 7–10, welche die wichtigsten Staatsvertragsbefugnisse dem Bund zuerkennen und den Kantonen nur noch Restzuständigkeiten überlassen.

7. Gewährleistungen des Bundes, Verfassungshomogenität der Kantone

Von den Garantien des Bundes zugunsten der Kantone war die Gebietsgarantie in der Kommission unbestritten; ebenso verhielt es sich mit der Garantie der Freiheit, der Verfassungen als solche und den verfassungsmässigen Rechten der Bürger. Auseinandersetzungen entstanden aber bei den «Rechten des Volkes» in Artikel 5 sowie über die Bedingungen, unter denen nach Artikel 6 die Kantonsverfassungen gewährleistet werden sollten.

Artikel 5 des Entwurfes einer Bundesurkunde von 1833 wurde der Vorwurf gemacht, er enthalte den Gedanken des «Herrschaftsvertrages», eines Vertrages zwischen Volk und Behörden. Nach längeren Ausführungen Drueys wurde man sich über die Unhaltbarkeit dieser Konstruktion, welche den Behörden eine nicht aus der Volkssouveränität abgeleitete Herrschaftslegitimation erteilt hätte, einig. Man schloss sich dessen Ausführungen an, wonach «in der Demokratie», welche die «Souveränität des Volkes» anerkenne, dieses «seine staatlichen Einrichtungen je nach dem Masse des Bedürfnisses oder der Erkenntnis» ordne. Die Regierungen haben nur «Mandate, keine Rechte», und bilden nach dieser von der Kommission anerkannten

und ein Rechtsstudium. Reise nach Italien, dann Gerichtsassessor. Vom Innenminister beauftragt, unternahm er 1831/1932 eine Reise in die Vereinigten Staaten von Amerika, um das dortige Gefängniswesen zu studieren. Mit G. de Beaumont publizierte er 1832 das Werk «Du système pénitentiaire aux Etats-Unis et de son application en France», worin das System der Einzelhaft empfohlen wurde. Berühmt aber wurde Tocqueville durch das zweibändige Buch «De la démocratie en Amérique» (1835, 1840). 1841 wurde er Mitglied der Académie Française. Ab 1839 als liberales Mitglied der Abgeordnetenkammer in Opposition zur Politik Guizots. 1848 in die Konstituante gewählt, dann bis Herbst 1849 Aussenminister der Zweiten Republik. Nach dem Staatsstreich von Napoléon III. schied Tocqueville aus der Politik aus und verfasste aufgrund eingehender Archivstudien das Buch «L'ancien régime et la révolution» (1856), das sogleich ein grosser Erfolg wurde. Tod in Cannes.

naturrechtlichen Auffassung «den Ausfluss seines freien, durch nichts beschränkten Willens»[43]. Die Gesandtschaft Berns machte in der Tagsatzung den Vorschlag, in Artikel 5 den Ausdruck «Rechte des Volkes» durch Rechte «der Bürger» zu ersetzen, weil die Minderheit gegen einen «allfälligen Terrorismus der Mehrheit» geschützt werden müsse. Diese Änderung wurde mit der Begründung abgelehnt, es könnten dadurch «Gelüste» erzeugt werden, den «Willen der Minderheit gegenüber der Mehrheit durchzusetzen»[44].

Schliesslich wurde von der Kommission der von Ochsenbein ausgesprochene Satz gebilligt, wonach es der Mehrheit der Bürger «jederzeit» freistehen müsse, eine Verfassung «beliebig» abzuändern, jedoch präzisiert, dass die Art und Weise der Verfassungsänderung «staatsrechtlich normiert» sein müsse[45]. Diese auf Rousseau und Condorcet beruhenden Grundsätze wurden nun im Laufe der Kommissionsberatungen konkretisiert, indem man als Bedingung für die Gewährleistung der Kantonsverfassungen festlegte, dass diese «revidiert werden können, wenn die absolute Mehrheit der Bürger es verlangt»[46]. Damit war nichts anderes als die Volksinitiative auf Verfassungsänderung gemeint, die in der Regenerationszeit in den Kantonen sukzessive Fuss gefasst hatte. Gegen die für die Kantone bindende Einführung dieses Volksrechtes wurden Bedenken laut, indem es noch mehrere Kantone gebe, deren Verfassungen «nicht ohne weiteres» abgeändert werden könnten, «selbst wenn die Mehrheit dafür wäre». Diese Bedenken wurden in der Kommission mit der Bemerkung herabgespielt, es beziehe sich dieses Volksrecht nicht auf die «dermalen bestehenden Verfassungen», da diese nicht neu gewährleistet werden müssten, sondern auf die Zukunft. Dies hinderte dann allerdings die Bundesbehörden in der Folge nicht, von den Kantonen in Anwendung von Artikel 4 der Übergangsbestimmungen die Einführung der Verfassungsinitiative zu verlangen.

Ulrich Ochsenbein wies schliesslich auf die problematische staatsrechtliche Stellung des preussischen Fürstentums und schweizerischen Kantons Neuenburg hin: Die vorgeschlagene Fassung des Artikels 6 sei «präjudizierlich» für diesen Kanton, wo das Volk sich die Verfassung nicht selbst gebe, «sondern sie von dem Fürsten als Geschenk entgegen zu nehmen habe; es müsse auch diesem Stand die

---

[43] Verhandlungen vom 23. Februar und 16. Mai 1848.
[44] Verhandlungen vom 16. Mai 1848.
[45] Verhandlungen vom 22. Februar 1848.
[46] Verhandlungen vom 3. April 1848.

Möglichkeit gegeben werden, in den neuen Bund einzutreten und dem Ausland die Gelegenheit genommen werden, um die Verminderung des schweizerischen Staatsgebietes einzuleiten»[47].

Den Artikeln 5 und 6 der «Bundesurkunde» von 1833 wurde in der Kommission ausserdem der Vorwurf gemacht, es fehle darin eine «genauere Feststellung der Volksrechte» hinsichtlich der Wahlen. Insbesondere kritisierte man den aus dem Bundesvertrag von 1815 übernommenen Passus, wonach «keine Klasse von Bürgern ausschliesslich zur Ausübung politischer Rechte zugelassen werden» dürfe. Dieser trug nach Meinung der Liberalen und Radikalen der Rechtsgleichheit zuwenig Rechnung; diese Formulierung habe es nach 1815 ermöglicht, dass in den «gesetzgebenden Körper vorzugsweise nur die Angehörigen gewisser Familien» hätten gewählt werden können, so dass in Freiburg und Bern wieder das Patriziat ins Leben gerufen worden sei. Aus diesem Grunde wurde auf eine «genauere Feststellung der Volksrechte» gedrängt. Ulrich Ochsenbein schlug daher vor, als Bedingung für die Gewährleistung der Kantonsverfassungen festzulegen, dass «sie dem Grundsatz der Gleichheit vor dem Gesetz huldigen und die Ausübung der politischen Rechte nach repräsentativen oder demokratischen Formen sichern, so dass einerseits die Unterthanenverhältnisse jeder Art zwischen einzelnen Theilen des Kantons untersagt, anderseits alle Staatsbürger, welche die durch das Gesetz vorgeschriebenen Bedingungen erfüllen, die politischen Rechte auszuüben befugt seien, und diese Ausübung nie zu einer unabänderlichen Ortsberechtigung oder zu einem Vorrechte der Geburt von Personen oder Familien werden könne»[48]. Diese Gewährleistungsbedingungen wurden akzeptiert, obwohl gegen sie von seiten konservativer Kantone eingewendet wurde, sie bewirkten eine zu starke Beschränkung der Kantonalsouveränität. Aus jener von Ochsenbein vorgetragenen Formulierung sind dann im Laufe wechselvoller Beratungen zwei Bestimmungen, nämlich Artikel 4 und Artikel 6 Absatz 2 Buchstabe b gemacht worden. Die Rechtsgleichheit wurde, artikelmässig gesehen, von den politischen Rechten getrennt und verallgemeinert, so dass sie auch, damals selbstverständlich, für den neuen Bund Geltung erhielt. Die politischen Rechte sind also entstehungsgeschichtlich eng mit der Rechtsgleichheit verbunden, ja diese ist aus den Beratungen über die politischen Rechte hervorgegangen. Dies erklärt auch den eigenartigen Standort der später ausschliesslich

---

[47] Verhandlungen vom 23. Februar 1848.
[48] Verhandlungen vom 22. Februar 1848.

als individuelle Garantie verstandenen Rechtsgleichheit in der Bundesverfassung bei den allgemeinen Grundsätzen und den bundesstaatlichen Garantien. Die politischen Rechte sind dann, das sei hier angemerkt, in der späteren Staatspraxis in ahistorischer Interpretation zu Unrecht von der Rechtsgleichheit gelöst worden.

Bei der Schaffung der Bundesverfassung im Jahre 1848 nahm man aufgrund der geschilderten Beratungen als selbstverständlich an, dass die in Artikel 6 von den «Kantonen geforderte repräsentative republikanische» Staatsform insofern von der Rechtsgleichheit bestimmt sein müsse, als für die Verteilung der Parlamentssitze auf die Wahlkreise das Kopfzahlprinzip gelten müsse. Auch bei dieser Bestimmung wurde noch einmal auf Neuenburg angespielt, indem geltend gemacht wurde, eine Repräsentativverfassung könne es auch in der Monarchie geben, es solle «die Schweiz jedoch nur aus Republiken bestehen»[49]. Es habe die Eidgenossenschaft, führte Ochsenbein staatsmännisch aus, ein «bedeutendes Interesse, dass die Verfassungen der einzelnen Kantone aus möglichst homogenen Bestandtheilen zusammengesetzt seien; hiedurch entstehe Verständigung und gutes Vernehmen, während im andern Fall, wo der heterogene Charakter überwiege, nur Zwist und Uneinigkeit zu gefahren sei»[50]. Dass Artikel 6 der neuen Bundesverfassung als letzten Pfeiler der verfassungsrechtlichen Homogenität den Kantonen das obligatorische Verfassungsreferendum verbindlich vorschrieb, war nur folgerichtig. Und man hat schliesslich in der zweiten Lesung durch die Tagsatzung präzisiert, dass die bestehenden Kantonsverfassungen insoweit geprüft wurden, ob sie zum realen Inhalte des neuen Bundes in «offenbarem» Gegensatze stünden. Das Wort «offenbar» wurde in der Folge in Artikel 4 der Übergangsbestimmungen auch noch gestrichen, so dass der Vorrang des Bundesrechts nun unbedingt galt.

Mit der Neuformulierung des «Homogenitätsartikels» 6 der Verfassung schuf die Tagsatzungskommission eine der progressivsten und weittragendsten Bestimmungen des ganzen Verfassungswerkes. Mit ihr wurde nichts weniger als die inhaltlich und zeitlich nicht beschränkte verfassungsgebende Gewalt des Volkes sowie die auf der Rechtsgleichheit beruhende individualistische Demokratie konstituiert. Es hatten hier bezeichnenderweise die beiden Radikalen Henry Druey und Ulrich Ochsenbein die entscheidende Rolle gespielt. Beim Studium der Protokolle gewinnt man den Eindruck, die

[49] Verhandlungen vom 3. April 1848.
[50] Verhandlungen vom 22. Februar 1848.

Tragweite dieses Artikels 6 sei von einem nicht unerheblichen Teil der Kommissionsmitglieder nicht voll erfasst worden; anders lässt sich der verhältnismässig geringe Widerstand gegen diese Neuerung kaum erklären.

8. Freiheitsrechte, Rechtsgleichheit

Die Auseinandersetzungen um die Freiheitsrechte wurden weit weniger grundsätzlich geführt, als es seinerzeit in den verfassungsgebenden Räten der Regenerationskantone der Fall gewesen war. Es wurde kaum mehr individualistisch-naturrechtlich argumentiert, wohl deshalb, weil die Idee der Freiheitsrechte nach den kantonalen Verfassungskämpfen der dreissiger Jahre bei den Liberalen gefestigt war. Es ging jetzt noch darum, diese Rechte auf den Bund zu übertragen und, damit verbunden, sie den widerstrebenden konservativen Kantonen aufzudrängen. Aus diesem Grunde stand nun in den Diskussionen der nationale Gleichheitsgedanke im Vordergrund. Dieser erfuhr mannigfache Begründungen, mit denen man die Ausdehnung der Freiheitsrechte auf die ganze Eidgenossenschaft rechtfertigte. Als Diskussionsgrundlage dienten wiederum die Entwürfe für die «Bundesurkunde» von 1832 und 1833 sowie Konkordate, welche von 1815 an zwischen den regenerierten liberalen Kantonen abgeschlossen worden waren, deren Ausdehnung auf die konservativen Kantone aber bis jetzt nicht gelungen war.

Die *Pressefreiheit* war für die Liberalen eine Kernforderung; in der Kommission regte sich dagegen kein grundsätzlicher Widerspruch. Sie war in der Bundesurkunde von 1833 zu föderalistisch, zu zaghaft formuliert gewesen, indem sie «ausschliesslich» unter der Kantonalgesetzgebung hätte stehen sollen[51]. Nur dem Bund wäre die Einführung der Zensur verboten worden. Das wurde von Jonas Furrer mit der Begründung kritisiert, die Pressefreiheit müsse vom Bund garantiert werden, damit die Kantone die Zensur nicht einführen dürften. In diesem Sinne wurde entschieden, jedoch den Kantonen das Recht erteilt, gegen den Missbrauch dieses Rechtes Bestimmungen zu erlassen. Vergeblich war die Schaffung einer gesamtschweizerischen Pressegesetzgebung verlangt worden. Damit die Kantone die Pressefreiheit nicht allzustark beschränken würden, wurden immerhin die kantonalen Bestimmungen zum Pressewesen unter den Vor-

---

[51] Art. 32.

behalt ihrer Genehmigung durch den Bundesrat gestellt[52]. Auch dem *Petitionsrecht* erwuchsen keine Widerstände; Anträge dieses Recht auf Schweizer zu beschränken und dessen Gebrauch näher zu regeln, blieben deutlich in Minderheit. Hingegen wurde die Einführung der *Vereinsfreiheit* in der Kommission mit dem Hinweis abgelehnt, dieses Recht könne durch die Kantone gewährleistet werden. Erst in der Tagsatzung wurde auf Antrag Luzerns die Einführung dieses Freiheitsrechtes beschlossen, unter gleichzeitigen Verbotes von Vereinen, die in ihren Zwecken oder Mitteln «rechtswidrig oder staatsgefährlich» sind; auch hier wurde die kantonale Gesetzgebung für die Bekämpfung von Missbräuchen vorbehalten[53].

Schwierigkeiten bereitete erwartungsgemäss die *Niederlassungsfreiheit,* denn von ihr drohten am meisten direkte praktische Auswirkungen auszugehen. Man fürchtete die grössere wirtschaftliche Konkurrenz, die möglichen zusätzlichen Armenunterstützungslasten und wohl auch das Aufbrechen der konfessionellen Homogenität, vor allem von seiten der konservativen Kantone. Auch das Problem der Rechtsstellung der Juden spielte eine wesentliche Rolle. Schon die Entwürfe von 1832/1833 hatten die Niederlassungsfreiheit nur unter zahlreichen Einschränkungen vorgesehen, aber immerhin die Schweizer Juden von diesem Recht nicht ausgenommen. Dagegen erhoben sich starke Widerstände, auch von liberalen Kommissionsmitgliedern. Die Gegner einer Gleichstellung der Juden argumentierten hier im Unterschied zum allgemeinen Verhandlungsstil der Kommission stark emotional, und rationale Gründe wurden wenige vorgebracht. Immerhin lässt sich auch hier, gleich wie 1831 im St. Galler Verfassungsrat, die Angst vor wirtschaftlicher Konkurrenz als wichtiger Grund der Ablehnung der «Israeliten» herauslesen, indem etwa der Zürcher Vertreter Jonas Furrer auf «Wucher» durch Juden aus den aargauischen Dörfern Endingen und Lengnau hinwies. Demgegenüber setzten sich der Aargauer Frey-Herosé und der Solothurner Vertreter Joseph Munzinger für die Gleichstellung der Juden ein: Diese könnten «nie auf eine höhere Stufe der Sittlichkeit gelangen, so lange sie stets als Heloten behandelt würden»[54]. In der Tagsatzung kam es noch einmal zu einer langen Auseinandersetzung über die Diskriminierung der Juden, weil Aargau einen Antrag auf Gleichstellung eingebracht hatte: Die Juden stünden in bezug auf «Kultus, Schule und

[52] Art. 45.
[53] Art. 46.
[54] Verhandlungen vom 24. Februar 1848.

Moralität» keineswegs hinter den Miteidgenossen zurück; sie hätten sogar den Wunsch ausgesprochen, «in die Reihen der eidgenössischen Armee einzutreten». Die Niederlassung dürfe, so Aargau weiter, weder an einen bestimmten Kultus noch an ein «philosophisches System» geknüpft werden. Wenn es die «gebildete Gegenwart» als einen argen Missgriff ansehe, dass die bernische Aristokratie «einen Rousseau aus ihren Gränzen fortgewiesen», so dürfte solch ehrgeiziges Verhalten im neuen Bunde keine Geltung haben. Die Tagsatzung lehnte bei Enthaltung Berns trotzdem mit allen gegen die Stimmen von Aargau, Waadt, Neuenburg und Genf die Gleichstellung der Juden ab[55].

Auch für die Niederlassung kantonsfremder Schweizer wurden zahlreiche Schranken errichtet: So wurde ebenfalls mit grosser Mehrheit beschlossen, den Kantonen das Recht zu geben, von den um Niederlassung Nachsuchenden den Nachweis genügender Erwerbsfähigkeit oder Subsistenzmittel zu verlangen, abgesehen von den Leumundserfordernissen. In einem bestimmten Kanton eingebürgerte Ausländer erhielten das Niederlassungsrecht in andern Kantonen nur nach einer Karenzfrist von fünf Jahren. Nur mit zehn zu sechs Stimmen wurde ein Antrag, die niedergelassenen Schweizer von den politischen Rechten gänzlich auszuschliessen, abgelehnt; im wesentlichen mit der Begründung, ein solcher Ausschluss würde der «nationalen Gleichheit» widersprechen[56]. Jedoch wurden die Gemeinden nicht verpflichtet, kantonsfremden Schweizern die politischen Rechte zu gewähren; auch wurden die kantonsfremden Schweizer vom Mitanteil an Gemeinde- und Korporationsgütern ausgeschlossen. Und schliesslich wurde den Kantonen das Recht vorbehalten, kantonsfremde Schweizer wegzuweisen, wenn sie gerichtlich oder mehrfach polizeilich bestraft wurden, die bürgerliche Ehrenfähigkeit verloren haben, sich eines unsittlichen Lebenswandels schuldig gemacht oder der Verarmung anheimfielen. In einem wichtigen Bereich indessen konnte sich eine liberalere Auffassung durchsetzen: Gegen starke Widerstände wurde das Recht der kantonsfremden Niedergelassenen eingeführt, am Niederlassungsort Grund und Boden erwerben und veräussern zu dürfen, «nach Massgabe der Gesetze und Verordnungen des Kantons, die ... den Niedergelassenen dem eigenen Bürger gleich halten sollen»[57]. Gegen diese Regelung wurde von konservati-

---

[55] Verhandlungen vom 22. Mai 1848.
[56] Verhandlungen vom 4. April 1848.
[57] Art. 41.

ver Seite ohne Erfolg vorgetragen, es «komme die Religion in Gefahr, wenn Bürger aus andern Kantonen, namentlich Protestanten, sich ansiedeln und Grund und Boden erwerben dürfen». Gemeint, aber nicht ausgesprochen, war gewiss auch die Angst vor der wirtschaftlichen Stärke der Protestanten, die Hauptträger nicht nur der westlichen individualistischen Demokratie, sondern auch der modernen Industrialisierung waren. Ebenfalls ohne Erfolg war weiter geltend gemacht worden, der Niederlassungsvertrag mit Frankreich stelle die Franzosen den Schweizern gleich, so dass jene «nicht nur die grösseren Zweige der Industrie, sondern auch den Grundbesitz zum Nachtheile der Schweizer an sich ziehen werden». Dagegen wurde eingewendet, der Vertrag mit Frankreich sei kündbar; zugunsten der liberalen Lösung machte man auch geltend, ohne die «Fähigkeit der Grunderwerbung» würden die Niedergelassenen zu «blossen Aufenthaltern», und es würden nur Leute aus den «niedrigsten Klassen», wie Dienstboten oder Pächter von einem Kanton in den andern übersiedeln, was zu einer «Geringschätzung, sogar Verachtung dieser Klasse führen könne»[58]. Dieser Artikel 41 der Bundesverfassung ist eines der typischsten Beispiele für den Kompromisscharakter des neuen Verfassungswerkes in einem Bereich, wo reale wirtschaftliche, soziale und religiöse Gegensätze aufeinanderprallten. Als Ergänzung zur Niederlassungsfreiheit und auch der Rechtsgleichheit wurde dann später in Artikel 48 ohne Diskussionen die Verpflichtung der Kantone festgelegt, alle Schweizerbürger christlicher Konfession in der Gesetzgebung sowohl als im gerichtlichen Verfahren den Bürgern des eigenen Kantons gleich zu halten, eine Übernahme aus der «Bundesurkunde» von 1833, gleich wie die Abschaffung der Abzugs- und Zugrechte.

In der Frage der *Religionsfreiheit* bestanden noch grosse Gegensätze. Eine allgemeine individuelle Religionsfreiheit, wie sie in Zürich, Baselland, Glarus und Bern bereits bestand, wollte und konnte man nicht garantieren, ebensowenig eine allgemeine Kultusfreiheit. In der westlichen Schweiz bestanden nämlich zu grosse Vorbehalte gegenüber den Sekten, ganz abgesehen von den geschilderten Vorbehalten gegen die Juden in der deutschen Schweiz. In den Diskussionen der Tagsatzungskommission erhielten jeweils Anträge, welche auf den Schutz des Religionsfriedens und die Wahrung der öffentlichen Ordnung hinzielten, grössere Mehrheiten als freiheitliche. Im Vorentwurf der Kommission vom 3. April 1848 wurde daher nur die freie Ausübung der «anerkannten christlichen Konfessionen»

---

[58] Verhandlungen vom 25. Februar 1848.

gewährleistet, unter Vorbehalt des Rechtes der Kantone, für die öffentliche Ordnung und den Frieden zu sorgen[59]. Im Schlussentwurf vom 8. April wurde dann zusätzlich dem Bund das Recht zum polizeilichen Eingreifen erteilt[60], und die Tagsatzung endlich beschloss, nur die freie Ausübung des «Gottesdienstes» der anerkannten christlichen Konfessionen unter den genannten polizeilichen Vorbehalten zu schützen[61]. Einem Antrag Berns in der Tagsatzung das Wort «christlich» zu streichen und damit die Juden gleichzustellen, fand nur die Unterstützung Basellands, obwohl der Berner Gesandte geltend gemacht hatte, die Eidgenossenschaft dürfe nicht dem «türkischen Grossultan nachstehen», welcher die allgemeine Kultusfreiheit gesetzlich gewährleistet habe[62]. Die Aufnahme einer Garantie zugunsten der Klöster und Stifte, wie sie der Bundesvertrag enthalten hatte, wurde nach kurzer Diskussion mit allen gegen drei Stimmen abgelehnt; es habe, so wurde unterkühlt gesagt, «die Eidgenossenschaft kein Interesse, ob Klöster in den Kantonen bestünden oder nicht; die Fortexistenz dieser Korporationen hänge allein von dem Ermessen der Kantone selbst ab»[63]. Die Kommission sah in Anbetracht des Ausweisungsbeschlusses der Tagsatzung vom 3. September 1847 von einem verfassungsrechtlichen Jesuitenverbot ab. Ein Antrag Freiburgs für die Aufhebung der päpstlichen Nuntiatur, wie sie in der vom radikalen Volksverein herausgegebenen Schrift «Leitende Gesichtspunkte für eine schweizerische Bundesrevision» (1848) gefordert worden war, wurde in der Tagsatzung wegen Widerspruchs der Innerschweizer Kantone sowie Appenzell-Innerrhodens abgelehnt. Die Tagsatzung beschloss aber am 26. Juni 1848 auf Antrag Zürichs ohne Diskussion mit allen Stimmen ausser Uri, Schwyz, Unterwalden, Basel-Stadt und Neuenburg, es dürfe der «Orden der Jesuiten und die ihm affiliierten Gesellschaften» in keinem Teile der Schweiz Aufnahme finden.

An individuellen Freiheitsrechten wurden schliesslich die folgenden, zumeist aus kantonalen Regenerationsverfassungen garantiert: Recht auf den «verfassungsmässigen Gerichtsstand» und das Verbot der Einsetzung von Ausnahmegerichten[64], die Garantie des Wohnsitzgerichtsstandes für den «aufrechtstehenden», das heisst zahlungs-

[59] Art. 41.
[60] Art. 42.
[61] Art. 44.
[62] Verhandlungen vom 22. Mai 1848.
[63] Verhandlungen vom 24. Februar 1848.
[64] Art. 53.

fähigen schweizerischen Schuldner[65], wohl auch das Verbot der Todesstrafe wegen «politischer Vergehen», das Verbot der interkantonalen Auslieferung für politische Vergehen und Pressevergehen[66].

Im Gegensatz zu den «Bundesurkunden» von 1832/1833, aber unter Wiederaufnahme des Gedankengutes der Helvetik, beschloss die Tagsatzungskommission zunächst, jeder Kantonsbürger sei Schweizerbürger, geniesse die politischen Rechte in jedem Niederlassungskanton und könne in jedem Kanton das Kantons- und Gemeindebürgerrecht erwerben, sofern er einer der christlichen Konfessionen angehöre[67]. In der Folge jedoch hob die Kommission den liberalen Bürgerrechtserwerb auf und schrieb nur noch das Recht fest, kein Kanton dürfe einem Bürger das Bürgerrecht entziehen[68]. Die Tagsatzung ihrerseits beschränkte die politischen Rechte der Nichtkantonsbürger auf kantonale Angelegenheiten und beliess zudem den Kantonen das Recht, eine höchstens zwei Jahre dauernde Wartefrist festzulegen[69].

Die regenerierten Kantonsverfassungen ausser jener von Tessin enthielten 1848 in irgendeiner Form die *Eigentumsfreiheit*, verbunden mit mehr oder weniger genauen Entschädigungsregeln für den Fall der Enteignung. In den übrigen Kantonen galt die Eigentumsfreiheit als selbstverständliches Recht, zum Teil allerdings noch nicht im neuen Sinn der völligen Freiheit von feudalen Lasten, der absolut freien Veräusserlichkeit und des unbeschränkten Verfügungsrechtes des Eigentümers. Die Tagsatzung betrachtete die rechtliche Sicherung des Eigentums als kantonale, überdies selbstverständliche Sache und verzichtete auf eine entsprechende Bestimmung; sie legte nur als Folge des dem Bund zugestandenen Enteignungsrechts zugunsten öffentlicher Werke des Bundes den Grundsatz der «vollen» Entschädigung fest[70]. Man verzichtete sogar auf die der liberalen Lehre wichtige Sicherung des «literarischen», also geistigen Eigentums. Solche «Spezialitäten» gehörten nicht in die Verfassung, wurde auf einen entsprechenden Antrag geantwortet[71].

Die *Rechtsgleichheit* wurde als allgemeiner Grundsatz wenig diskutiert; sie war zuerst, wie gesagt, nur im Zusammenhang mit den

---

[65] Art. 50.
[66] Art. 55.
[67] Entwurf vom 3. April 1848.
[68] Entwurf vom 8. April 1848.
[69] Art. 42.
[70] Art. 21.
[71] Verhandlungen vom 30. März 1848.

politischen Rechten formuliert worden. In der Tagsatzungskommission wurden Probleme der Gleichheit dann bei der konkreten Ausgestaltung der Freiheitsrechte ständig behandelt. Man verwirklichte aber dort, wie gesehen, die Gleichheit nur im Sinne von politischen Kompromissen, also bruchstückhaft. In der Tagsatzung wurde daher vorgeschlagen, den ersten Teil des Artikels 4, «Alle Schweizer sind vor dem Gesetz gleich», zu streichen, weil er «nicht vollkommen der Wahrheit gemäss» sei. Man wies auf die mindere Stellung der Israeliten hin, nicht aber auf die prekäre Stellung der kantonsfremden schweizerischen Niedergelassenen, den Ausschluss der Geistlichen vom Wählbarkeitsrecht, den Ausschluss der Armengenössigen vom Wahlrecht, geschweige denn auf den Ausschluss der Frauen von den politischen Rechten, der gar nicht diskutiert wurde. Auf den Antrag, den ersten Satz des Gleichheitsartikels zu streichen, wurde entgegnet, es handle sich hier nur um «allgemeine Grundsätze»; man solle nicht wegen der nicht verwirklichten Judengleichstellung einen «schönen Grundsatz verlassen» und die Besorgnis erregen, dass die Gleichheit der Eidgenossen «vor dem Gesetz» nicht bestehe, worauf der Antrag abgelehnt wurde [72]. Diese kurze Diskussion zeigt deutlich, wie wenig Gewicht einer allgemeinen Gleichheit beigemessen wurde, dass man diese nur als Rechtsanwendungsgleichheit verstand und dass man vor allem die Werte Einheit und Freiheit zu verwirklichen suchte.

9. Handel und Gewerbe, Abschaffung der kantonalen Zölle und Finanzierung des Bundes

Die liberalen Kantone hatten in der Regenerationszeit die Freiheit des Handels mit Gütern innerhalb ihres Gebietes grösstenteils verwirklicht, die Freiheit der Produktion von Gütern und der Erbringung von gewissen Dienstleistungen aber nicht voll gewährleistet. Das Gewerbe unterlag 1848 in den meisten Kantonen also noch mannigfachen Beschränkungen als Folge von dessen früherer korporativer zünftischer Organisation. Die Stimmung zugunsten der Einführung einer vollen, als individuelles Recht verstandenen Gewerbefreiheit war ja schon in den verfassungsgebenden Räten der Kantone nicht besonders günstig gewesen, vor allem wegen der Furcht vor Konkurrenz; es war bereits als grosser Schritt empfunden worden,

---

[72] Verhandlungen vom 16. Mai 1848.

dass man den kantonsfremden niedergelassenen Schweizern die
«freie» Gewerbeausübung zugestanden hatte, allerdings nur nach
Massgabe der noch zahlreichen öffentlichen Beschränkungen der
jeweiligen Kantone[73]. In der Tagsatzung war die Stimmung nicht
anders; ausserdem wollte und konnte man aus Rücksicht auf die
Stellung der Kantone nicht daran denken, ihnen die volle Gewerbefreiheit aufzudrängen. Vielleicht dachten die wenigen Radikalen daran; doch die liberale Mehrheit wollte die kantonalen Wirtschafts-
ordnungen nicht unifizieren, sondern nur die den Innen- und
Aussenhandel lähmenden und verwaltungsmässig als lästig empfundenen Zölle und Gebühren zentralisieren. Die Idee eines wirtschaftlich dynamischen nationalen Wohlfahrtsstaates ging den mehr
statisch denkenden, eigentumsorientierten Liberalen noch ab. Damit
stimmt überein, dass 1848 wirtschaftliche Vereinheitlichungskräfte
im Hinblick auf die Schaffung des Bundesstaates nicht eine zentrale
Rolle spielten. Im Vordergrund stand eindeutig die politische Einheit,
die Nationbildung. Die «Verwirtschaftlichung» der Politik hatte zwar
einige radikale Kantone erfasst, war aber auf Bundesebene noch nicht
wirksam; dafür waren die «politischen» Liberalen zu stark, die Radikalen noch zu schwach. Die in der späteren Regenerationszeit überall
sichtbaren wirtschaftlich-sozialen Strömungen in Verbindung mit
Forderungen nach Einführung direktdemokratischer Einrichtungen
hatten die Bundesebene nicht nicht erreicht. Nur so ist es zu erklären,
dass in der Tagsatzung wirtschaftlich-soziale Probleme des Volkes
nur am Rande diskutiert wurden; so kamen etwa die Ende 1845 beginnende Versorgungskrise bei Lebensmitteln und andere drängende
Wirtschaftsfragen nicht zur Sprache; man sah die Kantone als volkswirtschaftliche Einheiten an. Die Diskussionen drehten sich daher
nicht um die Schaffung einer gesamtschweizerischen individualistischen Handels- und Gewerbefreiheit, sondern lediglich um die Liberalisierung des Handels im interkantonalen Verhältnis. Hier ging es
vor allem um die Abschaffung der kantonalen Zölle, Weg- und Brük-
kengelder sowie der Konsumgebühren, eine gefestigte Forderung der
Liberalen seit langer Zeit, eine Frage, die direkt mit jener nach der
Finanzierung des neuen Bundes zusammenhing. Die Auseinandersetzungen um diese wirtschaftlichen und finanziellen Probleme verliefen hart und zäh, was nicht verwundert, nachdem es noch in jüngster Zeit nicht gelungen war, mit Hilfe eines Konkordates das bestehende «Chaos zu entwirren», das «Räthsel zu lösen». Diese Verhand-

[73] Art. 41 Abs. 4.

lungen erinnern stark an das Ringen im Berner Verfassungsrat von 1846 um die Herstellung eines finanziellen Gleichgewichtes zwischen den verschiedenen Landesteilen als Folge der Aufhebung der Feudalabgaben.

Der Bund erhielt nun in Artikel 23 eine umfassende Befugnis, das Zollwesen zu regeln. Sie war als solche nicht umstritten, wohl aber die Art und Weise der Aufhebung der kantonalen Zölle, die Entschädigung der Kantone, die künftige Ausgestaltung der Bundeszölle sowie insbesondere die Frage der Aufhebung der kantonalen Konsumgebühren auf alkoholischen Getränken. Es standen sich bei den letzteren die verschiedensten Interessen und Prinzipien gegenüber: Diejenigen der «agrikolen» und der «industriellen Kantone», worauf vor allem Munzinger hinwies. Die agrarischen Kantone bezogen im Gegensatz zu den industriellen erhebliche Einnahmen aus den Konsumgebühren, wollten diese also nicht auf den Bund übertragen. Auch wurde der in der Revolutionszeit und in der Helvetik verbreitete Gedanke reaktiviert, wonach «alle indirekten Steuern, nicht bloss Konsumogebühren ... als etwas Krankhaftes am Staatsorganismus betrachtet werden müssen». Dagegen wurde eingewendet, der Staat habe die Aufgabe, «die Lasten möglichst zu vertheilen und es könne nicht in seinem Interesse liegen, dieselben nur einer Klasse, den Vermöglichen, zu überbinden»[74]. Vor allem das Argument der ungleichen Einnahmen der Kantone aus den Konsumgebühren trug dazu bei, dass die Tagsatzung sie den Kantonen beliess, ihnen aber Beschränkungen im Interesse des freien Verkehrs auferlegte[75].

Bei den Zöllen, Weg- und Brückengeländern traten zunächst die Interessen der Alpentransitkantone mit jenen der anderen in Konflikt. Vor allem Uri wies auf seine grossen Einnahmen aus dem Transitverkehr hin. Andere, auch Mittellandkantone, betonten die ihnen entgehenden Einnahmen aus in jüngster Zeit erstellten Transitstrassen. Trotzdem wurde das Recht des Bundes, diese Zölle und Gebühren aufzuheben, in der Verfassung festgelegt[76]; den betroffenen Kantonen kam man jedoch mit einer speziellen Klausel entgegen[77]. Ausserdem sollten diese Zölle nicht sofort, sondern «allmählig» auf den Bund übertragen werden.

---

[74] Verhandlungen vom 29. Februar 1848.
[75] Art. 32.
[76] Art. 24.
[77] Art. 27.

Für die Aufhebung der kantonalen Zölle, Weg- und Brückengelder wollte man ursprünglich die Kantone in der Höhe ihrer wirklichen früheren Einnahmen aus den genannten Abgaben entschädigen; dies wurde aber abgelehnt, und zwar wegen der Schwierigkeit der
Berechnung derselben, vor allem aber wegen der ungleichen Einnahmen. Man legte hierauf nach dem im Wahlrecht nun üblich gewordenen und in der Basler Teilungsauseinandersetzung befolgten Kopfzahlprinzip fest, dass jeder Kanton als Ersatz «4 Batzen» erhalten
solle; auch hier fügte man noch eine Härteklausel an. Der festgesetzte
Betrag von 4 Batzen liess die nötigen Einnahmen für den Bund erhof-
fen, indem die Mehreinnahmen in die Bundeskasse fliessen sollten[78].
Als ergänzende Bestimmung zum Recht des Bundes, die Zölle an sich
zu ziehen, legte man nun fest, es müsse für Waren aller Art mit Ausnahme von geistigen Getränken, Salz und Pulver «freier Kauf und
Verkauf, freie Ein-, Aus- und Durchfuhr von einem Kanton in den
andern gewährleistet» sein – lediglich polizeiliche Beschränkungen
vorbehalten. Das war nun die Handelsfreiheit, wie sie 1848 verstanden wurde!

Es war der Vertreter des am stärksten industrialisierten Kantons, der Zürcher Jonas Furrer, welcher in der Tagsatzungskommission die Forderung nach Grundsätzen der künftigen Zollpolitik des
Bundes erhob. Er fragte, ob nicht «jetzt schon» bestimmte Grundsätze
über die Zolltarife aufgestellt werden sollten, denn manche Kantone
könnten es «nicht risquieren, dass durch Stimmenmehrheit Zollan-
sätze fixiert werden, durch welche ihre Industrie ruiniert werden dürfte»[79]. Diese Ausführungen gaben der Kommission Anlass zum Studium eines Zolltarifartikels, dessen Grundsätze einige Tage später diskutiert wurden. Es wurde kritisiert, die Schweiz habe bis jetzt den
Grundsatz befolgt, hauptsächlich die «Rohprodukte» mit Zöllen zu
beschweren, während die ausländischen Staaten dies nur gering, aber
die «künstlichen oder verfeinerten Produkte» am stärksten belasten
würden. Die von der Schweiz bisher befolgte derartige Nationalökonomie könnte mit der Zeit die «schlimmsten Folgen» haben[80]. Diese
Überlegung führte zum ersten Grundsatz des berühmt gewordenen,
heute noch geltenden Zollartikels 25 der Verfassung, wonach die für
die «inländische Industrie erforderlichen Stoffe» möglichst gering zu
taxieren sind. Gleich ist, so wurde weiter beschlossen, mit den zum

---

[78] Art. 26.
[79] Verhandlungen vom 29. Februar 1848.
[80] Verhandlungen vom 3. März 1848.

«nothwendigen Lebensbedarf erforderlichen Gegenständen» zu verfahren. Die im nordamerikanischen puritanischen Denken wurzelnde französische und helvetische Luxussteuer kam insofern wieder zu Ehren, als man vorsah, dass die «Gegenstände des Luxus» der höchsten Taxe unterlägen. Um den Grenzregionen entgegenzukommen, legte man fest, es seien geeignete Bestimmungen zur Sicherung des Grenz- und Marktverkehrs zu treffen[81]. Zu grossen Auseinandersetzungen gab die Frage der Schutzzölle Anlass. Ein Redner verlangte die Schaffung einer Garantie gegen die Einführung eines «Schutzzollsystems», denn es suche «in der ganzen kaufmännischen Welt ein neues Prinzip, dasjenige des Freihandels, sich Geltung zu verschaffen ...»[82]. Dieser Antrag war äusserst umstritten, betraf er doch eine in allen europäischen Staaten heftig diskutierte wirtschaftspolitische Grundsatzfrage. Es wurden einerseits die Vorteile des Freihandels für die schweizerischen Konsumenten hervorgehoben. Anderseits verwies man auf die restriktive Schutzzollpolitik ausländischer Staaten, insbesondere des deutschen Zollvereins, welcher dem «vaterländischen Erwerbsfleisse» ein Absatzgebiet von 40 Millionen Seelen unzugänglich gemacht habe! Es könne deshalb notwendig sein, «Retorsionsmassnahmen in Anwendung zu bringen», weshalb die Verankerung des Freihandels in der Verfassung abzulehnen sei, um so mehr, als die Grenze zwischen einem «billigen Zollsystem» und einem Schutzzoll nicht leicht zu bestimmen sei. Die Kommission beschloss daher, dem Bund in dieser Frage freie Hand zu belassen und auf eine verfassungsrechtliche Freihandelsverpflichtung zu verzichten. Es wurde aber auch der Antrag Schaffhausens auf Festschreibung einer reinen Schutzzollpolitik abgelehnt, wonach die Ansätze für «die Produkte fremder Industrie ... je nach dem Bedürfnis der inländischen Konsumation und der Konkurrenz der inländischen Industrie» festzusetzen gewesen wären. Im Interesse des Freihandels, aber auch in jenem des Transportgewerbes wurde schliesslich doch festgelegt, es seien die Durchgangs- oder Transitgebühren «möglichst mässig» festzusetzen. Gleiches wurde für die «Ausgangsgebühren» beschlossen[83]. Das schon von den Ökonomisten des 18. Jahrhunderts erhobene Postulat nach einer liberalen europäischen Marktordnung erwies sich auch für die Schweiz als zu idealistisch, dem gesamteuropäisch wachsenden Nationalismus allzu entgegengesetzt.

---

[81] Art. 25.
[82] Verhandlungen vom 3. März 1848.
[83] Verhandlungen vom 3., 16. und 17. März 1848.

Die Zölle wurden zur wichtigsten Einnahme des Bundes; sie sollten in den kommenden Jahren die Erwartungen der Tagsatzung weit übertreffen, während der Ertrag aus dem Bundesvermögen, das Pulverregal nur wenig, das Postregal vorerst gar nichts einbringen sollte. Die Kantone behielten, allerdings unter mannigfachen bundesrechtlichen Beschränkungen, nur das Recht zur Erhebung von Konsumgebühren auf alkoholischen Getränken[84]. Ihnen kam aber weiterhin das Recht zur Erhebung direkter Steuern zu, die faktisch vor allem aus einer Vermögenssteuer, zum Teil noch der helvetischen Grundsteuer bestand. Dazu kamen je nach Kanton Stempelsteuern, Luxussteuern, während die Einkommenssteuer erst nach und nach Verbreitung fand. Darüber hinaus verfügten die Kantone noch über Einnahmen aus dem Salzregal, Bergregal, Wasserrechtsregal, Jagd- und Fischereiregal sowie aus allerlei Gebühren. Die Kantone waren jedoch weiterhin verpflichtet, den Bund mitzufinanzieren[85].

10. Post- und Münzwesen, Mass und Gewicht

Im *Postwesen* herrschte bis 1848 ein ähnlicher Wirrwarr wie bei den Zöllen; ein Versuch in der Helvetik, hier einen Fortschritt zu erzielen, war gescheitert. Die Mehrheit der Tagsatzung erachtete es im Interesse des Gefühls der Zusammengehörigkeit, der «Hebung der Nationalität wie des allgemeinen Wohlstandes» als wichtig, das Postwesen dem Bund zu übertragen. Es würde dadurch der für den Handel verderbliche Umstand beseitigt, dass beispielsweise «ein Brief von Genf nach der östlichen Schweiz beinahe eben so viel koste, wie ein Brief von Konstantinopel nach eben dahin». Man erachtete es auch als negativ, dass gewisse Kantone das Postwesen «einzelnen Familien als Sinekur» anvertraut hätten, wohl eine Anspielung auf die Berner Post der Familie von Fischer. Es setzte sich in der Tagsatzungskommission schliesslich die Auffassung durch, dass die Zentralisation des Postwesens zwar angestrebt werden solle, aber «nicht auf Kosten der Kantone»[86]. Aus dieser Formel resultierten die recht komplizierten verfassungsrechtlichen Regeln der Übernahme des Postwesens durch den Bund[87].

[84] Art. 32.
[85] Art. 39 Abs. 2.
[86] Verhandlungen vom 2. März 1848.
[87] Art. 33/34.

Beim *Münzwesen* herrschte ein ähnlicher Wirrwarr wie bei den Zöllen und der Post, der als schädlich angesehen wurde. Reformwille und Reformmöglichkeiten klafften aber noch auseinander: Es suchten in der Schweiz gegenwärtig «drei Systeme sich geltend zu machen, das deutsche, das französische und das einheimische Münzsystem», und die Anhänger der einzelnen Systeme würden «so leicht sich nicht einigen können», wurde in der Kommission gesagt. Man legte dann aber nach kurzer Diskussion doch fest, dem Bund stehe die Ausübung aller im Münzregale begriffenen Rechte zu; die Münzprägung durch die Kantone höre auf und gehe einzig vom Bunde aus. Die Ausführung dieser Bestimmung verschob man aber und verwies lediglich auf die Bundesgesetzgebung[88].

Die Einführung von gleichem *Mass und Gewicht* für die ganze Eidgenossenschaft war in der Kommission unbestritten; ohne jede Diskussion wurde beschlossen, der Bund sei «berechtigt», für die ganze Eidgenossenschaft gleiches Mass und Gewicht einzuführen[89]. In der Tagsatzung wurde dann der Bund auf diese Massnahme «verpflichtet», und zwar auf der Grundlage des von zwölf liberalen Kantonen, jedoch ohne westschweizerischen, abgeschlossenen Konkordates vom 17. August 1836. Das bedeutete, dass der Bund auf das System des «schweizerischen Fusses» festgelegt wurde, welcher auf drei Zehntel des französischen Urmeters definiert wurde. Dagegen erhob sich in der Folge von seiten der welschen Kantone heftiger Protest, denn dort hatte sich das metrische französische System bereits eingelebt. Es entstand ein langes Seilziehen, das bis 1874 dauern sollte: Erst dannzumal sollte es gelingen, Mass und Gewicht vom Konkordat von 1835 zu lösen und der immer noch im eidgenössischen Archiv liegenden Kopie jenes Urmeters, den das französische Direktorium im Sommer 1799 dem helvetischen geschenkt hatte, Geltung zu verschaffen! Die Bestrebungen zur Einführung des rationalen metrischen Systems erlebten stets im Gleichklang mit Phasen der Dominanz des verfassungsrechtlichen Rationalismus einen Aufschwung.

11. Unterrichtswesen

Unter nicht erklärter Wiederaufnahme von gescheiterten Ideen und Institutionen der Helvetik wurde in der Tagsatzungskom-

[88] Art. 36.
[89] Verhandlungen vom 2. März 1848.

mission beantragt, die Schaffung einer eidgenössischen Universität samt polytechnischer Schule sowie eines eidgenössischen Lehrerseminars («école normale») in der Verfassung zu verankern. Bei den Auseinandersetzungen um diese umstrittenen Anträge traten höchst interessante Grundsatzfragen zutage, die, weil sie sehr gut die geistesgeschichtliche und staatspolitische Lage der damaligen Schweiz charakterisieren, näher zu betrachten sind.

Es waren die beiden Radikalen Ochsenbein und Druey sowie der Freiburger Liberale Bussard, die sich am vehementesten für eine schweizerische Hochschule aussprachen. An dieser sollten, so wurde ausgeführt, in nationalem und demokratischem Geist («esprit national et démocratique») Wissenschaften und Künste gelehrt werden, welche für alle beruflichen Laufbahnen notwendig seien. Es sei von der grössten Wichtigkeit, den Bildungsgang derjenigen Personen möglichst zu überwachen und zu leiten, welche dereinst die Leitung der vaterländischen Angelegenheiten übernähmen, sagte Ochsenbein unter Anspielung an den Einfluss ausländischer Hochschulen auf die dort studierende Schweizer Jugend: Es sei nicht so, dass die Wissenschaft als etwas Abstraktes, überall gleich gepflegt werde; im Ausland lernten die Jünglinge Ideen und Begriffe kennen, «welche mit dem republikanischen Wesen, mit dem demokratischen Charakter des Schweizervolkes nicht im Einklange» ständen[90]. Und der Freiburger Lyceumsprofessor Bussard präzisierte, es hätte die «neuere Berliner- und Münchnerschule einen starren Servilismus zu pflanzen gewusst, der mit den Prinzipien, welche in der Schweiz Geltung haben, offenbar im Widerspruch stehe und der bereits seine verderblichen Früchte getragen» habe[91]. Die «kriechende Dienstbarkeit» der Absolventen der fremden Universitäten führten zu einer «Verachtung der niedrigen Stände, wie dies für den künftigen Vorstand und Verwalter eines republikanischen Staatshaushaltes von grösstem Nachtheile» sei. Auf einer schweizerischen Gesamthochschule finde sich die Jugend des Vaterlandes aus allen Kantonen zusammen, und das Zusammenleben von Studierenden beider Konfessionen werde eine «wahrhafte Toleranz von oben nach unten» begründen. Durch bloss äusserliche Mittel, durch Zentralisation der «materiellen Interessen» könne eine schweizerische Nationalität allein nicht erzielt werden; es bedürfe auch der «geistigen Hebel». Und nicht zuletzt: es würde so die studierende Jugend «genöthigt, die beiden Hauptsprachen der

[90] Verhandlungen vom 24. Februar und 3. April 1848.
[91] Verhandlungen vom 6. April 1848.

596

Schweiz zu erlernen, was auf die Hebung der Nationalität den grössten Einfluss ausüben müsse ...»

Ochsenbein ging es auch um «eine der wesentlichsten Disziplinen, das schweizerische Staatsrecht», das, wie er geltend machte, «noch einer festen Basis ermangle». Damit spielte Ochsenbein darauf an, dass die Schweiz, nun mit Frankreich zusammen, der einzige europäische Staat war, der mit republikanischem Staatsrecht lebte. Optimistisch schloss er diesbezüglich: Je mehr künftig in den verschiedenen Kantonen Reformen stattfänden, um so mehr würden die einzelnen Institutionen «homogen» – ein Schlüsselbegriff der Radikalen.

Mit Gründen der Homogenität, aber auch der allgemeinen Volksaufklärung, wurde die Schaffung eines eidgenössischen Lehrerseminars gefordert, eine Einrichtung, deren Schaffung während der Helvetik versucht, aber nicht gelungen war. Ein solches Seminar würde, so wiederum Ochsenbein, eine gute Schulung der gesamten Bevölkerung herbeiführen, es würde der «krasseste Aberglaube» des finsteren Mittelalters beseitigt und das Volk der «Tyrannei der klerikalen Kaste entrissen und zu einem gewissen Masse der Aufklärung emporgehoben». Mit ähnlich antiklerikaler Spitze war schon das Bedürfnis nach einer gesamtschweizerischen Hochschule begründet worden: Die Erfahrung lehre insbesondere auch, dass «die katholischen Theologen im Auslande sich entnationalisiren und die verderbliche Wirksamkeit dieses Klerus» rühre von der «gering geschätzten vaterländischen Nationalität»[92].

Diesen vorgeschlagenen eidgenössischen Bildungseinrichtungen erwuchs starke Opposition, und zwar grundsätzlich-staatstheoretischer, föderalistischer und finanzieller Natur: Die Bundesverfassung habe den Zweck, «die staatsrechtliche und politische Stellung der Schweiz nach Aussen und nach Innen zu fixieren»; es gehörten daher eine Hochschule und ein Lehrerseminar nicht «zum Wesen des Staates», wurde in Anklang an die Lehren Benjamin Constants ausgeführt. Damit war implizit der im Zweckartikel 2 der neuen Verfassung vorgesehene wohlfahrtsstaatliche Charakter des neuen Bundes in Frage gestellt worden, worauf die radikale Seite sofort reagierte: Der Staat sei nicht nur eine «Rechtsversicherungsanstalt», er müsse sich, wenn man die Zukunft ins Auge fasse, auch anderen Zweigen wie der Pflege der Wissenschaft, dem Erziehungs- und dem Sanitätswesen widmen, machte Ochsenbein geltend[93]. Eine weitere Stimme bezwei-

---

[92] Verhandlungen vom 3. April 1848.
[93] Verhandlungen vom 24. Februar 1848.

felte ein Bedürfnis nach einer Universität und wandte sich gegen den theoretischen, wissenschaftlichen Charakter der vorgesehenen Neuerung: Es gebreche weder im In- und Ausland an solchen Anstalten, und «die Schweiz habe weder an eigentlichen Gelehrten, noch an gebildeten Fachmännern, die sich dem Staat gewidmet, je Mangel gelitten». Es sei übrigens keineswegs so, dass die vielen im Ausland studierenden Schweizer sich dort mit den «Tendenzen der Monarchie befreundet und den republikanischen Institutionen feindselige Gesinnungen zurückgebracht haben». Es werde der eidgenössische Geist «nicht von den Kathedern herab gebildet», sondern er entwickle sich im Leben, im Umgange mit dem Volke durch den Einfluss «freier Institutionen». Und schliesslich sahen die Gegner in einer Universität eine Einrichtung, die eine «bestimmte Klasse, die noch dazu zu den vermöglichern gehöre» begünstigt[94]. Nicht ausdrücklich geltend gemacht wurde die latent vorhandene Befürchtung um die Konkurrenzierung der bestehenden, teilweise noch wenig gefestigten kantonalen Hochschulen durch eine Bundesuniversität; anders ist es nicht zu erklären, dass sich sogar der fortschrittliche Zürcher Liberale Jonas Furrer gegen die neue Einrichtung wandte. Die konservativen Kommissionsmitglieder befürchteten allgemein eine Schwächung der Stellung der Kantone und wohl auch die Entstehung einer zentralen, rational-wissenschaftlich und progressiv ausgerichteten radikalen Kaderschmiede – gewiss zu Recht, denn aus den Voten Ochsenbeins und Drueys hört man geradezu die Stimmen der Professoren Ludwig und Wilhelm Snell, Troxler und Henne heraus! Man spürt aber hier auch den Wissenschafts- und Bildungsoptimismus des 18. Jahrhunderts, Condorcets in der Französischen Revolution, Stapfers in der Helvetik unter dem Einfluss des sich verstärkenden Nationalbewusstseins in Europa.

Mit einer knappen Mehrheit von elf Stimmen wurde die Möglichkeit der Errichtung einer eidgenössischen Universität, mit einer Mehrheit von 14 Stimmen die Bundeszuständigkeit für die Errichtung einer polytechnischen Anstalt beschlossen. Mit dieser Schule wollte man nach französischem Muster die wissenschaftlichen Grundlagen für technische Werke im Dienste der öffentlichen Wohlfahrt legen, so namentlich den Bau von Kanälen, Strassen, Eisenbahnen, die Vornahme von Flusskorrektionen und Entsumpfungen.

Mit der knappen Mehrheit von elf Stimmen wurde ferner die Möglichkeit der Schaffung mehrerer Lehrerseminarien beschlossen;

---

[94] Verhandlungen vom 24. Februar und 3. April 1848.

letztere sollten dann von der Tagsatzung aus Rücksichtnahme auf die Kantone gestrichen werden.

12. Militärwesen

Die Eidgenossenschaft hatte 1848, wie viele Staaten in einer Gründungs- oder Krisenphase, deutliche Züge eines Militärstaates. Sie stand aussenpolitisch und innenpolitisch noch auf schwachen Füssen, brauchte gegen aussen militärische Stärke, um die Interventionsversuche der nördlichen und östlichen monarchischen Mächte abzuwehren. Es wurde ihr ja von diesen sogar das Neukonstituierungsrecht abgesprochen. Im Innern waren auch nach dem Sonderbundskrieg längerfristig weitere Konflikte nicht ausgeschlossen. So bedurfte es einer Stärkung des Heeres, was unmittelbar zur Forderung nach stärkerer Vereinheitlichung des Wehrwesens führte. Und nicht zuletzt betrachtete man auch das Militär als Mittel zur Verstärkung der «schweizerischen Nationalität». Die privaten Schützengesellschaften und Offiziersvereinigungen hatten während der Regenerationszeit ausgeprägt diesen unitarischen Geist gepflegt, der nun nach stärkeren institutionellen Stützen rief.

Die Tagsatzungskommission griff auch hier auf die Entwürfe von 1832 und 1833 zurück und sah die Schaffung eines eigentlichen «Bundesheeres» vor, welches aus den Kontingenten der Kantone gebildet werden sollte[95]. Gleich wie 1833 sah man die allgemeine Wehrpflicht vor und unterteilte das Heer in den Auszug, Reserve und Landwehr. Dem Bund wurde untersagt, «stehende Truppen» zu halten, und auch die Kantone wurden hierin stark beschränkt, und zwar im Interesse der «liberalen Institutionen» und zur Verhinderung einer «stehenden Soldateska», welche leicht «reaktionäre Tendenzen» verfolgen könnte[96].

Alle Truppenteile im Bundesdienst führen ausschliesslich die «eidgenössische Fahne». Sonst ging man mit der Zentralisierung nicht allzuweit, weil die Kantone bisher mit einer «gewissen Eifersucht» das Militärwesen gepflegt hätten und in der Kommission Widerstände gegen die Zentralisierung auftraten. Dem Bund übertrug man nur den höheren Unterricht sowie jenen der speziellen, mehr technischen Waffengattungen und jenen der Kavallerie, die Bildung der Instrukto-

[95] Art. 19.
[96] Verhandlungen vom 28. Februar 1848.

ren für alle Waffengattungen sowie die Überwachung des Militärunterrichtes[97]. Vom Wehrwesen und insbesondere vom höheren Militärunterricht erhoffte man sich, ähnlich wie von der eidgenössischen Hochschule, eine Kräftigung des nationalen Bewusstseins. Auch die «Militärkapitulationen», das heisst Verträge der Kantone mit ausländischen Mächten über die Stellung von Schweizer Soldaten, beeinträchtigten nach Auffassung der Kommissionsmehrheit die Unabhängigkeit und Würde der Eidgenossenschaft. Es «empöre das Nationalgefühl», wenn das Land sich dazu hergebe, «in fremden Ländern den Absolutismus ... mit Bajonetten zu schützen und die Völker, welche für ihre unveräusserlichen Rechte kämpfen, in der Knechtschaft darnieder zu halten», wurde unter Hinweis auf die Rolle der Schweizer Söldner beim Tuileriensturm 1792 und der Pariser Julirevolution 1830 gesagt. Auch wirtschaftliche Gründe wurden gegen die Militärkapitulationen angeführt, indem ihretwegen, nämlich mangels Arbeitskräften, die blühende Textil- und Gerbereiindustrie in Freiburg in Verfall geraten sei. Trotz solcher engagiert vorgetragener Argumente wurde das Verbot der kantonalen Militärkapitulationen nur mit einer Mehrheit von zwölf Stimmen angenommen[98]. Damit war der individuelle Söldnerdienst von Schweizern im Ausland aber noch nicht abgeschafft.

13. Verschiedenes

Um dem Bund die Möglichkeit zu geben, gegen Flüchtlinge einzuschreiten, «welche das Recht zu Umtrieben missbrauchen», schuf man den Artikel 57 der Verfassung, der die Ausweisung von Fremden erlaubt. Den Sitz des Bundes legte man nicht fest, sondern verwies die Frage auf die Gesetzgebung. Um kantonale Empfindlichkeiten zu schonen, gab man dem Bund fast keine polizeilichen Befugnisse. Es wurde gegen lebhaften Widerspruch der Föderalisten nur das Recht des Bundes festgeschrieben, bei gemeingefährlichen Seuchen gesundheitspolizeiliche Verfügungen zu erlassen[99].
Der Kanton St. Gallen beantragte in der Tagsatzung unter Hinweis auf den in Artikel 2 verankerten Wohlfahrtszweck des neuen Bundes, es habe der Bund eine zentrale Brandversicherungsanstalt zu

[97] Art. 20.
[98] Art. 11; Verhandlungen vom 21. Februar 1848.
[99] Art. 59.

gründen. Es müssten jene Zweige des öffentlichen Haushaltes zentralisiert werden, welche von den «einzelnen Kantonen nicht gehörig verwaltet» werden könnten; kleine Kantone seien nicht in der Lage, grosse Risiken zu tragen. Es würde die Bevölkerung der Kantone, die heute keine solche Anstalt besässen, von auswärtigen privaten Gesellschaften auf «bedenkliche Weise ausgebeutet». Die bisherige Politik, alles nur dem Zufall, der Individualität und dem Grundsatz «laisser faire» zu überlassen, sei nicht mehr angemessen; der Staat müsse es als seine Aufgabe erfassen, die «Wohlfahrt des Allgemeinen» zu fördern und in die «verschiedensten Richtungen des Lebens selbstthätig einzugreifen». Der so begründete Antrag wurde abgelehnt, im wesentlichen mit der Begründung, es dürfe dem Bund kein solches Monopol übertragen werden; die Assekuranz sei eine «Sache der Spekulation». Der Staat habe nur die «allgemeine» Wohlfahrt zu erhalten, die öffentliche Ordnung zu garantieren, den Rechtszustand zu sichern und Mittel des allgemeinen Verkehrs zu schaffen und zu erhalten; er dürfe aber nicht die «Rolle des Kaufmanns oder des Spekulanten» übernehmen. Wenn er sich in solche Verhältnisse mische, würden «immer mehr Gelüste auftauchen, auch andere materielle Bereiche zu zentralisieren», bis man endlich an das noch «ungelöste Problem der Organisation der Arbeit gelange». Die Diskussion, welche eindrücklich die unterschiedlichen volkswirtschaftlichen Auffassungen von Radikalismus und Liberalismus aufzeigt, führte zu keinem konkreten Ergebnis: Der Antrag St. Gallens wurde knapp abgelehnt[100].

Für den Fall der Bedrohung oder eines Angriffes von aussen übernahm man aus dem Bundesvertrag die Mahnpflicht des bedrohten Kantons und die Hilfeleistungspflicht des Gemahnten[101]. Für Streitigkeiten zwischen Kantonen im Innern legte man das friedliche Regelungsverbot mit der Pflicht fest, sich der Bundesentscheidung zu unterziehen[102]. Die Verfassung regelte auch den Fall der gestörten Ordnung im Innern, die Anzeigepflicht des von Unruhen bedrohten Kantons an den Bundesrat und das Recht, andere Kantone zur Hilfe zu mahnen[103]. Der Bund erhielt, nachdem man soeben eine Bundesexekution durchgeführt hatte, dieses Recht nun in verfassungsgemässer Form[104].

[100] Verhandlungen vom 6. Juni 1848.
[101] Art. 15.
[102] Art. 14.
[103] Art. 16.
[104] Art. 74 Ziff. 8.

14. Änderung der Bundesverfassung

Über die zentralen Fragen der Revisionsbestimmungen der Bundesverfassung wurde erstaunlicherweise nicht lange diskutiert. Zunächst wurde gegen die verlangte Festsetzung einer zweijährigen Rigiditätsklausel ein Antrag auf «jederzeitige» Änderungsmöglichkeit der Verfassung angenommen. Es war selbstverständlich, dass man beabsichtigte, der Bundesversammlung das Recht zu geben, die Initiative für eine Verfassungsänderung zu ergreifen. Die einzelnen Bürger sollten die Verfassungsänderung jedoch nur mit dem Mittel der «Petition» anbegehren können. Dies schien der Kommission zuwenig wirksam, auch wenn damals die Petitionen stark beachtet wurden. Um «mögliche Revolutionen vorzubeugen», wurde daher der Antrag gestellt, die Kammern auf die Revision verbindlich zu verpflichten, sofern fünf Kantone oder zehntausend Bürger die Revision verlangen. Dieser Antrag wurde unter Heraufsetzung der Zahl der Bürger auf fünfzigtausend und Streichung des Antragsrechts der Kantone angenommen. Ochsenbein wollte dem Volk die Möglichkeit des Entscheides über die Vornahme einer Verfassungsreform für den Fall geben, dass beispielsweise «die Nationalversammlung revidiren wolle, die Tagsatzung hingegen nicht». Es könnten in solchen Fällen ohne Einschaltung des Volkes «Reibungen und Zwiespalt» entstehen. Dieses Argument wurde akzeptiert. Für den Fall ungleicher Ansichten der beiden Kammern über die Revisionsfrage solle aber ein Verfassungsrat eingesetzt werden, wurde dann zusätzlich beantragt. Dagegen wendete man hinwiederum ein, die Aufstellung eines besonderen Verfassungsrates sei «nicht geradezu nothwendig», sondern es könne der Volkswille durch «neue Wahlen» in die Kammern auf unzweideutige Weise sich geltend machen. In der Abstimmung sprachen sich neun Mitglieder für einen Verfassungsrat, elf dagegen aus[105]. In der Tagsatzung ergaben sich dann weitere Differenzen über die Revisionsbestimmungen. Der Kanton Uri verlangte erfolglos deren Streichung überhaupt. Der Kommissionsentwurf hatte im Fall einer eingereichten Volksinitiative eine Volksabstimmung über die Grundsatzfrage der Vornahme einer Verfassungsrevision nur zulassen wollen, falls beide Räte «die Revision ablehnen». Der Kanton Waadt machte dagegen folgendes geltend: «Wenn aber das Begehren einer Revision vom Volke ausgeht und entweder einer der beiden Räthe oder beide zusammen dieselbe ablehnen oder nur, dem ausgespro-

---

[105] Verhandlungen vom 27. März 1848.

602

chenen Volkswillen sich beugend, nothgedrungen nachgeben, dann kann die Bundesversammlung nicht mehr im Besitze des öffentlichen Vertrauens sein, und in diesem Falle ist es nothwendig, dass die Nation ihren Willen unmittelbar kund geben darf.» In dieser vermutlich von Druey vorgetragenen Begründung ist das Misstrauen gegenüber einer Bundesversammlung zu erkennen, welche zwecks Vermeidung ihrer Abberufung eine bloss taktische Zustimmung zur Revision beschliessen und dadurch das Volk um die Neuwahl beider Räte bringen könnte. Der Antrag der Waadt wurde angenommen, was bedeutete, dass im Fall der Volksinitiative immer eine Grundsatzabstimmung stattfinden muss – unabhängig von einer allfälligen Stellungnahme der beiden Räte[106]. Daraus hat man später die gesetzliche Regel abgeleitet, dass die Räte im Fall der Volksinitiative auf Totalrevision gar keine Stellung zu diesem Begehren nehmen dürfen. Die in der Kommission abgelehnte, aber von Bern erneut verlangte Einrichtung des Verfassungsrates wurde nur noch von Aargau und Genf unterstützt, so dass im Falle des Artikels 113 die neugewählte Bundesversammlung die Aufgaben eines solchen wahrzunehmen hat. Gegen die Schaffung eines Verfassungsrates war unter anderem eingewendet worden, das «kantonale Prinzip» komme darin nicht zum Ausdruck; es würde der «Nationalismus einzig zur Anerkennung gelangen». Mit einem zweikammrigen Verfassungsrat konnte man sich nicht befreunden. Mitspielen mochte, dass man in den welschen Kantonen jeweils nicht Verfassungsräte, sondern verfassungsgebende Grosse Räte eingesetzt hatte. Artikel 112, wonach die Revision «auf dem Wege der Bundesgesetzgebung» stattfinden muss, will im Lichte der Entstehungsgeschichte nur sagen, dass beide Räte der Verfassungsrevision zustimmen müssen[107]; diese Bestimmung ist mit der Einführung des fakultativen Gesetzesreferendums unklar geworden. Ein Antrag auf Schaffung der Volksinitiative auf Teilrevision der Verfassung wurde nicht gestellt[108]. Das Fehlen dieses Instrumentes sollte 1880 deutlich zutage treten. – Mit dem Artikel 113 der neuen Verfassung verankerte die Tagsatzung das radikale Recht der legalen Revolution. Paradoxerweise wurde die Verfassungsinitiative mit der Ablehnung der radikalen Einrichtung des Verfassungsrates noch wirksamer ausgestaltet: Eine neugewählte Mehrheit in den Räten würde zusätzlich zur Aufgabe der Verfassungsrevision auch die ordentlichen

[106] Verhandlungen vom 10. Juni 1848.
[107] Art. 78.
[108] Verhandlungen vom 10. Juni 1848.

Gesetzgebungs- und Verwaltungsbefugnisse in die Hand bekommen – hätte mithin die Stellung des französischen Nationalkonventes.

Dass das Inkrafttreten einer neuen Bundesverfassung von der Zustimmung der Mehrheit des Volkes und der Kantone abhängen sollte, war weitgehend unbestritten; ein Antrag des radikalen Bern, den Passus «von der Mehrheit der Kantone» in Artikel 114 zu streichen, wurde einzig von der Gesandtschaft dieses Kantons unterstützt. Der Kanton Zürich machte geltend, es sollten «diejenigen Bürger, welche an der Abstimmung über das Bundesprojekt keinen Antheil nehmen, zu den Annehmenden gezählt werden, wie es in verschiedenen Kantonen praktisch eingeführt ist». Man befand diese Präzisierung Zürichs unnötig und machte darauf aufmerksam, es würden für die Abstimmung über die gegenwärtige Verfassung die Übergangsbestimmung «in Anschlag» kommen [109].

[109] Verhandlungen vom 10. Juni 1848.

25. KAPITEL:
DER WEG ZUR WIRKSAMKEIT DES
VERFASSUNGSWERKES[1]

1. Die Übergangsbestimmungen

Die Übergangsbestimmungen waren von grösster politischer und staatsrechtlicher Bedeutung, denn in ihnen wurde festgelegt, unter welchen Bedingungen der Verfassungsentwurf in Kraft treten würde. Im Plenum der Tagsatzungskommission wurde dieses äusserst heikle Geschäft nicht behandelt; eine Formulierung von Übergangsbestimmungen findet sich erst im zweiten Entwurf der Tagsatzungskommission vom 8. April 1848, der ohne Beratung in der Kommission sogleich an die Kantone versandt wurde.

Artikel 1 der Übergangsbestimmungen sah vor, über die Annahme gegenwärtiger Bundesverfassung hätten sich die Kantone auf die «durch die Kantonalverfassungen vorgeschriebene» Weise auszusprechen; mangels solcher Vorschrift habe sich der Kanton auf die durch dessen «oberste Behörde» festzusetzende Weise auszusprechen. Dieser Modus war für jene zahlreichen Kantone unproblematisch, welche in ihren Verfassungen für die Änderung des Bundesvertrages das obligatorische Referendum enthielten; das galt sinngemäss auch für die Landsgemeindekantone. Angefochten wurde hingegen die Festsetzung des Entscheidverfahrens durch die «oberste Behörde» mit der Begründung, es werde so ein «aristokratisches Prinzip» aufgestellt. Wenn die neue Bundesverfassung im Volke «Wurzeln schlagen» solle, so genüge es nicht, dass nur die Grossen Räte darüber entscheiden könnten.

Artikel 2 der Übergangsbestimmungen legte fest, die Ergebnisse der Abstimmung seien der Tagsatzung zukommen zu lassen, «welche entscheidet, ob die neue Bundesverfassung angenommen sei». Bei dieser kühnen Schlüsselbestimmung, welche der Tagsatzung mit voller Absicht weitgehend freie Hand der Entscheidung übertrug, taten sich wiederum die drei «Welten» auf, welche bereits die Diskussionen um die obersten Bundesbehörden geprägt hatten: Die Radika-

---

[1] Büchel Hermann, Die Entstehung des schweizerischen Bundesstaates als Problem der Rechtskontinuität, Zürich 1951; Fueter Eduard, Die Schweiz seit 1848, Band I, Zürich 1928.

len, vertreten von Bern, wollten die Bestimmung in dem Sinne ändern, dass die neue Verfassung in Kraft trete, wenn sie von der «Mehrheit der stimmenden Bürger» angenommen sei. Die konservative föderalistische Seite, vertreten von Schwyz, beantragte, dass für das Inkrafttreten die Zustimmung «sämmtlicher» Kantone erforderlich sei. Die vermittelnde, vertreten von Tessin, wollte die neue Verfassung analog dem soeben verabschiedeten Artikel 114 in Kraft treten lassen, nämlich wenn sie von der Mehrheit der stimmenden Schweizerbürger und von der Mehrheit der Kantone angenommen sei. An Artikel 2 wurde ferner allgemein kritisiert, er übertrage der Tagsatzung eine zu grosse Entscheidungsfreiheit, diese könne «rein nach Konvenienz» über die Annahme oder Nichtannahme der Verfassung entscheiden. Gegen diese Kritik machte die Kommissionsmehrheit geltend, es liege darin das «wohlberechnete» Streben im Interesse sowohl des Bundesvertrages wie auch der Eidgenossenschaft. Die Tagsatzung werde «genau abzuwägen» haben, wann sie die neue Verfassung in Kraft setzen wolle, und sich weder nach der einen noch nach der andern Seite hin binden lassen. Die Kommissionsmehrheit skizzierte dann die drei möglichen Ergebnisse der kommenden Volksabstimmung: Es könne a) der Fall eintreten, dass eine Mehrheit der Kantone das Projekt annähme, ohne dass dadurch die Mehrheit des schweizerischen Volkes vertreten würde, b) möglich sein, dass die Mehrheit der Nation sich für die Verfassung aussprä che, ohne dass eine Mehrheit der Kantone vorhanden wäre, und c) ein Ergebnis resultieren, wonach eine Mehrheit der Kantone und zugleich eine Mehrheit des Volkes die neue Verfassung annähme, während «einzelne der bedeutendern Stände» sie nicht akzeptieren würden. In allen diesen Fällen, so führte die Kommission weiter aus, werde die Tagsatzung sich «freien Spielraum» vorbehalten müssen; denn es lasse sich für die Bundesverfassung nur dann eine längere Dauer voraussehen, wenn diese sowohl von der Mehrheit der Bürger als auch von der Mehrheit der Kantone angenommen werde, in Beziehung auf letztere namentlich auch von solchen Ständen, «welche bezüglich der materiellen Fragen ein bedeutendes Gewicht in die eidgenössische Wagschale zu legen im Stande sind»[2]. Den damals üblichen Begriff «materiell» mit «wirtschaftlich-finanziell» umschreibend, hätten sich also die Bundesstaatsgründer ohne die Zustimmung der Kantone Zürich, Bern, Waadt und wohl auch St. Gallen und Aargau nicht in der Lage gefühlt, die neue Verfassung in Kraft zu setzen. In der Abstimmung

[2] Verhandlungen vom 10. Juni 1848.

606

sprachen sich die folgenden Kantone für den unveränderten Artikel 2 des Kommissionsentwurfes aus: Zürich, Luzern, Glarus, Zug, Freiburg, Solothurn, Basel, Schaffhausen, St. Gallen, Graubünden, Aargau, Thurgau, Waadt, Wallis und Neuenburg[3].

Nach dieser zentralen Abstimmung fragte die Tessiner Gesandtschaft die Tagsatzung an, ob die Übergangsbestimmungen ein «integrierender Teil der Verfassung» seien, und ob der Entscheid der Tagsatzung allein ausreichend sei, um sie in Kraft zu setzen. Die Frage Tessins war juristisch voll berechtigt, wurde aber gerade deshalb in der Tagsatzung nicht beantwortet. Die Tagsatzung hat nämlich in den am 27. Juni 1848 stattfindenden Schlussverhandlungen «über Annahme der neuentworfenen Bundesurkunde» in Wirklichkeit zwei Beschlüsse gefasst: erstens den Beschluss über die Annahme und sofortige Inkraftsetzung der Übergangsbestimmungen, und zweitens den Beschluss auf vorläufige Annahme des Verfassungsentwurfes durch die Tagsatzung, dessen Weiterleitung an die Kantone zur Stellungnahme unter Vorbehalt des Entscheides über die Inkraftsetzung der Bundesverfassung durch die Tagsatzung gemäss Artikel 2 der Übergangsbestimmungen. Der erste Beschluss war in Verbindung mit dem in Artikel 2 vorgesehenen freien Entscheidungsrecht ein *souveräner Akt* der Tagsatzung, welcher einer rechtlichen Grundlage entbehrte. Dieser souveräne Akt trug revolutionären Charakter, ähnlich demjenigen des Dritten Standes der französischen Generalstände am 17. Juni 1789, sich als «Nationalversammlung» zu proklamieren. Bestand der revolutionäre Gehalt in jener französischen Proklamation darin, dass das bisherige Recht auf getrennte Beratung und Entscheidung der drei Stände Adel, Geistlichkeit und Bürgertum beseitigt wurde, so lag er bei diesem Tagsatzungsbeschluss in der Abkehr vom vertraglichen Fundament der Eidgenossenschaft auf dem Boden der Gleichheit der Kantone, im Übergang zum Mehrheitsprinzip. Die Tagsatzungsmehrheit konnte ihren Beschluss folgendermassen legitimieren: Der Bundesvertrag von 1815 enthielt keine Änderungsbestimmungen. Ältere und vor allem neuere geschichtliche Erfahrung lehrte, dass kein Rechtsakt zeitlich unbeschränkt gelten kann, auch wenn eine Änderung in ihm selber nicht vorgesehen ist. Insoweit waren die Übergangsbestimmungen Ersatz für die fehlenden Revisionsbestimmungen des Bundesvertrages. Zum selben Schluss führte die neuere philosophische Naturrechtslehre der Aufklärungszeit. Diese ging davon aus, dass kein Rechtsakt Bestand haben kann, der die

---

[3] Verhandlungen vom 10. Juni 1848.

Menschen an der Wahrnehmung ihrer unveräusserlichen Freiheitsrechte, ihrer Gleichheitsansprüche und ihres Rechts zum Beitritt zum Gesellschaftsvertrag hindert, dass ferner kein Rechtsakt die Menschen einer bestimmten Kulturgemeinschaft an der Bildung einer Nation hindern darf. Der freiheitliche, egalitäre, demokratische und nationale Gehalt der nun entworfenen Bundesverfassung war für die Tagsatzungsmehrheit ausreichend, um dieses Vorgehen zu legitimieren.

2. Die Abstimmung in der Tagsatzung und in den Kantonen

Am 27. Juni 1848 fanden in der Tagsatzung die Schlussverhandlungen über die Annahme der neuentworfenen «Bundesurkunde» statt. Noch einmal brachten die kantonalen Vertreter gegenüber dem Verfassungswerk ihre Vorbehalte an. In der Abstimmung gaben die Vertreter der folgenden 13 Stände ihre Zustimmung: Zürich, Luzern, Glarus, Zug, Freiburg, Solothurn, Schaffhausen, St. Gallen, Graubünden, Aargau, Thurgau, Wallis und Genf, nebst Basel-Landschaft, dessen Stimme aber wegen Nichtzustimmung der Stadt nicht zählte. Auch Bern stimmte nicht zu, vor allem deshalb, weil die neue Verfassung zuwenig unitarisch und nicht von einem Verfassungsrat ausgearbeitet worden war. Eine ausdrücklich verwerfende Stimme gab nur Schwyz ab, während die übrigen nichtzustimmenden Kantone sehr unterschiedliche Gründe für ihre Nichtzustimmung vortrugen. Der Entwurf ging nun an die Kantone, welche «mit Rücksicht auf die europäischen Ereignisse» bereits bis zum 1. September darüber zu entscheiden hatten[4].

Die Tagsatzung trat am 4. Sepember 1848 zusammen, um nach den in den Kantonen stattgefundenen Abstimmungen über die Frage der Annahme der neuen Bundesverfassung zu beraten. Die Abstimmungsergebnisse lauteten für die liberale Tagsatzungsmehrheit ermutigend: Die folgenden Kantone meldeten die Annahme der neuen Verfassung durch das Volk selber, sei es in Urnenabstimmungen oder an Landsgemeinden: Zürich, Bern, Luzern, Glarus, Solothurn, Basel Stadt und Landschaft, Schaffhausen, Appenzell-Ausserrhoden, St. Gallen, Aargau, Thurgau, Waadt, Neuenburg und Genf. In Freiburg nahm der Grosse Rat die Verfassung «im Namen des Volkes» an, ebenso in Graubünden. Es hatten insgesamt 15 ganze und ein

[4] Verhandlungen vom 27. Juni 1848.

halber Kanton die Verfassung angenommen, wobei Luzern nur bedingt als annehmend gezählt werden konnte, weil die dortige liberale Regierung die Nichtstimmenden als zustimmend gezählt hatte! In Wirklichkeit hatte Luzern abgelehnt, denn es waren dort nicht 15 890 Annehmende gewesen, sondern knapp 10 000 Nichtstimmende weniger, wogegen 11 121 ausdrücklich abgelehnt hatten. Je stärker die einzelnen Kantone industrialisiert waren, je höher der Anteil an protestantischer Bevölkerung und je städtischer ein Kanton war, desto höher lag die Zustimmungsquote. Im protestantischen und vergleichsweise stark industrialisierten Zürich lag die Zustimmung bei ungefähr 91 Prozent der Stimmenden, im ebenfalls protestantischen, aber weitgehend agrarischen Kanton Waadt stimmten ungefähr 81 Prozent zu, während im weitgehend katholischen und überwiegend agrarischen Solothurn nur ungefähr 62 Prozent zustimmten. Im städtischen Genf, das einen hohen Katholikenanteil besass, stimmten 82 Prozent zu, während im protestantischen Basel-Stadt gar 88 Prozent zustimmten. Das Resultat der Volksabstimmung in Basel-Stadt steht in augenfälligem Kontrast zur Haltung des Grossen Rates, der seine Gesandtschaft noch im Juni im Sinne der Nichtzustimmung instruiert hatte. Dieser Gegensatz des dortigen Patriziates zur Volksmeinung sollte bis zum Sturz des «Ratsherrenregimentes» durch die Radikalen andauern.

In den Kantonen Schwyz, Zug und Wallis verwarfen die Stimmberechtigten die neue Verfassung überaus deutlich, nämlich in Schwyz mit ungefähr 75, in Zug mit 69 und im Wallis mit 60 Prozent, wobei bei letzterem die annehmenden Stimmen vor allem aus dem französischsprachigen Unterwallis stammten. Die Landsgemeinden von Uri, Nidwalden, Obwalden und Appenzell-Innerrhoden verwarfen die neue Verfassung massiv mit Mehrheiten bis zu 96 Prozent, wobei Obwalden erklärte, dass es «sich, dem unausweichlichen Drang der Umstände sich fügend, deren Einführung unterziehen werde». Der Kanton Tessin hatte die Bundesverfassung zwar angenommen, jedoch nur unter der Bedingung der Beibehaltung gewisser Zölle; er wurde deshalb von der Tagsatzung als ablehnend gerechnet.

Insgesamt hatten nach Schätzungen der Tagsatzungskommission 241 642 von 437 103 stimmberechtigten Schweizerbürgern, also ungefähr 55 Prozent, an der Abstimmung über die Bundesverfassung teilgenommen; 169 743 haten sie angenommen, 71 899 abgelehnt. Die Zahl der Stimmberechtigten erscheint, auch wenn man das fehlende Frauenstimmrecht in Betracht zieht, im Verhältnis zur 2 190 258 Menschen zählenden Gesamtwohnbevölkerung als gering.

Dies rührt von den zahlreichen gesetzlichen Ausschlüssen vom Stimmrecht her, wobei als der zahlenmässig bedeutsamste derjenige der Armengenössigkeit zu nennen ist.

3. Die Annahmeerklärung und Inkraftsetzung

Die Tagsatzung stellte fest, das «überraschende» Abstimmungsergebnis erleichtere ihren Entscheid «ungemein», so dass die Entscheidung nicht anders als für die «feierliche Erklärung» ausfallen könne, die neue Bundesverfassung als angenommen und zum «Grundgesetz der Eidgenossenschaft» zu erklären. Sie begründete dies damit, dass mehr als zwei Drittel der Kantone sowie die überwiegende Mehrheit der 2 190 258 Menschen zählenden schweizerischen Gesamtbevölkerung, nämlich beinahe sieben Achtel, sich für Annahme ausgesprochen hätten. Dies war eine kühne Rechnung, nachdem sich nur 169 743 Stimmberechtigte abzüglich der Luzerner Nichtstimmenden bejahend, 71 899 aber verneinend geäussert hatten; sie beruhte darauf, dass man einfach die Gesamtbevölkerung der $15^1/_2$ annahmenden Kantone zusammenzählte, ohne die Nichtstimmberechtigten, die Ablehnenden und die Nichtstimmenden davon abzuziehen. Die Tagsatzung umschrieb dann in ihrem Beschluss vom 12. September diesen Sachverhalt etwas diplomatischer, wenn sie die «feierliche» Annahme der Bundesverfassung erklärte, erwägend, dass diese «von fünfzehn ganzen Kantonen und einem halben Kanton, welche zusammen eine Bevölkerung von 1 897 887 Seelen, also die überwiegende Mehrheit der schweizerischen Bevölkerung und der Kantone repräsentieren, angenommen worden»[5].

Der Gedanke, diese Verfassung den europäischen «Mächten» zur Garantie vorzulegen, war im Hinblick auf die «Würde» und «unveräusserlichen Rechte» der Eidgenossenschaft abgelehnt worden; der neue Bund bedürfe «keiner andern Bürgschaft, als die Unterstützung und das Zutrauen des Schweizervolkes», war selbstbewusst ausgeführt worden.

Gegen die Annahmeerklärung der neuen Bundesverfassung durch die Tagsatzung vom 12. September stimmte kein einziger Kanton, indem die innerschweizerischen Kantone instruktionsgemäss an der Abstimmung gar nicht teilnahmen. Sie formulierten aber noch einmal ihren Widerstand gegen die Inkraftsetzung der

[5] Verhandlungen vom 12. September 1848.

Bundesverfassung mittels des Mehrheitprinzips so, wie es beispielsweise Schwyz ausdrückte: Wenn laut Artikel 8 des Bundesvertrages für die Erklärung von Krieg, Abschlüsse von Frieden und
Bündnissen sogar drei Viertel der Kantonsstimmen erforderlich sei-
en, so lasse sich um so mehr folgerichtig schliessen, «dass bei Aufhebung des ganzen Bundesvertrages, welche jedenfalls wichtiger als
die angegebenen Punkte ist, alle Stände ihre Einwilligung erteilen
müssen»[6]. In der Tat war der Annahmebeschluss der Tagsatzung
vom 12. September 1848, der mit einer Mehrheit von 16 Stimmen
sowie zwei halben erging, ein eigenmächtiger Souveränitätsakt, der
ohne die politische, militärische und wirtschaftliche Macht der
Mehrheitskantone nicht denkbar gewesen wäre. Es war ein Beschluss, der vom bestehenden Staatsrecht nicht gedeckt war, insofern formell unrechtmässig und mithin revolutionär war. Der so
geschaffene neue Bund war daher darauf angewiesen, eine neue
Legitimität und, daraus folgend, eine neue Legalität aufzubauen.
Dies konnte in der ersten Phase weniger mittels der Einführung von
Freiheitsrechten und Rechtsgleichheit als mit Hilfe von wohlfahrtsstaatlichen Massnahmen im Sinne von Artikel 2 der neuen Verfassung geschehen.

Artikel 7 der Übergangsbestimmungen der Bundesverfassung sah vor, dass der Bundesvertrag von 1815 ausser Kraft trete,
sobald die Bundesversammlung und der Bundesrat konstituiert sein
würden. Das sollte am 16. November 1848 der Fall sein, weshalb
dieses Datum als formeller Wirkungsbeginn der neuen Verfassung
gelten muss.

4. Das Werk als Ganzes

In erstaunlich kurzer Zeit war es der Tagsatzung gelungen,
eine bemerkenswerte bundesstaatliche Verfassung zu schaffen, welche auch im Ausland Beachtung fand und beispielsweise die Frankfurter Paulskirchen-Verfassung etwas beeinflusste. Die schweizerische Bundesverfassung sollte zusammen mit dem liberalen sardi-
nisch-piemontesischen «Statuto Albertino» vom 4. März 1848 im
Unterschied zu allen anderen europäischen Verfassungen des Revo-
lutionsjahres 1848 eine dauerhafte Schöpfung werden. Die Bundesverfassung von 1848 war ein pragmatisch-kompromisshaftes Werk;

[6] Verhandlungen vom 12. September 1848.

611

Doktrinäres liess man nur zurückhaltend einfliessen. Dennoch spielten Doktrinen, wenn auch wenig sichtbar, eine entscheidende Rolle, bargen, wie in der Tagsatzung gesagt wurde, «mannigfache Keime des Fortschritts». In erster Linie ist die vor allem vom Radikalismus vertretene naturrechtliche Lehre vom Nationalstaat zu nennen. Auch wenn die Radikalen in der Tagsatzung nur eine Minderheit stellten, so gewann ihr revolutionäres unitarisches Streben nach politischer und verfassungsrechtlicher Einheit auch bei den Liberalen so viel Kraft, um die konservativen partikularistischen Kräfte zurückdämmen zu können. Es bildete im Jahre 1848 dieses Streben nach «Einheit, Kraft und Ehre der schweizerischen Nation» (Präambel), der Wille, aus der Eidgenossenschaft ein namentlich dem Ausland gegenüber handlungskräftiges politisches Ganzes zu machen, die hauptgestaltende Kraft. Es geht klar aus der Vorgeschichte und den Materialien zur neuen Verfassung hervor, dass dieses nationale und politische Gedankengut die wichtigste Triebkraft für die neue Verfassung war und nicht etwa der Wunsch nach Schaffung eines gesamtschweizerischen «Wirtschaftsraumes». Zwar war man im Interesse von Handel und Industrie bestrebt, im Landesinnern die lästigen Zölle und Verkehrshemmnisse zu beseitigen. Man wollte und konnte aber noch nicht an die Schaffung eines vereinheitlichten Wirtschaftsraumes denken; dafür dachten die noch herrschenden, aus den Bewegungen von 1831 an hervorgegangenen Liberalen noch allzu kantonal, die Gewerbetreibenden noch zu protektionistisch, wie die Auseinandersetzungen um die Niederlassungsfreiheit gezeigt hatten. Die Schaffung einer prinzipiellen, gesamtschweizerischen Handels- und Gewerbefreiheit war daher in der Tagsatzung bezeichnenderweise gar nicht beantragt, ein Begehren, dem Bund das Recht zum Erlass eines schweizerischen Handelsrechts zu geben, war abgelehnt worden. Das Wirtschaftliche beherrschte das Denken der meist juristisch geschulten führenden liberalen Honoratioren nicht, was bei den aufstrebenden radikalen Politikern vom Land dann allerdings bald ändern sollte. Als zweites verfassungsgestaltendes doktrinäres Element kann das Streben nach staatsrechtlicher Homogenität der Eidgenossenschaft gelten, und zwar einerseits mit Blick auf die individuellen Freiheitsrechte und die Rechtsgleichheit, anderseits bezogen auf die Demokratie bei den Wahlen und bei der Verfassungsgebung. Die kantonalen Verfassungen sollten mithin im Sinne des «westlichen» individualistischen Freiheits- und Demokratieverständnisses umgestaltet werden. Der Bund war als neues Handlungs- und Wirkungssubjekt gemäss den Artikeln 5 und 6 der neuen Verfassung ausersehen. Als drittes verfassungsgestaltendes doktrinäres Element ist schliesslich die wohlfahrtsstaatliche Zielsetzung des Bundes zu nennen[7]. Damit sollte der aufklärerisch-zivilisatorische, technisch-wissenschaftliche Fortschritt im ganzen Land wirksam gemacht werden. Die wohlfahrtsstaatliche Zielsetzung sollte mittelbar auch wirtschaftlichen Zwecken nutzbar gemacht werden. Gegen starke Widerstände hatte sich schliesslich die aufklärerische Lehre vom nationalen Erziehungsstaat durchzusetzen vermocht, jedoch nur in der Befugnis des Bundes, eine Universität errichten zu können, während die Schaffung von Lehrerseminarien durch den Bund abgelehnt wurde. In auffälligem Gegensatz zum Nachbarland Frankreich ist die Lehre vom Sozialstaat in keiner Weise in die neue Verfassung eingeflossen, ja es wurde in der Tagsatzung nicht einmal ein Versuch zu ihrer Einführung unternommen. Hiefür dürfte das Scheitern solcher Bestrebungen im Kanton Waadt 1845 sowie die Meinung ausschlaggebend gewesen sein, es sei dies eine Angelegenheit der Kantone.

Der neue Bund war also dazu ausersehen, die Einheit und Unabhängigkeit der Eidgenossenschaft zu sichern, die Ordnung im Innern zu wahren, die Freiheitsrechte und die demokratischen Rechte der Bürger zu schützen und den Fortschritt anzubahnen. Diese Staatsziele kommen in klassischer Formulierung in der Präambel sowie in den Artikeln 2, 5 und 6 zum Ausdruck.

[7] Art. 2 Bundesverfassung.

IX. TEIL

EINE REZEPTIONSERKLÄRUNG UND AUSBLICK

26. KAPITEL:
VON DER HERKUNFT DES MODERNEN SCHWEIZERISCHEN STAATSRECHTS[1]

1. Allgemeines

Weil die Schweiz im Gegensatz zu den anderen europäischen Staaten eine seit 1830 fast ungebrochene verfassungsrechtliche Kontinuität aufweist, war die entstehungsgeschichtliche Untersuchung der staatsrechtlichen Institutionen gleichzeitig eine solche von heute geltendem Staatsrecht. Nur diese aktuellen Bezüge vermochten den Verfasser genügend zu motivieren, sich mit dem immensen Stoff zu beschäftigen.

Die vorliegende Darstellung von 60 Jahren schweizerischer Verfassungsgeschichte hat einen offensichtlichen Doppelcharakter. Sie ist einerseits eine Darlegung der Vorgänge der politischen Geschichte der Kantone und der Eidgenossenschaft sowie der staatsrechtlichen Institutionen. Anderseits ist sie eine Untersuchung über die Herkunft und Entstehungsweise des neueren schweizerischen Staatsrechts. Weil in den Volksbewegungen und in den verfassungsgebenden Räten stets die demokratischen und «materiellen» Fragen dominierten, lag der Schwerpunkt auch bei der Demokratie. Eine eigentliche Volksbewegung zugunsten liberaler Freiheiten konnte der Verfasser nirgends erkennen; diese letzteren wurden in erster Linie von den liberalen «Honoratioren» postuliert und lediglich im Rahmen des Möglichen, gegen starke Widerstände, verwirklicht.

[1] Siehe die am Buchanfang angeführte periodenübergreifende sowie die bei den Kapiteln 20–22 angeführte Literatur.

615

2. Die Unsicherheit

Befasst man sich mit der Entstehung des schweizerischen *Bundes*staatsrechts, so sieht man sich bald vor die Aufgabe gestellt, das Verfassungsrecht der Regenerations*kantone* näher zu untersuchen, denn jenes beruht offensichtlich – mit Ausnahme des Zweikammerprinzips – auf einer weitgehenden Rezeption von Elementen dieses vorher geschaffenen kantonalen Verfassungsrechts. Über die rein politische Entstehungsweise des letzteren kann man sich in zwar aufwendiger Quellenarbeit recht gut orientieren: Es liegen in den kantonalen Archiven eine riesige Anzahl von Petitionen, Flugschriften, Broschüren, Memorialen, Zeitungen, ja sogar durchformulierte Verfassungsentwürfe. Vor allem aber existieren Zehntausende von Seiten Protokolle der verfassungsgebenden Räte. Diese letzteren geben guten Aufschluss über die hauptsächlich «treibenden» Persönlichkeiten und über die Widerstände, die sich der Einführung bestimmter Neuerungen entgegenstellten, in der Regel auch über die Gründe solcher Widerstände. Sucht man aber in dem riesigen Material nach Hinweisen über die Herkunft der in der Zeit zwischen 1830 und 1847 eingeführten zahlreichen institutionellen Neuerungen, so stösst man höchstens auf blosse Vermutungen oder Andeutungen, meistens aber auf eine Mauer des Schweigens[2]. Dieses Schweigen der Dokumente findet seinen Niederschlag in der entsprechenden verfassungsgeschichtlichen Literatur. Meistens findet man bloss Mutmassungen über die Herkunft bestimmter Institute.

Betrachtet man die in der Literatur enthaltenen Aussagen über die Herkunft des modernen schweizerischen Staatsrechts, so kann man drei Richtungen unterscheiden, nämlich die rein «nationalschweizerische» Auffassung, die «Verschmelzungstheorie» und die «Verdrängungstheorie». Was die erste, nationalschweizerische, betrifft, so sei hier nur Johann Jakob Blumer genannt, der schrieb[3], das schweizerische Staatsrecht ruhe «grösstentheils auf historischem Boden» und finde seine beste Erläuterung «in einer fünfhundertjährigen, schicksalsreichen Vergangenheit». Die Aussage dieses Vertreters der historischen Rechtsschule trifft nur für die Landsgemeindekantone, sonst aber nicht zu. Blumer macht sie jedoch in allgemeiner Weise

---

[2] KÖLZ ALFRED, Die Bedeutung der Französischen Revolution für das Schweizerische öffentliche Recht und politische System, Zeitschrift für Schweizerisches Recht 1989 S. 497 ff.

[3] BLUMER JOHANN JAKOB, Handbuch des Schweizerischen Bundesstaatsrechts I (1863), S. VI.

und erst noch in einem Werk, das ausschliesslich dem Staatsrecht des Bundes gewidmet ist. Diese rein national orientierte Deutung spielte in der Literatur bis um die Mitte des 20. Jahrhunderts eine wichtige Rolle.

Eine eingehendere Untersuchung verdienen jene Verfassungshistoriker, welche bezüglich der Herkunft des modernen schweizerischen Staatsrechts eine differenziert-kritische Linie verfolgen und aus diesem Grunde die «Verschmelzungstheorie» oder die «Verdrängungstheorie» vertreten. Nach ersterer sollen im Laufe des 19. Jahrhunderts die altschweizerische Demokratie, insbesondere die Landsgemeindedemokratien und die föderative Referendumsdemokratie nach dem Muster Graubündens mit der «westlichen», rousseauistischen Demokratie eine Synthese im Sinne einer «Verschmelzung» der beiden Demokratievorstellungen eingegangen sein. Diese Verschmelzung sei wegen der Verwandtschaft der alten schweizerischen Versammlungsdemokratie deshalb einleuchtend und naheliegend, weil auch Rousseau davon beeinflusst worden sei, und dieser seinerseits die «westliche» Demokratie Neu-Englands und der Französischen Revolution geprägt habe[4].

Nach der zweiten, der «Verdrängungstheorie», hätte die Demokratiekonzeption der Aufklärung in einem Rezeptionsvorgang im Laufe des 19. Jahrhunderts sukzessive Fuss gefasst und gleichzeitig die bestehende genossenschaftliche Demokratie verdrängt[5]. Zugunsten dieser Auffassung wird geltend gemacht, die «westliche», im wesentlichen aus Frankreich rezipierte Demokratie sei ausschliesslich naturrechtlich konzipiert und deshalb streng individualistisch und rationalistisch; sie habe sich wegen dieser fundamental anderen Natur nicht mit den traditionellen schweizerischen Demokratievorstellungen «verschmelzen» können[6].

Welche der beiden Theorien entspricht nun eher der historischen Wahrheit? Um die Frage beantworten zu können, müssen zunächst die gewonnenen Resultate über die Rezeption ausländischen Rechts zusammengefasst werden; auch die Art und Weise der

---

[4] Statt vieler FLEINER FRITZ, Entstehung und Wandlung moderner Staatstheorien in der Schweiz (1916), S. 5 ff.; die Autoren RIKLIN ALOIS/MÖCKLI SILVANO, Werden und Wandel der schweizerischen Staatsidee, Handbuch Politisches System der Schweiz I (1983), geben auf S. 39/40 eine Zusammenstellung der entsprechenden Autoren.

[5] Statt vieler HIS EDUARD, Geschichte des neuern schweizerischen Staatsrechts II (1929), S. 766.

[6] HIS (Anm. 5), S. 766.

Rezeption kann der Klärung dienen. Vorher ist jedoch noch auf die Frage der Herkunft der *individuellen Freiheitsrechte* kurz einzugehen. Hier herrschen im Gegensatz zur Demokratie in der Verfassungsgeschichtsschreibung kaum erhebliche Differenzen. Es wird allgemein anerkannt, dass es in der Eidgenossenschaft vor 1798 keine individuellen Freiheitsrechte in einem prinzipiellen, rationalen Sinne der Aufklärungsphilosophie gegeben hat; es herrschte in der Alten Eidgenossenschaft nur die Autonomie der Gruppe, der Korporation, also die genossenschaftliche «Freiheit». Es wird deshalb kaum bestritten, dass das neue individualistische Freiheitsverständnis nach 1798 als «westliches», also französisch-angelsächsisches Recht im Laufe eines langdauernden Rezeptionsvorganges während des 19. Jahrhunderts in der Schweiz Fuss gefasst hat. Das war auch den Zeitgenossen klar, insbesondere, was ganz bestimmte Rechte betraf, so die Religions- und Kultusfreiheit, die Pressefreiheit, die Petitionsfreiheit, die persönliche Freiheit und die Handels- und Gewerbefreiheit. Dieselbe Feststellung kann man für den Grundsatz der Gewaltenteilung sowie weitere Einrichtungen machen.

Es tritt ferner in den Quellen klar zutage, dass das Muster, ja für die Radikalen das Ideal des französischen Einheitsstaates der entscheidende Faktor für das Gelingen eines stärkeren Zusammenschlusses der Kantone 1848 war. Die Bildung einer aussenpolitisch handlungsfähigen schweizerischen Nation wäre 1848 ohne die Rezeption politischer und rechtlicher Bausteine aus dem revolutionären Frankreich nicht gelungen – eine auch auf andere europäische Staaten übertragbare Feststellung. In der besonderen Situation des 1848 erfolgenden Zusammenschlusses «souveräner» Staaten lag es begründet, dass die amerikanische Unionsverfassung mit dem Zweikammersystem den Baustein für den «grossen Kompromiss» lieferte.

Über die Art und Weise der Rezeption der *demokratischen* Institutionen und über deren Ausmass herrscht in der Literatur grösste Unsicherheit, selbst bei erstrangigen Autoren. Hiezu einige Beispiele: Eduard His vermutete, dass sich die Waadtländer Radikalen bei der Einführung der Gesetzesinitiative an einen von Gracchus Babeuf stammenden «Verfassungsentwurf» aus dem Jahre 1795 anlehnten[7]. Diese Vermutung hat sich bei genauerer Prüfung der Quellen nicht erhärtet: Die Waadtländer Radikalen stützten sich vielmehr, wie gezeigt, auf den girondistischen Verfassungsentwurf. Babeuf hingegen hat keinen ausformulierten Verfassungsentwurf geschaffen, son-

---

[7] His (Anm. 5), S. 272.

dern nur ein paar Elemente einer nach ihm richtigen Verfassung skizziert. Diese Skizze findet sich in der von seinem Mitstreiter Philippe Buonarroti herausgegebenen «Conspiration pour l'égalité dite de Babeuf»[8]. Es sind darin auch Initiative und Referendum enthalten; bei beiden handelt es sich aber nur um etwas modifizierte Übernahmen aus der Montagnard-Verfassung und des Gironde-Entwurfes: Statt des fakultativen Referendums wurde von Babeuf und seinen Mitstreitern für Gesetze und Dekrete das obligatorische vorgeschlagen; die Initiative des girondistischen Entwurfes wurde etwas vereinfacht und von der «automatischen» Abberufung der Abgeordneten gelöst. Wirklich neu gegenüber den beiden bereits bestehenden Texten in der Skizze von Babeuf ist nur die Einrichtung der sogenannten «conservateurs de la volonté nationale», welchen die Aufgabe zugekommen wäre, die Volkssouveränität zu schützen. Es waren weder Babeuf noch die anderen «conspirateurs», welche als erste die unmittelbare Demokratie für ein grosses Territorium erdacht haben.

Eduard His berief sich zur Begründung der erwähnten Vermutung auf eine mit grundlegenden Fehlern behaftete Dissertation[9], in welcher beispielsweise die französische Direktorialverfassung mit dem vermeintlichen «Verfassungsentwurf» von Babeuf verwechselt wird! Und His selber zitierte[10], gestützt allein auf diese Arbeit, den Artikel 20 der Menschenrechtserklärung der Direktorialverfassung fälschlicherweise als Bestimmung des «Verfassungsentwurfes» von Babeuf. Ähnliche Vermutungen wie jene von His wurden früher schon von Theodor Curti in seiner «Geschichte der schweizerischen Volksgesetzgebung»[11] geäussert, der im übrigen jedoch präzise Aussagen über die Entstehung der waadtländischen Volksrechte angestellt hat. Auch Dian Schefold äusserte in seiner reich dokumentierten Arbeit über «Volkssouveränität und repräsentative Demokratie in der schweizerischen Regeneration» (1966) zutreffende Vermutungen. Weitere Werke enthalten wichtige Hinweise über jenen Vorgang, so die Untersuchung von Fritz Fleiner über Entstehung und Wandlungen moderner Staatstheorien in der Schweiz, jene von Richard Feller über «Berns Verfassungskämpfe», die inspirierte Arbeit von Reto Ca-

---

[8] BUONARROTI PHILIPPE, Conspiration pour l'égalité dite de Babeuf I (1828), S. 263 ff.

[9] DUNANT ALPHONSE, Die direkte Volksgesetzgebung, Dissertation Heidelberg 1894.

[10] HIS (Anm. 5), S. 272 Anm. 48.

[11] CURTI THEODOR, Geschichte der schweizerischen Volksgesetzgebung (1885), S. 87 und 128.

ratsch über die «Initiative zur Verfassungsrevision» sowie jene von Riccardo Jagmetti über den «Einfluss der Lehren von der Volkssouveränität», um nur die wichtigeren zu nennen. Eduard His seinerseits weist mehrfach auf den Einfluss des französischen Revolutionsrechts in der Schweiz hin, kommt dann aber eigenartigerweise ohne Begründung doch zur Aussage, es scheine ihm «sehr fragwürdig», dass girondistischer Entwurf und Montagnard-Verfassung das Vorbild für das kantonale Recht der Regenerationsperiode und der demokratischen Bewegung gewesen seien[12]. His hat es allerdings in seinem sonst äusserst sorgfältigen Werk unterlassen, die Materialien zu den neuen Verfassungen in den kantonalen Archiven und die Verfassungsquellen in Frankreich näher zu untersuchen; er war mehr an den Resultaten der Verhandlungen interessiert und hat in diesem Zusammenhang virtuose, noch heute unentbehrliche dogmatische Querschnitte durch die einzelnen Perioden gelegt. Er war aber – wohl aufgrund seiner liberalkonservativen Weltanschauung – der vor allem von den Radikalen bewirkten Übernahme des demokratischen, wohlfahrtsstaatlichen und deshalb etatistischen französischen Revolutionsrechts in der Schweiz grundsätzlich abgeneigt; aus diesem Grunde wohl ist er diesen Quellen nicht genauer nachgegangen[13].

3. Die Hauptgründe der Unsicherheit

Diese Unsicherheit in der Geschichtsschreibung findet ihre Erklärung in der Tatsache, dass die damaligen verfassungsgestaltenden Persönlichkeiten praktisch keine, unklare oder gar falsche Angaben über die Herkunft der von ihnen vertretenen neuen Ideen und Institutionen machten. Nur auf Druck von Gegnern jener Neuerungen gestanden sie bisweilen die Wahrheit oder wenigstens die halbe Wahrheit ein.

[12] His (Bd. I), S. 215.
[13] Eduard His war ein Nachkomme von Peter Ochs in direkter Linie. Letzterer war in ultrakonservativen Kreisen der Schweiz wegen seiner Rolle in der Helvetik so verfemt worden, dass dessen Nachkommen den Namen Ochs in His umwandelten. Eduard His hat vielleicht auch dieser familiären Beziehung wegen den Einfluss des französischen Revolutionsrechts auf die Schweiz nicht richtig erforschen wollen. Zu den bedeutenden Leistungen von His als Geschichtsschreiber: Feller Richard / Bonjour Edgar, Geschichtsschreibung in der Schweiz II (1979), S. 787; zur Familie Ochs genannt His: Historisch-biographisches Lexikon der Schweiz IV (1927), S. 235.

Bei der Rezeption des aufklärerischen Staatsrechts in der Schweiz konnten folgende Methoden beobachtet werden: Als erste ist das schlichte Schweigen über die wirklich verwendeten ausländischen Quellen zu nennen. Diese Methode ist die weitaus häufigste. Sie ist hauptverantwortlich für die Ratlosigkeit der historischen Literatur und wurde überall und immer dort verwendet, wo sich das neue Recht ohne weiteres als «besseres», fortschrittliches Recht anbieten liess. Am häufigsten dürfte die Montagnard-Verfassung in dieser Weise als stille Vorlage verwendet worden sein, sei es unmittelbar oder in der Form des Verfassungsentwurfes von Ludwig Snell anfangs 1831; dieser Entwurf war ja nichts anderes als eine etwas modifizierte Montagnard-Verfassung. Interessant ist nun, dass dieser Entwurf, der in der deutschen Schweiz grosse Wirkungen gehabt hat, ebenfalls weitgehend unerwähnt geblieben ist; der Verfasser hat bei der Lektüre der Ratsprotokolle der Regenerationszeit im ganzen nur wenige Hinweise darauf gefunden, und zwar unter dem Namen «Zürcher Verfassungsentwurf». Den Namen Snell hat man wohl bewusst deshalb nicht genannt, weil Snell erstens als ausländischer Flüchtling und zweitens als Radikaler, als deutscher «Jakobiner», ebenfalls als subversiv angesehen wurde. Snell seinerseits hat in seinem Verfassungsentwurf die revolutionären Quellen, aus denen er geschöpft hat, ebenfalls nicht genannt.

Die Methode des Verschweigens der Quellen befolgten im grossen ganzen auch James Fazy und seine radikalen Anhänger im Genfer verfassungsgebenden Grossen Rat; sie haben sowohl die nordamerikanischen, französischen wie die Genfer Quellen aus der Revolutionszeit, welche sie wahrscheinlich verwendeten, verschwiegen. Um so deutlicher wiesen aber die Genfer Radikalen darauf hin, ihre Neuerungen lägen in der Linie der alten Genfer Republik, besonders was den «Conseil général» betrifft. Bezeichnenderweise hat aber ein hellsichtiger Gegner des neuen Staatsrechts, Jean Charles Sismondi, indirekt eine richtige nordamerikanische Quelle genannt, indem er sagte, die neue Genfer Verfassung von 1841 konstituiere eine «anonyme Republik» und könnte ebensogut am Ufer des «Ohio» gelten.

Den neuen, qualitativ anderen Charakter dieses rezipierten Rechts erkannten also doch ein paar wache Zeitgenossen, vor allem jene, welche durch dessen Einführung einen Machtverlust befürchteten. Sie wehrten sich deshalb dagegen, nicht nur in Genf, sondern auch in Bern 1846: Von den Konservativen unter Druck gesetzt, hat Ulrich Ochsenbein, wie gezeigt, 1846 sukzessive die Verwendung ausländischer Quellen zugegeben, aber die Abstützung auf revolutionäres französisches Recht mit der Nennung unverdächtiger Verfassungen anderer Staaten «vernebelt»; aus dem gleichen Grund hat er stark

betont, der Verfassungsentwurf berücksichtige die «bernische Staats-
und Rechtsgeschichte». Die Methoden des Vernebelns hat auch Anton Henne 1831 im St. Galler Verfassungsrat befolgt, indem er als
Vorbild für das Veto – sachfremd – den römischen Volkstribunen statt
die französische Montagnard-Verfassung nannte; immerhin hat er
andeutungsweise von einer Verfassung von «1793» gesprochen. Der
Zürcher Frühsozialist Johann Jakob Treichler hat in den Jahren 1845
und 1846 im Kanton Zürich ebenfalls ohne Quellenangaben demokratische Ideen aus der Montagnard-Verfassung vertreten; er «tarnte» sie
mit Hinweisen auf England[14].

Vollständig verschwiegen haben 1845 die Waadtländer Radikalen ihre Abstützung auf den girondistischen Verfassungsentwurf,
obwohl sich die Verwendung jener Quelle bei der Einführung der
Initiative aufgrund von Text- und Strukturvergleichen nachweisen
liess. Immerhin hat Henry Druey in allgemeiner Weise auf den wertvollen Gehalt des französischen Revolutionsrechts und jenes der
helvetischen Periode hingewiesen. Das aus der gleichen Quelle
stammende radikalste Volksrecht, das Abberufungsrecht, haben die
Berner Radikalen ihrerseits ebenfalls ohne Quellenangabe unter
möglichster Vermeidung von Aufsehen eingeführt. Die aus den französischen Revolutionsverfassungen übernommene «progressive»
Verfassungsinitiative des Volkes führten die Neuerer regelmässig mit
der Begründung ein, es gelte, weitere Revolutionen zu verhindern!

Der politische Druck zur Einführung des Vetos und des Referendums gegenüber Gesetzen und wichtigen Beschlüssen ging hingegen mehr von der «Basis», von wirtschaftlich-demokratischen Volksbewegungen aus, welche hofften, den Fortschritt zu bremsen und in
wirtschaftlichen und sozialen Fragen Vorteile zu gewinnen.

Durchwegs hat man den übernommenen Instituten *andere
Namen* gegeben. Schon Paul Usteri taufte 1799 bei seinem Versuch,
die «Jurie constitutionnaire» aus dem Sieyès'schen Entwurf zu übernehmen, diese «Landgeschworenengericht». Er sagte, er habe die
«Namen und Formen» nicht aus dem «fränkischen Kodex», sondern
sie, soviel ihm möglich war, «aus unseren alten schweizerisch-demo-
kratischen Verfassungen entlehnt»[15]. Die Neuerer verwendeten alle
Mittel, um die demokratischen Einrichtungen unauffällig einzuführen, teils aus rein opportunistisch-machtpolitischen, teils aus ideali-

---

[14] WIRTH FRANZ, Johann Jakob Treichler und die soziale Bewegung im Kanton
Zürich (1981), S. 88.
[15] GUGGENBÜHL GOTTFRIED, Bürgermeister Paul Usteri II (1924), S. 217.

stischen Gründen, wie es Henry Druey bei seiner Charakterisierung der Radikalen geschildert hatte. Die Abstützung auf die Demokratie war damals, dem Zeitgeist entsprechend, das Mittel zur Mobilisierung grosser Bevölkerungskreise und damit auch ein Hebel zur Erlangung von Machtpositionen. Die «Staatstugend» der Radikalen wurde erst dann auf die entscheidende Probe gestellt, als sie die Macht erlangt und nun zu entscheiden hatten, weiterhin an einer demokratischen Ethik festzuhalten oder die Macht für materialistisch-egoistische Ziele zu verwenden.

Hatte eine revolutionäre Institution einmal in einer Kantonsverfassung Fuss gefasst, so war es nicht mehr so heikel, für deren Weiterverbreitung zu sorgen. In diesem Fall konnte man sich einfach auf jene kantonale Verfassung berufen, und man konnte daher die Quelle der vertretenen Idee ohne weiteres offenlegen. Im Waadtländer Grossen Rat war 1845 gesagt worden, die Herkunft einer Idee aus der Französischen Revolution sei «motif déjà suffisant pour la rejeter». Die zeitgenössischen Schweizer Politiker und später die Historiker haben sich darum lieber auf Vorbilder in den Vereinigten Staaten berufen, weil die dortige Revolution reiner dastand als die Französische; es hatte dort keine soziale Revolution, sondern eine Entkolonialisierung und die Konstituierung einer egalitären Grundeigentümergesellschaft stattgefunden; es wurde kein König gestürzt und kein Feudaladel entmachtet. Die amerikanischen Revolutionen waren daher weit weniger gewalttätig verlaufen; die von ihnen geschaffenen Institutionen eigneten sich daher für die offene Übernahme oder wenigstens für die Anrufung politisch besser als jene der Französischen Revolution. Aus diesem Grunde finden wir in Verfassungsentwürfen, Broschüren und in den Ratsprotokollen ständig ausdrückliche Hinweise darauf, woher das Zweikammerprinzip bezogen worden ist. Die Hinweise auf die amerikanische Unionsverfassung sind so häufig, dass man in der Literatur das Ausmass der Übernahme aus jener Verfassung in die schweizerische Bundesverfassung weithin überschätzt.

Die äusseren Ereignisse der Französischen Revolution haben also die wegweisenden liberalen, demokratischen, sozialen, humanitären, pädagogischen, wissenschaftlichen und administrativen Ideen und Institutionen der Aufklärungszeit überschattet. Das innovative, rationale und abstrahierende Denken mehrerer Generationen von Philosophen, Staatsdenkern, Naturwissenschaftern, Ökonomen und Literaten jener Zeit war durch diese Ereignisse suspekt geworden, was sich allein darin zeigt, dass der Verfasser in den immensen Materialien zu den Verfassungen von 1830–1848 nur ein einziges Mal eine Berufung auf den Genfer Jean-Jacques Rousseau angetroffen hat.

Dies, obwohl wenigstens die gebildeten Ratsmitglieder wussten, dass sie an der Verwirklichung der Staats- und Gesellschaftstheorie Rousseaus arbeiteten. Besonders deutlich zeigte sich dasselbe bei den Verfassungen, Verfassungsentwürfen, Gesetzen und Dekreten aus der Zeit der Ersten Republik. Weshalb aber hat die Schweiz überhaupt in einem Ausmass wie sonst kein anderer europäischer Staat Ideen und Institutionen jener Ersten Republik Frankreichs übernommen, und, das sei angefügt, bis heute bewahrt?

Eine Erklärung für die ausgedehnte Rezeption französischen Staatsrechts aus den Jahren 1792–1794 kann gewiss die Tatsache abgeben, dass die Eidgenossenschaft schon vor 1789 eine allerdings teilweise verschüttete republikanische Tradition hatte, was die Städtekantone betraf, sowie eine unmittelbar-demokratische Staatspraxis kannte, was die Landsgemeindekantone betraf. Sogar während der Restaurationszeit war dieses republikanische Bewusstsein wachgeblieben. Die Eidgenossenschaft war in der Folge – zusammen mit San Marino – bis 1848 die einzige Republik in Europa gewesen, und das republikanische Denken und Fühlen war von 1830 an nicht nur bei den Liberalen und Radikalen, sondern auch in breiten Bevölkerungskreisen wieder stärker geworden, wie besonders die demokratischen Strömungen in den katholischen Gebieten Luzerns, Solothurns und St. Gallens zeigen. Das Gefühl für Gleichheit und Demokratie hatte also in der Alten Eidgenossenschaft nicht zu unterschätzende Wurzeln und war im 19. Jahrhundert erhalten geblieben. Diese Erkenntnis war es wohl, welche den eminent schweizerisch denkenden Staatsrechtler und Historiker Carl Hilty zu folgender Würdigung der französischen Revolutionsphase der Jahre 1792–1794 veranlasste: «Diese ganz neue gesellschaftliche Ordnung, die dem Geiste der herrschenden Jakobiner vorschwebte, und von der in einer im Ganzen unglaublich kurzen Zeit ausserordentlich Vieles verwirklicht worden ist, ja die, wie man dreist behaupten kann, noch im heutigen Frankreich ein Gefühl der Gleichheit unter den Menschen und des Respektes vor dem Geringsten hinterlassen hat, wie es in keinem andern grossen Land besteht, hat bei aller Übertreibung im Einzelnen etwas bestechend Grossartiges.»[16] Hilty empfand gewiss dieses egalitäre Gesellschaftsmodell als mit schweizerischem Denken irgendwie verwandt. Ähnlich erging es auch Henry Druey, wie seine Äusserungen über die Französische Revolution im Waadtländer Grossen Rat 1845 zeigten.

---

[16] Hilty Carl, Vor hundert Jahren, Politisches Jahrbuch der Schweizerischen Eidgenossenschaft (1888), S. 62.

In Anbetracht dieses republikanisch-egalitären Fühlens lag es nahe, auf die rationalen und durchformulierten Institutionen des einzigen grossflächigen europäischen Staates zurückzugreifen, der zehn Jahre lang als Republik existiert hatte und mit dem wegen seiner nachbarlichen Lage vielfältige Beziehungen politischer, sozialer, wirtschaftlicher und kultureller Art bestanden. Die Schweizer Liberalen und Radikalen hatten gleich wie ihre französischen Vorläufer gute Gründe, der staatlichen Macht zu misstrauen. Was lag daher näher, als sich im «Steinbruch» der Verfassungsideen der Französischen Revolution zu bedienen, die sie als einzigartige Sammlung institutionalisierten Misstrauens gegenüber der Macht vorfanden?

Die Radikalen als Hauptförderer dieser Rezeption demokratischen Staatsrechts hatten dabei eine etwas ambivalente Rolle: Einerseits wollten sie mit Idealismus und Überzeugung die individualistische egalitäre Demokratie einführen und forderten deshalb mit Überzeugung das allgemeine, gleiche, freie und geheime und insbesondere das zensusfreie Wahlrecht. Infolge ihres Strebens nach der Staatsmacht und ihrer teilweise dirigistischen Staatsauffassung waren sie bei der Einführung direktdemokratischer Einrichtungen jedoch gespalten: Während die Waadtländer Radikalen 1845 den Bruch mit dem Repräsentativprinzip mit der Einführung der Volksinitiative vollzogen, schufen sie 1846 in Bern nur das plebiszitäre Referendum; in St. Gallen modifizierten sie das aus der französischen Montagnard-Verfassung bezogene Referendum im Sinne der weitgehenden Erhaltung des Repräsentativprinzips. Eine ähnliche Haltung nahmen die Genfer Radikalen zu den direktdemokratischen Einrichtungen ein. Im Kanton Waadt dürfte die fortschrittsfreundliche Gesetzesinitiative dem ureigenen Willen der radikalen Führungsgruppe zuzuschreiben gewesen sein, während in St. Gallen das «bremsende» Veto und in Bern das Referendum und Abberufungsrecht eher eine Reaktion auf wirtschaftlich-sozial motivierte demokratische Volksströmungen gewesen zu sein scheint. Hier scheinen die Radikalen mehr aus politischer Notwendigkeit als aufgrund ihrer inneren Überzeugung auf französisches demokratisches Staatsrecht zurückgegriffen zu haben; das dürfte wohl der Grund dafür gewesen sein, weshalb Gustav Vogt dem Radikalismus vorwarf, er sei auf den Fortschritt fixiert und betrachte die Demokratie nicht als Rechtsfrage, sondern als Opportunitätsfrage[17].

[17] VOGT GUSTAV, Referendum, Veto und Initiative in den neueren schweizerischen Kantonsverfassungen, Zeitschrift für die gesammte Staatswissenschaft 1873 S. 367.

Bei der Rezeption französischen Revolutionsrechts mussten die Liberalen und Radikalen, um ihr Ziel zu erreichen, sehr vorsichtig vorgehen, nicht zuletzt auch deshalb, weil die neuen Verfassungen der Zustimmung der Mehrheit der eher konservativen Stimmberechtigten bedurften. Einerseits musste man nach einer Zeit der oktroyierten Verfassungen zeigen, dass die neuen Regenerationsverfassungen nicht unter äusserem politischem Druck entstanden waren; bezüglich der neuen Ideen und Institutionen war man ebenfalls bestrebt, diese möglichst als etwas Eigenes erscheinen zu lassen. So hat Kasimir Pfyffer im Luzerner Grossen Rat am 21. Wintermonat 1831 in einem Rückblick festgestellt, die Verfassung von 1798 sei den Schweizern durch das damalige französische Direktorium «aufgedrungen» worden. Die Verfassung von 1803 aber sei, so fuhr er fort, das «Machtgeboth» Bonapartes gewesen. Und die Verfassung von 1814 schliesslich sei im Kanton Luzern mit Gewalt eingeführt worden. Hingegen, so Pfyffer weiter, sei 1830 die grosse Bewegung des Volks «aus ihm selbst» hervorgegangen, ebenso die durch diese Bewegung erzeugten Verfassungen. Umsonst würden daher «diejenigen, welche der neuen Ordnung der Dinge abgeneigt sind, glauben machen, diese sei ebensowohl das Resultat äusserer Einflüsse, als frühere Gestaltungen; sie weisen dabei auf Frankreich hin», sagte Pfyffer. Im Jahre 1830, so schloss er, hätten die auswärtigen Mächte, die sonst der Schweiz geboten, sich gegenseitig gleichsam in Schach gehalten, «und frei, wie nie, konnte letztere thun, was sie wollte. Die gegenwärtigen Verfassungen sind das Resultat durchaus freier Berathung und Willensäusserung.» Und Jonas Furrer hat 1848 vor der Abstimmung über die neue Bundesverfassung in gleicher Absicht festgestellt, diese Verfassung sei unter den manchen, die unser Vaterland seit 50 Jahren besass, «die erste, welche rein ist von jedem fremden Einfluss»[18].

Zur Diskreditierung der Verfassungsideen der radikalen Phase der Französischen Revolution hat schliesslich deren gelegentliche – vielleicht von seiten konservativer Autoren nicht ganz unbeabsichtigte – Vermengung mit sozialistischen oder gar kommunistischen Ideen in der Literatur beigetragen. Zwar gilt Babeuf zu Recht als Vorläufer der kommunistischen Lehre. Doch er hatte keinen Einfluss auf den Nationalkonvent von 1792–1794, und die Girondisten, aber auch die Jakobiner haben das Privateigentum als fundamentales Freiheitsrecht betont.

---

[18] Furrer Jonas, Beleuchtender Bericht über den Entwurf der neuen Eidgenössischen Bundesverfassung (1848), S. 18.

5. Das Ausmass der Rezeption

Wegen des weitgehenden Fehlens von Quellenhinweisen war und bleibt es äusserst schwierig, diese Rezeption des französischen Revolutionsrechts und insbesondere deren Ausmass in der Schweiz aufzuzeigen. Anders als bei der Rezeption des römischen Rechts in Europa, wo ständig zitiert wurde, ist man hier fast ausschliesslich auf Textvergleiche und Strukturvergleiche bei einzelnen Instituten angewiesen. Eine Erkenntnis hat sich dabei als hilfreich erwiesen: Wirklich schöpferische Neuerungen sind im Bereiche der Staatsideen und verfassungsrechtlichen Institutionen relativ selten. In der Regel lassen sich festgestellte Neuerungen auf einen bereits bekannten Text zurückführen, der dann, was häufig der Fall ist, irgendwie abgewandelt und den politischen und sozialen Bedingungen des übernehmenden Gemeinwesens angepasst worden ist.

Insgesamt ist festzustellen, dass das Ausmass der Rezeption von Verfassungsrecht aus der Zeit der Ersten Republik Frankreichs durch die Schweiz wesentlich grösser ist, als es in den Quellen und in der Literatur ersichtlich ist, und zwar in allen Bereichen des Staatsrechts. Unterschätzt worden ist das Ausmass der Rezeption jedoch vor allem im Bereich der demokratischen Institutionen. Demokratie und Rechtsgleichheit bildeten die zentralen Rezeptionsthemen, und man hat ihnen alle anderen Staatsprinzipien untergeordnet, so insbesondere den Gewaltenteilungsgrundsatz; diesem kommt deshalb im schweizerischen Recht bis heute nur eine Nebenrolle zu. Das dritte zentrale Thema waren die Freiheitsrechte, deren Umfang und Wirkungskraft man aber ebenfalls im Interesse des demokratischen Prinzips begrenzt hat. Nicht rezipiert wurden jedoch bis 1848 die sozialen und nur in den Ansätzen die wirtschaftlich-wohlfahrtsstaatlichen Ideen aus der Zeit zwischen 1792 und 1794, wie das Waadtländer Beispiel sehr deutlich zeigt. Man hat versucht, die Demokratie von der sozialen Problematik zu isolieren, dies trotz des inneren Zusammenhanges der beiden Problemfelder und allzu weitgehend, wie sich dann bei der demokratischen Bewegung der sechziger Jahre zeigen sollte.

6. Verdrängungstheorie auf dem Boden besonders günstiger Rezeptionsvoraussetzungen

Was die neu eingeführten rationalen staatsrechtlichen Institutionen betrifft, so ist die Tatsache ihrer Rezeption gewiss, ebenso deren expansive Kraft. Sie hat zu einer *sukzessiven Verdrängung* des alten Staatsrechts durch neue Institutionen geführt. Dieser Vorgang hätte sich jedoch, was die Demokratie betrifft, kaum in diesem Ausmass und in so kurzer Zeit abgewickelt, wenn nicht günstige historische, wirtschaftliche und ideologische Voraussetzungen vorgelegen hätten. Die besten Rezeptionsvoraussetzungen bestanden in den wirtschaftlich prosperierenden, protestantischen und flachen Gebieten des Mittellandes. Zusätzlich verbessert waren die Voraussetzungen in Gebieten, die vor 1798 untertänig gewesen waren. Dort, wo mehrere dieser Faktoren gegeben waren, konnte sich das neue Staatsrecht ab 1831 definitiv einbürgern. Das fast ganz katholische Solothurn, das 1831 die Regeneration definitiv vollzog, bestätigt als Ausnahme nur die Regel, wenn man es mit Luzern, Freiburg, Tessin und St. Gallen vergleicht.

Die Landsgemeindedemokratien der Innerschweiz sowie von Glarus und Appenzell wurden in der Regenerationszeit vielfach als Vorbilder für Demokratisierungsschritte genannt. Es beriefen sich vor allem Vertreter der einfachen bäuerlich-gewerblichen Bevölkerungskreise aus wirtschaftlich schwachen Randgebieten darauf. Sie erhofften sich durch die Einführung dieser Demokratieform bessere materielle Lebensbedingungen, weniger stürmische Entwicklung des aufklärerischen Fortschrittes und mehr Gewicht gegenüber den Hauptstädten. Die Liberalen und Radikalen aber lehnten die Schaffung von Landsgemeinden ab, und zwar aus mehreren Gründen: Sie fürchteten um die erstrebte Staatseinheit, denn in den grösseren und mittleren Kantonen wären nur dezentrale Landsgemeinden möglich gewesen. So war es in St. Gallen, Thurgau, Baselland und Luzern. Zweitens trauten die Liberalen und Radikalen dem versammelten Volk die nötige «aufklärerische» Fortschrittlichkeit nicht zu. Und drittens wollten sie eine streng individualistische, liberale und säkularisierte, nicht eine genossenschaftliche Demokratie einführen. Die philosophisch begründete und individualistische Wahl- und Abstimmungsdemokratie der Französischen Revolution war nun doch etwas wesentlich anderes als die genossenschaftliche Versammlungsdemokratie der nach Familiengeschlechtern gegliederten kleinen Bergdemokratien, wo in offener Abstimmung nicht nur die politischen und wirtschaftlichen Abhängigkeiten zu einer wachsamen Regierung, sondern auch zu einflussreichen Mitlandleuten bestimmend war. Die egalitäre Demokratie der Französischen Revolution war eine rationale und namentlich von Condorcet geradezu mathematisch konzipierte Demokratie mit sozialreformerischer Tendenz unter Anwendung des harten Mehrheitsprinzips, die mit den damaligen, von christlicher Tradition begleiteten, zur Einstimmigkeit hin tendierenden Landsgemeinden wenig gemeinsam hatte. Die Liberalen und vor allem die Radikalen lehnten daher diese Demokratieform auch aus institutionellen Gründen ab.

Dennoch hatten die Landsgemeindedemokratien und die nach dem Aristokratisierungsvorgang des 17. und 18. Jahrhunderts verbliebenen Reste republikanischen Denkens und Fühlens in den Mittellandkantonen für die Ausbildung der modernen schweizerischen Demokratie und insbesondere für die Übernahme französischer Demokratiemodelle eine nicht zu unterschätzende Bedeutung. Sie dienten bei den jeweiligen Demokratisierungsschritten in den Regenerationskantonen einerseits als emotionale und ideologische Stützen sowie als Kontinuitätselemente. Anderseits fungierten sie als Argument zur Überwindung einer gewissen «Schwellenangst», als Mittel zur Verbesserung der Akzeptanz der neuen rationalistischen und individualistischen demokratischen Einrichtungen. Man konnte etwa argumentieren, das allgemeine Wahlrecht und die direkte Mitwirkung des Volkes an der Verfassungsgebung und Gesetzgebung seien eigentlich nichts Neues; es handle sich um etwas Erprobtes und man übertrage nur diese alte Demokratieform auf grössere Staaten. Diese Argumente hatten trotz ihrer staatsrechtlichen Problematik in der Regenerationszeit grosse Bedeutung und sollten dann vor allem in der Zeit der demokratischen Bewegung der sechziger Jahre eine noch grössere erlangen. Es hatte in der kommenden Zeit des wachsenden Nationalismus die Berufung auf die althergebrachte Landsgemeindedemokratie selbst bei der Einführung einer anderen Demokratieform etwas Integratives, national Aufbauendes. Und dessen bedurfte man von liberaler und radikaler Seite nach der Besiegung dieser Kantone im Sonderbundskrieg und im Rahmen der erstrebten Nationalstaatlichkeit.

Was die politisch-psychologische Seite jenes Demokratisierungsvorganges betrifft, so war also der Boden in der Eidgenossenschaft mannigfach vorbereitet. Dennoch handelte es sich um die Übernahme von neuen, streng rationalen, individualistischen und egalitären Institutionen, welche die überkommenen Demokratieansätze nach und nach verdrängten. Gleichzeitig mit der Übernahme der neuen liberalen und demokratischen «westlichen» Staatsvorstellung drang der wesentlich im angelsächsischen Protestantismus wurzelnde unruhige Erwerbs- und Handelsgeist in die Schweiz ein. Dem neuen «westlichen» Staatsrecht, dem überkommenen republikanisch-demokratischen Fühlen der Schweizer und der unifizierenden Kraft des revolutionären nationalstaatlichen Denkens ist es schliesslich auch zuzuschreiben, dass die Schweiz als einziger europäischer

Staat bereits 1848 eine dauerhafte Republik begründen konnte, die in der Lage sein sollte, gegen aussen einigermassen geschlossen aufzutreten.

7. Ausblick

Im Jahre 1848 waren noch die meisten schweizerischen Regenerationskantone sowie der Bund rein repräsentative Staatswesen nach klassisch gewordener liberaler Lehre. In den Kantonen Bern, Waadt, St. Gallen, Basel-Landschaft, Luzern und Genf war zwar das Repräsentativprinzip verfassungsrechtlich mehrfach durchbrochen worden. Machtpolitisch indessen stand 1848 dieser Grundsatz noch überall in voller Geltung. Die liberalen und radikalen Honoratioren beherrschten die Politik. Dies sollte so bleiben bis zur demokratischen Bewegung. Im Laufe dieser Bewegung wurden nun überall die in der Regenerationszeit zugrundegelegten demokratischen Einrichtungen übernommen: Volkswahl der Regierungsräte, Abberufungsrecht, Gesetzesinitiative und Referendum, Volksinitiative auf Verfassungsänderung, Geschworenengerichte, ergänzt durch wirtschaftliche und soziale Einrichtungen sowie weitere Demokratisierungen. Die Impulse für diese Demokratisierungsschritte gingen vor allem von den Volksbewegungen mit unerfüllten wirtschaftlich-sozialen Anliegen aus, die wir schon von 1830 an in allen Regenerationskantonen beobachtet haben. Die neuen Institutionen der individualistischen Demokratie sollten dann als etwas Ureigenes, weil selber Erkämpftes, empfunden werden. Die Behörden des neuen Bundes begannen nun anderseits, die Freiheitsrechte und die Rechtsgleichheit auch in jenen Kantonen sukzessive durchzusetzen, welche in den Dreissiger- und Vierzigerjahren keine Erneuerung ihres Verfassungsrechts erlebt hatten. Auch diese Rechte sollten allmählich gesamtschweizerisches Gemeingut werden.

SACH-, ORTS- UND PERSONENREGISTER

Das Register bezieht sich auf die im Haupttext erwähnten Gegenstände, Orte und Personen. Die Personen mit historischer Bedeutung sind in den Anmerkungen kurzbiographiert. Die *kursiv* gesetzten Seitenzahlen geben den Standort der Kurzbiographie der betreffenden Person an.

641

644